LA FABRIQUE DES BÉBÉS DANS L'ANTIQUITÉ

GENERATION
CORPS ET GENRE DANS L'HISTOIRE

VOLUME 3

Comité de direction
Yasmina Foehr-Janssens, Daniela Solfaroli Camillocci,
Véronique Dasen, Francesca Arena

Équipe éditoriale
Francesca Arena, Jan Blanc, Lydie Bodiou, Andrea
Carlino, Véronique Dasen, Yasmina Foehr-Janssens,
Francesca Prescendi, Philip A. Rieder, Brigitte Roux,
Sarah Scholl, Daniela Solfaroli Camillocci

La fabrique des bébés dans l'Antiquité

Enquête sur les « biberons » gallo-romains

par
SANDRA JAEGGI-RICHOZ

BREPOLS

Ouvrage publié avec le soutien du Fonds national suisse
de la recherche scientifique

Un catalogue supplémentaire est consultable en ligne par lie lien suivant :
https://doi.org/10.1484/A.22778768

© 2024 Brepols Publishers n.v., Turnhout, Belgium

This is an open access publication made available under a CC BY-NC 4.0 International License : https://creativecommons.org/licenses/by-nc/4.0/. No part of this publication may be reproduced, stored in a retrieval system, or transmitted, in any form or by any means, for commercial purposes, without the prior permission of the publisher, or as expressly permitted by law, by licence or under terms agreed with the appropriate reprographics rights organization.

D/2024/0095/3
ISBN 978-2-503-59914-4
eISBN 978-2-503-59915-1

ISSN 2983-6433
e-ISSN 2983-6441
DOI 10.1484/M.GEN-EB.5.128091

Printed in the EU on acid-free paper.

Table des matières

Liste des illustrations 9

Remerciements 25

Introduction 27

Autour de l'enfant
Pratiques médicales et sociales

1. Du lait à l'enfant 43
    Le discours hippocratique 46
    Le discours aristotélicien 58
    Le discours de Soranos d'Éphèse 68
    Le discours de Galien de Pergame 73
    Conclusion 79

2. Soigner par le lait & soigner le lait 83
    Sélection et usages thérapeutiques du lait dans les traités hippocratiques 84
    Sélection et usages thérapeutiques du lait chez Pline 92
    Sélection et usages thérapeutiques du lait chez Galien 116

3. L'enfant 125
    Complexion, maladies, nourriture et soins
    Corps d'enfant ***versus*** corps d'adulte 125
    Nourrir et soigner l'enfant 147

4. Valoriser l'allaitement et les soins 179
    Des pratiques sociales à la propagande
    Mère, nourrice et sage-femme 179

5. Représenter l'allaitement au sein 201
    En Grèce ancienne 203
    En Sicile et dans la péninsule italique 213
    À Rome et en Gaule romaine 230
    Conclusion 277

6. Représenter l'allaitement artificiel — 281
Une statuette béotienne donnant le biberon à un enfant ? — 281
Un biberon sur une fontaine d'époque augustéenne ? — 287
L'Ara Pacis et l'Horologium — 303
Le mythe de fondation de Rome — 314
Le mythe de fondation de Préneste — 323
Allaitement interspécifique *versus* allaitement artificiel — 326

7. Le biberon et l'enfant — 333
À la vie à la mort
Biberon or not biberon… — 335
…un problème de définition — 335
Méthodologie — 341
Historique de la recherche sur les VBT : 150 ans d'interprétations — 345

8. Origines, influences et appropriation des formes — 377

9. La production gallo-romaine — 401
Cadre de recherche — 402
Typologie et nomenclature : quels choix ? — 404
Les VBT en céramique — 408
Les VBT en verre — 445
Les contextes de découverte — 465
Des vases fonctionnels ? — 477
Conclusion — 484

10. Des VBT pour quels défunts ? — 485
Découpage en classes d'âges — 485
Le discours des sépultures — 487
Approche biologique et répercussions sociales — 491
Les défunts aux VBT — 501
L'apport des études démographiques — 507
Les causes de la mortalité infantile — 508
La paléopathologie — 509
Analyses isotopiques et âge au sevrage — 515
Conclusion — 527

11. VBT et objets associés — 533
Quelle place dans la sépulture ?
La place des VBT dans les inhumations — 533
Les objets associés aux VBT — 542
Quel mobilier pour quel défunt ? — 552
Reconstituer les gestes funéraires — 556
Conclusion — 559

12. VBT et contenu   563
Ce que révèlent les analyses biochimiques
Historique des analyses biochimiques du contenu   563
Méthodologie   564
Le contenu des VBT découverts en contexte funéraire   566
Le contenu des VBT découverts en contexte cultuel   596
Le contenu des VBT découverts en contexte domestique   599
Le contenu des VBT découverts en contexte portuaire   601
Conclusion   603
Conclusion generale   608

Annexe

1 Principaux médecins et philosophes ayant traité de la formation du lait et des remèdes   621
Hippocrate (460-375 ou 351)   621
Aristote (384-322 av. J.-C.)   623
Pline (23-79)   624
Dioscoride (40-90)   625
Soranos (vers 100)   627
Des Maladies des femmes   628
Galien (131-env. 216)   629
Célius Aurélien (ve siècle)   631

2 Tableau du lait chez Pline   633

Bibliographie   649

Abréviations   709

Index
Index rerum français / latin   713
Index rerum grec   727
Index nominum   729
Index locorum   737

Liste des illustrations

Figures

COUVERTURE	Vase-biberon d'Avenches, Musée romain d'Avenches, inv. 1887-2038, Photo Musée romain, montage S. Jaeggi-Richoz.	
FIG. 1.	Coupure de journal « L'énigme du "biberon" romain est résolue » (Rouquet/Samba) in *Le Monde*, Publié le 19 février 2004 à 12h52.	33
FIG. 2.	Stèle funéraire en marbre (Ht. préservée 101 cm, Larg. 53-55 cm), Kondaia (Thessalie), Larissa, Musée archéologique, inv. 78/74, Antiquities Ephorate of Larissa, Photo D. Bosnakis.	202
FIG. 3.	Terre cuite représentant une femme à la tête couverte allaitant un enfant, nécropole Riverside d'Olynthe, seconde moitié du ve siècle, Musée de Polygoros, inv. VII.32.254, Photo © Musée de Polygoros.	204
FIG. 4.	Terre cuite représentant une femme à la tête couverte allaitant un enfant. Découverte à Lindos, lieu de conservation inconnu, IVe siècle av. J.-C., d'après BLINCKENBERG 1931, n° 2946, p. 694, pl. 136.	205
FIG. 5.	Terre cuite de femme allaitant (haut. 10 cm, larg. 5,4 cm). Découverte à Tanagra, 375-340 av. J.-C, Paris, Musée du Louvre CA1328, Photo © RMN-Grand Palais (musée du Louvre) / Hervé Lewandowski ?	206
FIG. 6.	Terre cuite de femme allaitant un enfant, les deux seins tombants sont découverts (Ht. 13,6 cm), découverte dans une sépulture de Tanagra. Munich, Staatliche Antikensammlung NI 8915, Photo © Staatliche Antikensammlung.	208
FIG. 7.	Lécythe en pierre, représentant une femme durant son accouchement, et entourée de deux femmes portant une coiffe, épitaphe de Killaron, découverte à Athènes, propriété du Musée du Louvre, MND 726, Ht. 145 cm, Larg. 72 cm, (*long term loan* Musée Calvet, Avignon), Photo © 2022 Musée du Louvre / Antiquités grecques, étrusques et romaines.	209
FIG. 8.	Stèle d'un médecin. Assis, il est barbu et porte une coiffe. Sur le fond sont figurées les ventouses utilisées pour les saignées, Antikenmuseum Basel und Sammlung Ludwig, Photo © Antikenmuseum Basel und Sammlung Ludwig, Andreas F. Voegelin.	210
FIG. 9.	Hydrie attique à figure rouge, Ht. 27 cm., vol. 3.7 l., vers 450 av. J.-C., découverte en Attique, Berlin, Staatliche Antikensammlung, inv. F 2395, Photo Johannes Laurentius, CC BY-SA 4.0.	211
FIG. 10.	Hydrie attribuée au peintre de Meidias, découvert dans une sépulture de la nécropole du Céramique à Athènes, conservé au Musée du Céramique, inv. 2712, Photo © D-DAI-ATH-Kerameikos-07091, Photo Eva-Maria Czakó.	212

Fig. 11.	Dessin représentant l'épaule de l'hydrie du Céramique. Dessin tiré de Couëlle 1998, p. 156. fig. 3.	213
Fig. 12.	Statuette en calcaire de personnage féminin assis allaitant deux enfants. Megara Hyblea (Sicile), moitié du VIe s. av. J.-C., Syracusa, Museo archeologico Regionale P. Orsi, 53234, Photo © Museo archeologico Regionale P. Orsi.	214
Fig. 13.	Statue d'une femme tenant un enfant, dite Maffei, avec inscription sur le bras droit, IIIe s. av. J.-C., Museo Etrusco Guarnacci di Volterra, Photo de Damiano Dainelli.	216
Fig. 14.	Statuette en tuf, personnage féminin assis tenant 6 enfants, découverte à Capoue, IIIe siècle av. J.-C., Museo di Santa Maria di Capua Vetere, Photo © Museo di Santa Maria di Capua Vetere.	217
Fig. 15.	Terre cuite de femme allaitant, type Isis lactans, découvert dans une tombe de la nécropole Passo Marino a Camarina, Ragusa, Museo archeologico 24075, milieu Ve s. av. J.-C., d'après Ducaté-Paarman 2003.	218
Fig. 16.	Statuette en terre cuite de femme allaitant, Capaccio, sanctuaire de Santa Venera, IVe s. (haut. 11,6 cm × larg. 5,7 cm), Museo archeologico di Paestum, VS 4556, d'après Ducaté-Paarman 2003, cat. GG10.	219
Fig. 17.	Terre cuite de femme allaitant, Véies, sanctuaire de Campetti 1 (haut. 18 cm, larg. 6,4 cm), première moitié du Ve s. av. J.-C., Roma, Museo Nazionale Etrusco di Villa Giulia, inv. 1840-2015, Photo ©Museo Nazionale Etrusco di Villa Giulia. Archivio fotografico. Mauro Benedetti.	220
Fig. 18.	Aphrodite allaitant Éros, pyxide du peintre de Lipari, découvert dans la tombe 309 de la nécropole de Lipari, Museo Eoliano 745, Photo Davide Mauro — Travail personnel, CC BY-SA 4.0, https://commons.wikimedia.org/w/index.php?curid=65347644	221
Fig. 19.	a et b. Aphrodite allaitant Éros, lécythe pansu à figure rouge, Apulie, Museo Archeologico di Taranto, inv. 4530, d'après le LIMC II, 2, p. 124. 1237, face A et B.	222
Fig. 20.	Gemme gravée avec Aphrodite allaitant Éros, sertie dans une monture en or, découvert dans une tombe de Kerch, conservée à l'Hermitage, V-IVe siècle av. J.-C., *LIMC* II, 2, p. 91, n° 291, dessin S.Jaeggi-Richoz.	222
Fig. 21.	Dionysos allaité par Aphrodite, lécythe à figure rouge de Naples, collection Castellani, dessin S. Jaeggi-Richoz d'après Reinach 1899, p. 312 (*LCS* p. 174, n° 1010).	223
Fig. 22a.	Aphrodite allaitant Éros, Squat lekythos à figure rouge (Ht. 28 cm × Larg. 12,6 cm), Anzi, Basilicate, produit en Apulie (365-350 av. J.-C.), British Museum, inv. 1846,0925.13 © British Museum.	224
Fig. 22b.	Dessin déroulé du Squat lekythos, Anzi, Basilicate, produit en Apulie, d'après Renard 1964, fig. 6.	225
Fig. 23.	Héra allaitant Héraclès adolescent, miroir étrusque en bronze, milieu IVe s. av. J.-C. Museo archeologico di Bologna, 1075, d'après Renard 1964, pl. XXX, fig. 1.	227

Fig. 24.	Héra allaitant Héraclès barbu, miroir étrusque, milieu IVe s. av. J.-C. Museo archeologico di Firenze, 72740, d'après Renard 1964, pl. XXXI, fig. 3.	227
Fig. 25.	Héra allaitant Héraclès adolescent, cratère falisque, Roma, Museo Nazionale Etrusco di Villa Giulia, Photo ©Museo Nazionale Etrusco di Villa Giulia. Archivio fotografico. Fabio Baliani.	228
Fig. 26.	Aphrodite au chevet d'Hélène après la naissance d'Hermione découvert à Pérouse, Miroir en bronze conservé au Cabinet des Médailles, Paris, entre 500 av J.-C. et 475 av J.-C., Photo © Cabinet des Médailles.	229
Fig. 27.	Stèle en calcaire de St Severin (haut. 83 cm × larg. 52,5 cm), 225-250 apr. J.-C., Cologne, Römisch-Germanisches Museum, inv. 74,414, Photo © Römisch-Germanisches Museum.	231
Fig. 28.	a et b Bloc de Reims avec femme allaitant un enfant (Ht 83 cm × larg. 107 cm), antérieure à 263-265 apr. J.-C., Réserve municipale, d'après Moine 2006, pl. XV, fig. 7, cliché N. Moine.	232
Fig. 29.	Stèle en calcaire d'Intercisa (Hongrie), (haut. 185 cm × larg. 80 cm), 240-260 apr. J.-C. Budapest, Musée National Hongrois, 22.1905.3, Photo © Musée National Hongrois.	233
Fig. 30.	Statuette en calcaire aujourd'hui disparue (haut. 28 cm), anciennement au Musée Habert de Reims, dessin S. Reinach d'après Coulon 2004, p. 51.	235
Fig. 31.	Déesses « pouponnières », découvertes à Vertault en Côte d'Or, calcaire (H. 39 cm.), Musée de Châtillon-sur-Seine, 88.171.1, Photo © Manzara (Musée du Pays Châtillonais – Trésor de Vix) / Claire Tabbagh.	236
Fig. 32.	Mosaïque de la naissance d'Achille, Nea Paphos, Ve siècle apr. J.-C., Photo By Wolfgang Sauber - Own work, CC BY-SA 3.0, https://commons.wikimedia.org/w/index.php?curid=18345496	237
Fig. 33.	Relief avec déesses-mères en calcaire, découvert comblement d'un puit du sanctuaire des Bolards (II-IIIe s. apr. J.-C.), Musée archéologique de Dijon, Photo © Musée archéologique de Dijon.	238
Fig. 34.	Sarcophage de Marcus Cornelius Statius, évoquant la vie d'un enfant (H. 47,5 cm, L. 1,49 m), d'Ostie ? 150-160 apr. J.-C. Musée du Louvre Ma 659 (Cp. 6547). Paris, musée du Louvre, Photo © RMN-Grand Palais (musée du Louvre) / Maurice et Pierre Chuzeville.	240
Fig. 35.	Fragment d'un sarcophage, découvert au port d'Ostie, Ostie, Musée, 33.1124, moitié du IIe siècle apr. J.-C., Photo Margarete Gütschow © DAI Rome, nég: D-DAI-ROM-33.1124.JPG (Amedick 1991, p. 137, cat. 93).	241
Fig. 36.	Fragment d'un sarcophage provenant d'Ostie, Rome, catacombe Saint Sebastiano, daté vers 300 apr. J.-C., reproduction Pauline Huon (Amedick 1991, p. 148, pl. 61, 3, cat. 165).	242
Fig. 37.	Sarcophage avec scènes d'allaitement, de bain et de départ en char (long, 53 cm, haut. 26,5 cm), Musées du Vatican, Musée Chiaramonti, 1632, dernier quart du IIIe s. apr. J.-C., Photo DAI Rome.	243
Fig. 38.	Fragment de sarcophage avec scène d'allaitement sous le clipeus représentant la défunte, Éros fait le don d'un gros oiseau à un personnage assis identifié à Psyché (long, 77, 5 cm, haut. 33 cm), dernier quart du	

	IIIe s. apr. J.-C. Rome, Catacombe de Praetextatus, Museo, Photo DAI Rome.	244
Fig. 39.	Urne en marbre représentant une femme assise allaitant un enfant devant un temple (haut. 34, larg. 39 cm), 150-180 apr. J.-C., Musées du Vatican, musée Chiaramonti, 1873, Photo DAI Rome.	245
Fig. 40.	Femme penchée soulevant un enfant devant une femme assise. En arrière les Parques fixent le destin de l'enfant (long. 243 cm, haut. 94 cm), datation proposée époque antonienne. Florence, Uffizien, inv. 82, reproduction Pauline Huon 2022, fig. 12 (Amedick 1991, p. 129, pl. 62, 2 cat. 49).	246
Fig. 41.	Sarcophage de type curriculum vitae (long. 90 cm, haut, 39 cm), découvert dans les environs de la nécropole romaine d'Agrigente, daté entre 120-130 apr. J.-C., Agrigente, Museo Regionale, d'après Amedick 1991, pl. 53.2, cat. 2, Huon 2022, fig. 9.	247
Fig. 42.	Sarcophage de type curriculum vitae, avec scène d'examen de l'enfant à gauche, allaitement au centre, fin de l'époque antonienne, Rome, Villa Doria Pamphili, Photo DAI Rome.	248
Fig. 43.	Détail d'un sarcophage de type curriculum vitae (long. 239 cm, haut. 36,5 cm), scène de soulèvement de l'enfant, Rome, Museo Nazionale Romano (Palazzo Massimo alla terme di Diocleziano), Photo Álvaro Pérez Vilariño.	249
Fig. 44.	Détail d'un sarcophage de type curriculum vitae (long. 157 cm, haut. 38 cm), dernier quart du IIIe siècle apr. J.-C., Paris, Louvre, MA 319, Photo © Musée du Louvre, Dist. RMN-Grand Palais / Maurice et Pierre Chuzeville.	250
Fig. 45.	Sarcophage du type « curriculum vitae », petit côté montrant la scène du bain (long. 48 cm, haut. 56 cm), de Rome, Villa Bonaparte (170-180 apr. J.-C.), Los Angeles, County Museum of Art, 47.8.9, Photo LACMA.	251
Fig. 46.	Scène de bain sur un sarcophage découvert à la Via Portuense, Rome, Museo Nazionale Romano, inv. 125605, Photo © Museo Nazionale Romano.	252
Fig. 47.	Deux fragments de sarcophage montrant 1. le défunt dans un clipeus et une femme prête à l'envelopper dans un linge. 2. Une femme agenouillée faisant prendre un bain à un enfant, (long. 16,5 cm, haut. 15 cm), Rome, Catacombe de *Praetextato*, reproduction Huon 2022, fig. 4 (Amedick 1991, p. 145, pl. 61, 8, cat. 142).	252
Fig. 48.	Détail d'un sarcophage du type curriculum vitae, représentant le premier bain en début de narration, découvert à la Via Portuense (long. 157 cm, haut. 36 cm), daté vers 200 apr. J.-C., Rome, Museo Torlonia, inv. n° 414, Photo DAI Rome.	253
Fig. 49.	Sarcophage en marbre, le défunt repose sur un lit au centre de la scène. Sur la droite, la Louve allaitant les jumeaux sous un mufle léonin (long. 97 cm, larg. 34 cm), découvert à la Via Latina, Rome, Museo Nazionale Romano, 535, Amedick 1991, p. 150, pl. 73.2, cat. 177.	254
Fig. 50.	Sarcophage en marbre, le défunt repose sur un lit au centre de la scène. Sur la droite, la Louve allaitant les jumeaux sous un mufle léonin (long.	

	58 cm, haut. 50 cm) Allemagne, Stuttgart, Landesmuseum Württemberg, Arch63/8, Photo © BPK, Berlin, Dist. RMN-Grand Palais / Hendrik Zwietasch.	255
FIG. 51.	Sarcophage de Dionysos sur une panthère, Ht : 0.63 m ; Larg. : 1.73 m., vers 210 apr. J.-C., Allemagne, Dresde, Staatliche Kunstsammlungen, Skulpturensammlung, Hm271, Photo © BPK, Berlin, Dist. RMN-Grand Palais / Jürgen Karpinsk.	256
FIG. 52.	Fragment de sarcophage, scène d'exposition du mort avec pleureuse aux seins dénudés, (long. 69,5 cm, haut. 30,5 cm), moitié du IIe s. apr. J.-C., Copenhague, Musée National, inv. 2226, Photo © The National Museum of Denmark.	257
FIG. 53.	Autel en marbre (haut. 102 cm, larg. 58 cm), 100-110 apr. J.-C., Rome, Villa Albani, Photo DAI Rome.	258
FIG. 54.	Statuette de déesse-mère allaitant deux enfants, terre blanche de l'Allier, Musée archéologique de Dijon, Arb.604, © Musée des Beaux-Arts / Photo François Jay.	260
FIG. 55.	Statuette de Vénus en terre blanche de l'Allier, inv. 2016.0.95, Musée archéologique de Dijon Photo © Musée des Beaux-Arts / Photo François Jay.	261
FIG. 56.	Statuette de déesse-mère en terre blanche de l'Allier, coiffure en nid d'abeille, Saint-Germain-en-Laye, musée d'archéologie national, Photo © RMN / Jean-Gilles Berizzi.	262
FIG. 57.	Statuette de déesse-mère en terre blanche de l'Allier, musée de la civilisation gallo-romaine de Lyon, inv. 118-459.8, (ROUVIER-JEANLIN 1985, pl. XVIIII, n° 154).	264
FIG. 58.	a, b et c. Statuette de déesse-mère en terre blanche de l'Allier, musée archéologique d'Auxerre, inv. 0-88, Photo © musée (Rouvier-Jeanlin 1985, pl. XIX, n° 169).	265
FIG. 59.	Terre cuite de vieille femme tenant un nourrisson (haut. 13,5 cm, larg. 8,9 cm) entre 330-300 av. J.-C. provenant de Tanagra, Paris, Louvre, inv. MNB 1003 © 2011 Musée du Louvre / Photo Anne Chauvet.	266
FIG. 60.	Statuette de femme allaitant un enfant aux fesses dénudées, debout à côté d'elle, MAN 72473, Photo © Musée d'Archéologie nationale et Domaine national de Saint-Germain-en-Laye.	267
Fig. 61.	Isis Lactans, terre cuite, Antinoé, Musée du Louvre, AF981, Photo © Musée du Louvre, Dist. RMN-Grand Palais / Christian Décamps.	269
FIG. 62.	Reconstruction de la sépulture 3960 de la nécropole de Baldock, d'après BURLEIGH, FITZPATRICK-MATTHEWS et ALDHOUSE-GREEN 2006, p. 281, fig. 7.	270
FIG. 63.	Ensemble de 6 figurines (3 Vénus, deux chevaux et une *Dea nutrix*), posées sur une sépulture à crémation d'un enfant de moins d'un an, nécropole du Champ de l'Image, Argentomagus, 74.7, Photo Gesell, Musée archéologique d'Argentomagus.	271
FIG. 64.	Relief en calcaire jaune représentant dans une niche, un personnage féminin nu, la main droite devant le sein gauche. L'inscription pourrait être [dae	

	seqana] selon S. Deyts, (haut. 12 cm, larg. 6 cm), vu au Château de Rocheprise à Brémur-en-Vaurois en 1925, d'après DEYTS 1994, p. 133, pl. 58.1.	273
FIG. 65.	Stèle en granit représentant un personnage féminin au torse dénudé. Inscription [D(iis) I(nferis) M(anibus) / PATERN/AE PO(suit)· STA(tuam) / MEMORIA(m) / AN(norum) LX (sexaginta) R(equiescit) H(ic)], Ht. 140 cm, Larg. entre 32 et 55 cm, ép. 20 cm env., Photo H. Pires.	274
FIG. 66.	Sesterce (revers) frappé par Tibère pour commémorer la naissance de ses petits-fils jumeaux (22-23 apr. J.-C.), Oxford, Ashmolean Museum, Heberden Coin Room, Photo du Musée.	276
FIG. 67a/b.	Sesterce (avers/revers) représentant Feconditas (161 apr. J.-C.), Avenches, Musée romain, inv. M1944, Photo MRA, Fibbi-Aeppli, Grandson.	277
FIG. 68.	Monnaie en argent, IVLIA-AVGVSTA, Buste avec drapé n.r. Rs : SAECVLI-FELICITAS, Isis Lactans avec l'enfant Horus, *RIC* 572, Copyright © 2023 Coin Archives, LLC.	278
FIG. 69.	a et b Statuette de femme avec un enfant sur les genoux à qui elle tend un biberon (haut. conservée 9,9 cm), datée entre 500-450 av. J.-C., provenance inconnue, Genève, Musée d'art et d'histoire, inv. A 2003-11dt. Photo © Musée d'art et d'histoire, ville de Genève, A. Longchamp.	282
FIG. 70.	Groupe de deux statuettes devant un foyer de cuisson, terre cuite, début Ve s. av. J.-C., Boston, Museum of Fine Arts, INV. 01.7788.	283
FIG. 71.	a, b Biberon dit en forme de tasse, selon Dubois 2016, cat. IVe-VAS6 production attique, provenance inconnue, Cambridge, Fitzwilliam Museum, inv. GR.6.1929, © 1998-2015 Fitzwilliam Museum.	283
FIG. 72.	Femme donnant le bain à un bébé. L'une des statuettes en terre cuite trouvée dans la tombe d'un nourrisson (2514), Nécropole de Lipari, Musée Eoliano, Lipari, Photo Davide Mauro — Travail personnel, CC BY-SA 4.0, https://commons.wikimedia.org/w/index.php?curid=65132837.	285
FIG. 73.	Ensemble de statuettes en terre cuite (deux sur trois), tombe d'enfant 2516, Nécropole de Lipari, Lipari, Musée Eoliano, Photo Davide Mauro — Travail personnel, CC BY-SA 4.0, https://commons.wikimedia.org/w/index.php?curid=65159675.	286
FIG. 74.	Relief de la brebis au biberon (haut. 95 cm, larg. 81 cm, ép. 11 cm), inv. 604, Ier siècle après J.-C., Musée d'Art et d'Histoire de Vienne, Photo © KHM-Museumsverband.	288
FIG. 75.	Relief en marbre avec lionne allaitant ses petits (haut. 95 cm, larg. 81 cm, ép. 10,2 cm), inv. 605, Ier siècle après J.-C., Musée d'Art et d'Histoire de Vienne, Photo © KHM-Museumsverband.	289
FIG. 76.	Relief de la laie. Ier siècle après J.-C., Musée Archéologique de Palestrina, Photo S. Jaeggi-Richoz.	291
FIG. 77.	a et b Fragment d'un relief en marbre, face, Museum of fine Arts of Budapest, Bencze 2012, b. Tranche, Budapest, Museum of fine Arts of Budapest, Photo H. R. Goette.	292
FIG. 78.	Coupe des reliefs, respectivement à la brebis et à la lionne, d'après STROKA 1965, p. 88, fig. 1 et 2.	293

Fig. 79.	Face arrière du relief à la brebis, d'après Stroka 1965, p. 88, fig. 4.	294
Fig. 80.	Face arrière du relief à la lionne, d'après Stroka 1965, p. 88, fig. 3.	295
Fig. 81.	Détail du relief à la laie, montrant les trous d'écoulement de l'eau dans le museau de la laie et du marcassin situé sous sa patte avant droite, Photo S. Jaeggi-Richoz, détail.	296
Fig. 82.	*Ara Pacis*, relief Est avec Tellus, enfants, vache et brebis, Photo S. Jaeggi-Richoz.	297
Fig. 83.	Reconstruction du forum de Préneste, d'après le dessin de Marucchi (1932), reproduit par Coarelli 1996, p. 461, n° 221.	297
Fig. 84.	Panneaux du calendrier de Verrius Flaccus, provenant de Préneste, Musée national romain, Photo Marie-Lan Nguyen (2009), CC BY 2.5, https://commons.wikimedia.org/w/index.php?curid=8780392	298
Fig. 85.	Exèdre avec bâtiment permettant l'approvisionnement en eau de la fontaine (E) et absides latérales ayant contenu les panneaux animaliers (A), reproduit par Coarelli 1996, p. 461, n° 222.	299
Fig. 86.	a. et b. Parallèle entre une scène naturelle de la brebis qui tète sa mère. Photo Johnson.	300
Fig. 87.	Musée Bible+Orient, Fribourg, inv. VFig 1998.11, *Bible+Orient à livre ouvert*, p. 47, fig. 31a, © Musée Bible+Orient.	301
Fig. 88.	Peinture murale représentant un paysage sacro-idyllique, Boscotrecase, villa d'Agrippa Postumus, *cubiculum* 16, Museo Nazionale di Napoli, Photo The Yorck Project (2002)	302
Fig. 89.	a et b. *Aureus* d'Octave, frappé en 42, revers montrant Énée portant Anchise, *RRC* 494/3a © BNF.	303
Fig. 90.	Ensemble architectural formé par le mausolée d'Auguste, le Panthéon d'Agrippa, l'*Ara Pacis* et l'*Horologium*, d'après La Rocca 2014, 129, n. 5.	304
Fig. 91.	*Ara Pacis*, face ouest, côté droit de la porte d'entrée de l'autel, arrivée d'Énée au Latium et sacrifice de la truie, Photo Sailko — Travail personnel, CC BY 2.5, https://commons.wikimedia.org/w/index.php?curid=870033.	306
Fig. 92.	Relief restitué figurant le Lupercal, Ara Pacis, Rome, d'après Dardenay 2010, p. 97, fig. 37.	307
Fig. 93.	*Ara Casali*, autel de marbre gris clair (haut. 68 cm, larg. 38 cm, prof. 33 cm), Museo Pio Clementi, By Lalupa - Own work, CC BY-SA 4.0, https://commons.wikimedia.org/w/index.php?curid=46754784 retravaillée.	308
Fig. 94.	Peinture murale représentant Mars en armes descendant vers Rhéa Silvia endormie. Paroi nord du *Cubiculum* de la maison de M. Fabius Secundus (haut. 114 cm, larg. 94 cm), Pompéi, regio V, insula 13, Naples, Museo Nazionale Romano, Sites & Photos / Shmuel Magal / Alamy Banque D'Images.	309
Fig. 95.	*Ara pacis*, face sud avec procession, Photo Sailko — Travail personnel, CC BY 2.5, https://commons.wikimedia.org/w/index.php?curid=870021.	311
Fig. 96.	*Ara Pacis*, panneau de la façade est, avec Roma assise en armes ; Rome, Musée de l'*Ara Pacis*, Photo S. Jaeggi-Richoz.	312

FIG. 97. Représentation de Roma, Autel de la gens Augusta, Retrouvé à Carthage, près du forum, Par Pradigue — Travail personnel, CC BY-SA 3.0, https://commons.wikimedia.org/w/index.php?curid=24578282 313

FIG. 98. Base de la colonne antonine du Champ de Mars, Rome, *Musei Vaticani*, Photo Lalupa — Travail personnel, CC BY-SA 3.0, https://commons.wikimedia.org/w/index.php?curid=2797585. 314

FIG. 99. Chalcédoine avec Télèphe allaité par la biche, Staatliche Münzsammlung München Photo © Musée (Dulière 1979, fig. 72, cat. G26). 317

FIG. 100. a. Monnaie en bronze, Tégée (Arcadie), b. au revers Télèphe et la biche. Photo BNF libre de droit. 318

FIG. 101. Miroir avec louve allaitant deux jumeaux, MASSA-PAIRAULT 2011, fig. 2, dessin d'après CARANDINI, CAPPELLI 2000. 319

FIG. 102. Denier de Sextus P. Fostlus, Rome, 137 av. J.-C., Avers : la tête casquée de Roma, Revers : la Louve allaitant Rémus et Romulus, Copyright © 2023, Coin Archives, LLC. 322

FIG. 103. Denier de l'*Augurium Romuli*, Siscia, 277 ap. J.C., Avers : Buste de Probus radié et cuirassé à droite, Revers : Louve debout allaitant Rémus et Romulus, RIC n° 703, Copyright © 2023, Coin Archives, LLC. 322

FIG. 104. Ciste de Palestrina en bronze, découverte à Rome, ayant pour ornementation à la base des pieds Caeculus tétant une lionne. Il porte une grosse bulla qui pend sur son bras droit, Ve s. av. J.-C., Ht. 51 cm, Diam. 30,3 cm, Berlin, Staatliche Museum, inv. 6236, Photo Staatliche Museen zu Berlin, Antikensammlung / Norbert Franken, CC BY-SA 4.0. 325

FIG. 105. Vase à bec de forme trapue, datée du IVe s. av. J.-C., contexte de découverte non connu, Capoue, Museo Campano, d'après MOREL 1981, p. 316, pl. 135, forme 4422b1. 330

FIG. 106. Cruche à deux anses, communément appelée gargoulette (haut. 17,8 cm, lar. 22,4 cm), provenance Antinoé (Égypte), ADL8179, Limoges, Musée Adrien Dubouché, Photo © RMN-Grand Palais (Limoges, musée national Adrien Dubouché) / Michel Urtado. 331

FIG. 107. Biberon en céramique décoré, La Poya (Suisse), Ht 7,8, Larg. 7,5 cm, probable sépulture, inv. 8802, Photo © Service archéologique de l'Etat de Fribourg (SAEF). 336

FIG. 108. Biberon en verre, Fréjus, Ht 11,1, Larg. 9,0 cm, inhumation d'un enfant d'environ 7 ans, PAULB T125, n° 1, Photo Philippe Folliot, CNRS/Centre Camille Jullian. 337

FIG. 109. Biberon en verre, Breny, Ht 9,8, Larg. 6,8 cm, inhumation d'un adulte, Saint-Germain-en-Laye, Musée d'Archéologie nationale et Domaine, inv. 41202, Photo R. Jaeggi. 338

FIG. 110. Dessin du biberon découvert sur le forum de Rome et dans le dépôt votif de Santa Maria in Vittoria, Quirinal, Ht 7,5, diam. max 7,5 cm, daté 300 + /-50 d'après MOREL 1994, p. 389 (type 5811a et forme 99). 339

FIG. 111. a et b L'un des vases dits *gutti* apuliens, vue de profil et de dessous qui présente un orifice, vernis noir, médaillon représentant Héraclès se battant contre un serpent, British Museum, 1836,0224.396, entre 320-300

	av. J.-C., Photo a © The Trustees of the British Museum, Photo b, d'après Snijder 1933-1934, pl. 2, fig. 7.	340
Fig. 112.	a et b Biberon à tubulure interne, céramique vernissée noire, origine probablement étrusque, IVe siècle av. J.-C., conservé au MAH de Genève © Musées d'art et d'histoire, Ville de Genève.	340
Fig. 113.	Askos type Hayes 123, argile orangée, IIe s. -IIIe s. apr. J.-C., production d'Afrique du Nord, Musée du Louvre, conservé au Musée national Adrien Dubouché (long term loan), Limoges, inv. ADL 7.795, Ht : 8 cm (hauteur avec anse) ; Long. : 13 cm, Larg. : 5,7 cm, Photo © Musée du Louvre / Antiquités grecques, étrusques et romaines.	341
Fig. 114.	Vase anthropomorphe découvert dans une tombe de Tarente, « Un biberon messapico a forma di maiale », *Il Fatto storico*, Dicembre 15, 2013, [en ligne] https://ilfattostorico.com/2013/12/15/un-biberon-messapico-a-forma-di-maiale/#:~:text=Gli%20archeologi%20italiani%20hanno%20scoperto,Illiria%20verso%20il%201.000%20a.C. (consulté le 25.07.2023), Photo et conservation Soprintendenza per i Beni Archeologici della Puglia, Licenza Creative Commons.	342
Fig. 115.	Assemblage d'un « guttus » et d'un « askos », British Museum, inv. 2073, d'après Snijder 1933-1934, pl. IV, fig. 16.	343
Fig. 116.	Biberon en verre en forme d'oiseau, découvert à Amathus, Chypre, British Museum, inv. 1894,1101.337, Ht. 8.6 cm, Long. 8.6 cm, Diam. 3.7, Photo © The Trustees of the British Museum, CC BY-NC-SA 4.0.	344
Fig. 117.	Vase à poudre cosmétique en verre, forme d'oiseau, Ht : 9 cm, Diam. 175 cm, Musée du Louvre, inv. CP9051, Photo (C) RMN-Grand Palais (musée du Louvre) / Hervé Lewandowski.	344
Fig. 118.	Dessin d'un Guttus d'après Anthony Rich, *Dictionnaire des Antiquités romaines et grecques*, 1883, s.u. « guttus ».	346
Fig. 119.	Guttus à large bec et médaillon central © Antikenmuseum Basel und Sammlung Ludwig, Photo Ch. Dittmar.	347
Fig. 120.	L'un des deux objets en céramique appelés « lampadine » par leurs découvreurs en 1833, provenant de la maison des Chapiteaux à Pompéi et conservés au Museo Archeologico Nazionale di Napoli © Centre Jean Bérard.	348
Fig. 121.	Corne ayant servi à l'allaitement des enfants munies d'une tétine (de chèvre ?), Objet conservé au Musée de l'Assistance Publique – Hôpitaux de Paris, crédit Photographique APHP/F. Marin.	352
Fig. 122a.	Biberon du style de celui de Lillebonne reproduit par Lecaplain 1912, p. 222, fig. 1 et 2, découvert à Rouen et conservé au Musée Flaubert et d'histoire de la médecine de Rouen. Photo © Musée Flaubert et d'histoire de la médecine, CHU Rouen.	353
Fig. 122b.	le biberon et sa rondelle, montage d'après Lecaplain 1912.	353
Fig. 123.	Expérimentation avec l'un des biberons de Bourges par une femme allaitant, Photo N. Rouquet.	364

Fig. 124. Gravure de tire-lait du type de celui décrit par Ambroise Paré et son emploi, dans Ognibene Ferrari, *De arte medica infantium libri quatuor*, édité par F. et P. Maria, Brescia, 1577, p. 31 © BIU Santé, Paris. 366

Fig. 125. Dessin du vase à bec utilisé par G. A. S. Snijder pour les tests en tant que tire-lait, d'après Snijder 1933-1934, p. 45, fig. 17. 367

Fig. 126. Vase à long tube de Zadar, conservé au Musée de la ville, d'après Gourevitch 1990, p. 93, fig. 1. 368

Fig. 127. Biberon en céramique vernissée noire, avec tubulure interne et bec souligné par deux boules qui le font ressembler à un phallus, British Museum, 3340, d'après Snijder 1933-1934, pl. III, fig. 15. 371

Fig. 128. Vase biberon en céramique rouge, Haute Égypte, Naqada I, British Museum, inv. EA58220, © The Trustees of the British Museum. 378

Fig. 129. Biberon à décor pointillé, Tepe Sialk (Iran), contexte d'habitat, Musée du Louvre, inv. AO 17858, Base de données Atlas en ligne © 2008 Photo RMN / Franck Raux 378

Fig. 130. Deux biberons provenant de la tombe de jumeaux, Jebel Moya, (Soudan), d'après Addison 1949, p. 88, fig. 63. 379

Fig. 131. Biberon, Mari, extérieur du temple d'Ishtar, maison secteur est, IIIe millénaire avant J.-C, Musée du Louvre inv. AO 18488, Base de données Atlas en ligne, © 2006 Photo RMN / Franck Raux. 379

Fig. 132. a et b. Biberon en faïence bleue et b. dessin de son décor déroulé, Licht (Égypte), MET, Rogers Fund, 1944. 380

Fig. 133. Biberon avec passoire, Ras Shamra-Ougarit (Syrie), XIVe s. av. J.-C., production chypriote, Musée du Louvre, inv. AO 13140, Base de données Atlas en ligne, © 2009 Photo RMN / Franck Raux. 381

Fig. 134. Biberon en terre cuite peinte de lignes noires, rouges et blanches, découvert à Chypre en 1885 (Mycénien Récent III A/B, vers -1400/-1200 av. J.-C.). Collection Les Pêcheries, musée de Fécamp, legs Léon Dufour (1928), inv. FEC.1058 © cliché Philippe Louzon. 382

Fig. 135. Biberon en forme de tasse avec passoire, décor peint, daté entre 700 et 650 av. J.-C., Musée National d'Athènes, Photo S. Jaeggi-Richoz. 383

Fig. 136. Enchytrisme (inhumation en vase) d'enfant avec biberon (W4524), Himère, d'après Vassalo 2016, p. 51, pl. 1.2. Photo S. Vassalo. 384

Fig. 137. Biberon de type *krateriskoi*, faisant partie de la production la plus ancienne du site d'Himère 5VII-VIe siècle av. J.-C.), d'après Vassalo 2016, p. 54, table 2, fig. 1, RA35. Photo S. Vassalo. 385

Fig. 138. Biberon produit à Himère entre le VIe et le Ve siècle, décor noir sur la partie supérieure du vase, d'après Vassalo 2014, p. 271, fig. 12, L15. Photo S. Vassalo. 386

Fig. 139. Dessin d'un vase lenticulaire de Ruvo di Puglia, type Morel 8115a, d'après Morel 1994, pl. 208. 388

Fig. 140. Vase biberon à tubulure interne, Himère, d'après Vassalo 2014, p. 271, fig. 12, RO393. Photo S. Vassalo. 389

Fig. 141. *Guttus* à muffle de lion, épave du Grand Congloué, Marseille, IIIe-IIe siècles av. J.-C. Ht 6,5, diam. 8,5 cm, d'après Benoit 1954, p. 51, fig. 12. 390

FIG. 142.	Les différents types d'*askoi* d'après KOHOUTKOVÁ 1989, p. 81.	391
FIG. 143.	Askos antropomorphisé, IIIe siècle av. J.-C. Carthage, Musée Bardo, Photo E. Dodinet.	392
FIG. 144.	Biberon en céramique, nécropole de Povegliano Veronese, tombe 86, Photo S. Jaeggi-Richoz, vers 200 av. J.-C.	392
FIG. 145.	Vase biberon en forme de tasse, Glisy (France), contexte d'habitat, dépotoir ?, vers 750 av. J.-C., Dessin J.-P. Roussel, in *Glisy, Les Terres de Ville, document de synthèse*, 2000, fig. 62.	394
FIG. 146.	Vase biberon, Gondreville « Le Cocluchon », mobilier céramique de F.11, Tr.8, époque laténienne (IV-IIIe s. av. J.-C.), inédits, dessins Sandrine Riquier, Inrap.	395
FIG. 147.	Vase biberon découvert en contexte votif, dessin G. Fercoq du Leslay, CHAIDRON et FERCOQ DU LESLAY 2013, p. 228.	396
FIG. 148.	Vase biberon, Saint-Pierre les Martigues, habitat, 150 à 50 av. J.-C., d'après DICOCER 1993, CNT-Pro A28 p. 315, dessin LAGRAND 1979, fig. 13. N° 7.	397
FIG. 149.	Schéma descriptif des différentes parties des vases (S. Jaeggi-Richoz).	405
FIG. 150.	Schéma des cols différenciés (S. Jaeggi-Richoz).	405
FIG. 151.	Schéma explicatif des types de carènes (S. Jaeggi-Richoz).	406
FIG. 152.	Nommer les parties d'un vase biberon, exemple d'après le biberon de Lussy, (CASTELLA *et al.* 2012, p. 205, fig. 204, schéma S. Jaeggi-Richoz).	407
FIG. 153.	Différence entre sillon et gorge, schéma d'après MOREL 1994, p. 71.	407
FIG. 154.	Types Lez 114, Lez 115, d'après BET, FENET et MONTINERI 1989, p. 49, fig. 7.	409
FIG. 155.	Typologie des biberons d'Avenches, d'après CASTELLA et MEYLAN-KRAUSE 1994, p. 105.	409
FIG. 156.	a et b. Typologie Rouquet, d'après ROUQUET et LORIDANT 2000, p. 429-430, fig. 5 et 6.	410
FIG. 157.	Typologie proposée par l'auteure.	411
FIG. 158.	Dessin ÉCHALLIER 1973, avec ajouts des vases 1, 3 et 7 par l'auteure.	412
FIG. 159.	Dessin explicatif des caractéristiques des panses (S. Jaeggi-Richoz).	413
FIG. 160.	Panses présentant des carènes multiples (S. Jaeggi-Richoz).	414
FIG. 161.	Schéma des différentes compositions permises par notre typologie (S. Jaeggi-Richoz).	415
FIG. 162.	Positions des anses 1, 2 et 3, selon un système qui va dans le sens des aiguilles d'une montre (S. Jaeggi-Richoz).	416
FIG. 163.	Biberon produit à Vichy dont la partie basse de la panse est moulé et présente un décor de petits animaux-cerfs (?) – courant surmontés par une ligne perlée et une rangée de demi-lunes, d'après CORROCHER 1983, p. 29. pl. XIV.	420
FIG. 164.	Décor d'un vase à bec de Vichy, d'après CORROCHER 1983, p. 29. pl. XII, 11.	421
FIG. 165.	Petite cruche en céramique plombifère, type Déchelette 61, d'après CORROCHER 1983, p. 18, pl. 6.	422

Fig. 166.	Biberon au décor peint à la main, présentant à l'arrière une petite tresse ou queue ?, Ht. : 6,7, Larg. 6,4 cm, provenance inconnue, Saint-Germain-en-Laye, Musée d'Archéologie nationale et Domaine, 13555.338, Photo R. Jaeggi.	423
Fig. 167a.	Vase « miniature » engobé de blanc et marqué par un trait rouge en son centre, il porte une inscription sur l'épaule, transcrite MVSARVMLEGESNODENT / LVPINOSXDABOVNT (CIL. XIII.10017, 38), Ht. 6,0 Larg.7,7 cm, Périgueux, Musée gallo-romain Vesunna, E97/G.166. Collection musée Vesunna, Périgueux. Cl. B. Dupuy.	424
Fig. 167b.	Vase « miniature » de Périgueux, vue d'en haut sur l'inscription. Collection musée Vesunna, Périgueux. Cl. B. Dupuy.	425
Fig. 168a.	Biberon découvert à Trèves, conservé au Rheinischen Landesmuseum Trier, EV 33.780, Photo Thomas Zühmer, Generaldirektion Kulturelles Erbe Rheinland-Pfalz.	426
Fig. 168b.	Dessin du biberon EV 33.780 et rendu de son inscription, d'après Symonds 1992, fig. 13, groupe 47, n° 686.	426
Fig. 169a.	Biberon découvert à Cologne, conservé au Rheinischen Landesmuseum Bonn. Cliché J. Vogel, LVR-Landes Museum Bonn.	427
Fig. 170.	a et b. Test de quantité et de consistance, d'après la recette utilisant du lait et du miel, expérimentation et Photo S. Jaeggi-Richoz.	430
Fig. 171.	a et b. Test de quantité et de consistance, d'après la recette utilisant du vin et du miel, expérimentation et Photo S. Jaeggi-Richoz.	431
Fig. 172.	Pots à Lykion en plomb, Ht : 2,75 cm, Athènes, probablement IIIe s. av. J.-C., British Museum © R. Jackson (extrait de Pardon-Labonnelie 2013, pl.VI, fig. 2).	432
Fig. 173.	Petits pots en céramique découverts dans la maison du chirurgien à Rimini. Musée de la maison du chirugien, Rimini, Photo © Museo domus del chirurgo.	432
Fig. 174.	Biberon de Puyloubier, Université d'Aix-Marseille, Mocci et al. 2007-2009, fig. 50, Photo P. Groscaux.	442
Fig. 175.	Biberon de Lully (Fribourg, Suisse), Ht. 5,7 cm, milieu Ier-fin IIe siècle, © Service archéologique de l'Etat de Fribourg (SAEF). Photo C. Zaugg.	443
Fig. 176.	Biberon du lieu-dit En Chaplix, Avenches (Vaud, Suisse), Ht : 8,2, Larg. 7,5 cm, découvert dans la tombe de Visellia Firma, âgée d'un an et 50 jours d'après l'inscription de la stèle funéraire retrouvée *in situ* © AVENTICVM – Site et Musée romains d'Avenches.	444
Fig. 177.	Biberon en céramique caréné, à engobe blanc et lignes horizontales, daté entre 50-100, découvert à Zurzach (Suisse) dans une sépulture à crémation d'adulte, Bad Zurzach, Höfli Museum, FNr 554, Photo S. Jaeggi-Richoz.	445
Fig. 178.	Biberon de Bad Zurzach, Ht 7,0 Larg. 7,6 cm, FNr. 555, Photo S. Jaeggi-Richoz.	446

FIG. 179.	Biberon fragmentaire en céramique micacé, qui lui donne un aspect doré, provenant de la villa romaine d'Orbe, fin IIe-IIIe s., Musée cantonal de Lausanne, inv. OB88/4566-3 et OB88/4568-1, Photo S. Jaeggi-Richoz.	447
FIG. 180.	Biberon du lieu-dit Pré-Donnes à Avenches (Vaud, Suisse), © AVENTICVM – Site et Musée romains d'Avenches.	448
FIG. 181.	Typologie d'A. Moirin, *Catalogue des formes fermées*, p. 419-423. Respectivement types BCub 9.7A (I-IIe siècle), BCub 9.7B (IIe siècle ?) et BCub 9.7C (Ier siècle ?), d'après MOIRIN 2005	449
FIG. 182.	*Guttus*, groupe A (1), B (2), C (3), D (4) d'après CALVI 1968, p. 117, pl. D.	449
FIG. 183.	Biberon en verre à anse pincée. Haut. 6,4 cm, Larg. 8,6 cm, Diam. : 0.073 cm, Ier-IIe siècle apr. J.-C., Saint-Germain-en-Laye, musée d'Archéologie nationale et Domaine national de Saint-Germain-en-Laye, inv. MAN15086, Photo (C) RMN-Grand Palais (musée d'Archéologie nationale) / Jean-Gilles Berizzi.	450
FIG. 184.	Vase à bec en verre, en deux couleurs contrastées, Cimetière ouest de Vardari, III-IVe siècle, Archaeological Museum of Thessalonki, inv. Mθ517 Photo © Musée.	451
FIG. 185.	Vase en forme d'oiseau, époque géométrique, Ht : 9,5 cm ; Long. : 18 cm, lieu de découverte : Larnax Lapithou, Musée du Louvre, inv. AM 631 © 2009 Musée du Louvre.	453
FIG. 186.	Askos en forme de canard : génie féminin ailé, Peintre de Montediano, entre 330 et 310 av. J.-C., Musée du Louvre, Cp 3670, Photo © RMN-Grand Palais / Les frères Chuzeville	454
FIG. 187.	Askos en forme de canard, Campanie, Italie du sud, Ht 13,1 cm (5 3/16 in.), 310-280 av. J.-C., Malibu, The J. Paul Getty Museum, 96.AE.242, présent de Barbara et Lawrence Fleischman, Creative Commons Attribution 4.0 International License.	455
FIG. 188.	Stèle funéraire de Stèle de Demainete, vers 310 av. J.-C., Malibu, The J. Paul Getty Museum, 75.AA.63. Creative Commons Attribution 4.0 International License	456
FIG. 189.	Stèle de Florence d'Hateria Superba, Inscription : *Diis(!) Manibus / Hateriae Superbae quae / vixit anno I me(n)sibus VI dieb(us) XXV / feceru<nt = M> parentes infelicissimi / filiae suae / Q(uintus) Haterius Ephebus et Iulia Zosime sibi et suis / diis(!) Manibus locus occupatus / in fronte p(edes) VII in agro p(edes) IIII*, Ht. 97, Larg. 69, Prof. 48 cm, seconde moitié du Ier siècle, Galerie des Offices, inv. 942, Photo © Galerie des Offices.	457
FIG. 190.	Génie proposé comme parallèle possible à la divinité du temple de Flühweghalde à Augst, Château de Saalburg, Photo du musée (RIHA 1980, p. 24, fig. 15).	470
FIG. 191.	Augst. Proposition de restitution de la statue de culte, d'après NEUKOM et SCHAUB 2013, 107, fig. 9.	472
FIG. 192.	Dessin des biberons découverts dans l'anse Saint-Gervais, à Fos-sur-Mer, par un plongeur, Cécil Blanès, dans les années 1980, au milieu de	

	céramiques datant de l'époque augustéenne au début du IIIe siècle, d'après MARTY 2002, p. 216, fig. 12.	473
FIG. 193.	Photo du biberon de Fos-sur-Mer F. Marty. inv. 1 BLA 2739.	475
FIG. 194.	Biberon de Carthago Nova. D'après QUEVEDO-SANCHEZ 2010, p. 20175, fig. 1.	477
FIG. 195a.	Valérie Martini donnant le biberon à son fils Tristan à l'aide de la réplique d'un biberon de type sigillée. b. expérimentation de la fonction de tire-lait. Photo S. Jaeggi-Richoz.	483
FIG. 196.	Sépulture d'un enfant décédé entre 2 et cinq ans. Marennes. Différentes figurines, des bijoux en or dont un pendentif en forme de massue et une bulla, d'après BEL 2012, p. 213, fig. 18.	488
FIG. 197.	Évreux, nécropole du Clos-au-Duc, squelette d'un individu féminin avec un biberon au niveau déposé au niveau du pubis. Photo Sylvie Pluton-Kliesch.	506
FIG. 198.	Endroits choisis pour le prélèvement des tissus osseux selon E. Herrscher, d'après HERRSCHER 2003, p. 181, détail de la fig. 6.	517
FIG. 199.	Emplacement dans l'angle du cercueil, du biberon de Lully, Plan d'après CASTELLA et al. 2012, p. 52.	531
FIG. 200.	Amiens, La Vallée, squelette d'un jeune homme dont la tête repose sur un biberon (sép. 3006), d'après BINET et al., Rapport de fouilles, 2011, fig. 74.	534
FIG. 201.	Martigny, vue de la sépulture 30 qui montre l'emplacement du biberon près du corps, d'après LOUP 2004, p. 55.	535
FIG. 202.	a et b. Sépulture SP22 de Beaumont, Champ-Madame ; la tombe et son mobilier céramique (cl. G. ALIX ; dessins et dao A. Wittmann, Inrap).	536
FIG. 203.	a et b. Sépulture SP7 de Beaumont, Champ-Madame ; la tombe et son mobilier céramique. (cl. U. CABEZUELO, Inrap ; dessins et dao A. Wittmann, Inrap).	537
FIG. 204.	Ensemble composé du tondo, des deux biberons et d'une cruche miniature réalisés en terre blanche, Bad Zurzach, Photo Roth-Rubi.	539
FIG. 205.	Douai, intérieur de la sépulture à crémation 20 présentent le biberon et un gobelet, d'après HUVELLE et al. 2013, p. 97, fig. 42.	540
FIG. 206.	Éléments de tabletterie dont une dent de chien de la sépulture 169 d'un enfant âgé entre 6 mois et 2 ans, Marseille, Nécropole Sainte-Barbe, Photo M. Moliner.	551
FIG. 207a.	Biberon de Marseille à pâte clair, fragmenté et recollé, vue de face, nécropole de Sainte-Barbe, sépulture T 118, Photo R. Jaeggi.	567
FIG. 207b.	Biberon de Marseille, vue d'en haut sur la passoire, Photo R. Jaeggi	568
FIG. 208.	Biberon de Marseille à vernis noir, nécropole de Sainte-Barbe, sépulture T 232, Photo R. Jaeggi.	569
FIG. 209.	Biberon de Marseille et coquillage pecten jacobeus, sépulture T23. Infogr. M. Moliner.	570
FIG. 210.	Esvres, nécropole de La Haute-Cour, sépulture 305, ensemble composé de deux biberons et d'un aryballe en verre. Photo J.-Ph. Chimier.	581

Tableaux

Tableau 1.	Pline : administration des laits en fonction du type d'individu et des maladies.	93
Tableau 2.	Types généraux des vases à bec en verre. Échelle 1 : 2.	462
Tableau 3.	Typologie des biberons apodes avec anse. Les vases reproduits dans leur hauteur sont à l'échelle 1 : 2.	
Tableau 4.	Typologie des biberons à pied avec anse. Les vases reproduits dans leur hauteur sont à l'échelle 1 : 2.	
Tableau 5.	Classes d'âges selon Bernard Dedet (2008 et 2012), Valérie Bel (2012) et Sandra Jaeggi, en comparaison avec le classement du Pseudo-Hippocrate.	491
Tableau 6.	Terminologie et découpage des classes d'âge d'après Lewis 2007, p. 2, table 1.1.	493
Tableau 7.	Terminologie et découpage des classes d'âge d'après Rohnbogner et Lewis 2016, p. 211, table 2.	493
Tableau 8.	Rohnbogner et Lewis 2016, p. 211, table 2.	493
Tableau 9.	Nombre d'individus par classes d'âge.	502
Tableau 10.	Inhumations et crémation chez les immatures, les adultes et les indéterminés.	502
Tableau 11.	Pratiques funéraires des défunts aux biberons par classes d'âges.	503
Tableau 12.	Répartition de la vaisselle entre les différentes classes d'âge.	552
Tableau 13.	Le type de vaisselle en fonction de l'âge : les 0-6 mois.	553
Tableau 14.	Le type de vaisselle en fonction de l'âge : les 7-36 mois.	554
Tableau 15.	Le type de vaisselle en fonction de l'âge : les 37-72 mois.	555
Tableau 16.	Le type de vaisselle en fonction de l'âge : les 7-14 ans.	556
Tableau 17.	Le type de vaisselle en fonction de l'âge : les adultes.	559
Tableau 18.	Mobilier des sépultures à inhumation de la nécropole d'Avenches Castella et al. 1999, p. 89, fig. 103.	561
Tableau 19.	Mobilier des sépultures à crémation de la nécropole d'Avenches, En Chaplix, Castella et al. 1999, p. 65, fig. 64.	562
Tableau 20.	Analyses des biberons de Marseille.	571
Tableau 21.	Analyses des biberons d'Auvergne.	572
Tableau 22.	Analyse du biberon en verre de Tours. Dépôt départemental de Tours.	579
Tableau 23.	Analyses des biberons d'Esvres découverts par O. Bobeau entre 1905 et 1909.	580
Tableau 24.	Analyses des sept biberons dont un en verre plus un aryballe (tombe 305) découverts depuis 2008, Chimier 2009, 2012, 2013.	584
Tableau 25.	Analyses du biberon et de l'amphorette d'Auvours (sépulture 1348).	586
Tableau 26.	Analyses de deux biberons d'Avenches.	587
Tableau 27.	Analyses du biberon en verre de Bézannes, Photo Service Archéologie – Reims métropole.	589
Tableau 28.	Analyses du biberon et du gobelet de la sépulture 20 d'Iwuy. Huvelle 2013, dessins p. 95, fig. 41.	591
Tableau 29.	Analyses du biberon de la sépulture 5 de Puyloubier.	592

Tableau 30. Analyses du biberon de la sépulture 1270 de Saint-Vulbas. 593
Tableau 31. Analyses des deux biberons de la tombe 147 de la nécropole d'Avenches En Chaplix. 594
Tableau 32. Analyses des deux biberons de la tombe 132 de Zurzach. 595
Tableau 33. Analyses du biberon de Ribemont-sur-Ancre. 597
Tableau 34. Analyses du biberon de Balaruc-les-Bains. 598
Tableau 35. Analyses du biberon d'Ambrussum. 600
Tableau 36. Analyses du biberon d'Orbe-Boscéaz. 600
Tableau 37. Analyses du biberon de Mâlain. 602
Tableau 38. Analyses des deux biberons d'Arles. 603
Tableau 39. Les substances découvertes dans les biberons analysés, tout contexte confondu. Les chiffres indiquent le nombre de biberons concernés par chaque substance. 604

Cartes

Carte 1. Territoire choisi pour cette recherche (en couleur), délimité à l'est par le Rhin, à l'est par l'Océan Atlantique, au nord par la Manche, comprenant les quatre provinces avant leur réorganisation par Domitien. D'après Paul-Marie Duval 1979, p. 86, fig. 23. 402
Carte 2. Territoire étudié avec les lieux de découverte des biberons d'après Rouquet et Loridant 2000, p. 426, fig. 2. 403
Carte 3. Emplacement des ateliers identifiés, S. Jaeggi-Richoz. 435
Carte 4. Diffusion du type surbaissé (Les couleurs indiquent le nombre de biberons par endroits), S. Jaeggi-Richoz. 438
Carte 5. Diffusion du type globulaire, S. Jaeggi-Richoz. 439
Carte 6. Diffusion du type ovoïde, S. Jaeggi-Richoz. 440
Carte 7. Diffusion du type piriforme, S. Jaeggi-Richoz. 441
Carte 8. Diffusion des biberons en verre, tous types confondus, S. Jaeggi-Richoz. 463
Carte 9. Ateliers de verreries secondaires en France d'après Foy 2010, p. 27. fig. 18. 464
Carte 10. Situation du golfe de Fos d'après Marty 2002, p. 201, fig. 1. 474
Carte 11. Situation de l'épave du Rhône (AR3). À droite la ville avec son théâtre. D'après Marlier 2014, p. 24. 476
Carte 12. Zone funéraire de Champ-Madame, Beaumont. DAO P. Combes, Inrap. Jaeggi, Garnier, et Wittmann 2015, fig. 2. 573
Carte 13. Plan de l'aire funéraire de Gerzat, Le Pâtural (dao M. Brizard, Inrap), Jaeggi, Garnier et Wittmann 2015, fig. 7. 575
Carte 14. Plan de l'établissement rural de Pérignat-sur-Allier, Les Varennes, DAO Brizar, Inrap. Jaeggi, Garnier et Wittmann 2015, fig. 8. 576

Remerciements

Cet ouvrage n'aurait pu voir le jour sans le soutien d'un grand nombre de personnes, chercheurs ou/et amis que je ne peux nommer ici mais qui se reconnaîtront, j'en suis sûre, et que je tiens à remercier le plus sincèrement ! Mes remerciements vont particulièrement à mes deux directeurs de thèse, Véronique Dasen et Dominique Frère, sans qui je n'aurai pu partir à la recherche de ces sources de lait.

Introduction

> Souviens-toi, je t'en conjure, que tu m'as façonné comme de l'argile ; voudrais-tu me faire retourner en poussière ? Ne m'as-tu pas versé comme du lait et fait cailler comme du fromage ? Tu m'as revêtu de chair et de peau, et tu m'as lié avec des os et des tendons[1].

C'est ainsi que Job, au plus fort de sa détresse, évoque la brièveté de la vie de l'homme et toute forme de vie, en s'adressant à son créateur. À côté du modèle traditionnel de l'argile façonnée en premier homme, la lamentation de Job propose une autre représentation de la formation des enfants, celle du lait caillé. Dans cette image, le lait n'est pas le liquide nutritif du nouveau-né mais la matière même dont il est constitué et une substance créatrice. Cette conception de la fonction du lait nous est sans doute peu familière aujourd'hui, mais elle constitue un élargissement et un point de départ plus pertinent pour envisager le statut original de cette substance dans la culture gréco-romaine qui nous intéressera ici.

Ce livre a en effet deux enjeux qui sont étroitement liés. Le premier est de déconstruire notre vision moderne du lait, considéré exclusivement comme un *aliment* privilégié pour le *petit enfant* ; le second est de revoir l'usage d'un vase considéré par les archéologues comme un biberon ainsi que sa place dans la galactologie antique. Notre hypothèse est que, contrairement aux conclusions auxquelles sont arrivés les chercheurs, au bout de deux siècles d'études et de théories contradictoires, ce vase n'est pas l'équivalent du biberon rempli de lait de notre époque. Bien plus complexe, il faisait office de trait d'union entre les pratiques alimentaire, thérapeutique et… funéraire.

Le cadre de cette étude est le monde gréco-romain. Les sources étudiées dans cette enquête sont principalement textuelles et archéologiques. Pour les premières, nous avons retenu une fourchette chronologique large, afin de prendre en compte l'ensemble de la documentation relative à la formation, à l'alimentation et aux soins des tout-petits ; elle s'étend du ve s. av. J.-C. au vi^e s. apr. J.-C. Cet empan chronologique se justifie par l'état lacunaire de la documentation qui s'explique par le peu d'intérêt que les érudits ont manifesté aux minorités représentées par les enfants et leurs mères et aussi par la longue durée des pratiques médicales. Les archives archéologiques étudiées à la lumière des sources textuelles correspondent à un temps et à un espace plus circonscrit : le corpus retenu inclut l'ensemble des « vases biberons » découverts en Gaule romaine du Ier s. av. J.-C. au ve s. apr. J.-C. Ce territoire est alors une province romaine mais, contrairement à la région de

---

1 La Bible, Job 10.10.

Rome, il a pour particularité de compter un nombre important de vases « biberons ». Découverts surtout dans les tombes d'enfants, ces vases semblent correspondre à des pratiques grecques, observées à Athènes à l'époque classique et plus tard dans certaines colonies comme celle d'Himère (Sicile). Ce dossier soulève de nombreuses questions à la fois sur les rituels eux-mêmes impliquant ces vases, et sur l'interprétation des rapports existants entre l'usage gallo-romain et l'usage grec de ces objets. L'hypothèse tentante d'un transfert des pratiques de l'aire culturelle grecque à l'aire gallo-romaine se heurte en effet à un obstacle majeur, qui est l'absence apparente de toute médiation romaine, puisque ces objets ne sont absolument pas attestés dans le monde romain latin. Extrêmement complexe, la dernière nécessiterait de considérer un territoire élargi à la Méditerranée et aux aires culturelles étrusques et phénico-puniques, et doit faire l'objet d'un projet de recherche collectif. Nous nous concentrons sur deux problématiques principales : les conditions de l'usage quotidien de ces vases et leurs fonctions dans le cadre de l'alimentation-thérapeutique-soin (ATS) qui constitue à mes yeux un cadre global unique, à la fois du point de vue théorique et pratique ; et les motivations qui ont conduit à son dépôt dans les tombes.

La méthodologie choisie est pluridisciplinaire et inclut également des sources iconographiques, bien que leur nombre soit plus limité. Le corpus textuel étudié inclut en premier chef, les traités médicaux qui vont d'Hippocrate (ve s. av. J.-C.-Ier s. apr. J.-C.) à Célius Aurélien (ve s. apr. J.-C.) en passant par Soranos d'Éphèse (fin Ier s. apr. J.-C.) et Galien de Pergame (IIe s. apr. J.-C.). Il intègre aussi les traités sur les animaux d'Aristote (IVe s. av. J.-C.), l'*Histoire naturelle* de Pline l'Ancien (Ier s. apr. J.-C.) et le traité de pharmacologie de son contemporain Dioscoride. Plus éparses, les pratiques sociales de l'allaitement ont été glanées principalement dans les écrits de Caton (fin IIIe-début IIe s. av. J.-C.), de Plutarque (seconde moitié du Ier s.-début IIe s. apr. J.-C.) et d'Aulu Gelle (IIe s. apr. J.-C.) ainsi que dans les inscriptions funéraires et les contrats de nourrices d'Égypte romaine (papyrologie). Ces derniers ont l'avantage d'offrir des témoignages plus concrets et moins suspects du biais idéologique. L'allaitement des animaux est quant à lui documenté dans des récits mythologiques, d'Hésiode (VIIe s. av. J.-C.) à Virgile (fin Ier s. av.-début IIe s. apr. J.-C.). Humain ou animal, naturel ou artificiel, l'allaitement est aussi imagé sur des vases, des reliefs (monuments publics ou funéraires), des statuettes, des peintures, des mosaïques et des monnaies qui ont fait l'objet d'une recension à part.

Afin de mieux cerner les usages du vase énigmatique qui est au cœur de cette recherche, j'ai d'abord recensé, dans un catalogue, l'ensemble des vases découverts dans un territoire large, qui comprend, selon le découpage actuel, la France, la Belgique, les Pays-Bas, la Suisse, le Luxembourg et l'Allemagne. La délimitation Est de ce territoire est le Rhin. Disponible en ligne à l'adresse https://figshare.com/s/ef0e56519219b12e5b81, ce catalogue, qui compte plus de 700 pièces, donne une description de chaque vase, assortie de ses dimensions, de son contexte de découverte et, lorsque celui-ci est funéraire, du type de défunt qu'il accompagne (âge/sexe), du mobilier funéraire (vases et petit mobilier métallique, en os, verre ou autre) et de toutes les spécificités de la tombe (inhumation/crémation, pleine terre/cercueil en bois, en étain ou en pierre/emplacement, etc.). Les vases étant conservés dans de nombreuses institutions, je n'ai pu avoir accès personnellement à toutes les pièces. Je me fie alors à la documentation archéologique et, lorsqu'elle existe, anthropologique. Mis au jour lors de fouilles souvent anciennes, le matériel est malheureusement trop souvent mal contextualisé et les analyses ostéologiques complètement absentes, ce qui a conduit à doser la valeur de témoins des différentes pièces. Les résultats de mon enquête s'appuient également sur le recours aux « nouvelles technologies » appliquées à l'archéologie. Ma recherche relève avant tout de l'archéothanatologie, qui est à la source de progrès majeurs dans la valorisation et l'interprétation des tombes d'enfants. Des analyses biochimiques de contenu réalisées sur une quarantaine de vases « biberons » constituent un autre apport majeur de notre travail à l'analyse de ces objets. Puisque ces analyses nécessitent d'être interprétées avec les outils et les données de l'archéologie, je me suis appuyée sur les travaux de Dominique Frère sur les vases à parfum[2] et ceux liés au projet MAGI[3] sur les offrandes funéraires. Portant sur un nombre important de vases, ces recherches pionnières ont prouvé l'intérêt de ce type d'analyses qui remettent aujourd'hui en question la fonction « parfumante » de ces vases. En parallèle à ces analyses – et pour mettre en perspective les sources écrites –, mon étude s'appuie aussi sur les résultats d'analyses isotopiques réalisées sur une dizaine de sites qui s'inscrivent dans un espace spatio-temporel qui va des débuts de l'Âge du Fer en Grèce (centrale), au monde romain (Italie, Afrique du Nord, Bretagne romaine, Égypte, Espagne) et qui permettent aujourd'hui de déterminer l'âge au sevrage.

Portant sur le lait et le « biberon », mon étude se situe ainsi à la croisée de plusieurs champs d'études historiques dont la plus ancienne est l'histoire de la famille. Apparue dans les années 1960, cette discipline, influencée en France par la *Nouvelle Histoire*, s'est développée au sein de l'École d'histoire des Annales dans le courant d'anthropologie historique de la famille, sous le patronage de l'EHESS alors dirigée par Emmanuel Le Roy Ladurie[4]. Cette histoire est aussi celle de la maternité, qui met en évidence les « minorités » historiques et sociales que sont les femmes et les enfants, dans un système traditionnaliste où l'homme (au sens viril du terme) est resté la mesure de toutes choses. Des travaux pionniers en ce domaine ont été menés par Catherine Fouquet et Yvonne Knibiehler[5], portant sur les mères du Moyen-Âge à nos jours, et le sujet a donné lieu à des ouvrages parfois polémiques, comme celui d'Élisabeth Badinter sur l'histoire de l'amour maternel du XVIIe au XXe siècle[6].

Considérant l'enfant et sa mère, dans sa relation biologique et sociale, comme aussi son père et sa nourrice, ma recherche s'inscrit dans les travaux sur le corps et la parenté. Nés dans les années 1970, ces travaux ont largement bénéficié de l'approche comparative adoptée par les anthropologues qui se sont orientés vers une étude des identités et des relations sociales. Pensant alors les sociétés sous un regard universel, ce courant a été renouvelé, notamment par Françoise Héritier. Dans l'ouvrage collectif *Corps et affects*[7], codirigé avec Margarita Xanthakou, elle montre que la transmission des identités ne devait plus être vue, dans les différentes aires culturelles, comme découlant uniquement des façons dont les sociétés se représentent les fluides du corps (lait, sang, sperme), mais en considérant toute la dimension affective de la vie sociale. À la même époque, David W. Sabean, Jon Mathieu

---

2 FRÈRE 2015.
3 ANR MAGI – *Manger, boire, offrir pour l'éternité en Gaule et Italie préromaines* (en ligne) https://anr.fr/Projet-ANR-12-BSH3-0011 [consulté le 4 juillet 2023].
4 BURGUIERE 2006.
5 KNIBIEHLER et FOUQUET 1977.
6 BADINTER 1980.
7 HÉRITIER et XANTHAKOU 2004.

et Simon Teuscher offrent également dans *Kinship in Europe Approaches to Long-Term Development (1300-1900)* (2002) un nouveau regard sur la parenté. Selon eux, le cadre de la famille nucléaire doit être revu et élargi, pour les époques qui ont vécu les processus de modernisation (de la Renaissance à l'époque contemporaine), à un ensemble de relations sociales, de type financier, spirituel ou liées à la propriété terrienne[8].

Trait d'union entre la mère et l'enfant, *l'allaitement* est un sujet en soi au sein de ces différentes études. Il n'est pas seulement un cordon alimentaire, mais un vecteur social, idéologique, spirituel. Il est considéré comme un paramètre central des systèmes sociaux-politiques des différentes époques. La pratique accrue de la mise en nourrice au XVIIIe siècle et la forte mortalité qui en a découlé ont éveillé l'intérêt des modernistes. En 1976, Marie-France Morel soulignait dans un article « *Théories et pratiques de l'allaitement en France au XVIIIe siècle* », les conditions déplorables des petits citadins mis en nourrice à la campagne, pour y prendre « le bon air ». Trois ans plus tard, Emmanuel Le Roy Ladurie (1979) complétait ce sombre tableau en chiffrant précisément le nombre impressionnant de bébés décédés dans les hospices, lorsque les nourrices ne peuvent plus faire face à la demande et palier l'abandon des mères. Les publications portant sur l'Antiquité s'inscrivent dans le sillage de l'étude de Paul Demont qui offre une analyse linguistique du terme τρέφω (nourrir, faire croître, élever) associé à la τροφός (nourrice ou mère). Comme il le montre, le terme grec véhicule l'idée de faire prendre, « cailler », donc de nourrir mais aussi de soigner dans un cadre plus large, ce qui jette un doute sur la véritable fonction de la nourrice : allaitante ou non[9] ? Une dizaine d'années plus tard paraissent deux études germanophones qui portent surtout sur l'iconographie de la nourrice : l'une est de Hilde Rühfel « *Ammen und Kinderfrauen im Klassischen Athen*[10] », l'autre de Harald Schulze, *Ammen und Pädagogen. Sklavinnen und Sklaven als Erzieher in der Antiken Kunst und Gesellschaft*[11]. Toutes deux mettent en évidence le statut servile des acteurs de soin et s'interrogent sur l'implication de ce statut marginal – entre civilisé et non-civilisé –, sur les enfants, la plupart du temps de l'élite, dont ils ont la charge. À la suite de ces travaux, Sylvie Vilatte reprend le dossier des sources écrites pour savoir si la nourrice grecque était une véritable nourricière (*nutrix lactaria*[12]) ou une simple gouvernante (*nutrix assa*[13]), sans plus de succès[14]. Le sujet reprend en importance en 2010 mais sans parvenir à des conclusions, avec les articles de Vinciane Pirenne-Delforge[15] et de Patricia Birchler-Emery[16], rédigés dans les actes du colloque *Du monde des nourrices au réseau des mamans de jour*[17], organisé à Fribourg par Véronique Dasen et Véronique Pache-Huber en 2008. Les deux chercheuses abordent la figure de la nourrice par le biais, respectivement, des nourrices

---

8   Mathieu et Teuscher 2002.
9   Demont 1978.
10 Rühfel 1991.
11 Schulze 1998.
12 Le terme est attesté par l'épigraphie (CIL VI 27262). Il est traduit par *wet nurse* en anglais mais n'a pas d'éauivalent en français. Le terme de « nourrice humide », n'étant pas d'usage. Voir Dasen 2010b, notamment la note 3.
13 = nourrice sèche évoqué par l'épigraphie (CIL VI 29497).
14 Vilatte 1991.
15 Pirenne-Delforge 2010.
16 Birchler-Emery 2010.
17 Dasen ; Pache-Huber 2010, Publié sous le titre *Politics of Child Care in Historical Perspective. From the World of Wet Nurses to the Networks of Family Child Care Providers*.

divines, *Déméter, Hera, et autres déesses* et des vieilles femmes[18]. En s'appuyant sur plusieurs récits mythiques, V. Pirenne-Delforge montre l'importance de la nourrice et de la nourriture qu'elle dispense – telle l'ambroisie utilisée pour former le corps du jeune Démophon –, dans le développement de l'enfant qu'elle conduit jusqu'au faîte de sa maturité physique et donc au mariage. Quant à P. Birchler-Emery, elle propose de voir dans la représentation de la vieille femme, qui prend le relais de la jeune nourrice de l'époque archaïque, un être démonique à l'image des figures protectrices de l'enfance, pathèques et démons ventrus.

Comme l'ont montré ces différents travaux, l'iconographie est tout aussi utile que les textes à la compréhension de cette figure. Peu nombreuses dans le monde grec, quel que soit le support (vases, reliefs, grande statuaire, coroplathie, etc.), les représentations de femmes allaitantes sont plus foisonnantes déjà aux époques pré-romaines. Nombreuses sont les statuettes offertes dans les sanctuaires dédiés à la maternité. Les travaux majeurs portant sur le monde étrusque sont, depuis les années 1980, ceux de Larissa Bonfante[19]. Aux côtés des femmes allaitantes, figurent des personnages courotrophes (figures généralement féminines portant un enfant, dans les bras ou sur les genoux). Ceux de Grande-Grèce et de la région du Latium ont fait l'objet d'un recensement important par Sandrine Ducaté-Paarman[20] et ceux de Sicile (où les statuettes de femmes avec enfant sont nombreuses) ont été récemment étudiés par G. Pedrucci[21]. À ces travaux et à l'ouvrage *Maternità e allattamenti nel mondo greco e romano* également de G. Pedrucci[22] s'ajoute la thèse d'Émilie Thibaut (*Les rites féminins dans les sanctuaires du Latium et de l'Étrurie méridionale, IVe siècle av.-Ier siècle apr. J.-C.*[23]) qui s'intéresse non seulement à la présence des statuettes de femmes avec enfants, mais aussi à celle d'ex-votos anatomiques découverts dans les sanctuaires de divinités chthoniennes.

L'allaitement animal occupe, lui aussi, une place importante dans ces recherches. Il soulève néanmoins des questions d'un autre ordre. Son association aux rites de fondations des villes en fait un élément de légende. Illustré par les sources littéraires, il l'est aussi par l'iconographie. Cécile Dulière a constitué un dossier assez complet consacré à la Louve romaine[24]. Apparaissant sur des monnaies et des monuments majeurs, l'iconographie de l'animal allaitant les jumeaux a aussi inspiré les travaux d'Alexandra Dardenay[25] sur les questions de transmission et de propagande politique des images à l'époque d'Auguste ; Francesca Prescendi[26] a montré, à la suite de Maurizio Bettini[27], les raisons qui ont conduit à choisir l'allaitement par un animal sauvage comme le signe d'un destin hors du commun ; et Jean Trinquier[28] propose une riche synthèse sur la question de l'allaitement par les animaux et la transmission des caractères par le lait[29].

---

18 *L'iconographie de la vieillesse en Grèce archaïque* (2004).
19 BONFANTE 1984a et b ; 1986 ; 1989 ; 1996.
20 DUCATÉ-PAARMAN 2003.
21 PEDRUCCI 2013a, b et c.
22 PEDRUCCI 2018.
23 THIBAUT 2015.
24 DULIÈRE 1979.
25 DARDENAY 2013.
26 PRESCENDI 2017.
27 BETTINI et BORGHINI 1979.
28 TRINQUIER 2017.
29 À eux tous, et à celles et ceux qui m'ont inspirée et soutenue – de A à Z – durant ce travail, j'adresse le plus grand des mercis !

L'histoire de l'allaitement comprend une partie mineure dédiée à l'allaitement artificiel. Dans les années 1980, Valérie Fildes publie ainsi deux livres sur l'histoire de l'allaitement, dont le premier est *Breasts Bottles and Babies. A History of Infant Feeding*[30]. Ces deux ouvrages sont aujourd'hui des références à la fois par la masse des sources considérées, pour des époques qui vont de l'Antiquité à aujourd'hui, et par la prise en compte de civilisations moins souvent traitées, comme celle de l'Inde. L'étude de V. Fildes se place dans le mouvement engagé par les médecins de la fin du XIXe siècle tel Gustave-Joseph-Alphonse Witkowski[31] et, un demi-siècle plus tard, Dieter Klebe et Hans Schadewaldt[32]. Interpellés par le nombre croissant de vases biberons découverts lors des fouilles, ces hommes émoustillés par la nouveauté et poussés par l'érudition ont engendré un mouvement positif qui a conduit à expérimenter les objets dans le cadre de cliniques gynécologiques. Le biberon suscite aussi la curiosité de Danielle Gourevitch qui s'intéressera à leur forme, à leur nom, et à leur rapport avec les tire-laits antiques[33]. Cette piste sera reprise et développée dans les années 2000 par Nadine Rouquet, dans le cadre d'une étude archéologique (**fig. 1**)[34]. En effet, la découverte dans les nécropoles de Bourges d'un abondant nombre de ces vases, pousse l'archéologue à rechercher d'autres témoins matériels et à identifier son origine dans la littérature médicale ancienne. Elle tombe alors sur un tire-lait reproduit dans un traité du XVIe s. qui amènera bon nombre de savants, des conservateurs français surtout, à adopter le qualificatif de « tire-lait » au détriment de celui de « biberon ».

Les sources médicales ont elles aussi alimenté de manière décisive cette histoire plurielle. D. Gourevitch mérite à nouveau d'être évoquée comme une pionnière avec son ouvrage *Le mal d'être femme*[35], qui donne un aperçu complet des maladies spécifiques à ce sexe. On doit à la chercheuse, à Paul Burguière et à Yves Malinas, la traduction française des 4 volumes *Maladies des femmes* de Soranos[36]. Les diverses études menées sur les traités hippocratiques et sur Soranos – par Nancy Demand[37], Marie-Paule Duminil[38], Hélène King[39], Lydie Bodiou[40], Pierre Brulé[41] et Leslie Dean-Jones[42], etc. – ont, quant à elles, permis de mieux comprendre la « petite mécanique du corps » et les particularités physiologiques des différents « corps » et acteurs composant la société : enfant, femme-mère, adulte masculin. La place de la femme grecque, faiseuse de citoyens dans l'*oikos*, a largement été considérée, ainsi que les questions liées à sa physiologie particulière qui

---

30 Fildes 1986 et 1986 : *Wet Nursing : A History from Antiquity to the Present (Family, Sexuality and Social Relations in Past Times)*.
31 Witkowski 1898.
32 Klebe et Schadewaldt 1955.
33 Gourevitch 1991.
34 Rouquet 2004 ; Rouquet et Loridant 2000.
35 Gourevitch 1984.
36 Burguière, Gourevitch et Malinas 1988-2000.
37 Demand 1994.
38 Duminil 1983.
39 King 1998 et 2013.
40 Bodiou 2005, 2011 et 2015.
41 Brulé 1987.
42 Dean Jones 2013.

FIG. 1. Coupure de journal « L'énigme du "biberon" romain est résolue » (Rouquet/Samba) in *Le Monde*, Publié le 19 février 2004 à 12h52.

la démarque de l'homme adulte, comme l'ont montré Nicole Loraux[43], Lydie Bodiou[44], Lesley Dean-Jones[45], Nancy Demand[46], Tim Parkin[47] et Janine Bertier[48].

Vaste, le domaine médical comporte de nombreuses facettes qui permettent d'aborder le corps de l'enfant de manière indirecte : les enquêtes conduites par V. Dasen sur les pratiques médico-magiques[49], et par Patricia Gaillard-Seux sur la pharmacopée plinienne[50] ont contribué à la fois à étendre ce champ et à préciser la place qu'y occupe le corps du jeune enfant. Marginal, le corps de ce dernier – pour qui la chirurgie est exclue – est rarement évoqué dans les traités médicaux, malgré l'importance de ses maux. L'article de Lesley Dean-Jones a bien mis en évidence la spécificité de ce corps dont la tête trop grosse agit, à l'instar d'une ventouse, en attirant les humeurs, et dont les canaux sont trop étroits[51]. À la suite de J. Bertier[52], Ch. Hummel[53] a publié un ouvrage sur les maladies « enfantines », telles qu'elles sont rapportées par les médecins (du Iᵉʳ au XIVᵉ siècle apr. J.-C.). Quant à l'alimentation de l'enfant, elle reste très peu abordée, en dehors de l'allaitement et du sevrage sur lesquels Soranos est presque le seul à nous renseigner. Dans sa thèse, *Du fœtus à l'enfant dans le monde grec archaïque et classique : pratiques rituelles et gestes funéraires*, Céline Dubois tente de combler cette lacune ancienne en évoquant deux auteurs cités par le médecin d'Éphèse, l'un nommé Aristanax[54] l'autre Damastès[55], qui auraient écrit tous deux des traités sur les enfants. On connaît aussi, grâce au compilateur de l'Antiquité tardive Oribase (IVᵉ s. apr. J.-C.), quelques passages concernant l'alimentation et les soins de l'enfant dans les traités de Mnésithée et de Rufus d'Éphèse.

D'un point de vue historique, les *recherches sur l'enfant* doivent beaucoup à l'ouvrage fondateur de l'historien Philippe Ariès, *L'enfant et la vie familiale sous l'ancien régime*[56]. Ce que ce dernier nomme « le sentiment de l'enfance » et qui n'apparaît selon l'auteur qu'à l'époque moderne avec le développement de la famille nucléaire, a suscité de nombreuses réflexions avant d'être profondément remis en question ces dix dernières années. En 1984, Jean-Pierre Néraudau publie *Être enfant à Rome*[57]. Alors que son prédécesseur s'était limité aux catégories principales : les âges de la vie, le vocabulaire désignant les enfants, le sentiment de l'enfance, les jeux et les jouets, la famille, l'école, J.-P. Néraudau ouvre de nouveaux horizons en considérant les aspects juridiques et démographiques, les différentes classes sociales, les cadres religieux et étatiques. L'étude de cette thématique reste toutefois, comme en convient l'auteur, trop superficielle. Dix ans plus tard, Gérard Coulon publiera

---

43 Loraux 1990 et 1994.
44 Bodiou 1990 et 1994.
45 Dean-Jones 2013.
46 Demand 1994.
47 Parkin 2013.
48 Bertier 1972.
49 Dasen 2003, 2011, 2015, etc.
50 Gaillard-Seux 2017.
51 Dean-Jones 2013.
52 Bertier 1990.
53 Hummel 1999.
54 Voir Bradley 1994, p. 14.
55 Voir Parker 1999.
56 Ariès 1973, p. 177.
57 Néraudau 1984. L'ouvrage a été réédité en 2008 par Les Belles Lettres.

L'enfant en Gaule romaine[58], dont une version entièrement revue paraît en 2004, attestant des avancées rapides de la recherche dans ce domaine à peine éclos. Contrairement à l'approche littéraire et philologique de J.-P. Néraudau, qui était professeur de littérature latine, l'approche de G. Coulon est surtout archéologique. Fondateur et conservateur du musée d'Argentomagus (Saint-Marcel), G. Coulon donne la parole à une image après l'autre, allant de la stèle funéraire à l'empreinte de pas laissée par un enfant dans une tuile encore fraîche, en passant par les statuettes animalières en terre cuite.

Dans ces mêmes années, l'étude de l'enfant dans l'Antiquité prend un tournant décisif grâce à une nouvelle discipline : l'archéothanatologie. Ce courant voit le jour lors du colloque de Toulouse organisé par Henri Duday et Claude Masset en 1987[59]. Il vise à replacer le défunt au centre de la réflexion archéologique, et applique aux tombes une méthode stratigraphique identique à celle du terrain. C'est grâce à cette méthodologie minutieuse et à un intérêt renouvelé pour le mort que les dépouilles d'enfants, jusqu'alors souvent confondues avec de la faune, commencent à être découvertes en plus grand nombre. Souvent placées en dehors des nécropoles communautaires, dans des lieux où on ne s'attendait pas à les trouver (zones artisanales et agricoles, habitat, puits, etc.), car les sépultures des plus jeunes étaient souvent confondues avec des restes faunistiques. L'apport méthodologique des anthropologues (détermination de l'âge et du sexe et des pathologies) a permis de mettre en évidence la variabilité des pratiques funéraires en fonction de l'âge des enfants surtout et de revoir le « genre » attribué à certains objets (p. ex. le strigile et les bijoux[60]). Étude pionnière, la fouille du complexe artisanal de Sallèles d'Aude est représentative de ces résultats. Des onze enfants inhumés dans l'une des pièces du complexe, seul celui ayant atteint son premier anniversaire avait été déposé dans une sépulture maçonnée et avait reçu un objet. Cette découverte a eu des retombées pratiques très positives en archéologie en encourageant les équipes à intégrer aux fouilles un anthropologue. Le succès de la combinaison archéologie/anthropologie est manifeste dans les ouvrages comme celui de Bernard Dedet portant sur les enfants du sud de la Gaule protohistorique[61] et les communications prononcées lors du colloque *Rencontre autour de la mort des tout-petits* organisé en 2009 à Saint-Germain-en-Laye par le *Gaaf* (Groupe d'anthropologie et d'archéologie funéraire)[62]. Ces dernières ont révélé des constantes qui s'étendent jusqu'à l'archipel du Japon où, à l'époque Yayoi (du VIe-IIIe siècle av. J.-C.), les plus jeunes sont déposés dans des jarres à couvercle[63].

À la tête du projet ANR *L'enfant et la mort dans l'Antiquité*[64], Antoine Hermary a souligné l'importance de la démarche pluridisciplinaire en précisant qu'il convenait d'élargir les recherches à des territoires plus étendus. Prenant l'exemple de la publication des nécropoles d'Athènes, il dit à raison qu'elles ne sauraient « être représentatives du monde grec »[65].

---

58 COULON 1994.
59 DUDAY et MASSET 1987.
60 DUBOIS 2014.
61 DEDET 2008.
62 Rencontre autour de la mort des tout-petits : actes de la 2e Rencontre du groupe d'anthropologie et d'archéologie funéraire, 3-4 déc. 2009, Saint-Germain-en-Laye. Condé-sur-Noireau.
63 GILAIZEAU 2016, p. 31 et suiv.
64 ANR, *L'enfant et la mort dans l'Antiquité* [en ligne] http://www.mae.u-paris10.fr/ema/ (consulté le 24.05.2016). 2007-2011.
65 HERMARY 2010, p. 12.

Dans cette optique, les trois volumes du projet ANR intègrent des articles portant sur une grande variété d'espaces culturels et s'articulent chacun autour d'une thématique : le signalement des tombes d'enfants ; les types de tombes et le traitement des corps des enfants ; le matériel associé aux tombes d'enfants.

L'élan étant donné, les études sur les tombes d'enfants se sont alors multipliées[66]. Les thèses de Solenn de Larminat[67] portant sur les nécropoles nord-africaines dont celle de Pupput (Tunisie), de Nathalie Baills[68] sur la Gaule romaine ainsi que celles d'Irini Papaikonomou[69] et de Céline Dubois sur la Grèce[70] ont montré la richesse et la complexité des rites qui, malgré certaines régularités (notamment le traitement par inhumation alors que les adultes sont généralement brûlés) présentent de nombreuses variations. Bien qu'éloignés dans l'espace et le temps (les études sur la Grèce portant sur l'époque archaïque, les deux autres sur la période romaine), les sites étudiés ont tous livré des vases biberons principalement associés à des tombes enfantines. Ceux-ci sont alors souvent considérés comme « Des vases pour les enfants », selon le titre de l'article de Sophie Collin-Bouffier paru en 1999.

Au terme de cet inventaire non exhaustif, qui montre l'apport respectif et nécessaire de nombreuses disciplines, une approche pluridisciplinaire s'avère incontournable pour aller plus loin sur les traces de l'enfant. Initiée à Fribourg en Suisse, avec un cycle de conférences « Naître en 2001 » et aux Etats-Unis par une exposition au Hood Museum of Art (Dartmouth College, New Hampshire) associée à un catalogue enrichi sur l'enfant[71], cette pluridisciplinarité naissante a permis différents bilans intermédiaires. Ralliant des chercheurs en sciences humaines et sociales, archéologues, historiens et historiens d'art, anthropologues, spécialistes des religions et de la médecine, voire de littérature, le colloque sur l'allaitement *Le lait de l'esprit. Nourritures spirituelles et transmissions des savoirs : cultures, pratiques, représentations*, organisé à Genève (2017) et la publication de synthèse du groupe *Lactation in History*[72] ont aussi mis en évidence les fruits d'une telle démarche, qui a permis de dépasser un cadre de représentations figé et trompeur. Les auteurs critiquent en effet les limites d'une conception pauvre reposant sur un réseau d'oppositions binaires, issu d'un système matérialiste dominant dans les systèmes de santé des sociétés modernes : femme / mère, travail / famille, instinct / raison, nature / culture… Elles cherchent, au contraire, « à restituer sa complexité à l'histoire de la maternité, de la naissance, et des représentations de la filiation, à la lumière de courants d'études, d'orientation diverses, qui abordent ces questions dans une dimension historique ou d'anthropologie sociale et culturelle[73] ».

---

66 Notamment dans le domaine de l'égyptologie où l'intérêt pour les dépôts en vase d'enfants, mis en parallèle avec les textes a permis de suggérer que le vase ainsi ré-utilisé reflétait la re-naissance du défunt. Voir POWER et TRISTANT 2016.
67 De LARMINAT 2011.
68 BAILLS-TALBI 2012.
69 PAPAIKONOMOU 2012.
70 DUBOIS 2016.
71 Organisée par Jenifer Neils, John Howard Oakley, Katherine Hart, Lesley A. Beaumont, et couronnée par l'ouvrage *Coming of age in ancient Greece : images of childhood from the classical past*.
72 SOLFAROLI CAMILLOCCI *et al.* 2022.
73 FOEHR-JANSSENS, SOLFAROLI CAMILLOCCI, ARENA *et allii*. 2022, Avant-propos.

S'inscrivant donc résolument dans le sillage des travaux collectifs et de cette démarche pluridisciplinaire, ce livre est divisé en deux parties qui correspondent aux deux enjeux majeurs de mon étude. La première partie « Autour de l'enfant : pratiques médicales et sociales » est dédiée au lait, à ses représentations, ses fonctions et sons statut dans le cadre ATS. Le chapitre « Du lait à l'enfant » s'intéresse à la formation du lait humain qui ne peut être dissociée de celle de l'enfant et donc à leur origine commune. Les médecins évoquent à cette étape de la genèse, une semence masculine qui, pour certains, se combine avec une semence féminine, et qui par l'action d'une coction produite tantôt par la semence masculine, tantôt par la matrice, forme l'enfant et sa nourriture. Les auteurs abordent aussi la question de la prise de nourriture de l'enfant dans le ventre de la mère et du moment où cette nourriture blanchit avant de s'exprimer par les seins.

Dans « Soigner par le lait, soigner le lait », nous abordons l'emploi du lait tel qu'il apparaît dans les traités médicaux. De femme, de vache, de chèvre, d'ânesse, de brebis, de truie, de chienne, de jument ou de chamelle, chaque lait a ses propriétés propres que les médecins adaptent en fonction des maladies et de leurs patients. Nous voyons les différentes formes sous lesquels le lait est alors administré, pris en boisson, en clystère ou en liniment, sous la forme de cure, pour évacuer ou pour nourrir ; nous analysons également les remèdes spécifiques aux enfants. Nous traitons aussi question des préparations à base de lait : beurre, fromage, oxygala et des méthodes de réduction et de séparation (petit-lait/ partie caséeuse) qui lui sont appliquées.

Le chapitre « L'enfant : complexion, maladies, nourriture et soins » fait le point sur les particularités du corps de l'enfant qui le distinguent de celui des adultes. Par sa tête disproportionnée et des vaisseaux encore très étroits, il est sujet à des maux spécifiques, dont certains sont vus comme étant causés par un mauvais lait. Nous détaillons ici ses différentes maladies, que les médecins font correspondre à une classe d'âge précise, et les moyens employés pour les soigner. Comme la nourrice exerce un rôle qui a des implications majeures sur l'état du nourrisson, elle fait l'objet de contrôles médicaux, et son lait est sujet à des analyses qui s'attachent à sa couleur, densité, odeur. Considérée comme un simple *medium*, par le moyen de qui seront dispensés sa nourriture et sa thérapeutique, cette dernière voit sa vie soumise à toute une série d'interdits pour éviter des répercussions néfastes sur le nourrisson. Certaines stèles funéraires d'enfant représentent la nourrice aux côtés du défunt, tandis que d'autres, consacrées à des nourrices, comportent une dédicace de gratitude signée par un ancien nourrisson. Souvent considérée dans l'imaginaire populaire, comme paresseuse et peu futée, la nourrice est toutefois une actrice incontournable dans la vie des élites de l'époque impériale. Nous verrons les stratégies sociales auxquelles recouraient les élites pour décharger les mères de la tâche ingrate de l'allaitement, en dépit de la conception courante de la nature du lait perçu comme transmetteur des caractères physiques, psychiques et moraux.

Dans le chapitre « Valoriser l'allaitement et les soins : de la pratique à la propagande », nous nous pencherons sur les trois femmes qui interagissent autour du nourrisson : « mère, nourrice et sage-femme ». Au nombre de trois, comme les Parques qui figurent en arrière-plan des représentations funèbres, ces femmes de statut pourtant différent sont souvent difficiles à distinguer l'une de l'autre dans le registre iconographique. Libre ou esclave, la nourrice y est d'ailleurs souvent privilégiée par rapport aux deux autres, au nom des liens qu'elle tisse avec l'enfant dont elle s'occupe et qu'elle accompagne parfois tout au long de sa vie. Il arrive même qu'elle figure à ses côtés sur la stèle funéraire d'un enfant ou qu'elle soit nommée. Le dernier chapitre de cette première partie, « Représenter l'allaitement artificiel » est consacré aux témoins iconographiques qui illutrent principalement des récits mythologiques de fondation. L'allaitement est d'importance dans ce cadre où les liens filiaux sont revendiqués avec force, pour s'arroger le droit de régner et d'occuper un territoire particulier. Il est ici question d'un relief remarquable figurant un biberon sous une brebis allaitant son petit. Provenant d'une fontaine monumentale et d'un programme iconographique pointu, conçu par un érudit, précepteur des petits-fils d'Auguste, ce programme permet de voir l'usage du mythe que faisaient les élites ; ce relief est mis en perspective avec celui de *l'Ara Pacis*, pièce maîtresse de la propagande augustéenne sous le regard de l'allaitement animal.

La seconde partie de ce livre, sous le titre « Le biberon et l'enfant : à la vie à la mort », est consacrée au type de pièces connu traditionnellement sous le nom de « vase biberon ». Le premier chapitre traite de l'historiographie de l'objet et expose les différentes opinions des spécialistes qui se sont intéressées à lui : des médecins et des savants du XVIIIe siècle à nos jours.

Dans le deuxième chapitre intitulé « Origines, influences et appropriations des formes », nous reprenons l'étude morphologique de cet objet en adoptant pour le désigner le terme plus neutre de « vase à bec tubulaire » (désormais VTB), qui ne préjuge pas d'un usage à nos yeux insuffisamment établi. Cette partie de notre enquête vise à situer ce type de vase structurellement bien défini, dans un cadre analytique plus large, en tenant compte à la fois des types de vaisselle apparentés et de leur connexion archéologique. Cette archéologie « formelle » permet non seulement de mettre en évidence la permanence de la forme à travers les siècles, mais aussi d'éclairer les motifs de son dépôt régulier dans le cadre funéraire, privilégié de surcroît auprès d'enfants. Il apparaît que ce vase, susceptible de prendre un aspect anthropomorphe ou ornithomorphe, s'apparente aussi à *l'askos* en céramique dont la forme reproduit une outre à vin. Le tour d'horizon proposé ouvre des pistes qui invitent à ouvrir une réflexion plus large sur la question de la transmission des pratiques nourricières, thérapeutiques et de soins, d'une époque à l'autre et entre différentes aires culturelles. Les deux sortes de vases de « la production gallo-romaine » sont décrites et analysées en détail : celle en céramique et celle en verre. Bien qu'elles aient déjà fait chacune l'objet de typologies, j'ai voulu proposer une nouvelle grille de discriminations qui rende compte aussi des productions régionales ou limitées dans le temps. Je cherche en particulier à déterminer si les fréquents sillons des panses indiquent un emplacement de fixation pour y apposer une tétine. Des reproductions à l'identique des vases réalisées *ad hoc* permettent de tester et d'évaluer la vraisemblance de leurs usages en tant que biberon ou tire-lait. Grâce au catalogue des 700 vases que j'ai dressé, il devient possible de mettre en évidence l'importance du cadre funéraire, alors que la présence de cet objet se révèle plus sporadique dans les cadres domestique, cultuel, artisanal et même en contexte d'épave. Il m'a paru naturel, compte tenu de la prédominance de ce contexte majeur, d'accorder une attention particulière à la personnalité et à l'état de santé du défunt.

Dans « Des VBT pour quels défunts ? », je propose un découpage en classes d'âge basé sur les découvertes de VBT inspiré des travaux des chercheurs appliquant les méthodes de l'archéothanatologie française, et de chercheurs anglo-saxons. Je présente aussi les méthodes de détermination de l'âge, du sexe (et leurs limites) ainsi que les possibilités offertes par la paléopathologie : *cribra orbitalia*, lignes de Harris, hypoplasie de l'émail sont autant d'indicateurs de l'état de santé des tout-petits observés sur les populations du passé, et ils permettent des comparaisons entre chaque lieu (ville, campagne, etc.). Finalement je m'arrête sur les analyses isotopiques et présente les résultats obtenus par cette méthodologie. Réalisées ponctuellement, ces analyses n'offrent pour l'heure qu'une idée approximative des pratiques qui avaient cours aux différentes époques de l'histoire et dans les différentes civilisations.

Le chapitre suivant « VBT et objets associés – quelle place dans la sépulture ? » s'intéresse au mobilier déposé avec le biberon et à la disposition des objets dans la sépulture. L'objectif est de déterminer si l'on donne au VBT une place particulière, qui expliquerait sa présence dans la tombe. Je détaille un certain nombre de « mises en scènes » avec le biberon, dont certaines sont à la fois atypiques et révélatrices, par leur dispositif recherché.

Le dernier chapitre est consacré aux résultats obtenus grâce aux analyses biochimiques du contenu. Après une introduction sur la méthodologie, du prélèvement à l'interprétation, en passant par les manipulations en laboratoire, je présente, par contexte, les vases choisis, les résultats et les interprétations.

Si le lait et l'allaitement sont les objets d'étude de nombreuses disciplines historiques, comme on a pu le voir dans les pages qui précèdent, ce n'est pas le signe d'un éclatement mais la preuve qu'il constitue un enjeu crucial de l'approche culturelle *en général*. Le lait engage biologiquement et symboliquement. Ce livre invite le lecteur à en explorer la richesse, l'ambiguïté, les propriétés évolutives et les nombreuses vertus médicinales, élaborées par un savoir ancien.

Il y découvrira la manière dont les Anciens se représentaient le corps, la santé et par là l'alimentation et les soins adaptés à l'enfant. Il appréciera les fonctions des vases à bec – dont les auteurs anciens précisent la forme de sein –, enfin confirmées grâce aux résultats offerts par les analyses biochimiques du contenu, et leur confrontation aux sources écrites et aux contextes de découverte des vases (tombes, sanctuaires, habitat, épaves, atelier). Ces analyses sans cesse affinées représentent un apport majeur au dossier « biberons or not biberons ? »[74] dont le cadre dépasse largement la Gaule romaine, et apportent de plus des éléments de réponse sur la fonction des exemplaires celtes et grecs. L'étude iconographique, qui couvre non seulement l'allaitement au sein mais aussi l'allaitement artificiel, permet d'entrevoir que cette dernière pratique restait, du moins chez les élites, un moyen de dernier recours, au même titre que l'administration d'un lait autre que celui de femme, aux nourrissons.

Les résultats de notre enquête remettent en cause les conclusions tenues pour acquises de la plupart des travaux conduits ces vingt dernières années, même lorsque ceux-ci intègrent partiellement l'apport des analyses isotopiques. Ils conduisent à revoir radicalement la perspective moderne sur ces objets et leurs usages, trop influencée par les pratiques actuelles d'allaitement et le système contemporain de représentation du lait qui les accompagnent. Notre recherche sur ce « vase pour enfant », qui révèle une corrélation étroite entre leur contenu et la pharmacopée gréco-latine, met en évidence un décalage considérable entre notre perception de l'alimentation infantile et la réalité antique.

---

74 JAEGGI, WITMANN et GARNIER 2015.

Autour de l'enfant

Pratiques médicales et sociales

1. Du lait à l'enfant

Évoquant le lait et l'enfant, ce titre explicite l'étroite imbrication de la formation de l'individu et de sa nourriture. Selon les traités fondateurs des médecins du *CH* et du biologiste-philosophe Aristote, semences, fluides et canaux, participent au processus de conception de l'un et de l'autre. Cet état de fait ressort d'ailleurs, comme l'ont démontré d'éminents spécialistes de la langue grecque, le linguiste Émile Benveniste[1] et le philologue Paul Demont[2], du terme τρέφω, dont les différents emplois peuvent signifier « cailler (le lait, γάλα) » « nourrir » ou encore « élever » ; ces acceptions reflètent l'impossibilité de différencier la formation de l'enfant de celle du lait. Nicole Belmont (anthropologue européaniste) précise en outre l'absence de contradiction entre le sens de « faire prendre » et celui de « nourrir »[3] :

> La nourriture « fait prendre » la chair : c'est le cas tout particulièrement du fœtus qui est nourri du sang maternel : τρέφω peut donc désigner la coagulation initiale [...], la formation du corps de l'embryon [...], ou bien la formation (nourriture, croissance et éducation du jeune enfant) après la naissance ou enfin l'entretien et la reconstitution des forces de l'adulte.

Loin d'être due au hasard, cette multiplicité des sens du terme qui s'applique à la formation initiale de l'enfant comme à l'acte nourricier, exprime la « petite mécanique des corps », pour reprendre une expression de Lydie Bodiou[4]. Qualifié plus tôt de « mécanique des fluides » par l'anthropologue Françoise Héritier[5], le processus induit une interaction, par attirance ou répulsion, entre les fluides corporels, le souffle, *pneuma*, et l'âme, ψυχή[6]. Conçue de manière empirique, à une époque probablement antérieure à Hippocrate, la théorie prend pour modèle le corps humain et non animal. Comme l'ont démontré Françoise Héritier et son élève Saskia Walentowitz, différents peuples, dont les Samo du Burkina-Faso[7] et les Touaregs du Niger[8], sont parvenus à des théorisations similaires, par une catégorisation dualiste du monde où s'opposent le chaud et le froid, l'humide et le sec. Ces théories permettent d'expliquer notamment les différences entre les sexes et de répondre aux questions que se sont posées les hommes dans toutes les sociétés comme : « D'où proviennent le sang et le sperme ? Par quel mécanisme se constituent-ils dans le corps ? Quels rapports entretiennent-ils ? Que se passe-t-il lors de la conception ? ... »[9]. Hommes

---

1 BENVENISTE 1935.
2 DEMONT 1978.
3 BELMONT 1988, p. 24.
4 BODIOU 2011, p. 143.
5 HÉRITIER 1996, p. 154.
6 BODIOU 2007 ; 2011.
7 HÉRITIER 1996, p. 26, 82-86, 133 et suivantes.
8 WALENTOWITZ 2003, p. 244-245.
9 HÉRITIER 1996, p. 133-134.

et femmes sont dès lors généralement associés à la chaleur et au froid, à l'humidité et à la sécheresse[10]. Souffrant d'un excès de chaleur, l'enfant est en danger de mort constant (« en suspens » pour reprendre le terme explicite de Françoise Héritier) jusqu'au moment de la puberté où le sang des règles ou le sperme peuvent enfin s'échapper de son corps[11]. S'inscrivant dans une dynamique cyclique unique, par leur épanchement successif, le sang menstruel et le lait ont alimenté les réflexions et eu une influence non négligeable sur l'imaginaire collectif des différents peuples[12]. Ainsi, la métaphore du lait caillé renvoie couramment à la formation du corps de l'enfant, selon un parallèle « enfant / fromage », au moins depuis Aristote – et qui est déjà présent dans le livre de Job[13] –, et fréquent également au sein de sociétés pastorales jusqu'à un passé très récent[14]. Encore de nos jours, l'enfant maghrébin, à sa naissance n'est pas lavé avant le septième jour, pour ne pas lui ôter la couche visqueuse (et antibiotique) qui recouvre son corps et que l'on nomme *vernix caseosa* en raison de son aspect de fromage gras et de son odeur[15].

Établies par les médecins et philosophes de Grèce ancienne, les théories sur la production de l'enfant et du lait perdurent au moins jusqu'à la Renaissance[16]. Elles s'inscrivent dans un système physico-biologique humoral, qui veut que la santé du corps résulte de l'équilibre de principaux ses fluides (sang, phlegme, bile jaune, bile noire). Au sein de ce système le corps de la femme est considéré, par sa nature (*physis*), comme différent de celui de l'homme. Ses caractéristiques sont d'être particulièrement tendre et spongieux, ce qui le rend sujet à des excès d'humeurs, appelées pléthores (πληθώρη). La purgation du corps féminin, à travers les règles (ἐπιμήνια ou καταμήνια, en latin *menses*), est alors vue comme une réponse naturelle du corps qui s'épanche de son trop plein. La disparition des règles annonce un changement physiologique, dans le meilleur des cas une grossesse et, après l'accouchement, l'arrivée du lait. Apparaissant au moment où disparaissent les pertes menstruelles, le lait produit par le corps féminin est considéré comme étant « de même nature, de même origine, de même chaleur »[17]. S'étant penchés sur cette association, certains chercheurs ont émis l'hypothèse que le lait féminin mais aussi animal était considéré comme impur, particulièrement par les Grecs[18].

Si le processus est le même dans les traités hippocratiques que dans ceux d'Aristote, il est sujet à des variantes dont il s'agit de rendre compte. Notre recherche s'étend aux médecins d'époque romaine Soranos d'Éphèse et Galien. L'extraordinaire richesse des traités de ce dernier tient en partie à des observations faites lors de vivisections.

---

10 Chez les Samo, les hommes restent toujours « chauds » alors que le corps des femmes le devient durant certaines étapes biologiques de sa vie : lorsqu'elle est enceinte ou si elle est stérile et sans règles. Ne perdant pas de sang, elle accumule alors de la chaleur émise par son propre sang et, en cas de rapport sexuel, par le sang/sperme de son conjoint ; voir HÉRITIER 1996, p. 80.
11 HÉRITIER 1996, p. 80.
12 Pour les Touaregs, « le lait se fait dans le sang » (*ax, azni a dag itagg*) ; voir WALENTOWITZ 2003, p. 114 et suivantes ; voir aussi BELMONT 1988.
13 La Bible, Job, 10.10. BELMONT 1988, p. 16.
14 N. BELMONT (1988) évoque la perduration de l'association enfant/fromage dans des légendes des Alpes lémaniques et S. OTT (1979) une version contemporaine dans le Pays basque.
15 AUBAILE-SALLENAVE 1997, p. 189.
16 GIORGIANNI 2022.
17 HÉRITIER 1996, p. 157.
18 Notamment PEDRUCCI 2013c et 2020 ; VON STADEN 1991.

En raison du « système de penser le corps » que nous avons évoqué, il faut traiter la portée du verbe τρέφω dans sa globalité, c'est-à-dire en considérant l'interaction des fluides, organes, canaux et semences impliqués dans la formation de l'enfant et du lait qui le nourrit. Cette approche va permettre de répondre à d'autres questions « existentielles » évoquées par F. Héritier que je reproduis ici et qui me serviront de guide :

> Quel est le rapport entre lien biologique et lien social ? qu'est-ce qui fonde la filiation ? [...] Comment se combinent dans l'enfant les apports qu'il tient de ses deux parents ? Comment expliquer les ressemblances[19] ?

Dans cette première partie, je vais, dans un premier temps, m'appuyer sur les sources écrites pour rendre explicite la façon dont les Anciens se représentaient la production du lait. Comme déjà évoqué, la production du lait est étroitement liée à celle de l'enfant, par une origine identique (sang féminin et sperme) et parce que la nourriture, aussitôt après la coction de la semence originelle, procède à la formation de l'enfant[20]. Pour comprendre le lait dans toutes ses dimensions, il fallait avoir une vue d'ensemble des théories élaborées dans l'espace spacio-temporel de ma recherche, qui sont celles des principaux penseurs des époques grecque et romaine, soit Hippocrate, Aristote, Soranos d'Éphèse et Galien. J'ai donc choisi de montrer les différentes théories en considérant quatre aspects majeurs de cette genèse : l'existence d'une ou deux semences, le rôle de la matrice et le rôle des seins, dans lesquels s'inscrivent les cotylédons, sorte de petits tétons internes à la matrice.

Ces bases établies, j'ai recherché les emplois du lait chez ces différents auteurs. À ma grande surprise, le lait est très peu évoqué, une fois l'enfant sorti du ventre de sa mère, pour l'alimentation de l'enfant. Les médecins hippocratiques ne parlent pas du tout de l'allaitement, Aristote l'évoque d'un point de vue philosophique dans le cadre des animaux et Galien est plus porté à réfléchir aux bienfaits/méfaits du lait sur les humains en général qu'à l'allaitement de l'enfant. En tant que « premier pédiatre », Soranos est le seul des quatre érudits à expliciter les pratiques de l'allaitement, de la naissance au sevrage complet. En revanche, le lait est souvent apparu chez les médecins comme une substance thérapeutique de premier ordre. Les médecins hippocratiques préconisent des cures de lait, où il est pris soit pour faire vomir soit pour purger en grande quantité, mais aussi pour reconstituer le corps, cela même pour des pathologies particulièrement sérieuses. Comme le montre l'*Histoire naturelle* de Pline, le lait est la substance animale la plus prisée, avant la graisse qui entre pourtant dans de nombreuses préparations. Face à cet usage qui est plus que fréquent, puisque l'école hippocratique de Cnide est critiquée pour y recourir systématiquement, l'emploi du lait dans un but alimentaire est extrêmement critiqué par les médecins. Bien que la prise de lait quotidienne réussisse à certains, elle amène d'autres à développer des déséquilibres sérieux. Le fromage était bien sûr produit et consommé mais Galien lui impute le pourrissement des dents. Son odeur est sa transformation, qui le placent du côté du pourri, du sauvage pour les Grecs[21], ont peut-être contribué à cette mauvaise

---

19 HÉRITIER 1996, p. 134.
20 On retrouve ici l'idée développée dans la tradition chinoise, qui considère que le yin est la matière et le yang le mouvement, et que la matière apparaît en premier. À ce sujet voir par exemple LAVIER 1988.
21 Voir à ce sujet, AUBERGER (1999, 2000, 2001) qui met en évidence que le fromage est la nourriture du cyclope Polyphème, et non du citoyen. Il est aussi question du manque de diversité du régime alimentaire du cyclope, qui ne connaît pas les céréales.

presse qui vaudrait bien qu'on en fasse prochainement... un fromage. Étonnamment, le lait pour les enfants n'est pas vu d'un meilleur œil. Le lait de l'accouchée est jugé mauvais pour le nouveau-né, en raison de son épaisseur et de sa couleur. La consistance, l'odeur et la couleur du lait de la nourrice sont tout autant attentivement observés par les médecins et pourraient conduire au changement de nourrice. On craint plus que tout que son lait caille dans le lait du nourrisson. De fait, on lui impose l'abstinence sexuelle pour éviter que son sang ne soit redirigé vers sa matrice, formant ainsi un nouveau bébé, ce qui aurait pour conséquence de vider ses seins, selon la représentation du corps en cours, de canaux communiquants entre la matrice et les seins. L'enjeu de cette première partie se situe donc là : ce lait au statut ambigu, labile, que l'on tente de neutraliser a-t-il été employé pour nourrir l'enfant de manière artificielle, à défaut de sa mère et de sa nourrice ?

Le discours hippocratique

Dans le *CH* dont les premiers traités datent de la seconde moitié du Ve siècle av. J.-C., les théories relatives à la formation du lait sont étroitement associées à la fonction attribuée aux veines. Il apparaît de tous les traités étudiés que les vaisseaux sanguins sont perçus comme plus ou moins étroits selon l'âge de l'individu. Particulièrement fins à la naissance, ils s'élargissent avec le temps et le mode de vie. Par exemple, un apport important d'aliments ou des coïts répétés élargissent les vaisseaux, en raison des quantités importantes de nourriture ou de sperme acheminées dans les conduits[22]. Cette théorie s'applique aussi aux veines (*phlebes*) qui permettent l'épanchement des règles. Dans *Maladies des femmes* I, les règles incommodent davantage les femmes qui n'ont pas encore enfanté :

> Le corps se fondant, il est inévitable que les veines deviennent plus dilatées et plus coulantes pour les règles et que la matrice s'ouvre davantage, vu que l'enfant les a traversées avec effort et douleur[23].

Comme chez les Samo mentionnés plus haut, les impubères se démarquent des adultes par des vaisseaux trop resserrés pour laisser passer les règles ou le sperme[24]. Quant aux veines qui mènent aux seins, c'est par la tétée qu'elles s'élargissent :

> Voici, en effet ce qui se passe : Avec la tétée, les veines qui vont aux seins deviennent plus larges et, devenues plus larges, elles tirent la matière grasse du ventre et la transmettent aux seins[25].

---

22 HIPPOCRATE, *Nature de l'enfant* 22 (L VII, 514-515) ; voir DUMINIL 1983, p. 137 ; JOLY 1966, p. 76.
23 HIPPOCRATE, *Maladies des femmes* I, 1, (L VIII, 11-12), trad. JOLY 1966, p. 47 : Καταρραγέντος δὲ τοῦ σώματος, ἀνάγκη τὰς φλέβας μᾶλλον στομοῦσθαι καὶ εὐρωτέρας γίνεσθαι ἐς τὰ καταμήνια, καὶ τὰς μήτρας μᾶλλον στομοῦσθαι, οἷα τοῦ παιδίου χωρήσαντος διὰ σφέων καὶ βίην καὶ πόνον παρασχόντος.
24 HIPPOCRATE, *Maladies* IV, 2, 2-3, trad. Joly 1966, p. 77. Concernant les Samo, voir l'introduction ci-dessus et HÉRITIER 1996, p. 80.
25 HIPPOCRATE, *Maladies des femmes* I, 21 (L VII 61-62), Joly 1966, p. 76 : Ἔχει γὰρ οὕτω· θηλαζομένοιν τοῖν μαζοῖν εὐρώτερα γίνεται τὰ φλέβια ἐς τοὺς μαζούς· εὐρώτερα δὲ γενόμενα, ἀπὸ τῆς κοιλίης ἕλκοντα τὸ πιαρόν, τοῖν μαζοῖν διαδιδόασι.

Une ou deux semences : La place des sexes

Dans les traités du *CH* l'homme et la femme produisent tous deux une semence[26]. La semence masculine, le sperme (γονή), résulte d'un processus décrit dans le traité *Génération*. Ce processus débute par un frottement qui engendre l'échauffement du corps, permettant de séparer la partie la plus active et la plus grasse de l'humidité corporelle, la transformant alors en écume :

> La loi gouverne tout. Le sperme de l'homme vient de tout l'humide qui est dans le corps, et c'en est la partie la plus active qui se sépare. En voici la preuve : après le coït, l'évacuation d'une si petite quantité nous rend faibles. La disposition est telle : des veines et des nerfs vont de tout le corps aux parties génitales ; frottées, échauffées et remplies, il survient comme une démangeaison, d'où pour tout le corps, plaisir et chaleur. Dans le frottement des génitoires et dans le mouvement qu'on se donne, l'humide s'échauffe dans le corps, se dilate, s'agite par le mouvement et devient écumeux, comme tous les liquides deviennent écumeux par l'agitation. De cette façon, dans l'homme, se sépare, de l'humide devenu écumeux, la partie la plus active et la plus grasse, qui va dans la moelle dorsale ; en effet, des afférents y arrivent de tout le corps, et le cerveau verse dans les lombes, dans tout le corps et dans la moelle, qui, à son tour, est munie d'efférents, de sorte que le liquide y afflue et en sort. Le sperme, une fois arrivé dans cette moelle ; passe le long des reins ; car là est la voie par les veines ; et, en cas d'ulcération des reins, il advient parfois que du sang est évacué en même temps. Des reins, il se rend par le milieu des testicules au membre génital, non par la voie de l'urine, mais par une autre voie particulière (conduits éjaculateurs) qui est attenante[27].

Comme nous le verrons plus loin, ce processus de division et d'épaississement de la matière s'apparente à la formation du lait dans le ventre de la mère. Il fait aussi référence au récit de *La Théogonie* d'Hésiode, dans lequel le sexe émasculé d'Ouranos produit de l'écume d'où naît la déesse Aphrodite :

> Quant aux parties d'Ouranos, à peine furent-elles tranchées avec l'acier et jetées de la terre dans la mer au flux sans repos qu'elles furent emportées au large, longtemps ; et tout autour une blanche écume sortait du membre divin. De cette écume une fille se

---

26 Joly 1966, p. 111.
27 Hippocrate, *Génération* 1 (L VII 471-472) : Νόμος μὲν πάντα κρατύνει· ἡ δὲ γονὴ τοῦ ἀνδρὸς ἔρχεται ἀπὸ παντὸς τοῦ ὑγροῦ τοῦ ἐν τῷ σώματι ἐόντος τὸ ἰσχυρότατον ἀποκριθέν· τούτου δὲ ἱστόριον τόδε, ὅτι ἀποκρίνεται τὸ ἰσχυρότατον, ὅτι ἐπὴν λαγνεύσωμεν σμικρὸν οὕτω μεθέντες, ἀσθενέες γινόμεθα. Ἔχει δὲ οὕτω· φλέβες καὶ νεῦρα ἀπὸ παντὸς τοῦ σώματος τείνουσιν ἐς τὸ αἰδοῖον, οἷσιν ὑποτριβομένοισι καὶ θερμαινομένοισι καὶ πληρευμένοισιν ὥσπερ κνησμὸς ἐμπίπτει καὶ τῷ σώματι παντὶ ἡδονὴ καὶ θέρμη ἐκ τούτου παραγίνεται· τριβομένου δὲ τοῦ αἰδοίου καὶ τοῦ ἀνθρώπου κινευμένου, τὸ ὑγρὸν θερμαίνεται ἐν τῷ σώματι καὶ διαχέεται καὶ κλονέεται ὑπὸ τῆς κινήσιος καὶ ἀφρέει, καθάπερ καὶ τἆλλα ὑγρὰ ξύμπαντα κλονεύμενα ἀφρέει· οὕτω δὲ κἂν τῷ ἀνθρώπῳ ἀποκρίνεται ἀπὸ τοῦ ὑγροῦ ἀφρέοντος τὸ ἰσχυρότατον καὶ πιότατον, καὶ ἔρχεται εἰς τὸν νωτιαῖον μυελόν· τείνουσι γὰρ ἐς τοῦτον ἐκ παντὸς τοῦ σώματος, καὶ διαχέει ἐκ τοῦ ἐγκεφάλου εἰς τὴν ὀσφῦν καὶ ἐς πᾶν τὸ σῶμα καὶ ἐς τὸν μυελόν, καὶ ἐξ αὐτοῦ τείνουσιν ὁδοί, ὥστε καὶ ἐπιέναι τοῦ ὑγροῦ ἐς αὐτὸν καὶ ἀποχωρέειν. Ἐπὴν δὲ ἔλθῃ ἐς τοῦτον τὸν μυελὸν ἡ γονή, χωρέει παρὰ τοὺς νεφρούς· ταύτῃ γὰρ ἡ ὁδός ἐστι διὰ φλεβῶν, κἢν οἱ νεφροὶ ἑλκωθῶσιν, ἔστιν ὅτε καὶ αἷμα ξυμφέρεται· παρὰ δὲ τῶν νεφρῶν ἔρχεται διὰ τῶν ὀρχίων μεσάτων ἐς τὸ αἰδοῖον· καὶ χωρέει οὐχ ὅπη τὸ οὖρον, ἀλλά οἱ ἄλλη ὁδός ἐστιν αὐτῆς ἐχομένη.

forma, […] celle que les dieux aussi bien que les hommes appellent Aphrodite, pour s'être formée d'une écume[28].

Produit par l'ensemble du corps – on parle alors de « pangenèse »[29] –, le sperme monte d'abord dans la tête, puis il est acheminé vers les parties sexuelles. Plusieurs traités, dont *Génération* mais aussi *Lieux dans l'homme* et *Nature de l'homme*, évoquent les vaisseaux qui, du sommet du crâne, passent derrière les oreilles, pour descendre ensuite vers les aines et les cuisses. Cette théorie implique des traitements spécifiques en cas de stérilité masculine[30]. Le traité *Des airs, des eaux et des vents* raconte comment les Scythes avaient coutume de couper le vaisseau qui se trouve derrière chaque oreille. L'auteur du traité condamne toutefois cette pratique susceptible de rendre définitivement stérile. Selon la même logique, dans *Nature de l'enfant* la formation des poils sur le visage résulte du passage du sperme vers le menton[31] :

> car la plus grande partie du sperme descend de la tête, le long des oreilles, à la moelle épinière[32].

Moins décrite par les médecins hippocratiques, la croyance en l'existence d'une semence féminine provenant d'un individu tant mâle que femelle était encore récemment sujette à discussion chez les chercheurs[33]. Pour prouver cette vision des médecins hippocratiques, Robert Joly se réfère à l'auteur de *Génération* : « Selon notre auteur aussi, la femme sécrète une semence aussi bien que l'homme et, comme dans le *Régime*, chaque partenaire émet une semence qui est tantôt mâle, tantôt femelle »[34]. L'auteur de ce traité dit en effet :

> Si, l'homme fournissant le mâle et la femme le femelle, le mâle l'emporte, l'âme la plus faible se joint à la plus forte, vu qu'elle n'a, dans ce qui est là, rien pour quoi elle ait plus d'affinité ; car la petite reçoit la grande, et la grande la petite ; réunies elles triomphent de la matière existante ; le corps mâle croît, mais le femelle décroît et passe à une autre destinée ; et ces hommes sont moins brillants que les précédents ; néanmoins, comme le mâle venant de l'homme a triomphé, ils sont virils, et cette épithète leur est justement attribuée. Si, le mâle étant fourni par la femme et le femelle par l'homme, le mâle l'emporte, la croissance se fait de la même façon que dans le cas précédent, mais le mâle décroît ; ces hommes sont androgynes (moitié hommes, moitié femmes), et ils portent justement cette qualification[35].

---

28 Hésiode, *Théogonie* 188-195 : Μήδεα δ' ὡς τὸ πρῶτον ἀποτμήξας ἀδάμαντι/ κάββαλ' ἀπ' ἠπείροιο πολυκλύστῳ ἐνὶ πόντῳ,/ ὡς φέρετ' ἂμ πέλαγος πουλὺν χρόνον, ἀμφὶ δὲ λευκὸς/ ἀφρὸς ἀπ' ἀθανάτου χροὸς ὤρνυτο· τῷ δ' ἔνι κούρη/ ἐθρέφθη· πρῶτον δὲ Κυθήροισι ζαθέοισιν/ ἔπλητ', ἔνθεν ἔπειτα περίρρυτον ἵκετο Κύπρον./ ἐκ δ' ἔβη αἰδοίη καλὴ θεός, ἀμφὶ δὲ ποίη./ ποσσὶν ὕπο ῥαδινοῖσιν ἀέξετο· τὴν δ' Ἀφροδίτην.
29 Même idée dans Hippocrate, *Des Airs, des Eaux et des lieux* 14 (L II 14-15) ; voir aussi Bonnard 2004, p. 149.
30 *Ibid.* 22 (L II 78-79).
31 Au sujet du poil chez les Grecs, voir Brulé 2015.
32 *De la génération* 1, 21 : Χωρέει γὰρ τὸ πλεῖστον τοῦ γόνου ἀπὸ τῆς κεφαλῆς παρὰ τὰ οὔατα ἐς τὸν νωτιαῖον μυελόν· voir aussi *Nature de l'enfant* 20 (L VII 509-510).
33 Dean-Jones 1994, p. 153-173 ; Jouanna 1992, p. 384 ; Congourdeau 2007, p. 199 et 207-210.
34 Joly 1966, p. 111.
35 Hippocrate, *Du régime* I, 28 (L VI 502-503) : Ἢν δὲ τὸ μὲν ἀπὸ τοῦ ἀνδρὸς ἄρσεν ἀποκριθῇ, τὸ δὲ ἀπὸ τῆς γυναικὸς θῆλυ, καὶ ἐπικρατήσῃ τὸ ἄρσεν, ἡ μὲν ψυχὴ προσμίσγεται πρὸς τὴν ἰσχυροτέρην ἡ ἀσθενεστέρη, οὐ γὰρ ἔχει πρὸς ὅ τι ὁμοτροπώτερον ἀποχωρήσει τῶν παρεόντων· προσδέχεται γὰρ ἡ μικρὴ τὴν μέζω καὶ ἡ μέζων

Cette théorie permet en outre d'expliquer les variations du sexe de l'enfant comme le précise le traité *Génération* :

> Des faits apparents permettent de conclure que dans l'homme et dans la femme est semence et mâle et femelle : beaucoup de femmes qui avaient des filles avec leurs maris ont eu des garçons avec d'autres hommes ; et les mêmes hommes qui avaient des filles avec ces femmes ont eu des garçons avec d'autres femmes ; et, au rebours, des hommes engendrant des garçons ont, avec d'autres femmes, engendré des filles[36].

En outre, les parties du corps sont fortes ou faibles selon le côté où elles se trouvent. Le côté droit est associé au masculin, le gauche au féminin :

> Dans la semence même et de la femme et de l'homme, tout le corps fournit ; elle vient faible des parties faibles, et forte des parties fortes. Nécessairement l'enfant y correspond. Quelle que soit la partie où il vient dans la semence plus du côté de l'homme que de la femme, cette partie ressemble davantage au père ; quelle que soit la partie où il vient plus du côté de la femme, cette partie ressemble davantage à la mère. Il est impossible que tout ressemble à la mère et rien au père, ou tout au père et rien à la mère, ou rien ni à l'un ni à l'autre. Mais nécessairement l'enfant ressemble à l'un et à l'autre en quelque chose, s'il est vrai que la semence vient des deux corps à l'enfant. À celui qui contribue le plus et de plus de parties à la ressemblance, l'enfant ressemble le plus[37].

Le médecin des *Épidémies* ajoute à cette question de latéralité :

> À la puberté, suivant le testicule qui se développe le premier, l'individu engendrera des garçons si c'est le droit, des filles si c'est le gauche[38].

Malgré une apparente égalité des semences, les médecins hippocratiques considèrent la semence féminine, et donc le côté gauche, comme plus faible :

> La semence mâle est plus forte que la semence femelle[39].

τὴν ἐλάσσονα· κοινῇ δὲ τῶν ὑπαρχόντων κρατέουσι· τὸ δὲ σῶμα τὸ μὲν ἄρσεν αὔξεται, τὸ δὲ θῆλυ μειοῦται καὶ διακρίνεται ἐς ἄλλην μοίρην. Καὶ οὗτοι ἧσσον μὲν τῶν προτέρων λαμπροί, ὅμως δέ, διότι ἀπὸ τοῦ ἀνδρὸς τὸ ἄρσεν ἐκράτησεν, ἀνδρεῖοι γίνονται, καὶ τοὔνομα τοῦτο δικαίως ἔχουσιν. Ἢν δὲ ἀπὸ μὲν τῆς γυναικὸς ἄρσεν ἀποκριθῇ, ἀπὸ δὲ τοῦ ἀνδρὸς θῆλυ, κρατήσῃ δὲ τὸ ἄρσεν, αὔξεται τὸν αὐτὸν τρόπον τῷ προτέρῳ· τὸ δὲ μειοῦται· γίνονται δὲ οὗτοι ἀνδρόγυνοι καὶ καλέονται τοῦτο ὀρθῶς.

36 Hippocrate, *Génération* 7 (L VII 479-481) : Ξυμβάλλεσθαι δὲ παρέχει ὅτι καὶ ἐν τῇ γυναικὶ καὶ ἐν τῷ ἀνδρὶ ἔστι γόνος καὶ θῆλεος καὶ ἄρσενος τοῖσιν ἐμφανέσι γινομένοισι· πολλαὶ γὰρ γυναῖκες ἤδη ἐθηλυτόκησαν παρ' ἀνδράσιν ἰδίοις, παρὰ δὲ ἑτέρους ἄνδρας ἐλθοῦσαι ἐκουροτόκησαν· καὶ οἱ ἄνδρες οἱ αὐτοὶ κεῖνοι παρ' οἷσιν ἐθηλυτόκεον αἱ γυναῖκες, ἑτέρων γυναικῶν ἐς μίξιν ἀφικόμενοι, ἄρσενα γόνον ἐποίησαν, καὶ οἷσιν ἄρσην γόνος ἐγίνετο, ἐς ἑτέρας γυναῖκας μιχθέντες θῆλυν γόνον ἐποίησαν.
37 *Ibid.* 8 (L VII 481-482) : καὶ τῷ τέκνῳ οὕτως ἐστὶν ἀνάγκη ἀποδίδοσθαι. Καὶ ὁκόθεν ἂν τοῦ σώματος τοῦ ἀνδρὸς πλέον ἔλθῃ ἐς τὴν γονὴν ἢ τῆς γυναικός, κεῖνο κάλλιον ἔοικε τῷ πατρί· ὁκόθεν ἂν δὲ πλέον ἔλθῃ ἀπὸ τῆς γυναικὸς τοῦ σώματος, κεῖνο κάλλιον ἔοικε τῇ μητρί. Ἔστι δὲ οὐκ ἀνυστὸν πάντα τῇ μητρὶ ἐοικέναι, τῷ δὲ πατρὶ μηδέν, ἢ τὸ ἐναντίον τούτου, οὐδὲ μηδετέρῳ ἐοικέναι μηδέν· ἀλλ' ἀμφοτέροισιν ἀνάγκη τίς ἐστιν ἐοικέναι τινί, εἴπερ ἄρα ἀπ' ἀμφοτέρων τῶν σωμάτων τὸ σπέρμα χωρέει ἐς τὸ τέκνον. Ὁκότερος δ' ἂν πλέον ξυμβάληται ἐς τὸ ἐοικέναι καὶ ἀπὸ πλεόνων χωρίων τοῦ σώματος, κείνῳ τὰ πλείονα ἔοικε.
38 Hippocrate, *Épidémies* VI, 4, 21 (L V 312-313) : Τράγος, ὁκότερος ἂν φανῇ ἔξω ὄρχις, δεξιός, ἄρσεν, εὐώνυμος, θῆλυ.
39 Hippocrate, *Génération* 6 (L VII 479-480) : Ἰσχυρότερον δέ ἐστι τὸ ἄρσεν τοῦ θήλεος.

Pour le médecin de *Génération/Nature de l'enfant*, la matrice possède en outre plusieurs poches, comme c'est le cas des animaux qui mettent au monde plusieurs petits en même temps[40]. Cette représentation de la matrice féminine permet d'expliquer les naissances gémellaires[41]. Elle se heurte néanmoins aux théories évoquées dans les *Aphorismes*[42] et les *Épidémies* II et VI qui prétendent que le sexe de l'enfant dépend de sa place dans la matrice : droite pour un garçon, gauche pour une fille[43]. Le médecin de ce dernier traité évoque le facteur qui fait que le garçon est formé plus rapidement : c'est parce que les mâles se trouvent dans l'endroit le plus chaud de la matrice qu'ils sont formés plus vite[44]. Comment expliquer alors deux jumeaux de sexe masculin ?

Plus pragmatique, le médecin hippocratique, auteur *Du Régime*, considère que les deux poches dans lesquelles se développent les jumeaux sont semblables :

> Les jumeaux se rassemblent pour les raisons que voici : tout d'abord, les lieux où ils se développent sont semblables ; ensuite, ils ont été sécrétés en même temps ; ensuite ils se développent à partir des mêmes aliments et enfin, ils viennent au jour en même temps[45].

Si l'on en croit le débat fictif entre Hippocrate et le philosophe stoïcien Posidonius (IIe siècle av. J.-C.), rapporté par Augustin (Ve siècle), ces similitudes vont jusqu'à induire les mêmes maladies au même moment pour le médecin de Cos[46]. Repris dans un manuscrit du XVe siècle conservé à La Haye, le débat porte sur la question des destins identiques ou différents des jumeaux, puisque l'un naît avant l'autre[47].

Retenir et former la semence : le rôle de matrice

Selon l'auteur du traité *Génération/Nature de l'enfant*, la conception a lieu lorsque les deux semences sont retenues par la matrice. La matrice doit alors offrir un terrain propice. Une matrice plus béante qu'il ne convient amènerait la femme à rejeter le sperme. La matrice doit, en outre, être vide de sang. Pour cette raison, les médecins estiment que le meilleur moment pour procréer advient après les règles que le médecin identifie à du sang troublé (ταραχθέν) :

---

40 Il est probable que cette affirmation découle de l'observation des matrices de certains animaux femelles dont celle de la truie qui possède effectivement de nombreuses poches. Voir DEAN-JONES 1994, p. 67.
41 HIPPOCRATE, *Nature de l'enfant* 31 (L VII, 540-541).
42 HIPPOCRATE, *Aphorismes* V, 48 (L IV 550-551).
43 HIPPOCRATE, *Épidémies* II, 6 (L V 136-137).
44 *Ibid.* VI, 2, 25 : « Que [le fœtus mâle est] dans l'endroit le plus chaud, le plus solide, à droite [de la matrice] ; c'est pour cela que les mâles sont plus bruns, et ont les veines plus saillantes. Ils sont plus tôt constitués, plus tôt formés ». Ὅτι ἐν θερμοτέρῳ, στερεωτέρῳ, ἐν τοῖσι δεξιοῖσι, καὶ μέλανες διὰ τοῦτο, καὶ ἔξω αἱ φλέβες μᾶλλον. Ξυνεκρίθη, ξυνέστη, ὀξύτερον.
45 HIPPOCRATE, *Du Régime* I, 30, 2 (L VI 506-507) : Ὅμοια δὲ ἀλλήλοισι τὰ δίδυμα διὰ τόδε γίνεται, ὅτι πρῶτον μὲν ἴσα τὰ χωρία ἐν οἷσιν αὔξεται, ἔπειτα ἅμα ἀπεκρίθη, ἔπειτα τῇσιν αὐτῇσι τροφῇσιν αὔξεται, γόνιμά τε ἀνάγεται ἅμα ἐς φάος.
46 AUGUSTIN, *Cité de Dieu* 5, 2. Pour en savoir plus au sujet des jumeaux, voir Dasen 2005, et au sujet du débat mentionné ici DASEN 2015a, p. 190.
47 DASEN 2015a, p. 191, fig. 6.1.

La matrice et les veines s'étant vidées de sang, les femmes conçoivent ; c'est en effet après les règles que la conception est la plus ordinaire[48].

Pour les médecins du Corpus hippocratique, le ventre de la femme est d'abord conçu comme un récipient – c'est aussi le cas notamment de la tête, de la rate, de la vessie, etc. – qui se remplit périodiquement de sang et l'évacue[49]. C'est dans ce récipient que s'opère, grâce au mélange des semences, la formation de l'enfant.

Lorsque la matrice a conservé les semences, les mouvements de la femme dans sa vie quotidienne en permettent le mélange. La durée de la transformation de la semence en embryon « c'est à dire la production d'une entité différente de la semence initiale » pour reprendre les termes de Marie-Hélène Congourdeau, est rendue par différents termes selon les auteurs[50]. Parmi eux, *sullepsis* (σύλληψις), employé par Soranos et Galien, rend compte d'un processus par lequel la semence est retenue par la matrice[51]. Un second terme *sunistemi* (συνίστημι), employé par le grammairien Jullius Pollux pour rendre compte du caillage du lait en fromage, apparaît chez certains auteurs chrétiens[52]. Le terme fait alors allusion à la coagulation. Comme nous l'avons vu, cette idée n'est pas nouvelle. Elle est déjà présente dans le livre biblique de Job où ce dernier évoque l'idée de sa propre conception :

> Souviens-toi, je t'en conjure, que tu m'as façonné comme de l'argile ; voudrais-tu me faire retourner en poussière ? Ne m'as-tu pas versé comme du lait et fait cailler comme du fromage ? Tu m'as revêtu de chair et de peau, et tu m'as lié avec des os et des tendons[53] ?

L'idée d'une coagulation de la semence par le sang est encore rendue par d'autres termes. L'auteur hippocratique du traité *Femmes stériles* dit :

> Quand les règles coulent de manière maladive, attendu que la femme n'est pas en santé, il n'y a pas non plus grossesse, car il n'y a pas coagulation (οὐ πήγνυται) par le sang malade ; au contraire le sang qui descend du corps et qui est malade liquéfie la semence[54].

Pour le médecin de *Génération/Nature de l'enfant*, l'embryon est déjà formé à six jours. Il y est question d'un épaississement de la semence permis grâce au souffle et au ventre chaud de la mère :

> Puis elle (la semence) a du souffle, et parce qu'elle est en lieu chaud, et parce que la mère respire. Quand elle est remplie de souffle, le souffle se fait lui-même une voie vers l'extérieur au milieu de la semence, par où il sort. Quand une voie vers l'extérieur a été

---

48 HIPPOCRATE, *Nature de l'enfant* 15, 4 (L VII 495-496) : κενεῶν γὰρ τῶν μητρέων καὶ τῶν φλεβῶν γενομένων τοῦ αἵματος, λαμβάνουσι πρὸς σφᾶς αἱ γυναῖκες τοὺς παῖδας· μετὰ γὰρ τῶν καταμηνίων τὴν κάθαρσιν αἱ γυναῖκες μάλιστα λαμβάνουσιν ἐν γαστρί.
49 Voir notamment DASEN 2015a, ch. II, p. 53 et suiv.
50 CONGOURDEAU 2007, p. 204.
51 SORANOS, *Maladies des femmes* I, 14 ; GALIEN, *De la semence*, p. 514-515.
52 POLLUX, *Onomasticon* I, 251.
53 Job 10.10.
54 HIPPOCRATE, *Femmes stériles* 213, 48 (L VIII 413-414, trad. P. Demont) : Ἢν μὴ ὑγιηρὰ χωρέῃ τὰ καταμήνια, οἷα τῆς γυναικὸς μὴ ὑγιηρῆς ἐούσης, οὐδὲ οὕτω κυΐσκεται· οὐ γὰρ πήγνυται ὑπὸ τοῦ αἵματος νοσεροῦ ἐόντος, ἀλλὰ διαρροῖ τὴν γονὴν τὸ αἷμα τὸ κατιὸν ἀπὸ τοῦ σώματος νοσερὸν ἐόν.

faite au souffle qui est chaud, un autre souffle froid vient de la mère par inspiration. Et cette alternative dure tout le temps. Il s'échauffe, attendu qu'il est en lieu chaud ; il a du souffle froid par la mère qui respire ; tout ce qui s'échauffe a du souffle. Le souffle fait éruption, se fraye une route à lui-même, et va au dehors. Alors ce qui est chauffé attire à soi par la fente un autre souffle froid qui le nourrit[55].

Le médecin utilise aussi l'image d'un pain qui « chauffé et empli de souffle, se soulève ; et là où il est soufflé se forme la surface membraneuse »[56], pour expliquer la formation de la membrane qui enveloppe l'embryon. La chaleur du corps de la femme ne fait pas pour autant l'unanimité des médecins hippocratiques et est soumise à différents discours. L'auteur de *Maladies des femmes* attribue aux femmes une température plus élevée parce que leur sang est plus chaud[57]. Pour le médecin de *Nature de l'enfant*, la matrice est chauffée par le sang menstruel et celui-ci chauffe l'ensemble du corps de la femme uniquement lorsqu'il y séjourne plus longtemps qu'à l'accoutumée[58]. Selon une croyance populaire un test permet de déterminer le sexe de l'enfant à venir : si un gâteau préparé avec le lait d'une femme enceinte et cuit à feu doux brûle c'est un garçon, s'il s'ouvre en deux, c'est une fille[59].

Ce ventre chaud, dont le rôle est central puisque tout dépend de sa capacité à garder ou non la semence, est comparé à juste titre, par Lydie Bodiou, à une « cocotte minute »[60]. Il différencie la femme de l'homme et, lorsqu'il remplit pleinement sa fonction, amène la femme à son plein accomplissement, tant biologique que social. Pouvant toutefois être entravée, cette fonction peut nécessiter une influence extérieure, comme le recours à des méthodes thérapeutiques utilisant pessaires, fumigations et parfois formules et gemmes magiques[61].

Le sang : nourriture intra-utérine de l'enfant

Dans l'ensemble des traités hippocratiques, le sang est synonyme de fluide vital, car il a pour fonction de porter la nourriture dans tout le corps[62]. Pour les médecins des traités *Épidémies* et *Aliment*, le sang est fabriqué par le foie[63], au contraire d'Aristote pour qui

---

55 Hippocrate, *Nature de l'enfant* 12 (L VII 486-487) : Ἔπειτα πνεῦμα ἴσχει, ἅτε ἐν θερμῷ ἐοῦσα, ἔπειτα τῆς μητρὸς πνεούσης, ἔπειτα δὲ τοῦ πνεύματος ὅταν πλησθῇ, ὁδόν οἱ αὐτῷ ἔξω ποιέει κατὰ μέσον τῆς γονῆς, ᾗ τὸ πνεῦμα ἔξεισιν· ὅταν δὲ ὁδὸς γένηται τῷ πνεύματι ἔξω θερμῷ ἐόντι, αὖθις ἕτερον ψυχρὸν εἰσπνέει ἀπὸ τῆς μητρός· καὶ τοῦτο ποιέει διὰ παντὸς τοῦ χρόνου. Θερμαίνεται μὲν γὰρ ἅτε ἐν θερμῷ ἐοῦσα· ψυχρὸν δὲ ἴσχει ἀπὸ τῆς μητρὸς πνεούσης· πάντα δὲ ὁκόσα θερμαίνεται πνεῦμα ἴσχει. Τὸ δὲ πνεῦμα ῥήγνυσι καὶ ποιέει οἱ ὁδὸν αὐτὸ ἑωυτῷ καὶ χωρέει ἔξω· αὐτὸ δὲ τὸ θερμαινόμενον ἕλκει ἐς ἑωυτὸ αὖθις ἕτερον πνεῦμα ψυχρὸν διὰ τῆς ῥαγῆς, ἀφ' οὗ τρέφεται.
56 Hippocrate, *Génération* 1, 12 (L VII 489-490).
57 Hippocrate, *Maladies des femmes* I, 1 (L VIII 12, 21).
58 Hippocrate, *Nature de l'enfant* 15 (LVII 494, 22-23).
59 Hippocrate, *Femmes stériles* 216 (LVIII 416 20-23).
60 Hippocrate, *Nature de l'enfant* 12, 1 (LVII 486-487) parle d'un four, *kaminos*.
61 Dasen 2015a, p. 129-152.
62 Bien qu'aucun des traités hippocratiques n'évoque directement la question de l'équivalence entre le sang et la vie, cette dernière apparaît toutefois comme une sorte d'évidence dans *Des plaies de la tête* III, 246, 7. Il y est fait mention d'une partie d'os qui se dessèche, et d'une autre qui garde « sang et vie ».
63 Hippocrate, *Épidémies* II, 4, 1 (L V 120-122) ; Hippocrate, *Aliment* 31 (L IX 110-111). Ces passages précisent que le cœur est à l'origine des artères (ἀρτεριῶν) alors que du foie proviennent les veines (φλεβῶν).

le sang provient du cœur⁶⁴. Le sang est ensuite acheminé par les veines (φλεβῶν) selon *Aliments*⁶⁵. Dans *Génération, Nature de l'enfant, Maladies* IV, la formation du sang est décrite de manière très précise. Au chapitre 42 de *Maladies* IV, l'auteur explique que le sang est l'un des quatre liquides constitutifs du corps au même titre que la bile, le phlegme et l'eau⁶⁶. Marie-Paule Duminil précise : « Au sens large, il désigne le liquide qui résulte du mélange dans les vaisseaux de ces quatre humeurs distinctes »⁶⁷. Cuit par la chaleur du corps, ce liquide se fluidifie et « arrivant dans le ventre, il y cuit les aliments et en fait le sang du corps »⁶⁸.

Devenu nourriture dans le ventre, le sang sert à la croissance du corps de l'enfant et à son entretien comme cela ressort du traité *Nature de l'enfant* :

> Quant à la semence, qui est dans une membrane, et qui a respiration en dedans et en dehors, elle croît par le sang de la mère descendant aux matrices. En effet, les règles ne coulent pas, quand la femme est enceinte, si l'enfant doit se bien porter ; à peine est-il quelques femmes chez qui, le premier mois, il paraît quelque chose. Donc le sang, descendant de tout le corps de la femme, se range circulairement autour de la membrane en dehors. Attiré, en même temps que la respiration, en dedans à travers la membrane, il se coagule à l'endroit qui est perforé et détaché, et accroît le futur animal. Avec le temps, d'autres membranes ténues et nombreuses s'étendent en dedans de la première, par le même procédé que la première s'est formée ; elles sont étendues, elles aussi, à partir de l'ombilic, et ont des connexions entre elles⁶⁹.

Dans *Aliment*, les règles s'adaptent aux besoins de l'embryon :

> Les règles sont généralement harmonisées pour l'embryon et sa nourriture et les aliments se transforment en lait pour l'alimentation du bébé⁷⁰.

Dans *Maladies des femmes* I, les seins profitent du sang produit par la mère, ce qui a pour conséquence sa réduction dans le corps de la femme :

> Les femmes grosses n'ont pas leurs règles, excepté quelques-unes, et en petite quantité. La partie la plus douce du fluide provenant des aliments et des boissons se porte aux

---

64 ARISTOTE, *PA* 665b.
65 HIPPOCRATE, *Aliment* 31 (L IX 110-111).
66 DUMINIL 1983, p. 237.
67 DUMINIL 1983, p. 237.
68 HIPPOCRATE, *Maladies* IV (L VII 564-565) : … ἐλθοῦσα δὲ ἐς τὴν κοιλίην πέσσει τὰ σιτία ἐν τῷ τόπῳ, καὶ ποιέει τὸ αἷμα ἀπ' αὐτῆς ἐν τῷ σώματι.
69 HIPPOCRATE, *Nature de l'enfant* 14 (L 7 492-493), selon Littré : Ὅτι δὲ ἡ γονὴ ἐν ὑμένι ἐστὶ, καὶ πνοὴν ἔχει καὶ εἴσω καὶ ἔξω, καὶ αὔξεται ὑπὸ τῆς μητρὸς τοῦ αἵματος κατιόντος ἐπὶ τὰς μήτρας· τὰ γὰρ καταμήνια οὐ χωρέει, ὁκόταν γυνὴ λάβῃ πρὸς ἑωυτήν, ἢν μέλλῃ τὸ παιδίον ὑγιαίνειν, εἰ μή ἐστιν ᾗσιν ἐπισημαίνει τὸν πρῶτον μῆνα ὁκόσον ὀλίγον· ἀλλὰ κατιὸν τὸ αἷμα ἀπὸ παντὸς τοῦ σώματος τῆς γυναικὸς κυκλόσε περίσταται περὶ τὸν ὑμένα ἔξω. Ἅμα δὲ τῇ πνοῇ ἑλκομένου εἴσω τοῦ αἵματος διὰ τοῦ ὑμένος, κατὰ τὸ τετρημένον καὶ ἀπέχον συμπήγνυται καὶ αὔξει τὸ μέλλον ζῶον ἔσεσθαι. Ὁκόταν δὲ χρόνος ἐγγένηται, αὖθις ἕτεροι ὑμένες εἴσω τοῦ πρώτου ὑμένος λεπτοὶ περιτείνονται πολλοί, τρόπῳ τοιούτῳ οἵῳ καὶ ὁ πρῶτος ὑμὴν ἐγένετο· τεταμένοι δέ εἰσι καὶ οὗτοι ἀπὸ τοῦ ὀμφαλοῦ, καὶ ἐς ἀλλήλους διαδέσμους ἔχουσιν. Cette théorie se retrouve aussi dans les *Chairs* (L VIII, 600-601).
70 HIPPOCRATE, *Aliment* 37 (L IX 110-111) : Περίοδοι ἐς πολλὰ σύμφωνοι, ἐς ἔμβρυον καὶ ἐς τὴν τούτου τροφήν· αὖτις δὲ ἄνω ῥέπει ἐς γάλα καὶ ἐς τροφὴν βρέφεος.

mamelles, et y est attirée comme par succion ; nécessairement alors le reste du corps se vide davantage et devient moins plein de sang[71].

Ce détournement est cause de la pâleur de la future mère :

> Quand une femme est grosse, elle devient toute pâle, parce que la partie pure de son sang distille journellement du corps et se porte à l'embryon, qui en reçoit accroissement. Or, le sang étant moindre dans le corps, nécessairement elle est pâle, elle a des envies d'aliments étranges ; même peu de nourriture cause des dégoûts et des nausées ; et elle s'affaiblit, parce que le sang diminue[72].

Quand une femme a du lait alors qu'elle n'est pas enceinte et n'a pas accouché, « c'est que les règles ont manqué » selon *Aphorismes* V. Par-là, nous comprenons que le lait remplace les règles. Cette idée de lait qui « se forme aux dépends du sang » se retrouve dans l'ensemble des traités[73]. L'expression « les laits sont frères des règles » dans les *Epidémies* traduit la contiguïté des deux substances[74]. Lait et sang ne peuvent donc pas apparaître en même temps puisqu'ils sont une seule et même substance, relevant de moments successifs d'une chaîne de transformation. Si du lait s'échappe des seins, alors que l'enfant est encore dans le corps de sa mère, le sang qui contribue à la nourriture de l'embryon est appauvri :

> [...] s'il coule beaucoup de lait, inévitablement l'embryon est faible[75].

Téter in utero ?

Alors que tous les auteurs du Corpus s'accordent à dire que l'embryon est nourri par le sang de la mère, des divergences apparaissent sur la manière dont la nourriture parvient à l'enfant. Pour le médecin de *Génération/Nature de l'enfant*, le fœtus est nourri dans la matrice par le cordon ombilical, selon ce qu'il a pu observer sur un embryon de poussin de six jours[76]. La respiration avec l'extérieur se fait par le même canal :

> [...] le sang descendant de la mère et se coagulant, la chair se forme. Au milieu de la chair se détache l'ombilic, par où s'opèrent la respiration et l'accroissement[77].

---

71 HIPPOCRATE, *Maladies des femmes* I, 73 (L VIII 153-154) : Ἐπὴν δὲ κυΐσκηται ἡ γυνή, καταμήνια οὐ μάλα χωρέει, πλὴν ἔστιν ᾗσιν ὀλίγα· τρέπεται γὰρ ἐς τοὺς μασθοὺς τὸ γλυκύτατον τοῦ ὑγροῦ ἀπὸ τῶν σιτίων καὶ τῶν ποτῶν, καὶ ἐκθηλάζεται· καὶ ἀνάγκη ἐστὶ τὸ ἄλλο σῶμα κεκενῶσθαι μᾶλλον, καὶ ἧσσον πλῆρες γίνεται τοῦ αἵματος.
72 HIPPOCRATE, *Maladies des femmes* I, 34 (L VIII, 78-79) : Ἐπὴν ἐν γαστρὶ ἡ γυνὴ ἔχῃ, χλωρὴ γίνεται πᾶσα, ὅτι αὐτέης τοῦ αἵματος αἰεὶ τὸ ἀκραιφνὲς καθ᾽ ἡμέρην ὑπολείβεται ἐκ τοῦ σώματος, καὶ κατέρχεται ἐπὶ τὸ ἔμβρυον, καὶ αὔξη οἱ γίνεται, καὶ ἐλάσσονος τοῦ αἵματος ἐόντος ἐν τῷ σώματι ἀνάγκη εἶναι χλωρὴν, καὶ ἱμείρεσθαι ἀλλοκότων αἰεὶ βρωμάτων, καὶ ἐπ᾽ ὀλίγοισιν ἐμετώδεα ἄσαται, καὶ ἀσθενεστέρη γίνεται, ὅτι τὸ αἷμα μινύθει.
73 DUMINIL 1983, p. 198.
74 HIPPOCRATE, *Épidémies* II, 3, 17 (L V 118-119) : Τὰ γάλακτα ἀδελφὰ τῶν ἐπιμηνίων.
75 HIPPOCRATE, *Épidémies* II, 6, 18 (L V 136-137) : Ἢν πολλὸν ῥέῃ γάλα, ἀνάγκη ἀσθενέειν τὸ ἐν γαστρί.
76 Au chapitre 29, le médecin propose, pour vérifier l'existence d'une membrane entourant la semence, la position centrale de l'ombilic et les membranes soudées à ce dernier, un test réalisé avec 20 œufs d'oiseaux dont le type n'est pas précisé. Les faisant couver à une poule, il dit d'en casser un chaque jour pour en observer l'évolution. HIPPOCRATE, *Génération* 29 (L VII, 531-532).
77 HIPPOCRATE, *Nature de l'enfant* 1, 15 (L VII 493-494) : ...κατιόντος τοῦ αἵματος ἀπὸ τῆς μητρὸς καὶ πηγνυμένου, σὰρξ γίνεται· κατὰ δὲ μέσον τῆς σαρκὸς ὁ ὀμφαλὸς ἀπέχει, δι᾽ οὗ πνέει καὶ τὴν αὔξησιν ἴσχει.

Pour l'auteur de *Chairs*, c'est par la bouche que l'enfant reçoit la nourriture qu'il tète :

L'enfant dans le ventre de sa mère réunissant les lèvres, suce la matrice et tire la nourriture et l'air à l'intérieur du cœur. Si quelqu'un demande comment on sait que dans la matrice l'enfant tire et suce, voici ce qu'il y a à lui répondre : l'enfant naît ayant des excréments dans les intestins et il les évacue dès qu'il est né ; c'est valable pour les animaux comme pour les hommes. Or il n'aurait pas d'excréments s'il n'avait pas sucé dans la matrice, et ne saurait pas téter le sein dès sa naissance s'il n'avait pas déjà sucé dans la matrice[78].

Grâce à l'action du souffle, la chair s'accroît et se divise en membres. La chaleur coagule les os qui, une fois plus fermes, sont creusés par le souffle : « Plus tard, les extrémités osseuses se ramifient de nouveau, comme se ramifient les dernières extrémités d'un arbre »[79]. Le fœtus mâle est formé au bout de trente jours déjà, alors qu'il faut quarante-deux jours au fœtus femelle car la coagulation de la semence femelle est retardée par sa faiblesse et son humidité. Le médecin fait un parallèle entre la période de temps pendant laquelle les fœtus profitent d'un apport limité du sang de la mère – un apport important les noierait – et la période des lochies, qui suit immédiatement la naissance :

[…] Dans les premiers jours après l'arrivée de la semence dans les matrices, très peu de sang va de la femme à l'utérus, puis il en va davantage ; si en effet il en venait beaucoup à la fois, la semence ne pourrait pas avoir de la respiration et elle serait étouffée par l'afflux de sang. La correspondance est inverse dans le flux lochial, il est plus abondant dans les premiers jours, puis il va diminuant jusqu'à ce qu'il cesse[80].

La qualité de ce sang qui coule à raison d'un cotyle attique (0,27 litres) est un indicateur de l'état de santé de l'accouchée. Si le sang est tel que celui de l'animal victime d'un sacrifice et qu'il coagule promptement, la femme se porte bien[81].

La formation du lait et son apparition dans les seins

C'est au moment où l'enfant commence à remuer que le lait apparaît chez la mère. Ce laps de temps varie à nouveau en fonction du sexe de l'enfant : trois mois pour un garçon, quatre si c'est une fille. Le médecin de *Génération* décrit les signes indiquant que le lait est

---

78 HIPPOCRATE, *Chairs* 6 : Τὸ δὲ παιδίον ἐν τῇ γαστρὶ συνέχον τὰ χείλεα μύζει ἐκ τῶν μητρέων τῆς μητρὸς καὶ ἕλκει τήν τε τροφὴν καὶ τὸ πνεῦμα τῇ καρδίῃ εἴσω. Εἰ δέ τις ἐρωτοίη πῶς τοῦτο οἶδέ τις, ὅτι ἐν τῇ μήτρῃ τὸ παιδίον ἕλκει καὶ μύζει, τάδε αὐτῷ ἔστιν ἀποκρίνασθαι· κόπρον ἔχον ἐν τοῖσιν ἐντέροισι γίνεται, καὶ ἀποπατέει ἐπειδὰν γένηται τάχιστα, καὶ οἱ ἄνθρωποι καὶ τὰ πρόβατα· καίτοι οὐκ ἂν εἶχε κόπρον, εἰ μὴ ἐν τῇσι μήτρῃσιν ἔμυζεν, οὐδ᾽ ἂν θηλάζειν τὸν μασθὸν ἠπίστατο γεννώμενον αὐτίκα, εἰ μὴ καὶ ἐν τῇ μήτρῃ ἔμυζε. On trouve la même théorie chez Diogène d'Apollonie et Hippon de Samos (Censorin 6, 3 = Diels-Kranz 38 A 17 ; voir JOUANNA 1992, p. 385, note 58).
79 HIPPOCRATE, *Nature de l'enfant* 19 (L 7 507-508) : Καὶ χρόνῳ διοζοῦται αὖθις τὰ ἄκρα τῶν ὀστέων, ὥσπερ δενδρέου τὰ ἀκρότατα ὕστατα ὀζοῦται·
80 HIPPOCRATE, *Nature de l'enfant* 18 (L 7 503-504) : Τῇσι πρώτῃσι τῶν ἡμερέων ὁκόταν ἡ γονὴ ἐς τὰς μήτρας πέσῃ, ἐλάχιστον αἷμα ἔρχεται ἀπὸ τῆς γυναικὸς ἐς τὰς μήτρας, ἔπειτα δὲ ἐπὶ πλεῖον· εἰ γὰρ ἀθρόον καὶ πολὺ ἔλθοι ἐς ἅπαξ, οὐκ ἂν δύναιτο ἡ γονὴ πνοὴν ἔχειν, ἀλλ᾽ ἀποπνιγείη ἂν τοῦ αἵματος ἰόντος πολλοῦ. Ἀνταποδίδοται δὲ ἐν τῇ καθάρσει τοὐναντίον· χωρέει γὰρ ἡ κάθαρσις τῶν λοχίων ἐν τῇσι πρώτῃσι τῶν ἡμερέων πλείστη, εἶτα ἐπ᾽ ἐλάσσω, ἕως ἂν λήξῃ.
81 HIPPOCRATE, *Nature de l'enfant* 18 (L VII 503-504).

prêt : « les mamelles et les mamelons entrent en orgasme ; mais le lait ne coule pas ». Une distinction est aussi faite entre une femme à chair dense, chez qui le lait coule plus tard, et une femme à chair lâche, dont la nature spongieuse laisse passer plus de liquide. Cette hypothèse se base sur une comparaison entre le corps féminin et la terre et sa cultivation[82].

La production du lait est expliquée par une sorte de mécanique :

> Voici la condition nécessaire qui produit le lait : Quand les matrices, gonflées par l'enfant, pressent le ventre de la femme, et que cette pression s'exerce sur le ventre alors qu'il est plein, la partie la plus grasse des aliments et des boissons s'épanche dans l'épiploon et dans la chair[83].

L'auteur précise ainsi que le ventre contient la partie grasse des aliments et des boissons et que c'est le gras des aliments qui s'échauffe et blanchit. Une partie de cette substance transformée en lait arrive aussi dans la matrice :

> Le gras s'échauffe et blanchit ; et la partie qui en a été dulcifiée par la chaleur provenant des matrices, se rend dans les mamelles par l'action de la pression ; il en va un peu aussi dans les matrices par les mêmes veines ; en effet, les mêmes veines et d'autre veines analogues se rendent aux mamelles et aux matrices. Quand ce liquide arrive aux matrices, il a une apparence de lait, et l'enfant en tire profit ; mais les mamelles recevant le lait s'emplissent et se gonflent. Au moment de l'accouchement, le premier ébranlement ayant été donné, le lait se rend aux mamelles, si la femme nourrit[84].

Dans *Glandes*, l'auteur développe un point de vue similaire en ce qui concerne le mode d'acheminement de la nourriture de la matrice aux seins :

> De la matrice arrive aux seins, pour la nourriture de l'enfant après l'accouchement, la substance que l'épiploon exprime et fait monter quand son volume est rétréci par l'embryon[85].

Il introduit cependant une différence importante : la substance qui monte de la matrice aux seins n'est pas encore transformée en lait :

> <Les seins> changent en lait la nourriture qu'ils attirent à eux[86].

---

82 Au sujet de ce parallèle, voir Hippocrate, *Nature de l'enfant* 22 (L VII 517-518).
83 Hippocrate, *Nature de l'enfant* 21 (L VII 513-514) : Δι' ἀνάγκην δὲ τοιήνδε γίνεται τὸ γάλα· ὁκόταν αἱ μῆτραι ὀγκηραὶ ἐοῦσαι ὑπὸ τοῦ παιδίου πιέζωσι τὴν κοιλίην τῆς γυναικός, τῆς δὲ κοιλίης πλήρεος ἐούσης ὁ ἐκπιεσμὸς γένηται, ἀποπιδύει τὸ πιότατον ἀπό γε τῶν βρωτῶν καὶ τῶν ποτῶν ἔξω ἐς τὸ ἐπίπλοον καὶ τὴν σάρκα.
84 *Ibid.* (L VII 515-516) : Ἀπὸ τοῦ πίονος διαθερμαινομένου καὶ λευκοῦ ἐόντος τὸ γλυκαινόμενον ἀπὸ τῆς θέρμης τῆς ἀπὸ τῶν μητρέων ἀποθλιβόμενον ἔρχεται ἐς τοὺς μαζούς· καὶ ἐς τὰς μήτρας δὲ ὀλίγον διὰ τῶν αὐτέων φλεβῶν· τείνουσι γὰρ ἐς τοὺς μαζοὺς καὶ ἐς τὰς μήτρας φλέβια ταὐτά τε καὶ παραπλήσια ἄλλα. Καὶ ὁκόταν ἀφίκηται ἐς τὰς μήτρας, ἰδέην ἴσχει τοῦ γάλακτος, καὶ τὸ παιδίον ἀπ' αὐτοῦ ἐπαυρίσκεται ὀλίγον, οἱ δὲ μαζοὶ δεχόμενοι τὸ γάλα ἀείρονται πιμπλάμενοι· καὶ ὁκόταν τέκῃ, ἀρχῆς κινήσιος ὑπογενομένης, χωρέει τὸ γάλα ἐς τοὺς μαζοὺς τούτους, ἢν θηλάζῃ.
85 Hippocrate, *Glandes* VIII, 16, 4 (L VIII 573-574; voir aussi Duminil 1983, p. 199, note 3) : Καὶ ἀπὸ τῆς μήτρης παραγίνεται ἐπὶ τοὺς μαζοὺς ἐς τὴν μετὰ τὸν τόκον τῷ παιδίῳ τροφήν, ἥν τινα ἀποπιέζει καὶ ὑπερβάλλει τὸ ἐπίπλοον ἐς τὰ ἄνω, στενοχωρούμενον ὑπὸ τοῦ ἐμβρύου.
86 *Ibid.* (L VIII 573-574, Duminil, 1983, p. 199, note 4) : Καὶ τὴν τροφήν, ἥν τινα ἕλκουσιν ἐπὶ σφᾶς, ἀλλοιοῦσιν ἐς τὸ γάλα.

Au sujet de cette précision, qui démontre que l'auteur « sait que les seins sont des glandes », Marie-Paule Duminil souligne que l'auteur « fait preuve de connaissances d'anatomie et de physiologie beaucoup plus élaborées que les médecins des traités gynécologiques[87] ». La fonction des seins y est donnée comme complémentaire de celle du ventre.

Le médecin de *Génération* fait ensuite un long parallèle entre la terre qui nourrit les plantes et la mère qui nourrit l'enfant. Si la mère (terre) est en bonne santé, l'enfant (la plante) le sera aussi, si la mère (terre) est malade (pauvre), l'enfant (la plante) sera malade. L'analogie est largement explicitée. Comme le corps humain, le végétal a des veines larges lorsqu'il s'est enraciné et est devenu consistant. Sa nourriture d'abord aqueuse devient plus grasse et abondante. Le soleil joue un rôle dans le processus d'alimentation : par sa chaleur, il permet l'ébullition de la substance nutritive et sa diffusion jusqu'aux extrémités. L'astre participe à la formation du fruit, qu'il accompagne et rend plus ferme[88].

C'est au moment où l'enfant a acquis assez de force qu'il agite ses pieds et ses mains et rompt alors les membranes intérieures qui le retenaient. Le temps limite de la gestation est fixé au dixième mois, ce qui se traduit, selon notre façon moderne de calculer, par neuf mois révolus. Le Pseudo-Plutarque confirme cette manière de calculer des Grecs. Faisant allusion à un fœtus de cent quatre-vingts jours et demi, ce qui correspond à six mois solaires de trente jours, plus deux jours et demi, il précise :

> On parle alors d'enfants de sept mois (ἑπταμηνιαίους), parce que les jours qui manquent pour faire un mois sont compris dans le septième[89].

Lorsque le septième mois est entamé, l'enfant est considéré comme viable par les Anciens, comme aussi de nos jours, puisque la limite inférieure de viabilité est fixée à cent quatre-vingts jours[90].

Un accouchement prématuré peut être provoqué par des violences éprouvées dans le ventre de la mère ou le manque de nourriture. L'auteur met bien l'accent sur le rôle important que joue l'apport de nourriture, ou plutôt son manque, sur le moment de la naissance :

> La nourriture et l'accroissement fournis par la mère ne suffisent plus à l'enfant quand les dix mois sont passés, et qu'il a grandi. Il attire à soi la partie du sang la plus douce et il profite aussi un peu du lait. Quand ces sources deviennent trop peu abondantes, et qu'il a grossi, il désire plus de nourriture qu'il n'en a actuellement, il s'agite et rompt les membranes[91].

Pour le médecin, le lien entre les menstrues et le lait est évident : les femmes qui ont des règles peu abondantes, fourniront peu de nourriture à leur enfant, que ce soit dans le ventre ou par les seins.

---

87 Duminil 1983, p. 199.
88 Hippocrate, *Nature de l'enfant* 22 (L VII 517-518).
89 Ps.-Plutarque, *Opinion des philosophes* V, 18 : λέγεσθαι δ' ἑπταμηνιαίους διὰ τὸ τὰς ἐλλειπούσας ἡμέρας τούτου τοῦ μηνὸς ἐν τῷ ἑπτὰ προσλαμβάνεσθαι.
90 Congourdeau 2007, p. 216, note 961.
91 Hippocrate, *Nature de l'enfant* 30 (L VII 535-536) : Ἡ τροφὴ καὶ ἡ αὔξησις ἡ ἀπὸ τῆς μητρὸς κατιοῦσα οὐκ ἔτι ἀρκεῦσα τῷ παιδίῳ ἐστὶν, ὁκόταν οἱ δέκα μῆνες παρέλθωσι καὶ τὸ ἔμβρυον αὐξηθῇ· ἕλκει γὰρ ἀπὸ τοῦ αἵματος ἐς ἑωυτὸ τὸ γλυκύτατον, ἅμα δὲ καὶ ἀπὸ τοῦ γάλακτος ἐπαυρίσκεται ὀλίγον· ὁκόταν δ' αὐτῷ σπανιώτερα ταῦτα γίνηται καὶ ἁδρὸν ἔῃ τὸ παιδίον, ποθέον πλείονα τῆς ὑπαρχούσης τροφῆς, ἀσκαρίζει καὶ τοὺς ὑμένας ῥήγνυσι.

Le discours aristotélicien

Une ou deux semences : La place des sexes

Suivant la tradition établie par Pythagore et Empédocle, Aristote déclare que la différence entre les *physeis* masculine et féminine réside dans le fait que la femme est plus froide que le mâle[92]. Contrairement aux médecins hippocratiques, Aristote ne reconnaît pas l'existence d'une véritable semence féminine. Il mentionne le point de vue de ces médecins, expliquant les raisons qui le poussent à le considérer comme erroné :

> D'autre part, le processus est inverse dans la théorie qui prétend que la femme émet du sperme. Car si l'utérus émet du sperme au dehors, il est amené ensuite à le faire rentrer, s'il y a bien mélange de ce sperme avec la semence du mâle. Or une telle opération est superflue, et la nature ne fait rien de superflu[93].

Pour lui, ce sont les règles qui représentent la part féminine et qui s'unissent au sperme pour former l'enfant. Le biologiste-philosophe parle alors de résidus (περίττωμα), féminin et masculin, et non de semences. Il se base sur sa propre observation : le sperme et les menstrues apparaissent au même moment dans le corps humain, lors de la puberté[94] : c'est au même âge où le sperme commence à apparaître chez les mâles et à être sécrété que les menstrues s'écoulent chez les femelles, que la voie mue et que les mamelles se dessinent. Et c'est au déclin de l'âge que cessent pour les uns la faculté d'engendrer, pour les autres le flux menstruel.

Sang, sperme et menstrues sont dès lors considérés comme étant de même nature. Aristote établit une hiérarchie des fluides inexistante chez les médecins du Corpus hippocratique, au sein de laquelle le mâle est le seul à sécréter un résidu qui est pur car issu d'une coction (cuisson) :

> Mais comme l'un des sexes a la puissance de sécréter un résidu qui est pur, tandis que l'autre ne l'a pas [...][95].

La coction qui a produit le sperme est rendue possible grâce à la chaleur du corps masculin. Il s'agit d'une différence majeure entre le point de vue du Stagirite et celui des médecins hippocratiques. L'impureté des règles est accentuée par l'absence d'une âme propre :

> En effet, la femelle est comme un mâle mutilé, et les règles sont comme une semence, mais qui n'est pas pure ; une chose lui manque et une seule : le principe de l'âme[96].

---

92 Dean-Jones 1994, p. 46.
93 Aristote, *GA* 739 b 16-20 (trad. P. Louis, 1961) : Ἀνάπαλιν δὲ συμβαίνει καὶ τοῖς λέγουσι προΐεσθαι καὶ τὴν γυναῖκα σπέρμα· προϊεμέναις γὰρ ἔξω συμβαίνει ταῖς ὑστέραις πάλιν εἴσω σπᾶν, εἴπερ μιχθήσεται τῇ γονῇ τῇ τοῦ ἄρρενος. Τὸ δ' οὕτω γίγνεσθαι περίεργον, ἡ δὲ φύσις οὐδὲν ποιεῖ περίεργον.
94 Aristote, *GA* 727 a 5-8 : Κατὰ γὰρ τὴν αὐτὴν ἡλικίαν τοῖς μὲν ἄρρεσιν ἄρχεται ἐγγίνεσθαι γονὴ καὶ ἀποκρίνεται, τοῖς δὲ θήλεσι ῥήγνυται τὰ καταμήνια καὶ φωνῆ τε μεταβάλλουσι καὶ ἐπισημαίνει τὰ περὶ τοὺς μαστούς – καὶ παύεται τῆς ἡλικίας ληγούσης τοῖς μὲν τὸ δύνασθαι γεννᾶν τοῖς δὲ τὰ καταμήνια.
95 La notion de coction revient régulièrement chez cet auteur. Y faisant référence, Lydie Bodiou dit « Tout est affaire de fluides, d'humidité et de coction, une manière de penser le féminin et le monde » (Bodiou 2001, p. 143). Aristote, *GA* 765 b 35-36 : Ἐπεὶ δὲ τὸ μὲν δύναται τὸ δ' ἀδυνατεῖ ἐκκρῖναι τὸ περίττωμα καθαρόν [...].
96 Aristote, *GA* 737 a 25-30) : Τὸ γὰρ θῆλυ ὥσπερ ἄρρεν ἐστὶ πεπηρωμένον καὶ τὰ καταμήνια σπέρμα, οὐ καθαρὸν δέ· ἓν γὰρ οὐκ ἔχει μόνον· τὴν τῆς ψυχῆς ἀρχήν.

Outre le fait d'être produit par un corps chaud, permettant la coagulation, le sperme est animé d'un mouvement dont il imprègne le sang féminin :

> Puisque le sperme est un résidu et qu'il est animé d'un mouvement identique à celui par lequel le corps s'accroît à mesure que s'y distribuent les parcelles de la nourriture définitivement élaborée, quand il pénètre dans l'utérus, il coagule et met en mouvement le résidu de la femelle en lui imprimant le mouvement dont il est lui-même animé[97].

La puissance du mâle réside donc dans sa faculté « d'opérer la coction de la nourriture sous sa forme ultime, c'est à dire ce qu'on appelle le sang chez les animaux sanguins »[98]. Aristote utilise l'image du lait qui s'épaissit par l'ajout d'un agent coagulant, le suc du figuier ou de la présure[99], qui s'inscrit dans le système de cuisson des fluides au sein duquel l'enfant est comparé à un fromage[100]. Froide, la femme est incapable de provoquer une coction suffisante de son surplus de sang, ce qui fait qu'elle en est pleine.

L'infériorité de la femme ressort aussi de la latéralité du corps. À plusieurs endroits, Aristote évoque le débat qui anime les philosophes comme les médecins. Dans *Métaphysique*, il rapporte que les Pythagoriciens associent le mâle et le bon à la droite, la femelle et le mauvais à la gauche. Aristote associe le côté droit au chaud, le côté gauche au froid[101]. Plus loin, il ajoute que, simultanément aux organes donnés par la nature à la femelle comme au mâle, apparaissent « les sécrétions et les puissances correspondantes », c'est-à-dire une force moindre pour ce qui est de la femme. Dès lors, le mâle se différencie de la femelle non seulement par les organes (ὄργανα) mais aussi par les résidus (περιττώματα), dont la puissance diffère :

> Chez les femelles, en revanche, à cause de leur inaptitude à réaliser la coction, il y a une grande quantité de résidu sanguin (car l'élaboration est incomplète) : aussi est-il nécessaire qu'il y ait un organe pour le recevoir, et que cet organe diffère de celui du mâle et soit de grande taille[102].

Le sperme étant « d'une quantité facile à loger », certains canaux du corps suffisent. Dans un autre passage, Aristote donne des détails sur les lieux servant de réceptacle à chacun des deux types de résidus. Il s'agit de la région du pubis qui, bien irriguée par des canaux développés, permet la pilosité, et aussi celle des seins. L'air ajoute à cette transformation :

> Quand ces régions sont sur le point de se différencier, elles se gonflent d'air : chez les mâles on remarque surtout le gonflement des testicules, mais le phénomène affecte

---

97 ARISTOTE, *GA* 737 a 18-22 : Τοῦ δὲ σπέρματος ὄντος περιττώματος καὶ κινουμένου κίνησιν τὴν αὐτὴν καθ᾽ ἥνπερ τὸ σῶμα αὐξάνεται μεριζομένης τῆς ἐσχάτης τροφῆς, ὅταν ἔλθῃ εἰς τὴν ὑστέραν συνίστησι καὶ κινεῖ τὸ περίττωμα τὸ τοῦ θήλεος τὴν αὐτὴν κίνησιν ἥνπερ αὐτὸ τυγχάνει κινούμενον κἀκεῖνο.
98 *Ibid.*
99 Concernant la fabrication des fromages et l'usage de présure – qui est du lait selon Aristote (πυετία γάλα ἐστίν) –, voir ARISTOTE, *HA* 522 a 2-6.
100 Voir *supra*, note 11.
101 ARISTOTE, *PA* 670 b 17-22 ; ARISTOTE, *Métaphysique* 986 a 23-b 5.
102 ARISTOTE, *GA* 766 b 22-25 : Τοῖς δὲ θήλεσι δι᾽ ἀπεψίαν πλῆθος αἱματικόν (ἀκατέργαστον γάρ), ὥστε καὶ μόριον δεκτικὸν ἀναγκαῖον εἶναί τι, καὶ εἶναι τοῦτο ἀνόμοιον καὶ μέγεθος ἔχειν.

aussi les seins ; chez les femelles ce sont surtout les seins qui se gonflent : quand leur volume a augmenté de deux doigts, les règles apparaissent[103].

Dans le cadre de cette conception du corps, le corps de l'enfant, déjà différencié sexuellement alors qu'il est dans le ventre de sa mère, est alors considéré comme complet (mais imparfait) par le Stagirite[104]. Il est pourtant pourvu des outils, les organes, et des puissances correspondantes. Il lui faudra atteindre la puberté pour être en pleine possession de sa *physis*, permise par le développement des réceptacles (matrice et veines) et des résidus correspondants.

Cette représentation du corps traduit un intérêt limité pour le sexe de l'enfant avant la puberté, Aristote considérant que « l'enfant a une forme féminine et la femme ressemble à un mâle stérile »[105]. Pour Lesley Dean-Jones, ce désintérêt est commun aux médecins hippocratiques, qui font peu de cas du sexe des impubères[106]. Ce n'est que durant cette étape de transformation, où l'élargissement des canaux du corps joue un rôle prédominant, que l'individu rentre en pleine possession des capacités de son corps. Si, aux dires d'Aristote, c'est le corps de l'homme qui subit les changements les plus importants, le corps de la femme ne reste pas inchangé. Avec l'arrivée des menstrues, sa nature cachée peut enfin se révéler et s'accomplir dans les fonctions qui lui sont propres : porter et nourrir l'enfant.

Retenir et former la semence : le rôle de matrice

De par sa grande taille, l'utérus est le récipient tout désigné pour contenir le sang menstruel[107]. Situé près du diaphragme, l'utérus attire le sperme. La chaleur qui y règne est attribuée au sang menstruel et à son cycle :

> Et l'écoulement ainsi que l'accumulation des règles attisent la chaleur dans l'organe en question, si bien que le cas est le même que celui des vases salis qu'on lave à l'eau chaude et qui aspirent l'eau quand on les retourne le col en bas[108].

Malgré la faiblesse qu'il attribue aux femmes dans ses différents traités, Aristote reconnaît que le corps féminin peut exercer de l'influence sur le moment de la conception. Par l'apparition ou non de son sang, l'ouverture et la fermeture de sa matrice, elle impose au mâle son propre rythme[109]. La femme peut aussi avoir de l'influence sur la « bouche », (στόμα), de sa matrice. En l'oignant d'huiles, elle en rend les parois lisses, action qui est

---

103 ARISTOTE, *GA* 728 b 27-32 : Μελλόντων δὲ διίστασθαι οἱ τόποι ἀνοιδοῦσιν ὑπὸ τοῦ πνεύματος, τοῖς μὲν ἄρρεσιν ἐπιδηλότερον περὶ τοὺς ὄρχεις, ἐπισημαίνει δὲ καὶ περὶ τοὺς μαστούς, τοῖς δὲ θήλεσι περὶ τοὺς μαστοὺς μᾶλλον· ὅταν γὰρ δύο δακτύλους ἀρθῶσι τότε γίγνεται τὰ καταμήνια ταῖς πλείσταις.
104 ARISTOTE, *GA* 740 a 24. L'embryon est considéré comme un « animal en puissance » mais imparfait parce qu'il dépend de l'apport nourricier de sa mère.
105 ARISTOTE, *GA* 727 b 18-19 : Ἔοικε δὲ καὶ τὴν μορφὴν γυναικὶ παῖς, καὶ ἔστιν ἡ γυνὴ ὥσπερ ἄρρεν ἄγονον.
106 DEAN-JONES 1994, p. 46-47.
107 ARISTOTE, *GA* 766 b 23-24.
108 ARISTOTE, *GA* 739 b 9-13 : Καὶ ἡ τῶν καταμηνίων δὲ ἔκκρισις καὶ συνάθροισις ἐμπυρεύει θερμότητα ἐν τῷ μορίῳ τούτῳ, ὥστε καθάπερ τὰ πυρεύει θερμότητα ἐν τῷ μορίῳ τούτῳ, ὥστε καθάπερ τὰ κωνικὰ τῶν ἀγγείων ὅταν θερμῷ διακλυσθῇ σπᾷ τὸ ὕδωρ εἰς αὑτὰ καταστρεφομένου τοῦ στόματος.
109 Le pouvoir de la femme sur la retenue de la semence apparaît aussi dans HIPPOCRATE, *Génération* 5 (L VII, 476, 17-19). Dans son étude des gemmes utérines, V. Dasen a montré le contrôle que la femme entend avoir de son corps. Voir par exemple DASEN 2015a, p. 108.

préjudiciable à la conservation de la semence. Deux états du corps féminin empêchent la fécondation : le corps qui ne produit pas ou plus de règles, et le corps « en sang », c'est à dire au moment de l'écoulement menstruel. Le premier ne fournit pas, dans la vision du philosophe comme dans celle des médecins hippocratiques, la nourriture et la matière permettant la fécondation, tandis que la force qui est dans le sperme est entraînée hors de la matrice lorsque les règles coulent.

Le sang : nourriture intra-utérine de l'enfant

Le modèle physiologique proposé par Aristote diffère de celui des auteurs hippocratiques. Alors que pour les médecins du *CH* le sang est produit par le foie, pour Aristote il provient du cœur[110]. Le cœur est considéré par le Stagirite comme « le premier organe à avoir une existence distincte chez tous les sanguins »[111]. Permettant l'autonomie de l'embryon dès sa conception, le cœur joue un rôle primordial dans l'alimentation de l'« animal » :

> Il mérite de passer pour le principe de l'animal et de son organisme, dès le moment où celui-ci a besoin de nourriture. Car ce qui existe se développe. Or la nourriture de l'animal, sous sa forme ultime, est le sang et son analogue. Et ces liquides ont pour récipients les vaisseaux. Aussi le cœur est-il également le principe des vaisseaux[112].

« Le sang possède la propriété d'être chaud, il ne l'est pas par essence »[113]. Aristote admet que « le sang est la nourriture *ultime* des animaux sanguins »[114]. Par « ultime » il faut entendre à la fois le résultat *final* et *le plus achevé* du processus de coction des aliments, et l'élément nutritif fondamental et de base de tous les organes du corps (autres que le cœur qui est le lieu de production du sang). En effet, il véhicule dans le ventre la nourriture ingérée. Ne pouvant être autonome sur le plan nourricier, l'embryon est qualifié d'animal en puissance mais encore imparfait, car il « doit nécessairement recevoir sa nourriture d'autrui » :

> C'est pourquoi, il [l'embryon] se sert de la matrice et de la femelle qui le porte, comme la plante de la terre, pour prendre sa nourriture jusqu'au moment où son développement est assez avancé pour qu'il soit désormais en puissance un animal doué de locomotion. Voilà pourquoi la nature a d'abord tracé les deux vaisseaux qui partent du cœur[115].

---

110 ARISTOTE, *GA* 776 b 10-13 : « Le résidu des mâles et les règles chez les femelles sont de la nature du sang. Or le principe du sang et des veines est le cœur » (Ἔστι δὲ τό τε τῶν ἀρρένων περίττωμα καὶ τὰ καταμήνια τοῖς θήλεσιν αἱματικῆς φύσεως. Τούτου δ' ἀρχὴ καὶ τῶν φλεβῶν ἡ καρδία). Aristote précise encore que le cœur « est le principe du sang et le premier à en avoir » (τοιοῦτον δ' ἡ καρδία· καὶ γὰρ ἀρχὴ τοῦ αἵματος καὶ ἔναιμον πρῶτον), *PA* 666 a 35-666 b 1. Voir aussi *HA* 521b.
111 ARISTOTE, *GA* 740 a 17-18 : Διὸ πρῶτον ἡ καρδία φαίνεται διωρισμένη πᾶσι τοῖς ἐναίμοις.
112 *Ibid.* 740 a 19-23 Ἤδη γὰρ ἀρχὴν ταύτην ἄξιον ἀκοῦσαι τοῦ ζῴου καὶ τοῦ συστήματος ὅταν δέηται τροφῆς· τὸ γὰρ δὴ ὂν αὐξάνεται. Τροφὴ δὲ ζῴου ἡ ἐσχάτη αἷμα καὶ τὸ ἀνάλογον, τούτων δ' ἀγγεῖον αἱ φλέβες· διὸ ἡ καρδία καὶ τούτων ἀρχή.
113 ARISTOTE, *PA* 649 b 27 : Ἡι δὲ κατὰ πάθος τὸ αἷμα, οὐ καθ' αὑτὸ θερμόν.
114 ARISTOTE, *PA* 650 a 35-36 : Φανερὸν ὅτι τὸ αἷμα ἡ τελευταία τροφὴ τοῖς ζῴοις τοῖς ἐναίμοις ἐστί. Voir *Jeunesse et vieillesse* 469 a 1 : Τὸ αἷμα τοῖς ἐναίμοις ἐστὶ τελευταία τροφή, ἐξ οὗ γίνεται τὰ μόρια.
115 ARISTOTE, *GA* 740 a 25-29 : Διὸ χρῆται τῇ ὑστέρᾳ καὶ τῇ ἐχούσῃ ὥσπερ γῇ φυτόν, τοῦ λαμβάνειν τροφὴν ἕως ἂν τελεωθῇ πρὸς τὸ εἶναι ἤδη ζῷον δυνάμει πορευτικόν. Διὸ ἐκ τῆς καρδίας τὰς δύο φλέβας πρῶτον ἡ φύσις ὑπέγραψεν.

Aristote résume ainsi ses réflexions sur la nourriture du corps, tout en soulevant la question du premier liquide nourricier :

> Mais si le sang est le liquide nourricier, si le cœur est le premier organe à se former et à renfermer du sang, si enfin la nourriture vient de l'extérieur, on pourrait se demander d'où vient le premier liquide nourricier ? À moins qu'il ne soit pas exact que toute nourriture vienne du dehors, et que, à la manière des graines des végétaux qui renferment une matière nutritive ressemblant primitivement à du lait, dans la matière des animaux le résidu que laisse la conception serve immédiatement de nourriture[116].

La comparaison, comme chez les médecins hippocratiques, entre l'enfant et la plante (« lorsque [l'embryon] devient distinct, après n'avoir existé d'abord qu'en puissance, de lui sortent la tige et la racine »[117]), amène le Stagirite à évoquer le cordon ombilical dont nous allons à présent parler.

Téter in utero ?

> Ainsi donc le développement de l'embryon s'effectue grâce au cordon ombilical, comme il se fait pour les plantes au moyen de racines, puis chez les animaux eux-mêmes, une fois détachés de la mère, au moyen de la nourriture qu'ils ont en eux[118].

Dans cet extrait, Aristote nous apprend qu'il croit en l'existence d'un cordon ombilical servant à nourrir l'embryon. Assimilé aux racines des plantes qui puisent leur nourriture dans le sol, le cordon est décrit comme composé d'une ou plusieurs veines, selon l'espèce :

> De ceux-ci se détachent de petites veines qui se rendent dans l'utérus : c'est ce qu'on appelle le cordon ombilical. Car ce cordon est un vaisseau : unique chez certains animaux, il comporte plusieurs veines chez les autres. Ces vaisseaux sont enveloppés d'une peau (c'est ce qu'on appelle le cordon ombilical), car les vaisseaux sont fragiles et ont besoin qu'un tégument les recouvre et les protège. Ils sont reliés, comme des racines, à l'utérus, et c'est par eux que l'embryon reçoit sa nourriture. Car c'est pour cela que le petit séjourne dans l'utérus, et non pas, comme le dit Démocrite, pour modeler ses organes sur ceux de sa mère[119].

Comme Démocrite (vᵉ siècle av. J.-C.) et Dioclès de Caryste (ɪᴠᵉ siècle av. J.-C.), Aristote fait allusion à des protubérances appelées « cotylédons », de par leur forme qui

---

116 ARISTOTE, *GA* 740 b 2-8 : Ἀπορήσειε δ' ἄν τις εἰ τὸ αἷμα μὲν τροφή ἐστιν, ἡ δὲ καρδία πρώτη γίγνεται ἔναιμος οὖσα, ἡ δὲ τροφὴ θύραθεν, πόθεν εἰσῆλθεν ἡ πρώτη τροφή ; ἢ τοῦτ' οὐκ ἀληθὲς ὡς πᾶσα θύραθεν, ἀλλ' εὐθὺς ὥσπερ ἐν τοῖς τῶν φυτῶν σπέρμασιν ἔνεστί τι τοιοῦτον τὸ φαινόμενον πρῶτον γαλακτῶδες, οὕτω καὶ ἐν τῇ ὕλῃ τῶν ζῴων τὸ περίττωμα τῆς συστάσεως τροφή ἐστιν.
117 *Ibid.* 739 b 35-37 : Ὅταν δ' αὕτη ἀποκριθῇ ἐνοῦσα δυνάμει πρότερον, ἀπὸ ταύτης ἀφίεται ὅ τε βλαστὸς καὶ ἡ ῥίζα.
118 *Ibid.* 740 b 8-11 : Ἡ μὲν οὖν αὔξησις τῷ κυήματι γίγνεται διὰ τοῦ ὀμφαλοῦ τὸν αὐτὸν τρόπον ὅνπερ διὰ τῶν ῥιζῶν τοῖς φυτοῖς, καὶ τοῖς ζῴοις αὐτοῖς ὅταν ἀπολυθῶσιν ἐκ τῆς ἐν αὐτοῖς τροφῆς.
119 *Ibid.* 740 a 29-37 : Ἀπὸ δὲ τούτων φλέβια ἀπήρτηται πρὸς τὴν ὑστέραν ὁ καλούμενος ὀμφαλός. Ἔστι γὰρ ὁ ὀμφαλὸς φλέψ, τοῖς μὲ μία τοῖς δὲ πλείους τῶν ζῴων. Περὶ δὲ ταύτας κέλυφος δερματικὸν (ὁ καλούμενος ὀμφαλὸς) διὰ τὸ δεῖσθαι σωτηρίας καὶ σκέπης τὴν τῶν φλεβῶν ἀσθένειαν. Αἱ δὲ φλέβες οἷον ῥίζαι πρὸς τὴν ὑστέραν συνάπτουσι, δι' ὧν λαμβάνει τὸ κύημα τὴν τροφήν. Τούτου γὰρ χάριν ἐν ταῖς ὑστέραις μένει τὸ ζῷον, ἀλλ' οὐχ ὡς Δημόκριτός φησιν ἵνα διαπλάττηται τὰ μόρια κατὰ τὰ μόρια τῆς ἐχούσης.

désignait un récipient creux rappelant une plante (κοτυληδών) en forme de cymbale[120]. Il explique qu'ils existent dans tous les animaux qui n'ont pas une double rangée de dents complète (i. e. le bétail) et « parmi ceux à double rangée, ceux dont l'utérus est le terme non pas d'un seul gros vaisseau, mais d'un réseau de plusieurs »[121]. La fonction de ces protubérances est de stocker la nourriture, c'est-à-dire le sang :

> Car la nature met en réserve en ce point le sang nourricier comme dans des mamelles, et cette réserve s'accumulant petit à petit de plusieurs points, le corps du cotylédon ressemble à une éruption ou une inflammation. Donc, tant que l'embryon est petit, il ne peut pas prendre beaucoup de nourriture, et les cotylédons sont gros et apparents : à mesure qu'il grandit, ils perdent de leur volume[122].

Associant la forme des cotylédons à des mamelles, Aristote réfute toutefois l'hypothèse de Dioclès selon laquelle le fœtus en tirait directement sa nourriture, par succion :

> [...] la nature les a faits naître avec l'intention d'accoutumer par avance l'embryon à téter les mamelons des seins[123].

Aristote écrit :

> Ceux qui prétendent que les petits enfants se nourrissent dans l'utérus en tétant un bout de chair sont dans l'erreur[124].

Il justifie ensuite sa position en disant que si c'était le cas chez l'homme, cela serait également le cas chez les autres espèces, ce que les dissections réfutent[125].

Difficile à comprendre, l'emplacement des cotylédons est évoqué dans les manuscrits P et O^b de *Génération des animaux* comprenant un passage sur le sujet :

> [les cotylédons] avec lesquels le cordon ombilical est en contact et auxquels il adhère. Car les vaisseaux qui passent dans le cordon se prolongent en deux ramifications qui s'étendent dans tout l'utérus : c'est au point où elles finissent que se forment les cotylédons[126].

D'après ce passage, les protubérances apparaissent comme les extrémités des vaisseaux (veines) qui figurent dans le cordon ombilical et relient l'utérus à l'embryon. Apparemment

---

120 MAIRE 2007, p. 16.
121 ARISTOTE, GA 745 b 30-32 : Τὰ μὲν οὖν μὴ ἀμφώδοντα πάντα καὶ τῶν ἀμφωδόντων ὅσων ἡ ὑστέρα μὴ μίαν φλέβα μεγάλην ἔχει διατείνουσαν ἀλλ' ἀντὶ μιᾶς πυκνὰς πολλάς.
122 Ibid. 746 a 2-8 : Εἰς τοῦτο γὰρ προεκτίθεται τοῖς ἐμβρύοις ἡ φύσις τὴν αἱματικὴν τροφὴν τῆς ὑστέρας ὥσπερ εἰς μαστούς, καὶ διὰ τὸ ἀθροίζεσθαι κατὰ μικρὸν ἐκ πολλῶν οἷον ἐξάνθημα καὶ φλεγμασία γίγνεται τὸ σῶμα τὸ τῆς κοτυληδόνος. Ἕως μὲν ἂν οὖν ἔλαττον ᾖ τὸ ἔμβρυον, οὐ δυνάμενον πολλὴν λαμβάνειν τροφήν, δῆλαί εἰσι καὶ μείζονες, αὐξηθέντος δὲ συμπίπτουσιν.
123 DIOCLÈS DE CARYSTE, Fragment 23 (Van der Eijk) (ORIBASE, Collection médicale XXIV, 31) : Προνοητικῶς ὑπὸ τῆς φύσεως γεγενημέναι χάριν τοῦ τὸ ἔμβρυον προμελετᾶν τὰς θηλὰς τῶν μαστῶν ἐπισπᾶσθαι.
124 ARISTOTE, GA 746 a 19-20 : Οἱ δὲ λέγοντες τρέφεσθαι τὰ παιδία ἐν ταῖς ὑστέραις διὰ τοῦ σαρκίδιόν τι βδάλλειν οὐκ ὀρθῶς λέγουσιν.
125 Ibid. 746 a 22.
126 Ibid. a-d ; 745 b 33. Le passage ne figure pas dans la version des Belles Lettres (CUF). Pour sa transcription voir Louis 1961, p. 86, note 1 : πρὸς ἃ ὁ ὀμφαλὸς συνάπτει καὶ προσπέφυκεν. Ἀποτέτανται γὰρ αἱ φλέβες αἱ διὰ τοῦ ὀμφαλοῦ ἔνθεν καὶ ἔνθεν καὶ σχίζονται πάντῃ κατὰ τὴν ὑστέραν. ᾟ δὲ περαίνουσι, ταύτῃ αἱ κοτυληδόνες.

il y aurait autant de cotylédons que de veines. Comme le précise Aristote, certains des animaux pourvus de deux rangées de dents complètes n'ont qu'une veine dans le cordon ombilical, et donc pas de cotylédons[127]. Quelle que soit leur position exacte au sein de la matrice, on peut dire que pour Aristote les cotylédons ne servent pas à l'enfant à téter directement. Ils conservent toutefois le sang nourricier, « comme dans des mamelles », et se résorbent au fur et à mesure que l'enfant grandit et utilise le sang comme nourriture. L'embryon étant étroitement lié aux cotylédons, mais non par la bouche, est-ce à dire qu'il gère lui-même son apport de nourriture ? Pas anodine, cette question fait écho aux désaccords existant entre les médecins et philosophes de l'époque grecque puis romaine au sujet de l'« animalité » de l'enfant : Ζῷον or not ζῷον ?…

La formation du lait et son apparition dans les seins

Chez Aristote, la formation du lait relève d'une théorie qui diffère de celles des médecins hippocratiques. Chez l'animal (l'homme compris), le lait apparaît à l'époque de la parturition chez les mammifères : « Tous les animaux qui ont du lait l'ont dans les mamelles »[128]. Il s'agit des animaux vivipares, dont le développement embryonnaire se fait dans la matrice et qui ne pondent pas d'œufs mais mettent au monde une progéniture viable[129]. Comme le sang, dont il partage la nature – « la nature du lait est la même que celle des règles »[130] – le lait est constitué de deux parties, l'une aqueuse, le petit lait, l'autre plus épaisse, la caséine. Aristote mentionne le type de lait apte à la coagulation et pouvant être transformé en fromage :

> En tout cas, le lait des animaux qui n'ont pas deux rangées de dents complètes se coagule (c'est pourquoi d'ailleurs le lait des animaux domestiques de cette catégorie sert à faire du fromage), tandis que celui des animaux à double rangée de dents complète ne se coagule pas, non plus que leur graisse, et il est léger et sucré[131].

Dans ce passage, comme dans *Parties des animaux (PA)*, Aristote se réfère à l'équilibre du corps qui se rétablit automatiquement lorsqu'un déficit a lieu dans une autre partie[132]. Il précise en effet que le « manque de dents » qui apparaît chez les animaux à cornes est compensé par les différents estomacs, dont il fait un inventaire correct[133]. Ces animaux appelés aujourd'hui ruminants ont en effet quatre estomacs dont le seul véritable, car permettant la digestion enzymatique, est dénommé « caillette ». Il est l'estomac le plus important chez le jeune animal allaitant.

Le principe auquel le Stagirite fait référence se manifeste aussi dans la physiologie des oiseaux : l'absence de dents les amène à digérer la nourriture par le moyen de leur jabot, « qui joue le rôle de la bouche » :

---

127 *Ibid.* 746 a 8-10.
128 Aristote, *HA* 521 b 21 : Ἔχει δέ, ὅσα ἔχει τὸ γάλα, ἐν τοῖς μαστοῖς.
129 De Witt 1994, p. 10.
130 Aristote, *GA* 739 b 25-26 : Ἡ γὰρ αὐτὴ φύσις ἐστὶ γάλακτος καὶ καταμηνίων.
131 Aristote, *HA* 521 b 29-32 : Τὸ μὲν οὖν τῶν μὴ ἀμφωδόντων γάλα πήγνυται (διὸ καὶ τυρεύεται τῶν ἡμέρων), τῶν δ' ἀμφωδόντων οὐ πήγνυται, ὥσπερ οὐδ' ἡ πιμελή, καὶ ἐστι λεπτὸν καὶ γλυκύ.
132 Aristote, *PA* 674 ab. Le biologiste y cite le mouton, le bœuf, la chèvre, le cerf et d'autres animaux de ce genre… Voir De Witt 1992, p. 328.
133 Aristote, *HA* 508 a.

[...] D'autres ont un large œsophage, ou encore avant l'estomac une portion renflée de l'œsophage où ils mettent en réserve la nourriture non élaborée, ou bien c'est l'estomac lui-même qui présente un renflement ; d'autres enfin ont l'estomac fort et charnu pour pouvoir emmagasiner pendant longtemps et digérer la nourriture qui n'a pas été préalablement broyée. Car, grâce à la puissance et à la chaleur de l'estomac, la nature compense la déficience de la bouche[134].

Le biologiste ajoute que, chez les animaux, la durée de la gestation est toujours la même. Ce paramètre temporel induit une « coction » du sang au moment « opportun », c'est-à-dire qui apparaît au moment de la parturition. Chez la femme, le temps de gestation étant variable, il est nécessaire que le lait soit disponible plus tôt. Aristote précise toutefois qu'il n'est pas un aliment satisfaisant avant sept mois, moment où le fœtus est reconnu comme viable[135].

Le lait qui se forme avant sept mois ne vaut rien [i. e. est une ébauche de lait[136]] : c'est au moment où les enfants deviennent viables que le lait est bon [i. e. conforme à la fonction espérée]. Le premier lait est salé comme chez les brebis[137].

À partir de ce moment de l'évolution du fœtus le lait devient à la fois un aliment fonctionnel pour l'enfant et un liquide utile à la mère pour l'allaitement[138].

Par sa taille et son poids, à la fin de la grossesse, quand la matrice est pleine, l'enfant obstrue le passage du ventre aux seins. Le liquide nourricier est dès lors amené à se porter aux mamelles :

> Lors donc que l'embryon ne reçoit plus cette sécrétion, et qu'il l'empêche néanmoins de sortir au dehors, il y a nécessité que ce résidu tout entier s'accumule dans les lieux qui sont vides, et qui se trouvent placés sur les mêmes canaux[139].

Les canaux auxquels l'auteur fait référence sont ceux qui, dans la pensée antique et encore à la Renaissance, relient la zone du bas avec celle du haut, c'est-à-dire les seins. C'est là, dans les seins, que le sang subit une coction ultime qui le rend blanc[140]. Nous remarquons qu'à cette étape de son discours Aristote ne fait aucune distinction entre

---

134 ARISTOTE, PA 674 b 22-30 : Οἱ δὲ τὸν οἰσοφάγον πλατύν, ἢ πρὸ τῆς κοιλίας αὐτοῦ μέρος τι ὀγκῶδες ἐν ᾧ προθησαυρίζουσι τὴν ἀκατέργαστον τροφήν, ἢ τῆς κοιλίας αὐτῆς τι ἐπανεστηκός, οἱ δ' αὐτὴν τὴν κοιλίαν ἰσχυρὰν καὶ σαρκώδη πρὸς τὸ δύνασθαι πολὺν χρόνον θησαυρίζειν καὶ πέττειν ἀλείαντον οὖσαν τὴν τροφήν· τῇ δυνάμει γὰρ καὶ τῇ θερμότητι τῆς κοιλίας ἡ φύσις ἀναλαμβάνει τὴν τοῦ στόματος ἔνδειαν.
135 Par le philosophe mais aussi par les médecins du CH.
136 Cette proposition est faite en considération des différents passages où apparaissent les mots ἄχρηστον et χρήσιμον qu'il est important de bien interpréter pour comprendre le processus de formation du lait chez Aristote.
137 ARISTOTE, HA 585 a 29-32 : Τὸ δὲ γάλα τὸ γινόμενον πρότερον τῶν ἑπτὰ μηνῶν ἄχρηστόν ἐστιν· ἀλλ' ἅμα τά τε παιδία γόνιμα καὶ τὸ γάλα χρήσιμον. Τὸ δὲ πρῶτον καὶ ἁλμυρόν, ὥσπερ τοῖς προβάτοις.
138 Voir ARISTOTE, GA 776 a 23-25 : Διὸ πρὸ τῶν ἑπτὰ μηνῶν ἄχρηστον τὸ γάλα ταῖς γυναιξί, τότε δ' ἤδη γίγνεται χρήσιμον, « c'est pourquoi avant sept mois le lait est inutile aux femmes et c'est à partir de là seulement qu'il devient utile » (trad. personnelle).
139 ARISTOTE, HA 776 b 28-31 : Ὅταν οὖν μὴ λαμβάνῃ μὲν τὸ ἔμβρυον τὴν τοιαύτην ἀπόκρισιν, κωλύῃ δὲ θύραζε βαδίζειν, ἀναγκαῖον εἰς τοὺς κενοὺς τόπους ἀθροίζεσθαι τὸ περίττωμα πᾶν, ὅσοιπερ ἂν ὦσιν ἐπὶ τῶν αὐτῶν πόρων.
140 Le sang est blanchi par la chaleur du cœur, comme le montre PA 688 b 10-11 à propos d'un éléphant dont les mamelles supérieures, les plus proches du cœur, produisent un lait de meilleure qualité et plus abondant.

mâle ou femelle concernant les mamelles. Premièrement, parce qu'il se concentre sur la description des espèces mais peut-être aussi en raison de son observation qui lui a prouvé la capacité qu'ont certains mâles d'allaiter. En effet, nous lisons dans son ouvrage *Histoire des animaux* :

> Chez certains hommes, après la puberté, une pression fait couler un peu de lait ; s'ils sont tétés, il peut même continuer à en venir une assez grande quantité[141].

Dans *Parties des animaux*, le Stagirite fait toutefois bien la différence entre les seins des hommes et des femmes et précise que ceux de cette dernière ont une fonction supplémentaire :

> Chez les mâles [les mamelles] ne sont que de la chair [...], mais chez les femmes, la nature emploie encore les mamelles à un second usage, ainsi que nous l'avons déjà fait remarquer bien souvent. Ici, c'est dans les mamelles qu'elle [scil. la nature] dispose la nourriture des nouveau-nés[142].

Aussi, pour Aristote, la zone des « mamelles » chez la femme est toute désignée pour recevoir les sécrétions spermatiques et les dispenser. Reliée par un canal à la matrice, cette zone spécifique est, en effet, placée près du cœur qui, par sa chaleur, favorise la coction. Elle est de plus située entre les bras, ce qui permet à la mère de tenir l'enfant tout en lui fournissant sa nourriture[143]. La position des mamelles fait aussi l'objet d'une réflexion chez Pline :

> Mais, même parmi les femelles, celles-là seules ont des mamelles sur la poitrine qui peuvent porter leurs petits dans leurs bras. Les ovipares n'en ont pas ; il n'y a de lait que chez les vivipares et, parmi les animaux qui volent, que chez la chauve-souris[144].

Permettant la préhension, les bras symbolisent aussi l'affection maternelle, tel que l'indique un autre passage de l'*Histoire Naturelle* où il est question des guenons :

> Les singes ont une affection toute particulière pour leur progéniture. Les guenons apprivoisées, qui mettent bas dans nos demeures, portent leurs petits dans leurs bras, les montrent à tout le monde, sont joyeuses qu'on les caresse, paraissant comprendre les marques de reconnaissance, à tel point qu'elles finissent généralement par causer leur mort en les étouffant[145].

À l'instar des hommes, le lait peut apparaître chez des femelles animales qui ne sont pas enceintes. Par exemple, des femmes âgées peuvent voir leurs mamelles se remplir

---

141 ARISTOTE, *HA* 522 a 19-21 : Ἐν δὲ τοῖς ἀνδράσι μεθ' ἥβην ἐνίοις ἐκθλίβεται ὀλίγον· βδαλλομένοις δὲ καὶ πολὺ ἤδη τισὶ προῆλθεν.
142 ARISTOTE, *PA* 688 a 18-24 : ... (οἱ μαστοὶ) σαρκώδεις ὄντες τοῖς μὲν ἄρρεσι διὰ τὴν εἰρημένην αἰτίαν, ἐπὶ δὲ τῶν θηλειῶν παρακέχρηται καὶ πρὸς ἕτερον ἔργον ἡ φύσις, ὅπερ φαμὲν αὐτὴν πολλάκις ποιεῖν· ἀποτίθεται γὰρ ἐνταῦθα τοῖς γεννωμένοις τροφήν.
143 BODIOU 2011, p. 144.
144 PLINE, *HN* 11, 232 : *Sed ne feminae quidem in pectore nisi quae possunt partus suos attollere. Ova gignentium nulli ; nec lac nisi animal parienti. Volucrum vespertilio<ni> tantum.*
145 *Ibid.* 8, 215 (trad. Ernout remaniée) : *Simiarum generi praecipua erga fetum adfectio. Gestant catulos quae mansuefactae intra domos peperere, omnibus demonstrant tractarique gaudent, gratulationem intellegentibus similes, itaque magna ex parte conplectendo necant.*

suffisamment pour allaiter un enfant, si elles sont tétées. La prise d'aliments favorables à la montée de lait peut aussi la produire ainsi que l'action de téter :

> Plus tard et même avant que les femmes aient conçu, elles peuvent avoir un peu de lait en prenant certains aliments ; et l'on a vu quelques femmes, quoique vieilles, avoir du lait quand un enfant les tétait, et en produire assez pour que l'enfant pût s'en nourrir[146].

Aristote mentionne d'autres procédés « mécaniques » menés sur des animaux. Il rapporte que les gens de la région d'Oeta (Thessalie) frottent vigoureusement, à l'aide d'orties, les mamelles des chèvres refusant la saillie :

> Alors la première traite donne un liquide sanguinolent, puis un liquide mêlé de pus, et pour finir c'est du lait qui ne cède en rien à celui des femelles qui ont été couvertes[147].

Outre la possibilité de susciter la lactogenèse, la démonstration présente la succession des fluides, sang et lait, telle que la conçoivent les médecins hippocratiques et le philosophe grec. Produit final de la coction du sang, le lait est considéré comme pur par Aristote – contrairement aux menstrues qui « sont du sperme, mais du sperme qui n'est pas pur, puisqu'il lui manque encore une seule chose, à savoir le principe de l'âme[148] » :

> En effet, le lait est du sang qui a subi une coction parfaite et non du sang corrompu. Empédocle s'est trompé, ou a employé une métaphore qui ne convient pas, quand il a écrit que le lait « au dixième jour du huitième mois est du pus blanchâtre »[149].

Aristote donne toutefois une autre indication temporelle à propos de la production du lait. Dans l'*Histoire des animaux*, le lait commence à être formé au moment où la femelle devient enceinte :

> Il n'y a pas de lait avant qu'il y ait conception, chez aucun animal, en général. Et, lorsqu'il y a conception, il y en a (de la production de lait) mais ce lait n'est pas conforme à la fonction espérée, que ce soit dans un premier temps et même plus tard[150].

Lesley Dean-Jones explique ces apparentes contradictions par une distinction que fait Aristote entre deux produits issus de l'imprégnation du fluide menstruel par le sperme, qui vont servir à nourrir l'enfant à des moments distincts : dès la formation de l'être en devenir et lors de sa sortie du ventre de sa mère[151]. Cette nourriture ne diffère pas seulement sur un plan temporel, elle a une consistance plus ou moins dense. Cela peut s'expliquer par une coction différenciée des menstrues en regard du lieu de destination du fluide. L'une des

---

146 ARISTOTE, *HA* 522 a 4-6 : Μὴ ἐγκύοις δ'οὔσαις ὀλίγον μὲν ἀπ' ἐδεσμάτων τινῶν, οὐ μὴν ἀλλὰ καὶ βδαλλομέναις ἤδη πρεσβυτέραις προῆλθε, καὶ τοσοῦτον ἤδη τισὶν ὥστ' ἐκτιτθεῦσαι παιδίον.
147 Aristote, *HA* 522 a 9-11 : Τὸ μὲν οὖν πρῶτον αἱματῶδες ἀμέλγονται, εἶθ' ὑπόπυον, τὸ δὲ τελευταῖον γάλα ἤδη οὐδὲν ἔλαττον τῶν ὀχευομένων.
148 ARISTOTE, *GA* 737 a 28-30 : Καὶ τὰ καταμήνια σπέρμα, οὐ καθαρὸν δέ· ἓν γὰρ οὐκ ἔχει μόνον· τὴν τῆς ψυχῆς ἀρχήν.
149 ARISTOTE, *GA* 777 a 7-10 : Τὸ γὰρ γάλα πεπεμμένον αἷμά ἐστιν ἀλλ'οὐ διεφθαρμένον. Ἐμπεδοκλῆς δ'ἢ οὐκ ὀρθῶς ὑπελάμβανεν ἢ οὐκ εὖ μετήνεγκε ποιήσας ὡς τὸ γάλα « μηνὸς ἐν ὀγδοάτου δεκάτῃ πύον ἔπλετο λευκόν ».
150 ARISTOTE, *HA* 522 a 1-4 (trad. personnelle) : Οὐ γίνεται δὲ γάλα, πρὶν ἢ ἔγκυον γένηται, οὐδενὶ τῶν ζῴων ὡς ἐπὶ τὸ πολύ. Ὅταν δ' ἔγκυον ᾖ, γίνεται μέν, ἄχρηστον δὲ τὸ πρῶτον καὶ ὕστερον.
151 DEAN-JONES 1994, p. 221.

parties est celle qui a subi le plus de coction, elle est caillée, épaisse et hautement nutritive. Elle fournit la nourriture de l'enfant dans le ventre de la mère :

> En effet, au début, la sécrétion de ce résidu particulier est consacrée au développement de l'embryon[152].

L'autre partie est très peu caséeuse et peut être comparée à du petit-lait. Pas assez riche pour nourrir l'embryon, ce qui peut alors être considéré comme une sorte de petit-lait est dirigé vers les seins dès le début de la grossesse, dans l'attente d'y être blanchi, par l'effet de la coction opérée par le cœur[153] :

> Après la conception, les femmes sentent des lourdeurs dans tout le corps ; leur vue s'obscurcit, et elles ont des douleurs de tête. Ces malaises se produisent plus vite chez les unes, et dans les dix jours ; chez les autres, plus lentement, selon que les évacuations étaient plus ou moins abondantes chaque mois. La plupart sont prises alors de nausées et de vomissements, et surtout celles chez qui les évacuations sexuelles se sont arrêtées, et ne sont pas encore remontées aux mamelles[154].

Le lien lait-menstrues reste d'actualité après l'accouchement. Aristote nous informe sur les lochies (τὰς καθάρσεις) qu'il associe aux règles :

> Après l'accouchement et les évacuations épuratives qui le suivent, le lait des femmes devient plus abondant[155].

Le discours de Soranos d'Éphèse

Une ou deux semences : la place des sexes

Le médecin d'Éphèse (IIe siècle apr. J.-C.) donne une description précise, riche en parallèles (tête d'un poulpe, ventouse médicale, etc.), de la matrice et de son fonctionnement. Il mentionne un conduit séminal, σπερματικός, « qui traverse chaque ovaire, et, longeant les flancs de l'organe jusqu'à la vessie, se jette dans le col de cette dernière[156] ». Il en conclut :

> D'après ces observations, la semence féminine ne semble pas être recueillie en vue de la conception, puisqu'elle est déversée à l'extérieur[157].

---

152 ARISTOTE, *GA* 776 a 26-28 : Τὸ μὲν γὰρ πρῶτον ἡ τοῦ τοιούτου περιττώματος ἀπόκρισις εἰς τὴν τῶν ἐμβρύων ἀναλίσκεται γένεσιν.
153 ARISTOTE, *HA* 584 a 6-9 et 583 a 31-34.
154 ARISTOTE, *HA* 584 a 2-8 : Μετὰ δὲ τὰς συλλήψεις αἱ γυναῖκες βαρύνονται τὸ σῶμα πᾶν, καὶ σκότοι πρὸ τῶν ὀμμάτων καὶ ἐν τῇ κεφαλῇ γίνονται πόνοι. Ταῦτα δὲ ταῖς μὲν θᾶττον καὶ σχεδὸν δεκαταίαις γίνεται, ταῖς δὲ βραδύτερον, ὅπως ἂν τύχωσιν οὖσαι τῷ περιττωματικαὶ εἶναι μᾶλλον καὶ ἧττον. Ἔτι δὲ ναυτίαι καὶ ἔμετοι λαμβάνουσι τὰς πλείστας, καὶ μάλιστα τὰς τοιαύτας, ὅταν αἵ τε καθάρσεις στῶσι καὶ μήπω εἰς τοὺς μαστοὺς τετραμμέναι ὦσιν.
155 ARISTOTE, *HA* 587 b 19-20 : Μετὰ δὲ τοὺς τόκους καὶ τὰς καθάρσεις ταῖς γυναιξὶ τὸ γάλα πληθύνεται.
156 SORANOS, *Maladies des femmes* I, 12, 2 : Ὁ σπερματικὸς δὲ πόρος ἀπὸ τῆς ὑστέρας δι' ἑκάτερου φέρεται διδύμου καὶ τοῖς πλευροῖς παρατάθεὶς μέχρι τῆς κύστεως εἰς τὸν ταύτης ἐμφύεται τράχηλον.
157 *Ibid.* I, 12, 2-3 : Ἔνθεν δὲ δοκεῖ τὸ τοῦ θήλεος σπέρμα πρὸς ζῳογονίαν μὴ συλλαμβάνεσθαι τῷ εἰς τὸ ἐκτὸς ἐκχεῖσθαι.

Par cette observation et la conclusion dont il nous fait part, nous comprenons que Soranos reconnaît l'existence d'une semence féminine, le liquide de lubrification vaginal comme le précise Brigitte Maire[158]. Soranos montre par là qu'il partage l'opinion d'Aristote sur l'inutilité du sperme féminin qui se répand à l'extérieur de la matrice[159]. Soranos avait sans doute encore beaucoup à nous apprendre sur la semence, comme le laisse supposer le traité homonyme qu'il mentionne et dont nous avons perdu la trace[160].

Retenir et former la semence : le rôle de matrice

Avant de passer à la formation du lait, considérons le point de vue de Soranos sur la constitution féminine, la matrice et le lien existant entre elle et la production de lait. La matrice (μήτρα) tire son nom de la mère (μήτηρ), voire, selon le médecin, de la mesure (μέτρον), « parce qu'elle fixe la mesure du temps dans les règles et la parturition »[161]. Soranos précise qu'on l'appelle aussi hystéra (ὑστέρα) ce qui est attesté par les textes et les inscriptions de certaines gemmes magiques, dites utérines[162]. Il décrit ainsi la situation de la matrice dans le corps :

> Elle est située dans l'espace limité par les hanches, entre vessie et rectum, au-dessus du rectum et sous la vessie – tantôt entière, tantôt en partie seulement, puisque sa taille est variable[163].

Sa taille est soumise à des changements en fonction de l'âge, de la perte de la virginité et de la grossesse. Il rappelle que la forme de la matrice de la femme se distingue de celle des animaux. Tortueuse chez ceux-ci, elle ressemble à « une ventouse médicale » chez la femme[164]. Soranos décrit ensuite avec précision cet organe composé de fibres, veines, muscles et artères, disant que les vaisseaux sont plus nombreux au fond de la matrice, lieu où se fixe la semence et d'où s'échappe le sang menstruel[165].

Contrairement aux médecins hippocratiques et à ceux des écoles autres que celle du méthodisme, le médecin d'Éphèse ne voit pas dans la matrice un « être vivant » qui se déplace dans le corps[166] :

> Ce n'est pas, comme le croient certains, qu'elle serait un être vivant, mais bien que, à peu près comme tout ce qui est vivant, elle possède un sens tactile qui la fait se contracter sous l'action des agents refroidissants et se détendre sous celle des agents relâchants[167].

---

158   Maire 2007, p. 210.
159   Aristote, *GA* 739 b 15-20 ; voir ci-dessus 2.1. Aussi Bonnet-Cadilhac 1997, p. 89 ; Maire 2007, p. 210.
160   *De la semence*, mentionné à plusieurs reprises dans Soranos, *Maladies des femmes* notamment au passage du livre I (12, 2).
161   *Ibid.* I, 6, 1 : Κατὰ δέ τινας ὅτι μέτρον ἔχει χρόνου πρὸς κάθαρσιν καὶ ἀπότεξιν.
162   Dasen 2015a, surtout p. 93-96.
163   Soranos, *Maladies des femmes* I, 7, 1 : Κεῖται δὲ ἐν τῇ τῶν ἰσχίων εὐρυχωρίᾳ [ἐντὸς τοῦ | περιτοναίου] μεταξὺ κύστεως καὶ ἀπευθυσμένου ἐντέρου τούτῳ μὲν ἐπικειμένη, τῇ κύστει δὲ ὑποκειμένη ποτὲ μὲν ὅλη, ποτὲ δὲ ἀπὸ μέρους διὰ τὸ κατὰ μέγεθος ἐξαλλάσσεσθαι.
164   *Ibid.* I, 9, 1.
165   *Ibid.* I, 11 et I, 13.
166   *Ibid.* I, 4, 18 ; Byl 2011, p. 109 : « C'est pourtant Soranos qui, le premier, a mis en doute la théorie de la matrice comme animal dans l'animal ».
167   Soranos, *Maladies des femmes* I, 8, 2, : …ζῷον μὲν οὐκ οὖσα (καθὼς ἐνίοις ἔδοξε), τοῖς ἄλλοις δὲ παραπλησίως αἴσθησιν ἀπτικὴν ἔχουσα καὶ διὰ τοῦτο συστελλομένη μὲν ὑπὸ τῶν ψυχόντων, χαλωμένη δὲ ὑπὸ τῶν ἀραιούντων.

La thérapeutique qu'il emploie le distingue des autres médecins car il renonce à employer des substances nauséabondes dans le cas de la suffocation hystérique :

> Nous les blâmons tous d'affecter dès l'abord les zones enflammées et de provoquer au moyen des exhalaisons nauséabondes des accès de torpeur : la matrice, en effet, ne se met pas en mouvement comme une bête sauvage sortant de sa tanière, parce qu'elle aime les bonnes odeurs et fuit les mauvaises ; au contraire, elle se tasse sur elle en raison de la constriction due à l'inflammation[168].

Un autre facteur, interne au corps de la femme cette fois, joue un rôle important dans le processus de conception. Il s'agit de la période de « prise » de la semence qui doit rester collée suffisamment longtemps au fond de la matrice pour changer de nature. Un mouvement est reconnu à la semence avant sa fixation. La fixation permet la transformation de la semence qui génère ce que nous appelons aujourd'hui embryon puis fœtus, et que Soranos désigne par « ce qui grandit dans l'utérus d'une femme enceinte »[169]. Lorsqu'il y a grossesse, Soranos préconise des soins comprenant trois stades successifs : (1) préserver la semence ; (2) soulager les symptômes ; (3) parfaire le fœtus et préparer à la mise au monde.

La douceur est de mise durant toute la grossesse. Exercices violents ou bouleversements chimiques sont à éviter absolument. À l'instar du jeune enfant, la femme enceinte peut se balancer sur un siège mais les balancements violents et les rapports sexuels sont à banir, en début comme en fin de grossesse[170]. Par comparaison avec l'estomac qui régurgite la nourriture s'il est secoué, la matrice pourrait perdre la semence fraîchement implantée et, en fin de grossesse, être soumise à une agitation contraire au travail de conception[171].

Au sujet de la procréation, Soranos rejoint les médecins hippocratiques et considère que « la période la plus favorable est lorsque les règles décroissent et cessent »[172]. Avant les règles, la matrice est déjà sous tension ; durant les règles, le flux emporte la semence. Par là, il est évident que la matrice ne peut avoir deux mouvements contradictoires, retenir le sperme et expulser le sang menstruel[173]. Pour que la semence puisse s'accrocher, corps et âme doivent être dans la disposition adéquate. Comme l'homme, la femme doit ressentir du désir et le corps doit refléter un état idéal, non alourdi par un repas ou sujet à l'ivresse, ni déficient. En outre, les parois de la matrice doivent être rendues râpeuses[174]. La conception se fait parfois à l'insu de la femme[175]. Soranos justifie la présence de règles, dans certains cas, après la conception. Il explique que la semence ne s'implantant que dans le haut de la matrice, les flancs et le col peuvent encore saigner et, par là, permettre

---

168 *Ibid.* III, 29, 5 : Μεμφόμεθα δὲ πάντας εὐθέως πλήσσοντας τὰ φλεγμαίνοντα καὶ κάρους κατασκευάζοντας [τῆς] διὰ τῆς ἐκ τῶν δυσωδῶν ἀποφορᾶς. Οὐ γὰρ ὡς θηρίον ἐκ φωλεῶν ἡ μήτρα προέρπει, τερπομένη μὲν τοῖς εὐώδεσι, φεύγουσα δὲ <τὰ> δυσώδη, διὰ δὲ τὴν ἐκ τῆς φλεγμονῆς σφίγξιν συνολκοῦται.
169 MAIRE 2007, p. 210.
170 SORANOS, *Maladies des femmes* I, 46, 10.
171 *Ibid.* I, 46 et I, 1, 56.
172 *Ibid.* I, 36, 2 : Ἄριστος συνουσίας καιρὸς πρὸς σύλληψιν ὁ παυομένης τε <καὶ> παρακμαζούσης τῆς καθάρσεως.
173 BONNET-CADILHAC 1997, note 338. SORANOS, *Maladies des femmes* I, 12, 33.
174 Voir BURGUIÈRE, GOUREVITCH et MALINAS 1988, note 141.
175 SORANOS, *Maladies des femmes* I, 14, 41.

une nouvelle grossesse, dite superfétation[176]. Il remarque un lien de sympathie entre la matrice et les seins :

> Tous deux gonflent à l'époque de la puberté, et lorsque la semence mûrit les seins élaborent le lait destiné à nourrir les enfants qui naîtront[177].

Le sang : nourriture intra-utérine de l'enfant

Soranos se place dans la continuité de ses prédécesseurs, à propos de la succession des fluides, sang et lait :

> Lorsque les règles réapparaissent, la sécrétion du lait se tarit, mais lorsque le lait monte la menstruation est suspendue[178].

En outre, Soranos précise clairement que ce sont les menstrues qui nourrissent le bébé :

> Les menstrues sont aussi nommées « cataménies » parce qu'elles ont lieu tous les mois, et « épiménies » parce qu'elles sont une nourriture pour les embryons (nous nommons de la même manière « épiménies » les vivres préparés pour les voyageurs sur mer)[179].

Le médecin d'Éphèse reprend l'idée des médecins hippocratiques selon laquelle l'embryon se nourrit non seulement du sang menstruel mais également du souffle vital[180]. Il ne s'attarde toutefois pas à effectuer des développements philosophiques contrairement aux médecins hippocratiques ou à Aristote. Les règles sont généralement du sang pur « mais chez un petit nombre (de femmes) un liquide sanguinolent ou une sorte de sérosité comme c'est le cas chez les bêtes »[181]. Peut-être fait-il ici référence à Aristote ou se base-t-il sur ses propres observations. Les règles sont détournées en fonction des besoins, par exemple dans le cas de femmes qui s'adonnent à des exercices intensifs de chant ou chez les femmes à l'allure masculine[182]. Elles peuvent être suspendues en cas de maladie, car alors retenues pour combler le déficit du corps, ou en cas de grossesse :

> Enfin, dans les cas de grossesse, le sang est consacré à la nourriture du fœtus[183].

Téter in utero ?

Le débat autour de la présence des cotylédons n'est pas négligé par le médecin d'Éphèse. Il s'y intéresse dans son chapitre portant sur la matrice, et souligne son aspect plissé chez

---

176 *Ibid.* I, 23, 3.
177 *Ibid.* I, 15, 2, 3-5 : Μεγεθυνομένης γοῦν αὐτῆς ἐν ταῖς ἀκμαῖς καὶ οἱ μαστοὶ συνδιογκοῦνται, καὶ αὐτὴ μὲν τὸ σπέρμα τελεσιουργεῖ, μαστοὶ δ' εἰς τροφὴν τῶν κυηθησομένων γάλα παρασκευάζουσι.
178 *Ibid.* I, 15, 2 : Καὶ φερομένων μὲν τῶν καταμηνίων σβέννυται τὸ γάλα, φερομένου δὲ τοῦ γάλακτος οὐκέτι φαίνεται κάθαρσις.
179 *Ibid.* I, 19, 1 : Τὸ ἔμμηνον ὠνόμασται καὶ <καταμήνιον> ἀπὸ τοῦ κατὰ μῆνα γίνεσθαι, καὶ <ἐπιμήνιον>, ὅτι καὶ τροφὴ γίνεται τῶν ἐμβρύων, ὡς καὶ τῶν πλοϊζομένων τὰ εἰς τροφὴν παρεσκευασμένα ἐπιμήνια καλοῦμεν.
180 *Ibid.* I, 57, 3-4.
181 *Ibid.* I, 19, 2 : Ἐπ' ἐνίων δὲ ὑγρασία ὕφαιμος ἢ ἰχώρ τις, ὡς ἐπὶ τῶν ἀλόγων ζῴων.
182 *Ibid.* I, 23.
183 *Ibid.* I, 23, 92-94 : Ἢ διὰ σύλληψιν ἀναλισκομένου τοῦ αἵματος εἰς τὴν τοῦ ἐμβρύου διατροφήν.

les femmes qui n'ont pas encore enfanté[184]. Comme Aristote, Soranos contredit Dioclès au sujet des cotylédons[185] :

> Dioclès prétend aussi qu'il y a dans la cavité de la matrice ce qu'on appelle des « cotylédons », « tentacules » et « cornes » ; d'après lui, ces excroissances en forme de tétons sont larges à la base et vont se rétrécissant vers leur sommet ; elles sont placées de part et d'autre dans les bords latéraux de la matrice et la nature les a fait naître dans l'intention d'accoutumer par avance l'embryon à téter les mamelons des seins. Or l'existence de ces « cotylédons » est démentie par la dissection et la description qu'on en fait est contraire aux conditions naturelles, comme il a été démontré dans le mémoire *Sur la génération*[186].

Ainsi que le fait remarquer Brigitte Maire, la dissection étant considérée négativement par les méthodiques, école dont Soranos était un représentant majeur, il est curieux que le médecin s'y réfère[187]. Il ne dit d'ailleurs pas qui a conduit l'expérience.

Pour le médecin d'Éphèse, la nourriture de l'embryon est acheminée par le biais du cordon ombilical qui comprend quatre vaisseaux dont deux artériels et deux veineux[188]. Contrairement à certaines théories émettant l'idée que l'*amnios* (enveloppe entourant l'enfant) permettait de retenir les excréments de l'embryon, Soranos établit clairement l'étanchéité de son corps, ouvert uniquement au niveau de l'ombilic. Il en conclut que la bouche et l'anus de l'enfant sont fermés[189], ce qui résout de manière définitive la question de la tétée *in utero*. L'embryon n'est pas pour autant immunisé contre une alimentation « ni pure ni convenable – celle en fait qui est en mesure de lui fournir un corps en mauvais état »[190].

La formation du lait et son apparition dans les seins

Les traités gynécologiques de Soranos sont très peu prolixes quant à la formation du lait. Néanmoins, dans *Maladies des femmes* I, le médecin évoque un rapport de sympathie naturelle entre la matrice et les seins (comme aussi entre la matrice et le duo estomac / méninges). En parlant de la matrice, il dit :

> En tout cas, lorsqu'elle prend du volume lors de la puberté, les seins se gonflent de leur côté ; et lorsque la semence mûrit, les seins élaborent le lait destiné à nourrir les enfants qui naîtront[191].

---

184 *Ibid.* I, 14, 1.
185 La femme n'a en effet pas de cotylédons dans la matrice. À ce sujet voire MAIRE 2007, BONNET-CADILHAC 1997.
186 *Ibid.* I, 14, 2 : <Διοκλῆς> δὲ καὶ κοτυληδόνας καὶ πλεκτάνας καὶ κεραίας λεγομένας εἶναί φησιν ἐν τῇ εὐρυχωρίᾳ τῆς ὑστέρας, αἵτινες μαστοειδεῖς ἐκφύσεις ὑπάρχουσι πλατεῖαι μὲν κατὰ βάσιν, μείουροι δὲ κατὰ τὸ ἄκρον, ἑκατέρωθεν κείμεναι τῶν πλευρῶν, προνοητικῶς ὑπὸ τῆς φύσεως γεγεννημέναι χάριν τοῦ τὸ ἔμβρυον προμελετᾶν τὰς θηλὰς τῶν μαστῶν ἐπισπᾶσθαι. καταψεύδονται δὲ τῆς ἀνατομῆς (οὐχ εὑρίσκονται γὰρ αἱ κοτυληδόνες), καὶ ἀφύσικός ἐστιν ὁ περὶ αὐτῶν εἰσαγόμενος λόγος, ὡς ἐν τοῖς Περὶ ζῳογονίας ὑπομνήμασιν ἀποδέδεικται.
187 Au sujet du méthodisme, voir l'annexe « Auteurs », *s.u.* Soranos. Aussi MAIRE 2007, p. 210.
188 SORANOS, *Maladies des femmes* I, 57, 3.
189 *Ibid.* I, 58, 2.
190 *Ibid.* I, 53, 1 : Διὰ τὸ μήτε καθαρὰν μήθ' ἁρμοδίαν ἐπισπᾶσθαι τροφήν, ἀλλὰ τοιαύτην ὁποίαν ἐπιπέμψαι δύναται τὸ σῶμα κακῶς διακείμενον.
191 *Ibid.* I, 15, 2 (voir n. 197) : Μεγεθυνομένης γοῦν αὐτῆς ἐν ταῖς ἀκμαῖς καὶ οἱ μαστοὶ συνδιογκοῦνται, καὶ αὕτη μὲν τὸ σπέρμα τελεσιουργεῖ, μαστοὶ δ' εἰς τροφὴν τῶν κυηθησομένων γάλα παρασκευάζουσι.

Ils sont, en outre, un indicateur de l'état de santé de l'embryon :

> Quand l'embryon souffre, les seins rapetissent. De toute façon, lorsque nous voyons chez des femmes enceintes les seins se fissurer et s'atrophier, nous prédisons une fausse couche[192].

Le lien seins / matrice s'exprime encore en dehors de la nourriture de l'enfant. Au contraire de l'individu pubère, les femmes ménopausées voient leurs seins se flétrir alors que leur matrice perd de son volume[193]. Succédant au sang menstruel, le lait ne semble monter dans les seins – selon la représentation qu'a Soranos du corps féminin – qu'au moment de la naissance ou peu après. Le traité du médecin est une source particulièrement précieuse pour les modernes puisqu'il résume tout le savoir antique sur les aspects pratiques de l'allaitement[194]. Il en évoque les désagréments : l'engorgement mammaire puis, lorsque les seins deviennent douloureux, la congestion mammaire. Il déconseille de mettre l'enfant aussitôt au sein, sous prétexte que l'allaitement, par le biais de l'excrétion, atténue le gonflement :

> Bien au contraire : lorsque la succion se fait sentir, le lait accourt en plus grande quantité sur les lieux mêmes et la distension excessive qu'il crée lèse les mamelons[195].

À la femme qui ne veut pas « nourrir elle-même le nouveau-né », il préconise des bandages serrées, associés à des applications chaudes de plantes et des éléments minéraux (pyrite) broyés[196]. C'est par la constriction des seins et surtout des vaisseaux acheminant le lait que son flux est interrompu et sa source asséchée.

Le discours de Galien de Pergame

Une ou deux semences : la place des sexes

Pour Galien, homme et femme produisent chacun une semence. Le mâle est plus chaud que la femelle, il est aussi plus sec[197]. Le sperme est le produit du sang. Il résulte d'une coction parfaite réalisée en premier lieu dans l'artère et la veine qui vont aux testicules. Les deux vaisseaux ont un circuit complexe et « divers » (πολυειδῶς) comparable aux « vrilles de la vigne ou du lierre »[198], et le sang est légèrement blanchi dans ces circonvolutions avant de manifester, une fois arrivé dans les testicules, sa blancheur définitive[199]. Dans un

---

192 *Ibid.* I, 15, 2 : Καὶ πάσχοντος τοῦ ἐμβρύου στενοῦται τὸ μέγεθος αὐτῶν. Ἐπὶ γοῦν τῶν κυοφορουσῶν θεασάμενοι ῥικνουμένους τοὺς μαστοὺς καὶ συναγομένους γενησομένην προλέγομεν ἔκτρωσιν.
193 *Ibid.* I, 15, 2 : De façon comparable, chez les femmes d'un certain âge, la matrice perd de son volume et, en même temps, les seins subissent une sorte de flétrissement (Καθάπερ καὶ ἐπὶ τῶν παρηλικεστέρων συστελλομένης τῆς ὑστέρας, καὶ οἱ μαστοὶ τρόπῳ τινὶ μαραίνονται).
194 Knibielher s. d.
195 Soranos, *Maladies des femmes* II, 8, 2, 4-5 : Πᾶν γὰρ τοὐναντίον πρὸς τὴν τῆς ἐκμυζήσεως συμαίσθησιν πλεῖον ἐπὶ τοὺς τόπους συντρέχει, καὶ πρὸς τὴν περίθλασιν ἀγανακτοῦσιν αἱ θηλαί.
196 *Ibid.* II, 8, 1.
197 Bonnet-Cadilhac 1997, p. 131.
198 Galien, *De la semence* I, 11 (K IV 555-556 L.106) : …ἑλισσόμεναι δίκην ἑλίκων ἢ κισσῶν. (555, 16-17).
199 *Ibid.* Bonnet-Cadilhac 1997, p. 98.

second temps, la coction est perfectionnée dans ces dernières[200]. Selon Galien, la femme possède elle aussi des testicules, mais internes, comme il a pu l'observer sur des truies :

> Certains ont prétendu que les femelles n'avaient pas de testicules… [L'opinion contraire] n'est pas de celles qui sont prouvées par l'argumentation mais par une opération que l'on peut voir, de ses propres yeux, et qui est faite dans le monde non grec et plus près de nous dans divers endroits de la région de Mysie et d'autres provinces. Les villageois prennent les truies et les attachent sur une échelle, puis entaillent les deux côtés, droit et gauche, en longueur, dans la région lombaire, à la dimension nécessaire pour extraire les testicules quand on connaît leur position, sans que la fente soit trop grande[201].

Pour faire face aux contradicteurs de sa théorie, Galien adapte les termes utilisés pour évoquer la semence féminine en fonction de son auditoire : ainsi pour répondre aux personnes qui estiment que la femme n'émet pas du tout de semence, il emploie *gonè* (γονή), simple semence, alors que pour répondre à ceux qui adhèrent à l'existence d'une semence féminine, toutefois dénuée d'un pouvoir de fécondation, il emplie le terme de *sperma* (σπέρμα), qui précise l'idée de fécondité[202]. Comme l'homme, la femme émet une semence durant le coït. Selon Galien, il s'agit du sang menstruel. Considéré comme un résidu, il se distingue de la semence masculine par une coction imparfaite. Cette différence est due à la nature froide de la femme qui suffit toutefois pour produire l'alimentation du fœtus. Ayant l'habitude de prouver ses observations par le moyen de la dissection, le médecin de Pergame propose de le démontrer par une expérience :

> Ensuite, je te montrerais une autre utilité, non des moindres, du sperme de la femelle si tu consentais à observer en la disséquant la membrane appelée allantoïde suspendue aux canaux spermatiques dont nous disions qu'elle provenait du sperme féminin. Tu verrais aussitôt dans les dissections qu'il était impossible que toutes les parties de l'utérus fussent enduites par le sperme du mâle. Car, éjaculé directement, il se porte à travers le col de l'utérus sur le fond et les parties voisines, mais il ne peut, sur les côtés, arriver jusqu'aux cornes. C'est donc le sperme de la femelle qui a cette utilité importante pour le fœtus à venir, tout comme il est aussi une sorte d'aliment habituel pour celui du mâle, puisqu'il est plus humide et plus froid, tandis que celui-là est plus humide et plus chaud[203].

Le sperme agit sur l'embryon dès sa conception. Il produit alors la membrane qui entoure l'œuf et qui est comparée à ce que les boulangers fabriquent dans un ustensile chaud et plat[204]. La démonstration de Galien présente un sperme élastique qui, aplati, forme une membrane qui vient s'attacher aux embouchures des vaisseaux de la matrice.

---

200 GALIEN, *De la semence* I, 11 (K IV 555-556 L.106).
201 GALIEN, *Des procédés anatomiques* XII, 1 (K II, Gar. 953), conservé en arabe, trad. M. SIMON 1906, p. 100.
202 Selon GALIEN, *De la semence* II, 1 (K V 609 L. 160). Voir aussi BONNET-CADILHAC 1997, p. 110.
203 GALIEN, *De la semence* II, 4 (K IV 622-623 L.174) : Θεάσῃ δ' εὐθέως ἐν ταῖς ἀνατομαῖς, ὡς οὐδὲ δυνατὸν ἦν ἅπαντα τῆς μήτρας ὑπαλεῖψαι τὰ μόρια τῷ τοῦ ἄρρενος σπέρματι. κατ' εὐθὺ γὰρ ἐξακοντιζόμενον φέρεται διὰ τοῦ τῶν ὑστερῶν αὐχένος ἐπὶ τὸν πυθμένα, καὶ ὅσα τούτου πλησίον, ἐπιστραφῆναι δὲ εἰς τὰ πλάγια μέχρι τῶν κεραιῶν αὐτῷ ἀδύνατον. καὶ ταύτην οὖν οὐ μικρὰν χρείαν παρέχει τῷ κυηθησομένῳ τὸ τῆς θηλείας σπέρμα, καὶ ὥσπερ τις οἰκεία τροφὴ γίνεται τῷ τοῦ ἄρρενος ὑγρότερόν τε καὶ ψυχρότερον ὑπάρχον, παχυτέρῳ γε ὄντι καὶ θερμοτέρῳ.
204 *Ibid.* I, 4 (K IV 526-527 L. 78). Voir BONNET-CADILHAC 1997, p. 118.

Le sperme féminin apparaît comme nécessaire dans la théorie galénique pour assister le sperme masculin qui, seul, ne peut atteindre les « cornes » situées dans les profondeurs de l'utérus. Du domaine du féminin, ces cornes sont reliées aux testicules de la femme, d'où provient le sperme propre à cette dernière. Le mélange permettant la formation du foetus intervient après l'éjection des deux semences.

La question de la ressemblance aux parents conduit Galien à des réflexions complexes exprimées de manière rhétorique. Gêné de ce que l'enfant ressemble aussi à la mère, Galien doit tempérer les discours tenus notamment par Aristote sur la faiblesse féminine :

> (Le petit) ne présente pas une ressemblance à la mère plus qu'au mâle, et pourtant, compte tenu de la force du sperme, le fœtus devrait toujours ressembler au père. Mais la semence féminine contribuant à la vigueur a pris en plus la faculté provenant des règles, qui croît pendant neuf mois, d'autant qu'elle était inférieure au moment de l'union première. C'est le propre de la semence de la femme d'augmenter et de renforcer sa substance et sa puissance plus que celle de l'homme[205].

Retenir et former la semence : le rôle de matrice

Galien se place dans la continuité de ses prédécesseurs en ce qui concerne la période de fécondation de la femme. Le moment propice à la fixation de la semence masculine se place au moment des règles. Plusieurs facteurs sont alors réunis : l'ouverture des vaisseaux qui influe sur la surface des parois de la matrice, la rendant rugueuse, et la présence de la matière féminine :

> Les vaisseaux de l'utérus qui se dirigent vers l'intérieur et par lesquels la femme est purifiée de ses règles, voient leurs aboutchements s'ouvrir quand la femme va concevoir. C'est le moment, en effet, au début ou à la fin des menstrues. Car durant tout le reste des règles, même si ces vaisseaux sont béants, la femme ne pourrait concevoir, car le sperme ne peut rester dans l'utérus, lavé par l'abondance de l'écoulement sanguin. Tandis que lorsque les règles s'arrêtent ou s'installent, les vaisseaux sont ouverts, et les menstrues ne s'écoulent pas d'un flot abondant et continu, mais peu à peu et par intermittence, comme provenant de l'exsudation d'une humidité sanguinolente ; ainsi le sperme peut s'attacher à la matrice alors rugueuse, et tirer une nourriture suffisante de la faible quantité de sang qui s'y écoule. Car avant l'arrivée des règles, la femme ne peut concevoir parce que le sperme manque de nourriture et ne trouve pas de point d'attache. La matrice est alors lisse, puisque les vaisseaux sont fermés, de sorte que le sperme s'échappe et ne peut adhérer à la muqueuse. Car une surface rugueuse est plus propice à l'accolement qu'une lisse[206].

---

205 *Ibid.* II, 2 (K IV 615 L.166) : Τὸ δὲ τῆς ὁμοιότητος αὐτῷ οὐ μᾶλλον ἢ κατὰ τὸ ἄρρεν, καίτοι γε, ὅσον ἐπὶ τῇ ῥώμῃ τοῦ σπέρματος, ἀεὶ ἐχρῆν ὁμοιοῦσθαι τῷ πατρὶ τὸ ἔγγονον. Ἀλλ' ἡ θήλεια γονὴ συντελοῦσα εἰς εὐρωστίαν προσέλαβε τὴν ἐκ τοῦ καταμηνίου δύναμιν, ἐννέα μησὶν ἐπανιοῦσαν.

206 GALIEN, *Anatomie de l'utérus* X (K II 903-904 N.50) : Τῶν τῆς μήτρας ἀγγείων, εἰς τὰ ἐντὸς αὐτῆς ἐχόντων, δι' ὧν καὶ τὰ καταμήνια ἡ γυνὴ καθαίρεται, τὰ στόματα ἀνέῳκται, ὁπόταν ἡ γυνὴ συλλήψεσθαι μέλλῃ. Ἔστι δὲ οὗτος ὁ χρόνος | ἀρχομένων τῶν ἐπιμηνίων ἢ παυομένων. Ἀνεστόμωνται μὲν γὰρ καὶ ἐν τῷ ἄλλῳ παντὶ χρόνῳ τῆς καθάρσεως τὰ ἀγγεῖα ταῦτα, ἀλλ' οὐκ ἂν λάβοι πρὸς ἑαυτὴν ἡ γυνὴ τηνικαῦτα, οὐδὲ γὰρ δύναται μένειν ἐν τῇ μήτρᾳ τὸ σπέρμα, ἐκκλυζόμενον τῷ πλήθει τοῦ ἐπιρρέοντος αἵματος. Παυομένων δὲ τῶν ἐπιμηνίων καὶ ἀρχομένων

Pour terminer, Galien montre que la matrice a un pouvoir propre qui attire et rejette :

> Semblable à toutes les autres parties, elle attire et garde ce dont elle a l'habitude et rejette ce qui lui est étranger ; mais elle élimine le sang menstruel comme superflu : il ne lui est donc pas possible de le retenir comme habituel. Car ce n'est pas lui qui est habituel aux matrices, mais le sperme ; comme organe destiné à le recevoir, la nature a fait l'utérus[207].

Propriétés et rôle du sang dans l'alimentation de l'enfant

Plus faible que l'homme, la femme « a des résidus abondants et, parce que les parties génitales sont les plus faibles de toutes les parties, le résidu sanguin arrive à celles-ci, purification salutaire pour les femelles avant la grossesse mais aussi matière adaptée à la nourriture des embryons pendant le temps de la gestation »[208].

Galien rejoint donc Hippocrate et Aristote en ce qui concerne la nourriture de l'enfant dans le ventre de sa mère. Le sang superflu de la femme va à l'enfant qui l'attire. Les veines sont alors le réservoir du liquide sanguin. Cependant, malgré leur longueur et leur largeur, ces veines manifestent un trop-plein qui « déborde et cherche une région où il puisse se transporter [...], il est donc lancé vers les mamelles par des veines distendues et surchargées par la masse entière du ventre qui les presse »[209]. L'homme aussi, par son sperme, fournit de la nourriture à l'embryon :

> Lorsque les vaisseaux qui s'abouchent dans l'utérus, au niveau de leurs orifices, ont poussé les premières racines, c'est probable, le sperme même qui les a formés leur fournit leur nourriture, en attirant le sang de la matrice et ainsi, peu à peu il dilaterait les premiers formés et les allongerait, en les augmentant et en reliant progressivement en un même tronc les vaisseaux les plus minces pour en créer de plus larges. On peut donc dire à juste titre que les vaisseaux et les membranes naissent ainsi, en tirant de la matière du sperme à la fois leur constitution initiale et leur croissance ultérieure en

---

ἀνεστόμωται τὰ ἀγγεῖα, καὶ τὸ ἐπιμήνιον οὔτε πολὺ οὔτε ἀθρόον ἐκχεῖται, ἀλλ' ὀλίγον τε καὶ κατὰ βραχύ, οἷον ἀπὸ νοτίδος αἱματηρᾶς διιδρουμένης, ὥστε προσφύεται μὲν διὰ τὴν τραχύτητα τῇ μήτρᾳ τὸ σπέρμα, αὐτάρκη δὲ ἔχει τροφὴν τὴν ὀλιγότητα τοῦ συρρέοντος εἰς αὐτὴν αἵματος. Πρὶν γὰρ ἱέναι τὰ ἐπιμήνια, οὐκ ἂν συλλάβοι ἡ γυνή, ὅτι καὶ τοῦ τρέφοντος ἐστέρηται τὸ σπέρμα καὶ προσίζησιν οὐκ ἔχει. Λεία γὰρ ἡ μήτρα τηνικαῦτά ἐστι μεμυκότων τῶν ἀγγείων, ὥστε ἀπορρεῖ τὸ σπέρμα καὶ οὐχ ἑνοῦται τῷ χιτῶνι αὐτῆς. Ἐπιτηδειότερον γὰρ πρὸς σύμφυσιν τὸ τραχὺ τοῦ λείου.

207 GALIEN, *De la semence* I, 5 (K IV 534 L.84) : Ἐδείχθη γὰρ καὶ ἥδε κατὰ τῶν φυσικῶν δυνάμεων λόγον ὁμοίως τοῖς ἄλλοις ἅπασι μορίοις ἕλκουσα μὲν καὶ κατέχουσα τὸ οἰκεῖον, ἐκβάλλουσα δὲ τὸ ἀλλότριον. Ἀλλὰ μὴν ἀποκρίνει γε τὸ καταμήνιον ὡς περιττόν. Οὔκουν κατασχεῖν αὐτὸ δύναταί ποθ' ὡς οἰκεῖον. Οὐ γὰρ τοῦτό ἐστι ταῖς ὑστέραις οἰκεῖον, ἀλλὰ τὸ σπέρμα, καὶ τούτου δεκτικὸν ὄργανον ἡ φύσις ἐποίησεν αὐτάς.
208 *Ibid.* II, 5 (K IV 641, 6-12 ; L 194-196) : Καὶ τοίνυν καὶ τὸ θῆλυ ζῷον ὅτι μὲν ἀσθενέστερον ἐγένετο, καὶ) περιττωματικόν ἐστιν, ὅτι δ' ἁπάντων αὐτοῦ τῶν μορίων ἀσθενέστερα τὰ γεννητικά, διὰ τοῦτο εἰς ταῦτα ἀφικνεῖται τὸ περιττὸν αἷμα, κάθαρσις μὲν τοῖς θήλεσιν ὑγιεινὴ γινομένη, πρὶν κύειν, ὕλη δ' εἰς τροφὴν ἐπιτήδειος τοῖς ἐμβρύοις ἐν τῷ τῆς κυήσεως καιρῷ.
209 *De l'usage des parties* IV 177, 14-19 : ...οἷον πλημμυρῇ, χώραν ἐπιζητεῖ μεταστάσεως. Ἔχει δ' οὐδεμίαν ἄλλην ἢ τοὺς τιτθούς, εἰς ἣν ἅμα μὲν αἱ φλέβες αὐτὸ διατεινόμεναι καὶ βαρυνόμεναι προπέμπουσιν, ἅμα δ' ὁ τῆς γαστρὸς ὅλης ὄγκος, ὁ διὰ τὴν κύησιν ἐπιπίπτων τε καὶ θλίβων, ὠθεῖ πρὸς τὸ εἶκον.

longueur et en largeur, comme nous l'observons pour les arbres. À partir du tronc le reste se forme en se déployant vers le haut et en se divisant en rameaux[210].

Ce passage complexe montre que le sperme n'agit pas seul. Il se sert du sang féminin, qu'il attire, pour former et faire croître l'enfant. Au sein de ce système, le sperme masculin joue un rôle prépondérant qui ne peut manquer d'imprégner l'enfant des caractéristiques paternelles *in utero*, comme aussi lorsque l'enfant est au sein, puisque pour Galien la nourriture de l'enfant est du sang féminin formé par l'homme.

Conformément aux traités hippocratiques, la raréfaction de la nourriture dans le ventre maternel amène l'enfant à bouger, provoquant par là l'accouchement. Il y a donc un lien étroit entre la nourriture et l'enfant. Un apport insuffisant pouvant conduire à une naissance prématurée, voire à la mort.

Téter in utero ?

L'existence des cotylédons fait l'objet d'une réflexion poussée chez le médecin de Pergame. Il en parle comme de l'embouchure des vaisseaux permettant la rétention du sperme :

> Il y a aussi, à côté, les « cotylédons » qui sont pour le chorion des liens sûrs avec l'utérus, bien que l'on dise que l'utérus de la femme n'a pas de cotylédons ; car ils existent chez la vache, la chèvre, la biche et d'autres animaux semblables, et leur corps est spongieux et chargé de mucosités et a une forme identique à la plante « cotylédon », l'herbe aux petites cymbales d'où leur vient précisément leur nom[211].

Comme le montrent B. Maire et Ch. Bonnet-Cadilhac, Galien est particulièrement prudent vis-à-vis de la présence et de la fonction de ces excroissances[212] ; il semble toutefois admettre leur existence :

> Je me suis plus longuement étendu sur cette question dans le cinquième livre *Sur l'anatomie d'Hippocrate*, où je démontre l'ignorance de ceux qui accusent cet homme qui, d'après eux, appelle cotylédons les excroissances de chair qui poussent tout autour des orifices des vaisseaux dans certaines espèces animales. Ce n'est pas ce qu'il a dit car les cotylédons sont en réalité les extrémités des vaisseaux à travers lesquels, chaque mois, le résidu du sang provenant de tout le corps se déverse dans la matrice.

---

210 GALIEN, *De la formation du foetus* II (K IV 655-659) : Γενομένης δὲ τῆς πρώτης ῥιζώσεως τῶν ἀγγείων ἐπὶ τοῖς στόμασι τῶν εἰς τὴν μήτραν καθηκόντων, εἰκὸς δήπου τὸ διαπλάσαν αὐτὸ σπέρμα τροφὴν αὑτοῖς ἐκπορίζειν, ἕλκον ἐκ τῆς μήτρας τὸ αἷμα, καὶ κατὰ σμικρὸν οὕτως εὐρύνειν μὲν τὰ πρῶτα γεννηθέντα, προάγειν δ' εἰς μῆκος, αὐξάνον τε καὶ κατὰ βραχὺ συνάγον ἐς ταὐτὸ τὰ λεπτότερα πρὸς τὴν τῶν εὐρυτέρων γένεσιν. Τὰ μὲν οὖν ἀγγεῖα καὶ τοὺς ὑμένας εὔλογον οὕτως γεννᾶσθαι, τὴν μὲν πρώτην σύστασιν ἐκ τῆς τοῦ σπέρματος οὐσίας λαβόντα, τὴν δ' ἐφεξῆς εἰς μῆκός τε καὶ εὖρος ἐπίδοσιν, ὡς ἐπὶ τῶν δένδρων ὁρῶμεν ἐκ τῆς ἀρχῆς τοῦ πρέμνου τό θ' ὑπόλοιπον αὐτοῦ πρὸς ὕψος ἀνατεινόμενον εἴς τε τοὺς κλάδους σχιζόμενον γεννᾶσθαι. Voir aussi *Anatomie de l'utérus* X (K II 906-907 N.54-56) et *De la semence* I,7-8 (K V 537-540 L.88-90).
211 GALIEN, *Anatomie de l'utérus* X (K II 905 N.54) : Κατὰ ταῦτα καὶ αἱ κοτυληδόνες εἰσί, δεσμὸς ἀσφαλὴς τῷ χορίῳ πρὸς τὴν μήτραν γεγενημέναι. Καίτοι τὴν ἀνθρώπου μήτραν οὔ φασιν ἔχειν κοτυληδόνας· γίνεσθαι γὰρ αὐτὰς ἐπί τε βοῶν καὶ αἰγῶν καὶ ἐλάφων καὶ τοιούτων ἑτέρων ζῴων, σώματα πλαδαρά, ὑπόμυξα, τῷ σχήματι ἐοικότα κοτυληδόνι τῇ πόᾳ, τῇ κυμβαλίτιδι, ὅθεν περ καὶ τοὔνομα αὐταῖς.
212 GALIEN, *De la semence* 1,7 (K IV 538, 5-8 CMG 5,3,1) et GALIEN, *Anatomie de l'utérus*, 10 (K II 903 CMG 5,2,1).

Lorsque le sperme touche l'une de ces embouchures, il attire la nourriture à travers elle, puisque la membrane est percée en regard, vu qu'elle est encore molle et nouvellement constituée[213].

Il s'appuie alors sur ce qu'il appelle précédemment les *auctoritates*, ce qui se réfère spécifiquement aux médecins hippocratiques, qui associaient les cotylédons à des ventouses utérines dont le rôle était de retenir le produit de la conception[214]. Galien ne se rallie toutefois pas, à la suite de Dioclès de Caryste, de Diogène d'Apollonie et d'Hippon, à l'idée d'y voir des tétons intra-utérins, qui fourniraient la nourriture à l'enfant[215]. Il reconnaît en effet l'existence et « le rôle du cordon ombilical dans la nourriture et la respiration de l'embryon »[216]. Son observation du poumon fœtal qui se contracte et se dilate, l'amène à déduire que la bouche et le nez de l'embryon ne l'approvisionnent ni en air ni en nourriture :

On voit clairement qu'il le fait sans respirer par la bouche ni par le nez, mais [...] se contente de sa liaison avec l'utérus[217].

Pour en revenir aux cotylédons féminins, il est aujourd'hui reconnu, comme le souligne bien Ch. Bonnet-Cadilhac que : « ces cotylédons sont des proéminences de la muqueuse utérine qui ne sont présentes que chez certains ruminants, et le problème de leur existence chez la femme a divisé les anatomistes antiques, d'autant plus que le terme lui-même pourrait n'avoir pas eu la même signification pour tous[218] ».

La formation du lait et son apparition dans les seins

Galien rejoint Hippocrate et Aristote en ce qui concerne la nourriture de l'enfant dans le ventre de sa mère. Le sang superflu de la femme va à l'enfant qui l'attire. Les veines sont alors le réservoir du liquide sanguin. Cependant, malgré leur longueur et leur largeur, ces veines manifestent un trop-plein qui déborde et cherche un lieu où se transporter. Le sang est donc lancé vers les mamelles par des veines distendues et surchargées par la masse entière du ventre qui les presse.

Se basant sur les dissections auxquelles il se livre, Galien montre qu'il existe un lien étroit et direct entre l'utérus et les mamelles :

---

213 GALIEN, *De la semence* I, 7 (K IV 537-538 L. 88) : Λέλεκται δέ μοι τελεώτερον περὶ τούτου ἐν τῷ πέμπτῳ τῆς Ἱπποκράτους ἀνατομῆς ἐξελέγχοντι τὴν ἄγνοιαν τῶν ἐγκαλούντων τἀνδρὶ καὶ νομιζόντων, τὰς ἐπιτρεφομένας ἐν κύκλῳ τοῖς στόμασι τῶν ἀγγείων σάρκας ἐν ἐνίοις τῶν ζῴων ὀνομάζειν αὐτὸν κοτυληδόνας. οὔτε γὰρ ἐκείνας ὀνομάζομεν, αἱ δ᾽ ὄντως κοτυληδόνες ἀγγείων εἰσὶ πέρατα, δι᾽ ὧν ἐφ᾽ ἑκάστῳ μηνὶ τὸ περιττὸν τοῦ αἵματος ἐξ ὅλου τοῦ σώματος εἰς τὴν μήτραν ἐξοχετεύεται. ὅ τι δ᾽ ἂν τούτων τῶν στομάτων ἅψηται τοῦ σπέρματος, ἐπισπᾶται δι᾽ αὑτοῦ τὴν τροφὴν ἐκεῖνο, πρὸς ἑαυτὸ τετρημένου τοῦ ὑμένος, ὡς ἂν ἔτι μαλακοῦ τε καὶ νεοπαγοῦς ὄντος.
214 Voir HIPPOCRATE, *Aphorismes* 5,45 (L IV, 548), *Maladies des femmes* 1,58 (L VIII 116) et *De la nature de la femme* 17 (L VII, 336).
215 DIOGÈNE D'APOLLONIE, *Fr.* 18a ; HIPPON 38 A 17 in Diels-Kranz 1956. CONGOURDEAU 2007, p. 235. Cette idée semble courante puisque le Ps.-Plutarque l'attribue à Démocrite et Épicure (PLUTARQUE, *Opinion des philosophes*, V, 17) et Rufus à Alcméon (ALCMÉON 24 A 17 in Diels-Kranz 1956).
216 CONGOURDEAU 2007, p. 238.
217 GALIEN, *Des procédés anatomiques* XII, 6, trad. Bonnet-Cadilhac (conservé en arabe, transcription et trad. M. Simon 1906) ; Voir aussi CONGOURDEAU 2007, p. 238.
218 BONNET-CADILHAC 1997, p. 90.

Comme la nature avait disposé les deux appareils (mamelles-utérus) pour l'accomplissement d'une seule œuvre, elles les a unis par les vaisseaux qui vont aux mamelles ; pour cela, elle a fait descendre des veines et des artères dans les hypochondres et dans tout l'hypogastre, puis elle les a rattachées à celles qui remontent des parties inférieures et qui fournissent les vaisseaux à la matrice et au scrotum. Chez les animaux, ce sont en effet les seuls vaisseaux qui, nés des régions supérieures du diaphragme, se rendent à la partie basse du corps, et les seuls qui des parties inférieures remontent ; car les parties en question sont les seules qui aient besoin d'être rattachées par des vaisseaux, afin que, pendant le temps où le fœtus se développe et se forme dans les matrices, les veines communes aux deux parties versent à ce dernier seul de la nourriture et, qu'après sa venue au monde toute nourriture reflue aux mamelles[219].

Pour Galien, le lait provient du sang, à l'instar des croyances des médecins hippocratiques et d'Aristote. Il subit toutefois « un petit changement » dans les seins, conformément à ce que croyait le Stagirite et l'auteur hippocratique du traité *Des Glandes*[220].

Conclusion

Plus d'une génération sépare Hippocrate, qui exerce dans le dernier quart du Ve siècle av. J.-C., et le philosophe et biologiste Aristote né à Stagire en 385 av. J.-C. Malgré un père médecin et de très bonnes connaissances en médecine, Aristote porte un regard différent sur le corps que les médecins hippocratiques. Alors que ces derniers font de nombreux rapprochements entre l'individu et le monde végétal, Aristote fait surtout des analogies avec le monde animal. Le modèle physiologique d'Aristote diffère de celui qui figure dans le *CH*. Pour les médecins hippocratiques le sang provient du foie, alors que pour Aristote, il vient du cœur. Cet organe a pour le Stagirite une grande importance puisqu'il fournit le sang et est une source de chaleur qui permet également le blanchissement du lait dans les seins. Aristote ne reconnaît pas une semence principielle comme ses prédécesseurs mais des résidus (περίττωμα) du corps qui sont le sperme et les menstrues. Il considère la femme comme nettement inférieure à l'homme, ce qui a des répercussions sur sa vision des pertes féminines : elles sont moins pures que le sperme. Ce dernier est estimé pur par essence, en raison de la chaleur et du principe de l'âme dont il est doté, au contraire du résidu féminin. Dans le processus de conception de l'enfant d'Aristote, le sperme agit sur le sang menstruel qu'il coagule, à la manière de la présure sur le lait. L'enfant est alors

---

219 GALIEN, *De l'utilité des parties du corps humain* XIV, 8 (K IV 175) : Διὰ τί δὲ συμπάσχουσιν εἰς τοσοῦτον αὐταῖς οἱ τιτθοί, τοῦτ' ἤδη δίειμι· καὶ γὰρ οὖν καὶ αὐτὸ θαυμαστήν τινα τῆς φύσεως ἐνδείξεται τὴν τέχνην. ἐπειδὴ γὰρ εἰς ἑνὸς ὑπηρεσίαν ἔργου παρεσκεύασεν ἀμφότερα τὰ μόρια, συνῆψεν αὐτὰ διὰ τῶν ἀγγείων, ἃ ἐν τοῖς περὶ τοῦ θώρακος λόγοις ἐπὶ τοὺς τιτθοὺς ἐλέγομεν ἰέναι, φλέβας καὶ ἀρτηρίας εἰς ὑποχόνδρια καὶ τὸ σύμπαν ὑπογάστριον καταγαγοῦσα κἄπειτα συνάψασα ταῖς ἀπὸ τῶν κάτω μερῶν ἀναφερομέναις, ἀφ' ὧν ἐπί τε μήτραν καὶ ὄσχεον ἀφικνοῦνται φλέβες. μόνα γὰρ δὴ ταῦτ' ἐν τοῖς ζῴοις <τὰ> ἀγγεῖα, τὰ μὲν ἐκ τῶν ὑπὲρ τὰς φρένας χωρίων ὁρμηθέντα κάτω τοῦ σώματος φέρεται, τὰ δ' ἐκ τῶν κάτωθεν ἄνω. μόνα γὰρ οὖν δὴ καὶ τὰ προειρημένα μόρια συνῆφθαι δι' ἀγγείων ἐχρῆν, ἵν', ὅταν μὲν ἐν ταῖς μήτραις αὐξάνηταί τε καὶ διαπλάττηται τὸ ἔμβρυον, ἐκείνῳ μόνῳ τὴν ἐξ ἀμφοτέρων αἱ κοιναὶ φλέβες ἐπάρδωσι τροφήν, ὅταν δ' ἀποκυηθὲν τύχῃ, τοῖς τιτθοῖς αὖθις ἐπιρρέῃ σύμπασα. Même idée dans GALIEN, *ibid*. XIV 8 (K IV 176).
220 GALIEN, *Hygiène* IV (K VI).

comparé à un fromage. La représentation des médecins hippocratiques sur la conception est plus complexe. Elle repose sur la croyance en deux semences, une féminine et une masculine. Provenant de tout le corps, selon la théorie de la « pangenèse », la semence, comme d'ailleurs le sperme auquel elle est associée, est porteuse des caractéristiques des deux géniteurs. Cette théorie permet alors d'expliquer les ressemblances entre enfants et parents. Quant à la question de la latéralité, selon laquelle le côté gauche est associé au féminin, et le droit au masculin, elle permet d'expliquer le sexe de l'enfant, voire de le prévoir. Aristote reprend cette théorie qu'il pousse à l'extrême puisque le côté gauche est en outre lié au froid et au mal. Pour Aristote, la femme est donc de nature froide, alors que pour les médecins hippocratiques, elle est généralement considérée comme chaude, par ses règles. Mais les avis divergent parmi les médecins hippocratiques. La femme est un mâle mutilé selon les théories aristotéliciennes alors que le fœtus est considéré physiquement complet lorsqu'il reçoit ses organes génitaux. Envisagé comme étant immature et de type féminin, l'impubère change de statut lors de la puberté et du passage à l'âge adulte. À ses organes reproducteurs pleinement « gonflés » s'ajoutent alors les résidus associés à chaque sexe. Les médecins hippocratiques ont un point de vue identique qui repose sur une vision du corps parcouru de canaux, dont la pleine fonction est conjointe à l'apparition du sperme. Du côté de la femme, il faut attendre le premier rapport sexuel, la première grossesse pour que les canaux de son corps soient pleinement adaptés à leur rôle de procréation. Les médecins hippocratiques voient le lait comme « frère/sœur des règles ». La succession des fluides féminins, menstrues et lait, est reprise par Aristote, et fera l'unanimité auprès des médecins d'époque romaine, dont Soranos d'Éphèse et Galien de Pergame. Aristote manifeste une réflexion poussée sur le moment de l'apparition du lait chez la femme, qui est variable et s'adapte au temps de gestation, contrairement à l'ensemble des autres animaux. Aussi, le lait doit-il être prêt dès le septième mois de grossesse ; il est alors « fonctionnel » pour l'enfant et « utile » à la mère[221]. L'étape du septième mois coïncide avec le moment où le fœtus est considéré comme viable. Alors que pour la plupart des médecins hippocratiques le sang qui nourrit l'enfant dans la matrice blanchit avant de monter dans les seins, chez Aristote la transformation se fait dans les seins. Placés près du cœur, cet organe permet une dernière coction. À l'exception du médecin des *Chairs*, les médecins hippocratiques considèrent que l'enfant est alimenté par le cordon ombilical, ce à quoi adhère aussi le Stagirite, malgré la controverse existante à ce sujet à son époque.

Aristote mentionne encore la possibilité que les mâles aient du lait, comme aussi les femmes âgées ou les chèvres non allaitantes, dont on frotte les mamelles. Alors que les médecins hippocratiques abordent peu la question de l'allaitement, Aristote est une source importante au sujet du lait préféré pour les enfants. À l'époque romaine, les médecins Soranos et Galien citent encore les médecins hippocratiques et Aristote. Malgré certaines divergences d'opinion, ils restent leurs maîtres à penser. Si les théories de la formation du lait diffèrent peu, celles portant sur les semences, et donc les questions de ressemblances se complexifient chez Galien. Le recours à la dissection ouvre de nouvelles perspectives. Les représentations anthropomorphes des organes, plus spécifiquement de la matrice

---

221 ARISTOTE, *GA* 776 a 23-25.

perdurent mais sont sujettes à controverse. Soranos, comme Galien, évoque un système de fixation ligamentaire de la matrice qui en restreint le déplacement. Ces avancées ne résolvent pas pour autant la question de l'attirance des matières à l'intérieur des vaisseaux sanguins et des organes. La ventouse évoquée par les médecins hippocratiques sert toujours de modèle à Galien qui l'utilise tant pour la matrice que pour illustrer la force du sperme. Plus pragmatique, Soranos expose une physiologie de la matrice où ses caractéristiques animales sont réduites. Il y voit un organe sensible qui se contracte facilement et est sujet aux inflammations. Il préconise alors la douceur ainsi que d'éviter les substances irritantes lors des traitements gynécologiques, conseils qui valent également pour soigner ou tarir le lait de l'accouchée.

2. Soigner par le lait & soigner le lait

Outre la formation du lait qui permet d'expliquer la formation de l'enfant et les questions d'hérédité, les médecins se sont concentrés sur les propriétés du lait. Par le système humoral adopté, les médecins considèrent que toute prise de nourriture influence la constitution. Ainsi, un aliment chaud et humide aggrave les constitutions de même nature, alors qu'un aliment froid et humide permet d'équilibrer les humeurs, comme c'est encore le cas aujourd'hui dans la médecine ayurvédique[1]. Le lait n'échappe pas à ses considérations. Sa propension à la division (entre une partie fromagère, et une autre aqueuse) fait de lui une substance de choix pour le rééquilibrage de certaines constitutions. Cette ambivalence est toutefois redoutée pour certaines constitutions, telles celle des enfants. Suivant les pathologies, le lait est administré après une longue cuisson qui permet de séparer la partie fromagère de la partie acqueuse. Il reste alors, d'un côté, le petit-lait tant prisé par les médecins hippocratiques de l'école de Cnide[2]; de l'autre, une partie épaisse qui est, selon toute vraisemblance, employée à d'autres transformations, de type beurre.

Raillée, mais pas pour autant inutilisée par les médecins de l'école de Cos, la méthode utilisant le petit-lait en cures, surtout purgatives mais aussi renforçantes, est privilégiée par les médecins rattachés à l'école cnidienne. Déjà présente dans les *papyri* médicaux de l'Égypte pharaonique[3], cette utilité thérapeutique du lait a fait l'objet de longues observations chez les médecins hippocratiques et, plus tard, à l'époque romaine. Devenu médicament, le lait n'en dépend pas moins de l'animal ou de la femme qui le produit, et donc de son état de santé, de sa nourriture aussi, des saisons… Conscients de cette multitude de paramètres, les médecins évoquent les conditions permettant d'obtenir le meilleur lait d'animaux. Outre le fourrage, il s'agit de créer les conditions environnementales adéquates, fournissant les bonnes espèces de plantes, herbes et arbustes. Ce cadre idéal rejoint les prescriptions d'abord alimentaires, mais aussi sanitaires conseillées aux nourrices[4].

Nous traiterons dans ce chapitre de l'usage des laits et de leurs transformations, chez Hippocrate, Pline, Dioscoride d'Anazarbe et Galien de Pergame. Ce choix est motivé d'abord par la réflexion qui porte sur la longue durée des pratiques : le petit-lait cher aux médecins hippocratiques de l'école cnidienne a-t-il été reçu favorablement et adopté par les médecins de l'époque impériale ?

Il s'agit ensuite d'écrivains qui s'expriment nettement sur le sujet selon des angles différents : Hippocrate est le médecin par excellence, auquel se réfèrent les médecins de

---

[1] Par exemple dans *Ayurvedic Healing Course* publié en 1988 par The American Institute of Vedic Studies, Santa Fe.
[2] À ce sujet voir l'annexe « 1 ».
[3] Papyrus Ebers, concernant les usages thérapeutiques, voir Jean et Loyrette 2010, p. 132 et suiv. aussi Marshall 2015b, p. 182-183.
[4] Voir ci-dessous p.179 et suiv..

l'époque romaine ; bien que non médecin, Pline offre une collection encyclopédique de recettes et anecdoctes grecques comme romaines ; contemporain de Pline, Dioscoride est spécialisé en pharmacologie et présente un recensement important des plantes utilisées à son époque ; son approche plus observatrice de la nature que de la mythologie lui fait adopter une position moins empreinte de superstition[5] ; quant à Galien, il revendique l'héritage d'Hippocrate, dont il a largement commenté les œuvres[6].

Notre source majeure est ici l'*Histoire naturelle (HN)* de Pline. Afin d'éviter les répétitions, nous nous limitons, chez les autres auteurs, à des considérations originales ou complémentaires. En ce qui concerne les traités hippocratiques, nous les examinons d'une manière un peu particulière et nous concentrons sur les cures de petit-lait. Nous avons maintenu dans l'examen des traités la distinction entre les deux écoles (de Cos et de Cnide), afin de voir si des différences pouvaient être mises en évidence s'agissant des utilisations thérapeutiques du lait, qui faisaient déjà débat à l'époque classique.

Dans l'ensemble du chapitre, les laits d'animaux sont différenciés du lait humain. Nous considérons ensuite les remèdes prescrits en cas de manque de lait et, plus rarement, d'un trop-plein. Pour chaque auteur d'époque romaine, sont traités à la fin les produits tirés du lait, tels que le beurre, le fromage et l'*oxygala*[7]. Ces derniers sont intéressants, non seulement pour leurs usages, mais aussi du point de vue de leur préparation. Ces préparations mettent en évidence que les produits laitiers sont le plus souvent modifiés par une cuisson, par la fermentation ou encore l'ajout d'un produit favorisant la séparation de la masse graisseuse. Ces transformations ne sont pas anodines, comme l'a bien démontré Janick Auberger pour le monde grec. Le lait cru est le propre du « sauvage », alors qu'il devient civilisé lorsqu'intervient la main de l'homme. L'étude de ces produits dérivés a donc pour objectif de voir si ces aliments issus de la transformation du lait sont privilégiés à Rome comme en Grèce, et s'ils peuvent être envisagés comme de possibles contenus de nos VBT[8].

Sélection et usages thérapeutiques du lait dans les traités hippocratiques

Remèdes à base de lait animal

Les traités de l'école de Cnide

Dans *Régime dans les maladies aiguës*, dont l'attribution à Hippocrate est encore contestée, un préambule fait état d'un traité intitulé *Les sentences cnidiennes*, attribué, comme son nom l'indique, à l'école de Cnide. Commenté par une collectivité de médecins, l'ouvrage est critiqué par l'auteur du *Régime dans les maladies aiguës*, pour « insuffisance de l'observation des signes pour établir un véritable pronostic, dénombrement trop précis des maladies,

---

5 Par exemple, au sujet de l'usage du lait de chèvres ayant mangé de l'hellébore.
6 BOUDON-MILLOT 2012, p. 273.
7 Pour une définition voir p. 106-107.
8 Comme pour le chapitre I, la présentation des auteurs et de leur œuvre est rassemblée dans le chapitre 13.

thérapeutique sommaire privilégiant une médication à base d'évacuants, de lait ou de petit-lait et négligeant le régime »[9]. Cette critique est des plus intéressantes puisqu'elle indique une utilisation thérapeutique du lait privilégiée par l'école cnidienne. Cet usage de substances lactées se trouve dans le « corps principal » des traités gynécologiques cnidiens *Maladies des femmes* I et II et *Femmes stériles*, et notamment dans *Maladies* II et III ainsi que dans *Affections internes*, que nous détaillons ci-dessous[10].

Dans ces différents traités, le lait animal est utilisé pour soigner certaines affections touchant des hommes comme des femmes. Quatre pathologies détaillées sont traitées par le lait : une affection pulmonaire (phtisie), une affection féminine grave dont le nom n'est pas précisé et qui résulte de pertes séminales, un excès de phlegme dans le corps et une maladie des reins accompagnée d'ulcérations produisant une urine brun rouge. Le lait entre dans un grand nombre de recettes gynécologiques. Il est toutefois moins souvent prescrit que le vin et l'huile[11]. Les laits de vache et d'ânesse sont les plus couramment utilisés, avant le lait de chèvre, de brebis et de jument et, en dernier lieu, le lait de chienne[12]. Produit résiduel de la formation du fromage, le petit-lait est également prescrit pour ses vertus diurétiques et purgatives. Quant au fromage, il est considéré dans les traités *Ancienne médecine* et *Maladies* IV comme un aliment indigeste[13].

En fonction de la maladie, les médecins prescrivent de prendre le lait cru, bu directement au pis, cuit ou bouilli[14]. Ses effets peuvent aussi être accrus en fonction du moment de la prise. Si le malade est à jeun, l'effet sera plus important que s'il a préalablement mangé[15]. Les médecins précisent que le lait ne doit être pris que « dans la saison »[16]. Le lait est le plus souvent prescrit en boisson, en onction ou en pessaire dans les traités gynécologiques. En boisson, il est souvent mélangé avec un adjuvant, permettant vraisemblablement d'en améliorer les effets thérapeutiques et peut-être le goût : sel, miel et mélicrat (miel mélangé à un liquide).

Les médecins évaluent d'abord les différents laits en fonction de leurs propriétés intrinsèques. Par exemple, le lait de vache étant plus gras que les autres laits, ils l'utilisent comme reconstituant plutôt que pour purger le corps. Il peut aussi arriver que la couleur de l'animal fournisseur de lait soit précisée. Dans *Maladies des femmes* I, le traitement de

---

9 Jouanna 1992, p. 101.
10 « Corps principal » désigne les parties originales des trois traités *Maladies des femmes* I et II et *Femmes stériles* attribués à l'école cnidienne, excluant l'intégration des restes du traité *Maladies des femmes* écrit par l'auteur de *Génération/Nature de l'enfant* et *Maladies* IV dont l'appartenance à une école ne peut pas être prouvée. Voir Jouanna 1992, p. 547, note 36.
11 Bodiou, Frère et Jaeggi 2021.
12 Karl Deichgräber mentionne l'usage du Wolfsmilch dans le passage *Des affections internes* 10 (L VII 190-191) pour soigner trois sortes de phtisies. Il s'agit alors non pas de lait de louve comme le laisserait supposer le mot « Wolf » mais du suc laiteux ou latex de l'euphorbe. Il est alors administré en clystère pour purger (Deichgräber 1971, p. 46).
13 Hippocrate, *Ancienne médecine* 35 et *Maladies* IV, 20. Voir aussi *Régime dans les maladies aiguës* (appendice), 18 (L II, 484-485).
14 Hippocrate *De la nature de la femme* II, 118, (L VIII 256-257). Dans ce passage qui évoque une leucorrhée, le lait est bu chaud au pis de la vache.
15 Hippocrate, *Maladies des femmes* I, 78 (L VIII, 188).
16 Hippocrate, *Affections internes* 13 (L VII 188-201) : Ἢν δὲ ὥρη ἔῃ. Hippocrate, *Maladies des femmes* II, 118 (L VIII, 254-255) : « si la saison d'année le permet ».

l'hématémèse après l'accouchement (en raison d'une lésion du foie) comprend le lait d'une vache de couleur noire :

> [...] Donner à boire du lait d'ânesse pendant sept jours ou cinq ; ensuite prescrire du lait de vache noire, à prendre à jeun, si elle peut, pendant quarante jours[17].

Ainsi, la couleur de l'animal a de l'influence sur les propriétés de son lait. Une anecdote du Ier siècle rapportée par le philosophe stoïcien Athénodore le Cananite (75-77 av. J.-C.) rend compte de cette croyance en un lait porteur des caractéristiques de l'animal :

> Selon Athénodore dans son livre VIII de ses *Promenades*, Démocrite, lorsque Hippocrate était venu le voir, ordonna qu'on lui apportât du lait et, après avoir examiné le lait, déclara qu'il venait d'une chèvre primipare et noire[18].

L'usage de produits thérapeutiques de couleur foncée se rencontre souvent dans les traités cnidiens comme le souligne Robert Joly. Dans son commentaire du passage sur l'hématémèse[19], il tire les conclusions suivantes :

> Le foie, origine de la maladie, est de couleur foncée ; le sang vomi également. Il faut donc s'attaquer à la couleur noire et l'auteur croit qu'une potion blanche venant d'un animal noir, c'est à dire une potion qui a déjà complètement triomphé de la couleur malsaine, fera bien l'affaire[20].

La comparaison avec le traitement d'une diarrhée par l'utilisation de raisin sec noir et de vin noir, nous fait comprendre que la couleur foncée est associée à des qualités sèches et astringentes, particulièrement recherchées en cas de selles liquides[21].

Deux effets contraires sont attendus en fonction du type de lait : purger et reconstituer. Le fonctionnement harmonieux des vaisseaux du corps étant central pour conserver une bonne santé, la médecine hippocratique accorde une grande valeur à la libération des humeurs corrompues. D'où le recours aux saignées et purges par le haut comme par le bas. Pour purger le corps, il est conseillé de prendre d'importantes quantités de lait, parfois « en aussi grande quantité que possible »[22]. Après avoir vidé le corps, il faut le remplir par l'apport d'une nourriture, elle aussi sous la forme de lait. On parle alors d'une cure de lait (γαλακτοποσία) qui peut aller jusqu'à 45 jours ou jusqu'au rétablissement du patient, comme le précise une prescription pour soigner une hépatite[23] :

---

17 HIPPOCRATE, *Maladies des femmes* I, 43, 4-5 (L VIII, 100) : Καὶ πιπίσκειν ὄνου γάλα ἑπτὰ ἡμέρας ἢ πέντε· μετὰ δὲ ταῦτα πιπίσκειν βοὸς μελαίνης γάλα ἄσιτον ἐοῦσαν, εἰ οἵη τε εἴη, ἡμέρας τεσσαράκοντα· ἐς δὲ τὴν ἑσπέρην σήσαμον τριπτὸν πιπίσκειν. Ἡ δὲ νοῦσος κινδυνώδης.
18 DIOGÈNE LAËRCE, *Vies, doctrines et sentences des philosophes illustres* IX 42 (Diels-Kranz 68 A 1) : Φησὶ δ' Ἀθηνόδωρος ἐν ὀγδόῃ Περιπάτων, ἐλθόντος Ἱπποκράτους πρὸς αὐτόν, κελεῦσαι κομισθῆναι γάλα· καὶ θεασάμενον τὸ γάλα εἰπεῖν εἶναι αἰγὸς πρωτοτόκου καὶ μελαίνης.
19 LITTRÉ 1889 *s.u.* « hématémèse » : Vomissement de sang exhalé à la surface de la membrane muqueuse de l'estomac.
20 JOLY 1966, p. 38.
21 HIPPOCRATE, *Maladies des femmes* I, 42 (L VIII, 100).
22 HIPPOCRATE, *Affections internes* I (L VII 172-173).
23 Au sujet des cures de lait, voir DEICHGRÄBER 1971.

Autre hépatite : les douleurs se font sentir de la même façon au foie ; la couleur diffère du cas précédent, elle est celle de la grenade. […] Quand les choses sont ainsi et que les premiers jours sont écoulés, on fait passer à l'étuve, puis on évacue avec la scammonée ; si le ventre est échauffé, on administrera un lavement préparé comme dans les cas précédents et qui évacue bien ; après le lavement on purgera avec du lait d'ânesse cuit, bu à dose de huit cotyles, avec addition de miel. On donnera aussi du lait de chèvre, avec addition d'un tiers de mélicrat, le matin, une tasse de quatre cotyles en y mêlant un tiers de mélicrat ou même le lait seul. On donne, de même que le lait d'ânesse, le lait de jument. […] Dans le cas où vous ne voudriez pas purger avec le lait d'ânesse, donnez deux cotyles de lait de vache cru, avec addition d'un tiers de mélicrat chaque jour, pendant dix jours ; puis dix autres jours avec addition d'un sixième de mélicrat. Le reste du temps, on donnera le lait seul, à la dose de deux cotyles, jusqu'à ce que le patient reprenne de l'embonpoint[24].

Ce type de recette où les quantités et les durées sont données avec précision se trouve dans plusieurs autres prescriptions attribuées à l'école cnidienne, comme l'a bien souligné Karl Deichgräber[25]. Par exemple, un malade atteint d'un certain type de pneumonie doit être purgé quatre fois l'année, deux fois par le haut, deux fois par le bas. Du lait d'ânesse, de vache ou de chèvre cuit peuvent être utilisés[26]. Il est parfois aussi conseillé d'administrer le lait à des heures données. Les substances mélangées au lait sont aussi données en pourcentage. Il s'agit généralement d'eau ou de vin. Les quantités varient et sont rapportées en cyathes (0,045 l.), cotyles (0,274 l.), demi-conges (1,62 l.) et conges (3,24 l.). Le lait qui sert à évacuer est généralement cuit, alors qu'il est cru pour nourrir le corps et intervenir dans un second temps.

Les traités de l'école de Cos

Chez les médecins descendant d'Hippocrate, le lait paraît avoir été utilisé pour un nombre plus restreint d'affections, ce qui coïncide avec le commentaire fait par le médecin du *Régime dans les Maladies aiguës*. Les spécialistes proposent d'ailleurs de voir dans cet auteur Hippocrate lui-même. La plupart des prescriptions sont faites pour soigner des maux de ventre du type dysenterie avec épanchements de sang. Dans un cas, il s'agit d'un problème urinaire.

---

24 HIPPOCRATE, *Des affections internes* 28 (L VII 241-243) : Ἄλλη ἡπατῖτις· αἱ μὲν ὀδύναι πιέζουσι κατὰ τὰ αὐτὰ ἐς τὸ ἧπαρ, καὶ ἡ χροιὴ διαφέρει τῆς πρόσθεν, σιδιοειδής γάρ ἐστιν. […] Τοῦτον, ὁκόταν οὕτως ἔχῃ καὶ αἱ πρῶται ἡμέραι παρέλθωσι, πυριῆσαι, εἶτα ὑποκαθῆραι τῷ σκαμμωνίῳ· ἤν δὲ ἡ κοιλίη ξυγκεκαυμένη ᾖ, κλύσαι ἐν τοῖσιν αὐτοῖσιν, οἷσι καὶ τοὺς πρόσθεν, ὅ τι ἄξει καλῶς· καὶ μετὰ τὸν κλυσμὸν ὀνείῳ γάλακτι ἑφθῷ ὑποκαθῆραι ὀκτὼ κοτύλῃσι, μέλι δὲ παραχέων διδόναι πίνειν· διδόναι δὲ καὶ τὸ αἴγειον γάλα, τρίτον μέρος μελικρήτου παραμίσγων, τὸ ἑωθινόν, τετρακότυλον κύλικα· διδόναι δὲ καὶ ἑφθοῦ τοῦ αἰγείου δύο κοτύλας, τρίτον μελικρήτου παραμίσγων, ἢ αὐτὸ μοῦνον μέλι παραχέων· διδόναι δὲ καὶ τὸ ἵππειον γάλα τὸν αὐτὸν τρόπον τῷ ὀνείῳ. Ἢν δέ σοι μὴ δοκέῃ ὀνείῳ γάλακτι ὑποκαθῆραι, βοείου γάλακτος ὠμοῦ διδόναι δύο κοτύλας, τρίτον μελικρήτου παραμίσγων, ἑκάστης ἡμέρης ἐπὶ ἡμέρας δέκα· εἶτα ἄλλας δέκα, ἕκτον μέρος τοῦ μελικρήτου παραχέων, πίνειν διδόναι· τὸ δὲ γάλα αὐτὸ τὸ λοιπὸν διδόναι, ἕως ἂν ἀναπιανθῇ, δύο κοτύλας.
25 DEICHGRÄBER 1971.
26 HIPPOCRATE, *Des affections internes* 10 (L VII 188-193).

Un premier cas est rapporté et concerne le fils d'Ératolaüs[27]. La maladie apparaît vers l'équinoxe d'automne. Le malade a des fièvres et des déjections bilieuses, légères, abondantes et sanguinolentes. Les douleurs sont fortes. Le médecin rapporte que l'usage du petit-lait et du lait chaud agissent favorablement sur les douleurs et les déjections sanguinolentes, moins sur les déjections bilieuses. Pour tenter de stopper les selles liquides, le malade prend du vin avec une décoction d'orge. La maladie progressant et amenant à une faiblesse extrême du patient, du lait d'ânesse cuit lui est donné à raison de neuf cotyles attiques (2,43 l.) pendant deux jours. Le résultat est positif puisque le malade recouvre l'appétit. On lui administre ensuite quatre cotyles (1,08 l.) de lait de vache cru, selon une posologie de deux cyathes (0,09 l.) par jour. Les dix premiers jours, on ajoute au lait un sixième d'eau et un peu de vin rouge astringent. Passé les dix jours, le lait est pris pendant encore trente jours, additionné d'un peu de vin rouge, mais sans eau.

Sous le titre « trois cas de dysenterie », le médecin des *Épidémies* mentionne deux malades pour qui la farine s'est révélée plus efficace que le lait de chèvre, alors que pour un garçon de Caenias le lait d'ânesse cru a eu du succès[28]. Le lait apparaît aussi dans un cas d'affection des reins survenue chez un dénommé Clonigos vivant à Abdère[29]. Le malade urine du sang dans de grandes douleurs. Il a aussi de la dysenterie. Du lait de chèvre lui est donné le matin à raison de trois cotyles (0,81 l.). Il est alors coupé d'un cinquième d'eau et bouilli. Du pain, des bettes, des concombres et du vin rouge léger lui sont donnés le soir. Le traitement au lait est poursuivi jusqu'à ce que les urines soient redevenues normales.

Une autre affection ayant conduit à une ophtalmie et à de la fièvre accompagnée de diarrhées est rapportée[30]. Elle touche un dénommé Mnésianax et intervient à l'automne. Les déjections sont un temps blanches avec du sang et douloureuses. Les selles abondantes durent pendant tout l'hiver. La thérapie comprend la saignée et un lavement à base d'hellébore. Le médecin précise que la prise de lait d'ânesse puis de vache a permis d'arrêter les selles.

Mais des maladies soignées par le lait ont parfois une issue fatale. Un premier cas est celui d'une femme, épouse d'Euxène[31]. Prise de phtisie, elle a une petite toux et de la fièvre. La prise en boisson d'un médicament évacuant et de petit-lait aggrave son état et conduit à la mort le septième jour après le début de l'affection. Deux autres exemples concernent de jeunes individus. Le premier est l'enfant (παῖς) d'Hégésipolis. L'affection dure quatre mois. Elle est d'une grande violence. Elle débute avec une douleur aux alentours de l'ombilic qui conduit au dépérissement de l'enfant. Celui-ci n'avait plus que la peau sur les os. Le médecin précise qu'il ne prenait que du lait et perdit l'appétit à force de douleurs. Karl Deichgräber signale qu'il n'est pas certain que le lait ait été donné comme moyen thérapeutique : l'âge de l'enfant n'ayant pas été donné, il est possible qu'il n'était pas encore sevré ou que, sevré, il ait été remis au sein[32]. Un dernier cas dont font état les *Épidémies* VII, est celui de Calligène, âgé de vingt-cinq ans. Le jeune adulte souffre d'une

---

27 Hippocrate, *Épidémies* VII, 3 (L V 368-373).
28 *Ibid.* VII, 4 (L V 372-373).
29 *Ibid.* VII 115 (L V 462-463).
30 *Ibid.* VII 45 (L V 412-415).
31 *Ibid.* VII 50 (L V 418-419).
32 Au sujet des enfants remis au sein en cas de maladie, voir *infra*.

bronchite chronique depuis quatre ans. L'hellébore et le lait en boisson ne lui ont pas apporté d'amélioration, pas plus que la prise de sésame dans du vin doux[33].

Ces divers exemples, qui sont relatés vers 375 av. J.-C., démontrent que les médecins de l'école de Cos utilisent le petit-lait et des cures de lait à cette époque mais pour des pathologies limitées. Celles-ci sont surtout des dysenteries et des maux avec épanchements de selles ou d'urines sanguinolentes, ainsi que des maladies pulmonaires. Il semble toutefois que le lait / petit-lait ne leur serve pas de purgatif. L'exemple fatal de la femme d'Euxène pourrait avoir été évoqué pour critiquer l'utilisation de petit-lait pour purger. Il est dès lors reconnu que le lait n'est pas une panacée. Les exemples présentés suggèrent que le traitement ne prend pas en compte la maladie seule mais d'autres facteurs, tels que la physiologie du malade. Le lait est dans tous les cas employé comme un médicament et non dans le cadre d'un régime alimentaire, même en ce qui concerne l'enfant peut-être remis au sein[34].

Remèdes à base de lait humain

Dans les traités *Maladies de femmes* I, *Maladies de femmes* II, ainsi que *Maladies* III, le lait humain entre dans la préparation de remèdes destinés à soigner des maux de différents types, qu'ils soient propres aux femmes ou sans rapport spécifique avec le sexe du patient. Vingt-trois traitements concernent les affections gynécologiques et prennent dix-huit fois la forme de pessaires. Un cas exceptionnel fait mention de la confection d'un gâteau qui a pour objectif de révéler le sexe du fœtus. Le lait entre dans la composition de purgatifs visant à débarrasser le corps féminin de ce qui encombre l'utérus (chorion, lochies, pus, peaux, règles), l'empêchant d'accomplir pleinement son rôle dans le processus de procréation[35] :

> Pessaires purgatifs énergiques, capables d'attirer de l'eau, des mucosités et des peaux plus que les précédents : grains de poivre, quatre des gros ou dix des petits, élatérion [*Ecballium elaterium* A. Richard] une potion, mêler, bien broyer en versant du lait de femme, ajouter un peu de miel, pétrir, enrouler avec des chiffons dans de la laine propre et molle autour d'une plume et appliquer après avoir trempé dans le parfum blanc égyptien ; ce pessaire restera en place pendant le jour et après l'avoir ôté, la femme appliquera la graisse de cerf[36].

Le lait de femme est rarement utilisé seul. Les médecins conjuguent ses propriétés intrinsèques à des éléments qui vont, par analogie, en intensifier l'effet. Dans *Maladies* III et *Maladies de femmes* I, les auteurs décrivent aussi l'usage de lait de femme pour le soin des yeux et des oreilles de malades dont le sexe n'est pas précisé[37] :

---

33   HIPPOCRATE, *Épidémies* VII, 68 (L V 430-433).
34   DEICHGRÄBER 1971, p. 49.
35   BODIOU, BRULÉ et PIERINI 2005 ; voir aussi BODIOU et BRULÉ 2013.
36   HIPPOCRATE, *Maladies de femmes* I, 84 (L VIII 208-209) : Προσθετὰ καθαρτικὰ ἰσχυρά, ὕδωρ ἄγειν δυνάμενα καὶ μύξας καὶ δέρματα μᾶλλον τῶν πρόσθεν· τοῦ πέπερεος κόκκους τέσσαρας τῶν μεγίστων, ἢ δέκα τῶν μικρῶν, ἐλατηρίου πόσει ξυμμίξας, τρῖβε λεῖα, παραστάζων γυναικὸς γάλα, καὶ μέλι ὀλίγον, ἀναφυρήσας τοῦτο, ἐς εἴριον μαλθακὸν καθαρὸν περὶ πτερὸν περιελίξας ῥάκεα, καὶ καταλαβὼν προστιθέναι, ἐς λευκὸν ἄλειφα αἰγύπτιον βάπτων· προσκείσθω δὲ ἡμέρην, καὶ ἐπειδὰν ἀφέληται, προστιθέσθω τὸ στέαρ τοῦ ἐλάφου. Voir aussi *Maladies de femmes* II, 205 (L VIII 396-397).
37   HIPPOCRATE, *Maladies des femmes* I, 105 (L VIII 228-229) : Ὑπαλείφειν ὀφθαλμόν· μέλι ὡς κάλλιστον καὶ οἶνον παλαιὸν γλυκὺν ἑψεῖν ὁμοῦ. Πρὸς ἄργεμον· αἰγείρου δάκρυον, γάλα γυναικεῖον μίξας χρῶ.

Pour employer en onction sur l'œil : miel aussi beau que possible, vin vieux doux, faire cuire ensemble. Pour l'argémon[38] : larme de peuplier, lait de femme, mêler et s'en servir.

Les ingrédients de ces deux recettes évoquent l'effet de sympathie recherché. Le miel doit être beau à voir, alors que les larmes de peuplier font allusion aux larmes produites par l'œil humain. Le lait de femme s'inscrit naturellement dans cette association de produits de nature semblable, que ce soit par sa couleur, sa douceur permise par une « coction » ultime du corps ou encore parce qu'il s'agit du fluide féminin par excellence, produit par la matrice.

Un lait courotrophique

Le *Corpus hippocratique* évoque à cinq reprises un lait de femme encore plus efficace. Il s'agit du « lait d'une femme qui a eu un enfant mâle » (γάλα γυναικὸς κουροτρόφου)[39]. Celui-ci intervient uniquement pour soigner des maux gynécologiques, ce qui marque une différence d'avec les emplois égyptiens[40]. Ce lait particulier apparaît une fois dans un test de grossesse, une autre fois en infusion, à trois reprises en pessaire[41] avec pour vertu de combattre la stérilité, d'aider à la conception, et de soigner l'induration et la fermeture de l'utérus. Le test de grossesse apparaît dans *Des femmes stériles* :

> Moyens explorateurs pour reconnaître si une femme concevra : voulez-vous savoir si une femme concevra, donnez à boire le matin à jeun du beurre et du lait de femme nourrissant un garçon ; si la femme a des éructations, elle concevra ; sinon, non[42].

La recette à suivre pour concevoir combine des substances liées par analogie à la spécificité du corps féminin[43] :

> Infusion pour concevoir : lait de femme nourrissant un enfant, grains d'une grenade fraîche, les piler, en exprimer le suc, brûler le périnée d'une tortue de mer, le broyer et injecter le tout dans les parties génitales[44].

---

38 Ulcère de la cornée ; le terme dérive du mot grec « blanc ».
39 HIPPOCRATE, *Des femmes stériles* 3, 214 (L VIII 414-415) : *Maladies des femmes* I, 75 (L VIII 166-167), 1, 84 (L VIII 206-207), *Maladies des femmes* II, 158 (L VIII 336-337), 162 (L VIII 340-341).
40 Le tableau présenté par JEAN et LOYRETTE 2010, p. 138 met bien en évidence un usage multiple de ce lait spécifique : outre son utilisation dans le cadre d'un pronostic de naissance et des pathologies enfantines, il est employé contre les brûlures, les problèmes dermatologiques et oculaires.
41 Ce dénombrement est compris dans le nombre des recettes utilisant du lait de femme donné précédemment.
42 HIPPOCRATE, *Des femmes stériles* 3, 214 (L VIII 414-415) : Πειρητήρια δι' ὧν δηλοῦται ἡ γυνὴ εἰ κυήσει· γυναῖκα ἢν θέλης γνῶναι εἰ κυήσει· βούτυρον καὶ γάλα γυναικὸς κουροτρόφου διδόναι πίνειν νήστει, καὶ ἢν ἐρεύγηται, κυήσει· εἰ δὲ μή, οὔ.
43 Lydie Bodiou se montre prudente quant à la traduction de *kouros* qui peut signifier génériquement « enfant » ou « garçon » (BODIOU, FRÈRE, et JAEGGI 2021). En raison des parallèles qui peuvent être faits avec les traités égyptiens et romains, dans lesquels le lait issu d'une femme qui allaite un enfant mâle, est vu comme plus efficient, nous pensons que les médecins hippocratiques ont également pris en compte le facteur sexué du lait. D'ailleurs une recherche menée par Katie HINDE (2009) sur 114 primates a démontré des divergences de composition entre un lait produit pour un enfant femelle et celui produit pour un mâle. Le premier est riche en sucre et pauvre en graisse et protéine, alors que le second est riche en protéine et en graisse et pauvre en sucre. Des différences apparaissent aussi entre mères primipares et multipares.
44 HIPPOCRATE, *Maladies des femmes* I, 75 (L VIII 166-167) : Ἔγχυτον κυητήριον, εἰ μὴ κυΐσκεται· γάλα γυναικὸς κουροτρόφου, σίδης νεαρῆς τοὺς κόκκους τρίψας, καὶ ἐκπιέσας τὸν χυλόν, καὶ χελώνης θαλασσίης τὸν περίνεον κατακαύσας, τρίψας, ἐγχέαι ἐς τὸ αἰδοῖον. Aussi *Femmes stériles*, 243 (L VIII 456-459).

Le périnée fait allusion aux parties génitales, alors que la grenade est synonyme de grossesse, par le nombre important de graines qu'elle contient[45]. L'allusion à la tortue peut s'expliquer par son association avec la sphère domestique telle que cela apparaît dans la fable d'Esope *Zeus et la tortue*. Justifiant son absence au banquet du dieu, la tortue répond par un proverbe : « Οἶκος φίλος, οἶκος ἄριστος », ce qui la condamnera à porter sa maison sur son dos[46]. Il faut aussi souligner que le lait est celui d'une femme qui allaite son enfant, et non celui d'une mère qui aurait laissé la tâche de l'allaitement à une autre. Cette précision, qui apparaît chez le pharmacologiste Dioscoride (Ier siècle apr. J.-C.) et, plus tard en Gaule, chez le médecin Marcellus Empiricus (IVe siècle apr. J.-C.), vise une plus grande efficacité. En effet, la capacité de la femme à nourrir et faire croître un enfant sous-entend un lait de bonne qualité, car il monte régulièrement aux seins[47].

Deux pessaires utilisés pour assouplir l'utérus et en dilater le col sont constitués d'ingrédients similaires. Voici la formule du plus détaillé :

> Prendre le dedans de petites courges, ôter les graines, couper en morceaux, verser peu à peu du lait de femme nourrissant un garçon, triturer, mêler de la myrrhe pure, de l'excellent miel, du parfum blanc d'Égypte, faire une masse qui soit non pas humide mais assez sèche[48]

Au contraire de la recette pour concevoir, la recette pour assouplir l'utérus nécessite d'enlever les graines du fruit (la courge). Cette dernière est ensuite mélangée à une masse qui, par sa composition – résine, miel et parfum blanc d'Égypte – devait être relativement compacte et visqueuse. Ces substances odorantes, composant un parfum selon l'idée qu'on s'en faisait à cette époque[49], étaient appliquées sur de la laine. Un effet de sympathie était probablement recherché, puisque la laine était alors apparentée au corps de la femme, par sa propension à conserver l'humidité[50]. Dans ce cas particulier où l'effet voulu est d'ouvrir la « bouche » de l'utérus, les graines de l'ingrédient principal, la courge, sont logiquement omises pour ne pas simuler une grossesse qui aurait pour effet de clore la matrice[51]. L'importance de cette mécanique d'ouverture / fermeture de la matrice se retrouve sur une série de gemmes utérines représentant une clef sous la ventouse symbolisant la matrice[52]. Elle est aussi évoquée par les dépôts votifs de clefs, dans les sanctuaires italico-romains[53].

---

45 Bodiou, Frère et Jaeggi 2021.
46 Esope, *Fables* 125 : « Logis familial, logis idéal ! » (trad. E. Chambry).
47 Dioscoride, *Matière médicale* I, 35, 2 ; Marcellus, *De medicamentis* 8, 136.
48 Hippocrate, *Maladies des femmes* I, 84 (L VIII, 206) : Σικύων δὲ τῶν σμικρῶν λαβεῖν τὴν ἐντεριώνην, καὶ κατακνήσας, ἐξελὼν τὸ σπέρμα, παραστάζων γάλα γυναικὸς κουροτρόφου, τρίβειν, παραμιγνύων σμύρνην ἄκρητον, καὶ μέλι ὡς κάλλιστον, καὶ ἔλαιον λευκὸν αἰγύπτιον, καὶ ποιεῖν μὴ ὑγρόν, ἀλλὰ ξηρότερον. Voir aussi Hippocrate, *Maladies des femmes* I, 84 (L VIII 206-207).
49 Concernant le parfum dans l'Antiquité, voir Bodiou, Frère et Mehl 2008.
50 Cette représentation du corps de la femme, spongieux et retenant l'humidité comme la laine, perdure à l'époque romaine.
51 Voir *supra* la réflexion sur les graines de grenades.
52 La série comprend de nombreux exemplaires dont la plupart en hématite. Par exemple, une hématite de Cologne, Institut für Altertumskunde der Universität 24, Dasen 2015a, p. 135, fig. 4.13. D'autres pièces sont en cornaline ou en jaspe rouge (respectivement Dasen 2015a, p. 138, fig. 3.15 et p. 134, fig. 4.12).
53 Par exemple à Paestum, Zancani Montuoro et Stoop 1965-1966 ; Dasen 2015a p. 68.

Remèdes pour augmenter ou tarir le lait

Comme l'ont montré de nombreux chercheurs dont Pierre Brulé, Lydie Bodiou, Laurence Pierini et, plus récemment, Anna Gaboriaud, la femme grecque n'est accomplie que lorsqu'elle enfante[54]. D'ailleurs, Nicole Loraux attribue à la maternité le rang d'activité civique, au même niveau que la fonction guerrière du citoyen[55]. La fertilité peut induire le rejet de celles qui ne conçoivent pas. Par le grand nombre de recettes dont l'objectif est de déclencher la conception – quatre-cent-cinquante-sept selon Gaboriaud – la médecine hippocratique confirme l'importance de la procréation. Au regard de ce nombre important de prescriptions, on s'étonne toutefois du peu d'attention portée à l'allaitement. En effet, dans son « Répertoire de la pharmacopée gynécologique hippocratique » Gaboriaud ne recense qu'une quinzaine de substances, réunies dans deux passages du *CH*, *Maladies des femmes* I, 44 et *Nature de la femme* 93, utilisées pour favoriser la lactation. Les substances conseillées sont d'ordre végétal : le chou (*MF* I et *NF* 93), la cytise (*MF* I et *NF* 93), les baies de cédros (*NF* 93), la décoction de bette (*MF* I), le cardame (*MF* I et *NF* 93), les bulbes du muscari à toupet (*Leopoldia comosa*) de la famille des *Lilliaceae* (*NF* 93), de la farine (*NF* 93), mais aussi du beurre (*MF* I et *NF* 93) et du lait de chèvres de Scyros (*MF* I). Comment interpréter ce manque d'informations de la part des médecins au sujet des pratiques liées à l'allaitement ? Doit-on y voir un total désintérêt ou est-ce la conséquence d'un savoir féminin dispensé surtout oralement par des femmes expérimentées, *iatromea* ou *maia* ? Au sein du *CH*, le manque d'indications au sujet de l'alimentation au sein de l'enfant interdit de souscrire à l'hypothèse émise par Giulia Pedrucci et Céline Dubois selon lesquelles le « rôle nourricier de la mère est encouragé par les médecins hippocratiques, qui y voient dans la plupart des cas des bienfaits pour la santé de la mère »[56]. Pour le médecin hippocratique l'enjeu n'est pas l'allaitement mais la maternité. Il veille alors, par tous les moyens, à ce que la matrice saigne, à ce qu'elle se vide, s'ouvre et se ferme à temps, se tienne à sa place. Peu mentionnée, la lactation est évoquée dans le traité *Epidémies* II – mais pour des effets indésirables :

> Une femme allaitait, sur quoi elle eut des boutons sur tout le corps ; ayant cessé de nourrir, elle fut délivrée de cette affection pendant l'été[57].

Sélection et usages thérapeutiques du lait chez Pline

Avec 259 occurrences du mot « lait », l'*Histoire naturelle* de Pline est une source de choix pour en comprendre les utilisations. Ce sont les livres 20 à 32 portant sur la médecine qui comportent la plupart des occurrences (accessoires dans vingt-trois cas). Le terme est décliné sous la forme de *lac*, *lactum* et *lacteus*, dans les syntagmes *sucus lacteus*[58] et

---

54 Bodiou, Brulé et Pierini 2005 ; Gaboriaud 2009.
55 Loraux 1990.
56 Pedrucci 2013b, p. 231 ; Dubois, à paraître, note 18.
57 Hippocrate, *Epidémies* II, 2, 16 (L V, 90-91) : Θηλάζουσα εἶτα ἐκθύματα ἀνὰ τὸ σῶμα πάντη εἶχεν, ἐπεὶ ἐπαύσατο θηλάζουσα, κατέστη θέρεος.
58 Il est fait référence au lait chez Pline (*Histoire naturelle*) pour qualifier le suc des plantes suivantes : figuier (*fici sucus lacteus* : 23, 117) ; figuier sauvage (*lactis minus habet* : 23, 126) ; de la moutarde (20, 239), du traconis (27,141) de l'iasiné (*cum lacte multo* : 22, 82).

	Individus pour qui le lait est destiné				
	enfants	hommes	femmes	sans précision	TOTAL
femme			4	42	46
chèvre	2	1	2	24	29
ânesse	1		2	21	23
vache			1	17	18
brebis				7	7
jument			1	5	6
truie			4	4	8
chienne			1	4	5
chamelle					2
plantes	2		10	40	52
pierre				2	2
non défini		1	3	35	38
TOTAL	5	2	28	201	236

TABLEAU 1. PLINE : administration des laits en fonction du type d'individu et des maladies.

lacteus umor[59] (suc laiteux), qui se rapporte à l'humeur laiteuse d'une plante, d'un arbre ou d'un fruit. Outre la qualité des laits, Pline évoque leurs propriétés thérapeutiques et leur transformation en fromage, beurre, *oxygala*.

Il y a deux-cent-trente-six occurrences du lait utilisé à des fins médicales. Dix types de lait différents sont rapportés : les laits de femme, de chèvre, d'ânesse, de vache, de brebis, de jument, de truie, de chienne, de plantes et même de pierres (**tableau 1**) ; ajoutons le lait de chamelle, mentionné à deux reprises[60] : clair et considéré comme particulièrement savoureux par Pline, comme aussi par Aristote – qui précise qu'il se boit mélangé à deux voire trois parts d'eau[61] –, il ne fait cependant pas partie des ingrédients thérapeutiques. Le lait de femme est celui qui revient le plus souvent. On le trouve à quarante-six reprises[62], tandis que le lait de chèvre apparaît vingt-huit fois[63] et celui d'ânesse vingt-deux[64]. Quant au lait de vache, il est cité à dix-huit reprises[65]. Substitut du lait de chèvre ou de vache pour

---

59 L'humeur laiteuse de la figue (*HN* 15, 80).
60 Les deux allusions se trouvent dans *HN* 28, 123 (*dulcissimum*, le plus doux) et 11, 236 (*existimatur*, de bonne réputation).
61 ARISTOTE, *HA* 578a.
62 Lait de femme : *HN* 30, 72 ; 30, 29 ; 36, 145 ; 30, 102 ; 32, 4 ; 32, 24 ; 29, 42 ; 29, 62 ; 29, 106 ; 28, 8 ; 28, 72 (4 occurrences) ; 28, 75 (16 occurrences) ; 28, 173 ; 28, 171 ; 28, 176 ; 28, 241 ; 28, 243 ; 18, 130 ; 20, 44 et 45 ; 20, 9 ; 20, 217 ; 20, 10 ; 20, 40 ; 20, 135 ; 20, 61 et 67 ; 20, 201.
63 Lait de chèvre : *HN* 28, 114 ; 28, 124 ; 28, 126 ; 28, 129 et 130 ; 28, 152 (2 occurrences dont une utilisant le fromage) ; 28, 160 (2 occurrences) et 166 et 182 et 189 (2 occurrences) 28, 203 et 209 et 215, 259 ; 26, 136 ; 24, 43 ; 30, 133 ; 27, 65 ; 22, 129 et 131 ; 20, 128 ; 20, 86 ; 20, 35 ; 25, 47 ; 26, 95.
64 Lait d'ânesse : *HN* 30, 87 ; 32, 53 et 103 et 112 ; 28, 58, 125, 129 (2 occurrences), 158, 167, 180, 183, 196, 197, 202, 204, 225, 251 ; 22, 52 et 112 ; 20, 193.
65 Lait de vache : *HN* 24, 7 ; 25, 94 ; 28, 124 (2 occurrences), 125, 128, 129, 130 (2 occurrences), 160, 189, 196, 205, 211, 253 ; 31, 120.

lutter respectivement contre les consomptions et l'érosion des intestins[66], le lait de brebis est utilisé dans dix prescriptions[67]. Ce dernier est comparé au lait de femme, quant à ses effets bénéfiques sur la phtisie[68]. Puis vient le lait de jument avec six occurrences[69], loin derrière le lait d'ânesse auquel il ressemble pourtant par ses propriétés. Le lait de chienne intervient dans cinq remèdes[70] et le lait de truie dans quatre[71]. Le lait de plantes apparaît à cinquante-deux reprises et le lait de pierre deux fois. À trente-huit reprises le type de lait n'est pas mentionné mais son utilisation correspond à ce qui est décrit pour les autres types de lait (comme le soin des yeux, la toux, les problèmes de ventre…). Nous rendons ce dernier par « lait sans précision ». L'imprécision sur le type de lait utilisé peut servir à insister sur l'efficacité des composants principaux de certaines recettes. Afin de comparer le traitement de Pline avec ceux des trois autres auteurs considérés, nous ne nous intéressons ici qu'aux laits d'animaux et de femme[72].

Dans l'*Histoire naturelle*, nous avons recherché si un certain type de lait était plus utilisé qu'un autre selon le type d'individu : femme, homme ou enfant (**tableau 1**). Alors qu'il donne de manière détaillée les ingrédients des recettes, Pline parle cependant peu des personnes à qui les remèdes sont destinés. Dans le cas des hommes, le lait n'entre explicitement qu'une seule fois dans la composition d'un mélange. Il comprend du cynosorchis, une plante à bulbe à fort caractère sexuel dont la partie supérieure est dure, la partie inférieure molle. La recette est rapportée dans une anecdote sur les Thessaliens :

> En Thessalie, les hommes avalent la racine la plus tendre dans du lait de chèvre, pour s'exciter au coït, et la plus dure pour en réprimer l'envie ; les deux racines se contrarient l'une l'autre[73].

L'efficacité de la potion ne semble toutefois pas relever du lait de chèvre mais bien de la forme de la plante. Ressemblant aux testicules, la partie bulbeuse est à même, selon la pensée des Anciens, d'agir sur la génération :

> On dit que si les hommes mangent des grandes racines, ce sont des garçons qui sont engendrés, et si les femmes mangent la plus petite, ce sont des filles qui naissent[74].

---

66   *HN* 24, 143.
67   Lait de brebis : *HN* 24, 92 (2 occurrences) ; 26, 96 ; 28, 124 ; 29, 105 ; 32, 30, 102.
68   Nous avons choisi de suivre Alfred Ernout qui privilégie la version du seul manuscrit mettant *ouillum* (brebis) à la suite de Hard, qui se base lui-même sur un passage de Dioscoride. Nos motivations sont que le lait de brebis est aussi utilisé contre les ulcérations intestinales dans une recette (*HN* 24, 144) à base *d'aros* (colocase). Le lait de truie semble quant à lui plus marginal, comme cela ressort de son utilisation en cas d'épilepsie et de la goutte. Son usage dans les maux féminins (accouchement et lactation) laisse toutefois planer le doute quant au rapprochement qui est fait entre le lait de ce passage et celui de femme…
69   Lait de jument : *HN* 28, 159, 203, 224, 226, 252 ; 18, 100.
70   Lait de chienne : *HN* 29, 39 ; 30, 27, 70, 123, 133.
71   Lait de truie : *HN* 28, 116, 224, 250 (2 occurences).
72   Puisqu'il apparaît à huit reprises en relation avec les maux féminins (problème de lactation, absence de règles et coagulation du lait dans les seins), le lait de plantes sera évoqué sous l'en-tête 2.1. « Remèdes pour rappeler, augmenter ou tarir le lait ».
73   *HN* 27, 65 : *In Thessalia molliorem in lacte caprino uiri bibunt ad stimulandos coitus, duriorem uero ad inhibendos. Aduersantur altera alteri.*
74   *HN* 27, 65 : *Ex his radicibus si maiorem edant uiri, mares generari dicunt, si minorem feminae, alterum sexum.*

La précision donnée sur l'espèce d'où provient le lait n'est pas anodine. Pour le comprendre, il faut se reporter à la mythologie et à l'*HA* d'Aristote. Comme le montre P. Brulé, les caprins, aussi bien mâles que femelles, entretiennent un rapport étroit avec la sexualité, et sont de ce fait liés à la déesse Aphrodite[75]. En relation avec cette thématique particulière, évoquons ce qu'Aristote appelle τραγίζειν (*tragizein*), « faire-le-bouc » (de *tragos* = bouc)[76]. L'expression renvoie à celui qui mue, le jeune homme en plein développement sexuel, et par extension à l'homme sexuellement actif[77]. Or, comme nous le verrons, la jeune fille présente des analogies avec les caprins.

Remèdes à base de lait animal

Le lait de chèvre

Nourriture de l'enfant Zeus, le lait de la chèvre Amalthée semble avoir joui d'une réputation favorable, bien au-delà de l'époque romaine. L'évocation de ce lait était alors étroitement liée au décor escarpé du mont Ida (en Crète) où évoluaient les chèvres montagnardes : les agrimis ou kri-kris (*Capra aegagrus creticus*) encore présentes aujourd'hui. Avec vingt-neuf occurrences, le lait de chèvre se place quantitativement juste après le lait de femme. Le lait de chèvre est parfois interchangeable avec le lait d'ânesse. Tous deux sont conseillés pour un usage thérapeutique des enfants ; ils sont alors pris pur, en quantité :

> Les anciens faisaient un grand secret d'administrer aux enfants avant de manger, ou lorsqu'ils sentaient de la chaleur au fondement en allant à la selle, une hémine de lait d'ânesse (27 dl), ou, à défaut de lait d'ânesse, de lait de chèvre[78].

Le lait de chèvre est aussi appliqué directement sur les gencives douloureuses des petits faisant leurs dents :

> Si on frotte les gencives avec du lait de chèvre ou de la cervelle de lièvre, on rend la dentition facile[79].

Il est de plus un remède efficace utilisé à la manière d'un dentifrice[80]. Cette association de la chèvre et de la dentition s'explique par le pouvoir redouté des dents de la chèvre que l'on estimait fatales aux plantations[81]. Comme le précise Pierre Brulé, en citant Virgile : « c'est le tendre feuillage qui craint plus que tout "le venin de la dent dure"[82] ».

Le régime alimentaire des caprins rend leur lait particulièrement digeste :

---

75 BRULÉ 1987, p. 217.
76 ARISTOTE, *HA* 581 a 21, *GA* 788 a 1 ; voir HESYCHIUS, *Lexicon*, tau 1231 (Schmidt) : « *tragizein* : le fait pour les enfants qui atteignent leur maturité de "devenir bouc" (*tragan*) par leur voix », <τραγίζειν>· τὸ τραγᾶν τῇ φωνῇ τοὺς ἀκμάζοντας τῶν παίδ[ί]ων.
77 BRULÉ 1987, p. 230.
78 *HN* 28, 129 : *Pueris ante cibum lactis asinini heminam dari aut si exitus cibi rosiones sentirent, antiqui in arcanis habuerunt, si hoc non esset, caprini.*
79 *HN* 28, 259 : *Lacte caprino aut cerebro leporum perunctae gingiuae faciles dentitiones faciunt.*
80 *HN* 28, 182 : *Efficax habetur et caprino lacte conlui dentes.*
81 BRULÉ 1987, p. 225.
82 Selon BRULÉ 1987, p. 226. VIRGILE, *Géorgiques* II, 379 « *durique uenenum dentis* ».

> Celui qui convient le mieux à l'estomac est le lait de la chèvre, parce qu'elle se nourrit davantage de feuilles que d'herbe[83].

Empreint des qualités de la nourriture ou de la boisson, le lait permet l'administration de médicaments, à l'insu du malade :

> Je sais que le médecin Démocratès, dans la maladie de Considia, la fille du consulaire M. Servilius, qui se refusait à tout traitement sévère, la mit avec succès à l'usage prolongé du lait de chèvres qu'il nourrissait avec du lentisque[84].

La chèvre joue dès lors un rôle de medium[85]. Cette spécificité de la chèvre est relevée par Pierre Brulé qui la traduit ainsi : « elle est le médium et l'amplificateur au profit des hommes d'une manifestation divine qu'elle traduit par des phénomènes très concrets : une danse de ménade et une voix métamorphosée ». Bien que ne faisant pas allusion directement à la nourriture, ce passage fait état d'une association étroite entre la chèvre et la *parthenos*, la jeune fille en pleine mutation physiologique, symbolisée par la danse et le changement de voix.

Une légende notamment rapportée par Hérodote[86], et reprise par Pline, confirme cette association. Elle relate que le devin Mélampous avait guéri les filles du roi de Tirynthe (ou d'Argos) Proetos, en se servant du lait de chèvre imprégné du suc de l'hellébore :

> On connaît la réputation de Mélampous dans les arts de la divination. Une espèce d'hellébore est appelée d'après lui *mélampodion*. Quelques-uns rapportent qu'elle a été découverte par un du même nom, qui remarqua que ses chèvres étaient purgées après en avoir mangé, et qui guérit la folie des filles de Proetus en leur donnant leur lait[87].

Alors que la maladie de la fille du consulaire M. Servilius n'est pas précisée, celle des filles du roi Proetus est bien la folie, puisqu'elle se manifeste par leur course éperdue dans les montagnes, alors qu'elles se prennent pour des vaches. Elles sont sujettes à ce qui est considéré comme une forme d'épilepsie, maladie qui se traduit par une « envie érotique de la mort »[88], rapportée par le traité hippocratique Περί παρθενίων. Hélène King précise : « L'épilepsie est plus féminine que masculine, et, chez les femmes, concerne plus les filles que les adultes, et, plus spécialement, des filles qui, bien que "mûres pour le mariage", restent célibataires »[89]. Selon la théorie des semblables, la chèvre qui ingère le suc mirifique de l'hellébore est la plus à même, par effet de sympathie, de soigner la jeune fille qui lui ressemble[90].

Comme elle ressemble, par son statut marginal[91], au bébé qu'elle allaite, la nourrice humaine fait également profiter le nourrisson des pouvoirs thérapeutiques de son lait.

---

83 *HN* 28, 124 : *Stomacho adcommodatissimum caprinum, quoniam fronde magis quam hua uescuntur.*
84 *HN* 24, 46 : *Scio Democratem medicum in ualitudine Considiae, M. Seruili consularis filiae, omnem curationem austeram recusantis diu efficaciter usum lacte caprarum, quas lentisco pascebat.*
85 BRULÉ 1987, p. 237.
86 HÉRODOTE, *Histoires* 9, 34.
87 *HN* 25, 47 : *Melampodis fama diuinationis artibus nota est. Ab hoc appellatur unum hellebori genus Melampodion. Aliqui pastorem eodem nomine inuenisse tradunt, capras purgari pasto illo animaduertentem datoque lacte earum sanasse Proetidas furentes.*
88 King rapporté par BRULÉ 1987, p. 237.
89 *Ibid.*
90 DE SÈVE 1817.
91 S. Vilatte montre et, probablement à raison, que la nourrice partage l'animalité de l'enfant (VILATTE 1991, p. 19-23).

Soranos explique que la nourrice soumise à un régime visant à rééquilibrer le nouveau-né, n'en est pas personnellement affectée :

> Des chèvres qui ont brouté de la scammonée purgent les chevreaux qu'elles nourrissent sans être elles-mêmes relâchées : il en est de même pour la nourrice qui prend des aliments astringents, et qui est personnellement peu affectée par la constipation, tandis que l'enfant nourri de son lait y est plus sensible[92].

Par ses propriétés cathartiques et rafraîchissantes, le lait de chèvre est bon pour l'ensemble des maux de ventre, dont les affections intestinales : il est pris en boisson avec du sel et de la mauve[93] ou du miel[94]. On y ajoute du panic ou du vin appelé « mère goutte » contre les tranchées (coliques). Lorsqu'il est pris avec du siser (ou raiponce), le lait de chèvre est astringent et permet de stopper la diarrhée. En gargarisme, il soigne les maux de gorge : on le consomme tiède, pris immédiatement après la traite ou chauffé :

> Le lait de vache ou le lait de chèvre sont efficaces pour les ulcérations des amygdales et de la trachée. On l'emploie tiède, en gargarisme et, selon l'usage, fraîchement trait ou chauffé. Le lait de chèvre a plus d'effet, bouilli avec de la mauve et un peu de sel[95].

Il peut même être bouilli[96]. Finalement, comme celui de vache et d'ânesse[97], le lait de chèvre est un antipoison. Son spectre d'action est toutefois plus limité[98] : Il combat le poison sécrété par les cantharides et le colchique.

Le lait de vache

Le lait de vache est considéré par Pline comme étant le plus médicinal en raison, à nouveau, de l'alimentation particulièrement diversifiée du ruminant[99] :

> Au reste, on rapporte que les herbes abondent sur le mont Pélion en Thessalie, sur le mont Téléthrium, en Eubée, dans l'Arcadie et la Laconie entières, et que pourtant les Arcadiens n'usent pas de médicaments, mais de lait, vers le printemps, parce qu'alors surtout les herbes sont gonflées de sucs et que les remèdes passent des pâturages dans les mamelles. Ils boivent le lait de vache parce que les vaches mangent à peu près toutes les espèces d'herbes[100].

---

92 Soranos d'Éphèse, *Maladies des femmes* II, 56 : Ὡς τῶν αἰγῶν σκαμωνίαν νεμηθεισῶν οἱ ὑπ' αὐτῶν τρεφόμενοι ἔριφοι καθαίρονται τὴν κοιλίαν καίτοι τῶν αἰγῶν μὴ ῥευματισθεισῶν, οὕτω διὰ τὴν προσφορὰν τῶν σταλτικῶν σιτίων ἧττον μὲν ἡ τροφὸς ἀντιλαμβάνεται τῆς σφίγξεως, μᾶλλον δὲ τὸ βρέφος τῷ ἐξ αὐτῆς γάλακτι τρεφόμενον.
93 Pline, *HN* 28, 189.
94 *HN* 28, 203.
95 *HN* 28, 189 : *Lacte bubulo aut caprino tonsillae et arteriae exulceratae iuuantur. Gargarizatur tepidum, ut est usus, expressum aut calefactum. Caprinum utilisus cum malua decoctum et sale exiguo.*
96 *HN* 20, 128.
97 *HN* 28, respectivement nourri 160 et 158.
98 Plus limité par rapport au lait d'ânesse qui « neutralise les poisons » (*HN* 28, 158) et au lait de vache décrit comme « combattant tous les poisons » (*HN* 28, 160).
99 *HN* 28, 124.
100 *HN* 25, 94 : *Alioqui herbiferum esse et Pelium montem in Thessalia et Telethrium in Euboea et totam Arcadiam ac Laconicam tradunt, Arcades quidem non medicaminibus uti, sed lacte circa uer, quoniam tum maxime sucis herbae turgeant medicenturque ubera pascuis. Bibunt autem uaccinum, quoniam boues omniuori fere sunt in herbis.*

Le lait de vache est le contre-poison par excellence car il les combat tous en faisant vomir la substance ingérée[101] ; il agit aussi sur le ventre, contre la dysenterie, les affections du côlon[102] et le ténesme[103]. Lorsqu'il y a du sang dans les selles, le lait de vache est recommandé au même titre que la présure de cheval ou son crottin :

> <On prescrit encore> la présure de cheval que quelques-uns appellent hippace, même si les malades rendent le sang, ou de la cendre du crottin et de la poudre de dents broyées de ce même animal ; on tient aussi pour salutaire de prendre du lait de vache bouilli[104].

Pline relate qu'en Arcadie, le lait de vache est pris en cas de phtisie, consomption et cachexie, trois types d'affaiblissement pouvant être mortels[105]. Le lait de vache est utilisé en cas d'orthopnée et d'ophtalmie :

> Le sérum du lait de vache additionné de cresson est un remède sans rival contre l'orthopnée. On bassine aussi les yeux dans l'ophtalmie avec une hémine de lait (27 dl) auquel on ajoute quatre drachmes de sésame broyé[106].

La quantité relativement importante de lait utilisée dans cette recette laisse penser qu'il s'agit d'une sorte de rinçage de l'œil. Dans le domaine gynécologique, le lait de vache aide à la conception alors que la bouse du taureau agit sur la matrice et favorise l'accouchement :

> On dit aussi que les fumigations de bouse de taureau réduisent la procidence de l'utérus, facilitent l'accouchement et que l'absorption de lait de vache favorise la conception[107].

Comme dans l'exemple du lait de chèvre associé au cynosorchis, Pline confronte ici le masculin et le féminin. Fertilisant par excellence, la bouse de taureau ne peut manquer d'évoquer l'utilisation de déjections animales, pour favoriser tant la pousse des cultures que celle des enfants[108]. Symbole de force, le taureau incarne en outre le pouvoir reproducteur.

Le lait de brebis

Qualifié de doux et nutritif, le lait de brebis est aussi le plus gras. Il convient moins à l'estomac où il peut facilement se coaguler. Mentionné à sept reprises seulement, il est privilégié pour lutter contre les maux d'estomac, les ulcérations des intestins, les fièvres et les inflammations des amygdales et de la gorge ; chaud, le lait de brebis est efficace contre les cantharides, le bupreste et l'aconit[109].

---

101 *HN* 28, 160.
102 *HN* 28, 123.
103 Comme le lait d'ânesse. *HN* 28, 211.
104 *HN* 28, 205 : *…equi coagulum, quod aliqui hippacen appellant, etiam si sanguinem detrahant, uel fimi cinis dentiumque eiusdem tusorum farina salutares et bubuli lactis decocti potus.*
105 *HN* 28, 125.
106 *HN* 28, 130 : *Bubuli serum orthopnoicis prodest ante cetera addito nasturtio. Inunguntur etiam oculi in lactis heminas additis sesamae drachmis IIII tritis in lippitudine.*
107 *HN* 28, 253 : *Aiunt et suffitu fimi e mare boue procidentes uuluas reprimi, partus adiuuari, conceptus uero uaccini lactis potu.*
108 Selon le modèle du médecin hippocratique de la *Génération* par exemple, mais Soranos reprend ce type de parallèles entre champ/mère et semence/enfant. Voir supra X.
109 *HN* 29, 13.

Le lait de jument

Animal qui s'accouple aussi avec un âne pour engendrer mule et mulet, la jument est considérée comme une bonne nourrice, au contraire de l'ânesse[110]. Alors que cette dernière n'allaite son petit que six mois en raison de la douleur qu'elle ressent alors aux mamelles, la jument allaite « pendant une année presque entière[111] ». Son lait est jugé plus dense que celui de la chamelle mais moins que celui de l'ânesse :

Le lait le plus clair est celui des chamelles, puis celui des juments[112].

Le lait de jument n'est mentionné que dans six prescriptions dont deux fois contre l'épilepsie. Dans la première, le lait est pris seul[113] alors que dans la seconde le lait est associé à des testicules de sanglier :

Dans l'épilepsie il est bon de manger des testicules d'ours, ou d'avaler, dans du lait de cavale ou dans de l'eau, des testicules de sanglier[114].

Cette pathologie était aussi traitée par une autre partie du cheval, à savoir le lichen[115], dont on faisait une poudre aussi efficace contre les maux de dents[116]. Le lait comme les lichens étaient donnés mélangés à du vinaigre miellé[117]. Cela suppose alors qu'une efficacité identique leur était attribuée, dans le traitement de l'une des maladies les plus difficiles à soigner de l'Antiquité.

Le lait de jument pris en boisson relâche le ventre, comme le lait de vache[118]. Il est un antipoison contre le lièvre marin et le poison des flèches[119].

Malgré les qualités de bonne nourrice de la jument, son lait n'est jamais mentionné comme spécifique aux maux des enfants. Il est préconisé à une reprise pour un problème féminin :

Le lait de cavale en injection est bon pour la matrice[120].

Le lait de truie

Très « salutaire aux femmes[121] », le lait de truie est employé pour faciliter l'accouchement. Il est alors mélangé à du vin miellé. Pris pur, il fait venir le lait aux accouchées[122]. Le sang du

---

110 Il est intéressant de voir que le lien par le lait doit se faire entre ânes et chevaux, sans quoi il ne sera pas possible de les accoupler. PLINE (*HN* 8, 171) dit à ce sujet : « On assure que ces deux animaux se repoussent l'un l'autre si le mâle n'a pas sucé le lait de l'espèce qui fournit la femelle ; aussi fait-on, à la faveur de la nuit, une substitution de poulains entre les juments et les ânesses ».
111 *HN* 11, 233.
112 *HN* 11, 237 : *Tenuissimum camelis, mox equis*.
113 *HN* 28, 226.
114 *HN* 28, 224 : *Comitiali morbo testes ursinos edisse prodest uel aprunos bibisse ex lacte equino aut ex aqua*.
115 A. Ernout précise qu'il s'agit de la « châtaigne », saillie cornée qui se trouve sur la face interne des membres du cheval, voir commentaire du § 180, note 1.
116 *HN* 28, 180.
117 *HN* 28, 226.
118 *HN* 28, 203.
119 *HN* 28, 159.
120 *HN* 28, 252 : *Lacte equino iuuantur uuluae collutae*.
121 *HN* 28, 130 : *mulieris saluberrimum*.
122 *HN* 28, 250.

même animal frotté sur le sein d'une femme, l'empêchera de grossir[123]. S'agit-il à nouveau d'évoquer l'impossibilité que sang et lait soient présents en même temps dans les seins ? En outre, comment expliquer cette prédilection des produits issus de la truie pour traiter les maux des femmes ? Le choix s'explique probablement par la fertilité de la truie. Ses portées sont en effet importantes, comme l'évoque la légende de la fondation de Rome, où Énée voit une laie allaitant trente porcelets, ainsi que son important nombre de mamelles.

Mentionnons finalement une recette pour soigner l'épilepsie qui utilise une fois encore les forces contraires du masculin et du féminin :

> On donne encore des testicules de porc séchés et broyés dans du lait de truie ; avant et après, pendant plusieurs jours, on s'abstient de vin[124].

La répétition, dans les différentes recettes, du produit des deux sexes, suggère que les organes générateurs, ou le produit en résultant, sont investis, lorsqu'ils sont combinés, d'un pouvoir guérisseur particulièrement important.

Le lait de chienne

Comme l'a montré Cristiana Franco, les deux prescriptions suivantes manifestent une analogie entre femme et chienne[125] :

> Le lait de chienne en boisson favorise le développement (du fœtus), le placenta de chienne mis en contact avec les reins de la parturiente sans qu'il ait touché terre provoque l'expulsion[126].

Le type de maux que le lait de chienne permet de traiter (brûlures de la bouche et douleur des oreilles[127]) rejoint en outre ceux que combat le lait de femme. On peut ajouter à cette proposition d'analogie, la précision selon laquelle la chienne doit être une jeune mère pour que son lait soit efficace :

> Si on frictionne avec le lait d'une chienne qui vient d'avoir sa première portée les régions dont on a arraché les poils ou qui n'en ont pas encore, il n'en poussera pas d'autre[128].

On notera que la jeunesse ici requise de la chienne ne fait pas pendant à la jeunesse de la femme. Ce n'est alors pas le lait de cette dernière qui est incriminé mais l'inexpérience et l'étroitesse des « canaux » portant le lait aux seins qui, selon Soranos, en empêchait le débit approprié :

> Elle (la nourrice) aura deux ou trois enfants, les primipares sont en effet inexpérimentées encore dans le domaine des soins aux nourrissons, et la structure de leurs mamelles demeure juvénile, trop peu développée et trop dense ; quant à celles qui ont enfanté

---

123 *Ibid.*
124 *HN* 28, 224 : *Dantur et suum testiculi inueterati tritique in suis lacte, praecedente uini abstinentia et sequente continuis quinis diebus.*
125 Franco 2003.
126 *HN* 30, 123 : *Maturat caninum lacte potum, euocat membrana e secundis canum, si terram non attigerit, lumbis parturientum tactis.*
127 Par ex. *HN* 30, 27.
128 *HN* 30, 133 : *Lacte canis primiparae, prius euolsis pilis uel nondum natis, peruncta partes alios non sufficiunt.*

et allaité plusieurs fois, elles sont flétries et le lait qu'elles donnent est léger et sans vigueur[129].

L'expérience de la chienne n'étant pas un facteur de réussite dans cette recette qui ne nécessitait probablement pas une grande quantité de lait, il n'y est question que de la qualité de son lait, qui bénéficiera de la vigueur de la jeune mère.

Remèdes à base de lait humain

Considéré, sous le regard du naturaliste, comme un animal, l'homme est pourvoyeur de remèdes (sang, urine, salive, cheveux, etc.) au même titre que d'autres animaux (qu'ils soient mammifères ou non). Du point de vue nutritionnel, Pline considère le lait maternel comme étant le meilleur lait pour les hommes. Le lait de femme est aussi le plus nourrissant :

> Le plus nourrissant est le lait humain, quel qu'il soit ; vient ensuite celui de chèvre ; de là peut-être est née la fable que Jupiter en fut nourri. Le plus doux après le lait de femme est le lait de chamelle ; le plus actif est celui de l'ânesse[130].

Dans le cadre thérapeutique, le lait de femme est associé à des substances animales, végétales ou minérales. Vingt-cinq composants y sont associés. Le miel à trois reprises, avec de l'urine d'impubère, du suc de narcisse et de la poudre d'encens. Les autres ingrédients sont le fiel de chèvre, de brebis, de taureau, de la cuisse de bélier, de la graisse de renard, du jaune d'œuf mélangé à du safran, de la chair de tortue, de l'os de seiche, des punaises associées à du sel, de la cendre de mouches mais aussi de l'encens, du poireau ou encore du schiste. Le lait de femme est aussi déposé sur de la laine, comme cela se fait aussi pour le lait d'autres espèces animales, ou de plantes. Il s'agit probablement de renforcer l'apport féminin, puisque le corps de la femme est généralement comparé à cette matière dans le système de penser le corps depuis Hippocrate. Cette analogie conduit à utiliser des pessaires abortifs constitués de laine[131], et à emmailloter l'enfant, mou lui aussi, dans des bandelettes de cette matière. À neuf reprises, le lait de femme est utilisé pour traiter des problèmes liés aux yeux : ulcères, yeux injectés de sang, déchirure des tuniques des yeux, fluxions oculaires. Trois fois il est mis en relation avec des douleurs d'oreilles : maux et fractures[132]. Trois fois, il est utilisé pour les ulcères phagédéniques[133], sordides ou malins (cacoèthes), mais aussi avec des abcès du sein, des fièvres de longue durée, la dépravation de l'estomac, des affections pulmonaires, l'alopécie et les morsures de grenouilles. Le lait de femme est généralement pris en boisson, il est parfois appliqué directement sur la

---

129 SORANOS D'ÉPHÈSE, *Maladies des femmes* II, 19, 3 : Προκεκυηκυῖαν δὲ δὶς ἢ τρίς, ὅτι αἱ πρωτοτόκοι μὲν ἀκμὴν παιδοτροφίας ἀγύμναστοι καὶ παιδικὸν ἔτι καὶ ἀμέγεθες καὶ πυκνότερον τὸ σύγκριμα τῶν μαστῶν ἔχουσιν, αἱ δὲ πολλάκις μὲν ἀποκυήσασαι, πολλάκις δὲ νηπιοτροφήσασαι, ῥακώδεις οὖσαι, λεπτὸν καὶ οὐκ ἀκμαῖον ἀποτελοῦσι τὸ γάλα.
130 *HN* 30, 123 : *Maxime autem alit quodcumque humanum, mox caprinum, unde fortassis fabulae Iouem ita nutritum dixere. Dulcissimum ab hominis camelinum, efficacissimum ex asinis.*
131 BODIOU 2005, p. 233.
132 PLINE, *HN* 28, 73 et 173 et 176.
133 LITTRÉ 1889, *s.u.* « phagédénique » : Qui ronge, en parlant des substances qu'on emploie pour consumer les chairs fongueuses.

peau¹³⁴. À une reprise, il est chauffé avec de la graisse d'oie pour calmer les douleurs des oreilles survenues suite à un coup¹³⁵.

Un lait courotrophique

Dit le plus doux et le plus délicat, le lait de femme a une efficacité variable selon l'individu pour qui il a été créé et le stade de l'allaitement. Ainsi, si un lait de femme ordinaire s'avère bon dans les fièvres prolongées et le mal céliaque, celui d'une femme qui vient de sevrer est encore meilleur¹³⁶. Faisant suite à cette affirmation, Pline ajoute :

> Pour tous les usages, le lait de beaucoup le plus efficace est celui d'une femme qui a accouché d'un garçon, et beaucoup plus encore celui d'une mère de deux jumeaux mâles, surtout si elle s'abstient de vin et d'aliments trop acides¹³⁷.

Il ressort clairement de cet extrait, que le lait donnant les meilleurs résultats est associé à la génération d'un mâle, voire de deux, ce qui augmente la puissance du lait¹³⁸.

Cette appréciation pour le sexe masculin apparaît encore dans une prescription où le suc de la rue (*Ruta graveolens*) doit être mêlé soit à du miel attique soit au lait d'une femme qui vient d'accoucher d'un garçon¹³⁹. Un autre extrait met clairement en évidence les limites d'un lait « féminin » :

> Le lait d'une femme accouchée d'une fille n'est souverain que pour la guérison des affections du visage¹⁴⁰.

Une exception peut être relevée. Elle apparaît dans une prescription agissant sur les problèmes oculaires mettant en scène une mère et sa fille, toute deux allaitantes :

> On assure que celui qui a été enduit à la fois avec le lait de la mère et de la fille est préservé pour sa vie entière de toute affection des yeux¹⁴¹.

Outre la conjugaison des effets physiologiques des deux laits – le lait de la fille étant évidemment plus efficace que celui de sa mère, en raison de sa jeunesse – c'est la généalogie des deux femmes qui est ici importante et garantit la longue durée de la prophylaxie.

Remèdes pour rappeler, augmenter ou tarir le lait

Dans l'*Histoire naturelle*, dix-sept recettes visent à favoriser le lait, alors que trois visent à le diminuer, voire à le tarir. Parmi les premières, l'une est issue de la médecine vétérinaire, elle comprend du cytise, arbrisseau privilégié pour l'engraissement des animaux :

---

134 PLINE, *HN* 28, 74 et 75 (XXI).
135 *HN* 28, 73.
136 *HN* 28, 72.
137 *HN* 28, 72 : *Superque in omni usu efficacius eius quae marem enixa sit, multoque efficacissimum eius quae geminos geminos, et si uino ipsa cibisque acrioribus abstineat.*
138 Gourevitch parle de « valorisation du sexe masculin » (GOUREVITCH 1990, p. 95).
139 PLINE, *HN* 20, 51.
140 *HN* 28, 75 : *Eius uero qua feminam enixa sit, ad uitia tantum in facie sananda praeualet.*
141 *HN* 28, 73 : *Eum qui simul matris filiaeque lacte inunctus sit, liberari omni oculorum metu in totam uitam adfirmant.*

Bien plus, Amphiloque ordonne de le donner, sec, en infusion coupé de vin aux nourrices qui n'ont plus de lait ; les nourrissons en deviendront, assure-t-il, plus forts et grandiront plus vite[142].

Les plantes utilisées portent souvent un nom se rapportant à leur fonction. Ainsi, la *polygala* (*Polygala venelusa*, Sibth.) fait venir le lait[143]. Quant à la plante nommée *mastos*, elle permet, en application, de guérir l'affection des seins appelée « "poil", qui survient après l'accouchement »[144]. Il faut retourner à l'*HA* d'Aristote pour comprendre qu'il s'agit d'une arrivée massive de lait :

> Après l'accouchement et les évacuations épuratives qui le suivent, le lait des femmes devient plus abondant. Quelquefois, il coule non seulement du mamelon, mais même par plusieurs endroits du sein tout entier ; et quelques femmes en ont jusque sous les aisselles. Il se forme, alors, des tumeurs qui persistent plus tard, quand le lait n'est pas expulsé, et qu'il s'accumule sans pouvoir sortir. La mamelle est tellement spongieuse que, si une femme avale un poil dans sa boisson, elle ressent une douleur dans les seins ; ce qui s'appelle avoir le poil ; et la douleur persiste jusqu'à ce que le poil soit sorti spontanément avec le lait, ou qu'il en ait été tiré par l'enfant qui tète[145].

Une homonymie ressort aussi de la glaux (*Sennnebiera coronopus* Poir.), plante appelée aussi *eugalactos* (bon-au-lait)[146] et de la pierre appelée « galactite » :

> La *galaxias*, nommée par quelques-uns *galactitès*, ressemble aux pierres qui viennent d'être nommées ; seulement elle est coupée de veines couleur de sang ou blanches. La *galactitis* n'a qu'une seule couleur celle du lait. On la nomme encore « leucogée », « leucographitis », « synnephitis ». Sa couleur est celle du lait. Broyée dans l'eau, elle prend d'une façon remarquable l'aspect et le goût du lait ; on dit qu'elle donne beaucoup de lait aux nourrices ; qu'attachée au cou des enfants elle produit chez eux beaucoup de salive, et que mise dans la bouche elle se fond. On dit encore qu'elle ôte la mémoire ; le Nil et l'Achéloüs la fournissent[147].

Moins nombreuses, les recettes pour tarir le lait utilisent des plantes ayant une certaine toxicité, telles que le circaea (*Circea lutetania* L.) dont le genre se rapporte à la magicienne

---

142 *HN* 13, 131 : *Quin et nutricibus in defectu lactis aridum atque in aqua decoctum potui cum uino dari iubet – firmiores excelsioresque infantes fore.*
143 *HN* 27, 121.
144 *HN* 26, 163 : *Inlita pilos mammarum partu nascentes aufert.*
145 ARISTOTE, *HA* 587 b 20-28 : Μετὰ δὲ τοὺς τόκους καὶ τὰς καθάρσεις ταῖς γυναιξὶ τὸ γάλα πληθύνεται, καὶ ἐνίαις ῥεῖ οὐ μόνον κατὰ τὰς θηλὰς ἀλλὰ πολλαχῇ τοῦ μαστοῦ, ἐνίαις δὲ καὶ κατὰ τὰς μασχάλας· καὶ διαμένουσιν εἰς τὸν ὕστερον χρόνον στραγγαλίδες, ὅταν μὴ ἐκπεφθῇ μηδὲ ἐξέλθῃ ὑγρότης, ἀλλὰ πληρωθῇ. ἅπας γὰρ ὁ μαστὸς σομφός ἐστιν οὕτως, ὥστε κἂν ἐν τῷ πόματι λάβωσι τρίχα, πόνος ἐγγίνεται ἐν τοῖς μαστοῖς (ὃ καλοῦσι τριχιᾶν), ἕως ἂν ἢ αὐτομάτη ἐξέλθῃ θλιβομένη ἢ μετὰ τοῦ γάλακτος ἐκθηλασθῇ.
146 Celle-ci faisait venir le lait en quantité lorsqu'elle était prise par voir orale. Pline la conseille en potage et encourage la prise de bains (*HN* 27, 82).
147 *HN* 37, 162 : *Galaxian aliqui galactiten uocant, similem proxime dictis, sed intercurrentibus sanguineis aut candidis uenis. – Galactitis ex uno colore lactis est. Eandem leucogaeam et leucographitim appellant et synechitim, in attritu lactis suco ac sapore notabilem, in educatione nutricibus lactis fecundam. Infantium quoque collo adalligata saliuam facere traditur, in ore autem liquescere, eadem memoriam adimere. Mittunt eam Nilus et Achelous amnes.*

Circé, l'*ocimum*, ou encore la ciguë. Servant aussi d'abortif, cette dernière est utilisée sur les poitrines non encore formées pour éviter qu'elles grossissent :

> Anaxilaüs prétend que les mamelles frottées de ciguë avant la puberté demeurent stationnaires : ce qui est certain, c'est qu'en topique sur les mamelles cette substance tarit le lait des nouvelles accouchées, et qu'appliquée vers l'époque de la puberté sur les testicules elle éteint tout désir vénérien[148].

Quant à la lie de vinaigre, elle aide à désenfler les seins trop plein[149].

Les recettes pour soigner les seins avec du lait animal sont au nombre de trois. L'une d'elles utilise du lait de chèvre pour faire cesser le sang :

> La poudre de bétoine prise dans du lait de chèvre et le plantain pilé arrêtent le sang qui s'échappe par la mamelle[150].

Un lait dont l'origine n'est pas précisée est conseillé en boisson avec de la casignette :

> Ce que le même auteur appelle *hermésias*, a la vertu de faire engendrer des enfants beaux et bons. Ce n'est pas une herbe, c'est une composition où entrent les pignons d'une pomme de pin pilés avec du miel, de la myrrhe, du safran, du vin de palmier, et à laquelle ou ajoute aussi du théombrotium et du lait. Il (Démocrite) recommande d'en boire à ceux qui vont engendrer, et aux femmes après la conception, pendant la nutrition du fœtus ; de la sorte les enfants deviennent aussi bien conformés de corps que d'esprit, et d'honnêtes gens[151].

Le lait de femme mélangé à de l'encens est bon en cas d'abcès mammaire[152].

Remède à partir de lait transformé

Le beurre

Mets exquis des barbares qui différencie les riches du peuple, le beurre est aussi utilisé chez eux en onction[153]. Avec la réglisse et l'hippace, il fait partie des substances qui calment la faim et la soif et conserve les forces[154]. Il résulte d'une cuisson ou d'un battage selon la saison. Pline spécifie qu'il est en général fait de lait de vache mais que le lait de brebis ou de chèvre peuvent également être convertis en beurre :

---

148 *HN* 25, 154 : *Anaxilaus auctor est mammas a uirginitate inlitas semper staturas. Quod certum est, lac puerperarum mammis inposita extinguit ueneremque testibus circa pubertatem inlita.*
149 *HN* 23, 66.
150 *HN* 26, 136 : *Vettonicae farina e lacte caprino pota sistit ex ubere fluentem plantagoque contusa.*
151 *HN* 24, 166 : *Hermesias ab eodem uocatur ad liberos generandos pulchros bonosque non herba, sed conpositio nucleis pineae nucis tritis cum melle, murra, croco, uino palmeo, postea admixto theombrotio et lacte. Bibere generaturos iubet et a conceptu, puerperas partum nutrientes ; ita fieri excellentes animi et formae bonis. Atque harum omnium magica quoque uocabula ponit.*
152 *HN* 28, 72.
153 *HN* 28, 133.
154 *HN* 11, 284.

C'est aussi du lait qu'on tire le beurre, l'aliment le plus raffiné des peuples barbares, et dont l'usage distingue <chez eux> les riches de la plèbe. Le plus souvent on le fait avec le lait de vache (*bubulus*), d'où son nom (*butyrum*, fromage de vache). Le plus gras est celui de brebis. On en fait aussi avec le lait de chèvre. On le prépare, l'hiver, en chauffant le lait ; l'été, on ne fait que l'exprimer après l'avoir beaucoup agité dans de longs vases ne prenant l'air que par une étroite ouverture située au-dessous de leur orifice, lui-même soigneusement bouché[155].

Comme le ghee indien utilisé de nos jours en médecine ayurvédique et pour cuisiner, le beurre ranci est le plus apprécié pour ses propriétés :

Plus son odeur est forte, plus il est apprécié. Vieilli, il entre dans de nombreuses compositions. Il a des propriétés astringentes, émollientes, incarnantes, purgatives[156].

À Rome, le beurre n'a pas le succès qu'il remporte en Gaule, mais il est particulièrement prisé pour les enfants. Au sujet des Barbares, peu consommateurs de produits élaborés de la main de l'homme, Pline dit :

Il est surprenant que les nations barbares, qui vivent de lait, ignorent ou dédaignent depuis tant de siècles la valeur du fromage, bien qu'elles sachent épaissir le lait en une matière d'une agréable acidité en beurre gras. Le beurre, plus épais et plus visqueux que ce qu'on nomme *sérum*, est l'écume du lait. N'omettons pas qu'il a les propriétés de l'huile, et que tous les barbares et nous-mêmes en oignons les enfants[157].

Le beurre est bon pour les problèmes de bouche des enfants[158] :

Aux enfants rien n'est plus utile que le beurre, soit seul, soit avec du miel, spécialement lors de la dentition, et pour les gencives et les ulcérations de la bouche[159].

Avec du blanc d'œuf, il s'utilise pour soigner leurs blépharites (inflammation du bord de la paupière) :

Instillé sur l'œil, le blanc d'œuf tel quel arrête l'ophtalmie et rafraîchit ses douleurs brûlantes – quelques-uns préfèrent y mélanger du safran – et remplace l'eau dans la composition des collyres ; c'est à peu près le seul remède pour la blépharite des enfants, en y mélangeant du beurre frais[160].

---

155 *HN* 28, 133 : *E lacte fit et butyrum, barbararum gentium lautissimus cibus et qui diuites a plebe discernat. Plurimum e bubulo – et inde nomen –, pinguissimum ex ouibus fit et caprino, sed hieme calefacto lacte, aestate expresso tantum, crebro iactatu in longis uasis angusto foramine spiritum accipientibus sub ipso ore alias praeligato.*
156 *HN* 28, 133 : *Quo magis uirus resipit, hoc praestantius iudicatur. Pluribus conpositionibus miscetur inueteratum. Natura eius adstringere, mollire, replere, purgare.*
157 *HN* 11, 239 : *Mirum barabaras gentes, quae lacte uiuant, ignorare aut spernere tot saeculis casei dotem, densantes id alioqui in acorem iucundum et pingue butyrum. Spuma id est, lacte concretior lentiorque quam quod serum uocatur. Non omittendum in eo olei uium esse et barbarous omnes infantesque nostros ita ungui.*
158 Ibid.
159 *HN* 28, 257 : *Infantibus nihil butyro utilius per se et cum melle, priuatim et in dentitione et ad gingiuas et ad oris ulcera.*
160 *HN* 29, 39 : *Oua per se infuso candido oculis epiphoras cohibent urentesque refrigerant – quidam cum croco praeferunt – et pro aqua miscentur collyriis ; infantibus uero contra lippitudines, ut uix aliud, remedio sunt butyro admixto recenti.*

On songe ici à Varron, chez qui le beurre est utilisé pour appâter l'agneau au pis de sa mère :

> Si l'agneau n'approche pas de la mamelle maternelle, il faut l'y mettre de force et lui frotter les lèvres avec du beurre ou du saindoux et habituer ses lèvres à l'odeur du lait[161].

Au final, les propriétés émollientes du beurre en font un produit de choix pour les indurations et autres maux de la matrice[162].

Le fromage

Mou, le fromage se substitue au lait dans la recette contre les catarrhes qui comprend de l'ail. Il n'est ensuite mentionné qu'à quatre reprises dont une fois en association avec le cythise, plante qui stimule la production de lait chez le bétail,

> arbrisseau qui a été trouvé dans l'île de Cythnos, et de là transplanté dans toutes les Cyclades, puis dans les villes grecques ; ce qui a beaucoup augmenté la production du fromage[163].

Pline conseille un lavement constitué de fromage de vache frais mêlé à du beurre et de la térébenthine en cas de dysenterie[164], ce qui rappelle les purges du *CH*. Le fromage peut aussi être pris sec en fonction de la maladie. Par exemple, mélangé à du miel et du vinaigre, un fromage de chèvre sec purifie les ulcères[165].

La suite des propos de Pline, sera un énoncé des sortes de fromages selon leurs régions : Sicile, Rome, les Provinces. Il ne privilégie pas celui de Gaule dont le goût lui fait penser à un médicament (*remedium*).

L'oxygala

L'*oxygala* qui traduit du grec signifie « lait aigre »[166] résulte selon l'*Histoire naturelle* d'un lait caillé auquel on ajoute du sel :

> La partie la plus caillée surnage : on l'ôte en mettant du sel, c'est ce qu'on nomme *oxygala*[167].

Il peut également être préparé en ajoutant du lait aigre à du lait frais :

> On prépare encore l'*oxygala* d'une autre manière, en mêlant du lait aigre avec le lait récent qu'on veut faire aigrir ; ainsi préparé il est très bon pour l'estomac[168].

---

161 Varron, *Économie rurale* II, 2, 16 : *Si ad matris mammam non accedet, admouere oportet et labra agni unguere buturo aut adipe suilla et olfacere labra lacte.*
162 Pline, *HN* 28, 252.
163 *HN* 13, 134 : *Inuentus est hic frutex in Cythno insula, inde tralatus in omnes Cycladas, mox in urbes Graecas, magno casei prouentu.*
164 *HN* 28, 207.
165 *HN* 28, 243.
166 Littré 1889, *s.u.* « oxygala ».
167 *HN* 28, 35 : *Quod est maxime coactum, in summo fluitat ; id exemptum addito sale oxygala appellant.*
168 *HN* 28, 135 : *Oxygala fit et alio modo, acido lacte addito in recens, quod uelint acescere, utilissimum stomacho.*

Columelle dans son traité *De l'agriculture*, donne de plus amples informations sur son procédé de fabrication qui en fait une préparation parfumée et dense puisque le sérum en est par deux fois ôté :

> Préparez l'*oxygala* ainsi qu'il suit : Prenez un pot neuf ; percez-le à son fond ; bouchez avec une cheville le trou que vous aurez pratiqué ; remplissez ce vase de lait de brebis très frais, et ajoutez-y des bouquets de fournitures vertes, telles que de l'origan, de la menthe, de l'oignon et de la coriandre ; en cet état, plongez vos herbes dans le lait, de manière que leurs liens sortent au-dessus. Au bout de cinq jours, tirez la cheville avec laquelle vous aviez bouché le trou du vase, et faites écouler le petit-lait. Dès que le caillé commencera à paraître, vous reboucherez le vase avec la même cheville, et, trois jours après, vous ferez écouler le sérum, comme je l'ai dit ci-dessus, puis vous enlèverez et jetterez les bouquets de fournitures, et froisserez sur le lait un peu de thym sec et de sarriette sèche ; enfin vous y ajouterez et y mêlerez ce que vous voudrez de poireaux sectiles, hachés bien menu. Bientôt après, quand deux jours se seront écoulés, donnez de nouveau issue au sérum ; bouchez le vase ; ajoutez quantité suffisante de sel égrugé et opérez le mélange ; mettez un couvercle et lutez. Vous n'ouvrirez ce vase que lorsque le besoin l'exigera[169].

Cette préparation fait office de sérum du lait. La réduction rend le lait plus efficace pour traiter différents maux comme ceux de l'estomac. Cependant ni Pline, ni Columelle ne s'étendent sur les applications possibles de cette préparation.

Sélection et usages thérapeutiques du lait chez Dioscoride

Le traité *De la matière médicale* (*MM*) de Dioscoride est scindé en cinq livres. L'usage des sens, particulièrement l'odorat et le goût ont une place importante dans le livre I qui comprend des huiles aromatiques, pommades, et autres résines provenant des arbres et arbustes. Le livre II comprend les substances provenant d'animaux, sauvages ou domestiques ainsi que les céréales et des potions à base d'herbes. Les livres III et IV sont complémentaires et traitent des racines, sucs et semences. Le livre V porte sur le vin – sa production et la régulation de sa « fermentation »- ainsi que sur la minéralogie et la préparation des médicaments. Le traité comprend des traitements pour un nombre important de maladies. Parmi elles, figurent en bonne place les traitements féminins qui comprennent les problèmes utérins, de nombreuses recettes concernant les règles, la fertilité, l'abortion, les méthodes contraceptives et d'autres portant sur les problèmes de poitrines gonflées par le lait ou qui n'en produisent pas assez. L'ouvrage étant organisé

---

169 COLUMELLE, *De l'agriculture* 12, 8 : *Oxygalam sic facito : Ollam novam sumito, eamque iuxta fundum terebrato ; deinde cavum, quem feceris, surculo obturato, et lacte ovillo quam recentissimo vas repleto, eoque adicito viridium condimentorum fasciculos origani, mentae, cepae, coriandri ; has herbas ita in lacte demittito, ut ligamina earum exstent. Post diem quintum surculum, quo cavum obturaveras, eximito, et serum emittito. Quum deinde lac coeperit manare, eodem surculo cavum obturato, intermissoque triduo, ita ut supra dictum est, serum emittito, et fasciculos condimentorum exemptos abiicito ; deinde exiguum aridi thymi, et cunilae aridae super lac distringito, concisique sectivi porri, quantum videbitur, adiicito et permisceto. Mox intermisso biduo rursus emittito serum, cavumque obturato, et salis triti, quantum satis erit, adiicito, et misceto, deinde operculo imposito, et oblinito, non ante aperueris ollam, quam usus exegerit.*

autour des remèdes, il ne contient pas de théorisations sur la production du lait ou la procréation, comme les traités de médecine d'Hippocrate ou de Galien.

Face à cet ouvrage important et synthétique, notre recherche présente les occurrences du lait telles qu'elles apparaissent dans les recettes ainsi que les problèmes féminins liés à la production de lait. Notre classement n'a pu être fait, comme pour Pline, en fonction des types de lait, car ceux-ci sont rarement mentionnés. Nous traiterons d'abord des propriétés que Dioscoride reconnaît au lait puis nous parlerons des laits les plus courants : celui de femme et de chèvre, puis ceux de jument et de chienne.

MM contient soixante-et-une occurences du mot lait (γάλα). Cependant, le lait n'est utilisé comme remède qu'à vingt-cinq reprises. Les autres références du mot lait renvoient alors, non pas aux remèdes composés de lait, mais aux « dérangements » que peuvent produire un trop plein ou son contraire dans les seins de la femme allaitante.

Chez Dioscoride, le lait n'est pas genré, ni utilisé selon l'âge de l'individu[170] : hommes, femmes et probablement enfants pouvaient en bénéficier, si le traitement de la maladie dont ils souffraient le nécessitait.

Le type de lait est peu précisé dans le traité de Dioscoride. Il est mentionné à dix reprises dans neuf recettes, puisque dans un cas, les laits de femme et de chèvre sont interchangeables. Ce manque de précision est-il dû au peu d'importance que comportait le choix du lait pour Dioscoride ? Ou est-ce parce qu'il estimait le choix comme évident ?

Dioscoride considère le lait comme sain et nutritif, malgré le fait qu'il ramollisse les selles et produise des gaz intestinaux et stomacaux[171]. Il rejoint les autres médecins concernant la labilité du lait, en fonction de différents facteurs, dont les saisons. Pour exemple, le lait de printemps contient plus d'eau que celui d'été. La nature des pâturages a aussi de l'influence sur les effets que le lait peut avoir sur les individus. Plus verts ils sont et plus le lait sera relâchant.

Dioscoride montre l'influence que la nourriture de l'animal a sur son lait. Il dit avoir remarqué, lorsqu'il était dans les montagnes des Vestinis (peuple du centre de l'Italie), que certaines plantes, comme la scammonée (*Convolvulaceae*), l'hellébore (*Ranunculaceae*), la plante mercure ou la clématite (*Ranunculaceae*)[172], avaient des effets particulièrement néfastes sur le lait de tout type d'animal. Par exemple les feuilles de l'hellébore provoquent non seulement des vomissements chez la chèvre mais son lait produit des nausées et irrite l'estomac de ceux qui le boivent.

La couleur blanche du lait est garante de sa qualité. Son épaisseur vient après. Sa qualité est éprouvée en fonction de sa capacité à se solidifier au contact d'une pierre d'onyx[173]. Par sa couleur noire, la pierre d'onyx devait être vue comme ayant des propriétés opposées à celles du lait, selon un principe d'antipathie, décrit par Pline dans l'*Histoire naturelle* :

> c'est ce que les Grecs ont appelé sympathie et <antipathie>, par lesquelles toutes choses s'équilibrent : l'eau éteint le feu, le soleil dévore l'eau, que la lune produit ; ces

---

170 Bien que la tranche d'âge soit rarement précisée. C'est le cas pour les dents des enfants en DIOSCORIDE, *Matière médicale* II, 72, 1.
171 *Mat. Méd.* II, 70, 1.
172 L. Beck suppose que l'auteur fait allusion ici à l'espèce *Convolvulus arvensis*, qui est une plante de pâture, contrairement aux autres types de clématites dont il fait mention dans son traité. BECK 2011, p. 110, note 27.
173 *Mat. Méd.* II, 70, 1.

deux astres s'éclipsent injurieusement l'un l'autre, et, pour descendre de ces hauteurs, l'aimant attire à soi le fer tandis qu'un autre aimant le repousse[174].

Il faut noter que l'examen du lait est mené, chez la plupart des médecins, selon des méthodes que la critique moderne qualifie souvent d'irrationnelles, c'est-à-dire empreintes de superstitions[175]. Comme nous le verrons, le médecin Mnésithée de Cyzique faisait déjà ce type d'examen à son époque (IVe siècle), en utilisant des récipients rappelant la couleur du lait[176].

Remèdes à base de lait animal

Malgré l'effet néfaste que certaines plantes peuvent avoir sur le lait de chèvre, celui-ci est considéré comme ayant moins d'influence que les autres sur les intestins. La pâture de ces animaux, composée principalement de chênes, mastic et jeunes pousses de l'olivier, dont les propriétés sont surtout resserrantes, en est responsable.

Plus épais, le lait de brebis est moins favorable à l'estomac. Il rallie sur ce point les laits d'ânesse, de vache et de jument. Ces laits sont particulièrement relâchants. Le lait d'ânesse est le plus recommandé pour les gargarismes, il renforce dents et gencives[177].

Le lait est principalement utilisé pour soigner les maux du ventre. Mélangé à de l'encens (*Boswellia* sp.) réduit en poudre, le lait est conseillé pour un ensemble de symptômes : spasmes, déchirures, et coliques[178]. Le mélange est pris en boisson. D'autres prescriptions emploient le lait sous la forme d'un clystère. Comme chez les médecins hippocratiques, le lavement n'intervient toutefois que dans un deuxième temps. Un vinaigre en saumure (ὀξάλμη, *brine vinegar*), est d'abord injecté, lui aussi par le moyen d'un clystère, afin de stopper les ulcères apparus suite à une dysenterie :

> Le vinaigre en saumure est bon en fomentation contre les ulcères étendus, les humeurs putrides, les morsures de chien, et pour les piqûres d'animaux venimeux. Injecté chaud immédiatement après une opération, il réfrène les hémorragies de ceux qui ont été opéré de calculs, utilisé en bain de siège, il remet en place un prolapsus anal, et il est administré en clystère lors de dysenteries avec ulcères étendus ; après tout cela, il faut soigner avec un clystère de lait[179].

---

174 HN 20, 1 : ... *quod Graeci sympathiam et antipathiam appellauere, quibus cuncta constant, ignes aquis restinguentibus, aquas sole deuorante, luna pariente, altero alterius iniuria deficiente sidere atque, ut a sublimioribus recedamus, ferrum ad se trahente magnete lapide et alio rursus abigente a sese...* Au sujet des sympathies et antipathies voir GAILLARD-SEUX 2003.
175 Concernant la médecine rationnelle et irrationnelle, voir l'ouvrage collectif de N. Palmieri (PALMIERI 2003), notamment l'article de B. MAIRE (2003).
176 Voir chapitre xx.
177 *Mat. Méd.* II, 70, 1.
178 *Mat. Méd.* I, 98 et I, 68, 2.
179 *Mat. Méd.* V, 15 : Ὀξάλμη ὠφελεῖ καταντλουμένη νομάς, σηπεδόνας, κυνόδηκτα καὶ τὰ ἀπὸ τῶν ἰοβόλων δήγματα. στέλλει δὲ καὶ τὰς ἐπὶ τῶν λιθοτομηθέντων αἱμορραγίας, εὐθέως μετὰ τὴν χειρουργίαν θερμὴ ἐγκλυζομένη, <καὶ ἐγκαθιζομένη> καὶ ἕδραν προπεπτωκυῖαν, ἐγκλύζεταί τε ἐπὶ τῶν μετὰ νομῆς δυσεντερικῶν· δεῖ δὲ ἐπεγχυματίζειν γάλακτι (trad. personnelle).

Dioscoride mentionne encore le lait comme un anti-poison de choix, en particulier le lait de vache[180].

Mais il y a aussi des contre-indications à l'administration de lait : ce sont les maladies de la rate ou du foie, les problèmes nerveux, les fièvres, les maux de tête, les épilepsies[181]. Pour toutes ces maladies, il est néanmoins possible de commencer par une cure de petit-lait[182]. Comme chez Hippocrate, le lait peut intervenir dans une deuxième phase de traitement, comme nous venons de le voir[183]. Il est le plus souvent pris en boisson, c'est-à-dire à six reprises, il est aussi utilisé quatre fois en instillation dans les yeux ou les oreilles, deux fois en application, deux fois en pessaire pour des problèmes gynécologiques et une fois en clystère pour les problèmes intestinaux[184].

Le lait peut être administré frais avec du miel cru, un peu d'eau et du sel[185]. Selon l'effet désiré, il peut subir une cuisson. À part le lait d'ânesse, tous les types de lait, chèvre, brebis et vache peuvent être cuits. Ils sont alors efficaces contre la diarrhée et le ténesme[186].

Remèdes à base de lait humain

Comme chez Pline, le lait de femme est le plus mentionné par Dioscoride. Il n'apparaît pourtant qu'à quatre reprises. Il est alors considéré comme très doux et hautement nutritif. Dioscoride conseille de le téter directement en cas de maux d'estomac et de tuberculose. Pris de la sorte, il est aussi bon pour ceux qui ont mangé du lièvre de mer (fam. *Anaspidea*)[187].

Le lait de femme est conseillé en mélange avec du safran et du pavot à opium (*Papaver somniferum* L.) pour soigner la goutte[188]. Comme dans l'*Histoire naturelle*, le lait de femme est privilégié en cas de problèmes d'oreilles ou ophtalmiques.

Le lait de femme est employé en cas d'oreilles purulentes, dont l'irritation a conduit à des fissures. Dioscoride évoque la possibilité de remplacer le lait de femme par celui de chèvre :

> La bile de bœuf avec du miel est particulièrement mise sur les gorges irritées, elle soigne les irritations anales jusqu'au point de cicatrisation et les oreilles purulentes et leurs fissures lorsqu'on l'instille avec du lait de chèvre ou de femme[189].

Pour soigner les problèmes oculaires, le lait de femme est mélangé une fois avec du safran[190] « étalé avec du lait de femme, il réfrène les larmes qui coulent des yeux[191] », une autre avec de l'hématite :

---

180 *Mat. Méd.* II, 70, 5 ; I, 106, 1.
181 *Mat. Méd.* II, 70, 6.
182 *Mat. Méd.* II, 70, 3.
183 *Mat. Méd.* V, 15. Au sujet des cures de lait, voir BODIOU, FRÈRE, JAEGGI 2021 ; DEICHGRÄBER 1971.
184 *Mat. Méd.* I, 91 ; I, 123, 1 ; II, 101, 2 ; II, 75 ; II, 135, 1 ; III, 126, 2 (boisson) ; II, 78, 3 ; II, 149, 3 ; Dsc. IV, 150 ; V, 154 (instillation) ; I, 68, 2 ; V, 126, 1 (application) ; IV, 7 ; III, 136, 2 (pessaire) ; V, 15 (clystère).
185 *Mat. Méd.* II, 70, 3.
186 *Mat. Méd.* II, 70, 5.
187 *Mat. Méd.* II, 70, 6.
188 *Mat. Méd.* IV, 64, 4.
189 *Mat. Méd.* II, 78, 3 : Ἡ δὲ ταυρεία ἰδίως ἐπὶ συναγχικῶν διαχρίεται σὺν μέλιτι, ἀποθεραπεύει τε τὰ ἐν δακτυλίῳ μέχρι οὐλῆς, πυορροοῦντά τε ὦτα καὶ τὰς ἐπ' αὐτῶν ῥήξεις σὺν γάλακτι αἰγείῳ ἢ γυναικείῳ ἐνσταζομένη (trad. personnelle).
190 *Mat. Méd.* I, 26.
191 *Mat. Méd.* I, 26, 2 : Ῥεῦμά τε ὀφθαλμῶν ἐπιχριόμενος [καὶ ἐγχριόμενος] στέλλει σὺν γάλακτι γυναικείῳ (trad. personnelle).

Avec du lait de femme, elle est bonne pour l'ophtalmie, pour les déchirures et les yeux injectés de sang[192].

Il est intéressant de noter que Dioscoride confère à une pierre blanche trouvée dans la terre de Samos des propriétés ophtalmiques similaires au lait de femme auquel elle est d'ailleurs mélangée[193]. Nous la reproduisons ici en raison de son intérêt pour la démarche sympathique qui est à l'œuvre :

> On trouve une pierre dans la terre de Samos que les orfèvres utilisent pour lisser et polir. Elle est excellente lorsqu'elle est blanche et massive. Elle a des propriétés astringentes et rafraichissantes, elle est bénéfique, en boisson, à ceux qui souffrent de maux d'estomac et elle émousse les sens, elle est bonne avec du lait, pour les écoulements et les irritations des yeux. Il semble qu'elle active la naissance et protège les femmes enceintes lorsqu'elle est portée en amulette[194].

Un lait courotrophique

Le lait créé pour un garçon, de « type courotrophique » selon le terme employé dans les traités hippocratiques, est aussi mentionné par Dioscoride[195]. Il fait partie d'une chaîne opératoire qui permet de réduire l'antimoine[196] en poudre :

> Il (l'antimoine) est cuit emballé dans une pâte et recouvert de charbon jusqu'à ce qu'il se transforme en cendres ; et après qu'il a été déballé, il est éteint avec du lait de femme qui a donné naissance à un garçon ou avec du vin vieux. Il est alors placé sur le charbon et brûlé et soufflé jusqu'à ce qu'il prenne feu : s'il brûle trop, il fond comme du plomb. Il est lavé comme de la calamine et du cuivre brûlé[197].

Ce procédé est aussi mentionné par Pline. Le naturaliste donne des précisions sur ce minéral que l'on trouve dans des mines d'argent et qu'on appelle pierre d'écume (*spumae lapis*). Blanche et luisante (*candidae nitentisque*), elle se décline en deux sortes, l'une mâle et l'autre femelle. La pierre femelle est plus appréciée par sa finesse, sa brillance et

---

192   *Mat. Méd.* V, 126, 1 : Σὺν δὲ γάλακτι γυναικείῳ πρὸς ὀφθαλμίας καὶ ῥήξεις καὶ ὑφαίμους ὀφθαλμούς (trad. personnelle).
193   *Mat. Méd.* V, 154.
194   *Mat. Méd.* V, 154 : Εὑρίσκεται δέ τις ἐν τῇ Σαμίᾳ γῇ λίθος, ᾧ οἱ χρυσοχόοι χρῶνται πρὸς τὸ λεαίνειν καὶ στιλβοῦν· διαφέρει δὲ ὁ λευκὸς καὶ στιβαρός. Δύναμιν δὲ ἔχει στυπτικήν, ψυκτικήν, ὠφελῶν στομαχικοὺς ἐν ποτῷ ἀμβλεῖς τε τοῖς αἰσθητηρίοις· ποιεῖ καὶ πρὸς τὰ ἐν ὀφθαλμοῖς ῥεύματα καὶ ἕλκη σὺν γάλακτι. Δοκεῖ δὲ καὶ ὠκυτόκιος εἶναι καὶ φυλακτήριος τῶν συνειληφυιῶν περιαπτόμενος (trad. personnelle).
195   Concernant le lait courotrophique, voir ci-dessus chap. II, 1.2.1. Pline mentionne aussi ce type de lait (*HN* 20, 135). Dioscoride dans *Mat. Méd.* I, 35, 2 précise que le lait doit être celui d'une femme qui allaite, ce qui est repris par Marcellus Empiricus, médecin natif de Gaule qui exerce au IVe siècle apr. J.-C. à Bordeaux. Marcellus, *De medicamentis* 8, 136.
196   Corps métallique fourni par les lits de certaines rivières, selon CNRTL, *s.u.* « antimoine », [en ligne] https://www.cnrtl.fr/definition/antimoine (consulté le 24.04.2018).
197   *Mat. Méd.* V, 84, 3 : <ὀπτᾶται> δὲ στέατι περιπλασθὲν καὶ ἐγκρυβὲν εἰς ἄνθρακας, ἄχρι ἂν ἀνθρακωθῇ τὸ στέαρ· ἐξαιρεθὲν δὲ σβέννυται γάλακτι ἀρρενοτόκου γυναικὸς ἢ οἴνῳ παλαιῷ. <καίεται> δὲ ἐπ' ἀνθράκων ἐπιτεθὲν καὶ ἐμφυσηθὲν ἄχρι πυρώσεως. ἐὰν γὰρ ἐπὶ πλεῖον καῇ, μολυβδοῦται. πλύνεται δὲ ὡς ἡ καδμεία καὶ ὁ χαλκὸς <κεκαυμένος>· <ἔνιοι> δὲ ὁμοίως τῇ τοῦ μολύβδου πλύνουσι σκωρίᾳ (trad. personnelle).

sa friabilité[198]. La pierre est particulièrement appréciée pour ses effets positifs sur l'œil qu'elle agrandit en plus de le soigner. L'ajout du lait de femme, lui aussi utilisé pour les maux oculaires, est loin d'être un hasard dans cette médecine qui se plaît à cumuler les effets : une pierre mâle est associée à du « lait de garçon ».

À ces prescriptions associant du lait et un minéral pour soigner des ophtalmies, s'ajoute une utilisation de la pierre de lait, γαλακτίτης déjà rencontrée chez Pline[199]. Dioscoride confirme que ce nom lui est donné par l'apparence qu'elle prend lorsqu'elle est diluée : celle du lait, et qu'elle est utilisée pour les yeux purulents et irrités. De couleur gris cendré, son goût est plutôt doux. Après l'avoir réduite en poudre, il faut la conserver dans de l'eau, dans une boîte en plomb[200]. Il faut relever qu'une fois encore le lait, bien que sous une forme minérale, entre dans des soins ophtalmiques qui s'apparentent aux collyres[201].

Malgré le recours à des méthodes non scientifiques, selon nos critères modernes, il faut admettre que les Anciens semblent avoir vu juste à propos des propriétés du lait de femme. En effet, des analyses menées en 2013, dans un institut d'ophtalmologie de Californie, ont démontré l'efficacité du lait de femme sur les maux oculaires. Portant sur vingt-trois échantillons appliqués sur neuf types de bactéries, l'étude a établi que le lait humain était particulièrement efficace sur trois types de bactéries dont la *Neisseria gonorrhoeae*, qui est une cause majeure d'ophtalmie du nouveau-né dans les pays en développement[202]. Des effets légèrement moins prononcés ont été remarqués sur la *Moraxella catarrhalis* et le *Streptococcus* du groupe viridans (oral). Les résultats ont été négatifs sur les autres types de bactéries testées. Devant ces résultats somme toute très positifs, les chercheurs soulèvent l'importance de développer cette recherche qui permettrait de remplacer les antibiotiques utilisés actuellement pour enrayer le nombre important d'ophtalmies du nouveau-né dans les pays en développement[203].

Le lait étant un fluide féminin, particulièrement utilisé en Grèce ancienne comme moyen thérapeutique pour soigner les problèmes gynécologiques, il nous a paru intéressant de chercher des parallèles chez le pharmacologiste. Nos attentes ont toutefois été déçues. En tant que produit thérapeutique, le lait n'apparaît que dans trois recettes liées aux problèmes féminins. De plus, le type de lait n'est mentionné qu'à une reprise. Il s'agit alors de lait de chèvre[204].

Dans les deux premières recettes, il est question de problèmes utérins, dans la troisième de stimuler le désir. Les deux recettes pour soigner l'utérus comprennent des pessaires imbibés de lait et d'un onguent à la rose. Dans la première recette, le lait est mélangé à la racine du Cresse de Crète[205]. Dans la seconde recette employant des pervenches, l'onguent de rose peut être remplacé par du henné[206]. La troisième recette favorise la fertilité féminine[207].

---

198 Pline, *HN* 33, 101.
199 Cette utilisation n'est pas mentionnée par Pline. Voir ci-dessus.
200 *Mat. Méd.* V, 132.
201 À ce sujet, voir Husquin 2013.
202 Le résultat du lait de femme sur cette bactérie est égal à celui atteint à l'aide d'une solution ophtalmique polymyxin B sulfate/trimethoprim. À sujet, voir Baynham *et al.* 2013.
203 Baynham *et al.* 2013, p. 378.
204 Voir *supra* la proximité entre lait de chèvre et de femme.
205 *Mat. Méd.* III, 136, 2.
206 *Mat. Méd.* IV, 7.
207 Dans l'Antiquité, l'infertilité d'un couple était imputée à la femme, comme cela ressort des nombreuses préparations gynécologiques des médecins hippocratiques. Voir Gourevitch 2013a, p. 219.

Remèdes pour rappeler, augmenter ou tarir le lait

Dans le traité pharmacologique, les dérangements dûs au lait sont au nombre de vingt-neuf. Ils comprennent les seins engorgés, les seins dans lesquels se forment des caillots, les seins qui manquent de lait, mais aussi l'estomac dans lequel le lait se met à cailler, ce qui est considéré comme un empoisonnement[208].

Parmi les recettes portant sur les problèmes liés à l'allaitement, treize ont pour effet de diminuer le lait, sept de l'augmenter, quatre de prévenir ou aider à désengorger les seins, deux d'empêcher que le lait se caille à cet endroit. Il faut souligner que ces problèmes spécifiques ne sont jamais soignés par des préparations à base de lait.

Comme chez Pline, ce sont des plantes ou des céréales, des légumineuses ou des préparations à base de vin ou de vinaigre qui sont alors utilisées, voire de l'eau de mer[209].

Les céréales, comme l'orge et le blé, sont fréquemment utilisées pour diminuer ou augmenter la production de lait. Les sept recettes pour augmenter le lait sont à prendre par voie interne, bues ou mangées. Pris seuls en boisson, le polygale commun (*Polygala venulosa* Sibth.) et le vin de figue favorisent tous deux la lactation. Il est précisé, au sujet du vin de figue « il diminue le sang menstruel et augmente la production de lait »[210], ce qui ne manque pas de rappeler la succession de ces deux humeurs dans les théories médicales antiques. Il ne s'agit toutefois pas d'un principe qui vaut à chaque fois, puisque la recette contenant des pois chiches fait venir autant le lait que les règles et même le « fruit du ventre »[211]. Les effets du gruau d'orge, associé aux tiges et aux feuilles de l'Anémone couronnée, sont identiques à ceux du vin de figue. La recette revêt la forme d'une bouillie qui fait venir le lait et diminue les règles[212]. Une autre recette à base de céréales, l'orge, mêle la plante du *Coronopus procumbens* (*Brassicaceae*) à de la farine, du sel et de l'huile. Siroté, ce breuvage réactive le lait tari :

> Cette plante, bouillie avec de la farine d'orge, du sel et de l'huile et avalée fait revenir le lait lorsqu'il s'est tari[213].

Les recettes pour faire diminuer le lait apparaissent à trois reprises sous forme d'application. Les ingrédients principaux sont : la vesce fève (*Vicia Faba* L.), la grande ciguë (*Conium maculatum* L.) ou encore la lie de vin[214]. La vesce fève peut également être mélangée à de l'orge. Au total, les céréales sont utilisées dans cinq recettes pour diminuer le lait, dont quatre fois prises par voie interne[215]. Les caillots qui se sont formés dans les poitrines gonflées de lait sont aussi traités par application. On utilise alors soit des lentilles bouillies dans de l'eau de mer, soit du blé mélangé à la rue[216]. L'eau de mer

---

208 Le sujet du lait qui étouffe a été présenté en 2014 lors d'un colloque à Fribourg par L. Totelin et semble ne pas avoir été publié.
209 *Mat. Méd.* V, 13, 3.
210 *Mat. Méd.* V, 32, 2 : Κατασπᾷ δὲ καὶ ἔμμηνα καὶ γάλα <μὲν> δαψιλὲς ποιεῖ (trad. personnelle).
211 *Mat. Méd.* II, 104.
212 *Mat. Méd.* II, 176, 2.
213 *Mat. Méd.* IV, 138 : Αὕτη ἑψομένη μετὰ ἀλεύρου κριθίνου καὶ ἁλὸς καὶ ἐλαίου καὶ ῥοφηθεῖσα γάλα σβεννύμενον ἀνακαλεῖται.
214 Dans l'ordre : *Mat. Méd.* II, 105, 1 ; IV, 78, 2 ; V, 114.
215 *Mat. Méd.* III, 70, 1 ; III, 119 ; IV, 27 ; IV, 181, 4.
216 *Mat. Méd.* II, 85, 2 ; II, 107, 3.

peut également être bouillie, pour désengorger les seins[217]. Le lait qui caille dans la poitrine est mentionné à deux reprises. S'agit-il de caillots comme précédemment ainsi que de la peur d'un risque d'étouffement ? Dans la première de ces recettes, Dioscoride s'adresse spécifiquement aux nourrices :

> Toutes les cires ont le pouvoir de chauffer, adoucir, et remplir modérément. On mélange la cire aussi avec du porridge dans les cas de dysenterie, et elle évite au lait des nourrices de cailler, si <ces dernières> avalent de cire l'équivalent de dix grains de millet[218].

Dans la seconde, le lait caillé dans la poitrine est mis en parallèle à un caillot de sang qui s'y serait formé. Dès lors, les deux substances sont comparées à des poisons mortels. Le vinaigre apparaît comme souverain contre ce type d'empoisonnement :

> Il agit efficacement contre les poisons mortels, lorsqu'on le boit chaud et qu'on le vomit – en particulier si l'on avait consommé de l'opium, de l'aconit ou de la grande ciguë ; et efficace contre la formation de caillots de sang et de lait dans *le ventre*[219].

Les vins en général ont un spectre d'action identique au vinaigre puisqu'ils sont utilisés seuls, contre les flèches empoisonnées et le lait caillé[220]. Pour atteindre le même résultat, le silphium doit être mélangé à de l'oxymel (mélange de miel, vinaigre et plantes)[221].

Pour clore ce chapitre sur l'usage du lait, mentionnons six substances à fort pouvoir coagulant : le baume de la Mecque, les branches et la substance laiteuse des figues, la cervelle de lièvre, le Caille-lait jaune, le jus des semences du safran des teinturiers. En plus de cailler le lait, ce dernier a, combiné à des branches de figuier, le pouvoir de le rendre plus laxatif[222].

Remèdes à partir de lait transformé

Bien que donnant peu de détails sur la manière de préparer les remèdes, Dioscoride développe la cuisson du lait. Il s'agit d'une réduction qui vise à le rendre plus resserrant. Le lait est bouilli, grâce à l'emploi de cailloux chauffés à blanc. Il sert alors en premier lieu, à resserrer les intestins, mais un large spectre d'action lui est reconnu :

> Tous les laits, une fois bouillis, resserrent les intestins, surtout celui qui a subi une évaporation par une cuisson avec des pierres extrêmement chaudes. Mais globalement il constitue un remède pour les ulcérations internes, spécialement celles de la gorge,

---

217 *Mat. Méd.* V, 11, 1. L'eau de mer est aussi utilisée en clystère pour soigner l'intestin.
218 *Mat. Méd.* II, 83, 3 : Δύναμιν δὲ ἔχει πᾶς κηρὸς θερμαντικήν, μαλακτικήν, πληρωτικήν τε μετρίως. Μείγνυται δὲ καὶ ῥοφήμασιν ἐπὶ τῶν δυσεντερικῶν, καταπινόμενος δὲ μεγέθη κεγχριαῖα δέκα οὐκ ἐᾷ τυροῦσθαι ἐπὶ τῶν τιθηνουσῶν τὸ γάλα (trad. personnelle).
219 *Mat. Méd.* V, 13, 3 : Ποιεῖ καὶ πρὸς τὰ θανάσιμα πινόμενον θερμὸν καὶ ἐξεμούμενον, μάλιστα πρὸς μηκωνίου καὶ ἀκονίτου καὶ κωνείου πόσιν, καὶ αἵματος καὶ γάλακτος θρόμβωσιν ἐν κοιλίᾳ (trad. personnelle).
220 *Mat. Méd.* V, 6, 4.
221 *Mat. Méd.* III, 80, 5.
222 *Mat. Méd.* IV, 188.

des poumons, des intestins, des reins, de la vessie, et pour les irritations de la peau, pour les pustules, et en cas de dérèglement des humeurs[223].

Le lait peut être réduit de moitié ou subir des cuissons plus longues. Dioscoride évoque l'effet favorable qu'a un lait préparé de la sorte :

> Il est donné frais et bien mélangé avec du miel cru et un peu d'eau ; on y ajoute aussi du sel. Il cause moins de flatulences s'il est d'abord cuit. Bouilli avec des cailloux jusqu'à réduction de moitié, il remédie aux sécrétions produites par un ulcère des intestins[224].

Pour purger de manière douce, il conseille d'utiliser le petit-lait cher aux hippocratiques. Celui-ci peut être utilisé pour des états mélancoliques, l'épilepsie, la lèpre, l'éléphantisme, et contre les pustules recouvrant le corps entier[225]. Voici comment séparer le petit-lait : le lait doit être mis à bouillir dans un récipient en céramique neuf ; on le mélange avec une branche de figuier fraîchement coupée ; après le deuxième ou troisième bouillon, un cyathe (0,045 l.) d'oxymel est ajouté par cotyle de lait (0,274 l.). Pour éviter les débordements, le rebord de la céramique est régulièrement essuyé à l'aide d'une éponge trempée dans de l'eau froide, alors qu'une petite tasse en argent, remplie du même liquide, est placée dans la casserole. Ainsi préparé, le petit-lait est donné à intervales réguliers, en quantités qui varient entre un et cinq cotyles.

Le beurre

Le « bon beurre » est celui fait avec du lait de brebis, en raison de sa teneur élevée en graisse. Moins gras, le lait de chèvre est aussi utilisé à cette fin. Dioscoride ne mentionne pas pour cette préparation le lait de vache. Pour réaliser du beurre, le gras, particulièrement huileux et émollient, est séparé du petit-lait. Résultant de la partie la plus grasse, le beurre est un bon substitut à l'huile, en cas d'empoisonnement. Absorbé en grande quantité, le beurre relâche les intestins. Mélangé à du miel, il est conseillé pour aider à la poussée des dents chez les enfants, ainsi que pour réduire les démangeaisons qui en découlent :

> Mélangé avec du miel et brossé sur elles [les gencives], il aide pour la poussée des dents, pour la démangeaison des gencives des enfants, et pour le muguet, et il aide le corps à conserver une condition vigoureuse et libérée de boutons lorsqu'il est appliqué sur la peau[226].

S'il n'est pas malodorant ou vieux, le beurre est aussi conseillé pour les maux de l'utérus, indurations et inflammations, ainsi que les problèmes intestinaux : dysenteries

---

223 *Mat. Méd.* II, 70, 2 : Ἑψηθὲν δὲ πᾶν γάλα στεγνωτικὸν γίνεται κοιλίας, καὶ μάλιστα τὸ διαπύροις κόχλαξιν ἐξικμασθέν. κοινῶς δὲ δοκεῖ βοηθεῖν ταῖς ἐντὸς ἑλκώσεσι, μάλιστα δὲ βρόγχου, πνεύμονος, ἐντέρων, νεφρῶν, κύστεως, καὶ πρὸς τοὺς τῆς ἐπιφανείας κνησμούς, ἐξανθήματα, κακοχυμίας (trad. personnelle).
224 *Mat. Méd.* II, 70, 3 : Δίδοται δὲ νεαρὸν μετὰ μέλιτος ὠμοῦ καὶ ὕδατος ὀλίγου συναναρκαθέντος, μειγνυμένων καὶ ἁλῶν. ἀφυσότερον δὲ γίνεται ἀποζεσθὲν ἅπαξ. Τὰ δὲ τῆς κοιλίας μεθ᾽ ἑλκώσεως ῥεύματα μέχρι ἡμίσεως τοῖς κόχλαξιν ψηθὲν ὠφελεῖ (trad. personnelle).
225 *Mat. Méd.* II, 70, 3.
226 *Mat. Méd.* II, 72, 1 : Μιχθὲν δὲ μέλιτι καὶ παρατριβὲν ὀδοντιάσεις ὠφελεῖ καὶ τοὺς τῶν οὔλων ὀδαξισμοὺς ἐπὶ παιδίων καὶ ἄφθας, ἔξωθεν δὲ καταπλασσόμενον εὔτροφον καὶ ἀψυδρακίωτον τηρεῖ τὸ σῶμα (trad. personnelle).

et ulcérations du côlon[227]. Dans ce dernier cas, il conseille d'en faire un clystère. Il est aussi bon pour la vessie, les blessures des tendons et en cas de piqûres d'abeille. Dans les plats, le beurre frais remplace le suif. Une suie médicinale est produite avec du beurre versé dans une lampe que l'on allume et couvre avec un récipient en terre-cuite perforé de petits trous. La manoeuvre doit être répétée jusqu'à l'obtention de la quantité voulue. Ce qui reste du beurre consommé peut être ensuite retiré avec une plume. La substance est surtout employée pour les ophtalmies[228].

Le fromage

Contrairement à Hippocrate et Galien, Dioscoride a un point de vue positif sur le fromage. Il le préfère toutefois non salé, car plus nutritif. Il est alors bon pour l'estomac, fait grossir et assouplit les intestins. Le fromage est tributaire de la qualité du lait. Il est possible d'avoir de l'influence sur ses propriétés. Bouilli et pressé avant cuisson, il devient astringent et resserrant. Il est aussi bon de l'appliquer sur les yeux inflammés ou au beurre-noir. Le fromage salé est, quant à lui, considéré comme malsain, agravant pour les intestins et l'estomac. Le vieux fromage resserre les intestins. Son petit-lait est nourrissant pour les chiens[229]. Dioscoride termine en évoquant le fromage de jument nommé *hippace*. D'odeur nauséabonde, il est toutefois hautement nutritif, comme l'est celui de vache[230].

Sélection et usages thérapeutiques du lait chez Galien

Chez le médecin Galien de Pergame[231], le lait apparaît comme aliment dans un chapitre du livre III *Sur la faculté des aliments*. Son pouvoir nutritif le distingue, par exemple, du vin comme le rappelle Galien :

> Que le vin appartient à ce qui nourrit, tout le monde est d'accord. Et si tout ce qui nourrit est une nourriture, il faut dire que le vin aussi appartient au genre des nourritures. Mais certains médecins nient qu'il faut l'appeler une nourriture. Selon leur argumentation donc, on distingue la nourriture de la boisson, qu'on appelle aussi le breuvage, tout comme la nourriture est aussi la denrée, l'aliment est ce qu'on mange. Ils ne jugent pas, pour ces raisons, qu'on doit appeler le vin une nourriture, mais ils sont d'accord sur le fait qu'il nourrit et c'est actuellement ce qu'il nous faut pour notre présent développement. Et s'ils étaient d'accord que d'autres matières également nourrissent mais en nous défendant de les appeler nourritures, on aurait rassemblé dans un seul écrit l'enseignement sur elles toutes. Mais puisque c'est le vin seulement qu'ils ne

---

227 *Mat. Méd.* II, 72, 2.
228 *Mat. Méd.* II, 72, 3.
229 *Mat. Méd.* II, 71.
230 *Mat. Méd.* II, 71.
231 Voir annexe « 1 » *s.u.* « GALIEN ».

jugent pas digne d'être appelé nourriture, même s'il nourrit, ils nous pardonneront si nous ajoutons un petit mot sur les vins à mon traité sur les aliments[232].

L'apport de Galien sur l'appréciation du lait à l'époque romaine est particulièrement éclairant. De par son origine orientale, le médecin nous renseigne sur les pratiques alimentaires de son pays, l'Asie mineure. Il fait aussi des parallèles avec les habitudes romaines, des riches comme des pauvres[233]. Par exemple, il dit qu'à Rome le petit-lait est parmi les nourritures les plus prisées, comme aussi l'ἀφρόγαλα (lait mousseux)[234].

Nourriture, le lait est aussi un médicament. La différence entre les deux qualifications réside dans le fait que les substances uniquement nourricières sont de « tempérament moyen » :

> Elles ne relâchent pas l'estomac ni ne le resserrent, elles ne fortifient ni ne détendent l'orifice de l'estomac, de même qu'elles ne provoquent ni la sueur ni l'urine, et qu'elles ne produisent aucune autre disposition dans le corps en termes de chaleur, froid, sécheresse ou humidité ; mais elles maintiennent de toutes les façons le corps de l'animal qu'elles nourrissent dans l'état dans lequel elles l'ont trouvé[235].

À l'inverse, le médicament modifie la nature de la personne qui le consomme, ce qui rejoint le médecin hippocratique : « C'est dans la nourriture que se trouve le meilleur médicament[236] ». Selon cette définition, le lait est un médicament privilégié pour Galien, comme c'était déjà le cas chez les « anciens » médecins, ainsi qu'il le précise[237]. Cependant, une substance devient un médicament en fonction du corps de celui qui le prend. Galien donne l'exemple du miel qui fait du bien ou du mal en fonction de l'âge et de la nature de l'individu mais aussi des saisons, des pays et des modes de vie[238].

Provenant des animaux, le lait est une substance soumise à de nombreuses variations : les saisons de l'année, le moment de la mise bas, le type d'animaux et sa nourriture. Pour Galien, le lait qui suit la naissance est le plus humide, il s'épaissit ensuite au fur et à mesure que le temps passe. Au printemps, le lait est le plus humide et le plus abondant, c'est au milieu de l'été qu'il est le meilleur.

---

232 GALIEN, *Sur les facultés des aliments* III, 39 (K VI 743, 2) : Ὅτι μὲν ἐκ τῶν τρεφόντων ἐστὶν ὁ οἶνος, ἅπαντες ὁμολογοῦσι· καὶ εἴ γε τὸ τρέφον ἅπαν τροφή ἐστι, ῥητέον ὡς εἴη ἂν ἐκ τοῦ γένους τῶν τροφῶν καὶ ὁ οἶνος. Ἀλλ' ἔνιοί γε τῶν ἰατρῶν οὔ φασι δεῖν ὀνομάζειν τροφὴν αὐτόν· ἀντιδιαιρεῖσθαι γοῦν κατὰ τοὺς λόγους τῇ τροφῇ τὸ ποτόν, ὅπερ καὶ πόμα προσαγορεύεται, καθάπερ γε καὶ ἡ τροφὴ σιτίον καὶ ἔδεσμα καὶ ἐδεστόν. Τροφὴν μὲν οὖν διὰ ταῦτα καλεῖν οὐκ ἀξιοῦσι τὸν οἶνον, ὁμολογοῦσί γε μὴν τρέφειν αὐτόν, οὗ νῦν εἰς τὰ παρόντα δεόμεθα. Καὶ εἴπερ καὶ ἄλλας τινὰς ὕλας τρέφειν μὲν συνεχώρουν, ἐκώλυον δὲ τροφὰς ὀνομάζειν, ἠθροίσαμεν ἂν ἁπασῶν ἐν ἑνὶ γράμματι τὴν διδασκαλίαν. ἐπεὶ δὲ τὸν οἶνον μόνον οὐκ. Σῶν ἐν ἑνὶ γράμματι τὴν διδασκαλίαν· ἐπεὶ δὲ τὸν οἶνον μόνον οὐκ ἀξιοῦσι τροφὴν ὀνομάζειν, καίτοι τρέφοντα, συγχωρήσουσί γε ἡμῖν τῷ περὶ τῶν τροφῶν λόγῳ βραχὺν ὄντα τὸν περὶ τῶν οἴνων προσθεῖναι.
233 *Ibid.*, notice, p. XVIII.
234 GALIEN, *Sur la méthode thérapeutique* VII (K X, 468, 4, éd. Loeb).
235 GALIEN, *Sur les facultés des aliments* I, 468 (K VI 469 2) : Μήθ' ὑπάγοντα γαστέρα μήτ' ἐπέχοντα μήτε ῥωννύντα μήτ' ἐκλύοντα στόμαχον, ὥσπερ | γε μήθ' ἱδρῶτας ἢ οὖρα κινοῦντα μήτ' ἄλλην τινὰ διάθεσιν ἐν τῷ σώματι ποιοῦντα κατὰ θερμότητα καὶ ψυχρότητα καὶ ξηρότητα καὶ ὑγρότητα, διαφυλάττοντα δὲ πάντῃ τὸ τοῦ τρεφομένου ζῴου σῶμα τοιοῦτον, ὁποῖον παρέλαβεν.
236 *Ibid.* I, 305 (K VI 467).
237 *Ibid.*
238 *Ibid.* I, 306 (K VI 472).

Comme chez les autres médecins et auteurs de l'Antiquité, les laits sont classés en fonction de leur épaisseur, mais Galien va plus loin : le lait comporte une certaine ambiguïté car « il y a en lui mélange de substances qui s'opposent, c'est à dire le petit-lait et le fromage[239] ». Outre ces deux parties, Galien reconnaît au lait une troisième substance qu'il nomme le « suc gras ». La première est considérée comme sans danger, relâchante et allégeante et elle peut être utilisée sans limite ; quant à la deuxième, elle est resserrante et obstruante et donc très vite néfaste : elle provoque lourdeurs, obstructions des canaux et des organes comme le foie, les reins, et par là les tant redoutés calculs rénaux ; la troisième est utilisée pour produire le beurre et, « souvent, comme le lard, pour le mélanger aux pansements et autres médicaments »[240].

Galien a donc un avis mitigé concernant l'utilisation du lait et ses bienfaits. Il évoque ainsi un « un certain vieux monsieur, un fermier, qui a vécu dans le pays durant plus d'une centaine d'années »[241], dont la nourriture consistait principalement en lait de chèvre, dans lequel il trempait du pain, mélange auquel il mêlait du miel et qu'il chauffait parfois, en y ajoutant des branches de thym. Galien mentionne ensuite un homme qui l'imite, car il pense que le lait est la raison de sa longue vie. On retrouve ici le pouvoir de longévité qui était déjà attribué au lait chez certains peuples mentionnés par Hérodote[242]. L'imitateur ne tire toutefois aucun bienfait du lait, quelle que soit la façon dont il le prépare. Il en est malade, développant des douleurs à l'hypochondre droit[243]. Un troisième homme, adoptant également une diète de lait, se porte à merveille durant près d'une semaine : Galien précise qu'il le digère bien et ne développe aucune hyperacidité, pas de gaz, ni d'éructations et ne ressent pas de lourdeur dans la région de l'hypochondre. Le septième jour, pourtant, cet homme sent son foie devenir lourd comme si une pierre lui appuyait sur l'hypocondre. Le diagnostic du médecin ne se fait pas attendre : le foie est obstrué et distendu par les gaz. Galien connaît plusieurs personnes qui ont souffert de l'usage du lait, avec des conséquences graves. Il peut se former des calculs rénaux :

> J'ai connu quelqu'un chez qui des pierres se sont formées dans les reins en raison d'un usage continuel de lait[244].

Chez d'autres, ce sont les dents qui sont touchées :

> Et quelqu'un d'autre qui a eu des problèmes avec le lait en perdit les dents ; et cela survint aussi à beaucoup d'autres suite à une prise prolongée de lait[245].

Quant à la digestibilité du lait, elle dépend aussi de la physiologie de celui qui le prend. Ainsi, une bonne largeur des vaisseaux du corps assure à la substance laiteuse un passage facilité au travers des viscères.

---

239   *Ibid.* III, 15 (K VI 683, 9-10) : Τὸ σύμπαν γάλα μικτὸν ἐξ ἐναντίων οὐσιῶν ὑπάρχον, ὀροῦ τε καὶ τυροῦ.
240   *Ibid.*
241   Galien, *Hygiène* VII (K VI, 343, 15) : Γέροντα γοῦν τινα γεωργικὸν ἔγνωμεν, ἔτη πλείω τῶν ἑκατὸν βιώσαντα κατ'ἀγρόν (trad. personnelle).
242   Hérodote, *Histoires* III, 23.
243   Dictionnaire Littré, *s.u.* « hypocondre » : Chacune des parties latérales de l'abdomen situées sous les fausses côtes.
244   Galien, *Hygiène* VII (K VI 344, 15) : Καὶ μὲν δὴ καὶ ἄλλον ἐπὶ γάλακτος χρήσει πολυχρονίῳ λίθον γεννήσαντα κατὰ τοὺς νεφροὺς οἶδα.
245   Galien, *Hygiène* VII (K VI, 345-346, 1-2) : Καί τινα ἕτερον ἀπολέσαντα | πάντας τοὺς ὀδόντας. Τοῦτο μὲν οὖν καὶ ἄλλοις ἐγένετο πολλοῖς τῶν ἐπὶ γάλακτι μακρῶς διαιτηθέντων.

Par souci d'équilibre, Galien préconise d'intervertir l'usage des types de lait, notamment celui de chèvre et d'ânesse. Le lait étant couramment mélangé à des céréales, notamment par les paysans, Galien précise l'avantage de prendre le lait seul[246] :

> Si, à l'occasion, quelqu'un le prend seul sans pain, il passe mieux, produit moins de flatulences et ne se coagule pas dans l'estomac, particulièrement s'il est pris avec du sel et du miel[247].

Le médecin de Pergame met toutefois en garde contre la variabilité du lait. Tous ne sont pas bons :

> Je n'ai pas dit tout simplement que tout lait a le suc le meilleur : j'ai ajouté le lait le meilleur. Car le lait d'un suc mauvais est tellement éloigné de ce qui produit finalement la bonne humeur qu'il transforme même ceux dont l'humeur est bonne en humeur mauvaise quand on l'utilise[248].

Remèdes à base de lait animal

Toute maladie ne peut être soignée par le lait. Certaines requièrent du lait et sont soignées uniquement par ce moyen, d'autres sont incurables[249]. Galien attribue donc de grands pouvoirs guérisseurs au lait. Cela ressort de l'exemple d'une femme atteinte de catarrhe, qui toussait du sang. Celle-ci s'est remise de sa maladie, à l'aide de lait[250]. Il est toutefois important que le lait soit pris directement du pis de l'animal. Galien préconise alors d'amener l'animal, qui est toujours une ânesse, auprès du malade. Il conseille, en fonction de l'effet voulu, de donner par intermittence du miel et du sel, comme pour ce jeune homme atteint par une épidémie :

> Que ce précepte soit le plus important au sujet du lait, pour tous ceux pour qui il est besoin de lait, de le faire boire immédiatement après qu'il a été trait, plaçant [le patient] derrière l'animal, et ajoutant aussi un peu de miel, par lequel il est naturellement caillé dans l'estomac. Si tu veux qu'il soit évacué plus vite en fonction des circonstances, ajoute du sel. En fait, le jeune homme qui avait une irritation de la trachée des suites de l'épidémie, redevint sain, comme d'autres après lui[251].

Toujours selon la même méthode, c'est à dire avec l'ânesse dans la pièce, mais en donnant le lait tiré au malade à l'aide d'une tasse, Galien nous renseigne sur les quantités

---

246 Le médecin dit que les gens de la campagne font bouillir le blé dans le lait. Bien que nourrissant, ce mélange a toutefois aussi la propension de bloquer les canaux (GALIEN, *Sur les facultés des aliments*, I, 495).
247 GALIEN, *Hygiène* (K VI, 346, 14) : Καὶ γὰρ εἰ μόνον ποτὲ λαμβάνοιτο χωρὶς ἄρτου, καὶ ὑπέρχεται θᾶττον καὶ ἥκιστά ἐστι φυσῶδες οὐ τυροῦταί τε κατὰ τὴν γαστέρα, καὶ μάλισθ' ὅταν ἁλῶν καὶ μέλιτος προσλάβῃ (trad. personnelle).
248 GALIEN, *Sur les facultés des aliments* III (K VI 685, 15-686, 2) : Οὐ γὰρ ἁπλῶς εἶπον εὐχυμότατον εἶναι γάλα πᾶν, ἀλλὰ προσέθηκα τὸ ἄριστον. Ὡς τό γε κακόχυμον γάλα τοσούτου δεῖ συντελεῖν εἰς εὐχυμίαν, | ὥστε καὶ τοὺς εὐχύμους χρωμένους αὐτῷ κακοχύμους ἐργάζεται.
249 GALIEN, *Sur la méthode thérapeutique* V (K X 375).
250 GALIEN, *Sur la méthode thérapeutique* V (K X 371).
251 *Ibid.* V (K X 366) : Καί σοι τοῦτ' ἔστω μέγιστον παράγγελμα γάλακτος χρήσεως ἐπὶ πάντων οἷς γάλακτος χρεία, αὐτίκα πίνειν ἀμελχθέν, τῷ ζώῳ παρεστῶτα· προσεμβάλλειν δὲ καὶ μέλιτος, ὅτῳ τυροῦσθαι πέφυκεν ἐν τῇ γαστρί· εἰ δ' ὑπελθεῖν αὐτό ποτε θᾶττον βουληθείης, καὶ ἁλῶν. Ἐκεῖνος μέν γε οὖν ὁ νεανίας ἐκ τῆς λοιμώδους νόσου κατὰ τὴν ἀρτηρίαν ἕλκος ἔχων ὑγιὴς ἐγένετο καὶ ἄλλοι μετ' αὐτὸν ὁμοίως (trad. personnelle).

qui sont données et l'effet rapide du lait sur le pouls et donc sur l'état de santé de la personne souffrante :

> Au début, tu ne dois pas donner plus qu'une tasse pleine de lait d'ânesse, comme tu m'as vu le faire, amenant l'ânesse dans la chambre à coucher, afin qu'il n'y ait pas d'intervalle et que le patient le boive aussitôt sorti du pis, parce que nous avons fait des observations précises et comparé le mouvement des artères avant et après l'administration du lait. S'il est corrompu, tu trouveras un pouls faible et des battements irréguliers, identiques à ceux observables en cas de compression de l'estomac. Si le lait n'est pas corrompu, le pouls sera plus ample et fort. Si le résultat est bon, tu peux augmenter les quantités par une demi-tasse, puis encore une autre demie, et ainsi graduellement jusqu'à la quantité désirée. Tu apprendras les indicateurs de limite, non seulement du lait mais aussi des autres aliments en lisant le septième livre de ce traité où je soigne les dyscrasies[252].

Ces quelques exemples extraits de trois traités de Galien, démontrent l'importance que le médecin donne au lait. Il ne semble toutefois pas suivre Hippocrate et « ses cures de lait », qui nécessitent de prendre le liquide à haute dose. Pris pur et en quantités raisonnables, adaptées à la constitution de l'individu, le lait apparaît comme une sorte de « potion magique » agissant contre de nombreux maux.

Remèdes à base de lait humain

Dans le cadre thérapeutique, Galien préfère celui de femme parce qu'il provient de la « même » espèce[253]. Nous avons vu qu'il recourt parfois au lait d'ânesse afin de ménager les sensibilités, comme il le dit avec une pointe d'humour : « Toutefois, si certains ont de la peine à boire du lait de femme comme les enfants, tu dois leur donner du lait d'ânesse, comme s'ils étaient des ânes[254] ». L'idéal est alors de téter le lait directement des mamelles de l'ânesse, ce qui accélère la guérison. Certains malades refusent cependant de tirer directement le lait de la mamelle :

> Si toutefois cela cause de la nausée, le lait ne doit être en contact avec l'air qu'un très court instant parce que le lait change rapidement de nature, comme le sperme, qui lui aussi ne doit pas rester longtemps en dehors de ses propres organes, afin de conserver toute sa potentialité, mais il est mieux qu'il reste dans les organes génitaux du mâle,

---

252 GALIEN, *Sur la méthode thérapeutique* X (K X 727, 6-728, 3) : Δοτέον οὖν τὴν πρώτην τὸ γάλα τῆς ὄνου κυάθου μὴ πλέον, ὡς ἐθεάσω διδόντας ἡμᾶς εἰσαχθείσης μὲν εἰς τὸν κοιτῶνα τῆς ὄνου, πρὸς τὸ μηδένα χρόνον ἐν τῷ μεταξὺ γενέσθαι, καταπιόντος δ' αὐτὸ τοῦ κάμνοντος αὐτίκα, θεωρούντων δ' ἡμῶν ἀκριβῶς καὶ παραβαλλόντων τὴν κίνησιν τῶν ἀρτηριῶν, τὴν ἐπὶ τῇ προσφορᾷ γιγνομένην, τῇ πρὸ τοῦ ληφθῆναι τὸ γάλα. εἰ μὲν γὰρ διαφθείροιτο, τοὺς σφυγμοὺς σμικροὺς καὶ ἀνωμάλους εὑρήσεις οἵους περ ἐπὶ θλίψει στομάχου συμβαίνοντας οἶσθα· εἰ δὲ μὴ διαφθείροιτο, τοὺς σφυγμοὺς μείζους τε καὶ ἰσχυροτέρους γιγνομένους. ὥστ' ἐξέσται σοι μετὰ ταῦτα προσφέροντι τὸ πλῆθος αὐξῆσαι τοῦ γάλακτος ἥμισυ κυάθου, κἄπειθ' ἥμισυ προσθεῖναι πάλιν, εἶθ' οὕτω κατὰ βραχὺ μέχρι τοῦ συμμέτρου προσαυξῆσαι. τοῦ μέτρου | δὲ οὐ μόνον τοῦ γάλακτος, ἀλλὰ καὶ τῶν ἄλλων ἁπάντων σιτίων ἔμαθες τοὺς σκοπούς, ἔνθα τὰς τῆς γαστρὸς ἰώμεθα δυσκρασίας (trad. personnelle) [Dic. LITTRÉ, *s.u.* dyscrasies : Mauvaise mixture des humeurs, mauvaise constitution de l'estomac].
253 *Ibid.*
254 *Ibid.* (K X 475, 6-7) : Ἐπεὶ δ' <οὐχ> ὑπομένουσιν οἱ πολλοὶ γάλα γυναικὸς προσφέρεσθαι δίκην παιδίων, ὡς ὄνοις αὐτοῖς δοτέον ὄνειον γάλα (trad. personnelle).

ou rejoindre ceux de la femme. Et, certainement, le lait est le meilleur si quelqu'un le tète directement du sein, comme Euryphon et Hérodicus le font, parce qu'ils ont une telle confiance en cela pour la restauration des corps qu'ils la préconisent à ceux souffrant d'une dégénérescence due à la phtisie. Après donc qu'ils aient appliqué leur bouche sur le sein d'une femme, qu'ils en aspirent le lait. Puisque la plupart des gens ne supportent pas de faire cela, il est mieux de transférer le lait chaud directement de la poitrine à l'estomac du patient aussi vite que possible[255].

Comme à d'autres endroits, Galien fait ici référence à Euryphon et Herodicus, deux médecins de l'école de Cnide, considérés comme les plus anciens qui nous soient connus[256]. Aux vieillards qui font l'objet d'un chapitre entier, en raison de leur constitution particulièrement sèche, ainsi qu'aux personnes affaiblies par la maladie, Galien préconise aussi de téter le lait directement au sein de la femme ou à défaut provenant d'une ânesse[257] :

> Personnellement, rien ne me semble être meilleur dans cette perspective que le lait, surtout si une personne supporte de le téter en mettant dans sa bouche un mamelon de femme, comme Euryphon et Hérodikos le jugent bon à propos de ceux qui dépérissent ; autrement, il faut du moins prendre du lait d'ânesse encore chaud, qui a été le moins de temps possible en contact avec l'environnement. Un tel but pour les nourritures est utile non seulement pour ceux qui sont dans une condition proche du grand âge ou dans les consomptions accompagnées de syncopes, mais aussi pour ceux qui sont appelés « desséchés » par Philippe[258].

La tétée du lait directement du sein ou du pis a deux avantages. Elle permet d'avoir un lait tiède, à la température du corps de la femme ou de l'animal, ce qui est bon pour réchauffer le corps froid du vieillard. En outre, elle évite que le lait tourne et perde ses propriétés en étant trop longtemps en contact avec l'air ambiant. Cette attention de Galien montre bien que les Anciens étaient conscients des dangers liés à la grande labilité du lait. Elle suggère que lorsqu'il était administré à des enfants, le lait animal était sujet aux mêmes conditions, voire bouilli.

---

255   *Ibid.* VII (K 10, 474, 10-475, 4) : Τούτου δ' ἔχοντος ἀηδίαν ἐλάχιστον χρόνον ὁμιλεῖν αὐτὸ τῷ πέριξ ἀέρι, τάχιστα μεταβάλλεσθαι πεφυκότος, ὁμοίως τῷ σπέρματι· καὶ γὰρ καὶ τοῦτο χρόνον οὐδένα χρὴ διαμένειν ἔξω τῶν οἰκείων ὀργάνων, εἰ μέλλει τὴν ἑαυτοῦ φυλάξειν δύναμιν· ἀλλ' ἢ ἐν τοῖς τοῦ ἄρρενος εἶναι μορίοις, ἢ τοῖς τῆς θηλείας συνῆφθαι. Καὶ δὴ καὶ τὸ γάλα κάλλιστον μὲν εἰ ἐξ αὐτῶν τῶν θηλῶν ἐπισπῶτό τις, ὥσπερ Εὐρυφῶν καὶ Ἡρόδικος ἀξιοῦσιν· Οἳ τοσοῦτον ἄρα καὶ τοὺς ὑπὸ φθόης συντετηκότας ἐκέλευον | ἐντιθεμένου τοῦ τιτθοῦ τῆς γυναικὸς τὴν θηλὴν βδάλλειν τὸ γάλα. Τοῦτο δὲ οὐχ ὑπομενόντων ποιεῖν τῶν πλείστων ἄμεινόν ἐστιν ὅτι τάχιστα θερμὸν μεταφέρειν ἐκ τῶν τιτθῶν εἰς τὴν κοιλίαν τοῦ κάμνοντος αὐτό (trad. personnelle).
256   Zhmud 2012, p. 355, note 29.
257   Au sujet des vieillards, voir Galien, *Hygiène* V, 3 et Oribase, *Livres incertains* 11, 2 (Dar III, 115).
258   Galien, *Sur le marasme* VII (K VII 701, 9) : Ἐμοὶ μὲν δὴ βέλτιον οὐδὲν εἰς τὰ τοιαῦτα γάλακτος εἶναι δοκεῖ, μάλιστα μὲν εἴτις αὐτὸ ὑπομένει βδάλλειν ἐντιθέμενος τῷ στόματι γυναικεῖον τιτθόν, ὥσπερ Εὐρυφῶν τε καὶ Ἡρόδικος ἐπὶ τῶν ναικεῖον τιτθόν, ὥσπερ Εὐρυφῶν τε καὶ Ἡρόδικος ἐπὶ τῶν φθινόντων ἀξιοῦσιν· εἰ δὲ μή, ἀλλὰ τό γε τῆς ὄνου λαμβάνειν ἔτι θερμόν, ἐλαχίστῳ χρόνῳ ὠμιληκὸς τῷ περιέχοντι. Συμφέρει μὲν οὖν ὁ τοιοῦτος σκοπὸς τῶν τροφῶν οὐ μόνον τοῖς γήρᾳ παραπλησίαν ἔχουσι διάθεσιν, ἢ συγκοπώδεσι μαρασμοῖς, ἀλλὰ καὶ τοῖς περιπεφρυγέσιν ὑπὸ τοῦ Φιλίππου προσαγορευομένοις.

La prescription de boire le lait directement du sein renvoie à une histoire rapportée par Pline[259] et dont on connaît deux représentations à Pompéi. L'image est rendue d'autant plus ambiguë par le texte qui l'accompagne dans la maison de Marcus Lucretius Fronto :

> *Quae paruis mater natis alimenta parabat*
> *fortuna in patrios uertit iniqua cibos.*
> *aeuo dignum opus est. tenui ceruice seniles*
> *asp[ice, ia]m ut uenae lacte me[ante micant.*
> *ambiguo]q[ue] simul uoltu fri(ca)t ipsa miconem*
> *Pero : tristis inest cum pietate pudor*[260]

Le fait que l'allaité des fresques soit un vieillard permet d'autant plus le rapprochement entre la fresque/l'histoire et la prescription de Galien. Bien que le cadre de l'histoire soit différent, on peut imaginer que l'inspiration de l'histoire aient été les pratiques médicales. Mais on ne peut croire, contrairement à Tara Mulder, que cet allaitement « *was not repugnant*[261] » car Galien met bien en évidence le dégoût produit chez certains à l'idée de boire le lait directement du sein d'une femme. Il ressort en outre que boire le lait directement du pis d'une ânesse posait moins de problèmes. Nous n'avons pas assez de sources pour juger de ces sensibilités, ce qui est bien dommage mais il est en tous les cas certains, comme nous l'avons vu, que le lait de femme était un remède de choix que les Anciens dispensaient probablement par le biais d'un vase, comme cela est mentionné concernant le lait d'ânesse. Par sa forme de sein, notre VBT serait l'objet idéal, d'autant plus, s'il est bien l'équivalent du bombylios grec employé, comme dans les exemples de Galien, pour soigner une personne souffrant de phtisie. On peut ainsi supposer que la discrétion des sources écrites et iconographiques grecques témoigne d'une pudeur qui n'est plus d'actualité à Rome.

Remède à partir de lait transformé

Le fromage

Obtenus grâce à la présure qu'on ajoute au lait, les fromages acquièrent de l'aigreur et de l'épaisseur. Le produit obtenu est plus échauffant, difficile à digérer, et provoque la soif. Son suc est nettement moins bon et tend à produire des calculs des reins chez les personnes qui y sont prédisposées. En outre, le fromage est mauvais pour les dents et les gencives :

---

259 *HN* VII, 121-122 : la fille nourrit dans cette version sa mère incarcérée. Valerius maximus (1er s. apr. J.-C.) mentionne les deux versions de l'histoire, l'une où il s'agit, comme chez Pline de la mère, m'autre du père. Les noms de Pero et Mycon apparaissent dans cette version (*Faits et dits mémorables* 5,4,7). Un duo fille/père du noms de Xanthippe et Myconus est évoqué par Hygin, *Fables*, 254.3.

260 CIL IV, 6635c. La translittération est celle employée par Wilkins p. 45. Tara Mulder (2017) en propose une autre ou *admoto]q[ue]* prend la place d'*ambiguo]q[ue*. Nous proposons la traduction suivante : La nourriture que la mère avait l'habitude d'offrir à ses nouveau-nés,/ la méchante Fortune l'a transformé en nourriture pour son père./ C'est une tâche digne de l'éternité. Regardez comment les fines veines/ du cou du vieil homme s'élargissent avec l'écoulement du lait./ Pero elle-même approche son visage de Mycon et le caresse :/ Un triste sentiment de honte associé à la piété est présent (dans cette image).

261 Mulder 2017, p. 240. La chercheuse propose d'ailleurs l'existence d'un commerce du lait médicinal qui aurait pu avoir eu lieu, en marge de celui alimentaire, près de la légendaire *columna lactaria*.

L'usage fréquent de fromage fait aussi mal aux dents ainsi qu'à la chair qui les entoure, qu'on appelle gencives. Il fait mollir les gencives et fait facilement pourrir et se corroder les dents. Il faut donc, après avoir consommé du lait, se laver les dents au vin mélangé. C'est mieux si vous ajoutez du miel avec. Ainsi on nettoie la matière fromagère du lait qui se forme autour des dents et des gencives. Et si on n'a pas de mal à la tête quand on les lave au vin sans ajouter d'eau, c'est mieux pour les dents et les gencives de procéder ainsi. Le miel et le mélange des deux liquides au miel y parviennent le mieux. La méthode la meilleure pour s'assurer que les dents ne souffrent pas de mal à cause du lait, c'est de les laver au mélicrat après avoir mangé, et puis une deuxième fois au vin astringent[262].

Pour le médecin de Pergame, certains fromages sont meilleurs que d'autres. Un fromage jeune est meilleur qu'un vieux, qui a développé de l'aigreur. Les fromages mous valent mieux que les durs[263].

L'oxygala

L'*oxygala* est un produit dérivé du lait dont Galien traite rapidement. Il ne précise pas la manière dont on l'obtient. Il faut se référer à Pline pour comprendre de quoi il s'agit. Pline évoque deux moyens de l'obtenir. Le premier est d'intervenir, lors du processus de préparation du beurre. Le lait est alors chauffé, ou secoué énergiquement en été ; il se sépare et la partie caillée est prélevée en y ajoutant du sel. Une seconde méthode est d'ajouter du lait aigre à un lait frais. L'*oxygala* a pour propriétés froideur et lourdeur. Son mode de fabrication a permis de ne conserver en lui que l'élément fromager, ce qui l'empêche de devenir gras et excessivement aigre. Les tempéraments froids seront toutefois sujets à l'aigreur de ce produit qui agace les dents comme des mûres qui ne sont pas de saison[264].

Conclusion

L'ensemble des traités médicaux considérés – qu'ils soient d'époque grecque ou romaine (comme aussi chez leurs prédécesseurs égyptiens) –, a démontré un important emploi du lait à des fins thérapeutiques. Les médecins hippocratiques de l'école de Cos recourent plus largement à ce fluide produit naturellement par les mammifères. Choisi en fonction de la maladie, il sera d'une espèce ou d'une autre, astringeant ou laxatif, pris cru ou cuit, par voie orale ou anale, voire transformé en pessaire. Des cures de lait allant jusqu'à quarante-cinq jours sont aussi préconisées.

---

262 GALIEN, *Sur les facultés des aliments* III, 14 (K VI 688, 11-689, 7) : Βλάπτει δ' ἡ συνεχὴς χρῆσις αὐτοῦ καὶ τοὺς ὀδόντας ἅμα ταῖς περικειμέναις σαρξίν, ἃς ὀνομάζουσιν οὖλα· ταύτας μὲν γὰρ πλαδαράς, τοὺς δ' ὀδόντας εὐσήπτους τε καὶ ῥᾳδίως διαβιβρωσκομένους ἐργάζεται. Χρὴ τοίνυν ἐπὶ τῇ προσφορᾷ τοῦ γάλακτος οἴνῳ κεκραμένῳ διακλύζεσθαι· βέλτιον δ', εἰ καὶ μέλιτος ἐπεμβάλοις αὐτῷ. Πᾶν γὰρ οὕτως ἀπορρύπτεται τὸ περιπεπλασμένον τοῖς ὀδοῦσί τε καὶ τοῖς οὔλοις ἐκ τοῦ γάλακτος τυρῶδες. Εἰ δὲ | καὶ χωρὶς τοῦ προσεπεμβάλλειν ὕδατος τῷ οἴνῳ μὴ βλάπτοιτό τις τὴν κεφαλὴν διακλυζόμενος αὐτῷ, βελτίων ἡ τοιαύτη χρῆσις ὡς πρὸς τοὺς ὀδόντας τε καὶ τὰ οὖλα. Τό γε μὴν μέλι καὶ τούτῳ μιγνύμενον ἄμεινον ἐργάζεται τὸ μικτὸν ἐξ ἀμφοῖν. ἀρίστη δὲ χρῆσις εἰς ἀσφάλειαν ὀδόντων, ὡς μηδὲν ὑπὸ γάλακτος βλάπτεσθαι, μετὰ τὸ προσενέγκασθαι μελικράτῳ μὲν πρότερον διακλύζεσθαι, δεύτερον δ' οἴνῳ στύφοντι.
263 *Ibid.* III, 17 (K VI 696-699).
264 *Ibid.* III, 17 (K VI 689-690).

Très prisé par l'école de Cnide, l'usage du petit-lait est critiqué par l'école de Cos, ce qui n'empêche néanmoins pas son usage par les descendants d'Hippocrate, voire par Hippocrate lui-même. La critique semble d'ailleurs davantage porter sur le fréquent recours à la purge du corps qu'à l'usage outrancier du lait. En effet, dans sa thèse portant sur les thérapies gynécologiques (et donc cnidiennes), Anna Gaboriaud dénombre 243 recettes purgatives sur 697[265]. Le lait de jument figure parmi les ingrédients mineurs, avec la chenille de Tithymale, de la citrouille et de l'helxine et de terres blanches et noires, alors que le miel est mentionné dans soixante-et-une recettes, le vin quarante-neuf et la myrrhe vingt-huit[266]. Comme les médecins hippocratiques, Dioscoride utilise le petit-lait pour purger le corps, ainsi que pour soigner les états psychiques comme la mélancolie et des pathologies plus sévères telles que l'épilepsie, l'éléphantisme ou encore la lèpre. Chez Galien le lait restaure plus qu'il ne purge.

Le lait n'est donc pas la panacée des troubles féminins, comme l'a suggéré Karl Deichgräber, mais bien une substance thérapeutique parmi d'autres visant à libérer le corps de son trop-plein[267]. Il faut relever que le seul lait à être utilisé uniquement pour les problèmes gynécologiques est le lait « courotrophique », et seulement chez les médecins hippocratiques ! Pline précise que ce lait spécifique est le plus efficace pour tous les maux, et cela semble être aussi l'avis de Dioscoride. Parmi les laits, le préféré est le lait de femme. Galien conseille de le boire directement au sein mais, en raison de certaines retenues de la part des malades, il propose de remplacer le lait de femme par celui d'ânesse. Si la mamelle d'une ânesse devait, elle aussi, être repoussante aux yeux du patient, l'emploi d'un petit vase est proposé, tout en veillant à ce que l'administration du lait se fasse aussitôt après avoir été tiré du pis. Employé seul, le lait de femme convient pour les maux d'yeux ou d'oreilles pour lesquels il est privilégié. Le lait en général est souvent mélangé à une substance « masculine », qui peut être de l'urine d'impubère ou des testicules de porc. Il faut voir dans ces combinaisons une volonté de faire appel à la force génératrice mâle du corps, et à sa capacité de coction.

L'ensemble des emplois thérapeutiques du lait montre que les médecins lui reconnaissaient un fort pouvoir purgatif, guérisseur et restaurateur du corps, malgré sa haute labilité et sa propension à cailler et donc à obstruer les « canaux » du corps. Ils veillaient alors, par le recours à la cuisson – par réduction et séparation des parties plus ou moins caséeuses –, à maîtriser les effets indésirables de ce fluide pour lui rendre ses lettres de noblesses acquises lors d'un lointain Âge d'or.

---

265 GABORIAUD 2009, p. 141.
266 GABORIAUD 2009, p. 142.
267 GABORIAUD 2009, p. 136.

3. L'enfant

Complexion, maladies, nourriture et soins

Les usages du lait dans la médecine antique nous ont montré que le lait est d'abord un médicament sur lequel il est nécessaire d'avoir le contrôle. Ce n'est dès lors que sous certaines conditions, qu'il peut être administré à un patient, en fonction de sa constitution et de sa maladie. En tant que nourriture, le lait est parfois loué pour ses propriétés, qui confèrent longue vie et bonne santé à ceux qui le supportent[1]. Qu'en est-il pour les jeunes enfants ? Le lait animal leur est-il parfois administré ? Ou n'est-ce qu'une légende ?

Dans ce chapitre nous traitons d'abord spécifiquement du corps de l'enfant, et des maladies que lui reconnaissaient les Anciens. Envisageait-on des « maladies d'enfance » ? Si oui, quelles sont-elles ? Quelles en sont les causes et par quels moyens les soignait-on ?

Nous aborderons ensuite la prise de la nourriture de l'enfant, qui va de la première gorgée au sevrage complet. Finalement, nous nous arrêterons sur le trio mère / nourrice / sage-femme qui se succède auprès de l'enfant dans une dynamique de modelage du corps. Comme précédemment, nous partons des traités hippocratiques et de la Grèce ancienne, pour pouvoir rendre compte des similitudes mais aussi des écarts dans les pratiques et de la part de cet héritage dans les pratiques romaines.

Corps d'enfant *versus* corps d'adulte

Chercher l'enfant, un problème de définition ?

Identifier les enfants dans les traités médicaux et de pharmacologie est rendu difficile pour différentes raisons. La première est que les textes ne précisent souvent pas le destinataire des remèdes ni même le type de patient à qui le médecin fait référence. L'exercice s'avère facilité en cas de problèmes gynécologiques. À la différence des femmes, l'enfant est dépourvu d'organes qui le distinguent du modèle masculin. Ce n'est donc parfois que par des allusions à sa nature particulière, sur laquelle nous nous étendrons dans le prochain chapitre, qu'il est possible d'entrevoir sa discrète présence. Mais il y a enfant et enfant. Comme nous allons le voir, les médecins, depuis Hippocrate, divisent l'enfance en quatre étapes. L'imprécision des termes employés pour définir celles-ci ajoute à la difficulté. Comme l'a soulevé D. Gourevitch, en s'appuyant sur le texte de Galien, παῖς désigne l'enfant en général, mais d'autres termes précisent parfois son état et âge. Ainsi parle-t-on de βρέφος pour désigner le nourrisson ; παιδίον désigne les enfants au-dessous de 7 ans ; παιδάριον le petit enfant et νεανίσκος le jeune homme à la limite de l'enfance[2].

---

1 Voir par exemple GALIEN, *Sur les facultés des aliments* III, 14 (K VI 681).
2 GOUREVITCH 2001a, p. 65.

Déjà peu précis, ces termes prennent parfois un caractère affectif, ce qui brouille encore davantage notre compréhension. Un grand enfant est alors appelé « tout petit » et un jeune adulte, νεανίσκος. S'ajoute à cela que les esclaves, jeunes ou non, sont parfois appelés par les mêmes termes (παῖς, παιδίον ou παιδάριον), en allusion à leur état de dépendance[3]. Face à ce lot d'incertitudes, D. Gourevitch choisit de parler de l'enfant alimenté par sa nourrice. Suspectant Galien de ne pas s'intéresser aux individus avec lesquels il ne peut s'entretenir, elle lui reconnaît néanmoins un intérêt particulier concernant le choix de la nourrice.

Les termes latins *puer* et *puella* sont sujets aux mêmes variations[4]. Le *De medicina* de Celse nous renseigne sur les termes latins donnés pour une catégorisation des âges : d'abord l'enfance, dans laquelle sont distingués le tout petit enfant (*infans*), puis le jeune enfant (*tener puer*) et enfin l'enfant (*puer*) jusqu'à la puberté. Vient ensuite l'âge adulte avec l'adolescent (*adulescens*), le jeune adulte (*iuuenis*), l'adulte d'âge mûr (*senior*) et le vieillard (*senex*)[5].

Un découpage biologique de l'enfance ?

Le manque de précision des termes employés pour désigner l'enfant n'empêche pas de voir, chez les anciens médecins, une volonté de préciser les différentes étapes du développement biologique de l'enfant et surtout de le distinguer des adultes. Ce découpage relève, à en croire les traités médicaux grecs et romains, de l'observation de pathologies propres à chaque étape[6]. Les médecins hippocratiques ont fortement influencé cette façon de penser le corps de l'enfant qu'ils illustrent par un découpage en quatre classes d'âges associées à des maladies spécifiques :

1. Voici ce qui arrive suivant les âges : chez les enfants petits et les nouveau-nés, des aphtes, des vomissements, des toux, des insomnies, des terreurs, des inflammations de l'ombilic, des suintements d'oreilles.
2. À l'approche de la dentition, des inquiétudes des gencives, des fièvres, des convulsions, des diarrhées, surtout pendant la sortie des canines, et chez les gros enfants ainsi que chez ceux dont le ventre est resserré.
3. À un âge un peu plus avancé, des amygdalites, des luxations en avant de la vertèbre de la nuque, des asthmes, des calculs, des lombrics, des ascarides. Des verrues, des tumeurs auprès des oreilles, les scrofules, et d'autres tumeurs encore, mais surtout les tumeurs susdites.
4. À un âge encore plus avancé et à l'approche de la puberté, beaucoup des maladies précédentes, de plus des fièvres longues surtout et des épistaxis[7].

---

3 *Ibid.*, p. 65.
4 *Ibid.*, p. 65.
5 Mudry 2004, p. 340.
6 Dasen, 2016, p. 219.
7 Hippocrate, *Aphorismes* 3, 24-27 (L 497-498) : Ἐν δὲ τῇσιν ἡλικίῃσι τοιάδε ξυμβαίνει· τοῖσι μὲν σμικροῖσι καὶ νεογνοῖσι παιδίοισιν, ἄφθαι, ἔμετοι, βῆχες, ἀγρυπνίαι, φόβοι, ὀμφαλοῦ φλεγμοναί, ὤτων ὑγρότητες. Πρὸς δὲ τὸ ὀδοντοφυέειν προσάγουσιν, οὔλων ὀδαξησμοί, πυρετοί, σπασμοί, διάρροιαι, καὶ μάλιστα ὅταν ἀνάγωσι τοὺς κυνόδοντας, καὶ τοῖσι παχυτάτοισι τῶν παίδων, καὶ τοῖσι σκληρὰς τὰς κοιλίας ἔχουσιν. Πρεσβυτέροισι δὲ γενομένοισι, παρίσθμια, σπονδύλου τοῦ κατὰ τὸ ἰνίον εἴσω ὤσιες, ἄσθματα, λιθιάσιες, ἕλμινθες στρογγύλαι,

Différents découpages sont proposés dans les textes anciens, dont celui en hebdomades, particulièrement manifeste dans les traités médicaux. Ces périodes de sept ans sont celles de la naissance, de la chute des premières dents vers sept ans, de l'adolescence vers quatorze ans et du jeune adulte vers l'âge de vingt-et-un ans[8]. Celse définit encore des périodes critiques, où l'enfant est plus sujet aux maladies. Elles prennent place vers quarante jours après la naissance[9], à sept mois et à la puberté[10].

L'étape de la puberté est marquée par l'apparition du sperme et des règles. En Grèce, la fille est alors appelée *korê* (κόρη) ou *parthênos* (παρθένος), statut qui précède celui de *gunê* (γυνή), la femme mariée[11]. D'après la plupart des médecins antiques, dont Hippocrate et Celse, certaines maladies disparaissent lors de la puberté[12]. Si ce n'est pas le cas, celles-ci sont considérées comme chroniques. Apparaissant le plus souvent chez des enfants, l'épilepsie compte parmi ces maladies. Celse précise que les crises cessent chez le garçon lors de son premier rapport sexuel, chez la fille lors des menstruations[13].

L'analyse des traités hippocratiques montre que l'enfant est une conception comme cela ressort du terme τέκνον[14] et que l'enfance est une étape qui débute avant la naissance :

C'est l'enfance et l'époque attenante en-deçà et au-delà qui sont les plus saines[15].

Ce postulat va de pair avec la question du statut de l'embryon (ἔμβρυον) animal (ζῷον)[16], impliquant une réflexion sur la dualité corps-âme, plus particulièrement sur l'origine de cette dernière. Au centre de ce débat, se trouvent les paramètres liés aux sensations et à une certaine autonomie de l'être en devenir. La position de la plupart des auteurs (Hippocrate, Aristote, Galien) est gradualiste[17]. Chacun tente alors d'expliquer et de catégoriser les différentes étapes qui conduisent du non-être à « une substance animée sensible »[18]. Trois phases sont généralement reconnues : la première dure quelques jours

---

ἀσκαρίδες, ἀκροχορδόνες, σατυριασμοί, χοιράδες, καὶ τἆλλα φύματα, μάλιστα δὲ τὰ προειρημένα. Τοῖσι δὲ ἔτι πρεσβυτέροισι καὶ πρὸς τὴν ἥβην προσάγουσι, τουτέων τε τὰ πολλά, καὶ πυρετοὶ χρόνιοι μᾶλλον, καὶ ἐκ ῥινῶν αἵματος ῥύσιες.

8   LAES 2011, p. 101.
9   Censorin précise qu'en Grèce les quarante jours qui suivent la naissance sont particulièrement dangereux pour l'enfant et sa mère. Durant cette période, cette dernière perd souvent encore du sang et ne sort pas de chez elle. Le quarantième jour est alors un jour de fête, marqué par la sortie de la mère (*Du jour natal* 11). On remarque de grandes similitudes dans le monde arabe : les quarante jours qui suivent la naissance sont toujours considérés comme hautement dangereux pour l'enfant et sa mère comme l'atteste un proverbe palestinien : « pendant quarante jours sa tombe reste ouverte » (GRANQVIST, 1947 : 104) qu'expliqué un jeune algérien : « la femme en couches a un pied dans la tombe et un autre en dehors » (HIRRECHE BAGHDAD 2015). On cherche alors à protéger l'enfant par de nombreux moyens ; amulettes qui peuvent être sous la forme de substances à l'odeur forte ou ayant une forme agressive telle que des cornes, pratiques magiques, fumigations, etc. Le passage du quarantième jour est marqué par la coupe des cheveux qui est associée à la première sortie du bébé. AUBAILE-SALLENAVE 1997, p. 204.
10 CELSE, *De la médecine* 2, 1, avec descriptions des maladies en fonction de l'âge.
11 Voir par exemple BODIOU et BRIAND 2015.
12 HIPPOCRATE, *Aphorismes* 3 (L IV 27-28).
13 CELSE, *De la médecine* 3, 23, 1.
14 DASEN 2015a, p. 114.
15 HIPPOCRATE, *Régime* I, 32 (L VI 510-511) : Παῖδες δὲ ὑγιηρότατοι καὶ τὰ προσέχοντα ἑκατέροισιν.
16 L'auteur du traité pseudo-galénique se demande si l'embryon est un être animé (Εἰ ζῷον τὸ κατὰ γαστρός, K XIX, 158-181). Pour aller plus loin au sujet de cette réflexion voir DASEN 2013 et 2015, § 4.
17 CONGOURDEAU 2007, p. 306-310.
18 DASEN 2015a, p. 113.

et comprend la coagulation de la ou des semences selon les auteurs ; la deuxième est celle de la formation des parties du corps et des premiers mouvements ; la dernière coïncide avec l'achèvement de l'enfant[19]. Dans le traité de l'*Aliment*, le médecin donne un calcul précis en jours qui va jusqu'à 240, moment de la sortie (ἔκπτωσις)[20]. Les termes choisis par les différents médecins pour illustrer chaque phase rendent compte de leur appréciation pour chaque étape. Pour Galien, l'union des semences masculine et féminine donne un « produit de la conception », *kuêma*, du verbe *kuêo*, être enceinte[21]. Durant cette première étape, le produit est encore informe et analogue à une plante. De végétal, il devient animal κυούμενον ζῷον, lorsque ses organes se différencient et que son cœur se met à battre[22]. Ce découpage très fin des premiers mois de la vie démontre que les médecins étaient très attentifs aux tout-petits et cela dès la conception. Ils évoquent ainsi l'embryon (ἔμβρυον) qui, comme le souligne V. Dasen : « est traité comme un être humain en puissance jusqu'à la naissance, avec la reconnaissance d'une forme de continuité entre la vie pré et postnatale[23] ». Elle relève un découpage qui va en s'espaçant à mesure que l'enfant grandit. Par exemple, « Soranos d'Éphèse compte en jours avant la pousse des dents[24] ». Les deux premiers jours, le nouveau-né ne doit pas téter et reçoit du miel, le troisième jour, il est confié à une nourrice. En Grèce, le nourrisson ne reçoit pas son nom avant le septième jour en Grèce, et à Rome, le huitième si c'est une fille, le neuvième si c'est un garçon. Aristote explique que ce choix tient à une mortalité importante lors de la première semaine[25]. Les soins du corps suivent aussi un calendrier précis : le quarantième jour, l'enfant est sorti de ses bandelettes. Démailloté, son corps est alors encore trop mou pour recevoir de la nourriture solide, malgré ce qui semble être l'habitude chez les femmes pressées. Les médecins hippocratiques distinguent aussi les quarante premiers jours, associés à une période où l'enfant est encore plein de mucosité et considéré comme insensible au monde qui l'entoure. Baigné trois fois par jour jusqu'à la fin de la première année, le nourrisson reçoit ensuite un massage à l'huile à la place du bain dispensé au milieu de la journée[26]. Vient ensuite l'arrivée des dents, vers six/sept mois. Soranos compte alors en semestre depuis l'apparition des premières dents jusqu'au sevrage, conseillé vers deux ou trois ans. Le rhéteur Lactance (IIIe siècle – début IVe siècle) établit un lien entre l'apparition des dents et l'acquisition du langage[27].

Une complexion singulière mais pas de pédiatrie

Le *CH* distingue le corps de l'enfant de celui de l'homme et de la femme adulte. Rufus d'Éphèse rejoint ce point de vue « puisque l'enfant est maladif et plus faible que les

---

19 *Ibid.*
20 Hippocrate, *Aliment* 42 (L IX 112).
21 Dasen 2015a, p. 114, note 6.
22 Galien, *Formation des fœtus* 3, 23 ; Dasen 2015a, p. 114 ; Congourdeau 2007, p. 309-310.
23 Dasen 2015a, p. 114.
24 Dasen 2017b, p. 368 ; Soranos, *Maladies des femmes* II, 4-24.
25 Aristote, *HA* 588a 8-10.
26 Mnésithée dans Oribase, *Livres incertains* 19 (Dar III, 153).
27 Dasen, à paraître ; Lactance, *La création de Dieu* X, 13-14.

autres individus[28] ». Le passage de la puberté marque une étape majeure qui est mise en évidence dans les rites funéraires, tant en Grèce qu'à Rome[29]. La classe d'âge en-deçà de cette étape n'est pas représentée par un traité médical, de type pédiatrique, qui lui serait propre, comme c'est le cas des traités gynécologiques pour les femmes. Cette absence paraît être le reflet, non d'un manque d'intérêt mais d'une part du mode de classement des traités médicaux qui privilégie une approche nosologique des maladies, dans lequel sont intégrés les traitements liés aux enfants, et d'autre part de la nature particulière de l'enfant qui, bien que reconnue par la majeure partie des médecins comme chaude et humide, n'en fait pas une particularité absolue. Selon L. Dean-Jones, c'est plutôt l'étroitesse des canaux du corps de l'enfant qui pose un problème à l'application des traitements. Il semble en effet que le tout-petit n'a des vaisseaux suffisamment développés qu'au niveau de la tête, particulièrement à la mâchoire, ce qui permet l'irruption des dents. La tête est alors le siège de la plupart des maladies infantiles – lieu où s'accumule le phlegme – : aphtes, « muguet », ulcères des chairs (*phagedainai*), et divers problèmes en relation avec les dents. Par exemple, il est rapporté que certains enfants avaient les dents et la mâchoire pourries[30]. Plusieurs maladies situées hors de la tête sont liées au phlegme qui en descend : amygdalites, ténesme[31], dysenterie et la maladie sacrée, l'épilepsie. Au sujet de cette dernière, les médecins préconisent une purge du phlegme en excès dans la tête de l'enfant. En l'absence de cette purge, l'enfant aura des inflammations de la tête, des oreilles et de la peau, ainsi qu'une abondance de salive et de mucus.

Les médecins hippocratiques établissent que le corps de l'enfant est chaud et humide, selon une analyse comparée de tous les êtres vivants[32]. La plupart des médecins de l'époque romaine adhèrent à cette formule, comme par exemple Severus, Galien et Rufus d'Éphèse[33]. Les avis divergent toutefois à propos de l'évolution de la chaleur au fur et à mesure que l'enfant grandit. Pour Galien, la chaleur de l'enfant est constante jusqu'à la puberté. Suivant les traités hippocratiques, Arétée de Cappadoce considère que « le chaud est à son maximum chez les petits enfants », ce qui permet à son sang de cuire ses « humeurs limoneuses »[34]. Chez Rufus d'Éphèse c'est le contraire : le petit enfant gagne progressivement en chaleur, ce qui l'autorise à digérer une nourriture plus consistante[35]. Quant à l'humidité du corps de l'enfant, il convient de la conserver le plus longtemps possible, puisqu'elle est synonyme de croissance et de vie, à l'opposé du corps vieillissant[36].

---

28 RUFUS dans ORIBASE, *Livres incertains* 20, 16-18 (Dar III, 159).
29 Les tombes de ces individus particuliers, appelés par les Anciens *aorai*, morts avant d'avoir pu se marier, fait l'objet d'un petit dossier tant grec que romain évoqué par V. DASEN dans l'introduction au volume *L'Enfant et la mort dans l'Antiquité I* (DASEN 2010a, p. 25). Pour la Grèce, voir notamment LANGDON 2008 aussi PAPAIKONOMOU 2013, et, pour le monde romain, l'article fondateur de MARTIN-KILCHER 2000.
30 HIPPOCRATE, *Épidémies* IV 19 (L V 156).
31 Dictionnaire LITTRÉ, *s.u.* « ténesme » : sentiment douloureux de tension et de constriction à la région de l'anus avec des envies continuelles et presque inutiles d'aller à la selle.
32 BERTIER 1996, p. 2166. Par exemple, HIPPOCRATE, *Régime* I 33 (L VI 510).
33 SEVERUS, *Du traitement des petits enfants* (AÉTIUS VII 44, CMG VIII 2, 296, 19) ; GALIEN, *Hygiène* I 12 (CMG V 4 2, 28,12sq.) ; « entièrement humides » selon RUFUS D'ÉPHÈSE (ORIBASE, *Livres incertains* 38,17, CMG VI 4, 137, 21-22).
34 ARÉTÉE DE CAPPADOCE, 19 (CMG II, 11,19 et IV 3 et 68,22). HIPPOCRATE, *Régime* I 33 (L VI, 512-513).
35 RUFUS dans ORIBASE, *Livres incertains* 20, 16-18 (Dar III 158).
36 GALIEN, *Hygiène* I, 7 (CMG V 4 2, 16, 29sq.). Au sujet des propriétés du corps du vieillard, voir le chapitre qui s'y rapporte dans le même livre. BERTIER 2013, p. 2173.

Il existe toutefois une autre manière de classer les individus. Déjà présente chez Aristote, elle s'appuie sur les caractéristiques de la chair qui est alors soit molle, soit sèche ou dure[37]. Certains médecins n'hésitent pas à additionner les méthodes, à l'instar de Galien. Prenant en compte cette dernière typologie, il compare l'enfant aux femmes, aux eunuques, aux personnes flegmatiques, qui abusent des bains, et les personnes replètes, oisives, à la peau blanche et aux veines non apparentes[38]. Dans la même idée, Pline concède à l'enfant et au vieillard un corps et un esprit mous et délicats[39].

Cette mollesse du tout-petit enfant conduit Galien à le comparer à de la cire[40]. La délicatesse et le manque de tenue des os de l'enfant sont régulièrement évoqués dans le traité de gynécologie de Soranos. Selon Janine Bertier, ce dernier n'adhère pas complètement à la théorie des médecins hippocratiques concernant le corps chaud et humide de l'enfant, sans toutefois la contredire. Elle ajoute : « Selon les propres expressions de Soranos, la croissance répond exclusivement à un processus de coagulation ou de solidification progressive du corps »[41]. Il faut admettre que les termes employés par le méthodiste se rapportent à la consistance du corps, sa consolidation, surtout à celle de ses os, qui vont permettre à l'enfant de tenir debout. C'est d'ailleurs son manque de solidité qui conduit à l'emmaillotement. La sage-femme porte une grande responsabilité en accomplissant cet « emballage » qui doit modeler l'enfant en un bel adulte, aux membres droits et à la tête bien formée[42]. L'emmaillotement doit également s'adapter au sexe de l'enfant : les bandelettes seront plus lâches au niveau du bassin de la petite fille, alors que la poitrine sera bandée plus rigoureusement pour éviter qu'elle ne développe une forte poitrine[43]. Les massages sont complémentaires et prennent le relais des bandages dans le modelage du corps de l'enfant :

> [...] car si la puissance des spermes [mâle et femelle] a la plus grande part dans la beauté ou la laideur, ces manipulations [les massages] y sont aussi pour quelque chose[44].

Ce geste incombe alors à la nourrice en parallèle à d'autres tâches : bercer l'enfant, le promener, lui raconter des histoires. L'administration de nourriture solide se fera en fonction de la dureté des os et des passages du corps, qui s'élargissent au rythme de la croissance. Galien compare encore la croissance de l'enfant à du levain, qui fait lever la pâte[45]. Cette représentation est déjà présente chez le médecin de *Génération/Nature de l'enfant*, notamment au sujet des os[46].

---

37 Aristote, *HA* 486 b.
38 Galien, *De la faculté des médicaments simples* IX, 3, 11 (K 12). Aristote met déjà en parallèle le corps de l'enfant avec celui des femmes et des eunuques (Aristote, *GA* 728a 17, 782a 9, 784a 5).
39 Pline, *Histoire naturelle* 25, 25 ; Bertier 2013, p. 2168.
40 Galien, Commentaires aux Aphorismes d'Hippocrate III 24 (K XVII B 629).
41 Bertier 2013, p. 2169.
42 Dasen 2015a, p. 252, Il est courant aujourd'hui en Albanie de passer régulièrement le doigt sur le nez des enfants pour lui donner une jolie forme. Nous tenons à remercier Ardita Hoti-Popaj pour cette information.
43 Dasen 2015a, p. 252.
44 Rufus selon Oribase, *Livres incertains*, 20 (Dar III 155-156) : Παρέχει μὲν γὰρ τὸ πλεῖστον ἡ τῶν σπερμάτων δύναμις τὸ καλὸν καὶ τὸ αἰσχρόν, παρέχει δέ τι καὶ τὰ τοιάδε.
45 Galien, *De la semence* I, 4 (K V, 526-527, L.78).
46 Hippocrate, *Nature de l'enfant* 12, 6 (L VII 488-489).

Finalement, il ne faut pas oublier que, déjà chez les médecins hippocratiques, les facteurs environnementaux, les saisons, le climat et même l'air influent grandement sur l'état de santé, selon les lois générales de la pathologie[47].

Des maladies « infantiles » ?

Ce titre anachronique a été choisi à dessein. Il nous permet de mettre en évidence que, dans l'Antiquité, les maladies des enfants ne sont pas forcément celles que notre regard moderne, forgé par les pédiatres, est en droit d'attendre. Lesley Dean-Jones présente à ce propos le cas de l'affection que nous appelons oreillons, pathologie considérée comme infantile de nos jours, comme l'une des rares à pouvoir être clairement identifiée dans le *CH*. Évoqués dans *Épidémies* I, les oreillons y touchent des adolescents, des hommes dans la fleur de l'âge, surtout ceux fréquentant la palestre[48]. Il n'y est pas fait allusion à des enfants plus jeunes. Selon le médecin hippocratique, l'affection a peu d'effets : pas de fièvres ni de suppurations ni de douleurs et elle disparaît chez tous sans plus de signes.

Christine Hummel met en garde contre l'application de termes modernes à la nosologie antique. Sa méthode est contraire à celle utilisée par Mrko Grmek, qui consiste à mettre en parallèle les maladies mentionnées dans les traités antiques avec les explications de l'étiologie, de la pathogenèse et de la symptomatique[49].

Sur la base du recensement fourni par J. Bertier, nous pouvons tirer de nombreuses conclusions qui donnent un bon aperçu des maladies auxquelles les enfants étaient exposés dans l'Antiquité, plus spécifiquement à l'époque romaine[50].

Parmi les textes généraux, celui d'Arétée de Cappadoce (Ier siècle) fournit l'inventaire le plus important. Ce traité, comme celui de Celse et de Célius Aurélien, donne quelques brèves informations, après description de la maladie, sur le type de personnes capables ou non de supporter le mal. Dans les *maladies aiguës*, le médecin évoque six maladies : convulsions, affection de la luette membraneuse, ulcération de la gorge, choléra, maladie iliaque, affections aiguës de la vessie. Dans les *Maladies chroniques*, on en trouve une douzaine : l'épilepsie chez l'enfant et l'adolescent, la paralysie accompagnée des terreurs et des peurs qui la déclenchent, la toux qui peut produire la phtisie (pneumonie), l'asthme, les tumeurs de la rate, l'ictère (type de jaunisse), la cachexie (affaiblissement profond, dérèglement général : maigreur, bouffissures, œdèmes), l'hydropisie générale[51], les calculs de la vessie, la diarrhée « des petits enfants », parfois produite par les ulcères des intestins. Pour le médecin, l'ictère survenu chez les enfants de moins de sept jours a une issue funeste. Celse invoque l'infection de la vessie chez les enfants de sept à quatorze ans[52], les convulsions, l'épilepsie, la dysenterie, l'épistaxis (saignement de nez), des excroissances de la peau, dont une sorte de verrue, des exanthèmes (éruptions de la peau)

---

47 Hippocrate, *Nature de l'homme* 9, 3 (L VI 52 ; Jouanna 1999, p. 188-191). Au sujet de l'air vecteur de maladies, et plus particulièrement au sujet de la malaria, voir Trinquier 2008, p. 152.
48 Hippocrate, *Épidémies* I, 1 (L II 602).
49 Voir Grmek 1989.
50 Dans les traités de l'époque tardive, la liste des maladies s'allonge, sans qu'il soit possible de dire si de nouvelles maladies sont apparues. Hummel 1999, p. 6-7.
51 Littré, *s.u.* « hydropisie » : accumulation de sérosité dans une partie du corps (cavité ou tissu cellulaire).
52 Hippocrate, *Pronostic* 19, (L II 168).

et des pustules rouges, livides, pâles ou noires) et des aphtes. C'est l'un des rares médecins à conseiller la chirurgie pour les enfants, en cas d'hernie (ombilicale, scrotale ou aqueuse) et de lithiase vésicale. Le traitement des aphtes et des exanthèmes est administré par le biais de la nourrice. C'est aussi le cas de l'épilepsie chez Célius Aurélien qui évoque, quant à lui, six maladies se rapportant à l'enfant : l'asthme, l'hydropisie et l'épilepsie, affections déjà présentes chez Arétée, alors que la pleurésie, l'apoplexie (ébranlement accidentel du cerveau) et la mélancolie sont des ajouts propres au médecin d'Afrique du Nord. Ce dernier considère comme peu fréquentes chez l'enfant la mélancolie et l'asthme. Il précise que l'hydropisie de l'enfant se soigne facilement grâce à la docilité, dont il fait généralement preuve. Il ajoute aussi un commentaire au sujet de l'hémorragie, plus difficile à stopper chez les enfants en raison de leur respiration rapide.

Parmi les traités intégrant des chapitres sur les pathologies infantiles, celui de Soranos cite six affections propres à l'enfant, en plus des maux liés à la dentition sur laquelle nous reviendrons. Le médecin commence par l'inflammation des amygdales. Il ne spécifie néanmoins pas quelle classe d'âge est touchée par cette affection. À en croire le *CH*, les amygdalites apparaissent suite à l'apparition des dents. Soranos évoque ensuite les aphtes, les exanthèmes et les démangeaisons qui y sont liés, une respiration sifflante accompagnée de toux, la siriasis (fièvre de chaleur) et la diarrhée. Dans ce dernier cas, ainsi que pour combattre les éruptions cutanées, Soranos précise qu'une partie du traitement est administrée par l'entremise de la nourrice, qui sera alors soumise à un régime adapté à la maladie de l'enfant[53]. Est-ce parce que ces maux apparaissent alors que l'enfant est encore au sein ? Respectivement associées par l'auteur des *Aphorismes III* à la classe d'âge chez qui apparaissent les dents, et celle qui suit immédiatement, la diarrhée et les éruptions de la peau apparaissent en effet, à une période où l'enfant est généralement encore au sein. En outre, il apparaît, dans les recettes thérapeutiques du *Corpus hippocratique* qui emploient le lait, que ce fluide corporel est employé de préférence en relation avec certaines pathologies concernant justement les flux intestinaux et les soins de la peau[54].

Oribase reproduit certaines des pathologies mentionnées par Soranos : celles liées à la dentition, la toux, les aphtes, le siriasis ; aux exanthèmes, il ajoute des excoriations (perte de substance de la peau par grattage), il complète par le relâchement et le resserrement du ventre (diarrhée et constipation) et l'humidité des oreilles.

Les maux de la dentition

Dans son court traité *De la dentition*, le médecin hippocratique (époque impériale) ne donne que de brèves indications sur cette époque pourtant charnière dans la croissance de l'enfant. Il présente trente-deux points qui soulignent l'importance de la prise de nourriture et de son évacuation par le nourrisson : tire-t-il le lait goulûment, évacue-t-il bien par les selles, l'urine et les vomissements ? Dort-il bien ? Les maux qu'il rapporte en relation avec cette époque sont les fièvres, les convulsions dont beaucoup d'enfants réchappent, la toux qui rallonge la durée de la pousse des dents et fait maigrir l'enfant et

---

53 Voir « Nourrir et soigner l'enfant », p. 147, *infra*.
54 Notamment dans *Épidémies* VII, Voir DEICHGRÄBER 1971.

finalement les maux des amygdales. Soumises à des ulcérations, ces dernières occupent particulièrement le médecin, qui les mentionne à une dizaine de reprises. Il en donne des suites qui peuvent être funestes, surtout si elles sont accompagnées de fièvres. Sans plus d'explications, l'auteur mentionne que « les enfants qui mangent pendant l'allaitement supportent plus facilement le sevrage »[55], ce qui semble suggérer qu'il faut commencer l'introduction d'une nourriture solide au moins à l'époque où apparaissent les dents, comme le prescrivent d'ailleurs les autres médecins de l'époque impériale.

En effet, Soranos, Galien et Oribase évoquent tous l'apparition des dents chez l'enfant[56]. Selon J. Bertier, celle-ci marque « une césure dans les pratiques de la puériculture, qui correspond à ce qu'on appelle encore le premier et le second âge de la vie du bébé »[57]. Ce passage intervient vers sept mois selon la plupart des médecins dont Soranos, Oribase, et plus tardivement, Aétius (VIe siècle)[58]. Rejoignant cet avis, Pline se plaît à ajouter certains détails et autres anecdotes :

> Les enfants ont leurs premières dents à sept mois et, en général, d'abord à la mâchoire supérieure : voilà qui n'est pas douteux ; à sept ans, ces dents tombent pour faire place à d'autres. Quelques-uns naissent même avec leurs dents, par exemple M. Curius, surnommé pour cette raison Dentatus, et Cn. Papirius Carbon, personnages illustres. Chez les femmes, ce phénomène a passé pour un mauvais augure, au temps des rois. Comme Valérie, était née ainsi, les haruspices prophétisèrent, dans leur réponse, qu'elle serait la ruine de la cité où elle serait conduite : elle fut déportée à Suessa Pometia, alors en pleine prospérité, et la prédiction s'accomplit effectivement[59].

Conformément à ses habitudes de suivre les préceptes hippocratiques, Celse donne une liste des maux qui apparaissent lors de la dentition. Celle-ci rejoint la liste du traité *De la dentition*, à l'exception des amygdalites :

> Ceux qui font leur dentition sont les victimes désignées d'ulcérations des gencives, de fièvres, parfois de convulsions, de flux de ventre ; c'est surtout à la poussée des canines que leur état est mauvais ; des dangers menacent spécialement l'enfant suralimenté et l'enfant constipé[60].

---

55 HIPPOCRATE, *De la dentition* 16 (L VIII 546).
56 ORIBASE écrit au IVe siècle après J.-C., à la demande de l'empereur Julien, une œuvre importante nommée *Collections médicales*, qui reprend les écrits des médecins les plus célèbres. C'est grâce à lui que nous pouvons connaître des traités perdus comme celui de Mnésithée de Cyzique, ou de Rufus d'Éphèse (IIe siècle). Tous deux ont écrit sur les questions de l'allaitement et de la nourriture de l'enfant. Oribase mentionne aussi des passages de Soranos et de Galien.
57 BERTIER 2013, p. 2163, SORANOS, *Maladies des femmes* I, 21, 49 et 87,31 ; Voir aussi GALIEN, *Hygiène* 1 10 (CMG V 4 2, 23, 4sq.) 44 ; ORIBASE, *Livres incertains* 42, 6sq. (CMG VI 4, 149, 4sq.).
58 ORIBASE, *Euporista* V, 9 ; SORANOS D'ÉPHÈSE, *Maladies des femmes* II, 49.
59 PLINE, *HN* 7, 68-69 : *Ceterum editis primores septimo mense gigni dentes priusque in supera fere parte, haud dubium est, septimos eosdem decidere anno aliosque suffici, quosdam et cum dentibus nasci, sicut M'. Curium, qui ob id Dentatus cognominatus est, et Cn. Papirium Carbonem, praeclaros viros. In feminis ea res inauspicati fuit exempli regum temporibus. Cum ita nata esset Valeria, exitio civitati in quam delata esset futuram responso haruspicum vaticinante, Suessam Pometiam illa tempestate florentissimam deportata est, veridico exitu consecuto.*
60 CELSE, *De la médecine* II, 1, 18 : *Propriae etiam dentientium gingiuarum exulcerationes, febriculae, interdum neruorum distentiones, alui deiectiones ; maximeque caninis dentibus orientibus male habent ; quae pericula plenissimi cuiusque sunt, et cui maxime uenter adstrictus est.* Idem chez GALIEN, *Commentaires sur les Aphorismes d'Hippocrate* III, 25.

Cette inflammation figure toutefois dans d'autres traités de l'époque impériale, puisqu'elle est rapportée par Arétée de Cappadoce, Soranos, Galien et Philoumenos (IIe siècle)[61]. Les causes sont attribuées à une absorption trop rapide d'air froid qui, l'air étant sec, va à l'encontre de la complexion chaude et humide de l'enfant et de sa nourriture. Philoumenos (IIe siècle) précise que, chez le nourrisson encore au sein, c'est par le lait qu'est contractée la maladie[62]. Chez Celse, comme chez l'auteur *De la dentition*, l'enfant qui n'évacue pas assez et conserve de l'embonpoint à cette période voit sa vie menacée[63]. Oribase confirme l'importance du sommeil à cette période car l'enfant fiévreux dort mal et perd l'appétit, suite aux douleurs. Contrairement à l'observation faite par Pline, Oribase précise que les dents d'en bas apparaissent avant celles d'en haut. Il ajoute que ce sont, non seulement les canines, qui causent de la douleur mais aussi les molaires[64].

Durant la pousse des dents, le beurre est recommandé par la plupart des médecins. Ce sont ses propriétés émollientes qui sont alors recherchées, comme dans la graisse d'oiseau et le lard[65]. Le beurre le plus gras, qui est celui de brebis, mais qui peut être remplacé par celui de chèvre, et le plus vieux selon Pline, est le meilleur pour être employé comme substance thérapeutique. Par sa teneur en graisse, le beurre est généralement considéré comme ayant des propriétés calmantes, puisqu'il est aussi appliqué en cas de piqûres d'abeilles[66]. Dioscoride, comme Galien, conseille de le mélanger à du miel et de le brosser sur les gencives des enfants pour aider à la pousse des dents, mais aussi pour agir contre les démangeaisons et l'affection buccale (le muguet)[67].

Rejoignant cet avis, Pline confirme l'usage du beurre en application : « Aux enfants rien n'est plus utile que le beurre, soit seul, soit avec du miel, spécialement lors de la dentition, et pour les gencives et les ulcérations de la bouche »[68], mais il précise qu'il s'agit d'une pratique généralement employée par les Barbares (*barbaras gentes*), alors que chez les Romains elle se limite aux enfants.

Cette pratique est vivement déconseillée par Soranos qui considère le beurre comme trop irritant. Le médecin d'Éphèse en dissuade l'usage tant comme première nourriture qu'en application sur les gencives[69]. Il préconise bien des applications locales à base de produits émollients, graisse de poule ou cervelle de lièvre voire d'un onguent. Il conseille aussi de mettre « dans les mains de l'enfant un morceau de gras trop gros pour qu'il puisse l'avaler : il en sucera le jus et s'attendrira les gencives convenablement sur la mollesse du gras[70] ». Le miel est particulièrement conseillé en instillations sur les gencives ou, par voie

---

61 Hummel 1999, p. 148-151. Arétée de Cappadoce, *Des maladies aiguës* I, 9, 11, 18-21 ; Soranos, *Maladies des femmes* II, 50 ; Galien, *De compositione medicamentorum secundum locos* VI, 8 ; Philoumenos par Aétius VII, 48.
62 Philoumenos par Aétius, *Corpus medicorum graecorum* VII, 48.
63 Hippocrate, *De la dentition* 4 et 8 (L VIII 546).
64 Oribase, *Livres incertains* 24. Au sujet des soins liés à la dentition voir aussi Etienne 1964, p. 41.
65 Lard et graisse de poule sont recommandés par Soranos, *Maladies des femmes* II, 49.
66 Dioscoride, *Matière médicale* II, 72, 2.
67 *Mat. Méd.* II, 72, 1.
68 HN 28, 257 : *Infantibus nihil butyro utilius per se et cum melle, priuatim et in dentitione et ad guinguinas et ad oris ulcera.*
69 Soranos, *Maladies des femmes* II, 17 et II, 50.
70 *Ibid.*, II, 49 : Δεῖ δὲ καὶ λίπασμά τι προδιδόναι τῷ βρέφει ταῖς χερσὶν κατέχειν μεῖζον ἢ <ὡς> καταπίνειν δύνασθαι πρός τὸ καὶ ἀποθηλάζειν τοῦ νοτισμοῦ καὶ μὴ ἀπρεπῶς τὰ οὖλα διαμαλάσσειν παρὰ τὴν τῆς πιμελῆς μαλακότητα.

externe, appliqué à l'aide d'éponges. Des cataplasmes composés de farine et de plantes préparées en onguent, âcre, fenugrec et graines de lin sont conseillés en dernier recours[71].

Comme Soranos, Pline mentionne le recours à de la cervelle de lièvre pour faciliter la dentition. Il peut aussi s'agir de cervelle de mouton ou du lait de chèvre doucement frotté sur les parties douloureuses, ou des éléments plus improbables tels qu'une pierre tirée de la tête d'un boa ou un petit os situé dans le dos de la limace[72]. Pline évoque la cendre de dent de chiens mêlée à du miel et appliquée sur les gencives pour hâter la dentition[73].

Les dents ayant percé, il faut cesser d'amollir les gencives, au risque de déformer les alvéoles. Le court chapitre de Soranos portant sur la pousse des dents met en évidence une relation entre les dents et l'ensemble de la tête, les mâchoires mais aussi les tendons. Ainsi, une fois que les dents percent, les soins ne se limitent pas à des applications locales :

> On entoure de lainages doux et propres le cou, la tête et les mâchoires, et on les badigeonnera d'huile d'olive douce et chaude, qu'on instillera aussi dans les conduits acoustiques. Si l'inflammation subsiste, on utilisera encore des cataplasmes de fleur de farine, de fenugrec ou de graines de lin, on appliquera des éponges chaudes, surtout à hauteur des gencives ; on badigeonnera ces dernières de miel bouilli à point[74].

Durant cette étape, la nourrice doit avoir une alimentation liquide et doit faciliter l'extraction du lait, en l'exprimant à la main, pour ne pas imposer d'efforts de succion au nourrisson.

Soranos déconseille encore les scarifications des gencives. Toujours dans les usages au XIXe siècle, pour aider à l'irruption des dents, cette pratique est rapportée à plusieurs reprises par Pline :

> On trouve dans les parties latérales du lièvre un os semblable à une aiguille ; il est conseillé de s'en servir, contre les maux de dents, pour scarifier (les gencives)[75].

Comme dans la plupart des recettes médico-magiques de Pline, il y a addition des effets par le choix de l'os de l'animal qui le fournit et de son emplacement dans le corps de ce dernier. Une autre anecdote soutient cette idée :

> De plus, dans le cœur du cheval, on trouve un os semblable aux plus grandes dents canines. On prétend qu'une dent malade dont on scarifie la gencive avec cet os ou avec une dent tirée de la mâchoire d'un cheval mort et de l'ordre de celle qui fait mal, cesse aussitôt d'être douloureuse[76].

Le port de dents animales en amulettes peut aussi avoir des effets positifs sur les maux de dents. Il peut s'agir de dents de loup. Portée en amulette, elle empêche les enfants

---

71 *Ibid.*
72 *HN* 30, 139.
73 *Ibid.* 30, 22 : *Cinis eorum pueras tarde dentientes adiuuat cum melle.*
74 Soranos, *Maladies des femmes* II, 49 : Χρῆσθαι δὲ τρυφερῶν ἐρίων καὶ καθαρῶν ἐπιβολῇ τραχήλου καὶ κεφαλῆς καὶ σιαγόνων ἐπιβροχῇ τε τῶν αὐτῶν δι' ἐλαίου γλυκέως καὶ θερμοῦ παρενσταζομένου καὶ τοῖς ἀκουστικοῖς πόροις, ἐπιμενούσης δὲ τῆς φλεγμονῆς καὶ καταπλάσμασι τοῖς διὰ γύρεως ἢ τήλεως ἢ λινοσπέρμου πυρίᾳ τε τῇ διὰ σπόγγων, καὶ μάλιστα τῶν οὔλων, ἔτι δὲ καὶ μέλιτι συμμέτρως ἀπεφθῷ ταῦτα διαχρίειν.
75 *HN* 28, 179 : *adiectoque nardo mulcet grauolentiam oris. Alioqui murinorum capitum cinerem miscuisse malunt. Reperitur in latere leporis os acui simile; hoc scariphare dentes in dolore suadent.*
76 *HN* 28, 181 : *Praeterea in corde equorum inuenitur os dentibus caninis maximis simile; hoc scariphari dolorem aut exempto dente mortui equi maxillis ad numerum eius, qui doleat, demonstrant.*

d'avoir peur et les préserve des maladies de la dentition comme aussi la peau du même animal[77], les cornes dentelées (*cornua praelonga, bisulca dentatis forcipibus*) d'une espèce de scarabées[78] et les dents de dauphin :

> Il est excellent pour les gencives des enfants et pour la poussée des dents de frotter les gencives avec la cendre des dents de dauphin mélangée à du miel ou avec la dent même du dauphin. En amulette cette dent chasse les frayeurs soudaines[79].

Comme il ressort de ces différents passages, les dents d'animaux, auxquels on peut ajouter celles du chien de mer (*caniculae*)[80], ont un effet non seulement sur les dents – par une action qui peut être qualifiée de magique –, mais aussi sur les frayeurs des enfants[81].

Si l'influence que peuvent avoir des dents animales sur la pousse des dents des enfants semble évidente, par effet de sympathie, comment interpréter le parallèle qui est fait entre les dents animales et les frayeurs[82] ? S'agit-il ici de mettre en évidence l'aspect acéré, et donc protecteur de la dent (le chien est un gardien par excellence), comme sur les amulettes représentant le mauvais œil entouré d'animaux venimeux (serpent, scorpion) et d'une sorte de lance ou poignard ? De telles analogies ressortent aussi de l'emploi du piquant des poissons venimeux tels que le pastenague[83] et la raie utilisés pour scarifier les gencives, ainsi que des cornes dentelées de scarabées attachées au cou des enfants, en tant qu'amulettes[84]. Par le rôle protecteur qui leur est attribué, le choix des animaux pourrait aller dans ce sens. Si ce rôle semble évident chez le chien et le loup auquel il est apparenté, il l'est moins chez le dauphin. La réponse semble donnée ailleurs par le naturaliste car il attribue, en effet, de grandes qualités maternelles à la femelle dauphin. Pourvue d'un squelette et de mamelles, c'est la seule parmi les mammifères qui allaite ses petits alors qu'elle est en mouvement[85]. De plus, elle les accompagne longtemps « encore après qu'ils sont devenus grands, témoignant ainsi une grande affection pour leur progéniture[86] ». Les soins des dents en général révèlent d'autres analogies entre celles-ci et les os, et aussi les arêtes des poissons[87]. Un passage de Pline est particulièrement révélateur de cette relation basée sur les lois de similitudes :

---

77 *HN* 28, 257 : *Dens lupi adalligatus pauores prohibet dentiendique morbos, quod et pellis lupina praestat.*
78 *HN* 11, 97.
79 *HN* 32, 137 : *Infantium gingiuis dentitionibus plurimum confert delphini cum melle dentium cinis et si ipso dente gingiuae tangantur. Adalligatus idem pauores repentinos tollit.*
80 *HN* 32, 137. Il pourrait s'agir de la roussette, d'après E. de Saint-Denis, note 2 § 137, p. 128 : On peut encore évoquer la dent de pagre (*phagri*) attachée au cou à l'aide d'un cheveu, d'une personne fiévreuse (*ibid.* 32, 113).
81 D'après le psychologue Michel Zlotowicz, les peurs des enfants de moins d'un an sont liées à des bruits ou mouvements soudains, à la peur de nouveaux visages, et de l'abandon. Zlotowicz 1974, p. 54.
82 Au sujet de l'usage de dents animales et d'os pour soigner les maux de la dentition, V. Bonet conclut : « Il s'agit là [...] de recourir au principe de sympathie et de traiter le semblable par le semblable, puisqu'une dent aide et soigne la dentition, ou du moins quelque chose de dur comme une pierre ou un os » (Bonet 1998, p. 186).
83 *HN* 32, 79. Pline parle de dragon marin (petite vive selon E. de Saint-Denis).
84 *Ibid.*
85 *HN* 11, 235 : *Delphini binas in ima aluo papillas tantum nec euidentes et paulum in oblicum porrectas. Neque aliud animal in cursu lambitur.*
86 *HN* 9, 21 : *Quin et adultos diu comitantur magna erga partum caritate adolescunt celeriter.*
87 Un rôle identique semble attribué aux arêtes de tout poisson puisque « broyées et appliquées » sur les gencives, elles soignent les douleurs des dents.

On regarde aussi comme un remède de se laver les dents avec du lait de chèvre ou du fiel de taureau. La cendre de l'os frais de l'astragale des chèvres, et, pour ne pas nous répéter, de tous les quadrupèdes nourris dans les fermes, forme un bon dentifrice[88].

La précision donnée sur l'origine de l'animal se retrouve dans un second passage de l'*HN*. Il est alors fait mention d'un astragale de bœuf, auquel on a mis le feu et qu'on approche de dents ébranlées ou douloureuses. Le choix de cet os précis, situé dans l'articulation de la patte arrière de l'animal, pourrait-il se référer à la stabilité donnée par cet os au corps, comme le rappelle Aristote ?

> [...] Or l'astragale étant une cheville s'insère comme une partie étrangère ajoutée aux deux parties du membre, et par le poids qu'il apporte il rend la marche plus stable[89].

La domesticité de l'animal ajoute à notre interrogation. S'agit-il, comme dans le cas du lait, d'utiliser un produit issu du corps sur lequel l'homme a une certaine influence ? Autrement dit, l'élevage a-t-il une action physiologique sur le corps de l'animal ? Il est selon toute vraisemblance fait référence ici au type de nourriture donné ou permis à l'animal. Sa nature ayant dès lors perdu toute connotation de son état sauvage préfigure-t-elle l'intégration de l'enfant au monde civilisé ? Si tel est le cas, comme le laisse entendre aussi l'accès au bûcher funéraire des individus ayant acquis leurs dents, l'apparition de ces dernières joue bien un rôle majeur, essentiel dans l'évolution sociale de l'enfant.

Les maux que les médecins hippocratiques et leurs partisans de l'époque romaine attribuent à la pousse des dents, sont en relation avec les troubles du système digestifs dont les diarrhées, qui entraînent convulsions et fièvres, particulièrement chez l'enfant qui mange trop ou n'évacue pas assez. La croyance que la pousse de dents est la cause commune des maladies de cette classe d'âge est encore d'actualité au XIXe siècle. Ainsi, l'article « Dentition » du *Dictionnaire de Médecine* (1821), s'ouvre sur ces mots :

> On attribue dans le monde, la plupart des maladies de l'enfance, au travail de la dentition. La difficulté d'observer les maladies du premier âge, et le peu de connaissances positives que nous avons sur cette partie de la pathologie, ont contribué à enraciner cette opinion ; et ce préjugé, résultat de notre ignorance, est ensuite devenu populaire, comme tous les autres préjugés en médecine[90].

Cette phrase est citée par Michel Billard, médecin de la ville de Paris, qui écrit en 1835 un traité des *Maladies des enfants, des nouveau-nés et à la mamelle, fondé sur de nouvelles observations cliniques et d'anatomie pathologique*[91]. À l'appui de nombreux cas d'enfants décédés en très bas âge et jusqu'à la période des premières dents, qu'il situe entre neuf mois et un an, le médecin démontre qu'avec la dentition apparaît tout un développement du système digestif. Il mentionne les glandes salivaires, qui augmentent de volume et

---

88 HN 28, 182 : *Efficax habetur et caprino lacte conlui dentes uel felle taurino. Talorum caprae recentium cinis dentifricio placet et omnium fere uillaticarum quadrupedum, ne saepius eadem dicantur.*
89 ARISTOTE, *PA* 689b 13-15 : Ὁ δ' ἀστράγαλος γόμφος ὢν ὥσπερ ἀλλότριον κῶλον ἐμβέβληται τοῖς δυσί, βάρος μὲν παρέχων, ποιοῦν δ' ἀσφαλεστέραν τὴν βάσιν.
90 GUERSENT et ADELON 1821, p. 181.
91 BILLARD 1835, p. 153.

sécrètent plus de salive ; mais aussi le développement de l'appareil folliculeux des intestins et autres. Le médecin de conclure :

> On dirait que la nature a fixé pour la même époque le développement de toutes les parties de l'appareil digestif[92].

Ces conclusions nous rappellent Lactance et son observation, à cet âge aussi, du développement des organes de la parole[93]. La lecture de ces passages traitant de la dentition, nous montre que, malgré le classement des maux de l'enfant en fonction de son âge, les médecins antiques n'ont pas pour autant conseillé un remède unique pour l'ensemble des maux. Ils ont su traiter chaque pathologie séparément, et non les dents seules, lors de leur apparition à cette époque charnière de la vie.

L'épilepsie

Différents termes sont utilisés dans l'Antiquité pour désigner l'épilepsie. Le plus ancien montre qu'une origine surnaturelle lui était prêtée. Aussi, le nom de *ierè nosos* (maladie sacrée) employé par les Grecs devient en latin : *morbus diuinus* à partir du IIe siècle et, au Bas-Empire, *sacra passio*[94]. Le traité hippocratique *Maladie sacrée* souligne que l'on croyait qu'elle était envoyée par une divinité[95], par Cybèle notamment. À partir du IIIe siècle av. J.-C., c'est la divinité lunaire, Selènè, qui est considérée comme étant à l'origine de la maladie. Cette dernière prend alors la dénomination de « maladie de la lune », *seleniasmos*, alors que le malade est dit *selèniazomenos* ou *selèniakos* en grec, et *lunaticus*, « lunatique » en latin[96]. De nombreux auteurs latins rationalisent la crise, qu'ils prêtent à une influence naturelle de l'astre[97]. Pour l'érudit romain Quintus Sérénus (II-IIIe siècle), c'est l'influence de la nouvelle lune sur le jour de conception, qui donne la maladie[98]. Les manifestations violentes de la maladie : mouvements incontrôlés, convulsions, pertes de connaissance, écume sortant de la bouche du malade ont aussi conduit à envisager une influence démoniaque derrière les crises, particulièrement en contexte chrétien.

L'épilepsie était déjà vue comme une maladie spécifique aux enfants en Grèce classique. Le traité hippocratique *Airs, eaux, lieux* nomme l'affection « maladie de l'enfant », qualificatif qui revient de manière sporadique jusqu'à l'Antiquité tardive[99]. Ainsi, Rufus d'Éphèse évoque les frayeurs que peut entraîner « le mal d'enfants »[100], alors que Célius Aurélien parle de *puerilis passio*, soulignant qu'elle « est fréquente à ces âges », qui vont de la naissance à la puberté[101]. Célius Aurélien précise que la maladie apparaît chez tous

---

92 *Ibid.*
93 Lactance, *La création de Dieu* X, 13-14.
94 Apulée, *Apologie* 7, LI, 1. Voir Gaillard-Seux 2017.
95 Hippocrate, *Maladie sacrée* 1, 1 ; 11 (L VI, 354).
96 Callimaque, *Origines* 75, 12. Voir Gaillard-Seux 2017, p. 176.
97 *Ibid.* p. 176.
98 Quintus Sérénus, *Livre de médecine* 1010.
99 Hippocrate, *Airs, eaux, lieux* 3. Au sujet de la longue durée du terme, voir Gaillard-Seux 2017.
100 Rufus dans Oribase, *Livres incertains* 20, 27 (Dar. V 160, 13-14).
101 Célius Aurélien, Maladies chroniques I, 4, 60 : Puerilis passio, siquidem in ipsis abundet aetatibus.

les enfants mais surtout au moment de la pousse des dents, en raison de leur faiblesse physiologique qui leur permet difficilement de faire face à l'assaut des crises :

> En général, c'est une maladie fréquente chez les enfants (*pueris*), surtout à l'époque où a lieu la pousse des dents. Elle frappe aussi dans la jeunesse et la maturité, mais rarement les vieillards. Elle affecte en effet plus violemment les petits enfants (*infantes*) nés depuis peu que les enfants (*pueros*) ou ceux sur le déclin de l'âge et les plus âgés, parce qu'ayant de faibles forces ils ne peuvent supporter l'assaut des maladies. Enfin, cette maladie a l'habitude de disparaître à l'époque de la puberté ou des premières règles chez les femmes, ou du premier accouchement, par une sorte de renouvellement naturel, la transformation du corps ayant suffi. Si cela ne s'est pas du tout produit, elle vieillit avec le patient la plupart du temps, si elle n'a pas été vaincue par le long combat de la nature ou par les soins de la médecine[102].

Celse évoque la facilité avec laquelle l'épilepsie se guérit, lorsqu'elle se produit avant la puberté[103]. Avec cette dernière étape, qui marque la fin de l'enfance, le mal disparaît généralement de lui-même ou lors des premiers rapports sexuels pour le garçon, et la venue des règles chez la fille[104]. Passé ce stade, la maladie devient chronique[105].

Si Celse se montre très optimiste vis-à-vis de sa disparition, Arétée de Cappadoce (Ier ou IIe siècle apr. J.-C.) fait preuve de davantage de réalisme face aux séquelles qui en découlent :

> Cette maladie ne s'en va pas facilement, elle s'attache au meilleur et au plus bel âge de la vie et si par un heureux hasard, l'âge plus vigoureux qui suit la chasse et qu'elle se retire à l'époque de la puberté, elle ne s'en va pas ordinairement sans laisser des marques de sa violence ; comme si elle était jalouse de la beauté des enfants, elle les laisse ou perclus de leurs membres ou la figure contrefaite ou privés de quelques-uns de leurs sens[106].

Peut-être dans la continuité des médecins qui appelaient la maladie en grec *mega nosema*, ou *megalè nousos*, « grande maladie », ces termes sont repris aujourd'hui dans les traités de médecine et traduits par « grand mal » ou « petit mal »[107]. Cette distinction, déjà faite par les médecins antiques, reflète la variabilité des formes et aussi la violence que peut prendre la maladie[108]. Comme le montre Patricia Gaillard-Seux, « à la lumière

---

102 *Ibid.* I, 4, 70-71. Aussi SCRIBONIUS LARGUS, *Compositions médicales* 18 et CASSIUS FELIX, *De la médecine* 71.
103 CELSE, *De la médecine* II, 8, 11.
104 Les recherches actuelles démontrent que la disparition de certaines formes de la maladie à l'adolescence est due à la maturation du cerveau. Voir ROGER *et al.* 2005 et GAILLARD-SEUX 2017, p. 185.
105 Il est attesté que les adultes épileptiques l'étaient déjà enfants. Il faut des circonstances particulières pour que l'épilepsie apparaisse chez l'adulte (du type AVC, alcoolisme ou maladie d'Alzheimer, etc.), GAILLARD-SEUX 2017, p. 185.
106 ARÉTÉE DE CAPPADOCE, *Signes et causes des maladies chroniques* I, 4, 1 : Ῥηϊδίως δὲ οὐκ ἄπεισι ἡ νοῦσος, ἀλλὰ ἐν ἡλικίῃσί τε τῇσι κρείττοσι ἐνοικέει καὶ ὥρῃ τῇ ὡραίῃ. Ξυνδιαιτᾶταί τε παισὶ καὶ μειρακίοισι. Ἐξηλάθη δέ κοτε ὑπ' εὐτυχίης, δι' ἄλλης ἡλικίης μέζονος, εὖτε τῷ κάλλεϊ συνέξεισι τῆς ὥρης : ἀλλὰ καὶ τότε μετεξετέρους αἰσχροὺς ἀποδείξασα, ἀπόλλυσι τοὺς παῖδας φθόνῳ τοῦ κάλλεος, ἢ χειρὸς ἀκρασίῃ, ἢ προσώπου διαστροφῇ, ἢ πηρώσι τινὸς αἰσθήσιος.
107 Célius Aurélien confère le petit mal à l'épilepsie des enfants, le grand mal, à celui qui perdure après l'adolescence et qui est alors chronique.
108 Arétée de Cappadoce met en évidence les nombreuses expressions de la maladie (*Signes et causes des maladies aiguës et chroniques* III, 4, 1) ; Célius Aurélien distingue trois formes d'épilepsie (CAELIUS AURELIANUS, *Maladies chroniques* I, 4, 60).

des recherches médicales récentes, il n'existe pas "une" épilepsie, mais "des" épilepsies, formant des syndromes variés, dont certains ne frappent que les enfants[109] ».

En chercher les causes

Dans les traités hippocratiques, l'épilepsie est une maladie qui peut survenir en raison de facteurs climatiques, notamment suite aux changements du vent. Dans le traité *Maladie sacrée*, comme un peu plus tard chez Aristote, l'épilepsie a pour siège la tête. Pour le médecin hippocratique, l'épilepsie découle d'un excès de phlegme. Si cette humeur n'est pas évacuée avant ou après la naissance, elle descend de la tête par les vaisseaux du corps. Le flegme influe ensuite sur le sang qu'il coagule, bloquant le passage de l'air. Ce facteur limitant la circulation de l'air est la cause du blocage de l'activité perceptive et intellectuelle du malade. Rationnels, les traités hippocratiques ont cela de positif qu'ils déculpabilisent les malades qui ne sont plus considérés comme coupables du mal qui les touche, et les dieux n'en sont plus les déclencheurs.

Aristote apporte une autre vision des causes de l'épilepsie qui rejoint, sous certains aspects, celle des médecins hippocratiques. Pour Aristote, tout commence avec la digestion des aliments qui produisent une sorte de vapeur chaude qui monte à la tête par le biais des vaisseaux. La tête étant considérée comme froide, elle refroidit la vapeur qui redescend en poussant la chaleur. Ce mouvement descendant est la cause du sommeil mais aussi de l'épilepsie, lorsque la vapeur est trop abondante. Cette dernière agit alors sur les vaisseaux du corps qu'elle gonfle, gênant la respiration et provoquant l'épilepsie[110]. Le fait que la maladie touche davantage l'enfant s'explique par le développement démesuré des parties supérieures du corps de l'enfant, particulièrement de sa tête. L'importance de cet organe, qui fait office de ventouse, permet dès lors difficilement à la vapeur de s'en échapper. Associée à la fatigue et à l'excès de nourriture, cette constitution du corps de l'enfant est donc un foyer propice à la maladie. Jean-Paul Amman montre bien que le régime de l'enfant joue un rôle important dans le développement de la maladie mais ne peut survenir qu'après la naissance, car « l'embryon ne peut pas être trop nourri, le nourrisson si »[111]. Cette importance donnée par Aristote à une nourriture trop abondante rejoint les traités médicaux de l'époque romaine, dont Soranos. Elle permet de mieux comprendre la répétition des traités sur ce point et l'état des vaisseaux du corps. S'ajoute à la morphologie de l'enfant sa constitution chaude et humide, qui fait écho à l'humidité de la maladie. Les méthodes de soins sont dès lors contraires à la maladie, privilégiant le sec et le chaud.

En plus de ces considérations biologiques, l'ouvrage de Pline met en évidence un lien entre la chèvre et l'épilepsie. Exprimé dans plusieurs passages de l'*Histoire naturelle*, ce parallèle est bien plus ancien que l'époque du naturaliste, comme le démontre Pierre Brûlé[112]. Il est intéressant de noter que la chèvre est l'animal de Cybèle, divinité qui envoie l'épilepsie aux hommes. Le traité *Maladie sacrée* considère que la chèvre est elle-même touchée par l'épilepsie :

---

109 GAILLARD-SEUX 2017, p. 185.
110 CHIRON 2006, p. 18-19 ; DEBRU 1982, p. 26.
111 CHIRON 2006, p. 19.
112 BRÛLÉ 1998, p. 243.

[…] chez le petit bétail affecté par cette maladie et particulièrement chez les chèvres qui y sont le plus exposées : ouvrez la tête pour l'examiner et vous trouverez le cerveau humide, rempli d'eau d'hydropisie et sentant mauvais[113].

Le médecin du traité *Maladie sacrée*, interdit la consommation de la viande de chèvre, de dormir dans sa peau ou encore de s'en vêtir. La chèvre est aussi consacrée à Artémis, dont le lien avec la lune la rattache également à l'épilepsie. Animal souffrant d'épilepsie, sa crotte et sa cervelle sont utilisées, vraisemblablement dans une démarche sympathique, contre cette « maladie sacrée » :

> Les mages instillent aux enfants, avant qu'on leur donne du lait, une cervelle de chèvre, après l'avoir fait passer à travers un anneau d'or, contre l'épilepsie et les autres maladies des enfants[114].

La prévenir et la soigner

Face à l'omniprésence de la maladie dans les traités médicaux, il est étonnant de ne pas voir apparaître un grand nombre de remèdes pour la traiter. Si les médecins hippocratiques mentionnent des traitements antipathiques de la maladie, ceux de l'époque romaine ne semblent pas conseiller autre chose que des méthodes préventives. Les moyens préconisés relèvent alors plus de la magie que de la médecine, même chez des médecins qui raillent les pratiques magiques, tel que Galien. Celui-ci raconte d'ailleurs l'anecdote d'un enfant atteint d'épilepsie et guérit grâce au port d'une amulette à base de pivoine placée à son cou :

> J'ai connu dans le passé un enfant de six mois qui n'était plus du tout pris par l'épilepsie depuis qu'il portait en amulette de la racine (de pivoine), mais quand l'amulette se détacha de son cou, aussitôt, il fut pris à nouveau par la maladie, et une autre amulette lui ayant été attachée, il fut à nouveau dans un état irréprochable. Il me sembla préférable de lui enlever à nouveau pour faire une expérience ; et ayant agi ainsi, quand il fut pris à nouveau de convulsions, nous lui fîmes pendre en amulette du cou une grande partie d'une racine fraîche, et à partir de ce moment désormais l'enfant fut complètement guéri et il cessa d'être pris par l'épilepsie[115].

À la recherche d'une explication rationnelle de l'effet positif de la plante, Galien conclut à la dégradation de ses particules dans l'air, ou à son contact direct sur les poumons. Ces bienfaits sont alors attribués aux vertus desséchantes de la plante.

---

113 HIPPOCRATE, *Maladie sacrée* 11 (L VI, 382) : Γνοίη δ' ἄν τις τόδε μάλιστα τοῖσι προβάτοισι τοῖσι καταλήπτοισι γινομένοισιν ὑπὸ τῆς νούσου ταύτης καὶ μάλιστα τῇσιν αἰξίν.

114 HN 28, 259 : *Magi per anulum aureum traiectum, priusquam lac detur, infantibus instillant contra comitiales ceterosque infantium morbos.*

115 GALIEN, *De la faculté des médicaments simples* 2, 5-6 (K XI 859 ; trad. Jouanna, 2011, p. 47-77) : Καὶ οἶδά γέ ποτε παιδίον ὀκτὼ μησὶ μηδ' ὅλως ἐπιληφθὲν ἐξ ὅτου τῆς ῥίζης ἐφόρει, ὡς δ' ἀπερρύη πως ἀπὸ τοῦ τραχήλου τὸ περίαπτον, εὐθὺς ἐπελήφθη, καὶ αὖθίς τε περιαφθέντος ἑτέρου πάλιν ἀμέμπτως εἶχεν. Ἔδοξε δέ μοι κάλλιον εἶναι καὶ αὖθις ἀφελεῖν αὐτὸ πείρας ἕνεκα, καὶ οὕτω πράξαντες, ἐπειδὴ πάλιν ἐσπάσθη, μέγα τε καὶ πρόσφατον μέρος τῆς ῥίζης ἐξηρτήσαμεν αὐτοῦ τοῦ τραχήλου, κἀντεῦθεν ἤδη τοῦ λοιποῦ τελέως ὑγιὴς ἐγένετο ὁ παῖς καὶ οὐκέτ' ἐπελήφθη.

L'usage de cervelle mentionné par Pline, démontre aussi une volonté de préserver le cerveau, organe d'où part la maladie. Comme la chèvre, l'âne est un animal auquel il est fait allusion dans le traitement de l'épilepsie. Le lien qui rattache l'animal à la maladie n'est pas rendu explicitement par le naturaliste. Ce lien devait être une évidence pour les gens vivant à l'époque des prescriptions comme le suggère le récit des *Métamorphoses* d'Apulée où l'âne Lucius est atteint d'épilepsie[116]. Patricia Gaillard-Seux évoque plusieurs pistes pour expliquer l'usage des produits tirés de l'âne[117]. L'une nous paraît spécialement digne d'intérêt puisqu'elle repose sur la relation entre l'animal et la sexualité, qui semble témoigner de la force vitale de l'animal. D'ailleurs, l'une des prescriptions pour soigner l'épilepsie est un mélange comprenant :

> […] les testicules d'âne gardés dans du sel et mêlés à une boisson, surtout au lait d'ânesse ou à de l'eau[118].

Il peut dès lors être suggéré que l'usage des produits tirés de l'âne, notamment ses testicules, stimulent la puberté et les relations sexuelles des jeunes gens, souvent évoquées par les médecins comme guérissant l'épilepsie.

Ces rapprochements avec un certain type d'animaux montrent que, comme l'a bien noté L. Dean-Jones, les médecins antiques attachent une grande importance à la tête de l'enfant et au bon fonctionnement des canaux de son corps. Arrivés à bonne taille à l'âge de la puberté, qui marque aussi le début de la sexualité des jeunes gens et le plein fonctionnement du corps des jeunes filles, ceux-ci doivent permettre d'enrayer la maladie. Au terme de cette réflexion sur l'épilepsie, il nous paraît encore important de soulever, à la suite de V. Bonet, l'importance des substances animales dans la pharmacopée mise en œuvre pour soigner les enfants :

> On peut se demander si le grand nombre de recettes à base de produits animaux ne met pas aussi en valeur une certaine animalité de l'enfant[119].

Face aux limites de la médecine à enrayer le mal et peut-être aussi au nombre d'enfants atteints, les médecins semblent avoir cédé du terrain aux pratiques magiques. Celles-ci répondent à l'imaginaire qu'a suscité l'épilepsie, vraisemblablement en raison de son caractère spectaculaire, mais aussi incontrôlable. Les rapprochements qui sont faits avec les divinités et la lune, permettent de suggérer des fonctions ciblées incorporées par certaines amulettes telles que celles en forme de lunules. Plus précises, des formules écrites sur des lamelles d'argent ou d'or démontrent la volonté de protéger les enfants de cette terrible maladie. Ainsi, une lamelle en or du IIIe siècle, enroulée pour permettre d'être portée au cou, comprenait un texte juif ou chrétien mentionnant Jahvé, le dieu des Israélites, ainsi que des anges et archanges, dans une requête visant à protéger la petite Aurelia « de tout mauvais esprit, de toute épilepsie et de toute chute[120] ».

---

116 Ovide, *Métamorphoses* IX, 39, 7.
117 Gaillard-Seux 2017, p. 180.
118 *HN* 28, 225 : *(Item) testes sale adseruati et inspersi potioni in asinarum maxime lacte uel ex aqua.*
119 Bonet 1998, p. 196.
120 Gaillard-Seux 2017.

Les problèmes de peau

Souvent mentionnées par les médecins comme liées à l'enfance, les maladies de la peau sont associées à l'époque où les enfants sont encore au sein[121]. Deux médecins de l'école pneumatique fondée au Ier siècle, attribuent les différentes irruptions à la densité ou à la qualité du lait[122]. Ainsi, Athénée d'Attale (Ier siècle), fondateur de la secte, estime que les efflorescences proviennent d'un mauvais lait ou encore d'un lait que l'enfant ne digère pas :

> Les efflorescences qui se forment sur la peau, chez les enfants, tiennent, le plus souvent, à la mauvaise qualité du lait ; elles se forment également si l'enfant ne digère pas le lait ; enfin il y a des enfants qui apportent le mal du sein de leur mère. La nourrice doit donc d'abord être contente de voir arriver ces efflorescences à l'extérieur, car c'est un moyen de mettre les enfants à l'abri de maux plus graves, et il y a du danger à les faire rentrer ; mais, quand elles se sont flétries comme il faut ; et qu'il vous semble que tout est sorti, alors enfin il convient de les traiter par des bains chauds, dans lesquels la nourrice mettra un peu de myrte, de lentisque, de roses, ou de liseron à feuilles d'althée ; après cela, elle fera usage d'huile parfumée de roses, ou de lentisque, ou du cérat uni à la céruse[123].

La cause étant le lait, le mal apparaît d'abord dans le corps de l'enfant, sans qu'il soit davantage précisé de quelle manière. L'irruption cutanée se manifeste donc dans un second temps. Notons que l'une des causes est attribuée au lait de la mère, et que le lait de la nourrice apparaît comme salvateur. Le recours à celle-ci est tout à fait justifié par le médecin dans ce cas précis. Cette façon d'agir rejoint l'opinion de Soranos qui préfère le bon lait d'une nourrice à un mauvais lait de la mère[124].

Implicitement, Athénée suggère que, soumis à un meilleur lait, l'enfant voit son mal apparaître en surface où il pourra être soigné par des applications désinfectantes et calmantes. Disciple d'Athénée dont on ne connaît pas la date de vie précise, mais que l'on situe entre le IIe et le IIIe siècle, Antylle est l'un des derniers médecins de l'école pneumatique. Antylle suit son maître puisqu'il impute au lait trois sortes d'irruptions cutanées. Les deux premières se présentent sous la forme d'abcès (*apostèma*) et de furoncles (*dothiènas*) survenus suite à un lait trop épais[125]. Un lait âcre produit quant à lui des exanthèmes[126].

Il peut être relevé que les exanthèmes sont justement soignés par le lait de la nourrice chez Soranos et aussi Celse[127]. Ce dernier ajoute les pustules (rouges, livides, pâles ou noires) et les aphtes[128].

---

121 Hippocrate, *Aphorismes* III (L IV).
122 Pietrobelli 2017, p. 100.
123 Oribase, *Livres incertains* 24 (Dar III 189) : Ὅσα δὲ τῷ παιδίῳ ἐξανθεῖ κατὰ τὸ δέρμα, γίνονται μὲν τὰ πολλὰ τῇ κακίᾳ τοῦ γάλακτος. Γίνεται δὲ καὶ ἢν αὐτὸ μὴ ἐκπέψῃ· τὰ δέ που καὶ ἀπὸ τῶν ὑστέρων ἤνεγκε τὴν βλάβην. χρὴ οὖν τὸ μὲν αὐτίκα ἀσμένην δέχεσθαι ἔξω (λύσις γὰρ αὕτη μειζόνων κακῶν· εἰ δ'ἀποτρέποις εἴσω, κίνδυνος)· ὅταν δ' ἀπανθήσῃ καλῶς καί σοι δοκῇ ἅπαν ἐκκεχωρηκέναι, τηνικαῦτα ἤδη θεραπεύειν τοῖς μὲν λουτροῖς προσεμβαλοῦσαν μυρρίνης ἢ σχίνου ἢ ῥόδων ἢ τῆς μηδείας βραχὺ ἐπ'αὐτά, εἶτα τῷ μύρῳ τῷ ῥοδίνῳ ἢ τῷ σχινίνῳ χρωμένην ἢ κηρωτῇ μετὰ ψιμυθίου.
124 Soranos, *Maladies des femmes* II, 18.
125 Antylle, dans Oribase, *Livres incertains* 34,129.4 pour les deux types.
126 *Ibid.* 34, 129, 11.
127 Soranos, *Maladies des femmes* II, 52-53 ; Celse, *De la médecine*, V 28,15 (II 162).
128 *Ibid.* et VI 11, 3-6 (11256 sq.).

Les vers intestinaux

Dans le traité cnidien *Maladies IV* (fin vᵉ siècle av. J.-C), apparaît une autre mention d'une affection due au lait. Or celle-ci apparaît alors que l'enfant est encore dans le ventre de sa mère :

> Beaucoup de choses arrivent à l'enfant dans la matrice, de la façon suivante. Quand du pus ardent se forme du lait et du sang décomposés et surabondants, comme ils sont doux, un animal se forme à cet endroit. Les vers ronds se forment aussi de cette façon[129].

Le médecin donne deux raisons qui lui font croire à cette cause. La première découle de la grande taille de l'animal :

> Je dis qu'ils naissent dans l'enfant quand il est dans la matrice. En effet, dès qu'il en est sorti, les excréments ne restent pas assez de temps dans le ventre pour qu'un animal de cette taille puisse s'y former de leur décomposition et de leur séjour[130].

Plus loin, il ajoute :

> Voici la preuve qu'il en est ainsi. À la naissance des enfants, les femmes leur donnent les mêmes médicaments, pour que les excréments sortent de l'intestin sans se calciner et en même temps pour que l'intestin s'élargisse. Après cette potion, beaucoup d'enfants expulsent avec les premiers excréments des vers ronds et plats ; et s'ils ne les expulsent pas, les vers se développent dans le ventre[131].

Les vers se formant dans l'enfant *in utero*, la cause ne peut dès lors qu'être liée à la mère, à son sang et au lait qu'elle dispense alors à l'enfant.

Les calculs rénaux

Il nous a semblé nécessaire de rendre compte d'une dernière pathologie fréquente chez les enfants dont la cause est attribuée par les médecins antiques, à commencer par les hippocratiques, à un mauvais lait. Les médecins hippocratiques sont les premiers à avoir fait ce lien. Dans *Des airs, des eaux, des lieux*, le médecin mentionne comme cause première de la maladie de « la pierre » (λιθιῶσι) une eau rendue hétérogène par le long trajet parcouru[132]. Ces eaux qui déposent dans les vases utilisés pour les servir du sable et du limon, ont le même effet chez les personnes dont le ventre est brûlant. Échauffée, la vessie va partager le liquide en deux substances. Expulsant la partie la plus fine et la

---

129 Hippocrate, *Maladies IV* 54 (L VII 595-598) : Πολλὰ γὰρ γίνεται ἐν τῇσι μήτρῃσιν ἐόντι τῷ παιδίῳ τρόπῳ τοιῷδε· ἐπὴν γένηται πῦος καυσῶδες ἀπὸ τοῦ γάλακτος καὶ τοῦ αἵματος συσσηπο μένου καὶ πλεονάζοντος, ἅτε γλυκέος ἐόντος, ζῷον ἀπογεννᾶται αὖ τόθι· γίνονται δὲ καὶ στρογγύλαι ἕλμινθες αὐτοῦ τρόπῳ τῷ αὐτῷ.

130 *Ibid.* : Γίνεσθαι γάρ φημι ἐν τῷ παιδίῳ ἐν τῇσι μήτρῃσιν ἐόντι· οὐ γάρ ἐστιν, ἐπὴν ἅπαξ ἐκ τῶν μητρέων ἐξέλθῃ, χρόνος τῇ κόπρῳ ἐν τῇ κοιλίῃ τοσοῦτος, ὥστε σαπείσης καὶ χρονισάσης ζῷον παγῆναι ἐν αὐτῇ, ὅ τι τοσοῦτον μεγέθει γίνεται·

131 Hippocrate, *Maladies IV*, 54 (L VII 595-598) : Σημήϊον δὲ ὅτι τοῦθ᾽ οὕτως ἔχει, ἐπὴν τὰ παιδία γένηται, ψωμί ζουσιν αὐτὰ αἱ γυναῖκες τὰ αὐτὰ φάρμακα, ὥστε ἡ κόπρος ἐξέλθῃ ἐκ τοῦ ἐντέρου καὶ μὴ ξυγκαυθῇ καὶ ἅμα τὸ ἔντερον εὐρυνθῇ· ἐπὴν ψωμίσωσι, πολλὰ δὴ τῶν παιδίων καὶ στρογγύλας καὶ πλατείας ἕλμινθας ἀπεπάτησαν ἅμα τῇ κόπρῳ τῇ πρώτῃ· ἢν δὲ μὴ ἀποπατήσῃ, γίνονται καὶ ἐν τῇσι γαστῆρσι.

132 Hippocrate, *Des airs, des eaux et des lieux* 9 (L II 36-39).

plus pure, elle conserve la partie épaisse qui se consolide et augmente de volume au fur et à mesure des ingestions de même nature. Le médecin hippocratique décrit ensuite la raison de la douleur :

> Et quand on veut uriner, la concrétion se précipite vers le col de la vessie sous la poussée de l'urine, empêche d'uriner et cause une forte douleur. Aussi les enfants atteints de lithiase frottent-ils et tirent-ils les parties honteuses, car il leur semble que la cause de l'émission de l'urine se trouve là[133].

Ce récit est clair et logique concernant la formation des calculs dans la vessie. Il faut noter que l'eau mentionnée comme susceptible de causer des maladies comporte, comme le lait, une nature double : une part est très liquide, l'autre épaisse. Cette analogie n'échappe pas au rédacteur du traité des *Des airs, des eaux, des lieux* puisqu'il ajoute une autre source produisant les calculs :

> Dans la plupart des cas, voilà comment se produit la lithiase ; toutefois, un calcul peut provenir aussi du lait, s'il n'est pas sain, mais est trop chaud et bilieux ; car ce lait échauffe entièrement le ventre et la vessie, si bien que l'urine, étant brûlée, subit les mêmes accidents[134].

Pour éviter la formation de ces calculs douloureux, le médecin hippocratique conseille de donner aux enfants le vin coupé de beaucoup d'eau, précisant que cette boisson est moins brûlante et desséchante pour les veines. Il conclut en disant que les filles sont moins sujettes aux pierres que les garçons, en raison de leur physiologie, elles ont un urètre court et large, et parce qu'elles boivent beaucoup[135]. Un second traité hippocratique fait mention des calculs. Il s'agit du traité *Maladies* IV. L'avis de ce médecin diffère du précédent :

> Quant à la lithiase, le principe de cette maladie est dans le lait, quand l'enfant tette un lait impur. Le lait est impur chez la nourrice quand elle use d'une nourriture pituiteuse, d'aliments et de boissons impurs, car tout ce qui en arrive dans le ventre contribue à la formation du lait[136].

Galien évoque aussi les calculs rénaux des enfants sans en préciser la cause :

> Et chez les enfants qui ont une pierre dans la vessie, on a vu fréquemment se produire des rétentions d'urine[137].

---

133 *Ibid.* 9, 26-30 : Καὶ ὁκόταν οὐρέῃ, πρὸς τὸν στόμαχον τῆς κύστιος προσπίπτει ὑπὸ τοῦ οὔρου βιαζόμενον, καὶ κωλύει οὐρέειν, καὶ ὀδύνην παρέχει ἰσχυρήν· ὥστε τὰ αἰδοῖα τρίβουσι καὶ ἕλκουσι τὰ παιδία τὰ λιθιῶντα· δοκέει γὰρ αὐτέοισι τὸ αἴτιον ἐνταῦθα εἶναι τῆς οὐρήσιος.
134 *Ibid.* 9, 33-36 : Ὥστε τὰ αἰδοῖα τρίβουσι καὶ ἕλκουσι τὰ παιδία τὰ λιθιῶντα· δοκέει γὰρ αὐτέοισι τὸ αἴτιον ἐνταῦθα εἶναι τῆς οὐρήσιος. Τεκμήριον δέ, ὅτι οὕτως ἔχει· τὸ γὰρ οὖρον λαμπρότατον οὐρέουσιν οἱ λιθιῶντες, ὅτι τὸ παχύτατον καὶ θολωδέστατον αὐτέου μένει καὶ ξυστρέφεται· τὰ μὲν πλεῖστα οὕτω λιθιᾷ.
135 *Ibid.* 9, 38-40 : Τοῖσι δὲ θήλεσι λίθοι οὐ γίγνονται ὁμοίως· ὁ γὰρ οὐρητὴρ βραχύς ἐστιν ὁ τῆς κύστιος καὶ εὐρύς, ὥστε βιάζεσθαι τὸ οὖρον ῥηιδίως.
136 HIPPOCRATE, *Maladies* IV, 55 (L VII 600-601) : Περὶ δὲ λιθίδος, ἀρχὴ μὲν ἐγγίνεται ἀπὸ τοῦ γάλακτος τῇ νούσῳ, ἐπὴν τὸ παιδίον θηλάζῃ γάλα μὴ καθαρόν· τὸ δὲ γάλα γίνεται ἐν τῇ τροφῷ οὐ καθαρόν, ἐπὴν φλεγματώδεσι τροφῇσι καὶ σιτίοισι καὶ ποτοῖσι χρῆται μὴ καθαροῖσιν· ξυμβάλλεται γὰρ πάντα τὰ ἐς τὴν κοιλίην πίπτοντα, ἐς τὸ γάλα.
137 GALIEN, *Des lieux affectés* 6, 4 (K VIII 408, 13-14) : Ἐπὶ δὲ τῶν παιδίων λιθιώντων κατὰ κύστιν ἐθεασάμεθα πολλάκις ἰσχουρίαν γενομένην.

Comme le médecin du traité *Des Airs, des eaux et des lieux*, il évoque la division de l'urine en une partie sableuse, l'autre aqueuse :

> L'enfant malade doit être allongé, sitôt que sont visibles les signes de la pierre, à savoir, d'une part, l'urine semblable à de l'eau, et, d'autre part, la présence de sable dans l'urine. Quant au petit patient, il se gratte sans cesse la verge, qui est tantôt extrêmement molle, tantôt dressée, et, subrepticement, il n'urine plus, dans ce cas, il est fort probable que la pierre s'est bloquée dans le col de la vessie. Il faut alors mettre l'enfant la tête en bas, dresser les jambes nettement plus haut que le reste du corps, et bouger avec force le corps de l'enfant pour faire sortir la pierre du méat. À la fin, l'enfant réussi à uriner[138]

Quant à Celse, il fait mention de la lithiase vésicale dans son livre portant sur la chirurgie. Pour lui, la maladie survient tant chez les femmes que les hommes. La méthode chirurgicale n'intervient qu'en derniers recours. Il précise que l'opération ne doit pas être précipitée et qu'« on ne doit pas non plus l'entreprendre en tout temps, à tout âge, ni dans tous les cas ; mais au printemps seulement, sur les sujets de neuf à quatorze ans[139] ». Dans un article paru en l'honneur de D. Gourevitch en 2007, Philippe Charlier se réfère à la chercheuse qui avait déjà traité des possibles causes à l'origine des calculs chez l'enfant.

Comme le rappelle D. Gourevitch[140], certains rapportent l'origine de la lithiase pédiatrique à une alimentation trop pauvre en liquides (après le sevrage), d'autres à une carence protéique liée à une alimentation trop exclusivement maternelle (le sein de la nourrice donnant peu de lait, de mauvaise qualité). En réalité, l'étiologie est très certainement multiple, et, comme bien souvent, des facteurs environnementaux semblent se surajouter, notamment le degré minéral (et calcique) de l'eau de boisson. L'importance des calcifications dans les canalisations romaines, par exemple les aqueducs, en fournit un exemple probant[141].

En 2009, Philippe Charlier écarte toutefois la probabilité qu'un lait de mauvaise qualité soit la cause de l'affection[142].

Conclusion

Les différents travaux traitant des maladies dont les enfants ont souffert dans l'Antiquité, et de la perception qu'en avaient les médecins, démontrent la complexité du sujet. Peu de conclusions ont été tirées par C. Hummel, davantage par J. Bertier. L. Dean-Jones, qui se concentre sur les traités hippocratiques a émis de nouvelles hypothèses[143]. L'une des raisons

---

138 *Ibid.* 6, 1 (K 8, 10, 11-11, 3) : Φέρε γὰρ, ὑποκείσθω παιδίον μὲν τὸ κάμνον, ἔμπροσθεν δ' αὐτῷ γεγονέναι τὰ τοῦ λίθου σημεῖα, τὸ μὲν οὖρον ὑδατῶδες, ὑποστάσεις δέ τινες ψαμμώδεις ἐν αὐτῷ, καὶ κνώμενον τὸ αἰδοῖον συνεχῶς, καὶ χαλώμενον ἢ ἐντεινόμενον ἀλόγως, ἔπειτ' ἐξαίφνης ἰσχουρῆσαν· ἐπὶ τούτῳ τις οὐκ ἄνευ λόγου ὑπονοήσειεν ἄν, ἐμπεπτωκέναι τῷ τραχήλῳ τῆς κύστεως τὸν λίθον. Ὕπτιόν τε οὖν σχηματίσας τὸ παιδίον, ὑψηλότερά τε πολλῷ τοῦ λοιποῦ σώματος ἐργασάμενος τὰ σκέλη, διασείσεις πολυειδῶς, ἐπιτεχνώμενος ἐκπεσεῖν τοῦ πόρου τὸν λίθον. Ἐπειδὰν δὲ ταῦτα πράξῃς, κέλευε προθυμηθῆναι τὸ παιδίον οὐρῆσαι.
139 Celse, *De la médecine* VII, 27 : *Ac neque omni tempore neque in omni aetate neque in omni uitio id experiundum est, sed solo uere, in eo corpore, quod iam nouem annos, nondum quattuordecim excessit.*
140 Gourevitch 2001a, p. 71.
141 Charlier *et al.* 2007, p. 203.
142 Charlier et Prêtre, 2009, p. 47.
143 Dean Jones 2013, p. 113.

de ces difficultés est que les maux dont souffrent les enfants sont rarement regroupés dans les textes de médecine ou de pharmacologie, à l'exception des traités de gynécologie de Soranos et des passages traitant de l'enfant chez Oribase et plus tardivement chez Aétius. Les maladies des enfants sont donc intégrées à des traités généraux, tels que le *De la médecine* de Celse, et les traités *Des maladies aiguës et des maladies chroniques* d'Arétée de Cappadoce et de Célius Aurélien, comme c'est l'usage dans le *CH*. Les spécificités liées à la nature de l'enfant, les soins à lui apporter et parfois les pronostics de guérisons complètent les indications données sur les différentes pathologies. Cette constitution des traités semble découler de la méthode de classement choisie par les médecins hippocratiques qui, par la force de leur tradition doctrinale, restent la référence pour les auteurs de l'époque impériale et byzantine[144]. Ainsi, si les médecins hippocratiques ont cru bon de rédiger onze traités gynécologiques (1/6ᵉ de l'ensemble du *Corpus*), aucun traité ni section importante de l'œuvre n'est dédié aux traitements pédiatriques, malgré la déviance reconnue du corps de l'enfant par rapport au modèle masculin[145]. Pour appuyer cet état de fait, L. Dean-Jones mentionne un passage des Pronostics qui déclare que le corps des enfants est plus anormal que celui de la femme[146]. L'auteure ajoute qu'une différence majeure entre enfants et adultes concerne la moindre chance de survie des premiers[147].

Nourrir et soigner l'enfant

La première nourriture extra-utérine

Le peu d'informations données par les médecins hippocratiques au sujet de l'allaitement laissent entrevoir que le premier lait qui survient après l'accouchement est donné à l'enfant :

> Au moment de l'accouchement, le premier ébranlement ayant été donné, le lait se rend aux mamelles, si la femme nourrit[148].

Ce passage sous-entend toutefois qu'il n'est pas acquis que la mère allaite. Pour autant, aucune mise en garde à l'encontre du premier lait ne transparaît dans les traités hippocratiques.

Pour Aristote, le premier lait humain est « salé comme chez les brebis[149] ». Rien ne laisse supposer qu'il le déconseille puisqu'il se limite à constater que « l'enfant prend le sein sitôt qu'il est né[150] ».

À défaut donc de précisions sur ce lait des premiers jours, nous ne pouvons conclure à son rejet chez les Grecs de l'époque classique, ni non plus chez ceux de l'époque hel-

---

144 Bertier 1996, p. 2148.
145 Dean-Jones 2013, p. 113.
146 Hippocrate, *Pronostic* 24 (L II 182-184).
147 Dean-Jones 2013, p. 120.
148 Hippocrate, *Nature de l'enfant* 21 (L VII 514-515), καὶ ὁκόταν τέκῃ, ἀρχῆς κινήσιος ὑπογενομένης, χωρέει τὸ γάλα ἐς τοὺς μαζοὺς τούτους, ἢν θηλάζῃ. Voir aussi *Glandes* VIII (L VIII 572-575).
149 Aristote, *HA* 585a, 29-32 : Τὸ δὲ γάλα τὸ γινόμενον πρότερον τῶν ἑπτὰ μηνῶν ἄχρηστόν ἐστιν· ἀλλ' ἅμα τά τε παιδία γόνιμα καὶ τὸ γάλα χρήσιμον. Τὸ δὲ πρῶτον καὶ ἁλμυρόν, ὥσπερ τοῖς προβάτοις.
150 *HA* VII, 10, 587a, 29-32 : Καὶ τοῦτο πλέον ἢ τοῦ παιδὸς κατὰ μέγεθος.

lénistique. En effet, le médecin Damastès (IIe siècle av. J.-C.) et son disciple Apollonios nommé Biblas disent que « si la nature a prévu une production immédiate de lait, c'est pour que le nouveau-né ait d'emblée sa nourriture[151] ».

Un regard négatif à l'encontre du premier lait semble se développer plus tard, à l'époque romaine, comme l'indique son nom, *colostrum*, qui n'a pas son pendant en langue grecque. La méfiance sur ce lait touche tant le lait humain qu'animal. Ainsi, Varron conseille de ne pas traire une vache qui vient de mettre bas :

> Pour la traite, le lait est meilleur quand il n'est pris ni pendant trop longtemps, ni en provenance d'une vache ayant mis bas récemment[152].

Alors qu'un passage de Columelle évoquant la tétée du jeune agneau est plus explicite sur l'effet néfaste qu'il a sur le nouveau-né :

> L'agneau, aussitôt après sa naissance, doit être tenu debout et approché de la mamelle ; on lui ouvre même la bouche pour l'humecter du lait qu'on exprime du pis, afin qu'il s'habitue à cet aliment maternel ; mais auparavant on fait couler à terre une petite quantité de lait que les bergers appellent colostrum, parce que, s'il n'était pas jeté, il serait nuisible à l'agneau[153].

Pline précise les dangers encourus par les petits animaux qui viendraient à le téter :

> Le lait qui suit immédiatement le part est le colostrum ; si on ne le mêle pas à l'eau, ce colostrum se durcit comme la pierre ponce. Les ânesses pleines ont aussitôt du lait : quand le pâturage est gras, les ânons meurent s'ils goûtent du lait maternel les deux premiers jours après le part ; l'espèce de maladie qui en résulte se nomme colostration[154].

Les traités médicaux de l'époque romaine suivent la position des agronomes latins et de Pline : le premier lait ne doit pas être donné à l'enfant. Soranos justifie cette position. Ce lait directement issu d'un corps qui a souffert est agité[155]. Il est alors épais et trouble. Il faut dès lors attendre que la mère se remette. De plus, le nouveau-né est encore plein de nourriture intra-utérine. C'est pourquoi, suite à l'accouchement, il est laissé deux jours sans manger afin que ses conduits puissent se désengorger :

> Il faut enfin nourrir l'enfant du lait d'une femme capable de l'allaiter convenablement ; en effet, jusqu'au troisième jour, le lait de la mère risque d'être mauvais ; il est épais, trop caséeux, par suite indigeste, inerte, inassimilable, produit par un corps qui a

---

151 Le Damastès mentionné ici semble être celui dont un extrait « On the Care of Pregnant Women and of Infants » figurait dans le Florence ms., manuscrit du XIe siècle (voir Parker 1999), il aurait vécu au début du IIe siècle av. J.-C. alors qu'Apollonios Biblas est un médecin d'Antioche, affilié à l'École empirique qui vit vers 150 av. J.-C. Burguière, Gourevitch et Malinas 1990, p. 93 ; Deichgräber 1965, p. 172 et 257.
152 Varron, *De l'agriculture* II, 11, 3 : *A mulgendo atque ortu optimum est id quod neque nimium longe abest a mulso neque a partu continuo est sumptum.*
153 Columelle, *Économie rurale* VII, 17 : *Agnus autem, quum est editus, erigi debet, atque uberibus admoveri, tum eius diductum os pressis humectare papillis, ut condiscat maternum trahere alimentum ; sed priusquam hoc fiat, exiguum lactis emulgendum est, quod pastores colostram vocant ; ea nisi aliquatenus emittitur, nocet agno.*
154 Pline, *HN* 11, 236 : *Et primo semper a partu colostrae fiunt, ni admisceatur aqua, in pumicis modum coeunte duritia. Asinae praegnates continuo lactescunt. Pullos earum, ubi pingue pabulum, biduo a partu maternum lact gustasse letale est.*
155 Burguière, Gourevitch et Malinas 1990, p. 92, note 135.

souffert, subi des troubles et une modification aussi considérable que celle qu'on observe après l'accouchement : amaigrissement, faiblesse, pâleur et forte perte de sang, le plus souvent fièvre[156].

Pour Soranos, ce n'est qu'après trois jours, que l'enfant pourra téter le lait de sa mère, mais pas avant que les premières gorgées aient été tétées au préalable par un autre enfant, probablement plus grand ou considéré comme moins dommage. Cette pratique a encore cours au XVIIIe siècle[157]. En raison des corsets, les bouts des seins subissent à cette époque des contractions. Rentrés, ils conduisent à des engorgements, malgré l'utilisation de « ventouses » ou de « suçoirs de terre de pipe, de verre, de fer-blanc ou d'argent[158] » – l'équivalent des biberons antiques ? –. Pour y remédier, « la mère se fait dégorger soit par de petits chiens, soit par des femmes de la campagne dont c'est la spécialité[159] ». Des hommes simples d'esprit peuvent aussi faire l'affaire.

À défaut d'une telle aide, il est aussi possible, comme le mentionne Soranos, d'extraire le premier lait à la main[160]. Le temps qui sépare le nourrisson du sein de sa mère peut être encore plus long que trois jours, puisque Soranos précise qu'il faut que la mère se rétablisse avant de pouvoir donner son lait. D'ailleurs le temps d'attente varie aussi selon les manuscrits. La traduction de Temkin indique vingt jours[161], période de temps qu'évoque aussi Célius Aurélien[162]. Quelle qu'en soit la durée exacte, cette étape qui suit l'accouchement est encore synonyme de pertes sanguines ce qui, selon Laurence Totelin, pourrait expliquer que le premier lait était considéré comme mauvais, conformément à l'ordre des choses qui implique la succession des deux substances « sœurs » et non leur contemporanéité[163].

Chez Soranos, la crainte liée à l'absorption de ce lait, particulièrement dense est qu'« il peut s'accumuler dans la bouche des nouveau-nés, en raison de la tendre constitution de leurs gencives[164] ». Tous les médecins d'époque romaine ne partagent pas l'opinion de Soranos sur le premier lait.

---

156 Soranos, *Maladies des femmes* II, 2, 18 : Τῇ δὲ ὑστεραίᾳ τῶν ἡμερῶν μετὰ τὴν ἐπιμέλειαν γάλακτι λοιπὸν τρέφειν ἔκ τινος τῶν τιτθεύειν καλῶς δυναμένων. τὸ γὰρ μητρῷον ἕως ἡμερῶν <τριῶν> εἰκότως ἐπὶ τὸ πλεῖστον φαῦλόν ἐστιν ὡς ἂν παχὺ καὶ τυρῶδες ἄγαν καὶ διὰ | τοῦτο δύσπεπτον καὶ ἀργὸν καὶ ἀκατέργαστον καὶ ἀπὸ σωμάτων κεκακοπαθηκότων καὶ ἐκτεταραγμένων φερόμενον καὶ τοσαύτην μετακόσμησιν εἰληφότων, ὅσην ὁρῶμεν συμβαίνουσαν μετὰ τὴν ἀποκύησιν, ἰσχνουμένου καὶ ἀτονοῦντος καὶ ἀχροοῦντος τοῦ σώματος ὡς πολλὴν αἵματος ἀπόκρισιν ὑπομένοντος, τὰ πολλὰ δὲ καὶ πυρέττοντος· ὧν χάριν πάντων τὸ μητρῷον γάλα, μέχρις ἂν εὐσταθήσῃ τὸ σῶμα, συντάσσειν ἄτοπόν ἐστιν.
157 Gélis, Laget et Morel 1978, p. 111.
158 *Ibid.*
159 *Ibid.*
160 Soranos, *Maladies des femmes* II, 18.
161 Temkin, *Gynecology* II, p. 89. À la note 36 Temkin reconnaît que les interprétations diffèrent entre trois et vingt jours selon les manuscrits (lui-même se réfère au ms.). Les traducteurs de Soranos en français (Belles Lettres), optent pour trois. Temkin estime plus correct de parler de vingt jours puisque Soranos évoque plus loin, de choisir une nourrice qui a du lait depuis deux ou trois mois.
162 Célius Aurélien, *Maladies des femmes*, 122 traduit d'après l'édition de M. F. Drabkin et I. E. Drabkin, Baltimore, *Suppl. au Bulletin of the History of Medicine*, 1951 par Myriam Chardonny (travail de mémoire de DEA sous la dir. de la Prof. Frédérique Biville, Université Lumières, Lyon II) p. 59 : « Le lait maternel doit, en effet, être écarté jusqu'au vingtième jour, parce qu'à cause du travail de l'accouchement, de l'agitation et de la purgation, il est mauvais, gras et indigeste après l'accouchement ».
163 Totelin, à paraître. Les médecins hippocratiques étaient particulièrement conscients de cette période d'épanchements post-partum dont la durée dépend selon eux du sexe de l'enfant.
164 Soranos, *Maladies des femmes* II, 18, 4 : ...δυνάμενον ἐπὶ τῶν ἀρτιγενῶν διὰ τὴν τρυφερίαν τῶν οὔλων ἐπινασθῆναι. *Idem* chez Célius Aurélien, *Maladies des femmes*, 123.

Pour Rufus d'Éphèse, c'est après que la sage-femme a rompu la tunique contenant le méconium que le sein peut être donné au nouveau-né. Il n'est dès lors pas fait allusion, chez cet auteur, à un éventuel temps d'attente entre la naissance et la prise de lait. La parcimonie est néanmoins requise :

> […] on fera tomber des gouttes de lait dans la bouche de l'enfant, y introduisant la papille en la comprimant doucement, afin que l'enfant ne se fatigue pas en l'attirant et ne soit pas soudainement surchargé ; il faut agir ainsi deux ou trois fois par jour au plus ; car il n'est pas bon que l'enfant soit surchargé dès le commencement ; mais la méthode qui est la meilleure pour le régime des adultes, et qui consiste à agir peu à peu et doucement, me semble aussi, dans le cas présent, être ce qu'il y a de meilleur[165].

Le premier lait n'est pas le seul à être considéré comme mauvais pour les enfants. Celui des nourrices qui tombent enceintes court le même risque d'épaississement :

> Il est très mauvais que les nourrices conçoivent ; les enfants ainsi nourris se nomment colostrats, attendu que le lait se coagule en fromage dans leur estomac : on donne le nom de colostrum au premier lait après les couches, lequel forme un congulum spongieux[166].

Lait et enfant résultants de la coction du corps, cette déduction est somme toute logique. S'adressant aux nourrices et non aux mères, la mise en garde n'est toutefois pas dénuée d'un apriori envers les nourrices. Elle s'inscrit au sein des stratégies sociales de l'époque romaine qui, en plus de préserver santé, beauté et fertilité de la mère, visent à préserver la transmission biologique des parents[167].

Controversé à l'époque romaine, le *colostrum* reçoit ses lettres de noblesse par les médecins aux alentours de 1700. Il est alors reconnu comme ayant des vertus irremplaçables, dont celles de purger de manière efficace[168].

Quand allaiter ?

Une fois passée la frugalité des premiers jours de vie, le nourrisson peut téter le sein de sa ou de ses nourrices sans trop de contraintes. Se pose cependant, comme encore à notre époque, la question de l'allaitement à la demande ou selon des horaires fixes. Rufus y répond en déconseillant fortement à la nourrice de garder l'enfant au sein durant la nuit. Les motivations du médecin démontrent un souci de ne pas surcharger le corps du nourrisson qui pourrait tirer sa nourriture sans restriction, ainsi que la peur qu'il assimile une nourriture n'ayant pas encore subit de coction :

---

165 RUFUS dans ORIBASE, *Livres incertains* 20 (Dar III 157) : Μετὰ δὲ τοῦ γάλακτος ἐπιστάζειν, ἐντιθεῖσαν τὴν θηλὴν καὶ πιέζειν ἡσυχῇ, ὅπως μήτε πονῇ αὐτὸ ἕλκον μήτε ἀθρόως ἐμπλησθῇ, καὶ δὶς τῆς ἡμέρας ἢ τρὶς τὸ πλεῖστον· οὐ γὰρ συμφέρει εὐθὺς ἀρχομένην ὑπερπληροῦν, ἀλλ' ὅπερ κἂν ταῖς ἄλλαις διαίταις ἄριστον, τὸ κατὰ μικρὸν καὶ ἡσυχῇ, τοῦτό μοι δοκεῖ κἀνταῦθα ἄριστον εἶναι.
166 HN 28, 123 : *Concipere nutrices exitiosum est ; hi sunt enim infantes, qui colostrati appellantur, densato lacte in casei speciem. Est autem colostra prima a partu spongea densitas lactis.*
167 Voir *infra*.
168 GÉLIS, LAGET et MOREL 1978, p. 111.

Cela produit de la plénitude, et puis, n'ayant pas encore digéré elle-même [la nourrice], elle lui donne des aliments crus[169].

Soranos recommande aussi de ne pas allaiter à tout moment, que cela soit de jour ou de nuit. Il précise que « l'absence de mesures rend malade le nourrisson, qui prend une seconde tétée avant d'avoir digéré la première et de la sorte, gâte celle-ci, surtout la nuit »[170]. En compensation, la nourrice doit allaiter à plusieurs reprises durant la journée :

> En effet, le lait est par nature rassasiant, si bien que l'enfant en est repu avant qu'on lui en ait fourni une quantité suffisante pour l'alimenter ; et comme le nourrisson, lui, manque de vigueur pour soutenir l'effort de téter plus longtemps et lâche le sein avant d'avoir pris suffisamment, il faut l'allaiter plusieurs fois, mais pas sans discontinuer, ni avant le bain, encore moins durant le bain lui-même – ce que font obstinément les femmes, par désir de calmer à peu de frais les pleurs de l'enfant. En effet, comme le lait se détériore alors et s'aigrit, le système nerveux en souffre et il s'ensuit des épilepsies et des apoplexies. La pratique la plus exécrable est pourtant de laisser le mamelon dans la bouche de l'enfant qui s'endort, même en vue de l'empêcher de pleurer tant soit peu : en effet, les narines sont comprimées, la bouche encombrée, le gosier gêné, et il arrive que le lait, coulant sans que l'enfant tète, l'étouffe[171].

L'allaitement n'est alors pas dispensé en fonction des manifestations physiques de l'enfant, tel que ses pleurs :

> Tout d'abord cela lui fait du bien, parfois, de pleurer ; c'est un exercice naturel pour renforcer le souffle et les organes respiratoires, et, comme les voies s'élargissent en se dilatant, la répartition de la nourriture est rendue plus aisée[172].

Nous retrouvons ici la représentation du corps des médecins hippocratiques, selon laquelle les vaisseaux du corps doivent s'élargir pour atteindre leur pleine fonction à l'âge adulte. Tout étant question de mesure pour les médecins, il faut néanmoins remédier aux pleurs de l'enfant, si ceux-ci durent trop longtemps. Les pleurs prolongés peuvent abîmer les yeux et provoquer la descente des intestins dans le scrotum, ce qui est associé à notre époque à une hernie inguinale, affection qui touche plus particulièrement l'enfant né avant

---

169 Rufus dans Oribase, *Livres incertains* 20 (Dar III 160) : Πονηρὸν δὲ καὶ δι' ὅλης τῆς νυκτὸς προσθεμένην θηλάζειν· καὶ γὰρ πλήσμιον, καὶ οὔπω πέψασα ὠμὸν δίδωσιν.
170 Soranos, *Maladies des femmes* II, 38 : Παραινετέον δὲ τῇ τροφῷ καὶ ὥστε μὴ δι' ὅλης τῆς ἡμέρας ἢ νυκτὸς διδόναι τὸ γάλα.
171 Ibid. : Καὶ γὰρ τὸ γάλα φύσει πλήσμιον, ὥστε κόρον ἐμποιῆσαι τῷ νηπίῳ, πρὶν ἢ αὔταρκες αὐτῷ πρὸς τὴν διάθρεψιν παρατεθῆναι, καὶαὐτὸ δὲ τὸ βρέφος, κάμνον διὰ τὴν ἀτονίαν τοῦ ἐπισπᾶσθαι ἄχρι πλείονος τὴν θηλήν, ἀφίσταται πρὸ τοῦ λαβεῖν τὸ αὔταρκες. Παρ' ὃ πλεονάκις μὲν αὐτῷ δεῖ τὸ γάλα δίδοσθαι, πλὴν οὐκ ἀδιαλείπτως οὐδὲ πρὸ τοῦ λουτροῦ, πολὺ δὲ μᾶλλον οὐδ' ἐν αὐτοῖς τοῖς βαλανείοις, πρὸ τοῦ λουτροῦ, πολὺ δὲ μᾶλλον οὐδ' ἐν αὐτοῖς τοῖς βαλανείοις, ὅπερ ἀπαραιτήτως ποιοῦσιν αἱ γυναῖκες ῥᾳδίως κλαῖον αὐτὸ σιγῆσαι θέλουσαι· διαφθειρομένου γὰρ καὶ ἀποξυνομένου τοῦ γάλακτος κακοῦται τὸ νευρῶδες ἐπιληψίαι τε καὶ ἀποπληξίαι γίνονται. πάντων δὲ χαλεπώτατον καὶ εἰς προφυλακὴν τοῦ μηδ' ὅλως αὐτὸ κλαῦσαι τὴν θηλὴν διὰ τοῦ στόματος καταλιπεῖν αὐτοῦ | κοιμωμένου· θλιβομένων γὰρ τῶν μυκτήρων καὶ ἀποφρασσομένου τοῦ στόματος καὶ βαρυνομένου τοῦ φάρυγγος ἔσθ' ὁπότε τοῦ γάλακτος χωρὶς ἐκμυζήσεως ἐπιρρέοντος τὸ νήπιον πνίγεται.
172 Ibid. : Πρῶτον μὲν γὰρ αὐτῷ συμφέρει ποτὲ καὶ ὁ κλαυθμός· γυμνάσιον γὰρ φυσικὸν τοῦτο εἰς τόνωσιν τοῦ πνεύματος καὶ τῶν ἀναπνευστικῶν ὀργάνων πρός τε τὴν διάτασιν διευρυνομένων τῶν πόρων ἡ ἀνάδοσις τῆς τροφῆς εὐχερεστέρα παρασκευάζεται.

le terme[173]. Soranos évoque d'autres motifs que la faim comme pouvant être à l'origine des pleurs. Ils peuvent découler d'une mauvaise position de l'enfant, trop serré dans ses langes, ou laissé dans ses excréments comme l'était l'enfant mentionné par Galien, dont les langes et le lit relevaient d'une grande saleté[174]. D'autres causes peuvent conduire aux larmes : une piqûre d'insecte, un excès de nourriture, le froid ou le chaud, le besoin d'évacuer des selles trop dures ou encore une maladie[175]. La véritable faim de l'enfant peut être vérifiée en lui mettant le doigt dans la bouche, à la place du téton. Si l'enfant remue les lèvres, il est probable qu'il ait faim. En dernier lieu, la quantité de lait prise le jour de ses pleurs, comparée à sa ration habituelle, ainsi que l'aspect de son ventre (plat ou gonflé), permettront de discerner si l'enfant a faim ou non. Rufus d'Éphèse estime que laisser pleurer l'enfant peut être un bon exercice, « et un moyen d'expulser la salive et le mucus ; cependant, il faut calmer les cris trop intenses, puisqu'ils menacent du danger des convulsions ; or on les apaise par les chansons propres aux nourrices [...][176] ».

D'autres informations apparaissent çà et là sur le moment adéquat pour allaiter l'enfant. Les médecins s'accordent pour nourrir l'enfant après le bain, mais jamais avant[177]. Toutefois un peu de temps doit être laissé avant la prise de nourriture car « l'organisme échauffé [par le bain], attire à lui l'ensemble de cette nourriture et la corrompt » aux dires de Soranos[178]. La nourrice est astreinte à cette même précaution. Après avoir pris un bain elle-même, la nourrice doit laisser passer un peu de temps avant d'allaiter. Elle doit ensuite tirer les premières gouttes de lait, car « la nourriture fournie par ce corps agité est elle aussi nocive »[179].

Comment allaiter ?

Ne laissant rien au hasard, Soranos conseille à la nourrice d'allaiter l'enfant en position assise. Il est préférable qu'elle soit légèrement penchée en avant plutôt qu'en arrière, ce qui favorise une bonne déglutition chez le nourrisson. Celui-ci est serré dans les bras de la nourrice, couché sur le flanc droit ou gauche. Il est bon en effet de le changer de position, afin qu'il ne soit pas engourdi et puisse profiter des deux seins. La nourrice doit mettre le mamelon dans la bouche de l'enfant et le presser pour en extraire doucement le lait afin d'éviter des efforts de succion et provoquer son appétit. L'enfant ayant tété, il peut être déposé dans un petit lit réalisé de manière à ce qu'il ait la tête légèrement surélevée par rapport au corps. Sa tête et ses yeux seront protégés de la lumière par un tissu posé sur le berceau. Ce dernier peut être placé à côté du lit de la nourrice ou sur le lit même mais l'enfant ne doit pas partager le lit de la nourrice, afin d'éviter qu'elle ne lui cause des contusions ou l'étouffe en roulant dessus par mégarde durant son sommeil.

---

173 BURGUIÈRE, GOUREVITCH et MALINAS 1990, p. 107.
174 GALIEN, *Hygiène* I, 8, (K VI, 44-45).
175 SORANOS, *Maladies des femmes* II, 39.
176 RUFUS dans ORIBASE, *Livres incertains* 20 (Dar III, 160, Reader 38, 26) : Καὶ μᾶλλον καλὸν μὴ ἀποπαῦσαι (γυμνάσιον γὰρ τε εἴη καὶ σιέλου καὶ μύξης ἔκκρισις), τοὺς δὲ συντόνους κλαυθμοὺς πραΰνειν (κίνδυνος γὰρ ὑπ' αὐτῶν σπασθῆναι) πραΰνειν δὲ τοῖς τε ἄλλοις, ἃ τῷ παιδίῳ ἥδιστα οἶσθα, καὶ ταῖς βαυκαλήσεσιν.
177 SORANOS, *Maladies des femmes* II, 38.
178 *Ibid.* II, 36, 1 : Πεπυρωμένη γὰρ ἡ σύγκρισις ἀθρόως ἐπισπᾶται τὴν τροφὴν καὶ διαφθείρει.
179 *Ibid.* II, 36, 3 : Ἀλλὰ καὶ ἀπὸ τεταραγμένου σώματος τροφὴ βλάπτει.

Obtenir un bon lait mercenaire

Nous choisissons de parler ici du régime de la nourrice car il est étroitement lié aux besoins alimentaires du nourrisson. Soranos montre l'importance qu'il y a « à s'occuper de la nourrice, pour éviter que l'enfant ne tombe malade parce que le lait se gâte [...][180] ». La nourriture de l'enfant découle en effet directement des prises alimentaires de la nourrice. La femme qui allaite l'enfant, qu'elle soit mère ou nourrice doit donc se conformer à un régime adapté à l'enfant, à son âge et à ses déséquilibres, s'il est malade. Les traités médicaux mentionnent de manière générique la nourrice – et non la mère – probablement en raison des habitudes de l'époque d'en avoir une, du moins dans les classes sociales élevées. Les auteurs s'accordent sur la notion de tempérance, qui est la règle à suivre dans le régime de la nourrice. Cette dernière doit manger suffisamment pour pouvoir subvenir aux besoins nutritionnels de l'enfant, et éviter qu'il « ne s'abîme le gosier à tirer sur le mamelon pendant longtemps sans trouver de quoi satisfaire son appétit[181] ». Elle ne doit toutefois pas basculer dans l'autre extrême, ce qui pourrait conduire à une accumulation des résidus[182]. Pour éviter que le lait ne devienne épais et indigeste, la nourrice doit bouger suffisamment, en recourant à des exercices modérés. Outre qu'ils étaient considérés comme ne convenant pas aux femmes, des exercices intenses pourraient détourner la nourriture de l'enfant au profit du corps de sa nourrice. Le matin, la nourrice doit libérer son corps des restes de nourriture de la veille. Elle doit aller à selle avant d'aller se promener, de préférence à dos de mulet. Elle fera des exercices lui permettant de développer surtout le haut du corps : bras et épaules, afin d'y attirer les substances nutritives. Des jeux de balles, l'utilisation d'haltères sont évoqués par le médecin d'Éphèse, ainsi que les tâches ménagères, moudre le grain, tisser et faire le lit. Durant ces activités, les seins doivent rester libres d'entraves, ainsi les bandeaux sont déconseillés car ils pourraient tarir le lait. La nourrice doit éviter les produits malsains et se tourner vers ceux, qui sont sains, nourrissants et faciles à digérer[183]. Les aliments au goût, parfum ou à l'assaisonnement trop prononcé : poireaux, oignons, ail, radis, les salaisons et tout ce qui est âcre sont strictement à éviter[184]. Oribase est plus éclairant sur les effets de certaines herbes potagères. À l'ail mentionné par Soranos, il ajoute qu'il considère comme particulièrement néfaste, le céleri et la menthe. Il rapporte que le céleri « pousse vers la matrice, et si la nourrice en mange, l'enfant court le danger de devenir épileptique ; sinon de se couvrir de pustules[185] ». Ce mouvement vers la matrice conféré au céleri est aussi attribué à l'ail :

---

180 SORANOS, *Maladies des femmes* II, 24 : [...] Δεῖ προνενοηκέναι τῆς τιτθῆς, ἵνα μήτε φθειρομένου τοῦ γάλακτος νοσηλεύηται τὸ βρέφος...
181 *Ibid.* : [...] Ἕλκον μὲν τὴν θηλὴν ἐπὶ πλείονα χρόνον, οὐχ εὑρίσκον <δὲ> ἐκπληρῶσαι τὴν ὄρεξιν.
182 ORIBASE, *Livres incertains* 13 (Dar III 122).
183 SORANOS, *Maladies des femmes* II, 24.
184 ORIBASE, *Livres incertains* 13, 13 (Dar III 123, Reader 31). : Voir aussi SORANOS, *Maladies des femmes* II, 25.
185 ORIBASE, *Livres incertains* 13 (Dar III 123, Reader 31, 13, 2-4) : ...σέλινον μὲν γὰρ ἄγει τὸ ἐφ' ὑστέραν, καὶ τὸ παιδίον, εἰ τοῦτο ἐσθίοι ἡ τιτθή, κίνδυνος ἐπιληπτικὸν γενέσθαι, εἰ δὲ μή, φυμάτων πλήρες. Selon Pline, *Histoire naturelle* 20, 117 : « La âche (céleri sauvage) fait venir les règles, ce qui naturellement va à l'encontre de la production de lait » *quartum genus ex eodem aliqui faciunt oreoselinum, palmum alto frutice recto, semine cumino simili, urinae et menstruis efficax. Heleoselino uis priuata contra araneos ; eo et oreoselino feminae purgantur e uino.*

> L'ail est très nuisible, aussi bien par son odeur que par son goût et par les autres troubles qu'il cause, car il pousse vers le bas et gâte le lait[186].

Ce mouvement descendant est aussi attribué aux rapports sexuels tels que les expose Oribase :

> Elle devra aussi s'abstenir des rapports sexuels, car c'est surtout ce qu'il y a de plus pernicieux pour le lait, si une femme qui allaite se livre au coït, parce que cet acte produit indispensablement une tendance vers le bas[187].

Comme le montre Laurence Totelin, chez les médecins hippocratiques, l'ail entre dans plusieurs recettes gynécologiques[188]. Lui sont attribuées des propriétés diurétiques et purgatives[189] qui ont de l'intérêt pour la remise en place de la matrice ou l'expulsion du fœtus[190]. Une troisième plante est considérée comme encore plus mauvaise. Il s'agit de la menthe qui « si on verse du lait dessus, cette plante le rend coulant, et il n'est point du tout coagulé par cette plante : pour cette raison, une décoction de menthe, prise en boisson, devient aussi un remède pour celui qui est en proie à l'étouffement par suite du lait[191] ». Basilic, poireau et cresson d'Alep sont moins néfastes. Ils peuvent d'ailleurs être utilisés à titre de remèdes. Oribase termine son inventaire avec le silphium dont il considère le suc résineux comme un assaisonnement très mauvais[192].

La nourriture qu'Oribase conseille en premier lieu à la nourrice, est sous la forme de céréales. Il préfère à toutes autres sortes de pains, ceux confectionnés avec du blé sitanique, d'autant plus légers qu'ils ont été cuits dans le petit four. La cuisson a donc autant d'importance que la composition du pain. Soranos parle d'un « pain blanc, bien travaillé, fait au levain avec un blé de l'année[193] » alors qu'Oribase mentionne encore des bouillies faites d'orge mondé ou de blé. Soranos ajoute « des jaunes d'œuf, de la cervelle, des grives, des pigeonneaux et des poulets, des poissons de rocher, loups de mer, rougets, et plus généralement ceux qui sont savoureux, bons pour l'estomac et sains, et de la viande de porcelet »[194]. Oribase semble convenir de la prise de poissons et de viandes sous la forme d'oiseaux tendres. Il met toutefois en garde contre les viandes de bœuf et de chèvre, surtout celle de béliers et de bouc, car elles sont mauvaises. Quant aux poissons, les sélaciens

---

186 ORIBASE, *Livres incertains* 13 (Dar III 125) : Τὸ δὲ σκόροδον καὶ τῇ ὀσμῇ καὶ τῇ γεύσει κάκιστον καὶ τῇ ἄλλῃ ταραχῇ (καὶ γὰρ ὁρμᾷ κάτω καὶ τὸ γάλα διαφθείρει).
187 ORIBASE, *Livres incertains* 13 (Dar III 124) : Ἀπεχέσθω δὲ καὶ λαγνείων· φθορὰ γὰρ μεγίστη τῷ γάλακτι, εἰ μίσγοιτο γυνὴ θηλάζουσα, ὅτι τὴν ὁρμὴν ἀνάγκη κάτω γίνεσθαι.
188 TOTELIN 2015, p. 32.
189 HIPPOCRATE, *Du régime* 2. 54. 1. Voir aussi PLINE, *HN* 20, 53. Selon ce passage, l'ail cause aussi des flatulences.
190 RIDDLE 1997, p. 44.
191 ORIBASE, *Livres incertains* 13 (Dar III 123-124) : Ἡ δὲ μίνθη τοσοῦτόν ἐστι κακόν, ὥστε εἰ ἐμβάλοις τὸ γάλα, ὑγρὸν ποιεῖ τὸ γάλα, καὶ οὐδὲν ὑπ' αὐτοῦ πήγνυται· διὸ καὶ πνιγομένῳ τινὶ ὑπὸ γάλακτος ἴαμα γίνεται ὁ χυλὸς τῆς μίνθης πινόμενος.
192 Voir encore TOTELIN 2015, p. 33 où elle démontre que le silphium, comme l'ail, est surtout utilisé en pharmacologie pour sa propension à créer des vents et donc à engendrer des déplacements dans le ventre.
193 SORANOS, *Maladies des femmes* II, 25, 2 : Λαμβάνειν δὲ καθαρὸν ἄρτον πεπονημένον τε καὶ ζυμίτην ἀπὸ σητανίων γεγονότα πυρῶν.
194 SORANOS, *Maladies des femmes* II, 25 : Ὠιῶν λεκίθους, ἐγκέφαλον, κίχλας, νεοσσοὺς περιστερῶν καὶ τῶν κατοικιδίων ὀρνίθων, ἰχθῦς τε πετραίους, λάβρακας, τρίγλας καὶ κοινῶς τοὺς εὐστόμους τε καὶ εὐστοπετραίους, λάβρακας, τρίγλας καὶ κοινῶς τοὺς εὐστόμους τε καὶ εὐστομάχους καὶ εὐχύμους καὶ τὰ τῶν νεωτέρων χοίρων κρέα.

(requins, raies, roussettes, etc.) sont considérés comme les plus mauvais. C'est aussi le cas des poissons de lac et de rivière, et tous ceux qui vivent dans la boue et le limon[195]. On ne sera pas étonné de voir parmi la liste des produits à éviter : les fèves, les lentilles et les haricots, qui sont d'autres causes de flatulences indésirables pour celles qui allaitent. Les noisettes et les amandes sont trop desséchantes alors que les desserts, surtout les fritures, sont à bannir, tout comme les fromages, car ils produisent du phlegme.

Examiner le lait

Les médecins antiques sont unanimes : tous les laits ne sont pas bons. C'est le cas du lait de femme comme du lait animal. Soranos nous renseigne sur les qualités attendues du lait de femme. La qualité du lait de femme dépend étroitement des qualités de la nourrice et de son régime. Nous traitons du premier de ces paramètres dans le chapitre portant sur la nourrice (3.3) et nous nous concentrons ici sur l'examen du lait.

Pourquoi examiner le lait ? L'examen probatoire du lait, tel que le précise Soranos, a pour but de vérifier la qualité de la nourriture donnée au nourrisson. Il s'agit donc de faire passer des examens au lait de la nourrice. L'examen ne peut intervenir à n'importe quel moment. Comme à son habitude, Soranos donne l'avis des autres médecins sur cette question et apporte ensuite le sien :

> De l'avis général, c'est lorsque la nourrice n'a fait aucune entorse à son régime, a bien digéré, dormi suffisamment, été à la selle, et qu'elle est encore à jeun, sans avoir pris médecine : en effet dit-on un lait naturellement bon paraît de mauvaise qualité à la suite d'un écart de régime, parce qu'il est altéré pour un temps, de même que l'haleine de ceux qui ont mal digéré devient forte momentanément, mais non définitivement. Certains pensent au contraire qu'on doit le faire quand a été commis un écart de régime, alléguant qu'un lait que ne peut gâter aucune cause d'altération est d'excellente qualité. Quant à nous, nous essayons le lait dans l'une et l'autre de ces situations diététiques : celui qu'aucun type de régime n'altère est le meilleur ; celui qui ne perd même pas ses défauts dans le cas d'un régime sain est exécrable ; celui qui varie selon le régime est de qualité moyenne. Aussi faut-il maintenir le lait proche de l'excellence[196].

Ce passage montre que les médecins voient le lait comme différemment sensible aux changements. Deux courants de pensées sont manifestes. Le premier soutient que chaque écart de la nourrice a des conséquences néfastes sur son lait. Pour le second, un bon lait ne voit pas ses propriétés diminuées par un quelconque écart. Soranos, qui admet les deux points de vue, classifie les laits en fonction de leur réactivité aux évolutions gastriques

---

195 ORIBASE, *Livres incertains* 13 (Dar III 124).
196 SORANOS, *Maladies des femmes* II, 23 : Οἱ πλείους μέν φασιν, ὅτι εἰ μηδὲν τὰ περὶ τὴν δίαιταν ἡμάρτηται τῆς τιτθῆς, εὐπέπτηκεν δὲ καὶ ὕπνωκεν αὐτάρκως καὶ ἀποτέτριπται τὸ περίσσευμα, νῆστις δὲ ἀκμήν ἐστιν μηδὲ φαρμάκου δόσιν εἰληφυῖα· τὸ γὰρ φύσει καλὸν γάλα διὰ τὴν προάγουσαν κακοδιαιτησίαν δόξει φαῦλον εἶναι μεταβαλὸν πρὸς ὀλίγον, ὡς καὶ τὸ πνεῦμα τῶν ἀπέπτων δυσῶδες γίνεται προσκαίρως, οὐκ ἐνδιαθέτως. Τινὲς δὲ τοὐναντίον μετὰ κακοδιαιτησίαν, τὸ γὰρ μηδενὶ πρὸς τὸ φαῦλον αὐτὸ τρέπειν δυναμένῳ διαφθειρόμενον ἄριστον. ἡμεῖς δὲ ἀμφοτέραις ταῖς διαίταις τὸ γάλα κρίνομεν· τὸ γὰρ ἐπὶ μηδεμιᾷ διαίτῃ φθειρόμενον ἄριστον, τὸ δὲ μηδ' ἐν τῇ ὑγιεινῇ τὰς κακίας ἀποβάλλον φαυλότατον, τὸ δὲ καταl μηδ' ἐν τῇ ὑγιεινῇ τὰς κακίας ἀποβάλλον φαυλότατον, τὸ δὲ καταλλήλως τῇ διαίτῃ τρεπόμενον μέσον. ὅθεν καὶ πρὸς τὸ ἄριστον αὐτὸ παραμένειν <ζητεῖται>.

de la nourrice. Cet examen est loin d'être aussi anodin qu'il n'y paraît. En effet, si l'on se réfère à Soranos, on peut en déduire que la nourrice pouvait rapidement être remplacée par une autre, dépendamment du médecin chargé de faire l'examen de son lait. Le traité du médecin d'Éphèse démontre que les nourrices étaient non seulement assujetties à des règles d'hygiène strictes, mais qu'en plus, elles étaient soumises à des contrôles qui pouvaient être réguliers ou n'intervenir qu'en cas de problèmes de croissance de l'enfant. Quels critères amenaient à ce que le lait soit examiné ? Probablement l'embonpoint de l'enfant, ainsi que son état de santé général.

Il faut noter que, si Soranos se montre particulièrement attentif à la qualité du lait, qui doit être le meilleur possible, il sait faire preuve d'un jugement équilibré sur les raisons pouvant amener un enfant à rester chétif. Ainsi, il ne considère pas que la nourrice est forcément fautive, comme il le prouve par un exemple. Ainsi, des adultes malades continuent de dépérir malgré une bonne nourriture, parce que leur corps n'est pas capable d'assimiler les nutriments.

L'examen du lait semble donc avoir pour but, non pas d'incriminer la nourrice, mais plutôt de comprendre d'où vient le problème nuisant à la croissance du nourrisson. À défaut d'analyses en laboratoire telles que nous les connaissons, que pouvaient observer les médecins antiques sur un échantillon de lait ?

Soranos répond :

[…] couleur, odeur, consistance, épaisseur, qualité au goût, résistance à l'altération avec le temps[197].

Il s'étend ensuite sur ce qu'implique ces différents paramètres.

La couleur du lait doit être moyennement blanche, uniforme (λευκόν ἐστι συμμέτρως), elle ne doit pas avoir des tons tirant vers le gris-vert ou vers des couleurs indéfinissables : celui qui est livide ou verdâtre est gâté, celui qui est d'aspect plâtreux est épais et difficile à digérer, celui qui est rougeâtre est mal élaboré et comme inachevé, ce qui lui donne sa teinte sanguinolente[198].

L'odeur doit donc être agréable et non pas nauséabonde ou acidulée. La consistance doit être homogène (ἀνώμαλον), exempte de filaments rouges entremêlés à des zones de couleur chair. Elle doit aussi être moelleuse. De plus, le lait doit avoir une certaine épaisseur, ni trop liquide, ni trop dense. Soranos reprend ici l'idée générale qu'un lait fluide est peu nourrissant et diurétique, alors qu'un lait épais va causer des flatulences et boucher les voies digestives. Il précise même que ce dernier « fait courir un danger de mort »[199]. L'épaisseur du lait est alors testée sur l'ongle ou sur une feuille de laurier :

On reconnaîtra un lait moyennement épais à ce qu'une goutte de ce lait, déposée sur l'ongle ou sur une feuille de laurier ou sur toute autre surface également lisse, s'aplatit

---

197 SORANOS, *Maladies des femmes* II, 22 : Χρόας, ὀσμῆς, συστάσεως, πήξεως, τῆς πρὸς γεῦσιν ποιότητος, τῆς ἐν χρόνῳ δυσμεταβλησίας.
198 *Ibid.* : Τὸ μὲν γὰρ πελιδνὸν ἢ ὑπόχλωρον ἔφθαρται, τὸ δὲ γυψῶδες παχὺ καὶ δυσοικονόμητον, τὸ δὲ ξανθὸν ἄπεπτον καὶ ἀκατέργαστον, καὶ διὰ τοῦτο τὴν αἱματώδη χρόαν ἐμφαίνει.
199 *Ibid.* : Τὸν περὶ τοῦ ζῆν κίνδυνον ἐπάγει.

un peu et conserve à peu de chose près sa forme quand on la secoue ; en effet, celui qui s'écoule tout de suite est aqueux et celui qui prend comme du miel et reste tel quel est épais[200].

Soranos n'est pas le seul à proposer ce test. Il apparaît aussi chez Mnésithée de Cyzique avec des précisions qu'il nous semble important d'évoquer pour rendre compte des différentes façons d'examiner le lait, en fonction des écoles médicales. Dès lors, nous ferons plusieurs allusions au médecin de Cyzique, dont les méthodes sont approchantes de celles des médecins hippocratiques[201] :

> C'est encore une bonne qualité du lait d'être transparent sur l'ongle : on laissera tomber des gouttes de lait sur l'ongle du pouce, et on le regardera au grand jour, en faisant attention en même temps à la manière dont il s'écoule, rapidement, ou lentement, lorsqu'on abaisse l'ongle, car ces deux cas sont également mauvais ; au contraire, le lait qui s'écoule avec une lenteur moyenne est bon[202].

Il ressort de ces deux passages mentionnant le même examen, que le support est sujet à variation. Dioscoride évoque quant à lui, l'utilité d'une pierre d'onyx. À son contact, un bon lait doit se solidifier[203]. Pour Soranos, le choix du support n'a pas une grande importance, puisque toute surface lisse peut faire l'affaire[204]. Mnésithée démontre le contraire par la précision qu'il donne : « il doit s'agir de l'ongle du pouce[205] ». Tous les doigts de la main ne peuvent donc faire l'affaire. Pourquoi le pouce ? Est-ce en référence à son usage en tant qu'unité de mesure par excellence ?

Dans un article portant sur la nourriture de la nourrice et l'examen du lait chez Oribase, Mercedes López Pérez s'est aussi posé la question. Ses recherches l'ont amenée à conclure que, bien que faisant preuve de rationalisation scientifique, Mnésithée utilise un langage symbolique et métaphorique, qui caractérise la science médicale grecque depuis ses débuts[206]. Selon la chercheuse, en tant que partisan du méthodisme, Soranos choisit de ne pas donner la même importance que Mnésithée et le *Corpus hippocratique* aux notions de qualités et de quantifications[207]. En effet, ces caractéristiques ont de l'importance dans le système pré-scientifique des médecins hippocratiques, fondé principalement sur un

---

200 *Ibid.* : Γνωρισθήσεται <δὲ> τὸ μετριοπαγὲς διὰ τοῦ ἐπισταγὲν αὐτὸ ὄνυχι ἢ φύλλῳ δάφνης ἢ ἄλλῳ τινὶ παραπλησίως λείῳ πρᾴως πλατυνθῆναι καὶ ὥσπερ ἐν τῷ αὐτῷ σαλευόμενον μεῖναι σχήματι· τὸ μὲν <γὰρ> εὐθέως απορ ἐν τῷ αὐτῷ σαλευόμενον μεῖναι σχήματι· τὸ μὲν <γὰρ> εὐθέως ἀπορρέον ὑδαρές, τὸ δὲ μελιτοειδῶς συστραφὲν καὶ μένον ἀκίνητον παχύ.
201 Bertier 1972, p. 10.
202 Mnésithée de Cyzique dans Oribase, *Livres incertains* 15, 11 (Dar III 131) : Χρήσιμον δ' ἐστὶ καὶ τὸ ἐπὶ τοῦ ὄνυχος διαυγάζον· δεῖ δ' ἐπισταλάξαντα ἐπὶ τὸν τοῦ μεγάλου δακτύλου ὄνυχα ὑπὸ τὴν αὐγὴν θεωρεῖν ἅμα εἰς τὴν ἀπόρρυσιν ἐν τῷ ἀποκλίνειν τὸν ὄνυχα, εἰ ταχεῖαν ἢ πάλιν βραδεῖαν ἴσχει· ἀμφὸ τῷ ἀποκλίνειν τὸν ὄνυχα, εἰ ταχεῖαν ἢ πάλιν βραδεῖαν ἴσχει· ἀμφότερα γὰρ ἄχρηστα, τὸ δὲ συμμέτρως ἀπορρέον χρήσιμον.
203 Voir précédemment le chapitre Dioscoride. Dioscoride, *Matière médicale* II, 70, 1.
204 *Ibid.* Rappelons que Dioscoride conseille de faire le test sur une pierre d'opale.
205 Mnésithée de Cyzique dans Oribase, *Livres incertains* 15, 11 (Dar III 131, Reader Orib. 32,11) : …ἐπὶ τὸν τοῦ μεγάλου δακτύλου ὄνυχα.
206 López Pérez 2005.
207 Que Robert Joly qualifie d'aberrante. Joly 1966, p. 108.

système de qualités, basé sur l'expérience commune et l'intuition quotidienne[208]. Soranos se démarque donc de cette façon de penser.

Un deuxième mode d'examen est mentionné par Soranos. Le lait y est mélangé à de l'eau selon un procédé qui rappelle l'épreuve du sperme chez Aristote[209]. Par son épaisseur, le sperme fécond tombe au fond du bassin d'eau, ce qui n'est pas souhaitable pour le lait :

> On aboutit aux même conclusions lorsque le lait, versé dans deux fois son volume d'eau, reste égal à lui-même un moment, puis se délaie, en conservant sa couleur blanche jusqu'au bout ; celui qui en revanche se délaie tout de suite est aqueux, et plus mauvais encore s'il se résout en filaments fibreux, rappelant l'eau de lavage de la viande ; de plus un tel lait est mal élaboré ; quand au lait qui ne se désagrège pas au bout d'un moment, mais se dépose, de sorte qu'on le trouve au fond, sous une forme caséeuse, quand on verse l'eau, il est épais et lourd à digérer[210].

L'association avec l'eau de lavage de la viande ne peu manquer de faire allusion à un lait emprunt de son contraire, le sang, comme cela ressort de manière plus évidente dans le passage portant sur la couleur du lait. L'examen du lait dans l'eau permet en outre de mettre efficacement en évidence la lourdeur du lait qui reste au fond du vase.

Mnésithée évoque un mode d'examen à peu près similaire, où il fait usage d'une eau bouillie. Le médecin de Cyzique apporte à nouveau davantage de précisions dans la procédure comme aussi dans le choix des récipients :

> […] la seconde consiste d'abord à verser de l'eau bouillie, ou filtrée, ou aussi pure que possible, dans un vase propre d'argent, ou de cuivre blanc, pourvu d'une cavité assez grande pour recevoir du liquide en quantité, puis à faire tomber dans cette eau dix ou quinze gouttes de lait ; alors on examinera si la dispersion du lait dans l'eau ne s'opère ni extrêmement vite, ni très lentement, mais avec une célérité moyenne, car ce lait-là est le meilleur ; il faut faire cette épreuve dans l'état de santé[211].

Ces précisions font état d'une procédure qui pourrait être qualifiée de véritable « rituel » : l'eau pure, les vases en métal semi-précieux, exempts de noircissures qui pourraient corrompre l'examen. On peut remarquer qu'une notion de temporalité apparaît chez les deux médecins. Pour être bon, le lait ne doit pas se dissoudre trop rapidement, ni trop lentement dans l'eau.

---

208 López Pérez 2005, p. 233. Voir aussi Amal Aboul, 1998, p. 213 et Maire 2003. Brigitte Maire démontre particulièrement le détachement de Mustio par rapport à une approche irrationnelle.
209 Aristote, *GA* II, 7, 474 a.
210 Soranos, *Maladies des femmes* II, 22 : Τὸ αὐτὸ δὲ καταλαμβάνεται καὶ ἐκ τοῦ κατὰ διπλασίονος ὕδατος ἐπιστάξαι τὸ γάλα καὶ πρὸς ὀλίγον αὐτὸ διαμεῖναν ὕστερον διαλυθῆναι, λευκὸν δ' ἕως ἐσχάτου διαφυλαχθῆναι. Τὸ μὲν γὰρ εὐθέως διαλυόμενον ὑδαρές, φαῦλον δὲ μᾶλλον, εἰ καὶ εἰς ἰνώδεις ἀναλύοιτο κηδόνας οἷον εἰς ἀπόπλυμα κρεῶν, τοῦτο δὲ καὶ ἄπεπτον· τὸ δὲ μέχρι πλείονος χρόνου μὴ σκορπιζόμενον καὶ ὑφιζόμενον, ὥστε τοῦ ὕδατος ἀποχυθέντος εὑρεθῆναι περὶ τῷ πυθμένι τυρῶδες, παχὺ καὶ δυσδιάλυτον.
211 Mnésithée de Cyzique dans Oribase, *Livres incertains* 15, 11 (Dar III 132, 32, 12) : Δοκιμάζειν δὲ καὶ οὕτως· ἐγχέαντα τὸ ὀγδοημόριον τοῦ γάλακτος εἰς ἀγγεῖον ὑέλινον ἢ μᾶλλον κεράτινον ἢ κόγχον θαλάττιον, ἐμβαλεῖν ταμίσου τὸ σύμμετρον καὶ διαθλίψαι τοῖς δακτύλοις, εἶτ' ἐάσαντα ἕως οὗ παγῇ, θεωρεῖν εἰ ἔλαττον τὸ τυρῶδες, πλέον δὲ τὸ ὑδατῶδες γίνεται· τὸ γὰρ τοιοῦτον γάλα ἄχρηστον πρὸς τροφήν, καὶ τὸ πλεῖστον αὐτοῦ ἐξουρεῖται. εἰ δὲ τὸ παγὲν πλέον μὲν τὸ τυρῶδες ἔχει, ἔλαττον δὲ τὸ ὑδατῶδες, δύσπεπτον καὶ δυσκατέργαστον αὐτὸ ὑποληπτέον·ἄριστον δὲ τὸ σύμμετρον μὲν τὸ τυρῶδες ἐσχηκός, σύμμετρον δὲ τὸ ὑδατῶδες.

Contrairement à Soranos, Mnésithée donne une troisième méthode d'examen du lait :

> On fera encore l'épreuve suivante : on versera la huitième partie d'un cotyle de lait dans un vase en verre ou en corne, ou dans une coquille marine, on y ajoutera une quantité moyenne de présure, on écrasera avec les doigts, puis on abandonnera le mélange à lui-même jusqu'à ce qu'il se coagule, ensuite on examinera si on obtient une quantité plus abondante d'éléments aqueux que d'éléments caséeux, car un tel lait ne vaut rien comme aliment, et la plus grande partie passe dans les urines. Si le lait figé contient plus de parties caséeuses que de parties aqueuses, il faut croire qu'il se digérera et s'élaborera difficilement ; le meilleur lait est celui qui contient une quantité moyenne d'éléments caséeux et une quantité également moyenne d'éléments aqueux[212].

Cet examen semble particulièrement représentatif des principes qui régissent la médecine naturelle, de sympathie, d'antipathie, de contiguïté, de similarité, et des contraires, comme le mentionne Mercedes López Pérez[213]. Une dernière épreuve confirmera que de tels concepts sont en jeu :

> Il faut encore faire l'épreuve suivante, surtout au printemps : le soir on remplit de lait le vase en verre ou en corne ou la coquille marine, on le place dans un endroit bien exposé au soleil ; le matin on examine le coagulum, ou pellicule, s'il est très abondant ou si, au contraire, il existe en petite quantité, tandis que le liquide est abondant : ces deux espèces de lait sont mauvaises ; celui, au contraire, qui présente une bonne proportion des divers éléments, est le meilleur[214].

Parmi les goûts, Théophraste considère à part dans sa liste le goût particulier du lait. Soranos fait état de l'odeur du lait, qui doit être « agréable, et non pas mauvaise, nauséabonde, ou rappelant celle de la lie, ou encore acidulée »[215]. L'odeur est étroitement liée au goût puisqu'un lait à l'odeur acidulée a mauvais goût, selon le médecin d'Éphèse. Un bon lait doit être « sucré et même savoureux » (γλυκὺ καὶ στομῶδες), aux dires du médecin. Pline est plus nuancé : « le lait n'a pas une saveur qu'on puisse vraiment qualifier de douce, grasse, ou suave ; mais il y domine un goût agréable, qui tient lieu d'une saveur prononcée[216] ». Un goût aigre ou amer, ou encore salé, voire âpre ne convient pas (les laits sont respectivement ἢ ὀξίζον ἢ πικρὸν ἢ ἁλμυρίζον ἢ στρυφνόν). Soranos propose de tester ces paramètres en mettant une goutte de lait dans l'œil : si celui-ci est irritant (ὑπόδριμυ), sa qualité est mauvaise. Le lait est aussi considéré sous l'aspect de sa « résistance

---

212 *Ibid.* 1 (Dar III 131, 10-11) : Αὕτη μὲν οὖν ἡ διὰ τῶν αἰσθήσεων δοκιμασία κρατίστη· δευτέρα δέ, εἰς ἀγγεῖον ἀργυροῦν ἢ λευκοῦ χαλκοῦ καθαρόν, κοιλότητα ἔχον ἱκανήν, ὥστε πλῆθος ὑγροῦ δέξασθαι, ἐγχέας ὕδωρ ἀφηψημένον ἢ διηθημένον ἢ ὅτι καθαρώτατον, ἐπιστάξαι τοῦ γάλακτος σταγόνας ὅσον τὸν ἀριθμὸν ι ἢ ιε, καὶ κατανοεῖν τὴν τοῦ γάλακτος διάχυσιν, εἰ μήτε ταχεῖα μήτε βραδεῖα τελέως γίνεται, μέσως δέ (τὸ γὰρ τοιοῦτον ἄριστον).
213 López Pérez 2005, p. 232.
214 Mnésithée de Cyzique dans Oribase, *Livres incertains* 1 (Dar III 131, 10-11) : Ποιεῖσθαι δὲ καὶ τὴν δοκιμασίαν μάλιστα τῇ ἐαρινῇ ὥρᾳ·ἄγγος τὸ ὑάλινον ἢ κεράτινον ἢ κόγχον θαλάττιον ἐμπλήσας τοῦ γάλακτος ἀφ᾽ ἑσπέρας, ἐν τόπῳ εὐδεινῷ θές, εἶτα πρῲ θεώρει τὸν ἐπίπαγον ἢ καὶ τὸ γραῶδες, εἰ τελείως πολύ ἐστιν ἢ τοὐναντίον ὀλίγον, τὸ δ᾽ ὑγρὸν πολύ· τὰ γὰρ τοιαῦτα ἀχρεῖά ἐστιν [ἢ τοὐναντίον ὀλίγον], ᾧ δ᾽ ἡ συμμετρία ἠκολούθησεν, ἄριστον.
215 Soranos, *Maladies des femmes* II, 22 : [...] χαρίεν. Οὐ γὰρ δεῖ δυσῶδες ἢ βρωμῶδες ἢ τρυγῶδες ἢ ὀξίζον <ὑπάρχειν>, πᾶν γὰρ τὸ τοιοῦτον κακόχυμον.
216 *HN* 15, 32 : *Si quidem inest ei quod tamen iure dici dulce et pingue et suaue non possit, optinente lenitate, quae ipsa succedit in saporis uicem.*

à l'altération avec le temps » (διὰ δὲ τῆς ἐν χρόνῳ δυσμεταβλησίας)[217]. Si, alors qu'il est au repos, le lait ne devient pas vite aigre et donne peu ou pas de petit lait, il est nutritif ; s'il aigrit « facilement au repos et donne beaucoup de petit-lait, [il] n'est pas nutritif »[218]. Un lait qui est écumeux (ἀφρῶδες) est aussi mauvais :

> Mauvais aussi est le lait écumeux, car il donne des flatulences : la mousse qui est en surface se gonfle en bulles en emmagasinant beaucoup d'air. Parfois, ce dernier trait est aussi le signe d'une consistance épaisse : on distinguera ce cas particulier au fait que les bulles produites subsistent longtemps ; tout se passe comme si l'air ne pouvait s'évaporer vite, tant le lait est épais[219].

Sans s'étendre sur la provenance de l'écume, Mnésithée la mentionne pourtant à la suite des caractéristiques qu'il considère comme importantes. Alors qu'il ne mentionne pas la consistance tel que le fait Soranos, il porte sa réflexion sur la quantité. Cette dernière a une importance telle qu'elle influera sur le choix de la nourrice. Mnésithée dit en effet :

> [...] si la quantité n'est pas moyenne, on préfère une nourrice qui a plus de lait[220].

Améliorer un mauvais lait

Sujet à contrôle, le lait qui se tarit, se gâte, s'éclaircit ou s'épaissit, peut amener à ce que l'enfant soit donné à une autre nourrice. Si cette solution n'est pas envisageable, il faut agir sur la nourrice pour empêcher que l'enfant tombe malade. Divers examens sur la personne de la nourrice doivent être menés pour déceler les causes de variabilité. Si le lait se tarit, est-ce en raison d'une maladie de la matrice, d'une autre partie du corps d'une faiblesse générale, voire d'un problème mécanique ? Lorsqu'il apparaît que l'état de la nourrice est morbide, des soins médicaux doivent lui être administrés. Si la cause n'est pas une maladie, la nourrice doit se détendre, prendre soin de son corps et de ses seins par des exercices et des massages de cette partie de son anatomie. Dans ce cas, la tétée ne doit pas être arrêtée, afin de ne pas tarir le lait. Soranos donne peu d'informations sur les moyens visant à remédier à un état morbide. Par contre, il évoque ce que préconisent ses confrères pour faire revenir le lait : potions aromatiques, « pilules de lait », l'ingestion de « mamelles d'animaux naturellement gros producteurs de lait », cendres de chouettes et de chauves-souris frottées sur la poitrine. Il rejette toutefois ces pratiques qu'il estime soulever l'estomac et ajouter au dépérissement[221].

---

217 SORANOS, *Maladies des femmes* II, 22.
218 SORANOS, *Maladies des femmes* II, 22.
219 SORANOS, *Maladies des femmes* II, 22 : Φαῦλον δὲ καὶ τὸ ἀφρῶδες, πνευματοῖ γάρ· καὶ <γὰρ> τὸ ἔπαφρον τοῦ ὑγροῦ καὶ εἰς πομφόλυγας διογκούμενον κατὰ παράθεσιν γίνεται πνεύματος πλείονος. Ἔσθ' ὅτε δὲ καὶ παχύτητος τοῦτο τεκμήριον, διορισθήσεται δὲ ἐκ τοῦ τὰς ἐπιγινομένας πομφόλυγας ἐπιμένειν ἄχρι πλείονος, ὡς ἂν τοῦ πνεύματος κωλυομένου συντόμως διαπνεῖσθαι διὰ τὴν παχύτητα τοῦ πνεύματος κωλυομένου συντόμως διαπνεῖσθαι διὰ τὴν παχύτητα τοῦ γάλακτος. L'écume est aussi inquiétante chez GALIEN (ORIBASE, *Livres incertains* 16, Dar III 135). La note 176 de la traduction par Malinas, Gourevitch, Burguière ajoute « on croit savoir aujourd'hui que les flatulences sont dues non pas à l'écume mais à la trop grande richesse en lactose » MALINAS, GOUREVITCH et BURGUIÈRE 1990, p. 99.
220 MNÉSITHÉE DE CIZIQUE dans ORIBASE, *Livres incertains* 15, 9 (Dar III 131) : Ἡ τὸ πλεῖον ἔχουσα αἱρετωτέρα τροφός.
221 SORANOS, *Maladies des femmes* II, 29.

Si le lait devient trop épais, Oribase dit que les nourrices doivent évacuer la pituite (le phlegme) à l'aide de vomissements. Pour déclencher les vomissements, il préfère l'oxymel[222]. Citant Mnésithée, qui recommande de recourir aux vomissements deux fois par jour, Soranos condamne cette pratique dégradante pour le corps[223]. Pour Oribase, la nourrice doit encore se débarrasser de son embonpoint par des exercices exécutés avant le repas. Certaines herbettes déconseillées lorsque l'enfant se porte bien, sont appropriées à ce type de régime. Il s'agit de « l'origan, l'*hysope*, le *thymbre*, l'aiguillette et le thym[224] ». Les prescriptions de Soranos sont plus simples à mettre en place. Le lait vient en trop grande quantité, le corps doit devenir plus ferme par l'exercice. Le lait est trop épais, il faut le liquéfier en prenant des bains, en mangeant des bouillies et des mets peu nourrissants et en buvant de l'eau. Le lait est trop léger, il faut une nourriture à base de céréales nourrissantes, épeautre et gruau, et des mets solides : œufs, pieds et abats de porc « car il y a en eux une matière visqueuse et agglutinante », viande de chevreau rôtie ou bouillie et du vin, en fonction des progrès du nourrisson. Soranos mentionne trois causes de détérioration du lait : une indigestion, des rapports sexuels, la consommation d'une nourriture malsaine[225].

Vin et allaitement

Du vin pris en grande quantité est très nuisible, aussi bien pour la nourrice que pour l'enfant, mais une quantité modérée est bonne pour tous les deux, tant pour donner de la force que pour favoriser la digestion[226]. Tel est l'avis d'Oribase mais l'usage de vin est très controversé à l'époque romaine. Interdit sous sa forme pure (*temetum*), aux femmes[227], il entre sous sa forme « trafiquée » (les vins doux, *dulcia*) dans la diète des nourrices. Selon Oribase, le vin ne doit pas avoir un goût trop prononcé, trop sucré ou âpre. Il doit être d'un âge moyen. Le vin miellé est conseillé, parce qu'il donne au lait des qualités positives et favorise sa sécrétion. La nourrice doit toutefois en espacer la consommation, qui ne doit pas être quotidienne. Tous les auteurs ne partagent pas le même avis, ainsi Soranos impose à la nourrice de boire de l'eau pendant les « quarante premiers jours au moins, ensuite quelque peu de vin miellé tous les deux ou trois jours ; lorsque le nourrisson aura pris un bon tonus, sera devenu ferme, et qu'un bon régime alimentaire lui aura donné de belles couleurs, la nourrice boira un peu de vin clair, non mélangé d'eau de mer, très peu âpre et d'âge moyen ; pour commencer, elle en boira une fois de temps en temps, puis tous les trois jours, tous les deux jours, enfin quotidiennement, et non pas une seule fois mais deux, elle finira par en boire à sa soif. C'est de cette façon que le nouveau-né se trouvera sans

---

222   ORIBASE, *Livres incertains* 13 (Dar III 126).
223   SORANOS, *Maladies des femmes* II, 28.
224   ORIBASE, *Livres incertains* 13 (Dar III 126) : Ὀρίγανον καὶ ὕσσωπον καὶ ἡ θύμβρα καὶ ὁ σκάνδιξ καὶ ὁ θύμος.
225   SORANOS, *Maladies des femmes* II, 29.
226   ORIBASE, *Livres incertains* 13 (Dar III 123) : Οἶνος δὲ τῇ τιτθῇ ὁ πολὺς αὐτῇ τε ἐκείνῃ κάκιστος καὶ τῷ βρέφει· ὁ μέτριος δ' ἀγαθὸς ἀμφοτέροις, καὶ εἰς ῥώμην καὶ εἰς πέψιν· πίνειν δὲ μήτε ἄγαν γλυκὺν μήτε αὖ τῶν στρυφνοτέρων, καὶ τῷ χρόνῳ σύμμετρον.
227   L'interdiction données aux femmes de boire du vin ressort de plusieurs sources dont POLYBE, *Histoires* VI, fragment 11a 4 et PLINE, *HN* 14, 89 mais elle doit être considérée en fonction de type de vin et du contexte. Voir DE CAZANOVE 1987.

mal nourri d'un lait qui a pris les qualités du vin, alors que, plus tôt, il n'est pas constitué pour supporter sans dommages une substance de cette puissance[228] ».

Il est intéressant de constater que, dans la suite de son discours, Soranos estime que l'enfant qui n'est plus dans le ventre de sa mère est un être autonome, mais « ne possédant encore que des fonctions débiles ». Pour cette raison, l'enfant est fragile et sera affecté par la nourriture ou la prise de vin de la nourrice, plus que cette dernière[229].

Abstinence et effet contraceptif de l'allaitement

En dehors des exercices et d'une alimentation saine, la nourrice était astreinte à une clause d'abstinence sexuelle. Celle-ci renvoie au passage de Pline, où il est question des enfants devenus « colostrats », suite à la grossesse de la nourrice.

Évoquée chez les médecins d'époque romaine, notamment chez Rufus d'Éphèse, Soranos et ses compilateurs Caelius Aurélien et Mustio, Galien, et Oribase, cette clause touche spécifiquement la nourrice et non la mère[230]. Ainsi, dans *Livres incertains*, Oribase donne l'ordre aux femmes allaitantes de ne pas avoir de rapports avec un homme :

> J'ordonne aux femmes qui nourrissent des petits enfants de s'abstenir complètement du coït ; car les rapports qu'elles ont avec un homme provoquent le flux menstruel ; dans ce cas leur lait ne conserve pas sa bonne odeur, et quelques-unes deviennent enceintes : or il n'y a rien de plus nuisible pour un enfant qu'on élève au sein, que l'état de grossesse de la nourrice : car, dans ce cas, la meilleure partie du sang est consacrée au fœtus contenu dans l'utérus : pour cette raison, je conseillerais de chercher une autre nourrice au cas où celle qui allaitait l'enfant aurait conçu[231].

Bien que ne le précisant pas au début, il est clair dans la suite du discours rapporté par Oribase qu'il y est fait allusion aux nourrices. Les raisons apportées sont au nombre de deux : 1) la nourriture de l'enfant au sein se raréfie, puisqu'elle se concentre sur la formation d'un nouvel individu dans le ventre de la nourrice et 2) le lait prend une mauvaise odeur.

À nouveau, un parallèle nous semble pouvoir être fait avec l'analyse de Françoise Héritier portant, non seulement sur son étude ethnologique, mais aussi sur des tablettes

---

228 Soranos, *Maladies des femmes* II, 26 : Λαμβανέτω τὸ ἐλάχιστον, τὸ δ' ἐντεῦθεν οἰνομέλιτος <παρὰ> μίαν καὶδευτέραν ἡμέραν ποσόν. Διευτονώσαντος δὲ τοῦ βρέφους καὶ παγέντος καὶ μετὰ εὐτροφίας εὐχροήσαντος οἰνάριον πινέτω λευκόν, διαυγές, ἀθάλασσον, μετρίως ὑπαύστηρον, μέσον δὲ κατὰ τοὺς χρόνους, ἀλλ' ἅπαξ [δὲ κατὰ] τὸ πρῶτον καὶ διά τινων ἡμερῶν, εἶτα καὶ παρὰ δύο καὶ παρὰ μίαν, μετὰ δὲ ταῦτα καὶ καθ' ἡμέραν καὶ οὐ μόνον ἅπαξ, ἀλλὰ καὶ δίς, εἶτα καὶ ὅσον ἱκανὸν παρηγορῆσαι τὸ δίψος. Οὕτω γὰρ ἀβλαβῶς τὸ βρέφος ὑπὸ τοῦ πεποιωμένου τῷ οἴνῳ τραφήσεται γάλακτος, ἐν τοῖς ἔμπροσθεν χρόνοις ἀβλαβῶς τὴν δύναμιν ταύτην φέρειν οὐ πεφυκός.
229 Soranos, *Maladies des femmes* II, 27.
230 Soranos, *Maladies des femmes* II, 19 ; Célius Aurélien, *Gynaecia* 88 ; Mustio, *Gynaecia* 33 et 37, Oribase, *Livres incertains* 14 (Dar III, 129).
231 Oribase, *Livres incertains* 14 (Dar III, 129) : Ἔστω δ' αὐστηρὰ πρὸς ἀνδρῶν ὁμιλίαν καὶ πλείω παιδία ἐκτετροφυῖα ἅμα τε τῇ μητρὶ τετοκυῖα τὸ αὐτὸ γένος. Κράτιστόν τέ ἐστι τὸ γάλα μετὰ μ ἡμέρας τοῦ τόκου τῆς γυναικὸς θηλάζειν. δοκιμάζομεν δὲ μάλιστα μὲν τὰς τετοκυίας αὐτάς· εἰ δὲ μή, οἰκείας ἢ συγγενεῖς ἢ τὰς ὁμοίας ταύτῃ οὔσας τῷ εἴδει. μαστοὶ δ' ἄριστοι εὐμεγέθεις, ὁμαλώτατοι <τῇ> τῶν σαρκῶν πολυπληθείᾳ, μὴ λαγαροὶ καὶ διάκενοι ἐκ τοῦ κατὰ τὴν μέσην χώραν, μήτε ἐκ τοῦ κατὰ τὸ στῆθος μέρους ὑπόκενοι καὶ θυλακώδεις, μήτε λίαν ὀγκώδεις ἔχοντες τὰς θηλὰς μεγάλας, ὀπὰς μαλακάς, τὰ τρήματα ὁμαλά, εὔτρητα. γάλα δὲ βέλτιστον τὸ σύμμετρον πάχει, πλήθει, ὀσμῇ, χρόᾳ, γεύσει, ἀφρῷ· ἐὰν δὲ μὴ τῷ πλήθει σύμμετρον ᾖ, ἢ τὸ πλεῖον ἔχουσα αἱρετωτέρα τροφός.

akkadiennes. Ces dernières évoquent de manière précise les troubles de « la percée des dents, les diarrhées, les pleurs et peurs subites[232] ». F. Héritier décèle une cause sous-jacente à ces maux, qui n'est pas mise sur le compte d'une quelconque emprise maléfique comme cela apparaît à d'autres endroits du texte akkadien. Il s'agit de la « mauvaise odeur ». Précisant que celle-ci n'est évoquée que pour décrire des maux rencontrés par les bébés, et qui atteignent uniquement le haut de son corps, l'anthropologue suppose « que la mauvaise odeur est une cause grave de malaise physique pour le bébé au sein et seulement pour lui[233] ». Cette proposition pourrait trouver confirmation dans la représentation que se font les Samo (Burkina faso), non seulement du corps de l'enfant mais aussi de celui de ses parents. Ainsi, la mauvaise odeur est évoquée au sujet du lait d'une femme qui a recommencé à avoir ses règles[234]. Le sang des règles « descend » alors, selon les Samo, dans les seins, et en gâtent momentanément le goût et l'odeur. Autre fluide corporel, le sperme a lui aussi une incidence sur le lait de la femme allaitante. Les rapports sexuels sont dès lors prohibés, jusqu'à ce que l'enfant soit sevré et puisse marcher, c'est à dire au-delà de deux ans[235]. La non-observation de ces règles conduit à rendre l'enfant au sein de mauvaise humeur, fiévreux et amaigrit. Ces conséquences ne font pas nécessairement suite à une grossesse de la mère. Mal vue, la reprise des rapports sexuels est aussitôt évoquée, lorsque l'enfant refuse le sein ou manifeste les symptômes mentionnés. Les raisons de ces croyances s'appuient sur la physiologie des corps et la chaleur dont on les croit pourvus. Chaud par nature, le sperme conduit à un apport de chaleur dans le ventre de la mère. Dans le système de pensées des Romains, l'interaction masculine est considérée de la même manière. Coagulant la matière, pour en former métaphoriquement l'enfant fromage, elle agit de manière identique sur le produit des seins, reliés à la matrice par des vaisseaux. La vision romaine des interactions qui prennent place dans le corps de la femme, s'avère plus complexe que celle des Samos. L'influence de la société et des structures familiales souvent élargies, auxquelles s'ajoutent les esclaves, sont-elles à l'origine de cette complexité ? Un passage de Pline dans lequel il rapporte l'opinion de l'érudit du Ier siècle av. J.-C. Publius Nigidius Figulus le laisse croire :

> Le même auteur pense que le lait d'une femme qui nourrit et devient grosse ne s'altère pas, pourvu qu'elle ait conçu du même homme[236].

Dans sa riche analyse, Roberto Danese explique de manière convaincante les mécanismes en jeu. Partant du lait médicament qui, pour conserver sa chaleur naturelle et éviter son altération, devait être transmis par contact direct, d'un corps à l'autre, il montre son étroite relation avec le sang et aussi ce qu'implique sa dispensation à un autre individu, qu'il soit de la même lignée généalogique ou non[237]. Son étroite association avec le sang fait du lait un fluide corporel qui le lie « génétiquement », pour reprendre l'expression de R. Danese,

---

232 HÉRITIER 1996, p. 154. Les tablettes sont présentées dans LABAT 1951, p. 96-101.
233 HÉRITIER 1996, p. 156.
234 F. HÉRITIER précise que la mauvaise odeur du sang menstruel est admise par de nombreuses sociétés dans le monde.
235 *Ibid.*
236 *HN* VII, 16 : *Idem lac feminae non corrumpi alenti partum, si ex eodem uiro rursus conceperit, arbitratur.*
237 DANESE 1997, p. 44. Voir l'exemple de l'allaitement d'un père et d'une mère par leur fille.

à l'individu pour lequel, il est produit[238]. Sa provenance spermatique, largement discutée au chapitre I, fait de ce fluide un moyen de transmission de la lignée paternelle. Lors d'une grossesse de la nourrice, c'est un « nouveau sang », selon les termes de R. Danese, qui est produit par la semence d'un homme (généralement) différent de celui qui est à l'origine de l'enfant allaité. En cette circonstance, deux lignées sanguines distinctes se voient cohabiter dans le même corps, ce qui compromet une transmission correcte de la lignée paternelle. Vu comme un lieu de mélange, le corps de la femme peut parfois être exploité, comme cela ressort de l'anecdote – sur laquelle nous reviendrons – où Hortensius, ami et admirateur de Caton le Jeune, lui demande de pouvoir épouser sa fille, afin d'avoir une descendance empreinte des vertus de Caton[239]. N'étant pas recherchée pour son statut social élevé, témoignant d'une illustre généalogie, la nourrice devient, dès son entrée au service de l'enfant, un instrument dont on occulte la vie antérieure, ainsi que la source masculine ayant conduit à la production de son lait. Le sexe de son dernier enfant est cependant pris en compte et peut influencer le choix des parents, quant à son engagement :

> [...] que son dernier enfant soit du même âge et du même sexe que celui de la mère[240].

Concernant la croyance en un effet contraceptif de l'allaitement, les clauses d'abstention sexuelle semblent la contredire, au moins en ce qui concerne le monde romain. Toutefois les théories hippocratiques et aristotéliciennes sur la succession des fluides et leur postérité chez les médecins de l'époque romaine soulèvent le doute. Un passage d'Aristote peut être employé pour susciter la réflexion :

> Durant l'allaitement les règles n'ont pas lieu, si la nature suit son cours normal, et il n'y a pas de conception : si celle-ci se produit, le lait se tarit parce que la nature du lait est le même que celle des règles. Car la nature ne peut pas prodiguer ses efforts en deux directions à la fois : si la sécrétion se produit d'un côté, il est nécessaire qu'elle manque de l'autre, à moins qu'il ne s'agisse de quelque effet violent et contraire à la normale[241].

Aline Rousselle suggère, sur la base de ce passage, que la plupart des femmes grecques allaitaient jusqu'à la grossesse suivante[242]. C'est alors la grossesse qui met fin à l'allaitement, sans que les règles ne réapparaissent au préalable. L. Dean-Jones a un avis contraire[243] : pour elle, le philosophe a été plus souvent témoin d'une réapparition des règles que d'une nouvelle grossesse.

Un second passage d'Aristote soutient plutôt l'hypothèse d'A. Rousselle[244] :

---

238 DANESE 1997, p. 52.
239 Voir *infra* 3.4.1.
240 MNÉSITHÉE DE CYZIQUE d'après ORIBASE, *Livres incertains* 15 (Dar III 130) : Ἅμα τε τῇ μητρὶ τετοκυῖα τὸ αὐτὸ γένος.
241 ARISTOTE, *GA* IV, 8, 777a : Οὐ γίγνονται δὲ οὔτε θηλαζομέναις αἱ καθάρσεις κατὰ φύσιν οὔτε συλλαμβάνουσι θηλαζόμεναι· κἂν συλλάβωσιν, ἀποσβέννυται τὸ γάλα διὰ τὸ τὴν αὐτὴν εἶναι φύσιν τοῦ γάλακτος καὶ τῶν καταμηνίων· ἡ δὲ φύσις οὐ δύναται πολυχοεῖν οὕτως ὥστ' ἐπαμφοτερίζειν, ἀλλ' ἂν ἐπὶ θάτερα γένηται ἡ ἀπόκρισις ἀναγκαῖον ἐπὶ θάτερα ἐκλείπειν, ἐὰν μὴ γίγνηταί τι βίαιον καὶ παρὰ τὸ ὡς ἐπὶ τὸ πολύ.
242 ROUSSELLE 1983, p. 53.
243 DEAN-JONES 1994, p. 224.
244 ARISTOTE, *HA* 587b, 27-32 ; ARISTOTE, *GA* 727b.

Les femmes ont du lait jusqu'à ce qu'elles redeviennent enceintes : alors la lactation cesse et se tarit, dans l'espèce humaine comme chez les autres quadrupèdes vivipares. Tant que dure la lactation, les règles ne se produisent pas, la plupart du temps, car on a déjà vu des femmes avoir leurs règles pendant l'allaitement[245].

Une étape liminale est toutefois reconnue par Aristote :

Les règles réapparaissent chez la plupart des femmes pendant une certaine période après la conception, durant trente jours au maximum quand l'embryon est de sexe féminin, une quarantaine de jours s'il est de sexe masculin. Et après l'accouchement, les évacuations ont tendance à s'étendre sur le même nombre de jours, sans qu'il y ait cependant similitude absolue chez toutes les femmes. Après la période dont nous avons parlé, il n'y a plus normalement de règles, mais le flux se tourne vers les seins et devient du lait. Au début le lait fait son apparition en petite quantité dans les seins et en minces filets[246].

Dans ces différents passages, Aristote se montre conscient des exceptions produites par la nature, qui peuvent être une grossesse, la réapparition des règles pendant l'allaitement ou la durée des évacuations *post partum*. Est-ce à dire que le Stagirite concède un pouvoir contraceptif à l'allaitement ? Si oui, il ne le précise pas, peut-être par prudence, ou parce qu'il a été trop souvent témoin d'une grossesse survenue, alors que la femme allaitait encore. Cette dernière supposition nous semble adoptable, puisqu'en Grèce ancienne, l'allaitement était d'abord l'affaire de la mère[247], et que l'allaitement au sein allait de six mois à deux ou trois ans, si on se réfère aux analyses isotopiques[248]. Quant à l'époque impériale, le recours à des nourrices abstinentes a pu fausser l'observation. La mise en nourrice a-t-elle été de favoriser les naissances comme cela ressort d'un passage de Plutarque ? :

On doit donc, avant tout, tenter d'agir comme j'ai dit (faire allaiter l'enfant par la mère), mais si la mère était dans l'incapacité de le faire par faiblesse de constitution (ce qui peut encore arriver) ou parce qu'elle serait pressée d'avoir d'autres enfants, qu'au moins on ne prenne pas pour nourrice ou gouvernante les premières venues, mais que l'on sélectionne les plus sérieuses possible[249]

Il convient de réfléchir à ce qu'entend exactement Plutarque. Fait-il allusion à l'allaitement qui retarderai une nouvelle grossesse ? Une réflexion identique faite par Soranos va nous

---

245 Aristote, *HA* VII, 11, 587b : Τὸ δὲ γάλα ἔχουσιν ἕως ἂν πάλιν συλλάζωσιν· τότε δὲ παύεται καὶ σζέννυται ὁμοίως ἐπ' ἀνθρώπων καὶ τῶν ἄλλων ζωοτόκων καὶ τετραπόδων. Τοῦ γάλακτος δ'ἐξιόντος οὐ γίνονται αἱ καθάρσεις ὡς ἐπὶ τό πολύ, ἐπεὶ ἤδη τισὶ θηλαζομέναις ἐγένετο κάθαρσις.
246 Aristote, *HA* VII, 3, 583a : Αἱ δὲ καθάρσεις φοιτῶσι ταῖς πλείσταις ἐπί τινα χρόνον συνειληφυίαις, ἐπὶ μὲν τῶν θηλειῶν τριάκονθ' ἡμέρας μάλιστα, περὶ δὲ τετταράκοντα ἐπὶ τῶν ἀρρένων. Καὶ μετὰ τοὺς τόκους δ' αἱ καθάρσεις βούλονται τὸν αὐτὸν ἀριθμὸν ἀποδιδόναι τούτων, οὐ μὴν ἐξακριβοῦσί γε πάσαις ὁμοίως. Μετὰ δὲ τὴν σύλληψιν καὶ τὰς ἡμέρας τὰς εἰρημένας οὐκέτι κατὰ φύσιν, ἀλλ' εἰς τοὺς μαστοὺς τρέπεται καὶ γίνεται γάλα. Ἐπισημαίνει δὲ τὸ πρῶτον μικρόν τε καὶ ἀραχνῶδες τὸ γάλα ἐν τοῖς μαστοῖς.
247 Vilatte 1991 ; Birchler Emery 2010 se montre plus prudente sur la question de l'allaitement par la mère.
248 Au sujet des analyses isotopiques, voir *infra*.
249 Plutarque, *De l'éducation des enfants* V : Εἰ δ' ἄρ' ἀδυνάτως ἔχοιεν ἢ διὰ σώματος ἀσθένειαν (γένοιτο γὰρ ἄν τι καὶ τοιοῦτον) ἢ πρὸς ἑτέρων τέκνων σπεύδουσαι γένεσιν, ἀλλὰ τάς γε τίτθας καὶ τροφοὺς οὐ τὰς τυχούσας ἀλλ' ὡς ἔνι μάλιστα σπουδαίας δοκιμαστέον ἐστί.

permettre de mieux cerner ce que l'érudit entendait. Nous rendons le passage dans son entier afin de mettre en évidence le contexte qui prend place peu après l'accouchement :

> Mais si quelque empêchement se produit, il faut choisir la meilleure nourrice possible, pour éviter à la mère de vieillir avant l'âge à force de s'user un peu chaque jour à allaiter : la terre ensemencée qui donne ses fruits s'affaiblit, et en reste stérile pour un temps ; de la même manière, quand une femme nourrit son enfant, ou bien elle vieillit prématurément parce qu'elle fournit une ration alimentaire supplémentaire, ou bien ce qu'elle dépense à la nourriture de son enfant empêche son propre de corps de se nourrir. La mère se trouvera donc mieux, tant pour son propre rétablissement qu'en vue d'avoir d'autres enfants, de cesser d'avoir les seins distendus de lait[250].

Ce passage montre bien que Soranos, et avant lui Plutarque, font allusion à la fatigue de la mère. Ce corps qui a souffert et nourrit pendant une dizaine de mois l'enfant qu'il contenait. Il apparaît dès lors que les médecins ont bien observé une absence de grossesse durant les mois qui ont suivi l'accouchement. Ils n'ont simplement pas attribué ce décalage à l'allaitement, puisque l'acte sexuel était à même de rappeler les règles, mais à la fatigue de la mère.

Transparaissant fréquemment dans les traités médicaux depuis l'époque classique, l'analogie entre femme/enfant et terre/plante doit être plus souvent considérée par qui veut comprendre la logique des Anciens. Dès lors, nous n'adhérons pas à la proposition de Wieslaw Suder, selon laquelle « la période de lactation ne protégeait pas les femmes contre la grossesse. Soranos et Galien, et Oribase, ainsi que les médecins des époques précédentes, comme Hippocrate, n'ont pas connu le fait de la stérilité physiologique *post partum* » mais sommes d'accord avc sa conclusion : « Ils admettaient que les rapports sexuels restituaient la fécondité »[251]. À la question : « Est-il donc réel que les Grecs et les Romains ne se soient pas rendu compte de l'effet de l'allaitement sur la reprise des règles et n'aient pas prolongé l'allaitement à des fins contraceptives[252] ? », nous répondons par la positive.

Introduire une nourriture solide : les pratiques liées au sevrage

Quand débuter le sevrage ?

Soranos donne de nombreuses informations sur la procédure à suivre pour sevrer l'enfant. Il nous apprend qu'il y a une volonté chez les femmes de sevrer rapidement l'enfant. Évoquant le danger d'introduire prématurément de la nourriture solide chez le jeune enfant, il critique l'empressement de certaines d'entre elles, qui passent à la nourriture

---

250   SORANOS D'ÉPHÈSE, *Maladies des femmes* II, 18 : Κωλύοντος δέ τινος τὴν ἀρίστην ἐκλέγειν τιτθήν, ὥστε μηδὲ τὴν μητέρα προγηρᾶσαι διὰ τῆς ἐκμυζήσεως καθ'ἡμέραν δαπανωμένην. Ὡς γὰρ <ἡ γῆ> μετὰ τὴν σπορὰν ἀποδοῦσαἡμέραν δαπανωμένην. Ὡς γὰρ <ἡ γῆ> μετὰ τὴν σπορὰν ἀποδοῦσα τοὺς καρποὺς ἀτονεῖ καὶ διὰ τοῦτο πρὸς τὸ ἐπὶ πλεῖον ἄκαρπος γίνεται, κατὰ τὸν αὐτὸν τρόπον καὶ γυνὴ τρέφουσα τὸ ἀποτεχθέν, εἴτε καὶ προγηράσκει μίαν προσφερομένη τροφήν, ἢ τὸ ἀπουσιαζόμενον εἰς τὴν τοῦ γεννηθέντος ἀνατροφὴν ἀτροφώτερον ἀναγκάζει γίνεσθαι τὸν ὄγκον. ἄμεινον οὖν ἡ μήτηρ ἀπαλλάξει πρός τε τὴν ἑαυτῆς ἀνάκτησιν καὶ πρὸς τεκνοποιίαν ἄλλων ἀναπαυσαμένη καὶ τοῦ ὑπάρχειν τὸν μαστὸν ἐν ἀποτάσει.
251   SUDER 1991, p. 137-138.
252   *Ibid.*

solide dès le quarantième jour. Pour Soranos, c'est la constitution de l'enfant qui permet de décider du moment du sevrage. Deux paramètres sont alors à prendre en compte : le petit corps doit d'abord être affermi et ses « passages naturels » suffisamment élargis, sans quoi il y a risque d'obstruction, d'engorgement et de maladie :

> Elle [la nourriture] progresse lentement pour se répartir dans le corps, en raison de l'étroitesse des canaux, et, de plus, elle lèse les régions censées la recevoir[253].

La constitution de l'enfant ayant évolué, Soranos considère qu'il faut adapter sa nourriture. Aussi, il trouve « mauvais de ne pas faire varier l'alimentation lorsque le corps a acquis assez de fermeté, et cela non seulement parce que ce corps devient flasque et par suite sensible aux maladies lorsqu'il est trop nourri de lait, mais aussi parce que, si une maladie survient, le lait aigrit vite[254] ». Il y a donc un moment qui est considéré comme adéquat pour débuter le sevrage, en fonction de la constitution de l'enfant et de sa croissance :

> En conséquence, quand le corps affermi est devenu capable de recevoir une nourriture plus solide – ce qui ne saurait être mené à bien avant six mois [...][255].

La détermination de cette étape biologique va de pair avec l'apparition de la dentition. Prolongement de l'os pour les anciens, la première comme la seconde dentition sont en effet des indicateurs de croissance par excellence, qui marquent les passages importants de la vie, comme cela ressort des sources écrites et aussi des rites funéraires[256]. Permettant la mastication, les dents sont des indicateurs concrets témoignant de la capacité de l'enfant à transformer la nourriture solide qu'il reçoit[257]. Le médecin d'Éphèse et celui de Pergame se rejoignent sur l'idée, qu'il faut passer à la nourriture solide dès que les dents commencent à pousser, généralement vers six ou huit mois[258].

Galien précise que c'est l'arrivée des dents de devant qui indique le bon moment pour introduire le sevrage[259]. Rufus d'Éphèse se démarque de ce courant de pensée puisqu'il conseille un allaitement exclusif jusqu'à l'âge de deux ans :

> On nourrit l'enfant pendant environ deux ans avec du lait, et on le fait passer ensuite aux aliments[260].

---

253 Soranos, *Maladies des femmes* II, 46, 3-6 : Μέχρις ἂν οὖν παγῇ τὸ νήπιον, μόνῳ διατρεφέσθω γάλακτι· στενῶν γὰρ ἔτι τῶν ἀραιωμάτων ὑπαρ|χόντων ἐπισφαλὲς ἐπὶ τὴν στερεωτέραν προέρχεσθαι τροφήν, βραδυποροῦσαν μὲν πρὸς τὰς ἀναδόσεις διὰ τὴν στενότητα τῶν πόρων, θλίβουσαν δὲ πᾶν τὸ δοκοῦ αὐτῇ ὑποδέχεσθαι.
254 Soranos, *Maladies des femmes* II, 46, 1-4 : Φαῦλον δὲ καὶ τὸ ἐκ τῶν ἐναντίων ἤδη τοῦ σώματος ἐστερεωμένου μὴ μεταβαίνει ἐπὶ τροφὴν ἄλλην, οὐ μόνον ὅτι πλαδαρὸν γίνεται τὸ σῶμα καὶ διὰ τοῦτο εὐπαθὲς τὸ ἐκ τοῦ γάλακτος τρεφόμενον ἐπὶ πλέον, ἀλλὰ καὶ τοῦτο εὐπαθὲς τὸ ἐκ τοῦ γάλακτος τρεφόμενον ἐπὶ πλέον, ἀλλὰ καὶ ὅτι νόσου γινομένης εὐχερῶς ἀποξύνεται τὸ γάλα.
255 *Ibid.* : παρ' ἣν αἰτία πεπηγότος ἤδη τοῦ σώματος καὶ δεκτικοῦ στερεωτέρας γινομένου τροφῆς, ὅπερ οὐκ ἂν ἔμπροσθεν εὐτυχηθείη τῶν ἓξ μηνῶν [...].
256 Voir *infra* xxxx.
257 Mustio fixe la fin de l'allaitement au sein entre 1 année et demi et 2 ans, lorsque les dents ont une bonne grandeur et qu'elles permettent de broyer toute nourriture solide. Mustio, *Gynaecia* CXIIII, 964-966, d'après Bolton 2015, p. 240.
258 Soranos, *Maladies des femmes* II, 63-64.
259 Galien, *De sanitate tuenda* 1, 10 (K 6, 47-48).
260 Rufus dans Oribase, *Livres incertains* 20 (Dar III. 160) : Ἀρκεῖ δ' ἔτη δύο τρέφειν τῷ γάλακτι, τὸ δ' ἐντεῦθεν μεταβάλλειν πρὸς σιτία.

Ailleurs, il laisse pourtant entendre que l'introduction d'une nourriture solide se fait en fonction du désir de l'enfant :

> [...] quand l'enfant lui-même désire d'en prendre, et nous donne l'espérance qu'il pourra les digérer complètement, alors on lui administrera aussi comme aliment du pain qu'on émiettera dans du vin aqueux[261].

Ce dernier passage démontre que le médecin sait faire preuve d'une certaine flexibilité, qui prend en compte non seulement les particularités physiques de chaque enfant, mais aussi son désir.

Avec la pousse des dents, qui permet de broyer et de réduire la nourriture, l'alimentation du nourrisson peut se diversifier. Soranos conseille à cette époque, qu'il établit vers les troisième ou quatrième semestre, « de déshabituer l'enfant du sein et de le sevrer en augmentant toujours la quantité de nourriture nouvelle en diminuant celle du lait[262] ». Ainsi mené, le sevrage est progressif et ne perturbe pas le jeune enfant. La faiblesse de constitution d'un enfant semble retarder l'époque du sevrage comme cela ressort de la réaction de Soranos face à deux autres médecins :

> Il ne faut accorder aucun crédit à Mnésithée et Aristanax lorsqu'ils estiment qu'on doit sevrer une fille six mois plus tard qu'un garçon parce qu'elle est plus faible : ces auteurs ne s'avisent pas que certains nourrissons du sexe féminin sont plus forts et mieux en chair que bien des nourrissons mâles[263].

Viande, céréales et nourriture prémâchée

L'ouverture d'esprit de Rufus d'Éphèse envers les besoins du nourrisson, dont témoigne sa réflexion sur l'introduction d'une nourriture solide, se vérifie dans une mise en garde qu'il donne à propos de l'administration de viande au début du sevrage : « il faut éviter, plus que toute autre chose, de donner de la viande, puisque l'estomac n'est pas encore capable de la digérer », et il ajoute :

> Si, cependant, cela est nécessaire pour nourrir, vous donnerez de la chair longue de poule ou de jeune porc, car c'est surtout cette espèce de viande qui leur fait plaisir quand ils en retirent le suc[264].

Autorisant un certain type de viande, Rufus d'Éphèse déconseille toutefois l'administration de céréales et autres bouillies :

---

261 RUFUS dans ORIBASE, *Livres incertains* 20 (Dar III, 158) : Ὅταν δ'αὐτό τε πρόθυμον ᾖ λαμβάνειν καὶ ἐλπίδα παρέχῃ ἐκπέψειν, τηνικαῦτα ἤδη <καὶ> σιτίον διδόναι, ἄρτον εἰς ὑδρῇ οἴνον καταθρύψαντας.
262 SORANOS, *Maladies des femmes* II, 47 : Λεληθότως καὶ κατ'ὀλίγον ἀποσυνεθίζειν αὐτὸ τοῦ μαστοῦ καὶ ἀπογαλακτίζειν τῷ προστιθέναι μὲν ἀεὶ τῷ πλήθει τῆς ἄλλης τροφῆς, ὑποσπᾶν δὲ τῆς ποσότητος τοῦ γάλακτος.
263 SORANOS, *Maladies des femmes* II, 48 : Οὐ προσεκτέον δὲ Μνησιθέῳ τε καὶ Ἀριστάνακτι βράδιον ἀξιοῦσιν ἀπογαλακτίζειν ἓξ μησὶ τὸ θῆλυ διὰ τὸ ἀσθενέστερον ὑπάρχειν· οὐχ ὁρῶσιν γάρ, ὅτι πολλῶν | ἀρρένων ἔνια θηλυκὰ βρέφη καὶ ἰσχυρότερα καὶ σαρκωδέστερα.
264 RUFUS dans ORIBASE, *Livres incertains* 20 (Dar III 38, 15) : Τὰς δὲ τῶν κρεῶν προσφορὰς πεφυλάχθαι παντὸς μάλιστα· οὐ γάρ πω ἱκαναὶ αἱ γαστέρες καταπέσσειν. εἰ δ' ἄρα θρέψεως ἕνεκα δέοι, ὄρνιθος παραμήκη σάρκα ἢ χοίρου διδόναι· τούτῳ γὰρ μάλιστα ἥδεται, τὸν χυλὸν ἐξ αὐτῶν ἕλκοντα.

On évitera aussi les purées et les bouillies : car rien d'épais ne convient aux enfants ; parce que même sans cela, leur nature penche vers la production du phlegme. Cela est évident, puisqu'ils sont baveux, morveux, et humides de toutes les façons ; d'ailleurs, le lait est capable de remplir de pituite[265].

Par-là, il se démarque de l'ensemble des médecins, dont Soranos, qui conseille, aussitôt le sevrage initié, une nourriture « à base de céréales, par exemple des miettes de pain ramollies dans de l'hydromel, dans du lait ou dans du vin doux miellé ; on donnera aussi, plus tard, du potage de gruau, de la purée très liquide, un œuf mollet[266] ». Galien rejoint Soranos quant à l'administration de céréales mais il ajoute que les nourrices peuvent donner de la nourriture prémâchée :

> Au début, nourrir le petit enfant de lait uniquement. Lorsqu'il a sorti ses dents de devant, l'habituer désormais à supporter une nourriture plus solide, à l'instar de ce que font, assurément, les femmes instruites par l'expérience ; d'abord donner du pain et, aussitôt après, des légumes, de la viande et toutes sortes d'aliments du même genre qu'elles mâchent au préalable et placent dans la bouche du petit enfant[267].

Quant à Mnésithée d'Athènes, il ordonne de ne mâcher aucune nourriture avant de la donner à l'enfant[268]. D'après lui, il faut s'en tenir à des céréales bien bouillies (on peut comprendre à fort bouillon) et longtemps, dont le type peut varier : fleur de farine, farine sitanique (la plus légère par sa préparation) ou petit millet trituré. Adepte du pain trempé, Soranos est contre « des bouchées de pain déjà mastiquées par la nourrice, parce qu'elles sont imprégnées de phlegme[269] ». Cette pratique étant très répandue, les deux auteurs figurent en marge de la tradition. Il est possible que Soranos se soit laissé inspirer par son prédécesseur. Dans un discours de Galien reproduit par Oribase, le médecin de Pergame concède au phlegme un pouvoir positif sur la transformation de la nourriture[270]. L'effet recherché du prémâchage était autant de faciliter la mastication que la digestion des aliments chez le jeune enfant.

Au sujet du régime de l'enfant, les médecins sont unanimes : il ne doit pas surcharger son corps et doit être léger. Ne le gorgez pas d'aliments, enjoint Rufus[271]. Si toutefois l'enfant a abusé de nourriture à l'insu de sa nourrice, celle-ci ne doit plus rien donner avant la consommation du surplus.

---

265 Rufus dans Oribase, *Livres incertains* 38, 16-17 (Dar III 158, 16-18) Πεφυλάχθαι δὲ καὶ τὰ ἔτνη καὶ τὰ ῥοφήματα· παχὺ γὰρ οὐδὲν παιδίῳ συμφέρει διὰ τὸ καὶ ἄλλως τὴν φύσιν πρὸς τὸ φλεγματῶδες ῥέπειν. Δῆλον δέ· καὶ γὰρ σιαλοχόα καὶ μυξόρροα καὶ πάντη ὑγρά· ἱκανὸν δὲ καὶ τὸ γάλα ἐμπλῆσαι φλέγματος.
266 Soranos, *Maladies des femmes* II, 46 : Καὶ τῇ σιτώδει τροφῇ ψωμίζειν τὸ νήπιον ἁρμόζει, ψιχίοις τρυφεροῖς ἐξ ὑδρομέλιτος ἢ γάλακτος ἢ γλυκέος ἢ οἰνομέλιτος. Μετὰ ταῦτα δὲ δοτέον καὶ ῥόφημα τὸ ἀπὸ τοῦ χόνδρου καὶ πόλτον δίυγρον καὶ ᾠὸν ῥοφητόν.
267 Galien, *Hygiène* 1, 10 (K VI 47-48) : Τρέφειν δὲ τὸ παιδίον τὰ μὲν πρῶτα γάλακτι μόνῳ· ἐπειδὰν δ' ἐκφύσῃ τοὺς πρόσθεν ὀδόντας, ἐθίζειν ἤδη πως αὐτὸ καὶ τῆς παχυτέρας ἀνέχεσθαι τροφῆς, ὥσπερ οὖν καὶ τοῦτο αὐτὸ τῇ πείρᾳ διδαχθεῖσαι ποιοῦσιν αἱ γυναῖκες, ἄρτου μέντοι πρῶτον, ἔπειτα δ' ὀσπρίων τε καὶ κρεῶν ὅσα τ' ἄλλα τοιαῦτα προμασώμεναι καὶ ἐντιθεῖσαι τοῖς στόμασι τῶν παιδίων.
268 Voir Bertier 1972, p. 113.
269 Soranos, *Maladies des femmes* II, 46 : Οἱ γὰρ διὰ τῆς μασήσεως τῆς τροφοῦ ψωμισμοὶ διὰ τὴν συμπλοκὴν τοῦ φλέγματος βλαβεροί.
270 Galien dans Oribase, *Extrait du livre* XXII, 1 (Dar III 134).
271 Rufus dans Oribase, *Livres incertains* 20, 16-18 (Dar III 159).

Quelle sera la boisson ?

Comme la nourriture, la boisson de l'enfant sevré est sujette à discussion. Rufus d'Éphèse déconseille catégoriquement l'eau, au profit du vin :

> […] c'est à cette époque [de la diversification alimentaire] que le vin est préférable à l'eau, et si un législateur quelconque ordonne dans ses lois écrites, ou recommande dans des conseils écrits sans avoir force de lois, de donner de l'eau à boire aux enfants de cet âge, nous ne lui accorderons pas de confiance, mais nous suivrons la bonne doctrine ; en effet [en agissant ainsi], on n'accumule pas les feu sur le feu, mais le chaud sur le froid, comme c'est d'ailleurs équitable[272].

C'est également durant la période du sevrage que Soranos conseille de donner à boire au nourrisson de l'eau mélangée à du vin. Son administration se fait en fin de repas :

> Si l'enfant a soif après avoir mangé, on lui donnera de l'eau rougie à la tétine artificielle[273].

Tandis que le lait de la nourrice, plus lourd et nourrissant, agrémente les repas :

> On veillera à donner le lait à boire au milieu du repas : la nourriture devient en effet mal assimilable quand elle surnage sur le liquide que constitue le lait, et de plus la soif n'est pas étanchée[274].

Toujours en rapport avec le sevrage, Soranos estime que l'enfant « ne doit être tenu à l'écart de rien : vin, eau, boissons froides ou chaudes, massages aux produits gras : il est bon en effet de créer dès le début une accoutumance à ce qui est utile[275] ». Galien est le seul à être contre l'administration de vin à l'enfant en phase de sevrage[276]. Oribase rapporte les propos du médecin d'Éphèse qui estime que le vin est de même nature que l'enfant, il « humecte et échauffe assez fortement, et, chez les personnes d'un tempérament chaud et humide, classe à laquelle appartiennent les enfants de cet âge, il remplit la tête de vapeurs[277] ». Selon ce même livre, Galien nous informe encore de son approbation à donner à l'enfant qui le désire, et en cas de températures chaudes, des boissons froides. Il faut que cela soit de l'eau fraîche, si possible de source. Il faut évidemment éviter les eaux salées ou stagnantes ou conservées dans des jarres[278].

---

272 Rufus dans Oribase, *Livres incertains* 20, 16-18 (Dar III 159) : Ἤδη δὲ καὶ τόδε γινώσκειν, ὅτι οἶνος ὕδατος ἐνταῦθα ἐπιτηδειότερος, οὐδὲ εἴ τις νομοθετήσει ὁστισοῦν ἔν τε νόμων συγγραφῇ ἔν τε ὑποθήκαις ἄνευ νόμων συγγεγραμμέναις παρακελεύσεται τοῖς τηλικούτοις ὕδωρ διδόναι πόμα, πεισθησόμεθα μᾶλλόνπερ ἢ τῷ ἀληθεῖ λόγῳ· οὐ γὰρ πῦρ ἐπὶ πῦρ πεισθησόμεθα μᾶλλόνπερ ἢ τῷ ἀληθεῖ λόγῳ· οὐ γὰρ πῦρ ἐπὶ πῦρ ὀχετεύσεις, ἀλλὰ θερμὸν ἐπὶ ψυχρόν, ἢ δικαιότερον.
273 Soranos, *Maladies des femmes* II, 46 : Διὸ κἂν ἔκδιψόν ποτε γένηται μετὰ τὴν τροφὴν τὸ βρέφος, ὕδωρ ἢ ὑδαρὲς οἰνάριον δοτέον αὐτῷ διὰ τῶν πεφιλοτεχνημένων θηλῶν, ἀβλαβῶς γὰρ ἐκ τούτων κατ' ὀλίγον ὡς ἐκ τῶν μαστῶν τὸ ὑγρὸν ἕλκει.
274 *Ibid.* : Μεταξὺ δὲ τῆς τροφῆς φυλακτέον διδόναι τὸ γάλα πιεῖν· δυσδιοίκητος γὰρ ἡ τροφὴ γίνεται τῷ ἐπινήχεσθαι τῇ ὑγρότητι τοῦ γάλακτος, καὶ τὸ δίψος οὐ παρηγορεῖται.
275 Soranos, *Maladies des femmes* II, 48 : Δεῖ δὲ μηδενὸς τὸ νήπιον ἀποξενοῦν μήτε οἰνοποσίας μήτε ὑδροποσίας μήτε ψυχροποσίας μήτε θερμοποσίας μήτε ἀλείμματος, καλὸν γὰρ εὐθὺς ἐξ ἀρχῆς ἔθος πρὸς τὰ ὠφέλιμα ποιεῖν.
276 Galien, *Hygiène* I, 11 (K VI 49-50).
277 Galien selon Oribase, *Livres incertains* 17 (Dar III 142).
278 *Ibid.*

La nourriture des petits dieux : lait d'animaux et miel

Peu mentionné par les traités médicaux comme faisant partie du régime de l'enfant, le lait d'animaux est un produit de second choix, auquel on recourt en l'absence d'une nourrice, durant les premiers jours de vie de l'enfant[279]. Il s'agit alors de lait de chèvre ou d'ânesse. Le lait est alors administré en doses infimes et ajouté à du miel. Par ses propriétés purgatives, le miel remplace le *colostrum*, connu pour favoriser l'expulsion du méconium[280]. À part quelques mentions chez Soranos, le lait apparaît très rarement comme boisson de l'enfant. Le mythe de l'enfant Zeus allaité par la chèvre Amalthée et nourrit par le miel des abeilles semble dès lors combler ce manque mais reflèt-t-il la réalité sur cette première nourriture de l'enfant ? L'abandon du nouveau-né évoqué par le mythe, fait-il allusion aux dangers de la période qui suit immédiatement la naissance[281] ? Les pratiques postpartum pourraient le laisser croire. Outre au début de la vie, le lait apparaît dans les bouillies de céréales, lorsque le sevrage a débuté[282]. Celles-ci ne constituent pas la nourriture du jeune enfant uniquement puisqu'elles sont évoquées pour sa nourrice et, de manière plus générale, parmi les aliments chez Galien. Mais, comme nous l'avons vu, par les propriétés humides, diurétiques et astringentes, qui lui sont reconnues, le lait tous types confondus, fait d'abord partie des médicaments. Il faut donc en déduire qu'il n'est alors pas approprié de le donner en tant que « nourriture » à des enfants. Passé les deux ou trois jours de diète ayant suivi la naissance, seul le lait d'une nourrice humaine semble avoir réellement eu la faveur des anciens pour alimenter les jeunes enfants. Il n'est toutefois pas exclu que les gens de la campagne aient eu recours à du lait pris directement du pis d'animaux de la ferme, chèvre, ânesse, comme cela est suggéré par Galien pour soigner des malades. Le large bestiaire d'animaux allaitants, rencontré dans la mythologie, est-il une façon de rendre compte du recours à des types de lait singuliers, lors de conditions elles aussi singulières ?

Si tel est le cas, le mythe se révèlerait être plus un moyen de justifier des solutions exceptionnelles que de mettre en évidence une réalité qui n'apparaît nulle part ailleurs.

Mettre fin à l'allaitement au sein

Cette dernière étape dépend en premier lieu de la constitution et de la santé du nourrisson. Des paramètres saisonniers sont aussi pris en compte. Alors que Rufus préfère l'équinoxe d'automne ou le coucher des Pléiades parce que « cette saison est suivie de l'hiver, pendant laquelle la digestion est la plus vigoureuse », Soranos lui préfère le printemps, saison douce et plus saine que les autres :

> L'automne, en effet, est une mauvaise saison pour le sevrage, parce que le corps tout entier y est sensible aux maladies à cause de l'irrégularité de l'air ambiant, et qu'il faut

---

279   Soranos, *Maladies des femmes* II, 18.
280   Oribase, *Livres incertains* 20, 8 (Dar III 156).
281   Dix jours, voir Dasen 2015a, p. 181.
282   Soranos, *Maladies des femmes* II, 46.

éviter à l'enfant des changements d'habitudes qui surprennent désagréablement la sensibilité[283].

Une fois sevré, le petit enfant est plus libre de ses mouvements comme le démontre le texte d'Oribase, d'après Athénée. Mais toute liberté a ses contraintes. D'après Athénée, le danger que court alors l'enfant est celui de recevoir une nourriture trop abondante et trop riche. Le médecin estime que ce manque de tempérance pervertit la nutrition de l'enfant et empêche sa croissance. Il va plus loin, en démontrant que ces enfants souffrent ensuite d'ulcérations et d'inflammations des intestins, de diarrhées et d'indigestions qui conduisent à des maladies graves[284]. Passé le cap d'une nourriture « prédigérée » par la nourrice, l'enfant est alors directement tributaire de la qualité et des quantités de nourriture qu'il prend. Nous verrons plus loin que les craintes des médecins sont le reflet d'une réalité que les analyses paléopathologiques et isotopiques permettent de mettre en évidence.

Soigner le corps de l'enfant…

…par le biais de sa nourrice

Lié à sa nourrice, le nourrisson reçoit, lorsqu'il est encore allaité, une médication par le biais de son sein. Soranos énonce la différence entre l'enfant au sein et l'enfant sevré. Le premier profite d'un régime imposé à la nourrice en fonction de la pathologie du nourrisson. Ce traitement administré au travers du corps de la nourrice intervient dans le cas d'éruptions cutanées et de diarrhées, voire de constipation :

> Si l'enfant est au sein, nous mettons la nourrice à un régime correspondant à la maladie du nourrisson, et lui défendons les bains, en lui prescrivant de boire de l'eau et d'avoir une nourriture astringente : en effet la qualité de cette dernière se transporte vers le haut du corps, si bien que le nourrisson en ressent mieux les effets[285].

Le médecin précise que le traitement n'affecte pas la nourrice, ce qu'il le démontre avec deux exemples tirés du monde animal :

> Les truies qui ont mangé l'ivraie font naître des vertiges chez les petits qu'elles allaitent sans y être elles-mêmes sujettes ; des chèvres qui ont brouté de la scammonée purgent les chevreaux qu'elles nourrissent sans être elles-mêmes relâchées[286].

---

283 SORANOS, *Maladies des femmes* II, 48 : Ἄριστος δὲ καιρὸς ἀπογαλακτισμοῦ τὸ ἔαρ, ὑγιεινότερον <ὂν> δι' εὐκρασίαν τοῦ περιέχοντος. Φαῦλος γὰρ ὁ κατὰ φθινόπωρον· τότε γὰρ διὰ τὴν ἀνωμαλίαν τοῦ περιέχοντος ἐπινόσως διακειμένου τοῦ παντὸς σώματος φυλάσσεσθαι [δὲ] δεῖ τὰς τῶν ἐθῶν μεταβολάς, ἐχούσας τι δυσάρεστον ἐκ τῆς ξενοπαθείας.
284 ATHÉNÉE, dans ORIBASE, *Livres incertains* 21 (Dar III 162).
285 SORANOS, *Maladies des femmes* II, 56 : Μαστὸν δὲ λαμβάνοντος αὐτοῦ τὴν τροφὸν διαιτῶμεν τῷ περὶ τὸ βρέφος πάθει καταλλήλως ἀλουτεῖν κελεύοντες καὶ ὑδροποτεῖν καὶ τροφὰς λαμβάνειν σταλτικάς· συναναφέρεται γὰρ αὐτῶν ἡ ποιότης, ὥστε τὸ νήπιον εἰς συναίσθησιν αὐτῆς μᾶλλον ἔρχεσθαι.
286 SORANOS, *Maladies des femmes* II, 56 : Καθὼς γὰρ αἱ σύες αἴρας φαγοῦσαισκοτοῦσι τοὺς ὑπ' αὐτῶν τρεφομένους γαλαθηνοὺς αὐταὶ μὴ σκοτοῦ σκοτοῦσι τοὺς ὑπ'αὐτῶν τρεφομένους γαλαθηνοὺς αὐταὶ μὴ σκοτούμεναι καὶ ὡς τῶν αἰγῶν σκαμωνίαν νεμηθεισῶν οἱ ὑπ' αὐτῶν τρεφόμενοι ἔριφοι καθαίρονται τὴν κοιλίαν καίτοι τῶν αἰγῶν μὴ ῥευματισθεισῶν, οὕτω διὰ τὴν προσφορὰν τῶν σταλτικῶν σιτίων ἧττον μὲν ἡ τροφὸς ἀντιλαμβάνεται τῆς σφίγξεως, μᾶλλον δὲ τὸ βρέφος τῷ ἐξ αὐτῆς γάλακτι τρεφόμενον.

Le traitement de l'enfant est complété par des « emplâtres, cataplasmes, et enveloppements humides [...] en rapport avec son état[287] ».

À la fin du chapitre sur le sevrage, le médecin d'Éphèse conseille de remettre l'enfant sevré au sein, s'il venait à tomber malade :

> Au cas où l'enfant sevré tomberait malade, il faudrait le remettre au lait : c'est seulement après la fin de la maladie, lorsque son petit corps aura repris, qu'on le sèvrera[288].

Pour l'enfant en face de sevrage, Mnésithée préconise de varier le type de céréales cuit en bouillies en fonction de l'état de ses selles. S'il souffre de relâchement du ventre, le petit millet est préférable, si au contraire, il souffre de constipation, du miel pourra être ajouté et cuit avec[289]. En cas de non disparition des symptômes lors de resserrement, de la résine de térébinthe peut être ajoutée à raison d'une mesure égale à la taille d'un poix chiche. Le rhume de cerveau et la toux sont soignés par des bains chauds et par de grandes quantités de miel données à manger. Dans le but d'expulser l'excès de flegme induisant la maladie, il convient de délicatement comprimer la langue du nourrisson pour le faire vomir[290].

Bains et massages

Les bains chauds étaient considérés chez les médecins hippocratiques comme nourrissants et favorisant la croissance. Le médecin *Du régime salutaire* n'hésite dès lors pas à les compléter par la prise de vin, tous deux ayant une influence sur l'embonpoint et la couleur des enfants en bas-âge[291]. Le médecin hippocratique de ce traité croyait en outre que cette association avait une incidence positive sur le risque de convulsions. Nécessaire à l'hygiène de l'enfant, comme cela ressort bien chez Galien qui rapporte les pleurs incessants d'un enfant laissé par sa nourrice dans des langes sales, les effets d'un bain chaud sur la croissance de l'enfant sont moins accentués dans les traités de l'époque impériale. Malgré l'état de mollesse qu'il procure, Galien lui attribue, dans son commentaire au traité *Du régime salutaire*, une action bénéfique sur la croissance[292]. Le bain n'est toutefois plus le seul facteur favorisant la croissance du tout petit, il doit être associé à d'autres gestes.

L'appréciation du bain n'est pas la même chez tous les médecins de l'époque romaine. Il apparaît que c'est surtout sur leur température et leur nombre journalier que porte la mésentente. À la suite d'Aristote, certains médecins dont Soranos trouvent qu'il faut de l'eau froide pour rendre les enfants vigoureux. Pour Galien, elle ne doit jamais être froide, même pour les enfants de plus de quatorze ans, comme c'est l'habitude chez certains peuples du nord[293]. L'eau du bain ne doit pas être « extrêmement chaude » selon Mnésithée, mais tout de même « assez chaude » selon Rufus, en ce qui concerne

---

287 *Ibid.* II, 57 : Τοῖς δὲ ἐπιθέμασιν ἢ καταπλάσμασιν ἢ καταβροχαῖς ἐπὶ τοῦ νηπίου χρώμεθα καταλλήλως.
288 *Ibid.* II, 48 : Εἰ δὲ ἀπογαλακτισθὲν νόσῳ περιπέσοι, πάλιν αὐτὸ δεῖ μετάγειν ἐπὶ τὸ γάλα, καὶ μετὰ τὸ παύσασθαι τὴν νόσον καὶ ἀναλαβεῖν τὸ σωμάτιον, οὕτως ἀπογαλακτίζειν.
289 MNÉSITHÉE dans ORIBASE, *Livres incertains* 19 (Dar III 153-154).
290 *Ibid.*
291 HIPPOCRATE, *Du régime salutaire* 6 (L VI 80-83).
292 GALIEN prend un positionnement identique dans son traité *Nature de l'homme*. Voir BURGUIÈRE, GOUREVITCH et MALINAS, 1990, p. 1041.
293 GALIEN dans ORIBASE, *Livres incertains* 18 (Dar III 141).

les premiers bains. La perception du corps de l'enfant, qui va en se réchauffant pour ce médecin, va permettre d'augmenter la température du bain au fur et à mesure que son corps se développe[294]. Concernant la fréquence, Mnésithée d'Athènes conseille trois bains par jours durant la première année, le premier après l'exercice du matin, le second au milieu du jour, le troisième à la tombée de la nuit. Ce nombre est réduit à deux dès que l'enfant a atteint ses deux ans. Celui donné en milieu de journée est alors remplacé par une onction d'huile[295]. Soranos d'Éphèse a un avis opposé. Dès le début de son chapitre, le médecin d'Éphèse rend attentif à l'importance et aux dangers des bains qui, s'ils sont répétés trop fréquemment, pourraient ramollir à l'excès le corps du nouveau-né. Il n'est plus alors question d'un bain nourrissant mais plutôt sujet de produire de la langueur. Le médecin d'Éphèse semble alors faire allusion à Mnésithée, en évoquant l'habitude qu'ont certaines femmes de baigner l'enfant deux, voire trois fois par jour :

> [...] c'est pourtant là l'habitude de la majorité des femmes : elles baignent l'enfant trois fois de jour comme de nuit, et le douchent jusqu'à l'épuiser, heureuses de voir qu'après le bain la fatigue le fait tenir tranquille et l'endort[296].

Peu réactif, l'enfant est alors « sensible aux maladies, aux refroidissements et à toutes les atteintes : c'est principalement la tête et les organes sensoriels, qui sont par nature vulnérables chez le nouveau-né. Aussi faut-il le baigner de jour, jamais de nuit et pas deux ou trois fois, sauf lorsqu'il y a nécessité urgente, parce qu'il est beaucoup sali et que sa peau est irritée par des éruptions[297] ».

Le médecin d'Éphèse met d'ailleurs en garde contre la difficulté de donner le bain qui nécessite un apprentissage :

> Toutes les nourrices ne savent pas bien manier l'enfant dans le bain, du moins au commencement : voilà pourquoi on s'en rapporte aux sages-femmes pour l'accomplissement de cet office : il faut, en effet, porter et tenir l'enfant, lui ôter le maillot, fléchir ses articulations, lui remettre sa ceinture et le frotter comme une femme d'expérience ; or ces actes exigent beaucoup d'habileté et d'habitude. Voilà comment on doit s'y prendre : on étendra la main gauche au-dessous, en soutenant à la fois la tête et le cou, car l'enfant ne peut pas encore la diriger ; ensuite on se servira de l'autre main pour déshabiller l'enfant, et pour verser sur lui graduellement de l'eau, qui sera de plus en plus chaude[298].

---

294 Rufus dans Oribase, *Livres incertains* 20 (Dar III 160).
295 Mnésithée dans Oribase, *Livres incertains* 19 (Dar III 153-154).
296 Soranos, *Maladies des femmes* II, 30 : Ὅπερ αἱ πλεῖσται πράττουσιν γυναῖκες· τρὶς γὰρ αὐτὸ λούουσι δι' ἡμέρας καὶ νυκτὸς καὶ μέχρι τῆς ἐκλύσεως καταντῶσιν ἡδόμεναι τῷ μετὰ τὸ λουτρὸν αὐτὸ κεκοπωμένον ἡσυχάζειν τε καὶ κοιμᾶσθαι.
297 *Ibid.* : Ἄτονον γὰρ γίνεται τὸ σῶμα καὶ εὐπαθὲς καὶ εὐπερίψυκτον καὶ πρὸς πᾶσαν βλάβην εὐάλωτον, ἐξοχώτερον δὲ κεφαλὴν πέφυκεν ἀδικεῖσθαι καὶ τὰ περὶ τὰς αἰσθήσεις. Ὅθεν καὶ καθ' ἡμέραν μὲν αὐτὸ δεῖ λούειν, οὐδέποτε δὲ νυκτός, ἀλλ' οὐδὲ δὶς οὐδὲ τρίς, μόνον δὲ ὅταν ἐπείγῃ τι, μολυνόμενον ἐπὶ πλεῖον ἢ ἐξανθήμασιν τραχυνόμενον.
298 Rufus dans Oribase, *Livres incertains* 19 (Dar III, 154-155) : Οὐμὴν πᾶσα τιτθὴ δύναται καλῶς τά γε πρῶτα ἐν τῷ λουτρῷ παιδίον χειρίσαι· διὸ καὶ τοῦτο ταῖς μαιευτρίαις προστέτακται· καὶ γὰρ βαστάσαι δεῖ ἐμπείρως καὶ κρατῆσαι καὶ ἀποδῦσαι τὰ σπάργανα καὶ κάμψαι τὰ ἄρθρα καὶ περιζῶσαι καὶ ἀνατρῖψαι, ταῦτα δὲ πολλῆς εὐχειρίας

C'est alors à la sage-femme qu'incombe les premiers bains, ainsi que l'instruction de la nourrice. D'autres précisions sont apportées par les différents médecins. Soranos évoque une logistique qui n'est pas possible pour toutes les classes sociales :

> Il faut choisir une petite pièce moyennement chaude, y atténuer la lumière du jour[299].

La sage-femme s'assied ensuite et dépose sur ses genoux un linge de lin de préférence écru, qui lui permet d'accueillir l'enfant qu'elle a démaillotté. Elle passe ensuite sur son corps de l'huile d'olive tiédie. De l'eau chaude, afin de pouvoir être agréable au bébé, est alors versée raisonnablement. Il n'est pas fait allusion à une bassine pourtant nécessaire et présente dans l'iconographie. Une tierce personne, probablement une esclave, est chargée d'ajouter de l'eau chaude au fur et à mesure qu'elle se refroidit.

Rufus donne des précisions sur l'eau des premiers bains qui, jusqu'au septième jour, est enrichie de plantes. Il s'agit d'une véritable préparation puisque les plantes sont bouillies avec l'eau, ce qui nécessitera de la laisser refroidir avant de la verser progressivement sur l'enfant :

> Dans cette eau, on fera bouillir du myrte, du laurier et des jeunes pousses de lentisque, pour les premiers bains jusqu'au septième jour[300].

L'ethnographie offre des parallèles à cette pratique des premiers bains de l'enfant chargés de valeur symbolique. En effet, chez les Touaregs du Niger, les femmes ajoutent dans l'eau du bain les plantes de la forêt voisine, ce qui relie l'enfant au territoire du clan[301]. Il est toutefois difficile d'entrevoir dans le choix des plantes mentionnées par Rufus, une même volonté d'agrégation, car aucune précision n'est donnée sur l'endroit de récolte des plantes choisies. Les espèces choisies semblent véhiculer un autre discours qui semble davantage représentatif d'une volonté de rendre pur, peut-être même d'immortaliser le corps, puisque le myrte et le laurier participent aux rites à mystères et funéraires, alors que le lentisque pouvait prévenir les refroidissements et les infections. Myrte et laurier peuvent aussi être déposés sur le lit de l'enfant afin d'entretenir une odeur agréable[302]. Soranos évoque aussi un changement des pratiques qui a lieu après quelques jours. L'eau du bain ne doit plus être aussi chaude que précédemment mais tiède comme du lait (γαλακτώδους ὕδατος) afin de rendre l'enfant résistant aux refroidissements[303].

Les bains sont aussi l'occasion de former le corps de l'enfant, ce qui en fait des moments particuliers où la nourrice se voit confier une grande responsabilité. Rufus poursuit :

> Après avoir retourné l'enfant pour le placer sur le ventre, on soutiendra avec le pouce la pointe du menton ; car, de cette manière, on empêchera complètement la tête de

---

καὶ μελέτης δεῖται. Χρὴ δὲ ποιεῖν ὧδε· τὴν μὲν ἀριστερὰν χεῖρα ὑποτανύειν κάτωθεν ἐρείδουσαν ἅμα κεφαλήν τε καὶ αὐχένα (οὐ γάρ που αὐτῷ ἐγκρατές), ἔπειτα γυμνώσασαν τῇ ἑτέρᾳ ἐπιχεῖν τοῦ ὕδατος ἐκ προσαγωγῆς καὶ πλῆθος καὶ θερμότητα.

299 SORANOS, *Maladies des femmes* II, 31 : Δεῖ πρῶτον οἰκημάτιον ἐκλέγειν συμμέτρως θερμὸν καὶ τὴν αὐγὴν ἀποκλίνειν.
300 RUFUS dans ORIBASE, *Livres incertains* 20 (Dar 155) : Ἐν δὲ τῷ ὕδατι μυρρίναι τε ἡψήσθωσαν, καὶ δάφνη καὶ ἁπαλὴ σχῖνος τὰ πρῶτα εἰς ἑπτὰ ἡμέρας.
301 WALENTOWITZ 2003, p. 176 et 177.
302 SORANOS, *Maladies des femmes* II, 16.
303 SORANOS, *Maladies des femmes* II, 31.

baisser en avant. On fléchira chaque membre comme sa nature le comporte, les jambes en arrière et les bras en avant : de cette manière, on rendra les articulations promptes à se fléchir. On façonnera encore la tête, les bras et la mâchoire : car, si la puissance des spermes [mâle et femelle] a la plus grande part dans la beauté et la laideur, ces manipulations y sont aussi pour quelque chose[304].

La fin du bain donne lieu à une manipulation acrobatique qui a pour objectif de contrebalancer la place des humeurs, et d'agir sur les veines de la tête :

> La manœuvre qui consiste à sortir les enfants du bain et à les secouer en les prenant par les pieds, et en les tenant tête en bas, rend, ce me semble, les petites veines de cette région perméables, habitue les enfants à pouvoir se baisser, et imprime dans tous les sens une impulsion aux humeurs[305].

Ces gestes sont donc ceux des premiers bains « que la nourrice doit connaître » selon Rufus. Si les manipulations décrites comportent leur part de risques, cela semble peu de choses en comparaisons aux bains donnés plus tard à l'enfant. On aurait envie de dire « petits enfants, petits soucis ; grands enfants, grands soucis », car des lésions plus graves peuvent résulter de bains administrés, soit trop près de la prise de nourriture, soit après une nourriture trop abondante.

Plus tard, le traitement des enfants, eu égard aux bains, reste sujet à discussion : « pour cette raison ils deviennent source de lésions les plus graves, comme les convulsions, l'épilepsie, la torpeur, au cas où on aurait baigné les enfants avant l'accomplissement de la digestion, ou après les avoir bourrés récemment d'une grande quantité d'aliments[306] ».

Les réactions que peuvent produire les bains, ne sont autres que les maladies les plus redoutées et vraisemblablement les plus fréquentes pour cette classe d'âge. Rendant l'enfant plus malléable que ce que permet sa propre nature par l'action de la chaleur et de l'humidité, le bain comporte une part de risque qui semble placer momentanément l'enfant dans une zone liminale, nécessitant des gestes appropriés permettant le façonnage du corps mais aussi de l'esprit[307]. Toute déviance pourrait conduire à l'effet contraire en provoquant des terreurs et les maladies qui y sont associées dont l'épilepsie est la plus appréhendée.

Chez Rufus, l'étirement du corps semble avoir lieu alors que l'enfant est encore baigné. Soranos, qui est aussi adepte de la suspension par les pieds de l'enfant à la sortie du bain, a une opinion divergente sur ses effets résultant dans l'élongation de la colonne vertébrale

---

304   Rufus dans Oribase, *Livres incertains* 20 (Dar III, 155) : Ὅταν δ' ἐπὶ τὸ πρανὲς ἐπιστρέφηται, τὸν μέγαν δάκτυλον ὑπερείδειν ἄκρᾳ τῇ γένυϊ· Τῇδε γὰρ πάνυ πάλιν κωλύεται ἡ κεφαλὴ κατακύπτειν ἔμπροσθεν. κάμπτειν δ' ὡς ἕκαστον πέφυκε, πόδας μὲν εἰς τοὐπίσω, χεῖρας δ' ἔμπροσθεν· οὕτω γὰρ ποιήσεις τὰ ἄρθρα εὔστροφα. ῥυθμίζειν δὲ καὶ κεφαλὴν καὶ χεῖρας καὶ γένυν· παρέχει μὲν γὰρ τὸ πλεῖστον ἡ τῶν σπερμάτων δύναμις τὸ καλὸν καὶ τὸ αἰσχρόν, παρέχει δέ τι καὶ τὰ τοιάδε.
305   *Ibid.* : Ὅτι δ'ἐξαίρουσιν αὐτὰ ἐν τοῖς λουτροῖς καὶ διασείουσι καὶ ἐπὶ κεφαλὴν [ἔχουσιν ἢ καὶ μᾶλλον] τρέπουσι λαβόμενοι τοῖν ποδοῖν, δοκοῦσί μοι τά τε φλέβια τῇδε εὔροα ποιεῖν, καὶ [ἐκίζειν ἢ καὶ μᾶλλον] ἐθίζειν τὰς κατακύψεις φέρειν καὶ ῥοπὴν πάντη τοῖς χυμοῖς παρέχειν.
306   Rufus dans Oribase, *Livres incertains* 20 (Dar III, 155) : Διὸ καὶ βλάβαι τοῖς παιδίοις ἐντεῦθεν αἱ μέγισται γίνονται, σπασμοὶ καὶ ἐπιληψίαι καὶ νωθρότητες, ὅταν ἢ ἄπεπτα λούσῃ ἢ πολλῷ νεαρῷ ἐμπλήσασα.
307   Au sujet du premier bain et des étapes de la vie du nourrisson régies par les Parques, voir Dasen 2015a, 234 et suiv.

et des ligaments. L'enfant est alors remis sur les genoux de la sage-femme, il est essuyé avec le linge de lin dont on l'enveloppe avant que son corps soit oint d'un corps gras. Le petit est alors massé. C'est alors la nourrice qui prend la relève. Par ses mouvements, elle doit former le corps : d'abord les membres qui, par les massages, seront débarrassés d'éventuels restes de matière visqueuse qui se seraient introduits dans les articulations. La sage-femme – il semble qu'elle prend la relève de la nourrice – tord ensuite l'enfant dans tous les sens, elle aplatit les jarrets, la colonne vertébrale, creuse les reins puis la région des fesses « afin d'obtenir, en même temps que belle apparence et mobilité, une bonne jonction des vertèbres[308] ». Elle ébauche ensuite le crâne, le façonnant de manière à ce qu'il ne soit ni trop pointu en hauteur ni trop allongé. De l'huile est à nouveau appliquée à la fin du massage, parfois des instillations dans les yeux sont faites, mais pas tous les jours, pour éviter la formation d'ulcères. Une dernière étape du modelage de l'enfant a lieu avant l'emmaillotement. La sage-femme s'attarde alors sur le nez, lui donnant une forme agréable, elle veille aussi à ce que le sexe du petit garçon ait un prépuce de bonne longueur, sans quoi elle l'étend et le maintient en place avec un brin de laine. Les bourses sont aussi modelées et déposées sur un petit paquet de laine qui repose sur les cuisses. L'enfant est encore enduit d'une fine couche d'huile, parfois mélangée à du cérat étrusque, dont les propriétés sont d'adoucir, de réchauffer, de nourrir et de blanchir le corps, avant d'être emmailloté. Finalement, les oreilles et le nez de l'enfant sont vidés par l'aspiration de résidus qui auraient stagnés dans les conduits.

Bercer l'enfant

Soranos déconseille de bercer l'enfant repu de lait car cela pourrait l'amener à régurgiter « parce que le lait a une propension naturelle à être régurgité[309] ». Les enfants trop sujets aux vomissements pour avoir été trop remués « ont un corps flasque et sont sensibles aux maladies[310] ». Soranos fait ensuite la comparaison avec des chevreaux engraissés, qui sont placés dans des corbeilles suspendues. Ainsi balancés et gavés de lait, toutes les parties de ces jeunes animaux sont nourries de manière égale. Si l'enfant pleure, plutôt que de le balancer aussitôt après la tétée, le médecin d'Éphèse conseille la chose suivante :

> [...] la nourrice le prendra dans ses bras et calmera ses pleurs par quelques gazouillis, un babil et de douces paroles, jamais elle ne l'effraiera ou ne l'inquiètera par des bruits ou en prenant un ton menaçant ; la frayeur qui résulte de ces pratiques occasionne des maladies aussi bien physiques que mentales[311].

---

308 Soranos, *Maladies des femmes* II, 33, 2 : ἵνα ἡ μετὰ τοῦ εὐπρεποῦς καὶ ἡ μετ'εὐκινησίας τῶν σπονδύλων σύνθεσις ἀποτελεσθῇ.
309 Soranos, *Maladies des femmes* II, 40, 1 : Καὶ διὰ τὸ φύσει πως εὐεπιπόλαστον εἶναι τὸ γάλα.
310 Soranos, *Maladies des femmes* II, 40, 2 : Διὰ τοῦτο καὶ τὰ οὕτω τρεφόμενα πλαδαρὸν ποιεῖ τὸ σῶμα καὶ πρὸς τὰς νόσους εὐεπηρέαστον.
311 *Ibid.* II, 40 : Εἰ δὲ ἐπιμόνως κλάοι τὸ βρέφος ἀπὸ τῆς γαλακτοποσίας, ἐν ταῖς ἀγκάλαις αὐτὸ διακρατείτω ἐρεθισμοῖς τισιν καὶ ψελλίσμασιν καὶ φωναῖς προσηνέσιν παρηγοροῦσα τὸν κλαυθμόν, μήτε δὲ ἐκφοβοῦσα μήτ'ἐπιταράττουσα ψόφοις τισὶν ἢ ἄλλαις ἀπειλαῖς· ἡ γὰρ ἀπὸ τῶν τοιούτων ἔκπληξις αἰτία παθῶν γίνεται ποτὲ μὲν σωματικῶν, ποτὲ δὲ ψυχικῶν.

Les bercements ont donc leur place après la digestion ou avant la tétée. L'avancée en âge de l'enfant permettra qu'il soit balancé par divers moyens, après le berceau en voiturette. Au bout de quatre mois, il pourra être porté par sa nourrice et promené à pied ou en cariolle. Pour finir, Soranos déconseille encore de porter l'enfant sur les épaules et de le secouer en raison du danger couru par ses testicules, qui risquent de remonter et d'en faire des eunuques ou un cryptorchide[312]. Le cas de la petite fille semble élidé par le médecin, qui n'évoque pas même des différences dans l'emmaillotage, ce qui se faisait pourtant[313].

---

[312] Dictionnaire LAROUSSE, *s.u.* « cryptoride », individu dont les testicules ne sont pas descendus dans le scrotum.
[313] DASEN 2014b, p. 1 ; au sujet de l'emmaillotage voir COULON 2004, p. 43-47.

4. Valoriser l'allaitement et les soins

Des pratiques sociales à la propagande

Mère, nourrice et sage-femme

Employé pour favoriser les croisements interspécifiques entre juments et ânes, l'allaitement permet aux éleveurs de faire profiter, dans un esprit sélectionniste, les petits les plus prometteurs du lait de la meilleure nourrice[1]. L'alimentation du petit humain s'inscrit dans un même schéma de pensées, influencé par des normes politico-sociales et l'appât du gain. La forte demande d'esclaves de l'Empire permet en effet de s'enrichir en exploitant la fécondité des esclaves et les enfants rejetés, grâce au recours aisé à des nourrices. Dès lors, Keith Bradley n'hésite pas à parler de *slave-breeding*, « élevage d'esclave ». Des paramètres différents sont en jeu en ce qui concerne la mise en nourrice des rejetons de la haute société. K. Bradley évoque quatre raisons possibles : un certain snobisme – il est mal vu de travailler –, la fréquence des femmes mortes en couche, les douleurs causées par l'allaitement, une certaine indifférence envers les enfants due à une mortalité infantile élevée. Revue depuis une dizaine d'années, notamment par V. Dasen, cette dernière question nécessite de considérer des sources antiques, qui vont au-delà des traités médicaux[2]. Ces derniers permettent pourtant déjà de mettre en évidence la volonté des médecins de composer avec les dictats de la société et démontrent des préoccupations légitimes envers la santé de la mère et de l'enfant. Devant la difficulté de soigner la complexion particulière de ce dernier, ils se voient forcés de prévenir la maladie, d'où la nécessité d'agir en premier lieu sur la nourrice, sa nourriture et son hygiène de vie.

En explorant les motivations de celles à qui le choix était laissé d'allaiter ou non, nous tenterons de faire le point sur les propositions faites par K. Bradley. Les sources à notre disposition sont, comme pour l'époque grecque, des textes rédigés par des hommes, les érudits de l'époque romaine, philosophes, moralistes et médecins. Il faut ajouter l'épigraphie, les contrats de nourrices, la correspondance retrouvée grâce au climat favorable d'Égypte et finalement les données permises par les avancées de l'anthropologie funéraire. Étroitement liées à l'archéologie, ces dernières vont être traitées sous la deuxième partie.

La tâche d'allaiter étant confiée la plupart du temps à une nourrice, nous nous concentrons ici sur ce personnage dont le statut social est « marginal », plus proche de l'enfant que de l'ensemble des citoyens, et sur lequel nous reviendrons. Qui est la nourrice ? D'où vient-elle ? Quel est son rôle et sa place, dans la vie de l'enfant et parfois au sein de sa famille ? Qu'est-il requis de sa personne ? À quelles conditions d'engagement est-elle soumise ?

---

[1] Par exemple chez Columelle, certains agneaux sont allaités par leur mère et une autre brebis dont le petit a été mené chez le boucher quelques jours après sa naissance. Ce « double nourrissage » les fera grandir plus vite. COLUMELLE, *De l'agriculture* VII, 4.
[2] DASEN 2015a, p. 274.

Les médecins lui adressent-ils directement leurs recommandations, ou passent-ils par les parents ou par d'autres responsables de l'enfant ?

Sous l'en-tête mère ou nourrice, nous allons aussi approcher le personnage de la mère, et allons terminer par une incursion parmi les femmes qui administrent des soins à l'enfant : nourrice, *obstetrix*, sage-femme… qui sont-elles et comment se définissent les rôles de chacune d'entre elles ?

Cette recherche est motivée par les représentations iconographiques, surtout les scènes des sarcophages dites *curriculum vitae*, où plusieurs femmes entourent l'enfant. Ces scènes se limitent à trois variantes, qui comprennent l'allaitement, le bain et l'examen du nouveau-né.

La nourrice en Grèce

En grec ancien, la « nourrice » est désignée par les termes *tithênê* et *trophos*. Tous deux évoquent l'action de nourrir. *Tithênê* se rapproche du verbe *tithêneomai* qui veut dire « allaiter, donner le sein » mais qui a pris le sens de « soigner, élever un enfant », alors que *trophos* dérive de *trepho* dont le sens est de « favoriser la croissance » et usuellement, de « nourrir » (un enfant, quelqu'un ou un animal) et de « choyer, chérir ». Dans le monde grec, tel que cela apparaît au travers de l'épopée et des traités médicaux, l'allaitement maternel est privilégié. Il est la norme, même dans la haute société. Il n'est ainsi pas rare de constater que des mères nobles allaitent des enfants de moindre rang, les enfants bâtards de leur propre mari ou ceux d'une parente décédée[3]. Les différents exemples montrent que la mise en nourrice relève de la nécessité et permet, par un lait de statut supérieur, d'élever le statut des plus démunis, afin de les agréger à une famille. Ce cas de figure ressort aussi de récits mythologiques, dont celui tant illustré par les Étrusques : Héraclès agrégé à l'Olympe après avoir tété le sein d'Héra[4]. Les nourrices animales y ont aussi une influence qui n'est pas moindre, bien qu'elles n'interviennent généralement que pendant un laps de temps très court, sur la vie d'un enfant. Comme l'ont montré Maurizio Bettini et Francesca Prescendi, ces allaitements miraculeux annoncent un destin hors-norme du jeune enfant[5].

En Grèce ancienne, des nourrices de statut servile existent aussi. Les textes en évoquent plusieurs, dont Euryclée, nourrice d'Ulysse, qui est la seule à reconnaître le héros à son retour sur l'île d'Ithaque. L'identification est rendue possible grâce à une cicatrice que le héros avait depuis l'enfance. Elle démontre l'intimité physique entre la nourrice et l'enfant. Ces nourrices qui restent auprès de la famille, accompagnant l'enfant, l'adolescent puis l'adulte, allaitaient-elles parfois, en complément de la mère ? Voire à sa place dans certaines circonstances (décès, incapacité, choix) ? Les rares représentations de l'allaitement dans le monde grec permettent de faire quelques déductions à ce sujet. Par exemple, un vase du Ve siècle avant J.-C. montre l'allaitement d'Oreste par sa nourrice Arsinoë. Pendant ce temps, la mère de l'enfant est occupée à se coiffer. Cet arrêt sur image accuse, selon toute

---

[3] La reine Jocaste allaite son neveu Ménécée dans EURIPIDE, *Phéniciennes*, 986-988, 1603 ; Andromaque, femme d'Hector allaite les enfants bâtards de ce dernier dans EURIPIDE, *Andromaque* 222-225 et EURIPIDE, *Troyennes*, 757.
[4] Voir PIRENNE-DELFORGE 2011, p. 693.
[5] BETTINI et BORGHINI 1979 ; PRESCENDI 2017, p. 46.

vraisemblance, la mère (de coquetterie, mais pas seulement) puisqu'il se place avant le matricide à venir.

D'autres représentations mettent en scène les nourrices. Elles apparaissent sur des vases à partir de 550 avant J.-C. Deux types existent alors : l'un est celui d'une jeune femme, l'autre d'une femme âgée. Aucun des deux types n'allaite jamais un enfant. Dans un premier temps, la jeune nourrice figure avec un enfant qu'elle porte sur l'épaule, surtout dans les représentations de départs de guerriers. Quant à la vieille nourrice, elle accompagne un adulte, jamais un enfant. De la fin du VIe siècle à 460 avant J.-C. environ, les deux types se succèdent et finissent par coexister sur des monuments funéraires vers 400 avant J.-C. Les nourrices âgées sont alors parfois aussi accompagnées d'un enfant. Onze dédicaces funéraires à la mémoire de nourrices par leurs protégés datent de cette époque. Apparaissent aussi des statuettes en terre cuite représentant uniquement le type de la vieille nourrice. Un enfant les accompagne. Il est parfois juché sur leur épaule comme à l'époque archaïque, parfois debout à leur côté ou dans leurs bras. La figure de la vieille femme semble s'être alors imposée dans l'imaginaire collectif comme la nourrice idéale, garante de l'*eutrophia*, la nourriture nécessaire au développement de l'enfant, au même titre que les démons ventrus, satyres et silènes[6].

La nourrice sous l'Empire romain

Le latin *nutrix* désigne la nourrice. Ce terme comporte la même dualité qu'en grec : évoquant la nourrice allaitante d'un côté, la nourrice sèche de l'autre. Le rôle de cette dernière, parfois désignée par l'expression *assa nutrix*, comprend l'éducation, la protection et l'accompagnement de l'enfant, souvent au-delà du mariage. L'inscription réalisée pour une *auia nutrix*, expression traduite par « grand-mère nourrice », s'inscrit dans cette idée de figure accompagnant l'enfant au travers des différents stades de sa vie[7]. Il n'est toutefois pas exclu que cette grand-mère ait encore allaité un enfant. Aristote mentionnait en effet la possibilité qu'une femme âgée puisse allaiter : « En dehors de la grossesse, avec certains aliments, il s'en forme un petit peu [de lait] : néanmoins il continue d'en venir même à des femmes déjà âgées quand elles sont tétées, et chez certaines en quantité suffisante pour nourrir un enfant », ce que l'ethnologie confirme[8]. Par exemple, au sein du matriarcat Touareg, c'est à la mère de l'accouchée, que revient d'abord le rôle d'allaiter l'enfant, en cas de décès ou d'impossibilité de cette dernière[9].

Mère ou nourrice ?

Dans le monde romain, le recours à une nourrice, s'impose vraisemblablement au IIe siècle av. J.-C. (époque tardo-républicaine) au sein de l'Élite sénatoriale, comme le démontrent les nombreuses stèles funéraires réalisées à la mémoire de nourrices à cette

---

6 BIRCHLER EMERY 2010, p. 760.
7 *CIL* V 3710 (Postumia Paulina) ; DASEN 2015a, p. 250 ; BRADLEY 1991, p. 15, n° 2.
8 ARISTOTE, *HA* III, 20, 522 a : Μὴ ἐγκύοις δ' οὔσαις ὀλίγον μὲν ἀπ' ἐδεσμάτων τινῶν, οὐ μὴν ἀλλὰ καὶ βδαλλομέναις ἤδη πρεσβυτέραις προῆλθε, καὶ τοσοῦτον ἤδη τισὶν ὥστ' ἐκτιτθεῦσαι παιδίον.
9 WALENTOWITZ 2003, p. 116. Il y a une question de lignée dans ce choix. « Le lait est considéré comme une substance bisexuée » dit l'anthropologue.

époque[10]. Offrir ses enfants au sein d'une autre est déjà une question de valeurs que la femme de Caton ne partage pas. Le médecin d'époque hellénistique Mnésithée de Cyzique préfère les mères aux nourrices ou, en cas d'impossibilité, une proche, une parente ou une femme qui ressemble à la mère[11]. Près de deux siècles plus tard, le philosophe moraliste Plutarque tient un discours qui valorise encore l'allaitement par la mère. Dans sa lettre *Consolation à sa femme*, il loue cette dernière pour la fermeté dont elle a fait preuve, à trois reprises, face au deuil de ses propres enfants. C'est au sujet de Charon, leur second de quatre fils qu'il évoque son abnégation :

> Et pourtant, tu avais nourri cet enfant de ton propre lait, et tu avais subi une incision au sein à la suite d'une contusion. Voilà qui prouve la fermeté et le dévouement[12].

Contemporain de Plutarque, le médecin Soranos d'Éphèse se montre plus prudent quant au choix entre mère ou nourrice. Est-ce pour ne pas froisser la haute société, partie majoritaire de sa clientèle ? Ou pour des questions de santé, tant du nourrisson que de la mère, comme il l'évoque ?

> Mais si quelque empêchement se produit, il faut choisir la meilleure nourrice possible, pour éviter à la mère de vieillir avant l'âge à force de s'user un peu chaque jour à allaiter : la terre ensemencée qui donne ses fruits s'affaiblit, et en reste stérile pour un temps ; de la même manière quand une femme nourrit son enfant, ou bien elle vieillit prématurément parce qu'elle fournit une ration supplémentaire, ou bien ce qu'elle dépense à la nourriture de son enfant empêche son propre corps de se nourrir[13].

Par une comparaison avec le monde végétal – les légumes cultivés dans une terre sont ensuite transplantés dans une autre pour parfaire leur croissance – Soranos prouve les bienfaits que l'enfant peut retirer d'être nourri du lait d'une nourrice : « dans les cas du moins où quelque faiblesse de constitution empêche celle qui l'a enfanté de lui fournir sa nourriture[14] ». Mis au monde par une femme et allaité par une autre, il sera alors plus robuste[15].

Ces paroles du médecin démontrent que, qualitativement, le lait de la nourrice vaut celui de la mère. Il le surpasse même si cette dernière a une santé fragile. Le lait de la mère représente toutefois un idéal puisque son lait est adapté à son enfant, comme son tempérament. Il est intéressant de relever la notion de nature qui revient à plusieurs reprises dans ces passages. Par exemple, Soranos et Galien considèrent comme « naturel » que l'enfant reçoive la même nourriture dans le ventre de sa mère qu'une fois qu'il en est sorti[16].

---

10 Dasen 2015a, p. 250 ; Bradley 1986, 1991.
11 Mnésithée de Cyzique selon Oribase, *Livres incertains* 15 (Dar III, 130).
12 Plutarque, *Consolation à sa femme* V, [*Moralia*] 609E : Καίτοι τῷ σεαυτῆς ἐκεῖνον ἐξέθρεψας μαστῷ καὶ τομῆς ἠνέσχου τῆς θηλῆς περίθλασιν λαβούσης· γενναῖα γὰρ ταῦτα καὶ φιλόστοργα.
13 Soranos, *Maladies des femmes* II, 7 : Κωλύοντος δέ τινος τὴν ἀρίστην ἐκλέγειν τιτθήν, ὥστε μηδὲ τὴν μητέρα προγηρᾶσαι διὰ τῆς ἐκμυζήσεως καθ'ἡμέραν δαπανωμένην. Ὡς γὰρ <ἡ γῆ> μετὰ τὴν σπορὰν ἀποδοῦσα τοὺς καρποὺς ἀτονεῖ καὶ διὰ τοῦτο πρὸς τὸ ἐπὶ πλεῖον ἄκαρπος γίνεται, κατὰ τὸν αὐτὸν τρόπον καὶ γυνὴ τρέφουσα τὸ ἀποτεχθέν, εἴτε καὶ προγηράσκει μίαν προσφερομένη τροφήν.
14 *Ibid.* II, 18 : Τρεφόμενον δὲ ὑπ' ἄλλης, ἐὰν ἡ τεκνώσασα διά τι πάθος ἐμποδίζηται τὴν τροφὴν ἐπιχορηγεῖν.
15 *Ibid.* II, 19.
16 *Ibid.* II, 18.

D'autres témoignages sur la question de l'allaitement par la mère ou la nourrice nous sont parvenus. Ils démontrent que le choix dépend vraisemblablement de critères qui vont au-delà de la physiologie de la mère et de contraintes d'ordre médical. Une lettre d'Égypte romaine, datée du IIIe siècle apr. J.-C., montre que les parents d'une jeune mère ont eu leur mot à dire à propos de l'allaitement de leur petit-fils. On ne peut s'empêcher d'y voir un parallèle aux pressions familiales exercées sur la jeune mère dépeinte dans l'Émile de Jean-Jacques Rousseau[17]. S'adressant à leur gendre, l'un des deux parents d'Égypte écrit :

> […] j'ai appris que tu la contrains à allaiter ; si tu le veux bien, le bébé aura une nourrice, car je ne permets pas à ma fille d'allaiter[18].

Cette prise de position, qui ne laisse au gendre que peu de possibilités de protester, suggère d'importantes pressions sociales. Il était vraisemblablement mal vu dans les milieux grecs d'Égypte, d'allaiter lorsque l'on faisait partie de la haute société, faute de porter préjudice à sa famille. Pour l'Antiquité tardive, six lettres, datées entre le IVe siècle et le VIIe siècle, montrent que, dans la plupart des cas (à quatre reprises), la nourrice s'occupe de l'enfant d'une famille riche. Dans un cas, il s'agit d'une famille pauvre forcée à allaiter un enfant dont la mère est morte en couche[19]. Dans la dernière lettre, il est fait mention d'une mère qui allaite son propre enfant, non sans se plaindre d'asservissement[20]. La pression sociale de l'allaitement par une nourrice semble avoir eu également de l'influence sur les classes moins fortunées. Des soixante-neuf épitaphes recensées pour la ville de Rome, dix mentionnent un nourrisson de statut servile, démontrant que des enfants d'esclaves ont bénéficié d'une nourrice[21]. Cette dernière est, dans quinze cas, elle-même une esclave. Elle est vraisemblablement affranchie dans vingt-huit cas et née libre dans dix-huit cas[22]. Dans deux cas seulement, les enfants d'esclaves sont associés à une nourrice de statut servile, alors que dans quatre cas, elle est née libre. Cela démontre qu'à cette époque, le travail de nourrice n'était pas confié uniquement aux femmes de statut servile et que des femmes libres pouvaient être intéressées à remplir cette tâche pour des raisons financières.

Un dernier témoignage montre la divergence des opinions portant sur le choix d'un allaitement par la mère ou la nourrice. Il provient du moralisateur Favorinus d'Arles (I-IIe siècle). Alors que la femme d'un de ses élèves a accouché d'un garçon, ce dernier se rend au domicile pour « voir l'accouchée et féliciter le père ». La femme étant en train de dormir, Favorinus se met à parler avec véhémence avec le père de l'enfant et la mère de l'accouchée. Il conclut : « Aucun doute, elle va nourrir son fils de son propre lait[23] ». La mère de la jeune femme répond alors que pour la ménager, ils allaient recourir à des

---

17 Voir par exemple Rousseau 1962, p. 16.
18 P. Lond. 951 Wilken, Chrestomathie, 483 (trad. Beaucamp 1982, p. 549), voir aussi Bagnall et Cribore 2006, p. 265-266.
19 P. Lond. 1708.
20 Beaucamp 1982, p. 550. La femme vient de la ville d'Aphroditô. P. Cair Masp. 67312.
21 Bradley 1986, p. 203 ; Sparreboom 2014, p. 154-156 ; Dubois 2017.
22 Keith Bradley met toutefois en garde à propos du statut donné ici sur la base des inscriptions qui a été donné en suivant la méthode acceptée par les épigraphistes, mais qui comporte une marge d'erreurs. Bradley 1992, p. 202-203.
23 Aulu Gelle, Nuits attiques XII, 1, 10 : *Sed nihil interest ! […] dum alatur et uiuat, cuius id lacte fiat.*

nourrices. La réponse de Favorinus, véritable plaidoyer en faveur de l'allaitement maternel, ne se fait pas attendre :

> Je t'en prie, femme, permets-lui d'être totalement et entièrement mère de son fils. Car quelle est cette façon d'être mère, imparfaite et diminuée de moitié : avoir mis au monde et aussitôt avoir rejeté un enfant ? Avoir nourri dans son ventre un je ne sais quoi qu'elle ne voyait pas, et ne pas nourrir maintenant de son lait ce qu'elle voit, un être désormais vivant, désormais humain, implorant désormais les services de sa mère. Ou penses-tu toi aussi que la nature a donné aux femmes les mamelons des seins comme des verrues disgracieuses pour orner leur poitrine et non pour nourrir leurs enfants[24] ?

Favorinus va plus loin. Il compare les femmes qui n'allaitent pas « à des monstres, travaillant à dessécher et tarir cette source si sacrée du corps, nourrice du genre humain, encourant en plus un risque du fait du lait détourné et pourri […][25] ». Les motivations qu'il prête aux femmes sont liées à de la pure coquetterie, comparables à celles poussant à l'avortement : éviter un ventre ridé, le poids du bébé, la douleur de l'accouchement. Il s'insurge :

> Combien en est-il peu différent de priver un être déjà parfait, déjà mis au monde, déjà un fils, de la nourriture d'un sang qui lui appartient en propre, qui lui est habituel et bien connu[26].

Dans la suite de son récit, le moralisateur évoque encore le côté affectif, les sentiments naturels, et surtout les théories anciennes de la formation du lait :

> Ne pense-t-il pas qu'il n'importe en rien non plus dans le corps de qui et du sang de qui un être humain a été formé et assemblé ? Ou est-ce que, parce qu'il a blanchi sous l'abondance de l'air respiré et la chaleur, ce n'est pas le même sang maintenant dans les seins que naguère dans l'utérus ? L'habileté de la nature n'est-elle pas évidente en ceci encore : après que le sang créateur dans ses retraits a façonné l'ensemble du corps de l'homme, il se porte dans les parties supérieures le moment de l'accouchement approchant déjà, il se tient prêt à aider l'apprentissage de la vie et de la lumière et offre aux nouveau-nés un aliment connu et familier[27].

---

24   AULU GELLE, *Nuits attiques* XII, 1, 5-7 : « *Oro te* », inquit « *mulier, sine eam totam integram matrem esse filii sui. Quod est enim hoc contra naturam inperfectum atque dimidiatum matris genus peperisse ac statim a sese abiecisse ? aluisse in utero sanguine suo nescio quid, quod non uideret, non alere nunc suo lacte, quod uideat, iam uiuentem, iam hominem, iam matris officia inplorantem ? An tu quoque* » inquit « *putas naturam feminis mammarum ubera quasi quosdam uenustiores naeuulos non liberum alendorum, sed ornandi pectoris causa dedisse ?* ».
25   *Ibid.* XII, 1, 8 : *Sic enim, quod a uobis scilicet abest, pleraeque istae prodigiosae mulieres fontem illum sanctissimum corporis, generis humani educatorem, arefacere et exstinguere cum periculo quoque auersi corruptique lactis laborant, tamquam pulcritudinis sibi insignia deuenustet […].*
26   *Ibid.* XII, 1, 9 : *Quantulum hinc abest iam perfectum, iam genitum, iam filium proprii atque consueti atque cogniti sanguinis alimonia priuare ?*
27   *Ibid.* XII, I, 11 : *Si in capessendis naturae sensibus tam obsurduit, non id quoque nihil interesse putat, cuius in corpore cuiusque ex sanguine concretus homo et coalitus sit ? an quia spiritu multo et calore exalbuit, non idem sanguis est nunc in uberibus, qui in utero fuit ? nonne hac quoque in re sollertia naturae euidens est, quod, postquam sanguis ille opifex in penetralibus suis omne corpus hominis finxit, aduentante iam partus tempore in supernas se partis perfert, ad fouenda uitae atque lucis rudimenta praesto est et recens natis notum et familiarem uictum offert ?*

Pour Favorinus, le lait a, comme la semence, le pouvoir de créer les ressemblances du corps et de l'âme, ce qui appuie significativement le choix de la mère. De plus, par le lait maternel, c'est aussi une part du père qui est transmise :

> Ce lait imprégné dès le début par l'agrégation paternelle, donne ensuite sa forme à la personnalité toute neuve d'après le corps et l'âme de la mère aussi[28].

Selon les valeurs de Favorinus, donner le sein d'une autre à son enfant, c'est le corrompre, en le laissant s'imprégner des caractéristiques d'une femme de statut servile, issue d'une race barbare, peut-être laide, sans moralité et buveuse. C'est de plus rompre le lien avec l'apport paternel.

Bien choisir la nourrice

Le choix d'une bonne nourrice repose sur des critères établis par les médecins. Parmi eux, Soranos d'Éphèse fournit la liste la plus exhaustive, viennent ensuite Galien[29] et Oribase. Les premiers conseils de Soranos sont qu'elle doit avoir du lait depuis deux trois mois, ce qui se rapporte à une femme « capable » d'offrir son sein dès la naissance du nouveau-né[30]. L'avis de Mnésithée de Cyzique, rapporté par Oribase, est moins exigeant sur ce point, car quarante jours suffisent pour que son lait « soit dans les meilleures conditions »[31]. Il faut cependant que le dernier enfant de la nourrice ait le même âge et le même sexe que l'enfant qui lui est confié[32]. Selon Soranos, la nourrice doit être dans la tranche d'âge qui va de vingt à quarante ans. Galien restreint la tranche d'âge entre vingt-cinq et trente-cinq ans[33]. Mnésithée préfère les nourrices jeunes, sans transiger toutefois sur leur expérience. Elles ne doivent pas avoir plus de trente ans, même un ou deux ans de moins et avoir allaité plusieurs enfants[34].

Oribase explique qu'une femme trop âgée n'aura pas beaucoup de lait, en plus il ne sera pas bon. Au contraire, celui d'une femme trop jeune sera abondant mais moins digeste que celui d'une femme d'âge mûr[35].

La nourrice idéale est donc d'un âge moyen, en bonne santé et a un teint bien coloré[36]. En outre, la nourrice doit avoir une bonne condition physique, plutôt plantureuse que trop mince afin de pouvoir supporter ses tâches. Oribase rapporte encore les propos de Mnésithée d'Athènes (IVe siècle av. J.-C.) selon lesquels la poitrine et le sternum doivent être bien développés[37]. Ses seins sont l'objet d'un examen attentif : volume, souplesse, aspect de la peau, porosité sont soumis à observations[38].

---

28 *Ibid.* XII, I, 20 : *Quae iam a principio imbuta paterni seminis concretione ex matris etiam corpore et animo recentem indolem configurat.*
29 Dans son livre premier au chapitre 9 de l'*Hygiène*.
30 Soranos, *Maladies des femmes* II, 2, 20.
31 Rappelons-le les quarante premiers jours correspondent aux lochies.
32 Mnésithée de Cyzique selon Oribase, *Livres incertains* 15 (Dar III 130).
33 Galien, *Hygiène* I, 7.
34 Mnésithée de Cyzique dans Oribase, *Livres incertains* 13 (Dar III 130).
35 Oribase, *Livres incertains* 13, 2 (Dar III 120).
36 Soranos, *Maladies des femmes* II, 19.
37 *Ibid.* ; Oribase, *Livres incertains* III, 13 (Dar III 121, 3).
38 *Ibid.*

Soranos et Oribase attribuent aux grandes femmes un lait plus nourrissant. Quant au teint coloré, il est gage de vaisseaux suffisamment larges pour laisser passer un lait abondant. Il y a aussi toute une réflexion sur la « logistique » du lait qui conduit à la calibration des seins :

> Les mamelons ni trop gros ni trop petits, s'ils sont gros, ils compriment les gencives des enfants et empêchent leur langue d'aider à la déglutition ; s'ils sont petits, ils sont malaisés à saisir et le lait n'est avalé que par petites quantités, d'où pour les nourrissons une difficulté à téter qui leur occasionne souvent ce qu'on appelle des aphtes[39].

Les gros seins ont encore pour désavantage d'utiliser une partie du lait pour le développement de leur propre chair[40]. Si les mamelons sont eux aussi gros, l'enfant en aura les gencives comprimées et la déglutition entravée[41].

Pour Mnésithée de Cyzique, l'origine de la nourrice est importante : elle doit être thrace ou égyptienne ou leur ressembler. Ce qui est recherché par le médecin est surtout un physique idéal, comme on peut le comprendre des précisions qu'il apporte aussitôt comme une grande taille, une poitrine bien développée, les chairs d'une bonne nature, être belle à voir. Le médecin met aussi l'accent sur les capacités digestives de la nourrice, qui ne doit pas être sujette aux dérangements du ventre[42]. Soranos préfère une Grecque :

> Ce sera une Grecque, enfin, pour que le nourrisson s'habitue avec elle à la plus belle des langues[43].

Les contrats de nourrices

Le climat sec et chaud d'Égypte a permis une conservation exceptionnelle de documents privés ou officiels datés de la domination romaine (fin du Ier siècle av. J.-C.- au début du IVe siècle). Parmi eux, se trouvent trente-neuf documents faisant mention de contrats d'allaitement[44]. Ces derniers ont été rédigés dans l'arrière-pays égyptien et à Alexandrie. En raison du taux d'humidité élevé, la ville d'Alexandrie n'a toutefois pas livré de telles découvertes. Les sept textes provenant originellement de la cité sont alors connus par leur réemploi dans des cartonnages de momies ensevelies à Abousir-el-Melek, l'ancienne Bousiris (Nome Héracléopolite)[45]. Dix autres proviennent du Fayoum, deux de Ptolémaïs Euergétis, l'ancienne capitale administrative Arsinoé, deux de Tebtynis, six d'Oxyrhynchos, le reste de villages[46]. On compte aussi des renouvellements de contrats

---

39 SORANOS, *Maladies des femmes* II, 19 : τὰς δὲ θηλὰς μήτε μεγάλας μήτε μικράς· αἱ μεγάλαι μὲν <γὰρ> θλίβουσιν τὰ οὖλα καὶ τῇ καταπόσει κωλύουσι συνεργεῖν τὴν γλῶσσαν, αἱ μικραὶ δὲ δυσεπίληπτοι τυγχάνουσιν καὶ κατ' ὀλίγον <πέμπουσιν> ἐκροφοῦσιν τὸ γάλα, διὸ κακοπαθοῦντα τὰ βρέφη πρὸς τὰς ἐκμυζήσεις ταῖς λεγομέναις ἄφθαις ἔἰωθεν περιπίπτειν.
40 *Ibid.* II, 19, 44-45.
41 *Ibid.*
42 ORIBASE, *Livres incertains* III, 13 (Dar III 121, 3).
43 SORANOS, *Maladies des femmes* II, 19 : Ἑλληνίδα δέ, χάριν τοῦ τῇ καλλίστῃ διαλέκτῳ ἐθισθῆναι τὸ τρεφόμενον ὑπ' αὐτῆς.
44 LEGRAS 2010, p. 56.
45 Il s'agit de papiers issus du notariat alexandrin. LEGRAS 2010, p. 57.
46 LEGRAS 2010, p. 56-57.

et onze reçus de salaires, dont quatre provenant d'Alexandrie, un de Ptolémaïs Euergétis, un de Tebtynis[47], un d'un village du Fayoum, qui est peut-être Soknopaiou Nèsos, quatre d'Oxyrhynchos, plus un retrouvé en ce lieu mais provenant de la Grande Oasis[48]. L'analyse de ces documents fournit des informations exceptionnelles sur le statut des nourrices, la durée de l'allaitement, les contraintes qui leur sont imposées ainsi que sur l'enfant dont elles ont la charge.

Les termes utilisés originellement pour nommer ces documents sont *syngraphè trophitis* en grec, *sh n s'nh*, en démotique, ce qui peut être rendu littéralement par « contrat d'alimentation » ou « contrat de nourrissage » (*trophein* = nourrir), alors que le salaire de la nourrice se disait *tropheia*[49]. Il s'agit d'actes officiels, adressés à un haut fonctionnaire, l'archidicaste, ou directement au président du tribunal, pour ce qui est d'Alexandrie. La forme juridique se dit *synkhorèsis*, traduit par « accord ». Jusqu'au IIe siècle, les documents ont une forme équitable, selon une formule dite (*homologia*) « accord », dans lequel les deux parties se déclarent consentantes. Après cette date, ils prennent la forme d'une lettre, *chirographon*, « texte rédigé à la main », qui oblige la partie contractante, c'est à dire la nourrice[50].

Les nourrices représentées par ses documents sont en général des égyptiennes, parfois des gréco-égyptiennes, plus rarement des grecques ou des juives[51].

Pour être valide, le contrat doit mentionner un homme, qui fait office de tuteur de la nourrice : mari ou parent. Dans le cas où la nourrice est de statut servile, il s'agit du propriétaire. Trente et un documents précisent le statut juridique de l'enfant. Vingt-quatre sont des esclaves, dont douze issus du dépotoir où ils ont été abandonnés. Les enfants libres sont au nombre de sept. Il y a aussi des bâtards, fruits d'une union entre un riche propriétaire et son esclave[52]. Antonio Ricciardetto estime que la plupart des enfants de statut libre étaient généralement allaités par leur mère, ce dont nous doutons en raison de la prédominance des pratiques de mise en nourrice chez l'élite pour cette époque.

Les clauses de décès figurant dans certains contrats de nourrices – surtout ceux concernant des enfants esclaves – montrent d'ailleurs le peu d'intérêt porté à ces individus dont le statut est encore marginal. La mort de l'enfant entraine des répercussions qui touchent surtout la nourrice. Le contrat peut être résilié mais, dans la plupart des cas, l'enfant est remplacé par un autre que la nourrice allaite aux mêmes conditions. Selon les clauses, c'est à la nourrice qu'incombe de trouver un enfant de substitution qu'elle présentera au terme du contrat à son employeur. Une telle clause contractuelle est aussi manifeste dans les papyrus mentionnant les troupeaux. Le cheptel doit toujours comprendre le même nombre de tête de bétail[53]. En cas de rupture de contrat, la nourrice doit restituer

---

47 B. Legras précise que : « l'importance des trouvailles de Tebtynis s'explique par la découverte des registres des archives publiques (*grapheion*) de ce village. Datés des années 42 à 46 de n.è., sous l'empereur Claude », tout en soulignant la sous-représentation du nome Arsinoë, lieu qui a fournit des papyrus grecs d'époque romaine en grand nombre, et l'absence de document provenant de Haute Égypte. LEGRAS 2010, p. 56-57.
48 LEGRAS 2010, p. 56-57.
49 Sur l'usage du terme *trophé*, voir plus haut « La nourrice en Grèce ». LEGRAS 2010, p. 57.
50 LEGRAS 2010, p. 57.
51 RICCIARDETTO 2016, p. 74.
52 RICCIARDETTO 2016, p. 74.
53 HENGSTL 1978, p. 231-239.

l'argent qui lui a été versé. Cette clause, dite « d'immortalité », parle d'enfant *athanatos* (immortel) et apparaît surtout dans des contrats établissant un versement anticipé d'une grosse partie voire de la totalité des gages de la nourrice. Ce type de contrat pénalise de manière importante la nourrice qui peut se voir forcée de rembourser des sommes d'argent importantes. En cas de non-respect des clauses, des amendes nullement proportionnelles au salaire de la nourrice, puisqu'elles peuvent aller jusqu'à 500 drachmes en plus d'une compensation d'une fois et demi son salaire, peuvent être appliquées.

La durée des contrats de nourrices varie entre huit et trente-six mois. La norme se place toutefois entre dix-huit et vingt-quatre mois. Les contrats dont la durée est inférieure résultent d'impératifs, comme le manque de lait de la nourrice : le contrat a été rompu après huit mois ; ou la poursuite de l'allaitement que la mère ne peut plus dispenser en raison d'une maladie : le contrat est établi d'emblée pour dix mois. Au IIe siècle, les durées des contrats sont à la hausse. La norme se situe entre vingt-quatre et trente-six mois. Apparaît une division des tâches de la nourrice en deux étapes : la première est celle de l'allaitement[54]. Elle est fixée à dix-huit mois si le contrat est de vingt-quatre mois et de vingt-quatre mois, si le contrat est limité à trente-six mois. La seconde partie du contrat comprend l'après-sevrage, c'est à dire une période où la nourrice ne prodigue plus son lait à l'enfant. Durant cette deuxième phase, le salaire (*misthos*) de la nourrice diminue de moitié. À l'époque du règne d'Auguste (27 av. J.-C.-14 apr. J.-C.), une nourrice exerçant à Alexandrie gagnait entre 8 et 12 drachmes par mois (en moyenne 10 drachmes), dans l'arrière-pays le salaire était de 8 drachmes. Une diminution est aussi notoire durant les deux premiers siècles de notre ère puisque le salaire varie ensuite entre 3 et 7 drachmes[55]. Toutefois des nourrices engagées chez des familles aisées recevaient des gages qui pouvaient aller jusqu'à 20 drachmes et qui étaient parfois accompagnés de cadeaux. La rémunération était plus élevée si le statut de l'enfant était libre. Une lettre de caractère privé écrite au IIe siècle av. J.-C. est le témoin de telles partialités :

> Si tu acceptes de l'élever [l'enfant], tu recevras une rémunération plus importante, car il est de condition libre […], un [enfant] libre est une chose, un esclave en est une autre[56].

Le statut de la nourrice, son origine ou le sexe de l'enfant n'ont quant à eux aucune incidence sur la somme versée. Les salaires sont payés mensuellement, en général de main en main, parfois par l'entremise d'une banque. On peut se demander pourquoi, passé le stade du sevrage, l'enfant reste encore à la charge de sa nourrice, au lieu d'être rendu à ses parents ou à ses propriétaires. L'une des motivations pourrait être l'appréhension de voir l'enfant à peine sevré, tomber malade. La forte mortalité, survenue à ce moment particulier, est peut-être la raison qui a amené à prolonger les contrats et à l'adjonction de l'étape « sèche ». L'archéologie et les analyses isotopiques confirment en effet, en de nombreuses nécropoles, un nombre de décès accrus au moment du sevrage[57]. Probablement

---

54   LEGRAS 2010, p. 59 ; RICCIARDETTO 2016, p. 75.
55   Antonio Ricciardetto donne pour comparaison qu'un ouvrier employé pour des travaux d'irrigations gagne entre 16 à 20 drachmes, un scribe 20 drachmes et un percepteur d'impôts 32 drachmes. Il précise que le salaire de la nourrice est celui d'une apprentie (RICCIARDETTO 2016, p. 75).
56   RICCIARDETTO 2016, p. 75.
57   *Infra*.

conscient des risques encourus aux abords de cette étape, Soranos d'Éphèse conseille de remettre l'enfant au sein, s'il venait à tomber malade. En outre, il met en garde contre tout changement brutal, notamment en ce qui concerne la nourriture.

Une ration d'huile était souvent ajoutée ou intégrée aux gages perçus mensuellement par la nourrice. Lorsqu'elle est précisée, elle est d'un litre et demi par mois. Il s'agit généralement d'huile d'olive et de radis noir, toutes deux communément employées en Égypte romaine. Comme le souligne A. Ricciardetto, l'usage de ces huiles n'étant pas précisé, il est fort probable qu'elles aient servi au bébé, comme l'évoque Soranos[58] : pour le masser ou peut-être pour le soigner des maux de dents en ce qui concerne l'huile d'olive, et à l'alimenter pour l'huile de radis noir. Cette dernière supposition est soutenue par les rations de céréales et de pain que reçoivent certaines nourrices. Il n'est pas exclu que ces denrées étaient aussi destinées à la nourrice qui devait avoir une saine alimentation pour fournir un lait de qualité à l'enfant[59]. Il était aussi dans les coutumes de faire des dons de vin ou de volailles aux nourrices lors de la fête Amesisya, en l'honneur de la déesse Isis, célébrée le 20 juillet.

En contrepartie de ces gages plus ou moins élevés, les exigences imposées aux nourrices n'étaient pas des moindres. Il s'agissait d'un emploi à plein temps qui touchait à l'intimité de la nourrice et de son époux. Comme nous l'avons vu, il lui était interdit d'avoir des relations sexuelles durant le temps de l'allaitement. Qu'arrive-t-il au nourrisson du couple ? Alors que les stèles funéraires et le droit romain reconnaissent des frères de lait, *collactaneus*, les contrats d'Égypte romaine ne font pas état d'une pareille valorisation. Une clause est d'ailleurs mentionnée « sans concevoir un enfant, sans prendre un autre enfant » par certains contrats. Cela suggère-t-il que l'enfant pris en charge est le seul bénéficiaire du lait de sa nourrice[60] ? Cela relève du possible. L'importante mortalité infantile pourrait avoir conduit certaines femmes à se proposer comme nourrice.

Des nourrices libres ?

L'analyse des documents rend compte de situations différentes, en ce qui concerne le statut de la nourrice et du nourrisson. Contrairement aux lettres étudiées par Joëlle Beaucamp, datées entre le IVe et le VIIe siècle, époque qui suit celle des contrats d'époque romaine (15 av. J.-C. à 305), la majorité des nourrices mentionnées par les contrats sont de statut libre. Il semble donc y avoir un décalage entre les contrats et la correspondance. La variation est peut-être due à des modes sociales successives ou est-ce en fonction du type de document ? Avec dix-huit nourrices vraisemblablement nées libres, le corpus des inscriptions de Rome établit par K. Bradley semble plus proche des contrats de nourrice. Pour autant, aucun des trois types de sources (correspondance, contrat, épigraphie), ne peut être considéré comme le reflet exact de la réalité, ce qui enjoint à la prudence. Il faut d'ailleurs aussi réfléchir aux absences. En effet, les nourrices faisant partie de la *domus*

---

58 SORANOS, *Maladies des femmes* II, 30.
59 Voir *supra*.
60 *BGU* IV 1106 MP 8002 et *BGU* IV 1058, 30-31 MP 8004. RICCHIARDETTO et GOUREVITCH 2017, p. 71-72, 78. K. Bradley évoque la possibilité que les nourrices qui vivaient au sein des familles de l'élite ont pu être découragées par leur maître de nourrir leur propre enfant. BRADLEY 1991, p. 26.

d'un personnage de haut rang n'apparaissent pas dans les contrats, alors que certaines sont probablement évoquées par l'épigraphie, puisque plus de la moitié des nourrices mentionnées dans les inscriptions de Rome sont au service d'une famille de rang sénatorial[61]. Les contrats de nourrices reflètent donc des situations différentes, puisqu'il y est stipulé que l'enfant vit au domicile de la nourrice et qu'il ne sera rendu à sa famille qu'après le sevrage. Étant pour la plupart des membres de l'élite, certains parents contractants pourraient être les mêmes que ceux utilisant des nourrices dans le cadre de la *domus*[62].

Nourrir l'esclave

K. Bradley a développé le sujet de la mise en nourrice des esclaves. Comme il le dit, plusieurs raisons ont pu conduire à ce qu'on fasse nourrir un enfant né en esclavage par une femme autre que sa mère. K. Bradley évoque au moins six raisons : la première est la mort en couche de sa mère ; la deuxième un changement de propriétaire de l'enfant, qui aurait été acheté ; la troisième est l'exposition de l'enfant ; la quatrième l'impossibilité de la mère à nourrir l'enfant, en cas de fatigue ou de douleurs aux seins par exemple ; la cinquième est du ressort du psychisme : une esclave abusée sexuellement par ses maîtres, pouvait ne pas être en mesure d'alimenter le fruit de cet acte ; sixièmement, le rendement de la main d'œuvre au sein d'un domaine ou d'une *domus*[63].

Ce dernier point mérite que l'on s'y attarde. Il faut à nouveau considérer le système esclavagiste de l'époque romaine. Comme nous l'avons vu précédemment, les enfants les plus chanceux pouvaient se voir affranchir par un maître condescendant, envers l'enfant d'une esclave qu'il a peut-être vu grandir. Ce n'était pas toujours le cas.

Plutarque rapporte un cas particulièrement éclairant sur les pratiques qui avaient cours déjà au Ier siècle av. J.-C. Il évoque cette fois Caton l'Ancien. Mentionnant le caractère radin de l'agronome et son sens du commerce, il dénonce ses achats d'esclaves « surtout des prisonniers de guerre encore petits et que l'on pouvait lever, dresser comme de jeunes chiens ou des poulains »[64]. Non content de bénéficier de ce gain facile, l'agronome en faisait aussi profiter ses esclaves :

> Il prêtait aussi à ceux de ses serviteurs qui le voulaient. Ceux-ci achetaient des enfants, puis, après les avoir dressés et formés aux frais de Caton, ils les revendaient au bout d'un an[65].

Les jeunes enfants étaient alors traités au même niveau que du vulgaire bétail, ce qui permettait d'avoir une main d'œuvre « dressée » de façon à répondre aux besoins du maître et de la *domus*. En outre, l'enfant développait un lien d'attachement avec les membres de la *familia*. Donner l'enfant d'une esclave à une autre, déjà asservie à l'allaitement, permettait aussi de libérer la première de cette tâche nourricière, ce qui la rendait plus disponible

---

61 Bradley 1991, p. 13 ; Dasen 2015a, p. 250.
62 Legras 2010, p. 58.
63 Bradley 1991, p. 26.
64 Plutarque, *Vies* 21.1 : Τῶν αἰχμαλώτων ὠνούμενος μάλιστα τοὺς μικροὺς καὶ δυναμένους ἔτι τροφὴν καὶ παίδευσιν ὡς σκύλακας ἢ πώλους ἐνεγκεῖν.
65 *Ibid.* 21, 7 : Οἱ δ'ἐωνοῦντο παῖδας, εἶτα τούτους ἀσκήσαντες καὶ διδάξαντες ἀναλώμασι τοῦ Κάτωνος μετ'ἐνιαυτὸν ἀπεδίδοντο.

pour d'autres ouvrages. De plus, cela permettait à l'esclave de procréer à nouveau. Keith Bradley conclut en disant qu'au sein de ce système, il y a peu d'évidences d'attitudes humanitaires non intéressées.

Des liens de parenté par le lait ?

V. Dasen parle de *familia* romaine, pour rendre compte des liens tissés par le lait entre la nourrice et son nourrisson, mais aussi entre ce dernier et ses frères de lait, peut-être les enfants de la nourrice, ou d'autres esclaves. Ils sont alors nommés *Collactaneus* ou *collacteus*, en grec *suntrophos*[66] et ὁμογάλακτος. L'épigraphie rend compte à plusieurs reprises de ce lien particulier, qui se démarque de celui du sang. Une dédicace de Lyon mentionne que L. Claudius Rufinus a fait élever un monument pour sa nourrice Marciana et sa sœur de lait Verina, toutes deux esclaves[67]. Le jeune Communio mort à deux ans et demi a également partagé le sein de sa nourrice avec le fils d'un homme de haut rang. Nommé Drusus, il est le fils de Lucius Rubellius Blandus, consul et époux de Julia, la petite-fille de Tibère. Il est précisé que le petit défunt était *uerna* d'Antonia Augusta, ce qui suggère qu'il a vraisemblablement été transféré avec sa mère dans la *domus* de Julia. Ce déplacement a probablement été motivé par la nécessité d'allaiter Drusus[68]. L'épigraphie rend encore compte d'enfants affranchis par leur frère de lait. Ainsi, une inscription de Rome évoque le petit L. Arruntius Dicaeus et sa mère Arruntia Cleopatra, tous deux affranchis par leur patron et son fils. Si certains des enfants affranchis connaissent parfois une promotion sociale exceptionnelle, comme c'est le cas de Tuscus, frère de lait de Néron, devenu gouverneur d'Égypte[69], d'autres ont eu moins de chance. Une plaque funéraire évoquant le petit Mercurialis décédé à un an, cinq mois et vingt-deux jours, dédiée par la nourrice Léda et le frère de lait du défunt Chrysopaes, témoigne du statut servile des trois individus[70].

Les textes démontrent aussi l'importance affective que peut revêtir une nourriture commune. S'insurgeant contre les femmes qui ne veulent pas allaiter leurs enfants, Plutarque en réfère à la nature, qui pourvoit non seulement la nourriture, mais donne en plus deux seins pour en permettre l'administration aisée en cas de jumeaux :

> [...] ne s'attache-t-on pas plus fortement aux personnes avec qui l'on a été nourri ? Ne voit-on pas que les animaux mêmes qui ont été élevés ensemble ne se quittent qu'à regret[71] ?

En outre, les liens par le lait semblent avoir été permis par le corps qui le fournit, bien avant que le fluide blanchit ne sourde des seins. Les écrits du philosophe juif, Philon d'Alexandrie (25 av. J.-C.-45) fournissent un début de réflexion à ce sujet[72]. Dans son œuvre

---

66 DASEN 2012, p. 48. La chercheuse précise que le statut de ces enfants est généralement servile.
67 *CIL* XIII, 2104 (Lyon). DASEN 2012, p. 48.
68 DASEN 2012, p. 49.
69 SUÉTONE, *Vie de Néron* 35, 10. DASEN 2012, p. 49.
70 *CIL* XIII, 11397 (Metz), DASEN 2012, p. 49.
71 PLUTARQUE, *Oeuvre morale I (De l'amour de la progéniture)* 5 : Καὶ γὰρ τὰ θηρία τῶν συντρεφομένων ἀποσπώμενα ταῦτα ποθοῦντα φαίνεται.
72 Philon était un commentateur de la Torah. Annie Jaubert, *s.u.* « Philon d'Alexandrie (-20 env.-45) » in *Universalis éducation* [en ligne]. *Encyclopædia Universalis*, (consulté le 11 juin 2017). Disponible sur http://www.universalis-edu.com/encyclopedie/philon-d-alexandrie/.

De Vita contemplativa, le philosophe fait à plusieurs reprises référence à l'embryon et à son association à des végétaux, comme cela avait été évoqué par le médecin hippocratique de *Nature de l'enfant*[73]. Par cette association, l'enfant dépend pleinement de sa mère, le terreau qui en permet la croissance. Cette idée ressort du commentaire de Philon au livre du Lévitique, où il explique l'interdiction de sacrifier le même jour une brebis et son petit, au même titre qu'une femelle pleine :

> Car si les êtres qui croissent encore à la manière des plantes et que l'on considère comme une partie de l'organisme qui les porte, aujourd'hui certes unis à lui mais destinés, dans le délai de quelques mois, à se détacher à leur tour de leur communauté organique (*sumphuia*) sont, dans l'espoir qu'ils deviendront des animaux vivants, préservés par l'invulnérabilité de leur mère, pour éviter la souillure dont nous avons parlé, comment ne préservera-t-on pas davantage encore ceux qui, déjà nés, ont une vie et un corps indépendants ? Car c'est l'acte impie entre tous que de tuer au même moment, en un seul jour, un petit et sa mère[74].

Il ressort de ces différents textes qu'un lien particulier se tisse entre la mère et l'enfant, mais aussi entre enfants et jeunes animaux ayant partagé la même nourriture. Pour aller plus loin dans la représentation que se faisaient les anciens du partage de la nourriture *in utero*, mentionnons la notion de télégonie. Celle-ci est définie dans le Grand Larousse encyclopédique ainsi :

> Influence persistante exercée par un mâle sur le potentiel héréditaire de la femelle fécondée pour la première fois, de sorte que cette femelle, dans ses diverses gestations, donnerait des descendants ressemblant au mâle initial, quel que soit le géniteur qui intervienne lors des accouplements ultérieurs.

Par ses nombreuses analyses de textes portant sur les mariages successifs et simultanés de femmes, Jerôme Wilgaux a montré l'importance donnée au corps de la femme dans l'Antiquité[75]. Cette importance allait surtout à la matrice. Celle-ci est alors considérée comme « apte à créer de l'identique, à transformer une pluralité de personnes en une seule entité ». Comme le dit le chercheur, la matrice permet la fusion des substances qu'elle reçoit, influençant par-là l'identité des différents partenaires, comme aussi celle des enfants. Les époux successifs deviennent alors « consanguins » alors que les enfants d'une même femme sont considérés comme communs. L'exemple déjà évoqué de Caton le Jeune (96-45 av. J.-C.) montre que cette représentation du corps de la femme était bien vivante au Ier siècle avant J.-C. :

> Hortensius, qui désirait d'être non-seulement l'ami et le compagnon assidu de Caton, mais encore son allié, et de mêler, à quelque prix que ce fût, sa maison et sa race avec

---

73 PHILON D'ALEXANDRIE, *De Vita contempliva* 7. WILGAUX 2007, p. 199.
74 PHILON, *Des vertus* 138 (= commentaire au Lévitique 22, 28) : Εἰ γὰρ τὰ φυτῶν τρόπον ἔτι παραυξανόμενα καὶ μέρη νομιζόμενα τῶν κυόντων, νυνὶ μὲν ἡνωμένα, μηνῶν δὲ περιόδοις αὖθις ἀποσπασθησόμενα τῆς συμφυΐας, διὰ τὴν ἐλπίδα τοῦ γενήσεσθαι ζῷα φυλάττεται τῷ περὶ τὰς μητέρας ἀνεπιβουλεύτῳ, χάριν τοῦ μὴ τὸ λεχθὲν μίασμα συμβῆναι, πῶς οὐχὶ μᾶλλον τὰ ἀποτεχθέντα καὶ καθ' αὑτὰ ψυχῆς καὶ σώματος μεμοιραμένα ; πάντων γὰρ ἀνοσιώτατον ἑνὶ καιρῷ καὶ ἡμέρᾳ μιᾷ ἔγγονον ὁμοῦ καὶ μητέρα κτείνειν. L. Cohn, *Philonis Alexandrini opera quae supersunt*, vol. 5, Berlin : Reimer, 1906 (repr. Berlin : De Gruyter, 1962) : 266-335.
75 Le chercheur se montre prudent et parle de résonnance et « d'une certaine permanence dans la longue durée » plutôt que d'une représentation systématique et linéaire (WILGAUX 2007, p. 199).

celles de cet homme vertueux, lui demanda en mariage sa fille Porcia, déjà mariée à Bibulus, dont elle avait eu deux enfants. Hortensius la convoitait comme un excellent fonds, pour en avoir des fruits.

Ma proposition, disait-il, peut bien, dans l'opinion des hommes, paraître extraordinaire ; mais, à consulter la nature, il est aussi honnête qu'utile à la république qu'une femme belle, et qui est à la fleur de l'âge, ne reste pas inutile en laissant passer l'âge d'avoir des enfants : il ne faut pas non plus qu'elle soit à charge à son mari, et l'appauvrisse en lui donnant plus d'enfants qu'il ne veut en avoir ; or, en communiquant les femmes aux citoyens honnêtes, la vertu se multiplie et se propage dans les familles ; par le moyen de ces alliances la ville se fond, pour ainsi dire, en un seul corps. Si Bibulus, ajouta-t-il, veut absolument conserver sa femme, je la lui rendrai dès qu'elle sera devenue mère, et que, par cette communauté d'enfants, je me serai plus étroitement uni à Bibulus et à Caton[76].

Trouvant cette demande étrange, puisque sa fille était déjà mariée, Caton se dit toutefois flatté de cette demande d'alliance. Rebondissant très vite, Hortensius n'hésite alors pas à demander Marcia, la femme de Caton en mariage. La réponse positive de Caton, et du père de Marcia, ont alors permis à Hortensius de concevoir une descendance, qui le lia par les liens de consanguinité à Caton.

Profession nutrix/τροφός ou obstetrix/μαῖα ?

Dans notre recherche des textes relatifs à la nourrice, il nous est apparu que celle-ci fait parfois des tâches similaires à celles de la sage-femme, telles que l'emmaillotement et le bain[77]. Cette dernière est nommée *maia/iatrine* en grec ou *obstetrix/medica* en latin[78]. Nous nous sommes donc demandé quel était le partage des tâches entre les deux professions. Cette question en a amené une autre qui a trait à l'éducation et à la transmission du savoir médical à la nourrice. L'état de la recherche sur le sujet démontre que l'intérêt s'est porté sur la formation de la sage-femme et sur son rapport avec le médecin, mais pas sur la formation de la nourrice. Cela peut aisément se comprendre en raison du peu d'informations à ce sujet. En effet, le traité de Soranos et ses traductions par Célius Aurélien et Mustio s'adressent en premier lieu aux sages-femmes et non pas aux nourrices. On peut d'ailleurs se demander : « à qui s'adresse le chapitre sur le choix de la nourrice ? Aux autres médecins, à la sage-femme ou aux parents ? ».

Une réponse est certaine : on ne s'adresse pas directement aux nourrices. Les nourrices et les gestes qu'elles doivent accomplir figurent toutefois au sein du traité. D'où la question

---

76 PLUTARQUE, *Vie de Caton le Jeune* 25 : Ἐπιθυμῶν οὖν τῷ Κάτωνι μὴ συνήθης εἶναι μηδ' ἑταῖρος μόνον, ἀλλ' ἁμῶς γέ πως εἰς οἰκειότητα καταμεῖξαι καὶ κοινωνίαν πάντα τὸν οἶκον καὶ τὸ γένος, ἐπεχείρησε συμπείθειν, ὅπως τὴν θυγατέρα Πορκίαν, Βύβλῳ συνοικοῦσαν καὶ πεποιημένην ἐκείνῳ δύο παῖδας, αὐτῷ πάλιν ὥσπερ εὐγενῆ χώραν ἐντεκνώσασθαι παράσχῃ. Δόξῃ μὲν γὰρ ἀνθρώπων ἄτοπον εἶναι τὸ τοιοῦτον, φύσει δὲ καλὸν καὶ πολιτικόν, ἐν ὥρᾳ καὶ ἀκμῇ γυναῖκα μήτ' ἀργεῖν τὸ γόνιμον ἀποσβέσασαν, μήτε πλείονα τῶν ἱκανῶν ἐπιτίκτουσαν ἐνοχλεῖν καὶ καταπτωχεύειν οἶκον οὐδὲν δεόμενον· κοινουμένους δὲ τὰς διαδοχὰς ἀξίοις ἀνδράσι τήν τ' ἀρετὴν ἄφθονον ποιεῖν καὶ πολύχουν τοῖς γένεσι, καὶ τὴν πόλιν αὐτὴν πρὸς αὑτὴν ἀνακεραννύναι ταῖς οἰκειότησιν. εἰ δὲ πάντως περιέχοιτο τῆς γυναικὸς ὁ Βύβλος, ἀποδώσειν εὐθὺς τεκοῦσαν, οἰκειότερος αὐτῷ τε Βύβλῳ καὶ Κάτωνι κοινωνίᾳ παίδων γενόμενος.
77 Voir aussi BACALEXI 2005.
78 DASEN 2015a, p. 225.

« comment les enseignait-on ? ». Loin d'avoir la prétention d'apporter une réponse à ces questions, nous allons explorer ici la transmission de l'instruction médicale à des femmes et mettrons en parallèle les fonctions de l'*obstetrix* et de la *nutrix*. Nous commencerons par exposer l'état de la recherche concernant l'existence de femmes pratiquant l'art de la médecine.

Des femmes médecins ?

L'existence de femmes ayant exercé une fonction thérapeutique dans l'Antiquité a été mise en évidence seulement depuis la seconde moitié du XXe siècle. Cette prise de conscience fait suite aux études portant sur les inscriptions grecques et latines. Durant la dernière décennie, plusieurs études ont permis d'aller plus loin. En 2007, Rebecca Flemming affirme « It is now a well-established fact that women practised medicine in the ancient world »[79]. Elle limite toutefois le crédit accordé aux femmes médecins, qu'elles considèrent comme n'ayant pas écrit de traités constituant une référence, mais plutôt des notes visant à leur propre emploi. Son hypothèse repose sur une question de vocabulaire qui fait la distinction entre celui qui a composé le médicament et celui qui l'a réalisé. En 2012, Holt N. Parker revient sur les mentions de praticiennes féminines évoquées par Flemming. La plupart proviennent des traités galéniques puisque Galien est le médecin qui y fait le plus souvent référence. Trois traités sont attribués à des femmes : Metrodora, Cleopatra et Aspasia[80]. H. Parker conclut que les traités ne dévalorisent pas les prescriptions et remèdes donnés par les médecins femmes dans leurs traités. À la suite d'Helen King[81], V. Dasen montre que la construction occidentale moderne a faussé notre appréciation vis-à-vis du partage des tâches entre hommes et femmes médecins[82]. Imprégnés par ce regard, les traducteurs ont rendu erronément ἰατρίνη, le féminin de ἰατρός (médecin), par « sage-femme »[83]. Le latin de ἰατρίνη est *obstetrix*. Les deux termes se réfèrent à des compétences qui dépassent celles attribuées dans l'Antiquité gréco-romaine à la sage-femme. Revues, ces notions attestent avec plus de justesse, de l'importance des femmes au sein de la médecine et témoignent de leur formation, conformément à la légende d'Hagnotikê[84]. Bien que légendaire, ce récit « résume à sa manière le contexte idéologique dans lequel s'est opérée l'émergence de femmes médecins » pour reprendre les termes de V. Dasen[85]. Le récit rapporté dans les fables d'Hygin relate que, pour mettre fin à la forte mortalité des femmes, qui refusaient d'être soignées par des hommes, Hagnotikê part de chez elle pour aller se former à l'art de la médecine. Elle contrevient par là à un interdit puisque l'apprentissage et l'exercice de la médecine sont alors refusés aux femmes. Hagnotikê, se rend auprès d'un certain

---

79 FLEMMING 2007 : « C'est un fait aujourd'hui bien établit que les femmes pratiquaient la médecine dans le monde ancien » (trad. personnelle).
80 PARKER 2012, p. 360.
81 KING 1998, p. 172-187.
82 DASEN 2016, p. 3.
83 Par exemple le LIDDEL-SCOTT-JONES *s.u.* « ἰατρίνη ». DASEN 2017b, p. 1.
84 Dans ses fables, HYGIN (IIe siècle apr. J.-C.) attribue à une femme grecque du nom d'Hagnotikê, l'accès à la formation médicale. Ce changement prendrait effet au milieu du IVe siècle av. J.-C. (HYGIN, *Fables* 274, 10-13). Pour aller plus loin sur cette légende KING 1998, 172-187 ; 2013b, 179-225.
85 DASEN 2016, p. 17.

Hérophile, peut-être le médecin qui exerce vers 300 av. J.-C. à Alexandrie. Déguisée en homme, elle revient à Athènes et y exerce la médecine. Rencontrant un vif succès auprès de la communauté féminine, elle est trainée devant les tribunaux[86]. Jugée pour avoir séduit les femmes, l'héroïne lève le voile et fait connaître son sexe. Après un second procès, elle obtient un acquittement et la modification de la loi qui permet désormais aux femmes libres d'étudier l'*ars medicina*.

Le récit semble trouver un écho dans la *République* de Platon. Le philosophe y fait mention d'hommes et de femmes exerçant la médecine et placés sur un pied d'égalité :

> Nous dirons plutôt, je pense : il y a des femmes douées pour la médecine, d'autres qui ne le sont pas, des femmes douées pour la musique, d'autres qui ne le sont pas[87].

L'*Économique* de Xénophon (vers 362 av. J.-C.) présente un cadre différent. Il y est fait mention de soins, qui prennent place au sein de la sphère familiale. Ainsi, la jeune femme d'Isochomaque devra assurer les soins des membres de sa nouvelle maisonnée :

> Il est toutefois, lui dis-je [son mari], une de tes fonctions qui peut-être t'agréera moins : quelque soit celui des esclaves qui tombe malade, tu dois t'occuper de tout ce qui devra aboutir à sa guérison[88].

Ce cadre rappelle celui dans lequel évolue Caton l'Ancien et son habitude d'intervenir auprès de ses esclaves pour les soigner. Il n'est toutefois pas dit que Caton se décharge de cette tâche auprès de sa femme.

L'épigraphie funéraire amène des compléments d'informations sur les femmes médecins. Une stèle attique datée vers 360-340 av. J.-C. témoigne de la plus ancienne mention du substantif masculin ἰατρὸς appliqué à une femme. Il y est précédé du mot μαῖα (καὶ ἰατρὸς), ce qui semble différencier une double activité, sage-femme et médecin[89]. La stèle porte la représentation d'une femme vêtue d'un chiton et d'un himation, assise et les pieds posés sur un tabouret. Fait intéressant que soulève V. Dasen : « La typologie du monument s'apparente à celle d'une autre catégorie de femmes qui travaillent, la nourrice, *titthê*, bien documentée au IVe siècle av. J.-C. ». La chercheuse s'étonne encore de ne pas trouver les conventions iconographiques qui caractérisent les médecins dès le début du Ve siècle av. J.-C.[90]

Place et aptitudes de la sage-femme

Le terme μαῖα désigne donc la sage-femme. Chez Galien, comme chez Soranos ou encore dans le texte de Mustio, la sage-femme intervient lors de problèmes gynécologiques

---

86 *Ibid.*
87 PLATON, *République* 455e6-7 : Ἀλλ' ἔστι, γὰρ οἶμαι, ὡς φήσομεν, καὶ γυνὴ ἰατρική, ἡ δ' οὔ, καὶ μουσική, ἡ δ' ἄμουσος φύσει.
88 XÉNOPHON, *Économique* 7, 37 (trad. révisée par M. Casevitz) : Ἐν μέντοι τῶν σοὶ προσηκόντων, ἔφην ἐγώ, ἐπιμελημάτων ἴσως ἀχαριστότερον δόξει εἶναι, ὅτι, ὃς ἂν κάμνῃ τῶν οἰκετῶν, τούτων σοι ἐπιμελητέον πάντων ὅπως θεραπεύηται. Voir DASEN 2012, p. 9.
89 Athènes, Musée national 993. DASEN 2012, p. 10, voir note 40.
90 DASEN 2016, p. 11.

qui ne sont pas uniquement liés à l'accouchement[91]. Femmes et aussi maris font souvent recours d'abord à une sage-femme[92]. Galien rapporte un exemple qui, en raison des connaissances limitées de la sage-femme, amène à en appeler au médecin.

C'est la sage-femme qui fait les attouchements relevant de la sphère intime[93], pour des raisons de pudeur mais pas seulement[94]. À la suite de D. Gourevitch, Dina Bacalexi suggère que la médecine étant, à Rome, destinée à une « population urbaine et socialement élevée », les problèmes gynécologiques des femmes de classes sociales moindres étaient confiés aux sages-femmes, alors plus disponibles[95]. Les traités gynécologiques montrent un partage des tâches entre médecin et sage-femme[96]. La sage-femme agit sur la parturiente et en fait ensuite le rapport au médecin. D. Bacalexi évoque toutefois une certaine méfiance, voire une rivalité entre médecin et sage-femme. Galien fait d'ailleurs allusion, à plusieurs reprises, à sa supériorité sur la sage-femme. Il ressort de ses traités mais aussi de celui de Soranos certains préjugés vis-à-vis de la sage-femme, qui rejoignent ceux qui sont généralement adressés à la nourrice. L'usage de trop de vin est surtout rapporté, mais aussi un abus de pouvoir et une avidité envers un gain facile – l'exemple donné est de monnayer une substance aux effets abortifs[97]. En dehors des traités médicaux, la sage-femme apparaît comme une dispensatrice de remèdes sans effets[98] ou pire, comme la magicienne Circé, de philtres et poisons[99]. Soranos se montre toutefois moins critique que Galien vis-à-vis des sages-femmes, vraisemblablement parce qu'il s'adresse à elles dans son traité. Il réitère toutefois l'importance qu'il y a à ce que la sage-femme reste sobre, car elle peut être appelée à tout instant à intervenir dans une opération délicate. Il est aussi le premier à soulever la question de l'autonomie de la gynécologie et la nécessité de former des spécialistes[100]. Il montre aussi du respect envers l'usage de plantes que font les sages-femmes, en les mentionnant sans les critiquer[101]. La volonté de transmission de l'art de la médecine par Soranos est encore plus évidente dans le manuel de Mustio, la *Sorani Gynaeciorum uetus translatio Latina* comme la nomme Valentin Rose, mais que Brigitte Maire rend par *Gynaecia*, insistant sur l'originalité de l'œuvre par rapport au traité de Soranos[102]. Dans sa préface, Mustio indique que sa traduction s'adresse à des jeunes femmes « qui ne maîtrisent pas suffisamment le grec et auxquelles il souhaite fournir un

---

91 Bacalexi 2005, p. 10.
92 Bacalexi 2005, p. 12.
93 Il s'agit dans la plupart des cas de touchers de l'utérus, qui interviennent souvent avant l'accouchement, par ex : Galien, *Des lieux affectés* 5 (K VIII 434) ; mais aussi en cas de problèmes gynécologiques qui ne sont pas liés à la mise au monde d'un enfant, par exemple dans le cas de l'utérus tourné à l'envers : Galien, *Des lieux affectés* 5 (K VIII, 428) ou de maux liés au veuvage : Galien, *Des lieux affectés* 5 (K VIII, 420). D'autres exemples chez Bacalexi 2005, p. 10-11.
94 À ce sujet voir, Gourevitch 1984a, 219. Il est aussi fait mention dans les *Maladies des femmes*, de la pudeur dont lessage-femmes doivent faire preuve lors de l'accouchement. Elles ne doivent pas fixer les parties génitales de la parturiente comme le rapporte Célius Aurélien, *Gynaecia* I, 101. Voir Soranos, *Maladies des femmes* II, 5.
95 Bacalexi 2005, p. 13 ; Gourevitch 1984, p. 289-321.
96 Bacalexi 2005, p. 14.
97 Soranos, *Maladies des femmes* 1, 3-4 ; voir Temkin 1991 5-7.
98 Juvénal, *Satires* II, 137-142.
99 Dasen 2016, p. 3 ; Gourevitch 1996, p. 2088.
100 Maire 2004, p. 318.
101 Soranos, *Maladies des femmes* II, 8.
102 Rose 1882 ; Maire 2004, p.

manuel théorique et systématique comme base d'une formation professionnelle qui leur permette de devenir sages-femmes »[103]. Sa démarche est motivée par le besoin qu'il a ressenti, lors d'interventions ayant porté sur des affections féminines, d'avoir à ses côtés une sage-femme. Celle-ci serait à même de fournir « les bases rationnelles de la matière », selon la traduction de D. Gourevitch[104]. Mustio motive sa démarche en donnant d'abord un portrait peu flatteur de la sage-femme de son époque : elle est peu cultivée et ignore le grec, mais son ton est plus élogieux à la fin de son traité[105]. Pour rendre le contenu des *Gynaecia* le plus clair possible, il choisit une formule simplifiée, en utilisant l'*érôtapokrisis*, c'est à dire une question introduite en titre de chapitre dont le contenu apporte la réponse[106].

À l'époque de Soranos, certains préalables sont déjà requis pour devenir sage-femme. On les trouve également sous l'en-tête « Ce qui est approprié et convenable pour la discipline obstétricale » de Célius Aurélien, ce qui démontre que les attentes n'ont pas été moins élevées au Ve siècle apr. J.-C. :

> Que la sage-femme soit instruite dans les arts libéraux, pour qu'elle puisse percevoir par la lecture tout ce qui est transmis ; qu'elle ait une intelligence vive pour suivre facilement les paroles et les gestes ; et qu'elle puisse aussi retenir ce qu'on lui inculque : l'instruction consiste en effet en la réunion de ce que l'on a appris. De même qu'elle soit studieuse de façon à pouvoir persévérer dans ses études : il faut en effet un travail continu pour acquérir la maîtrise d'une discipline aussi importante. Qu'elle soit aussi d'une bonne moralité pour pouvoir garder la confiance à venir des maisons dans lesquelles elle entre et les secrets de la vie. En effet avec des mœurs opposées à cela, on tombe facilement dans les pièges de la profession[107], quand on dit une chose et qu'on en fait une autre. Qu'elle ne soit gênée par aucun handicap naturel. Qu'elle ait des membres bien proportionnés pour que, dans l'exercice de sa fonction de sage-femme, aucun d'eux ne soit défaillant ni ne cède. Il faut de plus choisir une sage-femme robuste pour qu'elle puisse supporter tout le déroulement du travail assez facilement. Qu'elle ait aussi les doigts longs et fins et les ongles ras pour pouvoir soigner sans blesser les tumeurs situées en profondeur. Qu'à l'ensemble de toutes ces qualités que nous venons d'énumérer, s'ajoutent la fréquence de la pratique et la qualité des soins.

Et, sous l'en-tête « Que doit être la sage-femme ? », Célius Aurélien déclare :

> La sage-femme est une femme instruite de toutes les maladies féminines, qui possède un grand savoir médical, qui peut soigner avec compétence toutes les affections, qui ne doit être ni agitée, ni regardante, ni bavarde, mais sage, sobre, discrète, non superstitieuse, et qui sache diriger avec sollicitude les femmes en couches. En outre la sage-femme doit être compatissante, solide, chaste, fine, calme, réfléchie[108].

---

103 MAIRE 2012, p. 61.
104 MUSTIO, *Gynaecia* I, 4 : *Posset rationem lectiones scriris*. GOUREVITCH 2000a, p. 73.
105 Brigitte Maire montre que Mustio change de ton en utilisant, à la fin de son traité, non plus une figure générique, *obstetrix*, mais le pluriel, *obstetrices*. Le médecin reconnaît à cet endroit qu'une partie des sages-femmes n'est pas illettrée (MAIRE 2004, p. 322).
106 MAIRE 2004, p. 318. Sur la forme de style voir PAPADOYANNAKIS 2006.
107 *Artificum insidiis* : traduction incertaine.
108 CÉLIUS AURÉLIEN, *Gynaecia* I, 5 : *Obstetrix est femina omnium mulierum causarum docta, medicinali <eruditione> perita, que possit universaliter valitudines competenter curare, ita ut non sit turbulenta, nec avara, nec verbosa, sed sapiens et sobria et taciturna nec superstitiosa, que sua sollicitudine mulieres in partu gubernet. Sit etiam obstetrix compatiens, solida, pudica, arguta, quieta, prudens*.

De plus, la sage-femme n'est pas soumise à des clauses quant au nombre d'enfant qu'elle doit avoir. Elle peut aussi exercer durant toute la durée de sa vie, contrairement à la nourrice rapidement considérée comme trop vieille.

Nutrix et mamma

Les qualités attendues de la nourrice sont donc très différentes. Il ne lui est pas demandé une capacité à lire, ni une prédisposition à l'instruction. La nourrice doit être expérimentée, mais cette expérience s'avère plus pratique que théorique. Comme nous l'avons vu, ce qui est recherché chez la nourrice, ce sont des qualités d'abord physiques : grandeur, posture, hygiène, santé, mais aussi morales. En outre, on agit sur et par son corps. B. Maire a aussi mis en évidence des qualités de tendresse, qui ressortent du terme *mamma*, utilisé par Mustio dans certains passages de sa traduction. Issu du vocabulaire enfantin[109], le terme se rapporte au « sein », et par extension à la « nourrice ». B. Maire précise : « L'usage de cette figure de style focalise l'attention du lecteur sur l'action de nourrir et apparaît dans des passages qui sont centrés sur l'allaitement et qui apportent des informations sur la constitution physique souhaitée de la nourrice »[110]. Le terme fait aussi allusion à un lien particulier d'affection entre le nourrisson et celle qui le nourrit. C'est lors du bain que Mustio utilise le mot *mamma*, pour désigner la nourrice.

Ces particularités démontrent des différences nettes entre la nourrice et la sage-femme. On n'agit donc pas sur le corps de la sage-femme comme sur celui de la nourrice. Les attentes vis-à-vis de la sage-femme sont d'ordre intellectuel et pratique. La sage-femme est confrontée à des adultes dans l'intimité desquels elle s'introduit. Elle est alors une figure de confiance, placée juste en dessous du médecin, par sa bonne connaissance de l'art médical. La nourrice figure bien en dessous de cette praticienne, puisqu'il ne lui est pas demandé de savoir lire et qu'on agit sur son corps au bénéfice de l'enfant. Le terme parfois employé pour la désigner, *mamma*, nous semble bien résumer la place qui lui est confiée : confinée auprès du nourrisson, elle reste une figure en marge du monde des adultes, plus proche de l'animal et de l'enfant que de l'humain.

Conclusion

Considéré à juste titre comme ayant une complexion spécifique, tant dans l'Antiquité que dans de nombreuses civilisations, l'enfant fait l'objet de soins particuliers. De nature chaude et humide, le siège de ses maladies est la tête, qu'il a d'ailleurs grosse. On évite dès lors les échauffements, qui le remplissent de vapeur et de phlegme. L'étroitesse de ses canaux empêche les traitements thérapeutiques employés pour les adultes, comme par exemple les saignées et la chirurgie. Ces limitations font que les médecins se concentrent sur l'alimentation de l'enfant, et sur le lait que lui administre sa nourrice/mère. Par sa propension à se séparer en une partie fromagère et une partie aqueuse, ainsi qu'à s'épaissir, le lait fait l'objet d'observations méticuleuses. Il faut ajouter qu'étant la seule nourriture que reçoit le tout-petit, le lait joue un rôle majeur – dans une conception humorale – pour

---

109 Ernout et Meillet, *s.u.* « mamma ».
110 Maire 2012, p. 64.

le rééquilibrage de l'enfant. D'ailleurs, comme aussi le corps de la nourrice (et de certains animaux), le lait est un médium qui permet à l'enfant de profiter des qualités des aliments, de manière atténuée. L'enjeu du médecin consiste alors à maîtriser sa labilité, par différents régimes alimentaires mais aussi physiques, de la femme qui allaite. Le corps du bébé fait l'objet de traitements similaires. La prise de bain et les massages complètent une alimentation adaptée à son rythme de croissance. Dès lors, nourrice et nourrisson partagent la même nourriture. Bouillie pour l'un, bouillie pour l'autre, selon certains médecins, alors que d'autres préfèrent des viandes légères afin d'éviter lourdeur et phlegme. Comme il ressort aussi du traité hippocratique *De la dentition*, l'étape des dents est particulièrement délicate et conduit à un redoublement de vigilance. Chez l'enfant souffrant de douleurs et fièvres, on est attentif à tout écart de transit – les étroits canaux étaient facilement obturés ou au contraire sujets à un flux incessant – ou de sommeil. Contrairement à la fin de l'époque classique où le jeune enfant affiche une belle rondeur, témoin de son embonpoint, le bébé des débuts de l'Empire est préféré moins repu de nourriture et peu somnolent. Comme le confirment ces normes, que l'on retrouve dans l'emmaillotement adapté au sexe de l'enfant, l'enfant en bas-âge est modelé aussitôt né pour « en faire un grand ». Cette vision du corps de l'enfant fait que celui-ci n'est pas valorisé, à la différence de celui du jeune homme / de la jeune femme pubère, dont les vaisseaux du corps ont atteint l'élargissement idéal permettant la libre circulation des fluides procréateurs et même la résolution de certaines maladies telles que l'épilepsie[111].

Malgré un statut généralement peu valorisé, tant socialement que financièrement, la nourrice obtient souvent des privilèges[112], et elle a droit à des égards juridiques puisque, pour reprendre les termes de D. Gourevitch, « le lait n'est pas une marchandise comme les autres[113] » et qu'il est, selon R. Danese, un produit sur mesure. Nombreuses sont en effet les nourrices affranchies par les familles des enfants allaités, voire directement par ces derniers, une fois devenus grands. Malgré le recours à des formules usuelles, l'épigraphie témoigne, elle-aussi, des liens affectifs qui se sont tissés entre nourrisson et nourrice et aussi entre frères de lait[114]. Moins professionnalisée que la sage-femme ou l'*obstetrix*, la nourrice se voit enseigner les premiers gestes par ces dernières. Une fois formée, elle est souvent la seule à œuvrer intimement sur le corps de l'enfant.

Il semble que les pratiques de mise en nourrice aient différé entre Rome et Alexandrie, mais peut-être n'est-ce que le reflet des lacunes documentaires. Les contrats démontrent néanmoins un commerce important des enfants esclaves, permis par la généralisation de la mise en nourrice. Cette façon de procéder était déjà en œuvre à l'époque de Caton l'Ancien qui encourageait ses propres esclaves à cette forme de valorisation financière de l'individu. Les raisons qui ont pu pousser les parents à confier leur enfant à une nourrice sont probablement nombreuses, bien que peu mises en évidence par les textes. Outre la

---

111 Nous verrons dans le chapitre qui traite de l'iconographie que cela est aussi évident dans les images, notamment sur les sarcophages.
112 Voir Ulpien, *Digeste* 50, 14. où il est fait mention des gages que la nourrice réclame pour son lait, devant les gouverneurs. Ricchiardetto et Gourevitch 2017, p. 70.
113 Ricchiardetto et Gourevitch 2017, p. 70. Ses droits sont toutefois limités à la période pendant laquelle elle pourvoit l'enfant en lait.
114 Notamment Bradley 1992 ; Dasen 2016, p. 273 et suiv.

mort en couche des mères, une pression sociale, surtout chez les élites, est perceptible dans plusieurs passages. La femme romaine, à qui l'on bande les seins dès le plus jeune âge, ne doit pas avoir les seins distendus de lait. Elle ne doit pas non plus s'épuiser à cette tâche dont la durée était fixée entre une année et demi et deux ans. D'autres courants de pensée sont néanmoins perceptibles chez certaines familles revendiquant les valeurs républicaines. Le plaidoyer de Favorinus d'Arles comme la position de Plutarque, exprime une volonté de se conformer à la nature, déjà à l'œuvre dans les écrits des médecins hippocratiques et d'Aristote. Apparaît bien présente, la notion de transmission des caractères que l'on dirait aujourd'hui génétiques. À l'époque impériale, le lait est considéré comme empreint des qualités du père et de la mère. La nourrice ne permet dès lors pas une continuité de la lignée. Y recourir, c'est transgresser les consanguinités familiales. Des règles et des principes doivent alors être établis pour préserver ce qu'il reste à préserver. Parmi les premières, l'interdiction faite à la nourrice d'avoir des rapports sexuels et d'autres enfants. Les principes sont ceux de la ressemblance. On préfère une femme qui ressemble à la mère, est belle de forme, de bonne moralité et si possible parlant le grec.

5. Représenter l'allaitement au sein

Deux types de représentations s'inscrivent dans notre sujet. Le premier est l'allaitement maternel ou mercenaire, le second l'allaitement artificiel. Le premier est souvent traité, le second beaucoup plus rarement. La quantité inégale des sources est responsable de cet écart. Le nombre important de statuettes féminines dites courotrophes a amené les chercheurs à s'interroger sur les représentations de femmes allaitantes, depuis la Grèce archaïque jusqu'à l'époque romaine[1]. Dans ce vaste corpus, les femmes allaitantes se sont avérées relativement rares, particulièrement en Grèce[2].

Cette discrétion tranche avec l'omniprésence de la figure d'*Isis Lactans* en Égypte (de l'époque pharaonique à l'époque romaine), sous la forme de statuette et de scènes figurant sur les mammisis. Sur ces petits temples annexés à des sanctuaires[3], la déesse tend son sein rempli de lait aux empereurs romains[4]. Ce transfert d'un fluide corporel, empreint des caractères divins, est alors l'expression d'un lien de filiation[5].

Dans ce chapitre, nous allons débuter avec les représentations de l'allaitement au sein. Elles incluent la statuaire, les sarcophages, la coroplathie, la peinture sur vase et les objets métalliques.

Afin de pouvoir rendre compte de la postérité du motif, et des prédilections en fonction des civilisations, nous allons prendre en compte la Grèce de l'époque classique (480-323 av. J.-C.) à l'époque hellénistique (323-30 av. J.-C), la péninsule italique (du ve s. au Ier siècle av. J.-C.)[6], puis la Gaule romaine (du Ier siècle av. J.-C.-ve siècle apr. J.-C.). Ce cadre spatio-temporel correspond à celui de notre corpus de textes et de vases, qui va des traités hippocratiques à ceux des médecins de l'époque romaine.

Ne constituant pas un idéal, l'allaitement artificiel ne fait pas partie du répertoire des imagiers. Sa représentation, dans la peinture sur vases notamment, a pourtant été recherchée par les chercheurs qui se sont penchés sur la fonction des VBT[7].

---

1 Ducaté-Paarman 2001 et 2003 ; Pedrucci 2013a ; Dubois 2016.
2 Bosnakis 2013, p. 58.
3 Au sujet des mammisis, leurs processions et les divinités auxquels ils étaient associés, voir par exemple Cauville 2002, p. 26 et suiv.
4 Pour l'Égypte, Amandine Marshall a dénombré (Marshall 2015, p. 52) 130 témoins iconographiques d'enfants allaités (dont 95 « bébés ») : peintures et relief, petite statuaires, flasques anthropomorphiques, ostraca et sceaux.
5 Textes des Pyramides § 228.
6 Une nette diminution des représentations iconographiques des femmes avec enfants est remarquée depuis la fin du IIe siècle av. J.-C. Ducaté-Paarmann 2003, p. 117.
7 Gourevitch 1990 ; Villard et Blondé 1992. Voir aussi Rouquet et Loridant 2000 et Rouquet 2003.

FIG. 2. Stèle funéraire en marbre (Ht. préservée 101 cm, Larg. 53-55 cm), Kondaia (Thessalie), Larissa, Musée archéologique, inv. 78/74, Antiquities Ephorate of Larissa, Photo D. Bosnakis.

En Grèce ancienne

La statuaire

On a dénombré seulement trois stèles funéraires d'époque classique représentant une femme assise en train d'allaiter un enfant[8]. Elles proviennent de Kondaia (Thessalie), de Calymnos (Dodécanèse), et de Cos[9]. La première comporte une inscription indiquant la mort de la mère (**fig. 2**)[10]. À la même époque, Tarente produit un groupe de femmes assises portant un enfant[11]. Ces lieux de découvertes sont sous influence ionienne[12]. Le motif peut être rattaché à l'évocation de la mort en couches, accident plus rapporté par l'épigraphie[13]. L'image serait alors le substitut d'un acte qui n'a finalement pas pu avoir lieu. Ce procédé est courant en Grèce antique comme à Rome surtout pour signifier la mort des jeunes gens n'ayant pas atteint le mariage et, pour les filles, la maternité[14]. Il s'exprime par la déposition, dans la tombe, d'objets symbolisant ces passages, comme c'est le cas des poupées articulées offertes à Artémis à la veille du mariage[15]. Il peut aussi s'agir d'objets porteurs de scènes amoureuses ou érotiques, illustrant les étapes à franchir pour atteindre le statut de mère[16]. Une autre stratégie consiste à représenter le jeune défunt plus âgé, signifiant son avenir prometteur s'il avait survécu[17].

La coroplathie

Les statuettes en terre cuite représentant l'allaitement sont rares en Grèce. C. Dubois en mentionne quatre pour les époques classique et hellénistique. Concernant l'époque classique, l'une provient d'une tombe d'Olynthe (ve s. av. J.-C.) (**fig. 3**)[18], l'autre de Lindos à Rhodes (ive s. av. J.-C.) (**fig. 4**)[19]. La statuette d'Olynthe représente une femme assise sur un siège. Celle-ci porte un manteau (*himation*) qui lui recouvre la tête. L'enfant est

---

8   BOSNAKIS 2013.
9   Une quatrième stèle pourrait être ajoutée mais son iconographie est sujette à discussion. Il s'agit de la représentation d'une femme assise avec un enfant sur les genoux tourné vers elle. La femme semble sortir son sein du vêtement pour le donner à l'enfant. Néanmoins, certains chercheurs voient un oiseau dans la main de la femme, à la place du sein. La stèle provient de Phalanna en Thessalie et est conservée au Musée de Volos, DUBOIS 2016, II, p. 859, n° IIc-RFun4.
10 Par exemple, DUCATÉ-PAARMANN 2003, IV, GG 10 (fig. ci-jointe) et GG 23.
11 La stèle est conservée au musée de Larissa (Thessalie) et date du troisième quart du ve siècle av. J.-C. BOSNAKIS 2013, p. 59.
12 BOSNAKIS 2013, p. 59. En Thessalie, la représentation de l'allaitement pourrait être le précurseur des images d'accouchement visibles par exemple sur les stèles peintes de Volos au iiie siècle av. J.-C. L'inscription sur l'une d'elle indique la mort en couche de la mère.
13 D'après une épigramme hellénistique de Démétrias évoquant la mort survenue le même jour d'une mère et de son enfant. BOSNAKIS 2013, p. 59.
14 À ce sujet voir par exemple DASEN 2015a, p. 28.
15 CLIVAZ 2014.
16 DASEN 2008, p. 50, note 31. Véronique Dasen évoque la tombe d'une enfant de 7 ans découverte à Apt, dans laquelle se trouvait une lampe à huile au médaillon représentant une scène érotique (DUMOULIN 1958, p. 216, fig. 21b). Voir aussi DASEN 2015a, p. 266 et 268, note 113.
17 Ce procédé est bien attesté en Égypte romaine, DASEN 2008, p. 41, note 4.
18 Olynthe, Musée archéologique, inv. 517. DUBOIS 2016, p. 853, n° IIb-TC3.
19 DUBOIS 2016, p. 853, n° IIb-TC4.

FIG. 3. Terre cuite représentant une femme à la tête couverte allaitant un enfant, nécropole Riverside d'Olynthe, seconde moitié du Ve siècle, Musée de Polygoros, inv. VII.32.254, Photo © Musée de Polygoros.

Fig. 4. Terre cuite représentant une femme à la tête couverte allaitant un enfant. Découverte à Lindos, lieu de conservation inconnu, IVe siècle av. J.-C., d'après Blinckenberg 1931, n° 2946, p. 694, pl. 136.

Fig. 5. Terre cuite de femme allaitant (haut. 10 cm, larg. 5,4 cm). Découverte à Tanagra, 375-340 av. J.-C, Paris, Musée du Louvre CA1328, Photo © RMN-Grand Palais (musée du Louvre) / Hervé Lewandowski?

placé dans le creux formé par son bras gauche. Son bras droit est posé sur le sein gauche, dans un geste visant probablement à faciliter la tétée. La tête de la femme est penchée vers l'enfant dans un geste naturel, rendant compte de sa préoccupation.

La figurine de Lindos présente une femme assise sur un siège, les pieds reposant sur un tabouret. Elle porte un chiton et, par-dessus, un himation qui lui couvre la tête et dans lequel est drapé l'enfant. Le sein gauche est dévoilé par le pan de vêtement détaché de l'épaule. L'enfant est maintenu par le bras gauche qui forme une sorte de corbeille. Son bras gauche atteint le sein qu'il semble téter. La femme a la tête penchée vers l'enfant et son regard dirigé vers lui.

Deux statuettes sont d'époque hellénistique. Elles proviennent de Tanagra en Béotie. Bien que toutes deux datées de la fin de la seconde moitié-fin du IVe siècle av. J.-C., celles-ci diffèrent l'une de l'autre, surtout par la position de la femme (mère, divinité ou nourrice). La première se tient avec un dos très droit, regardant vers le lointain (**fig. 5**), alors que la seconde est légèrement courbée en avant, dévoilant ses deux seins pendants (**fig. 6**). On retrouve ici le réalisme dont savent faire preuve les artisans béotiens. La femme semble d'ailleurs avoir des traits négroïdes. N'oublions pas que dans la *polis* grecque, les femmes étaient la plupart du temps voilées[20]. Les statuettes d'Olynthe et de Lindos rendent compte de cette réalité qui semble ignorée en Béotie. C. Dubois évoque un statut servile pour la première des statuettes béotiennes, en raison de l'absence de voile (**fig. 5**)[21]. S'agit-il de la nourrice ?

Cette hypothèse pourrait trouver confirmation dans la position relâchée et les traits négroïdes, soulignant l'altérité de la seconde statuette béotienne (**fig. 6**). Comme la précédente, celle-ci porte une coiffe (toutefois plus couvrante) qui retient la chevelure, et qui pourrait être synonyme d'un statut servile. Des parallèles iconographiques suggèrent toutefois que des critères d'hygiène, faisant état d'un certain professionnalisme, ont également pu être évoqués. Par exemple, un lécythe funéraire attique, contemporain des statuettes de Béotie, présente une femme debout, assistant Theophantê, la défunte, durant son accouchement (**fig. 7**). V. Dasen y voit une sage-femme, identifiée par « sa coiffe qui évoque le bonnet du médecin de Bâle (**fig. 8**) et la tenue des sages-femmes de l'époque romaine[22] ».

Le caractère satirique de la femme aux traits négroïdes s'inscrit dans la série des vieilles femmes courotrophes produites à la même époque. Ces dernières portent également un petit bonnet rond, laissant apparents les cheveux encadrant le visage. Dans son étude sur la représentation de la vieillesse en Grèce archaïque, Patrizia Birchler Emery a expliqué ainsi le choix de représenter la nourrice vieille : « l'âge marque la durée du lien unissant l'éducatrice et son ou sa protégé(e)[23] ». Ce choix a prévalu dès la fin du VIe siècle av. J.-C. dans les scènes de *prothesis* ou d'exposition du mort, où le défunt a déjà atteint l'âge adulte[24]. Le type de la vieille nourrice s'est imposé à l'époque classique, dans les représentations épiques comme au théâtre. Il perdure à l'époque hellénistique. Ce type est celui de la nourrice idéale dont l'âge garantit l'accompagnement jusqu'à la puberté du nourrisson qu'elle porte sur ses genoux. Quant au bonnet, la question se pose à nouveau : est-il ici synonyme de professionnalisme ou d'un statut servile ? La lecture de P. Birchler Emery nous amène plutôt à y voir une confirmation supplémentaire des qualités de la « bonne nourrice », induites par la statuette. Mais P. Birchler Emery va plus loin. Associant la vieille nourrice aux patèques et démons ventrus des époques précédentes, elle l'interprète

---

20 BRULÉ 2007, p. 322.
21 DUBOIS 2016, p. 116, note 80.
22 DASEN 2016, p. 14.
23 BIRCHLER EMERY 2010, p. 759.
24 *Ibid.* p. 755.

FIG. 6. Terre cuite de femme allaitant un enfant, les deux seins tombants sont découverts (Ht. 13,6 cm), découverte dans une sépulture de Tanagra. Munich, Staatliche Antikensammlung NI 8915, Photo © Staatliche Antikensammlung.

Fig. 7. Lécythe en pierre, représentant une femme durant son accouchement, et entourée de deux femmes portant une coiffe, épitaphe de Killaron, découverte à Athènes, propriété du Musée du Louvre, MND 726, Ht. 145 cm, Larg. 72 cm, (*long term loan* Musée Calvet, Avignon), Photo © 2022 Musée du Louvre / Antiquités grecques, étrusques et romaines.

comme une figure démonique que son statut médiatique situe entre le monde des humains et des dieux[25]. Elle joue en effet un rôle d'intermédiaire, de passeur, investi de la mission d'amener l'enfant, le sauvage, à l'âge adulte, c'est-à-dire d'en faire un individu civilisé[26]. Par son altérité, symbolisant le « barbare », la statuette aux traits négroïdes s'inscrit pleinement dans cette idéologie et la préférence pour des nourrices thraces.

La peinture sur vase

La peinture vasculaire de Grèce ancienne est d'un apport exceptionnel pour notre recherche. Tout aussi rares sur ce support, deux scènes d'allaitement ont toutefois été découvertes sur des hydries athéniennes à figures rouges de la seconde moitié du Ve siècle av. J.-C. L'allaitement n'y figure pas au hasard. Il s'inscrit dans le récit mythologique. Les deux scènes préfigurent un meurtre à venir[27]. La première représente Ériphyle allaitant son fils Alcméon, sous le regard de son père Amphiaros (**fig. 9**). Tout dans la scène suggère le drame qui se prépare : les coqs significatifs de combat[28] comme le regard échangé entre père et fils. Ce dernier échange témoigne de la promesse qu'Alcméon fait à Amphiaros de venger sa mort prochaine, tramée par Ériphyle. La mise en scène choisie par l'artiste évoque le complot. Il place Ériphyle de manière à ce que son mari ne voie que son dos alors qu'elle observe le coq, méditant sur son futur méfait. Pourquoi avoir choisi une scène d'allaitement pour illustrer ce récit tragique ? Est-ce une mise en avant de la nature

---

25 Aussi Dasen 2015b.
26 Au sujet du statut de la nourrice, Vilatte 1991 ; Alaux et Létoublon 1991, p. 74.
27 L'étude de ces scènes et les matricides sont traités par Damet 2011. Voir aussi Delcourt 1959.
28 Lissarague 1992, p. 187 ; Hoffmann 1974.

FIG. 8. Stèle d'un médecin. Assis, il est barbu et porte une coiffe. Sur le fond sont figurées les ventouses utilisées pour les saignées, Antikenmuseum Basel und Sammlung Ludwig, Photo © Antikenmuseum Basel und Sammlung Ludwig, Andreas F. Voegelin.

Fig. 9. Hydrie attique à figure rouge, Ht. 27 cm., vol. 3.7 l., vers 450 av. J.-C., découverte en Attique, Berlin, Staatliche Antikensammlung, inv. F 2395, Photo Johannes Laurentius, CC BY-SA 4.0.

sauvage de la mère transmise à son fils ? La seconde scène pourrait le confirmer mais on peut aussi suggérer qu'elle avait pour objectif d'indiquer des liens de lait (-de sang), des liens familiaux qui sont rompus. Cette fois, il s'agit de l'enfant Oreste allaité par sa nourrice (Arsinoé) (**fig. 10 et 11**). À l'avant-plan, Clytemnestre, sa mère, est occupée à se faire belle. Selon le récit, Clytemnestre fait tuer son mari Agamemnon par son amant. Une fois devenu grand, l'enfant Oreste venge son père. Dès lors, la représentation de l'allaitement sur ces deux hydries, vases généralement utilisés par les femmes pour transporter de l'eau, semble avoir eu une fonction moralisante, rappelant la conduite que devait tenir la mère de citoyens, comme le rappelle justement Électre à sa mère Clytemnestre[29].

Représenter l'allaitement c'est aussi symboliser une rupture au sein de l'*oikos*, en signifier l'arrachement de l'enfant, comme cela ressort d'une scène peinte disparue et décrite par Pausanias. Celle-ci se trouvait dans le sanctuaire d'Apollon à Delphes et montrait Astyanax, fils royal d'Hector et d'Andromaque, arraché du sein de sa mère, lors de la chute de Troie[30].

La rareté du motif de l'allaitement en Grèce ancienne reste difficile à interpréter. Pour D. Bosnakis la raison serait que les Grecs n'adhéraient pas, contrairement aux Égyptiens, à un concept métaphysique de la vie après la mort, dans lequel le lait aurait été symbole de renaissance[31]. Le recours à ce fluide corporel spécifique était dès lors limité aux cultes à mystères[32]. Pour Larissa Bonfante, l'art grec ne pouvait représenter ce qui relevait du barbare, de la servitude et du sauvage[33]. Destinée avant tout à une élite et à être vue durant les banquets, la peinture sur vase de l'époque classique relevait de choix iconographiques adressés aux convives. Dispensé dans la sphère privée, l'allaitement n'y avait pas sa place, hormis dans le but d'en tirer des leçons de vie. D'autres destinations des vases, notamment le contexte funéraire, ont favorisé la représentation de scènes plus intimistes représentant

---

29 EURIPIDE, *Électre* 1063-1075.
30 PAUSANIAS, *Périégèse* X, 25, 9. Il existe différentes versions du mythe. Dans la plupart Astyanax est tué alors que d'autres traditions suivies notamment par Tite-Live, le font survivre avec sa mère et même fonder une nouvelle Troie.
31 BOSNAKIS 2013, p. 58-59.
32 BOSNAKIS 2013, p. 59.
33 BONFANTE 1989, p. 99 et 1997, p. 174-175. Voir aussi SUTTON 2004.

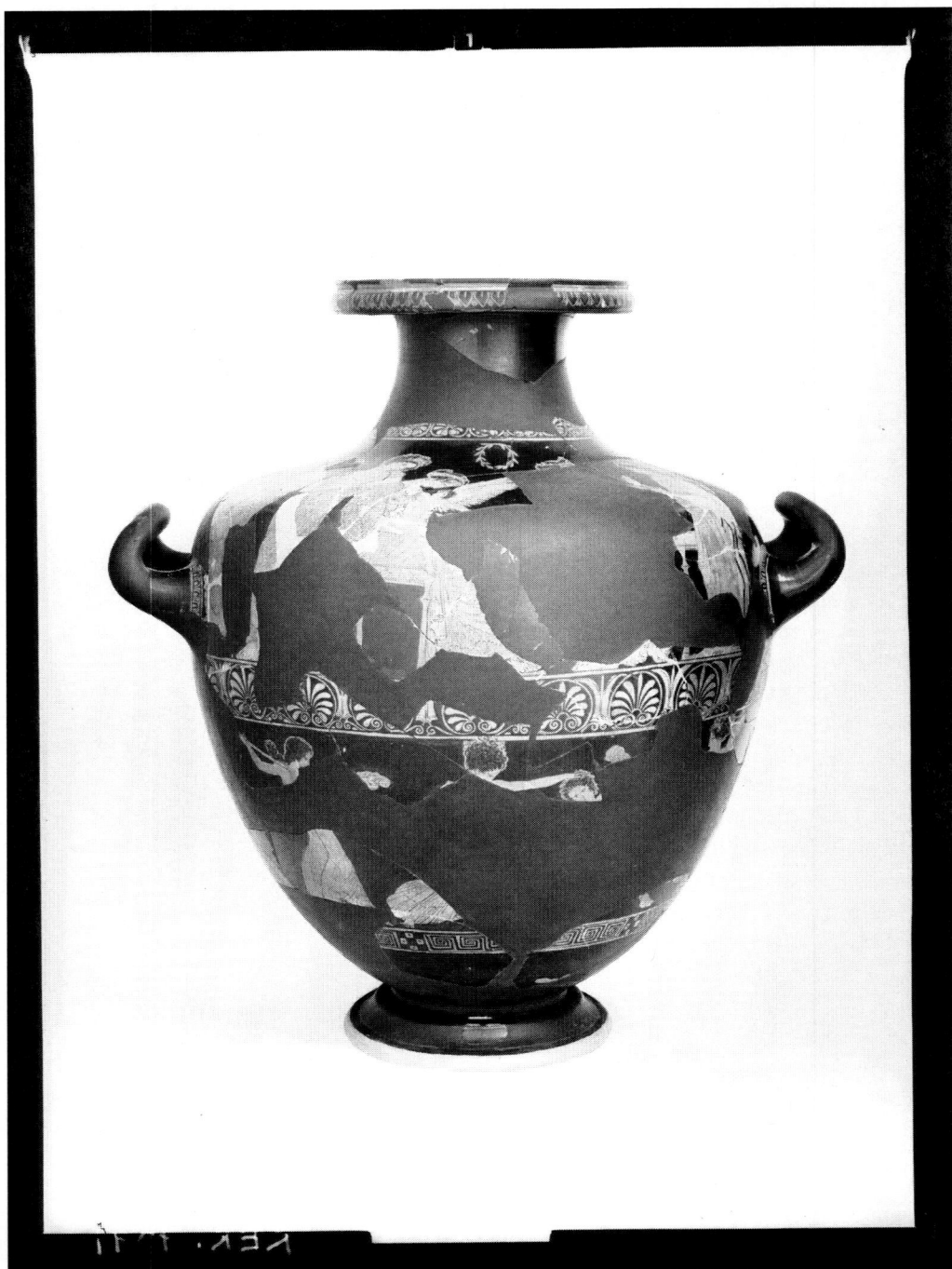

FIG. 10. Hydrie attribuée au peintre de Meidias, découvert dans une sépulture de la nécropole du Céramique à Athènes, conservé au Musée du Céramique, inv. 2712, Photo © D-DAI-ATH-Kerameikos-07091, Photo Eva-Maria Czakó.

Fig. 11. Dessin représentant l'épaule de l'hydrie du Céramique. Dessin tiré de Couëlle 1998, p. 156. fig. 3.

la vie quotidienne dans le gynécée, les femmes et les enfants, sans que l'allaitement y figure pour autant[34].

En Sicile et dans la péninsule italique

Nettement mieux représentée en Sicile et dans la péninsule italique, la figuration de l'allaitement est adoptée dès le Ve siècle av. J.-C. en Grande Grèce, ce qui coïncide avec la production de VBT dans la région[35]. Les scènes apparaissent d'abord à Agrigente et à Géla, en contexte funéraire comme votif. Au IVe siècle av. J.-C., les ateliers de Capoue produisent de nombreuses figurines qui sont diffusées dans l'ensemble de la Campanie et même copiées.

La statuaire

Une statue en pierre calcaire représentant une femme allaitante provient de Megara Hyblea (milieu du VIe siècle av. J.-C.) en Sicile[36] (**fig. 12**). Sa tête est manquante. Assise sur un siège, elle est enveloppée dans un grand manteau et tient deux nourrissons. Ce motif

---

34   La représentation de l'*oikos* apparaît sur les lécythes à fond blanc dès 490, alors que les enfants prévalent dès 425 av. J.-C. sur les choés.
35   Ducaté-Paarmann 2003, p. 98. C'est à ce moment que le VBT est décliné en différentes formes : bec plus ou moins long, large, passoire dans l'embouchure, etc.
36   Conservée au Musée archéologique régional de Syracuse. Bonfante 1989, pl. XXXV.

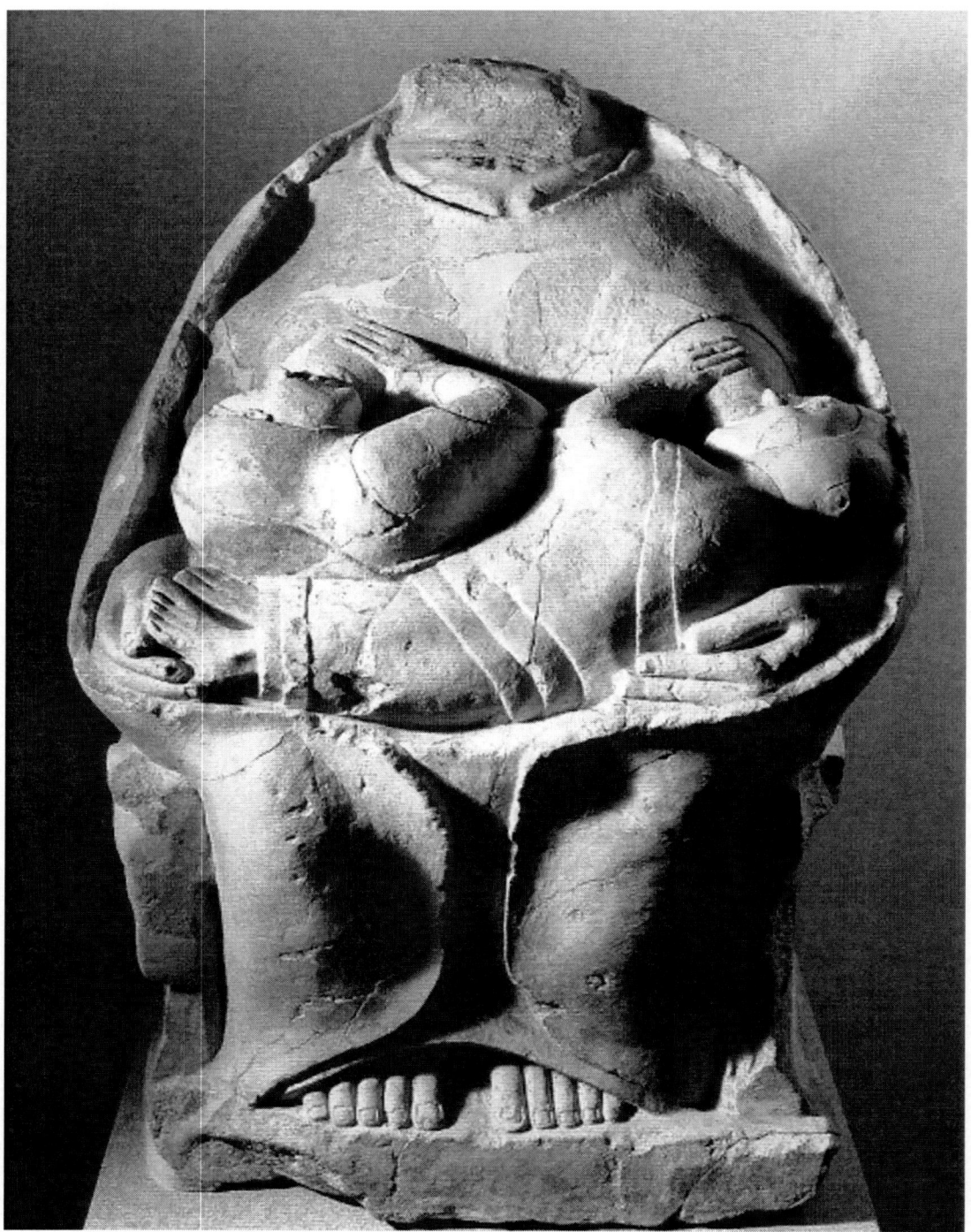

FIG. 12. Statuette en calcaire de personnage féminin assis allaitant deux enfants. Megara Hyblea (Sicile), moitié du VIe s. av. J.-C., Syracusa, Museo archeologico Regionale P. Orsi, 53234, Photo © Museo archeologico Regionale P. Orsi.

de gémellité particulièrement rare en Grèce, a du succès dans la péninsule italienne[37]. En Étrurie, d'autres représentations en pierre, généralement nommées *Mater Matuta*, faisaient office d'urnes funéraires, notamment à Chiusi (vers 475 av. J.-C.). Ainsi que l'a observé Sandrine Ducaté-Paarmann, les statues en ronde-bosse restent des cas isolés, la plupart du temps associées à un contexte funéraire. La statue aux jumeaux de Mégara faisait office de marqueurs de tombe, celle de Chiusi contenait les ossements du défunt, alors que la courotrophe dite Maffei était un objet votif, si on se fie à la dédicace en étrusque figurant sur son bras droit (**fig. 13**)[38]. Cette dernière était également associée à une tombe qui contenait plusieurs vases de belle facture, des miroirs en bronze et des monnaies permettant une datation entre la fin du IVe siècle et le début du IIIe siècle av. J.-C.[39] L'association de ce type de représentation avec le monde des morts, n'est pas étonnant puisque cultes et divinités chthoniens sont étroitement liés à ceux de la fertilité dans les civilisations dont nous traitons. Les motifs de la mort et du nourrissage par une divinité font partie des mythes, comme cela transparaît de celui de Déméter cherchant sa fille Coré[40].

S'ajoute à ces exemplaires, une série de Capoue réalisée en tuf dont l'aspect grossier était originellement masqué par une couche picturale (**fig. 14**). Difficile à dater, cette production compte une centaine de pièces découvertes en contexte votif. Leurs dimensions sont comprises entre 20 cm et 150 cm. La plupart du temps assises sur un trône, les figures féminines portent entre un et vingt-huit enfants alignés en éventail sur leurs bras. La plupart du temps, les enfants ne tètent pas le sein[41].

La coroplathie

À l'instar des exemplaires en pierre, la coroplathie présente des variantes du type courotrophique. Le type réalisé à Géla, en Sicile, reproduit la gestuelle codifiée de la déesse *Isis lactans*, c'est-à-dire tenant son sein gauche de la main droite (**fig. 15**). La figure féminine est assise sur un siège, ses pieds sur un repose-pied. La production se multiplie en Italie au IVe siècle av. J.-C., par exemple à Paestum et à Tarente. À Paestum, la femme allaitante est assise sur un siège à bandeau (*klismos*) et allaite un bébé emmailloté couché sur ses genoux (**fig. 16**). La particularité de ce type réside dans le châle qui enveloppe le haut et le bas du visage de la femme, ne laissant visibles que quelques mèches sur le front et au niveau des oreilles[42]. À la même époque, Tarente produit un groupe de femmes assises portant un enfant nu, vu de dos. La femme est vêtue d'une longue tunique, d'un manteau léger et coiffée d'un diadème. Sa main est délicatement posée sur le bras de l'enfant, appuyé contre sa poitrine.

Les productions paestanes vont être imitées ou importées par les ateliers de Capoue, avec une prédilection pour le type particulier où la femme porte un curieux châle enveloppant sa tête. Elle allaite parfois un grand enfant debout à ses côtés[43].

---

37 BONFANTE 1989, p. 87 ; DASEN 2005.
38 Le nom de la dédicante est Velchina Se[tra ?]. Voir BONFANTE 1989, p. 89 et aussi BIANCHI BANDINELLI 1968.
39 TORELLI 1968, p. 240.
40 Voir ÉLIADE 1949, p. 298.
41 Il s'agit des exemplaires C151, C160, C164 et C168 du catalogue de DUCATÉ-PAARMANN 2003, p. 104.
42 Par exemple, DUCATÉ-PAARMANN 2003, IV, GG 10 et GG 23.
43 DUCATÉ-PAARMANN 2003, p. 107, type C13, pl. 51a.

FIG. 13. Statue d'une femme tenant un enfant, dite Maffei, avec inscription sur le bras droit, IIIe s. av. J.-C., Museo Etrusco Guarnacci di Volterra, Photo de Damiano Dainelli.

FIG. 14. Statuette en tuf, personnage féminin assis tenant 6 enfants, découverte à Capoue, IIIe siècle av. J.-C., Museo di Santa Maria di Capua Vetere, Photo © Museo di Santa Maria di Capua Vetere.

Fig. 15. Terre cuite de femme allaitant, type Isis lactans, découvert dans une tombe de la nécropole Passo Marino a Camarina, Ragusa, Museo archeologico 24075, milieu Ve s. av. J.-C., d'après Ducaté-Paarman 2003.

Fig. 16. Statuette en terre cuite de femme allaitant, Capaccio, sanctuaire de Santa Venera, IVe s. (haut. 11,6 cm × larg. 5,7 cm), Museo archeologico di Paestum, VS 4556, d'après DUCATÉ-PAARMAN 2003, cat. GG10.

Fig. 17. Terre cuite de femme allaitant, Véies, sanctuaire de Campetti 1 (haut. 18 cm, larg. 6,4 cm), première moitié du Ve s. av. J.-C., Roma, Museo Nazionale Etrusco di Villa Giulia, inv. 1840-2015, Photo ©Museo Nazionale Etrusco di Villa Giulia. Archivio fotografico. Mauro Benedetti.

En Campanie, au sanctuaire de Fondo Patturelli, cinq figurines tiennent un enfant qu'elles allaitent du sein gauche[44]. Les dimensions de ces exemplaires vont de 20 à 105 cm. Leur production est de longue durée puisqu'elle est datée entre la fin du IVe siècle av. J.-C. et le début du IIe siècle av. J.-C.[45] La variété des coiffures, des vêtements, et des nombreux bijoux portés par les femmes, et aussi par certains enfants (l'un d'eux a un collier peut-être d'amulettes) permet des compositions originales. En Étrurie, l'enfant allaité par une femme apparaît déjà au Ve siècle av. J.-C., c'est-à-dire un peu avant son apparition en Italie du Sud. Les ateliers de Véies en sont les précurseurs avec un type où le nourrisson est allaité du sein gauche. Le sanctuaire de Campetti 1 a livré un nombre particulièrement important de figurines allaitantes (**fig. 17**)[46]. Suivent les ateliers de Cerveteri[47].

La peinture sur vase

C'est au IVe siècle av. J.-C. que l'allaitement fait son apparition dans la peinture sur vases italiote, c'est-à-dire plus d'un demi-siècle après les deux représentations à figures rouges de Grèce. Le cadre est toutefois bien différent de celui rencontré en Grèce puisque la figure allaitante est une déesse. Il s'agit parfois d'Aphrodite allaitant le nourrisson Éros. L'allaitement d'Éros par Aphrodite apparaît sur une pyxide du peintre de Lipari (fin IVe siècle av. J.-C.) (**fig. 18**) et sur un lécythe apulien conservé à Tarente, où de petits amours sortent d'un caisson (**fig. 19a et b**) ainsi que sur une gemme sertie dans une bague en or (**fig. 20**).

---

44 C145, C150, C165, C167m pl. 49. DUCATÉ-PAARMANN 2003, p. 104.
45 *Ibid.*
46 Voir DUCATÉ-PAARMANN 2003, VI, cat. E60-E66.
47 Larissa Bonfante montre bien que l'allaitement fait partie du répertoire des artisans étrusques à une époque où il est pratiquement absent en Grèce. BONFANTE 1984a, p. 229-239 ; 1984b, p. 1-17 ; 1985, p. 195-203 ; 1989a, p. 85-106 ; 1997, p. 174-196.

REPRÉSENTER L'ALLAITEMENT AU SEIN 221

FIG. 18. Aphrodite allaitant Éros, pyxide du peintre de Lipari, découvert dans la tombe 309 de la nécropole de Lipari, Museo Eoliano 745, Photo Davide Mauro — Travail personnel, CC BY-SA 4.0, https://commons.wikimedia.org/w/index.php?curid=65347644

FIG. 19a et b. Aphrodite allaitant Éros, lécythe pansu à figure rouge, Apulie, Museo Archeologico di Taranto, inv. 4530, d'après le LIMC II, 2, p. 124. 1237, face A et B.

FIG. 20. Gemme gravée avec Aphrodite allaitant Éros, sertie dans une monture en or, découvert dans une tombe de Kerch, conservée à l'Hermitage, V-IVe siècle av. J.-C., LIMC II, 2, p. 91, n° 291, dessin S.Jaeggi-Richoz.

Sur un lécythe de Naples, la scène de l'allaitement s'inscrit dans un cadre dionysiaque (**fig. 21**). C'est alors l'enfant Dionysos, la tête ornée de petites cornes, qui est cette fois allaité par une déesse non identifiée. S'agit-il d'Ino, d'une nymphe de Nysa ou encore de

Fig. 21. Dionysos allaité par Aphrodite, lécythe à figure rouge de Naples, collection Castellani, dessin S. Jaeggi-Richoz d'après Reinach 1899, p. 312 (*LCS* p. 174, n° 1010).

Perséphone comme le suggère Hélène Cassimatis[48] ? Éros y est également présent[49]. Il vole, associé à une colombe, au-dessus d'un jeune homme tenant un lécythe et une palme[50]. Un grand thyrse orné de bandelettes et la présence d'une panthère ajoutent au caractère dionysiaque. H. Cassimatis interprète la scène comme une initiation cultuelle, qu'elle met en parallèle à des lamelles orphiques dont l'une provenant de Pelinna en Thessalie[51]. En forme de feuille de vigne, celle-ci contient le texte suivant :

> Tour à tour tu es mort et tu es né, ô trois fois bienheureux en ce jour. Dis à Perséphone que c'est Bacchios lui-même qui t'a délivré. Taureau tu as couru vers le lait : immédiatement vers le lait tu as couru : agneau tu t'es élancé vers le lait. Tu as le vin en prix, ô bienheureux[52]

D'autres lamelles découvertes à Thourioi, sur le Golfe de Tarente, font référence au « sein de la reine des Enfers (χθονίων) » dans lequel l'initié s'était immergé disant :

---

48 Cassimatis 2008, p. 60.
49 L'association d'Éros et des nymphes perdure après le tournant du millénaire. Dans le récit de Daphnis et Chloé, elles servent d'auxiliaires au jeune dieu ; voir Alaux et Létoublon 1991, p. 84.
50 Trendall 1967, I, 2, p. 167, n° 1010, dessin de Reinach (*RV* I), p. 312.
51 Lamelles IIB3 et IIB4.
52 Pugliese-Caratelli 2003, p. 117-124 ; Cassimatis 2008, p. 60.

Fig. 22a. Aphrodite allaitant Éros, Squat lekythos à figure rouge (Ht. 28 cm × Larg. 12,6 cm), Anzi, Basilicate, produit en Apulie (365-350 av. J.-C.), British Museum, inv. 1846,0925.13 © British Museum.

Chevreau je me suis élancé dans le lait[53].

Le caractère chthonien des figures allaitantes, déjà évoqué au sujet de la statuaire, prévaut aussi sur les vases italiques.

---

53 Lamelle IIB1 ; CASSIMATIS 2008, p. 61. En Élide (ouest du Péloponnèse), Dionysos était appelé taureau (ταῦρε).

Fig. 22b. Dessin déroulé du Squat lekythos, Anzi, Basilicate, produit en Apulie, d'après Renard 1964, fig. 6.

Unique sur un lécythe apulien (*squat lecythos*) provenant d'Anzi (Basilicate) conservé au British Museum, une scène représente Aphrodite allaitant Éros (**fig. 22a et b**)[54]. Celle-ci fait écho aux figurations des miroirs étrusques dont nous allons parler ci-dessous[55].

Bien différentes des scènes d'allaitement des vases grecs, puisqu'elles ne sont pas le véhicule du malheur, les représentations italiotes amènent toutefois à se demander quelle motivation a poussé les peintres à représenter l'allaitement d'une divinité par une autre divinité ? Peut-on y voir un signe d'agrégation comme cela a été démontré pour les représentations d'Héra allaitant Héraclès[56] ? Les légendes portant sur la naissance et la généalogie d'Éros sont nombreuses et divergentes. Pour certaines, il est l'équivalent des dieux créateurs, pour d'autres, le fils d'Aphrodite. Parfois, il est même fils et amant de la déesse. Est-ce cette duplicité des rôles, ayant pour parallèle le διμορφισμ de Dionysos[57] que les peintres ont voulu reproduire ?

Portant sur une situle à figures rouges conservée au Musée d'art et d'histoire de Genève, un article d'A. Campanolo rejoint l'association que fait H. Cassimatis entre les scènes peintes et les lamelles orphiques. A. Campanolo montre bien l'importance des cultes bachiques et donc chtoniens en Italie du sud, lieu de provenance de ces objets[58]. Selon le chercheur, la production italique avait une vocation eschatologique, permettant au commanditaire de visualiser son espérance garantie par les cultes à mystères adoptés depuis le début de l'époque archaïque. Comme d'autres vases de forme identique, la situle genevoise comprend les figures d'Aphrodite « [...] Force cosmique créatrice et nourricière »[59] pour reprendre les termes d'A. Campanolo et d'Éros. Aphrodite a eu une influence immense

---

54 Bayet 1926, p. 150-154 ; Renard 1964, p. 613-615.
55 Bonfante 1989, p. 89, note 21 ; British Museum database [en ligne] http://www.britishmuseum.org/research/collection_online/collection_object_details.aspx?objectId=463602&partId=1&searchText=hera+heracles&-page=1 (consulté le 25.02.2018). Numéro du musée : 1846,0925.13, daté entre 365-350 av. J.-C. RVA, p. 15,1.
56 Pirenne-Delforge 2010.
57 Au sujet du dimorphisme, voir Turcan 1958, p. 293, selon la définition de Diodore 4, 5, 2. Dans la même idée, Plutarque évoque un Dionysos père et un Dionysos fils (Plutarque, *Isis et Osiris* XXXVII, 6). Voir aussi Campagnolo *et al.* 2006, note 22.
58 *Ibid.*, p. 44.
59 Campagnolo *et al.* 2006, p. 46, note 30.

sur la peinture vasculaire où elle est couramment associée à des personnifications, dans un contexte surtout nuptial. « Ces figures sont toutes liées aux croyances ésotériques sur une vie après la mort, dont Bacchus est la figure centrale[60] ». Associé au cortège dionysiaque sur la peinture vasculaire, comme plus tard sur les sarcophages romains, la figure d'Éros semble avoir été porteuse d'une même promesse de renaissance que celle de Dionysos. Son allaitement par Aphrodite pourrait avoir eu pour modèle celui d'Héraclès. D'ailleurs est-ce un hasard si l'une des rares figurations peintes qui nous soit parvenue de l'allaitement d'Héraclès représente de manière pratiquement symétrique, « en miroir », Aphrodite et le jeune Éros (**fig. 22b**)[61] ?

Probablement considérées comme transgressives et incestueuses dans la culture grecque, les deux scènes d'allaitements italiques évoquées ici, n'ont pu avoir été créées au hasard. Doit-on y voir une allusion satirique dans ces contrées ou le théâtre a eu un énorme succès, ou l'outre-passement des normes permis par le cadre eschatologique[62] ?

Les objets métalliques

En Italie, la plus ancienne représentation de l'allaitement sur un élément métallique figure sur un harnachement de chevaux en bronze. L'objet était placé dans une tombe féminine aristocratique de Decima dans le Latium, datée du VIIIe siècle av. J.-C.[63] Il s'agit d'un *unicum* qui ne semble pas avoir eu de postérité.

Une production singulière par ses motifs est celle des miroirs en bronze étrusques, dont la face arrière est gravée de scènes mythologiques. Comme sur le lécythe d'Anzi, l'une de ces scènes évoque[64] un allaitement divin : celui d'Héraclès par Héra (Erclé et Uni)[65]. À la différence du lécythe où Éros apparaît sous les traits d'un enfant, les miroirs montrent le héros au seuil de l'âge adulte (**fig. 23**), portant parfois la barbe (**fig. 24**)[66]. Cette interprétation iconographique du mythe semble liée à des préférences locales plutôt qu'au support. Elle apparaît en effet sur un cratère falisque[67] daté vers le milieu du IVe siècle av. J.-C. (**fig. 25**)[68]. Pour Vinciane Pirenne-Delforge ce choix va de pair avec la prédilection, sur le sol italique, pour les représentations de femmes allaitantes[69]. La

---

60 *Ibid.*
61 Découvert à Anzi, province de Basilicate, daté de la moitié du IVe siècle av. J.-C. ; voir Pirenne-Delforge 2010, p. 691, fig. 1.
62 Pour les anciens, le monde des morts est un monde à l'envers ; voir Scheid 1984.
63 Bonfante 1989, p. 86.
64 Le lécythe d'Anzi est réalisé par des ateliers grecs dans le sud de l'Italie ; voir Pirenne-Delforge 2010.
65 Le motif de l'allaitement apparaît différemment chez Lycophron, *Alexandra*, 39 (époque hellénistique), Diodore de Sicile IV, 9, 6-7 (Ier siècle av. J.-C.) et chez Pausanias IX, 25, 2 (IIe siècle apr. J.-C.). Néanmoins, l'enfance et l'apothéose d'Héraclès sont déjà présentes au début du Ve s. av. J.-C. chez Pindare. Pour les passages sur l'enfance d'Héraclès, voir Brillante 1992, p. 201.
66 Sur trois de ces miroirs, Héraclès est représenté adolescent (l'un vient de Vulci, l'autre est conservé à Bologne, Museo Civico Archeologico di Bologna, inv. 1075, le troisième de Tarquinia). Sur celui de Volterra, il est barbu et donc adulte (Firenze, Museo Archeologico Nazionale, inv. 72740). Au sujet des miroirs, voir Renard 1964 ; Bonfante 1989, notamment p. 89 et pl. XXXVII-XXXVIII ; Pirenne-Delforge 2010.
67 Peuple du sud-est de l'Étrurie dont la capitale était *Falerii*, aujourd'hui Civita Castellana.
68 Il s'agit d'un adolescent imberbe. Le cratère est conservé à la Villa Giulia ; voir LIMC, *s.u.* « Herakles/Hercle », n° 401.
69 Pirenne-Delforge 2010, p. 695.

FIG. 23. Héra allaitant Héraclès adolescent, miroir étrusque en bronze, milieu IVe s. av. J.-C. Museo archeologico di Bologna, 1075, d'après RENARD 1964, pl. XXX, fig. 1.

FIG. 24. Héra allaitant Héraclès barbu, miroir étrusque, milieu IVe s. av. J.-C. Museo archeologico di Firenze, 72740, d'après RENARD 1964, pl. XXXI, fig. 3.

chercheuse démontre en outre qu'Héra, figurée en tant que nourrice, « forge Héraclès par les épreuves » qu'elle lui impose et qui vont l'amener « au seuil de l'*hébé* »[70]. Fille d'Héra, Hébé incarne, par son nom, la « jeunesse rayonnante »[71]. Elle est donnée en mariage à Héraclès au terme de ses travaux. Cette union est le motif choisi par les Grecs pour représenter le mythe, convergent vers l'agrégation du demi-dieu à la famille des Olympiens[72]. Bien que la transcription iconographique diffère en terre étrusque, l'idéologie reste la même comme l'indique l'inscription présente sur l'un des miroirs : « Ceci

---

70 *Ibid.*
71 D'après Chantraine, Ἥβη est employé dans la poésie éolienne avec le sens de « jeunesse, vigueur, puberté ». Il peut aussi désigner le sexe de l'homme ou de la femme. CHANTRAINE 1968, *s.u.* « ἥβη », p. 404.
72 Voir *LIMC* IV, I, *s.u.* « Hebe », p. 458-464 ; LAURENS 1996.

FIG. 25. Héra allaitant Héraclès adolescent, cratère falisque, Roma, Museo Nazionale Etrusco di Villa Giulia, Photo ©Museo Nazionale Etrusco di Villa Giulia. Archivio fotografico. Fabio Baliani.

montre comment le mortel Erclé est devenu le fils légitime d'Uni »[73]. L'image est dès lors bien le reflet « d'un rite d'intégration, d'un rite d'initiation, d'un rite de résurrection » pour reprendre les termes de Vinciane Pirenne-Delforge[74]. Les artisans étrusques ont vraisemblablement voulu accentuer le cheminement ayant conduit à l'agrégation et à l'immortalité. Cette valorisation s'adresse-t-elle au défunt et à son parcours ? Il pourrait aussi s'agir d'un stratagème politico-social, inscrit dans l'idéologie contemporaine aux miroirs, établie par les frères *Ogulnii*[75].

Une autre scène placée sur un miroir en bronze s'inscrit dans le cadre intimiste de la maison. Hélène y reçoit la visite de la déesse Turan (Aphrodite) alors qu'elle allaite sa fille Ermione (**fig. 26**)[76]. Si l'on se réfère à la clef de lecture mise en évidence par V. Pirenne-Delforge, l'accent est ici porté sur la croissance de la jeune enfant, préfigurant son futur statut d'épouse. Sa nourrice, la belle Hélène, doublée de la déesse Aphrodite, sont autant de gages de sa beauté et de sa nubilité[77]. Cette mise en image pourrait avoir sa source dans un passage des *Histoires* d'Hérodote[78]. Au livre VI, évoquant la succession des rois de Sparte, l'historien fait mention du destin royal d'une enfant laide que sa nourrice conduit tous les jours au sanctuaire d'Hélène. Un jour, au retour, une femme s'adresse à elle, lui demandant de lui montrer l'enfant. Après hésitation, la nourrice obtempère. Touchant le front de l'enfant, la femme, qui n'est autre qu'Hélène, déclare qu'elle deviendra la plus belle femme de Sparte.

Cela démontre l'importance de la nourrice dans le destin de l'enfant. Hélène divinisée intervient comme une aide à la nourrice mortelle, à laquelle elle se superpose. Réduisant le discours au minimum, le graveur du miroir met alors en image la « véritable nourrice » de l'histoire, c'est-à-dire celle qui forme l'enfant. L'association d'Aphrodite/Turan à Hélène souligne l'effet positif de l'allaitement sur la croissance de l'enfant. Puisque la sphère d'action d'Aphrodite concerne avant tout le corps et ses développements, sa présence

---

73 *LIMC*, s.u. « Herakles/Hercle », n° 404.
74 Pirenne-Delforge 2010, p. 695 ; voir n. 33 où l'auteure cite les chercheurs ayant suggéré cette interprétation de Jean Bayet (1926) à Carlo Brillante (2007).
75 Ces derniers sont à l'origine de la Louve placée au Lupercal. Voir *infra*, p. 469.
76 Il s'agit d'une des rares représentations où le sexe de l'enfant est féminin. Lieu de conservation : Cabinet des Médailles, Paris. Voir Bonfante 1989, p. 92, n. 33.
77 Brulé 1987, p. 301-305.
78 Hérodote, *Histoires*, VI, 61.

FIG. 26. Aphrodite au chevet d'Hélène après la naissance d'Hermione découvert à Pérouse, Miroir en bronze conservé au Cabinet des Médailles, Paris, entre 500 av J.-C. et 475 av J.-C., Photo © Cabinet des Médailles.

est des plus adéquates dans ce cadre[79]. Patronnant la sexualité, elle agit sur le fruit des unions[80]. À Sparte, elle est évoquée avec Héra par les mères qui veulent assurer le mariage de leurs filles[81].

Produits pour une élite, les miroirs étrusques offrent une mise en image revisitée des mythes et cultes grecs[82]. Favorisée sur ce support qui renvoie à la beauté et à la fécondité, la représentation de l'allaitement est porteuse d'un message aux multiples facettes[83]. Elle renvoie au développement physiologique, à l'agrégation du ou de la défunt(e) au monde des dieux et aussi à une sorte de renaissance des défunts. En effet, les libations auxquelles Aphrodite présidait à Delphes « avaient pour objectif occasionnel de revigorer les morts et de leur rendre la faculté de communiquer avec les vivants[84] ». La présence d'Aphrodite sur plusieurs exemplaires, comme aussi dans la peinture sur vase, reproduit les fonctions dont elle est déjà investie en Grèce[85]. Ainsi, celle qui n'allaite pas dans les sources écrites, nourrit Éros de son lait sur les vases apuliens et seconde les mères dans cette tâche en Étrurie. Indissociable du support, sa présence sur les miroirs ne peut manquer d'évoquer la beauté et l'ἥβη de l'individu en devenir.

À Rome et en Gaule romaine

La statuaire

En Gaule, l'allaitement figure très rarement dans la grande statuaire. Il est mis en scène sur deux monuments funéraires d'une certaine importance. Le premier provient de Cologne[86] (**fig. 27**). Il s'agit de l'un des rares documents iconographiques où la nourrice est identifiable avec certitude par l'apposition, à deux reprises, de son nom et de sa fonction [SEVERINA NUTRIX][87]. Il a la forme d'un monument à toit en bâtière présentant un fronton couronnant quatre colonnettes. Il comprend trois panneaux, dont un central divisé en deux registres et deux latéraux. Sur le panneau central, un *clipeus* représente la personne défunte. Celui-ci surmonte l'inscription [MEMORIAE] qui prend place sur un bandeau séparant le *clipeus* de la figure d'un jeune berger portant un mouton sur ces épaules (criophore[88]). À ses pieds se trouvent deux autres moutons. L'un est endormi alors que l'autre a la tête relevée en direction du berger. Daté du IIIe siècle apr. J.-C. (style

---

79 CALAME 1977, p. 228 ; PIRENNE-DELFORGE 2010, p. 696.
80 *Ibid.*
81 *Ibid.*
82 BONFANTE 1989, p. 89 ; PIRENNE-DELFORGE 2010, p. 693.
83 Vernant et Frontisi-Ducroux 1997.
84 PIRENNE-DELFORGE 1994, p. 420, note 230.
85 Pirenne-Delforge 1994.
86 Il est conservé au Römisch-Germanisches Museum, inv. 74.414, ht 83 cm, larg 52,5 cm. Voir COULON 2004, p. 48, 52-53 ; DASEN 2015a, p. 266-267.
87 L'inscription [SEVERINA NUTRIX] est reprise sur les deux faces latérales ; voir LAZZARO 1993, p. 240.
88 Le motif souvent nommé « du bon berger » est toutefois grec. Comme le mentionne Pausanias (IX, 22), il s'agissait à l'origine d'Hermès qui, portant un bélier sur ses épaules et ayant fait ainsi le tour de la ville, avait éloigné la peste qui menaçait la ville de Tanagra. MATHIEU 2011, p. 308, n. 73 ; *Dictionnaire d'archéologie chrétienne et de liturgie*, s.u. « bon pasteur », Paris, 1938 (éd. F. CABROL, H. LECLERQ, dir.).

Fig. 27. Stèle en calcaire de St Severin (haut. 83 cm × larg. 52,5 cm), 225-250 apr. J.-C., Cologne, Römisch-Germanisches Museum, inv. 74,414, Photo © Römisch-Germanisches Museum.

et inscription[89]), ce monument s'inscrit dans la série des paysages bucoliques symbolisant l'Âge d'or, thème privilégié à la même époque sur les sarcophages romains[90]. Sur le côté gauche, la nourrice est représentée les cheveux noués en chignon bas, veillant attentivement sur un enfant emmailloté qu'elle endort dans son berceau (côté gauche) alors qu'elle lui donne le sein sur le côté droit.

Il n'est pas pour autant certain que la stèle était destinée à la nourrice. Nicolas Mathieu évoque trois hypothèses : la stèle a pu être celle d'une inconnue représentée dans le médaillon central qui rend hommage à sa nourrice ; elle a été commanditée par la nourrice pour celle dont elle s'est occupée depuis la tendre enfance ; elle est celle de la nourrice qui se fait représenter, non seulement sur les côtés, mais aussi sur le médaillon central. Cette dernière hypothèse est la moins probable. Il est en effet rare que le défunt se fasse représenter à plusieurs reprises : en tant que défunt et dans ses activités. N. Mathieu relève encore l'importance donnée à la notion de protection qui émane des trois scènes représentées, toutes adressées à la personne figurée dans le médaillon[91]. Cette dernière est de sexe féminin et semble jeune, ce qui conduit à privilégier l'une ou l'autre des deux premières hypothèses. Si tel est le cas, le monument rend bien compte des liens d'affection qui pouvaient se tisser au fil des années entre une nourrice et l'enfant à sa charge, comme cela transparaît plus souvent des inscriptions non illustrées, commanditées soit par l'enfant soit par sa nourrice[92].

---

89 Lazzaro 1993, p. 240.
90 Zanker, Eywald 2012, p. 166-173.
91 Mathieu 2011, p. 308. Pour Lazzaro (1993, p. 240), la figure du « bon berger » est postérieure aux autres représentations et aurait pris la place de l'inscription comportant le nom du défunt.
92 Dasen 2015a, p. 266 ; Rémy et Matthieu 2009, p. 96-98.

Fig. 28a et b. Bloc de Reims avec femme allaitant un enfant (Ht 83 cm × larg. 107 cm), antérieure à 263-265 apr. J.-C., Réserve municipale, d'après Moine 2006, pl. XV, fig. 7, cliché N. Moine.

Une seconde représentation d'une femme allaitante provient de Reims[93] (**fig. 28a**). Elle est datée du IIIe siècle. La scène figure sur un bloc de 83 cm de hauteur par 107 cm de largeur et 65,5 cm de profondeur. Retaillé, sans égard pour sa représentation, il a vraisemblablement fait l'objet d'un réemploi avant d'être jeté dans un puits. Il devait originellement faire partie d'un monument funéraire important, comme l'atteste la représentation figurant sur la face principale. Il s'y trouve quatre personnages en pied dans une niche, comprenant au moins un enfant. Les faces latérales sont moins usées. Sur le côté droit du monument, un homme revêtu d'une tunique et d'un long manteau à larges manches s'avance vers la gauche (**fig. 28b**). Il est figuré de trois-quarts. Sa tête est manquante comme celle des autres protagonistes. Du côté opposé, sur la face qui nous intéresse, se trouve une femme également représentée de trois-quarts. Tournée vers la droite, elle est assise sur une sorte de banc. Son manteau à larges manches crée un bourrelet sous ses cuisses. Sa position est dynamique, le genou droit plié permettant au pied de prendre appui sur le banc. L'autre pied repose sur le sol. Son buste est projeté vers l'avant, afin de pouvoir présenter son sein gauche, qu'elle soutient de sa main droite, à l'enfant assis sur son genou gauche. L'enfant se tient bien droit. Il porte une longue tunique. Une frise fleurie figure à droite de la scène. Sur ce bloc, l'identification de la femme est ardue : s'agit-il de la mère de l'enfant ou de sa nourrice ? La vraisemblable appartenance du monument à une riche famille de Reims ne

---

93 Moine 2006.

FIG. 29. Stèle en calcaire d'Intercisa (Hongrie), (haut. 185 cm × larg. 80 cm), 240-260 apr. J.-C. Budapest, Musée National Hongrois, 22.1905.3, Photo © Musée National Hongrois.

permet pas davantage de trancher. L'absence des têtes complique l'identification. L'homme et la femme sont-ils figurés dans leur activité quotidienne, témoignant de leurs valeurs morales et de leur statut ?

Nous pourrions y voir un parallèle à la stèle d'Intercisa en actuelle Hongrie (alors Pannonie Inférieure) sur laquelle est figurée la famille du médecin Aelius Munatius[94], médecin *capsarius*[95] (**fig. 29**). L'inscription[96] nous apprend que cette dernière a été commanditée par A. Cansauna, épouse du médecin. Le couple est représenté avec ses quatre enfants, dont l'un tétant au sein de sa mère.

Trois autres représentations lapidaires de femmes allaitantes nous sont parvenues dont l'une par un dessin réalisé par Salomon Reinach[97] (**fig. 30**). D'une hauteur de 28 cm, elle était conservée au Musée Habert de Reims mais a disparu. La femme y était assise sur un siège, son pied gauche reposant sur un petit strapontin qui amenait la jambe à se surélever. Elle était revêtue d'un long vêtement, et peut-être d'un manteau. Un enfant emmailloté était comme enveloppé par son bras gauche tandis que son sein gauche dénudé était maintenu par sa main droite pour en faciliter la succion.

Une autre stèle provient de Saint-Mard en Belgique. La femme est également drapée dans une longue tunique. Elle est assise sur un siège sans dossier et entoure comme précédemment un enfant emmailloté de son bras gauche. Le pied gauche paraît surélevé, permettant un déhanchement. Gérard Coulon identifie les femmes de ces deux représentations à des déesses mères, ce qui nous laisse dubitative. Il est, en effet, difficile, voire impossible, d'attribuer un statut (humain ou divin) à des statues de ce type. Cette hypothèse est aussi un objet de controverses parmi les spécialistes de la coroplathie grecque[98].

Un parallèle peut être fait avec un dernier groupe statuaire comprenant trois figures féminines dites « pouponnières ». Découvertes à Vertault, en Côte d'Or, elles sont assises sur une sorte de banc à dossier (**fig. 31**). Toutes trois portent un long vêtement drapé du type toge, laissant leur bras et leur sein droits dénudés. Leur chevelure est attachée. Seule la femme de droite porte un diadème. La femme de gauche tient un nourrisson emmailloté. L'artisan fait se croiser les deux jambes afin que l'enfant puisse reposer sur le genou gauche, dans une pose qui semble naturelle. Les deux pieds de la femme du milieu reposent symétriquement sur le sol, les genoux légèrement écartés. Elle tient un rouleau déployé de ses deux mains. La pose de la femme de droite est pratiquement identique mais elle tient de la main gauche, ce qui est identifié à une éponge et de la droite une patère. Comme S. Deyts et V. Dasen l'ont souligné, une double lecture des objets et des scènes peut être faite[99]. Il est en effet possible de voir dans la patère, une bassine et, dans le rouleau, un linge déployé pour emmailloter le nouveau-né. L'étape symbolisée par la

---

94 Le médecin est originaire de Samosate (WILLMANNS 1995, p. 120-122).
95 Il était en charge des *capsae*, c'est-à-dire de boîtes utilisées comme contenants dans le cadre de l'infirmerie militaire, à laquelle il était affilié (DASEN 2015a, p. 277, n. 143).
96 D(is) M(anibus).| Ael(io) Munatio,| caps(ario) coh(ortis) | (milliariae) Hem(e)s(enorum),| stup(endiorum) XXVIII, dom(o) | Sam(osata), Aur(elia) Cansa|una con(iux), Ant(onio) | Basso vex(illario) sec(undo) her(ede) | sanctiss(imo) coniug[i] | con se natib(us)q(ue) suis | fecit | m(onumentum) m(emoriae). Dans la col. I Aurelia Antonina milliaria Hemesenorum. ILS 9169 ; RIU V 1153 (Lupa 3513), DANA 2016, cat. 27, p. 118.
97 REINACH 1929-1931 ; voir COULON 2004, p. 51.
98 HUYSECOM-HAXHI et MULLER 2001.
99 DEYTS 1992, p. 64-66 ; DASEN 2015a, p. 237, fig. 8.10.

REPRÉSENTER L'ALLAITEMENT AU SEIN 235

FIG. 30. Statuette en calcaire aujourd'hui disparue (haut. 28 cm), anciennement au Musée Habert de Reims, dessin S. Reinach d'après COULON 2004, p. 51.

FIG. 31. Déesses « pouponnières », découvertes à Vertault en Côte d'Or, calcaire (H. 39 cm.), Musée de Châtillon-sur-Seine, 88.171.1, Photo © Manzara (Musée du Pays Châtillonais – Trésor de Vix) / Claire Tabbagh.

femme au rouleau/linge, succède alors au premier bain évoqué par la bassine et l'éponge. La femme tenant l'enfant figure à escient en bout de chaîne : l'enfant est propre, ses orifices débarrassés des fluides intra-utérins. La seconde interprétation de la scène amène dès lors à identifier les trois femmes aux Parques, Moires ou *Matres* dont les noms, Clotho, Lachésis et Atropos sont écrits au-dessus de leur représentation sur une mosaïque de Néa Paphos, à Chypre (fin IVe s.-début Ve siècle apr. J.-C.)[100] (**fig. 32**). Placées à l'extrémité droite de la mosaïque, derrière Thétis allongée sur un lit et Pélée, les trois divinités président au premier bain du héros Achille. Agenouillée avec l'enfant dans les bras, la nourrice, identifiée par l'inscription *Anatrophé*, s'apprête à le plonger dans le bassin figuré au premier plan[101]. Différents attributs apparaissent entre les mains de ces divinités. À Néa Paphos, Clotho tient

---

100 Dasen 2015a, p. 236.
101 Fabiano 2011, p. 351.

Fig. 32. Mosaïque de la naissance d'Achille, Nea Paphos, Ve siècle apr. J.-C., Photo By Wolfgang Sauber - Own work, CC BY-SA 3.0, https://commons.wikimedia.org/w/index.php?curid=18345496

le fuseau et la quenouille lui servant à tisser le fil de la vie, Lachésis tient un stylet et une tablette, Atropos un *volumen*. Une autre mosaïque de Néa Paphos, provenant de la maison d'Aiôn (milieu du IVe siècle) offre un parallèle à cette représentation. Un peu plus récente, la mosaïque de la maison d'Aiôn présente cinq tableaux, dont l'un dénommé « l'ablution de Dionysos[102] ». Sur celui-ci l'enfant Dionysos est assis sur les genoux d'Hermès. Il est accompagné d'un ensemble de personnages qui peut être divisé en deux groupes : l'un entoure l'enfant et Hermès, qui est composé du « pédagogue » Tropheus, de Nectar, d'Ambrosie et de Théogonie ; l'autre groupe comprend trois nymphes placées dans l'axe de la bassine prête pour accueillir l'enfant, puis la nourrice Anatrophé, et finalement Nysa (l'allégorie du Mont où se passe l'action).

M. T. Olszewski rapproche Nectar, Ambrosie et Théogonie des trois Moires du « bain d'Achille »[103]. Il en conclut : « Les parties droites de ces tableaux soulignent la différence dans le destin de deux héros : la vie éternelle pour Dionysos et la vie humaine pour Achille. La présence de Théogonie, d'Ambrosie et de Nectar confirme l'appartenance de Dionysos au groupe des immortels[104] ». L'ambroisie et le nectar sont en effet des « puissants produits aromatiques aux mille vertus, de véritables *pharmaka* divins, des substances actives qui ne relèvent pas simplement de la *trophè* » pour reprendre les termes d'Adeline Grand-Clément[105], quant à Théogonie, elle est la personnification de la naissance des dieux et

---

102   Voir Olszewski 1991, p. 448 et fig. p. 461, 1a et 1b.
103   Olszewski 1991, p. 448. Nectar et Ambrosie sont notamment mentionnées dans Hésiode, *Théogonie*, v. 792-798 alors que les trois Moires participent au mariage de Thétis et Pelée et annoncent le destin d'Achille chez Catulle (*Poésies*, 64. 306). À ce sujet voir Daszewski 2001, p. 49.
104   *Ibid.*
105   Citation d'Adeline Grand-Clément 2018.

Fig. 33. Relief avec déesses-mères en calcaire, découvert comblement d'un puit du sanctuaire des Bolards (II-IIIe s. apr. J.-C.), Musée archéologique de Dijon, Photo © Musée archéologique de Dijon.

peut être interprétée comme veillant à ce que la naissance de l'enfant divin se déroule de manière conforme[106]. Si ces trois divinités sont bien ici les garantes de l'immortalité du petit Dionysos, il faut soulever qu'Ambrosie est aussi présente sur la mosaïque représentant le bain d'Achille. C'est elle en effet qui verse d'une cruche l'eau du bain, rendant le corps du petit Achille (presque) immortel. Le nectar[107] manquait-il ?

Nous proposons dès lors d'associer les Moires, non pas aux substances « créatrices de divinité » (Ambroise et Nectar) mais aux trois nymphes qui président, tant dans l'image que dans les textes, au premier bain des enfants divins[108].

Pour en revenir aux dites « pouponnières » gallo-romaines, mentionnons encore deux groupes statuaires, l'un provenant des Bolards (Côte d'Or)[109] (**fig. 33**), l'autre de Saint-Boil

---

106 DASZEWSKI 2001, p. 52.
107 Au sujet du nectar voir BARATZ 2015.
108 Chez CALLIMAQUE (*Hymne à Zeus*, 28-41), la nymphe Néda donne son nom au cours d'eau qui permet de laver le corps de Zeus fraîchement enfanté et le rend brillant.
109 DASEN 2015a, p. 238, fig. 8.11. PLANSON et LAGRANGE 1975, p. 276, fig. 5 qui font un parallèle entre le relief aux trois divinités féminines et un autre à trois personnages (une déesse-mère, un être hermaphrodite et un tricéphale) découvert, lui aussi, dans l'un des puits du sanctuaire des Bolards.

(Saône-et-Loir)[110], sur lesquels l'une des déesses tient une balance. Aux Bolards, la balance est entre les mains de la divinité qui tient l'enfant. Celui-ci a été pesé littéralement et au figuré, et semble avoir remporté une première victoire sur la mort.

Les sarcophages

Une autre production utilisant la pierre est celle des sarcophages en marbre. Témoignant d'une grande maîtrise des instruments de taille, ceux-ci présentent une riche iconographie qui se développe du IIe à la fin du IVe siècle de notre ère[111]. Différents thèmes ont été distingués, dont ceux tirés de la mythologie, représentant, entre autres, des scènes de rapt (Perséphone par Hadès, la mariée par les Dioscures, Hylas par les nymphes, etc.), la mort d'Alceste à la place de son mari Admète, celle de héros, des Niobides, mais aussi le sommeil éternel d'Endymion, l'univers dionysiaque, les scènes de cortèges funéraires et d'exposition du corps. Paul Zanker et Björn Eywald notent que la scène de la « lamentation à la maison » (*Beweinigung im Haus*) figure uniquement sur les sarcophages d'enfants, ce qui corrobore les textes quant au caractère privé des funérailles d'enfants[112]. L'allaitement semble suivre les mêmes prérogatives. Il figure sur quelques sarcophages appelés *Curriculum vitae* en raison de la succession de scènes représentant les étapes de la vie du défunt sur la cuve. Les dimensions de cette dernière ne sont pas toujours représentatives du bas-âge et l'attribution à un enfant est souvent confortée par la présence de motifs particuliers tels que le défunt représenté avec des traits enfantins, les scènes du premier bain, le moment où il apprend à marcher, conduit un char tiré par des béliers, ou encore la représentation de jeux[113]. Un exemple particulièrement représentatif de cette série est le sarcophage du Louvre (**fig. 34**)[114]. La figure de l'enfant y est répétée à quatre reprises. La première représentation à gauche du sarcophage le montre vêtu d'une sorte de lange qui laisse ses membres libres. Il repose sur les genoux d'une femme qui lui tient la tête de la main gauche et son sein de la main droite, afin de faciliter la tétée. La femme est assise sur un siège à haut dossier. Son vêtement est long, aux manches boutonnées. L'épaule gauche est découverte pour permettre l'allaitement. Ses cheveux sont retenus en chignon. Son regard semble dirigé vers l'homme lui faisant face qui prend appui sur un meuble. Il est barbu. Son bras droit supporte son menton, ce qui lui confère une pose méditative, alors que son bras gauche tient un *volumen*. L'intimité de la scène conduit à y voir les parents de l'enfant. Le père figure sur deux autres scènes où la mère est absente. Sur la deuxième scène, le père porte l'enfant haut dans ses bras. Les visages du père et du fils sont alors à même hauteur. L'enfant semble déjà revêtir la toge prétexte, comme sur les deux dernières représentations où il est

---

110 Deyts 1992, p. 64.
111 La durée de cette production permet de voir le glissement des motifs entre l'époque païenne et les débuts du christianisme. Au sujet des représentations des défunts sur les sarcophages de l'Antiquité tardive, voir Studer-Karlen 2012.
112 Zanker et Eywald 2004, p. 65-66.
113 Les dimensions des sarcophages d'enfants peuvent aller jusqu'à 170 cm de longueur selon les spécialistes. L'âge du plus jeune est estimé à 5 mois. Les sarcophages d'adultes dépassent généralement les 2m de longueur. Il y a cependant des cas où l'enfant a été inhumé dans un sarcophage prévu pour un adulte ; voir Huskinson 1996, p. 2. ; Studer 2012, p. 40-42.
114 Amedick 1991, p. 140, cat. 114, pl. 52 et 53, inv. 659 (datation vers 150, long. 149, haut. 47,5, prof. 22,5 cm).

Fig. 34. Sarcophage de Marcus Cornelius Statius, évoquant la vie d'un enfant (H. 47,5 cm, L. 1,49 m), d'Ostie ? 150-160 apr. J.-C. Musée du Louvre Ma 659 (Cp. 6547). Paris, musée du Louvre, Photo © RMN-Grand Palais (musée du Louvre) / Maurice et Pierre Chuzeville.

plus âgé et se tient debout. D'abord sur un char tiré par un bélier, puis devant son père, assis sur un siège à dossier bas, à qui il semble réciter une leçon, un rouleau à la main. Le père est à nouveau représenté dans une pose attentive, le menton soutenu par son bras droit.

Une autre femme assise allaitante apparaît sur un relief fragmentaire d'Ostie (**fig. 35**)[115]. Figurée le buste tourné vers le spectateur, elle semble fièrement présenter l'enfant dont elle tient les jambes de ses deux mains réunies. L'enfant est figuré en équilibre dans cette sorte de corbeille naturelle et tète le sein gauche qui lui est offert. Le pan gauche du vêtement est rabaissé pour faciliter la prise de lait. Le bambin est nu. Il tient de sa main droite le bras de la femme, tandis qu'il tète. Il est peut-être coiffé d'un bonnet.

Identifier la mère et la nourrice : le langage des coiffes

Les sources écrites de l'époque romaine mentionnant que l'allaitement était parfois assuré par la mère, quel est le discours des images ? Les sarcophages sont à ce titre un support de choix. Si l'iconographie permet difficilement de trancher entre mère et nourrice, la présence d'une coiffe, probablement en tissu – peut-être une sorte de foulard puisqu'il présente un pan tombant derrière les oreilles – semble assurer l'identification de cette dernière protagoniste. En l'absence d'un terme convenu pour cette coiffe, nous l'appellerons de manière générique « bonnet »[116].

La femme au bonnet allaite le plus souvent un enfant. Sur un sarcophage fragmentaire provenant d'Ostie, l'enfant est nu et s'agrippe à elle (**fig. 36**)[117]. Le dévoilement de son épaule droite fait allusion à l'allaitement. Sa tête est recouverte de la coiffe décrite précédemment, retombant derrière les oreilles. Derrière elle, un homme semble regarder

---

[115] Amedick 1991, p. 137, cat. 93.
[116] Celui-ci comprend toutes les coiffes portées par les femmes associées aux enfants dans notre corpus et ne tient pas compte des variantes (pan tombant raide, arrondi, etc.).
[117] Amedick 1991, p. 148, pl. 61.3, cat. 165 (Rome, catacombes de Saint-Sébastien, époque des Tétrarques ?).

FIG. 35. Fragment d'un sarcophage, découvert au port d'Ostie, Ostie, Musée, 33.1124, moitié du IIe siècle apr. J.-C., Photo Margarete Gütschow © DAI Rome, nég: D-DAI-ROM-33.1124.JPG (AMEDICK 1991, p. 137, cat. 93).

l'enfant par-dessus son épaule. Selon Rita Amedick il s'agit d'un berger, tenant un *pedum*[118]. L'univers bucolique rappelant le « bon berger » et ses moutons sur la stèle de Cologne fait-il allusion à l'allaitement des jumeaux romains par Acca Larentia, femme du berger Faustulus ?

Un autre sarcophage représente une femme également pourvue de la coiffe, assise sur un siège au haut dossier (**fig. 37**)[119]. Elle tient un enfant emmailloté (qu'elle allaite ?) et est placée devant une autre scène représentant probablement le premier bain. La place privilégiée occupée par cette femme, qui, selon notre interprétation, était celle de la mère sur le sarcophage du Louvre (rappel **fig. 34**), pourrait indiquer ici la mort en couche de cette dernière.

---

118 AMEDICK 1991, p. 148.
119 AMEDICK 1991, pl. 64.1, cat. 273.

FIG. 36. Fragment d'un sarcophage provenant d'Ostie, Rome, catacombe Saint Sebastiano, daté vers 300 apr. J.-C., reproduction Pauline Huon (AMEDICK 1991, p. 148, pl. 61, 3, cat. 165).

REPRÉSENTER L'ALLAITEMENT AU SEIN 243

FIG. 37. Sarcophage avec scènes d'allaitement, de bain et de départ en char (long. 53 cm, haut. 26,5 cm), Musées du Vatican, Musée Chiaramonti, 1632, dernier quart du IIIe s. apr. J.-C., Photo DAI Rome.

La figure féminine coiffée du bonnet se rencontre encore sur un sarcophage des catacombes de *Praetextatus* à Rome[120] (**fig. 38**). La femme y est allongée et tient un enfant dans ses bras. La scène figure au centre de la composition, sous le médaillon tenu par deux Érotes. À l'extrémité droite du sarcophage, une femme aux cheveux noués en chignon est assise sur un siège à dossier bas, sous lequel un oiseau est représenté. Il pourrait s'agir de la défunte, si on se réfère à son épaule dénudée qui fait pendant à celle de la figure dans le médaillon. Lui faisant face, un Éros ailé lui tend un gros oiseau. V. Dasen y voit un paon, oiseau de Junon symbolisant le mariage, et, sous les traits de la femme assise, Psyché[121]. La mise en image est alors une sorte de projection futuriste de ce qu'aurait dû être la vie de la jeune défunte, dont l'âge nous est inconnu, et qui pouvait aller jusqu'à environ 5 ans[122].

La représentation de la femme au bonnet apparaît encore sur une urne en marbre des Musées du Vatican[123] (**fig. 39**). La femme est assise devant un petit édifice à colonnes.

---

120 AMEDICK 1991, p. 145, pl. 61.4, cat. 141.
121 DASEN 2015a, p. 267-268, fig. 9.2.
122 D'après les dimensions conservées (long. 77,5 × haut. 33 cm), le sarcophage complet devait mesurer environ 120 cm de longueur, ce qui correspond selon les courbes de croissance suisses actuelles, à l'âge de cinq ans (Société Suisse de Pédiatrie[en ligne] https://cdn.paediatrieschweiz.ch/production/uploads/2020/05/Perzentilen_2012_09_15_SGP_f.pdf ; consulté le 04.07.2023).
123 DASEN 2015a, p. 280, fig. 9.9.

244 CHAPTER 5

Fig. 38. Fragment de sarcophage avec scène d'allaitement sous le clipeus représentant la défunte, Éros fait le don d'un gros oiseau à un personnage assis identifié à Psyché (long. 77, 5 cm, haut. 33 cm), dernier quart du IIIe s. apr. J.-C. Rome, Catacombe de Praetextatus, Museo, Photo DAI Rome.

Ses cheveux semblent ici retenus par une espèce de résille qui ne couvre pas l'entier de sa tête, comme c'était le cas précédemment[124]. En arrière-plan, à sa gauche, se trouve une figure qui semble masculine. Est-ce le mari de la nourrice, voire le pédagogue ? Debout devant cette dernière se trouve la mère. Revêtue de la *palla* dont un pan lui couvre la tête, elle tend les bras pour prendre l'enfant. La figuration du temple pourrait indiquer que la mère souhaite y amener l'enfant. Peut-être s'agit-il de l'évocation d'un rite de passage… ?

Identifier la nourrice et la sage-femme

Si l'on se réfère au traité gynécologique de Soranos, le geste de soulever l'enfant survient immédiatement après la naissance :

> Après avoir reçu le nouveau-né, la sage-femme le posera d'abord à terre après avoir regardé si c'est un garçon ou une fille ; elle annoncera le sexe par signes, comme les femmes ont coutume de le faire. Qu'elle [la sage-femme] évalue ensuite s'il vaut la peine ou non qu'on l'élève[125]

---

124 Comparer avec la femme au bonnet des fig. 36, 37 et 38.
125 SORANOS, *Maladies des femmes* II, 10, 1 : Ἡ τοίνυν μαῖα τὸ βρέφος ἀποδεξαμένη πρῶτον εἰς τὴν γῆν ἀποτιθέσθω προεπιθεωρήσασα, πότερον ἄρρεν τὸ ἀποκεκυημένον ἐστιν ἢ θῆλυ, καί, καθὼς γυναιξὶν ἔθος, ἀποσημαινέτω· κατανοείτω δὲ καί, πότερον πρὸς ἀνατροφήν ἐστιν ἐπιτήδειον ἢ οὐδαμῶς.

Fig. 39. Urne en marbre représentant une femme assise allaitant un enfant devant un temple (haut. 34, larg. 39 cm), 150-180 apr. J.-C., Musées du Vatican, musée Chiaramonti, 1873, Photo DAI Rome.

Varron (Ier s. av. J.-C.) précise que la première manipulation du nouveau-né est laissée à la sage-femme :

> Si le nouveau-né était en vie, la nourrice le soulevait et le tenait dressé sur le sol pour vérifier qu'il était droit[126].

Comme V. Dasen l'a fait remarquer, le terme utilisé pour désigner la sage-femme signifie « celle qui lève » dans les langues allemande (*die Hebamme*) et italienne (*la levatrice*)[127]. La femme qui soulève l'enfant et le présente à sa mère sur les sarcophages, doit alors être identifiée à la sage-femme. Selon Soranos et Varron, le lever de l'enfant survient avant le bain. Le premier bain est donc une étape postérieure. Pourtant, dans certaines scènes, l'enfant est levé au-dessus de la bassine, c'est-à-dire après avoir pris son premier bain.

---

126 Varron, *De vita populi romani*, frg. 81 : Natus si erat uitalis sublatus ab obstetrice, statuebatur in terra, aut auspicaretur rectus esse.
127 Dasen 2015a, p. 227. Dans la note 26, celle-ci précise que le terme grec *maia* est synonyme d'*omphalotomos*. La sage-femme est donc étroitement liée à la coupe du cordon ombilical qui intervient après la prise de décision positive sur le sort de l'enfant. Voir Hésychius, *s.u.* « maia » (éd. K. Latte).

Fig. 40. Femme penchée soulevant un enfant devant une femme assise. En arrière les Parques fixent le destin de l'enfant (long. 243 cm, haut. 94 cm), datation proposée époque antonienne. Florence, Uffizien, inv. 82, reproduction Pauline Huon 2022, fig. 12 (Amedick 1991, p. 129, pl. 62, 2 cat. 49).

On peut se demander si l'artiste a voulu signifier deux étapes en une seule représentation, voire symboliser le passage entre le ventre de la femme, fréquemment associé à un vase renversé, et le monde des vivants[128].

Une variante apparaît sur quatre sarcophages. La bassine est absente tandis que l'enfant est soulevé de terre ou maintenu debout. On peut y voir un substitut à la scène du premier bain puisque la scène prend place au même endroit, c'est-à-dire au début du cycle de narration. Elle se passe aussi devant une femme assise. Les personnages qui entourent la scène sont la plupart du temps les Parques. La femme qui soulève l'enfant ou le maintien droit sur ses jambes est généralement coiffée d'un bonnet.

La femme au bonnet lors de l'examen du nouveau-né

Le petit côté droit d'un sarcophage conservé aux Offices de Florence (**fig. 40**) montre une scène qui se retrouve sur un sarcophage d'Agrigente (**fig. 41**)[129]. Au premier plan se trouvent la femme assise, la femme au bonnet et l'enfant. À la différence du sarcophage d'Agrigente, l'enfant est soulevé d'une sorte de strapontin et non d'une bassine. La femme au bonnet est représentée comme une vieille femme. Courbée en avant, elle tient fermement l'enfant qui se tient bien droit devant sa mère. En arrière-plan, deux des Parques fixent le destin de l'enfant.

Sur le sarcophage de la Villa Doria Pamphili, la coiffe de la femme tenant un enfant debout sur un strapontin est plus difficilement identifiable (**fig. 42**)[130]. Légèrement penchée, elle maintient l'enfant qui prend appui sur les genoux de la femme assise, probablement sa mère. Ce sarcophage se démarque des autres de la série par le nombre important de

---

128 Au sujet du vase associé à l'utérus voir notamment Spieser 2006, Dasen 2015a, chapitre II, p. 35 et suiv.
129 Amedick 1991, pl. 56.1, cat. 115.
130 Amedick 1991, pl. 55.2, cat. 236.

Fig. 41. Sarcophage de type curriculum vitae (long. 90 cm, haut, 39 cm), découvert dans les environs de la nécropole romaine d'Agrigente, daté entre 120-130 apr. J.-C., Agrigente, Museo Regionale, d'après AMEDICK 1991, pl. 53.2, cat. 2, HUON 2022, fig. 9.

figures supra humaines. Franz Cumont voit dans le cortège figuré à droite de la scène centrale, les Parques et Némésis ou Fortune. À gauche, Mercure et les Muses assistent à l'instruction du garçonnet[131]. Au centre, se trouve une scène d'allaitement. La femme qui le dispense est assise sur un siège curule, et porte un chignon bas. Son regard est dirigé vers l'enfant. Ce dernier a les jambes et les bras libres de toute entrave alors que son corps est protégé par un tissu plissé. La scène suivante nous éclaire sur l'identité de la femme. Un homme barbu est assis devant le garçon devenu adolescent qui semble réciter une leçon. Bien que faisant partie de deux instants différents, l'homme et la femme de la scène de l'allaitement paraissent former un ensemble familial où l'enfant reste la figure centrale. Si notre interprétation s'avère exacte, l'allaitement est ici pourvu par la mère et non par

---

131 CUMONT 1929, p. 235.

Fig. 42. Sarcophage de type curriculum vitae, avec scène d'examen de l'enfant à gauche, allaitement au centre, fin de l'époque antonienne, Rome, Villa Doria Pamphili, Photo DAI Rome.

une nourrice. Le sarcophage serait alors le reflet des hautes valeurs morales de la famille, conformes au plaidoyer de Favorinus d'Arles[132].

Une troisième scène du même type montre la femme portant un bonnet (**fig. 43**). Celui-ci présente un pan tombant sur le côté. Penchée en avant, la femme agrippe un enfant potelé et nu qui tend vers elle ses petits bras. À gauche de la scène, une femme, retenant de la main gauche le voile qui lui couvre la tête, prend appui sur le siège où elle est assise. La femme située derrière elle, lui touche le ventre. S'agit-il de l'une des Moires, ce qui pourrait indiquer la mort en couche de la mère[133] ? La longueur du sarcophage (239 cm) pourrait confirmer cette hypothèse.

Finalement, mentionnons une scène figurée sur un sarcophage du Louvre (**fig. 44**). L'artiste a choisi de représenter la femme qui soulève l'enfant dans une pose qui imite ce dernier. Tous deux sont courbés dans une position évoquant l'animalité, puisqu'ils sont presque à quatre pattes. Cette interprétation est soutenue par la représentation singulière des deux protagonistes qui font face au spectateur. La scène se produit devant la mère assise sur un siège sans dossier et la tête couverte, qui observe pensivement l'enfant. Quel sera son sort ? Figurées en arrière-plan, les Moires en décident. L'une d'elle tient déjà un lange déployé, prête à accueillir le nouveau-né.

---

132 Aulu Gelle, *Nuits attiques* 12, 1, 19.
133 Amedick 1991, pl. 63. 1 et 2, cat. 179 (Rome, Musée National).

REPRÉSENTER L'ALLAITEMENT AU SEIN 249

FIG. 43. Détail d'un sarcophage de type curriculum vitae (long. 239 cm, haut. 36,5 cm), scène de soulèvement de l'enfant, Rome, Museo Nazionale Romano (Palazzo Massimo alla terme di Diocleziano), Photo Álvaro Pérez Vilariño.

La femme au bonnet dans les scènes de bain

La femme au bonnet apparaît sur quatre scènes de bain. Sur un sarcophage de Los Angeles, elle est à genoux devant la bassine où l'enfant gît nu (**fig. 45**). Elle le maintien fermement de la main gauche tandis qu'elle s'appuie sur le rebord de la bassine de l'autre main. Portant une sorte de tablier lacé autour de sa taille, son épaule droite est dénudée en raison de l'instabilité de la position. Les traits rudes de son visage évoquent un âge avancé. Assise sur un siège, la mère observe la scène. En arrière-plan sont figurées les Parques. L'une s'est avancée et tend un linge pour recueillir l'enfant. Par ce procédé, le sculpteur crée une interaction entre les personnages mortels et divins. Il souligne la fragile frontière entre monde humain et monde divin. Cette mise en scène apparaît sur d'autres sarcophages représentant ces figures du destin[134].

---

134 Par exemple sur celui du Louvre (AMEDICK 1991, cat. 115 ; voir ici fig. 44). Au nombre de trois, les Parques pourraient également faire écho aux trois femmes qui assistent la parturiente durant l'accouchement. Voir SORANOS, *Maladies des femmes*, livre 1.

Fig. 44. Détail d'un sarcophage de type curriculum vitae (long. 157 cm, haut. 38 cm), dernier quart du IIIe siècle apr. J.-C., Paris, Louvre, MA 319, Photo © Musée du Louvre, Dist. RMN-Grand Palais / Maurice et Pierre Chuzeville.

Laver l'enfant semble réservé aux mortelles. Par exemple, sur un sarcophage de Rome, deux femmes sont penchées sur un enfant nu dans une bassine[135]. L'une se tient derrière l'enfant, l'autre sur le côté (**fig. 46**). Une mise en scène particulière apparaît sur un sarcophage des catacombes de *Praetextato* (**fig. 47**). Bien que fragmentaire, il permet de voir une femme tenant un linge déployé près du *clipeus* représentant le défunt. Sur la droite du sarcophage, se déroule une scène de bain mettant en scène, comme précédemment, une femme au bonnet agenouillée sur la bassine où se trouve l'enfant[136]. Cette mise en image unique semble évoquer un double discours qui pourrait faire allusion au dernier lavage du corps et à son dépôt dans un linceul.

Sur d'autres sarcophages, le sculpteur a choisi de représenter la sortie du bain de l'enfant. Un exemplaire du Musée de Torlonia, montre une connivence particulière entre la mère et la femme au bonnet. Mère et nourrice/sage-femme (?) se distinguent par leur coiffe :

---

135 Rome, Museo Nazionale Romano, inv. 125605 (AMEDICK 1991, p. 150, pl. 60.1 et 2).
136 Rome, Catacombe di Praetextato, cat. 142 (AMEDICK 1991, pl. 61.8).

REPRÉSENTER L'ALLAITEMENT AU SEIN 251

FIG. 45. Sarcophage du type «curriculum vitae», petit côté montrant la scène du bain (long. 48 cm, haut. 56 cm), de Rome, Villa Bonaparte (170-180 apr. J.-C.), Los Angeles, County Museum of Art, 47.8.9, Photo LACMA.

la première porte le voile, la seconde le bonnet (**fig. 48**)[137]. Les deux visages sont en effet placés à la même hauteur et les regards se croisent. L'enfant figure entre les deux femmes, dans une position intermédiaire semblant symboliser un passage[138]. La femme au bonnet le maintien au-dessus de la bassine et s'apprête à le donner à sa mère.

Le petit côté d'un sarcophage provenant d'Agrigente (Sicile) montre la même scène de sortie du bain (**fig. 41**)[139]. La femme qui en extrait l'enfant porte, comme sur le sarcophage de Los Angeles (**fig. 45**), une sorte de tablier noué à la taille. Ses cheveux sont recouverts du bonnet caractéristique.

L'instant représenté dans les scènes de bain et d'examen de l'enfant consiste en une phase liminale où Parques et sage-femme se superposent pour décider de la viabilité de l'enfant. Comme la nourrice, la sage-femme est généralement coiffée d'un bonnet. Une

---

137 Une scène identique, où la femme qui sort l'enfant du bain est coiffée d'un bonnet, est représentée sur le sarcophage d'Agrigente (AMEDICK 1991, pl. 54.1, cat. 198).
138 Au sujet du passage représenté par le premier bain, voir DASEN 2009.
139 AMEDICK 1991, pl. 53.2, cat. 2.

Fig. 46. Scène de bain sur un sarcophage découvert à la Via Portuense, Rome, Museo Nazionale Romano, inv. 125605, Photo © Museo Nazionale Romano.

Fig. 47. Deux fragments de sarcophage montrant 1. le défunt dans un clipeus et une femme prête à l'envelopper dans un linge. 2. Une femme agenouillée faisant prendre un bain à un enfant, (long. 16,5 cm, haut. 15 cm), Rome, Catacombe de *Praetextato*, reproduction HUON 2022, fig. 4 (AMEDICK 1991, p. 145, pl. 61, 8, cat. 142).

exception apparaît sur ce dernier sarcophage où le sculpteur s'est permis de montrer une connivence entre l'enfant et la femme qui le soulève. Symbolisant le professionnalisme, au même titre que le grand âge, le bonnet n'a pas sa raison d'être dans ce rapport intimiste, pouvant faire allusion à la nature sauvage de l'enfant et de celle qui le soulève[140]. Mis en évidence par les études portant sur la Grèce ancienne, le statut servile de ceux qui s'occupent de l'enfant (nourrice, pédagogue, etc.), associé à l'intimité qu'ils développent avec lui, semble transparaître ici. Au service de ceux qui l'emploient, la nourrice ou sage-femme, apparaît sur les sarcophages comme l'équivalent des personnifications divines tenant la vie de l'enfant entre leurs mains. Le sculpteur montre par là l'importance de ces femmes,

---

140 Cette relation entre enfant/nourrice et nature/monde sauvage est exprimée par S. VILATTE (1991, p. 19) : « Corrélativement, on est frappé, dans les brèves enfances divines, par le lien très fort établi entre la nature et les nourrices : la chèvre, l'abeille, la nymphe du frêne ou des grottes de Nysa. Y a-t-il une connexion entre la servilité et l'état de nature, comment se réalise-t-elle ? ».

Fig. 48. Détail d'un sarcophage du type curriculum vitae, représentant le premier bain en début de narration, découvert à la Via Portuense (long. 157 cm, haut. 36 cm), daté vers 200 apr. J.-C., Rome, Museo Torlonia, inv. n° 414, Photo DAI Rome.

faisant preuve de professionnalisme, notamment au sein des images idéalisées mises en œuvre sur les sarcophages.

Représenter l'allaitement par une nourrice animale

Le catalogue de R. Amedick contient deux représentations de l'allaitement des jumeaux par la Louve. Lors de notre séjour à Rome en 2015, nous avons toutefois pu observer la reproduction du thème sur un grand nombre de sarcophages. D'après leurs dimensions, ceux-ci ne semblent pas avoir renfermés uniquement des enfants[141]. Les deux sarcophages catalogués par R. Amedick sont datés d'environ 220 apr. J.-C. Leur cuve présente un plan ovale. Le premier sarcophage est conservé au Musée National de Rome (**fig. 49**). Il a été retrouvé lors des fouilles de la Via Latina. Sa longueur est de 97 cm, sa largeur de 34 cm et sa profondeur de 31 cm. Le couvercle est décoré sur sa tranche par des masques de théâtre encadrant une figure nonchalamment étendue, la tête supportée par un bras. Celle-ci fait écho au personnage figuré au centre de la cuve. Reposant sur un lit, il prend appui sur son bras gauche posé sur un coussin. Son bras droit est toutefois dirigé vers le pied d'un individu posé sur une bassine, gisant sous le lit. S'agit-il du dédoublement du défunt

---

141 Les informations sur ces sarcophages (lieux de découvertes, restes osseux, etc.) sont généralement peu nombreuses.

Fig. 49. Sarcophage en marbre, le défunt repose sur un lit au centre de la scène. Sur la droite, la Louve allaitant les jumeaux sous un muffle léonin (long. 97 cm, larg. 34 cm), découvert à la Via Latina, Rome, Museo Nazionale Romano, 535, Amedick 1991, p. 150, pl. 73.2, cat. 177.

évoquant sa mort en même temps que l'espoir chéri par ses proches d'une nouvelle vie ? La scène d'allaitement par la Louve pourrait supporter cette idée. Son lait n'a-t-il pas sauvé les jumeaux Romulus et Rémus d'une mort certaine ? Le pouvoir de ce lait, symbole de puissance, semble garanti par la représentation de deux têtes de félins démesurées, placées aux extrémités du lit et à gauche, juste au-dessus de la Louve aux jumeaux. Cette mise en scène particulière a aussi été choisie pour le second sarcophage (**fig. 50**). La Louve y est particulièrement proche du félin. La gueule de ce dernier est ouverte et domine le corps de l'animal légendaire. L'autre tête de félin surplombe quant à elle le corps d'un bambin potelé assis. Ces protomés animaliers sont aussi figurés sur un sarcophage représentant le mythe de Séléné et Endymion[142], sur un sarcophage de Dresde représentant Dionysos et Ariane (**fig. 51**). Le cadre de ces deux mythes est celui des contrées sauvages, où les bergers font paître leurs brebis. Cette association à Dionysos suggère de voir une panthère plutôt qu'un lion dans les protomés gardiens. Toutefois, la figuration des mêmes félins sur le sarcophage du procurateur des *ludus magnus*, lieu d'entraînement des gladiateurs de Rome où a été enseveli son propriétaire, montre clairement qu'il s'agit de lions à l'épaisse crinière[143]. Le cadre est pourtant bucolique. Bergers et troupeaux s'y déploient. Comme sur les deux sarcophages d'enfants, les félins figurent en bout de scène. Ils marquent ainsi les limites du territoire, séparant le civilisé du sauvage, le monde des vivants de celui des morts[144].

Un homme, probablement le défunt, repose au centre de la composition sur une *kline*, qui fait allusion au banquet. Sa pose est nonchalante. Il prend appui sur son bras gauche.

---

142 Zanker et Eywald, 2012, p. 322.
143 *Ibid.*, p. 172, il est daté vers 290.
144 Cette limite nous semble évidente sur les deux sarcophages à la Louve. Sous l'un des protomés se trouve le gardien à deux têtes du Styx.

FIG. 50. Sarcophage en marbre, le défunt repose sur un lit au centre de la scène. Sur la droite, la Louve allaitant les jumeaux sous un mufle léonin (long. 58 cm, haut. 50 cm) Allemagne, Stuttgart, Landesmuseum Württemberg, Arch63/8, Photo © BPK, Berlin, Dist. RMN-Grand Palais / Hendrik Zwietasch.

La figure du défunt est à nouveau dédoublée puisqu'elle se retrouve en ronde-bosse sur le couvercle. Un petit Éros y est figuré à ses côtés et lui tient l'épaule.

Sur la cuve, le dieu Mercure prend place au niveau des pieds du défunt. Derrière le lit, trois femmes gesticulent, l'une a les deux seins complètement découverts.

Faisant l'objet d'une recherche par F. Prescendi, la présence auprès du mort de femmes aux seins dénudés ne sera pas développée ici. Nous notons que ces femmes sont aussi représentées sur un sarcophage conservé à Copenhague (**fig. 52**)[145], sur un fragment conservé à Florence[146], ainsi que sur le sarcophage dit d'Achille conservé à Ostie[147]. Elles

---

145 Musée National de Copenhague, inv. 2226, milieu du IIe s. apr. J.-C. (long. conservée 69, 5, Ht. 30,5 cm ; AMEDICK 1991, p. 130, pl. 68.6, cat. 56).
146 Florence, Offices, inv. 442, daté du milieu du IIe s. apr. J.-C. (long. conservée 25, 5, Ht. 24 cm ; AMEDICK 1991, pl. 69, 6, cat. 48.
147 ZANKER et EYWALD 2012, p. 58.

Fig. 51. Sarcophage de Dionysos sur une panthère, Ht : 0.63 m ; Larg. : 1.73 m., vers 210 apr. J.-C., Allemagne, Dresde, Staatliche Kunstsammlungen, Skulpturensammlung, Hm271, Photo © BPK, Berlin, Dist. RMN-Grand Palais / Jürgen Karpinsk.

ne gesticulent pas et portent les cheveux longs et défaits. Leur visage est empreint d'une grande contrition.

Un autel en marbre complète la série des représentations de l'allaitement entre humains et animaux (**fig. 53**). Deux jeunes enfants sont représentés sur le corps de l'autel dont le fronton représente une grotte à l'intérieur de laquelle un enfant tète les mamelles d'une biche. Les enfants sont debout et tiennent un *volumen* dans la main gauche. Ils portent la toge prétexte. En dessous de chacun d'eux figure une inscription qui permet de les identifier :

À Nico, son fils | très tendre (*dulcissimo*) | âgé de onze mois | et huit jours
Eutychès | *uerna* | âgé d'un an | cinq mois et dix jours

Tout en bas du monument, court l'inscription : Publicia Glypté a fait (ce monument) Nico est ainsi le fils de Publicia Glypté alors qu'Eutychès est un esclave dont la mère est restée anonyme.

La stèle ne précise pas si les deux enfants sont morts en même temps. Ils ont en tous les cas un âge à peu près identique lors de leur décès. Nico est peut-être né avant que sa mère n'ait obtenu le statut libre, puisqu'il ne porte pas le *nomen* de sa mère, Publicius. Publicia Glypté a-t-elle nourrit de son lait les deux enfants ? Cela se peut. Pourquoi avoir choisi de représenter une biche et non la Louve allaitant les jumeaux pour le signifier ? Une préférence pour un animal inoffensif peut avoir été une motivation. Il est cependant

FIG. 52. Fragment de sarcophage, scène d'exposition du mort avec pleureuse aux seins dénudés, (long. 69,5 cm, haut. 30,5 cm), moitié du IIe s. apr. J.-C., Copenhague, Musée National, inv. 2226, Photo © The National Museum of Denmark.

plus vraisemblable que Publicia Glypté ait voulu évoquer, non pas l'allaitement des deux enfants, mais le fait qu'ils ont été recueillis par une même famille. Le mythe de Télèphe se prête particulièrement bien à cette éventualité puisqu'après avoir été allaité par la biche, Télèphe est recueilli et élevé par des bergers avec un autre compagnon d'infortune du nom de Parthénopée[148].

La coroplathie

Particulièrement rares en Grèce, les figures allaitantes semblent avoir trouvé leur expression en Gaule romaine dans la petite statuaire ou coroplathie. Communément appelées *deae nutrices* (*dea nutrix* au singulier), elles sont en terre blanche, dite aussi terre à pipe. Peintes, elles sont réalisées à partir de moules et se déclinent en différents modèles. Elles allaitent parfois un seul enfant, deux le plus souvent. Ceux-ci paraissent littéralement accrochés à leurs seins. Les nourrissons peuvent être emmaillotés ou les membres laissés libres. Comme dans la grande statuaire, les figures féminines sont assises dans un fauteuil

---

148 GRIMAL, *s.u.* « Parthénopaeos », p. 349.

FIG. 53. Autel en marbre (haut. 102 cm, larg. 58 cm), 100-110 apr. J.-C., Rome, Villa Albani, Photo DAI Rome.

à haut dossier. Généralement tressé, il témoigne de l'artisanat gallo-romain[149]. La position des figures féminines est statique. Le regard est généralement porté au loin.

Identifier Nutrix : ce que livre la coiffure

Contrairement aux Vénus produites à la même époque, toutes les *nutrices* ont les cheveux attachés. La coiffure qui revient le plus souvent et celle qui forme une sorte de nœud sur le sommet du crâne (**fig. 54**). Celle-ci apparaît aussi sur les Vénus produites conjointement[150], à la différence près que, sur ces dernières, plusieurs mèches de cheveux sont laissées libres sur les épaules, comme sur la figure vénusienne (**fig. 55**)[151]. Cette coiffure a ses origines en Grèce, comme le démontre la copie romaine d'une néréide au dauphin dont l'original est attribué au sculpteur Timothéos (IVe siècle av. J.-C.)[152]. Elle apparaît aussi sur certaines Tanagréennes[153]. Symbolisant la beauté et la séduction, cette manière de se coiffer est remise au goût du jour à l'époque romaine par l'impératrice Sabine (règne entre 117-136 apr. J.-C.), épouse d'Hadrien[154]. Elle est aussi prisée par les ateliers syriens qui, à l'époque romaine, produisent des figures dont la ressemblance avec la production gallo-romaine est frappante[155]. Le type y est cependant celui de la Vénus anadyomène, figurant aussi à l'intérieur d'un édicule, jamais celui d'une femme allaitante. Le type de l'*Isis Lactans*, de la même époque, porte quant à elle les cheveux détachés et un diadème figurant la coiffe hathorique[156].

Les *Nutrices* (**fig. 56**) portent également d'autres coiffures comme celle en nid d'abeilles, portée par l'impératrice Domitia à la fin du Ier siècle apr. J.-C.[157] Cette datation conduit à y voir le type plus ancien, avec nœud au sommet du crâne, coïncidant avec la datation donnée pour le début de la production de ces figurines[158]. Parfois, les figurines ont la tête recouverte d'un pan de leur manteau (*palla*), d'autres portent une sorte de diadème et d'autres encore un bonnet rond[159]. Doit-on voir dans ce dernier le bonnet des nourrices des sarcophages ?

---

149 GONZENBACH 1995, p. 199-200.
150 Les deux types de production relèvent des mêmes ateliers. Ils sont produits en série dans les ateliers de Gaule centrale, surtout de l'Allier. Une production légèrement postérieure (IIe s. apr. J.-C.) apparaît en Moselle et dans la vallée du Rhin (DASEN 1997, p. 127).
151 Au sujet de la chevelure dénouée de Vénus, voir FICHEUX 2006.
152 Voir aussi *LIMC* II,1 *s.u.* « Aphrodite », p. 79, n° 698 et II, 2, p. 70. Il s'agit du type « Venus Felix ». La déesse est accompagnée d'Éros. Elle apparaît également dans le type « Hermaphrodite » (Doria Pamphili, statue de marbre, *LIMC* II, 1, p. 81, n° 725, II, 2, p. 72).
153 Par exemple JEAMMET 2003, p. 138-139, cat. 85.
154 Une sculpture d'époque romaine, attribuée à l'impératrice et retrouvée au château de Versailles, présente une coiffure rappelant celle de la fin de l'époque classique grecque. Voir *Les Carnets de Versailles* [en ligne] http://www.lescarnetsdeversailles.fr/2016/04/une-romaine-de-marbre/ (site consulté le 7.03.2018).
155 *LIMC* II,1 *s.u.* Aphrodite, p. 156, n° 21 et 24 (statuettes en bronze), n° 31 (Vénus dans un édicule).
156 Voir par exemple, *LIMC* II, 2, p. 514, N° 235 et 236.
157 Musée archéologique de Dijon 1985, n° 141 ; voir DEYTS 1972, p. 412-413, fig. 398, 401 et 407.
158 F. Jenkins estime que le début de la production va de pair avec la promotion du culte de *Fecunditas* sous les Antonins, c'est-à-dire la dynastie impériale qui suit celle des Flaviens dont Domitien était le dernier représentant (JENKINS 1962, p. 840).
159 Musée de Dijon, pl. XVIII, 154 (sur cet exemplaire, le bonnet tombe mollement sur le côté droit de la tête) et pl. XIX, 169.

Fig. 54. Statuette de déesse-mère allaitant deux enfants, terre blanche de l'Allier, Musée archéologique de Dijon, Arb.604, © Musée des Beaux-Arts / Photo François Jay.

FIG. 55. Statuette de Vénus en terre blanche de l'Allier, inv. 2016.0.95, Musée archéologique de Dijon
Photo © Musée des Beaux-Arts / Photo François Jay.

FIG. 56. Statuette de déesse-mère en terre blanche de l'Allier, coiffure en nid d'abeille, Saint-Germain-en-Laye, musée d'archéologie national, Photo © RMN / Jean-Gilles Berizzi.

Des nutrices au bonnet ?

Les statuettes coiffées d'un bonnet rond sont minoritaires. Deux d'entre elles sont conservées au musée de Dijon (n° 154 et 169)[160], une autre se trouve au Musée de l'Abbaye Saint-Germain d'Auxerre[161]. Cette dernière est issue du même moule que la statuette n° 169. Sur ces différentes statuettes, le bonnet repose sur le sommet du crâne, et laisse apparaître des cheveux en bordure de visage et sur la nuque. En outre, le coroplathe a pris la peine de montrer que le bonnet présente un pan tombant comme sur les sarcophages. Les deux modèles diffèrent légèrement. Sur le premier, le pan du bonnet est plus long (**fig. 57 a et b**). Il retombe mollement sur le côté gauche de la tête et descend jusqu'au niveau du chignon bas que porte cette statuette. Sur le second, le pan court forme une sorte de petite banane du côté gauche (**fig. 58 a, b et c**). À l'arrière de la tête, les cheveux forment une petite bordure qui semble indiquer qu'ils sont repliés sous le bonnet.

Les statuettes diffèrent aussi par leur forme générale. Sur le premier type, deux enfants emmaillotés tètent chacun un sein, alors que sur le second, il n'y en a qu'un seul. Emmailloté et portant un petit bonnet, il est couché sur les genoux de la femme et tète son sein gauche.

L'asymétrie du modèle rompt avec la tradition[162]. Elle se répercute au niveau de la tête de la femme qui est dirigée vers l'enfant. Le cou n'est presque pas visible, l'expression est grave. Tout dans la pose dénote une plus grande préoccupation de la *nutrix* qu'à l'habitude. Le souci de réalisme ressort aussi du modelé du corps : genoux et mollets sont dissociés et apparaissent sous une étoffe vaporeuse. Le sein apparent présente une belle rondeur, le téton est joliment dessiné au niveau de la bouche de l'enfant.

La recherche de parallèles à cette statuette particulière nous conduit vers une série datée de la fin du IVe siècle av. J.-C. provenant de Tanagra. Un exemplaire est conservé au Musée du Louvre (**fig. 59**). La figure est assise et s'inscrit dans la série des courotrophes ayant un enfant endormi sur les genoux. La femme se distingue nettement des figures d'Aphrodite, par son âge avancé, ses épaules tombantes et ses seins pendants. À l'époque hellénistique, ce type de figurines est courant et s'apparente à une série issue du théâtre[163]. Diffusé dans tout le bassin méditerranéen, ce type a été retrouvé dans des tombes d'enfants comme en milieu cultuel[164].

Contrairement à la possibilité, évoquée par Aristote, que du lait survienne chez des femmes âgées, la vieille nourrice n'allaite pas l'enfant. Celui-ci repose sur ses genoux et regarde le spectateur. Les similitudes entre la pose de la *nutrix* de Dijon et celle de la nourrice de Tanagra suggèrent que la vieille femme a pu servir de modèle, pour la production gallo-romaine, au même titre que les figurines d'Olynthe ou de Lindos (**fig. 3 et 4**). Il apparaît une fois encore que, bien que s'inspirant de modèles gréco-romains, les coroplathes de Gaule ont fait des choix iconographiques probablement influencés par les traditions celtiques.

Une seconde figurine présente une originalité. Il s'agit d'une femme assise avec un enfant debout à côté d'elle (**fig. 60**). Figurant les fesses découvertes face au spectateur, l'enfant tète

---

160 Respectivement Musée de Dijon, pl. XVIIII et pl. XIX.
161 COULON 2004, p. 58.
162 La symétrie des statuettes est considérée comme découlant des pratiques celtiques par V. VON GONZENBACH 1995, p. 199-200.
163 MATHIEUX 2003, p. 134 ; au sujet des vieilles courotrophes, voir BIRCHLER-EMERY 2010.
164 Notamment dans un sanctuaire de Déméter selon COLDSTREAM 1973, p. 88.

Fig. 57. Statuette de déesse-mère en terre blanche de l'Allier, musée de la civilisation gallo-romaine de Lyon, inv. 118-459.8, (ROUVIER-JEANLIN 1985, pl. XVIIII, n° 154).

au sein de la femme. Celle-ci s'assure que son vêtement n'empêche pas la prise de lait en le tenant largement écarté de son sein. Il apparaît clairement ici que l'enfant tient le sein, pour en faciliter la tétée. Ce geste n'est pas spécifique aux enfants plus grands puisque, même certains emmaillotés présentent un bras libre et une main qui saisit le sein[165]. Marjolaine Guisan considère que ce geste différencie la production gauloise de la campanienne :

> [les figurines campaniennes] allaitent l'enfant en pressant le sein, alors qu'en Gaule c'est l'enfant qui presse le sein[166]

Cette dernière statuette se démarque encore des autres représentations par sa coiffure qui ne présente ni nœud, ni bonnet mais une coiffure simplement relevée et aussi par l'expressivité de son visage. Penchée vers l'enfant, elle le regarde tendrement et l'enserre d'un large geste. Ces singularités amènent à réfléchir sur l'identité de la femme. Le coroplathe a-t-il voulu évoquer la mère de l'enfant ? Que dire de l'expression paisible qui émane de la scène ? Suggère-t-elle que les inquiétudes liées au bas-âge et à la forte mortalité de la première année sont révolues ?

---

165 Par exemple le n° 146 du catalogue du Musée archéologique de Dijon 1985 ; voir aussi l'exemplaire d'Avenches, 65/1566, selon DASEN 1997, p. 126, fig. 2.
166 GUISAN 1976, p. 8.

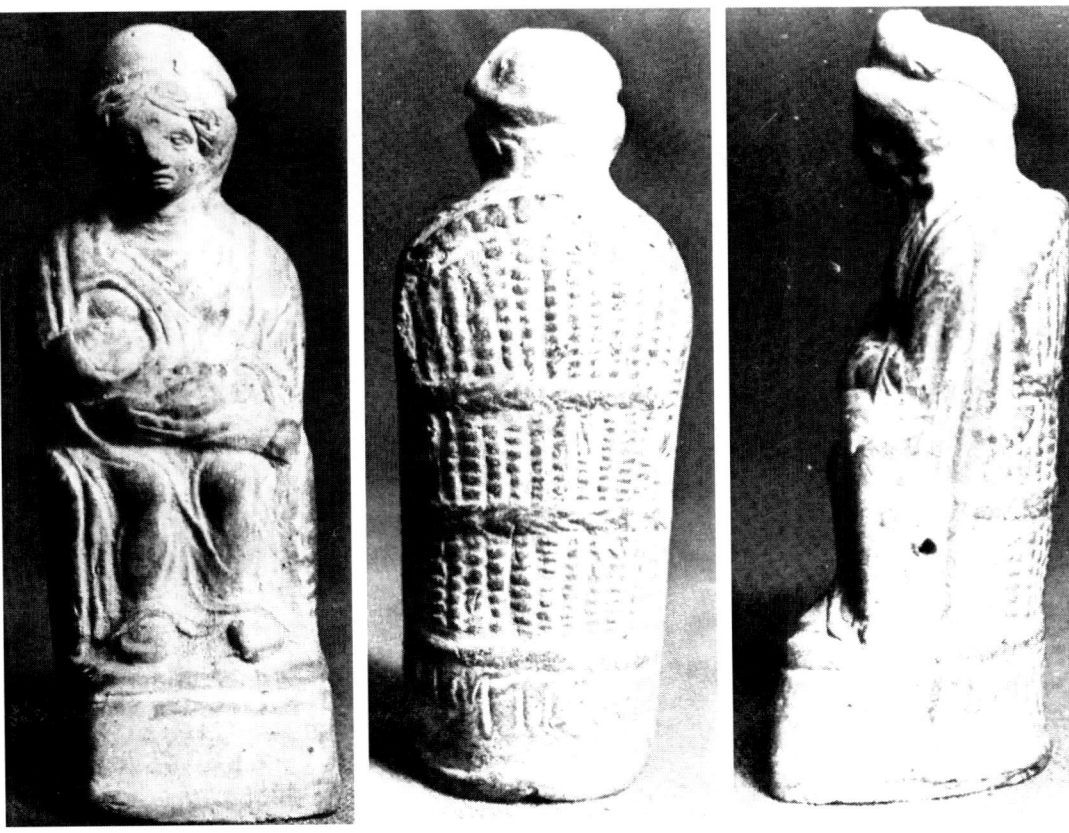

FIG. 58. a, b et c. Statuette de déesse-mère en terre blanche de l'Allier, musée archéologique d'Auxerre, inv. 0-88, Photo © musée (Rouvier-Jeanlin 1985, pl. XIX, n° 169).

Alors que ces deux types marginaux semblent respectivement évoquer une nourrice vieillissante et une figure maternelle, certains lieux de découvertes amènent à envisager qu'une identité divine était attribuée à ladite *Dea nutrix*[167].

Un statut divin ?

La découverte de *Nutrices* dans un cadre domestique, associées à un laraire, suggère qu'elles étaient investies d'un statut divin[168]. Dès lors, quel était leur rôle ? À quelle(s) divinité(s) les rattacher ?

---

167 La question se pose pour les courotrophes grecques de savoir si celles-ci représentent la dédicante ou la divinité. PEDRUCCI 2013b, p. 96.
168 Les figurines en bronze du laraire retrouvé dans la villa romaine de Vallon (Suisse, FR) montrent bien à quel point l'élite s'approprie les divinités d'origine gréco-romaine et égyptienne (Diane, Apollon, Mercure, et Isis, Harpocrate) et n'hésite pas à les associer à des divinités celtes, comme par exemple Artia (la déesse ourse) ou le taureau tricorne.

Fig. 59. Terre cuite de vieille femme tenant un nourrisson (haut. 13,5 cm, larg. 8,9 cm) entre 330-300 av. J.-C. provenant de Tanagra, Paris, Louvre, inv. MNB 1003 © 2011 Musée du Louvre / Photo Anne Chauvet.

Les parallèles suggèrent un syncrétisme entre les figures d'Aphrodite/Vénus et d'Isis. C'est probablement en référence à ces propriétés revigorantes que les figurines d'Aphrodite et d'*Isis lactans* ont été déposées dans les tombes grecques et égyptiennes[169]. En Égypte romaine, cette dernière fait toujours partie du répertoire coroplathique. Isis est alors représentée sur un siège à haut dossier et allaite de son sein gauche un enfant non emmailloté

---

169   Les tombes sont datées du Nouvel Empire par Fridh-Haneson 1973, p. 65-66.

Fig. 60. Statuette de femme allaitant un enfant aux fesses dénudées, debout à côté d'elle, MAN 72473, Photo © Musée d'Archéologie nationale et Domaine national de Saint-Germain-en-Laye.

(**fig. 61**)¹⁷⁰. Garantissant un lien de filiation, ce lait reste probablement synonyme des vertus thérapeutiques qui lui sont attribuées dans les *papyrii* médicaux de l'Égypte pharaonique¹⁷¹. Qu'en est-il du lait de *Nutrix* ? Aussi livrées par les sanctuaires guérisseurs, notamment celui des Sources de la Seine, les *Nutrices* ont-elles un lait qui sauve¹⁷² ? Ou leur déposition fait-elle allusion à la dédicante et aux vœux adressés dans l'espoir de fertilité, d'un heureux accouchement, voire de la santé d'un enfant¹⁷³ ?

Leur présence principalement dans les sépultures enfantines les distinguent d'Isis donnant de son lait au pharaon adulte¹⁷⁴. *Nutrix* semble d'abord investie de caractéristiques protectrices consacrées à l'enfance et à la maisonnée. Cet aspect transparaît de la tombe d'un enfant âgé d'environ un an, découverte à Baldock en Bretagne romaine, où *Nutrix* prend place sur l'abdomen du défunt, en appui contre un coffret (**fig. 62**). Unique exemplaire dans une nécropole qui compte environ 1800 sépultures¹⁷⁵, la *nutrix* n'a pas été déposée au hasard dans une tombe datée du IVᵉ s., c'est-à-dire plus d'une centaine d'années après la production des statuettes. Comme le soulignent Gilbert Burleigh, Keith J. Fitzpatrick-Matthew et Miranda Aldhouse-Green, la *Nutrix* devait faire partie du laraire ou du moins du « trésor » familial, avant son dépôt. Elle devait avoir une valeur particulière pour les proches de l'enfant, ainsi qu'une plus-value par rapport aux exemplaires retrouvés en grand nombre hors du territoire de la Bretagne romaine.

Nutrix et Vénus

Dans la nécropole du *Champ de l'Image* à *Argentomagus* (Argenton-sur-Creuse), la *Nutrix* faisait partie d'une autre mise en scène singulière, marquant la présence d'une tombe (**fig. 63**). Associée à trois Vénus et deux chevaux, elle formait une sorte de ronde autour de la sépulture à crémation d'un enfant de moins d'un an¹⁷⁶. Cette association énigmatique de Vénus à Nutrix est fréquente¹⁷⁷. S'agit-il d'une narration telle qu'elle apparaît sur les sarcophages romains dits *curriculum vitae* ? Si tel est le cas, la nourrice a pu avoir sa place au début de la narration, symbolisant une « bonne naissance »¹⁷⁸, tandis que Vénus

---

170   Voir *LIMC*, *s.u.* « Isis », V, I, p. 778 et V, II, p. 514-516, n° 229, 230, 231, 233, 234, 236, variante du siège n° 238. Dans la même position Isis allaite aussi le taureau Apis, n° 244, 245, 247b, 248.
171   BARDINET 1995.
172   DEYTS 1994, p. 139, pl. 61, 7.
173   Burleigh, Fitzpatrick-Matthew et Aldhouse-Green 2006, p. 289.
174   ROUVIER-JEANLIN 1972, p. 32.
175   La nécropole est principalement datée de l'époque romaine, bien qu'un enclos comptât des sépultures à crémation de statut élevé datées de la fin de l'époque pré-romaine (BURLEIGH, FITZPATRICK-MATTHEW et ALDHOUSE-GREEN 2006, p. 276).
176   COULON 2004, p. 148, fig. en haut à gauche ; voir DASEN 1997, p. 136, note 86 ; DASEN 2015a, p. 276, fig. 9.6.
177   Dans le sanctuaire d'une *insula* de Poitiers, la *Nutrix* faisait partie d'un ensemble composé de Vénus, Epona et Risus. Sur une île en face de la Cornouaille, elle est accompagnée de Vénus et d'un bijou en forme de roue (GREEN 1986, p. 142-143).
178   La nourrice étant le plus souvent représentée sur les sarcophages (et non la mère), nous pensons que la figuration de l'allaitement est plus le symbole d'un statut social que celui de la conservation des valeurs prônées entre autres par Favorinus d'Arles. L'enfant a eu une bonne nourrice (fournie par les parents), comme cela transparaît des épitaphes funéraires qui témoignent du lien étroit entre les deux protagonistes.

Fig. 61. Isis Lactans, terre cuite, Antinoé, Musée du Louvre, AF981, Photo © Musée du Louvre, Dist. RMN-Grand Palais / Christian Décamps.

suggère un destin souhaité bien que non accompli[179]. Quant au cheval, on serait tenté d'y voir, comme cela a été déduit du matériel grec, une référence à la pouliche à dompter (la jeune fille) et/ou à un statut social élevé[180].

La réflexion sur Vénus et *Nutrix* peut être poussée plus loin. Différentes à nos yeux modernes parce que l'une incorpore la séduction, l'autre la maternité, qu'en était-il pour les anciens ? Les productions d'Italie du sud sont les seules à avoir associé les deux motifs dans une même scène et sous une même entité : Aphrodite allaitant Éros. Quel est le rôle de Vénus et *Nutrix* dans le monde gallo-romain ?

Comme en Grèce, la figure érotique de Vénus semble avoir été porteuse de qualités transcendant sa simple beauté. En effet, dans le sanctuaire des sources de la Seine, une petite statuette en pierre (12 cm de hauteur), formant une niche et inscrite sur son couronnement [DEA SEQUANA], portait la représentation d'une femme dont la pose – léger déhanchement, seins nus, bras droit plié amenant la main placée devant le sein gauche, bras gauche le long de la jambe tenant un tissu – évoque Vénus (**fig. 64**). Cette association, qualifiée d'insolite par S. Deyts, suggère que les attributs séducteurs de la déesse étaient garants de fertilité[181] et de santé[182].

Un dernier document iconographique soutient cette hypothèse. Il s'agit d'une stèle funéraire découverte à Rua de Oliveira, au Portugal (**fig. 65**). Taillée dans un granit gris grossier, elle

---

179 Un parallèle frappant est offert par le sarcophage des catacombes de *Praetextatus* à Rome ; voir Dasen 2015a, p. 267, fig. 9.2 ; voir *supra* p. 244 et fig. 38.
180 Par exemple Brulé 2007, p. 70, 82.
181 Le sexe est particulièrement marqué et pourvu d'un petit triangle de poils pubiens, ce qui est aussi inhabituel dans les représentations de Sequana. Deyts 1994, p. 133. Au sujet de la représentation de Sequana voir Deyts 1971, p. 73.
182 Déesse des sources, dont le nom découle probablement du peuple des Séquanes, la divinité est surtout vénérée pour ses qualités guérisseuses, ce que confirment les nombreux exvotos qui lui sont dédiés, Deyts 1971, notamment p. 68. Non représentée avant l'époque romaine, elle apparaît ensuite debout sur une barque dont la proue est ornée d'une tête de canard (représentée en p. 73 de Deyts 1971).

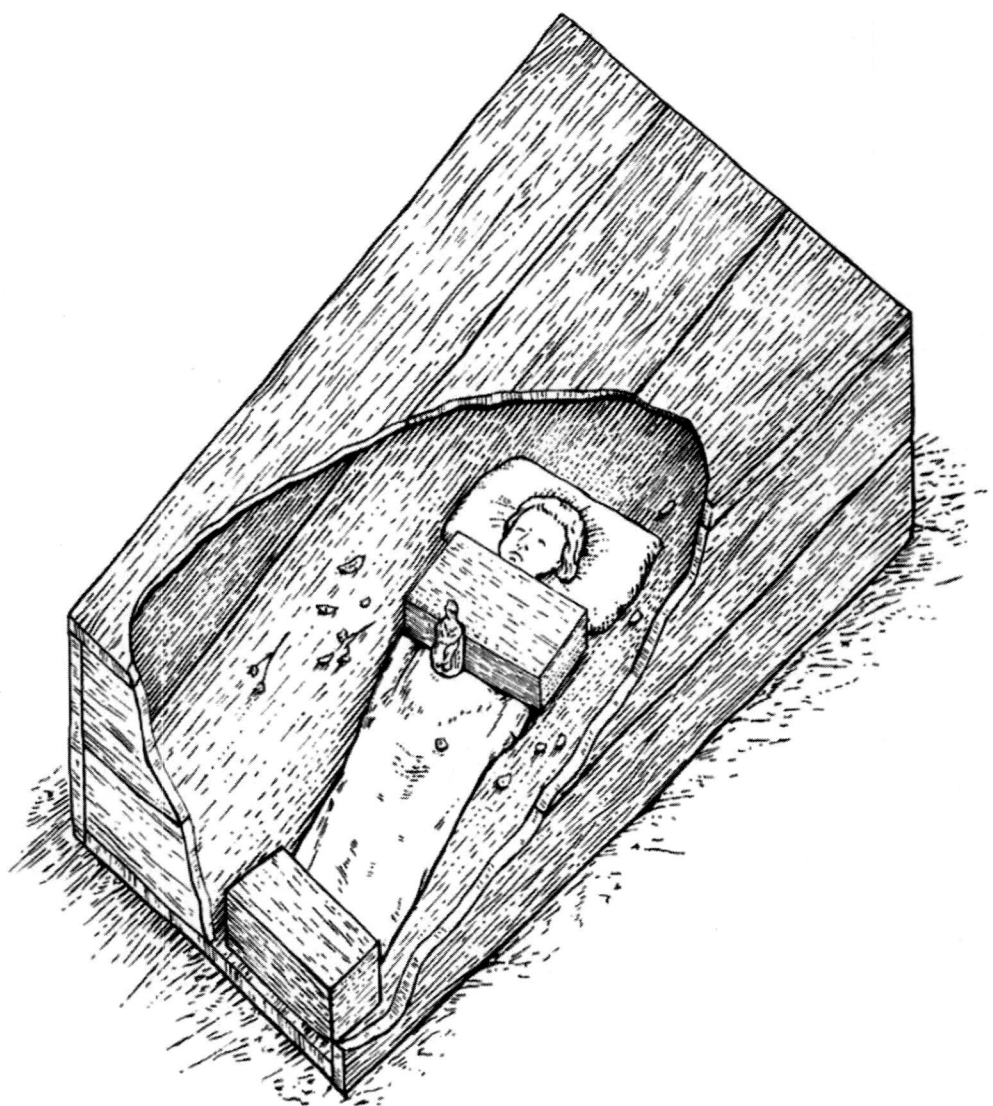

Fig. 62. Reconstruction de la sépulture 3960 de la nécropole de Baldock, d'après Burleigh, Fitzpatrick-Matthews et Aldhouse-Green 2006, p. 281, fig. 7.

représente une figure féminine dont la pose maladroite évoque aussi celle de Vénus. En effet, les deux bras tentent de cacher le sein gauche et le sexe non figuré. Le sein reste pourtant bien visible puisque la main droite est placée en-dessous. Elle tient un petit objet qui pourrait s'apparenter aux fleurs tenues par les courotrophes grecques. La mauvaise conservation de la stèle ne permet pas d'aller plus loin dans cette interprétation. Une inscription latine orne la partie inférieure de la stèle. Elle a été transcrite : [D(iis) I(nferis) M(anibus) / PATERN/

FIG. 63. Ensemble de 6 figurines (3 Vénus, deux chevaux et une *Dea nutrix*), posées sur une sépulture à crémation d'un enfant de moins d'un an, nécropole du Champ de l'Image, Argentomagus, 74.7, Photo Gesell, Musée archéologique d'Argentomagus.

AE PO(suit)· STA(tuam) / MEMORIA(m) / AN(norum) LX (sexaginta) R(equiescit) H(ic)][183]. Son style permet de dater le monument à partir du IIIe siècle apr. J.-C.

Pour Teresa Soeiro, cette représentation évoque une *Venus Pudica*. Maria João Correia Santos et Hugo Armando Miranda Pires n'adhèrent toutefois pas à cette hypothèse en raison de la position des mains[184]. Ces derniers préfèrent y voir une nourrice, profession qui est attestée par l'épigraphie, dans la péninsule ibérique, depuis le IIe siècle de notre ère. Ils soulignent en outre que l'usage de *posuit* indique que Paterna a réalisé elle-même sa stèle, ce qui nécessite certains moyens financiers. Supposons que Paterna ait fait réaliser sa propre stèle, a-t-elle vraiment voulu mettre en avant son statut de nourrice ? Pourquoi ne l'a-t-elle pas mentionné comme la Severina de Cologne[185] et les nombreuses nourrices connues par l'épigraphie ?

L'iconographie de la stèle ne semble pas davantage plaider en faveur de la nourrice : contrairement aux *obstetrices* et autres *medicae*, la *nutrix* n'apparaît jamais seule. Elle est alors associée à celui qu'elle a nourri de son lait ou accompagné durant sa croissance.

---

183 « Aux Dieux Mânes infernaux, cette statue a été érigée en mémoire de Paterna, 60 ans, qui repose ici », Soeiro 2013, p. 313.
184 Soeiro 2013, p. 315 et 319.
185 *Supra* p. 427.

Dès lors, l'iconographie de la stèle, ainsi que la fréquente association entre Vénus et une défunte[186], nous poussent à voir dans la représentation de Paterna cette divinité invoquée par Lucius transformé en âne dans le récit d'Apulée :

> Je viens à toi, Lucius, émue par tes prières, moi, mère de la nature entière, maîtresse de tous les éléments, origine et principe des siècles, divinité suprême, reine des Mânes, première entre les habitants du ciel, type uniforme des dieux et des déesses. Les sommets lumineux du ciel, les souffles salutaires de la mer, les silences désolés des enfers, c'est moi qui gouverne tout au gré de ma volonté. Puissance unique, le monde entier me vénère sous des formes nombreuses, par des rites divers, sous des noms multiples. Les Phrygiens, premiers-nés des hommes, m'appellent mère des dieux, déesse de Pessinonte ; les Athéniens autochtones, Minerve Cécropienne ; les Cypriotes baignés de flots, Vénus Paphienne ; les Crétois porteurs de flèches, Diane Dictynne ; les Siciliens trilingues, Proserpine Stygienne ; les habitants de l'antique Eleusis, Cérès Actéenne ; les uns Junon, les autres Bellone, ceux-ci Hécate, ceux-là Rhamnusie. Mais ceux que le dieu Soleil éclaire à son lever de ses rayons naissants, de ses derniers rayons quand il se penche vers l'horizon, les peuples des deux Éthiopies, et les Égyptiens puissants par leur antique savoir m'honorent du culte qui m'est propre et m'appellent de mon vrai nom, la reine Isis[187].

Au sein de son *corpus* nord-africain, Solenn de Larminat remarque que Vénus est la figurine la plus souvent retrouvée dans les sépultures des 0-8 ans, avec 80 exemplaires sur 473 provenant du contexte funéraire[188]. Généralement intacte et associée à d'autres figures mythologiques, ainsi qu'à Nutrix, Bès, et Hermès, elle avait été brisée, intentionnellement ou par le feu du bûcher funéraire, dans trois tombes de jeunes filles[189]. Ce bris volontaire, absent des sépultures enfantines, conduit la chercheuse à y voir des « images symboliques des défuntes », alors que la figure renversée d'Éros, tête bêche dans le comblement de la tombe, pourrait représenter le jeune enfant inhumé à ces côtés[190]. Cette interprétation semble pouvoir être appliquée aux autres sites de l'Empire, notamment de Gaule et de Bretagne, où les figurines de Vénus et Nutrix sont souvent associées. Le syncrétisme des figures guérisseuses paraît avoir rapidement eu lieu sous l'Empire. Alors qu'aux Sources de

---

186 Le chant funèbre de STACES, *Silves* V, 231, en l'honneur de Priscilla évoque la momification de la dépouille devenue « une Vénus chaste dans ce marbre » (*Venus hoc non improba saxo*) ; d'autres inscriptions font le parallèle entre la défunte et Vénus : *CIL* XIV, 610 ; *CIL* VI, 1424, 12281, 20167 ; *CIL* VII, 4415. Au sujet des statuettes de Vénus déposées dans les sépultures d'Afrique du Nord, voir DE LARMINAT 2015.

187 APULÉE, *Métamorphoses* XI, V, 1-3 : *En adsum tuis commota, Luci, precibus, rerum naturae parens, elementorum omnium domina, saeculorum progenies initialis, summa numinum, regina manium, prima caelitum, deorum dearumque facies unilormis, quae caeli luminosa culmina, maris salubria flamina, inferum deplorata silentia nutibus meis dispenso : cuius numen unicum multiformi specie, litu uario, nomine multiiugo totus ueneratur orbis. Inde primigenii Phryges Pessinuntiam deum matrem, hinc autocthones Attici Cecropeiam Mineruam, illinc fluctuantes Cyprii Paphiam Venerem, Cretes sagittiferi Dictynnam Dianam, Siculi trilingues Stygiam Proserpinam, Eleusinii uestusti Actaeam Cererem, Iunonem alii, Bellonam alii, Hecatam isti, Rhamnusiam illi, et qui nascentis dei Solis inchoantibus et occidentis inclinantibus inlustrantur radiis Aethiopes Arique priscaque doctrina pollentes Aegyptii caerimoniis me propriis percolentes appellant uero nomine reginam Isidem.*

188 *Ibid.*, p. 294.

189 *Ibid.*, p. 293-294.

190 *Ibid.*, 2015, p. 297. Solenn de Larminat fait un parallèle entre les masques brisés découverts dans les tombes enfantines d'Afrique du Nord et les figures d'Éros.

FIG. 64. Relief en calcaire jaune représentant dans une niche, un personnage féminin nu, la main droite devant le sein gauche. L'inscription pourrait être [dae seqana] selon S. Deyts, (haut. 12 cm, larg. 6 cm), vu au Château de Rocheprise à Brémur-en-Vaurois en 1925, d'après Deyts 1994, p. 133, pl. 58.1.

FIG. 65. Stèle en granit représentant un personnage féminin au torse dénudé. Inscription [D(iis) I(nferis) M(anibus) / PATERN/AE PO(suit)· STA(tuam) / ME-MORIA(m) / AN(norum) LX (sexaginta) R(equiescit) H(ic)], Ht. 140 cm, Larg. entre 32 et 55 cm, ép. 20 cm env., Photo H. Pires.

la Seine, Séquana prend la forme de Vénus, la Tanit du sanctuaire de Thinissut (Tunisie) est représentée allaitant un enfant couché sur ses genoux, à la manière de Nutrix[191]. Quelque peu différente des canons originaux, la figure de Paterna pourrait être celle d'une vestale servant et dispensant des soins ainsi que des mélanges thérapeutiques dans l'un des sanctuaires de sa patronne, la divine Vénus.

Une origine celtique de Nutrix ?

Alors que les figures maternelles apparaissent en grand nombre en Gaule romaine, notamment sous la forme de groupes statuaires comptant des déesses de la fécondité appelées selon les inscriptions *Matrae* ou *Matronae*[192], elles sont absentes à l'époque celtique. Franck Jenkins et Miranda Green suggèrent, malgré une iconographie empruntée au monde classique, une origine gauloise de la *Nutrix*[193]. Selon J.-A. Hild, « les *Matres* sont de provenance celtique et [...] celles qui ont l'allure germanique ont été importées sur la rive droite du Rhin, puis acclimatées en Germanie, par les Celtes qui y formaient un élément notable de la population »[194]. À Rome, les EQUITES SINGOLARES, garde impériale qui était recrutée aux *Limes* du Rhin et du Danube, avaient dédié un culte aux *Matres*. Ces divinités sont évoquées par les inscriptions comme celles de la patrie absente[195]. La plupart du temps associé à une notion géographique ou ethnique[196], le nom *Matres* rejoint l'idée d'une Terre Mère, telle que la Gaïa des Grecs aux pouvoirs surnaturels.

V. Dasen a rappelé l'importance de l'allaitement maternel chez les Celtes, auquel des propriétés salutaires, sources d'immortalité, auraient pu être attribuées comme chez les Égyptiens[197]. Les femmes gauloises passaient pour être fécondes et bonnes nourrices[198], selon le géographe Strabon. Elles n'en déléguaient pas la besogne, comme le dit Tacite dans la Germanie :

> Chaque mère nourrit ses enfants au sein, et elles ne chargent pas de cela des servantes ou des nourrices[199].

Alors que l'appréciation de l'allaitement chez les Celtes ne peut être contestée à la lecture de ces textes, elle est peu supportée par les témoignages indigènes tant écrits qu'iconographiques. Si l'existence d'une divinité mère celte semble probable, il est difficile, en l'état des sources, d'en comprendre les cultes et caractéristiques. Quoi qu'il en soit, l'iconographie des mères nourricières italiques, elle-même influencée par celle des Grecs depuis l'époque archaïque, semble avoir eu une influence notable sur les coroplathes gallo-romains. Les statuettes de déesses-mères se développent, nous l'avons vu, depuis

---

191 *Ibid.*, p. 303, fig. 7.
192 Ces noms sont un syncrétisme du latin et du gaulois, comme leur iconographie. À ce sujet voir DASEN 1997, notamment p. 136.
193 JENKINS 1962, p. 840 ; GREEN 1986, p. 142.
194 In DAREMBERG et SAGLIO, *s.u.* « Matres », p. 1636.
195 *Ibid.*
196 *Ibid.*, p. 1638.
197 DASEN 1997, p. 137.
198 STRABON IV, 1, 2 et IV, 4, 3.
199 TACITE, *La Germanie* 20, 1 (trad. P. Grimal, Paris, La Pléiade, 1990).

Fig. 66. Sesterce (revers) frappé par Tibère pour commémorer la naissance de ses petits-fils jumeaux (22-23 apr. J.-C.), Oxford, Ashmolean Museum, Heberden Coin Room, Photo du Musée.

le VIe siècle av. J.-C. au sud de la péninsule italique avant de se diffuser au nord. Ainsi que le fait remarquer O. De Cazanove, c'est lors de l'annexion des territoires par Rome que se développe la production des *exvotos*, ce qui s'explique par le nouvel engouement pour les cultes salutaires[200]. La production des divinités d'argile et des VBT semble suivre une trajectoire identique, renforçant notre hypothèse sur leur fonction salutaire.

Représenter la gémellité

« Le choix de représenter des jumeaux suspendus aux seins des *Nutrices* a toute son importance » comme le dit V. Dasen[201]. Rare dans les productions d'avant l'époque augustéenne, la gémellité semble aller de pair avec la propagande nataliste d'Auguste. Celle-ci est mise en image, par la représentation des enfants de la famille impériale, sur l'autel de la Paix d'Auguste, l'*Ara Pacis*, situé au Champ de Mars, à Rome. Comme nous le verrons plus loin, le panneau sur la façade orientale du monument abrite la représentation de la déesse terre, *Tellus*, portant deux bambins en bas âge sur les genoux. Redoutées en raison des risques qu'encourraient la mère et ses enfants[202], les naissances multiples sont aussi un signe de fécondité dont la source est parfois considérée comme surnaturelle[203]. Le monnayage confirme cette nouvelle prédilection. En premier lieu par les émissions de 22-23 apr. J.-C, frappées à l'initiative de Tibère fier de ses petits-fils jumeaux Nero et Germanicus. L'image présente les têtes des deux enfants sortant chacune d'une corne

---

200 De Cazanove 2013, p. 10.
201 Dasen 1997, 2005.
202 Elles sont alors sources de mauvais présages.
203 Dasen 1997, p. 130.

Fig. 67a/b. Sesterce (avers/revers) représentant Feconditas (161 apr. J.-C.), Avenches, Musée romain, inv. M1944, Photo MRA, Fibbi-Aeppli, Grandson.

d'abondance (**fig. 66**)[204]. Sous le règne des Antonins (96-192 apr. J.-C.), la figure de *Fecunditas* est favorisée. L'implication de Faustine l'Ancienne pour assurer l'éducation des enfants romains, avec une prédilection pour les filles, a peut-être motivé ce choix[205], comme plus tard, la naissance de jumeaux dans le couple formé par Faustine et Marc-Aurèle[206]. Une variété de monnaies frappées sous les règnes de ces impératrices les montre avec plusieurs enfants. Sur un type monétaire frappé en 161 à l'initiative de Marc-Aurèle, Faustine porte deux enfants associés aux jumeaux Commode et Antonin alors que quatre fillettes sont figurées à ses côtés[207]. L'accent est alors mis sur la multiplication des figures enfantines et non sur l'allaitement (**fig. 67**). Sous le règne des Sévères, le choix des motifs change. C'est alors la divine Isis qui est représentée au revers de la monnaie montrant le profil de Iulia Domna. Comme de coutume, elle allaite l'enfant Horus reposant sur ces genoux (**fig. 68**)[208].

Conclusion

Alors que les représentations de l'allaitement sont rarissimes en Grèce ancienne, elles sont très fréquentes dans la péninsule italique et en Sicile. Déjà à l'époque archaïque,

---

204 Dasen 1997, p. 134.
205 L'empereur Hadrien reprend la notion d'Âge d'or mise à l'honneur par Auguste. Il utilise l'image de la Louve aux jumeaux sur un *aureus* frappé entre 125 et 128 apr. J.-C., à la suite de Domitien (monnaie frappée entre 81 et 86 apr. J.-C.).
206 Mère de 13 enfants, Faustine a deux naissances gémellaires : en 148 celle de Gemellus Lucillae et de sa sœur Annia Aurelia Galeria Lucilla (148/50-182) et, en 161, de Commode et son frère jumeau Titus Aurelius Fulvus Antoninus.
207 Il est intéressant de noter que plus tard l'empereur fait frapper des monnaies avec les jumeaux romains et la Louve. As de 179-180, RIC.1247.
208 T Ganschow dans *LIMC* VII, 1997, *s.u.* « Fecunditas », p. 583-591 (Faustina maior, Faustina minor, Lucilla et Julia Domna).

Fig. 68. Monnaie en argent, IVLIA-AVGVSTA, Buste avec drapé n.r. Rs : SAECVLI-FELICITAS, Isis Lactans avec l'enfant Horus, *RIC* 572, Copyright © 2023 Coin Archives, LLC.

la statuaire comprend des femmes allaitantes. Elles sont la plupart du temps associées au monde des morts et servent, soit de marqueurs (par ex. à Megara Hyblea), soit de contenants pour les restes des défunts (par ex. en Étrurie). Le motif est aussi privilégié dans les sanctuaires. Des productions originales voient le jour comme à Capoue où les enfants se multiplient sur les bras de femmes assises. L'association des déesses-mères au monde des morts est partie intégrante des mythes. Les déesses Aphrodite et Héra sont alors privilégiées par les peintres et graveurs dans les scènes d'allaitement. Dispensant son lait à Éros, Aphrodite tient parfois un rôle secondaire, en marge d'Héra. Cette position est particulièrement manifeste sur le vase d'Anzi (**fig. 22a et b**) : tenant un miroir, Aphrodite assise est accompagnée d'Éros alors qu'Héra allaite le héros Héraclès. Non illustrée sur les miroirs, la présence d'Aphrodite semble toutefois évoquée par le support miroitant. Cette hypothèse de l'implication des deux déesses dans les scènes d'allaitement soutient la démonstration de V. Pirenne-Delforge concernant la formation, physiologique et mentale, donnée à Héraclès. Par les caractéristiques qui lui sont attribuées dans la religion grecque déjà, Héra garantit un cadre légal au mariage, illustré par l'agrégation du héros au monde des Olympiens. Associée à la sexualité et à la formation de beaux enfants, Aphrodite évoque quant à elle la maturité sexuelle, au même titre que la représentation du héros adolescent voire barbu. On se rappelle que, pour les Grecs de l'époque classique, l'apparition du poil au menton signifie l'élargissement maximal des canaux du corps et donc l'apogée du corps.

À l'époque romaine, la statuaire comprend d'un côté les déesses-mères, dites « pouponnières » souvent représentées en triade, et dont le type s'apparente aux séries de Capoue, de l'autre, des stèles commémoratives. Peu nombreuses, ces dernières utilisent l'allaitement comme témoin des valeurs morales et du dévouement de sa dispensatrice. Sur les sarcophages, le motif semble servir un autre but : celui de montrer la « bonne naissance » d'un enfant et tout ce que cela comporte (bonnes augures, nourriture, soins, éducation, etc.). Dispensé, la plupart du temps, par une femme dont la coiffe est un marqueur professionnel, l'allaitement fait davantage référence à un certain statut social qu'à la transmission d'un lait aux propriétés thérapeutiques. Trouvées principalement auprès de jeunes défunts, les *Deae nutrices* pourraient être un substitut à la nourrice des sarcophages et offrir un discours identique valorisant leurs capacités éprouvées dans les soins des enfants. Néanmoins, l'insistance mise par les coroplathes gallo-romains sur la fonction nourricière sous-entend un autre discours, se référant peut-être aux capacités en la matière des mères gauloises. Contrairement à Vénus, qu'elle accompagne souvent, rien ne prouve que *Nutrix* ait été considérée comme une divinité guérisseuse. Accompagnant les plus jeunes, elle semble en tous les cas avoir été synonyme de protection de la petite enfance. Elle a aussi pu être déposée dans les sanctuaires dans la perspective d'une bonne maternité et d'une progéniture parfaite. L'absence de textes sur son culte ne permet pas d'aller plus loin dans les attributions qui ont pu être les siennes.

6. Représenter l'allaitement artificiel

Une statuette béotienne donnant le biberon à un enfant ?

À la fin du VIᵉ siècle av. J.-C., le répertoire des coroplathes de Béotie se renouvelle. Par son originalité, il se démarque des autres productions artisanales de Grèce. Les statuettes faisant des offrandes ou en position de prière laissent alors la place à ce qui est souvent appelé des « scènes de genre » par les spécialistes. Limitée dans le temps (525-475 av. J.-C.), la nouvelle série de statuettes met en scène des activités de la vie de tous les jours, telles que faire de la boulangerie, râper du fromage, tuer un cochon de lait, coiffer, écrire, labourer, etc.[1] Les personnages sont autant de sexe féminin que masculin. Il y a aussi des enfants figurés à des âges différents. D'un très grand réalisme, ces statuettes ont souvent été interprétées comme des jouets, « reflétant avec humour le monde des vivants », selon Alain Pasquier[2].

C'est au sein de cette production que s'inscrit une figurine unique. Conservée au Musée d'art et d'histoire de Genève, elle est digne du plus grand intérêt pour notre recherche[3]. L'attribution à cette production se base sur la facture de l'objet qui présente un corps grossièrement modelé, recouvert d'un long vêtement (**fig. 69a, b**). Le torse est large ; l'épaisseur des bras n'enlève rien à la qualité de la gestuelle ; moulée, la tête est typique de cette production et se retrouve notamment au sein d'un groupe conservé à Boston figurant une jeune fille cuisinant auprès d'une femme adulte (**fig. 70**)[4]. Mesurant en l'état 9,9 cm de hauteur (les pieds manquent), notre statuette comprend une femme et un enfant. La femme est assise, son long vêtement lui couvre tout le corps. Les délimitations des manches et de la bordure inférieure du chiton devaient être peintes, mais la polychromie a pratiquement disparu. Sur sa tête, la femme porte une coiffure relevée en chignon haut, semblant enveloppé dans un turban ou un bonnet[5]. Le bras gauche de la statuette repose sur sa cuisse gauche. Sa main tient un objet difficilement identifiable, qui pourrait être un tissu replié. Le bras droit est plié pour permettre de tenir par le dessous un objet qui s'apparente aux VBT de Grèce ancienne. Son contenu est destiné à l'enfant reposant sur

---

1 Une statuette du Musée du Louvre qui s'inscrit dans cette série présente un homme assis, avec une tablette de cire sur les genoux et un stylet dans la main droite. Elle est datée entre 525-475 av. J.-C. et provient de Thèbes. Elle porte le numéro CA 684. Pour les autres types de scènes voir le catalogue d'exposition TANAGRA 2003, p. 97-103.
2 PASQUIER 2003, p. 97.
3 Numéro d'inventaire : A2003-11/dt.
4 LEWIS 2002, p. 70.
5 S'il est difficile sur cet exemplaire de déterminer si les cheveux sont laissés apparents ou recouverts d'une étoffe, le parallèle offert par une figurine présentant une coiffure identique (Musée du Louvre, CA 634), assise en train de remuer le contenu d'une marmite à trois pieds, permet de conclure à un bonnet replié.

Fig. 69 a et b. Statuette de femme avec un enfant sur les genoux à qui elle tend un biberon (haut. conservée 9,9 cm), datée entre 500-450 av. J.-C., provenance inconnue, Genève, Musée d'art et d'histoire, inv. A 2003-11dt. Photo © Musée d'art et d'histoire, ville de Genève, A. Longchamp.

les cuisses de la femme. Il ne s'agit pas d'un nourrisson, si l'on en croit sa grande taille[6]. L'enfant n'est pas potelé mais s'apparente à un petit homme dont les jambes prennent appui sur le côté droit de l'abdomen de la femme. Le VBT est du type « rond », aussi appelé « biberon-tasse » retrouvé en Grèce à cette époque (**fig. 71a, b**)[7]. Son anse latérale prend place à la gauche du bec, elle est rubanée et surplombe le sommet du vase, comme sur les vases plus tardifs du genre 5800 provenant majoritairement de l'Italie centrale tyrrhénienne, de l'Étrurie et de la Campanie selon le catalogue de J.-P. Morel[8].

Considérée comme « trop belle pour être vraie », par le spécialiste de coroplathie Arthur Müller, l'authenticité de la statuette avait été remise en question. Une analyse a été réalisée en octobre 2014 par Violaine Jeammet, conservatrice au musée du Louvre, spécialisée dans la production des terres cuites grecques. Aucun indice de falsification, tel

---

6 À cette époque, les enfants ne sont pas représentés avec les traits qui leurs sont propres mais comme des petits adultes, ce qui ne permet pas de définir un âge. L'absence d'un maillot, la liberté de mouvement et la position assise pourrait en indiquer un âge au-desssus de 6 mois. Nous remercions Irini Despina Papaikonomou de nous avoir communiqué son analyse de visu.
7 Pomadère 2007, p. 275 ; Dubois 2013, p. 64-67.
8 Morel 1981, I, p. 388 ; II, pl. 191, n° 5812a1, 5813a1, et 5814a1. La plupart sont datés du IIIe siècle av. J.-C.

REPRÉSENTER L'ALLAITEMENT ARTIFICIEL 283

FIG. 70. Groupe de deux statuettes devant un foyer de cuisson, terre cuite, début Ve s. av. J.-C., Boston, Museum of Fine Arts, INV. 01.7788.

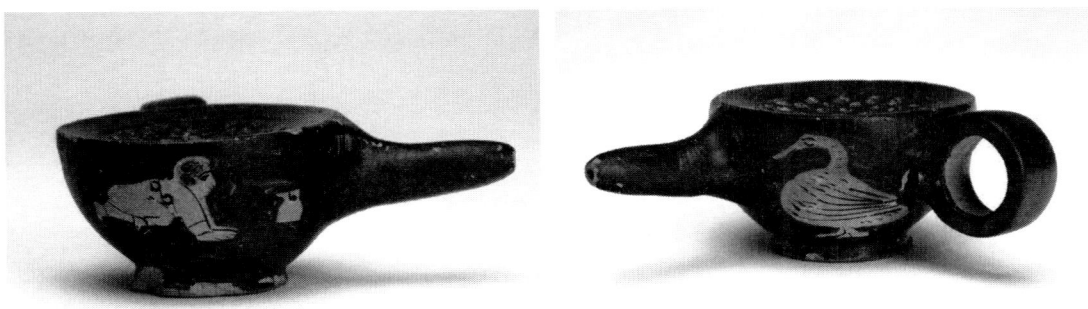

FIG. 71 a, b. Biberon dit en forme de tasse, selon Dubois 2016, cat. IVe-VAS6 production attique, provenance inconnue, Cambridge, Fitzwilliam Museum, inv. GR.6.1929, © 1998-2015 Fitzwilliam Museum.

qu'un ajout de l'enfant ou du biberon n'a pu être démontrée. Manquante, la jambe gauche de l'enfant a laissé son empreinte dans la jupe de la femme, ce qui n'aurait pu être possible en cas d'ajout moderne. Quant au biberon, il semble adhérer parfaitement à l'emplacement prévu pour lui, entre le pouce (manquant) et les autres doigts.

Par cette analyse, l'usage d'un VBT pour alimenter ou faire boire un enfant en âge de sevrage, ne peut être contesté, du moins pour la fin de l'époque archaïque en Béotie. Cette figurine nous enseigne qu'avant la naissance d'Hippocrate, un récipient muni d'un bec était déjà utilisé comme biberon. S'agit-il du bombylios mentionné dans le traité hippocratique *Maladies III* utilisé pour soigner les pleurétiques[9] : « Après les bains, on donnera aussi du vin doux, coupé, non froid, en petite quantité, le malade le boira avec un vase à goulot étroit », également mentionné par le grammairien Athénée de Naucratis[10] : « Les uns seront délivrés ou guéris en buvant dans une coupe autant qu'ils voudront ; les autres en recevant ce qui tombera goutte à goutte du bombylios » ?

Peut-on encore y voir le « vase en forme de sein » évoqué plus de 500 ans plus tard par le médecin Soranos d'Éphèse ? L'adaptation latine du texte de Soranos par Caelius Aurelianus qui mentionne ce vase pour faire boire un malade atteint de la rage semble le confirmer[11].

Un dernier aspect doit être soulevé. Il s'agit du contexte de découverte. L'histoire de l'objet ne nous est malheureusement pas connue, mais l'origine funéraire de la plupart des autres figurines de la série suggère un contexte identique. Une signification religieuse a d'ailleurs été proposée par V. Jeammet, en raison, notamment, des lieux de découverte en contexte funéraire[12]. Le fait qu'aucune figurine n'a remplacé les statuettes de divinités de la précédente production soutient également cette proposition. La signification de ces figurines semble donc aller au-delà de la représentation d'une simple scène journalière. La représentation de l'allaitement artificiel fait-elle alors partie des réalités de la vie, au même titre que la cuisson d'un repas, ou est-elle la manifestation d'un événement singulier ?

L'étude d'Agnès Schwarzmaier sur la coroplathie trouvée à Lipari[13] offre un parallèle intéressant à la production béotienne. Réalisées à la même époque, les terres cuites de Lipari représentent elles aussi de nombreuses scènes réalistes. Ainsi, la tombe à enchytrisme (*pithos*) d'un nourrisson contenait trois statuettes dont deux représentant une femme coiffée d'un diadème, assises et donnant le bain à un enfant (**fig. 72**)[14]. La troisième est un personnage allongé sur un matelas, tenant une coupe dans la main droite[15].

---

9   HIPPOCRATE, *Des maladies* III, 16 (= L. VII 148-149) : Μετὰ δὲ τὰ λουτρὰ καὶ οἶνον γλυκὺν ὑδαρέα προπίνειν, μὴ ψυχρόν, ὀλίγον ἐκ βομβυλίου οὐκ εὐρυστόμου. La traduction est celle de A. Foes, qui a revu la précision donnée sur l'embouchure. Traduite par « large » chez Littré, son étroitesse est aujourd'hui acceptée. Pour des précisions voir FOES 1588.
10 ATHÉNÉE, *Deipnosophistes* XI 784 d : Οἱ μὲν ἐκ φιάλης πίνοντες ὅσον θέλουσι τάχιστ' ἀπαλλαγήσονται, οἱ δ' ἐκ βομβυλίου κατὰ μικρὸν στάζοντος.
11 Le *bombylios* ne disparaît pas des textes médicaux à l'époque romaine. Il est mentionné chez Galien (GALIEN, *Commentaires aux Epidémies d'Hippocrate* (K XVII 1, 968, l. 10-11) et Paul d'Egine (PAUL D'ÉGINE, III, 9).
12 JEAMMET 2001, p. 38.
13 Île située en face du nord de la Sardaigne. La ville du même nom a été fondée en 580 av. J.-C., selon DIODORE, 5, 6, par des colons provenant de Cnide et de Rhodes.
14 Sépulture 2514. SCHWARZMAIER 2015, p. 234, voir note 6.
15 *Ibid.*, p. 236, fig. 1, 2514.

REPRÉSENTER L'ALLAITEMENT ARTIFICIEL 285

FIG. 72. Femme donnant le bain à un bébé. L'une des statuettes en terre cuite trouvée dans la tombe d'un nourrisson (2514), Nécropole de Lipari, Musée Eoliano, Lipari, Photo Davide Mauro — Travail personnel, CC BY-SA 4.0, https://commons.wikimedia.org/w/index.php?curid=65132837.

Fig. 73. Ensemble de statuettes en terre cuite (deux sur trois), tombe d'enfant 2516, Nécropole de Lipari, Lipari, Musée Eoliano, Photo Davide Mauro — Travail personnel, CC BY-SA 4.0, https://commons.wikimedia.org/w/index.php?curid=65159675.

Une seconde tombe d'enfant de la nécropole, dont le sarcophage était en forme de baignoire en terre cuite, contenait aussi trois statuettes faites à la main (**fig. 73**)[16]. L'une est une femme assise remuant dans un chaudron des fruits ronds, la deuxième est une femme debout devant une table, qui semble préparer de la nourriture pendant qu'un chat l'observe. La troisième statuette représente Europe enlevée par le taureau[17].

S'appuyant sur différents parallèles, ainsi que sur la découverte de nombreuses figurines dans le sanctuaire de la nécropole de Lipari vraisemblablement dédié à Déméter, Koré et Artémis, A. Schwarzmaier montre de manière convaincante que les statuettes de Lipari ont eu une fonction analogue à celle prêtée aux statuettes féminines communément appelées « poupées » par les archéologues[18]. Leur présence, dans les îles éoliennes, auprès d'enfants

---

16 Sépulture 2516. *Ibid.*, p. 234, voir note 7.
17 *Ibid.*, p. 236, fig. 2, 2516.
18 *Ibid.*, p. 236-239. En Grèce ancienne, le terme utilisé pour désigner la poupée est le même que celui qui désigne la jeune fille, *korè*, *numphè*. En Latin, le terme *puppa* vaut pour la poupée et la fillette (DASEN 2011a, p. 56 et DASEN 2015a, p. 319-334).

uniquement, permet de les interpréter comme ce que les anthropologues appellent des « Ersatzbefriedigungsriten », c'est-à-dire des substituts rituels satisfaisants, réalisés pour des ἄωροι, individus morts avant d'avoir pleinement accompli les étapes essentielles de la vie[19]. Dans cette perspective, la statuette au biberon pourrait être interprétée comme synonyme d'un rite de passage, de caractère peut-être privé, et non accompli[20], faisant référence au sevrage au moment de l'introduction d'une alimentation variée[21].

Le monde romain a-t-il livré des parallèles à cet *unicum* ? Un document qui est passé jusqu'ici inaperçu pourrait venir s'ajouter au dossier des représentations de l'allaitement artificiel.

Un biberon sur une fontaine d'époque augustéenne ?

La seconde représentation connue d'un « biberon » apparaît sur une fontaine de l'époque d'Auguste. Pour comprendre la raison qui a poussé le commanditaire à faire représenter à cet endroit un objet ayant peut-être servi à l'allaitement artificiel, nous proposons de commencer par une mise en parallèle entre deux ensembles architecturaux de l'époque augustéenne : la fontaine du forum de Préneste, sur laquelle figure ce que nous considérons comme un « biberon », et l'*Ara Pacis* construit à Rome, sur le Champ de Mars. Par ce procédé, nous allons tenter de démontrer que les deux monuments et leurs représentations servent une idéologie commune.

Dans un premier temps, nous allons contextualiser la fontaine et ses panneaux ornementaux. Dans un second temps, nous considérerons l'*Ara Pacis*. Finalement, une analyse portera sur les mythes de fondation illustrés sur les deux monuments : celui de Préneste et celui de Rome. Cette démarche vise à comprendre les raisons qui ont amené le commanditaire à représenter un objet tel que le biberon sur un monument public de l'époque impériale. Ce chapitre permettra, en outre, de considérer la représentation de la Louve allaitant les jumeaux et de voir quand et à quelles fins cette représentation était utilisée.

Mise en contexte du relief au biberon

La représentation du « biberon » apparaît sur un relief en marbre d'époque augustéenne (**fig. 74**). Conservé au Kunsthistorisches Museum de Vienne, il fait partie d'un ensemble qui devait initialement compter quatre panneaux, selon la reconstitution de Coarelli en 1996[22]. Le panneau qui nous intéresse est quasiment carré (dimensions

---

19 SCHWARZMAIER 2015, p. 239.
20 V. DASEN (2014, p. 231) a démontré que certains « moments ritualisés de l'existence se déroulent dans l'intimité de l'*oikos* ou *domus* ».
21 Le début du sevrage, qui d'après les textes anciens, est lié à l'apparition des dents, devait « correspondre à une étape importante dans la vie de l'enfant », pour reprendre les termes de K. Kallintzi et I.-D. Papaikonomou, Les chercheuses montrent l'importance de cette étape en Grèce ancienne, qui « permettait la participation du jeune individu à la vie de la consommation des céréales broyées et cuites, τῆς ψαισθείσης τροφῆς » (THÉOPHRASTE, *ap.* Porphyre, *Sur l'abstinence*, II, 6 = Thphr., fr. 584A FHSG). Cette nourriture était perçue par les Grecs comme civilisée (KALLINTZI et PAPAIKONOMOU 2010, p. 141).
22 COARELLI 1996.

Fig. 74. Relief de la brebis au biberon (haut. 95 cm, larg. 81 cm, ép. 11 cm), inv. 604, Ier siècle après J.-C., Musée d'Art et d'Histoire de Vienne, Photo © KHM-Museumsverband.

FIG. 75. Relief en marbre avec lionne allaitant ses petits (haut. 95 cm, larg. 81 cm, ép. 10,2 cm), inv. 605, Ier siècle après J.-C., Musée d'Art et d'Histoire de Vienne, Photo © KHM-Museumsverband.

env. 95 × 81 × 11 cm) et légèrement concave. Il représente une brebis allaitant son petit avec, au premier plan, un objet circulaire à deux anses et un bec, le fameux « biberon ». Deux autres reliefs provenant, selon toute vraisemblance, du même monument sont conservés l'un à Vienne (**fig. 75**), le second à Palestrina (**fig. 76**), l'antique Préneste. Ces deux panneaux représentent respectivement une lionne allaitant deux petits et une laie allaitant six petits.

Quant au quatrième relief, les chercheurs ont cru en découvrir un fragment au musée d'Art et d'histoire de Budapest (**fig. 77a**). Cette hypothèse a toutefois été récemment rejetée pour des questions techniques et de composition[23]. Comme le démontre un cliché photographique du musée (**fig. 77b**), le profil du relief ne suit pas le même schéma de taille que les trois autres (**fig. 78**)[24].

Les trois reliefs ont servi de fontaine. Nous en avons pour preuve les trous réalisés pour le passage de l'eau à des endroits stratégiques : pour le relief à la brebis, au sommet du « biberon » renversé, pour le relief à la lionne (**fig. 79 et 80**), dans la gueule de l'un des lionceaux, pour le relief à la laie dans la gueule de celle-ci et dans celle de son petit qui fait face au spectateur (**fig. 81**).

Différents spécialistes ont proposé de voir dans le relief manquant un autre animal domestique allaitant : une vache avec un ou plusieurs petits. Nous adoptons cette hypothèse, d'abord en raison de la ressemblance entre la fontaine et l'*Ara Pacis*, l'autel de la paix d'Auguste, réalisé entre 13 et 9 av. J.-C. : une vache et une brebis sont représentées sur le panneau figurant la déesse Tellus (**fig. 82**). Ensuite, parce que cet animal est le plus gros producteur de lait, raison qui a probablement motivé le choix de faire figurer cet animal précis, synonyme d'abondance, sur le relief de l'autel de la paix[25].

D'autres liens entre les reliefs de Préneste et ceux de l'*Ara Pacis* peuvent être faits. Les panneaux de la fontaine ont sans doute été réalisés à Rome dans un atelier qui peut être le même que celui qui réalisa l'*Ara Pacis*, comme le montre le matériau : marbre de Luni (Carrare)[26], ainsi que la facture très fine de la sculpture et la composition iconographique[27].

Par son matériau, mais aussi son style, sa destination et sa conception, le relief est d'un type particulier dont on a aujourd'hui environ 200 exemplaires. La plupart d'entre eux proviennent d'Italie centrale mais plusieurs exemplaires ont également été découverts à l'est de la Méditerranée. Les représentations sont qualifiées de « *life likely fantasies* », en raison de la figuration d'objets de la vie de tous les jours associés à des scènes fantastiques illustrant satyres, silènes, *erotes*, et autres héros mythologiques. L'origine de ces reliefs est très débattue

---

23 Au sujet du relief du musée de Budapest, voir Ágnes Bencze, *Internal Landscapes Highlighted Works of Art – 2012 spring*, [en ligne] : http://classics.mfab.hu/antik_gyujtemeny/evszak_mutargya/evszak_en.php?id=735 (site consulté le 04.04.2016).

24 Nous remercions ici Monsieur Árpád Nagy, Responsable du département de l'Antiquité classique et professeur au département d'archéologie classique, Université de Pécs, Hongrie, pour nous avoir renseignés à ce sujet et confié un cliché photographique pris par H. R. Goette. Celui-ci montre l'arrière du relief et démontre qu'il n'est pas incurvé.

25 Pline mentionne bien que certaines espèces de vaches, femelles du bœuf vêlent deux fois par année et fournissent alors du lait pour l'année entière aux peuples qui vivent de lait. PLINE, *HN* 8, 178.

26 Le groupe comprend des exemplaires réalisés en marbre soit de Carrare soit provenant des îles grecques. Voir BENCZE 2012.

27 Coarelli suggère un atelier de la cour impériale. COARELLI 1996, p. 463.

FIG. 76. Relief de la laie. Ier siècle après J.-C., Musée Archéologique de Palestrina, Photo S. Jaeggi-Richoz.

mais il est généralement accepté que ce genre de représentation se rattache à la toute dernière phase de l'art hellénistique[28] qui fleurit particulièrement en Italie. La majorité des chercheurs s'accorde à dire que les réalisateurs de ces œuvres sont des artistes grecs installés en Italie[29].

---

28   L'époque hellénistique prend fin en 31 av. J.-C. lors de la bataille d'Actium. Les œuvres de ce courant sont donc datées de la fin du IIe-Ier siècle av. J.-C.
29   Voir COARELLI 1996, p. 463.

Fig. 77a et b. Fragment d'un relief en marbre, face, Museum of fine Arts of Budapest, Bencze 2012, b. Tranche, Budapest, Museum of fine Arts of Budapest, Photo H. R. Goette.

Malgré une datation des panneaux débattue[30], tout porte à croire que la fontaine a été conçue dans la première décennie de notre ère, en même temps qu'un calendrier avec lequel elle formait un ensemble cohérent, sur lequel nous reviendrons[31].

L'attribution des reliefs prénestins à une fontaine est encore appuyée par les découvertes archéologiques faites sur l'ancien forum supérieur[32] de l'ancienne Préneste (**fig. 83**). Ayant repris les plans des fouilles, Filippo Coarelli montre que le calendrier faisait partie d'un bâtiment situé près du temple de Fortuna Primigenia. Ses déductions se fondent sur la forme en abside du bâtiment et ses dimensions intérieures, concordant exactement avec

---

30 Lors de sa découverte, le relief a été daté de l'époque flavienne par Stroka (1965), Bianchi Bandinelli le place à l'époque augustéenne. Voir Bandinelli 1967. Coarelli 1996, p. 463.
31 L'édifice en exèdre dans lequel les panneaux étaient exposés est daté du début de l'époque impériale (Coarelli 1996, p. 460).
32 Deux *fora* ont été identifiés à Préneste : l'un supérieur, l'autre inférieur. Alors que des fragments du calendrier ont été retrouvés sur ce dernier, les chercheurs pensaient alors que l'édifice contenant le calendrier de Verrius Flaccus se trouvait sur celui-ci.

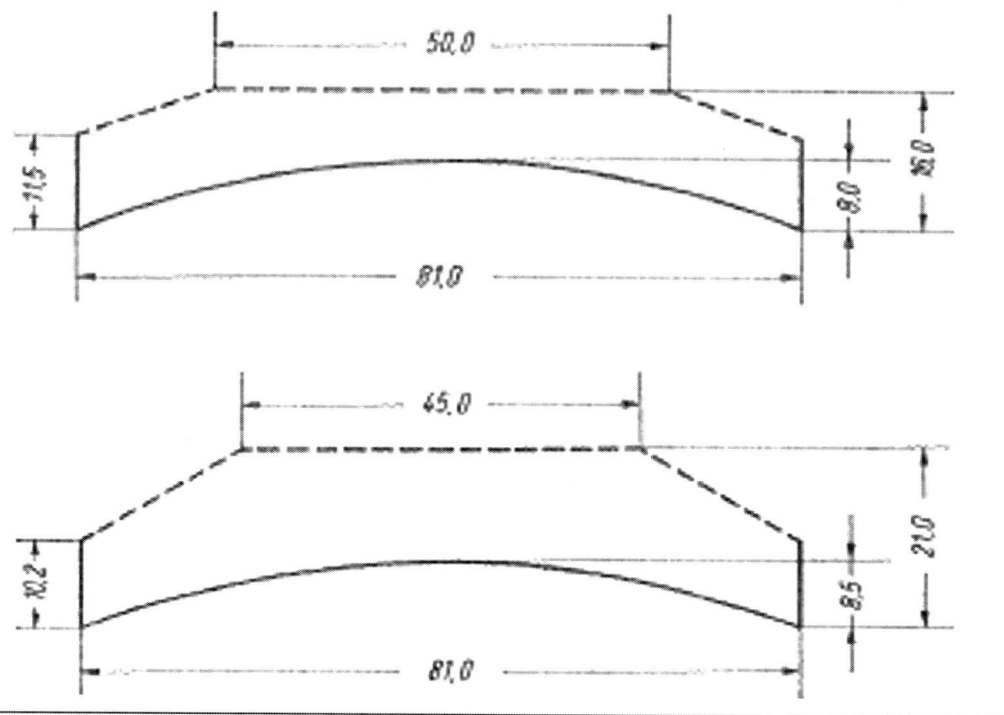

FIG. 78. Coupe des reliefs, respectivement à la brebis et à la lionne, d'après STROKA 1965, p. 88, fig. 1 et 2.

celles des lattes de marbre gravées du calendrier de Verrius Flaccus (**fig. 84**)[33]. D'après lui, un petit bâtiment à l'arrière de l'exèdre devait servir de réservoir à eau en raison de la présence de canaux imperméabilisés (**fig. 85**).

Description du relief au biberon

Le relief présente au premier plan un trio composé d'une brebis, de son petit et du biberon (**fig. 74**). L'ensemble est comme encerclé par une cavité rocheuse. Sur la gauche du relief, au sommet des roches, se trouve un arbre sur lequel pend un ballot de tissu bien rempli. Par comparaison au relief dit d'Amalthée conservé au Musée du Latran, on pourrait y voir un nid contenant des œufs d'oiseau et un bâton de berger. Néanmoins, une interprétation plus satisfaisante apparaît à la lecture d'un texte d'Hygin consacré aux Curètes :

---

33 D'après les fragments retrouvés, Coarelli démontre que le calendrier était composé de 10 lattes centrales de 51 cm de large dont la mesure totale correspond exactement au périmètre de l'abside qui est de 5,10 mètres. Plus larges (60 cm), les lattes des extrémités (mois de janvier et de décembre) étaient placées sur les pilastres latéraux dont les dimensions concordent. Pour plus de détails voir COARELLI 1996, p. 462.

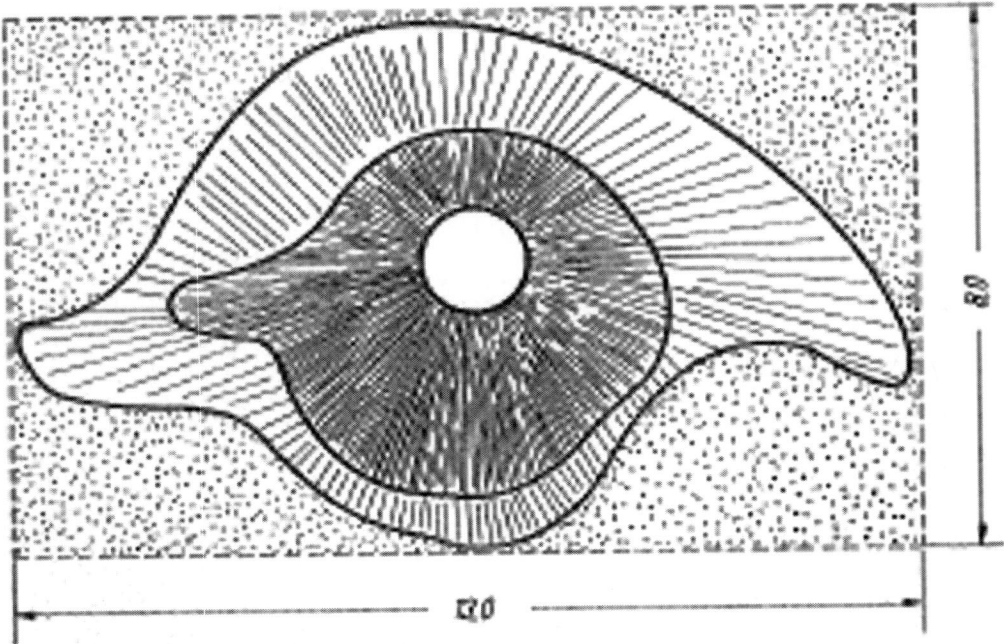

Fig. 79. Face arrière du relief à la brebis, d'après Stroka 1965, p. 88, fig. 4.

Junon emporta alors Jupiter en l'île de Crète ; quant à la nourrice de l'enfant, Amalthée, elle le suspendit, dans son berceau, à un arbre, afin qu'on ne le trouvât ni dans le ciel, ni sur terre, ni sur mer et, pour éviter qu'on entendît les vagissements de l'enfant […][34].

Le feuillage associe l'arbre à un chêne. Sur la droite, il y a une bâtisse généralement interprétée comme une ferme dans laquelle rentre un animal. La brebis est debout, la tête inclinée vers l'arrière-train de son petit qu'elle touche presque (**fig. 86a**). Cette partie anatomique de l'agneau est dressée bien haut, de même que sa queue, alors que ses pattes avant sont repliées pour lui permettre d'atteindre les mamelles de la brebis. Il s'agit d'une pose réaliste, observable dans la nature (**fig. 86b**). Le biberon est placé devant l'agneau, au niveau de ses pattes. L'objet est représenté vu d'en haut par le spectateur. Il est renversé sur le côté et son bec repose le sol. Il peut être intéressant de relever qu'une courbe en « S » met en évidence le lien ombilical. En effet, l'extrémité supérieure semble prendre naissance au niveau de la mamelle cachée par la tête de l'agneau, elle parcourt ensuite le gosier du jeune animal, son épaule et passe dans le corps du biberon pour se terminer au niveau de son bec. Est-ce un pur hasard ? Ou un artifice de l'artiste ?

S'il est impossible de trancher avec certitude, nous aimerions toutefois avancer une hypothèse sur cette construction artistique particulière. D'abord, notons que l'agneau, contrairement aux petits des autres panneaux (lionceaux et marcassins), est seul sous sa mère/nourrice. Cela n'est

---

34 Hygin, *Fables* 139 : *Iuno autem Iouem in Cretensi insula detulit. at Amalthaea pueri nutrix eum in cunis in arbore suspendit, ut neque caelo neque terra neque mari inueniretur, et ne pueri uagitus exaudiretur…* (trad. Boriaud).

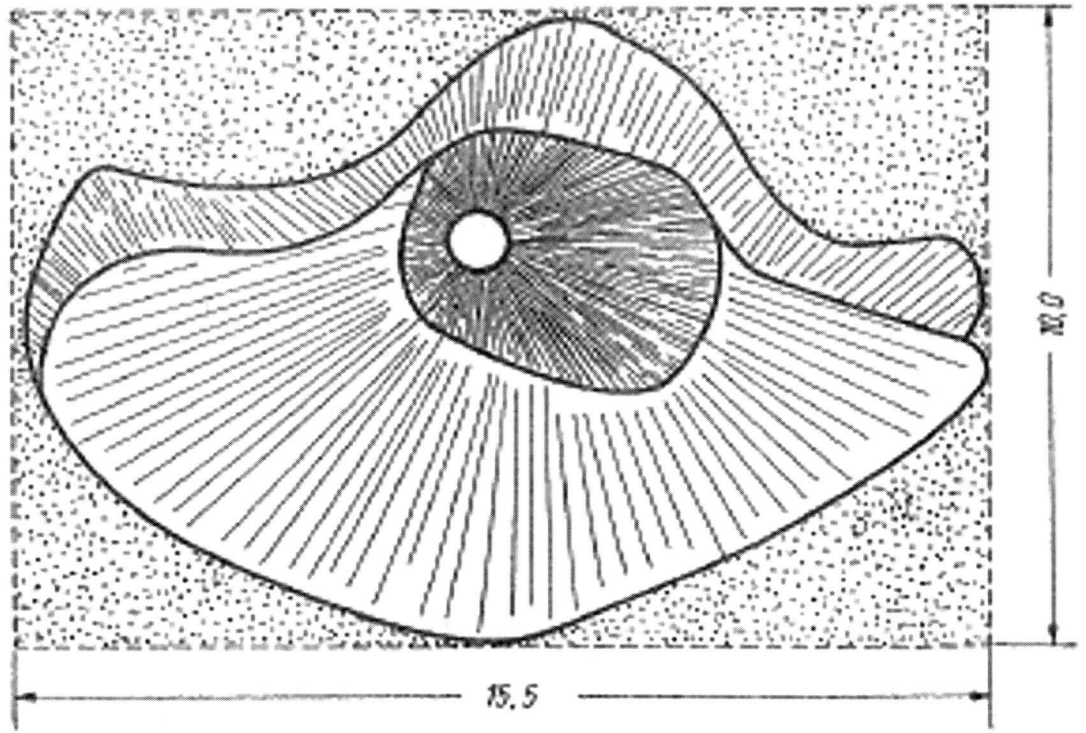

FIG. 80. Face arrière du relief à la lionne, d'après STROKA 1965, p. 88, fig. 3.

pas surprenant puisqu'un seul agneau peut téter à la fois. Une courbe en « S » a tout son sens dans ce contexte précis puisqu'elle indique le lieu d'origine du lait, le pis de la brebis, et son lieu de réception, le biberon d'où s'échappe l'eau de la fontaine. L'agneau n'est qu'un intermédiaire, une sorte de tuyau digestif. Cette interprétation est-elle acceptable dans la culture romaine ? Vraisemblablement, puisque Plutarque compare le réseau sanguin du corps à une sorte de fontaine qui permet la transformation du sang en lait dans le corps de la mère nourricière :

> La nature ferme les canaux de la purgation menstruelle, elle s'empare du sang qui s'y portait et l'emploie à nourrir et à irriguer le fœtus qui déjà se forme et se constitue, jusqu'au moment où après avoir été porté dans le sein maternel le nombre de mois convenable à sa croissance, il demande un autre habitacle et une autre nourriture. La nature alors, avec plus de soin qu'aucun homme irriguant un jardin, détourne le sang dans une autre direction et l'emploie à un autre usage. Elle tient toute prête une sorte de fontaine à neuf bouches jaillissantes qui le reçoit sans rester paresseuse et inerte, mais qui est capable, grâce à la douce chaleur et à la molle féminité de la respiration, de le digérer, de l'adoucir et de le transformer[35].

---

35   PLUTARQUE, *De l'amour de la progéniture 3*, *Moralia*, 495F-496A : …τοὺς μὲν, ἐμμήνους καὶ καθαρσίους ἔκλεισεν ὀχετοὺς ἡ φύσις, τοῦ δ' αἵματος ἀντιλαμβανομένη φερομένου τροφῇ χρῆται καὶ κατάρδει τὸ βρέφος ἤδη συνιστάμενον καὶ διαπλαττόμενον, ἄχρι οὗ τοὺς προσήκοντας ἀριθμοὺς τῇ ἐντὸς αὐξήσει κυηθὲν ἑτέρας ἀνατροφῆς καὶ χώρας

Fig. 81. Détail du relief à la laie, montrant les trous d'écoulement de l'eau dans le museau de la laie et du marcassin situé sous sa patte avant droite, Photo S. Jaeggi-Richoz, détail.

L'agneau a-t-il symboliquement un effet sur le lait qui parcourt le circuit de son corps ? Ce n'est pas impossible. En effet, selon les théories médico-magiques des Anciens, telles qu'elles apparaissent notamment chez Pline, les substances ingérées par un être vivant prennent de la valeur après digestion. Patricia Gaillard-Seux exprime bien cette idée au sujet de la caillette d'un faon extrait du ventre de sa mère[36]. Elle dit : « ce remède combine à lui seul tous les fantasmes relatifs à la valorisation de la vie, de l'intériorité et de la digestion, puisqu'il s'agit d'utiliser l'organe digestif essentiel du fœtus, organisme jeune par excellence, et ainsi de prendre possession de ce qui est caché au plus profond d'un être… ». Ici, l'agneau n'est plus un fœtus mais il est encore pourvu de toute l'énergie qui qualifie la jeunesse. Comme le faon, il est doté d'un quatrième estomac, la caillette, transformant le lait en fromage[37]. Il est ainsi possible de suggérer que la présence de

---

δέηται. Τότ' οὖν τὸ αἷμα παντὸς ἐμμελέστερον φυτουργοῦ καὶ ὀχετηγοῦ πρὸς ἑτέραν ἀφ' ἑτέρας ἐκτρέπουσα καὶ μεταλαμβάνουσα χρείαν ἔχει παρεσκευασμένας οἷον † ἐννέας ἤ τινας κρήνας νάματος ἐπιρρέοντος, οὐκ ἀργῶς οὐδ' ἀπαθῶς ὑποδεχομένας | ἀλλὰ καὶ πνεύματος ἠπίῳ θερμότητι καὶ μαλακῇ θηλύτητι ἐκπέψαι καὶ λεᾶναι καὶ μεταβαλεῖν δυναμένας…

36 GAILLARD-SEUX 1994 ; L'auteure cite les passages de PLINE, *HN* 8, 118 et 28, 150.
37 La caillette est l'organe digestif le plus développé chez le jeune ruminant. Lorsque ce dernier cesse de se nourrir de lait, la caillette se réduit automatiquement.

REPRÉSENTER L'ALLAITEMENT ARTIFICIEL 297

Fig. 82. *Ara Pacis*, relief Est avec Tellus, enfants, vache et brebis, Photo S. Jaeggi-Richoz.

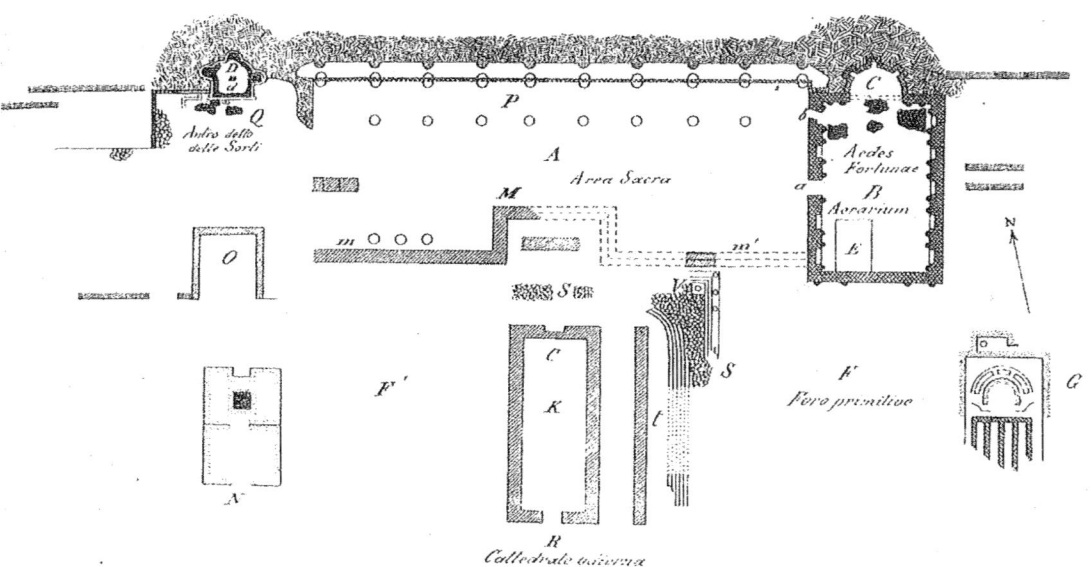

Fig. 83. Reconstruction du forum de Préneste, d'après le dessin de Marucchi (1932), reproduit par Coarelli 1996, p. 461, n° 221.

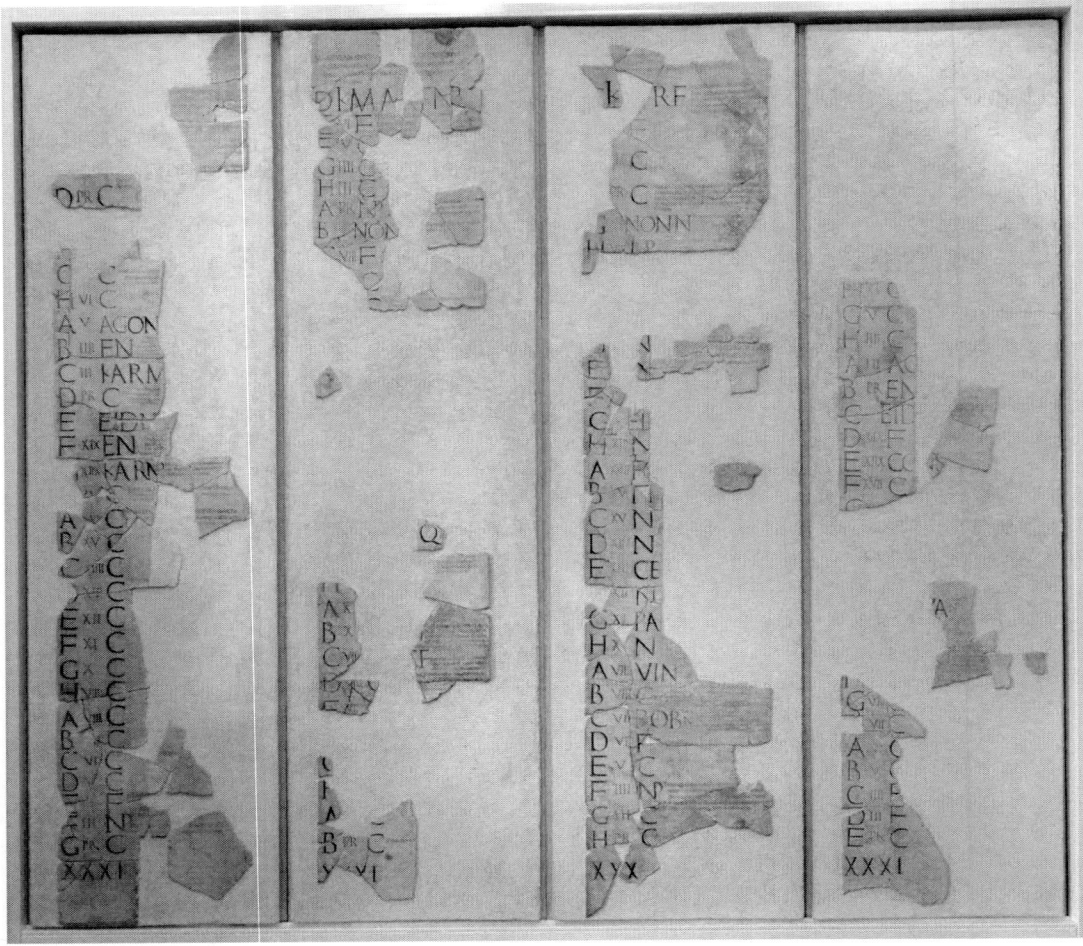

Fig. 84. Panneaux du calendrier de Verrius Flaccus, provenant de Préneste, Musée national romain, Photo Marie-Lan Nguyen (2009), CC BY 2.5, https://commons.wikimedia.org/w/index.php?curid=8780392

l'agneau fait référence à un lait digeste car prédigéré, garantissant la qualité du lait de la mère, d'autant plus quand il s'agit d'un mâle[38], ce qui n'est pas précisé ici.

Trio biberon, brebis, agneau : quelle interprétation ?

La description faite précédemment nous amène à avancer des hypothèses sur les choix de l'artiste. Le lieu choisi pour la représentation du trio n'est pas anodin. Il s'agit d'un endroit confiné, à l'abri des regards. Au fond, la présence de l'homme est pourtant manifeste, comme en témoigne la ferme. Cette scène intimiste peut donc être comprise chronologiquement et géographiquement comme une scène des marges, une sorte d'arrêt

---

38 À ce sujet, voir la Partie I Sélection et usages thérapeutiques du lait chez Pline l'Ancien.

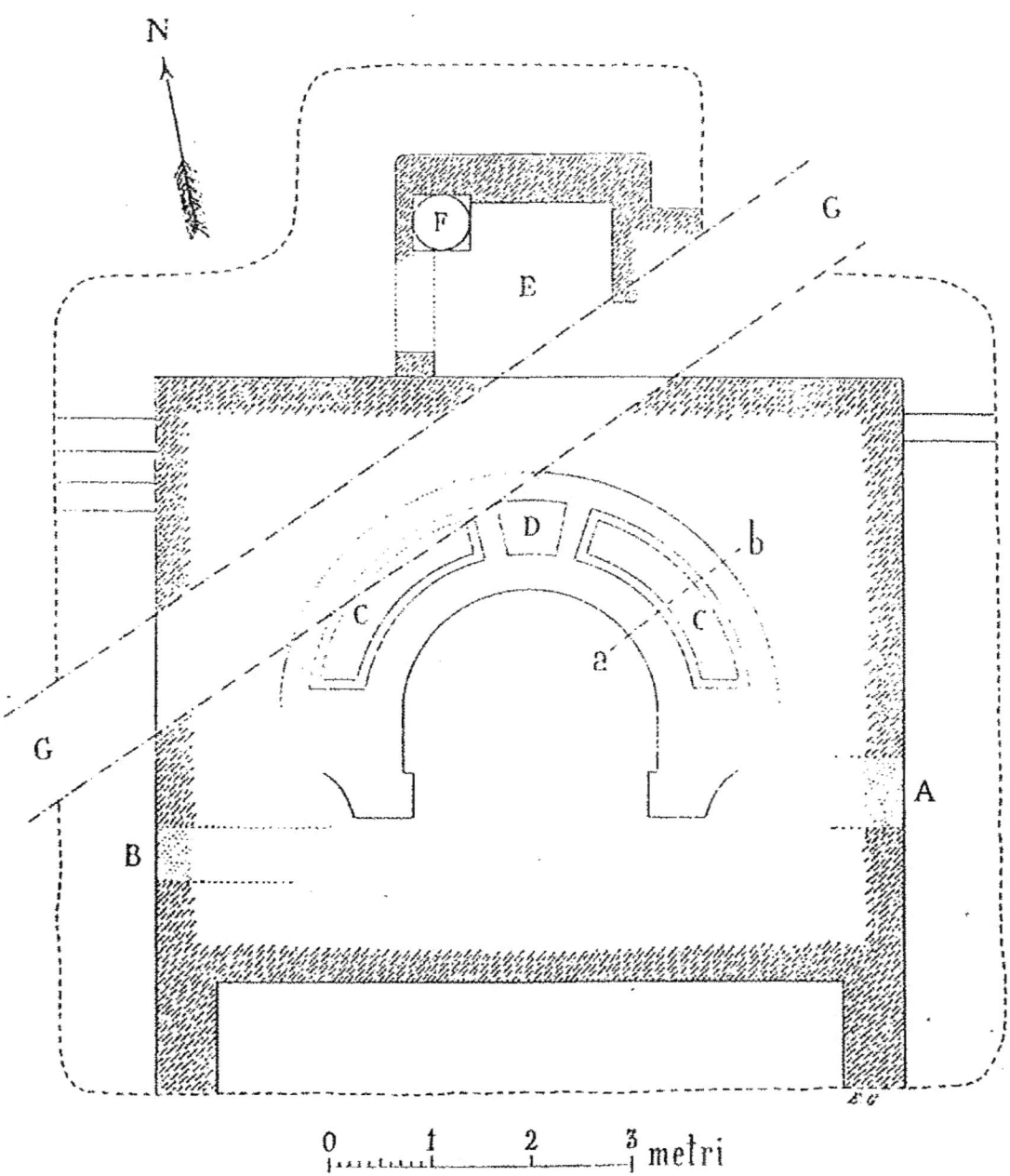

Fig. 85. Exèdre avec bâtiment permettant l'approvisionnement en eau de la fontaine (E) et absides latérales ayant contenu les panneaux animaliers (A), reproduit par Coarelli 1996, p. 461, n° 222.

FIG. 86a. et b. Parallèle entre une scène naturelle de la brebis qui tète sa mère. Photo Johnson.

sur image. Hormis le biberon, il n'y a pas de vraie singularité dans cette représentation. La pose de la brebis, tête tournée vers son petit n'est pas une reprise de la pose de la Louve romaine par l'artiste. Elle est courante lors de l'allaitement d'un agneau par une brebis (**fig. 87**)[39].

Dès lors, la véritable originalité de la composition est la présence d'un biberon qui doit avoir une signification particulière pour la compréhension du relief dans le dispositif d'ensemble de la fontaine. À quoi cet objet, jamais remarqué jusque-là dans la sculpture gréco-romaine, fait-il allusion sur ce relief d'époque augustéenne ?

Une époque foisonnante : contexte et parallèles iconographiques

L'univers pastoral figuré sur le relief le place dans la continuité des paysages bucoliques issus de la tradition hellénistique[40]. Il fait allusion à un âge d'or précédant chronologiquement l'arrivée de la civilisation, de l'urbanisation. Au moment de la réalisation des reliefs prénestins, cet idéal est très valorisé par la sculpture comme par la peinture et la poésie. Dans ses œuvres littéraires, *Les Bucoliques* et *Les Géorgiques*, écrites à la fin du Ier siècle av. J.-C.[41], Virgile évoque cette époque paisible faisant l'éloge de l'agriculture et de l'élevage. Des petits tableaux de Pompéi, dits sacro-idylliques dépeignent ce cadre bucolique habité par Pan, Silène et les nymphes auxquels on sacrifie, sur un petit autel agreste, du lait et des céréales (**fig. 88**). Des fontaines utilisent aussi ces motifs comme par exemple celle retrouvée à Rome et datée de l'époque d'Hadrien. Sur l'un des panneaux est représentée

---

39 Musée Bible et Orient de Fribourg, inv. VFig 1998.11. Le signe du bélier représenté sur le globe céleste porté par l'Atlas du Musée National de Naples a lui aussi la tête tournée vers l'arrière, ce qui laisse supposer un modèle commun.
40 CROISILLE 2010, p. 26-32.
41 Aux alentours de 30 av. J.-C.

Fig. 87. Musée Bible+Orient, Fribourg, inv. VFig 1998.11, *Bible+Orient à livre ouvert*, p. 47, fig. 31a, © Musée Bible+Orient.

la chèvre Amalthée ; de l'eau s'écoule d'une corne percée grâce à laquelle un jeune satyre boit, alors qu'il est assis sur un rocher[42].

Il est intéressant de noter que les deux œuvres de Virgile citées précédemment sont écrites à la suite de l'*Énéide*, qui se place avec succès dans la continuité littéraire grecque. L'ensemble de cette littérature voit le jour après la mort de Jules César (en 44 av. J.-C.), époque durant laquelle Auguste a besoin d'asseoir et de justifier son pouvoir. L'*Énéide* confère à Rome et à l'empereur des origines divines et héroïques. Comme l'a fait César, Auguste rattache la *gens Iulia* à l'illustre ville de Troie, par son lien avec Énée, ainsi que Lavinium à la lignée de Romulus, le fondateur de Rome. Dans *Les Fastes*, Ovide insiste particulièrement sur la souche troyenne de la *nobilitas Iulea*[43]. Monnaies et groupes statuaires de cette époque soutiennent les textes par la représentation du héros troyen. Les témoignages iconographiques se multiplient aux quatre coins de l'Empire. Déjà en 42 av. J.-C., année de la construction d'un temple en l'honneur de Jules César à Rome, un *aureus* affiche Énée portant Anchise sur le revers (**fig. 89**)[44].

Par cette propagande usant de liens filiaux, les succès d'Auguste sont présentés comme la volonté des dieux. L'âge d'or en est l'accomplissement et s'exprime par une paix éternelle[45].

---

42 Les fragments de la fontaine sont conservés au musée du Latran, à Rome. Voir HELBIG 1891, p. 487-488, n° 622. Il n'a pas été possible d'en trouver une représentation.
43 OVIDE, *Fastes* 5, 560. Énée apparaît aussi à la tête des cortèges funèbres de la *gens Iulia* (BADEL 2012, p. 244). Les groupes statuaires d'Énée portant Anchise se multiplient dans tout l'Empire (WATHELET 1990, p. 288, note 2).
44 *Ibid.* pl. 2S.
45 Fait curieux et relevé par N. Méthy, le poète Tibulle (54-19 av. J.-C.) qualifie Rome d'éternelle dans sa cinquième élégie du livre II, probablement écrite vers 19 av. J.-C. « Or un tel emploi de l'expression comme synonyme de Rome est tout à fait nouveau et, dans aucune source antérieure, Rome n'est ainsi définie par sa seule éternité ». Pour l'auteure, aux yeux d'Auguste et de ses compatriotes, l'éternité romaine est conçue comme un perpétuel renouveau et non comme un fait acquis. Ce n'est que sous Hadrien (76-138 apr. J.-C.) que la formule évoquée

FIG. 88. Peinture murale représentant un paysage sacro-idyllique, Boscotrecase, villa d'Agrippa Postumus, *cubiculum* 16, Museo Nazionale di Napoli, Photo The Yorck Project (2002)

Fig. 89a et b. *Aureus* d'Octave, frappé en 42, revers montrant Énée portant Anchise, *RRC* 494/3a © BNF.

Voyons de quelle manière cela s'exprime sur le monument impérial que sa facture et ses motifs associent au monument de Préneste.

L'Ara Pacis et l'Horologium

Érigé entre 13 et 9 av. J.-C. au Champ de Mars, près de la *Via Flaminia* et dédié le 30 janvier 9 av. J.-C., l'Autel de la Paix de Rome, *Ara Pacis Augustae*, s'inscrit naturellement dans cette idéologie impériale de filiation mythique. Il prend place dans un imposant programme architectural voulu par Auguste, qui comporte notamment un imposant obélisque, qualifié aujourd'hui d'*Horologium*[46]. D'après le géographe Strabon, le champ de Mars est alors un espace vert, plan et bordé de colline[47] :

> Pompée, le dieu César, Auguste, ses enfants, ses amis, sa femme et sa sœur ont déployé plus de zèle et dépensé plus d'argent que quiconque en travaux d'embellissement. Le Champ de Mars en a reçu la plus grande part, ajoutant ainsi à sa beauté naturelle les ornements dus à la sollicitude des donateurs. En effet, si l'on doit admirer que l'étendue de cette plaine permette simultanément et sans gêne ni pour les uns, ni pour les autres, d'une part les courses de chars et toute la variété des démonstrations hippiques, d'autre part les exercices à la balle, au cerceau et à la lutte d'une foule considérable, les œuvres

---

par Tibulle prend pleinement son sens. Elle est officialisée sur des émissions monétaires inscrites *Urbs Aeterna* alors que l'empereur fait construire un temple à *Roma Aeternitas*, MÉTHY 2000, p. 80. Au sujet de l'époque d'Hadrien, voir WHITLACK 2014, p. 105.

46 Selon l'inscription figurant sur son socle, ce dernier a été dédié lorsqu'Auguste a été revêtu de la puissance tribunicienne (*tribunicia potestas*) pour la 14ᵉ fois, c'est à dire entre le 26 juin 10 et le 25 juin de l'année 9 av. J.-C. L'inscription en lettres d'or de la base de l'obélisque précise qu'il porte alors le titre de *Pontifex maximus*.

47 STRABON, *Géographie* 5, 3, 8 (C 236).

Fig. 90. Ensemble architectural formé par le mausolée d'Auguste, le Panthéon d'Agrippa, l'*Ara Pacis* et l'*Horologium*, d'après La Rocca 2014, 129, n. 5.

d'art qui en ornent tout le pourtour, le sol recouvert toute l'année de gazon vert et, au-delà du fleuve, la couronne de collines qui s'avancent jusqu'au bord de l'eau et font l'effet d'un décor de théâtre, tout cela offre un tableau dont l'œil a peine à se détacher.

Après d'importants travaux d'assainissement, débutés par Agrippa[48], l'espace est aménagé selon un plan qu'il est encore difficile de saisir. Les dernières recherches à ce sujet suggèrent un programme architectural comprenant, au nord, le mausolée d'Auguste et au sud, le Panthéon d'Agrippa qui lui fait face (**fig. 90**)[49]. L'*Ara Pacis* et l'*Horologium* se placent à mi-parcours entre ces deux bâtiments[50].

La forte symbolique de ce programme architectural a fait couler beaucoup d'encre et est encore sujette à débat[51]. Nous ne pouvons en développer ici toute la complexité et nous arrêterons sur les éléments nécessaires à l'interprétation des reliefs de l'*Ara Pacis*. L'établissement de l'*Ara Pacis* sur le Champ de Mars est un choix symbolique, voulu par l'Empereur. Comme son nom l'indique, le terrain était lié au dieu de la guerre Mars. Il s'agit du lieu où l'assemblée du peuple en armes se rassemblait à l'époque républicaine et où étaient célébrées les victoires des Empereurs, lors de leur retour de campagne militaire. Le lieu est donc approprié pour signifier le succès d'Auguste à son retour d'Espagne et de Gaule ainsi que sur 100 ans de guerre civile.

---

48 La Rocca 2014, p. 132.
49 Des fouilles réalisées entre 1996-1997 sous le Panthéon ont permis de démontrer que le Panthéon érigé par Agrippa et le mausolée d'Auguste ont leurs centres alignés selon un axe déterminé (La Rocca 2014, p. 129).
50 *Ibid.*, p. 132-140.
51 Pollini et Cipolla 2014.

À l'instar de ses habitudes propagandistes, Auguste a dédié l'Ara Pacis un jour d'anniversaire : le 30 janvier 9 av. J.-C., date d'anniversaire de naissance de Livia, sa femme[52]. Mais la volonté de signifier la lignée divine de sa famille ne s'arrête pas là. L'*Horologium* associé est vraisemblablement dédié le 23 septembre de la même année[53]. Ainsi, les deux monuments seraient intimement liés entre eux par l'ombre de l'obélisque, signifiant qu'Auguste est né pour apporter la paix dans le monde et justifier sa descendance. Cette sophistication ne doit pas nous étonner et va probablement plus loin dans un symbolisme astronomique, comme le démontre encore J. Pollini : elle ferait référence à Mars et Vénus, respectivement associés à l'Obélisque mâle et à l'*Ara Pacis* femelle et, par extension, à Auguste et Livia[54].

Les panneaux figuratifs de l'Ara Pacis

Le cadre de l'Autel de la Paix établi, nous voulons à présent nous concentrer sur les représentations ornementales. À nouveau, les travaux traitant du sujet sont nombreux. Il nous paraît toutefois important de faire le tour du monument afin de comprendre le message qu'Auguste veut transmettre après plus de trente ans de règne. Il est intéressant de noter que deux événements mythiques sont représentés du côté ouest du bâtiment. À droite de la porte, il s'agit de l'arrivée d'Énée au Latium (**fig. 91**). À gauche, il était convenu d'y voir, jusqu'à très récemment, en 2010[55], la découverte des jumeaux Rémus et Romulus par le berger Faustulus au lieu-dit Lupercal (**fig. 92**). La destruction du centre du panneau et les figurations du dieu Mars à gauche et d'un personnage interprété comme Faustulus à droite ont conduit à ce rapprochement. Cette interprétation ne peut être complètement abandonnée contre l'hypothèse d'Alexandra Dardenay qui voit sur ce panneau une scène qui précède la scène de l'allaitement.

En effet, par un habile rapprochement entre l'*Ara Pacis* et un petit autel daté du début du IIIe siècle nommé *Ara Casali*, la chercheuse identifie la scène où Rhéa Silvia dort sous un arbre (**fig. 93**). Il s'agit du moment de la procréation des jumeaux. Sur l'*Ara Casali*, comme sur une peinture de la maison de M. Fabius Secundus à Pompéi (**fig. 94**), le dieu Mars se trouve à la gauche de la vestale Rhéa Silvia alors que Somnus, le dieu du sommeil, se tient assis à sa droite[56]. Les positions des protagonistes, ainsi que l'arbre central figurés sur le panneau nord de la façade ouest correspondent tout à fait à ces représentations. Comme nous n'avons pas le motif central, il est toutefois difficile d'écarter avec certitude l'une ou l'autre interprétation mais il peut être intéressant de réfléchir à ces deux possibilités et à la motivation qu'aurait eu le commanditaire à choisir l'une ou l'autre scène.

Dans les deux cas, l'accent est mis sur la filiation divine d'Auguste avec Mars. Cependant, si la scène où apparait Rhéa Silvia est retenue, un lien significatif peut être tissé entre la fécondation de la vestale et l'ombre de l'obélisque portée à l'intérieur de l'Autel de la Paix : l'issue de l'une comme de l'autre conduit à la naissance d'un peuple aux origines divines.

---

52 Associées aux anniversaires de naissance, les dates de dédicaces des monuments expriment un lien étroit entre individu et objet.
53 POLLINI et CIPOLLA 2014, p. 55.
54 Pour aller plus loin dans la compréhension de cette symbolique, voir *ibid.*, p. 53-61 et POLLINI 2012.
55 DARDENAY 2010, p. 96 et suivantes.
56 Concernant l'identification de Somnus, voir DARDENAY 2010, p. 97.

Fig. 91. *Ara Pacis*, face ouest, côté droit de la porte d'entrée de l'autel, arrivée d'Énée au Latium et sacrifice de la truie, Photo Sailko — Travail personnel, CC BY 2.5, https://commons.wikimedia.org/w/index.php?curid=870033.

La représentation des jumeaux est elle aussi porteuse d'un message qui renvoie à la paternité de Mars. Dans le cas où cette représentation figurerait sur le panneau, l'accent serait alors mis sur Auguste s'identifiant à un nouveau Romulus, comme c'est le cas sur son forum à Rome[57]. Cette hypothèse semble toutefois devoir être rejetée car, dans le courant propagandiste de l'époque, qui est celui de la dynastie julio-claudienne, les représentations de l'allaitement des jumeaux par la Louve sont exclues[58]. La raison probable de cette absence est aussi sensible chez les auteurs latins qui, à l'exemple de Virgile, tentent de gommer les aspects négatifs du mythe dont le meurtre de Rémus. La représentation est adoptée plus tard, sous le règne d'Hadrien qui utilise la Louve allaitante sur des monnaies. La représentation d'Énée prêt à sacrifier la truie allaitant, selon la légende, trente petits sous

---

57 Selon Dardenay, les scènes de l'*Ara Pacis* et de l'*Ara Casali* ne sont pas des antécédents aux représentations du forum d'Auguste. Dardenay 2010, p. 96.
58 Dardenay 2010, p. 98.

Fig. 92. Relief restitué figurant le Lupercal, Ara Pacis, Rome, d'après DARDENAY 2010, p. 97, fig. 37.

un chêne, renvoie elle aussi à l'origine de la *gens Iulia* et fait référence à la *pietas* d'Auguste qui se place en digne successeur du Troyen[59].

Notons que l'allaitement par un animal s'inscrit à un moment ou l'autre dans les deux récits conjoints. Alors qu'il n'est pas représenté sur le relief d'Énée, l'est-il sur le panneau qui lui fait face ? La truie allaitant un si grand nombre de petits est le signe donné par l'oracle à Énée pour reconnaître le lieu où il va s'établir. Il est aisé d'y voir un signe de fertilité lié à la terre choisie. L'allaitement des jumeaux peut-il avoir eu une signification identique ? Selon V. Dasen, il était courant, dans le monde gréco-romain, d'invoquer les jumeaux mythiques et leur mère, afin de favoriser la fécondité humaine et animale[60]. Ainsi Artémis et son frère Apollon détiennent tous deux un pouvoir sur la croissance et le développement des jeunes gens. Ils président aux rites d'initiation de cette classe spécifique[61]. Déesse régnant sur le monde sauvage, Artémis accompagne les jeunes filles au travers du mariage, étape considérée comme une domestication. La déesse assiste aussi les petits des animaux sauvages, alors qu'Apollon favorise la multiplication des troupeaux. Cette clef de lecture explique pourquoi ce sont deux enfants qui figurent sous la Louve et non un, comme dans le mythe de Télèphe allaité par la biche, d'où l'image de l'allaitement des jumeaux semble pourtant tirée[62].

Les côtés nord et sud du monument figurent le sacrifice qu'Auguste fait le 4 juillet 13 av. J.-C., lors de son retour de ses campagnes militaires. Une grande procession se déploie

---

59 BARATTE 1996, p. 109.
60 DASEN 2005, p. 206. Même opinion chez Wiseman (WISEMAN 1995, p. 98).
61 DASEN 2005, p. 184.
62 Voir *infra*, p. 474.

Fig. 93. *Ara Casali*, autel de marbre gris clair (haut. 68 cm, larg. 38 cm, prof. 33 cm), Museo Pio Clementi, By Lalupa - Own work, CC BY-SA 4.0, https://commons.wikimedia.org/w/index.php?curid=46754784 retravaillée.

REPRÉSENTER L'ALLAITEMENT ARTIFICIEL   309

FIG. 94. Peinture murale représentant Mars en armes descendant vers Rhéa Silvia endormie. Paroi nord du *Cubiculum* de la maison de M. Fabius Secundus (haut. 114 cm, larg. 94 cm), Pompéi, regio V, insula 13, Naples, Museo Nazionale Romano, Sites & Photos / Shmuel Magal / Alamy Banque D'Images.

en deux groupes convergeant symboliquement vers les ancêtres héroïques et divins : Énée et Mars. Du côté sud, se trouvent les prêtres en tête du cortège. Ils sont suivis d'Auguste et de sa famille, les Juliens. Les visages personnalisés sont reconnaissables. Des enfants font également partie de la procession, signifiant la descendance et la fécondité de la *gens* (**fig. 95**). Leur présence fait aussi allusion à la propagande nataliste développée par Auguste. L'interprétation « sexuelle » de J. Pollini, présentée précédemment, prend à nouveau tout son sens dans cette représentation qui souligne l'accomplissement de l'union entre Auguste et Livie. Du côté nord, la procession compte des magistrats, des prêtres, des *camilli*[63] ainsi que d'autres membres de la famille impériale[64]. La dernière face de l'autel est orientée à l'est et donne sur la *via Flaminia*. Le panneau de gauche représente un univers idéalisé avec une déesse de la fécondité en son centre, généralement associée à la déesse Tellus (**fig. 82**)[65]. Terre nourricière, elle est entourée de personnifications dont l'identification est débattue : de l'air, des mers, des vents[66] ? Peut-être ces dernières sont-elles une allusion aux vents mentionnés sur le pavement de l'obélisque[67] ?

A. Dardenay propose une nouvelle réflexion sur l'interprétation générale de la scène et la compréhension des motifs placés sous les figures féminines jouxtant Tellus. Elle démontre très bien que l'iconographie de la figure féminine avec deux enfants sur les genoux n'est pas celle généralement employée pour représenter Tellus dont l'attribut est une corne d'abondance. Il s'agirait plutôt de Léto avec les jumeaux Apollon et Artémis, tels qu'ils sont représentés depuis la seconde moitié du VIe siècle av. J.-C. en Grèce[68]. Léto était d'ailleurs nommée « la Courotrophe », celle qui porte des enfants. Elle est généralement représentée en matrone, la tête voilée. Elle est parfois représentée un pied sur un rocher qui évoque celui sur lequel elle monte pour échapper au monstrueux serpent Python. En Grèce, Léto est souvent confondue avec Gé dont le sanctuaire comprend un rocher, placé près de la source des Muses à Delphes. Une monnaie du IIIe siècle av. J.-C. émise à Tripolis montre la déesse voilée, assise sur un rocher et portant les jumeaux sur les genoux[69]. D'autres représentations similaires, dont un groupe statuaire plus tardif, provenant de Cumes[70], manifestent la diffusion du motif à l'époque romaine. L'association entre Léto/Gé et Tellus semble s'être faite naturellement, comme c'est le cas pour différentes divinités entre le monde grec, romain voire étrusque. Cette interprétation coïncide avec la représentation de l'*Ara Pacis*. Elle permet d'expliquer le voile qui recouvre les cheveux de la déesse ainsi que la représentation du monstre marin placé à droite, sous l'une des *aurae velificantes* (il s'agirait de Python), alors que le cygne, placé sous l'*aura* de gauche fait allusion à Apollon. Il est dès lors possible de suggérer que les deux bambins illustrés

---

63 Assistants des flamines aux sacrifices (Daremberg et Saglio, *s.u.* « Flamen », 1977).
64 Turcan 1995, p. 96-97.
65 Sauron 2000, p. 34-35 ; Dardenay 2010.
66 Dardenay adhère à l'identification de Rizzo 1939 selon laquelle il s'agirait des *aurae velificantes* (Dardenay 2000, p. 99).
67 Haselberger a relevé une inscription, figurant avant l'inscription relative au signe zodiacal « *parthenos* », traduite du grec ΕΤΗΣΙΑΙ ΠΑΙΟΝΤΑΙ par « *Etesian wind stop* ». Ces vents ont une influence majeure en Mer Égée mais n'ont pas d'influence à Rome (Haselberger 2014, p. 22-23).
68 Dardenay 2010, p. 99.
69 Dardenay 2000, p. 100, fig. 39.
70 Il est dédié à Apollon. Zanker 1990, p. 312, fig. 245.

FIG. 95. *Ara pacis*, face sud avec procession, Photo Sailko — Travail personnel, CC BY 2.5, https://commons.wikimedia.org/w/index.php?curid=870021.

sont les jumeaux Artémis et Apollon. Ce dernier est particulièrement important pour Auguste à qui il apporte la victoire lors de ses conquêtes dans les Gaules et en Espagne.

Comme ses illustres prédécesseurs, dont elle adopte, sur l'*Ara Pacis*, l'iconographie et surtout les deux enfants, Tellus symbolise pleinement un idéal d'abondance et de fécondité. Portant les deux enfants sur ses genoux, elle est assise sur un rocher. À ses pieds se trouvent une brebis et une vache. L'enfant perché sur la cuisse gauche de la déesse lui présente un fruit, tandis que celui qui est lové contre son bras droit agrippe d'une main le vêtement qui couvre sa poitrine et rapproche son visage du sein maternel en trahissant sa faim. Près de l'angle gauche de la composition, une cruche renversée laisse son contenu se répandre dans le sol fertile. Aucune scène d'allaitement n'est visible mais ses effets oui. Est-ce par pudeur que Tellus garde ses seins cachés sous son vêtement[71] ? L'origine grecque du motif, où l'allaitement est rarement représenté, semble apporter une réponse à cette question[72].

Le panneau droit de la façade est fortement endommagé. Une divinité féminine guerrière est assise sur des armes comprenant un bouclier et une armure. Sur le bouclier se trouve

---

71 Vénus n'a pas forcément les seins dénudés à cette époque.
72 Voir ci-dessus p. 310.

Fig. 96. *Ara Pacis*, panneau de la façade est, avec Roma assise en armes ; Rome, Musée de l'*Ara Pacis*, Photo S. Jaeggi-Richoz.

une toute petite figure de la Louve allaitant les jumeaux. La déesse porte un casque, elle tient dans la main droite un sceptre et, dans la main gauche, une épée. Son sein droit est dénudé comme celui des amazones.

La reconstitution du panneau identifie la figure assise à Roma (**fig. 96**). Cette interprétation est confirmée par des parallèles légèrement plus tardifs. L'un d'eux est un autel du Bardo trouvé près du forum de Carthage. Il a quatre faces. Sur l'une des faces est représentée la déesse (**fig. 97**)[73]. Elle est assise dans une pose similaire à celle de l'*Ara Pacis*. En face d'elle se trouve un petit autel sur lequel repose un assemblage qui comprend un caducée, une sphère, une corne d'abondance remplie de fruits dont une pomme de pin.

Les trois autres faces de l'autel représentent :
1. La fuite d'Énée avec Anchise et Ascagne
2. Apollon assis dans la même pose que Roma
3. Une scène de sacrifice de taureau

Il est intéressant de voir apparaître, comme pendant à la déesse Roma, la figure d'Apollon. Ce jeu d'images souligne à nouveau le rôle joué par le dieu dans les conquêtes militaires d'Auguste et dans l'établissement de la paix romaine. Cette représentation de la divinité

---

73 POLLINI 2012, p. 230, fig. V.20.

FIG. 97. Représentation de Roma, Autel de la gens Augusta, Retrouvé à Carthage, près du forum, Par Pradigue — Travail personnel, CC BY-SA 3.0, https://commons.wikimedia.org/w/index.php?curid=24578282

sur l'autel d'Afrique du Nord, encourage à voir dans le relief de Tellus la présence discrète d'Apollon.

Un troisième parallèle à la représentation de Roma se trouve sur la base de la colonne érigée en 161 en l'honneur d'Antonin le Pieux sur le Champ de Mars. L'une des faces montre Roma assise sur la droite du relief avec, à ses pieds, un dépôt d'armes. Un bouclier, sur lequel apparaissent les jumeaux allaités par la Louve, lui sert d'accoudoir. La déesse fait face à un obélisque érigé tel un phallus géant entre les cuisses du génie du Champ de Mars (**fig. 98**). Y a-t-il dans la représentation de Roma un précédent grec, comme cela a été démontré pour Tellus ? On peut l'envisager.

L'iconographie en contexte impérial

L'inspiration grecque de l'iconographie de l'*Ara Pacis* étant établie, il s'agit de faire le lien entre ce monument et la fontaine de Préneste. Comme nous l'avons vu, les

Fig. 98. Base de la colonne antonine du Champ de Mars, Rome, *Musei Vaticani*, Photo Lalupa — Travail personnel, CC BY-SA 3.0, https://commons.wikimedia.org/w/index.php?curid=2797585.

spécialistes de la sculpture antique ont déjà rattaché les deux monuments à une même tradition artistique qui se développe à l'époque hellénistique mais dont certains motifs émergent déjà à l'époque archaïque, comme par exemple la figure de Léto[74]. Leur facture de grande qualité et le choix du marbre les associent également à un même atelier. Qu'en est-il des motifs ? En l'absence (probable) de scènes d'allaitement sur le monument romain, les reliefs de la fontaine reprennent-ils l'idéologie des scènes de l'*Ara Pacis* ? La lecture des mythes de fondation de Rome et de Préneste devrait amener les premières réponses à ce questionnement. Commençons par le mythe des jumeaux fondateurs de Rome.

Le mythe de fondation de Rome

Les sources littéraires

Le récit peut être divisé en deux parties. D'abord la fondation de Lavinium par Énée, ensuite la vie des deux jumeaux, Rémus et Romulus. Différentes versions du mythe

---

[74] Sur les modèles utilisés par les artistes étrusques au IVe siècle av. J.-C. puis par les imagiers d'époque romaine, voir DARDENAY 2000, p. 52.

sont apparues au fil des siècles. Elles ont été rapportées, pour les plus anciennes, par la littérature grecque[75]. La plupart ayant disparu, elles sont arrivées jusqu'à nous, entre autres par les récits de l'historien contemporain d'Auguste, Denys d'Halicarnasse[76] et du philosophe moraliste Plutarque (46 à 125 env. apr. J-C.)[77]. L'auteur le plus ancien à mentionner le récit est un grec, Promathion (VIe siècle)[78]. D'autres versions sont du Ve siècle avant J.-C. Elles sont l'œuvre du logographe Hellanicos de Lesbos et de l'historien Damaste de Sigée[79]. Dans les récits les plus anciens, il est fait mention d'une Troyenne du nom de Romé qui aurait incendié les navires de ses compatriotes pour mettre fin à leur voyage, dont une étape les avait conduits jusqu'au bord du Tibre. Énée se serait inspiré du nom de cette femme pour nommer sa nouvelle ville. Cette troyenne est considérée comme ayant une illustre généalogie puisqu'elle est considérée, selon les versions, comme fille de Télèphe, fils d'Hercule, et femme d'Énée, ou sa petite-fille par Ascagne[80].

À en croire Plutarque, la légende est fixée un siècle plus tard par Dioclès de Péparéthos (seconde moitié du IVe siècle-début IIIe siècle av. J.-C.[81]) :

> Mais la tradition la plus vraisemblable, et qui est confirmée par un plus grand nombre de témoins, c'est celle dont Dioclès de Péparéthos a le premier publié, parmi les Grecs, les particularités les plus remarquables. C'est l'historien que Fabius Pictor suit le plus souvent[82].

Plutarque fait ici référence à l'historien et homme d'État, Quintus Fabius Pictor (IIIe siècle av. J.-C.) dont les écrits ont disparu. Fabius a écrit en grec afin de justifier la politique romaine aux yeux des Grecs[83]. Fils du consul Caius Fabius Pictor, il est préteur en 216. Sa famille fait partie de la *gens Fabia* qui entretient d'étroites relations dès la fin du IIIe siècle av. J.-C., avec la *gens Ogulnia*[84]. Au début de ce même siècle, les deux *gentes* ont été très actives dans l'hellénisation de Rome, y introduisant l'art, la littérature ainsi que les cultes grecs et orientaux[85]. En cette époque de renversement politique, où la famille plébéienne des *Ogulnii*, dont l'origine est étrusque, s'impose par un coup d'État, il n'est pas étonnant que le motif de la Louve allaitant les jumeaux soit utilisé. D'abord, en 296 av. J.-C., sous la forme d'une statue placée sous l'un des figuiers de Rome, ensuite sur le premier didrachme en argent émis à Rome[86].

---

75 VERGA 2013, p. 10.
76 DENYS D'HALICARNASSE, *Antiquités romaines*, I, 70-73.
77 PLUTARQUE, *Vie de Romulus* 1, 2.
78 PROMATHION, *Histoire d'Italie*, 2, 4, 8.
79 DENYS D'HALICARNASSE, *Antiquités Romaines* I, 71, 2 ; PLUTARQUE, *Vie de Romulus* I, 2.
80 *Ibid.* 1, 1.
81 FLACELIÈRE 1964, p. 49-50 DARDENAY 2010, p. 37, note 26.
82 PLUTARQUE, *Vie de Romulus*, 1, 3.
83 Britannica, *s.u.* « Quintus Fabius Pictor ».
84 DARDENAY 2010, p. 55 : Numerius Fabius Pictor, fils de l'historien se serait rendu à Alexandrie en ambassade avec Qintus Ogulnius.
85 MÜNZER, PW, VI, *s.u.* « Fabius », col. 1792. DULIÈRE 1979, p. 51, DARDENAY 2010, p. 55, note 37.
86 L'hellénisation de la ville de Rome est clairement manifestée par la frappe de cette monnaie qui rompt avec les traditionnelles monnaies romaines de bronze.

Quant à la première version latine du mythe, elle est écrite par Ennius (fin IIIe-première moitié IIe siècle av. J.-C.[87]), poète dit *semigraecus* selon la définition introduite par Suétone[88]. Les autres auteurs latins relatant le mythe sont Cicéron, Tite-Live, Virgile, Ovide et les deux auteurs cités précédemment : Denys d'Halicarnasse et Plutarque[89].

Le récit canonique débute lors de la fuite de Troie. Après un long voyage en mer, Énée arrive sur la péninsule italienne et y établit Lavinium. À la mort de son père, Ascagne fonde, conformément à l'oracle, une nouvelle ville, Albe-la-Longue.

De nombreux rois se succèdent jusqu'à Numitor et Amulius, deux frères, fils de Proca. À la mort de ce dernier, les frères se divisent le pouvoir : Numitor obtient le trône, Amulius les richesses. Cependant, ce dernier se soulève contre son frère qu'il emprisonne et dont il veut décimer la descendance. Ainsi, il tue son neveu et condamne sa nièce, Rhéa Silvia, à devenir vestale, ce qui l'interdit d'avoir des rapports sexuels et donc d'avoir des enfants. Mais la providence a voulu que le dieu Mars viole la jeune fille alors qu'elle va chercher de l'eau. Elle donne ainsi naissance à deux enfants, Rémus et Romulus. Sommée par son oncle d'abandonner les jumeaux, elle les dépose sur les eaux du Tibre qui les transporte jusqu'aux pieds de la colline du Lupercal. Les enfants sont d'abord nourris par une Louve puis recueillis par un berger du nom de Faustulus, et sa femme, Acca Larentia. Devenus grands, les jumeaux deviennent, d'après les légendes, les défenseurs des opprimés ou des voleurs de bétail. Rémus emprisonné est libéré par son frère Romulus. Rémus libre, tous deux aident Numitor à recouvrer le trône. Les deux frères décident ensuite de fonder une nouvelle ville. Ils s'installent chacun sur une colline, l'un sur l'Aventin, l'autre sur le Palatin et sont suivis par leurs partisans respectifs. Un jour malheureux, Rémus est toutefois tué par son frère. Les versions divergent. Certaines disent qu'il est tué lorsqu'il franchit le *pomerium* de la cité, d'autres que c'est lors d'une altercation.

Les sources iconographiques

Nous l'avons vu, le mythe des origines de Rome se décline en deux parties très distinctes : l'avant et l'après Romulus et Rémus. Il est intéressant de voir que l'iconographie suit généralement cette distinction en utilisant une représentation type pour chacune de ces parties. En effet, les scènes représentées sont, soit la fuite d'Énée avec Anchise sur les épaules, soit la Louve qui allaite les jumeaux. Il faut rappeler ici la scène, bien moins connue, et déjà mentionnée précédemment, du rêve de Rhéa Silvia que l'on pourrait appeler « l'insémination des jumeaux » plutôt que leur allaitement.

Contrairement à ce que l'on pourrait penser, la représentation des jumeaux n'est pas fréquente à l'époque d'Auguste. Nous évoquerons rapidement la représentation d'Énée avant de nous arrêter sur celle de la Louve et des jumeaux. Comme l'a très bien montré A. Dardenay, suite aux travaux de Cécile Dulière, les motifs utilisés à l'époque impériale relèvent de modèles établis en Grèce à l'époque archaïque. La fuite d'Énée est représentée

---

87 Il ne reste que des fragments de ses œuvres dont *La consultation des auspices par Rémus et Romulus*, rapportée par CICÉRON, *De diuinatione* I, 107.
88 SUÉTONE, *De la grammaire* I, 1. Le terme introduit par Suétone s'applique à des poètes originaires de Grande Grèce qui maîtrisaient les deux langues : le grec et le latin. VERGA 2013, p. 11, note 15.
89 CICÉRON, *De la République* II, 2.

FIG. 99. Chalcédoine avec Télèphe allaité par la biche, Staatliche Münzsammlung München Photo © Musée (Dulière 1979, fig. 72, cat. G26).

sur des vases à figures noires puis rouges entre 540 et 470 av. J.-C. uniquement. Sur les scènes les plus anciennes, le héros est un guerrier casqué portant ses armes, alors qu'Anchise repose sur son dos, comme Achille sur le dos d'Ajax[90]. Vers 520 av. J.-C. apparaît Anchise dans une pose différente : il est assis sur l'épaule ou dans le creux du bras de son fils[91]. Ce schéma iconographique est déjà utilisé dans les scènes de rapt ou de fuite avec un enfant. On le voit par exemple sur une amphore à figures noires de Vulci datée de 540 av. J.-C. où Léto porte Apollon et Artémis au creux de chaque bras.

Le motif d'Énée portant son père a connu un grand succès chez les Étrusques, comme l'atteste le nombre important de vases retrouvés dans les nécropoles qui le reproduit. Sur les exemplaires réalisés en Étrurie, en Grande Grèce et Sicile, Anchise est assis. Le motif apparaît également sur des monnaies d'Ainea (en Chalcidique), de Catane et Ségeste (Sicile). Le motif d'Énée est utilisé par des cités qui se réclament de lui comme leur fondateur. Il est plus difficile d'identifier l'origine du motif de la Louve allaitant les jumeaux.

Un mythe, une fois encore arcadien (la civilisation est la même que celle qui s'installe à Rome au XIIIe siècle av. J.-C., d'après le récit de Denys d'Halicarnasse, et sa représentation semblent en être l'origine. Le mythe est celui de Télèphe allaité par la biche. Augé, sa mère, le conçoit lorsqu'elle est violée par Héraclès. Abandonné sur le mont Parthénion, l'enfant y est nourri par une biche. Comme dans le récit de la Louve aux jumeaux, ce sont des bergers qui recueillent ensuite l'enfant et lui donnent le nom Τήλεφος, en lien avec sa nourrice : ἔλαφος, la biche. Les sources écrites et iconographiques les plus anciennes relatant le mythe remontent au Ve siècle av. J.-C. Un fragment de Sophocle évoque l'allaitement[92], alors que la tragédie d'Euripide datée de 408 av. J.-C mentionne la découverte de cette scène par Héraclès. La scène apparaît en premier lieu dans la glyptique vers 480 (**fig. 99**). Comme le motif de la fuite d'Énée, elle est reprise dans le monnayage : à Praisos, en Crète, un enfant est allaité par une jument (450 av. J.-C.) ; à Kydonia, actuelle Chaniá (Crète),

---

90 DARDENAY 2010, p. 42.
91 Il est très probable, comme le suggère DARDENAY (2010, p. 43), que la pose du guerrier mort ait été remplacée par la posture assise en raison de la connotation négative de la première.
92 SOPHOCLE, *Aleaden* TrGV I. F. 89 ; voir VATER 1835.

Fig. 100 a. Monnaie en bronze, Tégée (Arcadie), b. au revers Téléphe et la biche. Photo BNF libre de droit.

par une chienne (IVe siècle). À Tégée en Arcadie, on retrouve le groupe Téléphe – biche (370-340 av. J.-C.) (**fig. 100**).

L'adjonction de figures annexes et d'un paysage, dans lequel la scène d'allaitement s'insère, apparaissent dans le dernier tiers du IVe siècle av. J.-C. en Étrurie. La représentation est alors gravée sur l'un des nombreux miroirs produits par les Étrusques à Préneste. En effet, au sein de cette production apparaît une scène d'allaitement qui est aujourd'hui interprétée comme celle de la Louve et des jumeaux (**fig. 101**). Ce miroir a été l'objet de plusieurs articles, notamment en raison de sa singularité, ayant poussé certains auteurs comme C. Dulière à le considérer comme un faux. Les personnages entourant l'allaitement sont en effet difficiles à associer avec les protagonistes de la légende. Mais, comme nous l'avons vu, les légendes qui évoquent la *lupa* introduisent différents protagonistes au fil des versions, avant qu'un récit canonique soit fixé vers le IIIe siècle av. J.-C., c'est à dire peu après la réalisation des miroirs.

Les analyses du miroir prénestin ont finalement montré que celui-ci est la reproduction d'un mythe figurant une divinité établie par les Arcadiens, le dieu Pan. Denys d'Halicarnasse raconte qu'au lieu appelé *Le Lupercal* par les Romains, un temple a été élevé à Pan *Lykaios*[93] :

> Les Arcadiens donc, après s'être rassemblés au pied de la colline, se mirent à organiser la construction de toutes sortes de bâtiments en suivant les usages de chez eux, et en particulier érigèrent des temples, dont le premier était dédié à Pan Lycaios, comme l'ordonnait Thémis – pour les Arcadiens en effet le plus ancien et le plus honoré des

---

93 Denys d'Halicarnasse, *Antiquités romaines* I, 32, 3 (trad. Fromentin) : Οἱ δὲ Ἀρκάδες, ὡς ἡ Θέμις αὐτοῖς ἐπιθειάζουσα ἔφραζεν, αἱροῦνται λόφον ὀλίγον ἀπέχοντα τοῦ Τεβέριος, ὅς ἐστι νῦν ἐν μέσῳ μάλιστα τῆς Ῥωμαίων πόλεως, καὶ κατασκευάζονται πρὸς αὐτῷ κώμην βραχεῖαν, δυσὶ ναυτικοῖς πληρώμασιν ἐν οἷς ἀπανέστησαν τῆς Ἑλλάδος ἀποχρῶσαν, ἣν ἔμελλε τὸ πεπρωμένον σὺν χρόνῳ θήσειν ὅσην οὔθ' Ἑλλάδα πόλιν οὔτε βάρβαρον κατά τε οἰκήσεως μέγεθος καὶ κατὰ δυναστείας ἀξίωσιν καὶ τὴν ἄλλην ἅπασαν εὐτυχίαν, χρόνον τε ὁπόσον ἂν ὁ θνητὸς αἰὼν ἀντέχῃ πόλεων μάλιστα πασῶν μνημονευθησομένην.

Fig. 101. Miroir avec louve allaitant deux jumeaux, Massa-Pairault 2011, fig. 2, dessin d'après Carandini, Cappelli 2000.

dieux est Pan – quand ils eurent trouvé un emplacement approprié, que les Romains appellent *Lupercal*, ce que nous nous pourrions traduire par *Lykaion*.

L'épithète *Lykaios*, porté par la divinité, se rattache au mot grec *lykos*, loup. Pan était le dieu des bergers et des troupeaux et l'objet de nombreux cultes célébrés en plein air ou dans des grottes. À l'époque romaine, la divinité est automatiquement associée à celle de *Faunus Lupercus*, dont l'étymologie renvoie également au loup. Tout porte à croire que la fête des Lupercales, bien que difficile à appréhender, prolonge ce qui se faisait auparavant en l'honneur de Pan Lykaios. Ce dernier semble d'ailleurs figuré sur le miroir prénestin à gauche de la scène d'allaitement qu'il observe. La nudité du personnage, qui l'associe à une divinité et non à un berger, les caractéristiques de sa pilosité : le bouc qui pointe à son menton, les cheveux hirsutes semblant couvrir des oreilles possiblement pointues et le *pedum* qu'il tient des deux mains, soutiennent cette interprétation. Mi-homme mi-bouc, Pan n'est pas représenté comme un loup mais comme une chèvre dont il porte d'ailleurs la peau. Les chercheurs voient un loup dans l'animal qui fait face à Pan et se situe sous la scène d'allaitement. Le cadre iconographique mis en place ici pour représenter les jumeaux nourris par la Louve, paraît être une sorte d'essai : le modèle choisi pour représenter le dieu Pan est clairement Héraclès. Il est donc tout à fait approprié de supposer que la représentation de la scène aux jumeaux ait été inspirée par celle de Télèphe, réalisée elle aussi sur un miroir prénestin. Dans cette optique, l'animal considéré comme un loup pourrait bien être un lion, tel qu'il apparaît plus tardivement sur une peinture murale d'Herculanum représentant Télèphe allaité.

Les autres personnages représentés sont interprétés comme :
- à droite de l'allaitement : un observateur qui est peut-être un berger
- en haut, en position couchée : le père des jumeaux
- au sommet, la vestale Rhéa Silvia

La lecture des différentes versions du mythe montre que la paternité n'est attribuée à Mars qu'à une époque postérieure à la naissance du récit. L'identification de la figure paternelle est discutée par Denys d'Halicarnasse :

> Certains disent que le violeur était l'un des prétendants de la jeune fille, enflammé d'amour pour elle, d'autres qu'il s'agissait d'Amulius lui-même et que c'était non par désir mais pour la détruire qu'il s'était couvert d'une armure qui le rendrait plus terrible au regard et qu'il avait dissimulé ses traits le plus efficacement possible. Mais la plupart des auteurs donnent une version fabuleuse, avec apparition de la divinité à laquelle cet endroit était consacré[94]

L'identification de la Louve et des jumeaux sur le miroir est aussi étayée par la manière de représenter la scène, qui offre un parfait antécédent au schéma iconographique diffusé à la fin de l'époque républicaine : la Louve a la tête tournée vers les enfants représentés, l'un de dos, l'autre de profil. Notons encore la présence de l'arbre et des deux oiseaux qui vont participer au « nourrissage » des jumeaux.

---

94 DENYS D'HALICARNASSE, *Antiquités romaines* I, 77, 1-2.

La représentation de la Louve est peu après utilisée par les frères *Ogulnii*. Comme nous l'avons vu précédemment, ces descendants de famille étrusque ont eu beaucoup d'influence au début du IIIe siècle av. J.-C. sur l'hellénisation de Rome. S'étant imposés par un coup d'État, ils placent en 296 av. J.-C. une Louve allaitant les jumeaux sous un figuier de Rome[95]. Le premier didrachme en argent émis à Rome apparaît peu après[96]. Sur le droit de la monnaie figure une tête d'Hercule, sa massue et la léonté, au revers une représentation de la statue des frères *Ogulnii*. Cet assemblage fait-il allusion à l'union étrusco-romaine puisque les Étrusques se disent descendants d'Héraclès ? Tout porte à le croire. Comme le montrent en effet des monnaies autonomes de la ville de Capoue figurant au droit Héraclès et au revers une biche allaitant un enfant, le choix des représentations est fonction des préférences locales et du héros/divinité desquels les cités se réclament[97].

Par ce choix, la nouvelle puissance s'affirme comme l'égale des villes les plus illustres par leurs filiations divines respectives[98].

Le motif est ensuite repris sporadiquement sur des monnaies. Il apparaît notamment sur un denier de Sextus Pompeius Fostlus, *triumvir monetalis* inconnu, frappé entre 133 et 126 av. J.-C. La légende : sextus pompeius fostlus (**fig. 102**) indique que la famille de ce dernier prétend descendre du berger Faustulus. À cette époque le sujet de la Louve allaitant les jumeaux se développe sur la glyptique. Un dernier exemple est le denier dit *augurium Romuli* dont la frappe est située au tournant du Ier siècle av. J.-C. (**fig. 103**)[99]. Au revers est figurée la déesse Roma assise et pensive alors qu'elle regarde la scène d'allaitement des jumeaux par la Louve ; deux oiseaux volent vers elle.

Durant le premier siècle, la Louve apparaît parfois seule sur des monnaies dans une attitude de défense[100]. Le motif de l'animal est aussi utilisé par les insurgés qui la représentent écrasée par un taureau samnite[101].

La Louve et les jumeaux, quand et pourquoi ?

Ce tour d'horizon iconographique, nous montre que les représentations de la Louve et des jumeaux, ou de Télèphe par la biche, apparaissent à des moments de l'histoire bien particuliers. Sous des formes singularisées, les représentations d'allaitement par un animal servent alors la propagande de familles ou cités qui manifestent par là leur filiation avec un personnage divin ou héroïque. L'importance du motif de l'allaitement des jumeaux par la Louve à l'époque augustéenne a vraisemblablement été faussée par l'image qui avait été restituée pendant longtemps sur la face ouest de l'*Ara Pacis*. Bien que cette proposition ne puisse être

---

95   Il y a débat autour des figuiers de Rome car celui du Lupercal a été déplacé du Lupercal au *Comitium* sous le règne de Tarquin l'Ancien (TACITE, *Annales*, 13, 58 ; PLINE, *Histoire naturelle* 15, 77) ; voir DARDENAY 2010, p. 54.
96   L'hellénisation de la ville de Rome est clairement manifestée par la frappe de cette monnaie qui rompt avec les traditionnelles monnaies romaines de bronze.
97   DULIÈRE 1979, p. 139.
98   *Ibid.*, p. 138.
99   La date proposée par E. Bernareggi, 104 av. J.-C. semble la plus probable car elle marque le 650e anniversaire de Rome selon le comput varronien. BERNAREGGI 1963, p. 35. Ce type est repris en 77/78 sur un *aureus* au nom de Titus. DULIÈRE 1979, p. 159.
100 En 75/74 sur un denier du magistrat monétaire P. Satrienus (DULIÈRE 1979, M11. 57).
101 *Ibid.*, M10, 56.

FIG. 102. Denier de Sextus P. Fostlus, Rome, 137 av. J.-C., Avers : la tête casquée de Roma, Revers : la Louve allaitant Rémus et Romulus, Copyright © 2023, Coin Archives, LLC.

FIG. 103. Denier de l'*Augurium Romuli*, Siscia, 277 ap. J.C., Avers : Buste de Probus radié et cuirassé à droite, Revers : Louve debout allaitant Rémus et Romulus, RIC n° 703, Copyright © 2023, Coin Archives, LLC.

complètement abandonnée, le contexte de l'*Ara Pacis*, tel que nous l'avons présenté plus haut, et la direction choisie par Auguste pour sa propagande, nous font conclure que le divin fils de César ne s'est pas servi de la Louve allaitant les jumeaux pour manifester sa lignée divine. Il préfère représenter les figures d'Énée ou de Mars qui expriment mieux les valeurs guerrières qu'il s'est choisies, respectivement la *pietas* et la *uirtus*, conduisant à l'éternelle victoire.

Le mythe de fondation de Préneste

Les sources littéraires

Contrairement au mythe de Romulus et Rémus, celui de Caeculus est relativement bref[102]. Relaté par divers auteurs latins dont Caton, Ovide, Servius, Solin et Festus[103], il prend plusieurs formes. Nous ne savons rien de sa mère si ce n'est que ses deux frères sont des bergers. Ceux-ci sont appelés *Depidii* ou *Digidii*, noms dont l'origine est probablement étrusque et pourrait être *Digitius* ou *Dicidius*[104]. Il s'agirait de divinités mineures considérées comme *indigetes*[105]. La sœur des deux hommes tombe enceinte par l'action d'une étincelle lorsqu'elle s'assied près d'un foyer[106]. Le feu a été mis en relation par les chercheurs avec le foyer qui se trouve dans un sanctuaire, à l'exemple de Roma. Cette association fait donc de la mère une femme pure, une vestale[107]. La conception est clairement le fait du dieu Vulcain, dont la paternité permet au héros fondateur devenu adulte de justifier son droit de régner sur la cité. Selon les versions, Caeculus est exposé au temple de Jupiter[108]. Il y est déposé près d'un foyer[109], placé à côté d'une fontaine et recueilli par des jeunes filles venues chercher de l'eau. Lorsque les jeunes filles remettent l'enfant aux *Depidii*, ceux-ci lui donnent le nom de Caeculus, qui signifie aveugle, en raison de la fumée qui lui avait irrité les yeux. L'enfant n'est pas allaité par un animal mais élevé par les frères de sa mère. Le cadre rustique ou champêtre dans lequel évolue le héros est bien souligné par Virgile :

> et découvert dans un foyer, comme on l'a toujours cru. C'est Caeculus, accompagné d'une foule de campagnards : ceux de la haute Préneste et les paysans de Gabies chère à Junon, les riverains du frais Anio et les habitants des monts herniques, humides de la rosée des rivières, et ceux que nourrit la riche Anagnia et tes protégés, vénérable Amasénus. Tous ne sont pas équipés d'armes, de boucliers et de chars bruyants. La plupart lancent des glands de plomb bleuâtre ; certains tiennent en main deux épieux ; ils se protègent la tête avec des bonnets fauves en peau de loup et leur coutume est de marquer les traces de leur pied gauche nu, tandis qu'une botte de cuir brut couvre l'autre pied[110].

---

102 Au sujet du mythe de Caeculus, voir Jaeggi 2019.
103 Le mythe est très court et apparaît dans un fragment des *Origines* de Caton (59 Peter), dans l'*Énéide* de Virgile (7, 678-681), chez Servius, *Commentaire à l'Énéide de Virgile* 7, 678 ; chez Solin, *Libri Praenestini*, 2.9 ; Festus, *De verborum significationes s.u.* « Caeculus ». Ce dernier reprend avec des modifications et de manière partielle, l'œuvre monumentale aujourd'hui disparue du rhéteur et mathématicien, Verrius Flaccus.
104 Bremmer et Horsfall 1987, p. 54.
105 Ils sont les premiers dieux des Romains. Intimement liés au territoire, ils sont particulièrement valorisés à l'époque d'Auguste. À ce sujet voir Smith 1872, *s.u.* « Caeculus » et F. Prescendi, *Der Neue Pauly, s.u.* « Indiges ».
106 Mythographus II, 211.
107 Capdeville 1995, p. 148.
108 Il pourrait s'agir du temple de Jupiter-Puer comme le suggèrent J. N. Bremmer et N. M. Horsfall (Bremmer et Horsfall 1987, p. 51-52) en s'appuyant sur l'écrit de Cicéron (*De divinatione* II, 85f) qui mentionne la présence à Praeneste d'un complexe cultuel voué à Fortuna Primigenia avec, à l'intérieur, un sanctuaire spécialement fréquenté par les femmes dont la statue est celle de Fortuna allaitant Jupiter Puer.
109 Virgile, *Énéide* 7, 678. Caton, *Les origines* II, 29 (= II, 22 Jordan et 59 Peter).
110 Virgile, *Énéide* 7, 678-690 : *Nec Praenestinae fundator defuit urbis, Volcano genitum pecora inter agrestia regem inuentumque focis omnis quem credidit aetas Caeculus. Hunc late legio comitatur agrestis : quique altum Praeneste uiri quique arua Gabinae Iunonis gelidumque Anienem et roscida riuis Hernica saxa colunt, quos diues Anagnia*

Plusieurs similitudes, mais aussi différences sont à noter entre ce récit et celui des jumeaux. Comme eux, Caeculus est le fils d'un dieu[111] et d'une femme qui s'affaire au temple (selon les versions) ; l'enfant est exposé, mais il est déposé, dans un lieu organisé autour d'une place publique et un temple et non dans un endroit sauvage. Le récit de Virgile suggère peut-être une autre version du mythe puisqu'il place la naissance du héros parmi les animaux champêtres, mais le motif du foyer est omniprésent. Dans les autres récits, la nature sauvage, qui est aussi celle du Lupercal à l'arrivée des jumeaux, n'est pas mentionnée au moment de la naissance de Caeculus. Comme chez Virgile, cette nature sauvage apparaît plus tard, lorsqu'à l'âge adulte le héros s'adjoint une foule d'hommes qui sont des hommes de la terre. Ceux-ci l'aident à bâtir sa ville. Dans certaines versions, Caeculus vit une période de transition, entre l'enfance et l'acquisition de son statut de fondateur, durant laquelle il est voleur de bétail. Ce moment de passage se retrouve dans le mythe de Romulus et Rémus[112].

Les sources iconographiques

La représentation du héros a été rarement identifiée. Deux appliques sur des pieds de ciste en bronze provenant de Palestrina ont été reconnues comme telles. Datées vers 300 av. J.-C.[113], elles présentent un enfant dont le côté est orné d'une grosse *bulla* (**fig. 104**). La lanière qui la retient est appelée « Gurt » (ceinture) dans le *LIMC*, mais il semble s'agir de la lanière qui retient la *bulla*. Un stratagème a dû être mis en place par les imagiers pour montrer l'objet nécessaire à l'identification du statut social de l'enfant. En effet, ce dernier s'agrippe aux flancs d'une bête sauvage, qui semble être une lionne par sa longue crinière tressée, et la tête goulûment. La pose de l'enfant empêche en outre de voir les mamelles de l'animal allaitant. Comme parfois la Louve, l'animal a la tête retournée en direction de l'enfant, ce qui lui permet de le lécher, ainsi que le suggère sa grande langue pendante. Quatre autres représentations sont suggérées dans le *LIMC* comme étant peut-être celles de la figure du héros, mais sans garantie.

Bien qu'attestées comme étant celles du jeune Caeculus, ces représentations sont toutefois à reconsidérer. En effet, elles ne coïncident pas avec le mythe relaté plus haut par les auteurs latins. Une version archaïque du mythe, bien qu'inconnue, n'est dès lors pas à exclure. La plupart des chercheurs datent l'apparition du récit du VIe siècle av. J.-C. mais cette date reste débattue.

---

pascit, quos, Amasene pater. Non illis omnibus arma, nec clipei currusue sonant : pars maxima glandes liuentis plumbi spargit, pars spicula gestat bina manu, fuluosque lupi de pelle galeros tegmen habent capiti, uestigia nuda sinistri instituere pedis, crudus tegit altera pero.

111   Selon les versions, Romulus descend aussi de Vulcain. CAPDEVILLE 1995, p. 15.

112   Une analogie entre cette phase liminale et les festivités des Lupercales est d'ailleurs manifeste. Cette fête célébrée le 15 février était liée à la fertilité et à la purification. Après le sacrifice de chèvres et d'un chien, deux jeunes gens étaient tachés au front par le couteau sanglant. Cette souillure était ensuite lavée par de la laine imbibée de lait. On leur apprenait alors à rire. Des fouets étaient ensuite réalisés en peaux de chèvre et étaient confiés aux jeunes gens. Ces derniers couraient alors nus dans les rues de la ville, fouettant les habitants, en vue de favoriser leur fertilité. Il apparaît de ces différents récits qu'il y a un lien étroit entre le rituel accompli par les deux jeunes gens lors des Lupercales, signifiant probablement un rite de passage, et celui qui va conduire les jumeaux de la vie sauvage à la vie civilisée.

113   Ve siècle av. J.-C dans le *LIMC* alors que JANNOT (2001, p. 284, fig. 19) la date vers 300.

FIG. 104. Ciste de Palestrina en bronze, découverte à Rome, ayant pour ornementation à la base des pieds Caeculus tétant une lionne. Il porte une grosse bulla qui pend sur son bras droit, Ve s. av. J.-C., Ht. 51 cm, Diam. 30,3 cm, Berlin, Staatliche Museum, inv. 6236, Photo Staatliche Museen zu Berlin, Antikensammlung / Norbert Franken, CC BY-SA 4.0.

Allaitement interspécifique *versus* allaitement artificiel

Les multiples ressemblances entre les deux mythes (mère vestale/né du feu/élevés par des bergers/voleurs de bétail/fondateurs) suggèrent une source commune ou peuvent être interprétées comme le reflet des échanges interculturels entre Rome, l'Étrurie et probablement la Grèce, comme nous l'avons vu entre autres avec les figures de Télèphe et d'Énée. Les fragments qui sont arrivés jusqu'à nous du mythe de Caeculus sont très succincts et ne disent rien sur sa vie après la fondation de la ville, ni sur sa mort. Sa naissance est divine et le rattache à la figure de Vulcain. Il partage ce lien filial avec Romulus (dans certaines versions) mais aussi avec le roi romain, d'origine étrusque, Servius Tullius et l'étrange Cacus, figure avec laquelle il est parfois associé[114]. Le mythe de Caeculus diffère toutefois de tous les autres en ce que sa mère est fécondée par le dieu sous la forme d'une étincelle. En effet, dans ces mythes où apparaît le dieu Vulcain, les mères des jumeaux et de Servius Tullius ont des relations sexuelles avec un phallus apparu dans les flammes[115]. Après leur naissance, les jumeaux sont, dans le mythe canonique, abandonnés. Ils sont ensuite allaités comme d'ordinaire par la Louve. Bien que fils d'esclave, Servius Tullius est, quant à lui, élevé au palais[116]. Rien n'est précisé au sujet de son allaitement que l'on peut imaginer avoir été confié à une nourrice. Cependant, des flammes de feu apparaissent au-dessus de la tête de l'enfant, en plein jour ou pendant son sommeil. Dans le récit de Tite-Live, l'un des serviteurs, voyant la tête de l'enfant en flammes, amène une bassine d'eau pour l'éteindre mais la reine, qui a compris la nature divine de la manifestation, l'arrête[117]. L'enfant est alors pourvu des attributs de la divinité qui l'a engendré. Pline voit dans cette manifestation le présage d'une grande destinée[118]. Le passage de Tite-Live est particulièrement intéressant et évoque le mythe de Déméter et Coré. Alors que la divine mère cherche en vain sa fille, elle propose ses services de nourrice à Céléos, roi d'Éleusis (Attique), dont le fils aîné s'appelle Démophon. Pour s'acquitter de sa mission de faire grandir l'enfant, la déesse le passe chaque nuit dans les flammes de la cheminée. L'enfant est ainsi façonné et ressort lumineux… Mais une nuit, Métanire, la mère de l'enfant, surprend le stratagème et ses cris feront cesser l'étrange cuisson et par là, le façonnage de l'enfant en un demi-dieu.

De telles manifestations magiques ne sont pas relatées dans le mythe de Caeculus. Il n'est d'ailleurs allaité ni par un animal, ni probablement par le sein d'une nourrice…

Les images du héros tétant le félin illustrent donc un mythe antérieur aux sources textuelles en notre possession ou, du moins, rattaché à une autre tradition. À l'époque augustéenne, les versions (hormis celle de Virgile) s'entendent pour dire que Caeculus a été recueilli aussitôt déposé, par des humains, des femmes qui confient l'enfant à des

---

114 Au sujet de Cacu et de son analogie avec Caeculus, voir CAPDEVILLE 1995 « Cacus » p. 97-154.
115 Dans le cas de Servius Tullius, Denys d'Halicarnasse parle d'un *phantasma*. Il s'agirait d'une apparition que les érudits de l'époque associent à une divinité mineure, pour reprendre les termes de Denys d'Halicarnasse, qui peut être soit Vulcain, soit les *Lar familiaris*. (D.H. 4, 2) ; CAPDEVILLE 1995, p. Cette version du mythe des jumeaux est rapportée par PLUTARQUE (*Romulus* 2, 4). L'auteur l'attribue à Promathion (FGrH817) dont les écrits seraient datés du VIe siècle av. J.-C. (BREMMER 1979, p. 50).
116 CAPDEVILLE 1995 p. 12-13.
117 TITE-LIVE I, 39, 1-2.
118 *HN* 2, 101.

hommes. Il manque donc la parenthèse de l'allaitement animal des héros fondateurs mais aussi la présence d'une femme, la plupart du temps épouse de berger, qui va remplacer l'animal sauvage dans sa tâche de nourrice. Que signifient ces lacunes ? Deux différences supplémentaires apparaissent nettement entre ce mythe et ceux des autres héros. La première consiste dans le fait que le dieu Vulcain « insémine » la jeune fille, non pas avec son sperme, mais par le feu (une étincelle). Aucun contact autre qu'avec l'étincelle n'est mentionné, ni phallus, ni rapprochement physique ne sont évoqués.

En s'arrêtant un instant sur les raisonnements des physiciens et biologistes d'époque grecque et romaine dont nous avons traité au début de ce livre, nous pouvons essayer de comprendre l'implication de l'étincelle dans le processus de la génération mis en place dans le mythe. Selon les traités médicaux, la semence masculine est chaude, elle contient du feu qui est associé à la force de création et qui permet au sang menstruel de se coaguler. Ici, l'étincelle, bien que chaude comme le sperme, ne semble pas en partager la « nature », c'est à dire qu'elle ne fait pas partie du trio sperme – sang – lait, puisque l'enfant n'a pas besoin d'être nourri de lait à sa naissance[119]. Son action est toutefois la même que celle du principe générateur masculin : elle est créatrice et formatrice.

La seconde différence est des plus significatives : pour Caeculus, l'acte nourricier se fait par le feu. En effet, toutes les versions du mythe indiquent que l'enfant est déposé directement dans le feu. Si le « nourrissage » de l'enfant n'est pas forcément évident dans cette image, il faut rappeler le mythe grec évoqué précédemment, dans lequel Déméter modèle le jeune fils du roi en le tournant comme un rôti dans le feu, afin de lui faire prendre belle forme. Formé par le feu, Caeculus n'a pas besoin d'être allaité, comme les autres héros fondateurs. Sa nature intrinsèque, issue du feu, n'a pas besoin d'autre nourrice que la flamme. Fils de Vulcain, il en a reçu les caractéristiques lors de sa conception. Il est forgé par les attributs du dieu et reconnu par celui-ci devant les yeux des futurs citoyens de la ville lorsque la divinité forme un cercle de feu autour de lui.

À qui doit-on cette variante du récit ? Probablement à un auteur grec dont on a perdu le nom et la version originale. Ou s'agit-il d'un auteur étrusque ? Comme T. J. Cornell le suggère, la transmission a pu se faire par la tradition orale dès l'époque archaïque. Elle serait arrivée jusqu'à Caton qui l'aurait ensuite fait connaître aux lecteurs romains[120]. Les récits de Servius Tullius et des jumeaux engendrés par Vulcain témoignent bien de ce syncrétisme entre les différentes cultures parmi lesquelles les Étrusques jouent un rôle important mais difficilement décelable en raison du manque d'écrits. Les récits de Caeculus et de Servius Tullius semblent être plus proche du mythe original puisqu'ils conservent tout du long une cohérence quant au feu qui va imprégner la nature du jeune enfant, de sa conception à sa formation.

Dans le cas des jumeaux romains engendrés par Vulcain, ce dernier ne fait que remplacer Mars ou une autre divinité. Le *topos* qui veut que l'enfant soit nourri par le milieu d'où il provient n'est pas répété dans ce cas spécifique. Cet exemple montre bien que la formation des mythes est une sorte de collage entre différents éléments pris çà et là.

---

119 Voir *supra* p. 474.
120 CORNELL 2013, p. 114-115. Solinus et les commentateurs de Virgile se sont quant à eux probablement inspirés de Virgile (BREMMER et HORSFALL 1987, p. 60-62).

Verrius Flaccus et Caeculus, héros fondateur de Préneste

Retournons à la fontaine de l'antique Préneste. Plusieurs questions se posent : pourquoi utiliser précisément le mythe de Caeculus à Préneste ? Comment s'interprète cette adoption du mythe à l'époque romaine et pourquoi ?

Comme nous l'avons très rapidement vu par le biais notamment des monnaies, les cités du bassin méditerranéen ont cherché à asseoir leur pouvoir en revendiquant une origine divine ou héroïque. Préneste ne fait pas exception et Caeculus en devient le héros. Selon nous, à l'époque augustéenne, l'érudit Verrius Flaccus s'approprie cette figure mythique déjà en place et l'intègre à son programme monumental composé de la fontaine et du calendrier. La spécificité du mythe lui permet de jouer avec les quelques éléments qui le constituent. Ce faisant, il devient le nouveau Caeculus, imitant en cela Auguste, devenu le nouveau Romulus. Il faut souligner que l'érudit côtoie probablement très étroitement l'empereur puisqu'il enseigne ses deux petits-fils à la cour impériale et est payé en conséquence. Cette proximité entre l'empereur et l'érudit, mathématicien et pédagogue, explique de fait la réalisation des panneaux prénestins dans les ateliers de Rome et la volonté de créer un programme statuaire qui intègre la gestion du temps. Les écrits de l'érudit, dont *Les Fastes* étant perdus, mais connus par d'autres sources dont Servius et Solin, il est difficile de faire de plus amples parallèles entre la fontaine et ses écrits célèbres et critiqués. Quoi qu'il en soit, les fragments du calendrier permettent d'entrevoir la réflexion de l'érudit et sa volonté de se placer dans le calendrier et la généalogie des dieux. Les scènes d'allaitement de la fontaine s'inscrivent dès lors parfaitement dans ce programme, comme l'a montré F. Coarelli, en marquant les différentes périodes de l'année. En suivant le raisonnement des Anciens, les panneaux de la fontaine renvoient tous à un âge d'or, auquel l'humain ne prend pas ou très peu part. Le petit Caeculus ne fait pas exception puisque le seul indice de sa présence est le biberon placé sous la brebis. Par ses motifs : le vase renversé, la présence de la brebis, les allusions à l'abondance et la fertilité, ce panneau singulier fait le lien avec celui de Tellus/Léto sur l'*Ara Pacis*. La subtilité de son auteur est perceptible : sans montrer le héros, elle signifie sa présence par le biberon, accessoire nécessaire à deux hommes, les frères de la mère, qui ont pour tâche de nourrir un enfant. Conformément au cadre du récit mythologique, le lait utilisé dans ce cas est un lait civilisé, comme l'indique la trace de l'homme à l'arrière de la scène de la brebis allaitant l'agneau. Par la signification de cet allaitement artificiel, Verrius Flaccus fait-il allusion à son rôle de pédagogue auprès des deux enfants de la maison impériale dont il modèle l'esprit ? En tous les cas, Verrius Flaccus se démarque des autres érudits en représentant un allaitement artificiel. Reprenant de manière subtile la propagande d'Auguste, qui s'exprime par la gestion du temps, il crée son propre calendrier et se place dans le sillon des plus grands dirigeants.

Biberon, gargoulette ou porrón ?

L'objet interprété comme étant un biberon sur le relief à la brebis soulève quelques problèmes typologiques. Le premier élément troublant est la taille de l'objet. Sur le relief, le biberon est aussi grand qu'une tête de brebis, qui doit mesurer plus d'une trentaine de centimètres. Comme nous le verrons, dans la réalité, ce type de vase orné d'un bec sur la panse ne dépasse pas les 15 cm, pour les plus grands. La position en premier-plan du vase pourrait expliquer la grande dimension du biberon par rapport à la brebis et son petit. L'orientation des anses pose un problème supplémentaire. Rarement au nombre de deux, elles sont généralement orientées verticalement. L'exemplaire le plus rapprochant est de forme trapue et provient de Capoue ou ses environs (**fig. 105**). Pourvu d'un bec, il possède deux anses latérales placées à mi-chemin entre les positions horizontales et verticales. Avoisinant les 15 cm de hauteur et ayant une embouchure particulièrement large, cet exemplaire pourrait avoir servi de modèle pour le relief. Jean-Paul Morel en recense deux exemplaires conservés au Musée de la ville. Ils sont datés du IVe siècle av. J.-C.[121]

Une autre possibilité que nous avons envisagée était d'interpréter l'objet comme une gargoulette, c'est-à-dire un vase qui permettait de boire à la régalade, comme c'est encore le cas en Espagne (appelés *poron*), en France et au Liban, sans toucher le bec verseur des lèvres. Boire à l'aide de ce type de vase nécessite un entrainement qui donne naissance, dans ces pays, à de petits exemplaires adaptés aux enfants. Ces vases sont plus ou moins ergonomiques. Des exemplaires antiques associés à ce type de vases, ont été trouvés en Égypte (**fig. 106**). Pouvant atteindre une trentaine de centimètres de hauteur, ils sont la plupart du temps percés sur le dessus, formant alors une sorte de passoire empêchant les insectes de se glisser à l'intérieur. Par leur grandeur, ces récipients d'Égypte ancienne s'approchent de la dimension du biberon placé sur le relief. Les deux types connus présentent toutefois des anses horizontales.

L'originalité (et en particulier la taille atypique) du vase du relief ne remet pas en cause notre interprétation : l'artiste sculpteur a su adapter la taille et la forme de l'objet, afin de le rendre bien visible et reconnaissable sur le relief. Par le rendu des anses vues d'en haut, il a peut-être voulu signifier la facilité de préhension de l'objet. Que l'objet soit considéré comme un biberon, une gargoulette ou encore un *poron*, cela change finalement peu de choses à notre interprétation. Par son côté pratique, le vase à bec pouvait être employé pour alimenter/faire boire un enfant, mais aussi des adultes dans certaines conditions. En effet, les gargoulettes sont aujourd'hui encore utilisées dans les campagnes, lors des travaux dans les champs ou de la surveillance des troupeaux, dans certaines régions de la France. Ils correspondent parfaitement à l'univers bucolique dans lequel l'exemplaire de Préneste est dépeint.

Conclusion

Ce parcours avait pour point de départ la ville antique de Préneste et sa fontaine d'époque augustéenne. Il nous a permis de confronter ce monument, conçu en lien avec un calendrier, à celui de l'Ara Pacis d'Auguste, associé à un cadran solaire. Dans les deux cas, nous avons considéré un ensemble composé d'éléments architectoniques constituant un discours : génération, fertilité et paix de la *gens Iulia* pour le programme d'Auguste ; représentation d'un érudit romain dans le système historico-social de l'époque chez Verrius Flaccus. La volonté d'afficher une origine divine, et de s'inscrire dans le temps, apparaît tant chez Auguste que chez l'érudit. Réalisés par des artistes maîtrisant le même

---

[121] Morel 1981, p. 316, pl. 135, forme 4422b1.

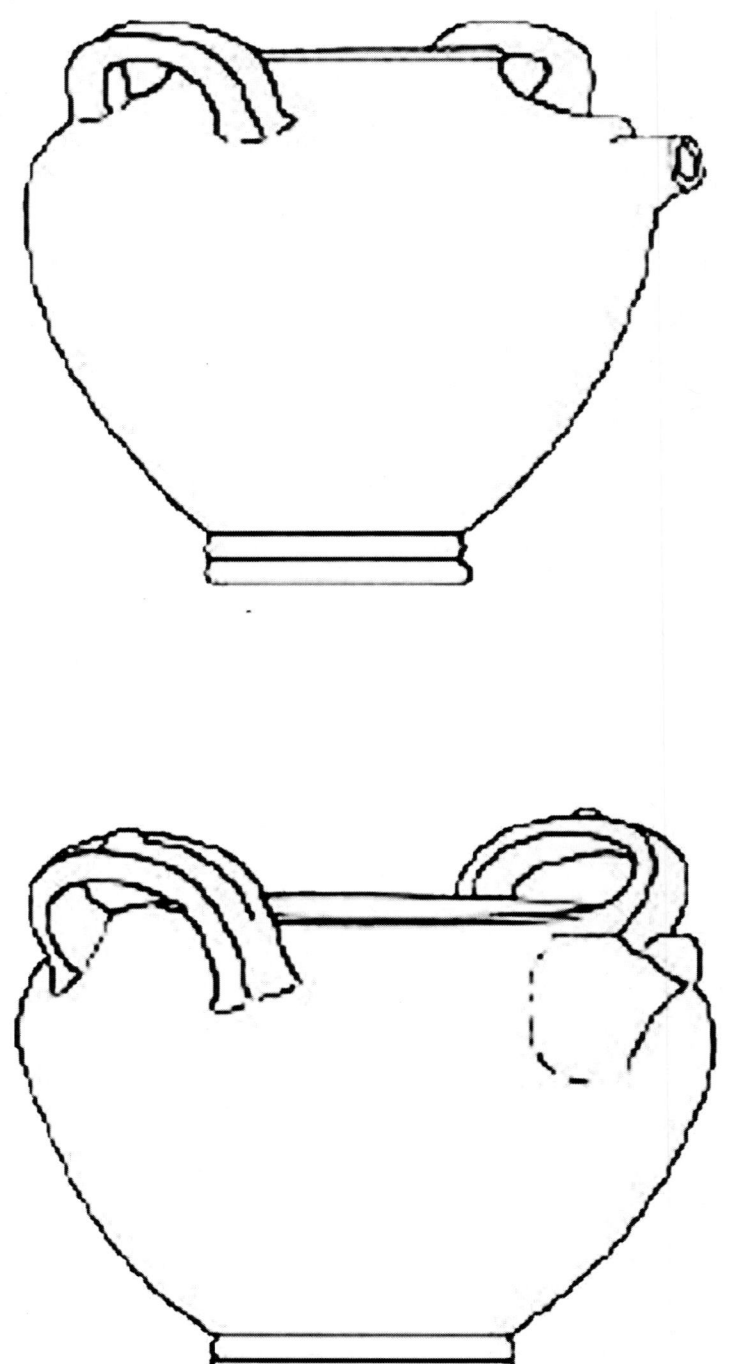

FIG. 105. Vase à bec de forme trapue, datée du IVe s. av. J.-C., contexte de découverte non connu, Capoue, Museo Campano, d'après MOREL 1981, p. 316, pl. 135, forme 4422b1.

Fig. 106. Cruche à deux anses, communément appelée gargoulette (haut. 17,8 cm, lar. 22,4 cm), provenance Antinoé (Égypte), ADL8179, Limoges, Musée Adrien Dubouché, Photo © RMN-Grand Palais (Limoges, musée national Adrien Dubouché) / Michel Urtado.

langage, des moyens de propagande[122] identiques ont été mis en œuvre à Préneste comme à Rome, mais à une échelle différente. En tant que mathématicien et précepteur des petits-fils d'Auguste, Gaius et Lucius, Verrius Flaccus était bien placé pour comprendre la propagande augustéenne. Installé à la cour impériale, il devait régulièrement côtoyer Auguste et d'autres érudits ayant probablement collaboré à la mise en place du programme architectural. Par ses œuvres littéraires, Verrius Flaccus participe, comme Virgile, à la réécriture de l'histoire au bénéfice de l'empereur. Maîtrisant la mythologie, il n'est pas étonnant qu'il exploite la figure étrusque de Caeculus, personnage fondateur de sa ville, dans ce programme iconographique.

Dans cette partie, nous nous sommes arrêtée sur l'*Ara Pacis* et montré la profondeur de la réflexion qui a précédé à la réalisation du monument et de son iconographie. Il a été possible par là de manifester l'origine grecque des motifs dans le plein sens du terme : la réalisation, par des artistes grecs, et selon des schémas de même origine, du mythe de

---

122 Pour P. Veyne, le mot propagande peut être utilisé pendant l'époque des guerres civiles romaines et des rivalités entre dynasties. Après la bataille d'Actium, Auguste n'a plus besoin de justifier son pouvoir, il n'est plus dans la compétition et peut s'imposer comme une figure charismatique détentrice du pouvoir. Les figures d'Énée et de Romulus sont interprétées, dès le Principat (depuis 31 av. J.-C.), comme archétypes des vertus et non plus pour servir la légitimité (VEYNE 2002).

l'allaitement des jumeaux par la Louve. Elle a permis de comprendre le contexte dans lequel s'inscrit le mythe ainsi que la motivation qui a poussé les hommes au pouvoir à utiliser la représentation de la Louve allaitant Rémus et Romulus. Comme la scène où sont figurés Mars et Rhéa Silvia, l'allaitement des jumeaux sert une propagande liée à l'origine de Rome. Adaptable à souhait, cette représentation est utilisée en fonction des valeurs des différents dirigeants se succédant dans le temps. Ce procédé est déjà en vogue notamment dans les colonies grecques qui se revendiquent de l'une ou l'autre figure divine ou héroïque. Contrairement aux frères *Ogulnii*, Auguste n'a pas exploité la représentation de la Louve et des jumeaux, lui préférant vraisemblablement, sur l'*Ara Pacis*, la scène de la fécondation de la vestale. Selon P. Zanker, Auguste fait ce choix pour ne pas rendre trop explicite son aspiration à un gouvernement absolu[123]. Sur d'autres supports, Auguste privilégie la fuite du héros, Énée, notamment sur des monnaies. Il utilise ensuite la figure unique de Romulus, probablement en raison de la connotation négative du meurtre de Rémus qui représente mal l'idéologie nataliste de l'époque et les valeurs d'Auguste[124].

Le personnage de Caeculus, exploité par Verrius Flaccus, fait pendant aux héros fondateurs de Rome. L'absence de la figure du héros de Préneste est-elle une allusion à la non-figuration des jumeaux sur l'*Ara Pacis* ? Seul indice de l'absence héroïque, le biberon est-il une manifestation d'humilité de la part du précepteur ? Ou s'agit-il d'une mise en image originale de l'allaitement artificiel de Caeculus ? Le précepteur a-t-il voulu manifester la formation de l'enfant par le lait de brebis, plutôt que par le lait d'une bête sauvage ? La reconstitution de la topographie antique par Filippo Coarelli semble soutenir cette idée. En effet, pour l'archéologue, Verrius Flaccus a voulu restituer le mythe par l'emplacement de la fontaine située près du temple de Jupiter[125]. Dans cette perspective, le biberon fait état d'un allaitement artificiel qui renvoie au sexe de ces nourrices masculines : les frères de la mère de l'enfant. Cette éducation amenée par des hommes pourrait être un clin d'œil au rôle de précepteur que remplit Verrius Flaccus auprès des petits-fils d'Auguste.

Moins ostentatoire que l'ensemble architectural du Champ de Mars, la fontaine et le calendrier forment un tout qui s'inscrit dans le cadre des paysages bucoliques en vogue à cette époque. Les *Fastes* représentés sur le calendrier sont l'expression d'un état de paix, d'un ordre établi grâce à la domination augustéenne. Face à ces éléments et malgré l'absence d'objet archéologique conforme à la lecture du vase comme représentant, nous maintenons notre idée de voir un biberon, servant de palliatif à l'allaitement maternel ou mercenaire. Comme la statuette béotienne, le relief met en évidence la fonction probablement première, et l'idéologie liée à la forme rebondie du vase et à son bec-téton, d'administrer du lait à un enfant. L'apparente contradiction offerte par les analyses biochimiques (le lait n'est pas majoritaire) est expliquée par les textes médicaux qui, eux, font état de la réalité (la labilité du lait et sa tendance à être mal digéré) et non d'un Âge d'or.

---

123 ZANKER 1990, p. 53-57.
124 Les écrivains de l'époque d'Auguste tentent de disculper Romulus du meurtre de son frère. Ovide fait intervenir un personnage du nom de Céler qu'il fait passer pour le meurtrier. Romulus pleure alors son frère. Chez Tite-Live, Rémus meurt lors d'une bataille. DIODORE DE SICILE I, 8, 2 ; DENYS D'HALICARNASSE I, 87, 4 ; OVIDE, *Fastes* IV, 837-844 et V, 469-470 ; PLUTARQUE, Vie de *Romulus* X, 2 ; SERVIUS, Ad Aen. XI, 603 ; TITE-LIVE, I, 7, 2 ; STRABON V, 3, 2 (C 230). Voir aussi DARDENAY 2010, p. 82.
125 COARELLI 1996, p. 468.

7. Le biberon et l'enfant

À la vie à la mort

Après avoir considéré les traités médicaux et les différents contextes sociaux dans lesquels s'est inscrit l'allaitement, nous allons à présent partir à la recherche des preuves matérielles de l'allaitement artificiel, dans la vie de tous les jours. Ceci ne peut être livré que par l'archéologie et surtout par le contexte funéraire, en raison d'une meilleure préservation des objets mais aussi, et surtout, parce que les Anciens avaient pour habitude de déposer des objets auprès de leurs morts. Devenus une évidence pour les archéologues de l'Antiquité, ces dépôts trop souvent qualifiés à notre goût de « viatiques » pour l'éternité, doivent être repensés dans les prochaines années. Le vase dont nous traitons à l'avantage de soulever des questions à ce sujet. En effet, pourquoi déposer un vase qui aurait servi à dispenser du lait, à vocation alimentaire ou thérapeutique, dans les sépultures ? Il est d'autant plus troublant que cette pratique apparaît dans de nombreuses aires culturelles, ce qui laisse croire à un transfert des pratiques sur la longue durée... se pose alors la question du type de pratiques. Est-ce leur caractère funéraire qui a favorisé leur adoption au-delà du cadre culturel ou leur instrumentalisation dans un cadre qui se place entre l'alimentaire et le thérapeutique ? Voire les deux ?

Pour y répondre, nous considérerons ici d'abord les origines possibles du vase, d'un point de vue formel surtout, mais aussi par ses lieux de découvertes. Il sera question de voir si, dans les autres cultures, les vases sont aussi principalement découverts dans le cadre funéraire et auprès des enfants. Nous nous concentrerons ensuite sur la Gaule romaine afin d'établir un bilan des lieux de découvertes, entre les contextes domestique, cultuel, artisanal et portuaire. Les analyses biochimiques du contenu seront une aide précieuse dans cette démarche, puisqu'elles vont permettre de voir si les vases étaient remplis de substances différentes en fonction du contexte et, dans le cadre funéraire, en fonction du défunt. Au-delà, elles devraient aussi permettre d'apporter de vraies réponses quant aux usages encore disputés, des vases à becs que les archéologues et conservateurs appellent tantôt « biberons », tantôt « tire-laits ».

La méthodologie employée ici est pluridisciplinaire et repose sur l'ensemble des outils développés à ce jour (2018) dans le cadre de la recherche sur l'enfant. Ce choix s'imposait naturellement en raison de l'association qui a été faite dès le début des découvertes entre le vase et l'enfant et ce cadre a déjà permis d'apporter, comme nous le verrons, des réponses dignes d'intérêt. Ces outils couplés sont ceux de l'archéothanatologie, des analyses biochimiques du contenu et de la bioarchéologie, qui comprend les analyses paléopathologiques et isotopiques. La première permet une étude minutieuse de la tombe et de son contenant, le défunt et son mobilier accompagnant. Les avancées de ce courant permettent de reconstituer les gestes qui ont eu lieu avant le scellement de la tombe, avant la putréfaction du corps, par exemple en montrant la présence originelle d'un tissu ayant recouvert le corps, d'une position du corps qui s'est modifiée entrainant l'effondrement de dépôts situés à ces côtés, etc. Les analyses biochimiques du contenu peuvent être réalisées dans les objets mais aussi sur le fond de la tombe par exemple pour vérifier si une dernière libation avait été réalisée, à la volée peut-être, au-dessus d'un ensemble d'objets. La paléopathologie permet de déterminer les maladies et accidents dont ont souffert les défunts. Les analyses isotopiques employées ici[1], consistent quant à elles à vérifier si les enfants manifestent des valeurs isotopiques en nitrogène plus élevées que les femmes du groupe humain ensevelies auprès d'eux, ce qui détermine que l'enfant était encore au sein. Mangeant en quelque sorte leur mère/nourrice, ses enfants se placent dans un chainon supérieur de la chaîne alimentaire. Les progrès étant rapides dans les sciences dures, nous sommes consciente du caractère éphémère de cette « exhaustivité » et nous nous en réjouissons aussi car elles augurent un affinement des méthodes et une meilleure détermination de l'âge, du sexe et de l'alimentation des individus. À ce stade de notre étude, nous sommes confiante dans le croisement des résultats obtenus par ces différentes approches méthodologiques qui, bien que n'étant pas toutes directement appliquées à notre corpus, permettront de faire le point sur l'usage du vase et du lait en apportant une vue plus globale des pratiques… dans la vie, dans la mort.

Souvent retrouvés dans des sépultures d'enfants, les petits vases à becs tubulaires sont présents dans la plupart des civilisations antiques : égyptienne, grecque[2], punique, siciliote, et romaine. En Suisse, on trouve de tels récipients, dès l'Âge de La Pierre (Möringen) et à l'Âge du Bronze (Hauterive, Fribourg, Morat), comme c'est le cas dans d'autres pays (Grèce, Chypre, Italie, Roumanie, Afrique du Nord, Amérique du Sud, etc.). Leurs dénominations anciennes et actuelles, biberons, *titina*, *infundibula*, *bazzoula* (Afrique du Nord[3]), *askos*, *guttus*, vases biberons, *feeding-bottle*[4], *lampfeeder*, tire-laits, *thelastron*[5], etc., sont aussi variées que leurs formes. Leur usage est aussi débattu que leur appellation.

Cette diversité des vocables est-elle un problème de vocabulaire, de forme ou d'usage ? Avant de rédiger ce chapitre sur l'historiographie, cette question nous a beaucoup préoccupée. En effet, comment faire l'historique de la recherche d'un type de vase que l'on n'a pas défini ?

En premier lieu, il faut donc se poser la question : comment se définissent formellement les récipients dont traite notre travail, c'est à dire les vases à bec tubulaire gallo-romains ? Deuxièmement : quels exemplaires font partie du même type, dans d'autres civilisations et à d'autres époques ? Troisièmement : pourquoi ne pas nous limiter à présenter l'historiographie des vases qui font partie du territoire que nous nous sommes fixés ?

S'il est relativement simple de répondre à la première question, il est plus ardu de répondre à la deuxième : les formes sont plus variées hors de Gaule, notamment en Italie, à l'époque hellénistique (à partir de la fin du IVe siècle av. J.-C.).

---

1 Ce type d'analyses est employé plus largement pour distinguer l'alimentation générale des groupes humains.
2 En Grèce ces objets apparaissent au Néolithique récent (Dubois 2013, p. 64).
3 Bénichou-Safar 2012, 264. *Bazzoula* signifie mamelon en arabe.
4 Dubois 2012, p. 336.
5 En grec.

Quant à la troisième question, la réponse nous semble évidente à l'heure où la plupart des recherches scientifiques sont interdisciplinaires et internationales ! Dans le cadre de notre sujet, ce serait d'ailleurs régresser car, dès les premières publications faisant état de la découverte de ces objets, les scientifiques ont immédiatement cherché des parallèles auprès d'érudits d'autres pays, d'autres disciplines et issus de différents courants académiques[6]. Il est ainsi important de rendre compte de l'intérêt des archéologues, des philologues, puis des médecins, pour ce genre d'objets. Comme nous le verrons, archéologues et philologues ont étroitement collaboré pour faire correspondre les noms antiques des vases, tels que les donnent les sources textuelles, avec les artefacts sortis de terre.

Qu'en concluent-ils ? Les VBT portaient-ils un nom précis dans l'Antiquité ?

Biberon or not biberon…

Commençons par définir les **vases à bec tubulaire** gallo-romains, terme plus neutre que celui de « biberons » communément employé par les archéologues, que nous abrégerons désormais par VBT. Nous verrons ensuite quelles formes peuvent y être associées, hors de la Gaule romanisée, et à des époques antérieures. Finalement, quels noms les érudits ont proposés pour qualifier les différentes formes de vases que nous avons rassemblées en un seul et même groupe d'objets.

…un problème de définition

Définir les VBT gallo-romains

Les exemplaires gallo-romains sont de petite taille (en moyenne de 10 cm de hauteur[7]). Ceux en céramique ont une panse arrondie qui peut être aplatie, globulaire, ovoïde ou piriforme et repose en général sur un petit pied annulaire (**fig. 107**)[8]. Ils possèdent une embouchure sommitale d'env. 3 cm qui se termine par une petite lèvre. Un col surmonte parfois la panse donnant à l'objet l'aspect d'une cruche, comme c'est le cas en Grèce ancienne et en Campanie. Ils possèdent parfois une anse placée latéralement, la plupart du temps à 90° du bec. Mais elle peut aussi se trouver dans l'axe du bec ou être décalée par rapport à lui. Elle prend généralement appui au-dessus de la partie saillante de la panse et sous la lèvre. De peu d'envergure, elle dépasse rarement le col du vase, comme c'est le cas sur les exemplaires campaniens. Finalement, le bec orne la partie supérieure ou saillante de la panse. Il est en général conique plutôt que tubulaire, droit ou légèrement courbé.

---

6 Par exemple en 1870, l'archéologue anglais Smith cite les écrits du Dr Sambon, établi en Italie. En 1933, le Hollandais G. A. S. Snijder fait aussi appel au corps médical pour valider ses théories.

7 La taille des vases varie entre 4.4 et 18 cm de hauteur. Les plus petits peuvent être considérés comme des miniatures. La majorité des exemplaires mesure env. 9 cm. On peut se demander si les exemplaires au-dessus de 13 cm peuvent encore être considérés comme faisant partie du type dont nous traitons. Cette question reviendra par la suite.

8 Certains exemplaires en verre ne possèdent pas de pied. Le fond est alors parfois légèrement aplati pour permettre leur stabilité mais ce n'est pas toujours le cas, ce qui amène certains vases à pivoter sur eux-même.

Fig. 107. Biberon en céramique décoré, La Poya (Suisse), Ht 7,8, Larg. 7,5 cm, probable sépulture, inv. 8802, Photo © Service archéologique de l'Etat de Fribourg (SAEF).

Il mesure env. 1,5 cm de longueur. Sur la plupart des exemplaires, une ligne formant un sillon plus ou moins profond (on parle alors de gorge), est tracée au niveau du bec sur les récipients en céramique[9].

Les exemplaires en verre ont les mêmes caractéristiques : à col haut, ils ont la forme de petites cruches à bec latéral mais n'ont pas de sillons/gorge sur la panse qui est presque toujours lisse[10]. Ils diffèrent surtout en fonction de leur fond et de la présence ou non d'une anse. En effet, certains reposent sur un petit pied annulaire (**fig. 108**), à la manière des vases en céramique, d'autres n'en ont pas et reposent directement sur le bas de la panse, qui est arrondie ou aplatie et le plus souvent pourvue d'un renfoncement (**fig. 109**). La lèvre peut être repliée par l'artisan de l'extérieur vers l'intérieur ou de l'intérieur vers l'extérieur.

Il faut préciser que la production en verre est relativement homogène mais que les interprétations au sujet de son usage divergent tout autant que celles portant sur les exemplaires en céramique. Nous verrons que c'est le bec qui pose le plus de problèmes.

---

9 Au sujet des gorges et sillons, voir p. 407, fig. 153.
10 Des exemplaires tardifs présentent un motif en filet rapporté qui a vraisemblablement une fonction ornementale plutôt qu'utilitaire.

LE BIBERON ET L'ENFANT 337

FIG. 108. Biberon en verre, Fréjus, Ht 11,1, Larg. 9,0 cm, inhumation d'un enfant d'environ 7 ans, PAULB T125, n° 1, Photo Philippe Folliot, CNRS/Centre Camille Jullian.

Fig. 109. Biberon en verre, Breny, Ht 9,8, Larg. 6,8 cm, inhumation d'un adulte, Saint-Germain-en-Laye, Musée d'Archéologie nationale et Domaine, inv. 41202, Photo R. Jaeggi.

Chercher les VBT étrusques, grecs, italiotes,...

En dehors du monde gallo-romain, il existe des formes très variables de vases à bec, qui varient en fonction de l'époque et des lieux géographiques. C'est le cas, par exemple, de la production campanienne cataloguée par J.-P. Morel en 1981[11]. Dans cette typologie, trois catégories comprennent des vases à becs : « cruches et autres vases à tube ou goulot verseur » (5800), « *gutti* et *askoi* » (8100) et des « vases plastiques » (9400). La première forme ressemble à la plupart des vases à bec tubulaire connus en Grèce ancienne[12] (**fig. 110**) et dans le territoire gallo-romain mais la deuxième, les *gutti*, est une sorte d'*unicum* que l'on trouve surtout en Campanie mais aussi en Apulie et en Sicile (**fig. 111**). Le corps du vase est en forme de lentille épaisse. La forme générale est modifiée par le bec, plus ou moins long et épais, et la présence ou absence de l'orifice de remplissage qui peut aussi se trouver sous le récipient au lieu d'être à son sommet (**fig. 112a et b**). Quant aux *askoi*, leur forme d'outre (réplique du récipient en peau) qui se termine parfois par deux becs : un bec verseur et un bec plus évasé, de remplissage, a-t-elle un lien avec l'ensemble des vases à bec présentés ci-dessus (**fig. 113**) ? Une même question se pose pour les vases plastiques qui représentent la plupart du temps un animal, couché ou debout, dont le museau fait office de bec (**fig. 114**). Ces objets peuvent-ils être compris dans la définition des vases dont nous traitons dans l'historiographie ?

Notre réponse est positive d'abord parce que ces objets ont un bec sur leur panse, ensuite parce qu'ils sont souvent de petite taille (certains *askoi* mesurent moins de 5 cm de hauteur[13]), finalement parce que leurs lieux de découvertes sont identiques et posent les mêmes problèmes d'interprétation : surtout retrouvés en milieu funéraire, auprès d'enfants, ils sont quasiment absents de l'habitat[14].

---

11   Morel 1981.
12   En Grèce, trois types de vases à bec ont été identifiés : biberons-cruche, biberon-tasse, vases biberons plastique. Dubois 2013.
13   Un joli exemple est reproduit par Bénichou-Safar 2012, p. 264.
14   Leur rareté dans l'habitat est relevée par de nombreux chercheurs, notamment pour le monde grec. Certains chercheurs estiment difficile de les identifier en l'absence du bec, comme Th. Theurillat de l'université de Lausanne, d'autres estiment que le rétrécissement de l'embouchure sommitale ne laisse aucun doute, comme D. Bugnon du Service archéologique de Fribourg, notamment pour les exemplaires gallo-romains. Il est vrai que la forme peut aisément être confondue avec un gobelet mais, la partie supérieure (épaule, diamètre de l'embouchure), sur les exemplaires très refermés permet la distinction.

FIG. 110. Dessin du biberon découvert sur le forum de Rome et dans le dépôt votif de Santa Maria in Vittoria, Quirinal, Ht 7,5, diam. max 7,5 cm, daté 300 +/-50 d'après MOREL 1994, p. 389 (type 5811a et forme 99).

Un exemplaire singulier semble confirmer cette hypothèse puisqu'il s'agit de la superposition d'un *askos* sur un *guttus*, pour reprendre les termes utilisés par Morel (**fig. 115**). Autrement dit, un vase en forme d'outre posé sur un vase à panse globulaire, tous deux à becs. Ces derniers sont placés dans l'axe opposé, permettant alors à deux personnes de boire en même temps. Les vases ne sont pas communicants. Dit étrusque, l'assemblage semble provenir d'une tombe d'enfant à en croire la formulation du chercheur hollandais G. A. S. Snijder[15]. Les deux vases ont été laissés bruts, sans engobe de finition. Snijder, sur lequel nous reviendrons ci-dessous, classe les deux vases dans la catégorie « tire-laits » et les apparente à la *Kinderzimmer*[16].

---

15 Il est difficile de savoir s'il en connaît le contexte ou s'il le présume. Le double vase provient du British Museum et porte le numéro d'inventaire 2073.
16 Littéralement « chambre d'enfant » SNIJDER 1933, p. 44.

Fig. 111a et b. L'un des vases dits *gutti* apuliens, vue de profil et de dessous qui présente un orifice, vernis noir, médaillon représentant Héraclès se battant contre un serpent, British Museum, 1836,0224.396, entre 320-300 av. J.-C., Photo a © The Trustees of the British Museum, Photo b, d'après Snijder 1933-1934, pl. 2, fig. 7.

Fig. 112a et b. Biberon à tubulure interne, céramique vernissée noire, origine probablement étrusque, IVe siècle av. J.-C., conservé au MAH de Genève © Musées d'art et d'histoire, Ville de Genève.

Plusieurs chercheurs s'étant interrogés sur la fonction des vases à bec tubulaire ont d'ailleurs inclus ce type à leur catalogue[17]. L'*askos* pourrait être un substitut au *guttus*, puisqu'en Étrurie, il apparaît dans des tombes plus récentes que celles dans lesquelles apparaissent les *askoi*, selon E. Lovergne[18]. Il arrive toutefois que certaines tombes contiennent l'un et l'autre objet comme c'est le cas d'une sépulture découverte à Manduria, dans les Pouilles,

---

17   Par exemple SNIJDER 1933, ou VILLARD-BLONDÉ 1992.
18   E. Lovergne a soutenu en décembre 2017 une thèse de doctorat à Paris I, Panthéon-Sorbonne, qui porte sur « Le mobilier funéraire des nécropoles hellénistiques d'Étrurie méridionale ». Nous la remercions de nous avoir livré cette information. À ce jour, sa thèse n'est pas publiée. Dans la typologie de Morel, la chronologie des *gutti* et des *askoi* n'est pas assez fine pour rendre compte de cette succession chronologique.

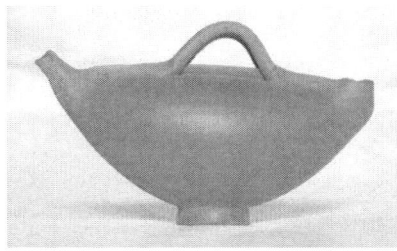

FIG. 113. Askos type Hayes 123, argile orangée, IIe s. -IIIe s. apr. J.-C., production d'Afrique du Nord, Musée du Louvre, conservé au Musée national Adrien Dubouché (long term loan), Limoges, inv. ADL 7.795, Ht : 8 cm (hauteur avec anse) ; Long. : 13 cm, Larg. : 5,7 cm, Photo © Musée du Louvre / Antiquités grecques, étrusques et romaines.

datée de l'époque messapique (IVe siècle av. J.-C) et à l'époque romaine dans une tombe située à Escombreras en Espagne[19].

Du côté des récipients en verre, un autre type que celui rencontré en Gaule est manifeste dans les pays balkaniques surtout (Croatie, Roumanie, Serbie, etc.), en Grèce et en Italie du Nord (**fig. 116**). Il a la forme d'un oiseau mais se démarque des flacons à poudres colorées retrouvés entre à Pompéi comme dans les provinces romaines (**fig. 117**)[20]. Ces derniers sont plus fins et étaient vendus avec leur contenu scellé à l'intérieur. Il fallait donc casser le bec pour obtenir la poudre. Comme dans le cas des *gutti*, nous choisissons d'intégrer les exemplaires en forme d'oiseaux à notre historiographie.

Méthodologie

Comme mentionné précédemment, malgré la diversité des vocables, nous avons choisi d'utiliser, pour qualifier l'ensemble des vases munis d'un bec positionné sur leur panse, le terme de « vases à bec tubulaire » abrégé par « VBT ». Notre motivation est que le terme de biberon est aujourd'hui extrêmement connoté[21] au même titre que celui de tire-lait, lui-aussi souvent employé depuis les années 2000[22], au contraire des habitudes du siècle dernier. En effet, dans son encyclopédie, Émile Littré donnait sous l'entrée « biberon » deux usages différenciés[23] :
1. Vase de porcelaine, de verre ou de métal, pourvu d'un bec plus ou moins allongé et avec lequel on fait boire les malades empêchés de boire avec un verre ordinaire.
2. Petit appareil employé dans l'allaitement artificiel pour remplacer le sein maternel.

Nous aurions aussi pu ajouter « petits » pour démarquer ces vases d'environ une dizaine de centimètre de haut (et moins[24]), des exemplaires plus grands du type gargoulette qui

---

19 QUEVEDO-SÁNCHEZ 2010.
20 ANTONARAS 2010.
21 Notre étude des récipients nous montre que le bec est, la plupart du temps, conique plutôt que tubulaire. Pour des raisons d'habitude, nous avons choisi de conserver le terme le plus courant, à côté de celui de biberon.
22 De retour d'un voyage d'étude dans le Sud de la France, j'ai contacté plusieurs musées, leur demandant des informations sur leurs « biberons » que j'avais vus exposés. À plusieurs reprises, mes interlocuteurs ont vérifié mon propos en me demandant si je parlais des tire-laits. Que ce soit pour qualifier des récipients en verre ou en céramique, l'attribution à des tire-laits semble généralement acceptée dans le milieu scientifique et transmise au grand public par les cartels (par exemple à Vaison la Romaine).
23 LITTRÉ, 1889, *s.u.* « Biberon ».
24 Ces objets comptent des miniatures dont la hauteur atteint env. 5 cm.

Fig. 114. Vase anthropomorphe découvert dans une tombe de Tarente, «Un biberon messapico a forma di maiale», *Il Fatto storico*, Dicembre 15, 2013, [en ligne] https://ilfattostorico.com/2013/12/15/un-bibe-ron-messapico-a-forma-di-maiale/#:~:text=Gli%20archeologi%20italiani%20hanno%20scoperto,Illiria%20verso%20il%201.000%20a.C. (consulté le 25.07.2023), Photo et conservation Soprintendenza per i Beni Archeologici della Puglia, Licenza Creative Commons.

atteignent 20 cm et plus de hauteur[25] (**fig. 106**), mais considérerons que la petite taille de l'objet est sous-entendue.

---

25 En raison de leur taille, leur usage ne peut être le même en raison de la difficulté à les manipuler comme les petits modèles. M. Pomadère arrive à la même conclusion, écartant des jarres à anses de panier nommées *Thelastra*. Les exemplaires qu'elle classe sous la dénomination de « biberons » ont entre 9 et 11 cm de hauteur pour 9 à 10 cm de large. POMADÈRE 2007, p. 276, note 38.

Fig. 115. Assemblage d'un « guttus » et d'un « askos », British Museum, inv. 2073, d'après Snijder 1933-1934, pl. IV, fig. 16.

Nous allons commencer par réfléchir à la façon dont les Anciens appelaient l'objet. Comme nous allons le voir, cette question a été posée par différents chercheurs qui sont surtout des philologues. Ceux-ci ont cherché dans les textes anciens les noms grecs et latins qui pouvaient qualifier les vases dont nous traitons. Ces recherches ont-elles été éclairantes quant à l'usage du VBT ? Nous allons ensuite faire une historiographie des différentes interprétations. Nous présentons, en plus des hypothèses des chercheurs ayant travaillé sur la Gaule, celles des chercheurs spécialisés sur d'autres civilisations et époques qui s'inscrivent géographiquement en Grèce continentale et insulaire (époques classique et mycénienne), en Grande Grèce, en Italie, en Grande-Bretagne, dans les Balkans et en Afrique du Nord. Ce regard porté au-delà de la Gaule romaine est motivé par :

a) les découvertes importantes, dès la seconde moitié du XIXe siècle, en Grèce, en Italie et en Asie Mineure. Fréquemment relatées par des antiquaires comme le Dr. Sambon (Italie), elles ont contribué aux débats des chercheurs travaillant sur la Gaule romaine.

b) le développement, ces dix dernières années, de la recherche portant sur le monde méditerranéen[26] surtout mais aussi sur la Bretagne romaine, l'Afrique romaine et la Pannonie[27].

Pour rendre compte des différents usages et de la terminologie employée par les auteurs, nous proposons un découpage en 11 catégories :

1) Des biberons pour des enfants, 2) Des vases thérapeutiques, 3) Des tire-laits 4) Des « lamp-feeder », 5) Des lampes à huile, 6) Des burettes à barbotine ou « corne à peindre » (*Malhorn*), 7) Des vases funéraires, 8) Des vases à parfum, 9) Des vases à huile, 10) Des vases cultuels, 11) Des vases sans fonction particulière.

---

26 Par exemple Pomadère 2007, 278 et Dubois 2013, p. 67.
27 Respectivement Carroll 2018 ; De Larminat 2011.

FIG. 116. Biberon en verre en forme d'oiseau, découvert à Amathus, Chypre, British Museum, inv. 1894,1101.337, Ht. 8.6 cm, Long. 8.6 cm, Diam. 3.7, Photo © The Trustees of the British Museum, CC BY-NC-SA 4.0.

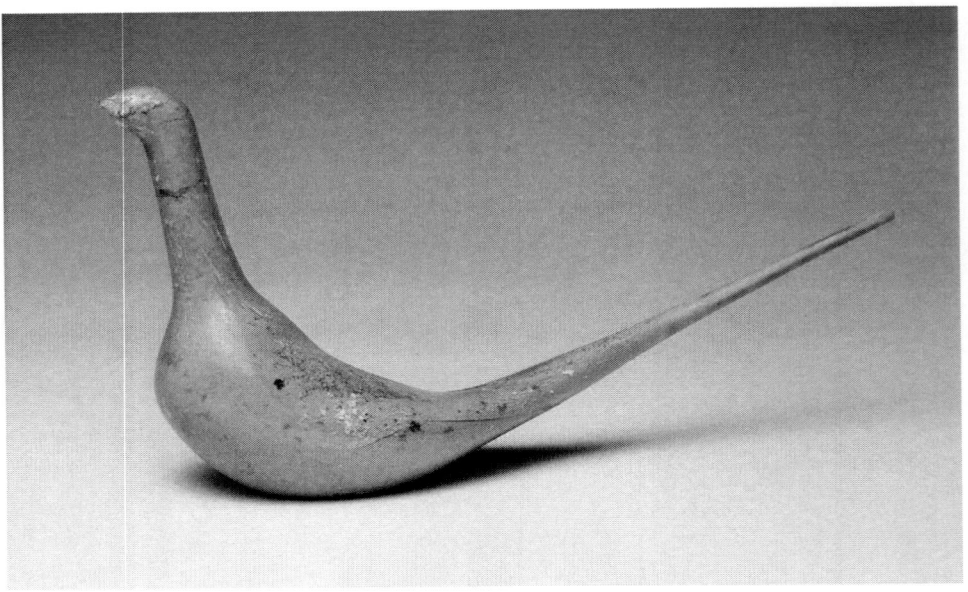

FIG. 117. Vase à poudre cosmétique en verre, forme d'oiseau, Ht : 9 cm, Diam. 175 cm, Musée du Louvre, inv. CP9051, Photo (C) RMN-Grand Palais (musée du Louvre) / Hervé Lewandowski.

Il faut préciser que deux catégories de chercheurs se sont initialement intéressés à ces objets : d'abord les archéologues puis, au tournant du XIXe siècle, les médecins. Afin de témoigner le plus clairement possible de l'évolution de la recherche, nous avons procédé à un classement qui est d'abord chronologique. Les vases en verre sont considérés à la fin de chaque catégorie.

Historique de la recherche sur les VBT : 150 ans d'interprétations

Un nom antique ?

Les archéologues ont cherché dans la documentation antique les noms correspondant aux vases grecs et romains[28]. Les vases VBT ont d'abord été associés, par les érudits, au terme latin de *guttus* qui apparaît dans plusieurs textes antiques en relation avec un vase qui coule « goutte à goutte ». Dans l'encyclopédie de Varron (Ier siècle av. J.-C.)[29], *De lingua latina*, le *guttus* est utilisé lors du banquet pour faire couler le vin en petite quantité. Chez Aulu Gelle, grammairien et compilateur du second quart du IIe siècle apr. J.-C., il est utilisé comme huilier pour oindre les mets placés sur la table[30]. Juvénal l'associe aux bains où il permet de distiller l'huile versée sur le strigile[31]. Chez Pline, il sert, dans le cadre cultuel, à verser le vin dans la patère[32].

Ces usages variés du *guttus* dans les sources textuelles antiques, ne facilitent pas pour autant son identification formelle. Selon W. Hilgers, les archéologues donnent à ce terme un usage beaucoup plus large que celui qu'il avait dans l'Antiquité. Par exemple, en le qualifiant de biberons pour les enfants[33] :

> Les vrais *gutti* doivent n'avoir au moment où ils sont utilisés qu'un seul orifice à l'extrémité d'un col étroit, ce qui impose quatre conclusions : la forme de « biberon » ne peut pas être un *guttus* ; le *guttus* doit avoir un col étroit ; le *guttus* doit avoir une seule ouverture ; il peut avoir une anse[34].

Dans le *Dictionnaire des Antiquités romaines et grecques* d'Anthony Rich, le *guttus* est défini comme une « cruche à col très étroit et à petite bouche ; le liquide ne pouvait en couler qu'en petite quantité ou goutte à goutte comme le nom même l'implique[35] ». La représentation qui en est faite ne porte pas de bec sur la panse mais un col long et fin (**fig. 118**). Dans *Der Neue Pauly*, version abrégée et modernisée de la *Realencyclopedia* on

---

28 Par exemple, M. PANOFKA (1829) dans *Recherches sur les véritables noms des vases grecs*, pense avoir identifié 106 vases. Peu après, il est fortement critiqué par A J. Letronne dans *Observations… sur les noms des vases grecs* en 1833 et J. L. Ussing dans *De nominibus vasorum Graecorum disputatio*, en 1844. Ces derniers démontrent les limites d'une telle entreprise qui nécessite de bien comprendre le sens des textes antiques, ce qui n'est pas le cas de l'archéologue Panofka (LETRONNE 1833, p. 1-3).
29 VARRON, *De l'agriculture* V, 124.
30 AULU GELLE, *Nuits attiques* 17, 8, 5.
31 JUVÉNAL, *Satires* III, 263.
32 PLINE, *HN* 16, 38, 73.
33 HILGERS 1969, p. 83.
34 Nous reproduisons ici la traduction du texte de W. Hilgers traduit par D. Gourevitch (GOUREVITCH 1991, p. 117).
35 RICH 1883, *s.u.* « guttus ».

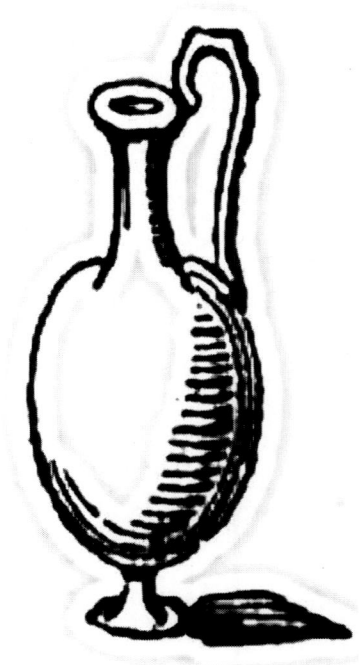

Fig. 118. Dessin d'un Guttus d'après Anthony Rich, *Dictionnaire des Antiquités romaines et grecques*, 1883, s.u. « guttus ».

lit : « Speiseöl o.ä. enthielten die kleinen G. "Askos" und "Guttus" »[36]. Pour l'archéologue M.-O. Jentel, les vases lucaniens et apuliens (**fig. 119**) qu'elle nomme *gutti* ont dû recevoir des potiers une dénomination issue du dialecte local qui n'est pas arrivée jusqu'à nous, plutôt qu'un terme latin[37]. La chercheuse souligne aussi que la datation des différents textes mentionnant le *guttus* est tardive pour permettre l'identification de vases qui datent d'avant l'époque classique, en Grèce, et aux alentours du IVe siècle, en Italie[38].

Le terme *guttus* peut-il dès lors s'appliquer aux exemplaires gallo-romains puisqu'ils sont contemporains des textes cités ?

D'autres termes latins semblent être plus étroitement liés aux vases à becs tubulaires et à l'enfance : il s'agit d'*ubuppa* et de *tittina*. Ces termes apparaissent uniquement dans le texte de Mustio, compilateur du VIe siècle de l'œuvre du médecin grec Soranos d'Éphèse (IIe siècle). Associés à des vases en verre, ayant la forme d'un sein, ils permettent de donner à boire à des enfants :

> Quelle boisson donnerons-nous au bébé ? Tantôt de l'eau, tantôt du vin coupé d'eau, dans un vase en verre, modelé et percé d'un trou à la ressemblance d'un sein, que les gens de la campagne appellent « biberon » ou « tétine »[39].

---

36 Neue Pauly, *s.u.* « Gefäße, Gefäßformen/-typen » : Les petits *gutti* et *askoi* contenaient de l'huile pour les mets.
37 Jentel 1976, p. 28.
38 *Ibid.* 1976, p. 28.
39 Mustio, *Maladies des femmes* 1, 131 : *Quod ei [sc. infanti] bibere dabimus ? vasculum vitreum ad similitudinem papillae formatum et pertusum, quod rustici ubuppam appelant aut tittinam* (trad. personnelle).

Fig. 119. Guttus à large bec et médaillon central © Antikenmuseum Basel und Sammlung Ludwig, Photo Ch. Dittmar.

Selon la philologue D. Gourevitch, qui mentionne ce texte dans un article portant sur l'identification des biberons antiques *Biberons romains. Formes et noms*, publié en 1991, le mot *ubuppa* renvoie au terme *uber*, le sein, alors que *titina*, mot de jargon gréco-latin fait allusion au mot grec τίθη, τήθη, τιθήνη, qui renvoie à la fonction de la nourrice voire à la nourrice elle-même[40].

Dans un second article publié en 1992, *Femme nourrissant son enfant au biberon*, la philologue débute avec le texte grec du médecin Soranos d'Ephèse, dont s'était inspiré Mustio. Soranos évoque bien un vase qui ressemble à un sein, utilisé pour donner à boire de l'eau mélangée à du vin (= rougie selon la traduction de D. Gourevitch) à un enfant :

> Si l'enfant a soif après avoir mangé, on lui donnera de l'eau pure rougie à boire à la tétine artificielle : ce genre d'instrument lui permet de tirer le liquide peu à peu sans risques, comme d'un sein (*mastos*)[41].

Cependant, Soranos ne précise pas que le vase est en verre ni les termes utilisés pour le définir. La précision sur le matériau du vase est donc une interprétation (conforme ou

---

40 Dans cette formulation, la nourrice est réduite à ses seins comme le dit bien D. Gourevitch (GOUREVITCH 1991, p. 118).
41 SORANOS, *Maladies des femmes* II, 17 : Διὸ κἂν ἐκδιψόν ποτε γένηται μετὰ τὴν τροφὴν το βρέφος, ὕδωρ ἢ ὑδαρὲς ὀνάριον δοτέον αὐτῶι διὰ τῶν πεφιλοτεχνημένων θηλῶμ ἀβλαβῶς γὰρ ἐκ τούτων κατ' ὀλίγον ὡς ἐκ τῶν μαστῶν τὸ ὑγρὸν ἕλκει.

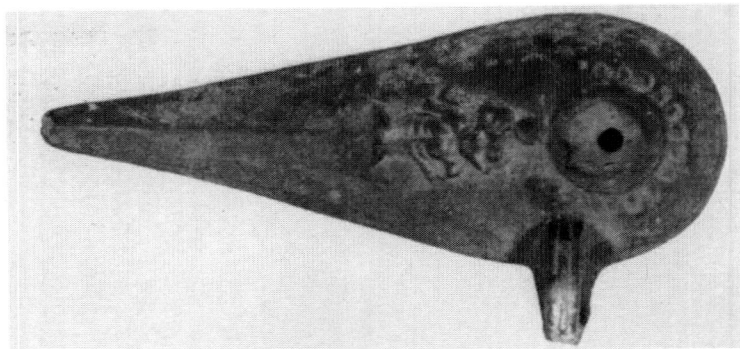

Fig. 120. L'un des deux objets en céramique appelés « lampadine » par leurs découvreurs en 1833, provenant de la maison des Chapiteaux à Pompéi et conservés au Museo Archeologico Nazionale di Napoli © Centre Jean Bérard.

non) du compilateur du VIe siècle. Celle-ci se fonde probablement sur l'usage de récipients en verre, en forme de sein, utilisés pour faire boire des enfants à cette époque tardive.

D. Gourevitch recherche ensuite le type de vase auquel s'applique les définitions de Soranos et Mustio. Elle écarte le *guttus* qui coule goutte à goutte, ainsi que les vases à becs gallo-romains[42]. Ceux-ci, dit-elle « sont mal pratiques, l'enfant se cognant le nez au vase en buvant »[43]. Pour D. Gourevitch, deux formes ont pu servir de biberons. Ce sont les vases en verre retrouvés surtout dans les pays balkaniques (en forme d'oiseaux, voir fig. 10) et deux vases en céramique retrouvés dans la maison des Chapiteaux peints à Pompéi dont le médaillon représente une femme avec un enfant sur les genoux (**fig. 120**)[44] :

> Les biberons romains véritablement fonctionnels n'ont pas de forme spécifique correspondant à un nom. Dans la mesure où ils sont désignés, c'est par leur usage, c'est par ce à quoi ils font penser : des espèces de mamelles, qui permettent de nourrir l'enfant, avec un écoulement lent mais continu, et non par un goutte-à-goutte. Un peu n'importe quoi peut aider la mère ou la nourrice. Mais s'il est des formes spécifiques, ce sont les biberons de verre nombreux en particulier en Roumanie (Bologa, 1960) ; ce sont certainement les deux biberons, semblables l'un à l'autre, du musée de Naples[45].

Dans son article de 1992, l'historienne et philologue apporte une preuve supplémentaire de l'usage des vases à becs comme biberons. Il s'agit de la statuette béotienne donnant à boire à un enfant à l'aide d'un petit vase à bec ressemblant fort à certains récipients grecs (**fig. 69a et b**)[46]. Malgré cette ressemblance, la chercheuse ne revient pas sur son identification.

---

42 Elle fait ici référence à l'article de Huttmann dans lequel 40 exemplaires des musées d'Aix-la-Chapelle, Cologne, Nimègue ont été l'objet d'analyses (Huttmann 1979, Gourevitch 1992, p. 80).
43 *Ibid.*
44 Ces vases sont interprétés par leur découvreur comme des *lampadine*, des lampes.
45 Gourevitch 1991, p. 127.
46 Le biberon que tient la statuette ressemble aussi à certains des exemplaires trouvés dans la colonie grecque d'Himère en Sicile (Vassallo 2016).

La mention d'un récipient en forme de sein apparait dans deux autres textes de l'Antiquité tardive. L'une chez le médecin d'Afrique du Nord, Célius Aurélien (ve siècle apr. J.-C.), l'autre dans l'Hagiographie de Saint Théodore Théron, martyrisé en 306 sous l'empereur Maximien[47]. La datation du texte original n'est pas établie[48]. Dans le texte de Célius, le vase est fin, il est en céramique et est utilisé pour hydrater un malade atteint de la rage. Le contexte textuel montre bien que ce vase est particulièrement adapté pour ce type de patient, devenu hydrophobe par sa maladie. Il permet au médecin de lui administrer une potion par petites doses, sans l'effrayer :

> […] il faut donner entretemps à boire au patient dans un vase en terre percé d'un petit orifice, comme le sont les mamelles d'un sein[49].

Dans l'Hagiographie, la mère de Théodore étant morte en couches, le père de l'enfant cherche une nourrice chrétienne. N'en trouvant pas, il le nourrit à l'aide d'un récipient en verre, qui a la forme d'un sein, et qui contient une préparation de millet et d'orge cuits dans de l'eau, à laquelle est ajouté du miel :

> La patrie du Saint et Grand Martyr Théodore était le pays du soleil levant ; « et cet homme, lui aussi, avait la noblesse des fils de l'Orient » (Job 1.3). Son père s'appelait Erythrios et sa mère Polyxène. Cette dernière étant morte en couches, le père, ne trouvant pas de nourrice chrétienne, chercha à faire nourrir le bébé de façon artificielle. Aussi, après avoir mondé des grains de blé et broyé des grains d'orge, et les avoir fait cuire ensemble en les délayant dans ce qu'il fallait d'eau et de miel, il en mit la quantité voulue dans un récipient en verre présentant la forme d'un mamelon. Le nourrisson le prenait dans sa bouche comme si c'était un sein et en aspirait le jus avec délice comme si c'était du lait[50].

Quelques mois après la parution du second article de D. Gourevitch, un nouveau terme antique est proposé pour qualifier les vases à bec tubulaire. Il s'agit du mot grec *bombylios* utilisé dans les traités hippocratiques.

Cette nouvelle hypothèse avancée en 1992, par la philologue Laurence Villard, dans l'article écrit conjointement avec l'archéologue Francine Blondé *Sur quelques vases de la collection hippocratique*. Par ce rapprochement, L. Villard démontre que « le VBT relevait

---

47 *Synaxarium* EC, 469.
48 Le martyre est daté de 306 apr. J.-C., le texte est donc postérieur à cette date. Le texte le plus ancien dont nous avons connaissance et qui porte sur l'enfance du Saint est le Manuscrit 499 de Paris, 284-285. Il est daté du xie siècle. À ce sujet voir DELEHAYE 1909, p. 33-34. Le texte au complet figure dans une version du xiie siècle apr. J.-C.
49 CÉLIUS AURÉLIEN, Maladies aiguës et maladies chroniques 3, 16, 128 : *Dandus interea potus in fictili uasculo subtili cauerna perforato, tamquam sunt papillae uberum* (trad. personnelle).
50 *Vindobonensis theologicus graecus* 60 (xiie siècle) : Πατρὶς ὑπῆρχε τοῦ ἁγίου μεγαλομάρτυρος Θεοδώρου αὕτη ἡ πρὸς ἥλιον ἀνίσχοντα χώρα· εὐγενὴς γὰρ καὶ οὗτος τῶν ἀφ' ἥλιου ἀνατολῶν· καὶ πατὴρ μὲν αὐτῷ τοὔνομα Ἐρύθριος, Πολυξένη δὲ μήτηρ, ἥστινος ἐν τῇ λοχείᾳ θανούσης, χριστιανὴν ὁ πατὴρ οὐχ εὑρίσκων τιθήνην τέχνῃ τὸ παιδίον ἐκθρέψαι ἐσκέψατο· καὶ δὴ πυροὺς καθαίρων καὶ πτίσσων κριθὰς ἄμφω τε ἕψων ἁρμόδιον ὕδατι καὶ μέλιτι μιγνὺς τὸ ἀρκοῦν εἰς ἄγγος ἔβαλλεν ὑελοῦν **τιτθίου ἐκτύπωμα** ὅπερ τὸ βρέφος ἀντὶ μαζοῦ συνέχον τῷ στόματι καθάπερ γάλα τὸν χυλὸν ἡδέως ἐφείλκετο·, traduction revue de Christine Müller-Tragin, Université de Fribourg, à qui vont nos sincères remerciements.

plus de l'usage médical que de la vie proprement quotidienne[51] ». C'est à dire qu'elle n'exclut pas un usage pour alimenter les enfants, puisque alimentation et soins sont très étroitement liés dans l'idéologie hippocratique[52]. F. Blondé adhère à cette hypothèse mais pas pour toutes les formes de vases à bec. Par exemple, elle fait une distinction entre les *gutti* recensés par M.-O. Jentel et les VBT trouvés « en grand nombre exceptionnel – certainement plus de 200 – à Alexandrie[53] », mais aussi à Corinthe, Pergame, etc. Pour l'archéologue, ces derniers peuvent être associés aux *bombylios* conformément à la démonstration faite par sa collègue[54] mais pas les *gutti*.

Divers usages ?

Des biberons pour enfants

Les fouilles archéologiques permettent très tôt la découverte des vases à bec tubulaire. L'usage de ceux-ci est aussitôt l'objet d'interrogations. Un emploi associé aux enfants est immédiatement proposé par les chercheurs français mais aussi allemands.

En France, c'est l'archéologue, A. De Caumont qui, le premier, les mentionne dans son *Cours d'Antiquités monumentales professé à Caen* en 1830[55]. Il décrit :

> [...] des petits vases munis d'une tétine[56] ou biberons, que l'on croit avoir servi à l'allaitement des enfants et qui auraient suivi dans le tombeau du jeune nourrisson à l'usage duquel ils étaient consacrés.

Dans *La Normandie souterraine*, publication de 1854 où l'Abbé Cochet fait état de ses fouilles, l'auteur parle à son tour de :

> Trois tétines ou biberons (pour lui les termes semblent être synonymes) déposés avec les enfants par leurs mères ou leurs nourrices. Ces biberons se retrouvent partout, dans l'ancien monde romain[57].

Le terme tétine sert ici à décrire le bec tubulaire, comme auparavant chez De Caumont. La présence de ce bec tubulaire est pour lui le critère qui permet d'identifier un biberon, comme il le dit :

> [...] les objets portant un « bec au milieu de la panse »[58] sont bien des biberons[59].

---

51 Villard et Blondé 1992, p. 107.
52 Dans la théorie humorale, on soigne par l'alimentation en fonction des théories de la sympathie (le même soigne le même), ce qui permet de retrouver les équilibres.
53 Cette affirmation n'a pas pu être vérifiée. Les égyptologues ne l'ont pas validée et aucune référence n'a été proposée par F. Blondé.
54 Voir ci-dessous : Des vases thérapeutiques.
55 De Caumont 1830 (1831), p. 255.
56 La façon de parler ici d'une tétine laisse penser à un ajout (d'un bec tubulaire) plutôt qu'à l'entier du vase.
57 L'auteur complète par les nombreux lieux où se rencontrent ce genre de découverte : « Pour mon compte, j'en ai rencontré à Fécamp, à Cany et au Pollet de Dieppe ; d'autres antiquaires en ont signalé à Soing, à Lisieux, à Bordeaux, à Evreux et ailleurs ». Cochet 1854, p. 115. Précédemment, page 70, il explique que : « Deux ou trois (vases) ont présenté des tétines et avaient servi de biberons ».
58 Expression utilisée par C. de Mensignac 1878, p. 111.
59 De Caumont 1830, p. 172.

Il aborde la question de leur usage : Comme De Caumont, il juge qu'il s'agit d'objets fonctionnels, utilisés du vivant de l'enfant, qui ont été déposés dans la tombe pour accompagner le tout-petit dans l'au-delà :

> On a longtemps douté de la destination vraie et précise de ces tétines de terre ou de verre que l'on rencontre dans les cimetières romains des premiers siècles. Plusieurs antiquaires, comme MM. De Caumont et de Formeville, n'ont pas balancé à en faire des pour l'allaitement des enfants, et accompagnant dans la tombe les jeunes nourrissons auxquels ils avaient été destinés pendant la vie[60].

Cette opinion ne faisait toutefois pas l'unanimité, comme il le signale plus loin :

> Quelques hommes éminents dans la science n'ont pas cru devoir partager cette opinion qu'est la nôtre[61].

Il ne précise pas les motifs de ses contemporains ni ce que ses collègues proposent comme alternative, mais selon lui, les objets sont associés à : « […] des circonstances qui n'admettent pas d'ambiguïtés[62] ».

Il s'agit du contexte funéraire de sujets inhumés dont l'âge a pu être identifié et qui correspond à celui d'un enfant allaité. L'auteur poursuit :

> À Cany et à Lillebonne, grâce aux médecins et aux anatomistes, nous avons pu reconnaître avec certitude, au sein des tombeaux, des sujets de dix à douze mois, des enfants dans les langes, des nourrissons à la mamelle ; leurs os tendres et chétifs le proclament beaucoup mieux que le trépied, la marmite, le biberon et les joujoux[63].

Il compare ensuite le monde des vivants, l'habitat, et le monde des morts, la tombe. Ce dernier étant pour lui la continuation du premier. L'objet déposé dans la tombe a été fabriqué pour remplir un usage spécifique dans le monde des vivants (il porte parfois le nom du potier qui l'a fabriqué), il garde sa fonction dans le monde des morts.

En 1874, Camille de Mensignac, dans son article « Un biberon gallo-romain » commente à son tour ce petit objet qu'il juge d'un intérêt secondaire mais dont la forme bizarre et la rareté soulèvent des questions quant à son usage[64]. Il cite l'archéologue F. Jouannet qui, lors des fouilles de la nécropole de Terre-Nègre (Bordeaux, terminées en 1830), a découvert plusieurs de ces vases qu'il appelle simplement « vases alimentaires ». Pour Mensignac, comme pour l'Abbé Cochet, ces objets sont des biberons en raison de leurs becs qui rappellent les tétines en usage à son époque, leur forme indiquant clairement qu'ils ne pouvaient contenir autre chose que des liquides pour les enfants[65].

Pour le médecin Léon Dufour qui écrit en 1897 :

---

60   *Ibid.*
61   *Ibid.*
62   *Ibid.*
63   *Ibid.*
64   MENSIGNAC 1874, p. 109.
65   Cette dernière allusion n'est malheureusement pas développée davantage dans son texte mais nous la trouvons digne d'intérêt (MENSIGNAC 1878, p. 111).

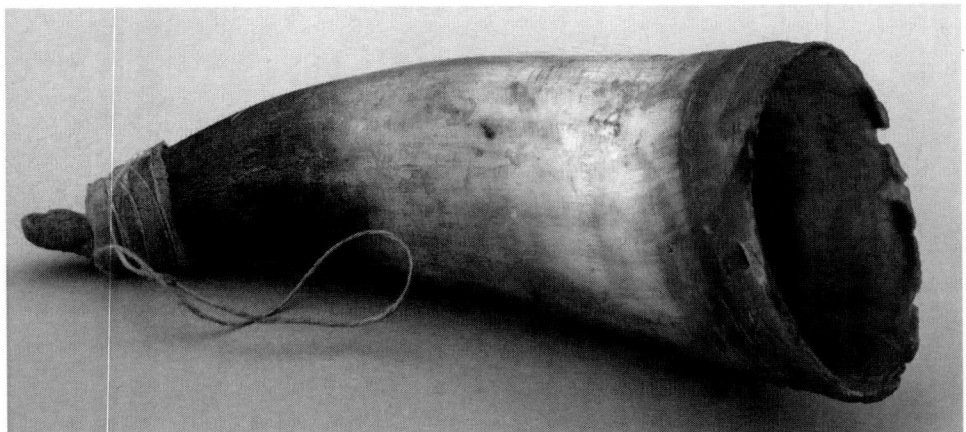

FIG. 121. Corne ayant servi à l'allaitement des enfants munies d'une tétine (de chèvre ?), Objet conservé au Musée de l'Assistance Publique – Hôpitaux de Paris, crédit Photographique APHP/F. Marin.

Point n'est lieu ici de discuter sur des questions de chronologies archéologiques. Je tiens à me borner à signaler et à montrer ces instruments dont la destination ne semble devoir faire de doute pour aucun de ceux qui les ont vus[66].

L'auteur signale par là sa certitude sur l'usage de l'objet en tant que biberon. Il appuie son propos sur le roman de *Robert le Diable* paru au XIIIe siècle qui mentionne un « cornet » utilisé pour faire « téter ce diable d'enfant qui mord ses nourrices[67] (**fig. 121**) ».

Il ajoute, en rappelant par-là les motivations de ses prédécesseurs :

[...] sur les flancs du vase on trouve, chez tous, un bec spécial rappelant de près ou de loin le mamelon de la femme et permettant la succion[68].

Quant à J. Lecaplain, il apporte d'autres arguments intéressants. En sa qualité de médecin, il répond aux contradicteurs de l'usage des récipients en tant que biberon qu'il est tout à fait possible d'y faire boire un enfant. Il ajoute la contenance uniforme de ces objets : cent-quarante centimètre cube qui prouvent, selon lui et ses confrères, un tel usage. Finalement, la découverte de l'un de ces objets dans le théâtre de Lillebonne atteste d'une utilisation en habitat (comme de nombreux autres, le théâtre de Lillebonne a été habité lors des invasions barbares) et non uniquement votive[69]. Citant l'abbé Cochet et d'autres archéologues, J. Lecaplain fait preuve d'une grande ouverture d'esprit et de collaboration. Il mentionne un élément précieux pour notre étude puisque rarement cité : la présence d'une rondelle en os percée d'un trou central et de quatre autres plus petits placés aux deux extrémités du même diamètre (**fig. 122a et b**). Présent aussi dans les fouilles de

---

66 DUFOUR 1897, p. 3.
67 WITTKOWSKI 1898, p. 74-75.
68 DUFOUR 1897, p. 2.
69 LECAPLAIN 1912, p. 223.

FIG. 122a. Biberon du style de celui de Lillebonne reproduit par Lecaplain 1912, p. 222, fig. 1 et 2, découvert à Rouen et conservé au Musée Flaubert et d'histoire de la médecine de Rouen. Photo © Musée Flaubert et d'histoire de la médecine, CHU Rouen.

FIG. 122b. le biberon et sa rondelle, montage d'après LECAPLAIN 1912.

l'abbé Cochet à Cany, cette rondelle a été interprétée comme un obturateur permettant à la nourrice de régler le flux du liquide[70].

Un grand saut dans le temps nous amène aux publications, dans les années 1990, des travaux des philologues D. Gourevitch et L. Villard présentés plus haut. Si D. Gourevitch limite la fonction de biberon aux vases en verre en forme d'oiseaux et aux deux *lampadine* de Pompéi, F. Blondé la rapproche des vases grecs. Cette dernière a mené sa propre recherche qui lui a permis de découvrir que certains exemplaires grecs semblaient porter des traces de dents sur le bec[71]. Pour être assurée de ce lien avec l'enfance, la chercheuse est partie en quête de preuves iconographiques dans la peinture sur vases, mais sans succès[72].

En 1994, l'archéologue responsable du site et musée d'*Argentomagus*, G. Coulon adhère, dans *L'enfant en Gaule romaine*, à la fonction de biberon pour certains exemplaires dont ceux en verre épais, de la première génération[73]. Dans sa version révisée de 2004, il est plus prudent et évoque la présence de lait dans ce type de récipient comme l'a démontré A. Huttmann ainsi que les derniers travaux de N. Rouquet parus en 2000 où cette dernière propose l'hypothèse du tire-lait[74].

En 1999, dans son article *Des vases pour les enfants*, S. Collin-Bouffier place les VBT parmi les vases spécifiques aux enfants, au même titre que les choés[75]. La chercheuse souligne rapidement dans ce court article, des différences entre l'Occident, dont elle traite, et l'Orient : les vases à becs sont présents, en Occident, surtout dans des tombes d'enfants[76]. Elle fait aussi une distinction entre les *gutti* recensés par M.-O. Jentel et les VBT de Pithécusses et Camarine qu'elle reproduit[77]. Citant D. Gourevitch[78], elle estime que les *gutti* étrusques et apuliens n'ont pu servir de biberons.

En 2007, dans le cadre de sa thèse de doctorat portant le titre : *Les enfants dans le monde égéen du Néolithique à la période géométrique*[79], et dans un article publié la même années *Des enfants nourris au biberon à l'Âge du Bronze ?*, M. Pomadère s'interroge elle-aussi sur la fonction des VBT dans le monde égéen pour cette époque. Évoquant l'absence d'études sérieuses sur cet objet pour les périodes protohistoriques et antiques, elle en décrit les causes :

> Les problématiques archéologiques ne prenant pas en compte les enfants n'en ont logiquement pas encouragé l'étude approfondie […][80].

---

70 Lecaplain 1912, p. 224.
71 *CVA* Oxford 1, pl. 48, n° 24.
72 Villard et Blondé 1992, p. 116-117.
73 L'auteur reprend la proposition d'Arveiller-Dulong présentée ci-dessous sous le sous-groupe « verre ».
74 Dans cette dernière version, G. Coulon nomme d'ailleurs les biberons tire-lait (Coulon 2004, p. 60).
75 Collin-Bouffier 1999, p. 91-96.
76 L'auteur mentionne que des VBT ont été trouvés, en Occident, dans des bûchers et non des tombes d'adultes. Collin-Bouffier 1999, p. 92.
77 Collin-Bouffier 1999, fig. 1 et 2.
78 Gourevitch 1992, p. 79-81.
79 Soutenue à l'Université de Paris I, Panthéon-Sorbonne en 2007.
80 Pomadère 2007, p. 270.

La chercheuse propose de remédier à ces lacunes. Malgré son titre accrocheur, elle choisit dans cette étude d'utiliser, par prudence et du point de vue scientifique, le terme de « vases à bec tubulaire »[81].

Citant Soranos et mentionnant la statuette béotienne donnant le biberon à un enfant assis sur ses genoux présentée par D. Gourevitch (**fig. 69**)[82], elle déduit :

> Il apparaît tout d'abord que les petits vases à bec tubulaire sont bien associés au monde de l'enfance. Ensuite, certains d'entre eux ont vraisemblablement été utilisés comme des « biberons » pour nourrir les enfants durant leurs premiers mois ou premières années, mais pas de manière habituelle[83].

Pour elle, le liquide ne pouvant couler que par petites quantités semblait indiqué pour cet usage[84]. La conclusion de M. Pomadère prend en compte les différentes typologies, ce qui lui permet d'amener plusieurs hypothèses sur lesquelles nous reviendrons plus loin[85].

Dans deux études un peu plus récentes[86], qui se placent dans le cadre d'une thèse de doctorat *Du fœtus à l'enfant dans le monde grec archaïque et classique : pratiques rituelles et gestes funéraires*, C. Dubois reprend les hypothèses de S. Collin-Bouffier et de M. Pomadère. Elle n'exclut donc pas une fonction en tant que biberon. Ses travaux paraissent au sein du programme ANR, *L'Enfant et la mort dans l'Antiquité, des pratiques funéraires à l'identité sociale* (EMA), financé par l'Agence Nationale de la Recherche[87], entre 2008 et 2012. Traitant des sépultures et du mobilier funéraire des tout-petits, cet ouvrage collectif comble les lacunes de la recherche sur l'enfance.

Le mobilier des sépultures d'enfants y est central dans le troisième et dernier ouvrage publié par l'ANR, faisant suite à la table ronde qui a eu lieu à Aix-en-Provence en janvier 2011. Les vases à becs apparaissent dans les publications traitant des cités grecques d'Égée orientale[88], de la cité antique de Pydna en actuelle Macédoine[89], des nécropoles grecques de Sicile[90], de la nécropole Sainte-Barbe à Marseille[91], de la nécropole tunisienne de Pupput, des nécropoles et tophets de Carthage[92]. Au sein de cet ouvrage où les VBT sont mentionnés dans huit des vingt-cinq communications, aucune nouvelle piste n'est offerte quant à leur

---

81 *Ibid.*, p. 271.
82 GOUREVITCH 1992.
83 POMADÈRE 2007.
84 Reprenant l'objection de Mountigny qui estime que le goulot de ce type d'objet est trop fin pour avoir servi de biberon (MOUNTIGNY 1993, p. 123), M. Pomadère souligne que le diamètre du bec allant de 1 à 5 mm est au contraire bien indiqué pour donner une boisson à un enfant, car il ne laisse pas passer trop de liquide à la fois (POMADÈRE 2007, p. 276, note 34).
85 Sous la terminologie « vases thérapeutiques ».
86 DUBOIS 2012 et 2013.
87 Le programme français comprend le monde antique grec et romain, du début du 1er millénaire av. J.-C. à la fin de l'Antiquité. Pour de plus amples informations, voir le site du programme ANR, *L'enfant et la mort dans l'Antiquité* [en ligne] http://www.mae.u-paris10.fr/ema/ (consulté le 24.05.2016).
88 Pour l'époque archaïque, voir MARIAUD 2012, p. 23-38.
89 KOTITSA 2012, p. 77-96.
90 BOUFFIER 2012, p. 131-148.
91 MOLINER 2012.
92 De LARMINAT 2012.

usage. Misant sur la prudence, les chercheurs s'en tiennent aux faits : ils mentionnent, lorsque c'est le cas, la présence de ces objets auprès d'adultes, d'adolescents ou d'enfants[93].

Parmi eux, M. Moliner est le plus téméraire affirmant que : « l'usage réservé à l'allaitement ne semble faire aucun doute[94] ». Il tire cette conclusion sur des fouilles qu'il a conduites sur les nécropoles grecque et romaine de Sainte-Barbe à Marseille.

Au Royaume-Uni, ces petits objets ont aussi soulevé l'intérêt. Les découvertes de vases à bec sur ce territoire semblent remonter, comme en France, à la première moitié du XIXe siècle En 1849, dans le *Journal of British Archaeology Association*[95], un exemplaire est dessiné avec d'autres petits vases sauvés du pillage. En 1861, J. Brent évoque une découverte exceptionnelle au cimetière du Saint-Sépulchre à Canterbury :

> La relique la plus intéressante de toute la collection, était probablement un petit vaisseau recouvert d'une large couche d'engobe rouge ; de forme rare, si ce n'est unique, déposé peut-être pour accompagner un enfant, qu'il devait nourrir, de son vivant[96].

En 1870, le président de la British Archaeological Association, H. Syer Cuming publiait en juin l'article *On Early Tetinae*. Il commence par dire que les vases à becs étaient autrefois considérés comme des vases pour remplir les lampes[97] mais que l'interprétation avait changé :

> Dans ce pays et à l'étranger, de la vaisselle en terre cuite a été découverte en grand nombre qui était par sa forme considérée comme des cruches à huile pour le service des lampes ; mais qui sont maintenant acceptés comme biberons, sur lequel le nom de *tetinae* a été apposé[98].

En 1871, J. A. Smith publie un article au titre révélateur Notice of Ancient « feeding-bottles » for infants (one containing remains of milk recently presented to the Museum of the Society) with notes of the discovery of similar vessels in gallo-roman graves. Cet article est intéressant à plus d'un titre. Il évoque les découvertes de VBT en Angleterre, dont celles déjà présentées. Un exemplaire provient de l'île de Thanet, trois sont conservés au musée de York, Deux autres exemplaires ont été découverts dans le Lancashire, à Wilderspool, près de Warrington, en 1869. Ces derniers sont recouverts d'un engobe rouge. La position de l'anse les destine, l'un à un droitier, l'autre à un gaucher. S. Cuming qui rapporte la découverte s'interroge sur la porosité de la pâte et propose l'ajout d'une tétine en peau sur le bec :

> Il disait que la céramique qui composait ces *titinas* était si absorbante que les lèvres ne pouvaient presser contre sans y adhérer ; il pense alors que lorsqu'ils servaient à

---

93 MARIAUD 2012, p. 30-32.
94 MOLINER 2013, p. 183.
95 Journal of British Archaeology Association IV 1849, p. 406.
96 BRENT 1861, p. 29, fig. 15. « The most interesting relic perhaps of the whole collection, was a little vessel of bright polished red ware ; in form rare, if not unique, deposited perhaps to accompany some child, to whom when living it was the means of administering nutriment » (trad. personnelle).
97 En effet, les premières hypothèses anglophones sur ces objets ont été amenées en 1905, par H. B. Walters dans *History of Ancient Pottery*. Walters publiera aussi les lampes du British Museum où un VBT grec est classé sous « *lamp-filler* ». WALTERS 1914, p. 219.
98 CUMING 1870, p. 86 : « In this country and abroad many antique vessels of terra cotta have been discovered which were formerly regarded as oil cruses for the service of lamps ; but which are now accepted as infants' feeding bottles, upon which the title of tetinae has been bestowed » (trad. personnelle).

alimenter l'enfant, leurs becs devaient être recouverts d'une tétine de vache ou autre chose protectrice[99].

J. A. Smith aussi réfléchit à la question, et suggère que l'objet dans son état d'origine n'était pas aussi poreux :

> Ce caractère absorbante n'est-il pas simplement causé par la dégradation du vernis de la vaisselle, ou encore le passage du temps, voire l'action du feu, auquel la vaisselle semble avoir été exposée[100] ?

Une anecdote exceptionnelle doit être mentionnée. Lorsque le conservateur du *Scottish Museum of Antiquities*, J. Anderson, est allé chercher deux exemplaires donnés par Sir Walter Simpson, il mit dans l'un d'eux une petite pierre pour la protéger. Lors de sa récupération, celle-ci entraina le décollement d'une croûte recouvrant la paroi interne du vase. Examinée d'abord à l'œil nu par le conservateur et J. A. Smith, elle a ensuite été soumise au feu, dégageant alors une odeur de fromage grillé. Soulevant la curiosité, cette croûte a été analysée par un chimiste, le Dr. Stevenson Macadam qui conclut :

> La croûte de l'intérieur du supposé biberon consiste essentiellement en caséine, et représente ce qui aurait été laissé dans une vaisselle ayant contenu du lait qui a séché[101].

Comme semblait l'indiquer la consistance « grumeleuse, comme du fromage » (*horny cheesy-like*), le récipient semble bien avoir contenu du lait et avoir suppléé à un manque de lait de la part de sa mère, comme le dit si bien J. A. Smith :

> Si, pour une raison quelconque, naturelle ou artificielle, la source naturelle de nourriture pour l'enfant devait s'arrêter, à ce moment-là, il est nécessaire de nourrir l'enfant avec la meilleure nourriture, le lait inférieur des animaux ; et de le donner, comme il est habituel de le dire « à la main » ou « à la bouteille »[102].

En 1947, l'anglais F. Tubbs reprend les commentaires du Dr italien L. Sambon et s'appuie sur le livre de G. F. Still, *History of Pediatrics*, publié en 1931. F. Tubbs distingue trois types de vases à bec : ceux à panse globulaire et col haut en verre (un exemplaire de Paris) ; ceux à panse globulaire et à large embouchure supérieure en céramique ; finalement, ceux qui ont la forme d'un sein et un conduit interne comme le présentait précédemment A. Sambon. Dans cet article, F. Tubbs fait un parallèle intéressant entre les exemplaires médiévaux et

---

99 SMITH 1871, p. 114 : « He says that the clay of which these tetinas were composed was so absorbent that the lips could not be pressed against them without adhering ; he therefore thinks that when used for feeding infants, their spouts must have been provided with a calf teat or some such thing as a protective » (trad. personnelle).
100 SMITH 1871, p. 114. « May this absorbent character not have been simply caused by the loss of the glaze of the vessel, either by the mere lapse of time, or rather by the hot fire to which the vessel had apparently been exposed » (trad. personnelle).
101 SMITH 1871, p. 114 : « The crust from the interior of the supposed child's feeding bottle consists essentially of casein, and represents exactly what would be left in a vessel where some milk was allowed to dry up » (trad. personnelle).
102 *Ibid.*, p. 116 : « When from any cause, natural or artificial, the natural supply of the best source of nourishment for the infant, the mother's breast, failed, then, as now, it became necessary to feed the child in some other way with the next best food, the milk of the lower animals ; and bring it up, as the common phrase has doubtless been then, as now, "by the hand" or "on the bottle" » (trad. personnelle).

ceux de l'époque romaine. Pour lui, il s'agit de la même forme. Il ne date toutefois pas les exemplaires médiévaux, qu'il illustre avec un exemplaire dit *elizabethan* trouvé en 1867 au bord de la Tamise[103]. Il suggère qu'entre ces deux époques (romaine-médiévale), une corne était utilisée au lieu d'un récipient en céramique et propose aussi l'ajout d'une tétine en peau, sur le bec (**fig. 121**). En effet, selon lui, la pâte poreuse du bec nécessitait une protection. Celle-ci pouvait être en parchemin comme au XVIIIe siècle ou encore réalisée à partir de gants d'enfant réutilisés[104].

La recherche en Angleterre porte elle aussi ses fruits. Ces dernières années, plusieurs chercheurs ont travaillé sur les pathologies des défunts mis au jour sur le sol anglais. Les chercheurs ont croisé les données apportées par les différentes méthodes d'analyses dont la paléopathologie et les analyses isotopiques. Par ces méthodes, ils ont pu apporter des informations importantes sur l'âge au sevrage et le niveau de santé des enfants. Nous reviendrons sur ces aspects dans le chapitre qui traite de la question. Une étude portant sur Londres publiée en 2014 mentionne les VBT retrouvés dans l'habitat ainsi que dans les nécropoles de *Londinium*[105]. Évoquant le terme *titina*, les auteurs voient dans les VBT le seul témoignage renvoyant à l'alimentation des plus jeunes. Mentionnant le texte de Soranos reproduit plus haut, ils évoquent la possibilité que les vases aient contenu de l'eau ou de l'eau vinaigrée mais aussi qu'ils aient pu servir pour alimenter des malades. Ils mentionnent encore un récipient de *Durnovaria* (Poundbury) inscrit avec le mot NUTRICIS, qui fait allusion à une nourrice, comme un possible indice de pratiques liées à l'allaitement et aussi la présence de nourrices dans la province[106].

En Allemagne, c'est le conservateur A. von Cohausen qui, le premier, fait l'état de la question en 1879, dans un article intitulé *Guttus. Mamilla. Vericulum*. Fréquemment en contact avec les objets, l'archéologue est intrigué par ces petits vases à becs, nombreux dans les musées dont il est en charge : le musée régional en compte vingt en céramique, quatre en verre ; celui de Mainz quatre en céramique et deux en verre ; le musée provincial de Trèves deux en céramique et deux en verre, celui de Regensburg, quatre en verre[107]. L'analyse de A. von Cohausen ne s'étend que peu sur le contexte archéologique qu'il attribue aux tombes d'enfants, en citant les découvertes d'*Aventicum* et de Mainz[108].

En 1882, le célèbre archéologue H. Schliemann associe lui-aussi le vase à bec à la petite enfance. H. Schliemann découvre pourtant ces petits vases dans l'habitat de ce qui est considéré comme l'antique cité de Troie. Leur petite taille l'amène à les qualifier de *Nährflasche*[109]. À sa suite, d'autres archéologues fouillant en Grèce, vont adhérer à cette interprétation. W. Blegen qui fouille le village préhistorique de Zygouries au nord-est de

---

103 Tubbs 1947, p. 256, fig. 2.
104 *Ibid.*
105 Powell *et al.* 2014.
106 *Ibid.* 2014, p. 94, note 37 ; Tomlin 1993, p. 284 (*CIL* XII, 4742).
107 « Unser Museum besitzt zwanzig derselben von Ton und vier von Glas, das Mainzer Museum vier von Thon und zwei von Glas, das Provinzial-Museum in Trier zwei von Thon und zwei von Glas, das von Regensburg acht von Glas ». Cohausen 1879, p. 272.
108 Cohausen 1879, p. 273.
109 Aussi Saugflaschen selon ses dessins p. 454, qui comprennent des petites tasses et différentes typologies de vases à bec (Schliemann 1881, p. 453-454).

la Grèce[110] utilise le terme anglais « infant's feeding bottle » dans sa publication de 1928. En 1932, l'archéologue A. J. B. Wace reprend le terme qu'il qualifie de *convenient (name) for this shape* alors qu'il fouille une tombe mycénienne à chambre[111].

En 1908, le médecin H. Brüning édite un article *Vier alte Kindersaugflaschen* ainsi qu'une synthèse complète *Geschichte der Methodik der künstlichen Säuglingsernährung*, qui porte sur les méthodes d'alimentation du nourrisson au travers de la médecine, de la culture et des études en histoire de l'art[112]. Centrant son analyse sur l'alimentation naturelle et artificielle, le médecin croit en l'existence de biberons (*Saugflaschen*) dans l'Antiquité.

Il illustre son propos par un exemplaire grec à passoire donné par le Professeur Furtwängler, archéologue de Munich. Ce dernier explique au médecin que ce type de récipient est encore en usage en Grèce à leur époque. Brüning fait également le point sur le contenu hypothétique de ces objets. Citant les passages de Soranos traitant du sevrage[113] et Isaïe 7, 14-15 :

> La jeune fille deviendra bel et bien enceinte, et elle met au monde un fils, […]. Il mangera du beurre et du miel […][114]

Il en déduit que les vases à bec antiques contenaient du miel, du lait, du miel et du lait ou du miel ajouté à de la bouillie[115].

Quelques années plus tard, en 1933, G. A. S. Snijder, licencié en Lettres à Utrecht et auteur d'une thèse portant sur les figures en terre cuite de mères assises tenant un enfant[116] s'arrête sur ces récipients qu'il nomme dans le titre de son article *Guttus und Verwandtes* publié à Vienne. Mentionnant la littérature sur le sujet, Snijder souligne qu'ils sont considérés par la majorité comme des récipients pour les enfants et les malades[117]. L'étude du chercheur hollandais est dense puisqu'il passe en revue les différentes formes de *gutti* qui comprennent les *askoi*, les vases apuliens qui feront l'objet des recherches de Pagenstecher[118] et Jentel[119] et les VBT en forme de cruche gallo-romains publiés par Huttmann[120]. Pour le chercheur hollandais, certains vases à bec sont des biberons[121].

En 1955, une chronologie des biberons depuis l'Antiquité jusqu'à l'époque moderne est publiée sous le titre *Gefässe zur Kinderernährung im Wandel der Zeit* par les médecins allemands D. Klebe et H. Schadewaldt[122]. Cet ouvrage synthétique donne un aperçu des formes générales qui y sont attentivement étudiées. Plusieurs suppositions sont amenées

---

110 BLEGEN 1928, p. 104.
111 WACE 1932, 162. POMADÈRE 2007, p. 281, note 7.
112 BRÜNING 1908.
113 SORANOS, *Maladies des femmes* II,17.
114 Selon BRÜNING 1908 : Jesaja 7, 14-15 : « Ein junges Weib wird einen Sohn gebären, Butter und Honig wird er essen ».
115 BRÜNING 1908, p. 63.
116 Dont le titre est *De forma matris cum infante sedenlis apud antiquos*, publié à Vienne en 1920.
117 SNIJDER 1933, p. 37.
118 PAGENSTECHER 1909.
119 JENTEL 1976.
120 HUTTMANN et al. 1979.
121 *Ibid.* : […] *dass diese Saugnäpfchen*, […], *in der Tat Kindersaugflaschen waren* « […] que les tétines […], étaient en fait des biberons » (trad. personnelle).
122 KLEBE et SCHADEWALDT 1955.

sur les usages possibles. Parmi celles-ci, certaines réapparaissent dans les écrits modernes qui mentionnent pourtant rarement cet ouvrage. Par exemple un objet grec en céramique noire du même type que celui traité par Snijder, également interprété comme un tire-lait mais avec une double fonction : celle de biberon. Est-ce en raison de leur pratique en milieu médical que les co-auteurs formulent cette hypothèse ?

À leur suite, le médecin A. Huttmann s'intéresse aux VBT d'époque romaine parce qu'il en a découvert en nombre important lors de fouilles en Roumanie, à Siebenbürgen (Transylvanie[123]) et dans la province de la Dobrogée[124]. A. Huttmann est très tôt attentif à la problématique soulevée par la forme de ces contenants. Dans son article de 1980, il argumente radicalement en faveur de la fonction de biberon (*Saugfläschen*), à cause des lieux de découverte (des tombes d'enfants), et de leur contenu. En effet, des analyses chimiques avaient déjà été réalisées en Angleterre, démontrant des traces de caséine à l'intérieur des récipients[125].

En 1989, Huttmann réalise, avec trois autres chercheurs[126], de nouvelles analyses sur un total de trente-huit récipients : vingt-six en céramique et douze en verre. Les vases sont conservés dans les musées de Cologne, d'Aix-la-Chapelle et de Nimègue[127]. Comme lors des précédentes analyses, les résultats révèlent la présence d'acides gras saturés présents dans le lait animal et humain[128].

L'un des points forts de cette étude, en plus des analyses biochimiques, est l'apport de renseignements précis sur la contenance et le poids des récipients, ce qui n'apparaît que rarement dans la littérature, même actuellement. Il en ressort que les récipients en céramique ont une capacité qui se situe entre 73 et 193 ml et un poids de 72 à 176 g ; Les récipients en verre sont évidemment plus léger : ils pèsent de 26 à 93 g mais leur contenance est plus importante et se situe entre 88 et 279 ml. L'exemplaire en verre le plus grand (12,7 cm) dépasse de deux centimètres le plus grand en terre cuite (10,4 cm). La moyenne des dimensions entre les deux catégories est cependant très proche. Ces VBT ne sont pas des miniatures comme il est courant d'en rencontrer en Suisse, à Fribourg, ou en France.

En Italie, en 1909, un autre médecin, le Dr A. Sambon est pris d'intérêt pour ces petits objets en préparant un travail sur l'histoire de la médecine dans l'Italie antique. Il en trouve

---

123 Zone située au centre-ouest de la Roumanie et délimitée par les montagnes des Carpates.
124 Territoire situé à l'est et au nord-est de la Roumanie, soit approximativement du sud du bas-Danube à la mer Noire.
125 Ces analyses sont mentionnées par D. Klebe et E. Schadewaldt : « *Das sicherste Beweis ist der Nachweis von Kasein in ähnlich geformten Gefässen, der vor einiger Zeit in England gelang* ». Aucune référence n'est toutefois mentionnée (KLEBE et SCHADEWALDT, 1955, p. 11), mais nous pensons qu'il s'agit des analyses mentionnées par Smith réalisée sur l'un des VBT du *Scottish Museum of Antiquities*. Celles-ci ont en effet permis l'identification de caséine (SMITH 1871, p. 114).
126 H. GREILING, U. TILLMANNS et M. RIEDEL.
127 Römisch-Germanischen Museum, Köln ; Suermondt-Ludwig Museum, Aachen ; Nijmegen Museum.
128 *Laurinsäure* (acide laurique : présent en grande quantité dans l'huile de coprah et en faible quantité dans le lait de vache et de femme. Ses propriétés sont anti-microbiennes), *Myristinsäure* (acide myristique, présent comme l'acide laurique dans l'huile de coprah et le lait de vache (en quantité importante) et de femme. Il se trouve aussi en grande proportion dans l'huile de palme), *Palmitinsäure* (acide palmitique, présent dans l'huile de palme mais aussi dans toutes les graisses animales : lait, beurre, fromage, etc.), *Ölsäure* (acide oléique, présent dans de nombreuses huiles végétales et animales, beurre, lait, saindoux, etc.) et *Stearinsaüre* (acide stéarique, présent dans les graisses animales mais aussi végétale. Elle est issue du suif).

un nombre important. Ceux-ci se trouvaient dans des tombes d'enfants morts alors qu'ils étaient encore allaités[129]. Le Dr. A. Sambon est en outre un bon observateur :

> [...] généralement il s'agit d'une petite amphore avec un bec, la bouche de l'amphore étant fermée, à l'exception de quelques trous permettant au liquide d'être versé dans le vase. D'autres ont une simple forme d'*askos*, une peau de chèvre. Certains ont une curieuse forme d'animaux ; mais les plus intéressants sont ceux qui ont la forme d'un sein féminin. Ils sont construits de manière à ce qu'aucune mouche ne puisse atteindre leur contenu. Le lait était introduit par simple inversion de la bouteille, en le versant à travers un tube ascendant depuis le milieu de la base presque jusqu'à l'*apex*. Ce même tube prévenait la sortie du lait lorsque le vase était renversé sur sa base. L'enfant obtenait ainsi la nourriture en aspirant au travers du bec du vase placé sur le côté de l'objet[130].

Il date les exemplaires les plus anciens des VIe ou Ve siècle av. J.-C. et mentionne que les mieux datés le sont par les monnaies. Ces derniers se placent entre le Ier et le Ve siècle apr. J.-C. Pour A. Sambon, la fonction de biberon ne fait aucun doute puisque ces objets ont été trouvés près de très jeunes enfants, probablement placés par leur mère[131]. Le médecin évoque de plus un exemplaire en plomb :

> Qui a été fait pour être consacré en tant que *donarium*, probablement en remerciement pour avoir réussi à élever l'enfant par la méthode artificielle[132].

Restons en Italie. Un très gros travail en cours de publication a été réalisé par S. Vassalo sur les nécropoles d'Himère en Sicile. Sous le titre *Sulla presenza del* guttus *nelle sepolture infantili delle necropoli imeresi : dati preliminari*, l'archéologue recense 449 VBT trouvés parmi les 13 000 sépultures des colons grecs[133]. Absents de l'habitat, à l'exception d'un exemplaire importé d'Attique et daté de la fin du Ve siècle av. J.-C., les vases sont surtout présents dans des tombes d'enfants[134]. Parmi elles, notons que 50% des sépultures à avoir reçu un VBT sont des enchytrismes de production étrusque, grecque, punique ou indigène et leur forme celle d'amphore, *chytra*, hydrie, *pithos*. Les VBT se trouvent toutefois aussi dans des sépultures d'adultes[135]. Ils sont alors pour la plupart de production locale mais quelques importations, notamment d'Attique, sont manifestes. Ce nombre important d'objets a permis à S. Vassalo d'esquisser l'évolution des formes sur près de deux siècles. Pour lui, les VBT sont étroitement liés avec la sphère funéraire, mais aussi avec le monde de l'enfance et avec un type d'alimentation particulier chez l'adulte.

Les chercheurs travaillant sur la verrerie se trouvent face à une problématique d'identification identique. La plupart du temps, c'est le bec étroit qui pose problème et surtout son extrémité coupante. Toutefois certains chercheurs proposent quand même d'y voir un biberon, comme par exemple A. Kisa dans son ouvrage *Das Glas im Altertume*, publié

---

129   SADLER 1909, p. XVII.
130   Sambon rapporté par SADLER 1909, p. XVII-XVIII (trad. personnelle).
131   SADLER 1909, p. XVIII.
132   *Ibid.* (trad. personnelle).
133   Alors que les nécropoles sont occupées depuis la seconde moitié du VIIe siècle, les vases à becs n'apparaissent qu'un peu plus tard vers la fin du VIIe siècle av. J.-C. et sont utilisés jusqu'à la fin du Ve siècle av. J.-C. VASSALLO 2016.
134   Un premier calcul réalisé durant la phase préliminaire de l'étude suggère 1 VBT pour 5 sépultures enfantines.
135   VASSALLO 2016, pl. 1, 5-6.

en 1908, ainsi que D. Whitehouse dans le catalogue *Roman Glass in the Corning Museum*, publié en 2003 et M. Stern dans *Roman, Byzantine, and Early Medieval glass* en 2001[136]. Ce type d'objet entre dans les typologies sur le verre romain telles que celles de Morin-Jean et de Clasina Isings. Publiée une première fois en 1913 sous le titre *La verrerie en Gaule sous l'Empire romain*, la typologie de Morin-Jean classe les VBT sous le type 52 « bouteilles à panse sphérique pourvue d'une tubulure à extrémité effilée ». Sans se prononcer sur l'usage de l'objet, l'auteur rejette carrément la fonction de biberon :

> Bien que de nombreux archéologues s'obstinent à voir dans ces flacons des biberons d'enfants, nous restons persuadés que jamais ces bouteilles n'ont été utilisées pour l'allaitement artificiel des nouveau-nés. S'il en avait été ainsi, on aurait au moins pris soin d'user à la meule l'extrémité de la tétine. Cette extrémité est, au contraire, cassée net et coupante. Elle est, de plus, mince et fragile. Il serait dangereux de l'introduire dans la bouche d'un enfant. D'autre part, l'anse, inutile et même incommode, si l'on se sert du flacon comme biberon, devient indispensable si on l'utilise comme verseuse[137].

Dans *Roman Glass from Dated Finds*, publié en 1957, C. Isings rejoint Morin-Jean :

> Ce type de vase est généralement appelé un biberon pour l'usage duquel il semble plutôt impraticable et même dangereux. Quoi qu'il en soit, son usage exact est inconnu[138].

En 1968, M.-C. Calvi dans *I vetri Romani del Museo di Aquileia*, fait part des mêmes réticences vis-à-vis de la fonction de biberon : le bec est non poli, peu pratique et dangereux[139].

En 1985, V. Arveiller-Dulong et J. Arveiller, dans leur étude sur la verrerie strasbourgeoise, distinguent deux productions de VBT. La plus ancienne est composée de vases aux parois épaisses qui auraient pu avoir servi en tant que biberon, ce qui n'est pas le cas de la production tardive, aux parois fines.

Les deux spécialistes n'excluent donc pas un usage pour les enfants :

> L'interprétation comme biberon est tentante, comme le prouve encore le récent article de D. Gourevitch sur les biberons romains[140].

En 2009, B. Štefanac, dans *Glass pouring vessels from the Roman-era Relja necropolis in Zadar* est confronté aux deux formes de vases à bec en verre : celle en forme de cruche (**fig. 184**) et celle en forme d'oiseau (**fig. 116**). Il ne différencie pas les deux productions au niveau de leur utilisation. Pour lui, il ne s'agit pas de biberons, en raison de la petitesse du vase et donc du peu de contenance[141].

Des vases thérapeutiques

Bien qu'adhérant à l'hypothèse du vase pour enfant, C. de Mensignac cité précédemment, s'étonne de la taille des récipients. Ceux-ci lui paraissent trop petits pour avoir servi à nourrir

---

136   WHITEHOUSE 2003, p. 150 ; STERN 2001, p. 146, cat. n° 89.
137   MORIN JEAN 1913, p. 109.
138   ISINGS 1957, p. 118 (trad. personnelle).
139   CALVI 1968, p. 77.
140   ARVEILLER-DULONG et ARVEILLER 1985, p. 116.
141   ŠTEFANAC 2009, p. 121.

les enfants. Il suggère alors qu'ils ont pu servir à administrer des médicaments[142]. En 2009, B. Štefanac fait la même remarque et propose une utilisation médicale ou pharmacologique en raison du fin bec permettant la précision dans le versage[143]. En 1974, dans *Die römischen Gläser von Nida-Heddernheim*, le spécialiste du verre E. Welker, propose la fonction de « canards » pour malades[144].

L'article de L. Villard et F. Blondé, évoqué plus haut, est fondateur pour l'hypothèse d'un vase à fonction thérapeutique. Comme nous l'avons vu, F. Blondé accepte de voir dans le *bombylios*, les vases « communément appelés biberons »[145]. Utilisé dans un cadre médical, ce vase a pour caractéristiques de faire du bruit lorsque le liquide coule[146] et de permettre au malade de tirer la juste quantité de liquide et de couler goutte à goutte[147]. Comme F. Blondé, S. Collin-Bouffier adhère à cette hypothèse pour un certain type[148]. Les *gutti* recensés par Jentel sont à nouveau écartés de cet usage en raison de leur large bec évasé[149]. S. Collin-Bouffier ne développe pas pour autant un éventuel usage thérapeutique du vase. À sa suite, M. Pomadère et C. Dubois reprennent l'idée du *bombylios* des textes hippocratiques. M. Pomadère concède à l'objet d'avoir pu servir occasionnellement à l'alimentation de personnes malades ou âgées ayant des difficultés à se nourrir, à l'instar des enfants. C. Dubois propose carrément un parallèle avec des tasses à malades modernes. Sa motivation repose sur le nombre important de VBT dans les sépultures d'adultes de certaines nécropoles[150].

Des tire-laits

Alors que le texte de L. Villard et F. Blondé est fondateur pour la théorie du vase à usage thérapeutique, l'article de N. Rouquet portant sur les exemplaires de Gaule romaine *Note sur les biberons en Gaule romaine* publié en 2000, l'est pour l'hypothèse du

---

142 MENSIGNAC 1874.
143 ŠTEFANAC 2009, p. 121.
144 WELKER 1974, p. 88.
145 La chercheuse donne une représentation des vases auxquelles elle fait référence (VILLARD et BLONDÉ 1992, p. 116, fig. 12-13).
146 Ce bruit, sorte de glouglou, aurait donné le nom de *bombylios*, associé au bourdonnement de l'abeille dont il prend le nom (VILLARD et BLONDÉ 1992, p. 105).
147 Ce fin débit du *bombylios* ressort chez plusieurs auteurs : ATHÉNÉE, XI 784 d, citant Socrate : « Ceux qui boivent avec une phiale la quantité qu'ils veulent seront très vite (τάχιστα) désaltérés ; mais ceux qui boivent avec un *bombylios* qui coule goutte à goutte, par petite quantité… » ; aussi Athénée, XI 485 a (VILLARD et BLONDÉ 1992, p. 106, note 71). Sur l'emploi du vase dans le domaine médical, voir aussi GALIEN, *Commentaires aux épidémies* VI (K. XVII 1, 968, l. 10-11) et Paul d'Égine, III, 9 : celui-ci recommande d'administrer au malade atteint de « léthargie » une boisson douce, qu'on lui verse peu à peu dans la bouche à l'aide d'un bombylios.
148 L'exemple cité par L. Villard provient d'Olynthe (*Olynthus* XIII, cat. 487, pl. 178-179). Il est présenté en p. 116, figs 12 et 13 de leur article (BLONDÉ et VILLARD 1992, p. 116).
149 Plus propice selon Blondé à verser du liquide. Pour ce type, F. Blondé suit O. Jentel qui propose un usage en tant que vase à parfum.
150 C. Dubois mentionne la nécropole du Céramique à Athènes où seules deux tombes à VBT n'accompagnaient pas un jeune enfant : l'une est celle d'une jeune fille, l'autre une crémation qui n'a pas fait l'objet d'analyses ostéologiques ; elle évoque aussi une nécropole de Corinthe où, des 4 tombes à VBT, une seule était celle d'un adulte et une autre contenait un adulte et un enfant. Elle complète son inventaire avec les nécropoles rurales de Métaponte où 16 des 19 sépultures à VBT étaient celles d'adultes (DUBOIS 2017, p. 523 notamment note 397).

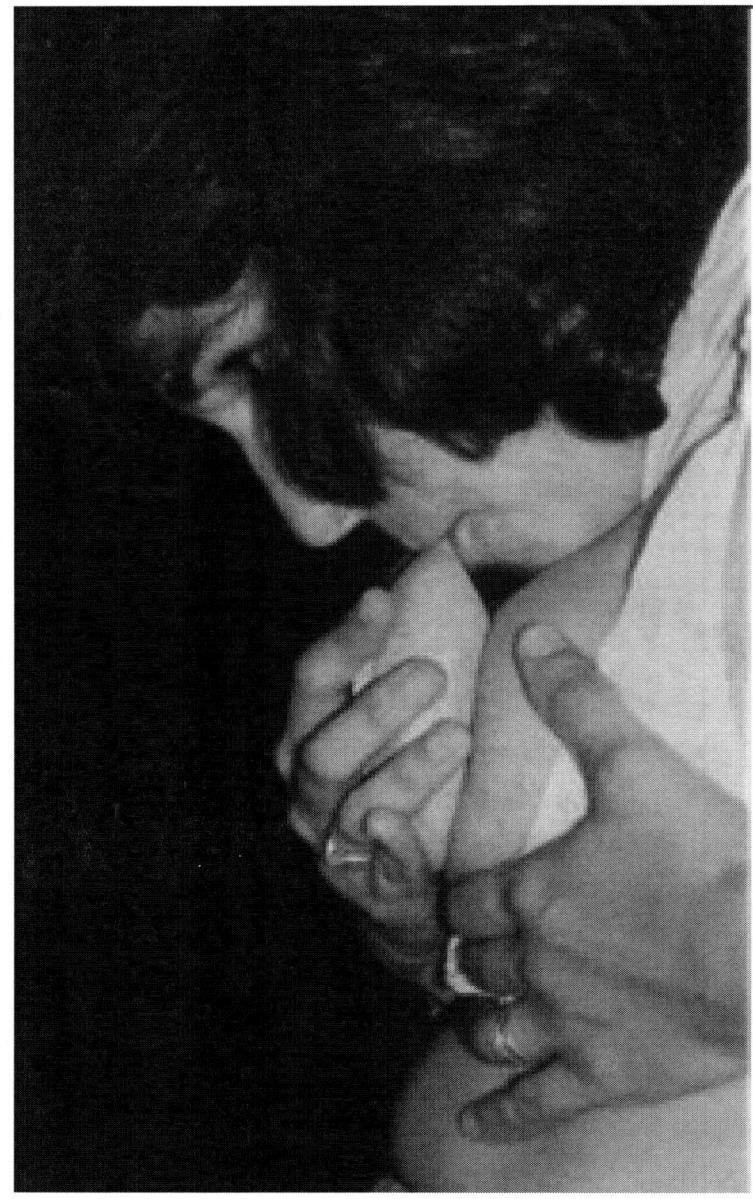

Fig. 123. Expérimentation avec l'un des biberons de Bourges par une femme allaitant, Photo N. Rouquet.

tire-lait[151]. Cet usage particulier du VBT est démontré par la chercheuse, expérimentation et photographies à l'appui, dans la publication collective qui fait suite à l'exposition du même nom *Maternité et petite enfance dans l'Antiquité romaine* en 2003 (**fig. 123**)[152]. Alors

---

151 Rouquet et Loridant 2000, p. 431.
152 Rouquet 2003, p. 171-177.

qu'elle travaille sur les objets en céramique trouvés à Bourges, la chercheuse s'étonne de l'étroitesse de l'orifice du bec. Elle cherche alors des parallèles qu'elle trouve dans un dessin du médecin Ambroise Paré (XVIIe siècle) qui représente un tire-lait en verre à long bec (**fig. 124**). Depuis lors, les archéologues remplacent souvent le terme de « biberon » par celui de « tire-lait », notamment pour les exemplaires gallo-romains qui ont servi à valider l'hypothèse[153]. M. Pomadère adopte aussi cette théorie pour les exemplaires grecs puisque certains ressemblent aux vases utilisés pour l'expérimentation de Rouquet[154].

L'hypothèse du tire-lait n'est toutefois pas nouvelle. Elle avait déjà été évoquée dans les années 1930 pour un certain type de vases par G. A. S. Snijder. Il ne s'agit pas du même type que celui utilisé pour les expérimentations de N. Rouquet. Ceux de G. A. S. Snijder sont originaires d'Italie et datés autour du IVe siècle. Ils ont une forme de sein très évidente et sont percés sous leur base[155]. Un canal interne part de la base percée, permettant ainsi au liquide, lors d'une inspiration par le bec, d'être introduit et « emprisonné » dans le vase (effet *vacuum*). Afin d'effectuer des tests, G. A. S. Snijder a mis à disposition de la clinique gynécologique d'Amsterdam plusieurs exemplaires de ce type. Ceux-ci ont été conduits par le prof. Van Rooy qui en décrit la procédure (**fig. 125**) :

> On peut par exemple remplir l'appareil avec de l'eau, en poser ensuite la base avec son ouverture sur le mamelon et, tandis que l'on dirige la tubulure vers le bas et qu'on l'ouvre et la referme avec le doigt, on laisse s'en échapper de petites quantités d'eau. Par ce moyen, un vide d'air va se produire en intermittence à l'intérieur du vase, par lequel le mamelon est attiré et par là devient plus long et libre. L'enfant peut alors mieux saisir le mamelon et plus facilement. Par ce procédé, qui produit naturellement un effet aspirant, le lait maternel commence à couler. Si la force d'aspiration de l'eau qui coule est remplacée par la force plus intense de la succion par la bouche, parce qu'on aspire par le bec verseur, il en résulte que le lait maternel s'en échappe en une masse plus importante. Il s'accumulera ensuite au milieu du vase et pourra être administré à l'enfant, si pour une raison quelconque il n'est pas utile que l'enfant tète directement au sein[156].

Il conclut :

> En raison de ces observations, il m'apparait comme probable que ce récipient ait été utilisé pour l'alimentation de nouveau-nés[157].

La démonstration des Hollandais n'échappe pas au Dr Noll. En 1936, il publie un court article *Ein griechischer Milchsaugapparat* dans lequel figure un récipient du type « à canal interne » conservé au Musée d'art et d'histoire de Genève[158]. D. Gourevitch reproduit l'objet et la théorie dans *Les tire-laits antiques et la consommation médicale de lait humain* publié en 1990. Au contraire des deux médecins, la philologue suggère que le lait était tiré, non pour

---

153 Ceux-ci provenaient de nécropoles de la ville de Bourges, leur forme était de type 1, selon la typologie de Rouquet, à panse aplatie.
154 ROUQUET et LORIDANT 2000.
155 SNIJDER 1933-1934, pl. 2, fig. 7-13, et pl. 3, fig. 15.
156 SNIJDER 1933-1934, Anhang p. 59-60 (trad. personnelle).
157 *Ibid.* : (trad. personnelle).
158 NOLL 1936, p. 1213.

P R I a M V S. 31

*fuetudine somnum, uitans diurnum; Et ne lac in totum nu-
trix deperdat ab alijs, uel a semetipsa, cum quodam uitreo,
& paruo instrumento, gratia huiusce emulsionis facto ut in
Italia fit, in eius osculo prius papilla mamillæ immissa, & eius
fistula ore proprio suscepta poterit bis quotidie emulgere mam
mas, donec lac facilius abundet: cuius forma ad claram omnium intelligentiam hic delineata apparet.*

DE LACTE OB ALIQVEM TERROREM,
DEPERDITO VEL IMMINVTO.
CAP. XVIII.

*SI per somnum, uel per tonitruum, uel per terræmotum,
uel per casum, uel per armorum strepitus aliquo modo ex-
pergefacta, uel ut dicitur græce* ἐξυπνιασεις, *nutrix lac
deperdat, uel imminutum habeat, statim exerceat se
bra*

CAVSAE.

MEDIC.
RATIO.

FIG. 124. Gravure de tire-lait du type de celui décrit par Ambroise Paré et son emploi, dans Ognibene Ferrari, *De arte medica infantium libri quatuor*, édité par F. et P. Maria, Brescia, 1577, p. 31 © BIU Santé, Paris.

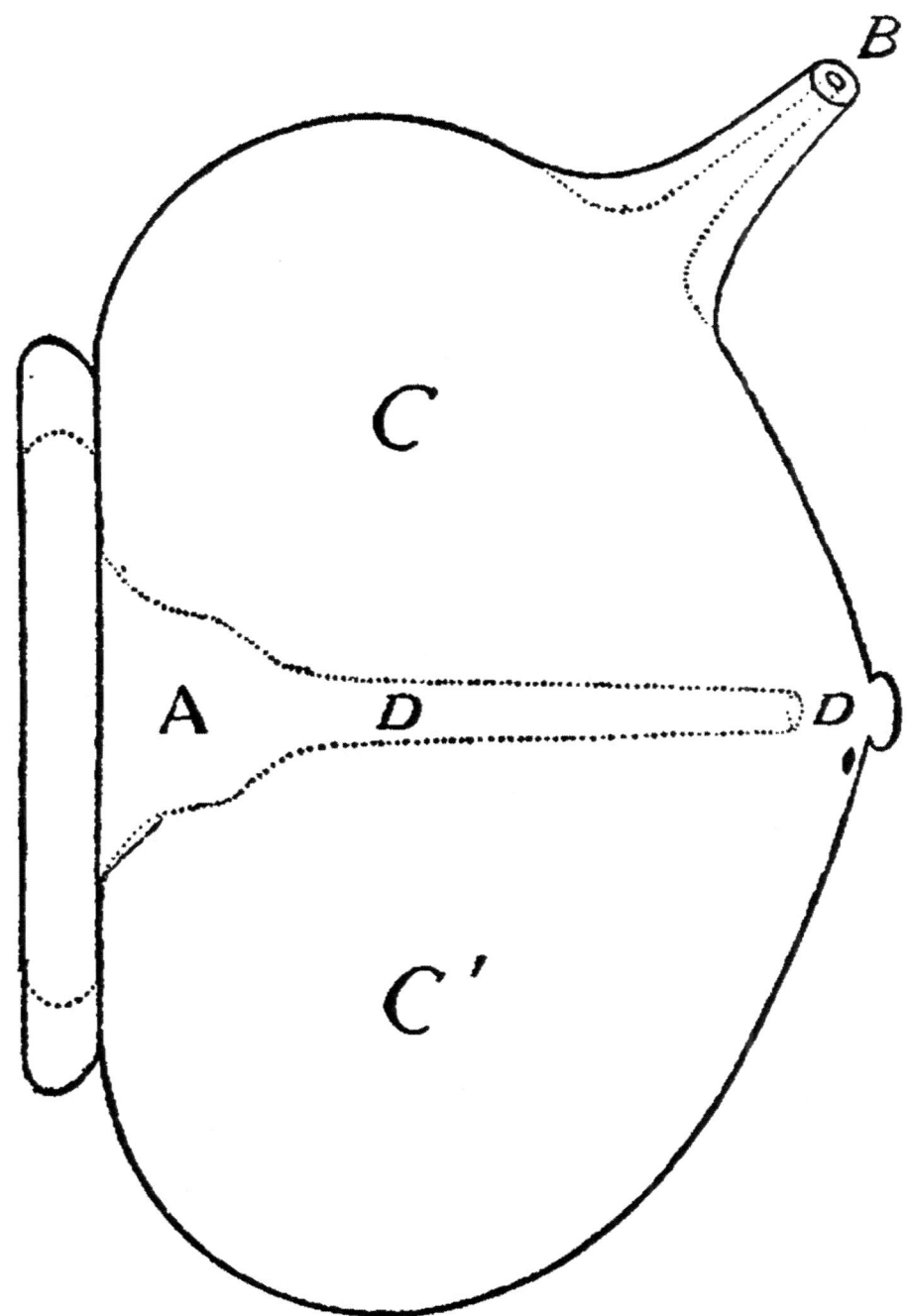

FIG. 125. Dessin du vase à bec utilisé par G. A. S. Snijder pour les tests en tant que tire-lait, d'après SNIJDER 1933-1934, p. 45, fig. 17.

Fig. 126. Vase à long tube de Zadar, conservé au Musée de la ville, d'après Gourevitch 1990, p. 93, fig. 1.

être administré à des enfants mais à des malades. Citant notamment le médecin Galien (IIe siècle apr. J.-C.), elle montre que le lait de femme était bon pour des adultes atteints de phtisie[159], surtout lorsqu'il était pris directement du sein[160]. D'autres usages du lait, par exemple par application, pouvaient nécessiter de tirer le lait de femme avec un récipient tel que celui du musée de Genève. Néanmoins, D. Gourevitch estime que le seul tire-lait d'époque romaine attesté est un vase en verre découvert à Zadar (en actuelle Croatie), muni d'une longue tige permettant d'aspirer le liquide contenu dans le corps du vase (**fig. 126**)[161].

Parmi les découvertes de la nécropole d'Himère en Sicile, l'archéologue S. Vassalo mentionne un vase du même type que celui de Genève[162] et propose lui-aussi d'y voir une fonction de tire-lait.

Des « lamp-feeder »

Sortis de leur contexte de fouilles, les vases à becs font l'objet d'études au sein des institutions qui les conservent. Des ouvrages généraux paraissent alors et offrent un panorama des vases utilisés par les « Anciens ».

---

159 Littré, *s.u.* « phtisie » : 1. consomption lente ou 2. affection des poumons.
160 Galien, *Sur le marasme* 9 (K VII, 701).
161 Gourevitch 1990, p. 93, fig. 1.
162 Cette particularité est également attestée en Sicile à Monte Maranfusa (Denaro 2007), cité hellénisée située dans l'actuelle banlieue de Palerme et nous en connaissons des exemplaires considérés comme peut-être étrusques (vers 300 env.) dans les publications de Morel 1981, de Klebe et Schadewaldt 1955.

En 1905, dans son ouvrage *History of Ancient Pottery* paru en 1905, H. B. Walters s'interroge sur la forme et l'emploi du *guttus* d'Italie du sud qu'il qualifie de « *lamp-feeder* »[163]. Il apparente sa forme à celle des *askoi* trouvés dans la même région mais suggère une autre utilisation de ces derniers : en tant que vase à huile, notamment en raison de la passoire qui obture parfois son embouchure et par la présence aussi occasionnelle de billes qui l'apparentent à un hochet. En 1914, il publie le catalogue des lampes du British Museum et classe sous la catégorie des « *Lamp-filler* », un *guttus* grec[164]. Faisant allusion à M.-C. Calvi qui interprétait les vases à becs en verre comme des vases pour remplir des lampes, E. Welker en réfute l'hypothèse parce que ces objets sont parfois trouvés dans l'habitat mais jamais avec des lampes.

Différents auteurs du début du XXe s. comme l'italien A. Sambon et l'anglais F. Tubbs mentionnent que les vases à becs étaient autrefois considérés comme des récipients à huile utilisés (*oil-cruses*) pour remplir des lampes[165].

Dans les mêmes années, R. Pagenstecher, dans sa publication portant sur les *gutti* italiotes[166], arrive à une conclusion identique. Citant ce dernier auteur, G. A. S. Snijder rejoint cette interprétation pour cette série de vases, ce qu'il justifie ainsi :

> Le fait que l'apparition en grand nombre de ces *gutti*, qui coïncide à peu près au moment où la forme des lampes change, et que leur orifice de remplissage se rétrécit, ainsi que la découverte de restes d'huile dans les récipients considérés, peut suggérer la véracité de cette interprétation, même si les termes utilisés aujourd'hui pour nommer ces objets ne le soutiennent pas[167].

Pour prouver son hypothèse, il ajoute :

> Il faut aussi remarquer que, dans la plupart de ces verseurs à huile, qui en général sont complètement fermés jusqu'au déversoir (bec), une petite pierre est manifestement enfermée avant la cuisson de l'objet[168].

Pour lui, ces billes placées avant cuisson dans le récipient devaient servir à éviter l'obstruction du bec par une huile trop dense, voir à en faciliter le nettoyage.

Puisqu'elle estime les VBT en verre trop dangereux en raison surtout de la tubulure mal polie, M.-C. Calvi propose de leur attribuer une fonction d'« entonnoir, pour verser de l'huile dans les lampes ou remplir des petits récipients avec des liquides qui ne devaient pas être répandus »[169]. La chercheuse souligne ici que les vases devaient permettre de verser leur contenu goutte à goutte.

Dans le catalogue *Ancient Glass at the Newark museum* publié en 1976, S. H. Auth classe un VBT en verre sous la catégorie « *lamp filler* »[170]. En 1998, D. Allen dans *Roman Glass in Britain* propose aussi cet usage des exemplaires en verre qui auraient toutefois servi

---

163 WALTERS, p. 200, fig. 64, p. 211 et 503. JENTEL 1976, p. 13.
164 WALTERS 1914, p. 219, n° 1438.
165 TUBBS 1947, p. 255.
166 PANGENSTECHER 1909, p. 128.
167 SNIJDER 1933, p. 35 (trad. personnelle).
168 SNIJDER 1933, p. 35 (trad. personnelle).
169 CALVI 1968, p. 77 (trad. personnelle).
170 AUTH 1976, p. 227, n° 503. Inv. 50.1825.

à remplir des lampes en céramique[171]. En 2003, D. Whitehouse reprend la proposition mais la nuance :

> Ils ont pu servir aussi bien pour dispenser de petites quantités d'huile, de médicaments, ou parfum, ou pour remplir des lampes[172].

Des lampes à huile

Déjà au XIXe s, l'hypothèse avait été avancée que les VBT pouvaient avoir été des lampes à huile. Par exemple, l'anglophone J. A. Smith mentionne un tout petit exemplaire en céramique vernissée noire, avec anse, mesurant environ 5 cm de hauteur et provenant du Scottish Museum of Antiquities. En raison de la petite taille de l'objet et du large orifice de son bec, il suggère qu'il a probablement servi en tant que lampe[173].

La typologie de siècle Loeschke sur les lampes romaines intègre aussi ces vases[174]. En raison de la présence d'huile dans l'un des récipients (n° 6), A. von Cohausen expérimente la fonction de lampe : il en conclut que l'éclairage est meilleur qu'avec une lampe traditionnelle[175].

Des burettes et pipettes à barbotine ou « corne à peindre » (Malhorn)

La forme des vases gallo-romains du type cruche, tels que ceux présentés par Huttmann, est attribuée par A. von Cohausen à des vases à barbotine[176]. Ils auraient aussi servi à des pâtissiers et à des peintres[177]. G. A. S. Snijder est contre cette proposition car, pourquoi mettrait-on des récipients à barbotine dans des tombes d'enfants[178] ? De plus, le nombre important de récipients retrouvés semble démesuré pour un usage en atelier. G. A. S. Snijder dit encore que la présence de petites boules sous le bec qui le font ressembler à un phallus (**fig. 127**) n'a pas de raison d'être sur un récipient d'artisans puisque le motif du phallus n'est pas considéré comme obscène dans l'Antiquité mais répond à la peur du mauvais œil. Selon le dictionnaire Daremberg et Saglio qu'il cite, le phallus est une protection surtout pour les enfants, d'où le lien avec le VBT. G. A. S. Snijder propose de voir dans l'application du phallus sur le récipient, la protection de son contenu, peut-être tiré de mamelles enflammées.

Chenet et Gaudron[179] et à leur suite C. Bémont[180] suggèrent aussi que ces vases à becs ont servi pour appliquer des décors en barbotine sur la céramique à la manière d'une poche à douille en pâtisserie. Cette hypothèse a été rejetée par Marie-Hélène et Jacques Santrot en 1979. Les arguments des deux auteurs sont convaincants car l'eau pure s'écoule difficilement de l'orifice de ces objets, au compte-gouttes. Comment envisager alors le passage d'une

---

171 ALLEN 1998, p. 45.
172 WHITEHOUSE 2003, p. 150 (trad. personnelle).
173 SMITH 1871, p. 112.
174 LOESCHKE 1909 et 1919. Ils apparaissent aussi dans la typologie sur le verre de l'hollandaise C. ISINGS 1957.
175 COHAUSEN 1879, p. 272.
176 *Ibid.*
177 COHAUSEN 1879, XV. p. 275.
178 SNIJDER 1933, p. 38.
179 CHENET et GAUDRON 1955.
180 BÉMONT 1974.

FIG. 127. Biberon en céramique vernissée noire, avec tubulure interne et bec souligné par deux boules qui le font ressembler à un phallus, British Museum, 3340, d'après SNIJDER 1933-1934, pl. III, fig. 15.

barbotine bien plus épaisse ? L'emplacement latéral de l'anse, surtout lorsqu'elle est placée à 45° de la tubulure ajoute à la difficulté et va à l'encontre de la théorie de l'instrument de travail d'un artisan. Les Santrot conviennent toutefois que les exemplaires en verre de plus grande capacité, et moins poreux, ont pu servir comme « pipette à barbotine »[181].

Des vases funéraires

Les spécialistes du verre comme V. Arveiller-Dulong voient dans la production tardive de VBT (III-IVe siècle) des vases ayant eu un usage funéraire uniquement, en raison de la finesse de leurs parois. G. Coulon reprend cette idée dans sa première version de *L'Enfant en Gaule romaine*. Il ne fait plus de distinction entre les deux types de production verrière et, à cause de la présence des petits vases dans des sépultures d'enfants, il dit :

> Il s'agit selon nous d'offrandes à caractère alimentaire que les proches pouvaient remplir de lait pour en accentuer la valeur symbolique[182].

Comme nous l'avons vu, la philologue D. Gourevitch accorde à certaines formes de vases d'avoir pu servir occasionnellement à alimenter un enfant en phase de sevrage. Cependant,

---

181 Les VBTs sont souvent réalisés en argile à faible porosité (SANTROT 1979, p. 189) mais la barbotine pour mieux s'écouler semble réclamer un contenant plus lisse.
182 COULON 1994, p. 62 et 2004, p. 64.

les VBT gallo-romains ne font pas partie de cette catégorie. Malgré les analyses de ces derniers par A. Huttmann (*et al.*) qui ont démontré que les 40 exemplaires contenaient du lait, la philologue ne leur reconnaît pas pour autant cet usage nourricier :

> Ce sont des vases funéraires qui ont contenu une offrande de lait ; ils symbolisent l'état de nourrisson, mais ne sont absolument pas fonctionnels[183].

La destination funéraire de ces vases similaires aux exemplaires grecs, est aussi évoquée par F. Blondé :

> La grande proportion des vases de ce type trouvés dans des tombes par rapport à leur présence plutôt limitée dans l'habitat reste encore à expliquer[184].

M. Pomadère estime que les VBT sont un substitut du sein nourricier et que, dans la tombe, ils symbolisent un viatique d'éternité faisant référence aux croyances d'un au-delà, aussi accessible aux tout-petits. B. Štefanac[185] et C. Dubois[186] entrevoient un usage rituel de ces vases dans le cadre funéraire alors que S. Vassalo souligne plus généralement le lien étroit qui semble relier le VBT et la sphère funéraire[187].

Des vases à parfum

Dans sa publication de 1909, R. Pangenstecher étudie l'ensemble des *gutti* italiotes[188]. Celle-ci se révèle fort incomplète selon O. Jentel qui, dans *Les gutti et askoi à reliefs étrusques et apuliens*[189], reprend l'œuvre de Pangenstecher et l'actualise. La chercheuse enrichi le corpus par de nouvelles découvertes, c'est à dire réalisées après 1900. Celles-ci sont toutefois peu nombreuses et permettent seulement de constater que ce type de récipient est surtout présent en contexte funéraire[190]. O. Jentel en déduit pourtant que l'usage le plus vraisemblable des *gutti* comme des *askoi* devait être celui de vase à parfum. L'embouchure moulurée du vase aurait alors servi à étendre le parfum sur la peau et à éviter qu'il ne coule[191].

En 1970, lors du XXIIᵉ congrès d'Histoire de la médecine qui s'est tenu à Bucarest-Constanta, A. Huttmann présente le début de ses recherches sur le sujet des VBT. Durant sa communication, un auditeur dont le nom n'est pas mentionné lui suggère aussi que ces vases avaient peut-être servi à la conservation de senteurs odorantes (parfums)[192].

---

183 GOUREVITCH 1992, p. 80.
184 VILLARD et BLONDÉ 1992, p. 117.
185 ŠTEFANAC 2009, p. 121.
186 DUBOIS 2013, p. 67.
187 VASSALLO 2016.
188 PANGENSTECHER 1909.
189 JENTEL 1976.
190 L'ancienneté des fouilles et de l'étude font qu'aucune distinction n'a été faite entre sépultures d'adultes ou d'enfants. JENTEL 1976, p. 29.
191 JENTEL 1976, p. 30.
192 HUTTMANN *et al.* 1989, p. 365.

Des vases à huile pour la salade

Dans son œuvre *L'Antiquité expliquée et représentée en figures* (1719-1724), B. de Montfaucon mentionne des petits objets que J. A. Smith apparente à des vases à becs tubulaires[193]. B. de Montfaucon les associe à des ustensiles de cuisine ou de table dont il ne comprend pas l'usage exact :

> On croit que les cinq vases qui se voient dans la planche suivante servoient pour la table ou pour la cuisine ; je n'en comprens pas bien l'usage : le lecteur jugera à quoi on pouvoit les employer[194].

Très récemment, la spécialiste du verre romain A. Louis se trouve confrontée à la découverte d'un VBT en verre trouvé dans une sépulture d'enfant âgé entre six mois et un an. Dans la publication de cette sépulture *Le mobilier en verre de deux tombes découvertes à Arcis-sur-Aube « Le Prieuré »*, elle énumère les différentes hypothèses sur les vases à bec en verre et en conclut :

> La plus fréquente et la plus plausible (hypothèse) reste le vase à condiments, huiles alimentaires ou tout simplement à liquides divers et variés[195].

Des vases cultuels

Le médecin italien, A. Sambon, est l'un des rares chercheurs à évoquer la découverte des vases à becs en milieu votif : « *consecrated to healing gods* »[196].

Malheureusement, il ne cite pas ses sources ni n'en précise la localisation. Le recensement de N. Rouquet en 2000 ne présente que 3 vases retrouvés dans ce contexte particulier et n'en tire aucune conclusion.

Des vases sans fonction particulière

Pour terminer cette partie sur la recherche hors de la Gaule, nous avons trouvé particulièrement étonnante la conclusion de Z. Kotitsa à propos des VBT de Pydna (actuelle Macédoine). Dans cette nécropole, la forme des VBT est la seule qui soit déposée uniquement auprès des enfants mais elle disparaît progressivement des ensembles funéraires pendant la seconde moitié du IVe siècle ap. J.-C., ce qui amène l'archéologue à en déduire « que cette forme n'avait pas de fonction particulière et aurait pu être remplacée par une autre, peut-être un vase à boire »[197].

Conclusion

L'historiographie de la recherche sur les VBT montre que, dès le début de leur découverte, leur interprétation a fait l'objet de débats. La multiplicité des vocables pour

---

[193] L'auteur cite la traduction de Humphrey 1871. Voir Smith 1872, p. 106-116.
[194] Montfaucon 1722, 3, 1, 120, pl. LIV.
[195] Louis 2009, p. 42.
[196] Sadler 1909, p. XVII.
[197] Kotitsa 2013, p. 87.

les qualifier est le reflet de l'incertitude qui plane encore quant à leur usage. La fonction de biberon est apparue naturellement suite à leurs découvertes dans les tombes d'enfants. Mais la spécialisation des chercheurs a joué un rôle important dans leur dénomination, comme cela ressort particulièrement des études sur les lampes de H. B. Walters et de S. Loeschke. Les deux spécialistes incluent en effet tous deux les VBT à leurs catalogues. Chez le premier, ils figurent sous les « remplissoirs à huile[198] », chez le second sous les « lampes à huile ». Il faut l'admettre, la frontière qui sépare le VBT de la lampe est ténue. Comment distinguer l'un de l'autre ? Est-ce par la dimension du bec et de son orifice ? La distinction s'avère d'autant plus ardue que le test de A. von Cohausen a montré que certains VBT éclairaient mieux que des lampes ! Notre définition des VBT est-elle suffisante pour distinguer un groupe de l'autre ? En ce qui concerne les productions de Gaule romaine, il nous apparaît que oui. Les lampes sont plus plates, leur orifice plus large et orienté vers le haut, ce qui ne permet pas un versage précis. Selon notre définition, les « *lampadine* » d'Herculanum étudiées par la philologue D. Gourevitch s'intègrent, quant à elles, mieux dans la catégorie des biberons que dans celle des lampes. Bien entendu, nous ne pouvons contredire le bon fonctionnement des VBT en tant que source d'éclairage.

Concernant la terminologie antique, je suis d'avis de suivre W. Hilgers : le terme de *gutti* est utilisé trop largement par les archéologues. Nous avons d'ailleurs vu que la forme varie en fonction des lieux et des époques. À nouveau, le bec large, souvent terminé par une moulure, des *gutti* apuliens et campaniens semble rattacher ceux-ci à un usage différent de celui des vases à becs gallo-romains. Peut-être s'agissait-il vraiment de vases à parfum ou de versoirs à huile conçus pour enduire le corps de l'enfant et de l'adulte, de leur vivant mais aussi lors des funérailles ? Des analyses biochimiques du contenu pourraient nous en dire plus à ce sujet. Utilisé de façon variable par les auteurs latins, le terme *gutti* semble avoir été un terme générique choisi pour invoquer des vases à lent débit, sans plus de précisions. Nous adhérons aussi à l'hypothèse de L. Villard sur le *bombylios* grec, selon laquelle ce dernier était le prédécesseur des vases en forme de sein mentionnés par les médecins d'époque romaine Soranos d'Éphèse et ses compilateurs tardifs Mustio et Célius Aurélien. Un lien très étroit apparaît alors entre l'instrument thérapeutique et le vase nourricier.

La fonction de tire-lait suggérée déjà au début du XXe siècle, suite à la découverte des fameux « vases en forme de sein » pourvus d'une ouverture sous le dessous et d'un canal interne, doit être considérée avec d'autant plus de sérieux qu'elle a fait l'objet de plusieurs expérimentations menées avec succès, non seulement sur cette forme mais sur d'autres. En effet l'expérimentation faite dans les années 2000 par N. Rouquet emploie une forme beaucoup plus plate et moins élaborée que l'exemplaire retenu par G. A. S. Snijder et D. Gourevitch. Provenant des nécropoles de Bourges, les VBT de N. Rouquet n'ont pas de canal interne et présentent une forme lenticulaire. L'étude récente de E. Centlivres Challet Centlivres[199] semble moins convaincante quant à cet usage comme nous l'a communiqué l'une de ses expérimentatrices : « il faut soit être souple, soit avoir une grosse poitrine pour que le lait soit tiré sans peine[200] ». Notre propre expérimentation, détaillée plus loin,

---

198 « *Lamp-feeder* » comme mentionné plus haut et sous la catégorie en question.
199 CENTLIVRES-CHALLET 2016.
200 Propos recueilli auprès de S. Gallnö, Assistante en Histoire ancienne à l'Université de Genève.

nous fait arriver aux mêmes conclusions. Un tuyau en matière périssable doit alors être envisagé. Ainsi affublé, le vase ressemblerait alors au tire-lait d'Ambroise Paré (XVIe siècle) dont s'est inspirée N. Rouquet (**fig. 124**). On peut encore envisager le recours à une aide extérieure, qui pourrait être un enfant, un esclave, voire un animal sur le modèle de ce qui se faisait au XVIIIe siècle en France : en raison de la compression des mamelons due aux corsets portés dès le jeune âge, il n'était pas rare que les femmes allaitantes voient leur lait, lors de la montée aux seins, obstrué par des tétons rentrés[201]. Les femmes recouraient alors à des petits chiens, « des femmes de la campagne dont s'était la spécialité[202] », voire un homme particulièrement laid et si possible simple d'esprit pour faire ressortir les tétons et exprimer le lait. Le VBT a pu avoir fonctionné dans certains cas comme les « suçoirs » du XVIIIe siècle, dont la vocation était de faire ressortir les tétons, mais aussi en tant que médium, pour extraire et aussi conserver – sur une courte durée – le lait (de femme mais pas seulement) dont l'usage thérapeutique a été particulièrement vanté par Pline[203].

Ce tour d'horizon chronologique comme géographique démontre que, plus le temps passe, plus les chercheurs sont prudents quant à l'attribution, à un vase, d'une fonction. La plupart propose un usage multiple : en relation avec les enfants, peut-être utilisé dans un rituel funéraire et employé à but thérapeutique[204]. Ces interprétations diverses s'expliquent, notamment, par une vue d'ensemble des lieux de découvertes, qui mettent en évidence, la présence des petits vases dans des tombes d'adultes comme d'enfants. L'avis des chercheurs travaillant sur le monde grec (Grande Grèce, Asie Mineure, etc.) varie toutefois puisque selon les régions les vases à bec ne se trouvent vraisemblablement qu'auprès des plus jeunes[205]. Les hypothèses mineures telle que la burette à huile (pour lampe ou salade), à barbotine, ou encore lampes à huile suscitent moins d'intérêt ces dernières années alors qu'un lien étroit avec l'enfant se renforce[206], comme les fonctions thérapeutique et symbolique[207].

À ce stade, nous retenons les fonctions de biberons, tire-laits et à vocation funéraire, comme possibles pour l'ensemble des vases considérés (grecs, de grande Grèce, gallo-romains, etc.) portant un bec fin (jusqu'à un demi-centimètre). À présent nous allons confronter cet état de la recherche avec les sources textuelles en langue grecque et latine, les découvertes archéologiques et iconographiques de Gaule romaine, tout en tissant des parallèles avec la cité de Rome, ainsi qu'avec les résultats des analyses biochimiques menées sur une quarantaine de VBT.

---

201 GÉLIS, LAGET et MOREL 1978, p. 111.
202 *Ibid.*
203 Voir *supra*.
204 Les deux études sur la Grèce (POMADÈRE 2007 et DUBOIS 2012) et celle portant sur la Sicile (VASSALLO 2016).
205 Voir par exemple COLLIN-BOUFFIER 1999, KOTITSA 2012 et MOLINER 2012.
206 L'ensemble des études montre bien que ces objets font avant tout partie des corridors funéraires des enfants.
207 RIQUIER *et al.* 2016 et JAEGGI-RICHOZ 2021.

8. Origines, influences et appropriation des formes

Suite à ces hypothèses sur l'usage des VBT, nous allons à présent faire le point sur les influences ayant possiblement mené à la production des VBT en Gaule. À nouveau, il nous paraît nécessaire de remonter aux sources, c'est à dire aux civilisations antiques dans lesquelles ce type d'objet apparaît. Cette démarche pourrait être critiquée, si on s'en tient aux méthodologies actuelles, puisqu'elle offre un regard sur des civilisations variées évoluant sur des milliers d'années. Toutefois, notre but n'est pas d'établir un lien direct entre la production gallo-romaine et celle de l'Égypte du IVe millénaire avant notre ère, mais de montrer que les vases à becs ne sont pas spécifiques à une civilisation et de proposer une piste de réflexion sur la symbolique qui était peut-être liée à ces objets, et à leur contenu, dans les différentes civilisations. Le fait qu'un récipient produit en petite quantité, de petite taille, dont la forme varie peu au travers des siècles et dont le lieu de découverte le plus fréquent est celui du milieu funéraire suggère une appréciation de l'objet qui va au-delà de son utilité dans la vie courante.

Les VBT du Proche Orient et de l'Égypte ancienne

Les découvertes archéologiques démontrent que les petits vases à becs existent déjà au quatrième millénaire au Moyen-Orient. Ce type d'objet se trouve dans les collections de nombreux musées et prend différentes formes, plus ou moins ouvertes et plus ou moins hautes. Le mode d'acquisition de ces objets, achat à un collectionneur par exemple, ne permet pas toujours d'établir leur lieu de découverte et leur datation avec certitude. Notre recherche nous a permis de découvrir un exemplaire provenant de Naqada, en Haute-Égypte et conservé au British Museum. Par sa datation, Naqada I (= 4000-3500 av. J.-C. env.), cet objet compte parmi les plus anciens vases à bec qui nous soient connus (**fig. 128**)[1]. Il est de facture soignée et possède un col bas resserré et une embouchure annulaire qui l'apparente beaucoup aux exemplaires gallo-romains[2]. Daté du début de ce même millénaire, un ravissant vase à bec au décor de points a été trouvé sur la butte sud de Tepe Sialk en actuel Iran, dans un contexte d'habitat (**fig. 129**)[3]. Deux vases datés de la même époque ont été trouvés à Jebel Moya, Soudan, dans la tombe de jumeaux dont l'âge est estimé entre 1 et 3 mois (**fig. 130**). Ils ont une forme ouverte, similaire au bol auprès duquel ils étaient déposés[4]. Daté du troisième millénaire avant

---

1 Conservé au British Museum, il porte le numéro d'inventaire EA58220.
2 Sa hauteur est de 11,9 cm.
3 Musée du Louvre.
4 ADDISON 1949, p. 88, fig. 63.

Fig. 128. Vase biberon en céramique rouge, Haute Égypte, Naqada I, British Museum, inv. EA58220, © The Trustees of the British Museum.

Fig. 129. Biberon à décor pointillé, Tepe Sialk (Iran), contexte d'habitat, Musée du Louvre, inv. AO 17858, Base de données Atlas en ligne © 2008 Photo RMN / Franck Raux

notre ère, un vase à bec a été découvert dans la cité mésopotamienne de Mari (actuelle Syrie), à l'extérieur du temple de la déesse Ishtar (**fig. 131**)[5]. Son corps est globulaire,

---

5 Conservé au Louvre, l'objet se trouvait dans un bâtiment dans la zone est. Ht. 10,3 × diam. 11,2 cm. Réf. AO18488, Base de données Atlas. Photo RMN.

ORIGINES, INFLUENCES ET APPROPRIATION DES FORMES   379

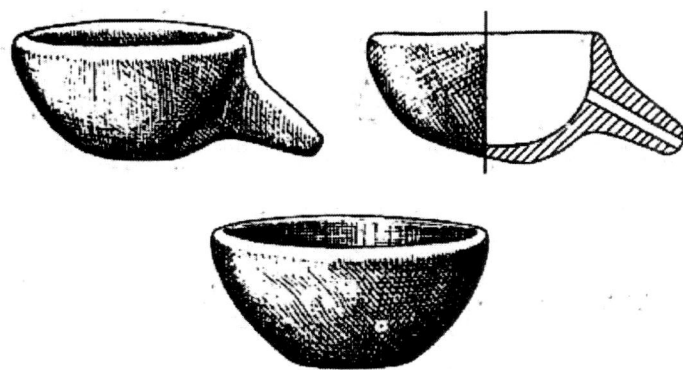

FIG. 130. Deux biberons provenant de la tombe de jumeaux, Jebel Moya, (Soudan), d'après ADDISON 1949, p. 88, fig. 63.

FIG. 131. Biberon, Mari, extérieur du temple d'Ishtar, maison secteur est, IIIe millénaire avant J.-C, Musée du Louvre inv. AO 18488, Base de données Atlas en ligne, © 2006 Photo RMN / Franck Raux.

l'embouchure et l'orifice du bec sont larges. Un autre exemplaire égyptien particulièrement intéressant est daté du Moyen Empire (**fig. 132a et b**). Trouvé à Licht, dans la nécropole ouest de la pyramide d'Amenhemhât Ier, il accompagnait, dans un panier, un crocodile en faïence bleue. Réalisé dans le même matériau, il est particulièrement petit (3,5 cm de hauteur) et est décoré de nombreuses divinités : Bès, l'Hippopotame femelle, des lions et aussi des couteaux. Comme le précise A. Marshall, cette décoration

Fig. 132a et b. Biberon en faïence bleue et b. dessin de son décor déroulé, Licht (Égypte), MET, Rogers Fund, 1944.

peut être considérée comme apotropaïque puisqu'elle est tout à fait similaire aux ivoires magiques[6]. Rien n'est mentionné sur d'éventuels restes osseux mais la découvreuse de l'ensemble, Florence Friedmann, estime que la zone de trouvaille correspond à un espace sacré. En raison du contexte, elle suggère d'ailleurs que le récipient avait pu être utilisé pour administrer une potion magique (à but thérapeutique), rendue plus efficace par le décor du vase[7].

Daté du XIVe siècle av. J.-C., un exemplaire original, par l'ajout d'une passoire sur l'embouchure, provient de Ras Shamra-Ougarit en Syrie actuelle (**fig. 133**). Il ne s'agit toutefois pas d'une production locale mais chypriote appelée *Base Ring I*, ce qui témoigne des importants échanges commerciaux entre la côte syrienne et les îles égéennes. Le filtre avait vraisemblablement pour but de protéger le contenu du récipient et d'éviter la formation de grumeaux à l'intérieur de l'objet[8]. Il indique également que le liquide était plus épais que l'eau et résultait peut-être d'un mélange ou d'un épaississement par cuisson. Il n'est pas exclu que le filtre ait aussi servi à réguler le débit, en bouchant l'un ou l'autre trou.

---

6 MARSHALL 2015a, p. 188.
7 *Ibid.*
8 Lors de sa relecture, pour laquelle nous la remercions très sincèrement, Sandrine Riquier (Inrap) fait remarquer que « le diamètre des trous, assez important, se rapproche plus des perforations des faisselles que de ceux, tout petit (2-3 mm) des passoires à vin. Du coup, ce filtre semble plutôt destiné à un égouttage : pourquoi pas de lait caillé pour récupérer le petit lait ? » (commentaire du 20 mai 2018).

ORIGINES, INFLUENCES ET APPROPRIATION DES FORMES 381

FIG. 133. Biberon avec passoire, Ras Shamra-Ougarit (Syrie), XIVe s. av. J.-C., production chypriote, Musée du Louvre, inv. AO 13140, Base de données Atlas en ligne, © 2009 Photo RMN / Franck Raux.

Les VBT de Grèce ancienne

Durant l'Helladique récent III B (1340-1185 av. J.-C.), les vases à bec forment une série relativement homogène, de par leur forme générale et leur facture. Ils apparaissent simultanément sur l'île de Rhodes à Ialyssos et sur les sites mycéniens de Grèce continentale, à Mycènes et Midea[9]. Ces vases se caractérisent par une forme de cruche surmontée par une anse en

---

9 Les vases à bec de Rhodes sont conservés au British Museum et portent les numéros d'inventaires : 1978,0707.20 ; 1868,1025.5 ; 1870,1008.80 ; 1870,1008.78 ; 1872,0315.129 ; 1978,0707.21 ; 1978,0707.22, celui de Mycènes est aussi conservé au British Museum et porte le numéro d'inventaire : 1912,0626.25. Le vase de Midea est publié par TZÉDAKIS et MARTLEW 1999 et porte le numéro de catalogue 158.

Fig. 134. Biberon en terre cuite peinte de lignes noires, rouges et blanches, découvert à Chypre en 1885 (Mycénien Récent III A/B, vers -1400/-1200 av. J.-C.). Collection Les Pêcheries, musée de Fécamp, legs Léon Dufour (1928), inv. FEC.1058 © cliché Philippe Louzon.

panier évoquant celles qui vont orner les exemplaires de l'époque archaïque[10] (**fig. 134**). L'exemplaire de Midea provient d'un bâtiment qualifié de Mégaron sans plus de précisions[11]. Un autre exemplaire de cette époque (entre 700 et 650 av. J.-C.) est exposé au Musée National d'Athènes et provient de Phalero[12], dans la baie d'Athènes (**fig. 135**). Comme celui trouvé à

---

10 Par exemple à Himère au Ve siècle av. J.-C. Voir Vassalo 2016. p. 55. fig. 3, W8303 et W6709. Selon Céline Dubois, ce type perdure jusqu'à la fin de l'époque classique, notamment dans les colonies d'Italie du Sud (Dubois 2013, p. 64).
11 Walberg et Argoud 1998, p. 141.
12 Numéro d'inventaire 14890 (photo personnelle).

FIG. 135. Biberon en forme de tasse avec passoire, décor peint, daté entre 700 et 650 av. J.-C., Musée National d'Athènes, Photo S. Jaeggi-Richoz.

Ras Shamra-Ougarit, il est pourvu d'une passoire qui clôture sa partie supérieure. Sa forme générale diffère de celui-là en ce qu'il n'a pas de col, ce qui le fait ressembler à une tasse. La forme de tasse, comprend de nombreux exemplaires la plupart du temps sans filtre, aux époques archaïque et classique et côtoie la forme de cruches[13]. Aux époques archaïque et classique, les VBT semblent se multiplier dans l'ensemble du territoire grec et ses colonies[14].

Les VBT des colonies grecques de Sicile : l'exemple d'Himère

À Himère, ville de Sicile fondée dans la seconde moitié du VIIe siècle av. J.-C. par la cité grecque de Messine, le nombre de vases à bec retrouvés est de 449 exemplaires pour 13'000 tombes. Les sépultures vont de 650 env. à 409 av. J.-C. Les vases à bec se trouvent la plupart du temps dans des sépultures d'enfants, même dans celles en vases, dites enchytrismes (**fig. 136**)[15]. Ils apparaissent plus rarement dans les tombes à crémations, supposées d'adultes[16]. La bonne documentation du site permet d'établir une chronologie des formes

---

13 Au sujet des exemplaires grecs, voir DUBOIS 2012 et 2013 ; KOTITSA 2012 ; MARIAUD 2012.
14 BOUFFIER 2012.
15 Les enchytrismes ont la forme d'amphores, de *chytrai*, *pithoi* et *hydriae*.
16 L'étude de la nécropole étant en cours, il s'agit d'une supposition de Stefano Vassalo. VASSALO 2016, p. 50.

FIG. 136. Enchytrisme (inhumation en vase) d'enfant avec biberon (W4524), Himère, d'après Vassalo 2016, p. 51, pl. 1.2. Photo S. Vassalo.

ORIGINES, INFLUENCES ET APPROPRIATION DES FORMES 385

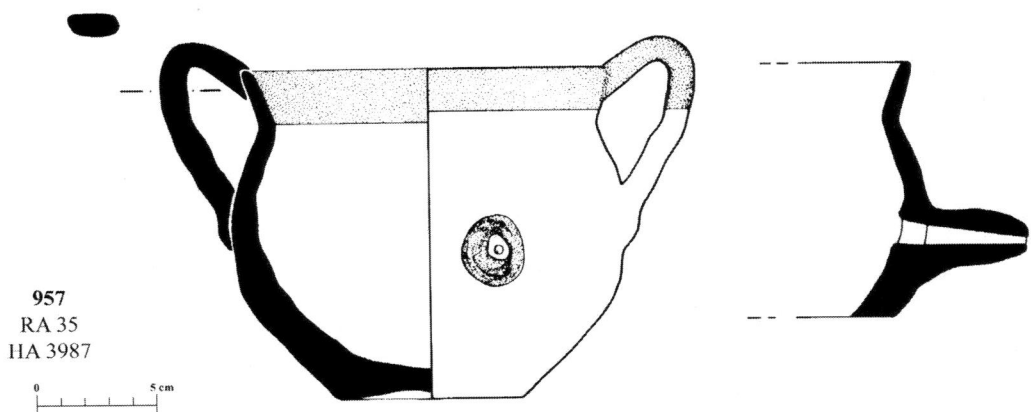

FIG. 137. Biberon de type *krateriskoi*, faisant partie de la production la plus ancienne du site d'Himère (VIIe-VIe siècle av. J.-C.), d'après VASSALO 2016, p. 54, table 2, fig. 1, RA35. Photo S. Vassalo.

qui doit encore être précisée[17]. Pour l'heure, il apparaît que les VBT les plus anciens du site ont une forme très ouverte identique aux *krateriskoi* produits à Himère, avec un bec en plus[18]. Un exemplaire de cette époque a une embouchure largement ouverte – ce qui l'assimile au type tasse –, il possède deux anses latérales et un bec au centre (**fig. 137**)[19]. Cet exemplaire a été retrouvé dans une amphore phénico-punique produite à Mothié[20] et datée entre la dernière décennie du VIIe siècle et le début du VIe siècle av. J.-C.[21] L'ouverture sommitale des vases himériens tend ensuite à se resserrer. Deux exemplaires dérivant de la forme précédente sont représentatifs d'une certaine évolution. Ils ont un fond plat et une seule anse[22]. Une production relativement similaire se démarque de ces derniers par un pied surélevé et tronconique. La plus grande partie des VBT de la nécropole est datée entre la seconde moitié du VIe siècle et le début du Ve siècle av. J.-C. et présente une combinaison des différents types de pieds, lèvres et panse, qui rend toute sérialisation chronologique malaisée.

La production d'Himère est caractérisée par un décor à vernis noir appliqué sur la partie supérieure du vase (lèvre, anse et bec) selon un mode « à immersion » qui permet de laisser apparente, dans la partie inférieure du vase, la terre cuite à l'état brut (**fig. 138**). À la fin du VIe siècle av. J.-C., s'impose une forme à anse curviligne nettement surélevée

---

17   *Ibid.* 2016, p. 53.
18   *Ibid.*
19   VASSALO 2016, p. 54, table 2, fig. 1, RA35.
20   Petite île située à l'ouest de la Sicile, entre Trapani et Marsala, et distante d'environ 1 km. Selon Diodore de Sicile, *Bibliothèque historique* XIV, 48, elle était reliée à cette dernière par une voie permettant le passage de chariots à larges roues. Au XIe siècle l'île reçoit le nom de San Pantaleo par des moines bénédictins avant d'être rebaptisée Mozia, d'après le nom de la ville antique.
21   D'après VASSALO 2016, p. 54. L'analyse est de Babette Bechtold qui a travaillé sur les amphores de la nécropole d'Himère.
22   VASSALO 2016, p. 54, et pl. 2, R 354.

Fig. 138. Biberon produit à Himère entre le VIe et le Ve siècle, décor noir sur la partie supérieure du vase, d'après Vassalo 2014, p. 271, fig. 12, L15. Photo S. Vassalo.

par rapport à la lèvre[23]. Deux exemplaires datés de l'époque tardo-archaïque (vers 500) comportent un filtre. Tous deux sont fortement évasés dans leur partie supérieure. L'un a la forme d'un cratère à colonnettes avec deux petites anses accolées au col[24]. Dans la seconde moitié du Ve siècle av. J.-C., la forme générale subit un changement important : la panse est très aplatie, le bec est long, son orifice large, il est fortement incliné vers le haut et fixé sur la proéminence qui fait le lien entre la panse et l'épaule, le col est resserré, l'embouchure est annulaire et débordante, l'anse est aplatie. En outre, les vases sont entièrement recouverts de vernis noir. S. Vassalo suppose que certains de ces exemplaires

---

23 *Ibid.*, p. 53 et 54, pl. 2, W7202.
24 *Ibid.*, p. 53.

sont importés[25]. Cette forme se trouvant sur le continent italiote, notamment à Ruvo di Puglia (Pouilles), une exportation de cette région peut en effet être suggérée[26]. Parmi les importations, se trouvent en outre deux VBT à panses globulaires sans col ni lèvre, dont le décor de lignes rouges et noires et de gouttes appliqué sur un fond blanc associe aux productions tardo-corinthiennes de la seconde moitié du VIe siècle av. J.-C.[27] Cinq exemplaires proviennent encore d'Attique. Deux d'entre eux ont un pied élancé et une embouchure très large comportant un filtre, comme sur l'exemplaire crétois[28], l'anse est large et horizontale. Ils sont datés du dernier quart du VIe siècle ou des premières décennies du Ve siècle av. J.-C.[29] La forme globulaire, sans col, des exemplaires tardo-corinthiens, se retrouve au IVe siècle à Athènes (sur l'agora), à Rome (dans l'habitat du Palatin), à Corinthe et en Sicile, dans les cités de Syracuse et Akrai[30].

Les VBT de la péninsule italienne (Latium, Étrurie, Apulie)

Les formes hautes

Durant le IVe siècle av. J.-C., plusieurs productions développent un style qui leur est propre. Parmi elles, la céramique de Gnathia. Produite en Apulie entre 360 et 270 av. J.-C., elle présente un beau décor blanc sur fond noir. Le répertoire compte un VBT à panse globulaire décorée, un col haut et une embouchure annulaire[31].

Le nord de la Campanie possède aussi ses officines. Parmi elles, la production de Teano a fourni un exemplaire daté du début du IIIe siècle av. J.-C.[32] Quant à la région du Latium, elle présente une variété de forme restreinte[33]. La ville de Rome possède un atelier appelé *Les petites estampilles* dont la durée d'exploitation s'est limitée à environ 25 ans. Celle-ci se compose de vases de belle facture d'abord destinés à une clientèle locale. Une exportation est toutefois manifeste dans tout le pourtour de la Méditerranée : Sicile grecque et punique, Sardaigne, Afrique punique, les côtes du Golfe du Lion (sud de la France) : Antibes, Olbia, Marseille, l'Espagne. Nous n'avons pas trouvé de VBT relevant de cette production mais une oenochoé C58 dont la forme l'apparente à la forme 99 de J.-P. Morel. Cette forme qui rappelle celle de Teano apparaît à la même époque, au tournant du IVe siècle, sur le forum de Rome. Un exemplaire similaire a été retrouvé dans le dépôt votif de Santa Maria in Vittoria (fig. 4), au Quirinal, ainsi que dans le sanctuaire de Marica, à l'embouchure du Garigliano[34] et aussi à Minturnes (Lanuvium)[35]. Trois exemplaires

---

25 *Ibid.*
26 *Ibid.*
27 *Ibid.* p. 55, pl. 3, W3647.
28 Les vases en forme de cratère possèdent parfois aussi un filtre.
29 Par exemple les exemplaires W7471, RA 60, Vassalo 2016, p. 55, pl. 3.
30 Vassalo 2016, p. 55, pl. 3, W4549, W6522, W8908.
31 Morel 1994, 5816 a1, début IIIe siècle av. J.-C.
32 Morel 1994, 5813 a1, 1er quart du IIIe siècle J.-C.
33 Le Latium se démarque aussi des autres régions par ses rites funéraires. Il a par exemple été remarqué que l'usage des balsamaires en terre perdure malgré la production de ceux en verre. Lepetz et Andringa 2008, p. 110.
34 Morel 1965, p. 218, pl. 7, n° 8, forme 5812 a 1 ; Gjerstad 1952, p. 149, n° 25.
35 Morel 1994 p. 389. Morel 1965, p. 218, pl. 7, n° 8, Gjerstad 1952, p. 149, n° 25 ; Moliner 2003, p. 269, tombe 232, inv. 354.

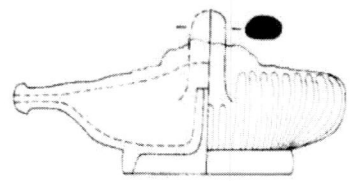

Fig. 139. Dessin d'un vase lenticulaire de Ruvo di Puglia, type Morel 8115a, d'après Morel 1994, pl. 208.

présentant une forme identique et datés de la même époque ont été trouvés à Ampurias et à Capoue, ainsi que dans la nécropole Sainte-Barbe de Marseille[36]. J.-P. Morel compare la forme avec un exemplaire plus ancien provenant d'Olynthe[37]. Mentionnons encore un exemplaire conservé au Musée d'Arezzo, qui présente une forme identique, malgré un pied haut spécifique à la production arétine[38]. Hormis l'exemplaire grec, les vases à becs de cette série sont tous datés des alentours de 300 av. J.-C.

Les formes basses

Une production typologiquement différente de la précédente apparaît au IVe siècle av. J.-C., notamment à Capoue (Campanie) et à Ruvo di Puglia (**fig. 139**) : la panse s'aplatit devenant lenticulaire. Ces vases s'inscrivent dans la série des *gutti* traités par Marie-Odile Jentel[39]. À la différence des VBT que nous avons évoqués jusque-là, les *gutti* n'ont souvent qu'une ouverture, le bec permettant de remplir et verser (voir **fig. 119**). Il est alors plus large et se termine par un rebord épaisi. Un médaillon moulé orne habituellement le sommet de l'objet, à l'endroit où se place généralement l'embouchure. Il est peu aisé de déterminer si cette variante s'inscrit dans la série des objets dont nous traitons, surtout en raison des spécificités du bec. Sa forme suggère soit qu'un dispositif était employé pour limiter le débit, comme par exemple l'ajout d'un morceau d'éponge en guise de tétine ou d'un bec amovible en matériau périssable (bois, etc.) soit que ce type de vase était dédié à un usage différent comme l'a suggéré O. Jentel. Est-ce pour conserver et verser de l'huile utilisée en onction pour les enfants, comme cela est mentionné dans les contrats de nourrices d'Égypte romaine ? Une variante du type fermé sur le dessus présente un canal interne, ce qui autorise un bec plus fin (voir **fig. 111**). Certains exemplaires munis de ce canal et dont la forme imite le sein, ont vraisemblablement été produits en Étrurie et en Campanie à la même époque (fig. 6 et 22). Rare, cette forme est représentée par un exemplaire trouvé dans la nécropole d'Himère. Surmonté d'une petite anse en panier, il est daté par les découvreurs de la fin du VIe siècle-au début du Ve siècle av. J.-C. (**fig. 140**)[40].

Pour finir cet inventaire, mentionnons les exemplaires dont le bec est court et moulé en forme de mufle de lion. Selon la typologie de J.-P. Morel, ils sont datés

---

36 Moliner 2003, p. 269, tombe 232, inv. 354. Au sujet de ces exemplaires *infra* V.3.1.1.
37 Robinson 1950 pl. 179, n° 477.
38 Morel 1994, 5815 a1.
39 Jentel 1976.
40 Vassalo 2016, p. 56.

ORIGINES, INFLUENCES ET APPROPRIATION DES FORMES 389

FIG. 140. Vase biberon à tubulure interne, Himère, d'après VASSALO 2014, p. 271, fig. 12, RO393. Photo S. Vassalo.

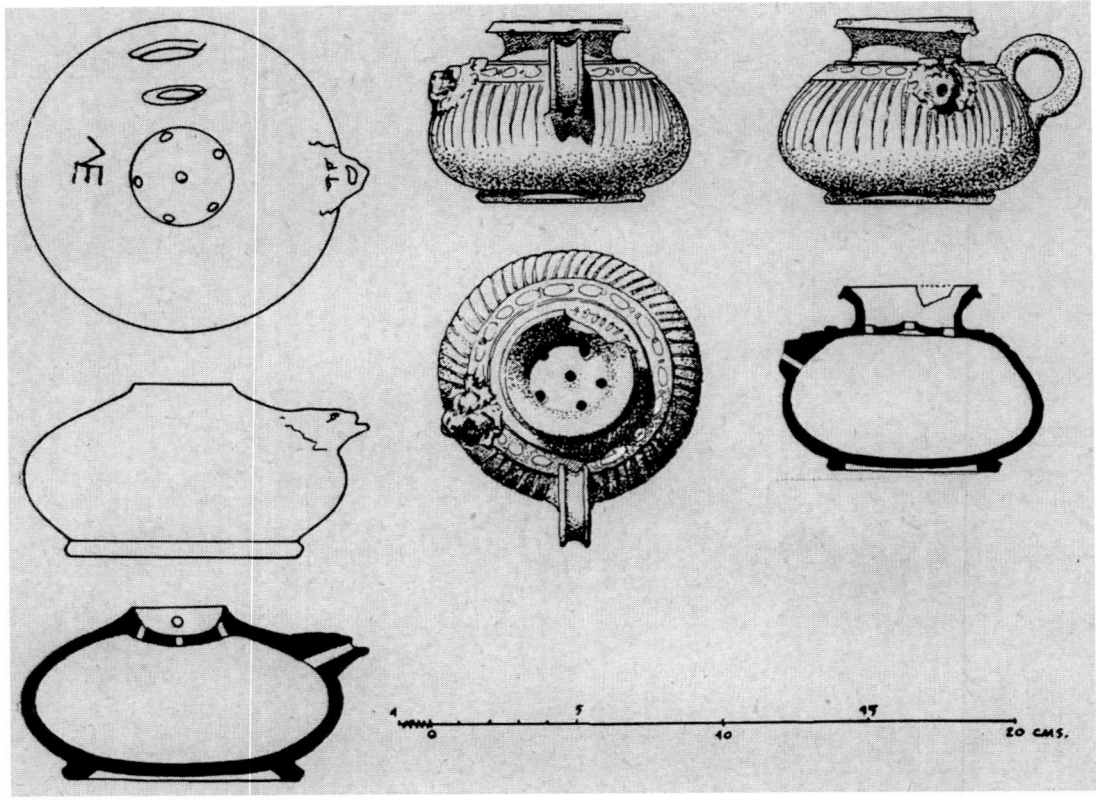

Fig. 141. *Guttus* à muffle de lion, épave du Grand Congloué, Marseille, IIIe-IIe siècles av. J.-C. Ht 6,5, diam. 8,5 cm, d'après Benoit 1954, p. 51, fig. 12.

entre la seconde moitié du IIIe siècle et le début du IIe siècle av. J.-C.[41] A propos de ce type de *gutti*, Jean-Paul Morel montre qu'il existe deux séries distinctes. La plus ancienne fabriquée en Sicile (un atelier a été découvert à Métaponte) et peut-être au Sud de l'Italie. Elle est datée entre la deuxième moitié du IVe siècle et le IIIe siècle av. J.-C. La seconde série s'inscrit au sein de la Campanienne A. La forme est produite entre 250 et 170 av. J.-C.[42] L'épave du Grand Congloué au large de Marseille a livré une cinquantaine d'exemplaires de la forme 8151a1, en même temps qu'un exemplaire unique de forme 8121a1 (**fig. 141**)[43]. Ce dernier est considéré par J.-P. Morel comme un objet de bord[44].

---

41 8121a1 et 8151a1, selon Morel 1994.
42 Morel 1981, F8151 (tab. 1. n° 36) ; Lamboglia 1952, p. 192-193.
43 Benoit 1954, p. 46, fig. 8bis et fig. 12, p. 51 ; Benoit 1961, pl. VI.
44 Morel 1994, p. 420.

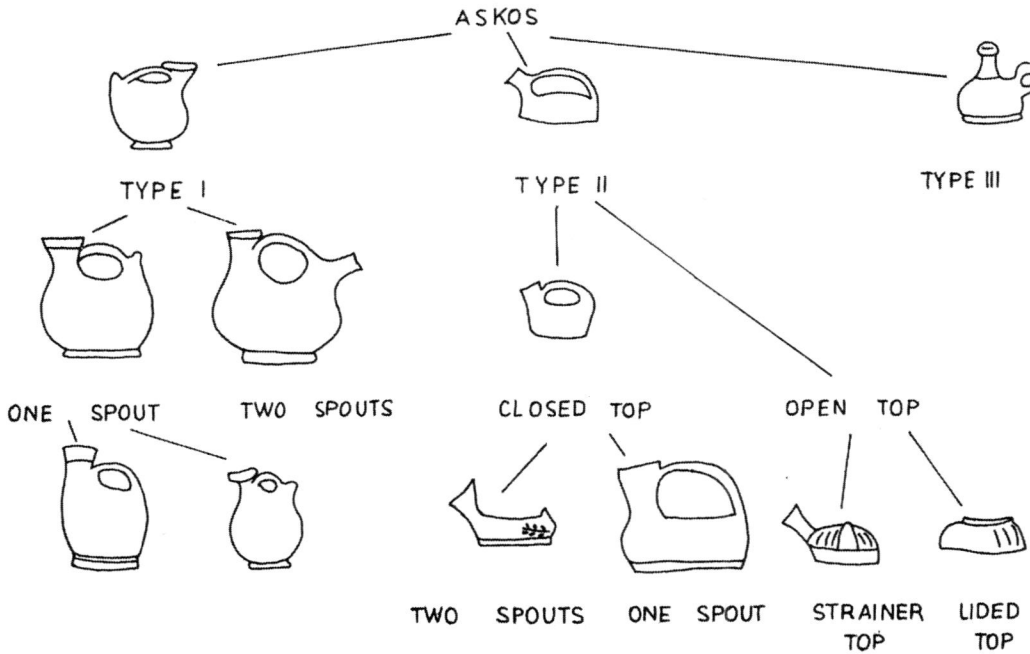

FIG. 142. Les différents types d'*askoi* d'après KOHOUTKOVÁ 1989, p. 81.

Quid des askoi et vases plastiques ?

Tant le catalogue de la céramique campanienne de J.-P. Morel que celui de O. Jentel associent le *guttus* et l'*askos*. La forme de ce dernier rappelle l'outre en cuir. Elle est soumise à variation comme le montre le schéma annexé (**fig. 142**)[45]. Elle est parfois composée d'une seule ouverture placée à l'une de ses extrémités, parfois de deux. Le diamètre de son embouchure varie[46]. Lorsqu'il y a deux ouvertures, l'une est plus fine et s'apparente aux becs des exemplaires à panse globulaire. Au musée du Bardo de Tunis différents exemplaires témoignent de la fantaisie des artisans qui vont jusqu'à anthropomorphiser le vase ou à lui donner une forme zoomorphe (**fig. 143**)[47]. La forme animale est aussi exploitée par les artisans d'Italie du Sud et de Sicile qui en font des vases plastiques[48]. Le museum de

---

45 KOHOUTKOVÁ 1989, p. 81.
46 Signifiant « outre » en grec, l'*askos* en céramique reprend la forme de l'outre en cuir. Il a généralement deux orifices, dont un bec du type de celui des vases gallo-romains et autres exemplaires traités précédemment. Ils sont produits par différents ateliers allant de l'Étrurie septentrionale à l'Apulie, en passant par la Campanie. La série de Morel 8220, à une seule ouverture, était peut-être également produite en Sicile. MOREL 1994, p. 428.
47 A. QUEVEDO-SÁNCHEZ (2010, p. 2080) souligne que de nombreux *askoi* ont une forme ou un décor zoomorphe, qui évoque souvent un oiseau. Voir aussi BONIFAY 2004, p. 50 ; HAYES 1972, p. 175.
48 Céline Dubois parle de « vases biberons plastiques ». Elle y voit une production spécifique aux colonies grecques d'Italie du Sud et de Sicile, qui est effective entre le Ve et le IVe siècle av. J.-C. (DUBOIS 2013, p. 65).

FIG. 143. Askos antropomorphisé, IIIe siècle av. J.-C. Carthage, Musée Bardo, Photo E. Dodinet.

FIG. 144. Biberon en céramique, nécropole de Povegliano Veronese, tombe 86, Photo S. Jaeggi-Richoz, vers 200 av. J.-C.

l'animal se confond alors avec le bec percé (**fig. 114**)[49]. Dans son étude portant sur les nécropoles grecques de Sicile, S. Colin-Bouffier propose d'associer les vases plastiques aux statuettes de terre cuite auxquels ils sont souvent associés[50].

---

49 « *Maialino* », petit cochon en terre cuite retrouvé en 2013 dans une sépulture messapique (peuple qui arrive dans les Pouilles aux environs de 1000 av. J.-C.) de Tarente. Il s'agissait d'une riche sépulture au décor peint recelant les restes de deux individus et une trentaine d'objets. Les découvreurs qualifient le petit vase de *tintinabula* en raison de billes de terre qui raisonnent à l'intérieur. *Il fatto storico* [en ligne] https://ilfattostorico.com/2013/12/15/un-biberon-messapico-a-forma-di-maiale/ (consulté le 8 juin 2016).

50 BOUFFIER 2012, p. 141.

Les VBT de Cisalpine

Au moins trois raisons nous amènent à étendre notre recherche à ce territoire. La première est que la nécropole de Povegliano Veronese, lieu-dit Ortaia, à Vérone, a livré cinq VBT pour quatre-cent-vingt-sept tombes, dont 70% sont des immatures[51]. La deuxième est la présence celte, donc les ancêtres des habitants de la Gaule « romanisée », au sud des Alpes. En effet, vers 600 une première grande émigration des Bituriges vers la région véronaise a lieu. D'autres peuples gaulois arrivent ensuite dont, selon Polybe[52], « les Incubres, les Cénomans au nord du Pô, les Anamares, les Boïens, les Lingons et les Sénons entre le Pô, l'Apennin et l'adriatique »[53]. Ces peuples qui cohabitent dans un premier temps avec les cités indigènes prennent le dessus à la fin du IVe siècle avant notre ère[54]. Ils perdent toutefois le pouvoir à partir de 225 av. J.-C., face à l'armée romaine. La victoire totale des romains est attestée en 143 av. J.-C.[55]

La troisième raison est que ces différentes mutations politiques ont conduit à des changements qui se ressentent dans les pratiques funéraires : aux armements de « l'époque gauloise », témoignant du statut aristocratique de certains défunts, se succèdent des outils employés pour les travaux agricoles ou représentatifs d'une fonction pastorale. Le passage à la romanisation conduit aussi à l'adoption d'un type nouveau de vaisselle et de mobilier métallique « *la ceramica a vernice nera, non più volterrana ma ormai mutuata dal mercato centro-italico romanizzato, i vasi a tulipano utilizzati in modo sistematico come ossuari, i balsamari, le lagoenae, le fibule tipo Goriča, Aucissa, a cerniera ; la deposizione della moneta (quasi una sostituzione dell'aes rude dell'epoca precedente) concerne come numerario l'asse repubblicano della riduzione unciale* »[56]. Au dépôt d'objets témoins de la romanisation s'ajoutent des rituels tels que celui des perforations et autres mutilations de la céramique[57]. Le changement se fait progressivement et n'est clairement attesté que vers 100 av. J.-C.[58]

Au sein de la nécropole de Povegliano, trois des cinq vases à bec sont montés à la main (1-3) alors que le dernier est tourné. Les datations sont peu précises. Pour le premier issu de la tombe 86 (**fig. 144**), Anna Bondini propose une datation LT C2 (?) relative à l'époque la plus ancienne de la nécropole (vers 200), pour le deuxième trouvé dans la tombe 174, LT D1 (150 à 70 av. J.-C.)[59]. Le VBT de la tombe 219 est daté de manière large de la première à la dernière phase de la nécropole LT C/D (?), c'est à dire entre 200 et 30

---

51   Cet aspect ne pourra être traité ici et sera l'objet d'une recherche ultérieure.
52   Polybe, *Histoire générale* II, 17, 34.
53   Vitali 2002, p. 15.
54   Bondini 2007/2008, p. 8. Ghirardini 1888, p. 378 parle d'époque « gallica », gauloise, et de type « La Tène » pour la période IV de la civilisation atestine. Celle-ci succède aux périodes « italiques » (type villanovien) et Vénètes (type d'Este).
55   Le Bohëc 2003. [en ligne] http://www.clio.fr/BIBLIOTHEQUE/litalie_du_nord_une_zone_de_romanisation_tardive.asp (site consulté le 14 juillet 2017).
56   « La céramique à vernis noir, non plus celle provenant de Volterra nais dérivant du marché centre-italique romanisé, les vases à tulipes utilisés systématiquement comme ossuaires, les balsamaires, les lagènes, les fibules de type Goriča, Aucissa, à charnières ; la déposition de la monnaie (pratiquement une substitution à l'*as* rude de l'époque précédente) conserve l'as républicain comme numéraire » (trad. R. Jaeggi).
57   Ecclesia 1999, p. 309 et note 85.
58   Bondini 2007/2008, p. 325.
59   Particulièrement fragmentaire.

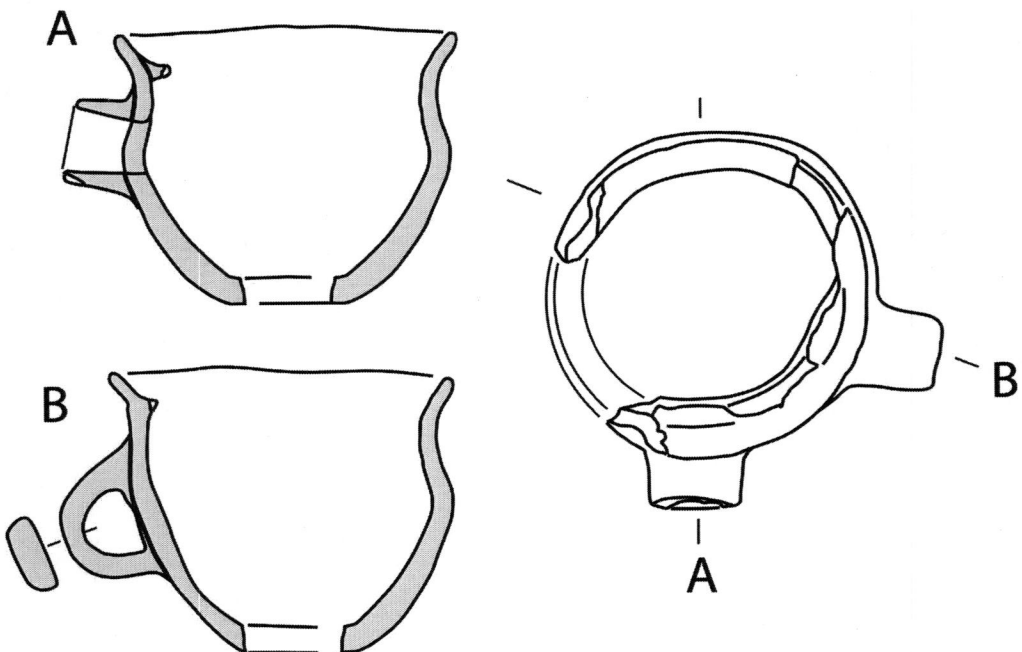

FIG. 145. Vase biberon en forme de tasse, Glisy (France), contexte d'habitat, dépotoir?, vers 750 av. J.-C., Dessin J.-P. Roussel, in *Glisy, Les Terres de Ville, document de synthèse*, 2000, fig. 62.

av. J.-C. Il est proposé une datation entre 200 et 70 pour le quatrième VBT issu de la tombe 85 (LT-C/D-D1 (?)). Nous n'avons pas d'informations quant à la tombe ayant contenu le VBT numéro cinq provenant de la tombe 87. L'âge des défunts est de 0 à 12 mois pour le premier, de 0-3 mois pour le deuxième, de 24 à 36 mois pour le troisième et de 0-18 mois pour le quatrième, l'âge du dernier est à ce jour indéterminé[60].

Le mobilier de ces différentes sépultures est abondant. La tombe 86 comprend 10 vases dont le VBT, deux gobelets et trois balsamaires en céramique, ainsi qu'une fibule en fer et une perle en verre. Une monnaie de bronze se trouvait dans la sépulture 219, avec un balsamaire perforé et différents petits vases, coupelles et gobelets. La tombe 85 comprend des fragments de sept vases différents dont trois provenant de balsamaires en terre cuite. Le seul objet complet est le VBT. La tombe 174 contenait quatre gobelets, deux balsamaires, 1 *boccale* et une fibule en fer.

Des VBT en Gaule avant la romanisation?

En terres celtes, des découvertes isolées de vases à becs sont rapportées pour l'Âge du Fer. Un exemplaire a été découvert à Glisy, près d'Amiens. Il se trouvait dans une fosse en contexte d'habitat daté de l'Hallstatt ancien, c'est à dire vers 750 av. J.-C. Sa forme est

---

60 BONDINI 2007/2008.

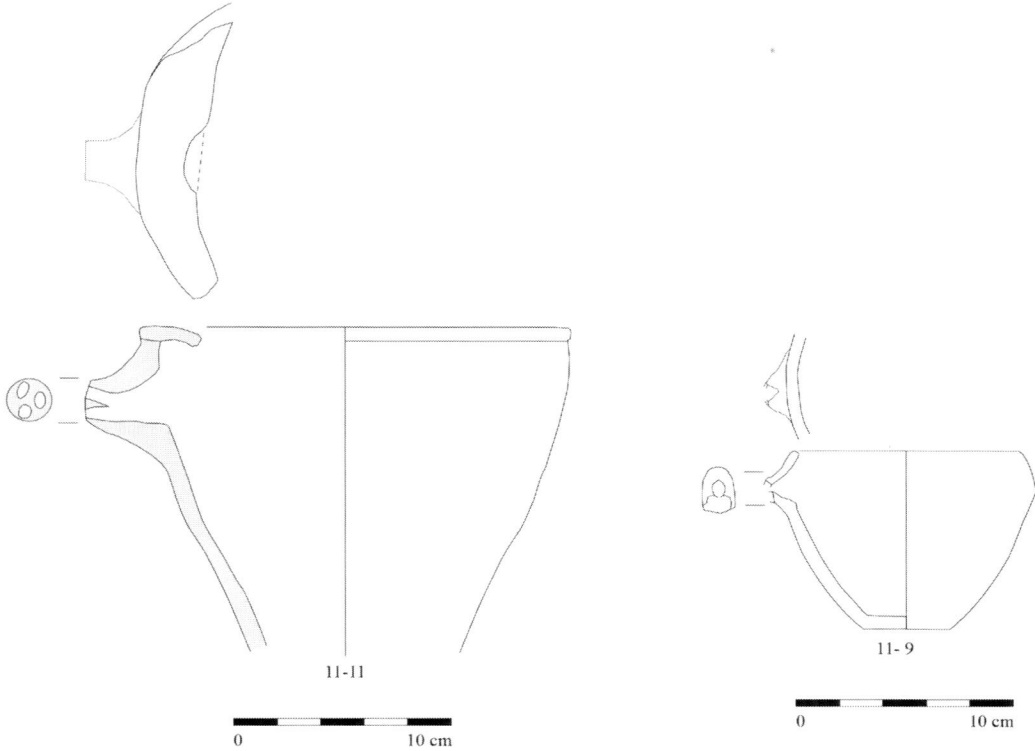

FIG. 146. Vase biberon, Gondreville « Le Cocluchon », mobilier céramique de F.11, Tr.8, époque laténienne (IV-IIIe s. av. J.-C.), inédits, dessins Sandrine Riquier, Inrap.

celle d'une tasse à l'embouchure largement évasée, pourvu d'une anse et d'un bec verseur à l'orifice large (**fig. 145**).

Une dizaine d'exemplaires de ce type, qui s'apparente à une tasse à bec, ont été recensés par Sandrine Riquier en Région Centre Val-de-Loire. La céramologue les appelle des « vases à déversoir » (**fig. 146**). Modelés dans une pâte grossière, ceux-ci ont été retrouvés en contexte domestique (dépotoirs) et sont datés des IV-IIIe siècle av. J.-C. La chercheuse met en évidence deux séries. L'une est plus proche de nos VBT, puisqu'ils mesurent entre 10 et 12 cm. La seconde série comprend des vases hauts d'environ 18 cm. Découvert auprès d'une faisselle, l'un des petits exemplaires provenant de Sarean a fait l'objet d'une analyse biochimique qui a démontré la prédominance d'un corps gras animal ainsi qu'une faible quantité de produit laitier, et des traces de vin rouge ou de vinaigre[61].

L'existence d'un autre exemplaire plus récent nous a été révélé par son découvreur, Gérard Fercoq du Leslay[62]. Le vase provient cette fois d'un sanctuaire. Située à Ribemont-sur-Ancre

---

61 Rapport et recherches inédites.
62 Je le remercie infiniment pour m'avoir de plus fourni les résultats des analyses chimiques du contenu de ce vase, dont je parlerai sous le chapitre correspondant.

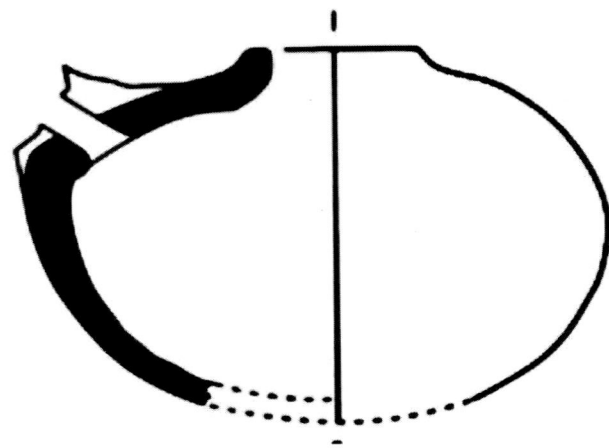

Fig. 147. Vase biberon découvert en contexte votif, dessin G. Fercoq du Leslay, Chaidron et Fercoq du Leslay 2013, p. 228.

(Somme), la zone cultuelle était en fonction depuis le IIIe siècle av. J.-C. jusqu'au IVe siècle (**fig. 147**). Les pièces de mobilier les plus anciennes du site sont datées de La Tène B2/C1. Le VBT provient cependant d'un remblai de fossé dans lequel a également été retrouvé un vase tripode dont la datation est rendue difficile par manque de parallèles[63]. Si une production armoricaine-bretonne peut être retenue pour le vase tripode, comme semblent le croire G. Fercoq du Leslay et C. Chaidron, celui-ci remonterait à la seconde moitié du IIIe siècle av. J.-C. Qu'en est-il du VBT retrouvé dans le même niveau ? La période laténienne est retenue, ce qui donne une datation entre 260 et 50 av. J.-C.[64] À défaut de parallèles locaux, les archéologues orientent leurs recherches vers les céramiques méditerranéennes puisque, sur le site d'Actiparc, situé à une cinquantaine de kilomètres au nord-est, des copies de vaisselle de tradition éleusinienne ou hellénistique ont été retrouvées[65]. Il ressort de cette recherche que le parallèle le plus rapprochant fourni par la littérature scientifique est un exemplaire en bucchero daté du VIe siècle av. J.-C., mais pourvu d'un pied[66]. L'écart temporel important pourrait suggérer des exemplaires intermédiaires, qui auraient fait office de « passerelles » comme l'ont suggéré G. Fercoq du Leslay et C. Chaidron[67].

Par son absence de pied qui rend l'objet instable, le vase est un *unicum*. Aucun parallèle ne lui correspond au sein de notre catalogue. Malgré une forme simple, les archéologues concluent à un objet tourné, « du moins tournassé » pour reprendre leur expression. La pâte est « d'aspect laténienne », fine et bien cuite, ce qui suggère une production locale[68].

---

63 Chaidron et Fercoq du Leslay 2013, p. 228 : « les éléments de comparaison sont inexistants dans le répertoire régional, même septentrional ».
64 Ibid., p. 221-234.
65 Au sujet de la copie éleusinienne voir Bakalakis 1991 ; de la copie de lampe hellénistique Chaidron et Dubois 2004 et Chaidron et Dubois 2013 qui démontrent que les échanges sont circonstantiels (présence de notable ou de militaire romain) entre la Gaule et les sites méditerranéens.
66 Albore-Livadie 1979, p. 110, fig. 20a.
67 Chaidron et Fercoq du Leslay 2013, p. 228.
68 Ibid.

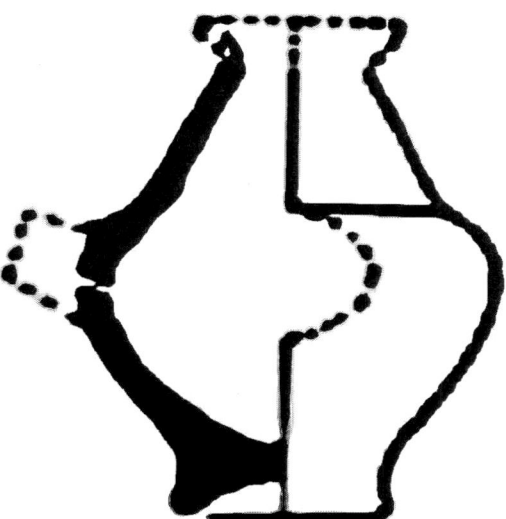

FIG. 148. Vase biberon, Saint-Pierre les Martigues, habitat, 150 à 50 av. J.-C., d'après DICOCER 1993, CNT-Pro A28 p. 315, dessin LAGRAND 1979, fig. 13. N° 7.

L'un des rares exemplaires trouvés en Gaule pour l'époque qui précède le tournant du millénaire, provient de l'*oppidum* de Saint-Pierre les Martigues, à l'ouest de Marseille[69] (**fig. 148**). Non tourné, il figure dans le Dictionnaire *DICOCER* sous le type *Céramique non tournée protohistorique de Provence occidentale*[70]. Il est réalisé selon une méthode qui consiste en un assemblage de bandes d'argiles permettant des parois relativement fines. La production dans laquelle il s'inscrit relève d'une tradition héritée de l'âge du bronze, bien que la forme du vase soit inspirée des productions italiques, et probablement de la vaisselle métallique, selon P. Arcelin[71]. En outre, la partie inférieure du VBT est similaire à un bol haut ou gobelet (CNT-PRO A10) issu de la même production provençale. Ce dernier est considéré comme étant inspiré par la céramique Campanienne A[72]. Il nous faut préciser que ce vase a la particularité d'avoir pour partie supérieure un élément tronconique qui repose sur la panse du vase, elle aussi tronconique mais posée dans le sens inverse. Une rupture de courbe marque le passage entre les deux formes géométriques, comme c'est souvent le cas sur les vases à bec de Gaule romaine[73]. Cet exemplaire provient d'une maison qualifiée de cabane portant le numéro 9. Il est daté entre 150 et 50 av. J.-C.

Un troisième vase doit être évoqué ici. Non tourné, il a été découvert à Orgon, dans les Alpilles. Il est daté de la fin du Ier siècle av. J.-C. (40 av. J.-C. à 1 apr. J.-C.) et proviendrait

---

69 LAGRAND 1979.
70 Il porte le numéro de classement CNT-PRO A28.
71 DICOCER 1993, p. 315.
72 DICOCER, datation 175-100 av. J.-C (tab. 1, n° 37).
73 *Infra*.

d'un atelier[74]. Le vase est tronqué au niveau du col, ce qui empêche d'estimer sa hauteur originale, le bec est cassé et un début d'anse est visible. Celle-ci se trouvait à gauche du bec, dans une position peu habituelle puisqu'elle prend généralement place à droite sur la plupart des VBT des différentes époques. La forme de la panse évoque les exemplaires grecs, soit la forme attique de Sparkes 1970 soit celle 98 de Morel trouvée à Olynthe et sur le Palatin. Un dernier vase retrouvé en Gaule fait partie de la typologie de la céramique à pâte claire récente (CL-REC) commentée par M. Py[75]. Ce dernier précise que la forme du vase est issue de la production italique et va être rapidement copiée par les ateliers marseillais, puis par des ateliers régionaux et locaux de Gaule méridionale[76]. L'exemplaire en question est une petite olpé (CL-REC 7), c'est à dire une petite cruche de panse piriforme à col étroit et anse. Elle est datée entre 25 et 1 av. J.-C.[77]

Conclusion

Les découvertes de petits vases à bec, déjà en Égypte ancienne, dont la forme diffère peu de celle des vases des époques et civilisations postérieures suggère une continuité qui est confirmée par leur association aux sépultures de jeunes enfants, au quatrième millénaire déjà. En outre, ces vases se trouvent aussi en milieu cultuel – en probable relation avec le culte de la déesse Ishtar à Mari – dans les cultures orientales comme plus tard sur le territoire gaulois. Il faut noter qu'en Grèce ancienne (Grèce continentale et îles égéennes) et aussi dans les colonies, les VBT se trouvaient avant tout liés au contexte funéraire[78]. Cela nous assure d'une vocation funéraire des VBT, liée à une symbolique qui nous échappe encore, et qui a indéniablement été donnée à ce vase par la civilisation de la Grèce ancienne, voire plus tôt en Égypte et au Proche-Orient. On s'étonne surtout de ne pas voir de VBT, du moins en nombre aussi important, dans les tombes du Latium, ni même en Campanie[79]. Est-ce dû à des lacunes documentaires, à une fonction de l'objet qui ne trouve pas son utilité dans les rites funéraires romains ou encore à la substitution du VBT par un autre objet[80]? À Rome, les VBT étaient-ils davantage liés au cadre cultuel, comme le suggèrent les découvertes du sanctuaire de Marica et du dépôt votif de Santa Maria in Vittoria, sur le Quirinal?

En l'état de la recherche, il est difficile d'aller plus loin. Edwige Lovergne qui travaille sur les nécropoles étrusques de l'époque hellénistique observe que les VBT (dits *gutti*) et les *askoi* n'apparaissent généralement pas en même temps dans les ensembles funéraires.

---

74 DICOCER, p. 193. Il figure sous la typologie CNT-ALP 2b6.
75 PY 1981, p. 124, fig. 52, n° 4.
76 PY 1993, p. 222. M. Py attribue le succès de cette production italique en Gaule à sa ressemblance avec les productions « antérieures traditionnelles ».
77 PY 1990, doc. 180, 10 ; BESSAC 1987, fig. 36,10 ; FICHES 1986, fig. 60,37.
78 C. Dubois soulève bien cette énigme : la grande proportion, toutes périodes confondues, de VBT dans les sépultures, qui contraste avec leur quasi-absence dans l'habitat et les sanctuaires (DUBOIS 2013, p. 67).
79 Aucune mention de VBT n'apparaît dans les articles portant sur la nécropole de Porta Nocera (LEPETZ et ANDRINGA 2008 ; DUDAY 2008).
80 Par exemple, en ce qui concerne la nécropole occidentale de Rome, Collatina, datée de la seconde moitié du 1er-11e siècle apr. J.-C., les chercheurs mentionnent la présence de petite tasses ansées, *tazzette monoansate*, auprès des jeunes individus. BUCCELLATO, CATALANO et MUSCO 2008, p. 63.

L'*askos* est présent dans les contextes archéologiques les plus récents (fin IVe siècle av. J.-C.) et pourrait avoir remplacé le *guttus*.

Comme le met en évidence cette observation, l'époque hellénistique est synonyme de nouvelles formes, souvent liées à de nouvelles fonctions « répondant aux exigences croissantes du confort de table » pour citer l'expression de P. Bruneau[81]. Parmi les nouveautés, figurent l'*unguentarium* et le *lagynos* qui remplissent dorénavant les fonctions respectives du vase à parfum et de l'oenochoé (cruche à vin). Pour expliquer cette éclosion, P. Bruneau évoque aussi la multiplication des ateliers : chaque cité a son officine[82]. Mais des aspects socio-politiques ont aussi favorisé cet essor. Il est aujourd'hui reconnu que les échanges commerciaux se multiplient après la seconde guerre punique en 201 av. J.-C. et prennent une ampleur telle qu'elle est qualifiée, non sans ironie, de « diffusion universelle »[83]. G. Sieber parle de « coupure chronologique » entre le IIIe et le IIe siècle av. J.-C., qui se traduit par le plein pouvoir de Rome en Méditerranée occidentale[84]. La production attique perd alors de son emprise en Italie (hors de la Grande-Grèce), mais continue d'être exportée vers la Péninsule ibérique et l'Afrique punique. Elle est supplantée par une production occidentale qui fournit, dans un premier temps, des imitations attiques et se diversifie rapidement.

Suite à ces importants changements socio-politiques, comment expliquer cette troublante discontinuité dont témoigne l'apparition des VBT en Gaule cisalpine ? Datés du IIe siècle av. J.-C., les exemplaires les plus anciens ne sont pas des importations romaines puisqu'ils sont encore modelés à la main. Cette imitation, et leur déposition dans des tombes d'enfants, démontrent que c'est la forme singulière de l'objet qui était recherchée. À Povegliano, le moment de l'apparition du VBT suit de peu la défaite des peuples gaulois face à Rome. Comme en témoigne le nombre important d'individus immatures dans la nécropole de Povegliano Veronese, les coutumes funéraires ont rapidement changé. Ce ne sont plus les sépultures d'adultes, fortement différenciées socialement et sexuellement à l'époque gauloise, qui dominent.

Cette nouvelle valorisation de l'enfance semble aller de pair avec l'apparition des VBT. Comme le démontre la nécropole de Povegliano Veronese, l'adoption des rites précède celle des objets, et de la céramique « romaine ».

Un problème reste non résolu. Alors que les changements, dans un premier temps rituels, sont considérés comme résultant de la domination romaine du territoire, comment expliquer que la région du Latium présente si peu de VBT dans les sépultures ? La domination de Rome à l'époque hellénistique a-t-elle été le vecteur, non pas des coutumes romaines, mais de celles des Grecs ? Un scénario de ce type a été avancé par Yves Manniez au sujet des pièces de jeux retrouvées dans les sépultures gallo-romaines[85].

---

81 BRUNEAU 1980, p. 10. La céramique campanienne couvre une période qui va du IVe siècle au Ier siècle av. J.-C.
82 *Ibid.*
83 SIEBER 1980, p. 71.
84 *Ibid.*
85 MANNIEZ 2019, p. 195.

9. La production gallo-romaine

Les biberons qui s'inscrivent dans la production spécifique à la Gaule apparaissent avec la « romanisation ». Cette production se démarque des précédentes, par un mode de réalisation propre qui se traduit, pour ce qui concerne la production céramique, par l'emploi d'argiles, d'engobes, de glaçures et de décors différents, ce qui la distingue aussi des productions contemporaines d'Afrique du Nord[1]. Quant à la production en verre, celle-ci se démarque de celles des pays du Levant[2] et d'Italie, par la qualité du verre, et un aspect général qui présente une très grande homogénéité, malgré des variantes. La « forme de cruche » est adoptée à l'unanimité par les artisans verriers gallo-romains, alors que la « forme d'oiseau » (**fig. 116**) qui rappelle l'askos grec, est produite à l'est[3]. Concentrée sur le territoire délimité à l'ouest par la limite actuelle de la France, à l'est par le Rhin, au sud et au nord par les mers Méditerranéenne et du Nord (**carte 1**), notre étude n'a pas rencontré, en dehors de ces limites, d'autres centres dont la production pourrait se rattacher à celle de la Gaule des premiers siècles après J.-C.[4] Alors que les quelques découvertes en territoire ibère présentent un type en forme de tasse avec passoire intégrée importé d'Afrique du Nord ainsi que des *askoi*, tous deux réalisés en une pâte à engobe particulièrement orangé, qu'en est-il à l'est du Rhin ? Les grands centres de production de Bonn, Heidelberg, Mayence, Trèves constituent-ils la limite est de cette production ? Desservent-ils les régions plus à l'est ?

Pour rendre compte de cette production qui reste très marginale par rapport à l'ensemble de la vaisselle de table (assiettes, bols, gobelets, cruches, etc.), nous avons tenté un recensement des biberons de l'ensemble du territoire délimité ci-dessus sous la forme d'un catalogue. Poursuivant la recherche initialisée au début des années 2000 par Nadine Rouquet et François Loridant, ce catalogue n'a pas la prétention d'être exhaustif[5]. Il est tributaire de l'état de la documentation et aussi de contraintes temporelles. Trop volumineux, il n'a pu être intégré à ce volume dans sa forme originale mais sera fréquemment cité. Ce recensement a bénéficié de l'aide de nombreuses institutions, gestionnaires de collections et chercheurs que nous tenons à remercier particulièrement pour leur collaboration et pour nous avoir permis l'accès à des données souvent inédites.

---

1 Voir Hayes 1972.
2 Au sujet de la variabilité des VBT en verre hors de la Gaule romaine, voir Nenna et Arveiller-Dulong 2006, aussi Štefanac 2009.
3 Par exemple en Croatie, aux alentours de la mer Noire et en Grèce. À nouveau Štefanac 2009 et pour la Grèce, le catalogue du Musée archéologique de Thessalonique, Glass Cosmos 2010, p. 275-276.
4 Par exemple, les VBT retrouvés sur le territoire ibère témoignent d'une préférence pour les importations d'Afrique du Nord. Voir Quevedo-Sánchez 2010.
5 Rouquet et Loridant 2000.

Carte 1. Territoire choisi pour cette recherche (en couleur), délimité à l'est par le Rhin, à l'est par l'Océan Atlantique, au nord par la Manche, comprenant les quatre provinces avant leur réorganisation par Domitien. D'après Paul-Marie Duval 1979, p. 86, fig. 23.

Cadre de recherche

Le corpus étudié comporte 703 vases biberons en céramique et en verre. Ces vases proviennent majoritairement de France, d'où un modèle qui se base sur la division régionale de ce pays, dont le recensement publié en 2000 comptait 330 individus (**carte 2**)[6].

Nous intégrons la Belgique actuelle, le Luxembourg et la Suisse parce que ces territoires faisaient partie, si l'on se réfère à César, des trois Gaules. Traiter des vases retrouvés en Suisse était d'autant plus incontournables que notre recherche a été financée par le Fonds National Suisse, mais aussi en raison de contacts créés avec les différents musées et universités du pays. Finalement, nous avons intégré une partie de l'Allemagne puisque nous avons

---

6 Rouquet et Loridant 2000.

LA PRODUCTION GALLO-ROMAINE   403

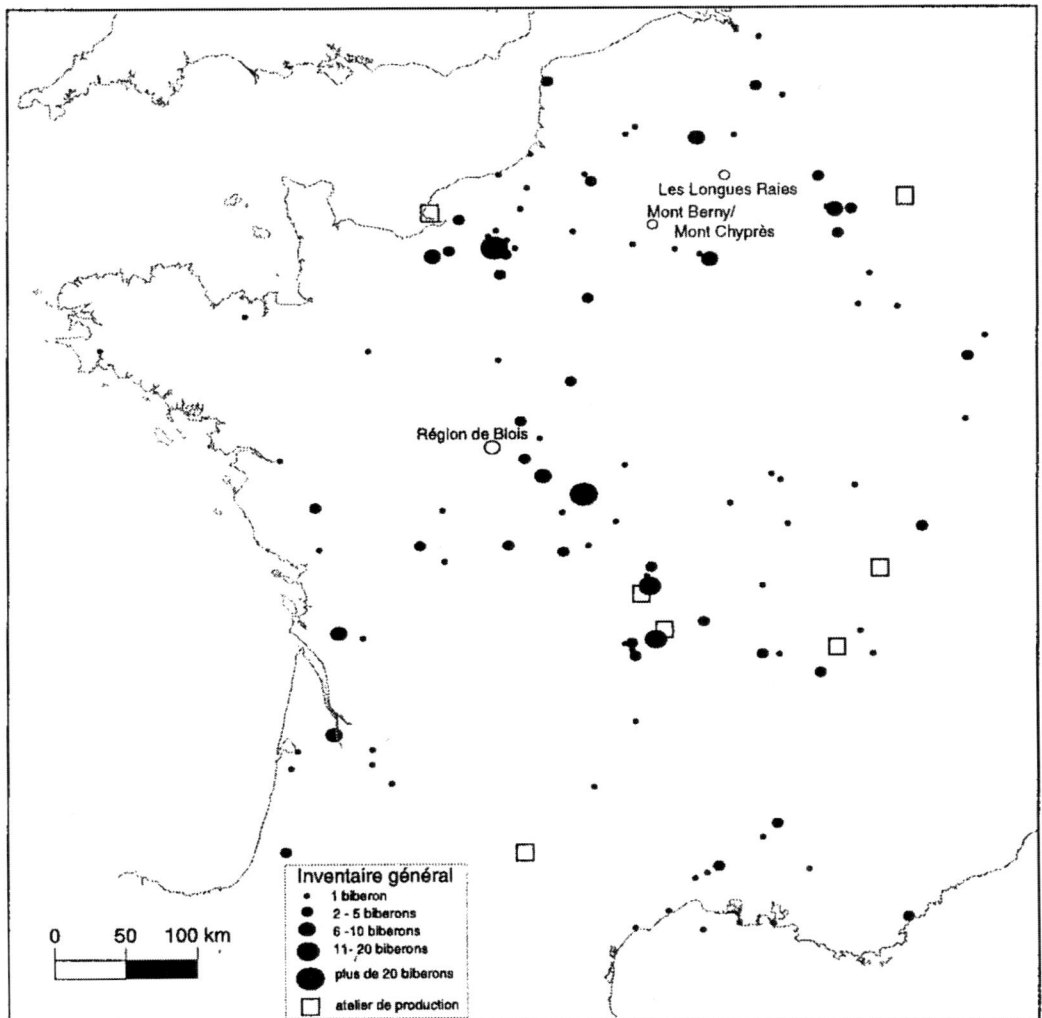

CARTE 2. Territoire étudié avec les lieux de découverte des biberons d'après ROUQUET et LORIDANT 2000, p. 426, fig. 2.

choisi de fixer comme limite Est, le Rhin. C'est aussi la limite que César donne pour le territoire des Gaulois au Nord-Est. Cette région de l'actuelle Allemagne offre l'avantage de présenter une bonne documentation des fouilles de nécropoles, ainsi que des bases de données des objets conservés dans les différents musées[7].

Si ce cadre géographique peut sembler large, il nous a paru particulièrement intéressant, premièrement parce qu'il intègre des ethnies différentes, deuxièmement parce que la

---

7   Germanisches museum Köln, inv. 26266.

« romanisation » s'y est faite progressivement. Cette progression échelonnée est-elle perceptible au sein de la production des biberons ?

Pour y répondre, nous avons choisi un cadre temporel qui comprend les premiers exemplaires considérés comme faisant partie de la production gallo-romaine, et les plus tardifs. Ces derniers comprennent les exemplaires en verre. Notre fourchette chronologique va alors de la seconde moitié du Ier siècle av. J.-C. au Ve s. apr. J.-C.

Nos recherches ont été réalisées en consultant deux types de sources. La première est la littérature scientifique (rapports de fouilles, publications, etc.) qui débute au XIXe siècle, la seconde consiste en demandes faites aux institutions muséales et services archéologiques qui ont permis l'acquisition de nombreuses photographies et précisions typologiques sur les objets. Les lieux de découverte et de conservation n'ont pas toujours pu être identifiés, ce qui explique les lacunes importantes relatives au contexte et, plus encore, à l'identification, dans le cadre funéraire, des types de défunts (âge, sexe, position, etc.). Malgré cela, nous avons tâché de classer les VBT au sein de six types de contextes : artisanal, cultuel, domestique, funéraire, portuaire et indéterminé. Particulièrement riche en VBT, le contexte funéraire fait l'objet dans cet ouvrage d'un volet à lui seul. Reflétant le monde des vivants, le monde des morts est le seul susceptible, en l'état des données, de nous amener à identifier le ou les usages du VBT, en révélant le type de défunts qu'il accompagnait. Nous allons aussi donner de l'importance aux pratiques funéraires : inhumation ou crémation, ainsi qu'aux objets déposés conjointement aux VBT.

Typologie et nomenclature : quels choix ?

Pour décrire le plus précisément et le plus clairement possible les VBT, il a fallu décider d'une terminologie. Aussi, nous nous sommes appuyés sur différents ouvrages de céramologie dont l'étude des vases campaniens de Jean-Paul Morel, la typologie de la céramique à pâte claire récente (CL-REC) de Michel Py (dictionnaire DICOCER), la typologie de Lezoux établie par Philippe Bet, celle de Marie Tuffreau-Libre sur la céramique gallo-belge. La terminologie éprouvée de J.-P. Morel nous a guidée dans notre réflexion. Nous avons toutefois préféré utiliser des termes plus actuels par exemple globulaire à la place de sphéroïdale, pour désigner la forme des panses, et anneau plutôt que bourrelet pour rendre compte des formes de pieds et embouchures.

La classification de Morel compte un nombre important de vases à bec qui apparaissent sous trois genres différents : celui des « vases à une anse verticale » et celui des « *gutti* et *askoi* ».

Le premier genre comprend des vases qui ont une forme de cruche (**fig. 110**) ou cruchon (genre 5810 et 5840[8]). Ils portent toutefois une anse nettement surélevée par rapport à la lèvre, ce qui n'est pas le cas des exemplaires gallo-romains en céramique mais survient sur certains exemplaires en verre, sous la forme d'un poucier. La panse de ce premier genre est qualifiée par Morel de sphéroïdale, ovoïdale ou lenticulaire.

Le genre « *gutti* » comprend huit espèces définies en fonction de plusieurs critères : présence ou non d'un orifice de remplissage sous le fond du vase, d'un col, d'une panse

---

8 MOREL 1994, p. 389, et pl. 191.

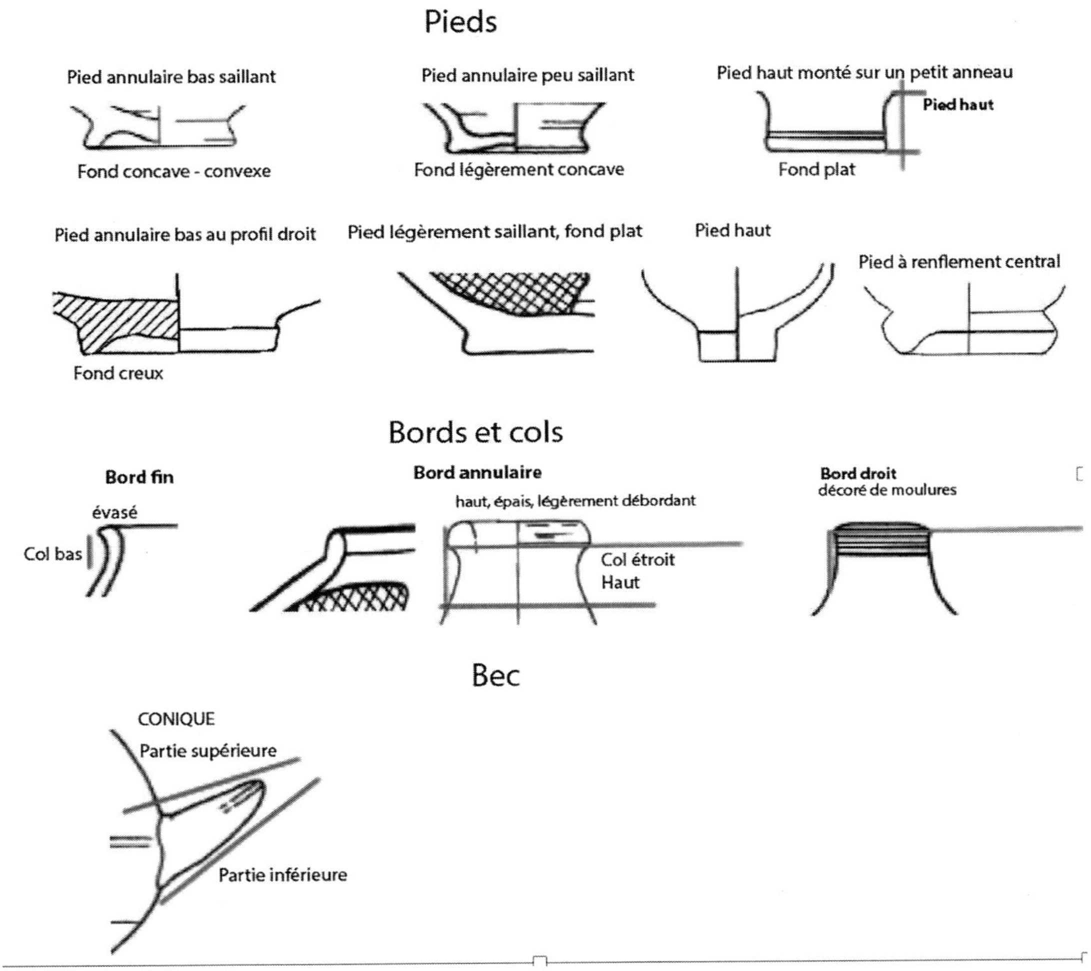

LA PRODUCTION GALLO-ROMAINE 405

Pieds

Pied annulaire bas saillant
Fond concave - convexe

Pied annulaire peu saillant
Fond légèrement concave

Pied haut monté sur un petit anneau
Pied haut
Fond plat

Pied annulaire bas au profil droit
Fond creux

Pied légèrement saillant, fond plat

Pied haut

Pied à renflement central

Bords et cols

Bord fin
évasé
Col bas

Bord annulaire
haut, épais, légèrement débordant
Col étroit
Haut

Bord droit
décoré de moulures

Bec

CONIQUE
Partie supérieure
Partie inférieure

FIG. 149. Schéma descriptif des différentes parties des vases (S. Jaeggi-Richoz).

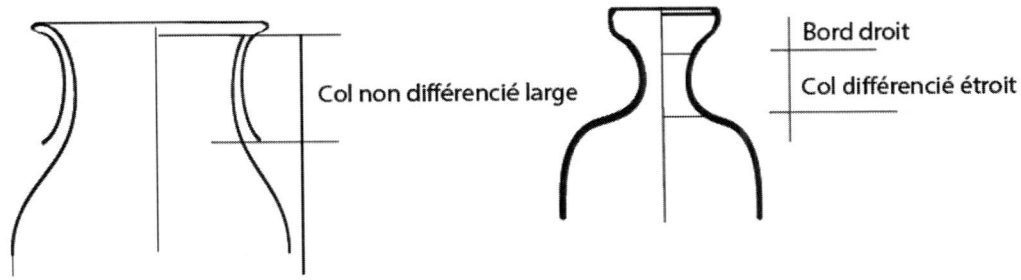

Col non différencié large

Bord droit
Col différencié étroit

FIG. 150. Schéma des cols différenciés (S. Jaeggi-Richoz).

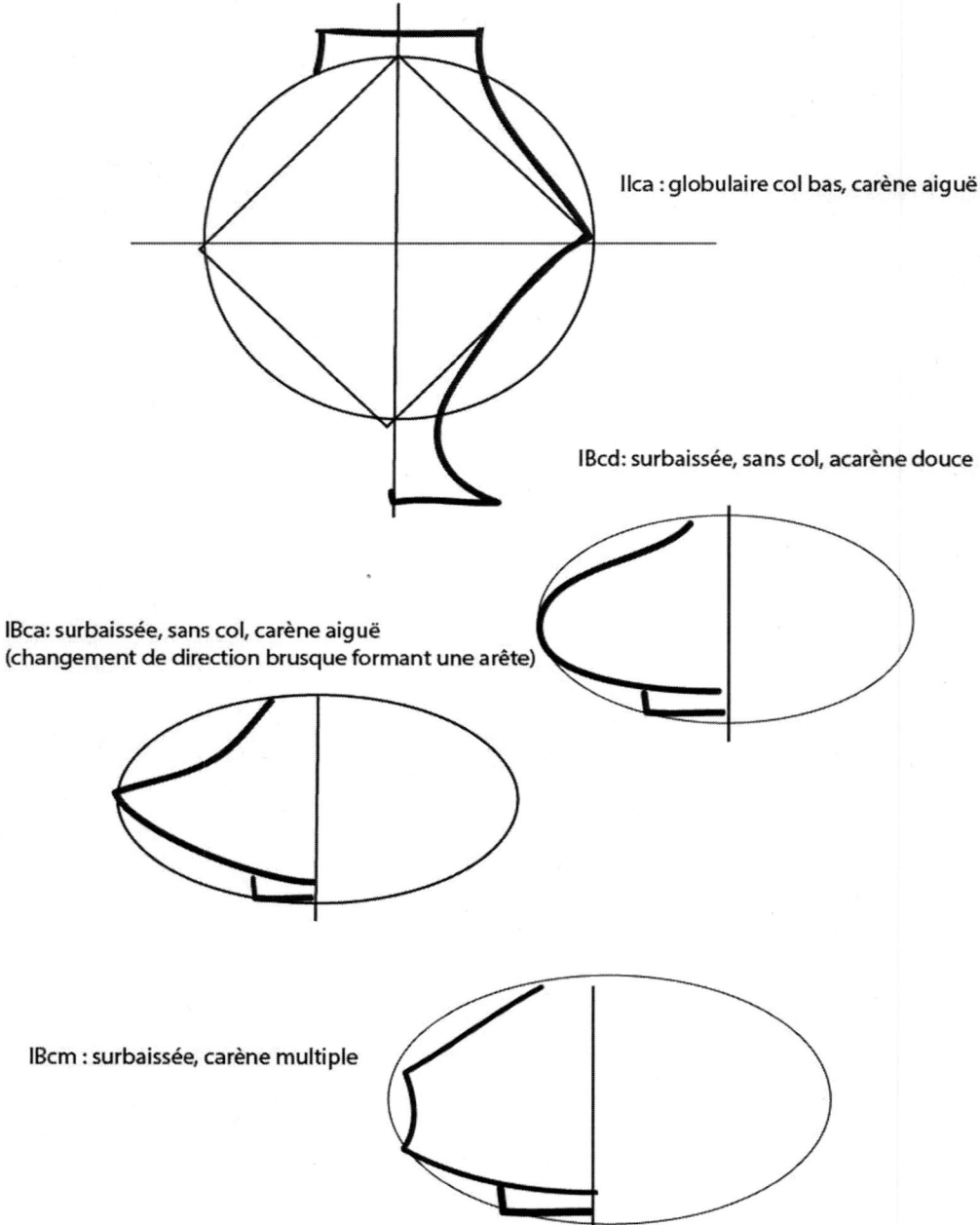

FIG. 151. Schéma explicatif des types de carènes (S. Jaeggi-Richoz).

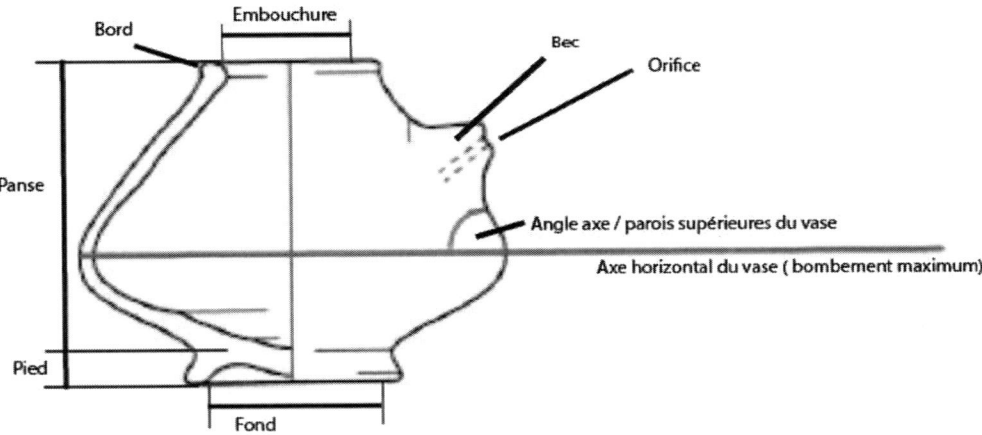

FIG. 152. Nommer les parties d'un vase biberon, exemple d'après le biberon de Lussy, (CASTELLA et al. 2012, p. 205, fig. 204, schéma S. Jaeggi-Richoz).

FIG. 153. Différence entre sillon et gorge, schéma d'après MOREL 1994, p. 71.

sphéroïdale ou non, de la hauteur du bombement maximal, de la forme des parois (anguleuses ou arrondies). Cette catégorie s'apparente à notre catégorie « aplatie » (voir par ex. **fig. 139**)[9].

Le troisième genre s'apparente à la forme générale des vases à bec gallo-romains à un détail près : la présence d'anses latérales horizontales sur la partie supérieure de la panse. Cette catégorie est recensée sous le genre 4400 « *stamnoi* et pyxides » et comprend deux exemplaires dont la panse est sphéroïdale et ornée d'un bec, les pieds et bords sont annulaires (**fig. 105**)[10].

Les vases campaniens mentionnés précédemment étant parfois fort différents de certains exemplaires gallo-romains, nous avons dû chercher sous d'autres « genres » de vases comment nommer les différentes parties. C'est le cas par exemple du pied des vases

---

9 MOREL 1994, p. 418-426, pl. 208-210.
10 MOREL 1994.

bilobés dits « hauts » ou à « tige haute » ou encore au pied à « renflement central » que nous reproduisons ci-dessous (**fig. 149**).

Nous nous sommes aussi interrogés sur :

Quand parler de col ? Certains vases ne présentent pas une délimitation nette entre la panse et le col. On parle alors de col différencié ou non différencié (**fig. 150**).

Les changements de direction de la paroi, plus ou moins brutaux. Nous parlons alors de carènes aiguë, douce ou encore multiple (**fig. 151**).

– Comment nommer une panse élargie à un point donné : bombement maximum de la panse situé dans la partie supérieure/inférieure/médiane de sa hauteur (**fig. 152**).

– un tracé inscrit dans la paroi : gorge ou sillon selon la largeur / profondeur (**fig. 153**).

D'autres sources d'inspirations ont été les travaux sur le verre. Le but recherché était de pouvoir décrire et nommer, selon un même protocole, les exemplaires en verre et ceux en céramique.

Les VBT en céramique

Les typologies existantes

Alors que la découverte des vases à bec dans les officines de Lezoux avait conduit Philippe Bet à proposer deux types Lez 114 et Lez 115 et (**fig. 154**), qu'établissant une typologie des formes produites à Avenches (Suisse), Marie-France Meylan Krause et Daniel Castella ont mis en évidence quatre formes sous le type 366 (**fig. 155**)[11], aucune typologie ne rendait compte de la variété des formes des vases à becs gallo-romains, avant celle proposée en 2000 par Nadine Rouquet et François Loridant (**fig. 156a et b**)[12].

Celle-ci fait autorité aujourd'hui, bien que les types Lezoux restent une référence souvent utilisée, surtout parce que le type 114 est parmi les plus fréquents. Il faut en outre préciser que Philippe Bet ne considère pas la forme Lez 115 comme un biberon mais comme un barolet pour appliquer de la barbotine, puisque le vase a été retrouvé dans une officine de potier[13].

La typologie Rouquet/Loridant compte sept types basés sur la forme des panses : 1. les panses aplaties. 2. les panses globulaires à col court. 3. les panses globulaires à col haut. 4. les panses piriformes. 5. les panses carénées. 6. les panses bilobées. 7. les divers. Bien que cette typologie se révèle tout à fait satisfaisante, nous avons voulu l'affiner afin de voir s'il était possible de faire ressortir des constantes.

---

11   Les exemplaires datés par eux vont de 100 à 200 avec un exemplaire non daté et les chercheurs suggèrent une date de départ du type qu'ils placent vers 50. MEYLAN KRAUSE et CASTELLA 1994, p. 105.
12   Les vases à bec en céramique ont leur place dans les typologies telles que celle proposée par E. Ettlinger pour Vindonissa, ETTLINGER et SIMONETT 1952, pl. 12/251 ou celle de « Hofheim 33B ».
13   Au sujet de l'emploi comme vase à barbotine, voire *supra*.

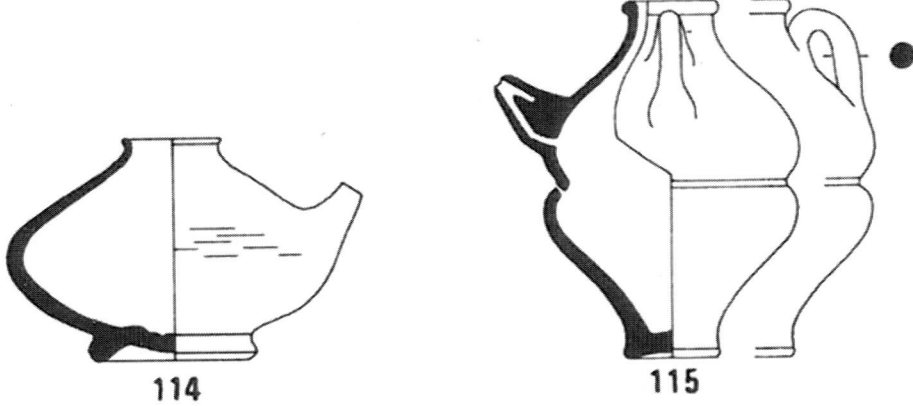

FIG. 154. Types Lez 114, Lez 115, d'après Bet, Fenet et Montineri 1989, p. 49, fig. 7.

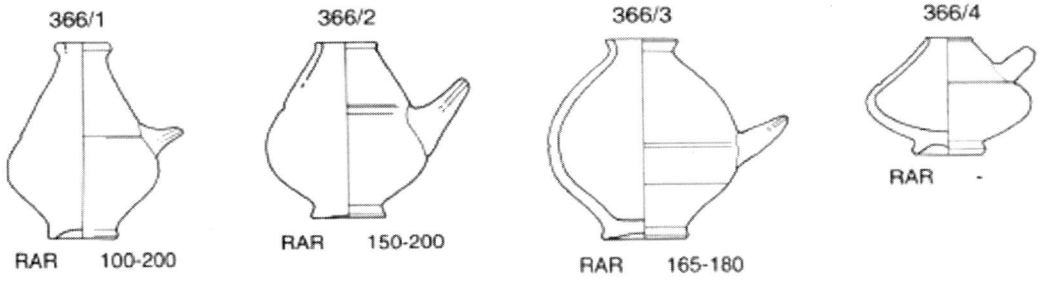

FIG. 155. Typologie des biberons d'Avenches, d'après Castella et Meylan-Krause 1994, p. 105.

Affiner les typologies

L'établissement d'une typologie adaptée aux VBT en céramique présente un certain nombre de difficultés. Alors que certaines formes sont aisées à décrire comme par exemple la forme de cruche composée d'une panse globulaire et d'un col haut, la petite forme fermée Lez 114 nous a posé davantage de problèmes. Il faut dire que cette forme est rare en dehors des vases à becs et qu'elle se rencontre à de nombreuses reprises, et avec des variantes, dans notre *corpus*.

Nous proposons de réduire les formes de base proposées par Rouquet/Loridant à cinq : (**fig. 157**), en remplaçant « aplatie » par « surbaissée » et en ajoutant « ovoïde ».

À ces cinq formes de bases s'ajoutent des caractéristiques que Loridant/Rouquet ont constituées en types : le type 5 « caréné » et le type 6 « bilobé ». Notre choix est motivé par la présence de ces caractéristiques (carène et double lobe) sur toutes les formes géométriques de panses (surbaissée, globulaire, piriforme, ovoïde), ce qu'il nous paraît important de mettre en évidence. Spécifique à la production gallo-romaine, cette volonté de vouloir marquer la panse, la plupart du temps au niveau du bec, signifie-t-elle qu'elle était utilitaire ? S'ajoutent

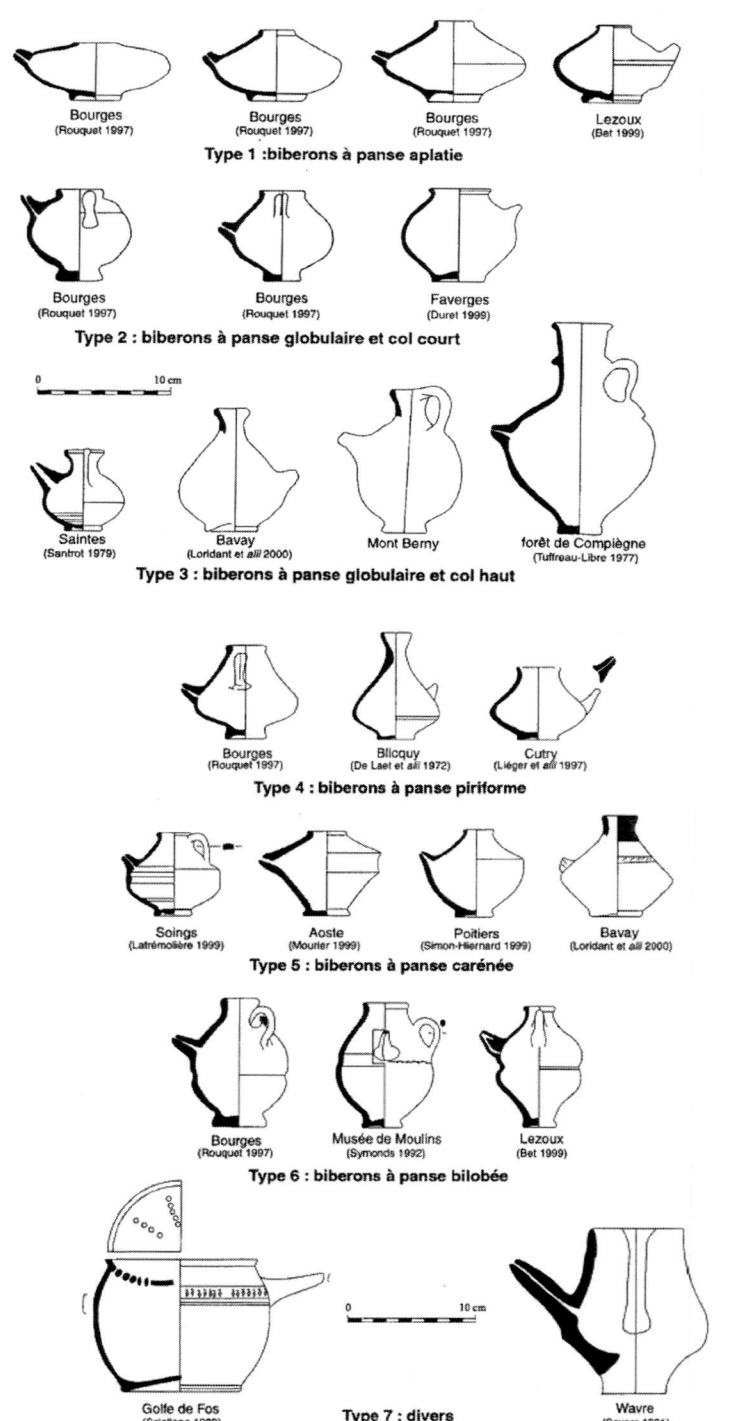

Fig. 156a et b. Typologie Rouquet, d'après Rouquet et Loridant 2000, p. 429-430, fig. 5 et 6.

Typologie Jaeggi

Type I
surbaissé

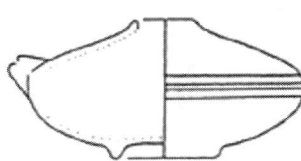

Bourges, Lazenay, 18033-489 2649 3341

Type II
globulaire

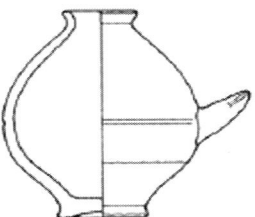

Avenches 88/6927-4

Type III
ovoïde

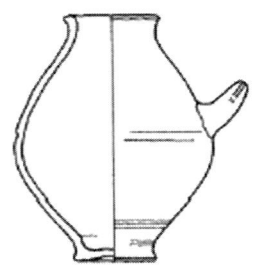

Avenches 88/6927.3

Type IV
piriforme

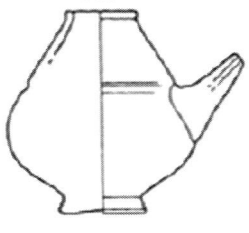

Avenches 88/6644-25

Type divers

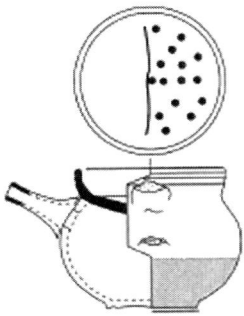

Fos-sur-Mer 1 BLA 2739

FIG. 157. Typologie proposée par l'auteure.

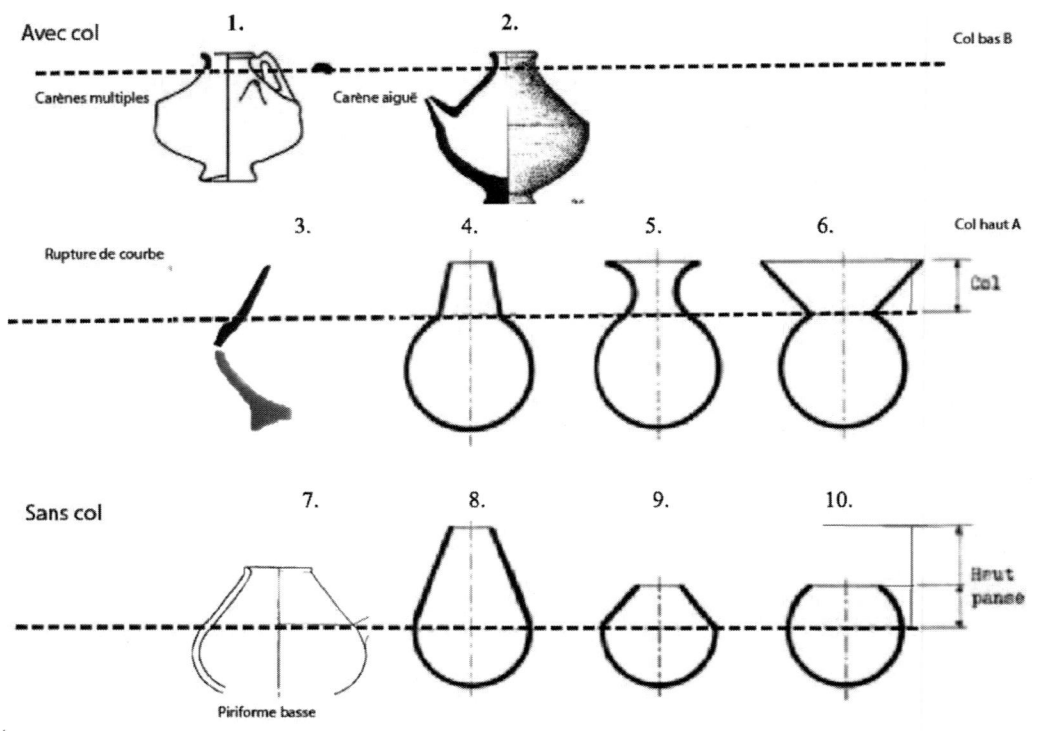

FIG. 158. Dessin ÉCHALLIER 1973, avec ajouts des vases 1, 3 et 7 par l'auteur.

aux carènes et lobes une autre caractéristique que nous nommons « rupture de courbe » (**fig. 158**). Elle intervient en général sur des panses globulaires et permet une réorientation et un resserrement des parois qui conduit à la formation du col du vase. Comme le montre le schéma ci-joint, conçu par Jean-Claude Échallier pour sa typologie de la céramique berbère[14], et enrichi par nous de quatre formes de VBT posant problème (1, 2, 3 et 7), nous considérons cette forme avec « rupture de courbe » comme pourvue d'un col, au contraire de la forme Lezoux 114 (**fig. 154**)[15]. Sur cette dernière, la partie située au-dessus de la carène est considérée comme faisant encore partie de la panse. Il s'agit alors de l'épaule du vase.

Nous considérons les panses ovoïdes et piriformes selon les mêmes critères. Ces dernières sont également pourvues, à certaines occasions, d'un col, ce qui n'est jamais le cas des formes « surbaissées » (**fig. 159**)[16].

14 ÉCHALLIER 1973.
15 Il s'agit des deux formes de vases à bec rencontrées dans notre corpus qui posent problème au sujet du col : présence ou absence.
16 Le col sur un vase de forme ovoïde se rencontre le plus souvent au sud de la France, à Arles (C16 et 17), Puyloubier (C461), Apt (C12) mais on le trouve aussi à Bordeaux (C104), au Mont-Berny (C289), sur la série de Bavay (C58, 60 et 64), et en Suisse à Avenches (C42).

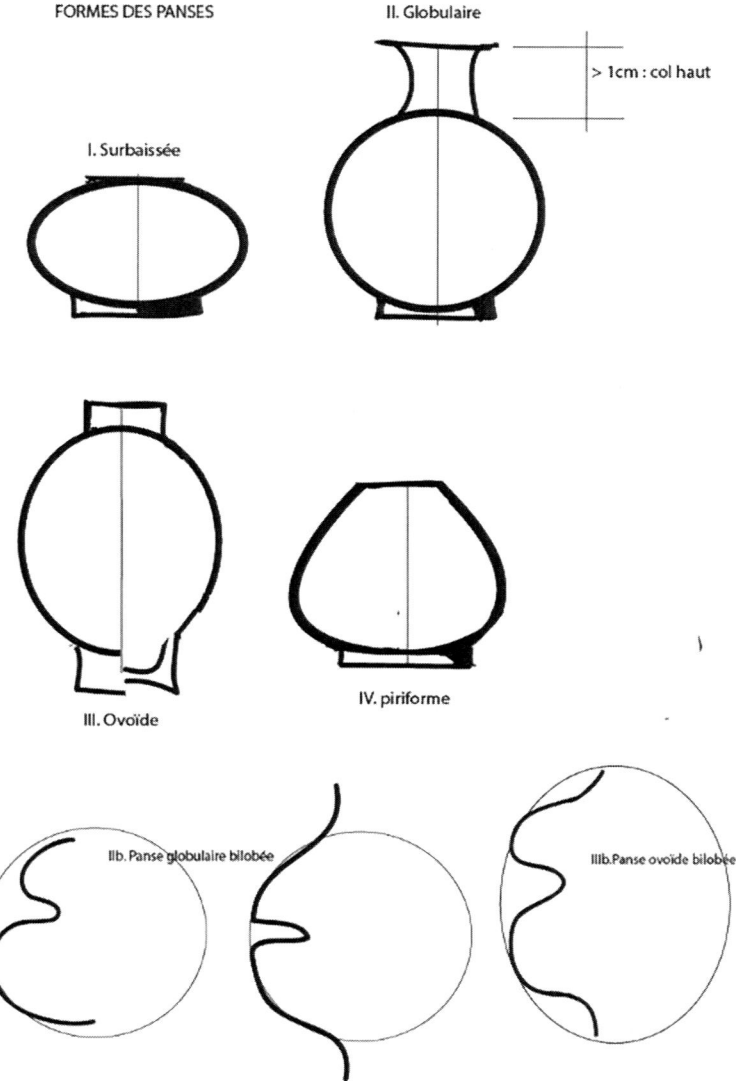

FIG. 159. Dessin explicatif des caractéristiques des panses (S. Jaeggi-Richoz).

La forme surbaissée est plus large que haute et comprend l'exemplaire Lezoux 114. Nous incluons sous ce type les vases dont la hauteur est équivalente ou inférieure aux deux-tiers de la largeur du vase. Au-dessus de ce rapport hauteur/largeur, nous classons les vases en fonction de la forme générale de leur panse qui peut être globulaire, ovoïde ou piriforme. La forme surbaissée est dès lors facilement reconnaissable à sa forme très plate, qui peut aller jusqu'à prendre une forme lenticulaire dans certains cas. En raison de sa platitude, cette forme possède toujours une carène plus ou moins aiguë qui peut être centrale comme décentrée, soit vers le haut soit vers le bas. Sur ces exemplaires, nous

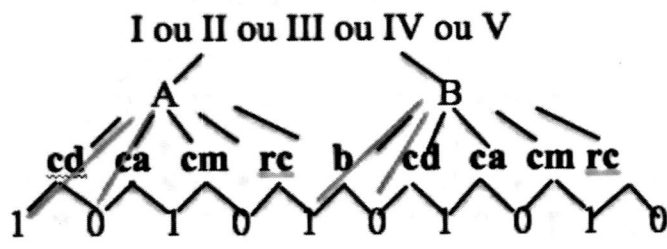

Fig. 160. Panses présentant des carènes multiples (S. Jaeggi-Richoz).

rendons donc compte d'une carène qui peut être aiguë « ca » si celle-ci forme une arête, de douce « cd » si elle présente une courbe ou encore de multiple « cm » (**fig. 160**).

Cette dernière variante est complexe car elle présente généralement deux carènes qui peuvent être aiguës ou douces. Dans le premier cas, elles forment une sorte de bandeau, dans le second cas, deux lobes aplatis, dont le diamètre et la hauteur ne sont pas toujours égaux, créés par une gorge médiane. Cette dernière configuration n'apparaît pas dans le type surbaissé (**fig. 161**).

Quant aux autres formes, la forme globulaire a son diamètre maximal au centre de la panse, contrairement au type piriforme dont le diamètre maximal est décentré vers le bas. La forme ovoïde est plus haute que large, et peut être légèrement évasée dans sa partie haute, reproduisant la forme d'une poire renversée. On dit alors que son diamètre maximum est en haut, comme sur certaines hydries à col[17]. Le type piriforme se rencontre souvent au sein de notre corpus. Il est décliné en plusieurs variantes, dont une basse, qui s'inscrit dans un carré, et une haute, qui dépasse en hauteur le carré. Nous ne rendons pas compte, dans notre typologie, de ces deux variantes mais la spécifions dans la description de l'objet.

Ainsi, notre classement, explicité par le **schéma de la figure 161**, comprend un premier niveau constitué des cinq formes de bases, auxquelles s'ajoute un deuxième niveau qui concerne le col. Il est alors soit haut « A », soit bas « B », c'est à dire d'une hauteur inférieure à 0,5 cm[18]. Ce dernier groupe comprend aussi les exemplaires sans col. Le troisième niveau concerne les caractéristiques des panses dont les carènes « aiguë », « douce » et « multiple » mentionnées précédemment. Au même niveau que les carènes, se trouvent les caractéristiques que nous nommons « bilobée » et « rupture de courbe ». Comme la variante « carène multiple » à lobes aplatis, dont elle se distingue par des lobes hauts et bien distincts, la caractéristique « bilobée » n'apparaît pas sur le type surbaissé. Elle comprend aussi une gorge qui sépare les deux

---

17 Dicocer, p. 198.
18 Ce paramètre est toutefois difficile à prendre en compte sur les vases où le col n'est pas clairement différencié de la panse. Dans ce cas, nous estimons que les cols bien marqués font partie de la classe A.

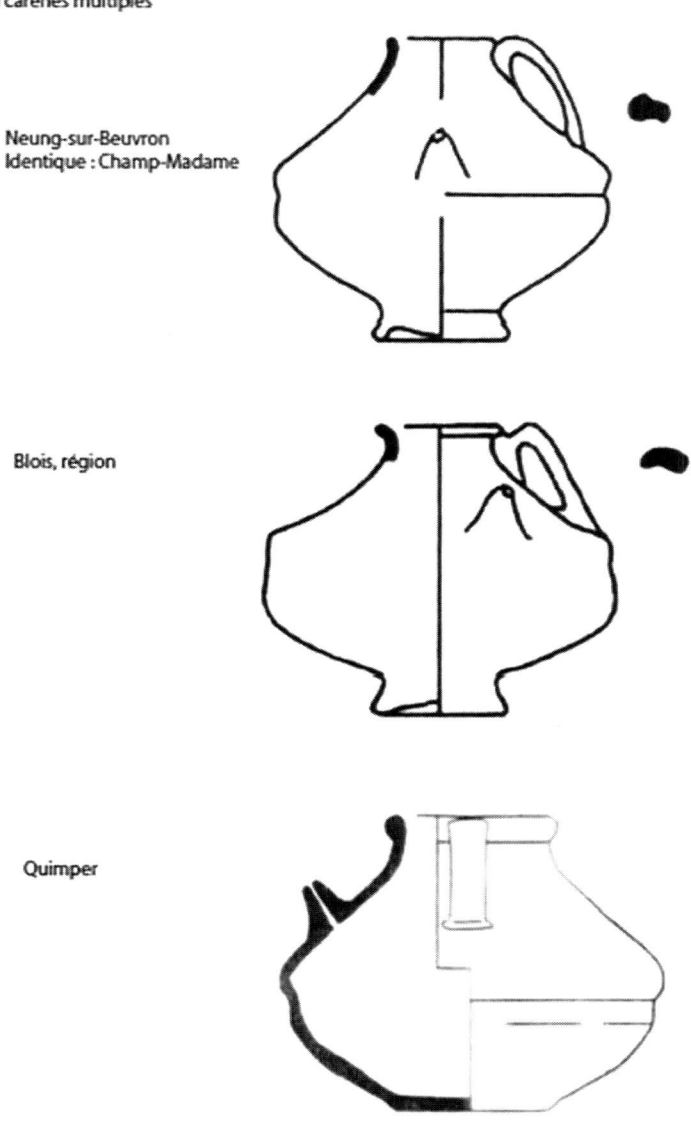

FIG. 161. Schéma des différentes compositions permises par notre typologie (S. Jaeggi-Richoz).

lobes. Quant à la « rupture de courbe », il s'agit d'un artifice, généralement une sorte de gorge, qui permet au potier d'interrompre la courbe de la panse en lui donnant une autre direction (**fig. 158**). De ce procédé naît un col qui peut être tronconique, concave, voire cylindrique. Notre observation des VBT nous a permis de noter la présence régulière d'une gorge ou d'un sillon, tels ceux formés par les doubles lobes ou carènes, généralement situés au niveau du bec.

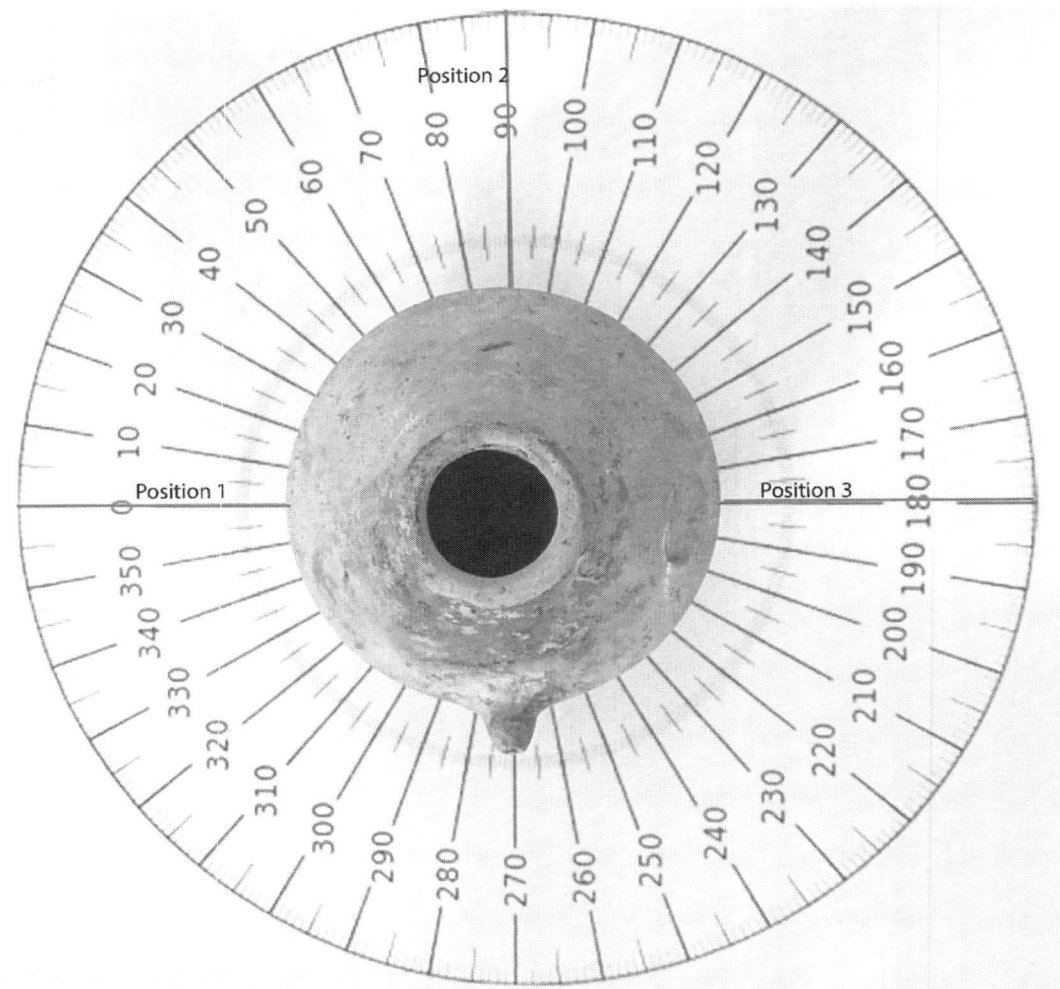

FIG. 162. Positions des anses 1, 2 et 3, selon un système qui va dans le sens des aiguilles d'une montre (S. Jaeggi-Richoz).

Par souci de simplification, nous avons renoncé à en spécifier la présence au sein de notre typologie. Gorges et sillons apparaissant souvent en plus des carènes, nous en rendons compte dans la description. La différence entre gorge et sillon est la profondeur et la hauteur du renfoncement. Nous estimons qu'en dessous de 2 mm, il s'agit d'un sillon, au-dessus, d'une gorge (**fig. 153**). Un quatrième niveau rend compte de la position de l'anse (**fig. 162**). Celle-ci est précisée par une numérotation de 1 à 3 et se lit dans le sens des aiguilles d'une montre depuis le bec. À de rares reprises, l'anse prend place en dehors des axes, ce qui est désigné par « position intermédiaire ». Contrairement aux VBT en verre, notre typologie des VBT en céramique ne prend pas en compte la forme des anses, mais leur présence est mentionnée dans la description.

Les panses

Notre catalogue compte 579 exemplaires en céramiques. Sur la base de la typologie établie, nous avons pu mettre en évidence 56 types différents dont 51 datés[19].

La forme surbaissée (IA et IB) compte 95 vases dont un avec rupture de courbe (IArco), 36 avec une carène aiguë (IBcao), 43 avec une carène douce (IBcdo), 10 une carène multiple formant un bandeau (IBcmo), et 5 sans carène (IB0). Aucun des vases de cette catégorie n'a une anse. La forme globulaire (II) compte un nombre d'exemplaire plus important. 99 ont un col haut (IIA), dont 9 une carène aiguë (IIAca), 3 une carène douce (IIAcd), 3 une carène multiple (IIAcm), 1 une double rupture de courbe formant un bandeau médian (IIArco), 26 une panse bilobée (IIAb) dont 14 avec anse (IIAb0), 27 ont une panse lisse (IIA1) et une anse et seulement 3 une panse lisse sans anse (IIA0). 3 vases à carène douce (IIAcd1) et 2 à carène multiple (IIAcm1) ont une anse.

La forme globulaire à col bas ou sans col (IIB) compte 84 vases. 21 ont une carène aiguë (IIBca) ce qui produit un type apparenté à la forme Lez 114, avec une panse inférieure en demi-sphère et une épaule tronconique. Cette série se différencie de celle de Lezoux par la hauteur du vase qui est à peu près équivalente à la largeur. 9 VBT à col bas ont une carène douce (IIBcd) parmi lesquels se trouvent deux exemplaires au décor moulé et glaçure plombifère produits à Vichy. 17 vases présentent une carène multiple (IIBcm). Sur certains, la carène forme un large bandeau anguleux (région de Blois), alors qu'une seconde série affiche un profil marqué par une gorge et surmonté par un lobe comme sur un vase de Quimper (C462). Une variante présente deux lobes comme c'est le cas sur des vases d'Autun, Tours et Vichy (C35, C532 et C556) Nous reviendrons sur ce type de vases sous la rubrique ateliers. Treize de ces exemplaires ont une anse latérale.

Trois vases globulaires ont un col bas et présentent une rupture de courbe. Sur deux d'entre eux, la rupture intervient peu au-dessus de la partie la plus large de la panse (C222, C251), alors que sur le troisième exemplaire, elle figure au 2/3 de la panse (C133). Quatre-vingt-dix-neuf vases à panse globulaire ont un col haut (IIA). Parmi ceux-ci, 9 affichent une carène aiguë (IIAca). La panse est alors très évasée et présente une épaule tronconique qui se termine par un col étroit. Aucun de ces vases ne porte une anse. Seuls 3 exemplaires ont une carène adoucie (IIAcd). Ils portent tous une anse. Parmi eux, le joli petit vase à bec à décor de fleurs et d'oiseaux réalisé en glaçure plombifère, trouvé dans la région de Fribourg en Suisse (**fig. 107**). La carène semble plus être due au décor qu'à la forme générale du vase qui est légèrement aplatie. 3 vases globulaires à col haut ont une carène multiple. Tous 3 ont une forme de cruche à laquelle la carène donne un caractère singulier. Le col haut sur une panse globulaire est représenté à 22 reprises par des vases ayant une rupture de courbe. Une série présente une panse légèrement aplatie et un col tronconique (région de Bourges), une autre a la forme de petites cruches au col concave qui est représentée par un exemplaire gracieux trouvé à Reims (C466), qui contraste avec ceux plus massif de Sarrebourg (C499), Cutry (C188) et Bordeaux (C99).

---

19 L'état fragmentaire de certains vases n'a pas permis de rendre compte de sa typologie complète, ce qui nous a conduite à abréger et à rendre compte uniquement de sa forme de base. Par exemple « IV » ou de sa forme et de la présence d'un col. Dans ce cas « IVA ».

26 des vases à panse globulaire sont bilobés (IIAb) dont 14 avec une petite anse latérale en forme d'oreille (IIAb1).

La forme ovoïde (III) compte 30 vases. La plupart ont un col haut (IIIA), ce qui représente 27 exemplaires. 12 d'entre eux sont bilobés, et tous semblent avoir une anse, à l'exception d'un vase bilobé de Neuville-le-Pollet dont le dessin ne permet pas de trancher avec précision (C196). Quinze des vases ovoïdes ressemblent à une cruche à la panse étirée, leur panse est lisse et ils ont une anse. Un exemplaire unique provient d'Avenches, sa panse n'est surmontée d'aucun col et elle n'est pas agrémentée d'une anse, ce qui lui donne la forme d'un petit tonneau posé sur sa base (C40).

La forme piriforme (IV) compte 136 vases dont 72 avec un col haut (IVA). Parmi eux, 4 ont une carène aiguë, 7 une carène douce (IVAcd), 2 une carène multiple (IVAcm), 5 sont bilobés (IVAb). Ceux-ci sont la plupart du temps ansés, hormis quelques exceptions qui apparaissent dans les 4 groupes. En outre, 18 des vases piriformes ont une panse lisse et une anse (IVA1), alors que 11 sont sans anses (IVA0). Parmi les 60 vases piriformes à col bas ou sans col (IVB), 19 ont une carène aiguë dont 10 avec anse (IVB1), 13 une carène douce (IVBcd) dont 4 avec anse (IVBcd1), 5 une carène multiple et une anse (IVBcm1), 2 exemplaires sont marginaux et présentent une variante de type bilobé (inv. C164 et C467).

Le type divers (V) compte un seul vase. En forme de tasse, il provient du Golfe de Fos et semble devoir être rattaché à une production étrangère à la Gaule.

Les anses

Les VBT sont à 275 reprises ansés, ce qui représente la majorité puisque 236 exemplaires sont attestés comme n'ayant pas d'anse, et qu'il n'a pas été possible de déterminer la présence d'une anse sur 152 exemplaires. Deux exemplaires ont deux anses (C327 et C420).

L'anse est généralement positionnée par rapport au bec, selon 3 angles droits différents. Nous avons choisi de suivre le sens des aiguilles d'une montre pour rendre compte de sa position. Dans la position 1, elle se trouve à 90°, c'est à dire à la gauche du bec (lorsqu'on est face à lui) ; dans la position 2, à 180°, c'est à dire à l'arrière du bec, dans sa continuité ; en position 3, elle est à 270°, c'est à dire à la droite du bec. Des positions intermédiaires apparaissent entre ces 3 directions. Nous les avons désignées par « position intermédiaire 1, 2 et 3 », en référence à ces 3 directions. Une anse en position intermédiaire est considérée comme placée après la position dont elle porte le numéro.

La position 3 est la plus courante puisqu'elle apparaît à 229 reprises, dont dix fois en position intermédiaire. L'anse en position 2 apparaît sur trente-huit VBT, 21 fois en position intermédiaire. L'anse en position 1 est la plus rare. Elle apparaît sur huit vases seulement, dans trois cas en position intermédiaire. Certaines formes ne sont jamais ansées. C'est notamment le cas des formes basses représentées en grand nombre à Bourges, et de la forme à col haut et étroit trouvée à Poitiers (C452, 453 et 455).

En territoire helvète, les VBT sont pratiquement toujours sans anse. Cela ressort de la production d'Avenches, des vases trouvés à Berne et aussi à Genève, Martigny, Orbe et Payerne.

L'anse est particulièrement petite sur les exemplaires bilobés. De section annulaire, elle forme un petit anneau en forme d'oreille. Sur un type représenté par plusieurs VBT de Vichy (C559) et aussi de Lisieux (C375), l'anse est tellement petite et collée au col du vase qu'elle ne semble pas avoir pu servir à la préhension.

D'après le manque d'appréciation des anciens pour les gauchers, nous pouvons facilement déduire que la plupart des vases étaient conçus pour des droitiers, ce que confirme l'emplacement de l'anse[20]. Il n'est pas exclu que cette dernière ait servi pour le suspendre entre deux utilisations, peut-être pour le laisser sécher.

Le décor

Contrairement aux VBT grecs, les VBT gallo-romains sont rarement décorés. Cette absence n'est pas tant liée à la forme du vase qu'à la tradition vasculaire de chaque région ou atelier.

Les VBT s'inscrivent au sein de plusieurs productions. Deux sont majoritaires. Il s'agit de la céramique commune claire engobée, et de la sigillée. Le centre artisanal de Lezoux produisait les deux types. La qualité des productions de ce centre est due à la finesse de l'argile et à la maîtrise des techniques, copiée sur les artisans arétins (production d'Arezzo).

Des décors en relief apparaissent sur certains exemplaires produits dans la région de l'Allier, notamment sur la production en glaçure plombifère des ateliers de Vichy. Dans son étude sur cette production, Jacques Corrocher présente deux VBT[21]. Le décor de l'un (C561) présente « une arcature striée surmontant une série de petits animaux qui courent vers la gauche (cerfs ?) et dont elle est séparée par une ligne perlée » (**fig. 163**)[22], le décor de l'autre (C562) est plus simple et ne présente qu'une arcature à trait plein « infléchie vers le bas à son sommet par une feuille tombante, terminée par un motif en bouton de manchette » (**fig. 164**)[23]. Sur les deux exemplaires, seule la partie inférieure de la panse est moulée.

Le VBT retrouvé à Fribourg, La Poya, peut être rapproché de cette production (**fig. 107**). À notre connaissance, le motif n'est cependant pas attesté à Vichy, ce qui pourrait suggérer un atelier différent. La glaçure plombifère est en effet produite dans d'autres ateliers de l'Allier, par exemple à Néris-les-Bains et Saint-Rémy-en-Rollat et aussi dans le bassin de la Loire[24]. Cette production spécifique, dont on trouve peu d'exemplaires lors des fouilles, semble se limiter au Ier siècle. Le vernis à glaçure plombifère de l'exemplaire fribourgeois est jaune. Il n'est visible qu'à certains endroits. Sa forme diffère de celle représentée par Corrocher, c'est à dire de type globulaire à col bas, selon notre typologie. Le biberon de la Poya a un col haut, qui l'apparente plus à la forme moulée Déchelette 61 (**fig. 165**), toutefois sans bec. Comme le vase Déchelette, le biberon de la Poya a ses deux hémisphères moulés. La partie inférieure est ornée d'une rangée de fleurs à six pétales, alors que deux rangées se succèdent sur la partie supérieure (l'épaule) : la première est constituée d'oiseaux qui

---

20 HUMER 2012. Aussi DASEN 2015a, p. 253.
21 CORROCHER 1983, p. 28.
22 CORROCHER 1983, p. 28, pl. XIV, 3.
23 CORROCHER 1983, p. 28. pl. XII, 11.
24 VERTET 1985, p. 25.

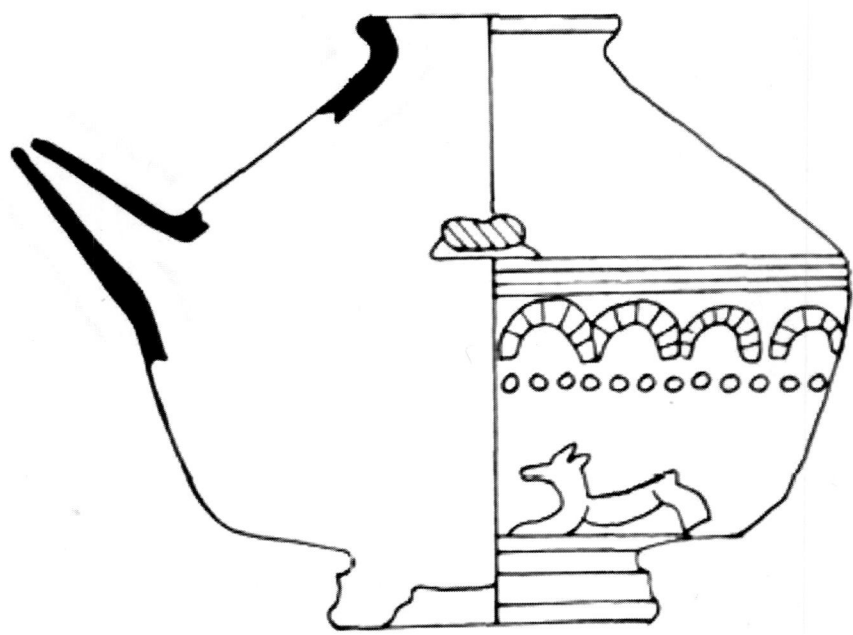

Fig. 163. Biberon produit à Vichy dont la partie basse de la panse est moulé et présente un décor de petits animaux-cerfs (?) – courant surmontés par une ligne perlée et une rangée de demi-lunes, d'après Corrocher 1983, p. 29. pl. XIV.

semblent prendre leur envol, l'autre de fleurs identiques à celles de la partie inférieure. Un bandeau central est délimité par une sorte de petit bourrelet qui apparaît aussi à la base du col.

Sur certains biberons, l'application d'un engobe permet de mettre en valeur, ou de différencier, certaines parties du vase. Un vase de Bavay, en forme de cruche avec arête centrale aiguë, est peint en rouge sur la partie supérieure de son col (C66). Un biberon globulaire de Cologne (C315) est recouvert d'un engobe plus foncé sur la partie qui surplombe le bec. Le corps du vase étant de couleur rose-orangée, la partie supérieure s'en démarque discrètement.

La collection de Saint-Germain-en-Laye comprend cinq vases achetés par Napoléon III, dont la partie supérieure a été engobée dans un ton plus soutenu que le corps du vase. Il s'agit, selon toute vraisemblance, de vases ayant une même provenance, peut-être l'actuelle Allemagne, en regard des engobes et des formes[25]. Trois de ces vases ont une forme de cruche (C292, C294, C295), deux une forme globulaire sans col (C293 et C296). Des trois premiers, deux ont reçu un engobe noir, alors que le dernier a reçu un engobe rouge. Ces mêmes engobes noir et rouge figurent respectivement sur les exemplaires globulaires. L'emprise de l'engobe est plus invasive sur les exemplaires en forme de cruche, où il

---

25 Un VBT similaire au type globulaire, engobé sur le haut, a été mis au jour à Andernach (Koenen 1888, pl. VII, n° 3). Voir aussi le VBT (C317) de Krefeld (Pirling et Siepen 2000, p. 147 ; Pirling et Siepen 2006, p. 114, VI, pl. 103,9).

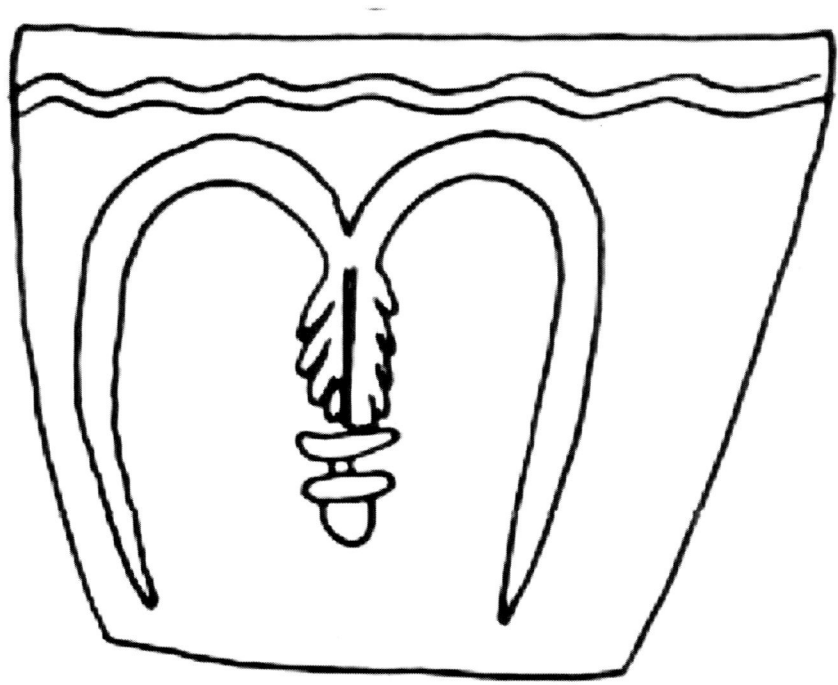

FIG. 164. Décor d'un vase à bec de Vichy, d'après Corrocher 1983, p. 29. pl. XII, 11.

recouvre tout le haut et s'étend jusqu'en dessous du bec. Sur les exemplaires globulaires, l'engobe crée une sorte de bandeau irrégulier qui recouvre le bord et descend sur moins d'un centimètre sur le corps du vase. Sur le plus petit de ces vases (C293), l'engobe présente une coulure vraisemblablement voulue puisqu'elle se place à l'opposé du bec, marquant ainsi une sorte de petite queue (**fig. 166**).

Le vase miniature conservé à Périgueux est marqué par un trait ocre rouge au niveau de la partie la plus large du vase. Il se démarque ainsi nettement de l'engobe blanc recouvrant l'entier du vase (**fig. 167a et b**). Ce vase porte également une inscription dont nous traitons ci-dessous. Un contraste de couleur apparaît aussi sur un biberon conservé au musée Bargoin de Clermont-Ferrand (C271). L'un des deux biberons de Bad Zurzach (C55) est peint de lignes fines (**fig. 177**). Au nombre de trois, elles sont disposées de manière régulière sur l'entier du biberon et peintes dans un beige plus soutenu que le corps du vase. Comme sur le vase de Périgueux, la ligne la plus basse marque la carène. Un exemplaire de Bourges (C132) est aussi orné de trois lignes rouges sur sa partie supérieure. Au contraire, un vase de Beaumont dans l'Allier présente des rainures dans sa partie inférieure (C73). Les vases du territoire des Trévires sont souvent pourvus d'un décor peint. Leur forme générale présente un col fortement évasé, qui les apparente à un gobelet, sur un corps globulaire. Le biberon de Trèves (C536) est orné de trois lignes, dont une centrale, placée au niveau du bec. La ligne supérieure est placée sous l'anse, la ligne inférieure semble marquer la moitié inférieure de la panse.

La production peinte à l'engobe de cette région est parfois pourvue de lignes serpentines entourant une inscription elle aussi peinte. C'est le cas du biberon C539 où les deux lignes

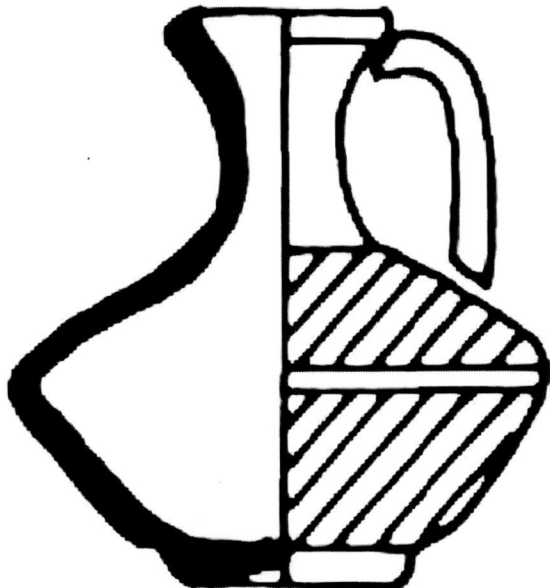

Fig. 165. Petite cruche en céramique plombifère, type Déchelette 61, d'après Corrocher 1983, p. 18, pl. 6.

délimitent un bandeau central (**fig. 169**)[26]. Une autre spécificité de cette région est l'ajout de points créés à l'engobe blanc. Le biberon d'Andernach (C7) est représentatif de ce décor qui est appliqué en ligne, tout autour du vase, au niveau du bec. Ne sont pas intégrés à notre catalogue six autres biberons pourvus du même décor, dont trois provenant de Cologne, deux de Bingen, et un de Kobern-Gondorf.

Ces décors linéaires délimitant souvent une zone médiane ou marquant la partie centrale de la panse sont le plus souvent réalisés par creusement de la masse argileuse. Comme nous l'avons déjà évoqué, de nombreux biberons présentent ce que nous désignons par une gorge ou un sillon. Certains ne présentent qu'une fine incision qui passe souvent inaperçue, surtout si elle n'est pas relevée par une couleur différente. Nombreux sont les biberons pourvus d'une gorge sous le bec. Celle-ci est parfois tellement large qu'elle forme un bandeau, comme c'est le cas sur deux exemplaires retrouvés aux Martres-de-Veyre (C402 et C408). Cette gorge induit la formation de deux lobes distincts, l'un inférieur, l'autre supérieur. Le bec prend alors place au-dessus de la gorge, sur la partie saillante du lobe supérieur. Les carènes semblent jouer un rôle similaire aux gorges, le bec se plaçant soit sur leur partie saillante, soit juste au-dessus. Les ruptures de courbes présentent un

---

26 Nous traitons de l'inscription dans le prochain sous-titre.

LA PRODUCTION GALLO-ROMAINE

FIG. 166. Biberon au décor peint à la main, présentant à l'arrière une petite tresse ou queue?, Ht. : 6,7, Larg. 6,4 cm, provenance inconnue, Saint-Germain-en-Laye, Musée d'Archéologie nationale et Domaine, 13555.338, Photo R. Jaeggi.

Fig. 167a. Vase «miniature» engobé de blanc et marqué par un trait rouge en son centre, il porte une inscription sur l'épaule, transcrite MVSARVMLEGESNODENT / LVPINOSXDABOVNT (CIL.XIII.10017, 38), Ht. 6,0 Larg.7,7 cm, Périgueux, Musée gallo-romain Vesunna, E97/G.166. Collection musée Vesunna, Périgueux. Cl. B. Dupuy.

autre schéma, puisqu'elles naissent généralement au-dessus du bec. Elles créent alors un rétrécissement de la panse et par là, la naissance du col.

Comment interpréter cette volonté de marquer le biberon en sa partie saillante, dans la proximité immédiate du bec? Bien que la présence d'une gorge ou d'un sillon nous amenait à envisager l'emploi d'une cordelette, ayant eu pour vocation de maintenir en place une tétine artificielle, en matériau périssable, les carènes et décors peints supportent plus difficilement cette hypothèse. Doit-on voir dans cette mise en évidence de la partie centrale du biberon, une fonction pratique ou uniquement décorative?

Bien que multiple, la forme des biberons et l'emplacement de leur bec montre une constante: ce dernier est toujours situé directement sur ou juste au-dessus de la partie la plus large du vase, ce qui devait permettre de faciliter l'écoulement du contenu. Quant au soulignement de la partie médiane du vase, il semble coïncider avec la limite de remplissage. Dans quel but? Est-ce par pur esthétisme ou pour évoquer symboliquement le précieux contenu du vase?

Fig. 167b. Vase « miniature » de Périgueux, vue d'en haut sur l'inscription. Collection musée Vesunna, Périgueux. Cl. B. Dupuy.

Les inscriptions

Quatre de nos biberons portent une inscription. Ils sont tous en céramique. L'un fait partie d'une série importante, si on en croit le docteur G.-J. Witkowksi :

> En 1854, on a trouvé, aux environs de Liège, une cinquantaine de biberons en terre ; sur chacun d'eux était gravé le mot [REPLE] (remplis).

L'exemplaire est rendu par un mauvais dessin (C365). Il est pourvu d'un col particulièrement haut, surmontant une panse arrondie. Placée sur la panse, l'inscription est une injonction du type de celle qui se trouve sur de nombreux vases de Rhénanie, sur lesquels nous reviendrons. Elle nous apprend toutefois peu de choses sur le contenu du vase.

Fig. 168a. Biberon découvert à Trèves, conservé au Rheinisches Landesmuseum Trier, EV 33.780, Photo Thomas Zühmer, Generaldirektion Kulturelles Erbe Rheinland-Pfalz.

Fig. 168b. Dessin du biberon EV 33.780 et rendu de son inscription, d'après Symonds 1992, fig. 13, groupe 47, n° 686.

LA PRODUCTION GALLO-ROMAINE 427

Fig. 169a. Biberon découvert à Cologne, conservé au Rheinischen Landesmuseum Bonn. Cliché J. Vogel, LVR-Landes Museum Bonn.

Un second biberon porte une inscription qui fait allusion à l'action de boire du vin, selon la transcription VINUMBIBE qu'en fait Sylvia Künzl[27]. Le contexte exact de découverte ne nous est malheureusement pas connu mais la façon du vase et son inscription le placent au sein de la série des « Spruchbecher » (littéralement vase à dicton), produits par les ateliers de la ville de Trèves (*Augusta Treverorum*) entre le IIIe et le Ve siècle. Le vase a la forme d'une petite cruche. Le col est étroit à sa naissance et s'évase à son embouchure. L'inscription est écrite en cursives et court sur tout le pourtour du vase, au niveau de la panse. Peinte à la barbotine blanche, sur un fond métallescent noir, elle est encadrée au-dessus et en-dessous par deux lignes ondulantes de même couleur. L'inscription n'est

27 Künzle 1997.

pas propre au biberon puisqu'on la trouve également sur d'autres vases dont un de même forme, le bec en moins[28]. L'ajout du bec sur une petite cruche suggère un usage commun : celui de consommer (boire ou verser ?) du vin, et peut-être une adaptation pour une personne ayant des difficultés à boire[29].

Le troisième biberon inscrit de notre série provient lui aussi de l'actuelle Allemagne. De forme basse, il a un col court. Le haut de la panse et le col ont reçu un engobe orangé plus soutenu que la partie inférieure du vase. L'inscription court sur le haut de l'épaule, juste en dessous du col.

Semblant réalisée en deux fois, l'inscription est écrite dans un premier temps en lettres cursives, grecques et latines (**fig. 168b**). Le *CIL* considère le contenu comme un médicament qui contiendrait 11 (parts ?) de miel XI m(ellis)[30]. Michel Fuchs, que nous avons sollicité pour l'interprétation de cette inscription, souligne que la fin du graffito présente un tracé plus appuyé que son début.

Le chercheur transcrit l'inscription ainsi : *u ii d*(delta) *m*(mu) *i* XI MI. En regard des inscriptions souvent faites sur des récipients de type cruche, il propose de voir dans XI l'abréviation d'une proportion. Il pourrait dès lors s'agir d'une recette à adopter pour le remplissage du vase. Prenant en compte la forme spécifique du vase biberon, il propose la restitution suivante :

U(b)e(ris) 4 m(el)i 11 m(el)ii.
« 4 parts de lait maternel (littéralement de sein), 11 parts de miel (miel indiqué une première fois en grec et une deuxième fois en lettres latines) ».

Bien que cette proposition soit d'une « grande satisfaction… en relation avec un biberon »[31], le chercheur admet qu'une autre lecture est possible. Nous rendons ici la suite de ses réflexions dont il nous a généreusement fait part[32] :

d'autant que l'on ne comprendrait pas pourquoi le mot latin *uber* au génitif serait abrégé en latin de cette manière pour être suivi de l'indication d'un 4 en grec avec un delta :
Le *u* initial serait l'abréviation de *uncia*, autrement dit de l'indication de poids de 27,28 g.
Le *ii* suivant ne serait pas un renvoi à un *e*, mais le signe pour *duella*, autrement dit le tiers d'once à 9 g.
Le δ – d'ailleurs écrit dans l'autre sens – ne serait pas un delta mais le signe pour *sextula*, autrement dit un sixième d'once, soit 4,5 g.
Le μ serait effectivement l'abréviation de μελι, le miel en grec, repris en lettres latines MI après le onze, XI. Le MI final pour le *mel* latin reste curieux, à moins que l'on pense au datif *melli* passé dans le langage courant [*melli est*, « c'est du miel (sous-entendu : pour moi) », HORACE, *Satire* II, 6, 32].
Il y aurait donc un poids indiqué en relation avec des parts de miel à calculer en fonction de ce poids.

---

28 Concernant cette série de vases voir SYMONDS 1992 ; KÜNZLE 1993, p. 96 et p. 133 ; KÜNZLE 1997. Fanette Laubenheimer s'est aussi intéressée à ces vases inscrits pour leur référence à la bière (LAUBENHEIMER, OUZOULIAS et VAN OSSEL 2003, p. 60).
29 L'ajout d'un bec sur une forme courante des ateliers n'est pas spécifique à cette production.
30 *CIL* XIII 10 008,47.
31 FUCHS 2015.
32 Nous remercions vivement l'auteur d'avoir pris le temps de faire cette lecture.

Mais le *u* initial peut-il vraiment renvoyer à l'*uncia* ?

On pourrait aussi penser à l'abréviation d'un autre ingrédient intervenant dans le mélange introduit dans le biberon, comme le suggère aussi le commentaire du *CIL*. Ne serait-ce pas alors le mot *uinum* auquel il faudrait penser, sachant qu'un peu de vin est de longtemps ajouté dans le biberon des enfants dans la tradition populaire ? Cela donnerait la restitution suivante : *u(inum) duella sextula/sextulae meli/melitos undecim melli/mellis*, donnant deux possibilités de traduction ou d'interprétation :

« 9 g de vin pour 11 parts de miel à 4,5 g la part »

« 9 g et/ou 4,5 g de vin pour 11 parts de miel »[33].

Éprouvons l'une après l'autre ces propositions.

Commençons par celle composée de lait de femme et de miel. Les quantités n'étant pas données avec précisions, nous pouvons difficilement réfléchir en termes de volume. Néanmoins, le rapport lait/miel ne semble pas incohérent. Supposons que la mesure employée soit la cuillère, *ligula*, dont la contenance est d'1,12 cl[34]., cela donne une quantité de 50 ml, atteignant environ la moitié du vase (**fig. 170a**). L'importante quantité de miel donne un mélange onctueux qui pourrait convenir en application sur la peau, voire dans les oreilles (**fig. 170b**). Une administration orale semble devoir être écartée en raison de son épaisseur et de son indigestibilité.

Chez Pline, les recettes composées de lait de femme et de miel sont au nombre de quatre. Deux sont contre les problèmes ophtalmiques, deux contre les douleurs des oreilles[35]. Une seule d'entre elle n'utilise que le lait et le miel. Le mélange doit toutefois être assez liquide puisque de la laine y est trempée avant d'être appliquée, ce qui nous amène à écarter ce genre d'application :

> Lorsqu'elles (les oreilles) exhalent une odeur nauséabonde, comme il est habituel dans leurs affections chroniques, on y introduit de la laine imbibée de lait où l'on a délayé du miel[36].

Une préparation plus liquide pourrait coïncider avec une recette composée de lait de femme et de miel utilisée pour les yeux douloureux :

> [...] il est encore excellent de faire couler du lait sur les yeux injectés de sang à la suite d'un coup ainsi que sur les yeux douloureux ou enflammés, principalement lorsqu'on l'additionne de miel et de suc de narcisse ou de poudre d'encens[37].

Concernant les deux propositions contenant du vin. Nous avons également fait un essai pratique. Puisque 9 g de vin font approximativement 25 ml, leur association à 11

---

33 Fin de la proposition de Michel Fuchs, proposition datée du 12 août 2015 que nous avons rendue telle quelle avec son accord.

34 Cette unité de mesure est employée dans une recette employant du lait de femme, de l'urine d'impubère et du miel, à raison d'une pour chaque substance. PLINE, *Histoire naturelle* 28, 75.

35 Pour les yeux *HN* 28, 21 et *HN* 29, 11 et pour les oreilles : *HN* 28, 75 (les deux recettes sont dans le même passage).

36 *HN* 28, 21 : *Aurium quoque uitiis medetur admixto modice oleo aut, si ab ictu doleant, anserino adipe tepefactum. si sit odor grauior, ut plerumque fit longis uitiis, diluto melle lana includitur.*

37 *HN* 28, 21 : *Oculo ab ictu cruore suffuso et in dolore aut epiphora, si inmulgeatur, plurimum prodest, magisque cum melle et narcissi suco aut turis polline.*

Fig. 170a et b. Test de quantité et de consistance, d'après la recette utilisant du lait et du miel, expérimentation et Photo S. Jaeggi-Richoz.

parts de miel à 4,5 g donne un mélange d'un volume d'environ 50 ml, soit le double de la quantité de vin initiale (**fig. 171a**). Ce volume pourrait tout à fait convenir pour le biberon porteur de l'inscription. En effet, d'après nos tests, le mélange arrive environ jusqu'à la moitié du vase, au niveau du bec[38]. Malgré la grande quantité de miel, il conserve une grande fluidité (**fig. 171b**). Le miel se diluant facilement, la dernière proposition où la quantité de chaque part de miel n'est pas précisée, pourrait tout aussi bien convenir. En effet, 4,5 g de vin constituent 12,5 ml auxquels des quantités de miel plus importantes que précédemment auraient aisément pu être ajoutées. Des deux recettes utilisant le vin, la première nous semble plus cohérente. En effet, pourquoi ne préciser le poids que de l'un des deux contenus ?

Il est finalement difficile de trancher entre lait de femme et vin. L'épaisseur du mélange lacté suggère une utilisation par application plutôt qu'en boisson. Le petit bec offrirait alors la possibilité de déverser le produit de manière parcimonieuse et ciblée. Il permettrait en outre d'atteindre le fond des cavités du corps, comme les oreilles, pour lesquelles le lait de femme est privilégié. La piste du vin peut tout autant être soutenue. Composé

---

38 Le vase utilisé pour le test a un diamètre de 7 cm qui rejoint celui du VBT de Cologne.

 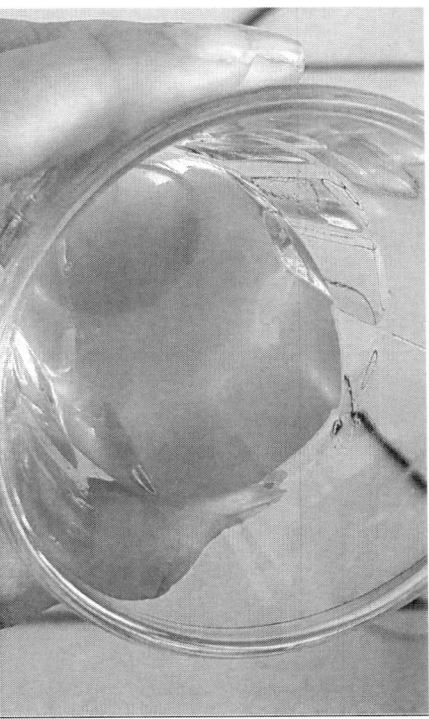

FIG. 171a et b. Test de quantité et de consistance, d'après la recette utilisant du vin et du miel, expérimentation et Photo S. Jaeggi-Richoz.

uniquement de deux substances, le mélange forme un vin miellé. Les emplois de ce vin rappellent d'ailleurs ceux du lait, tantôt resserrant ou relâchant.

Ces diverses possibilités interrogent alors : le contenu du VBT était-il employé comme simple boisson, une variante de l'eau vineuse de Soranos ? Le fait d'inscrire des substances, comme sur des petits pots à médicaments nommés d'après leur contenu, le Lykion[39], supporte plutôt l'hypothèse d'y voir une prescription thérapeutique (**fig. 172**). D'ailleurs, deux petits vases tronconiques retrouvés dans la maison du chirurgien à Pompéi, présentent de grandes similitudes formelles avec nos VBT (**fig. 173**). De petite taille, leur épaule présente une inscription évoquant l'une la germandrée, l'autre l'aurone[40]. Un élément différencie le VBT de Cologne des petits pots de Rimini : recette sur l'un, substance unique sur les autres. Alors qu'il est plutôt banal d'indiquer le type de contenu sur un vase clôt aux parois opaques, y inscrire une recette est moins courant. Nécessairement faite pour rappeler le mélange et les dosages, elle soulève plusieurs questions. Sa simplicité suggère qu'elle n'était pas destinée au médecin, qui pouvait en tout temps accéder à ses écrits de référence. La recette pouvait pourtant avoir été écrite par lui en vue d'un remplissage postérieur du récipient.

---

39 Pline explique qu'il est préparé avec un type de ronces. Il est cuit pendant trois jours jusqu'à avoir une consistance de miel. *HN* 24,124-127, aussi DIOSCORIDE 1,133.
40 L'aurone est aujourd'hui encore employée pour ses effets toniques, vermifuges et cicatrisants.

Fig. 172. Pots à Lykion en plomb, Ht : 2,75 cm, Athènes, probablement IIIe s. av. J.-C., British Museum © R. Jackson (extrait de Pardon-Labonnelie 2013, pl.VI, fig. 2).

Fig. 173. Petits pots en céramique découverts dans la maison du chirurgien à Rimini. Musée de la maison du chirugien, Rimini, Photo © Museo domus del chirurgo.

S'agissait-il alors d'un emploi unique comme le suggère l'injonction faite par Hippocrate de ne pas réutiliser un vase qui a contenu un mélange médicinal ? Les grandes quantités de miel évoquées par l'inscription devaient en tous les cas avoir permis une conservation du mélange pouvant durer plusieurs jours et avoir servi à plusieurs reprises. S'agissait-il dès lors d'un produit utilisé à doses réduites, sur une période de plusieurs jours, comme cela devait être le cas pour les collyres renfermés dans les pots à Lykion ? En tel cas, un bouchon sur lequel nous reviendrons dans la partie qui traite des analyses doit être envisagé[41].

Le quatrième et dernier vase inscrit de notre corpus est conservé à Périgueux (**fig. 167a**). Découvert à la fin du XIXe s., il provient vraisemblablement de la même région. De petite taille, puisqu'il ne mesure que 6 cm de hauteur, il présente une jolie forme arrondie. Recouvert d'un engobe blanc, la partie saillante de sa panse est soulignée par un trait de couleur ocre. Le haut du vase est cassé à la base du col dès lors inexistant. Le commandant

---

41 *Infra.*

Espérandieu fait état de l'objet dans une publication de 1893. Il décrit l'inscription comme présentant une « paléographie antérieure à la "nouvelle écriture" ou "nouvelle cursive" ». Sa transcription est MVSARVMLEGESNODENT / LVPINOSXDABOVNT, ce qu'il traduit par « "(Ceux qui) transgresseront la règle des Muses donneront dix lupins" » (**fig. 167b**).

Nourriture des bœufs, les lupins servaient aussi de monnaie dans certains jeux. Plaute évoque la ressemblance entre les pièces d'or et les lupins :

> *Aga*, c'est de l'or. *Col.* oui, ma foi, messieurs, c'est de l'or de comédie ; c'est de cet or dont on se sert en Italie pour engraisser les bœufs[42].

Cet usage semble s'être amplement généralisé et être encore en vigueur sous Justinien puisqu'une loi établie sous son règne stipule que, si le perdant a joué des lupins, le gagnant ne pourra en recevoir l'équivalent monétaire[43]. Les lupins pouvaient d'ailleurs recevoir une marque indiquant leur valeur. Si leur évocation renvoie bien à un jeu où les perdants doivent s'amender de dix pièces, quel est ce jeu et quelle est la règle à ne pas transgresser ?

À notre connaissance, aucun jeu n'est attribué directement aux muses dans le monde romain. Il pourrait bien sûr s'agir d'un jeu conçu au sein de la maisonnée, qui n'a pas eu de postérité. L'allusion aux muses, pourrait cependant faire écho au développement des sens de l'enfant. Sur les sarcophages, la présence de ces êtres divins qui ont leur place au sein de l'Olympe, va de pair avec un intérêt renouvelé pour les arts (musique, chants, poésie, etc.), dans la seconde moitié du Ier siècle[44]. Ce sont surtout les femmes et les enfants qui sont alors le plus souvent représentés, sur les peintures murales comme sur les sarcophages, sous les traits des muses[45]. Sous ce regard culturel, la petite phrase prend tout son sens, et pourrait tout simplement renvoyer à l'éveil artistique et ludique de l'enfant.

La partie sommitale du VBT étant élargie par la cassure suggère qu'il ait pu servir de tirelire, comme les VBT d'Oberwinterthur (C436)[46] et de Saint-Pierre-les-Martigues (C 490)[47], tous deux cassés. Rempli de lupins, le vase de Périgueux, a dès lors pût être réutilisé en tant que « cochon » pour un enfant en phase d'apprentissage.

Chronologie et datation

Comme en témoignent les exemplaires retrouvés au Sud de la France à Orgon, Saint-Pierre-les-Martigues (Bouches-du-Rhône), Beaucaire (Gard), Nîmes et Arles, et sur la côte Ouest, à Saintes et Pouzauges, les premiers VBT produits en Gaule, apparaissent durant la seconde moitié du Ier s. av. J.-C. Cette distribution géographique suggère, comme cela a été observé pour la Cisalpine, une influence liée à l'indexation romaine[48]. Le contexte de la

---

42 PLAUTE, *Pœnulus* III, 2. *Aga. Agite, inspicite, aurum est. Col. Profecto, Spectatores, comicum ! Macerato hoc pingues fiunt auro, in barbaria boves.*
43 JUSTINIEN, *Digeste* I (*De alcatoribus*).
44 ZANKER et EYWALD 2004, p. 236-239.
45 *Ibid.*, p. 238.
46 WIEDMER 1958, p. 32-48.
47 DEDET *et al.* 1978, p. 97-101, fig. 61, n° 7 ; FICHES 1986, fig. 60,37 ; BESSAC 1987, fig. 36,10 ; LAGRAND 1979, p. 88 ; PY 1990, doc.180, 10 ; BEL 1991, p. 247.
48 Le territoire des Alpilles est déjà sous la domination romaine vers 125 av. J.-C. alors que la région de Saintes l'est seulement vers 40. av. J.-C.

tombe de la nécropole des Marronniers à Beaucaire conforte cette hypothèse. Le mobilier comprend de la céramique d'importation – plusieurs VBT de cette époque présentent une forme de cruche qui reste privilégiée le siècle suivant au Sud de la France. D'après les datations données par les chercheurs, le gros de la production prend place déjà au Ier siècle de notre ère et va jusqu'à la fin du siècle suivant. Ces données sont toutefois très larges en l'absence de parallèles précisément datés et d'une datation fine de chaque horizon archéologique. Lorsque les fouilles permettent une datation plus fine, il apparaît que les productions débutent déjà à partir du second quart du Ier siècle en région Centre-Val de Loire (Esvres, Roanne). Un léger décalage est à remarquer pour les territoires helvète et rauraque. Les VBT d'Avenches, de Berne Engehalbinsel, Bad Zurzach et Augst/Kaiseraugst sont tous produits à partir de la seconde moitié du Ier siècle. En l'état, il n'est toutefois pas possible d'affiner davantage les datations ni en fonction des régions – à part une production précoce au Sud – ni des formes. L'exemple d'Avenches démontre cependant une évolution du type et de la technique dans le temps, qui s'échelonne entre 50 et la fin du IIe s. La forme surbaissée trouvée dans la cité helvète est encore en manque de datation. Les vases à bec en céramique disparaissent de la plupart des sites vers 200, mais figurent encore au Nord de la France et en Allemagne jusqu'à la fin du IIIe siècle. On les trouve alors à Amiens, Bourges, Lisieux, Lillebonne et aux abords du Rhin à Cologne et Trèves. L'atelier de Chanaz produit encore ce type d'objet au IVe s. Une sépulture de Poitiers datée du IVe siècle contient également un vase à bec en terre. La forme du vase est toutefois la même que celle retrouvée (et produite ?) dans la région entre le Ier et le IIe siècle, ce qui pourrait suggérer que l'objet avait été conservé jusqu'à cette époque par les proches du défunt. D'après sa forme qui s'apparente à celle de vases sans becs, un VBT de Soissons (C519) a été daté entre le IIIe et le IVe siècle.

Ateliers et distribution géographique

Alors que le nombre restreint d'ateliers découverts permet rarement d'associer les VBT à un centre de production, la typologie permet de mettre en évidence des productions régionales (**carte 3**). Notre corpus comprend vingt-deux VBT retrouvés en contexte artisanal. Certains ateliers ont livré des exemplaires de forme similaire ou complètement différente. L'atelier d'Harfleur a livré trois exemplaires dont la forme diffère. Deux présentent une forme de cruche (Evrard 801 et 802 = C249-250) qui imite celle des cruches du même centre de production[49]. Le modèle 801 correspond à la petite cruche 906 trouvée dans la sépulture XXII A de la nécropole d'Harfleur[50]. La cruche est datée entre la fin du Ier et le début du IIe siècle. Quant à la forme 802, elle a son pendant dans la sépulture XXIV datée du Ier siècle. Le dernier exemplaire de forme 803 n'a quant à lui pas une forme de cruche et s'apparente davantage aux gobelets retrouvés sur le site (C 253). Le gobelet de forme 508 est le plus ressemblant par sa panse ronde et son épaule tronconique. Il est daté du IIe siècle[51]. Alors que les formes « cruches » sont en céramique claire, la forme « gobelet » est en céramique noire, comme les gobelets auxquels elle s'apparente. Outre cet atelier,

---

49 Evrard 1995, p. 137-146.
50 *Ibid.*
51 Il provient d'Étaples. Voir Tuffreau-Libre 1981, type 4d, fig. 35, n° 5. Evrard 1995, p. 144.

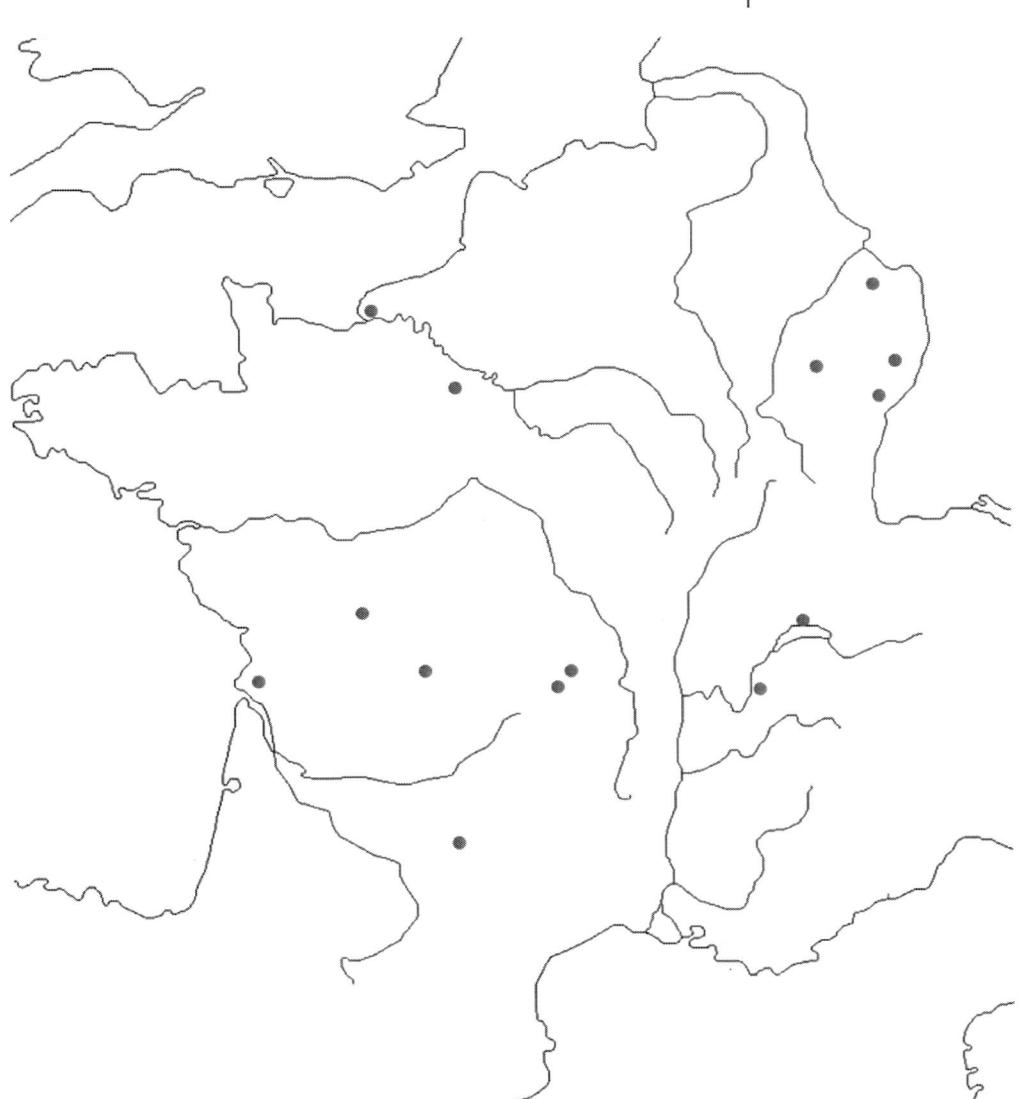

Carte 3. Emplacement des ateliers identifiés, S. Jaeggi-Richoz.

N. Rouquet et F. Loridant ont mis en évidence six lieux de production : Chanaz, Lezoux, Montans, Vichy, Vidy et Trèves et suggèrent encore Saintes en raison d'un VBT trouvé dans un dépotoir[52].

L'atelier de Chanaz produisait une sigillée claire dite luisante datée des IV-Ve siècle. Comme le VBT 803 d'Harfleur, sa forme l'apparente aux gobelets de la production, notamment le type 62. Cette vaisselle, que nous considérons comme tardive, est largement

---

52 Rouquet et Loridant 2000, p. 427.

diffusée au début du Ve siècle dans la vallée du Rhône, la Provence et le Languedoc, par les voies d'eau : le canal de Savièse et le Rhône.

Les ateliers de Lezoux sont bien connus par les fouilles qui attestent de la production de VBT. Comme le démontre la typologie de Bet, l'un des types est surbaissé, l'autre de forme ovoïde et bilobé. Le premier type est réalisé soit en pâte claire avec un engobe blanc soit en céramique sigillée. La forme appelée barolet par Bet n'est réalisée que dans cette dernière technique[53]. Bien que typologiquement et techniquement variée (céramique commune, métallescente, statuettes, patères, lampes, etc.), la production de Lezoux est restée centrée sur la céramique sigillée, de l'époque tibérienne jusqu'au IVe siècle[54]. Sa diffusion s'est faite surtout au Nord, jusqu'au Rhin et au Danube[55].

Outre une production de sigillées, les ateliers de Montans ont réalisé une céramique à engobe blanc à base de kaolin, qui comprend un VBT en forme de cruche. Cette production va environ de la seconde décennie du Ier siècle au milieu du IIe siècle[56].

Vichy et ses officines produisaient de la céramique à glaçure plombifère. Les VBT qui se rattachent à ce centre de production ont un décor réalisé selon cette technique qui utilise le plomb. Leur décor est moulé[57] (C563-564). On trouve aussi des exemplaires à l'allure massive, exempts de décor et recouverts d'un engobe blanc du type de celui conservé au Musée de Saint-Germain-en-Laye (C565). La production est réalisée en terre blanche de l'Allier.

En ce qui concerne la Suisse, Daniel Paunier mentionne un atelier à Lausanne-Vidy. Celui-ci aurait produit une forme globulaire à col court en céramique commune fine, avec engobe rouge-orangé[58]. En Allemagne, les ateliers trévires produisent une céramique métallescente spécifique qui comprend deux formes de VBT. Toutes deux ont un pendant sans becs. L'un des VBT a un col large qui l'apparente à un gobelet de la production, l'autre un col étroit qui rappelle les cruches. Ces exemplaires sont généralement décorés à la barbotine, et peuvent être ornés de points ou d'une inscription[59].

D'autres découvertes en contexte d'ateliers suggèrent une production à Brumath (Bas-Rhin), à Bourgheim en actuelle Belgique, à Chartres, à Limoges, à Poitiers et à Tarquimpol-Decempagi (Moselle). Deux exemplaires ont été mis au jour à Brumath, un seul à Bourgheim. Nous n'avons pas d'information sur l'aspect de l'objet mais la production de l'atelier présente une variété de techniques qui laisse entrevoir différentes possibilités : « terra nigra, céramique à revêtement argileux, céramique à engobe rouge, céramique micacée et céramique commune claire et sombre »[60]. L'atelier de Limoges a révélé un bec à glaçure plombifère verte (C371)[61]. Le VBT de Poitiers est globulaire avec une carène aiguë et un col haut concave (C453)[62]. La pâte est brune et l'engobe blanc.

---

53 Rouquet et Loridant 2000, p. 427.
54 Bet et Vertet 1985, p. 28.
55 Bet et Vertet 1985, p. 31.
56 Cambon et al. 1995, p. 171-172.
57 Corrocher 1983, p. 28.
58 Paunier 1981, p. 225 ; Rouquet et Loridant 2000, p. 427.
59 Voir par exemple C7, VBT d'Andernach (Koenen 1888, p. 189-190, pl. X, n° 34 ; Künzl 1997, p. 135, AND 15).
60 Pastor 2010, p. 66.
61 Loustaud, Couraud et Berland 1973, p. 10, fig. 9, p. 31.
62 De la Croix 1897, p. 281 ; Rouquet et Loridant 2000, p. 435 ; Aliénor [En ligne] : http://www.alienor.org/collections-des-musees/fiche-objet-38978-biberon (site consulté le 10.05.2016).

À Tarquimpol-Decempagi, trois VBT présentent une panse piriforme surmontée d'un col bas fin et étroit (C523-525)[63].

Le VBT de Chartres est un raté de cuisson (C171)[64]. Il présente en dessous du bec, là où les parties supérieure et inférieure de la panse se rejoignent pour former une gorge, un renfoncement et un trou. Cette anomalie a selon toute vraisemblance conduit à l'abandon de cette pièce invendable. Comme la plupart des métropoles, Chartres bénéficiait d'une production propre, permettant de répondre aux besoins de sa population. La terre utilisée pour cet exemplaire est claire. Un autre VBT trouvé dans la ville est réalisé dans une pâte identique. Bien que de hauteur et d'une forme générale similaire, ce dernier s'en dissocie par une panse sans carène et une anse placée dans l'axe du bec.

Le type avec carène et gorge centrale se trouve aussi en Côte d'Or : à Autun et à Nuits-Saint-Georges, à la nécropole des Bolards – le VBT est alors en céramique plombifère. En Auvergne, il a été mis au jour dans la petite nécropole d'enfants de Champ-Madame. On le trouve aussi à Vichy. Il figure encore trois fois dans le Loir-et-Cher : près de Blois, à Gièvres et Neung-sur-Beuvron et finalement dans le Finistère, à Quimper. Cette similitude des formes signifie-t-elle que les objets proviennent d'un seul atelier ? Comme l'ont montré les productions de Chartres et d'Avenches, les VBT ne paraissent pas être l'objet d'une sériation. Bien que présentant des similitudes, les différents exemplaires paraissent provenir, par leur facture, de zones de productions différentes. Il s'agirait donc de productions locales réduites, et non destinées à une exportation. Ce qui n'exclut pas des exportations ponctuelles, comme cela a été le cas des exemplaires de Bad Zurzach.

Ainsi que le mentionnent N. Rouquet et F. Loridant, « la diversité des techniques (commune claire, sombre, céramique dite savonneuse à couverte micacée…) montre qu'un nombre d'ateliers en produisant [des biberons] sont encore inconnus »[65].

Pour tenter d'identifier les différentes productions, nous avons créé 4 cartes sur lesquelles nous avons placé les 4 types de panse rencontrés : surbaissée, globulaire, ovoïde et piriforme (**cartes 4-7**).

Les panses surbaissées présentent des concentrations importantes chez les Arvernes, aux alentours de Lezoux, et, chez les Bituriges cubes, autour de l'actuelle ville de Bourges ainsi que chez leurs voisins les Turons (Blois, Esvres, Tours). La plupart des vases de Bourges proviennent des nécropoles de Lazenay et du Fin-Renard[66]. La nécropole du Lazenay présente une zone importante réservée aux enfants[67]. On connaît moins bien le recrutement de la nécropole du Fin-Renard qui relève de fouilles anciennes, moins bien documentées. À Lezoux, la nécropole des Religieuses a fourni seize VBT dont six à vernis de type sigillée[68]. Un VBT, aujourd'hui perdu, était en glaçure plombifère et portait une passoire à son embouchure[69]. Généralement en pâte claire engobée de blanc, ce type de VBT porte moins souvent un vernis de type sigillée, dans les différentes régions. Dans la petite nécropole infantile de

---

63 Lutz 1977, p. 27, Vautier 2011, p. 30.
64 Tuffreau-Libre 1981, p. 9/14 ; Sellès 2001, p. 210-213, n° 3432.1 ; Truffeau-Libre 2005.
65 Rouquet et Loridant 2000, p. 427.
66 Rouquet 2002, p. 221, fig. 4, n° 37 ; Rouquet 2001 ; Rouquet 2003, p. 171-177 et 211-213, n° 106.
67 Troadec 1993 ; Cadalen-Lesieur 2001, p. 89-118.
68 Il a parfois été difficile d'établir les correspondances entre la numérotation du Musée de la céramique de Lezoux et celle de Mondanel, ce qui a pu amener à la création de doublon.
69 Mondanel 1982, vol. II, p. 70-71.

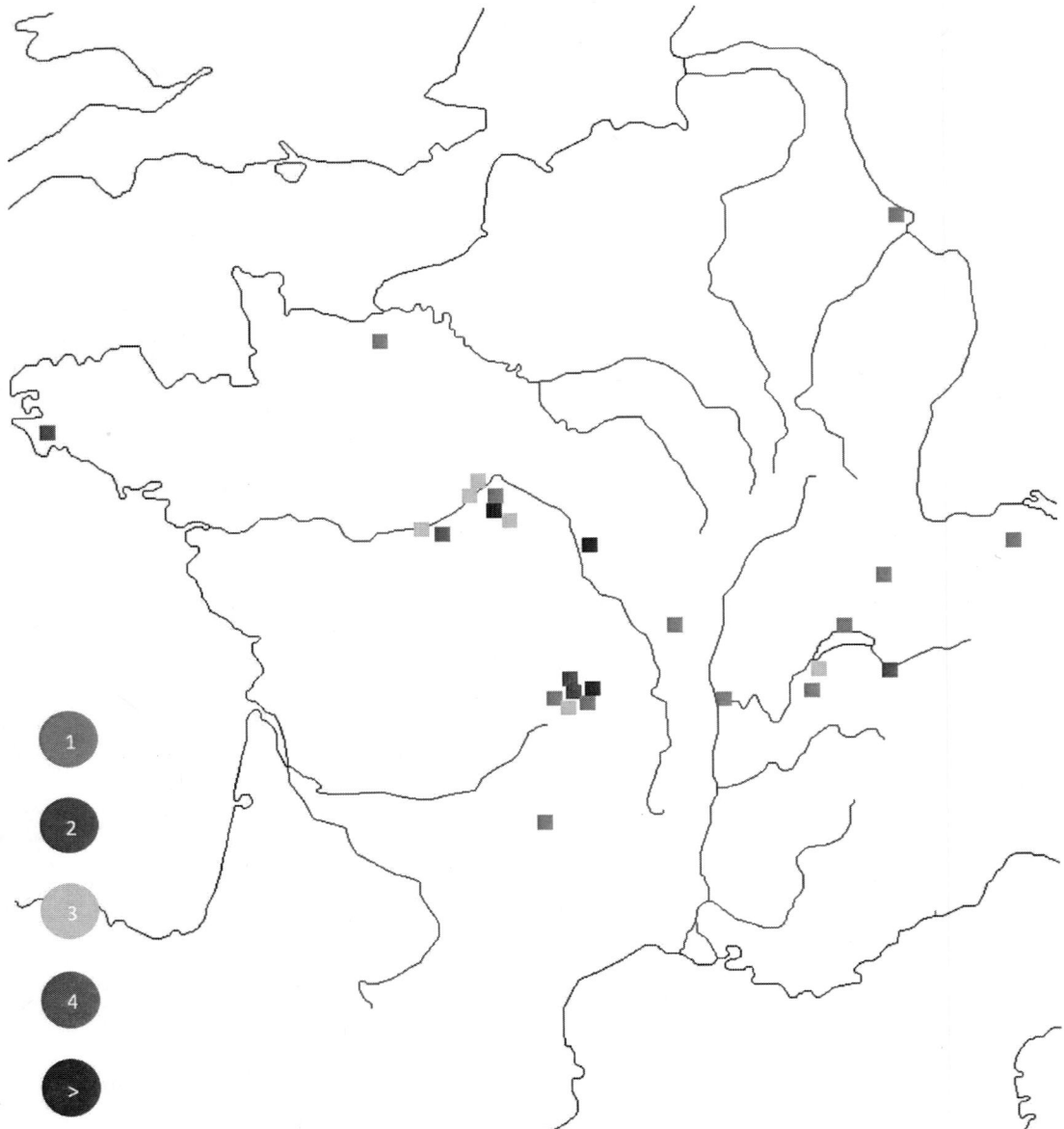

CARTE 4. Diffusion du type surbaissé (Les couleurs indiquent le nombre de biberons par endroits), S. Jaeggi-Richoz.

Beaumont, trois exemplaires sont recouverts d'un engobe orangé de mauvaise qualité. La nécropole rurale voisine de Gerzat a livré deux vases de production vraisemblablement différentes en raison de leur aspect général et de la qualité de leur pâte[70]. Le premier est

---

70 GOUZEL 1996, p. 54 ; PÉLISSIER 2007-2008a, p. 57-59 ; PÉLISSIER 2007-2008b, p. 6-43 ; BAILLS 2012. p. 223.

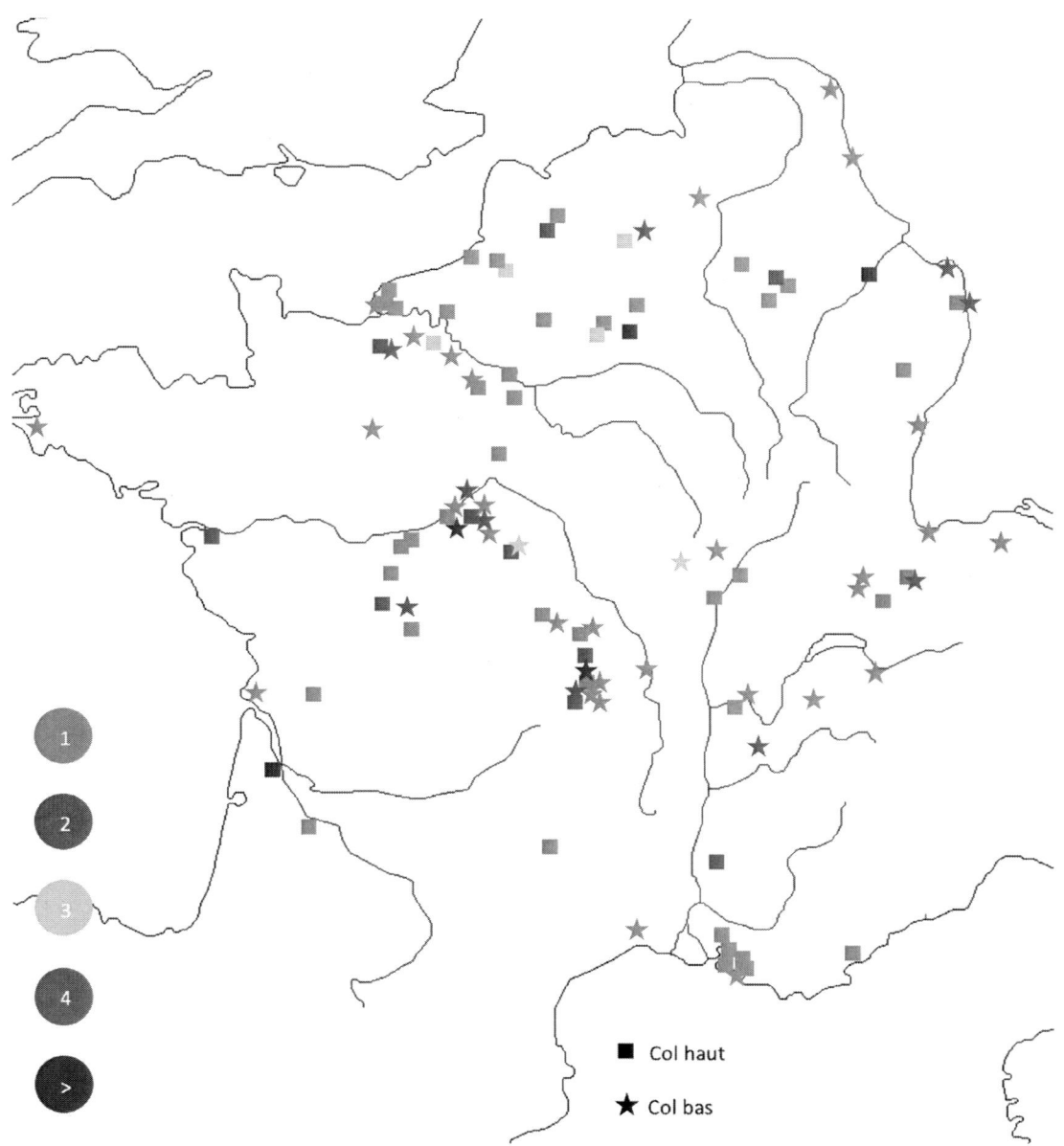

Carte 5. Diffusion du type globulaire, S. Jaeggi-Richoz.

recouvert d'un engobe orangé épais alors que le second est engobé de blanc. Le VBT de Pérignat-sur-Allier a une pâte beige également recouverte d'un engobe blanc. Similaires par leur forme surbaissée avec carène douce médiane et engobe rouge orangé, deux VBT ont été retrouvés dans les nécropoles de Vidy et de Martigny (Suisse). Un exemplaire de Genève est légèrement plus haut et piriforme. Le type surbaissé, dont la platitude rappelle une lentille se trouve exclusivement dans la région de Tours. Trois exemplaires proviennent de cette agglomération, deux d'Esvres et un de Gièvres. Un autre exemplaire de ce type

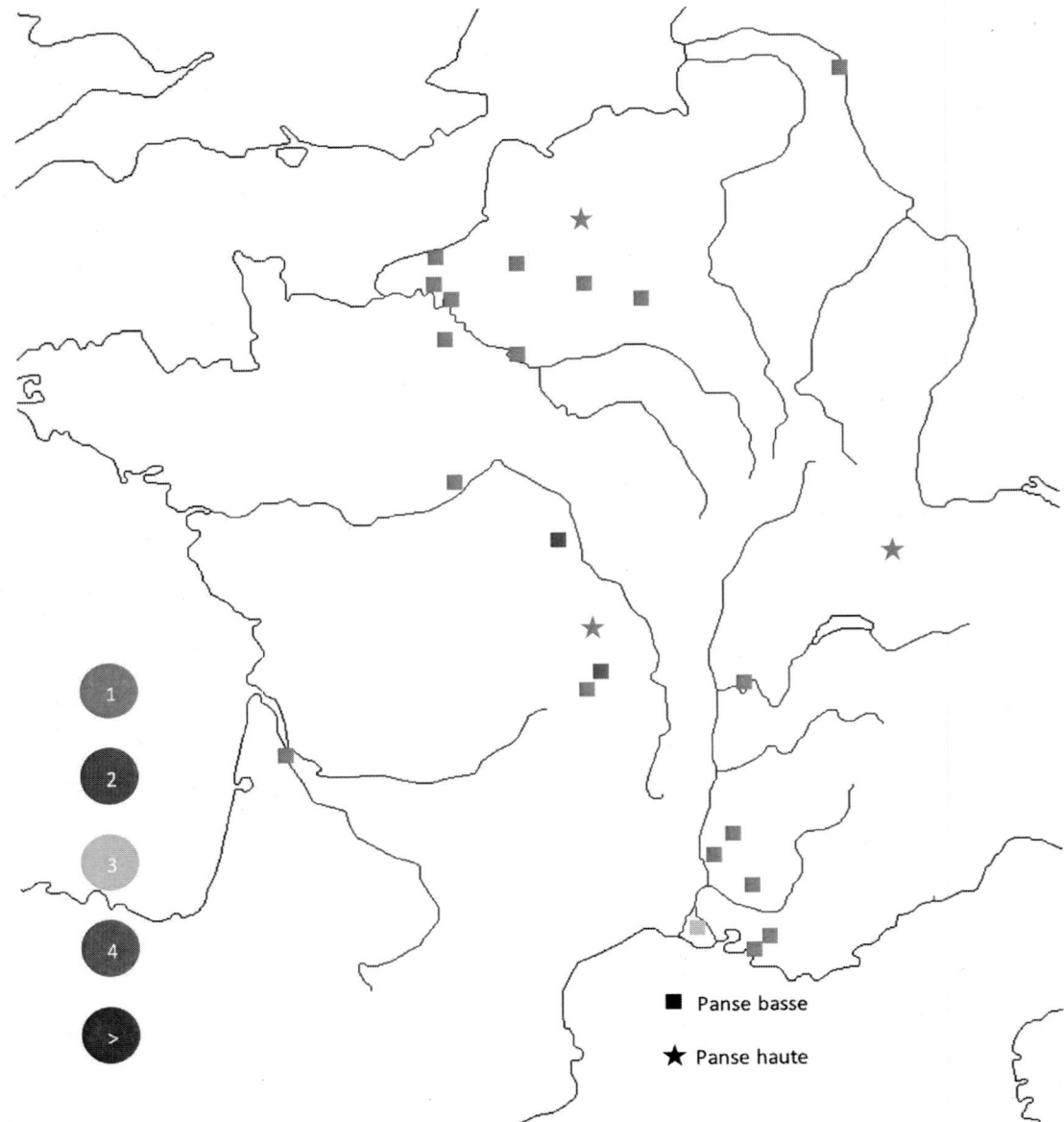

CARTE 6. Diffusion du type ovoïde, S. Jaeggi-Richoz.

est sans provenance mais il est conservé à Tours. Une variante originale apparaît à Mer (Loir-et-Cher), et présente une double carène aux arêtes particulièrement aiguës (C413).

Plus nombreuses, les formes globulaires présentent des concentrations importantes dans les deux mêmes zones que celles ayant fourni des panses surbaissées. À celles-ci s'ajoutent une concentration au nord le long de la Seine, aux alentours de Rouen et de Lillebonne et une dissémination plus au nord aux alentours des villes d'Arras, Amiens, Compiègne, Reims, Soissons et en Belgique actuelle, à Arlon et au Luxembourg, à Septfontaines-Deckt.

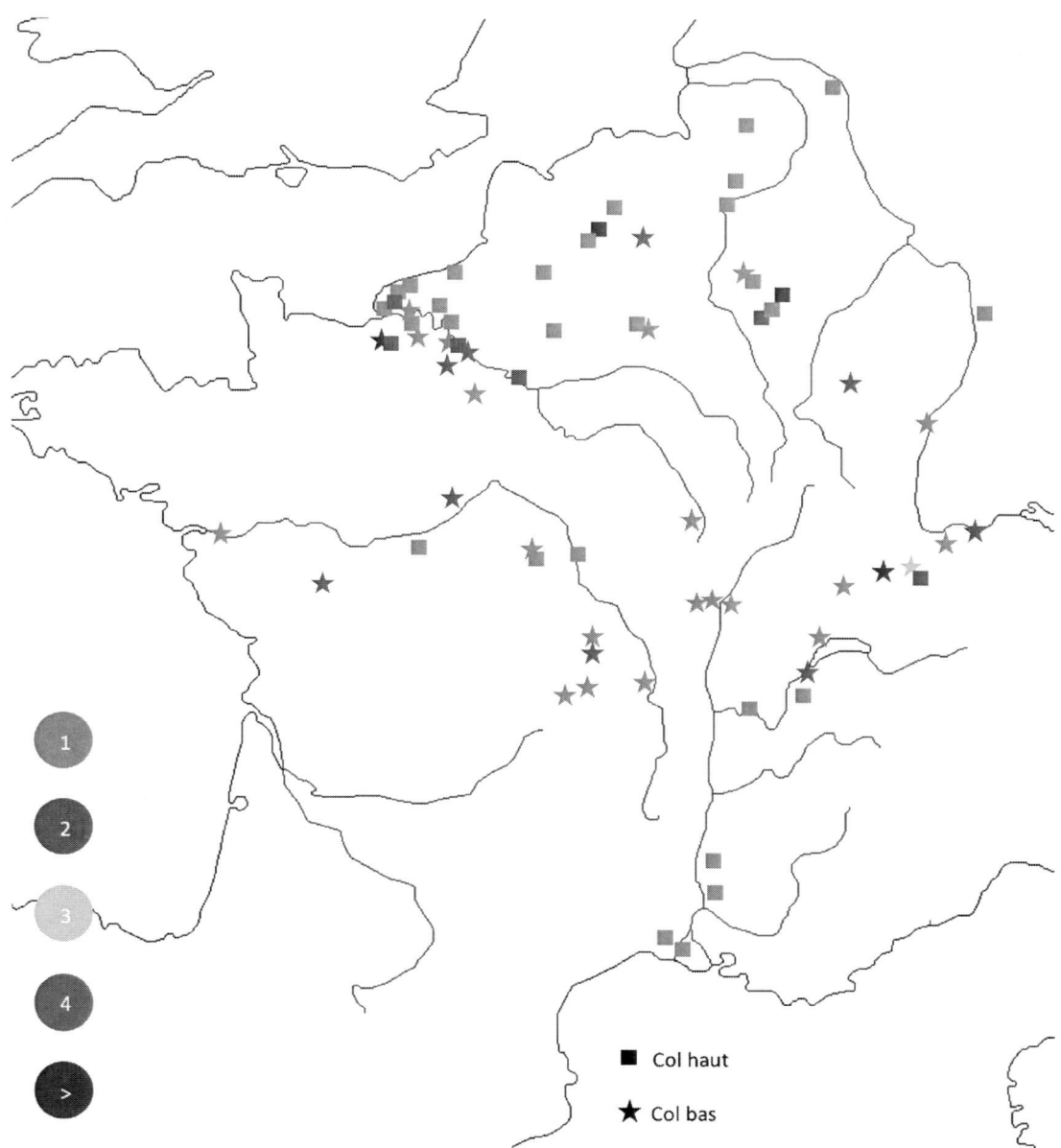

Carte 7. Diffusion du type piriforme, S. Jaeggi-Richoz.

Au sud, une production différente apparaît dans les villes d'Arles et de Vaison. Il s'agit d'une forme de cruche aux parois lisses, pourvue d'un petit col et d'une anse, qui peut prendre une forme plus ou moins ovoïde comme à Puyloubier près d'Aix-en-Provence ou à Fréjus. Le type globulaire à col haut est aussi produit dans les ateliers de Trèves. Le col est concave et peut être particulièrement large ou plus resserré, à l'identique des cruches produites dans les mêmes ateliers. Cette production est vernissée de noir et porte un décor à la barbotine (**fig. 169a et b**), sur lequel nous reviendrons sous le chapitre décor et inscription.

FIG. 174. Biberon de Puyloubier, Université d'Aix-Marseille, Mocci *et al.* 2007-2009, fig. 50, Photo P. Groscaux.

Fig. 175. Biberon de Lully (Fribourg, Suisse), Ht. 5,7 cm, milieu Ier-fin IIe siècle, © Service archéologique de l'Etat de Fribourg (SAEF). Photo C. Zaugg.

Les panses ovoïdes sont moins nombreuses et présentent une dissémination moins importante. Deux formes se distinguent. La première est celle de cruche observée précédemment mais avec une panse plus étirée dans sa hauteur. Elle se trouve dans le Sud de la France, aux alentours de la ville arlésienne et à Apt, Orange, Puyloubier (**fig. 174**), Vaison et, au nord, à Evreux, Reims et Soissons. Réalisée en céramique claire, plus ou moins poreuse, elle est souvent recouverte d'un engobe blanc. Son aspect est fruste comparé à la seconde production rencontrée sous ce type, celle bilobée. Sa réalisation est toujours soignée. Les vases sont généralement recouverts d'un vernis de type sigillée qui peut être noir comme sur deux exemplaires de Paris et Vichy. Ces vases apparaissent dans la région de Lezoux et Vichy, ainsi qu'aux abords de la Seine à Caudebec-en-Caux, Dieppe et Rouen. Un exemplaire isolé provient de Xanten en Allemagne.

Le type piriforme suit une distribution identique aux autres types. Dans la région auvergnate, ce type apparaît à cinq reprises au Musée Bargoin de Clermont-Ferrand[71] et une fois au Musée de Lezoux. Ce dernier provient de la nécropole des Religieuses. Il est

---

71 Inventaire du Musée Bargouin 2017.

Fig. 176. Biberon du lieu-dit En Chaplix, Avenches (Vaud, Suisse), Ht : 8,2, Larg. 7,5 cm, découvert dans la tombe de Visellia Firma, âgée d'un an et 50 jours d'après l'inscription de la stèle funéraire retrouvée *in situ* © AVENTICVM – Site et Musée romains d'Avenches.

alors sans col comme la plupart des vases trouvés dans la région. La seconde concentration se trouve au Nord. Elle va de Bavay aux côtes de la Manche et prend place aux abords de la Seine, notamment à Évreux, Fécamp, Lillebonne. Les vases ont parfois un col haut comme c'est le cas sur ceux de Bavay. Une dissémination est visible au nord-est de cette zone, vers les agglomérations d'Amiens, Arras, Reims, en actuelle Belgique et aussi en Allemagne à Trèves.

On observe aussi la présence du type piriforme à l'est de la France, notamment en Suisse, dont plusieurs exemplaires à Avenches (**fig. 176**), Fribourg, Genève, Berne et Bad Zurzach. La présence ou non d'un col est difficile à déterminer sur ces exemplaires. Cinq exemplaires d'Avenches (**fig. 155**) et quatre de Berne présentent une rupture de courbe, plus ou moins marquée, surmontée par un haut col tronconique. Bien que marqué par une gorge, l'exemplaire doré au mica d'Orbe ne présente pas une véritable rupture de courbe (**fig. 179**), comme c'est le cas sur les trois exemplaires d'Avenches provenant des lieux-dits sur Fourches, Mottes et Pré-Donnes (**fig. 180**). Ces différents VBT sont-ils une forme intermédiaire, un prélude à l'adoption de la forme haute ?

Fig. 177. Biberon en céramique caréné, à engobe blanc et lignes horizontales, daté entre 50-100, découvert à Zurzach (Suisse) dans une sépulture à crémation d'adulte, Bad Zurzach, Höfli Museum, FNr 554, Photo S. Jaeggi-Richoz.

Comme les VBT d'Avenches, ceux à col haut de Berne côtoient les formes basses. Quant aux deux exemplaires de Bad Zurzach (**fig. 177 et 178**), ils ont une forme basse et l'un d'eux une carène particulièrement aiguë (**fig. 177**). La pâte claire de ces deux VBT, ainsi que le mobilier accompagnant, suggèrent que l'ensemble provenait de la région de l'Allier.

Les VBT en verre

Il est aujourd'hui admis que la forme des VBT en verre est inspirée des vases en céramique, ce qui suggère un usage identique qui reste encore débattu.

Typologies existantes

Les typologies utilisées aujourd'hui pour classifier les vases à bec tubulaires sont celles portant sur les vases romains de Morin-Jean (Morin-Jean) et de Clasina Isings (Isings). Plus spécifiquement liées à une région ou à une ville sont celles de Beat Rüti pour Augst (AR), de Karin Goethert-Polaschek pour Trèves (GP ou T), et de Geneviève Sennequier

FIG. 178. Biberon de Bad Zurzach, Ht 7,0 Larg. 7,6 cm, FNr. 555, Photo S. Jaeggi-Richoz.

pour la Haute Normandie (HN)[72]. Ces cinq typologies ne rendent pas compte de toutes les variantes existantes. Ainsi Morin-Jean et Isings ne proposent qu'un type : Morin-Jean 52 / Isings 99. Beat Rütti affine la typologie en fonction de la présence (AR 167) ou de l'absence d'anse (AR 149). Geneviève Sennequier et K. Goethert-Polaschek proposent chacune deux types qui font état de la présence d'un pied annulaire (HN HN11.9B et T123b) ou de son absence (HN11.9A et T116b). Dans ce dernier cas, le vase repose sur le bas de sa panse, dont le fond est généralement concave ou plat. La forme générale de tous ces exemplaires est celle d'une petite cruche (environ une dizaine de centimètres de hauteur), à laquelle a été ajouté un bec sur la panse.

Deux autres études dignes d'intérêt offrent une typologie des vases à bec. La première est la thèse d'Anna Moirin qui porte sur les objets en verre retrouvés chez les Bituriges cubes. Celle-ci compte trois types, le premier (BCub 9.7A) est la traditionnelle forme de cruche (**fig. 181**). Le vase est pourvu d'un pied annulaire et d'une anse latérale qui « peut être lisse, à deux saillies, ou à poucier »[73]. A. Moirin met en évidence deux types supplémentaires (BCub 9.7B et BCub 9.7C) qui se démarquent très nettement des types traditionnels. Le

---

72 Morin-Jean 1913 ; Isings 1957 ; Goethert-Polaschek 1977 ; Rütti 1991 ; Arveiller-Dulong et Arveiller 1985 ; Sennequier 2013.
73 Moirin 2005, p. 419.

LA PRODUCTION GALLO-ROMAINE 447

Fig. 179. Biberon fragmentaire en céramique micacé, qui lui donne un aspect doré, provenant de la villa romaine d'Orbe, fin IIe-IIIe s., Musée cantonal de Lausanne, inv. OB88/4566-3 et OB88/4568-1, Photo S. Jaeggi-Richoz.

premier a une panse en forme de « S » et une anse pourvue de dentelures. La seconde « présente une coupe à carène basse, très amincie vers le haut. Le fond convexe est complété d'un pied annulaire oblique. Une tubulure est ajoutée sur la panse, juste au-dessus de la carène[74] ». Bien qu'un exemplaire provenant de Vichy affiche la forme BCub 9.7B et que l'anse dentelée a été observée sur un vase à bec de Soings-en-Sologne et sur des vases de Vidy et de Cologne, le type BCub 9.7C semble être un *unicum*[75].

Une autre typologie fait office de référence. Il s'agit de l'étude de Maria-Carina Calvi, portant sur le verre romain du Musée d'Aquilée en Italie du Nord (**fig. 182**). Celle-ci compte quatre types de VBT (gruppo A, B, C, D). Les exemplaires A et B sont en forme de cruches apodes.

Le groupe A porte une anse latérale alors que la B en est dépourvue. Aucune distinction n'est faite, sur l'exemplaire B, entre la panse et le col, qui est alors très haut. Selon M.-C. Calvi,

---

74 Moirin 2005, p. 423.
75 Moirin 2005, p. 422-423.

Fig. 180. Biberon du lieu-dit Pré-Donnes à Avenches (Vaud, Suisse), © AVENTICVM – Site et Musée romains d'Avenches.

les quatre formes sont produites en Méditerranée orientale et le type A est le seul diffusé à l'ouest, en Rhénanie[76]. La chercheuse voit l'origine du type A dans la céramique produite à Chypre à l'époque préromaine[77].

La forme de cruche

Comme le démontrent les typologies, les vases en verre trouvés en Gaule romaine ont presque tous la forme de cruches, ce qui différencie cette production de celle en céramique, dont les formes sont plus variées. Trois formes sortent du lot. La première est en forme de « S ». La panse globulaire est aplatie et s'évase formant un petit col à bord déversé. Elle comprend deux exemplaires identiques l'un provenant de Vichy, l'autre de Bourges (V120[78] et V24[79]). Ces deux vases ont en outre pour particularité d'avoir une anse dentelée en forme

---

76 Calvi 1968, p. 79.
77 Calvi 1968, p. 79 ; Gjerstad 1960, p. 105.
78 Reinach 1921, p. 150, fig. 69, 9 ; Lantier 1929, n° 9, p. 10, pl. 9a ; Moirin 1999, p. 13-17, p. 15, note 12 ; Moirin 2003, p. 219 ; Slitine, 2005, p. 147 (ill.) ; Joconde. *Portail des collections des musées de France*, Paris, [En ligne] : http://www.culture.gouv.fr/documentation/joconde/fr/pres.htm (Site consulté le 08.10.2015).
79 Moirin 1999, 15, n° 39 ; Moirin 2002 ; Rouquet 2003, p. 171-177 et 211-213, n° 108.

LA PRODUCTION GALLO-ROMAINE   449

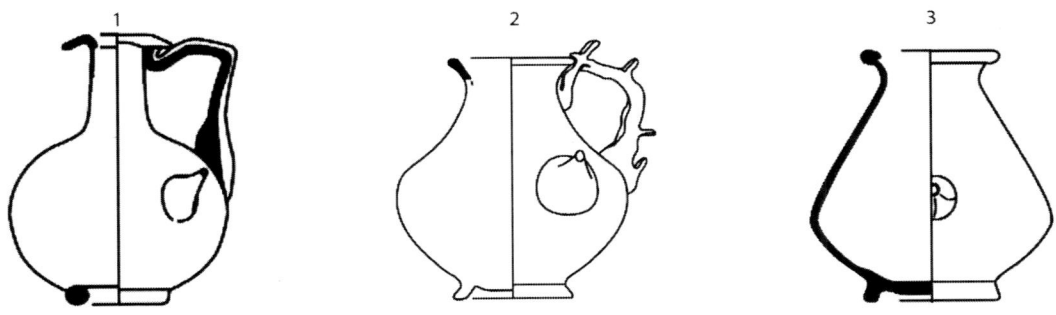

FIG. 181. Typologie d'A. Moirin, *Catalogue des formes fermées*, p. 419-423. Respectivement types BCub 9.7A (I-IIe siècle), BCub 9.7B (IIe siècle?) et BCub 9.7C (Ier siècle?), d'après MOIRIN 2005

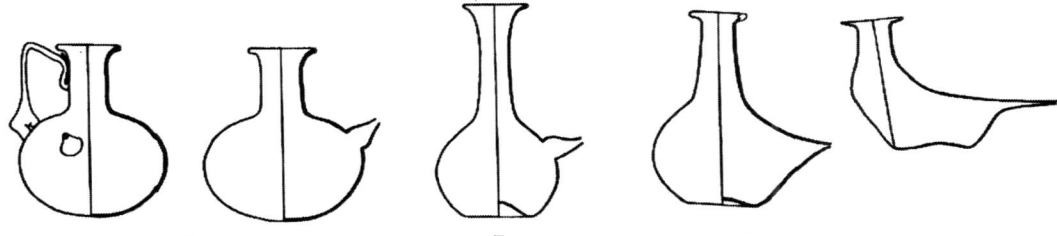

FIG. 182. *Guttus*, groupe A (1), B (2), C (3), D (4) d'après CALVI 1968, p. 117, pl. D.

d'oreille. La forme générale est aussi celle d'un petit vase sans bec, provenant de Cologne dont l'anse est également dentelée (**fig. 183**)[80]. Il est cependant apode. Deux autres VBT s'insèrent dans cette série. L'un provient d'Esvres (V39)[81], l'autre de Tours (V106)[82]. Un troisième exemplaire en forme de « S » provient d'Ahun. De très belle facture, il possède une anse rubanée à deux nervures qui forme un poucier sur le dessus du vase (V1)[83].

La deuxième forme n'est représentée que par un seul exemplaire. Piriforme, il provient de Néris-les-Bains (Auvergne). Il présente une carène dans sa partie basse, au niveau du premier tiers (V68)[84]. Il a un pied fin évasé, une panse piriforme et une embouchure largement évasée qui l'apparente à certains VBT en céramique. Un vase trouvé en territoire biturige, à Bourges, aurait d'ailleurs pu servir de modèle (C141)[85].

---

80 Conservé au Römisch-Germanisches Museum, il porte le numéro d'inventaire : 26,266. Il est daté entre 101 et 300 apr. J.-C.
81 CHIMIER et RIQUIER 2009 ; CHIMIER 2009 ; AUNAY 2016.
82 Inventaire SAT Parcay Meslay 2015.
83 AUMASSANT et DUSSOT 1988, p. 126, n° 2 ; VUAILLAT *et al.* 1991, p. 97 ; BRIVES 2008a, I, p. 269, 427 ; BRIVES 2008a, II, p. 140, n° 320.
84 MOIRIN 1999, p. 15 ; MOIRIN 2003, p. 219-220, fig. 7, n° 44 ; ROUQUET 2003, p. 171-177 et 211-213 ; MOIRIN 2005, p. 420, n° 1331.
85 Il provient de la nécropole de Lazenay et daté du Ier s. apr. J.-C.

Fig. 183. Biberon en verre à anse pincée. Haut. 6,4 cm, Larg. 8,6 cm, Diam. : 0.073 cm, Ier-IIe siècle apr. J.-C., Saint-Germain-en-Laye, musée d'Archéologie nationale et Domaine national de Saint-Germain-en-Laye, inv. MAN15086, Photo (C) RMN-Grand Palais (musée d'Archéologie nationale) / Jean-Gilles Berizzi.

Une troisième forme est vraisemblablement produite en Orient (V70)[86]. Elle consiste en l'empilement de deux éléments tronconiques dont la partie large est orientée vers le haut. Conservé à Nîmes, le vase est de grande dimension (plus de 12 cm), son pied est bas et débordant, la partie supérieure de son col ornée de filets.

Ces trois formes se démarquent des autres vases à bec tubulaire en verre produits en Gaule romaine, par leur embouchure particulièrement large et une panse qui n'est pas globulaire. Les deux premières sont datées entre 40 (Esvres) et le début du IIe, alors que la dernière est datée des III-IVe siècles. Malgré la datation précoce du VBT d'Esvres, et bien qu'en écartant l'exemplaire de Nîmes, ces différentes formes ne semblent pas avoir joué un rôle de précurseurs. Tout au plus peut-on envisager une production marginale sans postérité.

Les autres exemplaires en verre diffèrent peu les uns des autres. Néanmoins, leur base permet à B. Rütti de différencier deux types. En effet, pourvus la plupart du temps d'un pied annulaire – pris dans la paraison (la masse qui permet de créer les parois du vase) ou ajouté – ils peuvent aussi être apodes. Ils reposent alors sur leur panse qui peut être plate, concave et, plus rarement, convexe. Dans ce dernier cas, le vase ne peut être aussi stable que l'exemplaire conservé au Musée de Saint-Germain-en-Laye, provenant de la nécropole au lieu-dit « La Haubette » (V84)[87]. L'instabilité de cet exemplaire est accentuée par la hauteur et l'étroitesse du col de l'objet. La panse peut être plus ou moins globulaire. Une

---

86 Nîmes (STERNINI 1990b, p. 127, pl. 49, n° 269).
87 CHOSSENOT, ESTÉBAN et NEISS 2010, p. 362-363 ; *Inventaire du Musée de Saint-Germain-en-Laye* 2016.

Fig. 184. Vase à bec en verre, en deux couleurs contrastées, Cimetière ouest de Vardari, III-IVe siècle, Archaeological Museum of Thessalonki, inv. Mθ517 Photo © Musée.

légère carène est parfois formée, soit dans le bas soit dans le haut de la panse[88]. Il arrive aussi que la panse soit légèrement écrasée, ce qui confère au vase un aspect plus tassé, comme sur les vases d'Épiais-Rhus (V35)[89], de Narbonne (V67)[90] ou de Vieux-Rouen-sur-Bresle (V121)[91]. Le col peut être court (V51)[92] ou haut (V14)[93], fin (V71[94]) ou large (V60)[95], cylindrique ou légèrement conique (V42[96], V104[97]) ou encore de forme concave (V79[98]). Il se termine dans la plupart des cas par une embouchure travaillée, que les spécialistes du verre appellent lèvre. Celle-ci prend la forme d'un anneau plus ou moins large et régulier par le repli de la paraison qui peut se faire de l'intérieur vers l'extérieur mais aussi à l'inverse, de l'extérieur vers l'intérieur. Il n'est souvent pas possible de reconnaître sur la base d'une photo le sens du repli. Un dessin est plus explicite. Ce repli crée parfois une surface plane assez importante (env. 5 mm) sur le dessus du vase (V40[99], V26[100]). Dans certains cas, le repli est souligné par l'ajout d'un filet étiré à chaud placé en dessous de la

---

88 Voir par exemple le vase d'Arles (V5 : Foy, Nenna 2003, n° 251 ; Foy 2003, p. 127-135 ; Heijmans et Rothé 2008, fig. 1252 ; Foy 2010, p. 280-281, n° 497) ou celui de Saint Marcel (V89 : Allain, Fauduet et Tuffreau-Libre 1992, p. 152 ; Arveiller 1992, p. 152-153 ; Dumasy et Tardy 1994, p. 92 ; Coulon 1996 ; Moirin 2005, p. 421).
89 Vanpeene 1986 ; Vanpeene 1993, p. 39-40, n° 37 ; Louis 2009, p. 42 ; Louis 2012, p. 195.
90 Robert 1977, p. 263-272.
91 Cochet 1873, p. 120 ; Sennequier 1985, p. 192-195, n° 298-300 ; Moirin 2002, p. 240 ; Sennequier 2013, p. 151 et 244, n° 495.
92 Jublains : Boissel et al., 1969, p. 40 et pl. 15 ; Arveiller-Dulong 1985, p. 116-118 ; Naveau 1990, p. 24, n° 28 ; Joconde. Portail des collections des musées de France, Paris, [En ligne] : http://www.culture.gouv.fr/documentation/joconde/fr/pres.htm (Site consulté le 2.08.2015).
93 Bézannes, Le Haut Torchant : Bontrond et al. 2013.
94 Nîmes : Vidal 1990, vol. I, p. 127 et vol. II, fig. 102 ; Sternini 1990b, p. 127, pl. 49, n° 268.
95 Lisieux : Blaszkiewicz et al. 1986, p. 132, pl. IX, n° 8.
96 Fontoy : Seilly 1995 ; Cabart 2012, p. 219-221.
97 Sublaines : Frénée et al. 2008, p. 434 ; Chimier et al. 2009.
98 Pîtres : Adrian 2010, p. 33 et 35, n° 196.4 ; Mare 2010 ; Sennequier 2013, p. 151.
99 Étaples : Landes 1983, p. 59 ; Morin-Jean 1913, forme 52, p. 109, fig. 130 ; Tuffreau-Libre 1977, p. 939, fig. 5, n° 23 ; Inventaire du Musée des Antiquités de Rouen 2016.
100 Breny : Morin-Jean 1922-1923, p. 107.

lèvre (V85[101], V111[102]) voire plus bas sur le col (V69[103]). D'autres filets peuvent aussi orner la panse comme sur l'exemplaire du Musée d'Amiens (V2)[104]. Sur les exemplaires de notre catalogue, les filets sont de même couleur que l'ensemble du vase. La production tardive de Grèce joue davantage avec les contrastes de couleur (**fig. 184**). Dans un cas, le verre est mélangé avec une couleur pourpre, ce qui donne du mouvement dans la masse vitreuse (V108[105]). L'anse est parfois absente sur les exemplaires apodes. Notre catalogue compte seulement deux formes à pied annulaire, sans anses. La première est celle en « S », la seconde est celle produite en Orient[106].

Les anses présentent une grande variété de formes. Celle-ci est à quatre reprises de section ronde : sur un exemplaire de Strasbourg-Koenigshoffen (V103[107]), que le contact avec le feu a fondu ; sur un exemplaire du cimetière des Longues-Raies à Soissons (V98[108]), et sur deux exemplaires de Touraine, l'un provenant d'Esvres (V39[109]), l'autre de Tours (V106[110]), au lieu-dit La Verge. Déjà mentionnés, ces deux derniers objets présentent une forme rare et sont de petite taille. Sur l'exemplaire d'Esvres, l'anse forme une jolie boucle en forme d'œillet qui surplombe le vase, alors que, sur l'exemplaire de Tours, elle forme un double repli.

La forme d'oiseau

Nous singalons enfin sur une forme singulière que nous nommons « d'oiseau » (**fig. 116**). Bien qu'étrangère à la Gaule romaine, celle-ci est produite dans les régions plus à l'est, notamment à Zadar (Croatie), et semble avoir été un pendant aux VBT gallo-romains. En Allemagne, elle apparaît conjointement aux exemplaires en forme de cruche. Par exemple, à Krefeld en Germanie supérieure, elle se trouvait dans une sépulture du IVe siècle. Cette nécropole a aussi livré trois VBT en verre en forme de cruche et un en céramique avec décor à la barbotine[111]. L'association des deux formes (cruche et oiseau) dans la même nécropole paraît confirmer notre hypothèse selon laquelle la zone rhénane marquerait la limite de production des exemplaires gallo-romains. Une analyse plus poussée permettrait de voir si les deux formes sont contemporaines ou se suivent dans le temps.

---

101   Reims : Inventaire du Musée de Saint-Germain-en-Laye 2016.
102   Trier (Allemagne) : GOETHERT-POLASCHEK 1977, p. 208, pl. 69.
103   Neumagen (Allemagne) : GOETHERT-POLASCHEK 1977, p. 208-209, pl. 69, n° 1278.
104   MORIN-JEAN 1913, p. 110, fig. 132. Le terme utilisé pour qualifier ce type de décor est « Schlangenfadendekor » en allemand. Il figure sur des gobelets hauts et une bouteille trouvés à Cologne et datés du IVe s. apr. J.-C. Köln, Römisch-Germanisches Museum, Inv.-Nr. N 108, N109, N111 et, pour la bouteille N118.
105   Tourville-la-Rivière : COCHET 1863, p. 241-259 ; COCHET 1866, p. 228-234. COCHET, 1875, p. 44-47, n° 334 ; STRAUB 1881a, p. 56, note 2 ; SENNEQUIER 1985, p. 192-195 et 244, n° 298-300 ; VERRE ET MERVEILLES 1993-1994 ; SENNEQUIER 2013, p. 150 et 332, n° 492.
106   V70.
107   ARVEILLER-DULONG et ARVEILLER 1985, p. 116-118, n° 215 ; SENNEQUIER 2013, p. 150.
108   DEBAL 1970, p. 129 ; Ancien 1980, p. 39-40, note 55 ; SENNEQUIER 1980, p. 39, n° 55 ; VAUVILLÉ 1899, p. 114 ; *Joconde. Portail des collections des musées de France*, Paris, [En ligne] : http://www.culture.gouv.fr/documentation/joconde/fr/pres.htm (site consulté le 08.10.2015).
109   CHIMIER 2013.
110   Inventaire SAT Parcay Meslay (en 2015).
111   Les vases en verres sont V56, V57, V58 selon notre catalogue. Ceux en céramique sont C316 (Ier s.) et C317 (début IVe s.).

FIG. 185. Vase en forme d'oiseau, époque géométrique, Ht: 9,5 cm; Long.: 18 cm, lieu de découverte: Larnax Lapithou, Musée du Louvre, inv. AM 631 © 2009 Musée du Louvre.

Les VBT en verre en forme d'oiseau sont apodes, le fond convexe, ils reposent sur une large panse étirée à l'horizontale en bec et à la verticale en un large goulot qui se termine par une lèvre plus ou moins évasée. Ils doivent être distingués des exemplaires en verre très fins, d'époque romaine (Ier siècle)[112], dont les analyses de contenu ont démontré la présence de poudres minérales vraisemblablement à usage cosmétique (**fig. 117**). Leur distribution géographique est la Suisse (Tessin et Canton de Vaud (Avenches), l'Italie du nord, la Campanie (Pompéi et Herculanum), la Grèce continentale (Thessalonique, Patras), et la Crète (Monastiraki, Knossos)[113].

Les vases en forme d'oiseau semblent avoir leur pendant en céramique. Il pourrait s'agir des *askoi* évoqués plus haut. L'association entre un oiseau et ce type de vase, déjà mise en évidence par A. Quevedo-Sánchez, est déjà attestée durant l'époque mycénienne à Naxos et dans les Cyclades (vers le XIIe s. av. J.-C.)[114]. Elle est encore d'actualité au début de l'âge du Fer en Crète, dans le Dodécanèse et à Chypre, comme en témoigne un vase à bec en forme de volatile (**fig. 185**) daté de l'époque géométrique). Mentionnons encore un vase plastique étrusque, daté du dernier quart du IVe siècle av. J.-C. qui présente sur ses flancs deux figures féminines ailées et nues pouvant être associées à la beauté et à l'amour (**fig. 186**) ainsi qu'une variante du type Hayes 123 retrouvé dans la nécropole romaine d'Olbia (Sardaigne) et un *unicum* de la céramique campanienne (**fig. 187**)[115]. Il faut ajouter que ces récipients en forme d'oiseau sont souvent retrouvés dans des tombes d'enfants. Le

---

112 ANTONARAS 2010, p. 101-104.
113 ANTONARAS 2010, p. 101.
114 QUEVEDO-SÁNCHEZ 2010, p. 2080, fig. 6.
115 *Ibid.*

Fig. 186. Askos en forme de canard : génie féminin ailé, Peintre de Montediano, entre 330 et 310 av. J.-C., Musée du Louvre, Cp 3670, Photo © RMN-Grand Palais / Les frères Chuzeville

motif de l'oiseau se retrouve aussi sur des stèles funéraires de jeunes personnes notamment en Attique à l'époque classique (**fig. 188**)[116] et plus tard dans le monde romain (**fig. 189**)[117].

La relation entre jeune individu et oiseau est fréquente dans la statuaire funéraire tant grecque que romaine. On peut bien sûr évoquer la symbolisation d'une vie brève qui s'est trop vite envolée, selon le parallèle que fait le philosophe Porphyre dans son écrit portant *Sur la manière dont l'embryon reçoit l'âme*[118]. Quoi qu'il en soit, la longue durée du motif suggère une tradition fortement enracinée, peut-être en relation avec l'usage de l'objet durant la vie du défunt, avec son statut, voire lié au rituel funéraire.

Les vases en forme d'oiseau sont largement diffusés en Méditerranée. On les trouve en Syrie-Palestine[119], en Grèce du Nord (IIe-IIIe s.). Ils sont aussi très bien représentés dans les pays de l'est, en Roumanie, Slovénie, Serbie[120]. À (20) Kostolac (*Viminacium*, Serbie), trois de ces récipients en verre ont été mis au jour. Ils se trouvaient aux côtés d'enfants

---

116   Stèle de Demainete, Grèce, Musée Paul Getty, Malibu.
117   Stèle de Florence, Galerie des Offices « Aux Dieux Mânes de Hateria Superba, morte à 1 an, 6 mois et 25 jours. Ses parents très malheureux, Q. Haterius Ephebus et Iulia Zosime, l'ont fait pour leur fille et pour eux-mêmes ».
118   Porphyre, *À Gauros* II, 3.
119   Neuburg 1949, pl. XVIII, n° 61, daté entre 100-200.
120   Bucovala 1963, p. 78-79, cat. n° 123-126 ; Bălută 1978, p. 105, Fig. 3/5-8 ; Šubić 1974, p. 43 ; Istenič 2000, p. 231 ; Lazar 2003, p. 201-202 ; Zotović et Jordović 1990, G-82, G-210, G-225 (Viminacium) ; Ružić 1994, p. 53-54 ; Karović 1995-1996, p. 92-93.

Fig. 187. Askos en forme de canard, Campanie, Italie du sud, Ht 13,1 cm (5 3/16 in.), 310-280 av. J.-C., Malibu, The J. Paul Getty Museum, 96.AE.242, présent de Barbara et Lawrence Fleischman, Creative Commons Attribution 4.0 International License.

de moins d'une année dont l'un inhumé dans un vase. En Croatie, dans la nécropole de Zadar, B. Štefanac en a recensé cinq. Ils sont datés entre la fin du Ier et le IIIe siècle. L'un était déposé auprès d'un enfant inhumé dans une amphore, un autre auprès d'une inhumation d'adulte. Un exemplaire de la nécropole ouest de Thessalonique est daté des II-IIIe siècles. Le nombre important de ces récipients à Chypre et sur la côte levantine suggère que ces endroits étaient à l'origine de la production. Celle-ci a toutefois dû être courte puisqu'elle va, aux dires des spécialistes, de la fin du Ier siècle au IIIe siècle. Que penser de l'exemplaire de Kempten ? S'agit-il d'une production locale tardive ou d'un objet centenaire au moment du dépôt ?

En raison du petit nombre d'objets retrouvés en dehors de l'île chypriote, il est difficile de les rattacher à des lieux de production et de déterminer leur diffusion. Les spécialistes estiment qu'une production de ces objets en Italie du nord aurait supplanté celle de Syrie-Palestine puisque les ateliers d'Italie du Nord s'emparent du marché du verre vers le milieu du Ier siècle[121].

---

121 Biaggio Simona 1991, p. 125-129.

Fig. 188. Stèle funéraire de Stèle de Demainete, vers 310 av. J.-C., Malibu, The J. Paul Getty Museum, 75.AA.63. Creative Commons Attribution 4.0 International License

LA PRODUCTION GALLO-ROMAINE   457

FIG. 189. Stèle de Florence d'Hateria Superba, Inscription : *Diis(!) Manibus / Hateriae Superbae quae / vixit anno I me(n)sibus VI dieb(us) XXV / feceru<nt = M> parentes infelicissimi / filiae suae / Q(uintus) Haterius Ephebus et Iulia Zosime sibi et suis / diis(!) Manibus locus occupatus / in fronte p(edes) VII in agro p(edes) IIII*, Ht. 97, Larg. 69, Prof. 48 cm, seconde moitié du Ier siècle, Galerie des Offices, inv. 942, Photo © Galerie des Offices.

Affiner les typologies

Notre réflexion sur les formes de vases à bec, nous amène à proposer une nouvelle typologie des VBT en forme de cruche. L'objectif est d'affiner la datation. Nous conservons les types d'Anna Moirin mais laissons de côté l'exemplaire conservé à Nîmes dont la provenance orientale semble attestée (V71)[122]. Les trois tableaux qui suivent présentent la typologie que nous proposons de suivre. Le premier montre les formes générales (AI, II, III, BII, III, IV, CI, IV), les deux autres vont plus loin en déclinant les vases en fonction :
1. de la présence ou non d'un pied

---

122 VIDAL 1990a, p. 127 et 1990b, fig. 102 ; STERNINI 1990b, p. 127, pl. 49, n° 268.

2. de la forme de l'anse : de section ronde (a.), en ruban plat (b.), rubanée à deux nervures (c.), rubanée à trois nervures (d.), dentelée (e.) ou encore tressée (f.). Un troisième niveau de distinction s'intéresse à la terminaison sommitale de l'anse. Les artisans ont en effet fait preuve de beaucoup de fantaisie dans le décor de ce moyen de préhension qui se termine souvent par un, deux voire trois replis, ou encore une boucle. Comme l'anse en général, son décor peut avoir eu une fonction pratique. Sur certains exemplaires, la masse vitreuse est étirée au-dessus de l'embouchure du vase, formant ce que les spécialistes appellent un « poucier ». Nous conservons ce terme pour définir uniquement les anses terminées par une partie plane (4.), *a contrario* des terminaisons en forme de boucles (3) (**tableaux 2-4**).

Les panses

Le catalogue des VBT en verre compte cent-seize entrées. Les vases en forme d'oiseaux n'ont pas été intégrés et seront utilisés pour parallèles seulement. Notre statistique montre que la forme apode et sans anse est peu utilisée (7 fois), en comparaison de la forme apode avec anse qui apparaît à trente-six reprises. Quant à la forme avec pied et anse, elle apparaît 41 fois. En déclinant les formes générales en fonction de leur anse, on arrive à 18 vases ayant une anse de section ronde, dont 12 apodes (y compris les deux exemplaires de forme B2) et six ayant un pied. Cinq vases apodes et 4 à pied ont une anse rubanée plate, 14 vases apodes ont une anse rubanée à deux nervures contre 21 ayant un pied, 6 vases apodes ont une anse rubanée à trois nervures alors que seulement 4 vases à pied en sont pourvus.

Les anses

L'anse dentelée se retrouve sur 5 vases dont 3 en forme de cruche avec pied et 2 de forme IB. Un seul VBT possède une anse tressée à deux brins. En affinant la typologie en fonction du décor sommital des anses, on comptabilise 42 variantes. Ainsi, l'anse se termine à 6 reprises par un repli simple, à 12 reprises par un repli double, à 4 reprises par un repli triple. Seize fois, elle se termine par un poucier et 6 fois par une boucle.

De ce bilan, il ressort que l'anse rubanée à deux nervures « c » est la plus fréquente, toutes finitions comprises, puisqu'elle figure sur 35 vases, qu'ils soient apodes ou pourvus d'un pied. Dix-huit vases ont une anse de section ronde « a » et seulement dix ont une anse à trois nervures « d ». Si on prend en compte la typologie affinée et la multiplicité des combinaisons, on constate que la forme apode sans anse (AI) et la forme à pied et anse à deux nervures terminées par un poucier (AIIIc4), sont les plus fréquentes, avec respectivement 7 et 8 occurrences. Au contraire, 20 combinaisons n'ont pas de parallèle.

Que déduire du nombre important de combinaisons ?

Le décor

Outre la fantaisie des anses, les VBT en verre présentent à 14 reprises un décor. Celui-ci est pour la plupart du temps limité au col. Il consiste généralement en de fin fils de verre étirés à chaud. Sur les exemplaires de Reims (V83[123]) et de Trèves (V110[124]), un filet unique prend place sous la lèvre, créant par là un redoublement. Les VBT de Paris (V72[125]) et de Nîmes (V69[126]) sont eux ornés de plusieurs filets particulièrement minces apposés sur la partie supérieure du col. Sur les exemplaires de Bézannes (V14[127]) et de Fontoy (V48[128]), un fil court compose une ligne posée en biais sur le haut du col. Un exemplaire de Neumagen (V69[129]) en Allemagne a un décor réduit à un seul anneau placé sur la partie centrale du col. Au nombre de 3, les exemplaires trévires (V110, V111, V113[130]) présentent un décor plus riche : une longue ligne ondule le long du col. Le fil est plus épais que sur les vases découverts sur le territoire français.

Un exemplaire de Breny (V26[131]) est le seul à présenter un cordon épais, résultant du moulage de l'objet, dans la partie basse de sa panse.

Seuls 3 exemplaires ont un décor sur leur panse. Le premier provient d'Amiens (V2[132]). Le décor y forme une sorte de résille tandis qu'un triple filet souligne le haut du col. Le second est conservé au Musée Carnavalet de Paris (V48[133]). Il présente près de 10 lignes horizontales étirées sur sa panse. L'exemplaire de Tourville-la-Rivière (V107[134]) est unique en son genre puisque le décor consiste en un ajout de couleur à la masse vitreuse. Une ligne rouge foncé ondule alors sur l'entier du vase. Le verre coloré en rouge ou en couleurs rappelant l'améthyste et le saphir est déjà connu de Pline qui précise que « la plus grande faveur va au verre blanc et transparent, rien ne rappelant de plus près le cristal de roche[135] ».

La datation de la majorité des exemplaires décorés se situant entre les IVe et Ve siècles[136], elle pourrait permettre de dater certains exemplaires isolés tels que le VBT de Reims (V83[137]), mais surtout des séries, comme celle caractéristique de la cité des Trévires. La prudence s'impose néanmoins et nécessite de prendre en compte, comme nous allons le voir ci-après, l'épaisseur et la qualité du verre avant de proposer une datation. Le lieu de production (découverte) a également son importance à ce sujet, si on se réfère aux VBT de Breny et du Musée Carnavalet, tous deux datés du IIe siècle. Pour l'heure non identifié, un atelier de verrier implanté à Lutèce déjà au IIe siècle semble devoir être envisagé.

---

123 CABART 1999 ; Inventaire du Musée historique de Reims 2016.
124 GOETHERT-POLASCHEK 1977, p. 208 et 310, pl. 69.
125 ROUSSEL-ODE 2008, p. 338, pl. 63, pl. 115 et 162.
126 GOETHERT-POLASCHEK 1977, p. 208-209, pl. 69, n° 1278.
127 BONTROND et al. 2013.
128 LOESCHKE, *Sammlung Niessen*, pl. 8, n° 1053 ; LA BAUME 1966, pl. 37, n° D 87 ; FRÈRE, MASSAR et VERBANCK-PIÉRARD 2008, p. 441, V1.A.13.
129 GOETHERT-POLASCHEK 1977, p. 208-209, pl. 69, n° 1278.
130 GOETHERT-POLASCHEK 1977, p. 208 et 310, pl. 69 et 72, p. 198, n° 1221.
131 MOREAU 1877-1892, pl. 3.4, n° 41201, pl. 20.14 et P.V, 12, p. 184, ill. p. 184 ; KAZANSKI 2002, p. 54, n° 13, p. 164, pl. 20 (t. 1342), p. 216, pl. 72 ; VARENNES ANTIQUES (exposition sans catalogue) ; *Inventaire du Musée de Saint-Germain-en-Laye* 2016.
132 MORIN-JEAN 1913, p. 110, fig. 132 ; DILLY et MAHÉO 1997, ensemble III, p. 120, pl. 9, n° 103.
133 LA BAUME 1966, pl. 37, n° D 87 ; PARFUMS DE L'ANTIQUITÉ 2008, p. 441, V1.A.13.
134 Inventaire SAT Parcay Meslay 2015.
135 HN 26, 198 : *Maximus tamen honos in candido tralucentibus, quam proxima crystalli similitudine.*
136 IVe s. : Amiens (V2), Neumagen (V68), Nîmes (V69), Paris (V72), Trèves (V V110, V111, V113) ; Ve s. : Fontoy (V41).
137 CABART 1999 ; Inventaire du Musée historique de Reims 2016.

Chronologie et datation

La chronologie des VBT en verre est particulièrement difficile à établir. La rareté des découvertes et donc le manque de comparaisons possibles en est la cause première. Morin-Jean fait des distinctions entre production récente et tardive. Pour lui, la majorité des objets conservés dans les musées français relève du IIIe siècle, voire du IVe siècle. Il reconnaît toutefois que, par la qualité de leur verre, certains exemplaires peuvent être assimilés à une production du IIe s. apr. J.-C.[138] Il s'agit alors d'un verre bleu-verdâtre, plutôt épais. La production tardive a des parois plus minces, mais remplies de filandres[139]. C. Isings propose, pour son type unique, une datation basée sur les découvertes, qui va du IIe au Ve siècle[140]. Dans le cadre du recensement des verreries de Strasbourg, V. Arveiller-Dulong et J. Arveiller adhèrent à la proposition de Morin-Jean de voir deux productions qui se succèdent dans le temps, distinguables par la qualité du verre (respectivement épaisse puis mince) et la forme de l'anse : de section ronde pour les objets précoces et en bandeau nervuré pour les époques postérieures[141]. Ces caractéristiques ont d'ailleurs été soulignées par Morin-Jean pour d'autres objets de son catalogue. Il place ainsi les anses sans replis au niveau de l'attache supérieure aux Ier-IIe siècles (romain I), alors que celles qui se terminent par un double repli formant parfois une boucle sont datées entre les IIIe et IVe siècles (romain II)[142]. B. Rütti fait lui aussi une distinction entre les vases VBT comportant une anse et ceux qui n'en ont pas[143]. Ainsi, la forme AR 149 est datée entre le IIe et le Ve siècle[144]. Elle comprend un exemplaire trouvé dans la nécropole nord-ouest d'Augusta Raurica[145]. Bien que fortement fragmentée, la forme de ce dernier a pu être restituée dans son entier. Apode et présentant une dépression peu importante dans sa base, il a une panse globulaire légèrement aplatie. Le bec prend naissance sur la partie basse de cette dernière, au premier tiers environ[146] mais, peut-être en raison de la courbure ascendante du bec, l'orifice se trouve au niveau du milieu de la panse. Le verre est transparent, coloré en un vert doux et contient de nombreuses bulles et filandres[147]. Son lieu de découverte donne une datation au IIe siècle. Les deux autres exemplaires présentés dans le catalogue de la cité rauraque proviennent respectivement d'un sanctuaire (n° 4065) et d'un contexte d'habitat (n° 4066)[148]. Leur forme est classée sous le type AR 167, représentée par des exemplaires datés entre la première moitié du Ier et le IVe

---

138 MORIN-JEAN 1913, p. 110. Il spécifie que la forme 52 est absente au début de l'époque impériale et que la plupart des exemplaires dans les « vitrines de nos musées » sont du IIIe-IVe s. apr. J.-C.
139 MORIN-JEAN 1913, p. 110-111.
140 ISINGS 1957, p. 118.
141 Arveiller-Dulong et Arveiller 1985, p. 116.
142 MORIN-JEAN 1913, p. 34, pl. 3.
143 RÜTTI 1991, II, p. 125 et 171, comparer pl. 106 et pl. 152.
144 RÜTTI 1991, I, p. 54.
145 La datation du contexte prête à confusion puisque Rütti indique à la p. 298 de son vol. I une provenance de Pratteln (nécropole nord-ouest, « Region 15A ») et une datation au IIe s., alors que dans son vol. II, p. 125. Il indique « Region 10 », ce qui renvoie à une datation au IIIe-IVe siècle.
146 Depuis le bas de l'objet.
147 RÜTTI 1991, II, p. 125, pl. 106.
148 MARTIN-KILCHER 1980, p. 54, fig. 35, 81 et p. 60, n° 8 et n° 79 ; RÜTTI 1991, p. 171, pl. 152, n° 4065 ; PFÄFFLI et RÜTTI 2013, p. 105.

siècle[149]. La plupart des découvertes trouvées conjointement dans le sanctuaire orientent vers une datation située vers la fin du IIIe siècle[150] alors que l'as et la céramique trouvés dans l'habitation convergent vers une datation allant de la seconde moitié du Ier siècle au premier quart du IIIe siècle. Ces derniers exemplaires sont tous deux bleu-vert, leur pâte est transparente et contient de nombreuses bulles. Les deux anses fragmentaires sont en forme de ruban plat, relativement épais (env. 3 mm) et présentent un faible relief. Si l'on se fie à la datation de Morin-Jean, la forme de ces anses restreint la datation entre le Ier et le IIe siècle[151].

Voyons à présent les datations mises en évidence par notre typologie.

Comme V. Arveiller-Dulong[152] et, avant elle, Morin-Jean, nous identifions une fabrication précoce comprenant des exemplaires au verre épais (3 mm et plus) de couleur bleu-vert[153]. Les plus anciens VBT en verre retrouvés en Gaule sont datés avec peu de précision du Ier siècle, ce qui pourrait correspondre au moment de l'implantation des premiers ateliers de verriers (Lyon, Saintes, Agen, Rennes) vers 40 de notre ère. Parmi eux, le petit vase à bec de forme BIIa5, daté par le contexte de fouilles entre 40 et 70 (V109, voir aussi V108). Le verre est alors épais comme sur les autres exemples de forme AIIIe ou BIIIe à anse dentelée. Celle-ci est produite entre la fin du Ier et le début du IIe siècle[154]. Il faut noter que l'anse des exemplaires BIIa5 se termine en boucle, ce qui ne permet pas de considérer cette finition comme un marqueur de datation puisqu'un exemplaire de Bézannes (V79), daté du IIIe siècle a une finition identique, ainsi qu'un exemplaire de Trèves (V112) daté du IVe siècle. Le vase de Bézannes a un col particulièrement haut terminé par une embouchure en entonnoir. Conformément aux déductions de Morin-Jean, l'anse de section ronde, sans finition, telle qu'elle apparaît sur les exemplaires des Longues-Raies à Soissons (V102), de Strasbourg-Koenigshoffen (V106) et de Breny (V109) signale une production précoce. Le dernier de ces vases est apode. Il est intéressant de noter qu'outre cette version à anse « simple », les vases apodes ansés ne sont jamais datés antérieurement au IIe siècle. L'anse de type « c », à deux nervures – le plus courant – semble être adoptée d'abord sur les vases à pieds uniquement, durant le Ier siècle. Il s'agit cependant de la forme sans finition. Les replis n'apparaissent alors qu'au IIe siècle, si on exclut les finitions en boucles qui existent déjà au Ier siècle à Esvres notamment. Sur la forme apode (A2), les anses à nervures « c » et « d » semblent être privilégiées seulement à partir du IIIe siècle.

Notre typologie a permis de mettre en évidence des productions que nous pourrions qualifier d'« orphelines », c'est à dire de type « B » (**tableau 2**). Cette production du Ier

---

149 D'autres exemplaires du type AR 167 ont été retrouvés en dehors de Gaule. Deux proviennent de l'ancienne Pannonie et s'inscrivent sous le type 101 de la typologie de Barkóczi (1988). Il est daté entre les IIIe et IV-Ve siècle apr. J.-C. Un autre exemplaire provient de Zadar en Croatie (fin Ier-IIe siècle apr. J.-C.), un d'Aquilée en Italie (fin IVe siècle apr. J.-C.), trois proviennent du cimetière ouest de Thessalonique en Grèce du Nord (III-IVe s. apr. J.-C.), deux sont conservés au Victoria and Albert Museum et proviennent de Syrie.
150 Le mobilier céramique étant daté entre 150-280, il faut toutefois rester prudent sur la datation du récipient en verre qui peut être contemporaine aux premiers dépôts.
151 Il s'agirait des anses de type ε selon MORIN-JEAN 1913, pl. 2.
152 ARVEILLER-DULONG 1985, p. 54.
153 MORIN-JEAN 1913, p. 111.
154 Le traitement de l'anse dentelée se retrouve sur plusieurs fragments découverts à Soings-en-Sologne (France), à Cologne (Allemagne) et Lausanne-Vidy (Suisse). Ces contextes sont datés entre la fin du Ier et le début du IIe siècle (MOIRIN 2005, p. 422, voir aussi cruche de Cologne n° 26.266 de FREMERSDORF 1964, p. 42 et pl. 69).

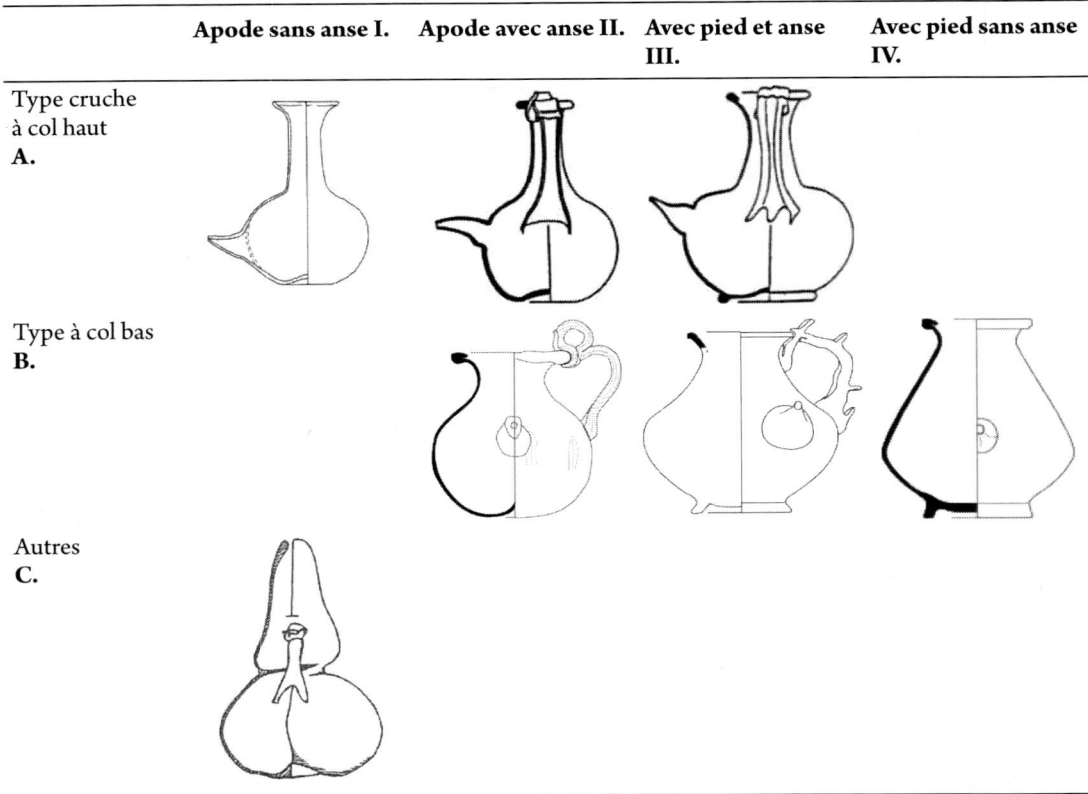

TABLEAU 2. Types généraux des vases à bec en verre. Échelle 1: 2.

siècle pourrait être le résultat d'une recherche de forme pour réaliser en verre l'équivalent des vases à bec en céramique. La forme de cruche qui apparaît aussi à cette époque semble avoir supplanté les formes « B » plus ouvertes, probablement pour des questions pratiques liées soit au maniement (versage), soit à la préservation du contenu. Au IIe siècle, les vases à bec déploient des anses plus élaborées à nervures. L'épaisseur du verre de cette époque induisant immanquablement un aspect général plus massif, conduit à des exemplaires à l'anse droite ou très légèrement courbée, formant un ruban large fixé sans repli au sommet du col. Les deux exemplaires d'Arles et celui de la nécropole du Pauvadou à Fréjus semblent correspondre de très près à cette définition et à une production encore à ses débuts. Par aplatissement, la panse des exemplaires d'Arles forme pratiquement une carène, surtout l'exemplaire V6. Le col est large et court, la lèvre ourlée s'évase largement à l'horizontale et le long bec placé sur la partie supérieure de la panse se dresse vers le haut. Ces vases semblent imiter gauchement l'exemplaire représenté par Calvi dans son catalogue du musée d'Aquilée, considéré par elle comme le type le plus ancien de la production du nord de l'Italie (Ier siècle apr. J.-C.). Mieux proportionnés (rapport panse et col), les exemplaires d'Argenton-sur-Creuse (10.3) et de Bourges (900.37.1) pourraient aussi être

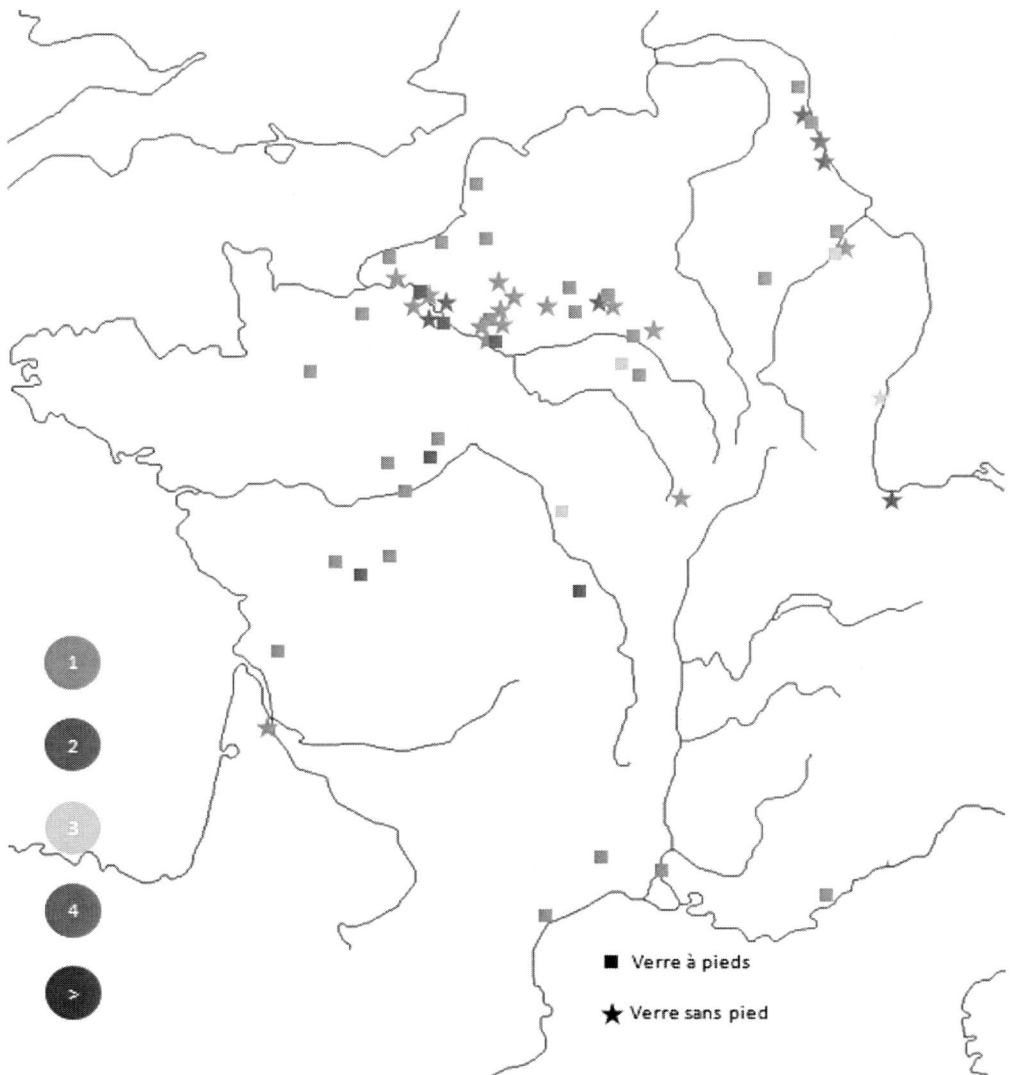

Carte 8. Diffusion des biberons en verre, tous types confondus, S. Jaeggi-Richoz.

attribués à ce début de production, voire à une production légèrement postérieure visant à un équilibrage des volumes[155].

Ateliers et distribution géographique

Une production spécifiquement gallo-romaine des VBT est attestée par son originalité (**carte 8**). En effet, elle ne se rattache pas formellement à ce qui se fait au nord de l'Italie ni

---

155 Pour Calvi, le fait que la panse et le col ne sont pas distincts (groupe B) mais forment une ligne continue est synonyme d'une évolution (CALVI 1968, p. 78).

CARTE 9. Ateliers de verreries secondaires en France d'après Foy 2010, p. 27. fig. 18.

à une production orientale[156]. A. Moirin mentionne d'ailleurs un « vaisselier typiquement gallo-romain [...] dont la production semble se développer à la fin du Ier siècle : celle-ci présente en effet des caractéristiques formelles et en particulier des proportions qui les différencient de celles qui sont connues au sud des Alpes »[157]. Ce constat induit l'existence de centres de production probablement situés en périphérie des lieux de découvertes. Les premiers centres de production verriers en Gaule voient en effet le jour au Ier siècle (**carte 9**). Ils sont localisés à Lyon, Saint-Marcel, Agen et Saintes[158]. Durant le IIe siècle, les ateliers se multiplient sur l'étendue du territoire de la France actuelle. Au sud-est, les ateliers de verriers sont attestés, pour cette époque, à Nîmes et à Aix-en-Provence. L'élan

---

156 Nous nous basons ici sur la finesse des récipients considérés par Calvi comme étant du Ier siècle par comparaison avec un objet provenant d'une tombe d'Akko, en Palestine dont le contexte est bien daté. Fragmenté, le vase à bec se trouvait dans une tombe d'enfant, 62.34 qui contenait 5 *unguentari* en verre piriforme, une bouteille à base carrée et un petit cratère à deux anses (FORTUNA 1965, p. 22).
157 MOIRIN 2005, p. 62.
158 FOY 2010, p. 32, et carte reproduite ci-contre.

verrier du IIe siècle semble dès lors correspondre avec l'apparition de nouvelles formes d'anses et de la multiplication des assemblages. L'ensemble de ces données (datation, lieu de découverte, présence d'ateliers) nous amènent à conclure à la réalisation des VBT par plusieurs centres de productions disséminés sur le territoire de la Gaule plutôt qu'à une production unique commercialisée sur l'ensemble du territoire[159]. Il n'est pas exclu que des formes aient été dans un second temps créées au nord des Alpes avant d'avoir été reproduites par des ateliers du nord de l'Italie, voire de Syrie. Bien que cela puisse sembler surprenant en regard de l'origine géographique de la fabrication du verre, cette hypothèse est soutenue par les découvertes archéologiques. Par exemple, le VBT sans anse d'Augst (1913.48) daté du IIe siècle, semble imiter les vases à becs tubulaires en céramique de la région et non une production du sud des Alpes. En effet, les quatre exemplaires de forme similaire provenant d'Italie sont datés de la fin du IVe siècle. Trois proviennent d'Aquilée[160] et un de Pozzuoli, dans la région de Naples[161]. Ce dernier est conservé au British Museum. Deux autres exemplaires proviennent de Tyr et sont conservés au Victoria and Albert Museum (84-1895, 100-1895). Ils sont respectivement datés des II-IIIe siècles, pour le premier, du IVe siècle pour le second[162]. Trois exemplaires de même forme sont aussi conservés au Musée de Thessalonique en Grèce du Nord. Ils proviennent d'une nécropole nommée Vardari (MΘ 517, 518 et 519), située à l'ouest de la ville, et sont tous datés entre le IIIe et le IVe siècle. Réalisés en verre incolore, l'un d'eux (MΘ 517) présente toutefois des variations dans sa réalisation par la création d'un fin décor en stries converses imprimées sur la panse par moulage et soufflage par rotation de l'objet. Le bec est réalisé dans un verre bleu contrastant avec la blancheur de l'objet.

Les contextes de découverte

Artisanal

Notre corpus compte 23 VBT en céramique découverts en contexte artisanal, mais aucun en verre. Les ateliers révélés par ces découvertes sont au nombre de quatorze puisque ceux de Harfleur (Seine-Maritime), de Tarquimpol-Decempagi (Belgique), et de Vichy ont livré plusieurs exemplaires. À Harfleur, l'atelier situé à côté de la nécropole a livré trois exemplaires tous différents (C249, C250 et C251)[163], à Tarquimpol-Decempagi (Belgique), Marcel Lutz recense trois exemplaires du même type (C523, C524, C525[164]). Des cinq VBT de Vichy (Puy-de-Dôme), au moins trois types peuvent être distingués

---

159 D. Foy et M.-D. Nenna sont arrivées aux mêmes conclusions proposant toutefois une importation septentrionale pour les pièces de Fréjus et d'Arles en raison de la rareté des pièces (FOY et NENNA 2003, p. 289).
160 Trois sont d'Aquilée et conservés au musée de la ville, inv. AQ 12934, 12935 et 12940.
161 CALVI 1968, p. 78. BARKÓCZI 1988, p. 127.
162 CALVI 1969, p. 78 et fiches inventaires du musée Albert & Victoria.
163 L'atelier est contemporain de la première phase de la nécropole qui va du Ier au IVe siècle. Il est possible que l'atelier s'implante successivement à la nécropole puisqu'il est daté de la seconde moitié du Ier s. à la fin du IIe. EVRARD 1995, p. 137-146.
164 LUTZ 1977, p. 27 ; LUTZ 1999 ; FLOTTÉ et FUCHS 2004 ; VAUTIER 2011, p. 30.

puisqu'ils comptent trois exemplaires en glaçure plombifère (C560, C562 et C563[165]), un en sigillée (C558[166]) et trois à engobe blanc (C561, C566 et C567[167]). La grande variété qu'offre l'ensemble des VBT découverts à Vichy – sur les 15 aucun n'est exactement pareil – suggère une production non sérielle, du moins en ce lieu. Les exemplaires de l'atelier belge, comme aussi la similarité des VBT trévires démontrent des pratiques différentes et une production que nous avons envie de qualifier d'industrielle, malgré l'anachronisme du terme.

Quant aux autres ateliers, ils n'ont livré chacun qu'un VBT. Il se situent à Brumath et Bourgheim (Bas-Rhin), à Chanaz (Savoie), à Chartres (Eure-et-Loire), à Lezoux (Puy-de-Dôme), à Limoges (Haute-Vienne), à Montans (Tarn), à Poitiers (Vienne), à Saintes (Charente-Maritime), à Trèves (Allemagne) et à Lausanne-Vidy (Suisse). Bien qu'aucun VBT n'ait été découvert dans les ateliers d'Avenches, le nombre important de VBT découverts dans les nécropoles surtout, mais aussi dans les remblais de la ville, suggère un lieu de fabrication local.

Domestique

Quinze VBT en céramique ont été découverts dans un contexte domestique. Leur identification malaisée peut être avancée pour expliquer ce déficit. En effet, l'identification des vases à bec ne repose bien souvent que sur la découverte de la tubulure. En son absence, ce n'est que la partie supérieure de la panse, lorsqu'elle est resserrée, qui permet à l'œil exercé, de conclure à sa présence. À Avenches, quatre individus fragmentaires ont été repérés dans des contextes dont la destination n'est pas aisée à établir[168]. Deux exemplaires ont été découverts dans l'*insula* 7 qui abritait une *domus*, au moins depuis la seconde moitié du Ier siècle, et un troisième dans les couches de démolition de l'imposant Palais de Derrière la Tour. Tous deux situés au nord-est de la ville, les deux édifices se développent conjointement au Ier siècle puis au IIIe siècle, lors d'un vaste programme d'urbanisation[169]. Les trois vases à bec datent vraisemblablement d'une phase antérieure à l'époque sévérienne et à cette époque de reconstruction, ce que semble confirmer leur ressemblance avec les exemplaires datés entre 100 et 200[170]. Un quatrième vase à bec est trouvé dans une cour à l'endroit appelé Prochimie, zone 5. Il s'agit peut-être d'une zone artisanale ou de dépotoir comme le suggère les fragments de verre et d'applique de bronze, et une dallette en pierre. Le contexte est daté par les découvreurs du deuxième tiers du Ier siècle. Le fragment comprend le bec et la gorge centrale. Cette dernière conduit à considérer cet exemplaire comme faisant partie de la même production que les trois présentés précédemment. Près d'Avenches, à Marsens dans le canton de Fribourg, les fragments de deux individus ont

---

165 MORLET 1957, p. 60, fig. 28 ; CORROCHER 1981, p. 38 ; CORROCHER 1983, p. 29 ; ROUQUET et LORIDANT 2000, p. 437 ; DU CLEUZIOU 1872, p. 234.
166 SYMONDS 1992, p. 26 et fig. 12 ; ROUQUET et LORIDANT 2000, p. 437 ; *Inventaire du Musée Anne de Beaujeu* (en 2015).
167 MORLET 1957, p. 59, fig. 27 ; CORROCHER 1981, p. 38, p. 163, pl. XIV, fig. 2.
168 Jaeggi-Richoz 2020.
169 MOREL 1991, p. 219.
170 MEYLAN KRAUSE et CASTELLA 1994, p. 105.

été découverts dans le *vicus* occupé entre le Ier et le IIIe siècle[171]. Celui-ci prend place sur une première occupation dévolue à la fonte du métal. À la fin du Ier siècle se développe un petit hameau d'habitations en terre et bois sur solins de pierres comprenant un complexe thermal et un lieu cultuel. En cours d'étude, l'analyse a suggéré, en raison d'un mélange inhabituel de la céramique, un possible dépotoir. À Annecy-le-Vieux, au lieu-dit *Les Ilettes*[172], un vase à bec a été découvert dans un complexe réunissant quatre bâtiments de grandes dimensions (plus de 2 000 m² pour deux d'entre eux), dont certains associant une aire domestique à une aire artisanale. La datation de l'ensemble va du IIe au IIIe siècle. Dans la région vaudoise (Suisse), deux vases à bec proviennent de *villae*. Le premier vient de la villa de Crissier, le second de celle d'Orbe[173]. Les deux sites sont distants d'une vingtaine de kilomètres. Nous avons peu d'informations sur l'emplacement exact des deux objets. La villa d'Orbe Boscéaz est particulièrement importante et comprenait plusieurs mosaïques. Elle est datée entre la fin du IIe et le IIIe siècle. Fragmenté, le vase à bec est de très belle facture. Il est réalisé dans une pâte fine micacée qui lui donne des reflets dorés (**fig. 179**). Sa taille est légèrement au-dessus de la normale. Ce vase a fait l'objet de prélèvements et d'analyses sur lesquelles nous reviendrons. Un exemplaire provient de l'*oppidum* établit à l'époque gauloise à Mâlain, au lieu-dit *La Boussière*[174]. Un autre provient d'une fosse du village gallo-romain établit sur l'actuelle ville de Roanne (Loire). Les objets auxquels était associé ce dernier sont datés entre 30 et 70 et comprennent 442 pièces de céramique dont certaines peintes ainsi qu'une statuette dans un édicule. Le vase à bec le plus ancien de la série est celui de Saint-Pierre-les-Martigues. Daté de la seconde moitié du Ier siècle av. J.-C., il a été retrouvé dans la cabane 9[175]. Cette datation repose sur le petit trésor monétaire qu'il contenait : des pièces gauloises datées entre 60 et 50 av. notre ère. Toujours au sud de la France, un VBT a été retrouvé dans l'une des maisons de l'*oppidum* d'*Ambrussum*[176]. Dotée d'une cour intérieure, celle-ci est datée entre 60 et 100. Le vase provient de la pièce 4 qui comprenait un important vaisselier. Un dernier vase provient de Villevieille mais nous n'avons pas plus d'informations à son sujet[177].

Cultuel

Un petit nombre de VBT provient d'un contexte cultuel. Notre catalogue compte cinq exemplaires en céramique et deux en verre. Un exemplaire de chacun des deux matériaux est conjointement lié à un contexte funéraire. Les découvertes en céramique proviennent des sanctuaires de Biganos (Gironde)[178], de Martberg (Rhénanie-

---

171 Jaeggi-Richoz 2020.
172 Bertrandy, Chevrier et Serralongue 1999, p. 173-175, fig. 125-130.
173 Jaeggi-Richoz 2020.
174 Hindlet 1979, p. 81, pl. 76, n° 516 ; Joly 1988, n° 551, p. 169 et pl. 60, p. 175 ; Rouquet et Loridant 2000, p. 435 *Inventaire du musée Archéologique de Dijon* 2016.
175 Lagrand 1979, p. 100 ; Rouquet et Loridant 2000, p. 436.
176 Fiches 1986, p. 78, fig. 60, n° 6 ; Rouquet et Loridant 2000, p. 437.
177 Rouquet et Loridant 2000, p. 437.
178 Peyneau 1926, pl. XXI, fig. 115 ; Mormone 1982 ; Sion 1994, p. 73.

Palatinat)[179], de Sceaux-en-Gâtinais (Loiret)[180], de Balaruc-les-Bains (Hérault)[181] et de Landeyrat (Ardèche)[182]. Ceux en verre du temple de Flühweghalde à *Augusta Raurica*[183], et des environs de l'agglomération secondaire d'*Arciaca*, à Arcis-sur-Aube (Aube-Champagne-Ardenne)[184].

Considéré comme chef-lieu des Boiates, le sanctuaire de Biganos est vraisemblablement un sanctuaire des eaux, à en juger par les canalisations[185]. Il est toutefois difficile d'attribuer avec certitude le mobilier retrouvé aux gestes rituels, voire de les considérer comme des offrandes votives. Important, le mobilier compte, outre un fragment de VBT, de nombreux vases, certains avec *graffiti*, des pesons de tisserands, une figurine en terre blanche d'un personnage à cheval, une dizaine de pions à jouer et des éléments en os et en bronze[186].

Le sanctuaire de Martberg se trouve entre Pommern et Karden, à environ 200 m au nord de la Moselle, il est dédié au Dieu Lenus Mars[187]. Le sanctuaire de Sceaux-en-Gâtinais est un imposant complexe qui se trouve à égale distance de quatre cités importantes : *Cenabum* (Orléans), *Autricum* (Chartres), *Lutèce* (Paris), *Agendincum* (Sens)[188]. Facile d'accès puisqu'il était installé au carrefour des voies romaines, il est devenu un important lieu de pèlerinage. Placé sur l'emplacement d'une source, il s'agissait d'un sanctuaire à vocation guérisseuse, probablement dédié à la déesse de la Segesta dont Pline l'Ancien rapporte le lien, par étymologie, aux pratiques agraires[189].

Cette attribution est confirmée par une plaque de marbre rose circulaire de 60 cm de diamètre offerte en remerciement de la guérison d'un pèlerin, par la fille de celui-ci. La découverte d'un demi-buste d'Apollon amène à envisager la vénération conjointe d'une seconde divinité. Apollon est d'ailleurs considéré comme le parèdre de la déesse Segesta. Parmi les nombreux ex-votos retrouvés, se trouvent des petites plaquettes métalliques représentant des parties génitales, des seins, des yeux mais aussi des statuettes en terre blanche de l'Allier : déesses mères, et l'enfant Risus. Mentionnons encore la découverte de centaines de petits vases tous brisés, la plupart du temps au niveau de leur col, dont la forme et la dimension, qui ne dépasse pas les 5 cm, pourrait permettre de les associer aux petits vases à médicaments du type *Lykion*.

Balaruc-les-Bains est un sanctuaire dédié à la divinité Mars[190]. Le VBT faisait partie d'un ensemble placé dans un coffre à deux niveaux placé dans l'autel. Dans la partie inférieure se trouvait « deux vases en sigillée sud-gauloise, un bol Ritt. 8 avec marque illisible et une

---

179 ROUQUET et LORIDANT 2000, p. 436.
180 VILPOUX 1999, ROUQUET et LORIDANT 2000, p. 436.
181 BERMOND *et al.* 1998, p. 119-154.
182 ROUQUET et LORIDANT 2000, p. 427.
183 MARTIN-KILCHER 1980, p. 54, fig. 35, 81 et p. 60, n° 8 et n° 79 ; RÜTTI 1991, p. 171, pl. 152, n° 4065 ; PFÄFFLI et RÜTTI 2013, 2012, p. 105.
184 GESTREAU 2004.
185 SION 1994, p. 71.
186 SION 1994, p. 70-75. Voir aussi PEYNEAU 1926.
187 NICKEL 2009, ROUQUET et LORIDANT 2000, p. 436.
188 VILPOUX 1999.
189 PLINE, *HN* 28, 2.
190 Jaeggi-Richoz 2019.

assiette Drag. 15/17 avec la marque OF ARPACI »[191]. Sont apparus au niveau supérieur, avec le VBT, deux gobelets de petite taille (6 et 9 cm de hauteur), un balsamaire en verre et une coquille de bivalve (*Callista chione*). Cet assemblage rappelle ceux des sépultures, comme le relève Iouri Bermond[192]. Un parallèle peut être fait avec les deux sépultures d'époque grecque de la nécropole marseillaise de Sainte-Barbe ayant chacune contenu un VBT et un coquillage. Si l'écart chronologique peut être amené pour contrer ce parallèle, la proximité géographique permet d'envisager des pratiques similaires sur la longue durée. I. Bermond ajoute qu'il est aujourd'hui accepté de voir dans les coquillages déposés en offrandes des cuillères[193]. Une ressemblance entre les dépôts votif et funéraire est aussi évoquée par Claudia Nickel qui se base sur la nécropole de Wederath (Trèvires) et le sanctuaire de Karden. Dans leur étude du sanctuaire de Crevans (Haute-Saône), Nicolas Tisserand et Sylvie Mouton-Venault[194] tirent toutefois des conclusions différentes : les cruches prédominent en contexte funéraire alors que ce sont les assiettes qui sont privilégiées en milieu cultuel[195].

Une fonction cultuelle a aussi été envisagée pour un VBT trouvé à Landeyrat, dans un complexe comprenant un large *fanum*[196], dans l'enclos duquel se trouvait des sépultures. L'une de celles-ci est une crémation en urne recouverte d'une coupe en sigillée qui a livré le VBT. Les découvreurs du site suggèrent à nouveau un sanctuaire des eaux en raison de la proximité d'une cascade de la Veyrine. Se pose la question du lien entre le sanctuaire et les tombes. Il peut être proposé d'y voir une volonté d'assurer aux défunts la protection de la divinité, comme cela transparaît de la sépulture d'un très jeune enfant accolée au mur d'enceinte du sanctuaire de la Grange des Dîmes à Avenches[197]. À moins que le *fanum* n'ait été érigé en l'honneur et souvenir des défunts[198]. Le VBT en verre découvert à Arcis-sur-Aube, soulève des questions quelque peu identiques. Il a été mis au jour dans un enclos (III) qui faisait partie d'un ensemble associant zone funéraire et zone cultuelle. En effet, un petit fanum en fonction entre 70 et le IVe siècle se trouvait dans l'enclos IV voisin. Daté entre la fin du IIe et le IIIe siècle, le VBT faisait partie de l'important mobilier funéraire déposé sur le fond de la sépulture d'un enfant dont l'âge est estimé à moins de deux ans. La vaisselle est qualifiée de semi luxueuse par ses découvreurs puisqu'elle comprend des pièces en céramique de la région Centre, dans une région où sont diffusées les productions argonnaises et sénones. De plus, elle comptait des objets en verre de très belle facture dont un bol. Une sépulture d'adulte âgé accompagné de nombreuses monnaies et une autre présentant neuf vases préalablement brisés avaient été déposées dans le même enclos. Une fonction agricole, manifestée par la présence de caves contemporaines aux trois inhumations, a aussi été mise en évidence à proximité de l'ensemble. Ces différentes

---

191 Bermond *et al.* 1998, p. 134, et fig. 20 : 4 et 6 pour les vases de Gaule du Sud.
192 Bermond *et al.* 1998, p. 134 et 145.
193 À ce sujet voir l'article de J. Stroczek 2012.
194 Tisserand *et al.* 2012.
195 Tisserand *et al.* 2012, p. 168.
196 Provost et Vallat 1996, p. 111.
197 Castella, Deschler Erb et Meylan Krause 2008, p. 286.
198 Un parallèle pourrait être fait avec les fanums du lieu-dit En Chaplix, élevés sur les restes osseux de deux individus ensevelis à l'époque gauloise. Castella, Deschler Erb et Meylan Krause 2008, p. 280-285.

Fig. 190. Génie proposé comme parallèle possible à la divinité du temple de Flühweghalde à Augst, Château de Saalburg, Photo du musée (Riha 1980, p. 24, fig. 15).

fonctions, funéraire, cultuelle et agricole soulèvent de nombreuses questions qui n'ont pas pour l'instant trouvé de réponses[199].

Le second VBT en verre découvert dans un contexte cultuel est celui d'*Augusta Raurica*. De style *fanum*, il est en fonction entre le IIe et le IIIe siècle. Considéré dans un premier temps comme dédié à la déesse Cybèle d'après la statuaire, il a été ensuite proposé d'y voir un lieu de culte associé au *Genius loci*[200]. Représenté portant une corne d'abondance et des galettes, ou encore une patère servant aux libations, la divinité était liée à la fertilité et souvent représentée sous les traits d'un enfant (**fig. 190**)[201]. Toutefois, le génie ne peut être la divinité principale d'un lieu de culte. Il s'agirait alors d'une figure ayant un rôle d'intercesseur entre le fidèle et la divinité. Une nouvelle interprétation est apportée par Claudia Neukom et Marcel Schaub, et repose sur un essai de reconstruction convaincant (**fig. 191**). Estimée à une hauteur de 1,60 m, la divinité est représentée en grandeur nature. Il s'agirait alors de la statue de culte, dont les fragments ont été retrouvés devant la cella, aux abords de la fosse. Les deux chercheurs la comparent avec une Fortuna romaine, de même hauteur, provenant de la villa Giustiniani Massimo[202].

Qu'indique la présence du VBT brisé associé à un riche mobilier comptant des cruches en céramique et en verre ainsi que des gobelets réalisés eux aussi dans les deux matériaux ? Le caractère verseur des différents récipients pourrait indiquer un usage rituel commun mais cela reste hypothétique.

Pour conclure sur les espaces cultuels, mentionnons encore une note, dans laquelle N. Rouquet et F. Loridant remarquent des vases à bec au sanctuaire de Karden, installé au pied du Martberg : « Juste à l'extérieur du temenos du sanctuaire de Karden (prov. de Germanie Supérieure) au nord de Trèves, huit VBT ont été exhumés dans un dépôt de plusieurs dizaines de milliers de tessons, ce qui est peu sur le plan quantitatif »[203]. Malgré un nombre de VBT considéré comme négligeable – par rapport au nombre important des autres types de céramique – leur présence dans plusieurs contextes cultuels nous paraît significative. Étaient-ils alors déposés en offrande ? Ou utilisés dans le cadre de rituels ? Les réponses à ces questions pourraient être identiques à celles qui concernent le contexte funéraire.

Le caractère guérisseur, lié à la fertilité (agraire) de la plupart des sanctuaires pourrait renvoyer à une fonction libatoire des vases VBT, telle qu'elle apparaît durant une procession à Isis rapportée par Apulée :

> Ce dernier (un des pontifes) portait aussi du lait dans un petit vase d'or arrondi en forme de mamelle, et il en faisait des libations[204].

Il peut dès lors être suggéré que leur dépôt dans les sépultures renvoie à cette mamelle isiaque et aux promesses de vie et de résurrection qui lui étaient liées.

---

199 Gestreau 2004.
200 Riha 1980, p. 17. Voir aussi Jaeggi 2019, p. 5.
201 Riha 1980, p. 21.
202 Neukom et Schaub 2013, p. 108, fig. 10.
203 Rouquet et Loridant 2000, p. 427, note 5. Nickel 1999, p. 202.
204 Apulée, *Métamorphoses* 11, 10, 6 : Idem gerebat et aureum vasculum in modum papillae rotundatum, de quo lacte libabat.

Fig. 191. Augst. Proposition de restitution de la statue de culte, d'après Neukom et Schaub 2013, 107, fig. 9.

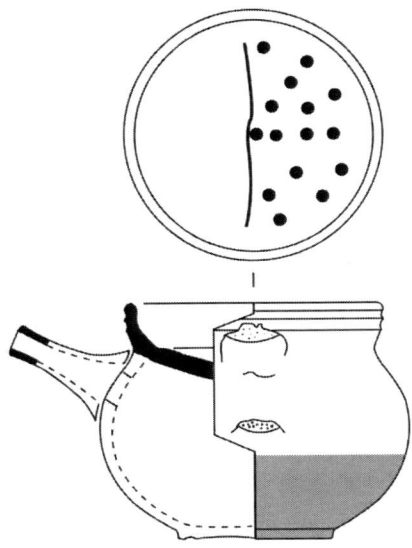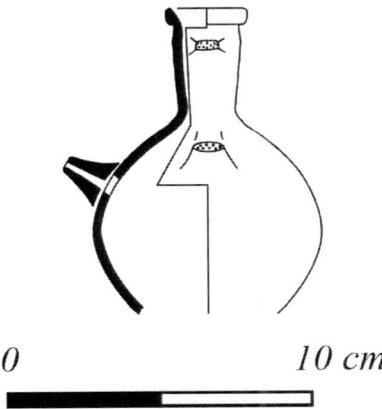

Fig. 192. Dessin des biberons découverts dans l'anse Saint-Gervais, à Fos-sur-Mer, par un plongeur, Cécil Blanès, dans les années 1980, au milieu de céramiques datant de l'époque augustéenne au début du IIIe siècle, d'après MARTY 2002, p. 216, fig. 12.

Épave / portuaire

Quatre VBT ont été découverts dans un contexte subaquatique. Les deux premiers proviennent du golfe de Fos (**fig. 193**). Avant-port de la ville d'Arles, le golfe est creusé entre 105 et 102 av. J.-C. par les troupes du général romain Caius Marius (**carte 10**)[205]. Les découvertes faites dans le golfe sont fortuites et ne peuvent être rattachées à une cargaison, en raison d'un ramassage réalisé de manière aléatoire. Une étude conduite en 1989 sur les amphores du golfe a permis de rendre compte d'un trafic florissant entre le Ier siècle av. J.-C. et le IIIe siècle, période dans laquelle s'insère la céramique claire et les deux VBT[206].

Les deux autres VBT (**carte 11**) ont été découverts à l'emplacement de l'épave du chaland Arles-Rhône 3, dans le dépotoir qui recouvrait le bateau (dépotoir Ar3)[207]. Leur forme est similaire à l'exemplaire ovoïde découvert dans le golfe de Fos. Située sur la rive droite du fleuve, l'épave était remplie de blocs de pierres calcaires en provenance des carrières de Beaucaire ou de Saint-Gabriel (*Ernaginum*).

Les archéologues concluent à une activité fluviale locale. La datation du dépotoir est estimée entre 40/50 et le début du IIe siècle. Parmi les différentes études en cours, celle de David Djaoui, qui nous a permis d'utiliser ses dessins des VBT, donne à réfléchir sur l'origine des objets du dépotoir[208]. S'agit-il des rebuts de la cargaison, jugés inaptes à la vente ? De contenants de type « boîte de conserves » dont le contenu aurait servi à sustenter les membres de l'équipage (des restes de maquereaux ont été retrouvés dans 21

---

205 MARTY 2002, p. 201.
206 MARTY 2002, p. 215.
207 Le chaland a été découvert lors d'une prospection réalisée en 2004 au fond du Rhône. MARLIER 2014, p. 29.
208 Nous tenons ici à le remercier.

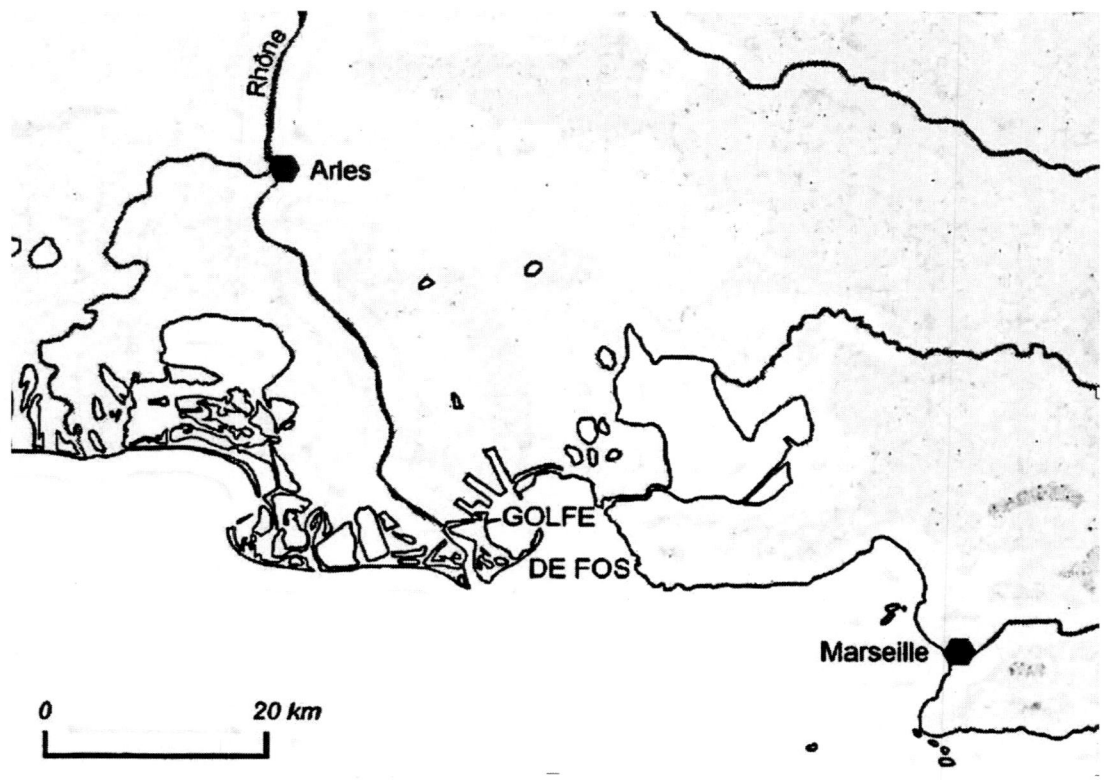

Carte 10. Situation du golfe de Fos d'après Marty 2002, p. 201, fig. 1.

pots sur les 24 choisis pour analyse)[209] ? Ou encore de céramique commune employée par les marins[210] ? Si le petit nombre d'exemplaires retrouvés dans une épave permet aisément de distinguer la vaisselle de bord, de celle qui était destinée au commerce, les identifications sont pratiquement impossibles dans le cas d'un dépôt portuaire[211]. Qu'en est-il des VBT retrouvés dans les deux espaces subaquatiques[212] ?

Leur typologie devrait amener un début de réponse. Les deux VBT retrouvés dans le golfe de Fos ont une forme très différente. Mentionné par Frédéric Marty[213], le premier (**fig. 193**) est similaire à un vase qui a fait l'objet d'un article par A. Qevedo Sanchez (**fig. 194**). Retrouvé dans une sépulture du IIe siècle, située aux alentours de la ville antique

---

209 Djaoui et Capelli 2017, p. 127. L'étude ichtyologique (des restes de poissons) a été menée par Gaël Piquès et Margaux Tillier. En cours de publication.
210 Djaoui et Capelli 2017, p. 115-116.
211 Djaoui et Capelli 2017, p. 116.
212 Nous pouvons prendre pour parallèle la cargaison de l'épave du Grand Congloué, qui a permis la mise au jour d'une cinquantaine de vases à bec campaniens de type 8151 a1, et d'un seul de type 8121 a1, selon la typologie de Morel. Il s'agit dans les deux cas de *gutti* en céramique noire au bec léonin (voir tableau 1). Tout porte à croire à une commercialisation des premiers et à une utilisation au sein du bateau pour le second.
213 Nous tenons à le remercier sincèrement pour nous avoir donné les informations et photographies des deux VBT de type Hayes 121.

Fig. 193. Photo du biberon de Fos-sur-Mer F. Marty. inv. 1 BLA 2739.

de *Carthago Nova* (Espagne), le VBT dont il est question était déposé avec un vase de type *askos*, une coupe en sigillée Dragendorff 27C et deux monnaies. S'agissant de fouilles anciennes (1944), les restes osseux n'ont pas été conservés et rien n'a été rapporté sur les dimensions d'un éventuel cercueil. Le VBT « espagnol » a une forme de tasse. Son embouchure est fermée par un disque d'argile percé d'une dizaine de trous dans sa moitié arrière seulement, conformément à l'exemplaire de Fos (**fig. 193**)[214]. L'exemplaire du golfe de Fos présente une pâte plus claire, recouverte sur la partie inférieure de la panse par un engobe orangé. Le bec est plus long que sur celui de *Carthago Nova*. Il présente en outre un relief sur le rebord extérieur de l'embouchure. S'inscrivant dans la typologie Hayes sous le type 121, le VBT trouvé en Espagne est produit en terre sigillée africaine A. Il s'agit alors d'une importation, comme c'est aussi le cas de l'*askos* (Hayes123). La différence de terre de l'exemplaire trouvé dans le golfe de Fos ainsi que son engobe nous amènent à douter d'une origine similaire. Pourrait-il s'agir d'une copie réalisée par les ateliers gallo-romains ?

Le second VBT trouvé dans le golfe de Fos a une forme de cruche qui l'associe aux autres VBT de la région. Son profil est de plus particulièrement ressemblant aux deux autres exemplaires découverts dans le dépotoir du Rhône (en particulier AR3.3018.41). Aucun des vases d'*Arelate* (Arles), n'ayant été contextualisé hormis ceux du golfe et du dépotoir, on peut se demander si des coutumes similaires au reste de la Gaule avaient eu lieu : mettait-on à Arles des vases pourvus d'un bec dans les tombes d'enfants ? Les exemples des villes voisines d'Orange et de Puyloubier suggèrent une réponse positive. Outre leur présence auprès d'enfants, les vases à bec de ces deux endroits ont une forme de cruche rappelant celle des exemplaires d'Arles. Pour en revenir aux VBT trouvés en milieu subaquatique, ne peut-on envisager que ces vases, rares dans les vaisseliers, auraient pu être privilégiés par les marins pour boire malgré les tempêtes ? Cassés, tous les quatre, ces vases ont peut-être été jetés par leur propriétaire.

---

214 L'association des deux vases à becs, le VBT et l'*askos*, a conduit à différentes hypothèses sur leur usage. Bien qu'acceptée, par A. Quevedo Sanchez, celle du vase à malade, pouvant avoir contenu un bouillon à donner chaud, n'a pas empêché le chercheur de privilégier la fonction de biberon. Sa position est motivée par la présence des vases auprès de jeunes enfants. Des analyses du contenu de l'*askos* ont été interprétées comme pouvant être du lait ou un produit fermenté à base de lait.

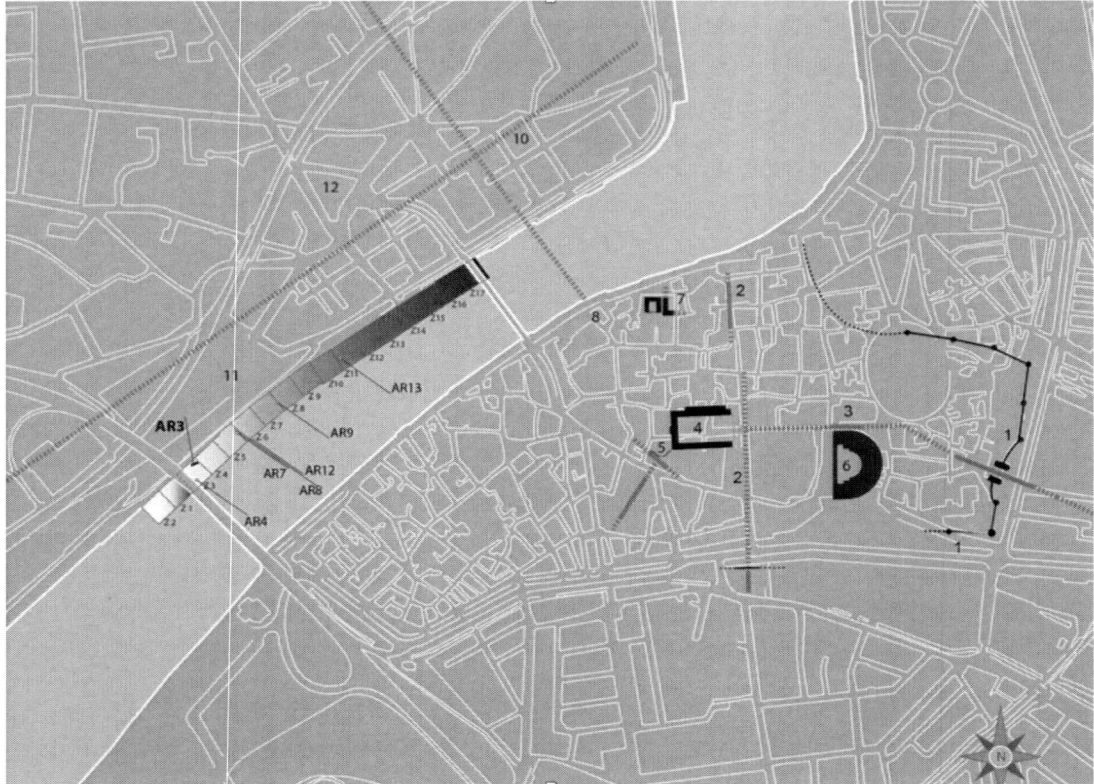

CARTE 11. Situation de l'épave du Rhône (AR3). À droite la ville avec son théâtre. D'après MARLIER 2014, p. 24.

Funéraire

Quatre-cent-trente-huit vases à bec proviennent d'un contexte funéraire. Cent-vingt-trois se trouvaient auprès d'une inhumation, 66 auprès d'une crémation. Treize individus ont été déposés en pleine terre, 22 en fosse, 40 en cercueil de bois, 12 en sarcophage de pierre, 3 en sarcophage de plomb, 23 sont des dépôts en urne, 2 des corps ont été placés dans un contenant en matière périssable, du genre linceul[215]. Seuls 3 défunts ont reçu une sépulture architecturée, c'est-à-dire construite avec des dalles de pierre stabilisées par une sorte de mortier. Les dépôts en pleine terre et en fosse comprennent des inhumations comme des incinérations. Certaines structures présentent un rituel qualifié par les chercheurs allemands de *Brandgrubengrab*, c'est à dire de tombes-bûchers[216]. Portant sur le monde des morts, le chapitre suivant approfondira cet inventaire que nous avons voulu ici succinct.

---

215 Les deux individus ayant vraisemblablement été déposés dans un tissu proviennent du site de Gerzat (Auvergne). Ils sont tous les deux âgés entre 4 et 18 mois. Ce mode de dépôt a pu être déterminé par la posture du défunt.
216 Le défunt est brûlé à l'endroit même de sa déposition.

Fig. 194. Biberon de Carthago Nova. D'après Quevedo-Sanchez 2010, p. 20175, fig. 1.

Des vases fonctionnels ?

Les VBT miniatures

La petite taille de certains VBT nous amène à considérer la question des vases miniatures. Il s'agit d'abord d'un problème de définition : qu'est-ce qui différencie un vase miniature, d'un petit vase ou d'un vase considéré comme de taille normale ? Oliver Pilz fait cette distinction : « *a normal size usually indicates whether an item's dimensions are suitable for its functionality in everyday use*[217] ». Prenant l'exemple des boucliers d'époque grecque, il dit : « *As soon as they fall below a certain size, however, practical use in battle would be impossible. If the dimensions of a given item are considerably below this threshold, one could refer to it as a miniature object. Yet [...] a definition of miniature object based on their practical functionality is somewhat arbitrary*[218] ». Il démontre ensuite les limites de la notion d'utilisation pratique (*practical use*).

---

217 Pilz 2011, p. 18 : « Une taille normale indique généralement si la dimension d'un objet est compatible avec un usage quotidien » (trad. personnelle).
218 Pilz 2011, p. 18 : « Cependant, dès lors qu'ils sont en-deça d'une certaine taille, il devient impossible de les utiliser dans une bataille. Si la dimension d'un objet donné est considérablement en dessous de ce seuil, on peut alors parler d'un objet miniature. Malgré tout, définir un objet comme miniature, sur la base de la possibilité de son usage pratique est un peu arbitraire » (trad. personnelle).

Dans le cas des VBT, il est difficile de fixer un ordre de grandeur, en deçà duquel ils ne seraient plus utilisables. D'abord, parce que leur fonction n'est pas assurée, malgré nos hypothèses, et qu'elle a pu être multiple : biberon, tasse à malade, tire-lait ? D'autre part, car la taille du vase n'est pas le seul critère à considérer. Le diamètre de l'orifice du bec a une importance majeure, comme l'a bien démontré N. Rouquet. Force est d'ailleurs de constater que les VBT de la région de Bourges, étudiés par la chercheuse, ont un orifice particulièrement fin. Ils ont en outre une forme particulièrement basse, bien que leur panse soit large. Ces caractéristiques font-elles de ces exemplaires des miniatures ? Selon notre observation, les véritables « miniatures », c'est-à-dire qui sont une réplique des exemplaires « normaux » ont une hauteur qui va jusqu'à 6 cm et une largeur de panse qui ne dépasse pas les 8 cm. Les formes aplaties dépassent généralement cette largeur, ce qui les exclut des VBT miniatures. Nous considérons donc comme de grandeur normale les vases dont la hauteur et/ou la largeur sont supérieures à ces dimensions.

Les exemplaires miniatures restent rares[219]. Notre corpus en compte 21 en céramique et 2 en verre. Ceux en céramique proviennent d'Augst (C285 et C34)[220], d'Avenches (C50)[221], de Balaruc-les-Bains (C56)[222], de Berne (C80, C86)[223], de Chalon (C162)[224], de Dijon (C197)[225], d'Esvres (C201)[226], d'Evreux (C219 et C221)[227], de Gerzat (C234)[228], de Lezoux (C350)[229], de Lully (C383)[230], de Martigny (C399)[231], du Mans (C322)[232], de Pérignat-sur-Allier (C445)[233], de Soings-en-Sologne (C508)[234], de Vidy (C321)[235]. Un exemplaire est conservé au Musée de Beaujeu (C278)[236], un autre au Musée gallo-romain Vesunna de Périgueux (C285)[237]. Plus rares encore, les exemplaires miniatures en verre proviennent, l'un de la nécropole de Berne Engehalbinsel (V11)[238], l'autre de Mayen. Ne possédant pas les dimensions de ce dernier exemplaire (V64)[239], notre hypothèse découle

---

219 Il se peut que notre corpus contienne d'autres VBT miniatures que nous n'avons pas identifiés comme tels, faute de connaître leurs dimensions.
220 Pfäffli et Rütti 2013.
221 Inédit, Inventaire des Site et Musée romains d'Avenches.
222 Bermond et al. 1998, p. 119-154.
223 Wiedmer-Stern 1909, p. 35, fig. 4, n° 28 ; Bacher 1983 ; Castella et al. 1999b, p. 39. Jaeggi-Richoz 2020.
224 Chalon romain 2005 ; Joconde. Portail des collections des musées de France, Paris, [En ligne] : http://www.culture.gouv.fr/documentation/joconde/fr/pres.htm (Site consulté le 08.10.2015).
225 Joly 1988, p. 69 ; Rouquet et Loridant 2000, p. 433 ; Inventaire du musée Archéologique de Dijon 2016.
226 Bobeau 1909, p. 216-230 ; Blanchard et al. 2005, ; Blanchard, Chimier et Riquier 2006.
227 Rouquet et Loridant 2000, p. 434.
228 Gouzel 1996, p. 54 ; Pélissier 2007-2008a, p. 57-59 ; Pélissier 2007-2008b, p. 6-43 ; Baills 2012. p. 223.
229 Rouquet et Loridant 2000, p. 434 ; Inventaire Musée de Saint-Germain-en-Laye 2016.
230 Castella et al. 2012, p. 52. fig. 40 et p. 205, fig. 204, n° 429.
231 Loup 2004, p. 49.
232 Guillier 1992, p. 20.
233 Pasty et al. 2010, p. 265-270, fig. 54 ; Jaeggi, Wittmann et Garnier, 2015, p. 565-566.
234 De la Saussaye 1844, pl. XXII, n° 3 ; Ruffier 1995, p. 95-113 ; Tuffreau-Libre 2001, p. 47, fig. 27.
235 La mort est dans le pré 2012-2013 ; Page consultée le 15 juillet 2023 : https://www.lausanne.ch/vie-pratique/culture/musees/mrv/expositions/expositions-temporaires/la-mort-dans-le-pre.html.
236 Rouquet et Loridant 2000, p. 432 ; Inventaire du Musée Anne de Beaujeu 2015.
237 Espérandieu 1893, p. 97. Galy 1862, p. 86-87.
238 Wiedmer-Stern 1909, p. 43, fig. 11 ; Bacher 1983 ; Castella et al. 1999b, p. 39.
239 Grünewald 2011.

du rapport entre la panse et le bec, et de ce que la forme est similaire au modèle bernois. Il faut souligner que la forme générale de ces deux exemplaires les distingue nettement de l'ensemble de la production.

Il faut alors se demander pourquoi avoir choisi des vases miniatures, plutôt que des vases grandeur nature. On ne peut qu'évoquer un aspect symbolique de l'objet, qui fait écho à sa fonction réelle. Cela suggère que le VBT était associé à une fonction particulière, rappelée au sein de la tombe. Cette fonction a vraisemblablement un lien étroit avec le statut ou l'identité du défunt. Cette hypothèse est soutenue par O. Pilz qui mentionne également une fonction communicative (*communicative function*) des objets miniatures déposés dans la tombe. Il prend pour exemple l'athénienne « *grave boots* » datée de la fin du Ve s. av. J.-C., dans laquelle ont été retrouvées plusieurs miniatures : un *epinetron*[240], une paire de chaussures, un *lebes gamikos* ainsi qu'une poupée aux bras articulés assise sur un trône. Il démontre que l'*epinetron* était associé à la jeune fille, particulièrement à la période qui va de l'enfance au mariage. À l'inverse, il associe le trône et la poupée, sur la base de parallèles faits avec les stèles attiques, à la femme mariée devenue mère. Pour O. Pilz, l'ensemble miniaturisé a une fonction symbolique ayant pour but d'étendre et de renforcer l'idéologie patriarcale, par la représentation idéalisée du cycle de vie de la femme athénienne. Selon O. Pilz, c'est la présentation des objets – durant l'exposition du corps, la *prothesis*, et les différentes phases de préparation de la sépulture, jusqu'à la cérémonie – qui est porteuse de la fonction communicative.

Une démarche identique, visant à clarifier le discours sous-entendu, doit être faite concernant les VBT. Dans cette optique, voyons, dans un premier temps, quels assemblages sont produits avec les VBT miniatures. Malgré le petit nombre de VBT miniatures, il a été possible de mettre en évidence certains assemblages, voire l'absence d'objets accompagnants. Le VBT de Lully (**fig. 199**, C387) semble avoir été la seule pièce de mobilier déposée auprès du jeune défunt. Dans d'autres sépultures, dont celle d'Avenches (C50), les VBT paraissent aussi avoir fait l'objet d'une offrande unique, comme à Augst (C34), Evreux (C219) ou Mayen (V62). Cette absence peut toutefois être la conséquence des lacunes documentaires. Il faut ajouter ici que le VBT au contexte malheureusement mal documenté, conservé au Musée de Périgueux, portait une inscription, qui souligne son caractère singulier (**fig. 167**)[241]. À Martigny, le VBT miniature (C399) n'est associé qu'à des fragments de céramique, de boîte en os et de clous (souliers et autres), ce qui semble être les restes d'un rituel[242]. Outre ces exemplaires, les VBT miniatures sont à deux reprises associés à une pièce unique de mobilier : à Evreux (C221)[243], il s'agit d'un grelot, à Vidy d'une cruche, elle aussi miniature (C323)[244]. Les cruches se retrouvent associées à un VBT miniature dans deux tombes. À Pérignat-sur-Allier (C447)[245], la cruche est amputée de son anse et de son col et accompagnée de deux coupes, dont l'une également amputée

---

240   Objet en céramique utilisé lors du tissage de la laine et qui prend place sur le genou.
241   Voir le chapitre sur les inscriptions.
242   LOUP 2004, p. 54-55.
243   ROUQUET et LORIDANT 2000, p. 433 ; JOCONDE. *Portail des collections des musées de France*, Paris, [En ligne] : http://www.culture.gouv.fr/documentation/joconde/fr/pres.htm (Site consulté le 2.08.2015).
244   PAUNIER 1981, p. 225 ; ROUQUET et LORIDANT 2003, p. 437.
245   PASTY *et al.* 2010, p. 265-270, fig. 54 ; JAEGGI, WITTMANN et GARNIER, 2015, p. 565-566.

puisque son fond a été découpé. À Champ-Madame (C73)[246], la cruche est toutefois entière. Elle est accompagnée par deux pots en commune claire et une marmite tripode avec son couvercle. Deux sépultures sont pourvues d'assiettes. À Gerzat (C237)[247], il s'agit d'une Drag 15/17 associée au fragment d'une autre assiette, et à une coupe, un bol et un fond de vase réutilisé en brasero. La sépulture de Berne ayant contenu le VBT miniature en verre (V11) contenait également une assiette Drag 32, portant le poinçon [FELIXI], ainsi qu'une lampe à médaillon poinçonnée [ATIMET]. Elle contenait en outre une statuette de Vénus ainsi que trois pièces en verre complètes : un balsamaire et deux vases globulaires. En contexte votif, le VBT de Balaruc-les-Bains était accompagné de deux petits (miniatures ?) gobelets ansés, d'un coquillage et d'un balsamaire (C56)[248].

Comme nous le verrons par la suite, avec les VBTs de grandeur nature, les assemblages liés aux VBT miniatures ne présentent pas de différences notables. Il peut être suggéré que, dans certains cas, le VBT miniature renvoie à la jeunesse du défunt : quant il est déposé auprès d'un objet lié au jeu (le grelot), et peut-être aussi dans le cas du VBT inscrit. L'un ou l'autre objet peut toutefois avoir été pourvu d'un second sens, plus symbolique, peut-être lié à l'évocation des divinités, comme les Muses dans le cas de l'inscription périgourdine, ou à une volonté de protection, en ce qui concerne le hochet[249].

L'existence de VBT miniatures pose encore la question de leur production. Il ne semble pas qu'il y ait eu des ateliers spécialisés dans ce type d'objets. Il s'agirait plutôt d'une production mineure, peut-être réalisée sur demande, au même titre que celle des VBT en général. Les VBT miniatures apparaissent surtout dans les régions ayant fourni le plus grand nombre d'exemplaires : l'Allier, la Côte d'Or et les bords de la Loire. Il ressort aussi que, sur vingt-deux exemplaires, six proviennent du territoire helvète, et un des Alpes Pénines (Martigny). La vaisselle de ce dernier endroit reflète des échanges importants avec la région de l'Allier. Ainsi, la prédilection pour des VBT miniatures ou non, au nord des Alpes, confirme que l'adoption du VBT et de sa symbolique font suite, dans ces provinces aussi, à la romanisation. En ce qui concerne l'Helvétie en général, le VBT paraît moins un vase importé qu'un vase dont on reproduit la forme dans des lieux de productions locaux. En ce qui concerne l'actuelle Belgique, la synthèse des fouilles de la nécropole de Messancy à Libramont-Chevigny, par Frédéric Hanut, montre que les VBT apparaissent dans la phase 2 de la nécropole (50-120) avec l'apparition de catégories et de formes céramiques nouvelles dont des pots à provisions, des statuettes, de la vaisselle micacée et l'adoption de la sigillée[250].

Les VBT au bec non percé

Deux de nos VBT ont révélé un bec non percé. L'un des exemplaires provient de Vindonissa (Suisse) (C575)[251]. Il s'agit de la sépulture à crémation d'un enfant âgé de

---

246 ALFONSO et BLAIZOT 2005 ; BAILLS 2012, p. 223.
247 GOUZEL 1996, p. 54 ; PÉLISSIER 2007-2008a, p. 57-59 ; PÉLISSIER 2007-2008b, p. 6-43 ; BAILLS 2012. p. 223.
248 BERMOND *et al.* 1998, p. 119-154.
249 Au sujet du hochet, DASEN 2017a.
250 HANUT *et al.* 2016, p. 292-293.
251 HINTERMANN 2000, p. 282-283, pl. 158 (non représenté car très fragmenté).

moins de six ans. Le mobilier accompagnant est soit fortement fragmenté (51 fragments d'amphore), ce qui est le cas du VBT, soit amputé (un fond de cruche). Il semble que seul un pot à cuire ait été déposé intact.

L'autre VBT provient également d'une crémation découverte à Saint-Paul-Trois-Châteaux (Drôme) (C489)[252]. L'âge du défunt est estimé à environ une année. La sépulture présente un mobilier très abondant, tant primaire que secondaire, en céramique comme en verre. Elle contenait en outre une lampe avec un Éros tenant une roue et une petite coupe de type mortier. Valérie Bel voit dans cette dernière le signe de l'introduction d'une alimentation diversifiée[253]. La coupe aurait alors servi à broyer les céréales. Cette proposition s'avère d'autant plus séduisante, que la sépulture du Valladas contenait d'autres éléments de vaisselle couramment appelée par les archéologues « à solides », ainsi que des offrandes carnées (porc, lapin, capriné). La présence, dans la sépulture de Vindonissa, du pot à cuire, semble également renvoyer à des préparations culinaires. Dans ces contextes spécifiques, comment interpréter le VBT au bec non percé ? L'obturation du VBT indique-t-elle le passage à une nourriture solide, accompli du vivant de l'enfant ? Ou au contraire, fait-elle allusion à l'inutilité du vase, en raison d'une mort survenue trop tôt ? Autrement dit, le VBT accompagne-t-il l'enfant durant l'étape du sevrage ou est-il l'expression de l'allaitement au sein ?

L'âge des deux défunts associés aux VBT au bec non percé pourrait appuyer la première hypothèse. Habituellement, l'enfant âgé de six ans était complètement sevré, depuis un certain nombre d'années – deux, trois, voire quatre selon les données isotopiques des différentes nécropoles de l'époque romaine[254]. L'apparition d'une maladie a toutefois pu conduire à prolonger l'allaitement au-delà de ces âges, comme nous le verrons plus loin[255].

L'assemblage de la tombe du Valladas, nous amène à revenir sur la fonction « communicative » des dépôts funéraires, évoquée par O. Pilz. En effet, le décor de plusieurs objets semble renvoyer au statut du défunt. Mentionnons par exemple le médaillon de lampe avec l'Éros à la roue, motif pour lequel V. Dasen a montré une référence à Ganymède, dans un discours eschatologique. En outre, il pourrait être suggéré que l'inscription monétaire [PROVIDENTIA] a été choisie à propos. Peu étudiés en regard de leur place dans les dépôts funéraires, les inscriptions et timbres de potiers – par exemple [FELIXI] dans une tombe de Berne – nous semblent bien souvent enrichir le discours lié au défunt et aux souhaits des vivants.

Le nombre restreint de VBT au bec non percé permet difficilement de tirer des conclusions sur leur présence au sein de crémations. Néanmoins, le bris de vase observé à Vindonissa suggère qu'un rite funéraire avait été réalisé, tel que le voulait l'usage lors de la mise au bûcher. Pour V. Bel, ce sont surtout les objets personnels du défunt qui étaient déposés auprès du corps avant l'allumage du bûcher. La crémation est selon elle, la marque « d'une étape supplémentaire dans l'intégration sociale des enfants », et le reflet de rites alimentaires[256]. Primordiale, la question de la mise au bûchers de certains objets reste sujette

---

252   Bel 1991, p. 245-246 ; Bel 2002, p. 245-246 ; Bel 2012, p. 204 et 207, fig. 12, n° 12.
253   Bel 2013, p. 202.
254   À ce sujet voir *infra*, sur les analyses isotopiques.
255   *Ibid.*
256   *Ibid.*

à discussion. Contrairement aux autres vases, auxquels ils sont souvent associés, comme par exemple les cruches, les VBT sont rarement brûlés et, si c'est le cas, partiellement. Ils ne présentent généralement pas de signes d'amputations et ne sont généralement pas brisés.

Biberons ou tire-laits? Les résultats des expérimentations

À la suite de G. A. S. Snijder et de N. Rouquet, nous avons effectué des tests pratiques pour vérifier les usages des vases à becs en tant que biberon et tire-lait. Les exemplaires ont été choisis parmi les différentes formes de notre corpus : bilobé, lenticulaire, globulaire ainsi que la forme à canal interne testé par G. A. S. Snijder. Les tests n'ont pas été faits avec les originaux mais avec des copies produites par un céramologue utilisant les techniques antiques, Jérôme Colivet. Ils ont été réalisés avec une mère et son enfant d'environ 6 mois[257] (**fig. 195a**). Ce dernier ne tétait plus le sein et était donc habitué au biberon de lait moderne. Le lait en poudre auquel l'enfant était habitué a été utilisé pour le faire boire à l'aide des répliques. Les différentes formes ont été testées par les deux protagonistes. En tant que biberon, les répliques antiques se sont révélées moins efficaces que les biberons modernes. La dureté du bec permettant en effet difficilement la succion. Pour y remédier, nous avons ajouté une tétine en peau, et un bout d'éponge naturelle mais avec peu de succès. L'épaisseur du cuir, moins fine que les tétines animales utilisées avant notre époque, en est peut-être la cause. On peut aussi évoquer le manque d'habitude observable encore aujourd'hui lorsque les mères passent du sein au biberon moderne (ou tétine) et vice-et-versa[258]. Il a semblé que l'enfant s'est peu à peu habitué à aspirer le lait du vase sans tétine, et a donc pu le recevoir dans sa bouche. L'inclinaison du vase a toutefois facilité le débit. L'étroitesse du bec des exemplaires reproduisant les modèles de Bourges testés par N. Rouquet, n'a pas complètement empêché le débit bien qu'il l'ait réduit. En tant que tire-lait (**fig. 195b**), les vases se sont révélés plus concluants, malgré la pose inconfortable de la jeune mère, déjà évoquée par S. Gallnö[259]. La nuque doit en effet être fortement inclinée vers le bas pour permettre à la bouche d'atteindre le bec. À l'instar de ce qui se faisait au Moyen-Âge, on peut envisager l'intervention d'une tierce personne pour aspirer le lait de la poitrine. Ce dernier se laisse aisément recueillir dans la panse du vase et peut aussitôt être soit versé, notamment dans un but thérapeutique, soit donné à boire. Contrairement à nos suppositions qui reposaient sur la démonstration convaincante de G. A. S. Snijder, le vase étrusque s'est montré plus fastidieux que les autres vases, en raison surtout de sa grandeur et de la longueur de son bec qui a nécessité une plus grande aspiration. Les résultats de ces expérimentations permettent de conclure à un usage possible des VBT qui comprend une fonction de tire-lait, de biberon et de tasse à médicament. Comme nous allons le voir, l'absence de lait dans les ¾ des VBT soumis aux analyses biochimiques suggère que l'emploi en tant que tire-lait est resté minoritaire et que la fonction de biberon au sens moderne du terme doit être revue.

---

[257] Nous voulons ici remercier chaleureusement Valérie Martini et son fils Tristan pour s'être prêtés à nos tests.
[258] Voir par ex. le site *Allaiter selon vos désirs*, article « La confusion sein/tétine n'est pas irrémédiable » [en ligne] http://www.allaitement-jumeaux.com/espace-allaitement/guide-allaitement/confusion-sein-tetine.php (site consulté le 05.04.2020).
[259] Voir p. 374, note 200.

LA PRODUCTION GALLO-ROMAINE 483

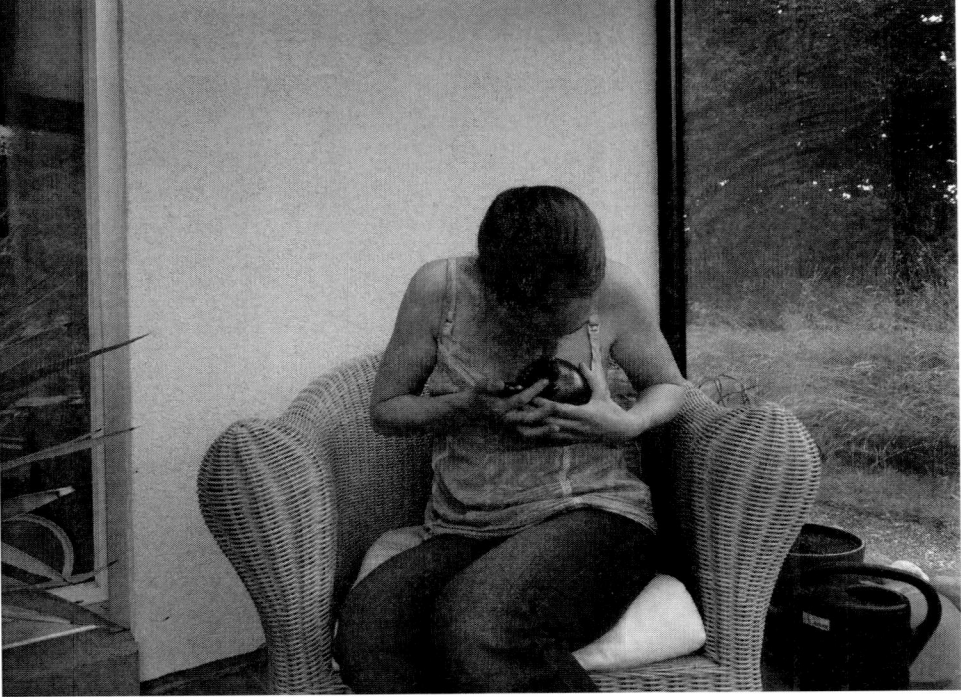

FIG. 195a. Valérie Martini donnant le biberon à son fils Tristan à l'aide de la réplique d'un biberon de type sigillée. b. expérimentation de la fonction de tire-lait. Photo S. Jaeggi-Richoz.

Conclusion

Romanisée, la Gaule produit au moins depuis le Ier jusqu'au début du Ve siècle de notre ère des VBT en céramique et en verre[260]. Longtemps présentée comme une production qui succède et remplace celle d'argile, celle en verre nous apparaît plutôt comme étant contemporaine de la première. L'une et l'autre productions montrent des pièces chaque fois uniques, qui diffèrent par la forme de leur panse, leur pied, leur col, leur bord ou encore leur anse et leur décor[261]. Il faut dès lors envisager des lieux de productions variés, disséminés sur le territoire mais aussi des réalisations hors-séries, probablement faites sur commandes. Leur découverte dans plusieurs contextes d'habitat de style *villae*, où ils présentent souvent une facture soignée, voire un revêtement rappelant la vaisselle métallique, nous conduit à y voir un vase doté d'une certaine valeur, comme l'était un joli flacon ayant renfermé une substance précieuse. Avec son mobilier importé, la tombe d'enfant d'Arcis-sur-Aube démontre une même valeur – semi luxueuse selon son découvreur – des VBT. Ceux-ci étaient vraisemblablement pourvus d'une symbolique thérapeutique, renvoyant au sein d'Isis ou d'autres divinités locales, et à leurs fonctions guérisseuses, synonymes de renaissance. De manière plus prosaïque, le vase a pu servir de contenant à une recette thérapeutique sur laquelle nous reviendrons dans le chapitre portant sur les analyses biochimiques. Le parallèle que nous avons fait avec les flacons médicaux de type *Lykion* suggère la présence d'un bouchon, au moins sur certains des VBT. Quant à la forme particulière de leur panse, souvent resserrée par un artifice de type gorge, elle pourrait suggérer soit la fixation d'une tétine soit celle d'une étiquette indiquant le contenu.

Un usage rituel motivé par la symbolique dont il était pourvu, peut également être envisagé pour les VBT découverts en contexte funéraire, puisqu'ils présentent un même type d'assemblages que ceux découverts en milieu cultuel (coquillages mais aussi cruches, gobelets, etc.). Si cette interprétation s'avère exacte, la présence des vases dans la tombe peut être interprétée comme le témoin muet d'un geste libatoire, plutôt que comme un simple dépôt. Cette fonction que nous pensons avoir déjà été exploitée par les civilisations de Grèce ancienne[262], n'empêche pas que le VBT ait servi aux vivants dans un cadre domestique et/ou médical. C'est probablement la symbolique liée à l'objet qui a conduit les peuples gaulois à se l'approprier et à le déposer auprès de leurs défunts.

Également découverts dans les ports arlésiens, les VBT ont pu servir aux membres d'équipage peut-être pour boire lors d'un voyage particulièrement houleux. Les analyses biochimiques du contenu permettront de clarifier ce possible usage.

---

260   Les VBT en céramique du Ier siècle av. J.-C. sont des productions isolées qui doivent être distinguées de celles qui vont se développer au milieu du Ier siècle apr. J.-C. C'est à ce moment-là que se développe aussi la production verrière.

261   Il faut noter que malgré la parfaite ressemblance formelle des VBT produits à Trèves, leur décor en fait des pièces peut-être uniques.

262   Et probablement déjà avant. Voir le chapitre XX.

10. Des VBT pour quels défunts ?

Découpage en classes d'âges

Afin de mettre en évidence le type d'individu le plus souvent associé aux VBT, il est nécessaire d'établir un découpage en classes d'âges. Ce découpage est loin d'être aisé et a fait l'objet de nombreuses discussions. On privilégie tantôt l'identification de l'âge social, tantôt celle de l'âge biologique[1]. Notre recherche sur les sépultures des individus immatures a influencé nos choix dans ce domaine, de même que les réflexions de Nathalie Baills, Valérie Bel, Bernard Dedet et Solenn de Larminat, pour ne citer qu'eux[2]. Ces spécialistes ont mis en évidence des variations dans l'agencement des sépultures et le rite funéraire en fonction de l'âge des défunts. Les découpages faits par B. Dedet et V. Bel vont jusqu'à l'adolescence. Des différences chez les deux chercheurs sont toutefois manifestes.

Le corpus de B. Dedet comprend des sépultures indigènes des époques protohistoriques, c'est-à-dire le dernier millénaire avant notre ère, situées dans le sud de la France (des Pyrénées centrales, du Quercy, du Toulousain à l'ouest à la frontière italienne à l'est)[3]. Chez B. Dedet, une première catégorie prend en compte les fœtus et périnatals, une deuxième les nourrissons entre un et douze mois, une troisième les individus entre une année et six ans et une dernière les sept – quatorze ans. V. Bel propose un découpage plus fin : les individus morts autour de la naissance (périnatals[4]), ceux de moins de six mois, les nourrissons jusqu'à environ deux ans, les enfants entre trois et six ans et, finalement les sept-quatorze ans comprenant les adolescents.

L'étude de B. Dedet met en évidence que les fœtus et les périnatals, ainsi que les individus de moins de six mois, sont ensevelis dans la sphère domestique : dans les habitations ou les cours de celles-ci. Ces individus sont généralement démunis de tout objet personnel ou à usage prophylactique. B. Dedet constate aussi l'absence d'emmaillotement et déduit le peu d'importance attribuée à ces individus encore réduits à l'état sauvage[5]. Les individus de plus de six mois semblent quant à eux agrégés à la communauté puisqu'ils partagent la même nécropole et ont été soumis aux mêmes pratiques funéraires (inhumation ou crémation), que les adultes, en fonction des coutumes régionales. Lorsqu'ils sont soumis à la crémation, les restes osseux de ces défunts sont parfois recueillis dans des récipients miniatures reproduisant la forme de ceux utilisés pour les adultes. Il ne s'agit toutefois pas d'une règle. Contrairement aux plus jeunes, ces enfants sont accompagnés d'un objet

---

[1] Par exemple LAES 2011, DUBOIS 2016. Au sujet du croisement des données biologiques et sociales voir l'étude de BUSH ZVELEBIL 2012.
[2] BAILLS 2014, Bel 2008, DEDET 2012, De LARMINAT 2011.
[3] DEDET 2008, p. 2.
[4] Ce qui comprend les fœtus de plus de sept mois lunaires.
[5] DEDET 2012, p. 151.

de type parure, pouvant être prophylactique ou avoir servi à fixer son vêtement, tel que les anneaux de langes ou les fibules. Les vases sont rares et la plupart du temps de taille réduite[6]. Les tombes des individus ayant entre une année et six ans diffèrent peu de celles des plus de six mois. Outre des pendeloques et autres objets prophylactiques, ces derniers défunts sont le plus souvent accompagnés d'un vase et d'un objet connoté sexuellement, relevant de la sphère féminine du type fusaïole, coquillage ou bracelet. B. Dedet suggère que ce type de dépôt « genré » est corrélé non pas au sexe du jeune défunt mais à la sphère féminine à laquelle il est encore associé[7]. Aucun objet de valeur, comme par exemple un vase métallique ou d'importation, n'a été observé pour ce genre d'individu.

Les dépôts réalisés auprès des défunts âgés entre sept et quatorze ans se diversifient sans atteindre toutefois la richesse des tombes d'adultes[8]. Les objets affichent alors davantage le statut du défunt, que ce soit sous la forme d'armes et de panoplies guerrières, ou par leur association au banquet[9].

Le corpus de V. Bel porte quant à lui sur les sépultures d'enfants et d'adolescents en Gaule Narbonnaise au Haut-Empire. Pour cette époque qui succède à celle traitée par B. Dedet, V. Bel propose un découpage légèrement différent. Incluant les fœtus de plus de sept mois (soit périnatals avant terme), elle rend compte de l'ensemble des périnatals dont les tombes comptent parfois du mobilier. Ces tombes se situent dans des nécropoles urbaines (Nîmes, Marseille) et sont absentes des lieux de dépôts funéraires ruraux[10]. En milieu rural, comme c'est le cas de l'ensemble funéraire spécialisé du complexe de potiers de Sallèles d'Aude, il faut attendre que les individus aient dépassé les premières semaines de vie pour qu'ils soient accompagnés d'objets[11]. Les sépultures des périnatals comptent aussi des monnaies percées pouvant avoir eu une fonction prophylactique, au même titre que les pendeloques en bronze ou en ambre et le médaillon en forme de phallus retrouvé dans une tombe marseillaise (tombe 308). Les vases sont rares et pourtant leur taille et leur forme, identiques aux vases découverts dans les tombes d'adultes, font suggérer à V. Bel qu'il s'agissait de vaisselle utilisée, comme pour les plus grands, lors du repas funéraire plutôt que destinée à l'accompagnement du mort[12].

Quant à la présence de mobilier, les sépultures des individus âgés de plus de vingt-huit jours et de moins de six mois se démarquent peu des sépultures des périnatals. Les différences observées par V. Bel entre site urbain et rural sont aplanies. Si les vases restent

---

6   Dedet 2012, p. 153. Outre des colliers à perles de bronze ou ambre, les dépôts de ces individus comptent des bracelets (à Negabous, sép 221) ou une fusaïole (Viols, sép 7).

7   Dans plusieurs sociétés, le jeune enfant est revêtu d'une petite robe jusqu'à ce qu'on lui coupe les cheveux, qu'il soit garçon ou fille, comme cela a été le cas pour le petit Albert Einstein âgé de 2-3 ans comme on le voit sur une photographie conservée au Musée Einstein de Berne, Historisches Museum Bern.

8   Quatre tombes à armes dont les plus anciennes sont datées du VIIe s. av. J.-C. : nécropole de Négabous (331), du Grand-Bassin I (55) à Mailhac, et les plus récentes l'Agnel I et Saint Antoine, respectivement au tournant des VII-VIe siècle et au second quart du VIe siècle av. J.-C. (Dedet 2012, p. 161).

9   Le contact avec les commerçants étrusques et grecs aux alentours du VIe siècle av. J.-C. semble avoir influencé le dépôt de vases, utilisés lors des banquets, dans les sépultures indigènes (Dedet 2012, p. 161-162).

10 Sur 10 sépultures découvertes en milieu rural, aucune ne contenait de mobilier (Bel 2012, p. 196).

11 La tombe (4), d'un sujet décédé entre un et trois mois, contenait une fibule. Sa grande taille ainsi que l'absence de marques de contention du corps suggère qu'elle avait ici une fonction d'offrande plutôt qu'utilitaire (Duday et al. 1995, p. 45). Voir aussi le site de Careiron-et-Pesquier à Milhaud (Bel 2012, p. 196).

12 Bel 2012, p. 197.

minoritaires, des objets inattendus accompagnent parfois ce type de défunt. Ainsi, la sépulture d'un défunt âgé de trois mois au 59, av. Jean-Jaurès à Nîmes recelait un strigile. Dents animales, bijoux et fibules sont fréquents dans ce type de sépultures.

Les sépultures des enfants âgés entre six mois et deux ans affichent une plus grande variété. Lampes, balsamaires et VBT apparaissent pour cette classe d'âge[13]. La vaisselle déposée représente la plupart du temps le répertoire des vases à liquides. Les défunts âgés entre trois et six ans sont plus rares dans les ensembles funéraires, ce qui incite à la prudence des interprétations. V. Bel remarque que la pratique de la crémation s'effectue plus généralement pour les individus âgés de plus de trois ans. Le recours au bûcher introduit une étape de dépôt supplémentaire, du bûcher à la tombe. Les vases apparaissent de manière plus systématique dans ce type de sépulture, alors que les inhumations des individus de cette classe d'âge sont généralement moins fournies en mobilier. Les objets personnels du défunt accompagnent le mort déjà sur le bûcher, ce qui indique des rites alimentaires élaborés.

Le caractère ostentatoire de certains dépôts indique le statut aisé de la famille comme cela apparaît dans un mausolée de Béziers. Âgé de quatre ans et demi, le défunt était notamment accompagné de cinq vases et de deux dents animales. Les défunts les plus aisés de cette classe d'âge reçoivent des objets précieux : parures en or (pendentif en forme de massue, *bulla*), amulette en cristal de roche mais aussi pions de jeu, nécessaire de toilette et monnaie accompagnent une crémation de Marennes (**fig. 196**)[14]. Alors que les dépôts de vases se généralisent dans les sépultures des plus de sept ans, les autres types d'objets tendent à disparaître. V. Bel reste prudente quant à cette observation qui peut être attribuée au manque de sépultures témoignant de cette classe d'âge[15]. Alors que les vases à solides proviennent le plus souvent du bûcher, les vases à liquides présentent plus rarement des traces de combustion.

Le discours des sépultures

Portant sur une partie de notre territoire, à des époques successives, les recherches de B. Dedet et V. Bel vont guider nos choix quant à la définition des classes d'âges de notre corpus.

Ces deux recherches mettent en évidence des similitudes mais aussi des différences. Toutes deux font état des fœtus/périnatals dont le traitement funéraire diffère de celui des sujets plus âgés. À l'époque protohistorique, les restes osseux des fœtus et périnatals sont relégués à la sphère domestique qu'ils n'ont vraisemblablement jamais quittée. Alors que B. Dedet considère ces défunts comme des êtres sauvages, il nous paraît que le lieu de dépôt particulier le contredit. D'ailleurs, cette question a souvent été soulevée dans la littérature scientifique. V. Dasen voit dans ces défunts des individus purs, non souillés par une nourriture extérieure, ce qui expliquerait leur sépulture dans la maisonnée[16]. Cette notion de pureté va

---

13   *Ibid.* p. 206.
14   BEL 2012, p. 213, fig. 18.
15   *Ibid.*, p. 210.
16   DASEN 2014a, p. 240.

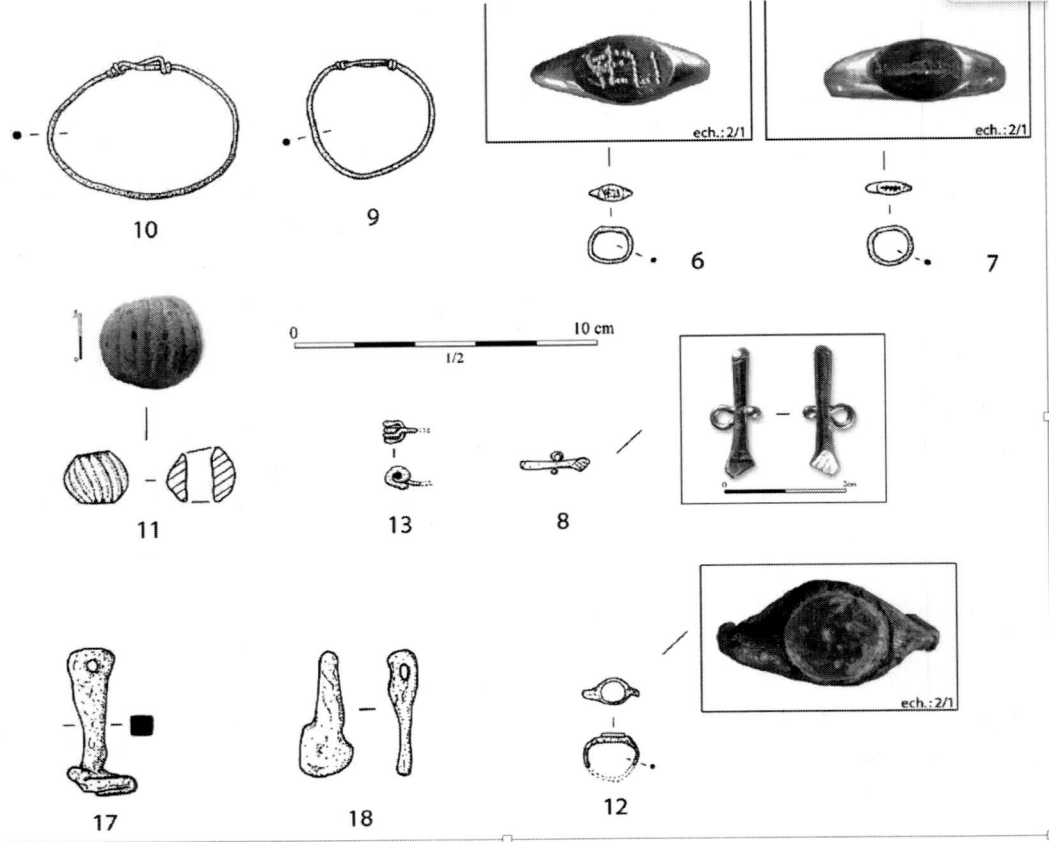

FIG. 196. Sépulture d'un enfant décédé entre 2 et cinq ans. Marennes. Différentes figurines, des bijoux en or dont un pendentif en forme de massue et une bulla, d'après BEL 2012, p. 213, fig. 18.

à l'encontre de la croyance en des êtres malfaisants, voués à errer dans les limbes, largement diffusée par le christianisme[17]. L'ethnologie offre aussi des parallèles à la coutume d'enterrer les jeunes défunts au sein du foyer, voire sous les seuils des maisons[18]. Dans les sociétés d'Afrique du Nord, il est coutumierr d'ensevelir le foetus de moins de cinq, voire 6 mois sous les seuils des maisons. Chez les Berbères de Kabylie, c'est plus précisément dans un recoin de l'étable. Catherine Le Grand-Sébille explique ainsi cette coutume :

> « il faut préciser qu'en Afrique du Nord, le seuil de la maison est un lieu chargé de sens et se trouve au centre de nombreux rituels aussi divers que les rites de passage, les rites de protection ou les rites d'expulsion du mal. C'est un lieu ambivalent investi

---

17 Les sanctuaires à répit, avaient été mis en place afin de conjurer les morts survenues avant le baptême. Un stratagème, notamment par réchauffement du corps, était appliqué et faisait croire que l'enfant avait respiré, le temps de le baptiser. À ce sujet voir GÉLIS 1981.

18 Des sépultures de jeunes enfants ont été découvertes sous les seuils des maisons à Oberwinterthur en Suisse, voir BERGER 1993, p. 231. DASEN et BAILLS-TALBI 2016, p. 610.

d'un pouvoir bénéfique, la baraka émanant de Dieu, mais aussi un lieu perméable aux influences maléfiques. Se tiennent près du seuil à la fois les esprits protecteurs du foyer, les génies malintentionnés ou les âmes des défunts. Le seuil est à la fois respectable et redoutable. Dans ce contexte, l'enterrement du fœtus sous le seuil doit être rapproché de l'enterrement d'objets ou d'animaux à ce même endroit, éléments qui protègent la maisonnée parce qu'ils barrent la route aux forces maléfiques[19] ».

À l'époque romaine, la pratique d'inhumer les plus jeunes dans des zones domestiques ou dans des bâtiments à vocation artisanale, voire liés à l'agriculture (*pars rustica* de certaines *villae* ou silos) perdure[20]. Toujours sujette à discussion, elle pourrait, selon ces parallèles ethnologiques, conférer aux très jeunes défunts, un pouvoir de protection envers les vivants. La pratique semble en tous les cas évoquer un retour à la terre de ces jeunes défunts qui, pour reprendre les termes de Plutarque, « ne tiennent en aucune façon à la terre ni aux choses de la terre » et « qui sont passés dans une condition et un séjour plus divin »[21]. L'absence de langes pour ces individus morts aux alentours de la naissance qui va de pair avec l'absence d'objets visant à les protéger, suggère que les premiers gestes liés au lavement du corps n'ont pas été entrepris[22].

Le constat de V. Bel au sujet des périnatals découverts en milieu rural montre clairement un lien entre l'agrégation à la communauté et le dépôt d'offrandes, puisque les individus dépourvus d'objets ont été retrouvés dans des sites à recrutement spécialisé, à Milhaud, près de Nîmes (Gard) et à Sallèles d'Aude, près de Narbonne[23]. Les périnatals découverts en zones périurbaines témoignent dès lors d'une agrégation à la communauté. S'agit-il d'une appréciation différente des défunts morts aux alentours de la naissance ? Ou de coutumes locales, peut-être liées à des contraintes d'ordre pratique (absence de terrain par exemple) ? Ou les individus ensevelis en milieu urbain avaient-ils vécu plus longtemps que leurs pendants nés en milieu rural et reçu les premiers soins/rites ? En l'absence de réponse, nous nous limitons aux faits décrits par la chercheuse.

L'âge de six mois semble marquer un passage important, tant à l'Âge du Fer qu'à l'époque romaine. Le nourrisson fait alors partie de la communauté. À l'époque préromaine, il est sujet à des rites funéraires identiques à ceux réalisés pour les adultes, mais ne reçoit pas le même type d'objet que les plus âgés. Soumis à la sphère féminine, quel que soit son sexe, il reçoit les objets qui y sont relatifs, jusqu'à ce qu'il ait atteint l'âge de sept ans, moment où son statut social semble établi, en même temps que sa différenciation sexuelle. Le traitement différencié des défunts de plus de 6 mois semble faire écho au texte de Pline l'Ancien où il est dit que le traitement funéraire dépend de l'apparition des dents :

L'usage veut que l'on n'incinère pas un être humain mort avant la venue de ses dents[24].

---

19 Le Grand-Sébille 2001.
20 Laubenheimer 2004.
21 Plutarque, *Consolation à sa femme* (*Œuvre morale*) VIII, 45, 611F-612B : Οὐ γὰρ μέτεστι γῆς οὐδὲν οὐδὲ τῶν περὶ γῆν αὐτοῖς. [...] καὶ θειοτέραν μοῖραν ἅμα καὶ χώραν μεθεστηκότας.
22 L'impossibilité actuelle de différencier un enfant mort-né d'un enfant qui a vécu quelques heures voire quelques jours, en raison de l'imprécision des analyses sur lesquelles nous nous étendons plus bas, ne permet malheureusement pas de faire état d'une absence de soins du corps avant la mise en terre.
23 Voir respectivement Conche et Plassot 2003 et Duday *et al.* 1995.
24 *HN* 8, 15 : *hominem prius quam genito dente cremari mos gentium non est*.

Malgré l'imprécision de Pline sur le type de dents (dents de lait[25] ou dents permanentes ?) les sépultures semblent indiquer l'apparition des premières dents, vers environ 6 mois. Dans l'ensemble des nécropoles ou lieux de sépultures spécialisés[26] de Gaule romaine, on remarque en effet que les enfants de plus de six mois sont plus souvent incinérés que ceux de moins de six mois et font l'objet d'une sépulture plus élaborée ou plus richement fournie.

Alors que l'enfant de moins de six mois reçoit surtout des breloques à vocation médico-magiques, celui de plus de six mois voit son mobilier se diversifier. Lampes, balsamaires, VBT sont-ils utilisés lors des rituels ou font-ils partie des objets utilisés du vivant de l'enfant (éclairage, soin du corps, alimentation) ? La prédominance des vases à liquides dans ces tombes pourrait suggérer, comme cela a été fait par V. Bel, que ces récipients étaient adaptés à une alimentation de l'enfant, encore sous forme de préparations semi-liquides. Toujours d'après cette dernière étude, l'âge de 3 ans semble marquer une autre étape. C'est alors que la pratique de la crémation se généralise. L'enfant semble recevoir une attention plus soutenue, témoignant de sa singularité, de son statut social (sexe et classe) et peut-être même de son aptitude à l'apprentissage (jeu), ainsi qu'à prendre soin de son propre corps (objets de toilettes, strigiles, etc.). L'âge de sept ans paraît marquer la fin de la petite enfance, comme c'est encore le cas actuellement. Avec l'apparition de la seconde dentition, l'individu semble avoir atteint l'état biologique des adultes, puisqu'il reçoit les mêmes rites et les mêmes vases ayant peut-être servi au banquet. Cette étape qui, à en croire les sépultures, s'achève vers l'âge de quatorze ans, « l'aube de l'adolescence » comme le souligne Bernard Dedet, différencie « l'enfant » de l'adulte[27]. Il dit en effet : « dans le sud de la France protohistorique, les sépultures des sujets compris entre quinze et vingt ans ne se distinguent actuellement pas de celles des adultes, et les pratiques mises en œuvre, du moins ce que nous en percevons, sont semblables pour les uns comme pour les autres[28] ». Et plus loin : « pour les défunts de plus de quinze ans, les différences de traitement ne paraissent plus reposer essentiellement sur l'âge au décès, mais plutôt sur d'autres critères, sexuels, sociaux ou religieux[29] ».

Cette conclusion semble valoir pour l'époque qui suit la conquête et nous amène à conserver la limite de 14 ans pour distinguer les immatures des adultes faisant partie de notre corpus.

Ce choix n'est pas en corrélation avec la maturité biologique qui, du point de vue de l'anthropologie physique est atteinte vers l'âge de trente ans, lors de la dernière soudure, celle du point épiphysaire médial de la clavicule[30]. Nous traitons de l'approche biologique plus en détail ci-dessous. Notre découpage en classes d'âge suit celui de V. Bel (**tableau 5**). Nos motivations ont été de mettre en évidence l'âge de six mois, qui nous paraît d'une grande importance au regard des sépultures, ainsi que sous l'aspect biologique. Ensuite, l'âge de trois ans parce qu'il marque une nouvelle étape biologique (toutes les dents de lait ont fait leur apparition) qui paraît avoir eu une influence sur le choix des rites funéraires. Selon les textes médicaux et les contrats de nourrices, trois ans est aussi l'époque de la fin

---

25 Dites aussi « déciduales » par les biologistes actuels.
26 Cette précision est nécessaire et qualifie des lieux de dépôts des tout-petits hors des nécropoles communautaires, comme c'est le cas par exemple dans le complexe de potiers de Sallèles d'Aude ou une dizaine de sépultures d'enfants ont été retrouvées (DUDAY, LAUBENHEIMER et TILLIER 1994).
27 DEDET 2008, p. 6.
28 Ibid.
29 Ibid.
30 POULMARC'H 2014, p. 47.

Classes d'âges	Bernard Dedet	Valérie Bel	Sandra Jaeggi	(Pseudo-) Hippocrate[31]
1.	fœtus et périnatals	périnatals avant terme, à terme, périnatals	fœtus et périnatals (de la 8e semaines in utero jusqu'à 7 jours après la naissance)	petit enfant – *puerulus* (apparition des dents)
2.	un à douze mois[32]	moins de six mois	moins de six mois	
3.	une année à six ans	six mois jusqu'à deux ans	six mois et 2 ans	
4.	sept-quatorze ans	entre trois et six ans	entre trois et six ans	
5.	>15 ans : adultes	entre sept et quatorze ans (dont les adolescents selon les critères modernes)	entre sept et quatorze ans	enfant – *puer* (premiers poils de barbe)
6.		>15 ans : adultes	entre 14 et 21 ans	adolescent – *adolescens* (barbe complète)
7.			entre 21 et 28 ans	jeune homme – *juvenis* (croissance pleinement atteinte)
8.			entre 28 et 49 ans	adulte – *uir*
9.			entre 49 et 56	adulte plus âgé – *senior*
10.			> 56 ans	vieillard – *senex*

Tableau 5. Classes d'âges selon Bernard Dedet (2008 et 2012), Valérie Bel (2012) et Sandra Jaeggi, en comparaison avec le classement du Pseudo-Hippocrate.

du sevrage, ce qui va de pair avec une plus grande autonomie de l'individu. Le dernier jalon de l'enfance est marqué par le début et la fin de la dentition permanente, à l'exception de la troisième molaire pour la raison qui va être développée plus bas. Les VBT se trouvant également auprès d'individus ayant dépassé le stade de l'enfance, nous rendons ci-dessous compte des classes d'âge qui vont de l'adolescence à la sénescence.

Approche biologique et répercussions sociales

Terminologie

La terminologie moderne différant souvent entre les spécialistes, il convient d'évoquer certains découpages des âges et les termes utilisés. Aujourd'hui, plusieurs termes

---

31 Les termes sont en latin puisque le traité ne nous est connu que par des manuscrits. Littré a retranscrit un manuscrit conservé à la bibliothèque ambroisienne de Milan (G 108) et daté du xe s. (Littré 9, 430, avertissement).
32 B. Dedet a choisi le terminus d'une année et non de six mois comme semble toutefois le suggérer ses conclusions. Voir Dedet 2008, p. 6.

généraux sont utilisés pour désigner les individus qui n'ont pas atteint l'âge adulte, la pleine maturation sur le plan biologique. Trop générique pour rendre compte d'un âge biologique, qui va de pair avec des aptitudes en pleine évolution et la façon dont il est perçu par son environnement social, le terme « enfant » est évité[33]. Les anthropologues parlent d'immatures ou de juvéniles. Certains utilisent le terme « sub-adulte », d'autres préfèrent celui de « non-adultes ». À l'instar de Mary Lewis, nous choisissons d'utiliser le terme de « non-adultes », connoté moins négativement que le premier qui fait allusion à une infériorité des individus n'ayant pas atteint l'âge adulte. Dans son livre de 2007, Mary Lewis propose une terminologie (**tableau 6**), établie en fonction des changements biologiques[34].

Cette terminologie est développée dans un article de 2016 où la chercheuse fait un découpage plus détaillé pour les âges qui s'inscrivent entre 1 an et 17 ans (**tableau 7**)[35] :

Dans la littérature scientifique, il est aussi courant de faire mention des « *infants* », dont le découpage est présenté dans le **tableau 8**[36].

Différentes approches d'estimation de l'âge

Les méthodes appliquées pour donner l'âge des individus reposent aujourd'hui sur la croissance dentaire et le développement, la grandeur et la maturation du squelette.

La croissance dentaire

Plusieurs tableaux standardisés basées sur la croissance dentaire existent à ce jour[37]. Elles portent tant sur les germes dentaires[38] que sur les dents de lait et les dents permanentes. Elles sont alors applicables pour estimer l'âge d'individus qui vont du fœtus à l'adulte. Contrairement à ce que l'on pourrait penser, la minéralisation des dents de lait, aussi dites déciduales (anglais : *deciduous*), les rend plus résistantes aux influences extérieures, notamment socio-économiques, que les dents permanentes[39]. Bien qu'intéressante, la méthode utilisant les dents pour estimer l'âge des immatures ne peut être considérée comme fiable à 100%. A. Demirjian a par exemple démontré que les dents des garçons, à l'exception de la première molaire déciduale, apparaissent un mois plus tôt que chez les filles, ce qui nécessite de déterminer préalablement le sexe[40]. En outre, un stress nutritionnel peut retarder la poussée des dents de lait. Le recours à des méthodes macroscopiques associées à la radiographie est parfois utile. Cependant, le manque de sensibilité de cette dernière approche – la dent doit avoir un certain degré de calcification avant d'être visible sur la radiographie – fausse l'interprétation. Les techniques microscopiques semblent aujourd'hui les plus à même de donner un

---

33 Lewis 2007, p. 5.
34 Lewis 2007, p. 2, table 1.1.
35 Rohnbogner et Lewis 2016, p. 211, table 2.
36 Scheuer et Black 2000 ; Lewis, 2007.
37 Moorrees *et al.* 1963a.
38 Saunders *et al.* 2000.
39 Lewis 2007, p. 41-42.
40 Demirjian *et al.* 1990.

Term	Period
Embryo	First 8 weeks of intra-uterine life
Fetus	From 8 weeks of intra-uterine life to birth
Stillbirth	Infant born dead after 28 weeks gestation
Perinatal, perinate	Around birth, from 24 weeks gestation to 7 postnatal days
Neonatal, neonate	Birth to 27 postnatal days
Post-neonatal	28-346 postnatal days (1 year)
Infant	Birth to 1 year
Non-adult	<17 years
Child	1-14.6 years
Adolescent	14.6-17.0 years
Adult	> 17 years

TABLEAU 6. Terminologie et découpage des classes d'âge d'après LEWIS 2007, p. 2, table 1.1.

0.0-1.0 years
1.1-2.5 years
2.6-6.5 years
6.6-10.5 years
10.6-14.5 years
14.6-17.0 years (17.0 point limite pour la formation de la 3e molaire)

TABLEAU 7. Terminologie et découpage des classes d'âge d'après ROHNBOGNER et LEWIS 2016, p. 211, table 2.

Infant	birth to the age of 1 year
Infant I	1.1-2 years
Infant II	2.1-7 years
Infant III	7.1-14 years

TABLEAU 8. ROHNBOGNER et LEWIS 2016, p. 211, table 2.

âge précis, limitant la marge d'erreur, puisqu'elles permettent de voir les marques de croissance dans la structure dentaire. Ces méthodes ont pour avantage de ne pas devoir être extrapolées sur la base de standards préétablis[41].

Utilisée pour estimer l'âge des adultes, la mesure de l'usure des dents est peu employée pour les plus jeunes. Pourtant, l'évidence d'usure sur les dents de lait semble prometteuse puisqu'elle est l'indicateur de l'introduction d'une alimentation solide dans le régime alimentaire de l'enfant[42]. Selon M. M. Skinner, le développement de ce type d'étude pourrait donner des informations sur l'âge au sevrage d'une population[43].

---

41 HUDA et BOWMAN 1995.
42 LEWIS 2007, p. 42. Cela a été fait pour la nécropole de l'isola Sacra à Rome et a permis de démontrer l'administration précoce de céréales aux enfants. PROWSE et al. 2008, p. 304.
43 SKINNER 1997.

Le développement, la grandeur et la maturation du squelette

Donner un âge sur la base du squelette est difficile car il dépend de différents facteurs, dont la grandeur, le poids et la nourriture de la mère[44]. Il dépend aussi des sources de stress tels que les carences alimentaires, le bruit et la fumée des foyers. Dès lors, le croisement des données dentaires et osseuses permet de nuancer les résultats. En l'absence des dents, ou, si la fermeture apicale est complète[45], l'âge est donné sur la base de la fusion des centres secondaires de croissance (les épiphyses) qui se fait vers 11 ans environ. La mesure des os longs est alors abandonnée au profit du stade de maturation. De nombreuses tables mettant en parallèle os longs et âge des immatures existent aujourd'hui. L'étude d'Ubelaker portant sur la civilisation protohistorique des Arikara du Dakota (USA) a ses limites[46]. En raison du développement tardif de la population américaine native, en comparaison à la population des blancs, Ubelaker est contraint de proposer une fourchette de variation d'environ ±2 ans. De plus, certains âges ne sont pas représentés, ou seulement par un seul individu. Les études portant sur des civilisations modernes sont le plus souvent utilisées, comme celles de Maresh 1955 ; Anderson *et al.* 1964 ; Hoffman, 1979 ; Sundick, 1978 ; Hunt and Hatch 1981 ; Scheuer and Black, 2000. Alors qu'Hoffmann et Ubelaker estiment que la diaphyse fémorale est le meilleur indicateur de l'âge, Mary Lewis met en garde contre son usage puisque le fémur est l'os le plus sensible aux affections extérieures comme la malnutrition ou les infections. Il est alors utilisé en corrélation avec l'âge dentaire pour l'identification d'un stress physiologique.

Classes d'âge biologiques versus sociales

Alors qu'à notre époque, le langage quotidien est fortement influencé par une terminologie établie par les spécialistes en psychologie développementale : bébé, enfant, tout-petit, enfant scolarisé, etc.[47], qu'en était-il dans les civilisations du passé que nous étudions ? Les textes médicaux constituent la source majeure permettant d'appréhender le découpage en classes d'âges des Anciens, mais d'autres textes, comme la poésie et la tragédie, complètent l'image plurielle que les anciens se faisaient de l'enfant[48]. Grâce à ses nombreuses représentations d'enfants rampant, jouant, tenant un gâteau ou un cruchon, etc., l'iconographie vasculaire grecque offre des informations dignes d'intérêt sur la place sociale de l'enfant qui apparaît comme étant en étroite corrélation avec la dimension biologique. Comme l'ont bien mis en évidence, B. Dedet et V. Bel, les sépultures sont un médium complémentaire permettant de rendre compte des choix des vivants et donc de la communauté. Propres à chaque civilisation ou clan, les découpages en classes d'âges sont généralement marqués par des « rites de passages », pour reprendre l'expression de

---

44   Hauspie *et al.*, 1994 ; Adair 2004.
45   C'est-à-dire lorsque la racine est complètement fermée, ce qui se produit entre 11 et 20 ans environ suivant le type de dent (11 ans correspondent à la fermeture apicale de la première canine, 20 à celle de la première molaire) Schaefer, Black et Scheuer 2009, p. 88-89.
46   L'estimation de l'âge des squelettes se base sur la charte de calcification des dents de Moorrees *et al.* 1963a, b.
47   Laes 2011, p. 77.
48   Voir par exemple Dubois 2016.

l'ethnologue Arnold van Gennep, et témoignent d'une évolution de l'individu au sein de la société[49]. Relevant la plupart du temps de traditions transmises oralement, les rites peuvent être perçus grâce aux tombes et à leur mobilier et, dans les civilisations historiques, grâce à des écrits contemporains, voire postérieurs.

Fœtus et périnatals

Durant l'Antiquité grecque et romaine, philosophes et médecins tentent de mettre en évidence les différentes phases de vie de l'homme. Les méthodes de calcul varient et s'appuient sur des spéculations arithmologiques telles que celles du cercle des pythagoriciens tournant autour du chiffre sept[50]. Selon cette théorie, un fœtus de sept mois est viable alors que celui de huit mois a des chances de survie moindres, de même que sa mère. Ce raisonnement adopté par de nombreux médecins, est expliqué par le médecin hippocratique du traité du *Fœtus de huit mois* et Aristote[51]. Il se base sur une observation : au début du huitième mois, l'utérus s'entrouvrant, le fœtus descend dans la partie basse de la matrice. Le cordon ombilical est alors distendu. S'ensuit une période de troubles, dont la durée est estimée à une quarantaine de jours, pendant laquelle l'enfant doit s'acclimater à son nouvel environnement, alors que le cordon ombilical doit retrouver son bon fonctionnement[52]. La prégnance de cette conception, jugée erronée de nos jours, semble reposer sur l'état physique différentiel du nouveau-né, selon que sa naissance a été déclenchée accidentellement (enfant du septième mois), ou en raison d'une pathologie ayant atteint la mère et l'enfant (enfant du huitième mois).

Une force mystérieuse est aussi attribuée au chiffre 40. Le chiffre apparaît chez Hippocrate, en relation avec les lochies post-natales. L'origine de cette association symbolique semble provenir, outre l'observation empirique, des gnoses païennes et des sciences occultes, notamment en relation avec la formation/préparation d'un produit. Aussi, faut-il quarante jours pour la fabrication de drogues et d'amulettes dans les *Lapidaires grecs* et il est particulièrement significatif qu'il faille quarante nuits à l'alchimiste du livre d'El-Habib pour donner sa forme définitive à l'embryon créé par lui[53].

À en croire Censorinus, Pythagore propose une durée de formation du fœtus de quarante jours, lorsque la gestation a une durée de dix mois, et de trente-cinq jours pour une durée de sept mois[54]. Ces chiffres prenant parfois en compte le sexe de l'embryon varient en fonction des auteurs[55]. Le médecin hippocratique du traité *De l'aliment* donne trente-cinq jours pour la formation de l'embryon lorsque le mouvement apparaît au 70ᵉ jour

---

[49] Van Gennep 1902.
[50] Le choix du chiffre 7 semble lié au cycle lunaire qui compte quatre étapes de 7 jours pour un total de 28 jours. À ce sujet voir Congourdeau 2007, p. 222.
[51] Hippocrate, *Foetus de huit mois* II-III ; Aristote, *Histoire des animaux* VII, 583b.
[52] Congourdeau 2007, p. 223.
[53] Mély 1902, p. 76 et 106 ; Festugière, 1967, p. 230-231 ; Congourdeau 2007, p. 226.
[54] Pythagore, *ap.* Censorinus, *Du jour natal* 9, 3.
[55] Prenant en compte le sexe de l'enfant, Dioclès estime à 6 hebdomades (42 jours) la formation d'une fille, et à sept hebdomades (49 jours) celle d'un garçon (Dioclès, fr. 45a et 45b). Voir Congourdeau 2007, p. 227 et 228.

et que la naissance prend place au 210ᵉ jour. Si la formation est de 40 jours, le mouvement survient alors à 80 jours et la naissance à 240 jours[56].

La symbolique attribuée à ces chiffres montre l'importance de ces différentes étapes biologiques qui portent principalement sur l'articulation du corps, qui est aussi la période pendant laquelle l'embryon reçoit son âme[57], le mouvement, la naissance et, avec elle, la première (vraie) respiration[58]. Des opinions divergentes, entre les auteurs, philosophes ou médecins sont toutefois manifestes quant au moment où se fait l'acquisition de ces différentes étapes. Alors que Platon considère l'embryon comme un animal, ce n'est pas le cas des stoïciens qui ne voient l'embryon que comme un prolongement du ventre de sa mère. Comme le précise l'auteur pseudo-galénique dans les *Definitiones medicae*, ceux qui refusent d'associer l'embryon à un animal, lui accordent la capacité de se nourrir et de croître comme les arbres, mais pas de se mouvoir de façon volontaire et sensitive[59].

Durant ces différentes étapes, la semence d'abord inerte, indissociable d'un autre corps et souvent assimilée à une plante, se métamorphose progressivement en un « animal » capable d'effectuer des mouvements volontaires, de respirer et de prendre de la nourriture. Outre les références végétales ou animalières, les médecins et philosophes n'ont pas établi une terminologie strictement réservée à ces différentes étapes.

Les nouveau-nés : 40 ou 27 jours ?

Dans son tableau (**tableau 6**), Mary Lewis évoque une étape qui prend place 27 jours après la naissance. Les individus morts durant cette phase qui correspond au premier mois de vie, sont appelés néonatals. La raison de ce découpage repose sur une mortalité de ces individus qui est engendrée par des causes endogènes, c'est-à-dire découlant de la grossesse, comme par exemple une mauvaise santé de la mère ou des complications intra-utérines.

Cette étape pourrait correspondre aux quarante premiers jours évoqués par les médecins hippocratiques[60]. L'association étroite entre l'enfant et sa mère durant cette étape transparaît de la façon dont les médecins hippocratiques et Aristote considèrent le corps de la mère. Il est un corps encore souffrant, assujetti aux lochies. La durée de ces dernières est variable et dépend du sexe de l'enfant : quarante-deux jours pour une fille, trente pour un garçon chez les médecins hippocratiques, quarante pour un garçon et trente pour une fille chez Aristote[61]. Ainsi, le médecin du traité *Du Fœtus de huit mois* constate que même les enfants de dix mois (c'est-à-dire nés à terme) étaient susceptibles de succomber à la mort durant les quarante premiers jours. Ceux-ci sont décrits comme

---

56 Hippocrate, *Aliment*, 42.
57 Congourdeau 2007, p. 232.
58 Hérophile accorde un mouvement naturel à l'embryon mais non le mouvement pneumatique qui ne peut se faire qu'à la naissance.
59 Ps.-Galien, *Définitions médicales*, 445. Congourdeau 2007, p. 289.
60 Comme mentionné précédemment, le choix de ce nombre précis, peut s'expliquer par sa fréquente utilisation dans l'ensemble du *Corpus hippocratique*, qui se base vraisemblablement sur un système de découpage des âges du type de celui des pythagoriciens (Laes 2011, p. 77).
61 Hippocrate, *Nature de l'enfant* 18, 1 (L VII 500-501) ; Aristote, *HA* 583a 27-583b15.

une période de souffrance (τεσσαρακονθήμερον κακοπαθείην)⁶². Une fois révolue, cette étape faisait l'objet d'une réjouissance « τεσσερακοστόν », à en croire Censorinus, auteur romain du IIIe siècle apr. J.-C. :

> Ainsi une femme en couches ne se présentera-t-elle pas dans un sanctuaire avant quarante jours ; pendant quarante jours après leur délivrance, la plupart des accouchées sont dans un état morbide et ont des pertes de sang ; pendant ce même temps, les nourrissons sont faibles et presque constamment malades, ils ne rient pas et sont dans un danger perpétuel ; c'est pourquoi ce jour passé, les Grecs ont coutume de célébrer un jour de fête qu'ils appellent le « Quarantième » (Τεσσερακοστόν)⁶³.

Bien qu'une fête ne soit pas mentionnée par les sources de l'époque classique, l'auteur du traité *Du Fœtus de huit mois* rend compte d'un changement chez l'enfant qui se traduit par une ouverture au monde, à la lumière et aux bruits⁶⁴ :

> Les enfants paraissent [...], s'ils échappent aux quarante jours, plus forts et plus intelligents ; en effet, ils voient plus clairement la lumière et entendent le bruit, chose qu'ils ne pouvaient pas faire auparavant ; ce qui prouve que cette période comporte un progrès pour l'intelligence par l'intermédiaire du corps et tout le reste.

Il y est auparavant insensible, par ses orifices encore obstrués par les mucosités de l'état intra-utérin. Renfermé sur lui-même et imperméable aux sollicitations externes, l'enfant ne rit et pleure que durant son sommeil⁶⁵. La fin du premier mois marque aussi le moment de la chute du cordon ombilical.

L'enfant de six mois

Les traités médicaux de l'époque romaine, dont celui de Soranos mais aussi de Rufus d'Éphèse, placent généralement les premières dents vers l'âge de six mois, tout en étant conscients de variations selon la physiologie de l'enfant, sa santé, voire de la qualité et de la chaleur du lait reçu⁶⁶. Cette étape des dents est simultanée au durcissement du squelette, qui n'a plus la malléabilité de la cire, et l'élargissement des canaux du corps, qui permettent une meilleure assimilation des aliments et donc l'introduction d'une nourriture solide⁶⁷. Il est intéressant de constater que l'âge de six mois n'est pas retenu par les anthropologues.

---

62 HIPPOCRATE, *Du foetus de huit mois* 2, 1 (L VII 438-439).
63 CENSORINUS, *Le jour natal* 11, 7 : *Namque pregnans ante diem quadragensimum non prodit in fanum, et post partum quadraginta diebus pleraeque fetae graviores sunt nec sanguinem interdum continent, et parvoli ferme per hos fere morbidi sine risu nec sin pericolo sunt. Ob quam causam, cum is dies praeteriit, diem festum solent agitare, quod tempus appellant Τεσσερακοστόν* (cité par GARLAND 1990, p. 97 ; voir GUERCHANOC 1998, p. 324 et 2012, p. 44, n° 49).
64 HIPPOCRATE, *Du Fœtus de huit mois* 9, 7 (L VII 448-451) : Ὁκόσα δ' ἂν εὐπορήσῃ καὶ ἀσφαλέως ἐς τοὐμφανὲς ἐξίῃ, ἀνεθέντα ἐξαίφνης ἐκ τῆς ἀνάγκης τῆς ἐν τῇ γαστρὶ, παχύτερα καὶ μέζω παραυτίκα ἢ κατὰ λόγον ἐγένετο, οὐκ αὐξήματος, ἀλλ' οἰδήματος γενομένου, ἐξ ὧν δὴ πολλὰ ἀπώλετο· ἢν γὰρ μὴ συνίζῃ τὸ οἴδημα θᾶσσον, ἢ τριταῖον ἢ ὀλίγῳ πολυχρονιώτερον, νοῦσοι γίνονται ἀπ' αὐτέου.
65 ARISTOTE, *HA* 587b, 5-18. Même idée dans HIPPOCRATE, *Du Fœtus de huit mois* 9, 8 (L VII, 448-451).
66 Voir supra, p. X.
67 SORANOS, *Maladies des femmes*, II, 18.

L'enfant d'une année et plus

Particulièrement vulnérable durant la première année de vie, l'enfant qui entre dans sa deuxième année voit ses chances de survie augmenter. L'enfant qui meurt alors est vraisemblablement victime d'un sevrage inadéquat et/ou de conditions sanitaires laissant à désirer. On parle alors de causes exogènes. L'enfant d'une année commence à ramper et peut se tenir debout s'il est assisté par une personne ou du mobilier adapté. Mary Lewis précise qu'il est capable de tenir de la nourriture de type « *finger-food* » et d'utiliser des cuillères et des tasses[68]. Ouvert au monde, il est anxieux d'être séparé de ceux qu'il aime et à qui il montre de l'affection par des baisers et des étreintes. Il répond à son nom, explore son environnement et interagit avec les autres enfants. Commençant à formuler des phrases simples, il ne comprend pas encore la distinction entre les sexes[69].

L'enfant de trois ans

Commençant à se minéraliser dans la mâchoire vers environ 15 semaines de gestation, l'ensemble des dents déciduales a généralement fait son irruption lorsque l'enfant est âgé de 3 ans[70]. Comme le mentionne C. Laes, à trois ans l'enfant peut être soumis à des exercices physiques plus intenses[71]. Il est alors considéré comme moins fragile. Galien recommande de le secouer lors de promenades en voiture ou en bateau[72].

L'enfant de sept ans

L'âge de 7 ans marque l'apparition de la dentition permanente. La période de développement des dents permanentes va de la naissance (bien qu'elles ne soient pas visibles) à l'âge d'environ 14 ans. Le cycle se termine avec la poussée de la troisième molaire vers environ 17 ans. La pousse de cette dernière étant particulièrement sensible au stress, dû surtout à l'alimentation, et aux conditions de vie, elle est sujette à des variations assez importantes[73]. En outre, les études ont démontré que les filles sont en avance d'1 à 6 mois quant à l'apparition de leur dentition. Par leur forme, les canines présentent le plus de dimorphisme sexuel. Elles peuvent apparaître jusqu'à 11 mois plus tôt chez les filles que chez les garçons[74].

La puberté

L'étape de la puberté peut être décelée sur la base du squelette. Les changements physiques liés à la puberté apparaissent durant une séquence spécifique. Le début de la puberté est marqué par une accélération de la croissance, poussée qui atteint son maximum,

---

68 LEWIS 2007, p. 6.
69 KOHLBERG 1966.
70 HILLSON 1996.
71 LAES 2011, p. 83.
72 GALIEN, *Hygiène* II, 2.
73 Voir ci-dessous les différences entre Londres et York.
74 DEMIRJIAN et LEVESQUE 1980.

appelé « *peak height velocity* (*PHV*) » ou « pic de croissance pubertaire », avant de subir une décélération. Cette dernière étape, où la croissance se poursuit à une vitesse plus modérée, est considérée comme une phase de maturation qui s'achève par la fusion de toutes les épiphyses osseuses. Djurić *et al.* définissent l'adolescence comme une étape qui débute avec l'irruption de la seconde molaire et se termine avec l'apparition de la troisième molaire[75] et le moment où toutes les épiphyses se sont soudées, ce qui correspond à des individus dont l'âge dentaire se situe entre 15 et 22 ans pour la population serbe d'époque médiévale étudiée[76]. S'appuyant sur ses propres études menées en Angleterre, M. Lewis met en garde contre l'usage arbitraire de l'âge de 17 ans comme étant la date limite de l'adolescence. En effet, les non-adultes des nécropoles médiévales de York et de Londres, présentent de grandes divergences quant à l'acquisition de leur pleine maturité biologique. Ainsi, à Londres, plusieurs individus dont l'âge dentaire était établi entre 22 et 25 ans n'avaient pas atteint leur pleine maturité physique. Au contraire, à York, les individus de 17 ans affichaient déjà un état de maturité accompli[77]. Cette variabilité importante est à mettre en relation avec un environnement plus favorable et moins stressant en ce qui concerne la ville de York[78].

Des observations cliniques modernes ont démontré que les différentes séquences de croissance (accélération, sommet (PHV), décélération), étaient accompagnées d'un changement osseux. Par exemple, le développement de l'os *hamatum* (deuxième rangée du carpe) est conjoint à la première étape, alors que la fusion de l'épiphyse du coude et l'ossification de la crête iliaque suggèrent que le Pic de croissance a été atteint. Selon les données des populations européennes modernes, la fusion des épiphyses débute généralement entre 11 et 12 ans au niveau du coude (*distal humerus* et *proximal radius*) et se termine par la fusion du genou (*distal femur, proximal tibia* and *fibula*) vers 17 ans chez les filles, 19 chez les garçons. Les filles ont généralement deux ans d'avance sur les garçons, en ce qui concerne la fusion épiphysaire[79]. La fusion des épiphyses est accélérée chez les enfants obèses alors que l'apparition des dents peut être retardée en fonction de l'alimentation[80].

Outre le pic de croissance, d'autres changements liés à la puberté sont particulièrement évidents. Il s'agit, chez les filles, du développement de la poitrine, qui précède d'environ une année les menstruations et, chez les garçons, de la mue de la voix[81]. Comme le met en évidence M. Lewis, ces grandes transformations ont pu amener des changements d'attitude de la société envers ces individus à l'aube de l'âge adulte[82].

Cette réflexion est confirmée, tant par les sources médicales que par les sépultures ou encore la mythologie. Dans les traités hippocratiques, l'étape de la puberté est un passage majeur, amenant le corps à son apogée. Les vaisseaux qui permettent de nourrir le corps et la diffusion des fluides reproducteurs ont alors atteint leur diamètre optimum. La bonne

---

75 SCHEUER et BLACK 2000, p. 53.
76 DJURIĆ *et al.* 2010, p. 132.
77 LEWIS 2007.
78 LEWIS 2018, p. 129.
79 LEWIS 2007, p. 39.
80 HOLMAN et YAMAGUCHI 2004.
81 Shapland et Lewis ont démontré que l'ossification de la crête iliaque est clairement associée au début des menstruations (SHAPLAND et LEWIS 2013).
82 LEWIS *et al.* 2016.

irrigation du corps est attestée par l'apparition des poils du menton et du pubis. Cette vision des anciens est confirmée par la croissance du canal rachidien dont le diamètre transversal atteint sa pleine mesure aux alentours de 15-17 ans[83].

Dimorphisme sexuel de l'enfant

Méthodologie et limites

La diagnose sexuelle des adultes peut aujourd'hui être établie avec des taux d'exactitude important qui avoisinent les 98%, selon la méthode mise en place par J. Bruzek. La méthode repose sur cinq caractères visibles sur l'os de la hanche[84].

En ce qui concerne les enfants, la détermination du sexe s'est révélée jusqu'à présent peu concluante. L'ADN est utilisé depuis les années 1990 pour déterminer le sexe de victimes d'infanticide. Les résultats obtenus, notamment à Ashkelon (Israël)[85], ont été décriés par les spécialistes qui ont mis en évidence les risques élevés de contamination des échantillons[86]. La fragilité et petitesse des chromosomes Y est un autre facteur susceptible de fausser les résultats[87].

Des progrès importants en la matière ont vu le jour ces dernières années. Il a par exemple été démontré que le dimorphisme sexuel existe déjà chez les fœtus. Les nouveau-nés de sexe masculin sont plus grands et ont une masse osseuse plus importante que ceux de sexe feminin. Néanmoins, les différences peuvent être estompées par une croissance rapide ou en raison d'un stress qui réduit l'expression du dimorphisme sexuel[88].

Des méthodes prometteuses sont testées aujourd'hui[89]. Elles prennent en compte la forme de la fosse olécranienne, pour l'humérus, la symétrie trochléaire, l'élévation de la surface auriculaire ; les mesures diaphysaires[90] et la proéminence du menton[91].

Celles-ci sont particulièrement fiables pour les individus de plus de 10 ans. L'angle et la profondeur de l'échancrure sciatique donne par contre des résultats fiables à 75-81% pour des individus âgés entre 3 mois et 6 ans[92]. Selon Rissche « l'index acétabulaire » (ratio établi entre le diamètre vertical et horizontal de la surface acétabulaire de l'ischium) est le plus à même de rendre compte du sexe des enfants âgés de 0 à 4 ans[93].

---

83 WATTS 2013b. Lors d'une étude portant sur 65 enfants de la Londres médiévale, Watts a démontré que le diamètre antério-postérieur du canal rachidien avait atteint son maximum entre l'âge de 3 et 6 ans, alors que le diamètre transversal continuait sa croissance jusqu'à 17 ans environ.
84 BRUZEK 2002, notamment p. 159, tab. 1.
85 Une étude portant sur l'important nombre de nouveau-nés retrouvés morts dans la canalisation d'un bâtiment de la ville a conduit à l'identifier à un bordel : les filles auraient été conservées pour assurer la relève. Une autre étude portant sur le Pérou entre 1454-1457 a suggéré que la trentaine d'immatures, tous de sexe masculin, avaient été offerts en sacrifice au dieu du vent et de la pluie (RAMALLO ASENSIO et F. BROTONS YAGÜE 1997).
86 Lors d'une conversation avec l'anthropologue Simon Kramis (IPNA, Université de Bâle), celui-ci a manifesté une grande réserve vis-à-vis de ces résultats.
87 SAUNDERS et YANG 1999.
88 STINI 1969.
89 WILSON *et al.* 2015. Voir aussi LEWIS 2018.
90 STULL *et al.* 2017.
91 FALYS *et al.* 2005 ; ROGERS 1999, 2009 ; SUTTER 2003.
92 SUTTER 2003 ; OLIVARES et AGUILERA 2016.
93 RISSECH *et al.* 2003.

Finalement, à l'instar des dents permanentes, mais dans une moindre mesure, les canines de la première dentition reflètent un dimorphisme sexuel[94]. Celles-ci peuvent dès lors être utilisées pour la différenciation sexuelle des enfants âgés d'au moins un an, moment où la canine mandibulaire est complète[95]. Le taux d'exactitude varie entre 76 et 90% pour l'échantillon canadien utilisé par De Vito et Saunders. Il se révèle plus élevé (78-93%) pour des populations polonaises, italiennes, ou encore espagnoles[96]. Au sein de certains groupes, les dimensions de la dent (hauteur, largeur) peuvent être utilisées (taux de probabilité entre 78-93%)[97] mais une autre méthode utilise le ratio entre l'émail et la dentine[98]. Il a été démontré que cette dernière méthode s'avérait plus exacte en raison de l'influence directe des chromosomes X et Y sur la formation des tissus[99]. L'examen des dents pour donner le sexe des enfants présente, comme les méthodes précédentes, des limites liées notamment à un éventuel stress ou à une physiologie plus frêle de certains individus mâles[100]. Les conséquences de ces paramètres physiologiques peuvent amener à surestimer le nombre d'individus féminins. D'autres limites ont été mises en évidence. Ainsi, Franklin a pu démontrer qu'il y avait de plus grandes différences entre les enfants de différents groupes culturels qu'entre garçons et filles d'un même groupe[101].

Les défunts aux VBT

Déterminer leur âge

Parmi les 430 VBT retrouvés en contexte funéraire, 6 figurent auprès de fœtus/périnatals, 14 auprès d'enfants de moins de six mois, 29 auprès d'enfants de 6 mois à 2 ans, 9 auprès d'enfants de 3 à 6 ans, 2 auprès de jeunes individus entre 7 et 14 ans, 5 auprès des 14-21 ans (**tableau 9**). Un âge précis a été donné aux individus considérés comme adultes et faisant chacun partie d'une des trois catégories figurant les 21 à 56 ans. Aucun individu ne semble plus âgé. La difficulté d'estimer l'âge des adultes a conduit les découvreurs à évoquer le terme d'adulte, sans plus de précision, pour 11 individus. Une imprécision identique vaut pour 58 individus qualifiés « d'enfants ». Les 290 individus restants n'ont pu être l'objet d'aucune distinction, ne serait-ce qu'entre immatures et adulte.

Outre ces classes d'âge, notre catalogue rend compte de 129 inhumations et de 78 crémations (**tableau 10**). Cela signifie que seules 207 tombes sont porteuses de données assez précises à même de déterminer le type de rite accompli et parfois de la classe d'âge à laquelle le mort appartient.

---

94   MOORREES *et al.* 1963 ; DITCH et ROSE 1972.
95   DE VITO et SAUNDERS 1990. L'étude porte sur une population canadienne.
96   VICIANO *et al.* 2015 ; VICIANO *et al.* 2013.
97   VICIANO *et al.* 2013, 2015.
98   SAUNDERS *et al.* 2007.
99   SAUNDERS *et al.* 2007. LEWIS, 2018.
100 Dans son étude portant sur une population portugaise, Cardoso démontre l'importance de partir de canines attribuées avec certitude à un mâle et à une femme adulte pour pouvoir déterminer le sexe des plus jeunes (CARDOSO 2008a ; voir aussi DEWITTE et STOJANOWSKI 2015.
101 FRANKLIN *et al.* 2007.

fœtus et périnatals	6
moins de 6 mois	14
6 mois à 2 ans	29
3 à 6 ans	9
7 à 14 ans	2
14-21 ans	5
21-28 ans	1
28- 49 ans	1
49-56 ans	1
+ 56	aucun
Enfants sans précision	58
Adultes sans précision	11
Indéterminés	293

Tableau 9. Nombre d'individus par classes d'âge.

Fœtus et périnatals	6	Né à terme (37-42 semaines de gestation) 8 ½ ml = prématuré 6 ml = prématuré
Moins de 6 mois	14	3 mois Entre 3-6 mois 0-6 mois 2 mois de vie (11-12 ml) 0-2 mois
6 mois à 2 ans	29	2 ans 10 mois 2 ans et ½ 4-14 mois 6-18 mois Fœtus – 4 ans Moins d'1 an 2 ans 1 an Entre 1 et 2 ans 6 mois 1 an +/-4 1 année 6/9 mois (+/- 3 mois) 1-3 ans 12-18 mois 12-15 mois

Tableau 10. Inhumations et crémation chez les immatures, les adultes et les indéterminés.

L'âge n'a pu être précisé pour 80 individus dont 54 parmi les crémations contre 26 au sein des inhumations.

Le nombre relativement important de ces sépultures non attribuées à une classe d'âge amène des questions sur leur association : ces sépultures à crémation sont-elles celles d'adultes ? Ou des plus grands enfants ? Qu'en est-il des inhumations ?

	Inhumation	**Crémation**
Immatures	97	14
Adulte	8	15
Classe d'âge indéterminée	21	57

TABLEAU 11. Pratiques funéraires des défunts aux biberons par classes d'âges.

Ces chiffres témoignent d'abord de la difficulté qu'il y a à étudier les ossements brûlés. L'identification des immatures nécessitant une préservation des os longs, des points épiphysaires de soudure ou encore des germes, elle est parfois rendue impossible par le passage sur le bûcher[102]. Cette étude spécifique des os brûlés est aujourd'hui plus fréquemment conduite, ce qui laisse prévisager de nouvelles données, du moins le comblement de lacunes importantes. Quant aux inhumations non précisées, il s'agit généralement de fouilles anciennes ou alors d'une absence des ossements qui empêche une attribution plus fine.

En l'état, les chiffres démontrent que le recours à la crémation devient plus fréquent dès l'âge de deux ans[103] (tableau 11). Trois classes d'âge ne sont pas concernées par la crémation. Il s'agit des fœtus/périnatals, des 7-14 ans et des 14-21 ans. Alors qu'il est courant, dans les nécropoles du Haut-Empire, de voir les premiers épargnés par le rituel du feu[104], cela n'a pas été évoqué comme spécificité des sépultures d'adolescents ou de jeunes adultes. Dès lors, nous attribuons plutôt cette absence au nombre restreint d'individus représentant ces deux dernières classes d'âge qu'à la documentation lacunaire de leurs sépultures.

Le rite de la crémation semble bel et bien minoritaire. Ainsi, sur les 124 individus considérés comme immatures (moins de 21 ans)[105], 98 sont inhumés (79%), alors que sur 15 adultes, 8 sont inhumés (53%) et 7 incinérés. Bien que fortement tributaires de l'état de la recherche, ses chiffres révèlent que l'inhumation est largement prépondérante pour les individus immatures ensevelis avec un VBT et est aussi choisie pour plus d'un adulte sur deux. Le choix de l'inhumation pour les plus jeunes n'est pas propre aux sépultures à VBT comme cela est observable dans de nombreuses nécropoles de Gaule romaine[106], conformément au texte de Pline l'Ancien déjà cité[107], mais étonne concernant les adultes.

Les 57 crémations et 22 inhumations non attribuées à une classe d'âge ne permettent pas d'affiner les pourcentages. Elles sèment de plus un doute : leur attribution pourrait-elle inverser les statistiques et faire du VBT un objet qui ne soit pas priviliégié pour les plus jeunes ? Cela semble peu envisageable, au vu, premièrement, des considérations des chercheurs qui, en tous lieux, évoquent l'association du VBT avec des enfants. De plus, les

---

102 ROHNBOGNER et LEWIS 2017, p. 208.
103 Parmi les cinq individus incinérés de la classe d'âge 6 mois-2 ans, ceux de Krefeld, de Civaux et Fréjus ont plus de 2 ans.
104 Pour R. Durand, la classe d'âge qui se différencie des autres et celles des moins d'1 an. Son étude ne permet toutefois pas d'établir un seuil à cet âge précis plutôt qu'à 6 mois (DURAND 2005, p. 41 et p. 295 et suiv.).
105 Le choix que nous avons fait de rendre compte en premier lieu d'un âge social plutôt que biologique nous amène à élever le niveau des immatures à 21 ans par rapport aux anthropologues qui le placent au-dessus de 17 ans. Voir ci-dessus tab. 6. Le chiffre des immatures pourrait s'élever en prenant en compte deux sépultures du Val-de-Reil dont les longueurs sont respectivement de 160 et 150 cm (BEURION et ADRIAN 2006, p. 7-9).
106 À ce sujet, voir les études de BAILLS 2012, BEL 2012.
107 PLINE, *HN* 7, 15.

chiffres sont accablants : 124 sépultures sont identifiées comme étant celles d'immatures (11 dont la pratique est indéterminée), contre 15 d'adultes. Le nombre de tombes dont l'âge des défunts est resté indéterminé est de 80. Que cache cette imprécision ? Souvent un désintérêt pour les restes osseux à certaines époques.

Des études plus poussées pour chaque site pourraient peut-être amener des réponses sur les raisons de déposer un VBT auprès d'un individu ayant atteint la maturité physique. Par exemple, à Avenches En Chaplix, l'individu de sexe masculin, âgé d'une vingtaine d'années et dans la tombe duquel se trouvaient deux VBT, reposait dans une posture ventrale[108]. Cette position singulière a été enregistrée pour 12 des 32 défunts inhumés dans la nécropole[109]. Le mobilier découvert dans ces tombes et la fréquence des cercueils contredisent l'idée qu'il s'agirait de morts de moindre importance. Fait intéressant, les individus sont jeunes (17/18-35/40), par rapport à l'âge moyen des autres défunts de la nécropole. Ils se distinguent aussi par la position de leurs membres supérieurs qui reposent, dans la plupart des cas, sous le corps du défunt (abdomen, pubis, thorax). L'un de ces défunts (St 204) a une pierre dans la bouche alors que sa tête est relevée sur une imbrex qui lui sert de coussin[110]. Bien que les études pathologiques n'aient pas mis en évidence de pathologies majeures sur le corps de ces individus, nous ne pouvons écarter un état de santé déficient, voire une maladie infectieuse, qui aurait amené à ces gestes particuliers. Encore peu étudié, l'impact des maladies sur les choix de déposition des corps et l'agencement des sépultures a éveillé l'intérêt des anthropologues du GAAF ainsi qu'en témoigne le colloque organisé par eux en 2018[111]. L'exemple d'un enfant de deux ans, découvert dans une nécropole de la fin de l'âge du Fer, alimente le discours. En effet, atteint d'un syndrome inflammatoire généralisé (*systemic inflammatory condition*), il gisait sous une plaque de calcaire. À ses côtés, se trouvait un adulte atteint de tuberculose[112]. En outre les sépultures des deux individus étaient les seules inhumations de la nécropole et se trouvaient dans une zone associée à un sanctuaire. D'autres pistes peuvent néanmoins être envisagées, comme une possible origine étrangère de ces défunts qui aurait conduit à reproduire les rites funéraires de leur civilisation[113].

Déterminer leur sexe

Les individus de sexe masculin

Sept VBT se trouvent auprès de 5 individus dont le sexe a été déterminé comme masculin. Parmi ces cinq sépultures, deux sont des crémations. L'une provient de Bad Zurzach (Argovie, Suisse). Le défunt est âgé d'une quarantaine d'années et a reçu deux VBT. Le second provient de Pouzauges (Vendée). Il est accompagné d'un très important mobilier dont plusieurs VBT, à en croire le découvreur. Néanmoins, l'ancienneté de la

---

108 À ce sujet voir JAEGGI-RICHOZ 2021.
109 CASTELLA *et al.* 1999, p. 82-86.
110 Ce défunt est en outre placé dans le sens opposé au défunt reposant à ses côtés (st 203). Tous deux ont la tête qui repose sur une tuile (CASTELLA *et al.* 1999, p. 84, fig. 94).
111 GAAF *Rencontre autour du corps malade*, Bordeaux, 24-26 mai 2018.
112 LEWIS et GOWLAND 2005. LEWIS 2007, p. 31.
113 Suggestion privée de Ch. Bourbou.

fouille (1857) ne permet pas d'aller beaucoup plus loin ni de faire le point sur l'ensemble du mobilier retrouvé. La forme de poire étirée du VBT dessiné est des plus curieuses, ce qui peut être dû à la maladresse du dessinateur. Elle pourrait néanmoins indiquer, de même que la datation de l'ensemble (1er s. av.-1er siècle apr. J.-C.), une production locale, réalisée avant l'établissement des grandes officines du type de la Graufesenque.

Les trois inhumations d'individus de sexe masculin proviennent d'Avenches, d'Amiens et d'Épiais-Rhus. Le premier de ces défunts a reçu, comme celui de Zurzach, deux VBT. Il est âgé d'une vingtaine d'années. Le deuxième a environ le même âge. Le VBT est bilobé. Le troisième est qualifié d'adulte, sans plus de précision. Outre le VBT qui est en verre, il a reçu une cruche, un gobelet et un bol, tous en céramique.

Les individus de sexe féminin

Cinq individus ont été déterminés comme étant de sexe féminin. Une seule des sépultures est une crémation. Elle provient de Caudebec-les-Elbeuf (C161). En l'absence d'analyse osseuse, la détermination sexuelle repose sur la présence d'un collier en perles de verre. La tombe comprend aussi un balsamaire en verre ainsi que trois vases en céramique : 1 cruche, 1 coupe et 1 bol. Ce dernier est renversé sur l'urne en guise de couvercle. Une sépulture à inhumation provenant de Fontoy (Moselle) a aussi été interprétée comme ayant appartenu à un individu féminin sur la base de la présence d'une épingle à cheveux (V42)[114]. L'âge n'est pas déterminé. Parmi le mobilier, le VBT ainsi qu'un balsamaire, un bol et une assiette sont en verre. Cette sépulture est particulièrement tardive puisqu'elle date de la première moitié du Ve s. apr. J.-C.

Une fouille récente d'Évreux a livré la sépulture d'une jeune fille dont l'âge est estimé, par l'anthropologue qui a étudié les restes osseux, entre 15 et 19 ans[115]. La position du corps est singulière, tout comme c'est le cas de plusieurs défunts de la nécropole dont certains reposent sur le ventre et d'autres en positions contraintes (**fig. 197**). La jeune personne repose quant à elle sur le côté droit, le membre supérieur gauche est fléchi à 90°, les membres inférieurs sont également fléchis. Cette mise en scène est complétée par le VBT, qui semble reposer au niveau du pubis. La fouille a permis de mettre en évidence un détail digne du plus grand intérêt : un fragment de crâne de nouveau-né se trouvait dans la main gauche de la défunte. Est-on ici en présence d'une jeune femme décédée suite à l'accouchement ? La mise en scène du corps et du VBT pourrait supporter cette hypothèse. Dans ce cadre, le vase à bec semble être l'indicateur de l'enfant perdu dont il prend la place.

La dernière sépulture féminine a été si bien conservée par les conditions géologiques que son découvreur a pu admirer la blondeur d'une chevelure retenue par un peigne (C407)[116]. La défunte portait un vêtement en toile blanche recouvert d'une couverture en laine de même couleur. Lors de sa découverte, la sépulture a fait sensation. L'âge de la petite est donné avec de légères variations par les différents journaux. Il se situe entre 3 et 4 ans selon les notes manuscrites du découvreur, Monsieur Vimont. Le mobilier funéraire est abondant. Douze vases en céramique sont répartis autour du corps. L'un d'eux est en

---

114 SEILLY 1995 ; CABART 2012, p. 219-221.
115 KLIESCH et LIOGIER 2014.
116 Dépêche du Puy-de-Dôme 1893 ; Petit Clermontois 1893 ; AUDOLLENT 1923.

Fig. 197. Évreux, nécropole du Clos-au-Duc, squelette d'un individu féminin avec un biberon au niveau déposé au niveau du pubis. Photo Sylvie Pluton-Kliesch.

forme de bouteille et était surmonté d'une quenouille. Des fragments d'une touffe de laine blanche sont encore visibles sur le vase. Des brins jaune, rouge et bleu se mêlaient à elle. La bonne conservation de la sépulture a permis de reconnaître les objets en bois qui comprennent trois boîtes, trois fuseaux, la quenouille et un peigne en buis, ainsi que deux corbeilles en osier. Les fruits ont aussi été conservés. Une sorte de compote était placée dans un mortier, alors qu'une coupe était remplie de noisettes, de grains de raisin et d'un rameau. Un brin de coriandre était placé dans une cruche contenant un liquide épais, une branche dont le type n'a pas été défini se trouvait dans un vase ouvert de type urne également rempli d'un liquide épais. Deux écuelles contenaient chacune un balsamaire, l'un bleu, l'autre jaune. Rappellent-ils la couleur de la laine ? Ou contenaient-ils de quoi la teindre ?

Dans l'impossibilité de répondre à ces questions, nous pouvons néanmoins garder à l'esprit l'agencement et les éléments généralement disparus rendus par cette tombe à la préservation exceptionnelle. Les espèces végétales s'échappant des récipients au contenu épais confortent la proposition d'y voir une éventuelle déposition de potions thérapeutiques mais peuvent aussi être interprétées comme indiquant une boisson parfumée spécifique offerte pour la célébration d'un banquet. Le vêtement blanc suggère en outre que la petite fille était revêtue comme pour son mariage.

L'apport des études démographiques

Lire de manière objective le graphique faisant état des classes d'âge associées aux VBT (**tableau 9**), nécessite de s'arrêter sur les courbes démographiques. Mises au point par des spécialistes, celles des civilisations préjenneriennes ont été récemment revues par Tim Parkin[117]. Ces civilisations particulières, parmi lesquelles se trouvent les civilisations antiques, et donc grecque et romaine, se situent chronologiquement avant la découverte de la vaccine[118] et l'adoption des règles d'hygiène et d'asepsie qui ont permis d'abaisser le taux élevé de mortalité infantile[119]. La seconde moitié du XVIIIe siècle voit aussi l'introduction de nouvelles pratiques obstétricales par l'intervention, dans l'univers de l'accouchement jusqu'ici réservé aux femmes, de médecins et chirurgiens. Les pratiques médico-magiques, relevant d'un savoir transmis par les accoucheuses, prennent alors une tournure plus scientifique et instrumentalisée[120].

Prenant en compte pour son étude des sociétés antiques, les données épigraphiques, les papyrus ainsi que des comparaisons avec différentes sociétés, Tim Parkin établit que sur 1000 enfants de moins d'un an, 200 mourront avant leur premier anniversaire, 350 avant leurs cinq ans. Dans leur étude portant sur les registres égyptiens d'époque romaine, Roger S. Bagnall, Bruce W. Frier et Ian C. Rutherford, démontrent que près de la moitié des enfants décèdent avant leur cinquième année[121]. L'acquisition du système immunitaire à l'âge de cinq ans marque alors un seuil au-delà duquel les enfants sont moins vulnérables[122].

Quant à B. Dedet, il fait des comparaisons avec l'époque moderne, en s'appuyant sur les registres de la commune suisse de Vevey pour les années 1745-1764[123], c'est à dire rédigés moins d'une trentaine d'années avant les recherches d'Edward Jenner (en 1796). Son enquête lui permet de voir concrètement le nombre de décès semaine après semaine, mois après mois. Ainsi, d'après ces registres, le taux de mortalité est le plus important à la naissance et durant la première semaine. Cette étape périlleuse de la vie des petits Veveysans compte 68 mort-nés et 104 autres morts durant la première semaine, soit plus des trois quarts des morts âgés de moins d'un mois. À lui seul, le premier mois de vie comptabilise 224 décès (57,9% des morts de la première année), contre 31 le deuxième (8%), 23 le troisième (5,9%), 14 le quatrième (3,6%), etc. La courbe varie un peu les mois qui suivent et compte entre 7 et 21 morts selon les mois et vraisemblablement les influences climatiques. La multiplication des études a encore permis de démontrer l'importance du climat et de la salubrité. En France, aux XVIII-XIXe siècles, les régions humides en bordure d'étangs affichent un plus grand nombre de décès durant le premier mois (11,7% à Mauguio et 10,7% à Marseillan, France) que celles de la plaine littorale et des Garrigues (7,1% à Pignant). Les sites en hauteur semblent les plus favorables aux nouveau-nés puisque

---

117 Parkin 1992, p. 144-147 ; 2013, p. 45.
118 Maladie du bétail qui protège les hommes de la variole et est à l'origine de la vaccination (Dedet 2008, p. 12).
119 La propagation des règles de propreté se fait près d'un siècle plus tard grâce aux découvertes de Louis Pasteur. Dedet 2008, p. 12.
120 Laget 1982, p. 201-227.
121 Bagnall et Frier 1994, p. 103-110 et Bagnall, Frier et Rutherford 1997, p. 100.
122 Sellier 1996, p. 196 ; De Larminat 2011, p. 178.
123 La table de mortalité est établie par J.-L. Muret dans *Mémoire sur la population dans le pays de Vaud*, Yverdon, 1766, rapportée par Rollet 1998, p. 114.

4,9% seulement meurent durant le premier mois à Fraisse-sur-Agout sur les monts de l'Espinouse situés à 1000 m d'altitude[124].

Passée la première année, l'enfant n'est pas pour autant à l'abri des dangers. En effet, il meurt autant d'enfants entre un an et dix ans que durant la première année. Le taux de mortalité s'abaisse toutefois au fur et à mesure que les mois passent. Il remonte néanmoins légèrement à la fin de la première année et durant la première moitié de la seconde année. Ces variations sont interprétées par B. Dedet comme des conséquences du sevrage[125].

Les décès survenus entre 1 an et 5 ans sont d'environ 17-18 pour 100 enfants. Ils sont de 5 à 6 enfants pour les six – dix ans et plus que de 3 ou 4 entre onze et quinze ans. Les individus ayant atteint cet âge, qui est celui de la puberté, sont le moins touchés par les décès, ce qui se vérifie au sein de notre corpus. La courbe augmente ensuite, en raison des causes diverses, comme les accouchements difficiles, la participation aux guerres et le vieillissement[126].

Les causes de la mortalité infantile

Les facteurs endogènes

Dès sa naissance, l'enfant est soumis à des facteurs dits endogènes, c'est-à-dire découlant de facteurs héréditaires des deux parents (par exemple la thalassémie) ou d'affections, voire d'une mauvaise santé de la mère, ou encore de carences alimentaires entraînant des malformations de la mère et du fœtus. En effet, une malnutrition chronique pouvait conduire au rachitisme déjà chez la mère, ce qui avait pour conséquence des déformations osseuses pouvant toucher le bassin et rendre plus difficile le passage de l'enfant[127]. La syphilis congénitale et la tuberculose sont d'autres maladies qui entraînaient des avortements spontanés. Déjà fragilisé par des conditions loin d'être optimales dans le ventre de sa mère, le fœtus a de grandes chances de naître prématurément, ce qui accroît son risque de décès. Le poids de l'enfant à la naissance a aussi une incidence sur ses chances de survie. Les études ont démontré que des enfants pesant entre 2 et 2,5 kg ont 8 fois moins de chances de survie que ceux dépassant 3 kilos[128]. Les traumatismes de l'accouchement s'ajoutent à cette liste non exhaustive. Avant l'âge de la clinique, la longueur des accouchements et la maladresse des sages-femmes ou médecins pouvaient faire encourir à l'enfant des dangers conduisant rapidement à la mort. Il faut aussi évoquer le manque d'oxygène de l'enfant qui n'arrive pas à sortir, celui qui se présente mal, qui s'étouffe avec le cordon ombilical ou encore qui inhale du liquide amniotique.

---

124 LAGET 1982, p. 297 ; DEDET 2008, p. 12.
125 DEDET 2008, p. 13.
126 DEDET 2008, p. 13.
127 Le rachitisme est dû à un manque d'éléments phosphorés, calciques et à une carence en vitamine D (DEDET 2008, p. 10 ; voir aussi LEWIS 2007, p. 134).
128 LUNN 1989 ; SANGOÏ 1997, p. 201 ; DEDET 2008, p. 11.

Les facteurs exogènes

Les causes données aux maladies qui ont touché les petits Français du XVIIIe siècle sont loin d'être spécifiques à cette époque. Pour le médecin hippocratique du traité *Des Airs, des eaux*, et des lieux, le climat et la qualité de l'eau avaient une grande influence sur l'état de santé des individus, qui étaient d'autant plus affectés que l'individu était jeune (ou vieux) et fragilisé[129]. À cette eau impure étaient attribués par le médecin hippocratique les calculs rénaux et les fièvres. Polluée, mal conservée dans des récipients ou insuffisamment renouvelée, l'eau était la principale cause de contamination entraînant fièvres et diarrhées[130]. Il a été démontré que, déjà à l'époque romaine, la concentration de la population dans les villes, accentuait la transmission des maladies, alors qu'un artisanat intense polluait les eaux. Ajoutons l'arrivée de migrants qui pouvaient faire office d'agents transmetteurs de maladies[131].

Qualifiés d'exogènes, c'est-à-dire extérieurs au corps, ces facteurs pouvaient être aggravés par le moment de la naissance – saison chaude ou froide, pluvieuse, etc. – ou celui choisi pour sevrer l'enfant. Vraisemblablement conscient de ces influences, le médecin Soranos d'Éphèse conseillait de sevrer l'enfant au printemps. B. Dedet souligne que le sevrage accroît les dangers de l'été, c'est-à-dire les troubles digestifs et diarrhées[132]. En hiver, l'enfant est davantage sujet aux troubles respiratoires.

La paléopathologie

Depuis les premières mises au jour de squelettes d'enfants par les fouilles archéologiques, les méthodes se sont affinées et ont permis de mettre en évidence l'état de santé des jeunes défunts ainsi que les traumatismes subis. Cette recherche doit beaucoup aux chercheuses anglo-saxonnes telles que Mary Lewis, Rebecca Redfern et Mary Gowland ainsi qu'aux anthropologues français du cercle d'Henry Duday, à l'origine de l'archéo-thanatologie[133].

La paléopathologie a permis de mettre en évidence différentes réactions à un stress dit « non spécifique » sur les os et les dents des individus tant immatures que matures. Ce type de stress est décrit par Larson comme « *a physiological disruption resulting from impoverished environmental condition*[134] ». En raison de la nature du squelette en développement et des tissus mous des non-adultes, les réponses osseuses aux maladies peuvent différer de manière significative par rapport à celles des adultes. Par exemple, les os longs des non-adultes courent un risque plus élevé d'infection en raison d'une vascularisation accrue aux extrémités soumises à une croissance rapide[135]. Les pathologies ne sont toutefois pas évidentes à déceler notamment parce que l'os, se modifiant sans arrêt durant la croissance, forme de

---

129 Hippocrate, *Des airs, des eaux et des lieux* III, 3 (L II 18-19).
130 Grmek 1983, p. 355.
131 Redfern et Roberts 2005.
132 Dedet 2008, p. 11.
133 Duday 2006.
134 Larsen 1999, p. 6 : « une perturbation physiologique résultant d'une condition environnementale appauvrie » (trad. pers.).
135 Lewis 2000, p. 39-57, 2007, p. 138 ; Scheuer et Black 2000, p. 27-30.

nouvelles couches osseuses (on parle d'apposition osseuse) qui peuvent être confondues avec une réponse du corps à une maladie. Un épaississement peut alors être interprété à tort comme une pathologie, notamment le rachitisme[136]. Il est en outre paradoxal que les individus dont les dents ou les os ont créé une réaction à la maladie étaient globalement en « meilleure santé » que les autres. La fréquence des réponses actives du corps est aussi plus importante chez les individus décédés plus précocement[137].

À l'inverse, toutes les maladies ne sont pas visibles sur les os. Ainsi les infections aiguës telles que la peste, la coqueluche, la variole, la rougeole et la scarlatine, dont on sait qu'elles touchaient les enfants dans le passé, amenaient souvent à la mort de l'individu avant que les lésions ne se développent sur le squelette. M. Lewis explique ce phénomène : « *In order for lesions produced by these conditions to be seen on the skeleton, the individual has to be immunologically compromised sufficiently to develop the condition, but strong enough to survive the disease into its chronic stages*[138] ».

Par exemple, il faut qu'une carence en vitamine C dure environ 2 à 4 mois pour que l'os présente les signes du scorbut. Ces derniers peuvent disparaître aussi rapidement après la phase de stress[139]. En ce qui concerne le rachitisme, celui-ci est souvent plus évident en raison du changement osseux rapide[140].

Les analyses des restes osseux d'immatures provenant de différents sites, tant d'époque romaine que médiévale, ainsi que les avancées de la recherche permettent aujourd'hui d'identifier certaines des pathologies touchant les enfants à ces époques. Parmi elles, le rachitisme, le scorbut[141] et les lésions endocrâniennes[142]. Trois conditions sont à l'origine des maladies observées : hématopoïétique (*cribra orbitalia*, hyperostose porotique), métabolique (scorbut) et infectieuse (périostite non spécifique). Les origines des stress non spécifiques couramment retenus sont l'hypoplasie de l'émail dentaire, les *cribra orbitalia*, l'hyperostose porotique, les lignes de Harris dont nous allons parler ici. Mentionnons à titre indicatif les réactions du périoste que nous laissons de côté en raison de l'imprécision du diagnostic : les marqueurs de stress peuvent en effet être confondus avec des phénomènes naturels de croissance[143].

L'hypoplasie de l'émail

L'hypoplasie de l'émail dentaire est un marqueur de stress non-spécifique privilégié par les chercheurs. Ce choix s'explique par la nature conservatrice des dents qui présentent, durant toute la vie de l'individu, les anomalies engendrées dans l'émail. Les dents ne sont donc pas, comme l'os, sujettes à remodelage une fois le stress surmonté. L'hypoplasie de

---

136 Lewis 2000, p. 43.
137 Wood et al. (*supra* n. 9) 1992, 344-345, 349 and 352-354.
138 Lewis 2007, p. 133 : « Afin que ces lésions produites par ces conditions se voient sur le squelette, l'individu doit être immunologiquement suffisamment affectés pour développer la condition, et assez fort pour survivre à la maladie durant ses étapes chroniques » (trad. personnelle). Pour aller plus loin, voir aussi Ortner 1991.
139 Lewis 2007, p. 133.
140 *Ibid.*
141 Brickley et Ives 2008, 41-150.
142 Lewis 2004.
143 Scheuer et Black 2000b. Lewis 2007 ; Garcin 2009, p. 196.

l'émail laisse des marques permanentes sur les dents déciduales. Trois types différents de marques sont repérables au microscope : le linéaire, celui en forme de puits et celui qui a la forme d'une aire de déminéralisation. En raison d'une absence d'usure sur les dents des jeunes individus, cette méthode est particulièrement intéressante pour rendre compte de l'état de santé des enfants. Bien que certains auteurs aient tenté de rendre compte du moment de l'apparition du stress et de sa durée[144], la minéralisation dentaire est trop aléatoire pour permettre de telles précisions[145].

Les causes avancées pour l'hypoplasie de l'émail dentaire sont nombreuses : fièvres et traumatismes[146], maladies infectieuses de type syphilis congénitale ou tuberculose[147], carences dues à un problème nutritionnel grave[148], maladies infantiles (rougeole, varicelle, etc.), présence de parasites ou encore un faible poids à la naissance.

L'importante fréquence de l'hypoplasie de l'émail, à des degrés de gravité divers, fait de ce marqueur un moyen efficace pour identifier les épisodes de stress d'une population. L'étude de la nécropole d'Apollonia d'Illyrie a permis de mettre en évidence ce type d'indicateur sur 110 des 113 individus. Malgré la faible intensité du stress sur la plupart des individus, l'anthropologue L. Schepartz a conclu que près de la moitié de ces enfants n'avait pas survécu à l'évènement déclencheur. Le caractère rural ou urbain des sites semble avoir eu de l'influence sur les conditions de santé des enfants, comme cela ressort de l'étude des nécropoles de Métaponte. Aussi, en contexte rural, 78% des sujets sont atteints d'hypoplasie contre 95% en contexte urbain[149]. Un parallèle peut être fait avec les nécropoles de Bretagne romaine. Portant sur les divergences entre les sites urbains et ruraux, l'étude menée par R. Redfern *et al.* démontre que l'hypoplasie dentaire est de 30% pour les sites urbains contre 17% pour les sites ruraux. Les autres lésions dentaires comme les caries et le calque présentent aussi des pourcentages plus élevés pour les habitants des villes[150]. En contexte rural 35% des individus sont touchés par les caries contre 69% en contexte urbain. Concernant le calque, ce sont 82% des individus ayant vécu en contexte urbain contre 59%.

Il est aujourd'hui attesté que les caries sont favorisées par une alimentation riche en sucre et en hydrates de carbone[151] et qu'une alimentation riche en protéine a une influence réductrice. Les causes de formation du calque dentaire sont quant à elles moins évidentes. Se formant en premier lieu près des glandes salivaires, sur les surfaces buccales et linguales, elles semblent résulter de différents facteurs : hygiène buccale, minéralisation de l'eau, taux de salive, habitude de chiquer[152]. Les indicateurs de stress apparaissent parfois chez une tranche d'âge spécifique. Dans son étude portant sur 4 nécropoles de l'époque médiévale, dont 2 tchèques et 2 françaises, Virginie Garcin entrevoit ces marqueurs surtout sur les individus âgés entre 1,5 et 4 ans. Ils n'apparaissent pas au-delà de 10 ans,

---

144 GOODMAN et ROSE 1991 ; REID et DEAN 2000.
145 HILLSON et BOND 1997 ; GARCIN 2009, p. 183.
146 CUCINA *et al.* 2007 ; SMITH et AVISHAI 2005.
147 HILLSON *et al.* 1998.
148 GOODMAN et ARMEGALOS 1988 ; GOODMAN et ROSE 1991 ; SWEENEY *et al.* 1971.
149 REDFERN *et al.* 2015, p. 115.
150 Ces chiffres ne prennent pas compte des nécropoles de Pounbury.
151 HILLSON 1996.
152 HILLSON 1996.

comme le suggère le fait que la troisième molaire n'est jamais touchée. L'auteur évoque le sevrage comme source possible de stress mais aussi les maladies infantiles[153]. Cette période temporelle relativement longue est réduite dans la nécropole de Pantanello à Métaponte (Italie du sud, Basilicate), datée entre 515 et 275 av. J.-C., où l'hypoplasie de l'émail est circonscrite aux âges qui se situent entre 2,5 et 3,5 ans. En Grande-Bretagne, les tranches d'âges touchées présentent des divergences importantes par rapport aux sites médiévaux et d'époque classique. Absente chez les 0-6 ans et les 7-11 ans, elle apparaît dans le groupe des adolescents avec 9,1% à Londres (2/22 individus), 7,7% à Colchester (1/13 ind.) et 26,1% (6/23) à Cirencester. Les adultes, masculins comme féminins, de Londres et de Colchester sont encore davantage touchés par l'hypoplasie de l'émail, puisque le pourcentage avoisine les 20%[154].

Cribra orbitalia et hyperostose porotique

Cette pathologie se manifeste par un aspect microporeux orbitaire. La seconde présente le même type de lésions dites « en brosse » de la structure trabéculaire de la voûte crânienne[155]. Les deux affections peuvent être concomitantes mais pas systématiquement. La première peut être attribuée à un plus large éventail de causes que la seconde. Si ces lésions sont souvent produites par une expansion du diploé (tissu spongieux) du crâne, en réponse à une hypertrophie de la moelle rouge, d'autres processus peuvent être invoqués comme ceux associés à des infections chroniques du scalp ou au scorbut (déficit en vitamine C)[156]. Des observations cliniques ont conduit à attribuer ces lésions à des anémies ferriprives (carences en fer) car plusieurs patients présentant ce type de lésions (par radiographie) souffraient d'un manque de fer[157]. Les études ont néanmoins démontré qu'en cas d'anémie ferriprive, le corps humain répond par une production restrictive des globules rouges (érythropoïèse et « RBC » *red blood cells* en anglais) plutôt que par l'augmentation causale de ces deux pathologies[158]. Il a aussi été démontré que des cas sévères d'anémies hémolytiques héréditaires comme la thalassémie (maladie endémique en Méditerranée) et la drépanocytose, dite aussi sicklémie (déformation des hématies falciformes entrainant des problèmes vasculaires, particulièrement visibles dans les orbites, de détresses respiratoires ou d'insuffisances rénales) pouvaient produire ce type de lésions. La rareté de ces pathologies héréditaires, et leur apparition parmi des populations spécifiques ne semble toutefois pas être en adéquation avec le nombre important de cas retrouvés dans les collections archéologiques. Dans leur étude exhaustive de la littérature scientifique, Walker *et al.* ont démontré que les deux types de lésions résultent d'une pluralité de facteurs qui se conjuguent[159] :

---

153 GARCIN 2009, p. 188, à la suite de HERRING *et al.* 1998 ; HUMPHREY 2008 ; LEWIS 2007.
154 REDFERN et ROBERTS 2005, p. 119-120.
155 L'os pariétal est plus souvent touché que le frontal ou l'occipital (STUART-MACADAM 1985 ; GARCIN 2009, p. 193).
156 ORTNER 1991.
157 Pour la liste des travaux, voir WALKER *et al.* 2009, p. 109. La carence en fer est aussi acceptée par LALLO *et al.* 1977 ; LEWIS et ROBERTS 1997 ; STUART-MACADAM 1992.
158 WALKER *et al.* 2009, p. 119.
159 WALKER *et al.* 2009, p. 110.

carences nutritionnelles, infections de type diarrhées notamment et parasites dus à de mauvaises conditions sanitaires. En ce qui concerne les *cribra orbitalia*, les différentes études portant sur la population des Ancient Pueblos ou Anasazis ont démontré que la pathologie découle de saignements sous-périostés associés à une déficience simultanée en vitamines C et B_{12}.

Les jeunes enfants sont les plus touchés par ces deux pathologies. Les globules rouges étant justement produits durant l'enfance et l'adolescence, entre autres par l'endroit le plus touché, le diploé de la voûte crânienne (et les cavités médullaires des os longs), les chercheurs y voient la cause de ces lésions[160]. Cette hypothèse est confirmée par les collections archéologiques. En effet, les lésions actives sont manifestes presque uniquement sur les enfants et adolescents, alors qu'elles sont généralement guéries chez les adultes[161].

Pour ces deux pathologies, la carence en vitamine B_{12}, vitamine surtout présente dans la viande, peut être envisagée. Elle peut traduire une déficience déjà présente chez la mère. Capables de stocker cette vitamine, les adultes sont toutefois touchés moins rapidement par un apport réduit de la vitamine que les enfants, notamment les nouveau-nés[162]. Une mère souffrant de telles carences les transmet à son enfant par le biais de son lait. La pratique de l'allaitement exclusif peut, sur le long terme, se révéler mortelle pour les nourrissons de ces femmes[163]. Des périodes de famine sont avancées pour expliquer ce déficit[164], qui peut également résulter d'habitudes culturelles, telles que des régimes alimentaires de type végétarien mais aussi d'habitudes, se rencontrant souvent en ethnologie, comme de privilégier les plats de viande pour les hommes[165]. Il est aussi courant dans certaines cultures d'éviter de donner de la viande fraîche aux femmes ayant leurs règles, enceintes, allaitantes, voire nullipares[166]. Différentes études portant sur des personnes suivant un régime végétarien rigoureux ont démontré un taux élevé d'anémie mégaloblastique. Les enfants issus de groupes s'astreignant à de tels régimes sont souvent les plus touchés. Outre une déficience en fer et en vitamine B_{12}, certains sont atteints de rachitisme, d'affections et de troubles de la croissance[167]. Au contraire de ces exemples, il a été observé que les anciennes populations européennes avaient été épargnées par ce type de morbidités. La domestication des animaux et l'accès à leur viande ainsi que leur lait sont suggérés comme ayant préservé les enfants d'anémies sévères de type mégaloblastiques[168].

Souvent présent chez des individus souffrant de rachitisme, le scorbut est à même d'avoir engendré les affections des orbites. Reflétant une carence en vitamine C, il a aussi

---

160 STUART-MACADAM 1985 ; STUART-MACADAM 1992 ; WALKER *et al.* 2009, p. 111.
161 STUART-MACADAM 1985 ; WALKER 1985, 1986 ; WALKER *et al.* 2009, p. 111. L'étude de GARCIN 2009, p. 194-195 incite toutefois à la prudence car elle démontre que les *cribra orbitalia* peuvent résulter d'érosions post-mortem.
162 TURNER *et al.* 1999.
163 WEISS *et al.* 2004.
164 En cas de famines, les enfants déjà sevrés sont souvent remis au sein. Ils sont alors à nouveau tributaires de l'état nutritionnel de leur mère, ce qui correspond probablement à une alimentation pauvre en nutriments. ALMEDON et DE WAAL 1990.
165 Chez les Pueblos par exemple (SHERIDAN 2003).
166 O'DEMPSEY 1988 ; SPIELMANN 1989.
167 Deux différents groupes ont permis ces constatations. Le premier est issu d'une communauté religieuse végétarienne (SHINWELL et GORODISCHER 1982), l'autre de familles hollandaises ayant adopté un régime macrobiotique (DAGNELIE *et al.* 1994).
168 WALKER *et al.*, p. 120.

été suggéré qu'il pouvait résulter du manque de lumière, dû à l'urbanisation des villes[169]. Un emmaillotement prolongé est avancé comme une autre cause ayant privé le corps de l'enfant de lumière. La malaria est également proposée par certains chercheurs[170].

Dans une étude portant sur les nécropoles grecques du Néolithique, 40% à 50% des immatures présentent les pathologies *cribra orbitalia* et hyperostose crânienne[171]. Peu présente sur les enfants de 0-3 ans des nécropoles d'époque romaine de Grande-Bretagne, les *cribra orbitalia* se retrouvent sur un individu (sur dix-huit) de la classe d'âge des 0-7 ans à Cirencester, ce qui représente 5,5%. Les 7-11 ans sont le plus touchés avec 9,1% pour Londres (2/22 ind.), 2,4% à Poundbury Camp (2/82), et 30,8% (4/13 ind.) à Cirencester. Les chiffres diminuent pour les adolescents de 12 ans et plus. Londres affiche un score de 9,1% (2/22 ind.) et Colchester 7,7% (1/13 ind.). Les pourcentages oscillent ensuite entre 0,3% (York) et 5,9% (Londres) pour les adultes. Touchant moins d'individus par site, les lésions sont présentes dans 6 des 7 nécropoles ayant fait l'objet de l'étude. Sur les 13 sites de l'époque byzantine (VIe-XIIe siècles) analysés par Chryssa Bourbou, 5 ont livré les restes osseux d'individus atteints de *cribra orbitalia*, alors que seulement trois comptaient des cas d'hyperostose porotique. Deux des sites contenaient les deux types de lésions (Kefali et Sourtara)[172]. Sur les 184 individus, ceux atteints de la première pathologie sont au nombre de 14, contre 5 atteints d'hyperostose porotique.

Les lignes de Harris

Moins souvent évoquées dans la littérature spécialisée, les lignes de Harris constituent un indicateur de stress qui reste très controversé. Suite à leur découverte par K. Ludloff en 1903, leur étiologie est expliquée par D. Harris en 1931. Des essais sur des rats ont démontré qu'elles sont la manifestation d'un stress aigu ou chronique débouchant sur une décélération du développement de l'os. Il faut noter que les lignes ne sont apparentes que si la croissance normale de l'os reprend et que l'individu récupère de l'épisode de stress[173]. Présentes sur les diaphyses des os longs, de telles lignes ressortent sur des radiographies grâce à une densité qui les caractérise[174].

Les causes de cette pathologie n'ont jamais été attestées avec certitude[175]. Il est néanmoins reconnu que les famines[176], la septicémie, les pneumonies[177], l'empoisonnement au plomb, le rachitisme, la syphilis congénitale et le scorbut peuvent contribuer au ralentissement de la croissance osseuse et donc à la formation des lignes[178]. Un stress émotionnel a aussi été avancé comme cause possible[179]. Quant à la présence de ces lignes sur des squelettes de fœtus et nouveau-nés, D. Harris les a associées au traumatisme de la naissance et à

---

169 BRICKLEY et IVES 2008.
170 GOWLAND et GARNSEY 2010.
171 PAPATHANASIOU 2003, p. 321.
172 BOURBOU 2013, p. 471, tabl. 3.
173 Pour plus de précisions sur les différentes étapes (4) de la formation des lignes, voir LEWIS 2007, p. 108.
174 INGVARSSON-SUNDSTRÖM 2008, p. 91-92.
175 LEWIS et ROBERTS 1997. GARCIN 2009, p. 195.
176 LEWIS 2007, p. 108.
177 ACHESON et MACINTYRE 1958.
178 FOLLIS et PARK 1952.
179 SONTAG et COMSTOCK 1938.

une mauvaise santé de la mère[180]. Aujourd'hui, de telles lignes sont souvent associées au sevrage en raison de la croissance rapide des nourrissons et leur susceptibilité aux affections. L'accès à une nourriture de bonne qualité permet aux enfants ayant subi un tel stress de se remettre rapidement et de reprendre leur croissance. Les lignes sont ainsi davantage présentes sur les squelettes d'enfant bien nourris[181] et en bonne santé comme l'avait justement remarqué K. Ludloff[182].

Le remodelage osseux tendant à masquer ces marqueurs, ainsi que le coût élevé des radiographies font que cette méthode de détection est peu utilisée. Ajoutons les résultats aléatoires et les difficultés à mettre en évidence des corrélations avec d'autres indicateurs de stress[183]. Plusieurs tentatives d'utilisation de cette méthode ont échoué. Par exemple, les analyses aux rayons X utilisées sur les immatures du secteur K de la nécropole archaïque d'Abdère n'ont donné aucun résultat, alors que sur les 152 squelettes d'immatures de la nécropole protohistorique d'Asinè, seuls deux individus, un périnatal et un enfant âgé entre 6 et 7 ans, présentaient ce type de marqueur[184].

Analyses isotopiques et âge au sevrage

Les analyses isotopiques naissent des méthodes d'extraction du collagène réalisées pour les datations radiocarbones[185]. C'est à la fin des années 1970 qu'est découverte l'influence de l'alimentation des animaux sur le taux de carbone ($^{13}C/^{12}C$) et d'azote ($^{15}N/^{14}N$) présent dans leurs tissus. Le développement de ces découvertes a par exemple permis de dater l'introduction du maïs dans l'alimentation des populations nord-américaines de Woodland. Il a été, en outre, démontré que les compositions isotopiques en carbone et azote ($\delta^{13}C$ et $\delta^{15}N$) des plantes sont les plus basses des chaînes alimentaires. Des différences importantes apparaissent toutefois selon le type de milieu d'où elles proviennent. Ainsi, les plantes terrestres présentent des valeurs isotopiques plus basses (entre -34 et -22‰) que les plantes aquatiques (-19 à -6‰). Ces différences restent manifestes lors de l'ingestion de ces plantes puisqu'elles se transmettent par la chaîne alimentaire. Un enrichissement de 1‰ s'opère à chaque niveau trophique. Il est de 5‰ entre la part protéique de l'alimentation et celle du collagène emmagasiné par le consommateur. La compréhension de ces processus met alors en évidence le type d'alimentation (à base de poisson, de viande ou végétarienne) ainsi que le milieu (aquatique, terrestre, aride, etc.) qui l'a fourni. Cette compréhension des mécanismes d'absorption des éléments isotopiques a permis d'appréhender ce type de relation entre « mangeur-mangé » dans un cadre particulier, celui de l'allaitement de l'enfant par sa mère. Comme cela est particulièrement bien rendu par l'image proposée par Estelle Herrscher : « D'un point de vue trophique, une mère allaitante correspond à un "producteur" et le lait maternel à la "proie" ingérée

---

180 HARRIS 1933.
181 *Ibid.*
182 LUDLOFF 1903.
183 ALFONSO *et al.* 2003 ; MAFART 2009.
184 INGVARSSON-SUNDSTRÖM 2008, p. 92.
185 HERRSCHER 2003, p. 163.

par le jeune enfant ou "consommateur" »[186]. Différents éléments chimiques peuvent apporter des renseignements sur l'alimentation de l'enfant. Par exemple, le rapport strontium / calcium (éléments traces) est sensible au passage entre l'alimentation lactée et celle adoptée par les adultes[187]. C'est aussi le cas des isotopes de l'oxygène et du carbone[188]. Dans les études récentes, il a été reconnu que l'isotope stable du carbone réagit particulièrement vite à un changement alimentaire. Il décroit plus rapidement que le $\delta^{15}N$ et est donc indiqué pour juger du moment de l'introduction d'une alimentation complémentaire[189]. Un autre élément est sensible à la diminution de la nourriture lactée produite par la mère, il s'agit de l'isotope stable de l'azote[190]. Celui-ci est privilégié aujourd'hui dans les études qui ont pour objectif de définir le moment choisi pour le sevrage au sein de populations données. Le postulat de départ permettant l'utilisation de l'isotope de l'azote est qu'à la naissance l'enfant a la même signature isotopique que sa mère. Cela change avec l'allaitement. En effet, dès la prise du lait maternel, le collagène osseux prénatal se transforme en un collagène osseux synthétisé à partir de l'alimentation lactée. Lors du sevrage, le « collagène-lacté », pour reprendre les termes de E. Herrscher, est remplacé par un collagène synthétisé par la nouvelle nourriture adoptée[191]. Puisque, comme nous l'avons vu, une plus-value survient à chaque saut trophique, le lait ingéré par l'enfant est enrichi en azote-15 de 2-3% par rapport à l'alimentation maternelle[192], ce qui conduit à un enrichissement équivalent du collagène de l'enfant par rapport à celui de sa mère[193]. Cette hypothèse a été testée en 1989 sur des couples « mère-enfant »[194]. Les analyses ont démontré un enrichissement en azote-15 de 2,4‰ chez les enfants. Il a parfois été dit que cet enrichissement n'était perceptible qu'à partir de l'âge de trois mois[195]. Cependant, plusieurs études récentes ont démontré que le collagène était très rapidement affecté par un changement de nourriture[196]. Aussi, les données recueillies sur les ossements infantiles permettent d'observer, lorsqu'elles sont intégrées dans un diagramme représentant l'âge de l'enfant et le taux en azote, une sorte de courbe qui est, dans un premier temps, exponentielle, mais qui redescend lors d'une diversification de l'alimentation[197]. Prometteuse, cette méthode a toutefois ses limites : son imprécision ne permet pas de faire la distinction, pour les enfants situés près du sommet de la courbe, entre un enfant qui n'a pas encore été sevré et celui qui vient de l'être.

---

186 HERRSCHER 2003, p. 174.
187 SILLEN et SMITH 1984.
188 KATZENBERG *et al.* 1993 ; WRIGHT et SCHWARCZ 1998, 1999 ; DUPRAS *et al.* 2001.
189 SCHMIDT *et al.* 2016, p. 285.
190 FOGEL *et al.* 1989 ; KATZENBERG *et al.* 1993 ; DUPRAS *et al.* 2001.
191 HERRSCHER 2003, p. 175.
192 STEELE et DANIEL 1978 ; MINAGAWA et WADA 1984.
193 *Ibid.* ; SCHOENINGER et DE NIRO 1984.
194 L'analyse portait sur les ongles, riches en collagènes. FOGEL *et al.* 1989.
195 FOGEL *et al.* 1989.
196 C'est le cas dans la nécropole d'époque romaine de l'Isola Sacra (PROWSE *et al.* 2008, p. 304). Voir aussi Richard *et al.* 2002 ; FULLER *et al.* 2006. Cette dernière étude porte sur 8 couples mère-enfant. Les nourrissons sont alimentés différemment les uns des autres, certains sont allaités et nourris au biberon en même temps, un individu n'est pas allaité. Ce dernier ne présente aucune augmentation de son taux de carbone ni d'azote (FULLER *et al.* 2006, p. 292, fig. 8ab).
197 HERRSCHER 2003, p. 175, fig. 5.

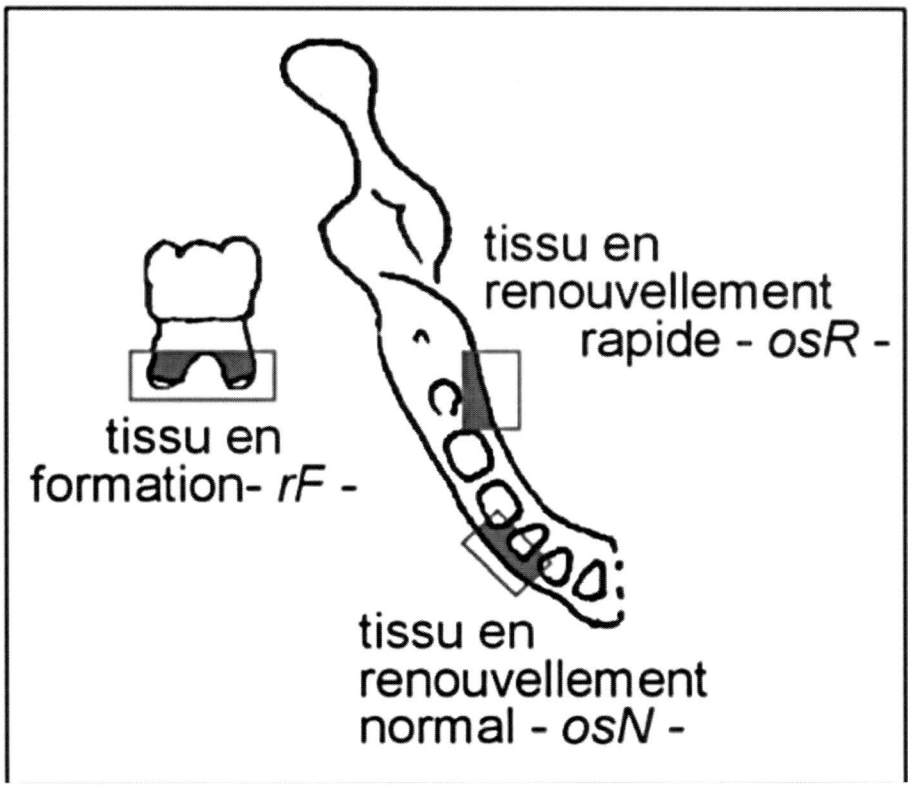

Fig. 198. Endroits choisis pour le prélèvement des tissus osseux selon E. Herrscher, d'après Herrscher 2003, p. 181, détail de la fig. 6.

Méthodologie

Cette méthode nécessite de prélever des échantillons de collagène sur les adultes et les enfants[198]. Le collagène est extrait de la poudre d'os dont la quantité est généralement de 250 mg pour les adultes contre 30 mg pour les immatures. Les échantillons osseux sont prélevés à des endroits qui diffèrent selon les chercheurs. Certains utilisent les côtes[199], d'autres la mandibule, d'autres encore les os longs[200]. Le choix d'E. Herrscher pour la population de Saint-Laurent porte premièrement sur l'apex d'une racine dentaire – rF, deuxièmement sur une zone osseuse entourant un germe dentaire – osR, et troisièmement sur un rebord alvéolaire entourant des dents déjà sur l'arcade – osN (**fig. 198**). Ce choix prend en compte un renouvellement du collagène différencié selon l'endroit où il est

---

198 Et aussi sur la faune associée aux découvertes, pour avoir un maximum d'informations et de comparaisons. Voir par exemple Papathanasiou *et al.* 2013, p. 2926.
199 Prowse *et al.* 2008.
200 Papathanasiou *et al.* 2013, p. 2926 utilise les os longs, ne montrant pas de pathologies, dont le fémur et les côtes.

prélevé[201]. La confrontation des zones à renouvellement rapide et celles à renouvellement lent permet de rendre compte d'un changement récent et de déterminer « le sens du changement de régime d'un pôle alimentaire à l'autre »[202].

L'extraction du collagène est aujourd'hui faite selon un protocole établi par R. Longin en 1971 et affinée par différents scientifiques[203]. Après le prélèvement du collagène, l'échantillon est soumis à une combustion provoquée par un courant d'hélium. Les gaz émis par la manipulation sont séparés par chromatographie. La lecture des dosages isotopiques est réalisée grâce à un spectromètre de masse isotopique, couplé à un analyseur élémentaire[204].

Le sevrage : quelle définition ?

Selon Estelle Herrscher, « le sevrage est une modification du régime alimentaire correspondant au passage progressif d'une alimentation lactée maternelle vers une alimentation supposée identique à celle des adultes »[205]. L'expression « âge au sevrage » est généralement employée pour signifier le sevrage[206], c'est-à-dire le moment où l'enfant n'est plus nourri par le sein maternel ou celui d'une nourrice. Il marque dès lors un moment précis. Comme le souligne E. Herrscher, en raison de ce problème de vocabulaire, il est difficile d'appréhender à sa juste valeur l'emploi du terme « sevrage » dans la littérature moderne[207]. La chercheuse fait dès lors le choix de signifier, par l'utilisation du terme, non pas la fin uniquement mais le processus impliqué entre le début de l'introduction d'une alimentation diversifiée jusqu'à l'arrêt total de l'alimentation au sein[208]. Ce choix est pertinent puisqu'il fait écho aux pratiques observées pour les époques dont nous traitons. En effet, dans son chapitre « quand et comment sevrer le nourrisson ? », Soranos parle en premier lieu du moment où le corps s'est raffermi et du type de nourriture à introduire progressivement dans le régime du nourrisson. Toutefois, le terme utilisé pour rendre compte du sevrage : l'adjectif ἀπογαλακτιστέον, qui évoque un éloignement, une étape révolue (celle de la consommation de lait maternel), rend précisément compte d'une césure entre la période de l'allaitement au sein et l'aube d'une autonomie alimentaire de l'enfant. Nous préférons dès lors, faire état de l'introduction d'une alimentation diversifiée pour rendre compte de l'époque pendant laquelle l'enfant est encore au sein et habitué petit à petit à des aliments solides ; et de sevrage pour l'époque où il ne boit plus le lait d'une femme, qu'elle soit mère ou nourrice.

---

201 Les différentes parties du squelette ou d'un même os ne sont pas affectées au même moment d'un remaniement. Voir BALASSE, BOCHERENS et MARIOTTI 1999.
202 BALASSE *et al.* 1997 ; BALASSE, BOCHERENS et MARIOTTI 1999 ; HERRSCHER 2003, p. 180.
203 BROWN *et al.* 2004.
204 HERRSCHER 2003, p. 180.
205 LONGIN 1971 ; HERRSCHER 2003, p. 174.
206 DETTWYLER 1995 ; HERRING *et al.* 1998 ; HERRSCHER 2003 p. 174.
207 HERRSCHER 2003, p. 174. Les chercheurs travaillant sur le sevrage, grâce aux analyses isotopiques, emploient généralement un vocabulaire qui différencie l'introduction d'une nourriture diversifiée et la fin du sevrage. Par exemple, à la suite de SELLEN 2007, PROWSE *et al.* 2008 utilisent respectivement « transitional feeding » et « weaning ».
208 *Ibid.*

D'après les textes médicaux antiques, l'enfant malade peut toutefois être remis au sein, ce que les chercheurs travaillant sur les analyses isotopiques prennent également en compte[209].

Analyses isotopiques : quels résultats ?

De plus en plus utilisé, ce type d'analyses a été réalisé sur différentes populations modernes comme antiques. En ce qui concerne le monde grec, les études ont porté sur des nécropoles de l'époque archaïque et vont jusqu'à l'époque médiévale, c'est-à-dire byzantine. Au sujet du monde romain, les études, restreintes jusqu'à il y a une dizaine d'année aux alentours de Rome, à la Grande-Bretagne et à l'Égypte, se développent et permettent d'identifier les habitudes alimentaires des différentes civilisations. Les équipes de recherche ont influencé cette répartition. Fortes d'une expérience en paléopathologie, les chercheuses anglo-saxonnes ont utilisé très tôt ce nouvel instrument de recherche. Mentionnons encore le laboratoire de Sandra Loesch à Berne et des travaux plus orientés jusque-là sur les époques préromaines. Les analyses isotopiques faisant défaut à ce jour, pour les populations comprises dans le territoire que nous avons délimité, les pratiques alimentaires liées au sevrage peuvent être considérées par confrontation aux résultats obtenus sur d'autres sites. Les données contemporaines sont ici privilégiées. Elles sont toutefois précédées de données enregistrées pour la Grèce ancienne et intègrent les résultats de recherches portant sur l'époque gauloise. Ce choix a pour objectif d'identifier d'éventuelles continuités entre les époques, comme c'est le cas pour les pratiques médicales. Qu'en est-il des coutumes gauloises ?

La Grèce ancienne

Les études isotopiques portant sur l'âge du sevrage en Grèce ancienne sont peu nombreuses. Plusieurs études se sont cependant concentrées sur la question de l'alimentation de la population, sans rendre compte du sevrage. Elles apportent des informations importantes sur les prédilections alimentaires qui coïncident avec ce que nous rapportent les textes homériques notamment. Par exemple, une étude s'est concentrée sur une série de nécropoles grecques du Néolithique (vers 3500 av. J.-C.) dont certaines sont situées en bord de mer[210]. L'étude montre que, contrairement aux résultats attendus, l'alimentation des individus vivant sur les sites côtiers n'était pas centrée sur les ressources marines mais privilégiait les ressources terrestres (plantes, légumineuses, cultures céréalières, un peu de viande et parfois des produits laitiers)[211]. Pour expliquer cette prédilection, il est suggéré que les techniques de pêche n'étaient pas maîtrisées, au contraire de l'agriculture qui offrait l'avantage de pouvoir en stocker le produit. Un chevauchement saisonnier peut en outre être envisagé puisque la pêche et la culture du sol se font généralement aux mêmes époques (printemps, été). Finalement, des choix culturels peuvent être évoqués, comme

---

209 Concernant les pratiques antiques voir BOUDON-MILLOT 2012 ; GOUREVITCH 2013a.
210 HALSTEAD *et al.* 2013.
211 Cette constatation a été faite sur d'autres sites, par exemple au Danemark (LIDEN 1995) ; en Suède (TAUBER 1981) ; au Portugal (LUBELL *et al.* 1994).

cela apparaît dans la mythologie qui fait la part belle à Déméter et, conformément aux représentations sur vases, à l'élevage. Ce dernier était hautement considéré car il fournissait des produits secondaires tels que la peau, la laine et les produits laitiers, ce qui ressort des valeurs isotopiques des populations de la Grèce antique[212].

Menée par Anastasia Papathanasiou, une étude intégrant la question du sevrage porte sur une nécropole du XIXe au VIIIe siècle av. J.-C. (850-740), située à Agios Dimitrios (Phthiotide-Grèce centrale). L'avantage de cette nécropole est qu'elle reflète la mortalité d'une population sur près de cent ans, à une époque charnière qui fait suite à la chute de la Mycènes palatiale. Elle compte 51 individus qui peuvent être classés en deux groupes distincts. L'un, des 0-2 ans (13 individus dont 11 périnatals), l'autre des 16-45 ans (12 individus). Les analyses ont démontré une alimentation riche en protéines C_3, c'est-à-dire composée de blé, d'orge, de fruits et de légumes ainsi qu'un faible apport en protéine animale – il n'a pas été possible d'identifier dans cette étude s'il s'agissait de viande ou de produits laitiers[213]. Alors que, pour ce site, aucune distinction sociale n'a pu être mise en évidence, que ce soit à l'aide des analyses pathologiques ou isotopiques, d'autres sites ont démontré un accès différencié à la viande et à la graisse[214]. Par exemple, à l'époque des palais mycéniens, les restes osseux des tombes royales affichaient un taux de protéines, issues d'animaux terrestres et marins, nettement plus élevé que ceux des tombes à chambres[215]. À Pylos, pour la même époque, la différenciation est genrée. Les sujets féminins présentent un accès restreint aux protéines d'origine animale[216]. À Agios Dimitrios, les enfants en dessous de deux ans présentent un taux de nitrogène plus élevé que celui des adultes. Une différence de 1,84‰ est enregistrée entre les enfants et les individus de sexe féminin[217]. Le seul individu âgé de deux ans présente un taux de nitrogène égal à celui des adultes, suggérant qu'il a été sevré. Les auteurs concluent que des enfants étaient encore exclusivement allaités à un an et que le sevrage prenait place entre 1 et 2 ans[218].

Un autre site daté de l'époque classique à l'époque hellénistique (milieu V^e-milieu IIIe siècle av. J.-C.), a fait l'objet d'une comparaison entre les évidences dentaires, les pathologies osseuses et les valeurs isotopiques[219]. Le site est situé en Bulgarie actuelle, sur les rives de la mer Noire, à Apollonia du Pont. Les analyses ont porté sur 85 immatures âgés entre 8,5 mois et 11 ans. Les valeurs en $\delta^{13}C$ et $\delta^{15}N$ du collagène ont montré qu'une nourriture diversifiée était introduite aux alentours de six mois et que le sevrage se situait entre l'âge de trois et quatre ans[220]. Le croisement des données entre les analyses isotopiques, pathologiques et l'état des dents est du plus grand intérêt. En effet, quatre des individus compris dans

---

212 HALSTEAD 1981.
213 Les valeurs isotopiques de la faune étant plus basses que celles des humains, prouvent que ces derniers consommaient les premiers (PAPATHANASIOU *et al.* 2013, p. 2931).
214 KELLY 1995.
215 RICHARDS et HEDGES 1999.
216 SCHEPARTZ *et al.* 2010. Cette constatation a aussi été faite pour les sites de l'Âge du Fer en Suisse, Moghaddam *et al.* 2016.
217 PAPATHANASIOU *et al.* 2013, p. 2931.
218 PANAGIOTOPOULOU 2010 ; PAPATHANASIOU *et al.* 2013, p. 2931.
219 Le croisement des données entre la pathologie dentaire et les habitudes alimentaires a été initié par KATZENBERG *et al.* 1993. Il est repris depuis, notamment dans l'étude de PROWSE *et al.* 2008 et celle considérée ici de SCHMIDT *et al.* 2016. Ces études portent sur les dents déciduales.
220 SCHMIDT *et al.* 2016, p. 294.

le groupe des plus de 3 ans (deux individus dont l'âge est estimé à 4 ans, un de 4,5 ans et un dernier de 6 ans) présentent un taux de $\delta^{15}N$ qui est resté élevé par rapport à celui des adultes. Comme le soulignent les chercheurs, ces chiffres peuvent indiquer un allaitement au sein prolongé, ou le recours à du lait animal (saut trophique), voire une longue maladie du type cancer, ou encore la résorption suite à une fracture. L'étude des ossements n'a permis de mettre en évidence qu'une seule pathologie. Celle-ci a atteint l'individu (268) âgé de six ans. Il s'agit de *cribra orbitalia*. Quant à l'état des dents de ces quatre individus, elles démontrent une usure nettement moindre que celle de leurs contemporains, suggérant soit un allaitement continu, soit une alimentation contenant moins d'éléments abrasifs que celle des autres enfants du même âge. Si on se réfère à la seule source écrite traitant de la question, c'est-à-dire le traité de Soranos d'Éphèse, la pathologie observée sur le plus grand de ces individus pourrait coïncider avec l'injonction du médecin de remettre au sein un enfant malade, bien que sevré. On peut dès lors imaginer que l'allaitement par la mère ait été arrêté depuis une voire deux années, et que, n'ayant plus de lait, celle-ci ait dû recourir au lait d'une autre femme, membre de la famille ou non. Mais d'autres cas de figures peuvent être supposés : la mère a eu un second enfant et partage son lait entre les deux ou son lait tari est rappelé grâce à des cataplasmes et potions à base de plantes, comme cela est par exemple l'usage dans les sociétés berbères[221]. Pour s'approcher au plus près des usages en vigueur chez la population d'Apollonia du Pont, fondée par la colonie de Milet en Asie Mineure, il serait utile de savoir si l'allaitement est interrompu en cas de grossesse, comme cela est suggéré par les sources écrites de l'époque romaine[222]. L'hypothèse des chercheurs, selon laquelle le taux d'azote élevé de ces enfants pourrait signifier le recours au lait animal, plutôt qu'à sa viande (consommation qui marquerait de manière vraisemblablement similaire le taux en $\delta^{15}N$) se base sur l'accès restreint à la viande chez les populations de Grèce ancienne[223].

L'époque romaine

L'époque romaine est représentée par des sites de Bretagne[224], des environs de Rome[225], d'Égypte[226] mais aussi d'Afrique du Nord[227], et depuis peu d'Espagne[228]. Pour l'heure, aucune étude n'a été publiée concernant la Gaule romanisée. Une étude sur la population d'Avenches est en cours et devrait prochainement combler cette lacune[229]. Nous commençons cet inventaire par le site de Dorset en Angleterre, puisqu'un parallèle y est fait entre la fin de l'Âge du Fer et l'époque romaine. Cette approche est riche en enseignements et permet de mieux comprendre les différences sociales et ainsi les pratiques funéraires des groupes

---

221 WALENTOWITZ 2003, p. 195.
222 Voir *supra*.
223 Un comparatif est donné précédemment pour Agios Dimitrios (PAPATHANASIOU *et al.* 2013. Aussi GARNSEY 1998 ; HALSTEAD 2007).
224 Oxfordshire = FULLER *et al.* 2006 ; NEHLICH *et al.* 2011 ; Dorset = REDFERN *et al.* 2011 ; London = POWELL *et al.*, 2014.
225 PROWSE *et al.* 2008.
226 DUPRAZ *et al.* 2001 ; DUPRAZ et TOCHERI 2007 ; DUPRAZ *et al.* 2015.
227 KEENLEYSIDE et PANAYOTOVA 2006.
228 RISSECH *et al.* 2016.
229 Projet FNS réalisé par Véronique Dasen, Sandra Loesch et Chryssa Bourbou 2016-2019.

des deux époques. Une autre étude dont nous ne traitons pas en détail doit toutefois être mentionnée ici parce qu'elle intègre les populations qui ont précédé celles étudiées. En effet, menée par Neghanaz Moggadham et S. Loesch de l'Institut des Sciences Forensiques de Berne, elle porte sur les populations hallstattiennes et laténiennes de Suisse (plateau et régions montagneuses), dont celle du site de Berne Engehalbinsel qui a livré neuf VBT pour l'époque romaine. Outre des échanges commerciaux (vaisselle, amphores vinaires et probablement semis de céréales, etc.) étroits avec la ville de Marseille depuis sa fondation (600 av. J.-C.)[230], l'étude montre un accès différentiel aux protéines animales entre les sexes, puisque les ossements des individus de sexe masculin présentent des valeurs en $\delta^{15}N$ nettement plus importantes que celles des individus de sexe féminin[231]. Il serait dès lors intéressant que cette étude soit approfondie, en prenant en compte la population « romanisée »[232]. L'importante sous-représentation des sépultures de nouveau-nés et enfants (*infans* I et II) dans les nécropoles communautaires laténiennes semble avoir été inversée par la suite[233].

Plusieurs études portent aujourd'hui sur la Bretagne romaine et leur nombre va croissant. La première étude que nous présentons ici est menée, comme mentionné, sur les populations préromaines et romaines de Dorset. Respectivement 72 et 128 individus ont servi de parallèle. Les ossements et les dents ont révélé une péjoration de la santé des individus, suite à la romanisation. Les causes sont sanitaires (hygiène des villes, pollution, manque de lumière, etc.) mais aussi étroitement liées aux pratiques de l'allaitement et du sevrage. À l'époque romaine, les enfants en âge du sevrage reçoivent une alimentation qui leur est « propre », c'est-à-dire différente de celle des adultes, et moins riche en produits aquatiques. Un taux bas en $\delta^{13}C$ suggère qu'un régime spécifique était suivi soit par la mère/nurse, soit par l'enfant, question qui se pose aussi pour la ville tunisienne de *Leptiminus* dont nous traitons ci-dessous. Il semble qu'une fois sevrés, les enfants n'aient pas encore accès à la variété alimentaire des adultes[234]. Peu discernables par les analyses isotopiques, les différences de pratiques liées au sevrage, observées entre la fin de l'Âge du Fer et l'époque romaine, ressortent mieux sur l'émail dentaire puisqu'elles permettent d'identifier les sources et les quantités d'hydrates de carbone comprises dans l'alimentation. Ainsi, les dents témoignent d'un taux de carie plus important à l'époque romaine. Un complément d'information est fourni par les ossements qui présentent des pathologies rares, voire absentes avant la romanisation[235].

La deuxième étude portant sur la Bretagne romaine comprend le site de Queenford Farm (Dorchester-on-Thames), situé dans la vallée de la Tamise. Les analyses isotopiques

---

230 MÜLLER *et al.* 1999 ; MÜLLER et LÜSCHER 2004 ; BOUBY *et al.* 2011.
231 Les individus retrouvés dans les tombes à armes ont des valeurs encore plus hautes que l'ensemble des sépultures masculines. MOGHADDAM *et al.* 2016.
232 Cette éventualité a été évoquée avec les auteurs de l'étude, lors d'un colloque portant sur les analyses isotopiques, organisé par nous et C. Bourbou le 4 mars 2017 à Fribourg.
233 7 *infans* I et II (0-6 et 7-12 ans) pour un total de 63 individus (MOGHADDAM 2016, tabl. 2 et 5). Pour l'époque romaine, les ossements faisant défaut, on ne peut se référer qu'au mobilier et aux dimensions des sépultures qui comprennent des inhumations et des crémations (BACHER 1983).
234 Harlow et Laurence 2002.
235 Un seul cas de rachitisme a été rapporté pour l'époque préromaine (REDFERN *et al.* 2012, p. 1257). D'importantes déficiences en vitamine D ont été détectées sur les populations romanisées (BRICKLEY et IVES 2008, p. 144-145).

de δ^{15}N et de δ^{13}C montrent que le sevrage a été initialisé vers l'âge de deux ans et s'est généralement terminé vers 4 ans. En outre, les ossements des *infants* I et II montrent une alimentation différente de celle des adultes[236]. Des analyses complémentaires ont été faites à l'aide de l'isotope de soufre (δ^{34}S) afin de mieux comprendre les valeurs négatives de l'isotope de carbone δ^{13}C. Les résultats obtenus ont confirmé les premières suppositions. Les enfants en phase de sevrage ont été soumis à un régime alimentaire spécifique et unique, à base d'éléments provenant des eaux douces. Il peut s'agir de poissons spécifiques à la région mais aussi de plantes ayant poussé en bordure de rivière. Ce choix spécifique, qui perdure sur près d'un siècle (100-200 apr. J.-C.), ne semble pas favorable aux enfants puisque le taux de mortalité le plus important apparaît vers 2-3 ans, c'est-à-dire peu après que le sevrage ait été initialisé[237]. Des agents pathogènes peuvent en être la cause. Quant aux raisons qui ont motivé ce type d'alimentation, elles peuvent être économiques, mais plus probablement liées à une croyance en des bienfaits de l'eau et de ce qui en provient.

L'étude de Londres, *Londinium*, a été menée sur 139 squelettes dont 109 immatures et 30 adultes. Des ossements d'animaux, cochons, poulets, chèvres et poissons servent de parallèles. Les analyses isotopiques indiquent que le début du sevrage prend place avant 1 an et se termine vers 4 ans[238]. L'alimentation que les enfants reçoivent durant cette étape est différente de celle des femmes adultes. Elle est probablement plus « terrestre », c'est-à-dire à base de céréales. L'alimentation des plus de 5 ans rejoint les valeurs isotopiques présentes chez les adultes qui consomment du poisson d'eau douce[239].

La péninsule italienne est représentée par le site de Rome. L'étude porte sur la nécropole de l'Isola Sacra, datée entre le Ier s. apr. J.-C. et le IIIe s. Selon une méthodologie identique à celle suivie pour Apollonia du Pont, elle consiste à mettre en parallèle les analyses isotopiques et les pathologies dentaires. 37 côtes ont fait l'objet de prélèvement. Plus nombreuses à être exploitables, les dents déciduales ont permis d'identifier 78 individus âgés entre 1 et 12 ans. Le but de l'étude était de comparer les données isotopiques des enfants avec celles des adultes. Le taux élevé en δ^{15}N observé chez les adultes est dû à une consommation importante de produits de la mer. Les enfants âgés jusqu'à deux ans environ présentent un taux plus élevé en δ^{15}N (16,1‰ à env. 12,0‰) et en δ^{13}C (-17,8‰ à env. -19,0‰) que les adultes (moyenne δ^{15}N = 10,6 ; δ^{13}C = -18,9‰), ce qui correspond à ce qui est attendu pour des enfants allaités *versus* leur mère/nourrice. Ce taux qui chute légèrement en-deçà de celui des adultes pour les enfants âgés entre 2,5 et 4 ans, semble indiquer une alimentation différente des adultes, plus terrestre que marine, privilégiant probablement les céréales[240]. Il est aussi intéressant de noter que les jeunes individus de sexe féminin, qui étaient probablement les mères des enfants, affichent des valeurs isotopiques plus basses que les autres femmes[241]. Le régime alimentaire de ces jeunes femmes semble dès lors plus proche de celui des enfants, sans pour autant être exempt

---

236 Une différenciation est aussi faite en fonction du sexe puisque les mâles présentent un taux d'azote plus élevé (NEHLICH *et al.* 2011, p. 4969).
237 FULLER *et al.* 2006.
238 REDFERN *et al.* 2012, p. 1252.
239 REDFERN *et al.* 2017, p.
240 PROWSE *et al.* 2008, p. 304.
241 PROWSE *et al.* 2008, p. 304.

de produits marins. Les femmes en général ont une alimentation qui diffère de celle des hommes (en particulier un accès limité à la viande)[242]. Les enfants de moins d'un an présentent une homogénéité des valeurs, qui deviennent plus variables ensuite[243]. Dès lors, il peut être suggéré que l'introduction d'une nourriture diversifiée était faite peu avant un an[244]. Des études complémentaires, portant sur les bandes de Wilson observables sur les dents déciduales, ont démontré deux phases de stress chez les enfants de l'Isola Sacra. L'une entre 2 et 5 mois, l'autre entre 6 et 9 mois, ce qui est interprété par les chercheurs comme une réaction à l'introduction d'une nourriture diversifiée mal adaptée[245]. L'état des dents montrant de l'usure déjà chez les individus âgés d'1 an et demi confirme les données isotopiques, et le recours à une alimentation à base de céréales, riche en éléments sableux. Quant au tartre, il apparaît chez les enfants âgés de plus de 2,5 ans[246].

En Égypte romaine, un travail pluridisciplinaire est mené depuis plus d'une dizaine d'années. La nécropole Kellis 2 de l'oasis de Dakhleh a fait l'objet de recherches à base de méthodes innovantes, permettant d'identifier l'étape du sevrage, mais pas seulement. Ainsi, il a été démontré, par la position des cercueils dans la nécropole[247], que les naissances survenaient principalement en mars – avril[248], ce qui fait remonter la procréation aux mois de juillet-août, qui est l'époque où une fête romano-égyptienne liée à la fertilité avait lieu[249].

Datée entre env. 50 et 350 apr. J.-C., la nécropole étudiée a été partiellement fouillée[250]. En 2015, plus de 700 individus avaient été mis au jour. Le nombre total de défunts est estimé à plus de 2500 individus. Aucune ségrégation n'a pu être déterminée. Des fœtus de 16 semaines ont été mis au jour, comme de très jeunes enfants souffrant de pathologies sévères telles que l'anencéphalie (malformation congénitale du système nerveux)[251] et l'ostéogenèse imparfaite (maladie des os de verre). Les analyses isotopiques vont plus loin que ce qui a été réalisé ailleurs puisqu'elles intègrent l'oxygène. La signature de l'oxygène étant, elle aussi, capturée dans l'émail dentaire, elle reste constante durant la vie de l'individu. La méthode se base sur le fait que le lait maternel contient plus de $\delta^{18}O$ que l'eau potable. La baisse du taux d'oxygène indique dès lors une source d'eau différente (lors de l'allaitement, l'enfant reçoit l'eau par le biais du lait) et le début d'une alimentation (-boisson) externe. Comme avec les autres isotopes considérés jusque-là, le taux d'oxygène rejoint celui des adultes lorsque le sevrage est complété[252]. Alors qu'une première étude portant sur 49 côtes et humérus prélevés sur des enfants âgés entre la naissance et 7 ans, avait fait usage

---

242 PROWSE *et al.* 2005 ; 2011 ; REDFERN 2017, p. 8.
243 PROWSE *et al.* 2008, p. 304. Cette stabilité détonne avec les taux isotopiques variables observés sur les femmes adultes âgées entre 15 et 25 ans.
244 En prenant en compte un décalage entre le changement de nourriture et sa manifestation dans les tissus.
245 FITZGERALD *et al.* 2006. PROWSE *et al.* 2008, p. 304.
246 PROWSE *et al.* 2008, p. 305.
247 WILLIAMS 2008, p. 137-138 ; DUPRAZ et TOCHERI 2007, p. 206. Les emplacements des sépultures suivent l'évolution du soleil, selon un angle de 63 à 117°C d'est au nord qui correspond à l'orientation du soleil levant à l'horizon durant l'année. La tête des défunts est positionnée de manière à ce qu'ils regardent vers l'ouest.
248 WILLIAMS *et al.* 2012.
249 KAPER 2003 ; WILLIAMS *et al.* 2012, DUPRAZ *et al.* 2015, p. 59.
250 DUPRAZ *et al.* 2015.
251 Encore d'actualité, cette pathologie est une conséquence d'un manque en acide folique. Appelée aussi vitamine B9, celle-ci est présente dans les abats, les légumineuses et surtout les légumes verts (brocolis, épinards, choux de Bruxelles, etc.).
252 DUPRAZ et TOCHERI 2007, p. 64.

des isotopes d'azote et de carbone, une seconde étude porte sur 102 individus plus âgés ayant survécu au sevrage (27 enfants de 3 à 8 ans et 75 adultes dont la troisième molaire est complètement sortie). Cette seconde analyse est une réponse à une éventuelle distorsion des résultats influencée par un échantillon qui comprend les individus les plus faibles – puisqu'ils sont morts durant les premières années de vie – et ceux ayant enregistré le plus grand nombre d'épisodes de stress[253].

L'analyse des ossements d'enfants a montré un taux élevé en $\delta^{15}N$ de la naissance à l'âge de trois ans (env. 21,3 à 18,8‰) $\delta^{13}C$ (env. -18,2 à env. -18,3‰) alors que les taux chez les adultes de sexe féminin sont respectivement de 18‰ à -19,05‰. Néanmoins, bien que le taux en $\delta^{15}N$ diminue autour de l'âge de 6 mois, celui en $\delta^{13}C$ augmente jusqu'à un âge d'environ 1,5 ans. Cette augmentation fait suggérer aux chercheurs que le sevrage initié vers 6 mois est réalisé à l'aide d'une nourriture enrichie en $\delta^{13}C$. L'analyse de la flore et de la faune présentes sur le site permet d'identifier cette nourriture riche en carbone au millet (-9,9‰) ou aux animaux tels que la vache (-15,1‰) et la chèvre (-15,7‰)[254]. Les chercheurs déduisent que l'augmentation est due au lait de ces animaux et non pas à leur viande ni aux céréales, parce que des enfants âgés de moins de six mois ne sont pas physiologiquement capables de manger de la nourriture solide[255]. Pour soutenir cette hypothèse, ils s'appuient sur le passage du traité de Soranos mentionnant la première nourriture de l'enfant qui remplace le colostrum : du lait de chèvre avec du miel. Ils omettent néanmoins le passage de ce même médecin dans lequel il s'insurge contre l'administration de bouillies de céréales dès le 40ᵉ jour, ce qui montre bien que l'âge de six mois n'était pas respecté par toutes les femmes allaitantes. Bien que l'administration de lait ne puisse être exclue – Soranos évoque le pain trempé dans du lait et du lait à boire à donner à l'enfant en période de sevrage – il est fort possible que des céréales y aient été conjointement et précocement ajoutées[256].

La seconde étude portant sur Dahkleh combine les isotopes de $\delta^{18}O$, de $\delta^{15}N$ et de $\delta^{13}C$. Ne prenant en compte que les dents, déciduales et permanentes, l'étude démontre que lorsque la racine de la première molaire se forme (vers 3 ans), les valeurs isotopiques ont déjà chuté et rejoignent celles des adultes[257]. Conformément aux premiers résultats, les derniers travaux établissent qu'un sevrage progressif à lieu entre 6 mois et 3 ans, moment où les enfants sont complètement sevrés. Ils prouvent aussi qu'une distorsion des résultats, évoquée précédemment, n'est pas significative en ce qui concerne la nécropole de Dahkleh[258].

---

253 REDFERN 2017, p. 174. Au sujet des objections faites contre l'étude des ossements d'individus morts en bas âge, voir BEAUMONT et al. 2015.
254 Le taux en $\delta^{13}C$ des individus d'environ 6 mois, moment où semble débuter le sevrage à l'Isola Sacra, chute drastiquement contrairement à ce qui est manifeste à Dahkleh. PROWSE et al. 2008, p. 300, fig. 8.
255 Le croisement des données, entre l'anthropologie, la biologie comparée et la physiologie ont montré que la physiologie de l'enfant lui permettait d'être allaité exclusivement jusqu'à l'âge de six mois, ce qui est d'ailleurs conseillé par l'OMS en 2014 [en ligne] http://apps.who.int/iris/bitstream/10665/149018/1/WHO_NMH_NHD_14.2_eng.pdf?ua=1 (consulté le 26.01.2018) ; voir aussi DETTWYLER 1995 ; CENTLIVRES-CHALLET 2016, p. 166-167. Le lait de femme est aussi très différent des laits animaux : moins protéiné et moins gras, il présente un taux élevé de lactose (OFTEDAL 1984).
256 SORANOS, Maladies des femmes II, 17.
257 DUPRAZ et TOCHERI 2007, p. 70.
258 Les chercheurs restent prudents quant à des limitations qui pourraient survenir en d'autres lieux, populations, époques, etc. (DUPRAZ et TOCHERI 2007, p. 72).

Des analyses isotopiques ont été réalisée en Afrique du Nord, dans la ville romaine de Leptiminus, l'actuelle Lamta. Celle-ci est située sur la côte méditerranéenne, à 16 km au sud de Monastir. La ville est une importante plateforme commerciale avec une jetée artificielle de 600 m. de long, s'étendant sur la mer. Elle possède un forum et de nombreux ateliers produisant de la céramique, des pièces métallurgiques et des denrées alimentaires comme l'huile d'olive et le *garum* qui a fait sa renommée[259]. Les analyses portent sur les ossements de 4 nécropoles fouillées successivement[260]. Celles-ci couvrent une période qui va du IIe au Ve s. apr. J.-C. Datée du Ve s., la nécropole 205 est la plus récente et se distingue des autres par une majorité d'enfants de moins de 6 ans (9 contre 4 adultes de plus de 18 ans dont deux de plus de 36 ans). De plus, les analyses isotopiques montrent des habitudes alimentaires différentes, composées principalement de ressources marines. L'importance des enfants dans cette nécropole conduit les chercheurs à imputer cette variabilité à l'alimentation des enfants (le lait de la mère pour certains). Les données restant les mêmes en laissant de côté les enfants, et aucune ségrégation sociale ne pouvant être observée, les chercheurs concluent à des difficultés d'accès aux denrées terrestres (agriculture et élevage), rencontrées par le groupe d'individu du Ve s. possiblement en raison de la confiscation du territoire par les tribus Vandales[261]. Dans l'ensemble des quatre nécropoles, les enfants de moins de 6 ans présentaient des valeurs isotopiques plus élevées que les femmes adultes mais les rejoignent ensuite. Cette stabilité suggère que les mères avaient un régime alimentaire peu varié. Respectaient-elles les conseils des médecins d'avoir un régime « équilibré, sain, nourrissant et aisément assimilable » pour reprendre les termes de Soranos[262] ? Le sevrage complet semble survenir à l'âge de 3 ans pour la plupart des individus mais pourrait être plus long pour d'autres : 4 individus de plus de 4 ans présentent des valeurs isotopiques encore très élevées par rapport à celles des adultes[263]. Les chercheurs se prononcent sur un début du sevrage survenu avant 2 ans, l'échantillonnage restreint ne permettant pas plus de précision.

En Espagne, c'est l'actuelle Barcelone, Barcino à l'époque romaine, qui a fait l'objet d'analyses isotopiques. Plusieurs nécropoles ont été découvertes à l'extérieur de la ville, dont une présentant une population particulièrement aisée. L'objet de l'étude porte cependant sur une petite nécropole réunissant 24 individus dont 4 âgés de moins de 5 ans. Le statut des inhumés est modeste. Il pourrait s'agir d'individus vivant de la pêche. Le nombre réduit d'enfants en âge d'être allaité permet difficilement d'établir avec précision l'époque du sevrage. En l'état, l'âge de 4-5 ans peut être suggéré comme moment où le sevrage est terminé[264].

---

259 *HN* 31,94.
260 Sites 10, 200, 250, and 304. KEENLEYSIDE *et al.* 2009, p. 52.
261 Comme le souligne les chercheurs, les textes romains nous apprennent que les produits de la mer sont tantôt une délicatesse privilégiée dans les banquets des riches, tantôt l'alimentation des pauvres. PURCELL 1995.
262 SORANOS, *Maladies des femmes* II, 10, (trad. GOUREVITCH *et al.* 1988).
263 KEENLEYSIDE *et al.* 2009, p. 58-59, fig. 6 et 7.
264 Les valeurs particulièrement élevées de la petite fille (?) dont l'âge est estimé entre 4 et 5 ans, suggèrent aux chercheurs qu'elle souffrait peut-être atteinte d'un stress alimentaire. FULLER *et al.*, 2005 ; RISSECH *et al.* 2016, p. 369-370 et tabl. 1.

Conclusion

L'archéothanatologie dont H. Duday fut un pionnier[265] a hautement contribué à notre compréhension des enfants du passé et ouvert la voie à la création de nouveaux outils méthodologiques qui ne cessent de s'affiner. Déterminer le sexe des plus jeunes constitue encore un défi que des chercheurs de différentes disciplines s'évertuent à relever. Les derniers travaux réalisés sur les dents et squelettes des fœtus et des très jeunes enfants s'avèrent prometteurs. Le difformisme sexuel est déjà observable sur les os des fœtus : sur la forme des fosses oléocraniennes, la symétrie trochléaire[266], les mesures des diaphyses[267], l'angle et profondeur de l'encoche sciatique (3m-6ans)[268]. Du côté des dents, le difformisme est perceptible d'après les dimensions des canines décidues avec un niveau de précision qui est de 78 à 93% dans certains groupes[269]. Le rapport entre l'émail et la dentine sont d'autres indicateurs[270], les mesures du collet (Cemento-enamel junction : CEJ) étant les plus précises[271]. Ces méthodes ont toutefois leurs limites. En effet, elles reposent entre autres sur des comparaisons avec des collections de squelettes dont on connait l'âge au décès mais qui ont le désavantage de ne pas provenir du même espace spacio-temporel[272]. Les travaux portant sur les pathologies des enfants et, pour comparaison, sur celles des adultes, permettent de mieux comprendre les causes des maladies, ainsi que les conditions de vie des différentes populations. Notre échantillon n'a pu faire l'objet, dans son ensemble, d'analyses aussi développées. L'âge et le sexe des défunts n'est donné que pour un nombre d'individu trop réduit à notre goût. Ces données permettent toutefois de confirmer un dépôt préférentiel des VBT auprès des enfants dont l'âge se situe entre 6 mois et 3 ans[273]. Cet âge qui est celui du sevrage coïncide avec le passage où Soranos mentionne l'usage du vase en forme de sein. Recevant progressivement une alimentation solide, l'enfant doit étancher sa soif avec de l'eau vineuse. Sujet à controverses chez les médecins, le vin pour les enfants montre l'importance de ce dérivé du raisin au sein de la population. La difficulté d'accès à une eau pure, notamment dans les villes, en est probablement la cause majeure. Aussi déposés auprès de fœtus, de périnatals, d'adolescents et d'adultes, les VBT semblent avoir symbolisé une certaine autonomie alimentaire, voire un pouvoir guérisseur du contenu du vase, en raison de sa forme de sein. La détermination sexuelle ne permet pas de mettre en évidence une prédilection de leur dépôt auprès d'un sexe plutôt que de l'autre. La présence d'un VBT auprès de la jeune fille d'Evreux pourrait correspondre à une mort en couche, mais d'autres motivations ont dû conduire à déposer deux VBT auprès de l'individu âgé d'une quarantaine d'années à Bad Zurzach ou encore auprès de celui âgé de 20 ans découvert à Avenches. Les nécropoles témoignant de choix, elles démontrent

---

265 Terme proposé par Duday et Bruno Boulestin lors d'une table ronde à Sens en 1998.
266 WILSON *et al.* 2015.
267 STULL *et al.* 2017.
268 Sutter 2003 ; Olivares et Aguilera 2016.
269 VICIANO *et al.* 2013, 2015.
270 SAUNDERS *et al.* 2007.
271 HASSETT 2011.
272 Les nécropoles sont soit de l'époque médiévale soit de l'époque moderne, et proviennent de différents pays dont la France, l'Italie, l'Espagne, le Japon, le Portugal, les USA, etc.
273 Plus haut, nous avons parlé deux ans, qui sont deux ans complets, c'est-à-dire 36 mois moins un jour.

des constantes (position, choix du rite, de la vaisselle, etc.) mais elles présentent aussi des singularités. Ces dernières sont probablement l'expression de liens particuliers, au sein de la famille ou dans un cadre plus large, voire d'une spécificité du défunt : peut-être une activité qu'il exerçait, une situation exceptionnelle qu'il a vécue voire le fait d'avoir été la proie d'une maladie invalidante[274]. D'après notre analyse, le VBT est un marqueur que l'on dépose dans les tombes en allusion à des situations hors norme, en ce qui concerne les individus ayant dépassé l'âge… du sevrage.

De la Grèce ancienne à l'époque romaine, les pratiques présentent une grande hétérogénéité alimentaire, due notamment à des choix culturels, comme celui de privilégier des aliments de type céréales en Grèce et des aliments issus d'un milieu aquatique (plantes ou poisson ?) pour les enfants de Quennford Farm en Bretagne romaine. Le sevrage intervient généralement durant la première année, parfois même avant six mois comme le montre l'exemple de Dahkleh. Le site de Quennford Farm se démarque à nouveau, par des pratiques de sevrage qui interviennent plus tardivement, vers l'âge de 2 ans et se termine vers 4 ans. Une nourriture probablement considérée comme adaptée à ces enfants en bas âge est introduite en fonction des coutumes et des denrées accessibles à chaque endroit. Il peut s'agir de lait comme le suggèrent les chercheurs d'après la lecture des valeurs isotopiques des individus d'Égypte, et d'Apollonia du Pont. Les céréales comme le millet, implantée très tôt en Gaule et sur le plateau suisse[275] peuvent avoir été intégrées comme complément alimentaire, que ce soit mélangé à du lait, voire du vin tel que cela apparaît dans les textes[276]. L'étape finale du sevrage semble plus homogène entre les différents sites. Elle survient généralement entre trois et quatre ans. Les exceptions peuvent relever d'un stress pathologique, qui conduit à l'augmentation des valeurs isotopiques[277]. Il n'est pas exclu qu'un enfant ayant dépassé l'âge du sevrage soit remis au sein, conformément à ce qui est conseillé par Soranos d'Éphèse. Si l'adoption des préceptes mentionnés dans le traité de ce médecin d'origine grecque établi à Rome peut être discutée, les contrats de nourrices retrouvés en Égypte romaine ne vont pas à leur encontre, ni d'ailleurs les restes osseux[278]. Par comparaison, les usages de l'époque ptolémaïque limitent le recours à des nourrices aux enfants de l'élite. Il se pourrait que le recours au lait animal se fasse volontiers en Égypte, comme cela est évoqué par un contrat de nourrice de cette époque[279]. Celui-ci précise que la nourrice peut, après avoir allaité de son propre lait l'enfant durant 6 mois, employer du lait de vache, à condition qu'il soit frais[280]. La durée de cet allaitement artificiel est conclu à 18 mois. Très peu mentionné dans les traités médicaux d'époque romaine évoquant la nourriture de l'enfant, le recours au lait animal semble davantage un à côté ou une alimentation de dernier recours pour celui-ci. En effet, évoquant l'introduction de lait

---

274 Cette dernière hypothèse est actuellement le sujet d'une recherche menée avec Sandrine Linger-Riquier. Les premiers travaux de cette recherche sont Jaeggi 2021 ; Linger-Riquier, Garnier 2022.
275 Pour la Gaule en général : Knipper et al. 2014 ; Le Huray et Schutkowski 2005 ; Lightfoot et al. 2012 ; pour la Suisse : Jacomet et Jacquat 1999.
276 Voir le chapitre suivant.
277 Beaumont et al. 2015, p. 455.
278 Dupraz et Faigrieve 2001, p. 205.
279 Fildes 1996, p. 12 ; Dupraz et Faigrieve 2001, p. 205.
280 La vache a un statut particulièrement valorisé en Égypte ancienne, où elle est la Grande Dame qui allaite Pharaon (Fildes 1996, p. 7 ; Jean et Loyrette 2010, p. 211 ; Marshall 2015a p. 182-183).

au milieu du repas solide de l'enfant (à base de pain trempé), en phase de sevrage, Soranos fait-il allusion à celui d'un animal ou de sa nourrice, qui est encore à ses côtés durant cette étape ? Le médecin ne le précise pas et ne fait pas davantage état du type de lait dans lequel le pain mentionné précédemment pouvait être trempé. Il est peu probable qu'il s'agisse ici de lait de femme – le tire-lait aurait pourtant sa raison d'être – mais là-dessus encore Soranos reste silencieux. Cette omission s'explique probablement par la familiarité des lecteurs avec des usages quotidiens. L'utilisation de lait d'animaux ne semble pas mal vue à l'époque romaine, bien que le lait soit considéré comme transmetteur d'humeurs et de traits de caractères. Peut-être était-ce l'un des rôles de la mythologie d'édulcorer voire d'idéaliser le recours au lait animalier. Il faut aussi relever que le VBT évoqué à ce moment précis du repas, ne soit pas utilisé pour administrer du lait mais une boisson faite de vin dilué dans de l'eau. L'usage du lait et du vin va être abordé à la lumière des analyses du contenu des VBT dans le chapitre suivant.

La mauvaise santé des petits Romains est considérée par les différents chercheurs, comme la conséquence directe de pratiques de sevrage inadaptées, qui surviennent lors de la « romanisation »[281]. Rappelons que pour l'heure il n'existe pas d'études portant sur les ossements (analyses paléopathologiques et isotopiques) des enfants gallo-romains. Nous nous référons donc à des parallèles dont le plus proche géographiquement et chronologiquement est offert par la Bretagne romaine. Comme le rapportent R. Redfern et R. Gowland, par sa faible teneur en vitamine D, le lait de vache peut notamment avoir engendré les morbidités décelées sur les individus de Bretagne romaine et aussi de Rome, dont le rachitisme[282]. Les céréales peuvent aussi avoir concouru à l'augmentation des risques d'infections virales et bactériennes et donc aux diarrhées ainsi qu'à la malnutrition. Un lait infecté peut être la cause de tuberculose[283]. Un mauvais état de santé de la mère / nourrice joue un rôle majeur dans le processus, puisque les carences en vitamine C ou D sont transmises au nourrisson. L'allaitement maternel n'est dès lors pas une garantie de santé, comme l'avaient compris les médecins de l'Antiquité et le recours à une nourrice a pu être favorable à certains enfants.

Le choix de ne pas donner le colostrum est un facteur aggravant qui prive le nouveau-né d'anticorps. Donné en remplacement, le miel seul, ou mélangé à du lait, est une seconde source de stress pour l'enfant. Le miel peut rapidement conduire à des carences nutritionnelles et au botulisme (*botulus*), maladie mortelle causant une paralysie. Il convient de noter que les différents traités, dont celui de Soranos, signalent que ces aliments sont souvent chauffés, voire bouillis. Danièle Alexandre-Bidon observe le même traitement au Moyen-Âge : « on pratiquait donc la pasteurisation sans le savoir[284]... ». Au XVIIIe siècle, le lait est à l'inverse donné cru pour préserver sa nature (saveur, douceur, aptitude à se mêler avec le sang, etc.) ce qui l'amène à s'aigrir très vite comme le précise M.-F. Morel[285]. Déjà reconnue par les médecins antiques, la labilité du lait avait conduit à l'administrer

---

281 Particulièrement REDFERN 2012 ; DUPRAZ et FAIGRIEVE 2001.
282 REDFERN et GOWLAND 2012, p. 127.
283 REDFERN et GOWLAND 2012, p. 124.
284 ALEXANDRE-BIDON et LETT 1997, p. 22.
285 MOREL p. 425 qui cite RAULIN 1768, p. 307.

soit du pis directement, soit après cuisson. De ce fait, il nous semble peu probable que les médecins aient conseillé de donner du lait cru à des enfants, à l'époque romaine.

D'ailleurs, bien que mentionnant le vin et son administration aux enfants durant le sevrage, les traités médicaux évoquent rarement un lait autre que celui de la nourrice. Plutarque met en garde contre le pouvoir rassasiant du lait « parmi les liquides, le lait doit être utilisé, non comme une boisson, mais comme un aliment possédant un très fort pouvoir nutritif »[286].

Ces différents usages qui prennent en compte la labilité du lait peuvent-il être d'un apport dans l'interprétation des analyses isotopiques, des causes de mortalité et de la lecture des tables de mortalité ?

Concernant le recours à l'allaitement artificiel et au lait animal, un parallèle est offert par la ville de Fécamp au XIXe siècle. En effet, cette ville affiche, à la fin du siècle – on est avant la pasteurisation – un taux de mortalité infantile au-dessus de la moyenne française : un enfant sur cinq, voire sur quatre décède avant un an[287]. Bien que chauffé, le lait animalier est alors considéré comme la cause des diarrhées vertes qui provoquent plus de la moitié des décès infantiles[288]. Des mesures d'hygiène sont aussitôt prises. Le lait est analysé de près. Actif dans la ville de Fécamp, le docteur Dufour met au point un lait « humanisé » par centrifugation et modification des proportions de graisse, d'eau, de lactose, de sucre et de sel. Alarmant, ces chiffres le sont moins que ceux d'un ensemble de paroisses de York qui, au XVIe siècle, affichent le taux record de 480 pour 1000[289]. Ce taux est expliqué par Gilles Newton par une pénurie de nourrices au moment où la population s'accroît rapidement, ce qui conduit à recourir au VBT[290]. D'autres chiffres encore plus alarmants sont donnés pour la ville de Lyon à la fin du XVIIIe siècle puisque ce sont 61,5% des nouveau-nés qui meurent durant leur première année[291]. À Rouen, le taux atteint les 98%. Il faut préciser que ces chiffres portent uniquement sur les enfants abandonnés par leur mère et mis en nourrices. Pas assez nombreuses pour faire face à la demande, ces dernières se voient confier des nourrissons parfois par dizaine, et les négligent[292]. La mise en nourrice ne concerne pas seulement les enfants issus de milieux miséreux. Alors que les petits commerçants mettent leurs enfants en nourrice afin de permettre à la femme de travailler aux côtés de son mari – la nourrice coûte moins que ce que la femme rapporte – les femmes de la haute société font ce choix vraisemblablement pour des questions de mode. La liste est longue des reproches faits aux nourrices. Vivant à la campagne, elles travaillent aux champs et laissent les enfants sans surveillance. Leur lait qui nourrit souvent deux enfants, n'est pas suffisant, surtout lorsqu'elles tombent enceintes. La nourriture de l'enfant est alors très tôt la même que celle de sa nourrice. Marie-France Morel en dresse la liste : « elles sont donc obligées de nourrir les nouveau-nés avec des aliments solides de toute espèce : soupes, gros

---

286 Plutarque, *Préceptes de santé* 132 a : Τῶν δ' ὑγρῶν γάλακτι μὲν οὐχ ὡς ποτῷ χρηστέον, ἀλλ' ὡς σιτίῳ δύναμιν ἐμβριθῆ καὶ πολύτροφον ἔχοντι.
287 Sautereau 1997, p. 83.
288 Sautereau 1997, p. 85.
289 Parkin 2013, p. 47.
290 Newton 2010, p. 278.
291 Le Roy-Ladurie 1979, p. 17.
292 Morel 1976.

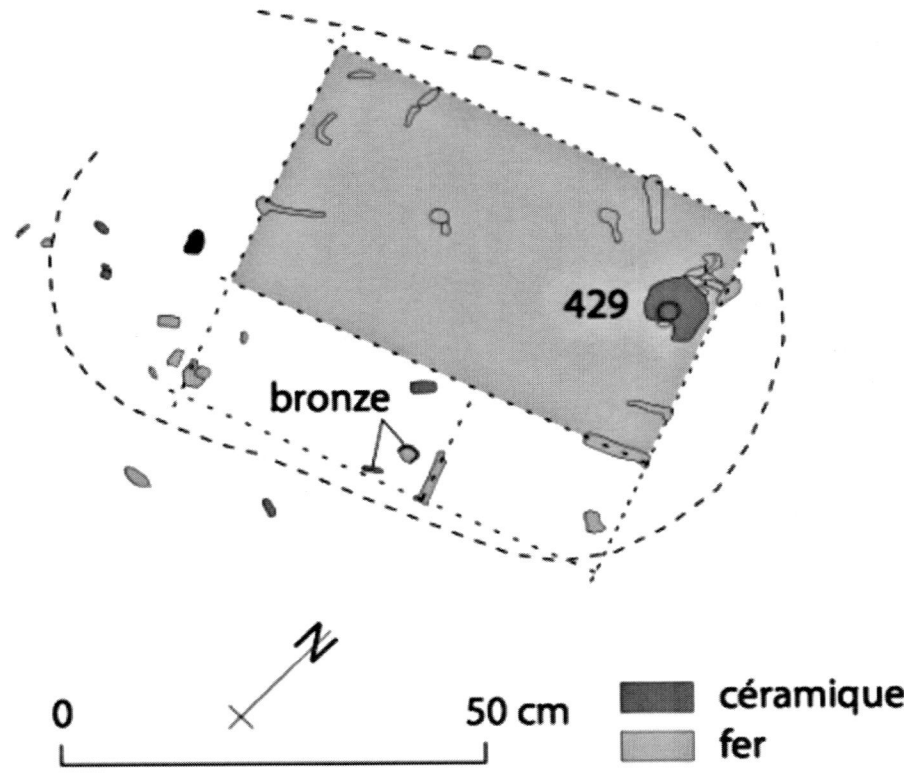

FIG. 199. Emplacement dans l'angle du cercueil, du biberon de Lully, Plan d'après Castella et al. 2012, p. 52.

pain mâché, châtaignes, vin, lard, fruits, légumes[293] ». Au milieu du XVIIIe siècle la mise en nourrice fait l'objet de calculs en termes de mortalité, dans le cadre de plaidoyers étatiques visant au repeuplement : on estime à un quart la mort des enfants allaités par leur mère et à deux tiers celle des enfants mis en nourrice[294]. Le VBT est tout autant mis en cause. Selon le *Journal de Fécamp* de 1894 : « le tolérer, c'est favoriser l'infanticide »[295]. Sont alors au banc des accusés, moins l'origine animale du lait et ses caractéristiques – bien que le lait de vache par exemple soit considéré trop lourd[296] – que les questions d'hygiènes de la traite à son administration (étables mal entretenues, traite sans soin, eau de nettoyage souillée, transport, dépôt chez les vendeurs, lait coupé avec de l'eau sale, ajouts pour masquer son altération, etc.)[297]. Selon T. Parkin le taux de mortalité infantile (TMI)

---

293   Morel 1976, p. 415.
294   Morel 1976, p. 403 et note 39.
295   Parution du 19 juin 1894. Sautereau 1997, p. 85.
296   Morel 1976, p. 423.
297   Sautereau 1997, p. 85.

des époques grecques et romaines équivaut à celui de Fécamp puisqu'il est estimé à 300 pour 1000, alors que 450 enfants n'atteignent pas leurs 5 ans. Pour le démographe, le TMI serait encore plus élevé si l'allaitement au sein n'avait pas eu lieu. Ainsi, mise en nourrice et allaitement artificiel contribuent tous deux, lors de conditions insalubres, à élever la mortalité infantile. Doit-on dès lors envisager, en parallèle à l'allaitement mercenaire, un allaitement artificiel ?

11. VBT et objets associés

Quelle place dans la sépulture ?

La place des VBT dans les inhumations

Le mode d'ensevelissement a une incidence sur l'emplacement du vase à bec dans la sépulture. Lorsqu'il est associé à des inhumations, nous avons relevé six configurations différentes : au niveau de la tête, des épaules, des pieds, sur le corps ou sur le dispositif de protection du corps (type cercueil/sarcophage) ou dans une fosse attenante (coffrage). En l'absence d'ossements, plusieurs VBT ne peuvent être localisés précisément par rapport au défunt. C'est le cas de la sépulture de Puyloubier, où le VBT figure dans l'angle interne est et de la sépulture de Lully où il était déposé contre le petit côté est du cercueil, près des clous d'assemblage du contenant (**fig. 201**)[1].

Dans le cas des crémations, le VBT est souvent déposé dans l'urne. Il fait parfois partie du mobilier distribué autour des cendres du défunt.

Au niveau de la tête

Le VBT de la sépulture 44 de Gerzat était placé au niveau de l'épaule gauche, le bec pointé en direction de la tête qui regarde dans la direction opposée. À Pérignat-sur-Allier (sép. 16), le VBT était également placé au niveau de la tête. À la nécropole des Dunes de Poitiers, le VBT de la sépulture 161 se trouvait à gauche de la tête, avec une petite burette en verre blanc. À droite de la tête se trouvait un vase à boire en verre, alors qu'un coq en bronze monté sur une tige se trouvait aux pieds. Le VBT de la sépulture 26 de Martigny, était situé à côté de la tête de l'enfant né avant terme. Le VBT en verre de la sépulture 1450 de Breny était quant à lui placé avec une petite coupe en céramique noire et une bouteille en verre à six pans, auprès de la tête du défunt.

Le VBT de la sépulture 3006 d'Amiens était coincé sous la nuque du défunt (**fig. 200**). Ce dernier est un jeune homme dont l'âge est estimé entre 18 et 21 ans. Il avait les mains croisées sur le pubis.

Au niveau des épaules

À Martigny, le VBT de la sépulture 30 était positionné au niveau de l'épaule droite du nouveau-né. Une monnaie en fermait l'embouchure (**fig. 201**).

---

1 Castella *et al.* 2012, p. 41, fig. 36 et p. 155, fig. 162.

Fig. 200. Amiens, La Vallée, squelette d'un jeune homme dont la tête repose sur un biberon (sép. 3006), d'après Binet et al., *Rapport de fouilles*, 2011, fig. 74.

Au niveau des pieds

Le VBT de la sépulture 22 de Champ-Madame, faisait partie d'un assemblage composé d'une cruche, d'un pot, d'une marmite tripode et de son couvercle, vraisemblablement situé aux pieds du défunt, alors qu'un petit pot se trouvait près de son crâne (**fig. 202**). L'ensemble des vases ayant été renversé, les découvreurs suggèrent qu'ils reposaient sur un support en matière périssable. Le squelette et les vases semblent avoir été placés dans le même contenant, c'est à dire en espace vide[2]. Toujours à Champ-Madame, le VBT de la sépulture 7 se trouvait dans le coffrage en bois, à la suite des pieds, à l'est (**fig. 203**). Là aussi un ensemble est manifeste. Il comprend deux gobelets, une marmite tripode et son couvercle, deux cruches de grand module, un pot et un petit flacon cylindrique à deux anses en verre. Il comptait en outre un jambon de porc et l'extrémité distale d'un humérus gauche de mouton. Des deux côtés de la tête se trouvaient un pot (au sud) et une cruche (au nord). À Pîtres, le VBT de la sépulture 163, reposait entre les éléments de chaussures. En l'absence d'ossements, il peut être avancé mais sans certitude, que le VBT se trouvait au niveau des pieds du défunt. À Saintes, dans la nécropole Jacques Brel, le VBT en verre avait été déposé dans le sarcophage

---

2 Alfonso et Blaizot 2004, p. 247.

Fig. 201. Martigny, vue de la sépulture 30 qui montre l'emplacement du biberon près du corps, d'après Loup 2004, p. 55.

probablement en bois et recouvert de *tegulae* (peut-être originellement organisées en bâtière), aux pieds de l'enfant dont l'âge est estimé à environ 5 ans. Un autre VBT en verre de la même nécropole était placé au côté droit des pieds d'un enfant d'environ 6 mois. À Nîmes, Le VBT du 78, av. Jean-Jaurès était également placé, avec un petit pot, auprès des pieds du défunt. Celui-ci était âgé d'environ une année et reposait probablement dans un coffrage de bois[3].

À Maule (sép. 215), le VBT était placé aux pieds et à gauche du défunt. La monnaie à droite des jambes[4]. À Sissy, un VBT figurait aux pieds d'un enfant. L'abbé Cochet mentionne à Lillebonne une sépulture d'enfant avec un seau en bois à ses pieds contenant une écuelle à trois pieds et le VBT[5]. À Esvres, dans une sépulture fouillée par Octave Bobeau, le VBT était placé aux pieds, avec un petit vase rougeâtre. Le reste du mobilier (figurine de poule, coq en terre blanche et petit pot) était déposé sur le corps du défunt[6].

---

3 Bel à paraître.
4 Menin 1977, p. 217-226 ; Arveiller-Dulong 2006, p. 152 et pl. IV, fig. 24 ; Sennequier 2013, p. 150 ; *Inventaire du Service Archéologique du Département des Yvelines* (en 2016).
5 Cochet 1854, p. 272.
6 Bobeau 1909, p. 216-230.

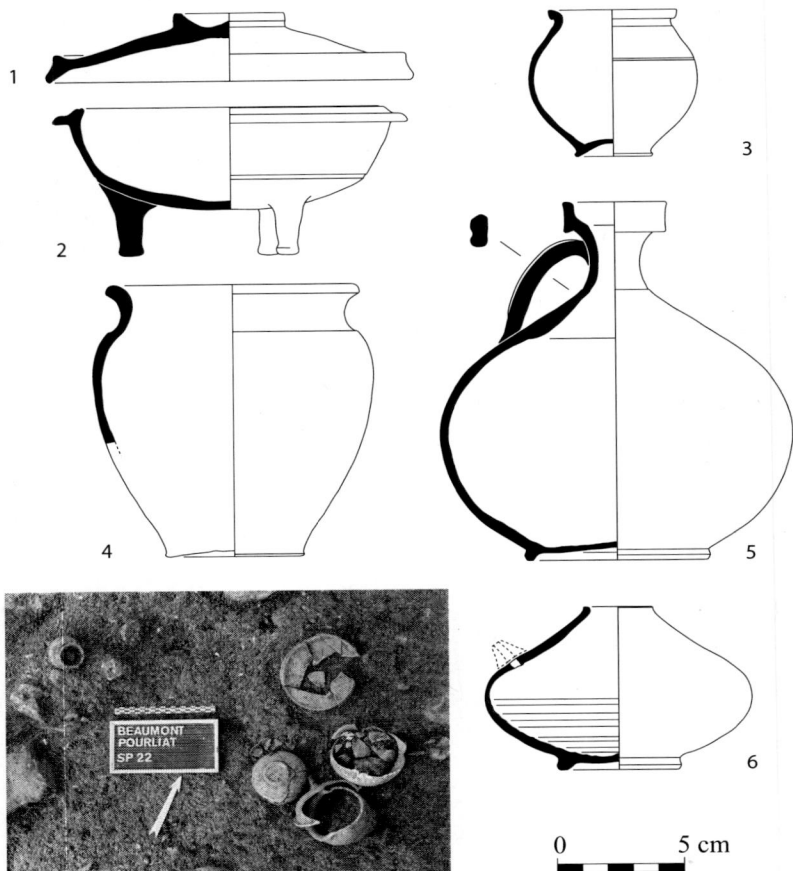

Sépulture SP22 de Beaumont, Champ-Madame ; la tombe et son mobilier céramique (cliché : G. Alix ; dessins et DAO : A. Wittmann, Inrap). 1-2 : couvercle et marmite tripode en céramique commune claire ; 3-4 : pots en céramique commune claire ; 5 : cruche à engobe blanc ; 6 : biberon en céramique sigillée de Gaule du Centre.

Fig. 202 a et b. Sépulture SP22 de Beaumont, Champ-Madame ; la tombe et son mobilier céramique (cl. G. Alix ; dessins et dao A. Wittmann, Inrap).

Sur le corps

Octave Bobeau observe que le VBT d'une tombe de la Haute-Cour à Esvres, fouillée par lui, se trouvait avec un autre VBT en verre, une fibule, un balsamaire et trois statuettes (femme, oiseau, bélier) sur le corps du défunt. Les autres vases en céramique étaient déposés au niveau de la tête ou des pieds. À Évreux, le VBT découvert dans une tombe d'adolescent semblait reposer sur le bras gauche, au niveau du pubis.

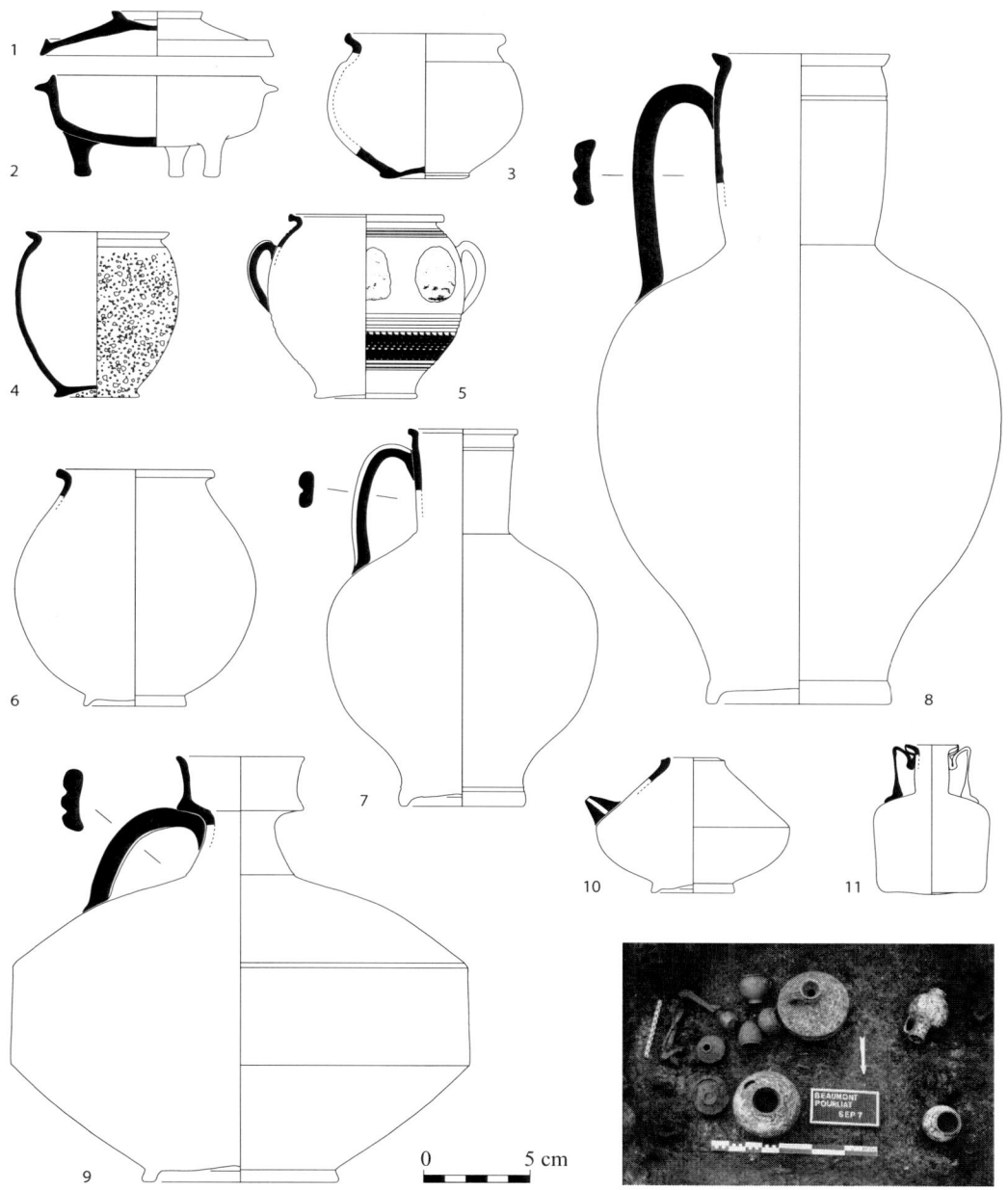

Sépulture SP7 de Beaumont, Champ-Madame ; la tombe et son mobilier céramique
(cliché : U. Cabezuelo, Inrap ; dessins et DAO : A. Wittmann, Inrap).
1-2 : couvercle et marmite tripode en céramique commune claire ; 3 : pot en céramique commune claire ;
4-5 : gobelets à parois fines ; 6 : pot à engobe blanc ; 7-9 : cruches à engobe blanc ; 10 : biberon en céramique sigillée de Gaule du Centre ; 11 : flacon en verre.

Fig. 203 a et b. Sépulture SP7 de Beaumont, Champ-Madame ; la tombe et son mobilier céramique.
(cl. U. Cabezuelo, Inrap ; dessins et dao A. Wittmann, Inrap).

Sur le dispositif de protection du corps

À Duisans, l'un des deux VBT était posé sur le couvercle du cercueil alors que l'autre était déposé aux pieds du défunt[7]. À Nîmes, au 59, rue Jean-Jaurès, un VBT se trouvait sur les dalles qui recouvraient la sépulture (2002) d'un enfant âgé d'environ 1 année.

À Tavant (sép. 15), le VBT se trouvait, comme l'ensemble du mobilier, en dehors du sarcophage[8].

Dans une fosse ou un coffrage attenant à la sépulture

Il apparaît à plusieurs reprises que les VBT sont déposés hors de la sépulture. Leur proximité peut être grande comme c'est le cas à la nécropole du Port d'Avenches, où il apparaît à env. 1,7 m. au Nord-Est de la tombe. Parfois, le mobilier est déposé dans un contenant de type boîte. La plupart du temps en matériau périssable, ce dernier n'est pas facile à identifier et peut être confondu avec le cercueil attenant. Ainsi, à Martigny, une fosse rectangulaire avoisinait une fosse ovale. Les deux structures étaient correspondantes. Le mobilier céramique comprenait, outre le VBT, une petite fiole en verre à glaçure plombifère qui jouxtait des offrandes animales[9]. Les deux VBT de la sépulture 147 d'Avenches En Chaplix se trouvaient dans le comblement de la fosse, au sud-est du cercueil, c'est-à-dire du côté de la tête du défunt.

La place des VBT dans les incinérations

Au moins 66 VBT proviennent d'une sépulture à crémation. La bonne documentation des fouilles de certains permet de mettre en évidence trois façons de déposer ou mettre en scène les VBT. La première consiste à le poser à côté des cendres, plus rare, la seconde est de le remplir avec les cendres, la troisième est de le déposer sur les cendres.

Près des cendres

À Avenches, le VBT découvert dans la structure 124 faisait vraisemblablement partie des offrandes primaires. Portant des traces de feu, il contribuait au remplissage de la structure, accompagnant alors des ossements brûlés et non brûlés, de nombreux tessons de céramique, des fragments de verre fondus, quelques clous, une monnaie et deux fibules.

À Bad Zurzach, les deux VBT étaient mis en scène aux côtés de l'incinération, et formaient, avec la cruche miniature, un triangle autour du *tondo* au visage féminin (**fig. 204**).

Dans la sépulture 218 de la nécropole des Dunes à Poitiers, différents objets, dont le VBT, étaient placés autour du plat renversé qui recouvrait des ossements calcinés.

À Cutry, trois crémations étaient accompagnées d'un VBT. Celui de la sépulture 547 était placé à côté de l'urne recouverte d'un vase en terre noire ayant servi de couvercle.

---

7 JACQUES et GAILLARD 2006 ; BAILLS 2012, p. 223.
8 BAILLS 2012a, p. 225 ; BAILLS 2012b, 114 ; BLANCHARD, RIQUIER et SALÉ 2002 ; RIQUIER et SALÉ 2006, p. 48-49, fig. 54-55.
9 En l'absence d'analyse de la faune, Florence Loup propose d'y voir des ossements d'oiseau (LOUP 2004, p. 54-55).

VBT ET OBJETS ASSOCIÉS 539

FIG. 204. Ensemble composé du tondo, des deux biberons et d'une cruche miniature réalisés en terre blanche, Bad Zurzach, Photo Roth-Rubi.

Fig. 205. Douai, intérieur de la sépulture à crémation 20 présentant le biberon et un gobelet, d'après Huvelle *et al.* 2013, p. 97, fig. 42.

À Douai, le VBT de la sépulture 20 reposait sur des fragments d'argile cuite, posés au fond de la fosse. Il était accolé à un gobelet tronconique (**fig. 205**)[10]. Les esquilles osseuses avaient été dispersées au-dessus des vases, dans le comblement de la fosse. Certaines se sont retrouvées dans le gobelet. La sépulture 18 de la même nécropole a également permis la mise au jour d'un VBT. Celui-ci est modelé et particulièrement fragmenté. Il a été déposé au milieu du comblement de la fosse avec les esquilles osseuses, des charbons de bois et un peu d'argile cuite.

À Jublains, le VBT en verre de la sépulture z/2-3 était déposé au centre d'une petite fosse aux côtés d'un gros fragment de céramique claire, alors que l'urne cinéraire était située à l'extrémité nord-est[11]. À Soings-en-Sologne, la sépulture 8 présentait un assemblage hors du commun : sept vases dont un VBT, un gobelet, deux cruches, et quatre pots de types différents, étaient déposés sur une large assiette en terre rouge[12]. L'urne cinéraire était placée au-dessus, peut-être dans le comblement.

---

10 Huvelle *et al.* 2013, p. 96-97.
11 Boissel *et al.*, 1969, p. 40 et pl. 15 ; Arveiller-Dulong 1985, p. 116-118 ; Naveau 1990b, p. 24, n° 28 ; Naveau 1998, p. 114, n° 387.
12 Debal 1970, p. 28-29, fig. 8.

Au Prés-de-Vidy, le VBT était placé près de l'urne[13]. À Xanten, la sépulture 6 comptait un important mobilier dont une partie déposée dans l'urne qui comprend une pointe de flèche, un gobelet décoré à la barbotine, trois lampes différentes et un balsamaire en verre. On s'étonne de ce que le VBT ait été déposé en dehors de l'urne avec trois cruches, deux assiettes avec timbres, trois gobelets, un pot et un prétendu pot à miel[14]. La sépulture 9 de la même nécropole présente aussi deux dépôts dont l'un dans l'urne, l'autre en dehors. Ce dernier comprend, en plus du VBT, des assiettes, ainsi que des restes d'offrandes carnées, des gobelets et une monnaie. Le contenu de l'urne est constitué de mobilier en verre : canthare, un petit aryballe à anse de dauphin, trois balsamaires et d'autres objets dont une lampe, une fibule et une monnaie en bronze. Il peut être suggéré que les objets placés dans l'urne faisaient partie des objets intimes du défunt et qu'ils étaient associés aux vases utilisés pour le rituel tels que les lampes et les balsamaires. La vaisselle trouvée en dehors semble être davantage en relation avec le banquet[15].

Sur les cendres

À Mâcon, le VBT était placé dans l'urne, alors qu'une marmite tripode était posée au-dessus des ossements, tel un couvercle[16]. À Mayence, le VBT était aussi associé aux cendres du défunt puisqu'il était placé dans l'urne. Il y était associé à un gobelet. Une cruche figurait à l'extérieur de l'urne.

À Nîmes, au 1, rue Fulton (sépulture 200), plus de vingt objets en céramique (dont un VBT), en verre, en os, en métal, ainsi que des coquillages ont été déposés dans une urne en pierre réalisée par l'assemblage de dalles[17].

La sépulture 58 de la nécropole du Boulevard à Narbonne présente un assemblage singulier. Selon Annick Robert : « le mobilier funéraire : petits couvercles, petits vases en verre, cendres et fragments d'os, était contenu dans une sorte de situle formé de deux *imbrices* disposés l'un en face de l'autre. Ils reposaient sur des fragments de *tegulae*, c'étaient également des débris de tuiles à rebord qui servaient de couvercles »[18]. Le VBT, ici en verre, est cassé au niveau supérieur du col.

À Solre-sur-Sambre, le VBT de la sépulture 14 était déposé dans l'urne comme à Mâcon, Mayence et Evreux (sép 5)[19].

Le VBT en tant qu'urne

Dans cette dernière nécropole des 19 et 21 rue du Docteur-Poulain à Nîmes, le VBT de la sépulture 5 contenait les restes de la crémation d'un enfant âgé de moins d'un an. Il s'agit d'un cas unique au sein de notre catalogue. Cette nécropole est aussi originale en ce

---

13 La mort est dans le pré 2012-2013.
14 HINZ 1984, p. 301-370.
15 V. Bel parle de « rites alimentaires élaborés impliquant un nombre important de récipients » pour les 3-6 ans (BEL 2012, p. 206).
16 BARTHÈLEMY et DEPIERRE 1990 p. 50, fig. 21, n° 7.
17 FICHES et VEYRAC 1996, p. 471-472, notice 560, fig. 361 ; BEL 1991, p. 247 ; BEL 2002, p. 247.
18 ROBERT 1977, p. 268.
19 BARTHÈLEMY et DEPIERRE 1990, p. 103, fig. 38.

qu'elle compte un nombre important d'immatures (37%) pour qui l'inhumation semble toutefois exclue, même envers les plus d'un an[20].

Les objets associés aux VBT

Notre catalogue recense 1351 objets faisant partie du mobilier funéraire accompagnant les VBT, tous types confondus[21]. Ceux-ci sont répartis entre 7 types de matériaux : terre cuite, verre, métal, pierre, bois, os et coquillage. Ils comprennent 84 catégories. La rubrique « terre-cuite » comprend la coroplathie, c'est à dire les petites figurines réalisées en terre de pipe, dans les ateliers de l'Allier. Nous y avons inclus le *tondo* découvert à Bad Zurzach. Sous la rubrique « os » figurent également les offrandes carnées. Les 84 catégories permettent de rendre compte des différents types d'objets rencontrés. Certains types apparaissent sous différents matériaux. C'est le cas, par exemple, des patères qui peuvent être en céramique, en verre ou en métal, mais aussi de certaines formes de vases : assiettes, balsamaires, bols, bouteilles, coupes, cruches, gobelets et des amulettes qui apparaissent soit en métal, soit en pierre, soit en os. Notre classement est fait en fonction du nombre d'occurrences, dans un ordre décroissant. Ne pouvant nous attarder sur la totalité des objets, nous renvoyons le lecteur au catalogue. Dans un premier temps, nous présentons ci-dessous les associations les plus fréquentes, comprenant cruches et VBT, gobelets et VBT et aussi VBT et VBT. Ce choix est aussi motivé par la forme des VBT qui, selon les régions, s'apparentent soit à des cruches, soit à des gobelets. Ce service dispensateur de liquides, est-il synonyme de libations, d'une alimentation qui ne comprend pas encore de solide, ou encore l'étape transitoire du sevrage ?

Dans un deuxième temps, nous allons considérer les vases miniatures déposés au côté des VBT. À quelle fréquence se rencontrent-ils dans les sépultures ? Qu'indique leur présence ?

Dans un dernier temps, nous allons rendre compte les autres objets associés aux VBT. Notre objectif est de mettre en évidence le « discours » des objets, s'il a lieu, et ce qu'il nous apprend sur le défunt.

Les cruches

Les cruches en céramique apparaissent 123 fois comme mobilier d'accompagnement des VBT. Celles en verre 11 fois. À 5 reprises, les cruches sont, avec le VBT, l'unique mobilier que comporte la tombe. C'est le cas de la sépulture 479 de Cutry, de la sépulture 97 de Vidy, de la sépulture 133 d'Avenches Sur Fourches, de la sépulture 44 de Gerzat et de celle de Payerne[22].

La plupart du temps, les cruches sont associées à un autre type de mobilier, mais elles peuvent également être déposées en plusieurs exemplaires dans une même tombe. Leur

---

20 KLIESCH 2015.
21 Les dépôts carnés n'ont pas été systématiquement relevés, comme les restes carpologiques, et les fragments de vases.
22 Inventaire du Musée Cantonal de Lausanne (en 2016).

forme varie alors généralement, ce qui est parfois aussi le cas de leur taille. Nous reviendrons sur la question de la taille dans la section « miniatures ».

À Fréjus, le VBT en verre de la sépulture 125 était accompagné de trois cruches en céramique, de production locale[23]. À Krefeld, la sépulture 4155 compte aussi trois cruches dont une petite (20 cm) et une autre dont on a tranché le col. En outre, elle était pourvue de deux gobelets, d'une assiette, d'un mortier et d'une monnaie d'Hadrien. Dans la nécropole de Lazenay de Bourges, la sépulture 146 compte aussi trois cruches, l'une cassée, ainsi qu'une bouteille, un gobelet, un vase fermé, un pot, une fiole en verre (Isings 6), une fibule en bronze et un denier en argent et finalement un coquillage dont le type n'est pas précisé. La sépulture 248 de la même nécropole présente une configuration similaire, bien que réduite : deux cruches, un gobelet, une coupe, une assiette, un couvercle, une monnaie. VBT et cruches sont donc le plus souvent associés à d'autres ensembles de mobilier qui comprennent notamment des gobelets.

Les gobelets

Les gobelets sont moins souvent associés aux VBT que les cruches puisqu'ils ne figurent à leur côté qu'à 47 reprises. Ils sont à 4 reprises seulement l'unique mobilier associé aux VBT. C'est le cas dans la sépulture 20 d'Iwuy[24], dans le dépôt 11 bis-F16 de Saint-Marcel[25], et dans les sépultures 3761 et 5336 de Krefeld[26].

Certaines tombes comptent plusieurs gobelets, en plus du VBT. À Dieppe, deux gobelets côtoient un fragment de coupelle métallique[27]. Nous avons déjà mentionné la sépulture de Krefeld (4155) comprenant entre autres deux gobelets et trois cruches. Deux gobelets en céramique faisaient partie d'une tombe de Nîmes (V71) pourvue d'un mobilier en verre, comprenant également un gobelet et aussi deux balsamaires et des pions de jeux[28]. Le mobilier en céramique est complété par une lampe. La riche sépulture 6 de Xanten (C577) comptait également trois gobelets, trois cruches, dont une petite, deux assiettes, trois lampes ainsi qu'un bol et un soi-disant pot à miel[29]. Mentionnons encore deux balsamaires et deux pointes de flèches en fer. Deux gobelets figurent aussi dans la sépulture 315 de La Haute-Cour à Esvres (C210), aux côtés d'une petite cruche vernissée et d'une *olla*[30]. Quatre gobelets (ou pots ?), deux cruches et 1 bol faisaient partie du mobilier funéraire de la sépulture 8 de Soings-en-Sologne (C507)[31]. L'ensemble des vases était placé sur une grande assiette.

Toujours à Soings-en-Sologne, la sépulture 1 (C515) contenait également trois cruches et trois gobelets, en plus d'une bouteille miniature, d'un flacon, d'une coupe, de deux

---

23 Béraud *et al.* 1985 ; Foy et Nenna 2001, n° 334, p. 191 ; Brives 2008, p. 269.
24 Huvelle *et al.* 2013, p. 95-97, fig. 41 et 42.
25 Allain, Fauduet et Tuffreau-Libre 1992, p. 104-105.
26 Pirling *et al.*1997, p. 27-28, pl. 3.2 a-b, pl. typo 16, n° 712.
27 Rogeret 1997, p. 211-212, fig. 133, f ; Collectif 1975, p. 28.
28 Vidal 1990a, p. 127 et 1990b, fig. 102 ; Sternini 1990b, p. 127, pl. 49, n° 268.
29 Hinz 1984, p. 301-370.
30 Chimier 2013 ; Chimier et Riquier 2009.
31 Debal 1970 ; p. 29-30, fig. 8-9 ; Latrémolière 1999 ; Rouquet et Loridant 2000, p. 436.

pots, d'une assiette, d'une jatte, de trois vases en verre et d'offrandes métalliques : couteau, clochette, un *as*[32].

Les gobelets sont souvent associés à des cruches, mais jamais seuls. Le gobelet découvert dans la sépulture 152 de Berne-Rossfeld (C84) était adjoint à une tasse Drag 33 portant un graffito sur sa paroi externe [SQILLI]. La tombe comprenait aussi deux monnaies (de Titus et Hadrien) et une petite patère en bronze[33].

La sépulture 50 d'Avenches En Chaplix (C42) comptait deux gobelets en céramique et deux en verre, deux cruches, une lampe en céramique, plus un important mobilier : jetons de jeu, éléments de bronze sur lesquels nous reviendrons[34].

VBT au pluriel

Parmi les objets associés aux vases VBT se trouvait à 13 reprises un autre VBT. Deux sépultures en comptaient même trois. Il arrive aussi que des vases à bec en céramique soient associés à un VBT en verre, bien que cela reste rare.

À Bavay, la tombe S1nd contenait deux vases à bec en céramique, l'un est piriforme de forme haute avec col et rebord très évasé (C60), l'autre globulaire à col court (C61)[35]. Outre les deux vases à bec, la tombe est pourvue d'un nombre important de vaisselle en céramique dont deux patères, deux bouteilles, deux balsamaires, quatre bougeoirs, sept cruches, un chaudron votif.

La tombe 40 de la nécropole de Champ-Madame à Beaumont a livré deux VBT (C72/C75)[36], l'un identique au type Lezoux 114, l'autre de forme globulaire avec carène multiple et anse, tous deux recouverts d'un engobe brun-orangé luisant mais de meilleure qualité sur l'exemplaire caréné. Un pot et une cruche engobée de blanc complètent le mobilier. Les ossements ont disparu mais, d'après la configuration constatée pour les autres individus de la nécropole, le défunt est considéré comme étant de la classe d'âge des 0-6 mois.

La sépulture CF 46 de la nécropole de l'Oradou à Clermont-Ferrand contenait deux VBT à panse surbaissée (C181/C182) et vernis de type sigillée ainsi qu'une cruche à engobe blanc, deux en verre, et une lampe décorée d'un Éros[37]. Le défunt était déposé dans un sarcophage en pierre. Aucune information n'est donnée qui permette d'estimer son âge.

La sépulture 75 de la nécropole des Religieuses à Lezoux a aussi livré deux vases à bec à panse surbaissée, l'un engobé de blanc, l'autre de type sigillée (C341/C358)[38]. Les deux vases sont accompagnés d'un bol, d'un petit vase ovoïde en céramique commune, d'une cruche à large ouverture et d'une lampe. En l'absence d'ossements, le défunt est considéré comme un enfant, hypothèse qui repose sur la dimension de la tombe et l'espace resté libre au centre des offrandes. Une seconde sépulture de cette nécropole a livré deux VBT. Elle est

---

32 DE FILIPPO 2012, p. 50, 58, 62 et 66, pl. 2 ; DE FILIPPO 2013, p. 36, 50, 58 et 62, pl. 2, fig. 25, 28 et 30.
33 WIEDMER-STERN 1909, p. 35, fig. 4, n° 26 ; BACHER 1983 ; CASTELLA et al. 1999b, p. 39.
34 CASTELLA et MEYLAN-KRAUSE 1994, p. 105, 181-182, n° 366/2 ; BAILLS 2012, p. 223.
35 STUART 1963, p. 25 et 80 ; CARMELEZ 1987, p. 120-121 et 134, pl. III, n° 6 et 7 ; ROUQUET et LORIDANT 2000, p. 432 ; *Inventaire du Forum Antique de Bavay* (en 2016).
36 ALFONSO 2005, p. 258 ; BAILLS 2012, p. 223.
37 MITARD 1977, p. 224, note 22 ; VALLAT 1999 ; ROUQUET et LORIDANT 2000, p. 433.
38 MONDANEL 1982, II, p. 63 ; MONDANEL 1988, p. 59-60. BRIVES 2008, II, p. 280, n° 663 ; [En ligne] *Joconde. Portail des collections des musées de France*, Paris (site consulté le 8 décembre 2016).

numérotée 326 par ses découvreurs (et 80 par Christian Mondanel). Les VBT sont, comme précédemment, l'un en sigillée selon Ch. Mondanel, l'autre engobé de blanc. La sépulture 57 des Martres-de-Veyre (C404) a livré des vases uniquement en céramique dont trois VBT, deux ayant une panse surbaissée alors que le dernier est de type globulaire à carène aiguë et col étroit haut[39]. Un mobilier important s'ajoute à cette tombe et comprend quatre patères, une coupe vernissée à relief, deux vases de forme cylindrique dont l'un miniature et une tasse décorée à la molette. Mentionnons encore deux monnaies de bronze. Peu de choses sont rapportées sur le défunt si ce n'est qu'il s'agit d'une inhumation.

Une sépulture de Bourges dont l'âge du défunt n'est pas connu (C119/C120/V23), contenait deux VBT en céramique et un en verre[40]. L'un des exemplaires en céramique a une forme ovoïde bilobée. Nous n'avons pas de représentation de l'autre exemplaire dit « en céramique brune ». Le VBT en verre a la traditionnelle forme de cruche.

Il n'est pas certain que la sépulture de Crouin comptait deux VBT (C84), en raison de la cassure du vase à couverte blanche, dont la forme laisse envisager la présence d'un bec mais sans certitude[41]. Deux coupes dont l'une en sigillée, l'autre en céramique commune et quelques tessons en céramique grise complètent l'inventaire de cette tombe dont les ossements non pas été recueillis.

La sépulture 305 de la nécropole d'Esvres comptait deux VBT, l'un en céramique (C206), l'autre en verre (V39)[42]. Il s'y trouvait aussi un petit aryballe en verre, deux pots, un gobelet et une grande jatte, ainsi que ce qui pourrait être identifié à un hochet. En l'absence d'ossements, sur la base de la dimension de la fosse, le défunt est considéré comme un enfant, sans plus de précisions.

À Duisans, la sépulture 10 : 43 (C199/V34) datée du IVe siècle a révélé deux VBT associés à un défunt dont l'âge est estimé entre 13-36 mois[43]. Aucun autre objet de mobilier n'est rapporté pour cette sépulture.

À Épiais-Rhus, une tombe (V190/242) a livré deux VBT en verre et une petite bouteille apode à panse carrée[44]. Les deux vases à becs sont de formes différentes, l'un (V 34) ayant un aspect plus massif, une panse légèrement aplatie, et une anse à deux nervures dont la finition est simple, alors que le second (V 33) a un aspect plus élancé, bien qu'étant un peu plus petit, et possède une anse terminée en poucier[45]. Le défunt est un adulte qui a été inhumé. La sépulture est datée de la première période d'occupation de la nécropole (100 av. J.-C. à 250), plus précisément du IIIe siècle.

En Suisse à Avenches, la tombe St 147 (C40/41) d'un individu d'une vingtaine d'années comprend deux VBT en céramique sans col, l'un ovoïde, l'autre globulaire[46]. Ils étaient

---

39 Charvilat 1912.
40 Moirin 2002, p. 240.
41 Vernou 1982 ; Vernou et al. 1982 ; La Charente Libre 1982 ; Papinot 1983, p. 325. 9-11, fig. 1 ; Vernou 1993, p. 120, n° 129-123.
42 Chimier 2013.
43 Bails 2012, p. 223 ; Binet 2012, p. 1956.
44 Vanpeene 1986 ; Vanpeene 1993, p. 42-43, pl. XV, n° 044 ; Louis 2009, p. 42 ; Louis 2012, p. 195 ; Sennequier 2013, p. 151.
45 Cochet 1954. p. 70. Straub 1881a, p. 56 note 2 ; Sennequier 1985, p. 192-195, n° 299 ; Sennequier 2013, p. 151, 332 et 244, n° 494.
46 Castella et Meylan-Krause 1994, p. 105, n° 366/3 ; Castella et al. 1999a, p. 127, 233-234, fig. 225, 226 ; Castella et al. 1999b, p. 39.

associés à deux coupes, l'une en céramique, l'autre en verre, un flacon ovoïde en verre, deux fonds de vases, l'un en céramique, l'autre en verre, et plusieurs fragments de céramique brisée dont un bord. La sépulture compte encore un sesterce et un as qui permettent de dater la tombe vers 170.

À Berne Engehalbinsel (C81/86), deux VBT en céramique claire recouverte d'un engobe, l'un brun-rouge, l'autre rouge-orangé, ont été mis au jour dans la sépulture 37[47]. Les deux exemplaires sont de petite taille, le premier mesure 6,1 cm, le second 6,7 cm. La forme des deux exemplaires diffère peu, si ce n'est que le second est plus étiré. Notre recherche des ossements dans les dépôts archéologiques bernois n'a pas permis de faire corroborer les squelettes et les sépultures ayant contenu les VBT et donc de donner un âge ou de déterminer le sexe des défunts.

Plus au nord, la nécropole de Bad Zurzach a livré une crémation (sépulture 132) contenant également deux VBT (C54/C55)[48]. Des traces de feu sont visibles au niveau du bec sur les deux exemplaires. La forme générale des deux vases est piriforme, mais le premier possède un pied surélevé, alors que le second n'en a point. Tous deux ont une carène. Celle du second exemplaire est particulièrement aiguë. Ce dernier vase est réalisé en terre blanche, dite aussi terre de pipe, et porte un engobe typique des ateliers de l'Allier, comme l'ont bien remarqué Katrin Roth-Rubi et Hans Rudolf Sennhauser[49]. La partie supérieure du vase est ornée de trois lignes verticales brun clair. La terre blanche de l'Allier a également servi à la réalisation d'un *tondo*. Il s'agit d'un disque concave moulé d'environ 16,5 cm de diamètre sur 2 cm d'épaisseur représentant le buste d'une femme de face. D'après Victorine von Gonzenbach, cet objet s'inscrit dans une série produite entre la fin du Ier et le début du IIe siècle[50]. Sa destination est en premier lieu votive, comme en témoignent les deux trous de suspensions à son sommet. Il ne faut alors pas voir une représentation personnalisée du défunt mais une image générique évoquant une jeune fille coiffée et parée de manière festive. Malgré cette généralisation, V. Von Gonzenbach propose d'y voir un substitut à un portrait de pierre du défunt, tels que ceux représentés sur les marqueurs funéraires mais aussi par des bustes déposés dans la tombe, conformément à la coutume des provinces du Nord et de l'Ouest[51]. Différents *tondi* ont été retrouvés notamment à Engehalbinsel (Berne), dont certains représentant un enfant en buste[52]. Une cruche miniature, puisqu'elle mesure environ 7,5 cm, à engobe blanc, vraisemblablement produite dans la même région que les deux VBT et le *tondo* s'ajoutent au mobilier funéraire. Son anse est manquante, comme celle du VBT le moins caréné. Il faut encore mentionner deux parties supérieures de cruches tronquées sous l'anse, un bord de pot ovoïde et un fond de cruche, qui peut correspondre à l'une des cruches tronquées. Outre de nombreux fragments de fer, restes probables de clous, la tombe contenait un disque de fibule et un

---

47 BACHER 1983 ; CASTELLA *et al.* 1999b, p. 39.
48 À l'opposé du lot d'offrandes comprenant les deux VBT, de l'autre côté de la crémation, se trouvait une inhumation de nouveau-né (tombe 131). Cette dernière étant antérieure à la crémation, il ne semble pas possible de suggérer un lien entre les offrandes de la crémation et l'inhumation, même si l'hypothèse est tentante.
49 ROTH-RUBI et SENNHAUSER 1987, p. 78-79. Bien que de pâte différente, l'autre VBT semble provenir de la même région.
50 VON GONZENBACH 1987, p. 126-127.
51 VON GONZENBACH 1987, p. 126.
52 Salzburg, nécropole Bürglstein. Un exemplaire est conservé au Musée des Antiquités Nationales d'Autriche.

as d'Auguste, posthume, daté de 34-37. L'analyse anthropologique conclut à un individu de sexe masculin âgé d'une quarantaine d'années, ce qui va à l'encontre de l'hypothèse selon laquelle le *tondo* représentait le défunt.

Mentionnons encore la découverte de deux VBT en céramique, tous deux ansés et à pâte grise, dans un puits à Chateaumeillant (C172)[53]. Une statuette en terre blanche de femme tenant un objet dans la main gauche, un fond de vase en sigillée estampé IUSTIMA et trois fragments de verre complètent cet inventaire. L'assemblage pourrait suggérer un dépôt funéraire, voire une offrande à une divinité.

Ainsi, en faisant abstraction du puits et des sépultures dont l'âge et le sexe du défunt n'ont pas été déterminés, nous comptabilisons trois sépultures d'enfants pour trois d'adultes. Parmi les adultes, deux ont été déterminés comme étant de sexe masculin (Zurzach[54], Avenches[55]). Nous n'avons pas trouvé de précision à ce sujet pour celui d'Épiais-Rhus (V35)[56].

Les vases miniatures

Douze sépultures comprennent plus d'un vase de petite taille ou miniature. Sept de ces sépultures renfermaient un VBT en céramique et cinq un VBT en verre. La tombe renfermant le VBT C113 comptait ainsi quatre petits vases : deux cruches, une assiette et une coupe[57]. La tombe du VBT C139 comptait également quatre petits vases dont le type n'est pas précisé, un petit cheval en terre blanche et deux balsamaires[58], la C143 trois petites cruches en céramique et un gobelet miniature en verre[59]. Le VBT C338 était associé à une petite cruche et un petit vase ovoïde[60] ; le C455 à une cruche, trois petits pots, un cruchon, une lampe et deux assiettes. Le VBT C515 était accompagné de deux gobelets et d'une fiole considérés comme miniatures alors que deux pots en céramique et une bouteille en verre sont dits « petits ». Le VBT C577 était accompagné de trois cruches dont une petite et d'un bol également de petit format[61]. Assiettes, gobelets, pot et lampes sont considérés comme étant de taille ordinaire. Le VBT en verre V1 était associé à une petite cruche, deux petits pots en céramique et une petite coupe en verre[62]. Le VBT V4 était aussi associé à une petite cruche et un vase de type non défini miniature[63]. Le VBT en verre V67, provenant de Narbonne était associé à un mobilier relativement important. A. Robert évoque trois couvercles en céramique de petite dimension, et

---

53 Chénon 1903, p. 241-242 ; Chénon 1904a, p. 21-25 ; Chénon 1904b, p. 198-199 ; *Histoire de Châteaumeillant* 1940, p. 25-26 et 33-59 ; Chénon 1940 ; Chevrot et Troadec 1992, 067 ; Rouquet et Loridant 2000, p. 433.
54 Roth-Rubi et Sennhauser 1987, p. 78-80.
55 Castella *et al.* 1999a, p. 127, 233-234, fig. 225, 226 ; Castella *et al.* 1999b, p. 39.
56 Vanpeene 1986 ; Vanpeene 1993, p. 39-40, n° 37 ; Louis 2009, p. 42 ; Louis 2012, p. 195.
57 Troadec 1993 ; Cadalen-Lesieur 2001, p. 89-118.
58 Troadec 1993 ; Rouquet et Loridant, 2000, p. 429 ; Rouquet 2003, p. 171-177 et 211-213, n° 102 ; Baills 2012a, p. 223.
59 Ponroy 1884, p. 202.
60 Mondanel 1982, vol. II, p. 65 ; Brives 2008, II, p. 281, n° 666.
61 Hinz 1984, p. 301-370.
62 Aumasson et Dussot 1988, p. 126, n° 2 ; Vuaillat *et al.* 1991, p. 97 ; Talvas 2007, p. 172 ; Brives 2008, I, p. 269, 427 ; Brives 2008, II, p. 140, n° 320.
63 Goethert-Polaschek 1977, p. 352 ; Gestreau 2004 ; Louis 2009, p. 41-45 ; Louis 2012, p. 195.

trois petites soucoupes, ainsi qu'un petit vase en verre, à panse globulaire et col pincé à sa base. Le reste du mobilier est en verre et comprend un gobelet à dépression et deux balsamaires[64]. Le V110 était associé à un petit pot et ce qui devait être son couvercle. Parmi les sépultures ayant compté plusieurs vases de petits formats, cinq sont attestées comme étant des inhumations d'enfants dont l'âge n'a pas pu être précisé, sauf dans un cas. Il s'agit de la sépulture d'Ahun ayant contenu le VBT V1[65]. L'âge de l'enfant est estimé entre 3 et 6 ans. Les autres sépultures ayant reçu plusieurs vases de format réduit sont des crémations d'individus dont ni l'âge ni le sexe n'ont été déterminés. Peut-on supposer qu'il s'agit dans tous les cas d'enfants ? Les études portant sur la Gaule romaine rattachent généralement les miniatures, qu'il s'agisse de vases ou d'autres objets, tels que des armes, à des sépultures d'enfants. Dans la nécropole gallo-romaine de Tavant, Sandrine Linger-Riquier recense trois armes miniatures, dont deux coutelats reproduisant la forme d'une arme retrouvée dans une tombe – peut-être fondatrice de la nécropole[66]. Le manche s'avérant trop petit et malaisé pour la préhension, même pour des enfants, ces armes ne semblent pas avoir servi comme des « jouets » pour ces enfants dont l'âge estimé est de 6, 9 et 18 mois[67]. La position des deux coutelats, près de la gorge des enfants, suggère qu'ils étaient portés en pendentifs, et avaient peut-être eu une fonction d'amulette telle qu'elle est décrite par Pline l'Ancien[68]. Il était courant de déposer des armes miniatures dans les tombes et sanctuaires celtiques sans que cette pratique soit bien comprise. En Grèce, objets et vases miniatures sont souvent associés à des tombes d'enfants, comme c'est aussi le cas dans les nécropoles grecques d'Ampurias et de Marseille. Manuel Moliner conclut qu'il s'agit d'un type de mobilier « spécifique aux enfants[69] ». Malgré une prédominance auprès des enfants, comme c'est aussi le cas des VBT, les vases miniatures ne peuvent être utilisés pour identifier de manière catégorique les tombes d'enfants.

Il semble dès lors que le dépôt d'objets miniaturisés dépende de pratiques localisées comme le suggèrent les concentrations de vases de format réduits dans les nécropoles de Bourges, Cutry, Esvres, Lezoux et sa région (Auvergne), ainsi que de Nîmes et de Xanten. Bien que restreinte, cette production a pu être favorisée par des centres artisanaux spécialisés dans une vaisselle à destination votive et funéraire. Le sud de la France semble aussi familiarisé avec ce type de mobilier qui apparaît à Vaison-la-Romaine, Saint-Paul-Trois-Châteaux, Apt et dans l'espace cultuel de Balaruc. Si ce dernier lieu n'étonne pas, puisqu'il est courant de trouver de la vaisselle miniaturisée dans les complexes votifs[70], on peut toutefois s'étonner de ne pas en trouver dans les autres lieux cultuels de notre catalogue. Les lacunes documentaires peuvent expliquer cette absence.

---

64 Robert 1977, p. 270-272.
65 Aumasson et Dussot 1988, p. 126, n° 2 ; Vuaillat et al. 1991, p. 97 ; Talvas 2007, p. 172 ; Brives 2008, I, p. 269, 427 ; Brives 2008, II, p. 140, n° 320.
66 Il s'agit de la sépulture 11 de la nécropole qui se démarque par sa position, son antériorité et la présence d'armes des deux côtés du corps (Riquier et al. 2006, p. 88).
67 Linger-Riquier et al. 2022.
68 Voir *supra*.
69 Moliner 2012, p. 177.
70 Voir par exemple, l'article sur les armes miniatures d'époque romaine de Béal et Feugère 1987.

Autres assemblages

Les VBT ne sont pas associés uniquement à des vases à verser, même si ceux-ci sont majoritaires. Notre catalogue compte 62 assiettes. À une reprise seulement une assiette était déposée auprès d'un périnatal (C157)[71]. La plupart du temps, les assiettes sont déposées auprès d'enfants de plus de six mois. Ce constat doit toutefois être considéré avec prudence, en l'absence d'analyses osseuses systématiques. Il est intéressant de noter que les assiettes ne sont pas prédominantes auprès des adultes. Parmi les dépôts les plus fréquents, mentionnons encore 52 pots, 43 coupes, 28 bols et 25 lampes.

Les figurines en terre cuite

Peu nombreuses, les figurines en terre cuite apparaissent à sept reprises seulement dans les sépultures à VBT. Six d'entre elles sont des figurines féminines, quatre sont des Vénus. Deux proviennent d'une sépulture à Argentomagus (C488)[72], une autre d'un individu de sexe indéterminé à Berne (V13)[73]. Il s'agit d'une crémation qui contenait une assiette et une lampe en céramique, ainsi que deux vases globulaires et un balsamaire en verre. Une sépulture de Jalaniac (C312) dont on ne sait rien sur le défunt a livré seulement la tête de la déesse[74]. À Chateaumeillant (C172)[75], il s'agit d'une femme drapée tenant un objet dans la main, à Esvres d'une femme en manteau (C203)[76]. Cette dernière sépulture a aussi livré une statuette de bélier et une autre d'oiseau. Le bélier se trouve dans la sépulture de Bourges, ayant contenu trois VBT, deux en céramique, un en verre (C119/C120[77] et V23[78]).

Une figurine de coq était déposée dans une sépulture de Bourges (V21)[79]. Dans un sarcophage en pierre se trouvait aussi un coq mais cette fois en bronze. À Esvres, le coq était accompagné de sa femelle (C216) et de six jolis balsamaires dont un représentant une tête d'enfant, deux une pomme de pin[80].

Une seule poupée a été mise au jour dans une tombe de Nîmes qui contenait, en plus de quelques vases, quatre coquillages.

Les amulettes

Petits objets considérés comme ayant des pouvoirs protecteurs, que l'on rencontre le plus souvent associés aux femmes et aux enfants, les amulettes peuvent prendre différentes

---

71 GIRARD 1997 ; MURAIL 1997 ; BUNO-BONNEVAUX 1998, 23, p. 55 ; NAUDET 2004, p. 123-125 ; GIRARD 2006 ; CHANTAMBRE 2012 ; BAILLS 2012. p. 223.
72 DURAND 2005, p. 484 ; TALVAS 2007, p. 240 ; BRIVES 2008, I, p. 263 ; BRIVES 2008, II, p. 53 ; BAILLS 2012a. p. 224 ; BAILLS 2012b, 100a.
73 WIEDMER-STERN 1909, p. 43, fig. 11 ; BACHER 1983 ; CASTELLA et al. 1999b, p. 39.
74 PROVOST et VALLAT 1996, p. 136 ; ROCHE-MERCIER 1996, p. 1000-1012 ; VÉDRINE 1999 ; ROUQUET et LORIDANT 2000, p. 434 ; BRIVES 2008, II, p. 295, n° 703.
75 CHEVROT et TROADEC 1992, 067 ; ROUQUET et LORIDANT 2000, p. 433.
76 BOBEAU 1909, p. 216-230 ; BLANCHARD et al. 2005 ; BLANCHARD, CHIMIER et RIQUIER 2006, p. 112-113.
77 ROUQUET et LORIDANT 2000, p. 429 ; ROUQUET 2001, p. 81, n° 13, dessin p. 88 ; MOIRIN 2002, p. 240 ; ROUQUET 2003, p. 171-177 et 211-213, n° 104.
78 MOIRIN 2002, p. 241, n° 161 ; MOIRIN 2005, p. 420, n° 1334 ; *Rapport manuscrit, Musée du Berry.*
79 MOIRIN 2002, p. 241, n° 160 ; ROUQUET 2003, p. 171-177 et 211-213, n° 107 ; MOIRIN 2005, p. 420, n° 1332.
80 BOBEAU 1909, p. 216-230 ; BLANCHARD, CHIMIER et RIQUIER 2006.

formes dont certaines sont aujourd'hui bien attestées. Il se peut que d'autres objets que ceux répertoriés ici aient été investis de cette fonction sans qu'on le sache. La question se pose aussi pour les perles en côtes de melon en fritte de verre bleu la plupart du temps trouvées auprès d'enfant. Les perles en général sont particulièrement bien représentées dans notre catalogue puisqu'on en recense 107. Celles-ci sont déposées en exemplaire unique auprès d'enfants de moins de trois ans à Civaux (C175[81]) et à Esvres (C205[82]), alors qu'elles ne sont pas dénombrées, car considérées comme faisant partie d'un collier, à Caudebec-les-Elbeuf (C161[83]) et Bourges (C112[84]). À Apt (C12[85]), les 19 perles pouvaient avoir été montées en collier avec une clochette. Ce type d'assemblage est connu pour l'époque grecque par les statues en ronde bosse dites temple-boy et la peinture sur vase. D'après les représentations, le collier orné de nombreuses pièces de formes différentes (double-hache, phallus, etc.) était généralement porté en bandoulière. À notre connaissance, le monde gallo-romain n'a pas livré de représentations d'enfants ayant porté un collier d'amulettes de la sorte. Les portraits du fanum montrent des lunules portées à ras le cou, comme c'est aussi le cas de petits tubes appelés phylactères qui pouvaient renfermer soit une formule protectrice, soit une pierre ou substance dotée de propriétés protectrices. Onze clochettes ont été découvertes auprès d'onze défunts (C53 compte deux clochettes[86]). Parmi ces derniers, quatre étaient associés à des perles (C12 Apt[87] ; C53 Avenches ; C154 Briord[88], C526 Tavant[89]). L'une des clochettes a été découverte auprès du magnifique VBT en verre d'Amiens (V2), et d'un bracelet de jais noir[90]. Une autre était associée à une monnaie percée de Constance Chlore (V63 Maule)[91]. Une sépulture de Marseille comptait un ensemble unique composé de plusieurs amulettes en os en forme de dents ainsi que d'une vraie dent de chien (**fig. 206**). Il y avait en outre une tessère en forme de poisson et une amulette en forme de phallus. Alors que le phallus était une arme contre le mauvais œil, les petits objets en forme de dent, devaient servir, par effet de sympathie, à favoriser la dentition. Cette proposition semble confirmée par l'âge de l'enfant estimé à une année. Une dent de requin se trouvait dans la sépulture nîmoise d'un enfant du même âge que le précédent (C427[92]). Enchâssée dans une gaine en argent, celle-ci devait être portée près de la gorge et donc de l'endroit ayant posé problème. C'est encore auprès d'un enfant d'une année découvert à Saint-Vulbas qu'apparaît une canine de chien avec encoche (C492)[93].

---

81 SIMON HIERNARD 1999b ; ROUQUET et LORIDANT, 2000, p. 433.
82 CHIMIER 2013.
83 ROGERET 1997, 165-165, fig. 87 ; ROUQUET et LORIDANT 2000, p. 433.
84 TROADEC 1993 ; CADALEN-LESIEUR 2001, p. 89-118.
85 DUMOULIN 1963, p. 19 ; DUMOULIN 1964, p. 106-107, fig. 28.I ; ROUQUET et LORIDANT 2000, p. 432 ; BEL 1991, p. 247 ; BEL 2002, p. 247.
86 JAEGGI-RICHOZ 2020, p. 14.
87 *Op. cit.*, note 638.
88 GRANGE, PARRIAT et PERRAUD 1963, p. 3 et 20-21 ; VAUTHEY et VAUTHEY 1964, p. 289-293 ; PERRAUD 1971, p. 20, pl. 8, n° 5 et p. 35 ; BEL 1991, p. 247 ; BEL 2002, p. 247.
89 BAILLS 2012a, p. 225 ; BAILLS 2012b, 114 ; BLANCHARD, RIQUIER et SALÉ 2002 ; RIQUIER et SALÉ 2006, p. 48-49, fig. 54-55.
90 MORIN-JEAN 1913, p. 110, fig. 132 ; DILLY et MAHÉO 1997, ensemble III. p. 120, pl. 9, n° 103.
91 MENIN 1977, p. 217-226 ; ARVEILLER-DULONG 2006, p. 152 et pl. IV, fig. 24 ; SENNEQUIER 2013, p. 150 ; *Inventaire du Service Archéologique du Département des Yvelines* (en 2016).
92 BEL et al. 2005 ; BEL 2012, p. 204.
93 SYLVINO inédit.

VBT ET OBJETS ASSOCIÉS   551

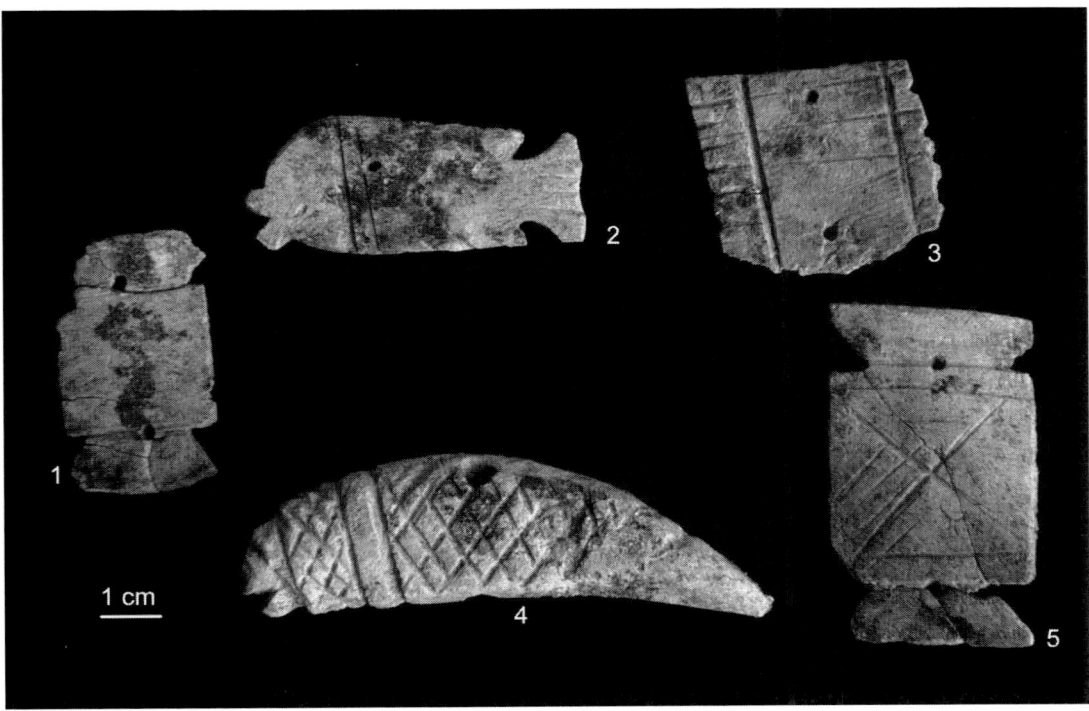

FIG. 206. Éléments de tabletterie dont une dent de chien de la sépulture 169 d'un enfant âgé entre 6 mois et 2 ans, Marseille, Nécropole Sainte-Barbe, Photo M. Moliner.

Un petit phallus en bronze a également été mis au jour dans une sépulture de Poitiers. Ses découvreurs suggèrent de le voir assemblé en collier avec des monnaies et un coquillage (C455)[94]. Dans cette sépulture, un canif en os dont le décor évoque deux ailes repliées pourrait avoir évoqué un oiseau guide et protecteur dans l'au-delà. Quant à la dimension protectrice du phallus, celle-ci transparaît de certains VBT dont le bec est orné, sous le dessous, de deux petites billes. Notre catalogue en compte deux sur lequel cette mise en scène est clairement attestée, l'un provient de Heidelberg (C254[95]), l'autre de Mayen (C411[96]) en Allemagne. Il se pourrait que cet ajout soit aussi présent sur un exemplaire en céramique vernie de Vichy présentant une panse ovoïde bilobée (C558[97]). Nous allons plus loin sur les réflexions quant à cette mise en évidence sexuée dans l'article *Lolo et zizi pour petits Gaulois*[98].

---

94 DE LA CROIX 1897, p. 279-280, pl. II, n° 1 ; EYGUN 1933, p. 126 – n° 113 – pl. VI ; BERTRAND 2003, p. 129-134 ; BERTRAND 2008, p. 118, note 30, fig. 22, n° 2 ; BRIVES 2008, I, p. 257 ; BRIVES 2008, II, p. 90-91, n° 204.
95 SCHMIDT 2005 ; HENSEN 2009, p. 167, pl. 570.16.
96 GRÜNEWALD 2011.
97 SYMONDS 1992, p. 26 et fig. 12 ; ROUQUET et LORIDANT 2000, p. 437 ; *Inventaire du Musée Anne de Beaujeu* (en 2015).
98 JAEGGI 2020.

	Foetus-périnatal	< 6 mois	37-72 mois	Enfant	Adulte
Cruche	1	8	1	33	5
Gobelet	4	7	14	6	
Assiette/Écuelle	1		8	8	1
Coupe		2	4	11	
Pot		5	2	8	1
Bol			3	7	1
Lampe				4	1
Urne/Olla/Jatte			1	6	
Biberon		1		3	1
Tasse				5	
Bouteille/Fiole			1	3	
Vase sans précison				3	2
Patère			1		
Chaudron/Marmite		2	1	1	
Vase forme fermée				8	
Couvercle		2		1	
Balsamaire					
Amphore				2	
Mortier			1		1
Plats				3	

TABLEAU 12. Répartition de la vaisselle entre les différentes classes d'âge.

Quel mobilier pour quel défunt ?

Après avoir vu quels assemblages il était possible de rencontrer avec les VBT, voyons maintenant si certains objets étaient associés de préférence à une classe d'âge particulière[99]. Nous nous référons aux tableaux joints.

L'analyse du mobilier a pour ambition de mettre en évidence un certain type de vaisselle relatif au sevrage, voire de trouver un autre dénominateur commun aux sépultures à VBT. Notre étude se limite ici à 20 types de céramique qui comprend les plus courants (**tableau 12**). Pour les vases à liquides : les cruches, gobelets, VBT et tasses. Pour les vases à solides : les écuelles, assiettes, coupes et bols. Il faut ajouter les pots, qui ont peut-être eu une vocation de conservation et mentionner la présence de marmites, souvent tripodes, et de leur couvercle, ainsi que de mortiers, qui ont pu servir à la préparation et à la cuisson des mets. Nous laissons ici de côté les amulettes et autres objets métalliques, en tabletterie ou encore en pierres semi-précieuses comme par exemple l'ambre ou le jais.

Ainsi, on observe que, pour les six périnatals/fœtus, seulement trois d'entre eux étaient pourvus de mobilier (**tableau 13**). Deux étaient accompagnés d'un récipient en céramique. Il s'agit pour l'un d'une cruche, pour l'autre d'une écuelle miniature (Chantambre). Chez

---

[99] Au sujet des classes d'âges, se rapporter au chapitre V.

Cruche	8
Gobelet	4
Assiette/Écuelle	
Coupe	2
Pot	5
Bol	
Lampe	
Urne/Olla/Jatte	
Biberon	1
Tasse	
Bouteille/Fiole	
Vase sans précison	
Patère	
Chaudron/Marmite	2
Vase forme fermée	
Couvercle	2
Balsamaire	
Amphore	
Mortier	
Plats	

TABLEAU 13. Le type de vaisselle en fonction de l'âge : les 0-6 mois.

les moins de six mois, ce sont les cruches qui prédominent avec 8 exemplaires répartis entre 6 tombes.

Une tombe (C74) de Champ-Madame contenait trois cruches, deux gobelets, deux pots et aussi une marmite et son couvercle[100]. Une cruche, deux pots et une marmite avec son couvercle se trouvent dans une sépulture voisine d'un enfant du même âge, ce qui suggère des habitudes locales. La troisième sépulture (40) de la nécropole de Champ-Madame, d'un enfant du même âge, contenait également un pot et une cruche. Cette sépulture comptait un VBT supplémentaire. À Avenches *Sur Fourches*, le défunt de moins de six mois de la sépulture 61 était pourvu d'une cruche, d'un gobelet et d'une coupe (C53) Dans la même nécropole, la sépulture 133 compte une cruche et un anneau en bronze (C52). À Pérignat (C447), la sépulture 16 contenait également une cruche et une coupe.

Les sépultures des enfants entre 7 et 36 mois présentent une vaisselle plus variée : 11 types distincts, dont une majorité de coupes (**tableau 14**). Il faut aussi noter six gobelets et cinq assiettes. Les cruches sont aussi nombreuses que pour la classe d'âge des moins de 6 mois – on en compte huit –, il y a aussi un mortier et trois lampes. L'une d'elles et le mortier proviennent de la tombe 176 de Saint-Paul-Trois-Châteaux qui doit être considérée comme une exception puisque la sépulture est particulièrement riche en mobilier (C489)[101].

---

100 ALFONSO, BLAIZOT 2005, p. 226-228 ; BONNET 2009, p. 178, fig. a ; WITTMANN et BONNET 2009, p. 181 ; BAILLS 2012. p. 223.
101 BEL 1991, p. 245-246 ; BEL 2002, p. 245-246 ; BEL 2012, p. 204 et 207, fig. 12, n° 12.

Cruche	8
Gobelet	6
Assiette/Écuelle	5
Coupe	12
Pot	3
Bol	
Lampe	3
Urne/Olla/Jatte	1
Biberon	
Tasse	
Bouteille/Fiole	
Vase sans précison	2
Patère	
Chaudron/Marmite	1
Vase forme fermée	
Couvercle	
Balsamaire	
Amphore	1
Mortier	1
Plats	

TABLEAU 14. Le type de vaisselle en fonction de l'âge : les 7-36 mois.

Une même diversité des formes est manifeste pour les 37-72 mois (**tableau 15**). La prédilection porte cette fois sur les formes ouvertes avec huit assiettes, quatre coupes et trois bols. Les gobelets sont au nombre de sept et il n'y a qu'une seule cruche. On dénombre encore deux pots, un mortier et une marmite. Deux formes nouvelles apparaissent ici, il s'agit d'une patère et d'une sorte de bouteille/fiole. Il nous semble important de relever, pour cette tranche d'âge, que quatre coupes en verre sont distribuées dans trois des six sépultures ayant livré du mobilier.

Le mobilier des 7-14 ans est particulièrement restreint puisqu'il ne compte que quatre cruches et une coupe en sigillée. Des deux subadultes, celui d'Avenches, En Chaplix (St 147) avait reçu deux VBT placés en dehors du cercueil en bois (C40)[102]. Il avait en outre une coupe en céramique et une en verre. Les tombes d'adultes sont pourvues de peu de mobilier qui présente toutefois une grande hétérogénéité puisqu'on recense neuf types (**tableau 16**). Sont majoritaires les gobelets et les cruches, donc les vases liés à la boisson. Mentionnons la présence d'une seule assiette, d'une lampe, d'un pot et d'un mortier. Ces différents objets ne sont pas propres, comme nous l'avons vu, aux tombes d'adultes.

En ce qui concerne les amulettes, celles-ci sont présentes auprès des individus qui ont jusqu'à 3 ans. Les anneaux sont aussi uniquement associés à ces individus entre 0 et trois ans. Il est souvent difficile de savoir si ce type d'objet était alors un anneau ayant

---

102 CASTELLA et MEYLAN 1994, p. 105, n° 366/2 ; CASTELLA et al. 1999a, p. 108, 127 et 233-234, 225, 226 ; CASTELLA et al. 1999b, p. 39.

Cruche	1
Gobelet	7
Assiette/Écuelle	8
Coupe	4
Pot	2
Bol	3
Lampe	
Urne/Olla/Jatte	1
Biberon	
Tasse	
Bouteille/Fiole	1
Vase sans précison	
Patère	1
Chaudron/Marmite	1
Vase forme fermée	
Couvercle	
Balsamaire	
Amphore	
Mortier	1
Plats	

TABLEAU 15. Le type de vaisselle en fonction de l'âge : les 37-72 mois.

servi à maintenir les langes, ou une breloque de type bijou, porté par l'enfant de son vivant ou offert. La taille et la position de l'objet dans la sépulture permettent parfois d'en déterminer l'usage. Les fibules sont à différencier des anneaux puisqu'on les trouve auprès de toutes les classes d'âge. Quant aux coquillages, que certains chercheurs considèrent comme des cuillères, ils figurent à une reprise auprès d'un enfant de la classe des 13-36 mois (sép. 7, Beaumont, C74). Les autres individus associés à ces objets sont malheureusement considérés comme des indéterminés. Tout à fait fondée puisque deux coquillages ont été trouvés dans l'autel du sanctuaire de Balaruc-les-Bains, l'hypothèse des cuillères ne vaut peut-être pas pour tous les exemplaires. Celui découvert à Poitiers est considéré par son découvreur comme faisant partie d'un collier (sép. 218, C455)[103]. Mais une fonction n'empêche pas l'autre, puisqu'une symbolique de l'objet peut aussi avoir été à l'œuvre. Par son aspect nacré, qui rappelle l'émail dentaire, le coquillage a aussi pu servir d'aide en cas de problèmes dentaires. Pline n'explicite pas ce lien, mais il évoque les coquillages qui croissent et décroissent en fonction de la lune. Ceux-ci représentaient-ils métaphoriquement le corps de l'enfant, sujet lui aussi à la lune qu'il porte d'ailleurs souvent autour du cou ? Par « la puissance génésique » (pour reprendre Arnaud Zucker), qu'il incorpore en raison de son étroite association avec Aphrodite, le coquillage pourrait aussi faire allusion à l'érotisme[104]. L'association d'une poupée et

---

103 DE LA CROIX 1897, p. 279-280, pl. II, n° 1 ; EYGUN 1933, p. 126 – n° 113 – pl. VI.
104 ZUCKER 2012.

Cruche	4
Gobelet	
Assiette/Écuelle	
Coupe	1
Pot	
Bol	
Lampe	
Urne/Olla/Jatte	
Biberon	
Tasse	
Bouteille/Fiole	
Vase sans précison	
Patère	
Chaudron/Marmite	
Vase forme fermée	
Couvercle	
Balsamaire	
Amphore	
Mortier	
Plats	

TABLEAU 16. Le type de vaisselle en fonction de l'âge : les 7-14 ans.

de quatre coquillages dans une sépulture nîmoise (sép. 200, C429) pourrait conforter cette lecture[105].

Reconstituer les gestes funéraires

Les gestes funéraires peuvent être en partie reconstitués par l'état des vases retrouvés. Sont-ils cassés, écrasés sur place, voire percés, ont-ils subit un coup, reçu une encoche ? Ont-ils été brûlés ? Si oui à quel moment ? Lors de la crémation, conjointement au corps ? A-t-on brûlé des offrandes et non le corps ?

À neuf reprises seulement, nous avons relevé des traces de rubéfaction sur les exemplaires en céramique, alors qu'un seul exemplaire en verre avait fondu[106]. Ce nombre est particulièrement restreint par rapport au nombre d'exemplaires non brûlés et suggère une pratique peu courante. Les VBT en céramique proviennent de Chalon-sur-Saône (C163)[107], d'Orrouy (C441)[108], de Reims (C470)[109], de Krefeld en Allemagne (sép. 5336, C316)[110], de

---

105 FICHES et VEYRAC 1996, p. 471-472, notice 560, fig. 361 ; BEL 1991, p. 247 ; BEL 2002, p. 247.
106 Notre calcul ne prend pas en compte les deux exemplaires de Reims brûlés lors de l'incendie du musée.
107 *Chalon romain* 2005.
108 ROUQUET et LORIDANT 2000, p. 435.
109 ROUQUET et LORIDANT 2000, p. 436.
110 PIRLING et SIEPEN 2000, p. 147 ; PIRLING et SIEPEN 2006, p. 114, VI, pl. 103,9.

Libramont-Chevigny en Belgique (sép. 113, C360)[111]. Trois autres VBT proviennent de Suisse. Parmi eux, citons les deux exemplaires de la sépulture 132 de Bad Zurzach et celui de la sépulture 15 de Bern Engehalbinsel. Le VBT en verre fortement déformé provient de Strasbourg-Koenigshofen.

De son observation des dépôts de vaisselle dans les sépultures, Stéphanie Martin-Kilcher perçoit en premier lieu des divergences locales. Par exemple au nord de la Gaule, les vases brûlés déposés entiers dans la tombe sont plus courants qu'au sud, où il s'agit surtout de fragments. Bien que le nombre de VBT brûlés soit restreint, les lieux de découverte ne contredisent pas cette assertion puisque les VBT rubéfiés ont été découverts dans les régions du nord de la Gaule et à l'est, le lieu situé le plus au sud étant Chalon-sur-Saône.

Plus nombreux que les VBT rubéfiés, les VBT cassés restent minoritaires par rapport aux exemplaires entiers. Ainsi, 220 VBT provenant du contexte funéraire sont entiers, dont 74 en verre[112], alors que 30 présentent un état fragmentaire (plusieurs fragments parfois recollés ou absence d'une partie importante du vase). Parmi ces derniers 5 sont en verre. Nous avons aussi relevé qu'environ 120 VBT avaient un bord abîmé. Parmi les VBT trouvés en contexte funéraire, ce sont 57 VBT en céramique contre 4 en verre. Il s'agit parfois d'ébréchures mais le plus souvent d'une entaille en forme de V, plus ou moins large et profonde. Les lieux et conditions de dépôt ne nous permettent toutefois pas de tirer davantage de conclusions sur cette singularité. Tout au plus peut-on évoquer des intailles plus nettes et importantes sur les VBT de la nécropole de La Haute-Cour à Esvres (C 203, 207, 209, 214 et 215), voire peut-être un cas de décapitation sur l'exemplaire C210[113].

Il faut rester prudent quant à l'interprétation des bris de vases. Par exemple, la cassure du VBT de la sépulture 22 de Champ-Madame à Beaumont, retrouvé posé sur son embouchure et cassé, a été interprétée par les découvreurs comme résultant de sa position surélevée lors de la décomposition du corps, plutôt que de gestes spécifiques lors du dépôt. À la nécropole de la Haute-Cour à Esvres, le VBT en céramique de la sépulture 320 semble quant à lui avoir été brisé lors de son dépôt, alors que celui de la sépulture 315 a été déposé à l'envers[114]. Le bris d'objets est courant dans cette nécropole, comme cela ressort d'une cruche brisée et éparpillée au fond de la sépulture 303 et aussi d'un pot caréné de type Menez 137 et d'une grande jatte de type Mougon/Thésée-Pouillé III-4, tous deux découverts dans la sépulture à VBT 305.

À Saintes (nécropole Jacques Brel), le VBT en verre de la sépulture 48 semble aussi avoir été brisé lors de son dépôt. Un sort identique a été réservé à une bouteille en verre à panse piriforme placée dans la même tombe, à côté du tibia droit du défunt. Dans la même nécropole,

---

111 Hurt et Massart 1997, p. 359-362 ; Deblon 2001 ; Hanut et Henrotay 2014.
112 Le manque d'informations sur certains VBT explique en partie le nombre réduit mentionné ici, par rapport à l'ensemble du corpus.
113 La décapitation de cruches a été relevée notamment à la nécropole de Pîtres dans des tombes des III-IVe s. de notre ère (p. 122). Mare, Adrian et Pilon 2015. En ce qui concerne Esvres, Sandrine Riquier attribue certaines encoches à la fouille. Le nombre important de VBT de cette nécropole présentant ce type d'anomalies, nous optons plutôt pour une cassure volontaire. Voir note suivante.
114 Inédit, rapport de fouille en cours. Sandrine Riquer relève que la cruche de la sépulture 313 a eu la lèvre brisée volontairement et que le fragment a été déposé à distance de l'objet amputé (fragment isolée sous le n° 3078.3).

le VBT en verre de la sépulture 125 paraît également brisé sur place[115]. Ces rares exemples semblent indiquer des coutumes locales plutôt que des généralités liées à la forme de l'objet.

La cassure de l'anse observée à 7 reprises seulement sur des VBT en céramique découverts en contexte funéraire, contre 6 en verre peut difficilement être interprétée comme le témoin d'un rite particulier.

Quant au bec, il témoigne d'une cassure à 18 reprises sur les exemplaires en céramique, dont 14 fois de manière radicale puisque le bec est complétement décollé de sa base. Dans 4 cas il est cassé à son extrémité et non pas de manière nette. Six de ces vases ont le bec et le col cassé, alors que trois ont le bec et l'anse cassés. Un exemplaire de Reims a le bec, l'anse et le col cassés. Malgré leur fragilité apparente, les exemplaires en verre ne présentent un bec cassé qu'à 4 reprises, dont une fois où il semble arraché (Krefeld).

Comment interpréter ces anomalies ? Sont-elles antérieures à la déposition, volontaires ou font-elles suite au dépôt du vase, à la décomposition du corps et autres bouleversements de la tombe ? Bien que cela ne puisse être attesté avec certitude, l'absence du bec et d'une anse brisée dans la sépulture pourrait être interprétée comme une volonté de signifier que l'objet ne pourra plus avoir l'utilité qu'il avait eue du vivant de l'individu. Cela ne peut toutefois être validé que par des fouilles scrupuleuses, et un recensement exhaustif du mobilier. Utilisant la technologie SIG d'enregistrement spatial[116], Céline Aunay a ainsi pu démontrer le bris volontaire de certains objets en verre. Celui-ci pouvait avoir été fait soit *in situ*, soit avant la déposition dans la fosse[117]. Dans ce dernier cas, manifeste dans la sépulture 315, les tessons de verre brisés avaient fait l'objet d'un tri avant d'être disposés, le long de la paroi pour les bords, alors que le reste des fragments était déposé en tas au fond du creusement[118].

Outre le bris volontaire des objets, les objets peuvent subir une « défonctionnalisation ». Cette action est relativement courante dans les nécropoles d'époque romaine. Elle a été observée notamment sur les objets métalliques, monnaies[119] et armes. Les premières ont reçu des coups formant une marque profonde et large, probablement à l'aide d'un ciseau à métaux, alors que les secondes ont été recourbées.

Il ne s'agit toutefois pas de pratiques qui se seraient généralisées dans l'ensemble de la Gaule – toutes les monnaies ne sont pas mutilées ni toutes les armes recourbées – mais de coutumes régionales, propres à certains sanctuaires ou nécropoles[120]. Si ces marques de défonctionnalisation sont aujourd'hui bien connues en ce qui concerne les métaux, elles sont moins attestées pour la céramique et le verre. Encore peu étudiée, cette attention spécifique est reconnue dans la décapitation de cruche et d'amphore réalisée dans certaines nécropoles. Le verre n'échappe pas à ce type de traitement. Aurore Louis montre ainsi que des bouteilles prismatiques identifiées à Caurel « Le Puisard » et à Ville-sur-Retourne ont été détournées de leur fonction première de stockage des liquides pour en faire des urnes

---

115 Sépulture 48, BAIGL, FARAGO-SZEKERES et ROGER 1997, sép. 125.
116 Pour de plus amples informations sur la technique voir CHIMIER et BADEY 2015.
117 AUNAY *et al.* 2016, p. 12, fig. 4 ; même constat à la nécropole de Vaugrignon (RIQUIER 2004).
118 AUNAY *et al.* 2016, p. 17.
119 Les monnaies mutilées sont plus rares en contexte funéraire que votif. L'une provient d'une tombe de périnatal à Alésia. Voir JAEGGI 2012, p. 230.
120 Au sujet des monnaies mutilées en contexte votif voir, pour la Gaule romaine, AUBIN, MEISSONNIER 1992 ; pour la Bretagne romaine, KIERNAN 2001.

Cruche	5
Gobelet	6
Assiette/Écuelle	1
Coupe	
Pot	1
Bol	1
Lampe	1
Urne/Olla/Jatte	
Biberon	1
Tasse	
Bouteille/Fiole	
Vase sans précison	2
Patère	
Chaudron/Marmite	
Vase forme fermée	
Couvercle	
Balsamaire	
Amphore	
Mortier	1
Plats	

TABLEAU 17. Le type de vaisselle en fonction de l'âge : les adultes.

cinéraires[121]. Le col de ces vases a été découpé afin de faciliter l'introduction des cendres. Céline Aunay évoque aussi des petites ampoules scellées qui auraient été cassées et vidées de leur contenu directement dans la tombe[122]. Son analyse fine des dépôts lui permet de mettre en évidence différentes étapes du rituel : « Un dépôt est destiné à la préparation du corps du défunt avec les balsamaires intacts. L'autre témoigne de la célébration du défunt avec des objets brisés déposés au cours du scellement de la tombe[123] ».

Conclusion

Majoritairement découverts au sein de sépultures à inhumation, les VBT semblent souvent avoir fait partie d'une mise en scène avec d'autres objets autour du défunt. Celle-ci est particulièrement perceptible dans les sépultures auvergnates de Gerzat et Pérignat, où le VBT est placé auprès de la tête. À Gerzat, le bec est même dirigé vers le défunt bien que celui-ci ait la tête tournée dans le sens opposé. S'agit-il ici d'une manifestation de l'impossibilité du défunt à en tirer la substance, comme cela est suggéré pour les exemplaires dont le bec n'était pas percé ?

Des préférences locales ressortent aussi. Deux sépultures de Champ Madame présentent un VBT aux pieds des défunts, comme c'est le cas aussi de deux sépultures de Saintes.

---

121 LOUIS 2012, p. 191.
122 AUNAY *et al.* 2016, p. 13.
123 AUNAY *et al.* 2016, p. 17.

En règle générale, les VBT sont le plus souvent placés au niveau des pieds[124]. Ils sont à deux reprises en dehors du sarcophage, et seuls, ce qui semble donner au VBT soit une fonction de marqueur de sépulture – le VBT est dès lors représentatif du défunt – soit celle de protecteur de la tombe, comme cela a pu être le cas d'une figurine en terre cuite de Nutrix placée sur un sarcophage d'enfant à Baldock en Bretagne romaine[125]. Deux inhumations d'individus au seuil de l'âge adulte montrent que le VBT n'a pas été déposé au hasard. L'une se trouvait à Amiens. Âgé entre 18 et 21 ans, et de sexe masculin, le défunt gisait sur le dos, les mains posées sur le pubis, et le VBT posé sous sa nuque. L'autre défunt dont l'estimation de l'âge est identique au précédent, repose sur le côté droit, son membre supérieur gauche comme ses membres inférieurs sont fléchis. Ici, le VBT semble reposer sur le bras gauche, au niveau du pubis. La position est originale, tout comme celle de plusieurs autres défunts de la nécropole qui reposent sur le ventre. En attendant des études plus approfondies, les pistes suivies pour l'instant sont soit celles de groupes ethniques différents soit d'individus ayant souffert d'une pathologie particulière.

Des mises en scène ressortent aussi des sépultures à crémation. L'un des exemples le plus parlant est la sépulture d'un homme de Zurzach où deux VBT et une cruche miniature encadrent l'effigie d'une femme (**fig. 204**). Le VBT est rarement brûlé, ce qui suggère qu'il n'intervenait la plupart du temps que dans un second temps de la cérémonie. Il pouvait toutefois avoir pris place auprès du mort, sur le bûcher. Le VBT apparaît rarement dans l'urne et à une reprise seulement il a servi de contenant cinéraire pour un enfant d'un an (C217).

Quant au type de vaisselle associé aux défunts dans les sépultures, il présente une grande diversité qui permet difficilement de conclure à un service privilégié pour des individus en phase de pré-sevrage, sevrage ou complètement sevrés. Pourrait être significative l'absence d'assiettes pour les moins de six mois, malgré un exemplaire dans une sépulture de périnatal, et leur prédominance dans les sépultures des immatures entre 3 et 6 ans. Leur disparition auprès du groupe des 7-14 ans, et leur rareté auprès des adultes doivent être confrontées avec les recensements de nécropoles entières, afin de pouvoir déterminer si les adultes ayant reçu un VBT sont pourvus d'un mobilier qui les démarque d'une population « normale ». Que dire des coupes dont le nombre est plus important que celui des cruches et des gobelets chez les individus entre 3 mois et deux ans ? Ont-elles servi à des mélanges de type bouillies pendant l'étape du sevrage ?

Les valeurs obtenues pour la nécropole d'Avenches doivent être confrontées (**tableau 18**). Portant sur la nécropole d'En Chaplix uniquement, l'étude de D. Castella montre que les tombes à crémation, comprennent la majorité des objets. Il s'agit, comme il le précise, d'offrandes primaires, c'est-à-dire ayant accompagné le défunt sur le bûcher. Dans sa recension, la prédilection, pour les sépultures à crémation d'adultes, va aux formes ouvertes. Les coupes et coupelles figurent en première place, avant les plats et assiettes et les écuelles. Gobelets et cruches sont deux fois moins nombreux avec une cinquantaine d'occurrences pour chacune des deux catégories contre 106 pour les coupes et coupelles.

---

124 Dans son étude portant sur la Narbonnaise au Haut-Empire, Valérie Bel fait la même constatation en ce qui concerne les vases à liquide (BEL 2012, p. 204).
125 BURLEIGH, FITZPATRICK-MATTHEWS et ALDHOUSE-GREEN 2006.

Âges/sexes		Ecuelles	Plats et assiettes	Bols à marli	Bols divers	Coupes et coupelles	Gobelets	Pots, tonnelets et *dolia*	Cruches à une anse	Cruches à deux anses
Adultes M/?	Nombre de récipients	65	87	36	13	106	50	8	50-51	10
	Nombre d'occurrences	30	32	18	9	29	30	8	25	10
Adultes F/?	Nombre de récipients	27	35	7	5	47	28	6	25-26	4
	Nombre d'occurrences	15	15	6	3	14	16	5	16	4
Adultes (total)	Nombre de récipients	106	133	47	24	163	87	17	84-86	16
	Nombre d'occurrences	52	53	27	17	48	51	16	50	16
Enfants	Nombre de récipients	8	10	7	1	10	10	3	13	2
	Nombre d'occurrences	4	3	3	1	3	4	2	4	2
Total	Nombre de récipients	134	160	72	26	190	112	24	105-107	23-25
	Nombre d'occurrences	62	61	38	19	57	62	20	60	22

TABLEAU 18. Mobilier des sépultures à inhumation de la nécropole d'Avenches CASTELLA *et al.* 1999, p. 89, fig. 103.

Les statistiques sont complètement inversées dans les sépultures d'adultes inhumés comme en témoigne le second tableau (**tableau 19**). Avec 13 occurrences, les cruches sont environ quatre fois plus nombreuses que les formes ouvertes (écuelles, bols, coupes, et assiettes).

Ces constatations, entre deux groupes qui se différencient par le rite funéraire choisi (inhumation/crémation) nous amènent à un autre constat basé sur notre catalogue. Le graphique reproduit ici met clairement en évidence que les défunts accompagnés d'un VBT sont le plus souvent inhumés, cela malgré le nombre important de crémations qui n'ont pas permis l'identification de l'âge du défunt[126]. Alors que le rite de l'inhumation est généralement réservé aux plus jeunes dans les nécropoles de l'époque impériale, nous voyons ici qu'adultes et adolescents ont aussi été inhumés[127]. Quelle est la raison de ce choix ?

Pline l'explique par la faible quantité d'os à brûler chez les individus n'ayant pas encore leurs dents.

Mais la dureté des os allant de pair, pour les Anciens, avec celle des dents pourrait suggérer que les individus « aux VBT » étaient considérés comme non assez solides, et insuffisamment autonomes pour être incinérés. La présence du VBT soutient cette hypo-

---

126 Faute de précisions concernant l'âge du défunt, nous avons repris les termes utilisés dans les études, soit enfant et adultes, le diagramme présente aussi une grande partie d'individus dont l'âge et le sexe n'ont pu être déterminés, ce qu'il faut prendre en compte.
127 La statistique de Valérie Bel portant sur les immatures de Narbonnaise démontre que c'est vers l'âge de six ans que le rite de la crémation domine. La courbe n'est toutefois pas linéaire (BEL 2012, p. 214).

Structure	Sexe	Céramique						Total
		Ecuelles	Bols	Coupes	Gobelets	Cruches	Divers	
23	M?							
55	F							
59	M							
78/152/308	M	1	1	1				3
99	M			1		1		2
142	M					3		3
144	M				1	1		2
147	M						2 biberons	2
156b	M					1		1
199	F?							
203	M					1 (2 anses)		1
236	F					1		1
342	F	2	1		2	3		8
343	M		1	2	1	2		7
346	F?					2	1 assiette	
Total		3	3	4	4	13	3	30

Tableau 19. Mobilier des sépultures à crémation de la nécropole d'Avenches, En Chaplix, Castella et al. 1999, p. 65, fig. 64.

thèse, en regard des traités médicaux où le « vase en forme de sein » sert à administrer un remède à une personne malade. En outre, dans différentes sources littéraires des époques qui nous occupent, les vieillards sont souvent considérés comme des enfants. Ce parallèle est établi par Artémidore qui mentionne précisément le lait :

> Si quelqu'un s'imagine [scil. en rêve] qu'il est dans les langes et qu'il tète du lait, comme les bébés, d'une femme connue ou inconnue, il souffrira d'une longue maladie, sauf si sa femme attend un enfant. […] Quant au rapport [du lait] à la maladie, il n'est pas non plus illogique, car les enfants qui tètent sont faibles. Et cela vaut aussi pour ceux qui ont achevé leur développement : lorsqu'ils sont malades et ne peuvent s'alimenter normalement, ils prennent du lait[128].

Ce réseau (malades/enfants/lait) montre clairement la symbolique liée au vase. Le petit vase répond aux besoins du malade, non seulement par sa forme mais par son contenu. Celui-ci peut être du lait, puisqu'il évoque sans conteste le sein, peut-être celui guérisseur d'Isis ou, par syncrétisme, d'autres déesses.

---

128 Artémidore, *Clef des songes* 1, 16 (éd. A. J. Festugière, J. Vrin, Paris, 1975, trad. A. Zucker) : Εἰ δέ τις ὥσπερ οἱ παῖδες ἐν σπαργάνοις εἶναι δόξειε καὶ γάλα λαμβάνειν παρά τινος γυναικὸς γνωρίμης ἢ οὐ γνωρίμης, νόσον νοσήσει μακράν, εἰ μὴ γυναῖκα ἔχοι ἔγκυον. […] οὐκ ἄλογον δὲ οὐδὲ κατὰ τὴν νόσον. ἀσθενεῖς γάρ εἰσιν οἱ ἐν γάλακτι παῖδες· καὶ μὲν δὴ καὶ οἱ τέλειοι, ὅταν νοσοῦντες τροφῇ μὴ δύνωνται χρῆσθαι, γάλακτι χρῶνται.

12. VBT et contenu

Ce que révèlent les analyses biochimiques

Historique des analyses biochimiques du contenu

Les analyses des contenus organiques ont été développées il y a plus d'une trentaine d'années, simultanément à la paléogénétique[1]. Complémentaires, ces deux disciplines ont été adaptées pour l'identification des substances organiques piégées dans la céramique, le verre, ou encore le métal. Peu utilisées avant la fin de la décennie passée, hormis pour identifier les contenus d'amphores et d'unguentaria en verre, les analyses du contenu connaissent aujourd'hui un grand succès. La mise en place, en France, à l'initiative de Dominique Frère (Professeur à l'Université de Bretagne Sud), de deux programmes de recherche ANR, l'un portant sur l'identification des parfums antiques (2008-2010), l'autre sur les contenants retrouvés en contexte funéraire (2014-2016)[2] ont sensibilisé les archéologues aux possibilités permises par ces méthodes. Des ateliers pratiques ont aussi été organisés pour rendre les archéologues attentifs aux gestes à avoir et à éviter. L'habitude de nettoyer scrupuleusement tout objet sorti de terre, de le restaurer, de le coller, ou encore de le passer dans un bain stabilisant sont autant de gestes à bannir pour qui veut que les parois de l'objet nous révèlent leur contenu... un jour.

Ces dernières années, les analyses des contenus organiques ont le vent en poupe. Plusieurs laboratoires offrent ainsi ce type d'analyses mais pas avec les mêmes résultats. En effet, ce n'est que sur la base de protocoles éprouvés que les résultats peuvent être dignes de foi[3]. Il faut être capable d'interpréter les associations moléculaires conservées des échantillons pour pouvoir reconstituer la substance de départ. Différentes bases de données de référence sont actuellement en cours de développement, l'une sur le lait[4], l'autre sur les plantes[5]. Nous avons choisi de confier les analyses de nos biberons au chimiste Nicolas Garnier[6].

---

1   ARGANT *et al.* 2012, p. 479.
2   Archéologie des produits biologiques [en ligne] http://www.bioarchaeo.net/spip.php?rubrique7 (consulté le 26.01.2018). Les deux programmes ont été initiés par Dominique Frère, l'ANR Perhamo (Parfums et Résidus Huileux de la Méditerranée occidentale) était soutenu par l'UMR 8546, le CNRS, L'ENS ; l'ANR MAGI (Manger, boire, offrir pour l'éternité en Gaule et Italie préromaines) par l'UMR 8546, le CNRS, L'ENS ; l'ANR MAGI, Le Centre Jean Bérard de Naples, Le LNG (Laboratoire Nicolas Garnier).
3   Par exemple, Nicolas Garnier a développé deux protocoles permettant d'identifier le vin, ce qui n'était pas possible avant.
4   Projet Lait'Âge, dirigé par D. Frère auquel sont associés des chimistes travaillant sur la fermentation des produits laitiers, sur des molécules actuelles, et des chimistes travaillant sur la matière archéologique.
5   Projet ALTHÉRÉ, dirigé par S. Linger-Riquier, portant sur la détermination des simples, [en ligne] https://althere.hypotheses.org (site consulté le 29.04.2020).
6   Chimiste collaborant étroitement avec Dominique Frère au sein des différents programmes de recherche, Nicolas Garnier est devenu la référence en ce qui concerne les analyses organiques. De ce fait, nous avons choisi de lui confier nos échantillons. Le coût élevé des analyses a été supporté, dans le cadre d'un projet

Méthodologie

Choisir les VBT

Les analyses réalisées portent sur le contenu organique des VBT et, parfois, d'autres vases compris dans un même ensemble, notamment funéraire. Le choix des objets s'est fait selon différents critères qui ont évolué avec le temps. Ainsi, la recherche de VBT « fraîchement » sortis de terre s'étant révélée peu fructueuse, nous nous sommes tournée vers des vases parfois conservés depuis plusieurs années dans les réserves. À notre grande surprise, ces derniers ont livré autant d'informations que les vases découverts depuis peu, les pollutions plastiques[7] en moins. C'est le cas par exemple d'un lot de vases, dont huit VBT retrouvés à la mairie d'Esvres. Leur histoire est quelque peu mouvementée entre la découverte en 1908 par l'abbé Bobeau et leur dissimulation pendant les deux guerres. Le choix des vases s'est aussi fait au gré des rencontres. C'est grâce à la collaboration avec Sandrine Linger-Riquier, Jean-Philippe Chimier et Céline Aunay que les ensembles de Touraine ont pu être accessibles et assortis d'une excellente documentation. L'intervention de Noémie Ledouble, nous a permis d'obtenir le prélèvement du VBT de Balaruc-les-Bains[8].

Plusieurs questions devant trouver réponse grâce à ces analyses, il a fallu faire des choix judicieux qui allaient au-delà des questions d'accessibilité au matériel. *Primo*, que contenaient les VBT, du lait ou une autre substance ? *Secundo*, le contenu change-t-il en fonction du contexte de découverte (funéraire, domestique, cultuel, artisanal, portuaire) ? Si oui, quelles conclusions peut-on en tirer ? *Tertio*, le contenu permet-il de distinguer un usage particulier ? *Quarto*, les contenus sont-ils les mêmes pour les adultes que pour les jeunes enfants ? *Quinto*, peut-on établir que les VBT retrouvés en contexte funéraire ont servi au préalable ou ont-ils uniquement été remplis lors de leur déposition dans la tombe ? La confrontation des résultats en fonction du contexte devrait permettre de progresser dans notre compréhension de ces vases.

Suite à ces interrogations, notre échantillon a été défini de manière à être représentatif des contextes funéraire, domestique, cultuel et portuaire. Concernant le milieu funéraire, il comprend des VBT retrouvés auprès d'enfants et d'adultes inhumés, mais aussi d'une crémation d'adulte (Zurzach). Notre échantillon a été généreusement enrichi par des analyses commandées par d'autres organismes, tels que l'Inrap de Tours, Nantes Métropole[9], et des personnes telles que Gérard Fercoq du Leslay (sanctuaire de Ribemont-sur-Ancre) et David Djaoui (épave d'Arles 3) que nous tenons à remercier infiniment pour la confiance qu'ils nous ont témoignée.

Sinergia, *Lactation in History*, par le Fonds National Suisse que nous tenons à remercier ici.

7   Celles-ci sont parfois présentes dans le sol, en raison de pollutions dues à l'industrie probablement, mais peuvent aussi être le résultat du contact de l'échantillon, après prélèvement, avec des sachets plastiques (mini-grips) régulièrement utilisés lors des fouilles pour conserver les artefacts.
8   Nous la remercions chaleureusement pour s'être déplacée et avoir procédé au prélèvement du vase.
9   Un merci particulier à Jean-Philippe Chimier et à Nicolas Lacoste pour avoir permis l'accès à leur matériel et leur aide.

Extraire et identifier le contenu

Une fois les objets recensés et les accords passés avec les lieux de conservation, les prélèvements ont pu être réalisés[10]. Il faut noter, qu'en fonction de la forme que prend l'information « chimique » exploitable – visible à l'œil nu (soit la forme d'une concrétion) ou non – la méthode de prélèvement diffère. Dans le premier cas, il suffit de retirer la concrétion au scalpel, dans le second cas, il est nécessaire de gratter la surface interne de la céramique. La position initiale du vase peut déterminer la zone qui va être l'objet du prélèvement. Par exemple, lorsqu'un vase est retrouvé couché sur le flanc, il est recommandé de réaliser le prélèvement sur le côté ayant reposé sur le sol. Dans le cas des VBT, le prélèvement a généralement été privilégié sur le fond du vase et du côté du bec (nous ne connaissons pas systématiquement la position du vase lors de sa découverte). La quantité de poudre de céramique à prélever est d'environ une demi-cuillère à café (500 mg). L'échantillon doit être aussitôt emballé dans une feuille de papier aluminium, afin d'éviter les pollutions plastiques[11]. Il peut ensuite être mis dans un sachet de type mini-grip qui doit être soigneusement annoté. Les prélèvements sur le verre ont quant à eux été effectués par N. Garnier uniquement puisqu'ils nécessitent une dissolution chimique des parois à l'aide de solvants.

Pour ce qui est de la céramique, l'extraction de la matière organique est faite au laboratoire à l'aide de solvants appropriés (mélange dichlorométhane/méthanol 1:1). Après une ultrasonication d'une vingtaine de minutes, le mélange est centrifugé afin de permettre la séparation de la partie minérale solide. Les composés organiques conservés dans le solvant sont ensuite soumis à un courant d'azote à 40°C qui permet d'obtenir un extrait sec. Selon sa complexité, l'extrait peut être, soit divisé en plusieurs fractions, soit être directement analysé par chromatographie gazeuse (GC). Fonctionnant comme une sorte de four, le chromatographe va en quelque sorte séparer les molécules qui vont ensuite être identifiées par couplage à un spectromètre de masse (MS)[12]. Une fois la carte d'identité des composés organiques établie, « les proportions relatives des molécules, leur classification par association permettent [...] de remonter au(x) matériau(x) naturel(s) originel(s), d'en déterminer leur état de conservation-dégradation et, par là, la chaine opératoire qu'ils ont subie » pour citer Nicolas Garnier[13].

La dernière étape consiste à lire les résultats. C'est encore au chimiste qu'il revient « d'interpréter et de comparer les associations moléculaires aux matériaux modernes supposés servant de références »[14]. Selon le principe : « on ne trouve que ce que l'on cherche », une étroite collaboration entre chimiste et archéologue est primordiale afin de mettre en adéquation les matériaux « attendus » (par confrontation avec d'autres sources

---

10 Ceux réalisés sur la céramique ont généralement été menés par moi-même, mais Nicolas Garnier, Sandrine Riquier et Noémie Ledouble m'ont aidée dans cette tâche, notamment en raison de la dissémination du mobilier dans la France entière. Le temps et l'argent ont manqué pour les prélèvements des VBT en verre trouvés à Épiais-Rhus, ou celui en forme de phallus de Cologne.
11 Voir l'intitulé méthodologie p. 564.
12 Ce procédé est adapté aux résidus archéologiques. Pour une description approfondie de la technique voir ARGANT *et al.* 2012, p. 490.
13 ARGANT *et al.* 2012, p. 490-491.
14 Selon Nicolas Garnier (ARGANT *et al.* 2012, p. 491).

telles que les écrits anciens), avec les molécules détectées. La collaboration avec des spécialistes d'autres disciplines est souvent nécessaire. C'est pourquoi nous avons travaillé avec Elisabeth Dodinet, archéobotaniste, pour l'identification des familles de plantes.

Les pages qui suivent présentent les différents sites par contexte (funéraire, cultuel, domestique et portuaire[15]), puis les analyses et leur interprétation. Le contexte funéraire est divisé en deux parties. L'une présente les VBT associés à des enfants, l'autre à des adultes. Formant deux ensembles, les VBT d'Auvergne et de Touraine sont traités sous un même groupe.

Les analyses ayant également porté sur des vases associés aux VBT, nous les présentons en parallèle afin d'offrir une vue plus générale des objets fournis par la tombe et naturellement de leur contenu. Nous intégrons les analyses de trois VBT ne faisant pas partie de notre catalogue, car hors période : deux de la nécropole Sainte-Barbe à Marseille (350-300 av. J.-C.) et un du sanctuaire de Ribemont sur Ancre (La Tène). Ces vases étaient-ils remplis des mêmes substances que plus de 300 ans plus tard, à l'époque romaine ? Les analyses étant coûteuses, nous n'avons pu nous permettre d'analyser tous les objets présents dans une sépulture, ni tous les VBT ayant présenté une forme ou un contexte de découverte particulier. Il s'agit donc de choix[16]. Une synthèse des résultats clôt le chapitre.

Le contenu des VBT découverts en contexte funéraire

Auprès d'enfants en bas âge

La nécropole de Sainte-Barbe à Marseille

La nécropole Sainte Barbe de Marseille présente deux occupations distinctes. L'une est d'époque grecque, l'autre romaine. La première occupation va de 400-150 av. J.-C., la seconde débute vers 30 av. J.-C. et se termine en 200 apr. J.-C. Quatre-vingt-seize sépultures ont été attribuées à l'époque grecque, 436 à celle romaine. À l'époque grecque, les enfants sont regroupés alors qu'à l'époque romaine les adultes sont mélangés aux enfants. Les limites de la nécropole n'ayant pas été déterminées par la fouille, ces déductions sont sujettes à modification.

Deux VBT ont été découverts parmi les sépultures d'époque grecque de la phase 1b (350-300 av. J.-C.). Le premier provient de la sépulture 218[17] (**fig. 207a**). Fragmenté et recollé, son embouchure est obturée et percée de quatre trous (**fig. 207b**)[18]. Le second

---

15 Pour des raisons financières, nous n'avons pas réalisé d'analyses sur les exemplaires découverts en contexte artisanal. Nous avons toutefois réalisé un prélèvement sur l'un des exemplaires de Lezoux qui pourra être soumis à des analyses postérieures. Celles-ci permettraient de vérifier si les vases contenaient bien de la barbotine. Si tel est le cas, aucune substance, autre que l'argile ne devrait apparaître.
16 Le choix d'analyser les différents vases d'une sépulture a été fait par Dominique Frère dans le cadre du projet Magi. Il s'est montré fructueux, permettant de mettre en évidence certains des rituels effectués (FRÈRE 2015, p. 215 et suivantes).
17 Numéro d'inventaire 136.
18 D'après la reconstitution car l'objet a été recollé et complété de manière importante. Il est d'ailleurs fortement décentré par rapport à son axe.

Fig. 207a. Biberon de Marseille à pâte clair, fragmenté et recollé, vue de face, nécropole de Sainte-Barbe, sépulture T 118, Photo R. Jaeggi.

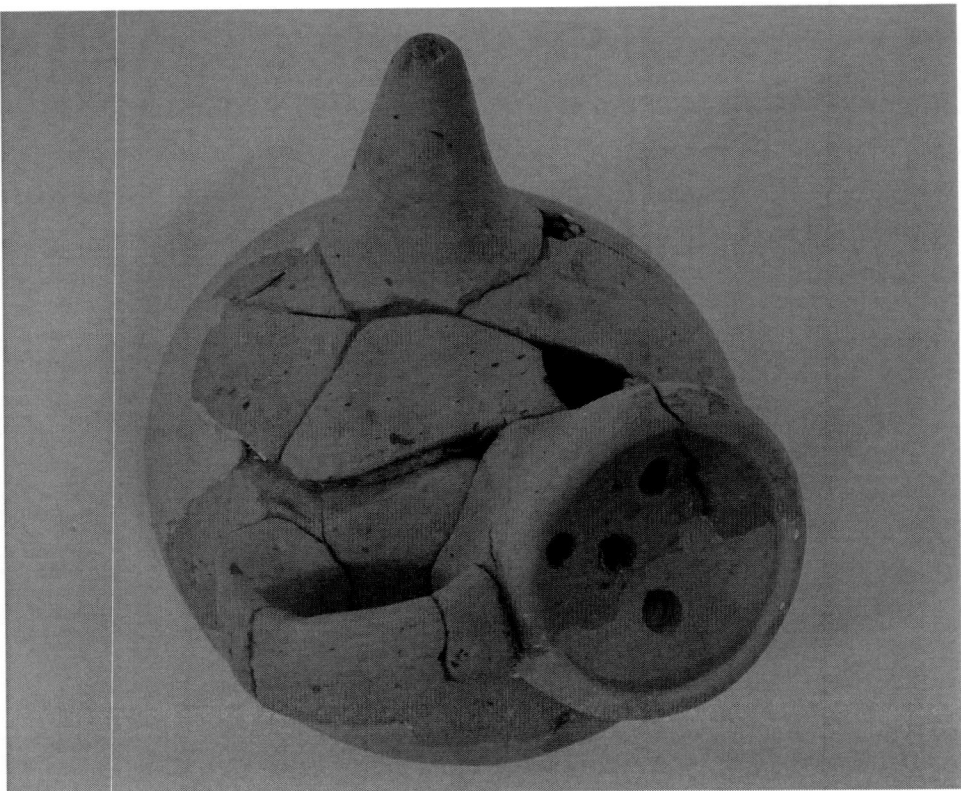

Fig. 207b. Biberon de Marseille, vue d'en haut sur la passoire, Photo R. Jaeggi

a été mis au jour dans la sépulture 232[19] (**fig. 208**). Tous deux étaient accompagnés d'un coquillage. De type *Callista chione* pour le premier (**fig. 209**), *Pecten jacobeus* pour le second (num. inv. respectivement 135 et 355)[20]. Le défunt de la sépulture 218 est un nouveau-né, l'âge de celui de la sépulture 232 n'est pas précisé car les ossements n'ont pas été conservés. En raison du mobilier funéraire, les auteurs concluent à la présence d'un jeune enfant.

Les analyses portent sur les deux VBT grecs que nous avons pu observer sur place (**tableau 20**). Les prélèvements des coquilles qui leur étaient associées n'ont malheureusement pu être réalisés à ce jour mais sont en cours. Il est du plus grand intérêt de compléter cette lacune, qui permettrait de vérifier l'hypothèse qu'il s'agit d'une cuillère[21]. Le choix d'analyser le contenu de ces deux vases a été motivé par une recherche de parallèles. Nous sommes convaincue que la « coutume » de déposer les VBT dans les sépultures gallo-romaines prend ses origines dans le monde grec.

---

19 Numéro d'inventaire 354.
20 Des analyses biochimiques du contenu ont été faites sur ces deux coquillages postérieurement à cette recherche. Voir JAEGGI-RICHOZ 2022b.
21 Voir STROCZEK 2012, p. 57-76.

FIG. 208. Biberon de Marseille à vernis noir, nécropole de Sainte-Barbe, sépulture T 232, Photo R. Jaeggi.

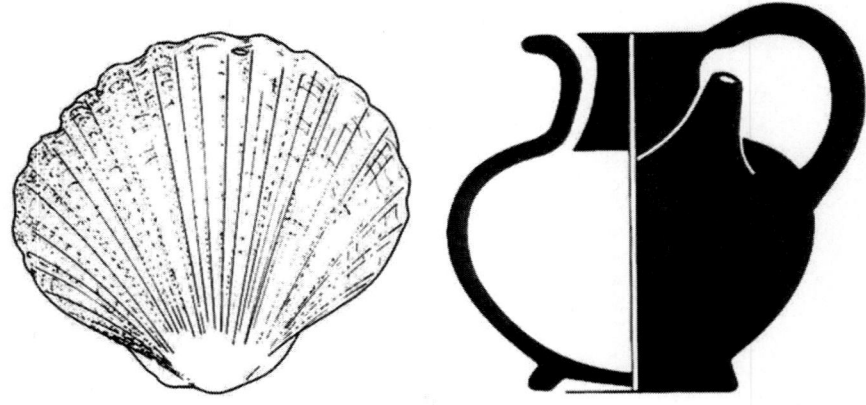

Fig. 209. Biberon de Marseille et coquillage pecten jacobeus, sépulture T23. Infogr. M. Moliner.

Contrairement à ce que l'on pourrait penser en songeant aux oliveraies grecques et à l'importance de l'huile d'olive en Grèce[22], aucun des deux VBT de Marseille ne présentent les marqueurs de l'olive, ni d'ailleurs ceux de l'huile. Tous deux recèlent un corps gras provenant d'un animal ruminant ainsi que les marqueurs du squalène sur lesquels nous reviendrons. Le corps gras est chauffé comme le montre le marqueur de la cholestadiénone[23]. L'identification de raisin noir et blanc et les traces de fermentation suggèrent du vin respectivement blanc et rouge. Chauffée à haute température[24], la poix de conifère est présente uniquement dans le premier exemplaire. Celui-ci se distingue par une passoire présente dans son embouchure et l'absence de vernis. La présence d'une passoire est énigmatique. A-t-elle servi à filtrer la poix – présente uniquement dans le premier exemplaire – que ce soit pour tapisser les parois internes du vase ou pour aromatiser le mélange ? L'absence de vernis pour imperméabiliser pourrait soutenir la première proposition. On peut toutefois aussi imaginer que la passoire a permis le filtrage d'une graisse résultant de la fonte d'un lard peut-être encore pourvu de sa couenne, ce qui expliquerait la présence de squalène. D'autres analyses des VBT grecs (et autres *guttus*), avec ou sans passoire, pourraient confirmer ou infirmer ces hypothèses. Il faut rappeler que les VBT produits en Gaule romaine n'ont, à l'exception de deux exemplaires, jamais de passoire sur leur embouchure sommitale[25]. Si donc la passoire a bien servi à filtrer de la poix, l'usage d'une passoire amovible doit être envisagé sur les

---

22 À ce sujet voir Brun 2004, 2005.
23 La présence de cholestadiénone indique une dégradation du corps gras par chauffage selon N. Garnier. Voir Del Vais *et al.* 2017, p. 96-97.
24 La résine est identifiée par la présence d'acide diterpénique, et le rétène, (4H-rétène selon le rapport de N. Garnier). Le rétène témoigne de la dégradation d'une résine de conifère, due à un traitement anthropique de la résine, tel que la chauffe (Garnier 2007, p. 45).
25 Notre corpus compte deux VBT, dont nous n'avons pas de photographies, que les découvreurs décrivent comme ayant une passoire sur le dessus. Tous deux sont en glaçure plombifère. L'un provient de Lezoux et n'a pu être retrouvé lors de notre visite au Musée de la céramique, l'autre provient d'Évreux, Mondanel 1982.

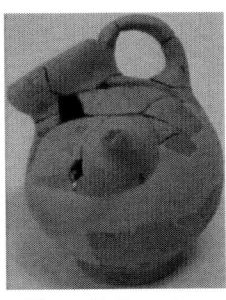 1. Photo R. Jaeggi	Marseille, Musée d'histoire Num inv. 136 / 93.4.38 Sépulture 218, nouveau-né	– corps gras de ruminant – traces de chauffage (cholestadiénone) – squalène – raisin noir fermenté – poix chauffée (présence d'HPA, rétène, 4H-rétène…) Pollutions plastiques !
 2. Photo R. Jaeggi	Marseille, Musée d'histoire Num. inv. 354 / 93.4.37 Sépulture 232, ossements absents	– corps gras de ruminant – traces de chauffage (cholestadiénone) – squalène – raisin <u>blanc</u> fermenté Pollutions plastiques !

TABLEAU 20. Analyses des biberons de Marseille.

VBT gallo-romains l'ayant contenue, quel qu'ait été son usage (imperméabilisant comme aromatisant)[26]. Un parallèle est offert par un *guttus* italiote à muffle de lion, mis au jour au sein d'un ensemble funéraire à Apollonia de Cyrénaïque (IVe siècle av. J.-C.). Le *guttus* contenait une bille ayant pu servir à rendre le mélange homogène, par secouement. Menées par J.-J. Maffre, D. Frère, E. Dodinet et N. Garnier, les analyses de contenu du *guttus* ont permis d'identifier la présence d'un produit laitier, d'un mélange d'huile à base d'olive et peut-être de lin, de l'acide benzoïque et de la vanilline. Ces deux dernières substances étant présentes ensemble dans la résine de liquidambar et le styrax, les auteurs envisagent la présence de l'une ou l'autre. Quoi qu'il en soit, le mélange devait être particulièrement aromatique. Les chercheurs concluent à une huile parfumée hétérogène que la bille en céramique permettait d'homogénéiser avant application. En l'absence de substances aussi odoriférantes, et d'un même dispositif interne, on ne peut envisager un mélange de nature et fonction identiques dans le VBT marseillais à passoire.

L'espace auvergnat : Beaumont, Gerzat, Pérignat-sur-Allier

Au sein de notre corpus, les VBT auvergnats font partie du premier lot analysé (**tableau 21**). Au nombre de cinq, ils proviennent de trois sites ruraux : de Champ-Madame à Beaumont, du Pâtural à Gerzat, des Varennes à Pérignat-sur-Allier.

---

26 Pline mentionne la poix appelée *zopissa* par les Grecs. Il s'agit d'une réutilisation du goudron servant à colmater les navires. Celui-ci est raclé et mélangé à de la cire. Pline précise qu'elle a des propriétés exceptionnelles, par son contact avec le sel marin (PLINE, *HN* 24, 41).

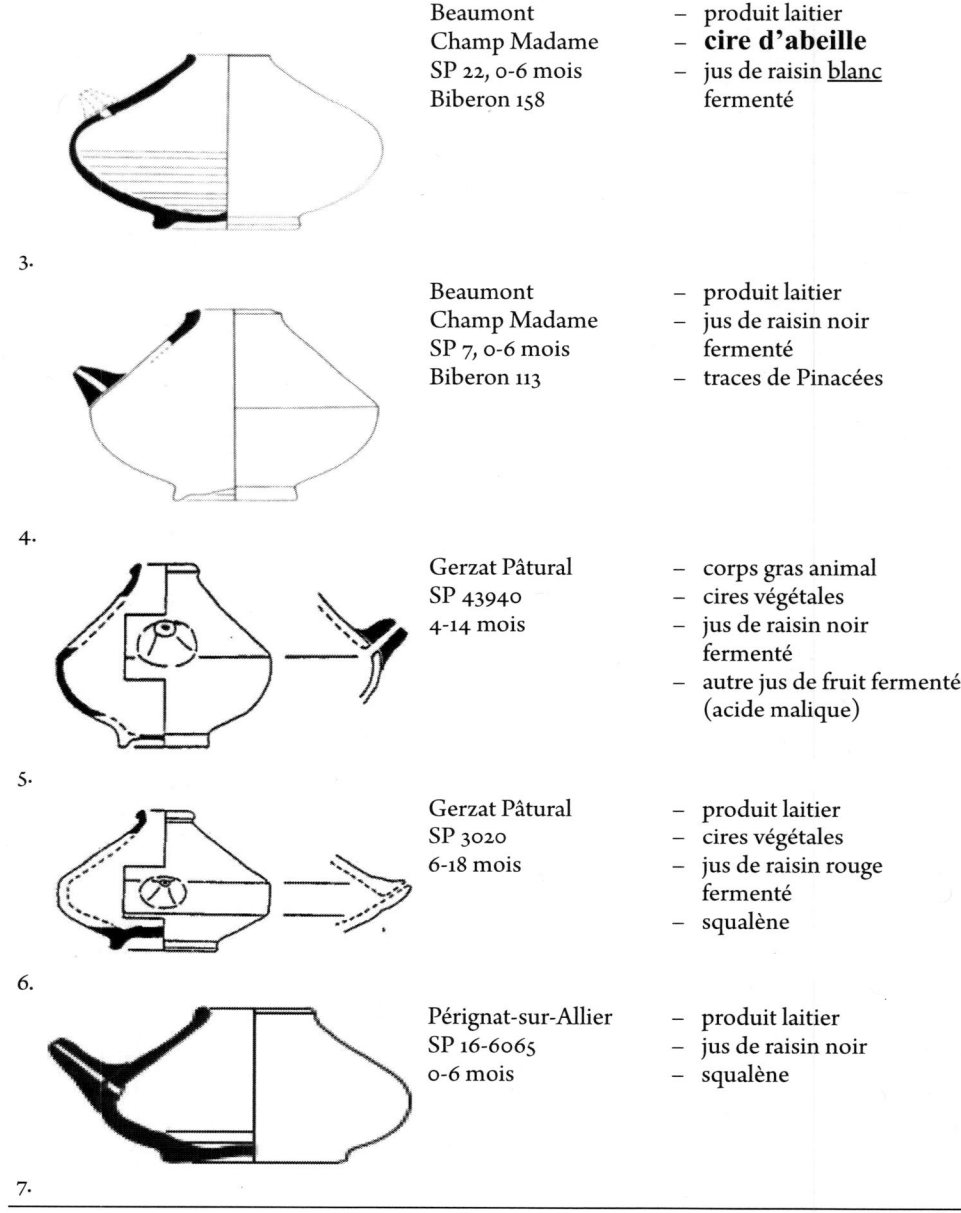

TABLEAU 21. Analyses des biberons d'Auvergne.

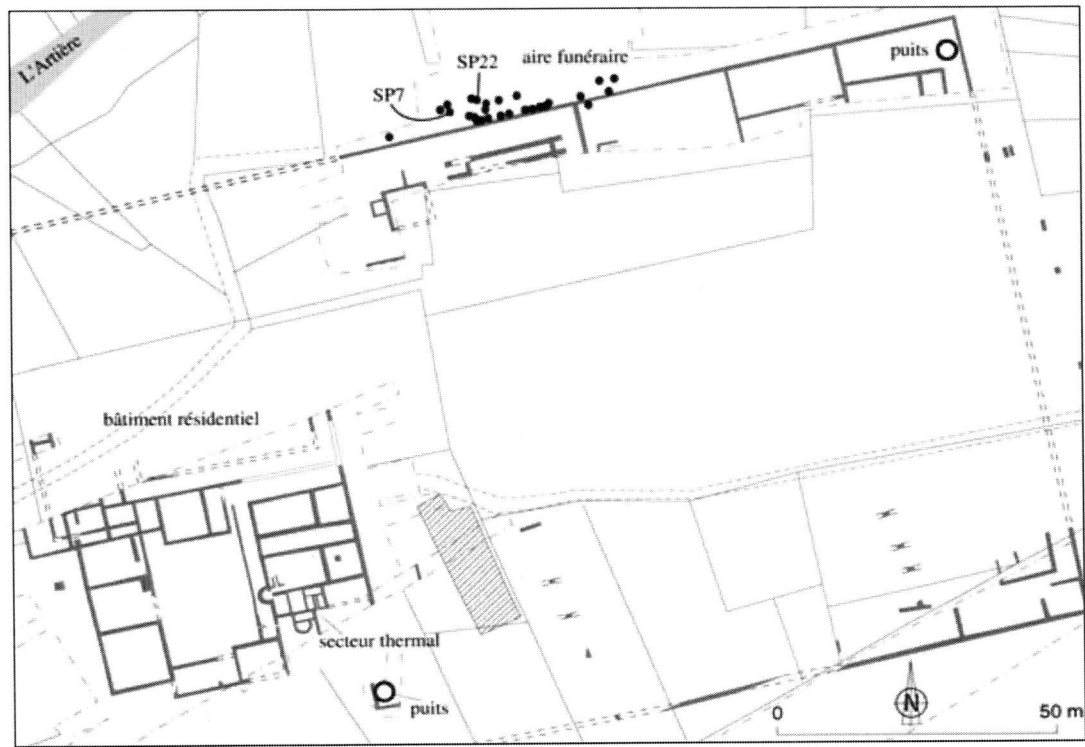

Carte 12. Zone funéraire de Champ-Madame, Beaumont. DAO P. Combes, Inrap. Jaeggi, Garnier, et Wittmann 2015, fig. 2.

Champ-Madame à Beaumont

Le site de Champ-Madame présente une première occupation à l'époque d'Auguste ou de Tibère[27]. Une villa y est construite entre la fin du Ier siècle et le début du IIe. Un espace funéraire dédié aux très jeunes enfants est créé à cette époque, entre 90 et 120 apr. J.-C. le long du mur septentrional de la propriété. Vingt-sept sépultures d'enfants de moins de six mois prennent place à l'extérieur du mur, et donc de la propriété, alors qu'une sépulture est placée à l'intérieur du mur (**carte 12**).

Vingt de ces sépultures renferment un contenant qui est la plupart du temps composé d'un coffrage en bois. Parmi celles-ci 13 sont pourvues de vaisselle en céramique et en verre. Le mobilier des deux sépultures qui renfermaient les deux VBT peut être considéré comme abondant[28]. La première (SP7) contenait onze vases dont le VBT, une marmite tripode et

---

27 Une monographie porte sur le site : Alfonso et Blaizot 2005. Un article commun avec Nicolas Garnier et Alain Wittmann présente les résultats obtenus pour les VBT auvergnats (Jaeggi, Garnier et Wittmann 2015).

28 Une autre tombe (SP40) de l'ensemble sépulcral contenait deux VBT qui n'ont pas été analysés. L'âge du défunt est estimé entre 0 et 6 mois. La tombe contenait un mobilier plus restreint composé d'un pot et d'une cruche (cat. C75).

son couvercle, deux gobelets à parois fines, un pot à engobe blanc, trois cruches à engobe blanc et un flacon en verre (**fig. 203**). Le squelette reposant au fond du cercueil est un nouveau-né dont l'âge est estimé entre 3 et 6 mois. Le VBT est en sigillée et de production locale, probablement du centre artisanal voisin de Lezoux (cat. C74).

La seconde sépulture (SP22) est celle d'un enfant dont l'âge est estimé plus largement entre le terme et 6 mois. Il était accompagné de six pièces de mobilier dont un VBT, une marmite tripode et son couvercle, un gobelet (ou pot miniature ?) et un pot en céramique commune claire et une cruche à engobe blanc (**fig. 202**). Ce type de mobilier est courant dans les tombes d'enfants de la région, avec une large prédominance de cruches et quelques formes miniaturisées, comme l'ont souligné Alain Wittmann et Christine Bonnet[29]. Le VBT est différent du précédent. Composé d'une pâte fine, son profil présente une courbe douce (cat. C73).

À l'exception du gobelet situé près du défunt, les cinq vases étaient rassemblés dans la partie orientale de la tombe. Une table ou un coffre en matière périssable peuvent être envisagés comme support en raison de la position des objets. Le VBT était en effet posé sur le goulot lors de sa découverte.

Le Pâtural à Gerzat

Distant d'une quinzaine de kilomètres de Champ-Madame, Le Pâtural est un site rural qui abrite, de l'époque augustéenne jusqu'au début du IIe siècle, un domaine de type indigène (**carte 13**).

Des transformations des bâtiments interviennent à la fin du IIe siècle, vraisemblablement en raison d'un accroissement de la population. Une aire sépulcrale prend place aux abords d'un fossé parcellaire délimitant la zone habitable. Différents ensembles apparaissent des deux côtés du fossé. Des inhumations et crémations d'adultes forment plusieurs ensembles distincts. Les sépultures d'enfants sont divisées en deux ensembles, tous deux situés du côté de l'habitation. Les sépultures enfantines prennent vraisemblablement place dès la première installation. Neuf sujets sont âgés de moins de 18 mois. L'anthropologue compte cinq périnatals, un individu de moins de 6 mois et trois entre 4 et 18 mois. Les tombes à VBT sont celles des enfants ayant vécu quelques mois (les tombes des périnatals présentent rarement du mobilier). Le premier (sép. 3020) est âgé entre 6 et 18 mois, le second (sép. 43940) entre 4 et 14 mois. L'enfant le plus âgé est accompagné d'un mobilier comprenant six vases dont une assiette en sigillée, estampillée au nom du potier Crestio ou Crestus de La Graufesenque, un bol Ritt 8b également estampillé [TVLO], un tesson d'assiette et une coupe en céramique grise fine. La sépulture comprend encore un fond de vase de forme haute découpé et un VBT en commune claire à parois fines et couverte blanche, présentant une carène double (C237). La seconde tombe est moins richement fournie puisqu'elle ne compte qu'une cruche, dont la forme en poire allongée est plutôt rare et un VBT en céramique claire à pâte épaisse et à engobe orangé.

---

29 WITTMANN et BONNET 2009, p. 181.

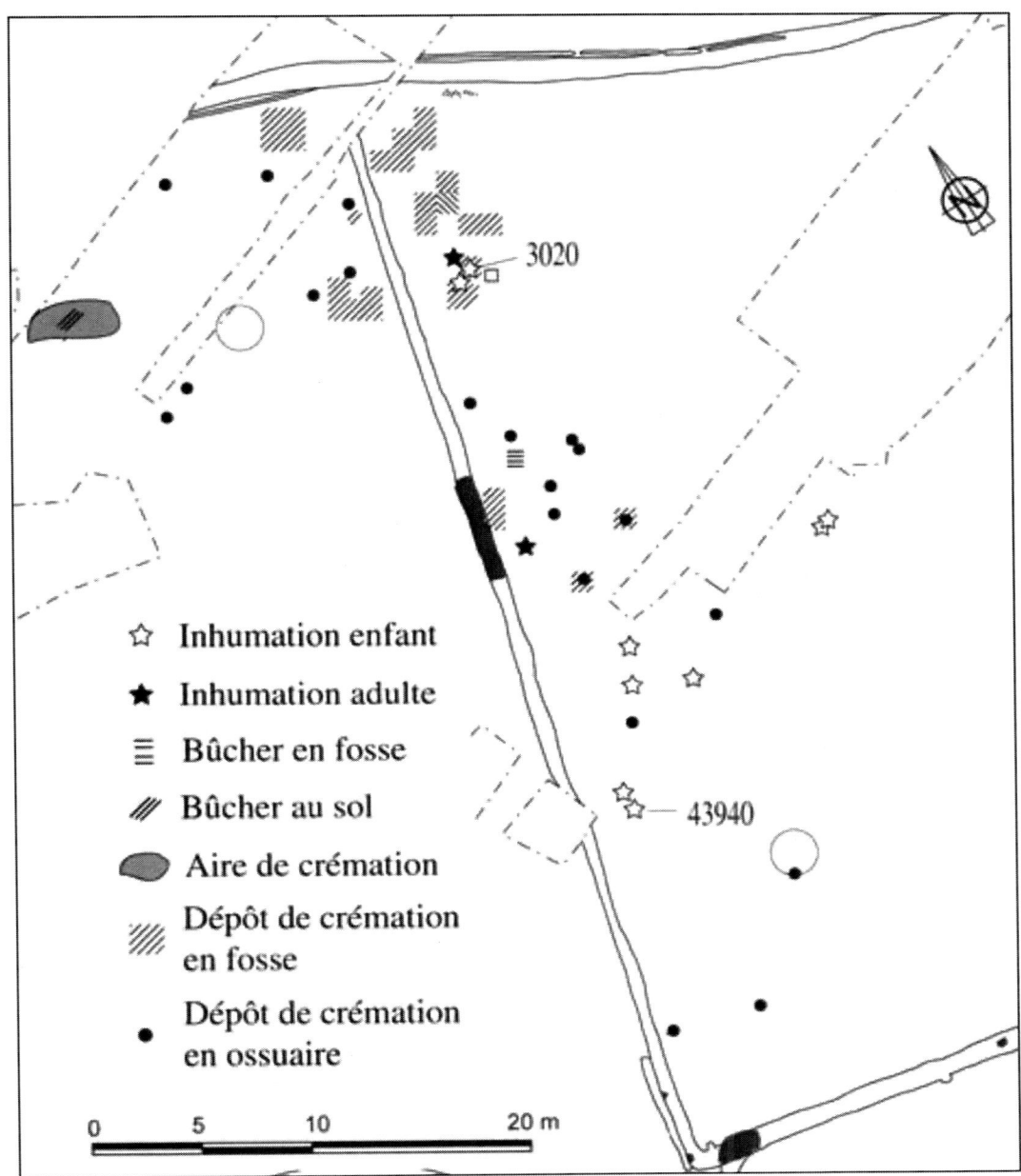

Carte 13. Plan de l'aire funéraire de Gerzat, Le Pâtural (dao M. Brizard, Inrap), Jaeggi, Garnier et Wittmann 2015, fig. 7.

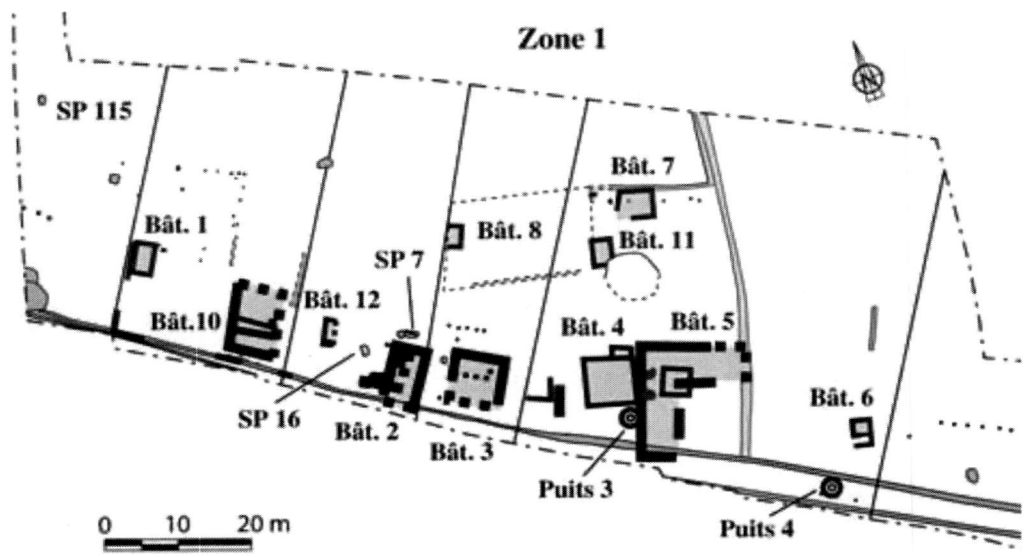

Carte 14. Plan de l'établissement rural de Pérignat-sur-Allier, Les Varennes, DAO Brizar, Inrap. Jaeggi, Garnier et Wittmann 2015, fig. 8.

Varennes à Pérignat-sur-Allier

Le dernier VBT auvergnat provient de la tombe d'un nourrisson âgé de moins de 6 mois. La sépulture prend place aux alentours de bâtiments constituant un ensemble rural peut-être à vocation agropastorale (**carte 14**). La durée de l'installation va de la seconde moitié du Ier siècle apr. J.-C. au IIIe voire IVe siècle. Les sépultures sont plus rares que sur les autres sites puisqu'elles sont au nombre de quatre, et comptent deux individus de moins de six mois, situés dans la même parcelle. Le mobilier est réduit à une cruche décapitée, un bord de coupe en céramique fine, et une autre coupe dont il manque le pied.

Les analyses des cinq VBT montrent la présence d'un produit laitier non fermenté (ni lait aigre ou caillé ni fromage) dans quatre des cinq VBT (**tableau 21**). Le seul VBT qui ne contenait pas de lait présentait un corps gras animal du type graisse sous cutanée (lard) qui ne peut être précisé. Alors que l'ensemble des sources animales sont repérées par la présence de cholestérol, les produits laitiers se distinguent par une distribution de leurs acides gras plus large que les graisses[30].

Tous les VBT contiennent du jus de raisin, qui est parfois rouge (acide syringique qui indique la présence de raisin noir ou teinturier[31]), parfois blanc. Les marqueurs de fermentation alcoolique (acides succinique et fumarique), associés à quatre reprises au

---

30 Les acides gras (d'après les normes utilisées en chimie alimentaire, c'est à dire *n:i* – nombre d'atomes de carbone constitutif : nombre d'insaturations). Pour les produits laitiers de l'acide butyrique (4:0) à l'acide stéarique (18:0). Pour les graisses animales ils se limitent aux acides palmitiques (16:0) et stéariques (18:0). Voir Frère 2015, p. 83. Au sujet des produits laitiers en archéologie voir Bodiou, Frère et Jaeggi 2021.
31 Barnard *et al.* 2011 ; Jaeggi, Garnier et Wittmann 2015, p. 565.

raisin permettent de dire qu'il s'agissait de vin ou de vinaigre. Un autre fruit, détecté uniquement dans l'exemplaire SP 43940 de Gerzat est révélé par la présence d'acide malique. Cet acide est contenu dans un grand nombre de fruits et de baies de la famille des *Rosacea* dont les pommes (*Malus* spp.), mais aussi les poires (*Pyrus* spp.), les cromes (*Sorbus* spp.), les cynorrhodons (*Rosa canina* L.), les coings (*Cydonia oblonga* Mill.), les nèfles (*Mespilus germanica* L.), les cerises, les prunelles, les pêches, les abricots (genre *Prunus*), les fruits d'aubépine (*Crataegus* spp.), également encore dans d'autres familles : les groseilles et cassis (*Ribes* spp., *Grossulariaceae*), les myrtilles, les airelles (*Vaccinium* spp., *Ericaceae*). Pline évoque différents fruits utilisés pour faire du vin (*uinum*) :

> On fait aussi des vins de fruits ; nous les énumérerons en n'ajoutant que les explications indispensables : d'abord celui de dattes, en usage chez les Parthes, les Indiens et dans tout l'Orien, obtenu par macération d'un *modius* de dattes douces dites *chydées* dans trois conges d'eau et pressurage. Par le même procédé on obtient aussi un vin de figues, le *sycitès*, appelé aussi *pharnuprium* ou *trochis*, ou bien, si on le veut plus fort, on ajoute au lieu d'eau une quantité égale de marc de raisin. Avec la figue de Chypre on fait aussi un excellent vinaigre, meilleur encore que l'Alexandrin. On fait aussi du vin de caroubes, de poires, de toutes les variétés de pommes (mais le vin de grenade se nomme *rhoitès*), de cornouilles, d'épines blanches, de sorbes, de mûres sèches, de pignons de pin, ces derniers sont attendirs dans le moût et pressurés ; les vins précédents sont naturellement doux. Nous donnerons un peu plus loin la recette de Caton pour le *myrtitès*. Celle des Grecs est différente : les rameaux tendres avec leurs feuilles sont cuits dans du moût salé et pilés ; on en fait bouillir une livre dans trois conges de moût jusqu'à réduction aux deux tiers. Le vin obtenu par le même procédé avec les baies du myrte sauvage s'appelle *myrtidanum*. Il tache les mains[32].

Jacques André précise que les fruits utilisés pour l'obtention de boissons alcoolisées, ou « vin (*uinum*) de fruit » selon l'expression utilisée par Pline[33], ne peuvent être sauvages, car leur teneur en sucre est insuffisante[34]. Les marqueurs de fermentation présents dans ce vase VBT ne permettent toutefois pas de déterminer lequel des deux jus de fruit (raisin et autre) était fermenté. Ils pouvaient l'être l'un et l'autre. La cire d'abeille a été identifiée dans un seul des cinq VBT. Sa présence peut indiquer du miel disparu (il s'agirait alors d'un miel mal raffiné) ou d'un ajout de cire comme cela est parfois mentionné chez Pline[35]. Sucre soluble dans l'eau, le miel en lui-même ne peut se conserver dans un environnement

---

32 *HN* 14, 103 : *Fiunt et e pomis, quae dicemus interpretationibus non nisi necessariis additis, priumque e palmis, quo Parthi, Indi utuntur et Oriens totus, mitiorum quas uocant chydaeas modio in aquae congiis tribus macerato expressoque. Sic fit et sycites e fico, quem alii pharnuprium, alii trochin uocant, aut si dulce esse non libeat, pro aqua tantumdem uinaceorum adicitur. E Cypria fico et acetum fit praecellens atque Alexandrino quoque melius. Uinum fit et e siliqua Syriaca et epiris malorumque omnibus generibus (sed e Punicis rhoiten uocant) et e cornis, mespilis, soruis, morissiccis, nucleis pinis. Hi musto madidi exprimuntur, superiora per se mitia. Myrtiten Cato quem ad modum fieri docuerit mox paulo indicabimus, Graeci et alio modo. Ramis teneris cum suis foliis in salso musto coctistunsis, libram in tribus musti congiis deferue faciunt, donec duo supersint. Quod ita e siluestris myrti bacis factum est, myrtidanum uocatur. Hoc manus tinguit.*
33 *Ibid.* 14, 102-104.
34 ANDRÉ 2009, p. 173.
35 Dans *HN* 24, 14, la poix et la cire sont interchangeables pour les articulations et la goutte. N'oublions pas l'importance du vin miellé, *mulsum*. La recette est donnée par COLUMELLE, *De l'agriculture* 12, 41.

tel que celui d'une tombe. Les cires végétales sont à distinguer de la cire animale. Dites épicuticulaires, ces cires forment une fine couche à la surface des tiges, feuilles et fruits. Elles apparaissent dans les huiles végétales faites avec des fruits ou des graines et peuvent résulter d'une décomposition de la végétation survenue avant la fermeture de la fosse. Elles sont alors considérées comme des pollutions environnementales[36].

Le squalène est une substance aussi identifiée dans deux des cinq VBT (Gerzat Pâtural SP 3020, Pérignat-sur-Allier). Décelé dans d'autres VBT de notre corpus, son origine reste incertaine. Il est attesté dans l'huile de foie de requin ou l'huile d'olive mais ces deux origines sont à écarter en ce qui concerne nos vases. Le squalène est en effet trop fréquent pour que l'on puisse penser qu'il ait été tiré du requin[37], et il ne peut pas davantage être rapporté à l'huile d'olive car les échantillons concernés ne comportent aucun marqueur d'olive ou d'huile végétale. Le squalène est aussi présent dans les peaux à sébum, et en moindre quantité dans le lait humain. Mais le taux de squalène est trop important pour pouvoir correspondre à du lait, compte tenu de la contenance des vases. Il pourrait plutôt indiquer l'usage de lard pourvu de sa couenne dans la préparation. De fait, le lait, par son large spectre, peut masquer la présence d'une graisse animale de ce type[38].

Finalement, notons les faibles traces d'acides diterpénique[39], principalement l'acide déhydroabiétique[40] qui apparaissent dans quasiment tous les VBT et pourrait indiquer la présence de poix. Lorsque les marqueurs de ce dernier acide est absent, on peut envisager l'ajout de résine de Pinacées, peut-être mélangée au préalable au vin. Il pourrait aussi simplement s'agir de pollution environnementale, si la végétation alentour comptait des résineux.

La Touraine : Esvres et Tours

Onze des VBT de Touraine sont issus de la nécropole de la Haute-Cour à Esvres. Un exemplaire conservé au dépôt de Parçay Melay est indiqué comme provenant du théâtre de Tours[41] (**tableau 22**), sans qu'il soit possible d'aller plus loin dans cette détermination du lieu de découverte. Les VBT d'Esvres forment deux lots distincts en raison de leur date de découverte. Le premier lot a été mis au jour au début du XXe siècle par l'abbé Octave Bobeau (**tableau 23**), le second résulte de fouilles récentes conduites par Jean-Philippe Chimier et son équipe depuis 2008 (**tableau 24**). Les lieux de découverte des VBT issus du

---

36 RIQUIER *et al.* 2016, p. 318.
37 Le requin a été identifié dans l'Histoire naturelle de Pline au *canicula*, littéralement « petit chien ». Le naturaliste n'évoque pas de remèdes, hormis une dent de requin pour aider à la dentition des petits enfants, mais fait état de la dangerosité de l'animal pour l'homme (*HN* 9,151 à 9,153). Pline signale qu'une huile de poisson était réalisée par les peuples Ichthyophages, ce qui suggère une utilisation singulière, et particulièrement exotique (*HN* 15, 7). Voir aussi LE GOÏC 2016, p. 45-49.
38 Chimiste travaillant sur des analyses et contextes du même type, R. P. Evershed considère le squalène comme une manipulation moderne avec des mains grasses.
39 Indicateur des terpènes, classe d'hydrocarbures produits surtout par les conifères. Ils sont les composants majeurs des résines et de l'essence de thérébenthine.
40 Selon GARNIER (2012, p. 65) : « c'est un marqueur spécifique produit lors de la production de la poix (l'acide déhydroabiétique méthylé), qui présente une bande d'absorption du groupe ester méthylique, absente de la résine ».
41 Est-il fait ici mention du théâtre antique ou moderne ? Aucune précision n'est donnée dans l'inventaire du Dépôt départemental de Tours (ancienne collection conservée au Musée Gouin).

	HG 991.1-1	– produit laitier – huile végétale insaturée
8.		

TABLEAU 22. Analyse du biberon en verre de Tours. Dépôt départemental de Tours.

premier lot, conservés à la Mairie d'Esvres, ne sont pas connus avec exactitude. Néanmoins, il a été possible à S. Riquier de situer la parcelle fouillée par O. Bobeau et d'en déduire qu'elle jouxte les zones fouillées récemment. Les deux lots proviennent donc d'une seule et même nécropole, dont l'acidité du sol n'a malheureusement pas permis la conservation des ossements[42]. Les sépultures à VBT sont considérées comme celles d'enfants en raison de la taille des fosses.

Les sept VBT dont on connaît le contexte sont issus de six tombes. Comme nous l'avons vu à plusieurs reprises, le dépôt de deux VBT survient occasionnellement. Il apparait ici dans la sépulture 305 (**fig. 210**). L'un des exemplaires est en verre alors que l'autre est en céramique. Comme la plupart des tombes à VBT de la nécropole, cette sépulture renfermait un mobilier important. Onze objets ont été dénombrés dont cinq en céramique, trois en verre, deux en fer plus un tesson de céramique. Parmi ces objets en verre, se trouvait un ravissant aryballe en verre (3040-3046) qui a également fait l'objet d'une analyse du contenu. Il est rapporté dans le tableau des objets faisant partie du lot 2 de la nécropole d'Esvres, sous les VBT trouvés dans la même sépulture. Les deux VBT ont été déposés au sud de la fosse, entre la paroi et le contenu du corps. La sépulture est datée entre 40 et 70 apr. J.-C.

La sépulture 109 témoigne du dépôt d'un riche mobilier et d'un soin particulier appliqué au lieu de dépôt. Celui-ci est une grande fosse aménagée avec de grosses pierres qui faisaient office de parois. Les archéologues parlent d'une chambre funéraire complexe aussi bien « dans son architecture que dans le rituel de la sépulture »[43]. La datation est estimée entre 20 et 40 apr. J.-C.

La découverte d'un nombre important de clous en place suggère un cercueil en bois. Leur emplacement donne à penser qu'il s'agissait d'un contenant pour un enfant, puisqu'il est estimé à une longueur d'environ 60 cm. Une reconstitution précise des gestes, liés à l'établissement de la tombe et aux étapes successives de dépôt, a révélé trois lots de dépôts différents, dont un emprisonné dans la maçonnerie des murs. Le VBT se trouvait à l'intérieur

---

42 À l'exception de menus fragments qui ont parfois rendu une analyse osseuse et une estimation de l'âge possible. Exemple S305.
43 CHIMIER 2012, p. 123 ; RIQUIER *et al.* 2016, p. 320.

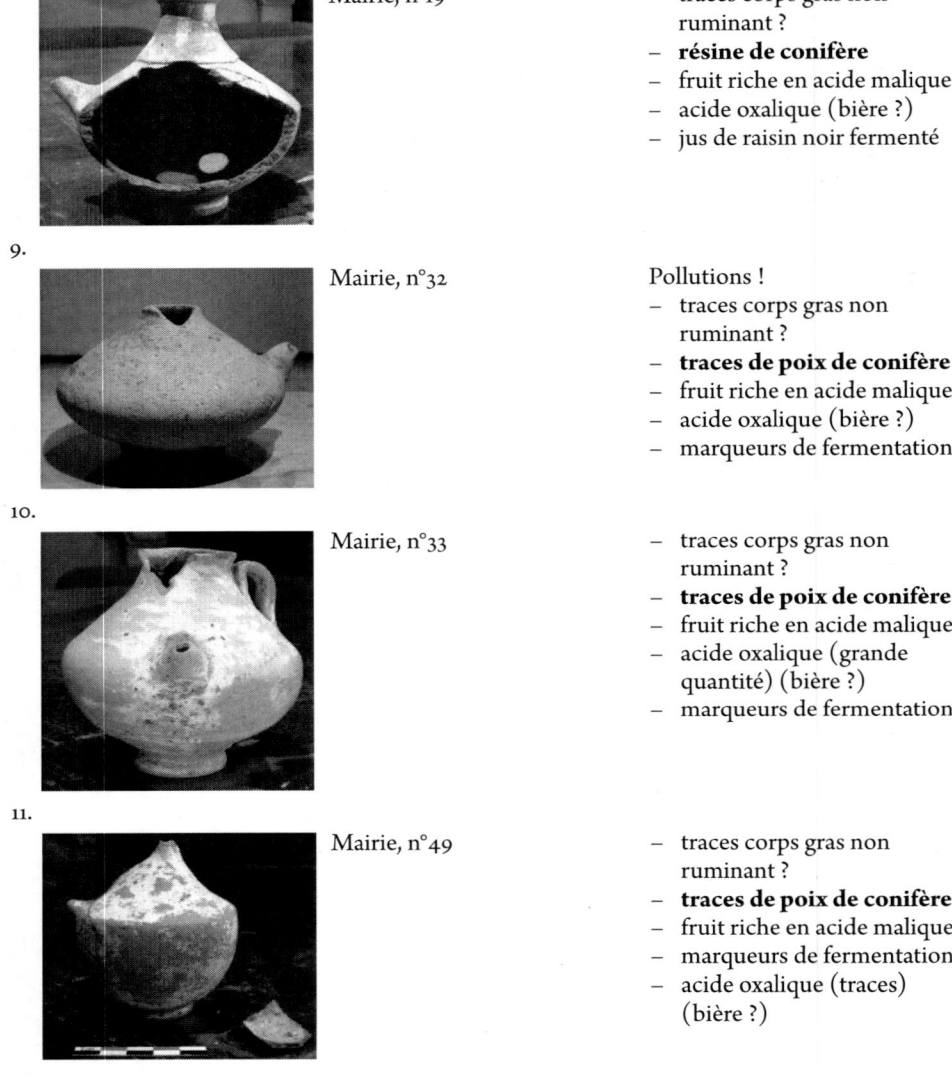

9.	Mairie, n°19	– traces corps gras non ruminant ? – **résine de conifère** – fruit riche en acide malique – acide oxalique (bière ?) – jus de raisin noir fermenté
10.	Mairie, n°32	Pollutions ! – traces corps gras non ruminant ? – **traces de poix de conifère** – fruit riche en acide malique – acide oxalique (bière ?) – marqueurs de fermentation
11.	Mairie, n°33	– traces corps gras non ruminant ? – **traces de poix de conifère** – fruit riche en acide malique – acide oxalique (grande quantité) (bière ?) – marqueurs de fermentation
12.	Mairie, n°49	– traces corps gras non ruminant ? – **traces de poix de conifère** – fruit riche en acide malique – marqueurs de fermentation – acide oxalique (traces) (bière ?)

Tableau 23. Analyses des biberons d'Esvres découverts par O. Bobeau entre 1905 et 1909.

du cercueil avec deux autres vases. Une boucle de ceinture métallique était quant à elle posée sur le couvercle du contenant du corps. 17 vases sont en céramique et 3 en verre (cat. C212). La présence de clous indique un contenant du corps en bois. La sépulture comptait quatre vases en céramique, 1 balsamaire en verre ainsi que des éléments de parure en verre et métal (C206) peut-être été montés en collier. Les vases se trouvent tous à l'intérieur du cercueil[44].

---

44 Riquier, Inrap, rapport de fouilles inédit.

Fig. 210. Esvres, nécropole de La Haute-Cour, sépulture 305, ensemble composé de deux biberons et d'un aryballe en verre. Photo J.-Ph. Chimier.

Le mobilier de la sépulture 306 compte sept objets, dont cinq en céramique, un flacon de verre et un tesson de verre. Seule la position du gobelet en céramique et du flacon en verre a pu être déterminée avec précision. Les deux objets se trouvaient à l'intérieur du cercueil. Les autres vases, dont le VBT, étaient placés au sud de la fosse, sans qu'il soit possible de juger s'ils se trouvaient à l'intérieur ou à l'extérieur[45].

Les données sur la sépulture 320 sont encore plus lacunaires que les précédentes. Le mobilier est plus restreint et fragmentaire. Outre les trois fragments constitutifs du VBT, il compte un fond de gobelet à paroi fine et un fragment de panse ayant peut-être appartenu à un pot. Le VBT a été l'objet d'analyses en raison d'une concrétion noirâtre visible à l'œil nu (C205).

Finalement, la sépulture 329 n'a rendu aucun autre mobilier en dehors de l'important fragment de VBT qui a permis de reconstituer son profil. Il est suggéré par Sandrine Riquier qu'il pouvait s'agir d'une sépulture fouillée par Octave Bobeau et donc que le mobilier avait déjà été extrait.

---

45 *Ibid.*

L'analyse du VBT en verre dont le contexte est mal défini (théâtre) a permis d'identifier la présence d'un produit laitier et d'une huile végétale insaturée (**tableau 22**). L'état de la recherche permet rarement à ce jour de définir le type d'huile conservé[46]. Ayant une place prépondérante dans l'Antiquité, l'huile d'olive doit ici être écartée, en l'absence des marqueurs de l'olive[47]. Dans son livre 15, Pline évoque une large palette d'huiles qui va de l'huile d'olive – l'espèce domestique est préférée mais l'espèce sauvage existe aussi et est privilégiée pour des préparations médicamenteuses – en passant par l'huile de ricin, d'amandes, de noix ainsi que celles de châtaignes, sésame et riz faites par les Indiens[48].

Les analyses des deux lots de VBT découverts à Esvres montrent des divergences entre les deux groupes. Le premier lot issu des fouilles d'O. Bobeau, présente de faibles traces d'un corps gras animal provenant d'animaux non ruminants (**tableau 23**). Tous les vases contiennent un fruit riche en acide malique, comme c'était le cas du VBT de la sépulture 43940 de Gerzat. Le raisin est minoritaire puisqu'il n'apparaît que dans un VBT de la mairie. Les marqueurs de fermentation montrent qu'il s'agit de vin. La fermentation peut toutefois aussi être attribuée au jus de fruit riche en acide malique trouvé conjointement dans ce vase. La résine de conifère apparaît à une reprise, alors que la poix est présente dans les autres vases. Les résines de conifères sont décelables par la présence d'acide déhydroabiétique. Celles de *Pinus sp.* présentent en plus des acides diterpéniques qui permettent de les identifier. La poix peut être avancée lorsque ces deux acides sont méthylés. En effet, la nature ne les produisant pas sous cette forme, leur présence ne peut qu'être imputée à l'action humaine. C'est la pyrogénation du bois brut en milieu clos qui est à l'origine de cette transformation moléculaire[49].

La résine est en quelque sorte le sang de l'arbre, du « sang végétal » pour reprendre l'expression d'É. Dodinet[50]. Elle est extraite du tronc de l'arbre qui, incisé, laisse sourdre la gemme, substance épaisse et odorante. Un chauffage lent de la substance permet d'en séparer l'essence (huile volatile) recueillie sur des toisons tendues au-dessus du feu. Nommé colophane, le résidu solide issu de ce processus se dissout aisément dans l'huile ou le vin[51]. La poix a la même provenance mais résulte d'une chauffe plus poussée. Excellent conservateur et fixatif, elle était ajoutée au vin mais pouvait tout aussi bien servir à l'imperméabilisation des parois des contenants[52]. Il est dès lors impossible de déterminer si la présence de poix se rapporte à l'étanchéité du vase ou si elle était l'un des composants de la boisson. Il en va de même pour la cire.

Cette série se démarque encore de la précédente et de la suivante, par sa contenance en acide oxalique. Généralement considéré comme témoignant de la présence de bière,

---

46 Les analyses du groupe de recherche mené par Dominique Frère ont mis en évidence de l'huile de ricin, d'olive, de sésame, de Brassicacées (dites aussi Crucifères) et l'huile de Ben (aussi connue sous le nom de Moringa et mentionnée par *HN* 14, 28) ; voir Garnier 2015, p. 134. L'huile de ricin se trouvait dans un mélange composé de graisse animale, de produit laitier et d'oléorésine dans une gourde égyptienne en faïence communément appelée du pèlerin (Frère 2015, p. 140, n° 39, et 152, note 445 ; Tchapla *et al.* 2004).
47 La culture de l'olivier est attestée depuis le Néolithique en Méditerranée nord-occidentale (Lanfranchi 2005).
48 *HN* 15, 28.
49 Egenberg *et al.* 2003 ; Frère 2015, p. 84.
50 Dodinet 2008, p. 23.
51 André 1964, p. 91.
52 André 2009, p. 164.

par sa mise en évidence dans le dépôt solide produit par la bière, on ne peut exclure une origine différente, car il est produit dans d'autres végétaux de la famille des Polygonaceae, dont la rhubarbe et les oseilles, et peut aussi être l'indicateur de levures, moisissures, fonges[53]. On peut relever que tous les VBT de la série d'Esvres dans laquelle il apparaît contiennent un jus de fruit riche en acide malique. Doit-on y voir une corrélation ? En fermentant, le jus de fruit a-t-il pu produire cet acide ? En outre, sa présence peut signifier l'introduction de céréales dans une préparation, ce qui coïnciderait plus étroitement avec les prescriptions des médecins antiques. Contrairement au vin, la bière a rarement bonne presse chez les médecins de l'Empire[54]. Marcellus Empiricus (IVe siècle), médecin gaulois et Dioscorides évoquent une bière d'orge, sans addition de miel, appelée *curma* ou *curmi*, que les pauvres consomment en raison de son bas coût[55]. Marcellus lui reconnaît un usage salutaire contre la toux[56].

Toxique à haute dose, l'acide oxalique entre dans la composition de produits antirouille et blanchissants. Les différents lieux de conservation postérieurs à la sépulture peuvent-ils avoir conduit à la présence de cet acide spécifique[57] ? Ou est-ce que cette série a bel et bien eu un contenu original qui la différencie des VBT de la seconde série retrouvés dans la même nécropole ? La quasi-omniprésence d'un jus de fruit autre que le raisin, semble converger vers la seconde hypothèse. La suite des résultats va permettre d'étayer cette proposition. Des sept VBT issus de la seconde série d'Esvres (**tableau 24**), six présentent un corps gras animal. Le VBT en verre se démarque de ceux en céramique puisqu'il présente un produit laitier et une huile végétale. N'ayant pu subir le second protocole permettant d'identifier les produits du vin, la composition de ce dernier se limite à la présence d'une huile imprégnée de bois de chêne (*Quercus* sp.).

Quatre des VBT contiennent une graisse fournie par un animal non ruminant qui peut être issu de nombreuses familles : suidés, équidés, gallinacés, palmipèdes, etc. L'encyclopédie de Pline l'Ancien se révèle une fois encore riche en parallèles puisqu'elle fait mention de graisse d'oie[58], de poule, de cygne[59], et même de vipère[60].

Dans trois cas, cette graisse spécifique a subi une cuisson suffisamment élevée pour qu'elle puisse être observée. C'est aussi le cas, à deux reprises, pour la graisse de ruminant. L'identification d'une graisse provenant d'un ruminant est due à la présence de phytanol et d'acide phytanique, produits formés dans le rumen[61] des animaux ruminants par digestion de la chlorophylle[62].

---

53 CRAMP et EVERSHED 2016, p. 134.
54 Résultant d'un pourrissement, Galien la considère comme mauvaise pour les humeurs (lakoxumos) et source de flatulences. Dioscorides, oribase, Aëtius of Amidena le rejoignent sur ce point. Pline la dit bonne pour la peau des femmes (NELSON 2001, p. 98).
55 MARCELLUS, *De Medicamentis liber* 16, 33. Dioscoride, *Mat. Méd.* 3, 88.
56 MARCELLUS, *De Medicamentis liber* 16, 33.
57 La série a été cachée en temps de guerre.
58 *HN* 30, 10 : oie et poule pour le visage. *HN* 30, 44 : la graisse d'oie ou de cygne pour assouplir la matrice.
59 *HN*. 30, 22 : avec de la fiente de rat et du suif de bœuf contre les hémorrhoïdes.
60 *HN* 30, 23 : contre la goutte.
61 CNRTL, *s.u.* « rumen » : Première poche de l'estomac des ruminants où s'accumule l'herbe qui doit être ruminée.
62 Rapport GARNIER, *Ribemont-sur-Ancre*, non publié, p. 11.

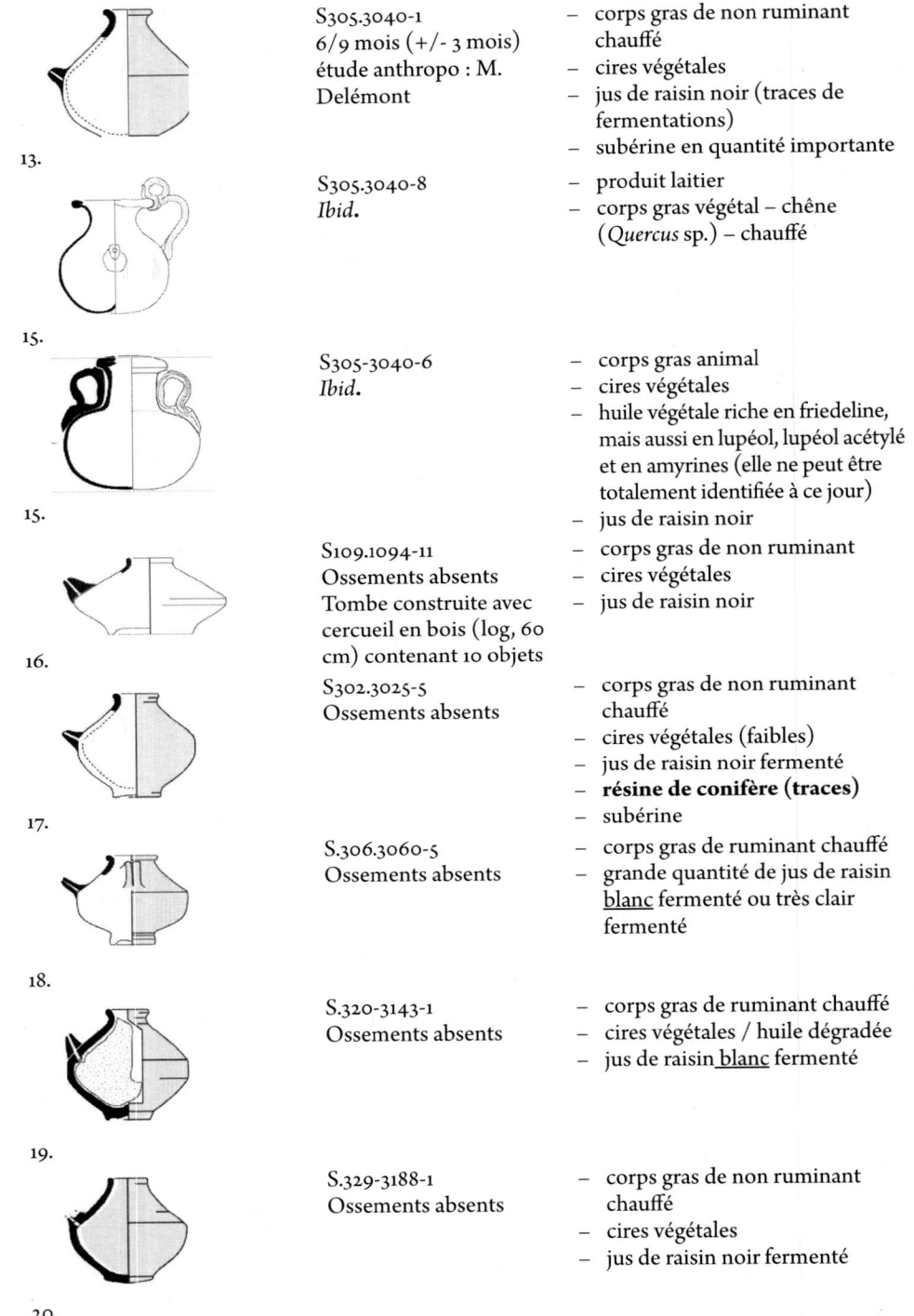

13.	S305.3040-1 6/9 mois (+/- 3 mois) étude anthropo : M. Delémont	– corps gras de non ruminant chauffé – cires végétales – jus de raisin noir (traces de fermentations) – subérine en quantité importante
15.	S305.3040-8 *Ibid.*	– produit laitier – corps gras végétal – chêne (*Quercus* sp.) – chauffé
15.	S305-3040-6 *Ibid.*	– corps gras animal – cires végétales – huile végétale riche en friedeline, mais aussi en lupéol, lupéol acétylé et en amyrines (elle ne peut être totalement identifiée à ce jour) – jus de raisin noir
16.	S109.1094-11 Ossements absents Tombe construite avec cercueil en bois (log, 60 cm) contenant 10 objets	– corps gras de non ruminant – cires végétales – jus de raisin noir
17.	S302.3025-5 Ossements absents	– corps gras de non ruminant chauffé – cires végétales (faibles) – jus de raisin noir fermenté – **résine de conifère (traces)** – subérine
18.	S.306.3060-5 Ossements absents	– corps gras de ruminant chauffé – grande quantité de jus de raisin <u>blanc</u> fermenté ou très clair fermenté
19.	S.320-3143-1 Ossements absents	– corps gras de ruminant chauffé – cires végétales / huile dégradée – jus de raisin <u>blanc</u> fermenté
20.	S.329-3188-1 Ossements absents	– corps gras de non ruminant chauffé – cires végétales – jus de raisin noir fermenté

TABLEAU 24. Analyses des sept biberons dont un en verre plus un aryballe (tombe 305) découverts depuis 2008, Chimier 2009, 2012, 2013.

La chauffe a selon toute vraisemblance conduit à la fonte de la graisse, utilisée comme substance de base au mélange. Les marqueurs de chauffe repérés ici permettent d'écarter la possibilité que la graisse puisse découler de la décomposition du cadavre ou d'offrandes carnées qui auraient été déposées dans la sépulture[63]. Le jus de raisin, rouge ou blanc, est identifié dans tous les VBT en céramique. Les traces de fermentation sont absents dans un seul de ces VBT. Un constat identique peut être tiré à propos des cires végétales provenant de feuilles, tiges ou sommités fleuries de plantes, encore insuffisamment connues. Le VBT de la sépulture 305 est celui qui a livré le plus grand nombre de substances puisqu'il compte des traces de résine de conifère et aussi de la subérine. « Substance organique imperméable imprégnant les parois cellulosiques de certaines cellules végétales, en particulier celles du liège[64] » cette dernière a pu avoir pour origine un bouchon en cette matière, dont on a perdu la trace matérielle[65]. Il ne s'agit pas d'un cas isolé puisque la subérine a été détectée dans le VBT en céramique de la sépulture 305 ainsi que dans d'autres présentées plus loin.

L'analyse des trois vases, deux VBT et un aryballe, de la sépulture 305 montre des contenus différents qui excluent le remplissage de l'ensemble des vases avec une même substance ou mélange, peu avant le scellement de la sépulture. Les assemblages corps gras / huile végétale détectés dans les deux vases en verre de la sépulture les apparentent au contenu des vases à parfums découverts en Étrurie[66]. Menées sur 59 vases « à parfum » de formes diverses, les statistiques ont mis en évidence une nette prédominance des graisses animales, et en second lieu, des huiles végétales. La présence de simples (plantes) conduit D. Frère à supposer des méthodes d'enfleurage à chaud, dans le cas de la graisse, ou à froid pour le lait, ainsi que des mélanges visant à obtenir des produits plus ou moins crémeux, notamment par l'ajout de lait[67]. Plus rare, l'association de lait et d'huile apparaît dans les vases étrusques, comme dans les deux VBT en verre de Touraine. Doit-on dès lors envisager un usage différent des contenants en verre ?

Auvours (Sarthe)

Fouillée en 2015, la nécropole d'Auvours, compte 200 sépultures dont 190 à inhumations datées entre le Ier et le IIIe siècle. La sépulture qui contenait le VBT est une crémation datée entre 15 et 70 apr. J.-C (**tableau 25**). Les analyses anthropologiques ont établi un âge au décès entre 1 et 3 ans. Le VBT était accompagné d'une amphore de petit format (moins de 13 cm) qui a également fait l'objet d'une analyse biochimique (Cat C38).

Malgré d'importantes pollutions plastiques, les analyses ont livré les différentes substances rencontrées précédemment. Le VBT contient un corps gras issu d'un animal non ruminant, du raisin noir fermenté et une quantité très faible de résine de conifère mais

---

63 Toute une faune fouisseuse doit être considérée dans le contexte de la sépulture, comme aussi les jus de décomposition du cadavre, les mélanges des vases renversés et les infiltrations. À ce sujet voir DUDAY 2012, notamment p. 65-66.
64 Centre National de Ressources Textuelles et Lexicales soutenu par le CNRS [en ligne] *s.v.* subérine http://www.cnrtl.fr/definition/subérine (consulté le 4 février 2018).
65 Dominique Frère relie également la subérine à la présence d'un bouchon en liège. Par ex. FRÈRE 2015, p. 143, tab. 16, objet 53.
66 MAFFRE *et al.* 2013. FRÈRE et GARNIER 2012.
67 FRÈRE 2015, p. 150.

 21.	Sépulture 1348-1	– corps gras de non ruminant – cires végétales (traces) – jus de raisin noir fermenté – **résine de conifère (traces)** – acide oxalique (bière ?)
 20.	Sépulture 1348-2	– corps gras de non ruminant – cires végétales – jus de raisin <u>blanc</u> fermenté – **résine de conifère (traces)** – subérine

TABLEAU 25. Analyses du biberon et de l'amphorette d'Auvours (sépulture 1348).

pas de poix. Les cires végétales sont à l'état de traces infimes. L'acide oxalique rencontré dans les VBT de la mairie d'Esvres a été identifié dans le VBT d'Auvours et pourrait indiquer la présence de bière[68].

Le contenu de l'amphorette présente des similitudes avec celui du VBT. Le corps gras est aussi celui d'un ruminant, le raisin est toutefois blanc et la résine présente en petite quantité, pouvant suggérer qu'elle provenait de l'amphore dans laquelle était conservé le vin. Les cires végétales sont plus importantes que dans le VBT. Leur variété fait dire à N. Garnier qu'il s'agit de pollutions par la végétation environnante. Alors que l'acide oxalique fait défaut, on observe des traces de subérine, évoquant peut-être le souvenir d'un bouchon en liège[69].

Avenches (Vaud-Suisse)

Parmi la quinzaine de VBT livrés par la cité d'Avenches, quatre ont été retenus pour analyses. Deux se trouvaient auprès de nourrissons dont l'âge au décès a été déterminé à

---

68 Voir *supra* les VBT d'Esvres.
69 Voir les VBT des sépultures d'Esvres S302 et S305.

23.

St 133
06/14213-01
Individu de moins de 6 mois

24.

St 61
06/14141-02
Individu de moins de 6 mois

Tableau 26. Analyses de deux biberons d'Avenches.

moins de six mois. Les deux autres auprès d'un adulte (**tableau 26**). Nous traitons de ces derniers plus bas et nous concentrons ici sur les VBT des sépultures enfantines.

Les deux premiers VBT relèvent de fouilles encore inédites, réalisées en 2006 au lieu-dit « Sur Fourches ». Celui-ci se trouve à l'extérieur de la porte de l'ouest, d'où part l'axe qui rejoint les villes d'Yverdon (*Eburodunum*), Lausanne (*Lousonna*) et plus loin Rome. Pour l'heure, il s'agit des seuls VBT découverts dans cette nécropole qui compte une vingtaine d'enfants de moins de six mois, la plupart décédés aux alentours du terme[70].

Le premier VBT (Cat C52) est un peu plus petit que la normale. Il est compact et bien proportionné puisqu'il est pourvu d'un axe médian qui agit comme un miroir. Son enduit orangé est encore visible à quelques endroits.

Le vase était déposé dans une sépulture à inhumation sur laquelle nous manquons de précisions. Le mobilier de cette première sépulture est réduit à une cruche en céramique et à un anneau (de lange ?). Le second VBT (cat. C53) est associé à un mobilier plus important qui compte une cruche, un gobelet et une coupelle en céramique, un balsamaire et de nombreuses perles en verre, ainsi que des pièces métalliques, rouelles, anneau, clochettes[71].

Les résultats des analyses des deux VBT présentent des similitudes étroites avec le VBT d'Auvours. Alors que celui de la sépulture 133 contenait un fruit riche en acide malique, celui de la sépulture 61 contenait du vin(-vinaigre) rouge. Les deux vases ont vraisemblablement contenu de la bière, si l'on s'en tient à cette probabilité, bien qu'avec

---

70 Selon le rapport de C. Kramar en 2005. Les deux tombes dont il est question ici ne figurent pas dans ce rapport, puisque leur découverte est postérieure (Kramar 2005).
71 Il pourrait s'agir d'éléments ajoutés sur un cordage aux perles du collier. Quoi qu'il en soit, il s'agit d'un type de mobilier qui s'inscrit dans les *crepundia*, amulettes-hochets. À ce sujet voir Dasen 2003a et 2003b.

réserve, en ce qui concerne l'acide oxalique. La présence de cet acide dans des VBT récemment découverts (2006 pour cette série avenchoise, 2015 pour Auvours), invalide l'hypothèse avancée pour les VBT de la mairie d'Esvres selon laquelle la présence d'acide découlait des conditions de conservation. Il peut être noté que, dans l'un des VBT d'Avenches comme à Esvres, l'acide oxalique est associé à un fruit riche en acide malique. Cela n'est toutefois pas la règle comme le démontre la présence de vin seul dans le deuxième VBT d'Avenches et dans celui d'Auvours. Enfin, notons la présence de marqueurs de 2-oxo malondialdéhyde et glyoxal dont la source n'a pas encore été identifiée mais qui pourraient avoir été causés par un processus de cuisson à haute température, réalisé dans un récipient métallique[72].

Bézannes (Marne)

Découvert dans la commune de Bézannes, le VBT se trouvait dans une fosse mesurant 126 cm par 74 cm (**tableau 27**). Un coffrage en bois dont les dimensions sont estimées à 100 × 50 cm, y prenait place. Aucun ossement n'a toutefois été retrouvé, comme c'est le cas des quatre autres sépultures de petites dimensions du site. Ce dernier prend la forme d'un enclos funéraire réétabli vers la moitié du IIIe siècle apr. J.-C., qui fait suite à une première occupation à la fin de l'époque laténienne, et à une postérieure dans le courant du Ier siècle apr. J.-C. Son occupation se poursuivra jusqu'à la fin du IIIe siècle. Trois sépultures d'adultes à inhumation complètent l'inventaire de cette dernière période d'occupation. Les différentes tombes dont le format suggère qu'elles appartenaient à des enfants, ont livré un mobilier, soit de dimension réduite, soit sous la forme d'un VBT[73]. L'absence d'ossements dans ces différents agencements est interprétée par les découvreurs comme relevant d'un traitement différentiel du cadavre pour des raisons encore inexpliquées[74].

Entier, hormis l'extrémité du bec brisée, et de belle facture, le VBT en verre présentait un dépôt blanchâtre composé « de petits cristaux et d'agglomérats solides et assez résistants » visible sur les parois du goulot. Une première analyse de ce résidu détaché de son support, réalisée par microspectrométrie Raman, a permis d'identifier les composés minéraux. Une seconde analyse porte comme précédemment sur le rinçage, à l'aide de solvants, des parois du vase.

L'analyse du résidu démontre la présence de grains de carbonate de calcium mêlés à des grains plus grossiers de silice. Il s'agit alors d'un mélange réunissant du calcaire et du sable. Le contenant étant en verre, il était nécessaire de vérifier que la silice n'était pas le constituant du vase mais bien un ajout postérieur[75].

---

72 Doureradjou et Koner 2008. La recherche sur les sources est en cours et de nombreuses pistes envisagées. Pour l'heure, N. Garnier penche pour un composant plutôt végétal.
73 Le fait 126 a rendu quatre perles tubulaires en verre, en plus d'un VBT en céramique à paroi fine, qui ne fait pas partie de notre catalogue, en raison de sa découverte tardive. La fosse F14 contenait une petite jatte en céramique rugueuse (Bontrond *et al.* 2013, p. 181).
74 La sépulture F38 d'un immature trouvée sur le même site, présentant un bon état de conservation de la sphère bucco-dentaire et sa conservation en contrebas d'une zone funéraire comprenant uniquement des périnatals conduisent à ce raisonnement (Bontrond *et al.* 2013, p. 183).
75 La grosseur des grains de silice a permis de le démontrer (Garnier 2012).

 25.	F31 Fosse à coffrage n'ayant pas livré d'ossements	Calcaire Silice Produit laitier Huile (d'olive ?) **Résine ou bois de conifère**

TABLEAU 27. Analyses du biberon en verre de Bézannes, Photo Service Archéologie – Reims métropole.

Les secondes analyses ont déterminé la présence d'un produit laitier et d'une huile. Les marqueurs du squalène et du 24-méthylène cycloarténol, un des triterpènes[76] caractéristiques de l'olive, vont dans le sens d'une huile d'olive. Le fait que le récipient est entier exclut des pollutions grasses qui auraient été faites avec les doigts. Des traces d'acide déhydroabiétique désignent une résine ou un bois de conifère et les alcools à longue chaîne (20-ol à 28-ol) la présence de cires végétales.

Ces différentes analyses, mettant en évidence, les contenus minéraux du vase témoignent d'un contenu complexe, alliant des poudres minérales à un mélange lait – huile, soit imprégné par enfleurage (plantes/fleurs dans lait), soit enrichi avec des plantes non identifiées et une résine ou bois de conifère. L'ajout de poudres minérales est bien connu et a été chimiquement identifié à l'intérieur de vases étrusco-corinthiens d'Étrurie méridionale[77], comme aussi dans un alabastre syro-palestinien découvert à Rhodes[78]. L'ajout de poudres minérales dans les produits de soins, de la peau notamment, est toujours d'actualité. Pline évoque la terre de Chios surtout utilisée pour les cosmétiques féminins[79]. Elles sont généralement recherchées pour leurs propriétés calmantes, purifiantes, voire rafraichissantes, comme c'est aussi le cas des *sphragis*, littéralement sceaux ou médicaments estampillés réalisés avec la terre de l'île de Samos[80]. Dans son livre 35, Pline évoque différents types de craie appréciées pour leurs vertus thérapeutiques :

> Il y a plusieurs espèces de craies. Parmi elles, les deux variétés de craie de cimolienne sont utilisées en médecine, l'une blanche, l'autre tirant sur le *purpurissum*. Elles ont, l'une et l'autre, avec addition de vinaigre, la capacité de résoudre les enflures et d'arrêter les écoulements. De même en application externe, elles guérissent les tumeurs de l'aine, l'inflammation des parotides, les troubles de la rate et les boutons pustuleux ; si d'autre part on y adjoint de l'écume de nitre, du henné ainsi que du vinaigre, elles soignent le gonflement des pieds, à condition que le traitement se fasse au soleil et qu'au bout de dix heures on procède à un lavage avec de l'eau salée. Elles servent à soigner l'enflure

---

76 CNRTL, *s.u.* « triterpène » : « Chacun des hydrocarbures à 30 atomes de carbone ».
77 BOSSIÈRE et MOGUEDET 1995, p. 13-16.
78 Du calcium, du quartz et du magnésium ont été mis en évidence dans ce vase non publié, mentionné par FRÈRE 2015, p. 170. L'étude a été réalisée par Gérard Bossière cité précédemment.
79 *HN* 30, 56.
80 DASEN 2016, p. 95.

des testicules avec addition de henné et de cire. La craie a aussi un caractère réfrigérant : en application externe elle arrête les sueurs excessives ; une même application, avec du vin, lors d'un bain, supprime les papules. La plus appréciée est celle de Thessalie. On la trouve également en Lycie, près de Bubon[81].

Ces poudres ont en outre la capacité d'améliorer la consistance d'un mélange. Alors que le calcaire semble indiquer une sorte de craie particulièrement fine, pouvant conférer au mélange une certaine onctuosité, l'ajout de silice pourrait avoir eu pour objectif d'aérer la préparation et de faciliter son homogénéité lorsque le vase était secoué.

Les différents composants de ce VBT en verre nous amènent à y voir une fonction autre qu'alimentaire, suggérée pour les vases en céramique. D'après le contenu et la fragilité du bec, on peut avancer que le vase a eu une fonction située entre cosmétique et thérapeutique. Son emploi semble avoir été pour un usage externe ou pour verser dans les conduits du corps plutôt que par voie orale.

Douai (Douaisis)

Deux VBT ont été mis au jour dans la nécropole du « Val de Calvigny », située à Iwuy (**tableau 28**). Lié à une occupation romaine, le site est daté entre la fin du Ier siècle av. J.-C et le début du IIe siècle. Il comptait 29 tombes à crémation et une inhumation. Parmi elles, un ensemble de treize sépultures se démarque par son type de structure (type 2)[82]. Les restes osseux comme les restes mobiliers y sont rares. Quatre céramiques dont les deux VBT et un petit vase gobelet y ont été mis au jour (tombes 18 et 20). L'âge au décès des deux individus associés aux VBT est estimé entre 2 et 5 ans. Les deux sépultures ont la forme de fosses ovales au fond desquelles les ossements semblent avoir été éparpillés. La présence d'esquilles dans le petit gobelet pourrait toutefois indiquer qu'il avait servi d'urne. Sa position renversée, comme celle du VBT qui l'accompagnait, soutient cette hypothèse. Alors que le VBT de la sépulture 18 est fait sans l'aide du tour, suggérant une production locale, le second VBT est tourné et s'intègre à une série dite des céramiques dorées, en raison de sa couverte micacée imitant la vaisselle métallique[83]. L'analyse porte uniquement sur le second VBT (20) et le pot qui lui est associé. Ce dernier est de petite dimension comme le note Alice Hanotte et a des parallèles entre la fin du Ier siècle et le début du II[e][84].

---

81 HN 35, 195-196 : *Cretae plura genera. Ex iis Cimoliae duo ad medicos pertinentia, candidum et ad purpurissum inclinans. Uis utrique ad discutiendos tumores, sistendas fluctiones aceto adsumpto. Panos quoque et parotidas cohibet et lienem inlita pusulasque, si uero aphronitrum et cyprum adiciatur et acetum, pedum tumores ita, ut in sole curatio haec fiat et post VI horas aqua salsa abluatur. Testium tumoribus cypro et cera addita prodest et refrigerandi quoque natura cretae est, sudoresque inmodicos sistit inlita atque ita papulas cohibet ex uino adsumpta in balineis. Laudatur maxime Thessalica. Nascitur et in Lycia circa Bubonem* (trad. S. Schmitt, Gallimard, 2013).

82 Ces tombes sont de simples fosses contrairement aux sépultures aménagées des groupes 1 et 3.

83 Alice Hanotte qui a travaillé sur ce matériel a noté des parallèles inédits dans des fouilles récentes de Reims. Le contexte est domestique. Le premier trouvé lors de la construction du Tramway est daté entre 65-70 et 85-100 de n. è. (MATHELART en cours, secteur 4/5, Us 5323 (Fs 111) n° inv. 7 (information P. Mathelart (INRAP) que nous remercions sincèrement pour cette information inédite). Le second a été découvert rue de Cernay. Il est daté entre 85-90 et environ 120 (DERU et ROLLET 2000, US 119, fig. 6, n° 6).

84 Par exemple COLLECTIF 1998, 1, p. 161, 163, tome 2, fig. 137.

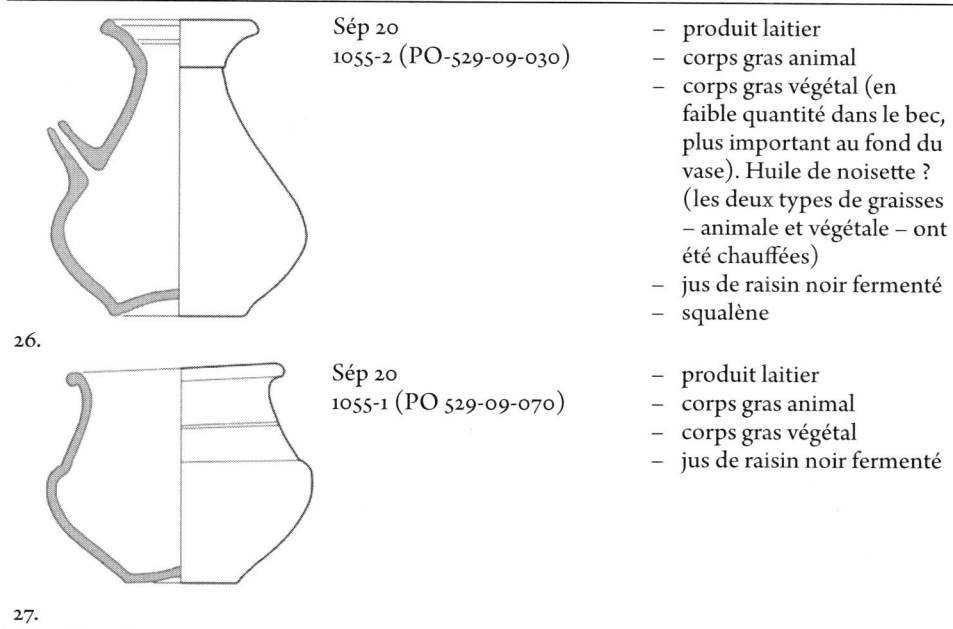

26.	Sép 20 1055-2 (PO-529-09-030)	– produit laitier – corps gras animal – corps gras végétal (en faible quantité dans le bec, plus important au fond du vase). Huile de noisette ? (les deux types de graisses – animale et végétale – ont été chauffées) – jus de raisin noir fermenté – squalène
27.	Sép 20 1055-1 (PO 529-09-070)	– produit laitier – corps gras animal – corps gras végétal – jus de raisin noir fermenté

TABLEAU 28. Analyses du biberon et du gobelet de la sépulture 20 d'Iwuy. Huvelle 2013, dessins p. 95, fig. 41.

Le VBT a fait l'objet de deux prélèvements. L'un au fond du vase, l'autre dans le bec. En outre, une radiographie a été faite pour vérifier que le bec, au premier abord bouché, était percé de part et d'autre.

Les deux analyses réalisées dans le fond et le bec du VBT sont concordantes, suggérant que le vase a servi au versage[85]. Elles révèlent que le VBT a contenu des graisses animales, des produits laitiers en plus faible quantité, une huile fortement insaturée, riche en acide linoléique, renfermant du fucostérol qui pourrait être de la noisette ; du vin rouge en abondance. Le corps gras animal et l'huile végétale présentent tous deux des marqueurs de dégradation thermique. Ils ont donc été fortement chauffés, selon toute vraisemblance dans un autre vase. Le contenu du gobelet est aussi composé d'un corps gras animal et de produits laitiers en moindre quantité, ainsi que de raisin noir fermenté en grande proportion. Il diffère de celui du VBT par l'absence d'un corps gras végétal.

Puyloubier (Bouches-du-Rhône)

La nécropole de Richeaume est datée du milieu du Ier siècle au milieu du IIIe. Elle est divisée en trois zones principales dont une qui a une position centrale et prend place aux alentours d'un enclos. Cette zone recèle des sépultures à crémation. Plus nombreuses, les sépultures à inhumation se déploient en deux ilots situés au nord et au sud de l'enclos. La

---

85 Plus le contenu est resté longtemps dans le vase, plus la céramique en sera imprégnée. Les marqueurs trouvés dans le bec pourraient suggérer une utilisation régulière.

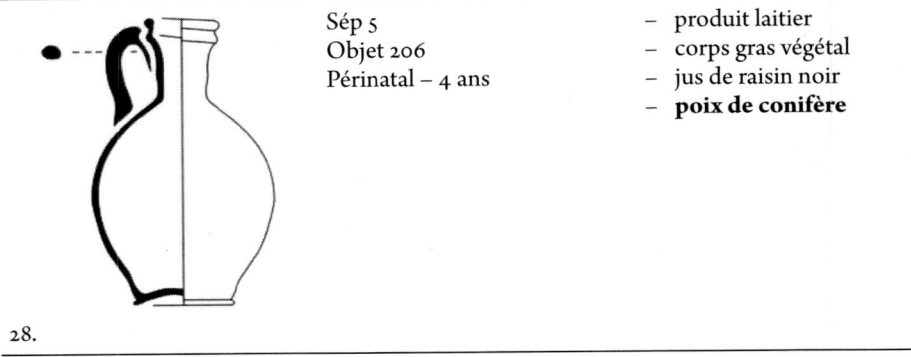

	Sép 5 Objet 206 Périnatal – 4 ans	– produit laitier – corps gras végétal – jus de raisin noir – **poix de conifère**
28.		

TABLEAU 29. Analyses du biberon de la sépulture 5 de Puyloubier.

sépulture ayant livré le VBT est placée en bordure de site, dans la zone sud (**tableau 29**). Un coffre est envisagé comme contenant du corps. L'âge au décès est largement estimé entre la période périnatale et 4 ans. Le VBT a la forme d'une petite cruche (H.13,1 cm) munie d'une tubulure latérale. Son haut col a rendu l'opération de grattage des parois interne difficile.

Les analyses du contenu biologique ont révélé un produit laitier, un corps gras végétal non identifié, de la poix de conifère et du raisin noir. Le vase a donc pu être imperméabilisé, mais sa forme n'a pas facilité la manipulation. Il est dès lors plus probable que la poix provienne d'une amphore qui a préalablement conservé le vin.

Saint-Vulbas (Ain)

La nécropole de Saint-Vulbas est datée de l'époque augustéenne au Ve siècle. Plus de 200 sépultures ont été mises au jour. La sépulture 1270, qui a livré le VBT, est datée entre le Ier et le IIe siècle (**tableau 30**). Un second récipient accompagnait le défunt, ainsi qu'une canine de chien taillée. Cette dernière reposait près du crâne – avait-elle été montée en collier ou simplement déposée auprès du mort ? Le VBT se trouvait à la gauche du défunt, au niveau de sa tête, alors que le second vase, une cruche, se trouvait au même niveau, à sa droite. La cruche était séparée du crâne par une pierre de calage. Les découvreurs soulignent le lien étroit entre le VBT et le défunt puisque le vase était en contact direct avec le crâne. *A contrario*, la cruche semble avoir été déposée à l'extérieur du cercueil.

Les analyses du VBT ont révélé un corps gras de non ruminant, du jus de raisin noir fermenté. La poix de conifère peut, soit indiquer que le vase en a été imprégné, soit que la poix avait imprégné le vin lors de sa conservation en amphore. La poix a également pu servir à parfumer le vin ou le breuvage. La subérine apparaît une fois de plus, suggérant la présence d'un bouchon en chêne ou celle de rameaux, brindilles peut être infusés dans le mélange. Les cendres végétales détectées pour la première fois dans notre corpus pourraient quant à elles indiquer une préparation saponifiée, aux propriétés nettoyantes[86].

---

86 *HN*, 16, 31 ; 31, 83 et 10. BLONSKI 2011, p. 281, voir la note 1096 où il rappelle « La cendre de bois, [...], contient du carbonate de potasse, ce qui rapproche ses propriétés de celles d'un matériau nitreux ». Michel Blonski met en garde contre notre perception moderne du savon. Les textes antiques démontrent un usage

	SP 1270 9-11 mois	– corps gras de non ruminant – cendres végétales – jus de raisin noir fermenté – **poix de conifère** – subérine
29.		

TABLEAU 30. Analyses du biberon de la sépulture 1270 de Saint-Vulbas.

Dans l'encyclopédie de Pline, les végétaux brûlés apparaissent le plus souvent pour faire fuir la vermine, par les émanations qui s'échappent de la fumée[87]. Les végétaux brûlés sont aussi ajoutés à un mélange thérapeutique, comme cela apparait de l'ail mélangé à du miel pour traiter des problèmes de peau alors que, même seul, le cresson est un anti-venin[88]. La faible quantité de cendres végétales et leur présence dans deux vases, cruche et pichet, trouvés dans une autre tombe (SP 1238) de la nécropole invite néanmoins à la prudence quant à cette hypothèse. Pour N. Garnier, il pourrait s'agir des cendres produites par le bûcher funéraire. La tombe étant à inhumation, cette proposition doit être considérée avec réserve. Il pourrait alors s'agir de « pollutions » produites par une tombe voisine, voire d'autres gestes, comme par exemple celui de brûler des substances végétales lors du rituel funéraire.

Auprès d'adultes

Deux ensembles composés chacun de deux VBT ont fait l'objet d'analyses. Les deux ensembles comprenaient un adulte, l'un inhumé, l'autre incinéré. Le premier provient de la cité d'Avenches (**tableau 31**). Il s'agit d'un jeune adulte de sexe masculin, âgé d'une vingtaine d'année. Le second provient de Zurzach en Argovie (Suisse) (**tableau 32**). L'âge du défunt est estimé à environ 40 ans. Il est considéré comme étant de sexe masculin.

Avenches (Vaud-Suisse)

Les deux VBT d'Avenches étaient placés ensemble à l'extérieur du cercueil dans une zone perturbée. Les deux vases ont une forme différente. Le premier a une panse parfaitement sphérique, le second une panse globulaire étirée dans la hauteur.

Les analyses ont révélé un contenu très similaire entre les deux VBT. Ils contenaient un corps gras provenant d'un animal ruminant. Celui-ci a été chauffé probablement avec sa

---

large du savon qui intervient dans la cosmétique, les soins du corps, et le cadre thérapeutique (BLONSKI 2011, p. 284).
87 *HN* 20, 129 et 133 : rue et cresson brûlés ; *HN* 20, 245 : font fuir les serpents et le serpolet l'ensemble des animaux venimeux.
88 *HN* 20, 55 et 129.

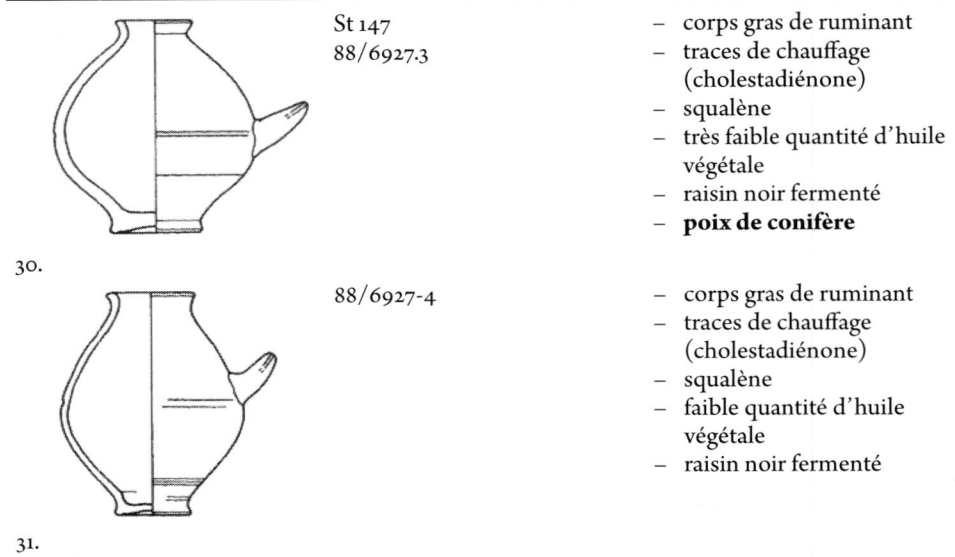

TABLEAU 31. Analyses des deux biberons de la tombe 147 de la nécropole d'Avenches En Chaplix.

couenne, en raison des marqueurs indiquant du squalène. Un corps gras végétal apparaît en petite quantité dans les deux vases, alors que le jus de raisin noir fermenté est présent en quantité importante. De la poix de conifère est aussi identifiée, mais seulement dans le premier vase, suggérant soit un vin aromatique, soit sa provenance d'une amphore poissée.

Il peut alors être suggéré que les deux exemplaires ont été rempli avec le même contenu, malgré l'absence de poix dans le second exemplaire qui peut être due à sa faible présence, que ce soit pour un usage domestique ou au moment de leur dépôt dans la sépulture.

Bad Zurzach (Argovie – Suisse)

Bien qu'ayant une forme générale similaire, les deux VBT de Zurzach présentent des différences (pied, dimension, carène, décor). Ils proviennent selon toute vraisemblance de la même région, l'Allier, et probablement du même atelier, comme on peut le suggérer aussi pour la cruche miniature et le *tondo* associés à la mise en scène de la sépulture (**tableau 32**)[89].

Les deux vases présentent des divergences quant à leur contenu. Le premier vase contenait un produit laitier alors que le second contenait une graisse animale de ruminant. Il est étonnant de voir que le VBT ayant contenu le produit laitier présente du squalène (si on s'en tient à l'hypothèse que le squalène permet d'identifier des morceaux de couenne), bien qu'en moindre quantité que le second. Nous savons que le produit laitier, par son spectre large, peut cacher la graisse, et donc que la graisse a pu passer inaperçue. Le lait contenant lui aussi du squalène peut toutefois en avoir été la source. Le recours

---

89 Nous avons vu que les vases ne sont jamais identiques ce qui exclut l'hypothèse d'une production en série. Voir *supra*.

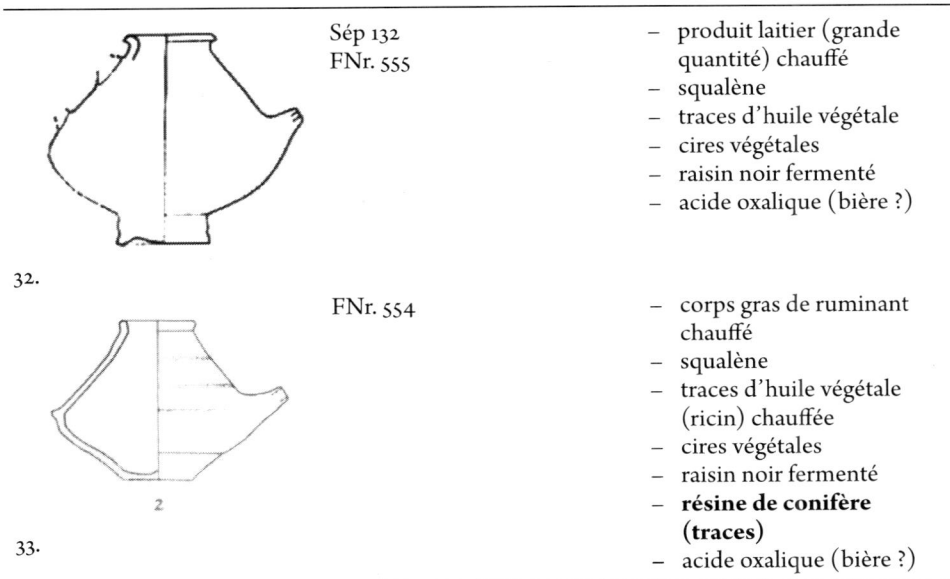

32.	Sép 132 FNr. 555	– produit laitier (grande quantité) chauffé – squalène – traces d'huile végétale – cires végétales – raisin noir fermenté – acide oxalique (bière ?)
33.	FNr. 554	– corps gras de ruminant chauffé – squalène – traces d'huile végétale (ricin) chauffée – cires végétales – raisin noir fermenté – **résine de conifère (traces)** – acide oxalique (bière ?)

TABLEAU 32. Analyses des deux biberons de la tombe 132 de Zurzach.

à l'archéologie expérimentale permettrait de déterminer quand et en quelle quantité le squalène apparaît dans les graisses, le lait et lors de préparations chauffées. L'identification de l'huile de ricin, par les marqueurs de l'acide ricinoléique, également identifiée dans un gobelet conservé à la mairie d'Esvres pourvu d'une inscription [OPTATA], suggère une préparation à vocation thérapeutique[90]. Jamais détectée au préalable dans des contextes gallo-romains du Iᵉʳ siècle apr. J.-C., l'huile de ricin semble être une importation plutôt que le résultat d'une culture locale. Elle apparaît au Vᵉ siècle av. J.-C., dans les Histoires d'Hérodote[91], sous l'appellation σιλλικυπρίων (Hérodote précise que les Égyptiens cultivent la plante sur les bords du Nil alors qu'en Grèce elle est à l'état sauvage). Malgré son odeur forte qualifiée de désagréable par le géographe, l'huile provenant de la plante est aussi utilisée dans les lampes. Pline l'Ancien confirme cet usage de la plante en Égypte comme en Espagne, où elle est abondante[92]. Le naturaliste évoque aussi ces effets thérapeutiques. Purgative, il conseille de la boire mélangée à de l'eau chaude, pour les douleurs du ventre (hypocondres). Elle a en outre les propriétés d'agir sur les duretés et les affections de la matrice, des oreilles, ainsi que sur les brûlures. Son effet sur la pousse des cheveux est déjà reconnu[93]. Dernièrement, l'analyse d'un VBT de Meung-sur-Loire a amené N. Garnier à interpréter de faibles quantités d'acide ricinoléique comme le marqueur de céréales attaquées par des champignons, tels que l'ergot de seigle[94]. Intégré

---

90 RIQUIER, GARNIER et JAEGGI 2016, p. 318.
91 *HN* 2, 94. Au sujet de l'huile de ricin voir aussi DODINET, GARNIER à paraître.
92 *HN* 15, 25-26.
93 *Ibid.* 23, 41.
94 Voir ZHANG *et al.* 2012 et LUCEJKO *et al.* 2018.

au projet Althéré de S. Linger-Riquier[95], ce VBT daté du Hallstatt C (entre 800 et 600 av. J.-C.) a été découvert en contexte domestique, probablement au sein d'un dépotoir. La détection de miliacine qui indique le millet (*Panicum miliaceum* L.) étaie l'hypothèse de l'ergot qui peut s'y développer aussi en cas de conditions météorologiques humides. Si la détermination de bière s'avérait exacte dans le VBT de Zurzach, la présence d'ergot pourrait y être liée par sa contenance en céréales. Nous pouvons évoquer comme parallèle la découverte de fragments de sclérotes (champignons de l'ergot) dans une « tasse » miniature accompagnés de restes de bière et de levure dans le probable sanctuaire dédié à Déméter et Koré (première phase qui va du IVe-IIe siècle av. J.-C.) à Mas Castellar (En Pontós, Gérone, Espagne)[96]. Les découvreurs posent la question d'un éventuel usage rituel de la préparation, en raison des effets hallucinogènes du champignon, qui auraient pu être également exploités dans les rites à mystères éleusiniens[97].

Faut-il dès lors interpréter le contenu du second VBT de Zurzach comme une sorte de drogue, qui aurait eu pour effet d'atténuer la douleur causée par une maladie ? Bien que tentante, cette hypothèse semble devoir être écartée d'après l'interprétation de N. Garnier qui voit une huile végétale présentant des marqueurs de chauffe et du ricin. La présence de pinacées nous oriente davantage vers un traitement thérapeutique visant peut-être à purger le corps comme le suggère aussi la grande quantité de lait dans le VBT associé.

Le contenu des VBT découverts en contexte cultuel

Malgré la rareté des VBT en contexte cultuel, nous avons réussi à obtenir un prélèvement de l'un de ces vases. Gérard Fercoq du Leslay avait déjà fait analyser un VBT provenant de ce type de contexte avant le début de notre recherche et nous a très gentiment offert le rapport de ses analyses pour comparaison. Le vase en question provient d'un contexte dont la datation est antérieure à l'époque romaine[98]. Suivant l'ordre chronologique, nous commençons par ce dernier.

Ribemont-sur-Ancre (Somme)

Provenant d'une fosse rituelle au sein d'un sanctuaire en fonction depuis le IIIe siècle av. J.-C. jusqu'au IVe siècle apr. J.-C.[99], le VBT de Ribemont-sur-Ancre est une production laténienne à pâte fine et bien cuite[100] (**tableau 33**). Le lieu sacrificiel a fait l'objet d'études approfondies notamment en raison de la présence de plus de 650 individus décapités puis exposés, probablement dans une volonté de les livrer à la divinité des lieux. Le nom de cette divinité n'est pas donné par une inscription mais J.-L. Brunaux propose un dieu

---

95 PCR n° 19/0232, sous la direction de Sandrine Linger-Riquier (Inrap), Alimentation et thérapeutique en région Centre-Val de Loire, de la protohistoire au Moyen-Age.
96 Juan-Tresserras 2000 et 2002 ; Pons et Brun 1997.
97 *Ibid.*
98 Voir *supra*.
99 Pour plus de détails, *supra*.
100 Chaidron et Fercoq du Leslay 2013, p. 228.

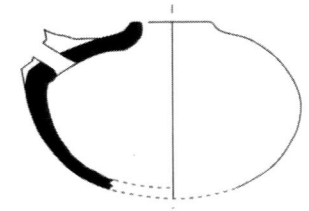

RSA 01 03-434	– produit laitier – corps gras de ruminant (majoritaire) – squalène – jus de fruit (autre que le raisin – acide malique)

34.

TABLEAU 33. Analyses du biberon de Ribemont-sur-Ancre.

chtonien du nom de *Dis Pater* (le Pluton grec)[101], selon ce que rapporte Jules César au sujet du dieu des Gaulois dont ils se disent les descendants[102]. Le sanctuaire est érigé par les Ambiani, Belges venant des environs du Rhin et les ennemis sacrifiés sont identifiés comme étant des peuples armoricains (*Lexovi* ou *Senomanii*).

Les analyses ont été faites au-delà du contenu du VBT. Elles comprennent le sédiment prélevé dans les différentes fosses, ce qui est une façon optimale de procéder, afin de pouvoir exclure des pollutions et envisager des libations, ou renversements des vases remplis, etc. Le sédiment prélevé aux alentours du VBT a livré des pollutions plastiques importantes, du type de celles provenant de la transformation du colza en amides[103]. Il peut s'agir d'un traitement du sol, voire de la conservation du prélèvement dans des sachets plastiques. La décomposition des cires épicuticulaires (cires protectrices des feuilles et fleurs) apparaît sans grande surprise. Par contre, la présence d'un corps gras d'animal ruminant et de squalène est révélateur de gestes peut-être liés à la cuisson sur place d'un animal, voire du versement d'une préparation à base de graisse. L'identification de poix dans le sédiment supporte mieux la première hypothèse : la poix ayant pu se former par chauffage important de bois de résineux lors de la cuisson de la viande. La poix ne provient pas du VBT.

Celui-ci contenait un produit laitier en plus d'un corps gras d'animal ruminant. Le squalène est également présent suggérant la fonte d'une graisse avec la peau. Le raisin est absent mais les marqueurs d'un autre fruit, riche en acide malique, ont été identifiés. Ce mélange rejoint le contenu que l'on pourrait qualifier « de base » des VBT gallo-romains et nous interroge : a-t-il servi à des libations ? Et si oui, le mélange est-il le reflet d'une ou de plusieurs libations successives (à base de lait, de graisse et de jus de fruit) ? En outre, doit-on encore admettre le réemploi d'un vase domestique ? En l'absence d'informations précises sur les rituels celtiques, on ne peut que se référer aux sources écrites d'autres civilisations dont les Celtes ont pu s'inspirer. Les échanges observés d'avec le monde grec nous amènent à regarder de ce côté : les différents textes relatifs à des libations que ce soit aux morts ou aux dieux ne mentionnent jamais le type de mélange présent dans nos vases. Le lait y est la plupart du temps versé seul, ou se trouve mélangé à du miel, ce

---

101 BRUNAUX 1997, p. 592.
102 CÉSAR, *Guerre des Gaules*, VI, 18.
103 NIESCHLAG et WOLFF 1971, 48, 11, p. 723-727.

- produit laitier
- squalène
- traces d'huile végétale
- cires végétales
- raisin noir fermenté
- **poix de conifère (traces)**

35.

TABLEAU 34. Analyses du biberon de Balaruc-les-Bains.

qui ne peut être exclu dans l'ensemble de nos vases en raison de la rapide disparition des sucres après le dépôt[104].

Balaruc-les-Bains (Hérault)

Découvert dans un sanctuaire dédié au dieu Mars, dont l'occupation va du début du Ier siècle av. J.-C. jusqu'au milieu du IVe siècle, le VBT de Balaruc-les-Bains pourrait avoir joué un rôle dans l'exécution de rituels, si l'on en croit son lieu précis de découverte (**tableau 34**)[105]. Il était en effet conservé dans l'un des 10 autels occupant la zone votive. Quadrangulaire, l'autel est maçonné et mesure 0,55 × 0,85 m. Il présente un espace creux sur deux niveaux, de 0,25 m. de côté qui a accueilli le VBT. Dans sa partie basse se trouvaient deux céramiques en sigillée sud-gauloise dont un bol Ritt. 8 (marque illisible) et une assiette Drag. 15/17 avec la marque OF ARPACI. La partie supérieure comprenait deux petits gobelets ansés, le vase VBT, un balsamaire en verre ainsi qu'une coquille de bivalve (*Callista chione*). Iouri Bermond estime que ce type d'assemblage ne dénote pas avec les découvertes faites sur des sites contemporains, en contexte domestique[106] ou funéraire[107]. L'assemblage du coffre pourrait être interprété comme offrant dans sa partie inférieure des vases destinés à une nourriture solide, alors que les vases de la partie supérieure sont plus adaptés à des liquides[108]. Nous retrouvons ici l'association VBT-coquillage observée dans les deux tombes enfantines d'époque grecque de la nécropole Sainte-Barbe à Marseille qui semble confirmer un usage de la coquille en tant que cuillère[109].

Contrairement à ce que l'on aurait pu envisager de prime abord, le dépôt de VBT dans ces deux sanctuaires n'est pas lié à une divinité féminine qui se placerait dans le sillage d'Isis. Néanmoins, ma précédente analyse de VBT associés à des lieux de culte a permis d'entrevoir[110], malgré le nombre restreint de vases concernés (6), que ceux-ci se trouvaient généralement associés à une divinité agraire et guérisseuse, ayant pouvoir sur

---

104 Au sujet des libations dans le monde grec voir AUBERGER 2001.
105 BERMOND *et al.* 1998, p. 122.
106 MARTIN-KILCHER 1970, p. 55.
107 BERMOND *et al.* 1998, p. 134-135.
108 JAEGGI 2019, p. 6.
109 JAEGGI 2022b. STROCZEK 2012.
110 JAEGGI 2019.

la fécondité de la nature et des hommes, ce qui comprend les divinités chtoniennes. En raison du « plein pouvoir » qui lui était concédé par les indigènes, John Scheid a proposé de voir dans le dieu Mars une divinité à même de répondre à toutes sortes de maux : « car c'est par son action agressive envers toutes les forces menaçantes que Mars défend ceux qui l'implorent[111] ».

Comme à Ribemont, les analyses du VBT de Balaruc-les-Bains ont révélé la présence d'un produit laitier. Celui-ci est ici chauffé. Le squalène ne semble pas être dû à une autre graisse animale que le lait, mais ne peut être complètement exclu. On note aussi une huile végétale, des cires épicuticulaires, de la poix de conifère et du raisin noir fermenté, substances qui inscrivent bien ce vase dans la série des VBT en céramique retrouvés en contexte funéraire. À nouveau, le VBT ne présente pas un liquide unique qui aurait été versé conformément aux écrits mentionnant les offrandes rituelles. L'ensemble clos offert par l'autel fait davantage penser à une vaisselle de table qui aurait pu avoir été utilisée par une personne lors d'un repas, telle que cela apparaît dans les sépultures, comme l'ont noté S. Kilcher et I. Belmont. Repas, qui selon toute vraisemblance, a été offert à la divinité des lieux. La présence du VBT et du coquillage interrogent néanmoins quant à cette hypothèse. Mais comment tenir compte de la présence du biberon et du coquillage ? Ne doit-on pas plutôt y voir un remerciement, *ex-voto*, pour la guérison d'un enfant ou d'un adulte incapable jusqu'alors de s'alimenter seul, qui n'en a plus usage ?

Le contenu des VBT découverts en contexte domestique

Les VBT en contexte domestique, ou dans d'autres espaces de la ville[112], ont été plus difficiles à localiser que ceux, largement plus nombreux, du contexte funéraire. En raison de leur faible valeur informative, nous avons évité les fragments découverts dans des zones de remblai ou de dépotoirs. Notre choix comprend trois vases dont deux issus d'un *oppidum* établi à l'époque gauloise mais dont l'occupation perdure à l'époque romaine (*Ambrussum* et Mâlain) et un provenant de la riche et imposante *villa* d'Orbe-Boscéaz, située sur le segment routier *Aventicum*/Lousonna (Suisse).

Ambrussum (Hérault)

Le VBT d'*Ambrussum* est daté, par son contexte de découverte, de la seconde moitié du Ier siècle apr. J.-C. (**tableau 35**). Il a été mis au jour dans une maison construite en pierre, dans une pièce comprenant vraisemblablement un vaisselier. Ce lieu pourrait suggérer que le VBT avait servi, au même titre que les assiettes, bols et gobelets, pour le service de table. En céramique claire, sans plus aucune trace d'engobe, le vase est fragmentaire.

Fortement imprégné par des pollutions modernes, le vase a révélé les marqueurs d'un corps gras de ruminant chauffé, probablement avec la peau au vu du squalène, ainsi que du vin rouge. Aucune trace de résine ou de poix n'ont été détectées.

---

111   Scheid 1992, p. 38.
112   Par exemple, les fragments de VBT d'Avenches ont été trouvés dans des remblais.

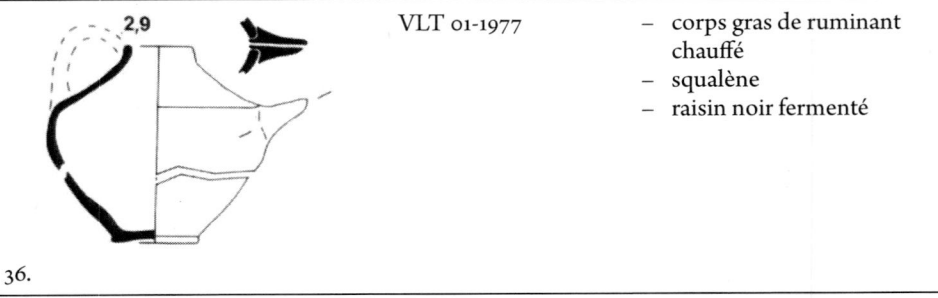

	VLT 01-1977	– corps gras de ruminant chauffé – squalène – raisin noir fermenté
36.		

TABLEAU 35. Analyses du biberon d'Ambrussum.

	OB88/4566-3 et OB88/4568-1	– corps gras de ruminant chauffé – squalène – traces d'huile végétale (ricin) chauffée – cires végétales – raisin noir fermenté – **poix de conifère**
37.		

TABLEAU 36. Analyses du biberon d'Orbe-Boscéaz.

Orbe-Boscéaz (Vaud – Suisse)

Le VBT d'Orbe-Boscéaz est de belle facture (**tableau 36**). Sa taille est un peu supérieure à la moyenne. Il est recouvert d'un enduit micacé comme le VBT de Douai et ceux découverts en contexte domestique à Reims datés de la fin du 1er siècle[113]. L'aspect précieux de l'objet, imitant la vaisselle métallique, associé à son lieu de découverte en contexte domestique, suggèrent qu'il avait sa place sur la table ou du moins en public. On peut néanmoins envisager qu'il n'ait été employé qu'en marge, dans le cadre privé d'une chambre d'enfant ou de malade, comme le suggèrent les résultats des analyses du contenu. Malheureusement les publications de fouilles n'ont pas permis de connaître le lieu de découverte exacte du vase.

Comme dans l'un des VBT de Bad-Zurzach, le VBT de la villa a en effet révélé la présence d'une huile de ricin chauffée. Sa mauvaise odeur, soulevée par Hérodote, contraste avec la qualité du vase. Les autres composants sont ceux rencontrés dans les VBT découverts dans les contextes funéraires et votifs. Ils comprennent un corps gras d'animal ruminant et du

---

113 Cette série de deuxième génération comprend un nombre réduit de formes : des gobelets, des cruches et un petit vase caréné qui pourrait être un VBT (probable absence du bec qui aura conduit à cette indétermination formelle) ; voir DERU et ROLLET 2000, p. 340-341, fig. 6, n° 6. La première génération compte des passoires (dernier quart du 1er siècle av. J.-C.) ; voir MATHELART in SINDONINO, Rapport de fouilles Inrap, secteur 4/5, Us 5323 (Fs 111) n° inv. 7.

jus de raisin noir fermenté, peut-être parfumé avec de la poix de conifère. La dimension thérapeutique du contenu, fortement suggérée par la présence du ricin, pourrait amener à envisager autrement les mélanges sous un regard différent. Ainsi, la poix pourrait avoir été ajoutée pour ses propriétés thérapeutiques plutôt que pour des raisons gustatives. Selon Pline, la poix de cèdre est utilisée contre les maux de dents et, bien que l'auteur en critique l'usage, il apparaît associé à du vinaigre dans une recette pour les mêmes maux[114]. Utilisée pour enduire les cadavres, la poix est considérée comme particulièrement efficace et en même temps redoutable puisqu'on lui prête aussi les propriétés mortifères[115]. Elle est aussi conseillée par certains, mélangée à du vin cuit, pour lutter contre le venin de lièvre marin[116], les vers en général et le ténia[117]. Elle fait aussi office d'emplâtre contre la phtisie ou les maux de gorge[118].

Mâlain (Côte-d'Or)

Le contexte de découverte du VBT de Mâlain ne peut être précisé. Il provient du *vicus* établi à l'époque gauloise et dont l'occupation se poursuit jusqu'au IIIe siècle.

Comme le précédent VBT d'Orbe-Boscéaz, le contenu du VBT de Mâlain présente des substances qui dépassent le simple cadre alimentaire et ont peut-être été choisies pour leur propriétés psychotropes ou décongestionnantes (vanillyl, mandélyl, etc.). (**tableau 37**). Outre un corps gras de ruminant et une huile végétale, tous deux chauffés, le contenu comprend du raisin noir fermenté, de la poix et des structures ligneuses de bois dont le type n'a pas été identifié. L'espèce de conifères *Cephalotaxus* sp. serait un candidat potentiel mais sa provenance japonaise conduit à l'écarter. N. Garnier précise que l'absence des marqueurs triterpéniques habituels permet d'exclure les chênes et les bouleaux[119]. Une substance thérapeutique, aux propriétés peut-être décongestionnantes, voire psychotropes, peut être envisagée mais avec prudence, car on ne connaît rien pour l'heure sur la dégradation de ces molécules en contexte archéologique.

Le contenu des VBT découverts en contexte portuaire

Arles (Bouches-du-Rhône)

Les deux VBT d'Arles ont été retrouvés dans le dépotoir découvert à l'endroit où le chaland Arles-Rhône 3 a fait naufrage entre les années 66 et 70 de notre ère. Suite à sa découverte en 2011, plus de 900 m³ de sédiments ont été fouillés, révélant des centaines de milliers de céramiques. Celles-ci sont datées de la seconde moitié du Ier siècle aux années 130-140 apr. J.- C. Les céramiques comprennent des rejets portuaires comme de la

---

114 Le vin et la poix sont parfois aussi mélangés dans un but thérapeutique. *HN* 24, 27 et 28. Pline évoque la poix du Brutium dans du vin avec de la farine de froment contre les douleurs des mamelles (mastites) *Ibid*. 24, 39.
115 *HN* 24, 28.
116 *Ibid*.
117 *HN* 24, 18 et 19.
118 *HN* 24, 28 (pour les phtisiques) et 39 (onctions de la luette en cas d'angine).
119 Rapport de Nicolas GARNIER 2016, p. 7.

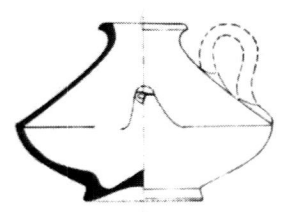 38.	MAL 1975-129 / 1988.1.360. Marqueurs dérivés des structures vanillyl, mandélyl et 3,4-méthylène dioxy mandélyle	– corps gras de ruminant chauffé – huile végétale chauffée – raisin noir fermenté – **poix de conifère** – structures ligneuses de bois dont l'espèce n'est pas identifiée (absents des bases de données)

TABLEAU 37. Analyses du biberon de Mâlain.

vaisselle de consommation utilisée par les habitants de la ville[120]. Les VBT sont datés de la seconde moitié du 1er siècle. (**tableau 38**). Le milieu anaérobie (absence totale d'oxygène) dans lequel les objets trouvés dans le dépotoir ont séjourné a favorisé leur conservation et motivé le recours à des analyses biochimiques du contenu, notamment des amphores et des VBT[121]. En ce qui concerne les VBT, leur contenu se démarque des substances découvertes dans les vases découverts à proximité, ce qui permet d'établir que les analyses ont bien mis en évidence le contenu avant naufrage. Cela est d'autant plus important que l'on pourrait imaginer que les marqueurs d'excréments, présents pour la première fois dans les VBT de notre corpus, étaient plutôt dû au lieu de découverte. C'est à nouveau la sphère médicale qui fournit des réponses satisfaisantes à ce dépôt peu ragoûtant. Une fois encore, Pline l'Ancien est une source de choix. Les excréments de toute sorte d'animaux y sont mentionnés dans un but thérapeutique :

> On recommande encore la crotte de chèvre appliquée avec du vin, les excréments de blaireau, de coucou et d'hirondelle, bouillis, et pris en boisson[122].

Il n'est en outre pas rare de les voir associés à du vin. Ainsi, « la cendre de fiente de lièvre, prise le soir dans du vin, calme la toux nocturne[123] », la crotte de chèvre est cuite dans du vin ou du vinaigre pour amollir les indurations du corps[124] et les premiers excréments d'un ânon pris dans du vin guérissent la jaunisse en trois jours[125].

Les deux VBT d'Arles ont aussi démontré que la poix avait servi à imperméabiliser ce type de vases. Elle était présente sous forme de résidus au niveau du col des deux VBT. On peut aussi relever que ces deux VBT se démarquent de l'ensemble de notre corpus puisque les graisses animales et végétales n'y apparaissent pas[126]. Le bec du VBT a pu s'avérer pratique pour une utilisation en mer, particulièrement lors d'un temps houleux.

---

120 DJAOUI, GARNIER et DODINET 2015, p. 180.
121 DJAOUI, GARNIER et DODINET 2015. Les analyses ont révélé de l'huile de Ben, parfois du lait et du vin, ce qui engendre une réflexion sur le remplissage primaire des amphores.
122 *HN* 28, 156.
123 *HN* 28, 53.
124 *HN* 28, 70.
125 *HN* 28, 64.
126 Dans son rapport, Nicolas Garnier dit que la quantité de poix masque les graisses.

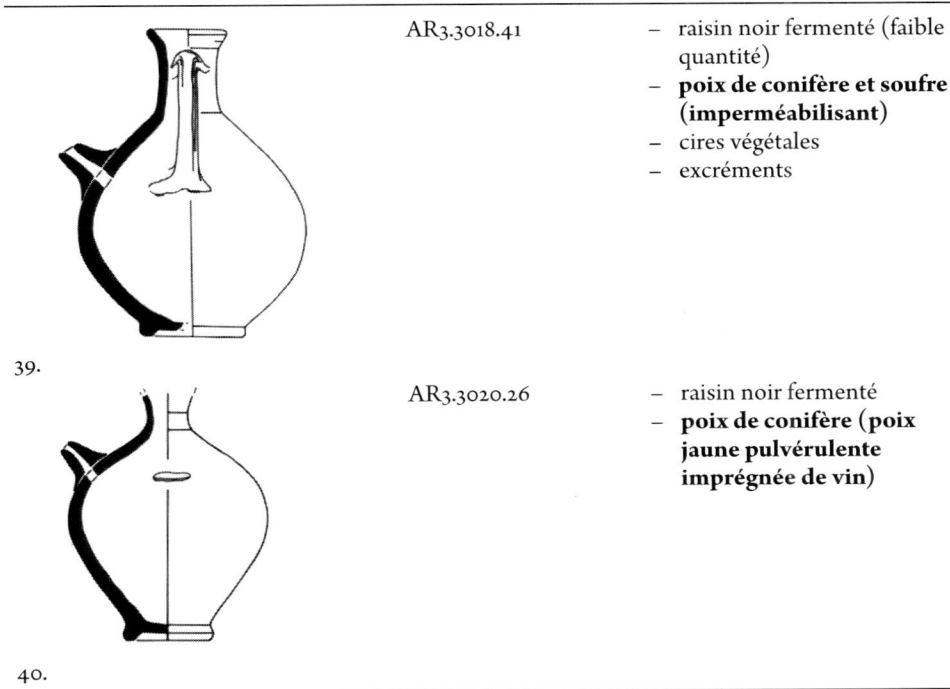

TABLEAU 38. Analyses des deux biberons d'Arles.

Peut-être a-t-il néanmoins servi plus souvent à boire du vin à la régalade, qu'à transmettre une préparation médicamenteuse… ou doit-on y voir le bizutage d'un marin ?

Conclusion

Le contenu des 37 VBT trouvés dans les contextes funéraire (30), cultuel (2), domestique (3) et portuaire (2) révèle des constantes et des spécificités (**tableau 39**)[127].

La graisse domine (26) si l'on additionne tous les types : ruminant (11), non ruminant (11) et indéterminé (4). Le vin rouge (raisin noir fermenté) vient en deuxième position (22 occurrences) et on compte 3 fois du jus de raisin rouge dont on n'a pas les marqueurs de fermentation, 4 fois du vin blanc. Les cires végétales sont également bien représentées (17) mais on ne peut pour l'heure, en raison du manque de référentiels, identifier leur origine. Combler ces lacunes est l'objectif du projet Althéré dont nous attendons les résultats. Suivant la fonction thérapeutique que nous supposons des vases VBT, il est normal de voir apparaître tout un éventail de substances végétales – de nombreux simples sont utilisés comme on le sait pour leurs propriétés médicinales. On ne peut donc réduire cette présence à une pollution environnante. Viennent ensuite les huiles végétales (13) qui

---

127 Nous ne comptons pas ici les vases accompagnant les VBT qui ont fait l'objet d'analyses (cruche miniature et gobelet).

Vin rouge	22
Graisses de ruminant (11) et non ruminant (11)	22
Cires végétales	17
Huile végétale	13
Lait	12
Squalène	12
Poix de conifère	12
Résine de conifère	8
Bière	8
Jus de fruit riche en acide malique	7
Graisse d'un animal de type non précisé	4
Vin blanc	4
Subérine	4
Jus de raisin ss tr. de fermentation	3
Ricin	2

TABLEAU 39. Les substances découvertes dans les biberons analysés, tout contexte confondu. Les chiffres indiquent le nombre de biberons concernés par chaque substance.

comprennent l'huile de ricin (2), de noisette et d'olive (1?) et le lait avec 12 occurrences. Le squalène est également présent à 12 reprises. Son origine est incertaine puisqu'il ne peut s'agir d'huile de requin, mais il est associé soit à du lait soit à un corps gras provenant de ruminant (jamais de non ruminant). L'expérimentation archéologique devrait permettre de mieux comprendre ces associations. La poix est présente dans 12 vases où elle accompagne soit du vin ou de la bière (acide oxalique), soit un autre jus de fruit, tandis que la résine se trouve dans 8 VBT seulement. Cette dernière est observée dans le territoire d'Esvres, à Auvours, à Avenches et à Zurzach, Un jus de fruit, autre que le raisin, riche en acide malique est présent à 7 reprises où il accompagne à 5 reprises la bière. Outre ces substances qui semblent constituer la base d'un mélange complexe, mentionnons la présence de matières minérales (calcaire et silice), d'excréments, de pinacées (aiguilles de pin ou dérivés), des structures ligneuses d'un bois non identifié (peut-être aromatique), de cendres végétales et finalement la subérine (4) probable indicateur d'un bouchon en liège. Graisse et lait sont parfois présents dans le même vase, peut-être pour rendre la potion plus crémeuse[128]. Le lait est notamment présent dans les trois VBT en verre où il est associé à une huile végétale qui semble choisie avec soin (olive pour Bézanne, imprégnée de chêne à Esvres, insaturée à Tours). Le VBT de Bézanne présente un mélange minéral associé à une résine dont on peut être assuré qu'elle ne servait pas à étanchéifier le vase (verre). Ces différents éléments nous amènent à y voir un mélange différent de celui des VBT en céramique dont l'administration ne semble pas avoir été faite par voie orale. On pense plutôt à un mélange cosmétique, pour les soins de la peau, ce vers quoi tendent l'association du lait et

---

128 FRÈRE 2015, p. 91.

des poudres minérales. Cette conclusion conforte les théories des chercheurs spécialisés sur le verre qui avaient refusé la fonction de VBT, en raison d'un bec trop tranchant. La finesse et même le prix de l'objet le placent d'ailleurs davantage dans la catégorie des vases de soins génériquement appelés « à parfums ».

Les graisses végétales de type olive sont beaucoup plus rares que les graisses animales, même dans les VBT marseillais, où l'on se serait pourtant attendu à les trouver, en raison des prédilections méditerranéennes. L'huile n'a, en effet, été décelée que dans treize VBT, dont deux fois où il s'agit de ricin. Rarement mise en évidence par les analyses de contenu portant sur les époques antiques, cette dernière n'était probablement pas produite dans la Gaule du Ier siècle. La graine, cultivée en Égypte, et par extension son huile, devaient être considérées comme exotiques. La détection du ricin dans nos VBT, comme dans un gobelet inscrit [OPTATA] d'Esvres[129], suggère une préparation thérapeutique plutôt qu'un substitut, purement nourricier, du lait maternel.

Quant à la découverte extraordinaire de cendres dans le VBT en céramique de Saint-Vulbas, il pourrait s'agir soit de cendres provenant d'autres crémations soit d'une transformation de plantes dans un but médicinal. Michel Blonsky note que de nombreuses recettes pliniennes incluent des substances réduites en cendres et sont utilisées en particulier pour réaliser une préparation nommée σάπων (sapôn), attestée dans le monde grec du Ier siècle av. J.-C. et postérieurement (il est alors d'un usage courant en Asie Mineure) provenant apparemment d'une tradition celte[130]. Asclépiade de Pruse mentionne le σάπων, non pas pour un usage lessivant, mais pour ôter des phlegmes du nez et badigeonner la bouche[131]. Souvent associé par les médecins, dont Galien, au nitre en raison de ses champs d'applications, le σάπων a un usage qui n'est pas le même chez les Celtes/Gaulois que chez les Grecs. Arétée de Cappadoce (Ier ou IIe siècle) signale cette différence :

> Les Celtes, qu'on appelle aujourd'hui Gaulois ont des milliers d'autres drogues comme les boulettes nitreuses, avec lesquelles ils lavent le linge, sous le nom de savon, elles sont excellentes, dans un bain, pour laver le corps[132].

La fonction thérapeutique des substances rencontrées dans les VBT peut aussi être envisagée pour la résine de pinacées et les autres structures ligneuses du bois rencontrées dans certains VBT. Pline signale l'usage de vin enrichi de poix pour soigner différents maux :

> Les vins préparés avec la poix seule sont plus innocents. Il est bon de se souvenir que la poix n'est pas autre chose que de la résine fondue au feu. Ces vins poissés échauffent, aident à la digestion, nettoient le corps, et sont avantageux à la poitrine, au ventre, aux douleurs apyrétiques de matrice, aux vieilles fluxions, aux ulcérations, aux ruptures, aux spasmes, aux vomiques, à la débilité des nerfs, aux gonflements, à la toux, à l'asthme,

---

129 RIQUIER et al. 2016.
130 BLONSKI p. 282.
131 ASCLÉPIADE, ap. Gal., De Compositione medicamentorum secundum locos, 2 (= 12, 586 K).
132 ARÉTÉE DE CAPPADOCE, De curatione diuturnorum morborum, 2.13.7 : Φάρμακα δὲ ἄλλα μυρία τῶν Κελτέων, οἳ νῦν καλέονται Γάλλοι, τὰς λιτρώδεις τὰς ποιητὰς σφαίρας, ᾗσι ῥύπτουσι τὰς ὀθόνας, σάπων ἐπίκλην. Τῇσι ῥύπτειν τὸ σκῆνος ἐν λουτρῷ ἄριστον (trad. personnelle).

dans les luxations, en topique avec de la laine en suint. Pour toutes ces affections on préfère le vin qui naturellement a un goût de poix, et qu'on nomme goudronné[133].

Outre le contenu des VBT, les analyses ont pu mettre en évidence des moyens de conservation. Marqueur qui apparaît minoritairement dans les VBT (3 fois), conjointement aux cendres dans le VBT de Saint-Vulbas, la subérine indique que les vases étaient parfois fermés avec un bouchon (de liège). Si l'on admet une conservation sur le plus ou moins long terme du produit, il faut envisager d'autres systèmes de fermeture sur les vases n'ayant pas présenté de traces de subérine ou autres. Par exemple, D. Frère a noté la présence, sur un aryballe étrusque, d'un système en plomb d'où partent deux canaux permettant l'écoulement du produit[134]. Il s'agit du seul exemplaire découvert de ce type et l'on peut penser qu'il était généralement enlevé avant le dépôt du vase dans la sépulture. De tels moyens de fermeture doivent être envisagés, surtout pour les VBT en verre. En effet, ceux-ci étaient mieux à même, par leur étanchéité naturelle, de conserver de précieuses potions. Quant aux exemplaires en céramique, les rainures observées sur la plupart d'entre eux ont peut-être permis la fixation d'un harnachement sur le bec, de type tétine. En 1912, le docteur J. Lecaplain proposait déjà de voir dans une rondelle en os percée un moyen de fermeture permettant de contrôler le débit du VBT auprès duquel elle avait été retrouvée (**fig. 122a et b**)[135].

Concernant les associations des vases au sein des sépultures, les analyses des vases retrouvés dans la même tombe démontrent, dans deux cas, des contenus différents. Ainsi, l'ensemble composé de deux VBT et d'un aryballe (tombe 305 d'Esvres) montre clairement que chaque vase était rempli d'un mélange aux composés disparates. Des huiles imprégnées d'autres substances végétales apparaissent dans le VBT en verre (chêne) de la sépulture 305 d'Esvres mais pas dans l'aryballe associé (l'huile qu'il contenait est non identifiée mais considérée comme riche en friedeline et lupéol) alors que le VBT en céramique ne contenait pas d'huile végétale mais un corps gras animal. À Auvours, le VBT se distingue de l'amphorette par la présence d'acide oxalique (bière ?) et de vin fait avec du raisin noir (il est blanc dans l'amphorette). Cette dernière présente, elle aussi, de la subérine.

Néanmoins, le VBT et le gobelet de Douai présentent, quant à eux, des substances similaires (produit laitier, corps gras animal et végétal, vin rouge) pouvant indiquer un mélange unique versé peut-être conjointement dans les deux vases. On peut aussi imaginer que l'amphorette a servi à remplir le VBT.

En outre, aucune différence majeure des contenus n'a pu être mise en évidence selon le type de défunt (enfant/adulte).

Quant au contexte de découverte, il ne paraît pas avoir eu plus d'influence sur le contenu des VBT. En effet, les VBT trouvés en contexte domestique contenaient un mélange qui s'apparente à celui des exemplaires trouvés dans les tombes. Par exemple, dans le VBT de la villa d'Orbe, on retrouve de l'huile de ricin, découverte dans l'un des VBT de Zurzach.

---

133   HN 23, 47 : *Hoc genus uini excalfacit, concoquit, purgat. pectori, uentri utile, item uuluarum dolori, sisine febri sint, ueteri rheumatismo, exulcerationi, ruptis, conuulsis, uomicis, neruorum infirmitati, inflationibus, tussi, anhelationibus, luxatis in sucida lana inpositum. Ad omnia haec utilius id, quod spontenaturae suae picem resipit picatumque appellatur Heluico in pago, quo tamen nimio caput temptari conuenit.*
134   Frère 2015, p. 171, fig. 30.
135   Lecaplain 1912.

D'une composition plus variée, le VBT de Mâlain retrouvé en contexte domestique conforte l'hypothèse thérapeutique et suggère que les VBT déposés dans la tombe n'avaient pas reçu d'autres substances que celles dont ils avaient été remplis du vivant de l'individu qu'ils accompagnent dans la mort. Le contexte cultuel s'avère intéressant, particulièrement l'exemple de Balaruc où l'autel semblait abriter la vaisselle de table d'un jeune individu : coupelle, VBT, coquillage/cuillère[136]. Celui-ci laisse supposer que le dépôt était le reflet matériel d'un vœu (réalisé ou pas ?) envers un enfant qui n'en avait plus l'utilité.

À l'instar des VBT en verre, les deux VBT retrouvés en milieu cultuel contenaient tous deux un produit laitier (malgré un écart de plus de 300 ans). Mis à part le lait, leur contenu ne diffère pas de celui des VBT retrouvés dans les autres contextes. L'exemplaire daté de La Tène est composé d'un jus de fruit qui n'est pas du raisin (acide malique), alors que du vin rouge a été identifié à Balaruc. Peut-on invoquer, pour le premier, une tradition gauloise qui perdure notamment à Esvres, Avenches, Gerzat, de faire des jus, parfois fermentés, avec des fruits riches en acide malique ? Cette hypothèse semble soutenue par la présence de bière, justement dans les lieux ayant fourni un jus riche en acide malique (à l'exception de l'Auvergne). Il se pourrait que le vin, majoritaire dans notre échantillon, soit le reflet des coutumes grecques et italiques, comme d'ailleurs l'adoption du VBT.

N'ayant livré qu'un nombre réduit de substances, les deux VBT découverts dans les eaux du Rhône n'en sont pas moins riches en informations. Le milieu anaérobie a en effet permis la conservation de la poix de conifère encore en place sur les parois des deux vases. Le vin a été identifié dans les deux cas, ainsi que des cires végétales dans celui qui contenait des excréments. On peut interpréter cette dernière substance à la lumière des recettes thérapeutiques s'inscrivant dans la « Dreckapotheke » (litt. « la pharmacie du sale ») selon les termes d'Heinrich Von Staden[137].

Finalement, le poissage des VBT trouvés dans le Rhône à Arles laisse envisager, pour les autres VBT de notre corpus ayant révélé de la poix, un traitement similaire de la céramique, sans exclure totalement sa fonction thérapeutique. La poix s'avère d'autant plus nécessaire lorsque le contenu est destiné à être conservé. En effet, le recours à l'archéologie expérimentale sur des *unguentaria* d'époque hellénistique et des aryballes étrusco-corinthiens a démontré que, même vernissés, les vases perdaient une partie de leur contenu[138]. La déperdition dépend toutefois de la viscosité de celui-ci comme de la porosité du contenant. Les essais de D. Frère sur les aryballes mentionnés précédemment ont démontré une perte de 10 à 15% durant les deux premiers jours, et de 20 à 30% après un mois. S'ils sont suspendus, donc sans contact direct avec une surface, les vases ne perdent plus de leur contenu, en raison de l'étanchéité permise par le contenu durci formant alors une croûte translucide « à l'odeur agréable »[139]. Des tests identiques réalisés sur un lécythe attique ont démontré une déperdition plus lente[140]. Cette porosité particulière du vase a pu amener à privilégier

---

136 Au sujet de la fonction de cuillères des coquillages, voir Jaeggi-Richoz 2022 et Stroszeck 2012.
137 Von Staden 1989, p. 18.
138 Frère 2015, p. 175.
139 Les tests démontrent que la déperdition perdure si le vase est posé sur une surface. L'attache de suspension des petits aryballes prend tout son sens dans ce contexte. Voir à ce sujet Frère 2015, p. 175 et suiv.
140 Il a fallu trois jours pour que les parois externes se teintent d'une couleur plus foncée en raison de l'absorption de l'huile. La réalisation complexe d'un petit réservoir à l'intérieur de certains lécythes à fond blanc montre bien une volonté d'épargner l'extérieur des vases et leur décor.

des vernis de type sigillée ou plombifère sur les VBT. Le nombre important de VBT en céramique claire engobée invite toutefois à considérer, ces derniers du moins, comme des vases « à boire » plutôt qu'à « stocker ». D'après les traités médicaux, la température des remèdes avait son importance[141]. Le mélange pouvait avoir été administré alors qu'il était encore chaud ou tiède – les marqueurs de chauffage ayant été identifiés dans près de vingt VBT – afin de conserver les propriétés des différents composants.

En l'état, peu de choses laissent supposer un dernier remplissage du VBT une fois placé dans la sépulture puisque les substances révélées dans les VBT trouvés en contexte domestique sont les mêmes – malgré une plante qui n'a pas de parallèle dans notre échantillon à Mâlain – que celles découvertes dans les VBT trouvés en contexte funéraire[142]. La présence de lait, détectée tant en contexte cultuel que funéraire indique-t-elle cette dernière offrande à forte symbolique ? Cela pourrait avoir été le cas par exemple à Douai où les deux vases contiennent tous deux du lait. La rareté du lait, en comparaison avec la graisse animale, dans l'ensemble des découvertes, tend cependant à faire croire le contraire. La composition du contenu des VBT, dans laquelle rentrent des substances exotiques et/ou médicinales (ricin, Pinacées, huile de chêne, etc.) nous conforte dans notre idée qu'il s'agissait de vases à usage thérapeutique – de type alicament[143] –, ce qui recoupe le texte de Célius Aurelien dans lequel le malade atteint de la rage était alimenté d'une sorte de bouillon.

Ainsi, aryballes et VBT auraient été employés dans les soins et l'entretien du corps. Les uns pour administrer des potions par voie buccale, les autres par application externe. Les VBT en verre semblent avoir contenu des mélanges plus complexes, composés d'huiles non ordinaires et enrichis de poudres minérales, comme le montre le VBT de Bézannes. Par leur aspect précieux, mieux adapté à la conservation, les exemplaires en verre étaient probablement plus appropriés pour conserver des pommades, à même de soigner les plaies, les irritations de la peau, des yeux et des oreilles, c'est à dire pour les soins de la peau ou pour être déversé à petites doses dans les orifices du corps.

Qu'ils aient été en verre ou en terre, les VBT semblent avoir été les dispensateurs de mélanges thérapeutiques spécifiques, adaptés à la maladie et autres besoins de l'individu. Tout comme les vases à parfum étudiés par D. Frère et N. Garnier, les VBT présentent une diversité de contenu, malgré une forme similaire. Rappelant le sein, cette dernière fait allusion aux propriétés nourricières de l'organe et surtout de celle qui le porte, une déesse nourricière et guérisseuse de type Isis, liée à la renaissance du corps. Cette affirmation est soutenue par l'usage d'un tel vase dans le cadre d'un cortège isiaque rapporté par Apulée.

Conclusion generale

Notre parcours nous a conduite de la formation de l'enfant et du lait – dans le corps humain surtout mais aussi animal – aux pratiques d'alimentation et de soin des Anciens,

---

141 Cela ressort notamment des nombreuses recettes où le lait est chauffé.
142 À moins que le mélange versé lors des funérailles soit un des composés utilisés au préalable, comme par exemple du lait, de la graisse fondue voire du vin.
143 Dictionnaire Larousse, *s.u.* « alicament » : « Produit alimentaire dans lequel ont été introduits des éléments considérés comme particulièrement bénéfiques pour la santé ».

profondément influencées par la théorie médicale et philosophique du processus de génération.

Fruits d'un seul et même processus, l'enfant et le lait sont des produits du sang (d'abord menstruel) et du sperme, par le moyen d'une coction – ou action coagulante – qui a lieu dans le ventre de la femme. Ce modèle est commun aux médecins hippocratiques et à la tradition aristotélicienne, malgré leur divergence théorique sur la formation de l'enfant : pour les premiers, en effet, les deux semences (mâle et femelle) coopèrent dans cette production, tandis que pour Aristote seule la semence mâle est efficiente et formatrice. Cette divergence d'opinion n'est pas sans répercussions sur l'attribution d'un genre au lait.

La distinction entre un lait de fille et un lait de garçon apparaît en effet de manière explicite chez les médecins hippocratiques et elle s'inscrit dans la logique qui veut que la détermination du sexe de l'enfant soit liée au côté (gauche/droit) des organes sexuels (testicule, utérus) dans lequel il se forme. On trouve surtout des traces de ce marquage sexuel du lait dans des prescriptions de certains traités hippocratiques et, plus tôt encore, dans des papyrus magiques égyptiens. Pline l'atteste aussi dans diverses prescriptions thérapeutiques qu'il livre, où le lait qui coule « pour un garçon » est considéré comme le plus efficace. Premier dans la hiérarchie des laits, ce lait spécifique dit « courotrophique » (« nourrisseur de garçons ») est le seul à n'être prescrit, dans les traités hippocratiques, que pour les maladies des femmes. L'importance donnée à ce type particulier de lait a pu occulter l'usage thérapeutique très répandu dans l'Antiquité du lait dans ses divers états, aussi bien pour les femmes que pour les hommes. Elle a conduit K. Deichgräber, au nom peut-être aussi de préjugés datés sur la valeur des fluides humains, à assimiler le lait à une substance malsaine ou sale : sous le nom de *Dreckapotheke* (médecine des produits sales) il range, en effet, le lait au côté des excréments, comme typique de l'impureté incarnée et produite par la femme, dont les menstrues ne peuvent être, elles-mêmes, qu'infectes.

Notre étude prend le contrepied de cette stigmatisation du lait, et conteste radicalement la consistance d'une catégorie des « produits sales », qui peut avoir un sens moral, mais n'a aucune valeur anthropologique ou thérapeutique en Grèce ou à Rome. Cette précision est importante pour répondre à qui voit dans la femme un être impur par ses menstrues, et donc productrice d'une pharmacopée qualifiée de « sale » dans laquelle figurent les excréments et le lait. La présente étude s'oppose à ce jugement qui, bien que reposant sur les questions de genre actuelles, est éloigné de la réalité tant grecque que romaine. D'abord, parce que le recours à des excréments, qui n'est en aucun cas limité aux femmes, n'est pas considéré comme une thérapie par le « sale », mais associé aux pratiques agraires, dans lesquelles les excréments ont une fonction fertilisante et régénérante. Cette hypothèse se justifie par les rapprochements fréquents entre l'enfant et la plante, la mère et la terre dans les traités hippocratiques et leurs successeurs.

Bien que son rôle soit considéré comme moins actif que celui de l'homme dans le processus de formation de l'embryon, la femme joue ensuite, physiologiquement, un rôle décisif : son sang fournit la matière et son ventre, assimilé par les Anciens à un four (*kaminos*) où se font les mélanges et la coction (cuisson) des semences, du sang et de la nourriture, offre un lieu de rencontre des semences. Suivant le modèle du fromage, l'enfant peut s'y former, par coagulation (caillage) de la matière. Les vaisseaux du corps contribuent à cette « cuisine » en acheminant les substances nourricières d'une place à l'autre, de la matrice aux seins. Le système somatique, conçu comme un réseau de vases de tailles variables (tête, vessie, utérus, etc.), fonctionnant comme des ventouses attirant les humeurs, et reliés par des « vaisseaux », reconnaît trois types d'individus ontologiquement distincts : l'homme, la femme et l'enfant. L'homme adulte à la fleur de l'âge représente le modèle achevé : les canaux de son corps sont élargis au maximum, permettant le bon cheminement de la substance spermatique ; différent du corps de l'homme par sa matrice puissante et capricieuse, qui régit les pertes menstruelles et décide de la conservation du sperme, le corps de la femme est aussi considéré comme pleinement épanoui au moment de la puberté qui la rend capable de se reproduire. Les individus n'ayant pas atteint ce stade sont les enfants, des êtres considérés comme inachevés : leur complexion particulière (un corps chaud et humide, et une tête particulièrement grosse qui attire les humeurs et produit phlegme et chaleur) fait d'eux des individus physiologiquement marginaux, encore soumis à des passages biologiques reconnus et parfois marqués par la société.

Les textes médicaux et philosophiques découpent très précisément l'enfance en plusieurs phases de l'évolution biologique : 8 jours, 10 jours, 40 jours, six mois et sept ans. Pourtant ces seuils ne correspondent pas à des rituels particuliers qui seraient attestés dans la littérature ou des témoignages archéologiques[144]. Par exemple, le sevrage n'est jamais évoqué, en Grèce ou à Rome, comme faisant l'objet d'une quelconque célébration, malgré l'importance que lui donnent les médecins qui le considèrent comme une étape périlleuse. À la différence de ce qui se passe dans la Bible – où un festin est préparé par Abraham pour marquer le sevrage de son fils Isaac[145], qui devait[146] se situer vers trois ans –, les étapes biologiques semblent franchies sans mise en scène, sans insistance. Cette discrétion ne doit pas être prise pour de l'indifférence ou un signe d'indifférenciation des phases infantiles. La prise en compte sociale et culturelle de ces seuils se manifeste en particulier dans les comportements funéraires. Ainsi, sur le territoire de la Gaule, l'étude des sépultures est très révélatrice de ces changements biologiques. : elle montre, en effet, des changements de pratiques en fonction de l'âge de l'individu. Différents travaux ont ainsi mis en évidence un cap aux environs de six mois marqué, pour l'époque pré-romaine[147], par l'ensevelissement des tout petits au sein de l'habitat et, à l'époque romaine[148], par le recours à la crémation pour les

---

[144] Cette position ne contredit pas les conclusions de V. DASEN (2009 et 2014) qui mettent en évidence différents stades, dont celui liminal, qui se place entre la naissance et l'acceptation de l'enfant au sein de la maison. Cependant, rien, dans notre documentation n'exprime la réalisation de rites spécifiques, dans le monde romain du moins, liés à ces passages peut-être réalisés dans un cadre très restreint, et par des femmes.

[145] Genèse 21, 8. En 1 Samuel 1, 23-24 il est question du sevrage de l'enfant Samuel et du sacrifice d'un taureau de trois ans, d'un épha de farine, et d'une grande jarre de vin. Il se pourrait toutefois que le sacrifice soit moins en relation avec le sevrage qu'avec le don de l'enfant au service du temple. En hébreu, le terme *gamal* utilisé pour le sevrage signifie, selon Marc-Alain Ouaknin, « une coupure qui amène à la maturation ». Il marque ainsi la fin d'une étape et permet d'en amorcer une autre. L'auteur mentionne aussi la notion de perte (du placenta, du sang menstruel, des émissions de sperme nocturnes chez l'adolescent, etc.) qui toutes, dans la culture hébraïque, donnent lieu à des festivités dont la fonction est d'abord sociale, « la joie de la fête compensant la douleur de la perte » (OUAKNIN 2013).

[146] BERGMANN (2020, p. 139) précise que le rite de passage marqué par la fête concerne autant Isaac que Sarah, sa mère, qui gagne à ce moment une nouvelle autonomie.

[147] DEDET 2012, p. 161.

[148] BEL 2012, p. 197.

enfants ayant dépassé cet âge[149]. Le matériel funéraire semble souligner cette même étape de vie. Dans son corpus de la Gaule Narbonnaise, Valérie BEL (2012) a noté que les moins de six mois sont le plus souvent accompagnés de petits objets de type breloques à fonction apotropaïque (dents animales, phallus, lunules, clochettes, perles, etc.), alors que les plus âgés reçoivent de la vaisselle sous la forme de lampes, balsamaires et VBT. Le dépôt de vaisselle devient ensuite plus important pour les défunts jusqu'à l'âge de sept ans. Cet âge marqué par l'apparition des dents définitives pourrait avoir déjà eu de l'importance pour les Celtes d'avant la « romanisation ». Bernard DEDET (2008) observe, en effet, qu'avant cet âge, le matériel funéraire se rattache systématiquement à la sphère féminine (fusaïole, coquillage, bracelet, épingle, torque, collier de perles d'ambre ou d'os) alors qu'après il est sexuellement différencié, à l'instar de ce qui se fait pour les adultes (armes offensives et défensives, couteaux en silex et en fer, scalptorium pour les individus de sexe masculin). Doit-on voir dans ces deux jalons (7 mois/7 ans), l'expression des passages biologiques marqués par l'apparition de la première et de la seconde dentition ? Un célèbre passage de Pline précisant qu'on ne passe pas au bûcher le corps d'un enfant qui n'a pas ses dents soutient cette hypothèse. À l'inverse, rien n'indique que le changement alimentaire soit un facteur discriminant[150]. Le fait que les VBT soient majoritaires dans les sépultures des deux classes d'âges se succédant entre 7 mois et 7 ans (7 à 36 mois et des 37-72 mois), n'est pas une preuve suffisante. Cette majorité semble en effet s'expliquer par l'important taux de décès observé pour ces classes d'âges, qui contraste nettement avec le taux de mortalité des plus âgés. Parmi eux les adolescents qui, bien que peu nombreux au sein des nécropoles, reçoivent pourtant parfois, comme aussi les adultes, des VBT. Concernant ces derniers individus, au seuil ou au-delà de la maturité physique, nous avons noté une spécificité : la prédominance de la pratique de l'inhumation. On dénombre ainsi, parmi les 15 sépultures d'adultes, 8 inhumations[151]. Au regard de la pratique très majoritaire de la crémation pour cette tranche d'âge, cette forte proportion d'inhumations au sein du groupe des adultes est intrigante : le dépôt de VBT et la pratique de l'inhumation sont-ils corrélés et renvoient-ils à une situation sociale ou physiologique particulière du défunt ? On pourrait supposer que les individus concernés partageaient une déficience commune, peut-être un handicap physique, due à une pathologie particulière qui aurait conduit à une certaine dépendance du défunt par rapport au groupe, de type alimentaire.

Une analyse fine du recrutement des différentes nécropoles gallo-romaine permettrait probablement de répondre à cette question, en offrant une meilleure vue d'ensemble du recours à l'inhumation pour des adultes et, en montrant si cette pratique était privilégiée

---

149 Bien que dans son étude portant sur la Narbonnaise, V. BEL (2012) observe que le recours à la crémation prend place vers l'âge de 3 ans, d'autres études montrent que cette pratique se généralise, en Gaule romaine, pour les enfants de plus de six mois. Voir JAEGGI 2012.
150 Une étude qui comparerait les ossements des enfants se situant à l'âge du sevrage (avant/pendant/après) permettrait de vérifier l'impact du sevrage sur les pratiques et le matériel funéraire. Ce genre d'étude est malheureusement manquante en raison des cloisonnements disciplinaires. Les chercheurs travaillant sur les analyses isotopiques ne s'intéressent, en effet, que rarement à la constitution de la tombe.
151 Parmi les autres défunts, on compte 6 fœtus/périnatals qui sont tous inhumés ; 14 nourrissons âgés entre 0 et 6 mois dont un seul a été soumis aux flammes du bûcher ; chez les 7 mois à 7 ans, 27 des 31 individus sont inhumés, 2 individus inhumés représentent la classe d'âge des 7 et 14 ans, 5 autres sont parmi les 15-21 ans alors que 8 des 14 adultes ont été inhumés. À ces chiffres s'ajoutent 47 enfants sans plus de précisions quant à leur âge dont 44 inhumés.

pour les individus associés aux VBT, voire pour ceux présentant une pathologie spécifique induisant peut-être une autonomie réduite. L'étude de la nécropole d'Avenches *En Chaplix* apporte déjà sur ce point un premier élément de réponse. En effet, alors que la pratique de la crémation y domine largement, on observe un groupe minoritaire composé d'individus relativement jeunes (entre 17 et 40 ans) et présentant des positions inhabituelles : ventrales, latérales, asymétriques, etc. Parmi eux, un jeune adulte d'une vingtaine d'année, de sexe masculin, avait reçu deux VBT, déposés dans une fosse adjacente à sa sépulture (St 147)[152].

La connexion que nous supposons entre le VBT et des individus malades repose aussi sur la similitude d'usage du VBT et du *bombylios* grec, utilisé, selon le Corpus hippocratique, pour alimenter un individu ayant souffert d'une affection pulmonaire. À l'instar du *bombylios*, le VBT est employé dans un cadre médical, dans le traité des *Maladies aiguës* de Célius Aurélien. Le malade en question est atteint de la rage et le breuvage donné goutte-à-goutte a pour vocation de l'hydrater. Contrairement au *bombylios* grec, le VBT de l'époque romaine est identifié par sa « forme de sein » évoquée par les médecins et par le philosophe et moraliste Plutarque. Ce dernier le mentionne au cours d'une description d'une procession isiaque, où le vase, alors en or, sert à verser des libations de lait pour la déesse. Contrairement à ce vase d'or, le *bombylios* évoqué par Soranos d'Éphèse ne contient pas de lait mais de l'eau mélangée à du vin. Il est alors utilisé pour faire boire un enfant qui a soif.

Les VBT gallo-romains sont typologiquement, fonctionnellement et en somme culturellement des objets probablement dérivés des VBT archaïques que l'on trouve en Grèce, et en Égypte dès le IVe millénaire avant Jésus-Christ. Ils ont une forme similaire, sont majoritairement associés à des jeunes enfants, et semblent témoigner d'une continuité des pratiques non seulement funéraires (comme l'illustre également le dépôt persistant des enfants en vase), mais aussi thérapeutiques et de soin.

Les VBT de Gaule romaine se distinguent des productions des autres civilisations par leur facture, qui est celle des ateliers locaux. Ils s'inscrivent, en effet, au sein des différentes productions vasculaires et sont, soit déclinés d'une autre forme de vase, de type cruche ou barolet auquel on ajoute un bec sur la panse, soit une création marginale composée d'une panse sous la forme de poire, de lentille ou encore de sphère. Ils sont généralement engobés selon les habitudes locales, ce qui produit des exemplaires parfois divisés en deux parties de couleur différente, parfois inscrits ou décorés à la barbotine. Bien qu'ils soient produits dans les mêmes ateliers – 14 ayant été jusqu'à présent identifiés – que les autres formes de vaisselle, les VBT sont chaque fois des *unica* : on ne trouve pas deux pièces identiques et ils se singularisent tous par la taille, la forme générale, l'engobe ou encore le décor. Certains des VBT se démarquent aussi par leur miniaturisation, par un bec non percé qui le rend inutilisable (tombe de Vindonissa), ou encore par une inscription inscrite à la pointe sèche après cuisson. Les exemplaires les plus aboutis son réalisés dans les ateliers de la région de l'Allier, notamment dans ceux de Vichy qui présentent un décor moulé et un engobe plombifère. Une des spécificités commune aux VBT gallo-romains est d'avoir au milieu de leur panse une ligne horizontale qui peut être incisée ou peinte et dont la fonction, décorative ou utilitaire, n'a pu être établie. Servait-elle à maintenir un accessoire de type

---

152 CASTELLA *et al.* 1999.

tétine en peau ou boyau sur le bec ? Seule la découverte de l'un de ces exemplaires dans un contexte anaérobie permettrait de confirmer cette hypothèse, qui n'a pas été confortée par les deux exemplaires découverts dans l'épave du chaland Arles-Rhône 3.

Quelle que soit la réponse à cette question, les essais réalisés avec un enfant âgé de 6 mois ont montré qu'il était possible de lui administrer du lait par le moyen du VBT. Quant aux tests réalisés avec ces vases en fonction de tire-laits, avec la mère de l'enfant, ils étaient concluants, quelle que soit la forme du vase[153] ; un essai a même été réalisé avec une réplique du vase tire-lait de G. A. S. Snijder, avec embouchure sur le fond et canal interne (**fig. 125**), qui s'est pourtant révélé moins efficace que ses congénères dans cette dernière fonction. Du point de vue pratique cet usage comme tire-lait ne peut être donc être exclu et il fait partie des « affordances » de l'objet, mais le contenu composite de ces VBT, et la faible quantité de produits laitiers qui a été découverte dans les échantillons analysés nous a conduite à écarter cette piste fonctionnelle. On pourrait objecter que ces objets ont donné lieu à un usage particulier et secondaire, comme simple récipient, dans les contextes funéraires, mais l'homogénéité des profils de résidus chimiques de ces vases dans les tombes et en conteste domestique courant n'autorisent pas cette hypothèse.

Le mélange d'eau et de vin mentionné par Soranos correspond mieux quant à lui aux analyses biochimiques du contenu des VBT qui ont mis en évidence la prédominance du vin dans la plupart des exemplaires. Mais on trouve aussi de la graisse animale parmi les substances dominantes dans les VBT. En raison de la présence importante du marqueur de squalène, substance qui se trouve surtout dans les peaux à sébum, le corps gras est supposé avoir été de la couenne. Ainsi, vin, bière, jus d'autres fruits et plantes ont vraisemblablement été ajoutés à de la couenne fondue, formant alors une sorte de bouillon revigorant du type *pisto* (espagnol), breuvage dont le nom est étymologiquement apparenté à celui d'un petit vase nommé *pistero* « muni d'un bec et d'une anse sur le côté opposé[154] » servant à dispenser un liquide à un malade[155]. Rarement identifié dans les VBT, contrairement aux résultats d'analyses d'A. Huttmann, le lait peut toutefois avoir été employé dans un même but thérapeutique, comme on peut le déduire des nombreuses recettes évoquées chez Pline, Dioscoride, Galien et, avant eux, dans certains traités hippocratiques. L'utilisation de lait cru comme cuit est d'ailleurs un moyen de traitement courant dans ces derniers traités où ils servent à purger, resserrer ou nourrir le corps. Il faut encore rappeler que les Anciens ont distingué des qualités variables des laits, selon leur source de production. Ils ont en particulier différencié les laits selon qu'ils étaient produits ou non par des femelles primipares, et pour un enfant de sexe masculin ou féminin. Cette discrimination, qui a conduit les médecins anciens à préciser le « sexe » du lait recommandé en fonction du degré de maladie, a été confirmée par la différence chimique de ces laits, établie grâce à des tests réalisés sur des laits produits par les femelles d'un groupe de singes[156].

---

153   Les formes testées sont celles qui reproduisent la forme d'une cruche, ou sont sphériques ou piriformes. Je tiens à remercier Valérie Martini et son fils Tristan pour leur participation à ces essais « délicats ».
154   « *Munito d'un beccuccio e un'ansa nella parte opposta* » (QUEVEDO-SÁNCHEZ 2010, p. 2078). L'auteur se réfère à CUADRADO 1952, p. 151.
155   Selon le *Real Academia Española* 2001, p. 1772.
156   HINDE 2009.

Les analyses biochimiques sont également parvenues à isoler des marqueurs de chauffe du lait. Leur présence dans du lait retrouvé dans un VBT à Bad Zurzach permet de conclure que le lait avait été sujet à des traitements visant à le transformer et à le réduire, par cuisson[157]. Les analyses des autres VBT témoignent de l'emploi de lait cru et de sa possible association à un mélange comprenant parfois d'autre corps gras, sous la forme de graisse animale et végétale, eux aussi fortement chauffés, comme c'est le cas dans un exemplaire de Douai. Alors qu'il est aujourd'hui possible par les méthodes de la chimie botomique de distinguer l'espèce à l'origine des laits sur des échantillons aussi réduits que ceux dont nous avons bénéficié, cette technologie n'en était qu'à ses débuts au moment où les analyses des VBT ont été réalisées. Il n'a alors été possible de préciser l'espèce du lait qu'à une occasion, précisément dans le prélèvement de l'un des deux VBT de Bad Zurzach. La vache est un gros producteur de lait et, déjà avant l'industrie laitière de notre époque, son lait est largement employé dans les traitements médicaux antiques, notamment chez les médecins hippocratiques. Il est alors pris en quantité importante pour purger le corps ou contrer les effets de poisons. Il a aussi une place de choix, après le lait de femme et de chèvre, dans la riche énumération de recettes thérapeutiques (plus de 250) à base de lait que propose Pline et qui comprend dix types de lait dont le lait de plantes et… le lait de pierre[158].

Les analyses biochimiques du contenu des VBT révèlent ainsi la combinaison de diverses substances qui rejoignent la riche pharmacopée de l'époque impériale décrite par Dioscoride. Outre ces substances, elles révèlent l'usage d'apprêts permettant l'étanchéification des vases. C'est le cas de la poix attestée à l'intérieur de deux VBT arlésiens, découverts en milieu anaérobie. Mais la poix peut aussi avoir été utilisée pour donner du goût au vin / breuvage ou dans un but thérapeutique. Ne nécessitant pas un tel apprêt, les exemplaires en verre ont pu être privilégiés pour la conservation de mélanges de type pommade aux composés exotiques et non alimentaires. Contenant tous un mélange, dont la base est relativement similaire quel que soit le contexte de découverte, les VBT semblent avoir eu pour vocation première de remplacer et mimer le sein et de permettre l'administration d'une nourriture *assimilée* au lait nourricier, mais d'une composition différente. Leur dépôt en milieu funéraire et cultuel souligne l'importance symbolique qu'avait ce petit « vase en forme de sein ». Cette expression, qui perdure durant l'Antiquité tardive, ne peut manquer d'évoquer le sein guérisseur d'Isis, synonyme de renaissance, utilisé par les prêtres de la déesse pour verser des libations.

En marge du VBT, nous avons considéré les pratiques alimentaires de l'enfant. Étroitement liées à celles de la mère/nourrice, celles-ci nous sont révélées par les analyses isotopiques. De plus en plus nombreuses, ces analyses consistent à relever et à comparer les valeurs en carbone et en azote entre les restes osseux des enfants et des adultes. Dans plusieurs nécropoles antiques, il a ainsi été observé que les femmes et les enfants avaient souvent un accès limité aux produits riches en protéines. Les traités médicaux confirment ces restrictions qui peuvent être liées, en ce qui concerne les femmes, au fait d'allaiter. Par exemple, dans le régime idéal de la nourrice, Soranos mentionne, avant tout autre aliment,

---

[157] Recette notamment donnée par COLUMELLE, *De l'agriculture* 12, 8.
[158] Voir *supra*, « Sélection et usages thérapeutiques du lait chez Pline l'Ancien ».

du pain fait avec de l'excellente farine de blé d'été. Quant à la première nourriture solide du nourrisson, elle est également à base de céréales. L'expression de ces pratiques sont observables à Rome, à Londres (48-410 apr. J.-C.) et au cimetière de Queenform Farm (IVe-VIe s.). Femmes et enfants ont ainsi un régime alimentaire différent de celui des hommes adultes, nettement plus riche en protéines (d'origine soit marine soit terrestre). L'étude des nécropoles a montré que ces choix avaient contribué à une importante mortalité des individus entre deux et trois ans et probablement aussi de leur mère/nourrice (manque de certaines vitamines)[159]. D'autres spécificités alimentaires ont pu avoir cours dans certains lieux. Ainsi, dans les deux nécropoles romaines d'Égypte (250-450 apr. J.-C.) étudiées par T. Dupraz et son équipe, les chercheuses envisagent l'administration d'un lait animal aux jeunes enfants. En effet, dès le début du sevrage, qui intervient vers six mois (diminution du δ^{15}N), le taux de δ^{13}C augmente dans leurs os. Selon les analyses de la flore et de la faune présentes sur le site, cette augmentation pourrait être due soit au carbone du millet, soit aux produits de la vache ou de la chèvre. Les chercheurs optent pour le lait de ces animaux plutôt que pour leur viande ou encore l'administration de céréales, en raison du jeune âge des enfants qui les rend encore incapables de mastication. Les résultats de mon étude me permettent difficilement d'adhérer à cette proposition. D'abord parce qu'elle ne reflète pas les traités médicaux contemporains qui évoquent rarement le lait d'animaux pour les enfants et se montrent même méfiants à son égard ; ensuite en raison des analyses du contenu des VBT – ces vases susceptibles d'avoir été employés pour administrer ce lait –, qui rejoignent les textes, en ce que le lait y est rarement présent. On peut ajouter que les chercheuses omettent le passage où Soranos déplore l'administration de céréales à des enfants de 40 jours, au profit de celui où il explique les gestes à faire *aussitôt après la naissance* de l'enfant. Il y recommande de donner quelques gouttes de miel (du bout du doigt), éventuellement additionné de lait de chèvre[160]. Le contexte, la quantité administrée et la fonction de cet apport alimentaire sont sans rapport avec le sevrage : il va permettre de faire patienter le nouveau-né jusqu'à l'arrivée d'une nourrice et lui éviter de boire le premier lait de sa mère, le colostrum, alors considéré comme nocif.

Le recours à du lait animal apparaît d'autant moins justifié que le « marché aux nourrices » était bien établi à l'époque romaine, même dans les oasis égyptiennes dont traite l'étude de T. Dupraz. De plus, les céréales semblent davantage adaptées que le lait animal à l'idée que se faisaient les anciens du corps de l'enfant. Comparé à de la cire prenant forme et se solidifiant avec le temps, il avait besoin, en effet, de recevoir progressivement une alimentation plus dense, de préférence produite par la main de l'homme, car le développement du corps entrait dans un processus global de formation physiologique *et* culturelle.

Si le recours ponctuel à du lait (de chèvre ou autre) est attesté à Rome, en particulier pour aider les enfants à aller à la selle, comme le rapporte Pline, pour ramollir du pain ou délayer en bouillie des céréales, l'idée selon laquelle les enfants de l'Antiquité, étaient nourris principalement à base de lait animal n'est pas étayée par la documentation. Cette

---

159 FULLER *et al.* 2006, p. 52 mettent en évidence le peu de femmes qui ont dépassé les 45 ans à Queenform Farm.
160 SORANOS, *Maladies des femmes* II, 17, 2, 6. Notons que cette pratique est attestée dans certains pays musulmans comme en Egypte, où l'on pose une datte sur la bouche du nouveau-né (communication orale de Marie-Lys Arnette).

supposition paraît influencée par nos propres habitudes modernes, qui s'installent, rappelons-le, après la pasteurisation et la mise au point de poudres de lait, dont la diffusion a permis d'abolir les hécatombes d'enfants nourris aux laits de vache ou de chèvre[161].

Les médecins antiques redoutaient en effet les effets du lait. Galien le considérait comme responsable d'ulcères lors d'une famine à Pergame, en raison d'une alimentation rudimentaire des femmes allaitantes[162]. Le traité hippocratique des *Maladies IV* le voit à l'origine de la formation de vers, alors que l'enfant est encore dans le ventre de sa mère[163]. Soranos évoque la possibilité que le lait donné pendant le bain et donc chauffé, produise l'épilepsie ou des apoplexies[164]. Des médecins de l'école pneumatique, comme Athénée et après lui Antylle, lui attribuent plusieurs maladies de la peau : un lait trop épais provoquerait des abcès, un lait âcre des exanthèmes âcres, et un « mauvais » lait des efflorescences (*sic*)[165]. Le lait n'est pas plus favorable aux adultes, sauf pour certains individus. En fonction de leur constitution, il peut occasionner des calculs rénaux ou la chute de dents[166].

Pour éviter au maximum les effets indésirables du lait, Galien recommandait dans un but thérapeutique l'absorption de lait pris directement au sein ou à la mamelle d'une ânesse.

Représentant l'unique nourriture du nouveau-né jusqu'à environ six mois, le lait était alors sujet à de strictes restrictions de la part des médecins. Dans les textes, celles-ci visent surtout la nourrice, à une époque où les femmes de la haute société ne désirent pas allaiter leur propre enfant. On ignore si les mères des classes populaires se les imposaient également. Le recours à une nourrice allait à l'encontre des conceptions physiologiques sur la transmission de la lignée familiale, mais il pouvait être justifié quand le lait maternel était jugé insuffisant ou mauvais. Il était ainsi communément adopté, à l'époque romaine, par les élites et, suivant leur modèle, par les autres classes de la société. Un autre paramètre d'importance motivait ce choix : favoriser une nouvelle grossesse. Bien que les Anciens n'aient pas pleinement compris l'effet contraceptif de l'allaitement, ils avaient observé la difficulté que les mères allaitantes avaient de concevoir peu après l'accouchement. Les médecins en avaient conclu à la fatigue des mères, engendrée par l'accouchement et l'allaitement lui succédant.

Les répercussions d'une alimentation à base de lait animal sur la mortalité infantile sont d'autres arguments contre son emploi généralisé dans l'Antiquité. Comme l'a démontré T. Parkin, en se référant à plusieurs exemples des temps modernes, le lait d'animaux utilisé lors de pénuries de nourrices a conduit à la mort d'un enfant de moins d'un an sur deux (taux de mortalité infantile, TMI) dans les paroisses de York (XVIIIe et XIXe siècles), alors que ce taux est de 61,5% à Lyon et de 98% à Rouen (XVIIIe siècle). Pour le démographe, le TMI des époques grecque et romaine est bien inférieur. Il équivaudrait en effet à celui estimé à 300 pour 1000 observé à Fécamp après la création du lait en poudre par le docteur Dufour. La prépondérance de l'allaitement au sein y a selon toute vraisemblance favorisé

---

161 Au sujet des différents procédés de modification du lait et de la distribution de ces laits, voir SCHOLL 2017, p. 52.
162 GALIEN, *De la faculté des aliments* (K 6, 347).
163 HIPPOCRATE, *Maladies* IV, 54 et 55 (L VII 596-597 et 600-605).
164 SORANOS, *Maladies des femmes* II, 38.
165 ATHÉNÉE dans ORIBASE 24 (DAR. III 189).
166 *Ibid.* (K VI 345).

l'état de santé des moins d'un an. Mais l'on peut aussi envisager que ce TMI est dû en partie à la maîtrise du lait par les Anciens. Conscients de la haute labilité de ce produit de la Nature, les médecins recouraient en effet à une cuisson souvent sur mesure ou l'administraient directement du pis de l'animal. Le but alors recherché est thérapeutique et concerne surtout des adultes.

Peu évoquées en regard à l'alimentation infantile, ces pratiques de transformation du lait trouvent un parallèle au Moyen-Âge. D. Alexandre-Bidon mentionne ainsi « Dans le biberon médiéval, on met du lait bouilli – précision sans ambiguïté des médecins du Moyen-Âge – d'origine animale. Bouillir le lait évite, selon eux, qu'il ne tourne : on pratiquait donc la pasteurisation sans le savoir[167]… ».

En marge de ces pratiques qui témoignent de ce que l'on pourrait qualifier de « domestication du lait », la mythologie en fait un produit de l'Âge d'or. Le lait coule alors de fontaines qui s'inscrivent dans un cadre « bucolique », dépeint dans la littérature et sur les peintures murales des premiers siècles de notre ère. Pour les Anciens, ces fontaines sont sources de longévité chez des peuples lointains. Au centre des écrits de Virgile et d'Ovide, l'Âge d'or évoque l'époque de paix où les sacrifices étaient sous forme de lait, plutôt que de sang. Ces écrits n'apparaissent pas par hasard à une époque où l'empereur Auguste doit asseoir son pouvoir. Sur le modèle des fondateurs de cité de la Grèce ancienne et de César, Auguste rattache la *gens Iulia* à l'illustre ville de Troie, par son lien avec Énée, ainsi que Lavinium à la lignée de Romulus, le fondateur de Rome. L'allaitement est alors une image de choix, pour évoquer ces illustres lignées. Si la représentation de la Louve allaitant Rémus et Romulus sur l'autel de la Paix, *Ara Pacis*, est remise en question, l'allaitement par une laie de ses trente pourceaux est bien l'expression de ce lien et de la prospérité qui en découlerait. Le relief de Tellus avec deux enfants dont l'un est sur ses genoux est une autre allusion à l'allaitement et à la fertilité, permise par l'établissement de la Paix par Auguste. L'importance de l'allaitement n'a pas échappé au précepteur des petits-fils d'Auguste, Verrius Flaccus, qui a su le décliner sur les quatre panneaux d'une fontaine monumentale érigée près du temple de Jupiter dans la ville de Préneste. Intégrée à un calendrier des fêtes, cette fontaine évoquait de manière subtile le héros fondateur de la ville, Caeculus, par la présence d'un biberon placé sous une brebis allaitant son petit. Après F. Coarelli, nous avons pu montrer que Verrius Flaccus se plaçait grâce à cette iconographie, dans la lignée du héros fondateur, sur le modèle d'Auguste à Rome. Extrêmement rare, la représentation d'un biberon évoquait, conformément à la légende, le « non allaitement » du héros, c'est-à-dire le nourrissage par les frères de la mère de ce dernier. Cette compréhension confirme les usages nourriciers et de soin du VBT, qui fait office de substitut d'un sein divin symbole par excellence de santé et d'éternité.

---

167 ALEXANDRE-BIDON 1997, p. 22.

Annexe

1 Principaux médecins et philosophes ayant traité de la formation du lait et des remèdes

Hippocrate (460-375 ou 351[1])

L'historicité de la figure d'Hippocrate, de la famille des Asclépiades qui disaient être les descendants d'Asclépios, le dieu médecin, est débattue, mais plusieurs sources permettent d'identifier le personnage et font allusion à l'importance de son impact dans la société du Ve siècle. Les portraits posthumes du médecin le représentent sous les traits d'un homme d'âge mûr. Barbu et chauve, il affiche un air serein et grave à la manière des philosophes auxquels les médecins s'apparentaient[2]. Platon parle à plusieurs reprises de manière élogieuse d'un Hippocrate « médecin », *iatros*[3]. Une quarantaine d'années plus tard, Aristote conseille à ses pairs de s'initier à la médecine. Il fait référence au *Corpus hippocratique* dans son *Histoire des animaux*[4]. Il mentionne une description des vaisseaux sanguins issue du traité hippocratique *Nature de l'homme* mais qu'il attribue à Polybe, gendre et disciple d'Hippocrate[5].

Hippocrate n'est, en effet, pas l'auteur de l'ensemble des œuvres qui portent son nom. Ce que nous appelons conventionnellement le *Corpus hippocratique* est composé d'une soixantaine de livres, écrits en dialecte ionien. Il est difficile d'être plus précis au sujet du nombre exact de traités que comprenait le *Corpus* car certains étaient séparés ou déjà rassemblés à tort dans l'Antiquité[6]. Par exemple, la plupart des spécialistes voient dans *Génération* et *Nature de l'enfant*, un traité unique. Quant à la rédaction de l'ensemble, elle s'étend largement du Ve siècle av. J.-C. au Ier siècle mais il est aujourd'hui admis que la majorité des œuvres datent d'une période qui va de 420 à 350 av. J.-C., ce qui coïncide à peu près avec la durée de l'activité d'Hippocrate[7]. L'ensemble est disparate. Il comprend des textes de natures différentes. Certains présentent un mode simple favorisant la mémorisation par l'utilisation de la sentence comme les *Aphorismes*, les *Prénotions coaques* et *Dentition*, ce qui suggère leur emploi dans le cadre de l'enseignement[8]. D'autres présentent le ton du discours et défendent un point de vue particulier comme *Vents* ou *Art*, d'autres encore comme *Humeurs*, ont été accusés d'être sciemment obscurs. Certains défendent une hypothèse spécifique tel que *La maladie sacrée*. *Maladies* est une énumération de

---

1 Dasen 2011a, p. 11. Les deux dates sont présumées.
2 Dasen 2011a, p. 6.
3 Platon, *Protagoras* 311b-c.
4 Aristote, *Histoire des animaux* III, 3, 512b, 12-513a 7.
5 Hippocrate, *Nature de l'homme* 11. Jouanna 1992, p. 86.
6 Nutton 2016, p. 69.
7 Nutton 2016, p. 69.
8 Nutton 2016, p. 71.

maux divers, *Affections* s'adresse au profane, *Usage des liquides* au praticien travaillant dans sa propre officine. Certains traités sont écrits dans un style élégant, d'autres sont des notes ou des carnets de voyage comme les *Epidémies* et *Airs, eaux, lieux*. Ce dernier s'adresse vraisemblablement au médecin venu s'établir dans une ville qui lui est étrangère. Il témoigne, comme aussi *Maladie sacrée*, d'un esprit rationnel où l'intervention divine est mise de côté. Les chercheurs suggèrent d'ailleurs un même auteur pour les deux traités[9].

Les textes ont été réunis à l'époque hellénistique à Alexandrie dans le cercle du grand médecin Hérophile. C'est son disciple Bacchéios de Tanagra (275-200 av. J.-C.) qui est considéré comme le premier glossateur d'Hippocrate[10]. L'assemblage des traités repose sur des similitudes de méthodes : ils partagent une même manière de penser et de soigner le corps, caractérisé par la théorie humorale. L'état du *Corpus* à l'époque de Bacchéios est considéré comme représentatif du noyau primitif des traités attribués à l'école de Cos, c'est-à-dire l'école d'Hippocrate. Une liste donnée à l'époque de Néron, par le médecin Érotien dans son *Glossaire hippocratique*, complète celle de Bacchéios[11]. Les traités apparentés au *Corpus* passent alors d'une vingtaine à une quarantaine. Ces ajouts proviennent d'écrits attribués au groupe de l'école de Cnide. Il s'agit d'une étape intermédiaire de la *Collection hippocratique* puisqu'un dernier état, enrichi avec des traités d'origine inconnue, est transmis par les manuscrits médiévaux[12].

La coexistence des deux écoles, de Cos et de Cnide, la première faisant allusion à Hippocrate et son proche entourage, a engendré des rivalités. Celles-ci sont discutées à l'époque romaine. Galien y fait allusion :

> Et auparavant la rivalité n'était pas petite entre les médecins de Cos et de Cnide dans leurs efforts pour l'emporter par la masse des découvertes ; car double était cette famille des Asclépiades d'Asie, la branche de Rhodes s'étant éteinte[13].

Ces écoles se distinguent par des théories qui leur sont propres, telle la « la polyvalence causale » (une cause est à l'origine d'une pluralité d'effets très variés), comme l'appelle Robert Joly, et le recours à des purges, propres à l'école de Cnide, alors qu'un régime adapté caractérise l'école de Cos[14]. Les purges faites à l'aide d'évacuant tels que le lait et le petit-lait font d'ailleurs l'objet de vives critiques de la part du médecin de Cos[15]. Leurs

---

9 JOUANNA 1992, p. 100.
10 JOUANNA 1992, p. 95.
11 La liste de Bacchéios nous est connue par les références données par le texte d'Érotien. Voici, selon Jacques Jouanna (JOUANNA 1992, p. 95-95), la liste des traités que ce dernier attribue au Corpus à son époque (1er siècle apr. J.-C.) : Les traités sémiotiques : *Pronostic*, *Prorrhétique I*, *Prorrhétique II* (qui n'est plus considéré comme étant de la main d'Hippocrate aujourd'hui), *Humeurs*. Ouvrages étiologiques et « physiques » : *Vents*, *Nature de l'homme*, *Maladie sacrée*, *Nature de l'enfant*, *Lieux et saisons* (= *Airs, eaux, lieux*). Ouvrages thérapeutiques : 1. chirurgicaux : *Fractures*, *Articulations*, *Plaies*, *Blessures et traits*, *Blessures de tête*, *Officine du médecin*, *Mochlique* (= *Nature des os et Mochlique*), *Hémorroïdes et fistules*. 2. Portant sur le régime : *Maladies I* (= *Maladies* I et II), *Maladies II* (= *Maladies III*, *Semaines ?* et *Affections internes*), *Sur la ptisane* (= *Régime dans les maladies aiguës*), *Lieux dans l'homme*, *Maladies des femmes* I-II, *De l'aliment*, *Des femmes stériles*, *Sur les eaux* (= *Usage des liquides*). 3. Traités mélangés : *Aphorismes*, *Épidémies* : VII livres. 4. Traités ayant trait à l'art : *Serment*, *Loi*, *Art*, *Ancienne médecine*.
12 JOUANNA 1992, p. 92.
13 GALIEN, *Sur la méthode thérapeutique* I, 1.
14 JOUANNA 1992, p. 101-102. Joly 1966, p. 23.
15 JOUANNA 1992, p. 102.

mentions dans les traités *Maladies* II et III et *Affections internes* conduisent à les attribuer à l'école cnidienne plutôt qu'à celle de Cos[16].

Certaines théories se contredisent aussi parfois d'un livre à l'autre. Par exemple, le traité *Génération* de l'école de Cos propose une explication différente de *Chairs* au sujet du moyen par lequel l'enfant reçoit sa nourriture dans le corps de sa mère[17]. Rédigé à l'époque d'Hippocrate, ce dernier traité n'est rattaché ni à l'une ni à l'autre école. Il se démarque par une tendance philosophique, au même titre que le traité *Régime*, et l'établissement d'une cosmologie à trois éléments (éther, air, terre)[18].

Une série de traités s'intéressent à la formation du lait et à son usage. Il s'agit de trois traités gynécologiques attribués à l'école de Cnide : *Nature de la femme, Maladies des femmes* (I-II), *Femmes stériles* (milieu-fin ve siècle av. J.-C.)[19] et de trois autres *Génération, Nature de l'enfant, Maladies* IV (fin du ve au début du ive siècle av. J.-C.). Considérés comme étant des traités indépendants, ces derniers sont toutefois attribués au même auteur inconnu. Celui-ci rédige aussi un traité appelé *Maladies des femmes* qui sera disloqué et intégré postérieurement aux traités cnidiens *Maladies des femmes* I, et *Maladies des femmes* II. L'essentiel étant toutefois conservé dans le premier de ces deux traités. Le *Maladies des femmes* de cet auteur inconnu est mentionné au chapitre 4 et 15 de *Génération/Nature de l'enfant*[20].

Aristote (384-322 av. J.-C.)

Aristote est né en 384 av. J.-C. à Stagire, en Chalcidique. Il décède en 322 av. J.-C. dans une propriété ayant appartenu à sa mère dans la ville de Chalcis en Eubée. Fils d'un médecin appelé Nicomaque, d'une famille d'Asclépiades, il est très tôt en contact avec les sciences médicales[21]. Il connaît vraisemblablement bien les traités hippocratiques auxquels il fait souvent allusion. Il encourage d'ailleurs les philosophes à se familiariser avec la médecine. Disciple de Platon depuis 367 av. J.-C., il part, à la mort de son maître, en Eolide, sur la côte Nord-Ouest de l'Asie Mineure. La région est alors sous la domination du tyran Hermias d'Atamée, auprès de qui il va vivre sa première expérience politique. Plus tard, en 343, il est chargé par le roi Philippe de Macédoine de l'éducation de son fils Alexandre. D'après Plutarque, Aristote donne à Alexandre le goût pour la médecine :

> Il me semble également qu'Alexandre dut à Aristote plus qu'à tout autre son intérêt pour la médecine. Non content d'en étudier la théorie, il allait jusqu'à soigner ses amis malades, et leur prescrivait des traitements et des régimes, comme on peut le voir par ses lettres[22].

---

16 HIPPOCRATE, *Maladies II* 2, 66 ; 68 ; 70 ; 73 ; *Affections internes* 3 ; 6 ; 13 ; 48.
17 Voir p. 55.
18 Le traité attribué à Polybe, de l'école de Cos, *Nature de l'homme* rend compte d'une critique vis-à-vis de ce type de philosophies (JOUANNA 1992, p. 104).
19 JOUANNA 1992, p. 102.
20 JOUANNA 1992, p. 540, annexe 24.
21 JOUANNA 1992, p. 18.
22 PLUTARQUE, *Les vies parallèles*, Vie d'Alexandre 7.

Alexandre a vraisemblablement permis à Aristote de récolter le grand nombre de données dont il a besoin pour ses observations. Pline l'Ancien rapporte qu'il avait, pour son propre intérêt, mis à disposition du philosophe plusieurs milliers d'hommes en charge de cette importante collecte[23]. L'hypothèse selon laquelle les recherches du philosophe ont été favorisées par la grande expédition d'Alexandre est contestée par Didier Pralon en raison du peu de références qu'apporte Aristote concernant des contrées éloignées (Egypte, Libye, Perse, Inde)[24]. Il semble toutefois attesté que la générosité d'Alexandre permet à Aristote de mettre sur pieds l'une des premières bibliothèques de l'Antiquité mais cette allégation est peu crédible. En 335, Aristote rentre à Athènes et fonde le Lycée, lieu où il enseigne pendant treize ans. À la mort d'Alexandre en 323, il est chassé de la ville et finit ses jours à Chalcis. Il meurt à l'âge de 63 ans. Dans plusieurs traités de biologie, en particulier dans *Génération des animaux*, *Histoire des animaux* et *Partie des animaux*, le Stagirite consacre de longs passages à la production du lait chez les animaux femelles[25].

Pline (23-79)

Auteur latin, Pline l'Ancien[26] est né en 23 ou 24 apr. J.-C.[27] à Côme selon les écrits de Suétone et, plus tard, de la Chronique de Saint Jérôme (écrite vers 380 à Constantinople)[28]. La présence en cette ville de nombreuses inscriptions dont l'épitaphe mentionne le *nomen Plinius* soutient cette hypothèse[29]. La date de sa mort est connue avec plus de précisions puisqu'elle survient lors de l'éruption du Vésuve le 24 août 79 apr. J.-C alors que le naturaliste se trouve à Stabies[30]. Pline rédige plusieurs ouvrages ayant trait à sa carrière militaire. Son œuvre la plus colossale et la mieux connue est l'*Histoire Naturelle*. Contenant 37 livres, cet écrit met en avant un savoir encyclopédique plutôt que scientifique, ce qui relève d'un choix délibéré de l'auteur :

> De plus, il nous faut toucher à tous les points que les Grecs embrassent sous le nom de « culture encyclopédique »[31].

Sans cesse reprise durant le Moyen Âge et postérieurement, notamment au travers du traité *de rerum naturae* d'Isidore de Séville (mort en 636 apr. J.-C. à Séville), l'*Histoire Naturelle* est jugée avec sévérité par certains érudits postérieurs comme n'étant qu'un « inventaire ou catalogue du monde »[32]. Les avis diffèrent toutefois : le scientifique et naturaliste Georges-Louis Leclerc, Comte de Buffon (1707-1788), louera l'œuvre, considérée

---

23 PLINE, *HN* VIII 16, 44.
24 PRALON 2005, p. 4, note 7.
25 ARISTOTE, *Génération des animaux* IV, 8, *Histoire des animaux* III, 20-21 et VII, 11 et *Partie des animaux* 687b-688b.
26 Appelé ainsi pour le différencier de son neveu, le sénateur Pline le Jeune, célèbre par son œuvre épistolaire.
27 ERNOUT 1950 (intro au livre I) p. 6.
28 ERNOUT 1950, p. 6.
29 Voir les inscriptions évoquant des Plinii à Côme : CIL V, 5262, 5267, 5287, 5300, 5317, 5361.
30 ERNOUT 1950, p. 12-13.
31 PLINE, *HN* I, préface (14) p. 51 : *Iam omnia attingenda quae Graeci* τῆς ἐγκυκλίου παιδείας *uocant*.
32 Par exemple M. de Blainville et les spécialistes des arts et de la ferronerie respectivement Falconet et Blaise de Vigenère (dans Falconet, I, p. 172). À ce sujet voir aussi SCHILLING 1978, 272.

comme « peut-être trop vaste » mais dépassant celle d'Aristote[33]. Côté histoire de la médecine, Littré la considère un entassement :

[...] fait sans choix et sans critique des recettes les plus extravagantes.

Ainsi que l'ont mentionné les philologues Alfred Ernout[34] en 1963 puis Danielle Gourevitch en 1968[35], il est en effet impossible d'appréhender une réelle mise en pratique des remèdes tant les ingrédients utilisés « sont parfois dégoutants »[36] et « semblent difficiles à se procurer »[37]. Pourtant, comme l'a très bien démontré Symon Byl en 2011, une bonne partie des recettes est empruntée à l'un ou l'autre livre du *Corpus* hippocratique, ce dont Pline ne se cache pas[38]. Le naturaliste cite d'ailleurs Hippocrate à plusieurs reprises que ce soit avant le remède ou dans l'index de certains de ses livres[39].

Dioscoride (40-90)

Pedanius Dioscoride d'Anazarbe est un médecin du sud-est de la Turquie. Peu de choses sont rapportées sur sa vie. Galien situe son lieu de naissance à Anazarbe, importante cité de Cilicie. Sa date de naissance exacte nous est inconnue. Sur la base de similitudes avec l'*Histoire naturelle* de Pline l'Ancien, ainsi que ses renvois au pharmacologiste Sextius Niger (fin Ier siècle av. J.-C. début Ier siècle après J.-C.), les chercheurs datent son exercice de la médecine sous les règnes de Tibère ou Caligula[40]. Ce serait alors durant la seconde moitié du Ier siècle après J.-C. que Dioscoride aurait donc écrit son traité de pharmacologie, *De materia medica*, pendant que Pline rédigeait son œuvre encyclopédique. Cette œuvre est un trésor de connaissances qui recense plus de sept cents plantes pour un total d'environ mille substances provenant surtout d'animaux et de minéraux. Ces produits sont regroupés dans

---

33 LITTRÉ, éd. de Pline l'Ancien 1865.
34 Ernout se demande si les remèdes mentionnés par Pline : « n'ont pas été imaginés de toute pièce pour frapper les âmes simples par leur étrangeté ou leur caractère répugnant » (Ernout, introduction au livre 30, 1963, p. 10).
35 GOUREVITCH 1968, p. 249.
36 Sans contrer la conclusion d'A. Ernout (voir note 5), D. Gourevitch suggère que, vu le dégoût que pouvait aisément inspirer les ingrédients du remède, ce dernier n'était probablement pas utilisé par le patient. Dès lors, la valeur thérapeutique du remède ne pouvait être remise en question, dégageant le thérapeute de toute responsabilité (GOUREVITCH 1968, 249). D'ailleurs D. Gourevitch le mentionne ensuite : « c'est un sentiment répandu encore de nos jours qu'il faut se racheter de la maladie et payer le prix pour avoir la santé » en ingérant des prescriptions peu ragoutantes (GOUREVITCH 1968, 249-250). N'oublions pas que dans ses livres, Pline l'Ancien recense les remèdes dont il a connaissance, en faisant un choix (malgré ce qu'en dit Littré). Il mentionne des pratiques utilisant le corps humain qu'il trouve détestables et dont il ne fera pas mention. Il souligne d'ailleurs sa neutralité quant à la véracité des recettes ou usages, en les introduisant par « on dit », « il dit », « dit-on », termes qui ressortent à plus de 70 reprises dans le livre 28e, indiquant bien par là qu'il ne fait que répéter des témoignages entendus ou lus.
37 D. Gourevitch mentionne la difficulté à se procurer rapidement des chiens de couleurs bien définies dans un laps de temps court comme le réclame certaines recettes (GOUREVITCH 1968, p. 252).
38 BYL 2011, p. 138-144.
39 Il arrive aussi que Pline ne mentionne pas du tout sa source. Par exemple dans *HN* 20, 57 : « les inconvénients (de l'ail) sont d'affaiblir la vue, de causer des flatuosités » alors que dans le traité *Du régime* (II, 54, p. 154, éd. R. Joly-S. Byl) son auteur signale : « l'ail est... mauvais pour les yeux [...] il affaiblit la vue [...] il est flatulent ».
40 BECK 2001, p. XV.

environ deux mille recettes et formules qui s'accompagnent des procédés de fabrication. Noyau majeur de l'œuvre, les plantes sont chacune décrites de manière succinte : apparence, propriétés, mode d'utilisation l'homme, les animaux ou la maison[41]. Dioscoride choisit un mode de classement qui ne suit pas l'ordre alphabétique mais classe les substances naturelles (essentiellement des plantes) en fonction de leurs effets sur le corps. Ce choix a pour objectif de faciliter la recherche : selon lui, quiconque cherche un remède pour une maladie en particulier aura plus de chances de le trouver dans une section traitant de drogues dont le spectre d'action est similaire[42]. Bien qu'exhaustif selon Galien, ce système n'est pas toujours bien accueilli[43]. Ainsi, certains copistes en vinrent à réécrire l'ouvrage en suivant un ordre alphabétique. Le texte grec le plus ancien qui nous soit parvenu est daté d'environ 512 apr. J.-C. et suit d'ailleurs un ordre alphabétique. Il s'agit d'un ouvrage exceptionnel, le *Codex Juliana Anicia*. Conservé à la bibliothèque Nationale de Vienne, il est illustré par des enluminures de plantes, dont certaines sont des reproductions de la nature[44].

Des mentions de l'ouvrage apparaissent déjà dans des *papyrii* du IIe siècle apr. J.-C. L'œuvre demeure une référence pour les plantes et maladies, durant le Moyen-âge et la Renaissance, grâce aux nombreuses traductions en langue grecque, latine et arabe[45]. Elle est concurrencée au XVIIIe siècle par l'apparition de la nouvelle classification botanique développée par le naturaliste suédois Linné (1707-1778). Un regain d'intérêt est manifeste dans les années 1830, grâce à la traduction latine de Curtius Sprengel, *Pedanii Dioscoridis Anazarbei De materia medica libri quinque*. Depuis le début du XXe siècle, des études critiques de l'œuvre et des rééditions apparaissent comme celles de Max Wellmann (entre 1906 et 1914). Ces dernières années, l'œuvre a attiré l'attention de chercheurs comme Vivian Nutton, John Scarborough, John Riddle et Max Aufmesser[46].

Dioscoride se distingue des médecins de son époque qui mêlent savoir médical et philosophie comme le fera aussi, moins d'un siècle, plus tard Galien. Selon ses écrits, il étudie dans une école de la ville de Tarse, dont l'enseignement porte sur la pharmacologie et la botanique médicale. Sa réputation reposait sur la présence de maîtres en la matière tel que le dénommé Laecanius Arius, à qui Dioscoride dédie son ouvrage[47]. Conscient du nombre d'ouvrages portant sur la préparation, les propriétés et l'influence des médicaments, il se plaint du manque d'exhaustivité des manuels de ses confrères, résultats d'un recopiage d'autres traités plutôt que d'une approche personnelle des substances médicamenteuses[48]. Son approche est empirique. Elle prend en compte les différents stades de croissance de la plante et ses effets. Le praticien s'appuie aussi sur des tests réalisés auprès de ses patients et reste ouverts aux ouï-dire et croyances populaires.

Dans sa préface, il fait allusion à de nombreux voyages « d'une vie de soldat » qui lui permettent d'étendre sa connaissance à de nouvelles espèces de plantes[49]. Vivian Nutton

---

41 NUTTON 2013, p. 198.
42 NUTTON 2013, p. 200.
43 *Ibid.*, p. 200.
44 BECK 2001, p. XIV.
45 *Ibid.*, p. XIII.
46 *Ibid.*, p. XXII.
47 Arius est connu de Galien qui y fait allusion. BECK 2001, p. XV.
48 DIOSCORIDE, *Mat. Méd.* 1.1 ; NUTTON 2013, p. 198.
49 NUTTON 2013, p. 198.

met en doute cette mention, généralement interprétée comme relative à un service militaire qu'il aurait accompli au sein de l'armée romaine. Selon la spécialiste, Dioscoride montre une connaissance limitée des espèces de plantes qui poussaient aux lieux des campagnes militaires de l'armée romaine : le long du Rhin et du Danube, en Espagne et Afrique du Nord. Elle reconnaît qu'il a pu faire partie des troupes en Syrie ou en Égypte, voire durant les guerres d'Arménie[50]. Les plantes qu'il mentionne proviennent surtout du monde hellénophone de la mer Egée et des côtes du Levant. En ce qui concerne les autres lieux : îles Baléares, Inde et Grande-Bretagne, Nutton estime qu'il s'est inspiré des récits d'autres auteurs plutôt que de ses propres observations. Lily Beck est plus positive quant à sa mobilité qui l'aurait conduit en Sicile, Italie du Sud et peut-être au sud de la Gaule[51]. Cette dernière suggère même la possibilité qu'il ait été appelé à servir en tant que médecin civil, et non militaire, au sein d'une légion stationnée à l'est[52].

Soranos (vers 100)

Soranos vient de l'une des cités grecques les plus importantes et cultivées de tout le monde antique : Éphèse. Il nait vraisemblablement dans la seconde moitié du Ier siècle après J.-C.[53] Il étudie peut-être déjà à Éphèse, puis à Alexandrie ou, du moins, profite des avancées de la médecine alexandrine[54]. Il exerce à Rome, sous les règnes de Trajan (98-117) et d'Hadrien (117-138) et meurt vraisemblablement au moment de la naissance de Galien[55]. Soranos confirme qu'il a séjourné à Rome dans son traité *Des maladies des femmes*. Parlant des enfants qui marchent trop tôt, ce qui génère des déformations des cuisses, il signale que : « les accidents s'observent à Rome plus qu'ailleurs »[56]. Même type d'allusion dans le traité *Maladies aiguës, maladies chroniques*, dont la version originale en grec est attribuée à Soranos, et qui nous est connue par la traduction latine de Célius Aurélien : « À Rome, nous faisons usage de la phlébotomie »[57]. Soranos rédigea une vingtaine d'écrits portant entre autres sur la philosophie dont un livre, Περὶ ψυχῆς (*Sur l'âme*), mentionné par Tertullien (fin IIe siècle apr. J.-C.), mais aussi sur la grammaire et particulièrement la médecine[58]. Certaines de ses œuvres médicales ont survécu sous la forme de fragments, dans les versions d'auteurs plus tardifs. Le *Codex Laurentianus* 74,7 (fin IXe-début Xe siècle apr. J.-C.) rend compte de deux traités portant sur la traumatologie et les bandages. Une *Vie d'Hippocrate* lui est aussi attribuée[59]. Célius Aurélien évoque de plus un traité portant sur la chirurgie, Χειρουργούμενα. Ce dernier traduit en latin deux

---

50 *Ibid.*, p. 198. SCARBOROUGH, NUTTON 1982, p. 213-217.
51 BECK 2001, p. XVI.
52 *Ibid.*, p. XVI.
53 TOZI, *s.u.* « Suda », Brill's New Pauly, Antiquity volumes, in H. CANCIK, H. SCHNEIDER [site consulté le 29 avril 2017] http://dx.doi.org/10.1163/1574-9347_bnp_e1125000, (publié online en 2006).
54 GOUREVITCH 1988, p. XXIII.
55 *Souda*, sigma 851-852.
56 SORANOS, *Des maladies des femmes*, IIb, II 44.
57 CÉLIUS AURÉLIEN, *Maladies aiguës* II, 130.
58 Il faut aussi mentionner un traité portant sur la pharmacologie et les méthodes thérapeutiques. Voir Kind *s.u.* « Soranos », in PAULY-WISSOWA, III A, 1, col. 1128.
59 TEMKIN 1991, p. XXIV.

traités de Soranos. Le premier est Περὶ ὀξέων παθῶν / Περὶ χρονίων παθῶν (*Maladies aiguës et maladies chroniques*) est plutôt une paraphrase, le περὶ γυναικείων παθῶν (*Des maladies des femmes*), dont la conservation est plus partielle que le texte original grec. La version latine du traité gynécologique donne l'avantage de pouvoir juger de la fidélité avec laquelle le médecin d'Afrique du Nord traduit l'œuvre : tout en faisant des raccourcis, il s'attribue certaines remarques originellement faites par le médecin d'Éphèse. Le texte original en grec présente aussi une autobibliographie de Soranos qui nous laisse entrevoir le nombre de traités disparus. Ainsi, le livre I de *Maladies des femmes*, cite les traités *Des communautés*, *De la génération*, *De l'hygiène*, *Du sperme* ; et le livre II, la *Chirurgie*, la *Thérapeutique* et *Des maladies aiguës*. Burguière, Gourevitch et Malinas interprètent cette répartition comme « tout à fait conforme au plan général de son œuvre »[60].

Le méthodisme

Soranos est un enseignant de l'école tant décriée par Pline et Galien[61]. Malgré cette opposition, le méthodisme dure plus de quatre siècles.

Dans *Des maladies des femmes*, Soranos distingue la doctrine des méthodiques de celle des autres sectes médicales, mais affirme aussi de positions personnelles, qui relève de sa propre réflexion[62]. Celle-ci repose sur une excellente connaissance des médecins antérieurs et de leurs théories, qui vont d'Hippocrate aux premiers adeptes du méthodisme. Soranos ne se retient pas de commenter de manière critique ou élogieuse les médecins des autres écoles[63]. Soucieux de vérité, il l'adapte à sa pratique, et reconnaît l'apport des autopsies dans la connaissance du corps humain[64].

Des Maladies des femmes

Écrit en grec au début du IIe siècle apr. J.-C., le traité *Des maladies des femmes* fait l'objet de deux versions latines. La première est une adaptation de Célius Aurélien, la seconde est celle du compilateur Mustio, auteur inconnu par ailleurs. Cette dernière version est datée entre la fin du Ve siècle et le VIe siècle apr. J.-C. Mustio précise qu'il choisit un format simplifié, qui s'adresse spécifiquement à des sages-femmes aux connaissances rudimentaires. Le mode privilégié est alors celui de « questions-réponses ». Quant au public de l'ouvrage original, les chercheurs sont relativement unanimes. Owsei Temkin et Véronique Dasen établissent qu'il a pour cible des sages-femmes mais aussi des médecins spécialisés en gynécologie. Soranos dit en effet :

> Nous appelons certains médecins « médecins des femmes », *iatrikos gynaikeios*, parce qu'ils soignent les affections des femmes[65].

---

60 GOUREVITCH 1988, p. XXVII.
61 NUTTON 2016, p. 212-214.
62 GOUREVITCH 1988, p. XL.
63 Voir GOUREVITCH 1988, p. XLI-XLIV.
64 SORANOS, *Maladies des femmes*, IIb. I 14.
65 Voir SORANOS, *Maladies des femmes*, III, 1, 44-52 ; III, 3 et IV, 7.

Le texte original de *Maladies des femmes* tel que l'a écrit Soranos est divisé en quatre livres. Comme le souligne Danielle Gourevitch « Il est essentiel à notre compréhension de la gynécologie et de l'obstétrique à l'époque impériale, puisque ce sont des sujets rarement abordés[66] ». Le premier livre se concentre sur la sage-femme et les qualités qu'elle doit avoir pour exercer le travail exigeant qui lui incombe, notamment en cas d'accouchements difficiles. Des notions de physiologie et d'anatomie féminine, mais aussi l'hygiène de la femme, particulière en cas de grossesse ou d'avortement complètent cet ouvrage. Le livre II est davantage porté sur l'obstétrique et présente les préparatifs pour l'accouchement, ainsi que les problèmes qui peuvent survenir. Viennent ensuite les soins aux nouveau-nés, son alimentation et le choix d'une nourrice, finalement aux maladies des nourrissons que nous traiterons dans le chapitre IV de ce travail. Les livres III et IV portent sur les maladies des femmes : états physiologiques et maladies propres au sexe féminin nécessitant une nourriture appropriée. Le livre IV va plus loin en présentant le recours à la chirurgie et à l'emploi de préparations thérapeutiques[67]. Bien que, par sa spécialisation, le traité reste une référence jusqu'à la Renaissance, Soranos ne doit pas être considéré comme un gynécologue au sens moderne du terme car ses intérêts portaient sur bien d'autres aspects de la médecine conformément au jugement de l'époque qui dépréciait les approches et les exercices trop spécialisés de la médecine[68].

Galien (131-env. 216)

Galien est né à Pergame, ville d'Asie mineure, entre autre célèbre pour son temple d'Esculape. Sa date de naissance nous est révélée par une remarque qu'il fait alors qu'il a trente-huit ans et vient d'entrer au service de Marc Aurèle et de Lucius Verus. Les deux empereurs sont à Aquilée (région du Frioul-Vénétie). Galien quitte alors Pergame, qu'il a rejoint une année plus tôt, pour se rendre auprès des empereurs. Une peste sévit alors en Italie, et devient tellement sévère à Aquilée, que les deux empereurs et leur suite s'enfuient à Rome. Lucius Verus décède durant le voyage. Le décès survenant en 169 apr. J.-C., la date de naissance de Galien est alors à placer en 131 apr. J.-C., dans la quinzième année de règne d'Hadrien. Il ressort de ses propres écrits qu'il a vécu sous les règnes des empereurs Antonin, Marc Aurèle, Lucius Verus, Commode et Sévère. D'après la Souda (xe siècle apr. J.-C.), Galien vécut jusqu'à ses septante ans, vers 199-200. Toutefois, selon le grammairien et poète Jean Tzétzès (Constantionple, xiie siècle apr. J.-C.), il était encore vivant sous le règne de Caracalla (211-217), ce qui conduit à lui prêter une vie plus longue que ne le fait la Souda. Dans la tradition arabe, sa mort est fixée à l'âge de quatre-vingt-sept ans, c'est-à-dire entre 216 et 217, ce qui semble mieux correspondre avec l'important nombre de traités qu'on sait avoir été rédigés après la mort de l'empereur Commode[69].

---

66 GOUREVITCH 1988, p. XXX.
67 GOUREVITCH 1988, p. XXXI.
68 GOUREVITCH 1988, p. XXXII.
69 NUTTON 2013, p. 256. BOUDON-MILLOT 2012, p. 201.

Son père est un érudit versé dans les domaines de la philosophie, l'astronomie, la géométrie et l'architecture[70]. Il assume lui-même les premières années d'instruction de son fils qui fréquente ensuite successivement de nombreuses écoles : les Stoïciens, les Académiciens, les Péripathéticiens et finalement les Épicuriens. Acceptant les doctrines des trois premières écoles, il rejette celle de la dernière. Sur le conseil de son père qui aurait eu un rêve envoyé par Asclépios, il étudie la médecine à l'âge de 17 ans. Il est d'abord l'élève d'Athénée, avec qui il est en désaccord : pour le maître, la logique n'était pas nécessaire chez un médecin. Il étudie ensuite auprès d'autres enseignants dont il dresse la liste : Aelius Meccius, Numesianus, Pelops, Stratonius, Satyrus, Phesianus, Heraclinus et Aeschrion. Certains de ces médecins étaient des élèves du célèbre Quintus que Galien admire mais critique en même temps pour son usage des bains et de l'urine, dont « l'examen devrait être laissée au soin des peintres et teinturiers »[71]. Galien voyage beaucoup[72]. Il étudie la médecine à Alexandrie et va se rendre à différents endroits pour évaluer les produits qu'il peut utiliser dans ses médicaments. Par exemple à Lemnos (nord-est de la mer Égée) pour y étudier la terre extraite de l'île transformée en *sphragis*, et en Syrie pour les baumes et l'*opobalsamum*, résine tirée du *Commiphora gileadensis*, utilisée notamment pour la cicatrisation et les parfums dans l'Antiquité[73].

Galien est aussi chirurgien et a eu recours à des dissections et vivisections, notamment sur des singes, des chèvres et des porcs[74]. Entre 157 et 161, il acquiert de l'expérience dans la guérison des plaies alors qu'il est chargé des soins et du régime des gladiateurs de Pergame. Il est aussi expert des nerfs, comme il le démontre à plusieurs reprises lors de séances, publiques ou privées, de dissections. Il compte parmi ses clients des gens de toutes classes sociales : paysans, philosophes, personnalités locales, confrères[75].

Galien pouvait être arrogant, disant qu'Hippocrate avait préparé la voie, et qu'il en était en quelque sorte l'achèvement. Il tient pourtant un langage plus modeste devant ses propres élèves, rapportant qu'il a travaillé pour la science et non pour se faire un nom, ce qui l'a conduit à ne pas signer ses ouvrages et à demander à ses élèves de ne pas le louer publiquement[76].

L'œuvre de Galien est magistrale, elle est composée d'environ cinq-cent volumes de médecine. D'autres écrits portaient sur la philosophie et la géométrie mais aussi l'architecture, la littérature et la philologie. Galien nous apprend que certains de ses volumes ont été détruits lors de l'incendie du Temple de la Paix, à Rome. Véronique Boudon-Millot mentionne cette œuvre immense qui, malgré la perte d'une bonne partie, occupe plus de vingt tomes de la dernière édition complète (gréco-latine) de C. G. Kühn[77]. Les études en philosophie qu'a suivies Galien, lui permettent d'avoir un regard bidimensionnel qui

---

70 MONTRAVILLE-GREEN 1951, p. XV. Vivian Nutton ne tarit pas d'éloges sur les capacités de Nicon, le père de Galien. Outre l'exercice de l'architecture dont l'archéologie a permis de garder la trace, il s'adonnait aussi à des expériences sur les cultures et ses vins (NUTTON 2013, p. 244-245).
71 Trad. personnelle.
72 BOUDON-MILLOT 2007, p. 200.
73 MONTRAVILLE-GREEN 1951, p. XVI.
74 BONNET-CADILHAC 1997, p. 23, 52.
75 GOUREVITCH 2001a, p. 63.
76 MONTRAVILLE-GREEN 1951, p. XXIII.
77 BOUDON-MILLOT 2012, p. 282. La chercheuse se désole du manque de traduction de cette œuvre en langue moderne.

ne se limite pas à celui du médecin. Ainsi, lorsque les dissections ne lui permettent pas de tirer avec certitude des conclusions, comme dans le cas de la génération, Galien se réfère aux théories de ses maîtres à penser, Hippocrate et Aristote[78].

Galien tente de faire renaître les théories d'Hippocrate, notamment la pratique de la saignée. Ayant une bonne connaissance des simples, il les utilise seules ou en mélange, fabriquant la thériaque, que Marc-aurèle prenait régulièrement, comme d'autres médicaments. Le nombre important de patients évoqués par Galien, riches ou de classe sociale modeste, témoigne de sa célébrité et du respect qui lui était porté de son vivant. Après sa mort, ses écrits furent très rapidement recopiés et diffusés dans un large cadre géographique, qui a permis la conservation d'une partie de son œuvre[79].

Célius Aurélien (Ve siècle)

Célius Aurélien est un médecin qui, comme Soranos d'Éphèse, s'inscrit dans le courant de la médecine méthodique. Peu de choses nous sont rapportées sur sa vie. Ses dates de naissance et de mort nous sont inconnues. Par contre, son lieu de naissance est rapporté. Célius Aurélien est né à Sicca, en Numidie, ancien royaume situé au nord de l'actuelle Algérie. Il a vécu à Rome. Faute de précisions sur le moment de rédaction de ses œuvres, les chercheurs situent ses traités au IVe ou Ve siècle après J.-C.[80] Deux traités qui ont survécu jusqu'à nos jours lui sont attribués, bien que ce soit des reprises des œuvres de Soranos d'Éphèse, et adaptés en latin. Il s'agit en premier lieu des quatres volumes de gynécologie, *Maladies des femmes* (περὶ γυναικείον παθῶν), puis de deux traités en huit livres *Maladies aiguës et maladies chroniques* (*Celeres passiones, tardae passiones*)[81]. Une comparaison entre les traités de gynécologie écrits par Soranos et la traduction latine de Célius Aurélien montre que cette dernière est un remaniement plutôt qu'une copie conforme, qui témoigne de choix faits par l'auteur. En effet, certaines parties du texte original ont été totalement omises, alors que certains passages ont été modifiés, rendant alors un sens différent[82]. Une même question, portant sur la fidélité de Célius Aurélien envers le texte grec de Soranos, s'est posée concernant les traités *Maladies aiguës et maladies chroniques*. Si une première génération de chercheurs a plutôt opté pour une fidélité au texte source, des auteurs d'époque plus récente, c'est à dire depuis la fin des années 1970, croient, pour reprendre les termes de J. Pigeaud « à l'originalité de Caelius ». P. H. Schrivers adhère à cette vision, en identifiant certains aspects doctrinaux, non « conformes aux postulats de Soranus et qu'il considère uniquement comme céliens »[83]. Quoi qu'il en soit, le traité tardif de Célius Aurélien apporte d'importantes informations sur les méthodes thérapeutiques de Soranos et l'usage qu'il fait du lait.

---

78 BONNET-CADILHAC 1997, p. 2.
79 NUTTON 2013, p. 258 : « À peine plus d'une génération après sa mort, son traité *Sur les opinions d'Hippocrate et de Platon* était copié en Haute-Égypte ».
80 D'après le style de son écriture et de grandes similitudes dans les expressions avec le texte *De medicina* de Cassius Felix, médecin de Numidie, qui écrit vers 450, M. Wellmann le considère comme contemporain de ce dernier. WELLMANN, *s.u.* « Caelius Aurelianus », RE, BD III 1, 1897, 1256-1257.
81 Les *Maladies aiguës* comptent trois livres, les *Maladies chroniques* cinq.
82 VAZQUEZ BUJAN 1999, p. 132.
83 VAZQUEZ BUJAN 1999, p. 135. Pour plus de détails, voir SCHRIVERS 1985.

2 Tableau du lait chez Pline

Occurrences du mot "lait", latin "lac" dans les 37 livres de l'Histoire Naturelle de Pline l'Ancien

Numérotation	Référence	Sortes de lait	type d'individu visé	Recettes — produit principal de la recette (dans l'ordre d'énumération)			associé à — produit secondaire animal	associé à — produit secondaire végétal	associé à — produit secondaire autre	mode de traitement/ préparation	Objectif thérapeutique — nom de la maladie dont le remède utilise du lait dans les écrits de Pline
				produit animal	produit végétal ou autre						
1	XXX, 72	Femme					fiel de brebis			application	ruptures et entorses
2	XXX, 118						cendre de cuisses de bélier			compresses	ulcères cacoèthes (= malins)
3	XXVI, 145				pierre de Safran					mélange par application	ulcères des yeux, exorbitation
4	XXX, 102				Stimi					dans son élaboration, le remède à base de stimi est éteint avec du lait de femme après échauffement	fluxions des yeux et ulcérations, arrête le sang qui s'écoule du cerveau (par manque de précisions, nous déduisons que, suite à sa préparation éteinte grâce au lait, le Stimi est utile contre les affections mentionnées)
5	XXXII, 35			tortues marines (chair)						instillation	maux d'oreilles
6	XXXII, 71			seiches (poudre)						application	gonflement et rougeur des yeux
7	XIX, 42			jaune d'œuf			miel	safran		topique (...?)	adoucit les maux d'yeux
8	XIX, 62			punaises					sel	humection	pour les yeux, sans précisions
9	XIX, 106			mouches (cendre)				chou		pétrissage avant application	alopécie

2 TABLEAU DU LAIT CHEZ PLINE

Occurrences du mot "lait", latin "lac" dans les 37 livres de l'Histoire Naturelle de Pline l'Ancien

Numérotation	Référence	Sortes de lait	type d'individu visé	Recettes – produit principal de la recette (dans l'ordre d'énumération) – produit animal	produit végétal ou autre	associé à – produit secondaire animal	produit secondaire végétal	produit secondaire autre	mode de traitement/ préparation	Objectif thérapeutique – nom de la maladie dont le remède utilise du lait dans les écrits de Pline
10	XXVIII, 8	lait des nouvelles accouchées, salive							application ?	
11		1. surtout lait de femme qui vient de sevrer								1. fièvres prolongées et le mal céliaque // dépravation de l'estomac, fièvres, tranchées
12			femme				2. encens			2. abcès du sien
13						3. miel	3. suc de narcisse		3. faire couler sur les yeux	3. yeux injectés de sang suite à un coup ou enflammés
14	XXVIII, 72	4. le lait de beaucoup le plus efficace est celui d'une femme qui a accouché d'un garçon ou deux jumeaux mâles								4. pour tous les usages

2 TABLEAU DU LAIT CHEZ PLINE

Occurrences du mot "lait", latin "lac" dans les 37 livres de l'Histoire Naturelle de Pline l'Ancien

Numérotation	Référence	Sortes de lait	type d'individu visé	Recettes - produit principal de la recette (dans l'ordre d'énumération)		associé à			mode de traitement/ préparation	Objectif thérapeutique
				produit animal	produit végétal ou autre	produit secondaire animal	produit secondaire végétal	produit secondaire autre		nom de la maladie dont le remède utilise du lait dans les écrits de Pline
15		lait de femme				blanc d'œuf			1. application sur de la laine sur le front	1. fluxion oculaire // bave de grenouille
16									2. boisson ou instillation	2. morsure de grenouille
17		3. lait de mère et de fille							3. enduit	3. préservation à vie de maux d'yeux
18								4. huile sans précision		4. maux d'oreilles
19						5. graisse d'oie			chauffé	5. oreilles douloureuses suite à un coup
20						6. miel			6. sur de la laine	6. mauvaise odeur des oreilles
21										7. yeux ayant conservé les traces de la jaunisse
22	XXVIII, 75	lait de femme					7. élatérium		8. en boisson	8. antipoison contre le lièvre marin, le bupreste, le dorycnion et contre la folie consécutive à l'absorption de jusquiame
23							cigüe		9. en onction	9. goutte
24			femme			10. suint et graisse d'oie			10. application	10. douleurs de la matrice
25									11. en boisson	11. cours du ventre
26			femme						12. en boisson	12. fait venir les règles
27		13. lait d'une femme ayant accouché d'une fille								13. altérations du visage
28										14. affections pulmonaires
29		lait de femme				15. urine d'enfant impubère et miel attique				15. expulse les pierres des oreilles
30		16. lait de femme qui a eu un garçon								16. chiens ne deviennent pas enragés

2 TABLEAU DU LAIT CHEZ PLINE

Occurrences du mot "lait", latin "lac" dans les 37 livres de l'Histoire Naturelle de Pline l'Ancien

Numérotation	Référence	Sortes de lait	type d'individu visé	Recettes – produit principal de la recette (dans l'ordre d'énumération)		Recettes – associé à			mode de traitement/ préparation	Objectif thérapeutique – nom de la maladie dont le remède utilise du lait dans les écrits de Pline
				produit animal	produit végétal ou autre	produit secondaire animal	produit secondaire végétal	produit secondaire autre		
31	XXVIII, 173	femme		fiel de taureau		option: vieille peau de serpent	option: vinaigre		option: lavage à l'eau puis introduction du mélange enveloppé dans de la laine	fractures des oreilles, dureté de l'oreille
32	XXVIII, 171	femme		fiel de chèvre						déchirures des tuniques de l'œil
33	XXVIII, 176	femme		fiel de chèvre			huile de rosat et jus de poireau			affections autres que fractures d'oreilles
34	XXVIII, 241	femme		fiel de taureau		variante au lait de femme: jus de poireau ou sang desséché avec la plante cotylédon				ulcères phagédéniques et fistules
35	XVIII, 243	femme		cendre de cuisse de chevreau						ulcères cacoèthes
36	XVIII, 130	femme			suc de la rave sauvage					purge les yeux et éclaircit la vue
37	XX, 44-45	femme	femme		poireau taillé				en boisson	1.arrête les pertes après l'avortement
38	XX, 44-45	femme			poireau taillé					2. tintement des oreilles
39	XX, 9	femme			Concombre de serpent ou erratique (cucumis flexuosus, L.)					tuméfaction subites
40	XX, 211	femme			coriandre verte					les épiphoras des yeux
41	XX, 10	femme			Concombre cultivé				en boisson	affections phrénétiques
42	XX, 40	femme			Oignon					affections des oreilles
43	XX, 135	femme qui a accouché d'un garçon			Rue					taches sur les yeux

2 TABLEAU DU LAIT CHEZ PLINE

Occurrences du mot "lait", latin "lac" dans les 37 livres de l'Histoire Naturelle de Pline l'Ancien

Numérotation	Référence	Sortes de lait	type d'individu visé	Recettes — produit principal de la recette (dans l'ordre d'énumération)			Recettes — associé à			mode de traitement / préparation	Objectif thérapeutique — nom de la maladie dont le remède utilise du lait dans les écrits de Pline
				produit animal	produit végétal ou autre	produit secondaire animal	produit secondaire végétal	produit secondaire autre			
44	XX, 61	femme			laitues sauvages						toutes les maladies des yeux, avec du lait de femme : l'argema, les nuages, les cicatrices, toutes les ulcérations croûteuses, et surtout les brouillards
45		femme			laitue amère pleine de lait, que nous avons appelée méconide						ce lait avec du lait de femme est donné comme très utile pour éclaircir la vue, quand on en fait à temps des onctions sur la tête.
46	XX, 201	femme			pavot						goutte
47	XX, 178	lait de femme			suc d'origan					instillation dans les oreilles	
1	XXVIII, 114	chèvre		œil droit du caméléon							efface les taies
2	XXVIII, 125	chèvre									bon pour l'estomac
3	XXVIII, 126	chèvre, sous la forme de schistos									l'épilepsie, la mélancolie, la paralysie, la lèpre, l'éléphantiasis, les maladies articulaires
4	XXVIII, 130	chèvre		lait seul						diète par prise de lait de chèvre en boisson	affections de la rate // est contraire à la céphalalgie, affections du foie, de la rate, des nerfs ; des fièvres, vertiges, à moins qu'on ne veuille purger ; aux catarrhes, à la toux, à l'ophtalmie.
5							uva taminia				
6	XXVIII, 152	chèvre		urine de chèvre			vinaigre scillitique				morsures de serpents
7				fromage de chèvre			origan				

638 2 TABLEAU DU LAIT CHEZ PLINE

Occurrences du mot "lait", latin "lac" dans les 37 livres de l'Histoire Naturelle de Pline l'Ancien

Numérotation	Référence	Sortes de lait	type d'individu visé	produit principal de la recette (dans l'ordre d'énumération) — produit animal	produit végétal ou autre	produit secondaire animal	produit secondaire végétal	produit secondaire autre	mode de traitement/ préparation	Objectif thérapeutique — nom de la maladie dont le remède utilise du lait dans les écrits de Pline
8	XXVIII, 160	chèvre		lait seul						contre les cantharides
9	XXVIII, 166			lait seul			uva taminia			contre un breuvage d'ephemerum (colchique)
10	XXVIII, 182			lait seul					se laver les dents	enlève les lentes
11	XXVIII, 189	chèvre (aussi cavale)		lait seul					en gargarisme tiède, après cuisson	ulcérations des tonsiles ou de la trachée-artère
12	XXVIII, 203	chèvre					mauve et sel			
13	XXVIII, 203	chèvre (aussi cavale)					sel et miel			relâche le ventre
14	XXVIII, 209	chèvre					mauve et sel		en boisson	infections intestinales
15	XXVIII, 206	chèvre (aussi fromage de vache frais et beurre)					vin de mère-goutte ?		bouilli jusqu'à réduction de moitié	dysenterie tranchées
16	XXVIII, 130	chèvre	enfant	lait seul						rendre la dentition facile
17	XXVI, 84	chèvre	femme				poudre de bétoine		boisson	arrête le sang qui s'échappe par la mamelle.
18	XXIV, 43	chèvres nourries au Lentisque		lait seul					boisson	
19	XXX, 133	chèvre				cervelle de chauve-souris			application?	dépilatoire
20	XX, 128	chèvre (ou ânesse de préférence)	enfant						avant de manger	ou lorsque les enfants sentaient de la chaleur au fondement en allant à la selle
21	XXVII, 65	chèvre	homme		cynosorchis				en boisson	la partie la plus molle, excite au coït, et la plus dure, réprime les désirs

2 TABLEAU DU LAIT CHEZ PLINE

Occurrences du mot "lait", latin "lac" dans les 37 livres de l'Histoire Naturelle de Pline l'Ancien

Numérotation	Référence	Sortes de lait	type d'individu visé	produit animal	produit végétal ou autre	produit secondaire animal	produit secondaire végétal	produit secondaire autre	mode de traitement/ préparation	Objectif thérapeutique / nom de la maladie dont le remède utilise du lait dans les écrits de Pline
23	XXII, 129	chèvre (ou brebis)			Alica	miel			pour cela on en fait cuire, à petit feu, trois cyathes (0 litr, 135) dans un setier d'eau jusqu'à complète évaporation; puis on y ajoute un setier de lait de brebis ou de chèvre, et enfin du miel	consomptions
24	XXII, 63	chèvre			panic				Bouilli dans du lait de chèvre, et pris deux fois par jour	il arrête le flux de ventre; de la même façon, il est utile dans les tranchées.
25	XX, 128	chèvre			cresson (lepidium sativum, L.)				bouillie	contre les douleurs de poitrine
26	XX, 86	chèvre			suc du chou			avec du sel et du miel.		malades affectés d'opisthotonos (contracture des muscles extenseurs)
27	XX, 17	chèvre			siser					flux du ventre
28	XXV, 47	lait de chèvre qui ont mangé de l'ellébore	femme							folie
29	XXVI, 62	lait de chèvre					vin			réprime les désirs amoureux
1	XXX, 87	ânesse		testicules de bélier conservés et pilés					à la dose d'un demi-denier dans une hémine d'eau ou de lait d'ânesse.	épilepsie
2	XXXII, 53	ânesse (ou chèvre)		écrevisses de rivières pilées ou en cendre						piqûres de scorpions

2 TABLEAU DU LAIT CHEZ PLINE

Occurrences du mot "lait", latin "lac" dans les 37 livres de l'Histoire Naturelle de Pline l'Ancien

Numérotation	Référence	Sortes de lait	type d'individu visé	Recettes - produit principal de la recette (dans l'ordre d'énumération) produit animal	produit végétal ou autre	associé à - produit secondaire animal	produit secodaire végétal	produit secondaire autre	mode de traitement/ préparation	Objectif thérapeutique - nom de la maladie dont le remède utilisée du lait dans les écrits de Pline
3	XXXII, 103	ânesse		écrevisses broyées						déchirures, convulsions
4	XXXII, 112	ânesse (ou lait de jument)		présure de veau marin						épilepsie
5	XXVIII, 125	ânesse		lait seul						podagre et de la chiragre
6				lait seul						pour la constipation dans les fièvres
7				lait seul						l'ulcération de la gorge
8	XXVIII, 129	ânesse		lait seul						Malades affaiblis qui veulent réparer leurs forces et qui sont affectés de ce qu'on appelle atrophie
9				lait seul						aux fébricitants sans céphalgie.
10	XXVIII, 158	ânesse		lait seul					doit être pris fraîchement trait ou chauffé peu de temps après, car aucun ne s'évente plus tôt.	antipoison : en particulier la jusquiame, le gui, la ciguë, le lièvre marin, l'opocarpathum, le pharicon, le dorycnum, et l'effet du lait caillé dans l'estomac ; car le lait qui vient à se cailler dans cet organe est aussi un poison
11	XXVIII, 167	ânesse		cendre de corne d'âne					application	enlève les taies et tâches d'yeux
12	XXVIII, 196	ânesse (aussi vache)		lait seul						ulcérations de l'estomac
13	XXVIII, 180	ânesse		lait seul						dents ébranlées par un coup
14	XXVIII, 197	ânesse				miel et cendres (de sang de chevaux?) infusées dans de l'eau			bouilli avec des oignons, et réduit en petit lait, qu'on prend tiède : on ajoute sur trois hémines de lait un cyathe de cendre infusé dans de l'eau, puis délayé dans du miel.	asthme
15	XXVIII, 200	ânesse				miel			plus efficace avec miel	flux coeliaque et dysenterie

2 TABLEAU DU LAIT CHEZ PLINE

Occurrences du mot "lait", latin "lac" dans les 37 livres de l'Histoire Naturelle de Pline l'Ancien

Numérotation	Référence	Sortes de lait	type d'individu visé	Recettes - produit principal de la recette (dans l'ordre d'énumération) produit animal	produit végétal ou autre	associé à - produit secondaire animal	produit secondaire végétal	produit secondaire autre	mode de traitement/ préparation	Objectif thérapeutique - nom de la maladie dont le remède utilisé du lait dans les écrits de Pline
16	XXVIII, 225	ânesse		testicules d'âne gardés dans du sel					en boisson	épilepsie
17	XXVIII, 211	ânesse (ou vache)							en boisson	ténesme
18	XXVIII, 250	ânesse	femme							seins douloureux
19	XXVIII, 250	ânesse				miel				emménagogue
20	XXVIII, 183	ânesse	femme						application sept cents fois par jour et en bain	efface les rides du visage, rend la peau plus délicate, et en entretient la blancheur.
21	XXVIII, 123	ânesse								plus digeste
22	XXII, 52	ânesse			hydromel					antipoison contre l'halicacabus
23		ânesse de préférence (ou chèvre)							avant de manger	ou lorsque les enfants sentaient de la chaleur au fondement en allant à la selle
25	XX, 194	ânesse			graines d'anis, graines de jusquiame,				une pincée de graine d'anis et autant de graine de jusquiame, avec du lait d'ânesse.	1. orthopnée (difficulté respiratoire)
1	XXXI, 100	vache			nitre et miel					ulcérations de la face
2	XXVIII, 124	vache								propriétés du lait de vache: plus médicinal et relâchant
3	XXVIII, 125	vache			plantes diverses (généralisation)					phtisie (tuberculose pulmonaire), la consomption et la cachexie (affaiblissements et amaigrissements).

2 TABLEAU DU LAIT CHEZ PLINE

Occurrences du mot "lait", latin "lac" dans les 37 livres de l'Histoire Naturelle de Pline l'Ancien

Numérotation	Référence	Sortes de lait	type d'individu visé	Recettes — produit principal de la recette (dans l'ordre d'énumération)		Recettes — associé à			mode de traitement/ préparation	Objectif thérapeutique — nom de la maladie dont le remède utilise du lait dans les écrits de Pline
				produit animal	produit végétal ou autre	produit secondaire animal	produit secondaire végétal	produit secondaire autre		
4		vache (ou brebis)								érosions d'Intestins
5		vache							lavement	dysenterie
6	XXVIII, 128-130	vache							cru	affections du colon, de la matrice
7		vache							boisson	morsures de serpents, ou contre le venin
8		vache							boisson	antipoison: colchique, de la ciguë, du dorycnion (convolvulus dorycnium) ou du lièvre marin.
9	XXVIII, 130	vache (sérum)			cresson					orthopnée
10		vache			sésame pilé					ophtalmie
11	XXVIII, 189	vache (ou chèvre)							gargarisme,	ulcérations des tonsiles ou de la trachée-artère
12	XXVIII, 196	vache (ou ânesse)								ulcérations de l'estomac
13	XXVIII, 205	vache		lait seul					cuit en boisson	flux de sang
14	XXVIII, 211	vache (ou ânesse)		lait seul						ténesme=Envie fréquente de déféquer
15	XXVIII, 160	vache		lait seul						remède de tous les poisons ephemerum (colchique) ou des cantharides
16	XXIV, 7	vache		lait seul car médicinal	écorce de gland					blessures faites par les serpents
17	XXV, 94	vache		lait seul						médicinal
18	XXVIII, 253	vache	femme						en boisson	aide à la conception
1	XXX, 32	Brebis							gargarisme	calme l'inflammation des amygdales de la gorge
2	XXX, 102	Brebis (ou chèvre)		fiente d'hirondelle						fièvre quarte

2 TABLEAU DU LAIT CHEZ PLINE

Occurrences du mot "lait", latin "lac" dans les 37 livres de l'Histoire Naturelle de Pline l'Ancien

Numérotation	Référence	Sortes de lait	type d'individu visé	Recettes - produit principal de la recette (dans l'ordre d'énumération)		produit secondaire animal	associé à - produit secondaire végétal	produit secondaire autre	mode de traitement/ préparation	Objectif thérapeutique - nom de la maladie dont le remède utilise du lait dans les écrits de Pline
				produit animal	produit végétal ou autre					
3	XIX, 105	Brebis		lait seul					chaud	bupreste ou l'aconit, cantharides
4	XXVIII, 125	Brebis								plus nutritif mais trop lourd pour l'estomac
5	XXIV, 143	Brebis			aros				boisson	Pour l'estomac et l'ulcération des intestins
6	XXVI, 96	Brebis			racine de satyrios orchis				boisson	excite l'érection
7	XXIV, 144	Brebis			aron					
1	XXVIII, 159	Jument								contre venin du lièvre marin et des poisons des flèches
2	XXVIII, 203	Jument							en boisson	relâche le ventre
3	XXVIII, 224	Jument		testicules de sanglier						épilepsie
4	XXVIII, 226	Jument		lait seul					en boisson	épilepsie
5	XXVIII, 252	Jument	femme	lait seul					injection	bon pour la matrice
6	XVIII, 100	Jument		mil					bouillie et pain savoureux	nourriture
1			femme		vin miellé					facilite l'accouchement
2		truie	femme	lait seul						fait venir le lait aux accouchés
3	XXVIII, 250	truie	femme	lait seul					par frottement	empêche le sein de grossir
4										emménagoge
5	XXVIII, 116	truie		cendre de cuisse de caméléon					par frottement	faire venir la goutte ?
6	XXVIII, 224	truie		testicules de porc séchés					par broyage et mélange	épilepsie
7		truie		lait seul						ténesme
8	XXVIII, 130	truie		lait seul						dysenterie
9		truie	femme	lait seul						bénéfique pour les femmes

2 TABLEAU DU LAIT CHEZ PLINE

Occurrences du mot "lait", latin "lac" dans les 37 livres de l'Histoire Naturelle de Pline l'Ancien

Numérotation	Référence	Sortes de lait	type d'individu visé	produit animal	produit végétal ou autre	produit secondaire animal	produit secondaire végétal	produit secondaire autre	mode de traitement/ préparation	Objectif thérapeutique / nom de la maladie dont le remède utilise du lait dans les écrits de Pline
1	XXX, 27	Chienne		lait seul						brûlure
2	XXX, 70	Chienne		fiel de hérisson, cervelle de chauve-souris						écorchures de siège
3	XXIX, 39	Chienne		lait seul					instillation	calme la douleur d'oreilles
4	XXX, 133	Chienne		lait seul					par friction	dépilatoire
5	XXX, 123	Chienne	femme	lait seul					boisson	favorise le développement du fœtus
1	XXX, 64		enfant	petits chiens qui tettent						estomac et autres maladies non citées
2	XXX, 88			petits chiens qui tettent						épilepsie
1	XXIV, 102	lait sans précision du type	homme				hermesias: pin pilés avec du miel, de la myrrhe, du safran, du vin de palmier, et à laquelle on ajoute aussi du théombrotium et du lait		boisson	pour engendrer de beaux enfants
2	XXIV, 126-127	lait sans précision du type			lycium					contre les pertes
3	XXXVI, 152	lait sans précision du type			pierre, dite samienne					ulcération des yeux, larmoiements chroniques

2 TABLEAU DU LAIT CHEZ PLINE

Occurrences du mot "lait", latin "lac" dans les 37 livres de l'Histoire Naturelle de Pline l'Ancien

				Recettes						
				produit principal de la recette (dans l'ordre d'énumération)			associé à			
Numérotation	Référence	Sortes de lait	type d'individu visé	produit animal	produit végétal ou autre	produit secondaire animal	produit secondaire végétal	produit secondaire autre	mode de traitement/préparation	Objectif thérapeutique — nom de la maladie dont le remède utilise le lait dans les écrits de Pline
4	XXXII, 37-38	lait sans précision du type		fiel de tortue de mer		sang de la tortue de rivière				guérit les cataractes
5	XXXI, 100	lait sans précision du type			sel				broyage	cataractes
6	XXVIII, 124	lait sans précision du type			cailloux de mer				bouilli	gonfle moins si bouilli (généralités)
7	XXVIII, 125	lait sans précision du type								ulcérations internes, surtout pour celles des reins, de la vessie, des intestins, de la gorge, des poumons
8	XXVIII, 125	lait sans précision du type								pour les démangeaisons de la peau, pour les éruptions pituiteuses, après un peu de diète.
9	XXVIII, 128	lait sans précision du type							en lavement	pour les érosions produites par les médicaments
10	XXVIII, 128	lait sans précision du type			cailloux de mer ou décoction d'orge				bouilli	dysenterie
11	XXVIII, 202	lait sans précision du type		sang de lièvre					bouilli	cours de ventre
12	XVIII, 231	lait sans précision du type		suif de bouquetin						phtisie
13	XXVII, 102	lait sans précision du type			phalaris (phalaris nodosa, L.)		vin ou du vinaigre, avec du miel			brise les calculs, contre les affections de la vessie

2 TABLEAU DU LAIT CHEZ PLINE

Occurrences du mot "lait", latin "lac" dans les 37 livres de l'Histoire Naturelle de Pline l'Ancien

Numérotation	Référence	Sortes de lait	type d'individu visé	Recettes — produit principal de la recette (dans l'ordre d'énumération)		Recettes — associé à			mode de traitement/ préparation	Objectif thérapeutique — nom de la maladie dont le remède utilise du lait dans les écrits de Pline
				produit animal	produit végétal ou autre	produit secondaire animal	produit secondaire végétal	produit secondaire autre		
14	XXIV, 173-174	lait sans précision du type			jus herbe impie		vin			angines
15	XXIII, 37	lait sans précision du type		lait seul						nourrit les os
16	XXIV, 176	lait sans précision du type			philanthropos		vin			guérit les porcs
17	XXIII, 92	lait sans précision du type			huile de baume				prise dans du lait	antipoison contre l'aconit
18	XXII, 56	lait sans précision du type			lotometra (nymphaea lotus, L.)				pain	digeste
21	XIX, 166	lait sans précision du type			lepidium (lepidium latifolium, L.)				ne s'emploie qu'avec le lait	
22	XX, 52	lait sans précision du type			ail				pilé	asthme
23	XX, 53	lait sans précision du type			ail	fromage mou			broyé	catarrhes
24	XX, 54	lait sans précision du type			ail	vieille graisse ou lait			cuit	toux

2 TABLEAU DU LAIT CHEZ PLINE 647

Occurrences du mot "lait", latin "lac" dans les 37 livres de l'Histoire Naturelle de Pline l'Ancien

Numérotation	Référence	Sortes de lait	type d'individu visé	Recettes — produit principal de la recette (dans l'ordre d'énumération)		associé à			mode de traitement/ préparation	Objectif thérapeutique
				produit animal	produit végétal ou autre	produit secondaire animal	produit secondaire végétal	produit secondaire autre		nom de la maladie dont le remède utilise du lait dans les écrits de Pline
25	XXII, 58	Lait sans précision du type /aussi lait de plante : Héliothrope a du suc laiteux			héliotrope (heliotropium europaeum, L.)					lâche doucement le ventre
26	XX, 211	lait sans précision du type				miel			sur les yeux mêmes, dans du lait et du miel;	épiphoras ?
	20, 31				staphyllinos (daucus carota), graine		vin ou vin cuit		La graine pilée et bue dans du vin	remet l'utérus en place, hystérie, douleurs, tranchées des femmes
	20, 31				staphyllinos (daucus carota), graine		pain et vin		pilée avec une portion égale de pain, et bue dans du vin	contre les coliques
27	20, 31	lait sans précision du type			staphyllinos (daucus carota), graine	lait			cuisson	strangurie
28	XX, 229	lait sans précision du type			mauves althaea (guimauve, altheae officinalis, L)				bouillies et prises en potage	guérit la toux en 5 jours
30	XXI, 175	lait sans précision du type	homme		anthalion					
31										strangurie
32										gravelle
33	XX, 147	lait sans précision du type			menthe	lait				problème de digestion

2 TABLEAU DU LAIT CHEZ PLINE

Occurrences du mot "lait", latin "lac" dans les 37 livres de l'Histoire Naturelle de Pline l'Ancien

Numérotation	Référence	Sortes de lait	type d'individu visé	Recettes - produit principal de la recette (dans l'ordre d'énumération)		Recettes - associé à			mode de traitement/ préparation	Objectif thérapeutique	
				produit animal	produit végétal ou autre	produit secondaire animal	produit secodaire végétal	produit secondaire autre		nom de la maladie dont le remède utilise du lait dans les écrits de Pline	
34	XX, 149	lait sans précision du type			rue et coriandre	lait				gonflement de la luette	
35	XXVII, 126	lait sans précision du type			miel, phalaris (phalaris nodosa, L.)	lait				brise les calculs	
36	XXVI, 53	lait sans précision du type			arristoloche, quintefeuille					dysentrie	
37	XXV, 61	lait sans précision du type			ellébore					phtiriasis	
38	XXIV, 28	lait sans précision du type			picéa						
39	XX, 81	lait sans précision du type			pourpier sauvage (euphorbia peplis, L.)					yeux	
40	XX, 53	lait sans précision du type			ail					catharre	
41	XX, 54									toux	

Bibliographie

Sources anciennes

Apulée, *Apologie*, éd. & trad. P. Vallette, Paris, Les Belles Lettres, 1971 (3ᵉ éd.).
Apulée, *Les Métamorphoses*, t. III, livres VII-XI, éd. D. Struan Robertson & trad. P. Vallette, Paris, Les Belles Lettres, 2003.
Arétée de Cappadoce, *De curatione diuturnorum morborum*, éd. & trad. C. Hude, *Aretaeus, in Aedibus Academiae scientiarum*, Berlin, 1958.
Aristote, *De la génération des animaux (GA)*, éd. & trad. P. Louis, Paris, Les Belles Lettres, 1961.
Aristote, *Histoire des animaux (HA)*, t. I-III, éd. & trad. P. Louis, Paris, Les Belles Lettres, 1964-1969.
Aristote, *Parties des animaux (PA)*, éd. & trad. P. Louis, Paris, Les Belles Lettres.
Aristote, *Métaphysique*, trad. M.-P. Duminil et A. Jaulin, Paris, Flammarion, 2008.
Artémidore, *Clef des songes*, éd. & trad. A. J. Festugière, Paris, J. Vrin, 1975.
Athénée, Les Deipnosophistes, éd. & trad. A. M. Desrousseaux (avec collab. C. Astruc), Paris, Les Belles Lettres, 1956.
Aulu-Gelle, *Nuits attiques*, livres I-IV, V-X, XI-XV, éd. & trad. R. Marache, Paris, Les Belles Lettres, 1967-1989.
Aulu-Gelle, *Nuits attiques*, livres XVI-XX, éd. & trad. Y. Julien, Paris, Les Belles Lettres, 1998.
Caelius Aurelianus, *Gynaecia. Fragments of a Latin version of Soranus' Gynaecia, from a thirteenth (13th) century manuscript*, éd. M. F. & I. E. Drabkin, Baltimore, 1951.
Caelius Aurelianus, *Gynaecia*, trad. M. Chardonny (mémoire de DEA, Lyon II), 2003.
Caelius Aurelianus, *On Acute Diseases and on Chronic Diseases*, trad. I. E. Drabkin, Chicago, 1950.
Caton, *De l'agriculture*, éd. & trad. R. Goujard, Paris, Les Belles Lettres, 1975.
Celse, *De la médecine*, livres I-II, éd. & trad. G. Serbat, Paris, Les Belles Lettres, 1995.
Celse, *De la médecine*, éd. & trad. A. Védrènes, Paris, 1876.
Censorin, *Le jour anniversaire de la naissance*, éd. & trad. A.-M. Chevallier & G. Freyburger, Paris, Les Belles Lettres, 2019.
Cicéron, *De la divination*, éd. & trad. G. Freyburger & J. Scheid, Paris, Les Belles Lettres, 1992.
Cicéron, *De la République*, éd. & trad. E. Breguet, Paris, Les Belles Lettres, 1989.
Columelle, *Économie rurale*, éd. C.-L. Fleury & trad. L. Du Bois, Paris, 1845.
Digeste : *Les cinquante livres du Digeste ou des Pandectes de l'empereur Justinien*, t. I-VII, éd & trad. H. Hulot, M. Berthelot, A. Tissot, A. Bérenger, Paris, 1803-1805.
Dioclès, *Diocles of Carystus. Volume One, Text and Translation*, éd. & trad. P. J. Van der Eijk, Leiden, 2000.
Diodore de Sicile, *Bibliothèque historique*, éd & trad. F. Hoefer, Paris, 1865.
Diogène d'Apollonie, voir **DK**.
Diogène Laërce, *Vies, doctrines et sentences des philosophes illustres* (**DK** 68 A1)

DIOSCORIDE, *De materia medica*, ed. & trad. L. Beck, Hildesheim. Zürich. New York. Olms-Weidmann, 2005.

GALIEN, *Claudii Galeni opera omnia*, éd. K. G. Kühn, Leipzig, 1821-1833.

GALIEN, *Commentaire au régime des maladies aiguës d'Hippocrate*, t. IX, 1, éd. & trad. A. Pietrobelli, Paris, Les Belles Lettres, 2019.

GALIEN, [*De la semence*] *De semine*, éd. & trad. Ph. De Lacy, Berlin, CMG V.3.1, 1992.

GALIEN, [*Anatomie de l'utérus*] *De uteri dissectione*, éd. & trad. D. Nickel, t. V, 2.1, Berlin, 1971.

GALIEN, *De l'utilité des parties du corps humain* [*De usu partium*], I, éd & trad. Ch. Daremberg, Paris, 1994 [1ère éd. 1854].

GALIEN, [*Hygiène*] *De sanitate tuenda*, trad. R. Montraville Green, Springfield, 1951.

GALIEN, *Introduction générale. Sur l'ordre de ses propres livres. Sur ses propres livres. Que l'excellent médecin est aussi philosophe*, t. I, éd. & trad. V. Boudon-Millot, Paris, Les Belles Lettres, 2007.

GALIEN, [*Sur la méthode thérapeutique*] *Method of Medicine*, éd. & trad. I. Johnston & G. H. R. Horsley, Cambridge (Mass.)/London, The Loeb Classical Library, 2011, 3 vol.

GALIEN, *Ne pas se chagriner*, éd. & trad V. Boudon-Millot & J. Jouanna, avec la collaboration de A. Pietrobelli, t. IV, Paris, Les Belles Lettres, 2010.

Galien, [*Sur le marasme*] *De marcore*, trad. C. Theocharides, Journal of the History of Medicine, 26, 1971, p. 369-390.

GALIEN, [*Sur les facultés naturelles*] *On the Natural Faculties*, éd. & trad. A. J. Brock, London / Cambridge (Mass.), The Loeb Classical Library, 1963 [1ère éd. 1916].

GALIEN, *Sur les facultés des aliments*, éd. & trad. J. Wilkins, Paris, Les Belles Lettres, 2013.

GALIEN, [*De la formation du fœtus*], *Über die Ausformung der Keimlinge*, éd. & trad. D. Nickel, Berlin, 2001.

HÉRODOTE, *Histoires*, éd. & trad. P. E. Legrand, Paris, Les Belles Lettres, 1932-1955.

HIPPOCRATE, *Œuvres complètes*, éd. & trad. É. Littré & J.-B. Baillère, Paris, 1839-1861.

HIPPOCRATE, *Airs, eaux, lieux*, t. II, 2e partie, trad. J. Jouanna, Paris, Les Belles Lettres, 1996.

HIPPOCRATE, *De la génération – De la nature de l'enfant – Des maladies IV-Du fœtus de huit mois*, t. IX, éd. & trad. R. Joly, Paris, Les Belles Lettres, 1970.

HIPPOCRATE, *Épidémies I et III*, t. IV, 1ère partie, éd. & trad. J. Jouanna, avec la contribution de A. Guardasole et A. Anastassiou, Paris, Les Belles Lettres, 2016.

HIPPOCRATE, *Épidémies V et VII*, t. IV, 3e partie, éd. & trad. J. Jouanna, notes de M. D. Grmek, Paris, Les Belles Lettres, 2003.

HIPPOCRATE, *Du régime*, t. VI, 1ère partie, éd. & trad. R. Joly, Paris, Les Belles Lettres, 1967.

HIPPOCRATE, *Femmes stériles. Maladies des jeunes filles. Superfétation. Excision du fœtus*, t. XII, 4e partie, éd. & trad. F. Bourbon, Paris, Les Belles Lettres, 2017.

HIPPOCRATE, *Maladie sacrée*, t. II, 3e partie, éd. & trad. J. Jouanna, Paris, Les Belles Lettres, 2003.

HIPPOCRATE, *Nature de la femme*, t. XII, 1ère, éd. & trad. F. Bourbon, Paris, Les Belles Lettres, 2008.

Hippocrate, *Pronostic*, éd. & trad. J. Jouanna avec la collaboration de A. Anastassiou & C. Magdelaine, Paris, Les Belles Lettres, 2013.

Livre de Job, *La Sainte Bible, qui comprend l'Ancien et le Nouveau Testament*, éd. & trad. L. Segond, Paris, 1935 [1ère éd. 1894].

MACROBE, *Saturnales*, livres I-III, éd. & trad. C. Guittard, Paris, Les Belles Lettres, 1997.

MARCELLUS, *Marcelli De Medicamentis liber. Marcellus über Heilmittel*, éd. M. Niedermann & Eduard Liechtenhan, trad. J. Kollesch & D. Nickel, Berlin, CML V.1-2, 1968 [1ère éd. 1916].

Mnésithée de Cizique dans Oribase, *Livres incertains* 15, **Dar** III, 129-134.
Mustio, [*Gynaecia*] *Sorani Gynaeciorum uetus translatio Latina*, éd. & trad. V. Rose, Leipzig, 1882.
Mustio's *Gynaecia, An Edition, Translation and Commentary*, L. A. Bolton (PhD Calgary, Alberta), 2015.
Oribase, *Œuvres complètes*, trad. U. C. Bussemaker & C. Daremberg, Paris, 1851-1876.
Ovide, *Les Fastes*, éd. & trad. H. Le Bonniec, Paris, Les Belles Lettres, 1990.
Ovide, *Les Métamorphoses*, t. I-III, éd. & trad. G. Lafaye, Paris, Les Belles Lettres, 1925-1930.
Platon, République, éd. & trad. E. Chambry, éd. & trad. E. Ernout, Paris, Les Belles Lettres, 1938.
Plaute, Comédies : *Mostellaria – Persa – Pœnulus*, Tome V, Paris, Les Belles Lettres,
Pline l'Ancien, *Histoire naturelle*, livre VII, éd. & trad. R. Schilling, Paris, Les Belles Lettres, 1977 ; livre VIII, éd. & trad. A. Ernout, Paris, Les Belles Lettres, 1952 ; livre X, éd. & trad. E. de Saint-Denis, Paris, Les Belles Lettres, 1961 ; livre XI, éd. & trad. A. Ernout, Paris, Les Belles Lettres, 1947 ; livre XIV, éd. & trad. J. André, Paris, Les Belles Lettres, 1958 ; livre XVI, éd. & trad. J. André, Paris, Les Belles Lettres, 1962 ; livre XVIII, éd. & trad. H. Le Bonniec, Paris, Les Belles Lettres, 1972 ; livres XX-XXII-XXIII-XXIV-XXV, éd. & trad. J. André, Paris, Les Belles Lettres, 1965-1975 ; livres XXVII ; XXVIII-XXIX-XXX, éd. & trad. A. Ernout, Paris, Les Belles Lettres, 1959-1963 ; livre XXXI, trad. G. Serbat, Paris, Les Belles Lettres, 1972 ; livres XXXII-XXXVII, éd. & trad. E. de Saint-Denis, Paris, Les Belles Lettres, 1966-1972 ; livre XXXIV, éd. & trad. H. Le Bonniec, Paris, Les Belles Lettres, 1953 ; livre XXXV, éd. & trad. A. M. Croisille, Paris, Les Belles Lettres, 1985 ; livre XXXVI, éd. & trad. R. Bloch, Paris, Les Belles Lettres, 1981 ; livre XXXVII, éd. & trad. E. de Saint-Denis, Paris, Les Belles Lettres, 1972.
Plutarque, *Œuvres morales. De l'éducation des enfants. Comment lire les poètes*, t. I, 1ère partie, éd. & trad. J. Sirinelli & A. Philippon, Paris, Les Belles Lettres, 1985.
Plutarque, *Œuvres morales. Consolation à Apollonios. Préceptes de santé. Préceptes de mariage – Le Banquet des sept Sages – De la superstition*, éd. & trad. J. Defradas, J. Hani & R. Klaerr, Paris, Les Belles Lettres, 1985.
Plutarque, *De l'amour de la progéniture*, in : *Oeuvres morales. t. VII, 1ère partie. Traités de morale (27-36)*, éd. & trad. J. Dumortier et J. Defradas, Paris, Les Belles Lettres, 1975.
Plutarque, *Thésée-Romulus* in : *Vies*. t. I, éd. & trad. R. Flacelière, E. Chambry & M. Juneaux, Paris, Les Belles Lettres, 1958.
Ps.-Plutarque, *Opinions des philosophes*, V, 18 (*Moralia*, 908a) in : *Empédocle, t. II : Les Origines. Édition et traduction des fragments et des témoignages*, éd. & trad. J. Bollack, Paris, Éditions de Minuit, 1969.
Polybe, *Histoires*, t. VI, éd. & trad. R. Weil, Paris, Les Belles Lettres, 1977.
Porphyre, *Sur la manière dont l'embryon reçoit l'âme*, éd. & trad. L. Brisson, F. Hudry, B. Collette-Ducic *et al.*, Paris, 2012.
Rufus von Ephesos, *Die Fragen des Arztes an den Kranken*, ed. & trad. H. Gärtner, Berlin, CMG. Suppl. 4, 1962.
Servius, *Commentaire sur l'Énéide de Virgile*, livre VI, trad. E. Jeunet-Mancy, Paris, Les Belles Lettres, 2012.
Solin, *Recueil de faits remarquables*, trad. M. A. Agnant, Paris, 1847.
Soranos d'Éphèse, *Maladies des femmes*, éd. & trad. P. Burguière, D. Gourevitch & Y. Malinas, Paris, Les Belles Lettres, 1988-2000.
Strabon, *Géographie*, t. 1, éd. & trad. G. Aujac, Paris, Les Belles Lettres, 1969.
Théophraste, *Recherches sur les plantes*, éd. & trad. S. Amigues, Paris, Les Belles Lettres, 1988-2006.

Varron, *Économie rurale. Livre premier*, éd. & trad. J. Heurgon, Paris, Les Belles Lettres, 1978.
Varron, *Économie rurale. Livre II*, éd. & trad. Ch. Guiraud, Paris, Les Belles Lettres, CUF, 1985.
Varron, *Économie rurale. Livre III*, éd. & trad. Ch. Guiraud, Paris, Les Belles Lettres, CUF, 1997.
Varron, *La Langue latine*, t. II, *Livre VI*, éd. & trad. P. Flobert, Paris, Les Belles Lettres, CUF, 1985.
Varron, *La Langue latine*, t. III, *Livre VII*, éd. & trad. P. Flobert, Paris, Les Belles Lettres, CUF, 2019.
Varron, Satires Ménippées, éd. & trad. J.-P. Cèbe, Rome, École française de Rome, 1972-1999, 13 vol.
Xénophon, *Économique*, éd. & trad. P. Chantraine, Paris, Les Belles Lettres, 1949.

Litterature secondaire

R. M. Acheson et M. N. Macintyre, « The Effects of Acute Infection and Acute Starvation on Skeletal Development : A Study of Young Rats », British Journal of Experimental Pathology, 39/1 (1958), p. 37-45.

P. Adam-Veleni et D. Igniatiadou, *Glass Cosmos (Archaeological Museum of Thessaloniki)*, Thessaloniki, 2010.

F. Addison, *Welcome Excavations in the Sudan, Jebel Moya, 1910-1914*, I, Oxford, 1949.

Y.-M. Adrian, *La céramique et la verrerie*, in E. Mare, *Carrière de la Remise, Pîtres, Eure. Le quartier sud-ouest de la nécropole laténienne et gallo-romaine*, Rapport Inrap Grand-Ouest, 2010, p. 30-44.

A. Adriani, *Divagazione intorno ad una coppa paestica del museo di Alessandria*, Rome, 1959.

N. Agnoli, *Museo archeologico nazionale di Palestrina. Le Sculture*, Rome, 2002.

J. Alaux et F. Létoublon, « La nourrice et le pédagogue », Antiquité classique, 40 (1991), p. 73-86.

C. L. Albore-Livadie, « Le Bucchero nero en Campanie : Notes de typologie et de chronologie », *Latomus, Actes du colloque sur le « bucchero nero » étrusque et sa diffusion en Gaule méridionale*, 160 (1979), p. 91-110.

D. Alexandre-Bidon et D. Lett, *Les Enfants au Moyen Âge, v^e-xve siècles* (La Vie quotidienne, 6), Paris, 1997.

G. Alfonso et F. Blaizot (éd.), *La villa gallo-romaine de Champ Madame à Beaumont (Puy-de-Dôme) : Habitat et ensemble funéraire de nourrissons* (DARA), Lyon, 2004.

J. Allain, I. Fauduet et M. Tuffreau-libre, *La nécropole gallo-romaine du champ de l'image à Argentomagus (Saint-Marcel, Indre)*, Tours, 1992 (Mémoire 1 du musée d'Argentomagus, 3e supplément à la Revue Archéologique du Centre de la France).

D. Allen, *Roman Glass in Britain*, Buckinghamshire, 1998.

A. Almedon et A. De Waal, « Constraints on Weaning : Evidence from Ethiopia and Sudan », Journal of Biosocial Sciences 22 (1990), p. 489-500.

A. Amal Aboul, « Testing Women's Milk », in G. Argoud, J.-Y. Guillaumin (éd.), Sciences exactes et sciences appliquées à Alexandrie (IIIe siècle av. J.-C.-Ier siècle apr. J.-C.), *Actes du colloque international de Saint-Etienne (6-8 juin 1996)*, Université de Saint-Etienne, Saint-Etienne, 1998, p. 207-215.

J.-P. Amann, *Épilepsie, connaissance du cerveau et société*, Laval, 2006.

R. Amedick, *Die Sarkophage mit Darstellungen aus dem Menschenleben : Vita privata (Die antiken Sarkophagreliefs 1, 4)*. Berlin, Deutsches Archaeologisches Institut, 1991.

A. Anastassios, *Fire and Sand – Ancient Glass in the Princeton University Art Museum*, New Haven/Londres, 2013.

M. J. Ancel, *La crémation en milieu rural en Gaule Belgique romaine : les exemples de la Lorraine et du Nord-Pas-de-Calais*, Thèse de doctorat en Langues, histoire et civilisations des mondes anciens, Université Lumière-Lyon 2, Lyon, 2010.

J. André, « La résine et la poix dans l'Antiquité : technique et terminologie », L'Antiquité classique 33, 1 (1964), p. 86-97.

—, *L'alimentation et la cuisine à Rome*, Paris, 2009.

A. K. Andreioménou, « La nécropole d'Akraiphia », in J. de La Genière (éd.), *Nécropoles et sociétés antiques (Grèce, Italie, Languedoc), Actes du Colloque international du Centre de recherches archéologiques de l'université de Lille III (Lille, 2-3 décembre 1991)*, (Cahiers du Centre Jean Bérard), Naples, 2017, p. 99-126.

A. Antonaras, « Bird-shaped and round cosmetic-powder pyxides », in P. Adam-Veleni, D. Ignatiadou (éd.), *Glass Cosmos*, Thessalonique, 2010, p. 100-104.

—, *Fire and sand – Ancient Glass in the Princeton University Art Museum*, New Haven-Londres, 2013.

Ch. Arcelin, « Une fosse de cuisson du ive siècle av. J.-C. à Beaumes-de-Venise, Vaucluse », Documents d'Archéologie Méridionale, 2, 1979, p. 119-129.

P. Arcelin, *La céramique modelée au Ier siècle av. J.-C. dans le département des Bouches-du-Rhône. La vaisselle autochtone de la Conquête à la romanisation (125 av. J.-C. au règne d'Auguste)*, Thèse de troisième cycle, Université Aix-Marseille, Aix-en-Provence, 1979.

—, « Céramique non tournée des Alpilles », in M. Py (éd.), *DICOCER, Dictionnaire des Céramiques Antiques (VIIe siècle av. n. è.-VIIe siècle de n. è.) en Méditerranée nord-occidentale (Provence, Languedoc, Ampurdan)*, Lattes, 1993, p. 248-256.

J. Argant, C. Boucher et D. Frère, « De la fouille au laboratoire : analyses et interprétations des contenus de céramiques et verres archéologiques », Revue du Nord, 17, Hors-série collection art et archéologie, (2012), p. 479-504.

P. Ariès, *L'enfant et la vie familiale sous l'Ancien Régime*, Paris, 1973.

R. Arnoldi, *Katalog der Sammlung römisch-germanischer Alterthümer des Dr. Rich Arnoldi in Winningen a.d. Mosel*, Bonn, 1887.

V. Arveiller, *Le verre soufflé romain*, Paris, 1998 (Feuillet pédagogique du Musée du Louvre, 29/3).

V. Arveiller et al., *Les verres antiques*, Beauvais, 1996.

V. Arveiller-Dulong, « Le mobilier en verre de la nécropole de Maule (Yvelines) », Bulletin Archéologique du Vexin français et du Val d'Oise, 38 (2006), p. 143-163.

V. Arveiller-Dulong et J. Arveiller, *La verre d'époque romaine au Musée de Strasbourg*, Paris, 1985.

F. Aubaile-Sallenave, « Le monde traditionnel des odeurs et des saveurs chez le petit enfant maghrébin », Enfance, 50/1 (1997), p. 186-208.

—, « Les nourritures de l'accouchée dans le monde arabo-musulman méditerranéen », in Médiévales, 16/33 (1997), p. 103-124.

J. Auberger, « Le beurre dans la Grèce ancienne. Une énigme dans l'histoire de l'alimentation », Histoire et sociétés rurales, 11 (1999a), p. 15-30.

—, « Du prince au berger, tout homme a son content de fromage… Odyssée, 4, 87-88 », Revue des Études Grecques, 113/1 (1999b), p. 1-41.

—, « Le lait des Grecs : boisson divine ou barbare ? », in *Dialogues d'histoire ancienne*, 27, 1 (2000), p. 131-157.

—, « Le lait des Grecs : boisson divine ou barbare ? », *Dialogues d'histoire ancienne*, 27, 1, (2001). p. 131-157.

A. Audollent, « Nécropole des Martres-de-Veyre (Puy-de-Dôme) », *Comptes rendus des séances de l'Académie des Inscriptions et Belles-Lettres*, 56/2 (1912), p. 77-82.

—, « Les tombes gallo-romaines à inhumation des Martres-de-Veyre (Puy-de-Dôme) », *Mémoires présentés par divers savants étrangers à l'Académie*, 13/1 (1923), p. 275-328.

C. Aumassant et D. Dussot, « Une riche sépulture gallo-romaine à Massenon (Ahun, Creuse) », *Travaux d'archéologie limousine*, 8 (1987), p. 123-128.

C. Aunay, « Le mobilier en verre déposé dans une tombe d'enfant à Soings-en-Sologne (dernier tiers du Ier siècle apr. J.-C.) », *Bulletin AFAV* (2014), p. 24-29.

47 C. Aunay, J.-P. Chimier et S. Linger-Riquier, « Les objets en verre de la nécropole de la Haute Cour à Esvres-sur-Indre (Indre-et-Loire) », *Bull. AFAV* (2016), p. 10-19.

S. H. Auth, *Ancient Glass at the Newark Museum*, Newark, 1976.

D. Bacalexi, « Responsabilités féminines : sages-femmes, nourrices et mères chez quelques médecins de l'Antiquité et de la Renaissance », Gesnerus, 62 (2005), p. 5-32.

R. Bacher, *Das römische Gräberfeld auf dem Rossfeld (Engehalbinsel) bei Bern*, PhD Thesis, Faculté de philosophie et histoire de Berne, Bern, 1983.

C. Badel, « Alimentation et société dans la Rome classique : bilan historiographique (IIe siècle av. J.-C.-IIe siècle apr. J.-C.) », *Dialogues d'histoire ancienne*, 7 /1 (2012), p. 133-157.

E. Badinter, *L'amour en plus : histoire de l'amour maternel (XVIIe-XXe siècles)*, Paris, 1980.

A. M. Bagley, *Roman Children in the Early Empire : A Distinct Epidemiological and Therapeutic Category ?*, PhD Thesis, University of Birmingham, Birmingham, 2016.

R. S. Bagnall et R. Cribiore, *Women's Letters from Ancient Egypt, 300 BC-AD 800*, Ann Arbor, 2006.

J. P. Baigl, B. Farago-Szekeres et J. Roger, *Saintes, la nécropole de la rue Jacques Brel*, DFS de sauvetage urgent, SRA Poitou-Charentes, Poitiers, 1997.

D. M. Bailey, *A Catalogue of the Lamps in the British Museum*, Londres, 1975.

N. Baills-Talbi, *Sentiment de l'enfance et reconnaissance sociale : la place des enfants en bas âge (0-4 ans) dans les Trois Gaules (Ier s. av. J.-C.-ve s. apr. J.-C.) : étude des comportements au travers des sources littéraires, iconographiques, anthropologiques, archéologiques et ethnologiques*, Thèse de doctorat, Paris I, Panthéon-Sorbonne, Paris, 2012.

G. Bakalakis, « Les kernoi éleusiniens », *Kernos. Revue internationale et pluridisciplinaire de religion grecque antique*, 4 (1991), p. 105-117.

M. Balasse, H. Bocherens et A. Mariotti, « Intra-bone variability of collagen and apatite isotopic composition used as evidence of a change of diet », Journal of Archaeological Science 26, 6 (1999), p. 593-598.

A. Ballabriga, « La nourriture des dieux et le parfum des déesses [A propos d'Iliade, XIV, 170-172] », *Mètis. Anthropologie des mondes grecs anciens*, 12, 1 (1997), p. 119-127.

L. Balsan, *Rodez gallo-romain*, Rodez, 1982.

C. Baluta, « Considérations sur la production et la diffusion du verre dans la Dacie supérieure », *Annales du 7e congrès International d'Étude Historique du Verre, Berlin-Leipzig, 15-21 août 1977*, Liège, 1978, p. 97-109.

—, « Considerații referitoare la răspîndirea și producerea sticlei în Dacia Superior », *Apulum* (1979), p. 195-200.

A. Baratz, « Sources of the Gods' Immortality in Archaic Greek Literature », Scripta Classica Israelica, 34 (2015), p. 151-164.

J. Barberà i Farràs, « La necrópolis ibérica de Cabrera de Mar (Colección Rubio de la Serna) », *Empúries : revista de món clàssic i antiguitat tardana*, 30 (1968), p. 97-150.

D. Barcat et P. Kousoulis, « Les vases et figurines en faïence entre Rhodes et le Delta : contexte artistique et usages funéraires », Revue archéologique, 68, 2 (2019), p. 321-339.

T. Bardinet, Les papyrus médicaux de l'Égypte pharaonique, Paris, 1995.

—, « Osiris et le gattilier », ENiM 6 (2013), p. 33-78.

Th. Bardinet et G. Lloyd, « Les papyrus médicaux de l'Égypte pharaonique : traduction intégrale et commentaire », ISIS-International Review Devoted to the History of Science and its Cultural Influence, 86, 4 (1995), p. 628-628.

L. Barkóczi, Pannonische Glasfunde in Ungarn. Studia Archaeologica 9 (Studia archaeologica, IX), Budapest, 1988.

E. Barra-Salzédo, En soufflant la grâce. Âmes, souffles et humeurs en Grèce ancienne (HOROS), Grenoble, 2007.

V. Barras, « Remarques sur l'usage des recettes antiques dans l'histoire de la médecine : rationalité et thérapeutique », in N. Palmieri (éd.), Rationnel et irrationnel dans la médecine ancienne et médiévale, Saint-Étienne, 2003, p. 247-260.

A. Barthèlemy et G. Depierre, La nécropole gallo-romaine des Cordiers à Mâcon, Mâcon, 1990.

M. Bats, « Vaisselle et alimentation à Olbia de Provence (v. 350-v. 50 av. J.-C.). Modèles culturels et catégories céramiques », Revue archéologique de Narbonnaise, supplément, 18, 1 (1988), p. 5-72.

—, D'un monde à l'autre : Contacts et acculturation en Gaule méditerranéenne (Publications du Centre Jean Bérard), Naples, 2013.

R. Baulet, La nécropole gallo-romaine de la Thure à Solre-sur-Sambre (Centre National de Recherches Archéologiques en Belgique, Répertoires Archéologiques B : Les collections), Bruxelles, 1972.

J. Bayet, Herclé : étude critique des principaux monuments relatifs à l'Hercule étrusque, Paris, 1926.

J. T. L. Baynham et al., « Antibacterial Effect of Human Milk for Common Causes of Paediatric Conjunctivitis », British Journal of Ophthalmology, 97/3 (2013), p. 377-379.

J.-C. Béal et M. Feugère, « Epées miniatures à fourreau d'os, d'époque romaine », Germania, 65/1 (1987), p. 89-105.

J. Beaucamp, « L'allaitement : mère ou nourrice ? », Jahrbuch der Österreichischen Byzantinistik, 32 (1982), p. 549-558.

J. Beaumont et al., « Infant Mortality and Isotopic Complexity : New approaches to Stress, Maternal Health, and Weaning », American journal of physical anthropology, 157/3 (2015), p. 441-457.

F. Behn, Römische keramik mit Einschluss der hellenistischen Vorstufen (Kataloge Römisch-Germanisches Zentralmuseum Mainz) 2, Mainz, 1910.

G. Behrens, « Bingen. Städtische Altertumsmuseum zu Mainz », Mainzener Zeitschrift, 14 (1996), p. 1-16.

V. Bel, « Recherches sur la nécropole gallo-romaine du Valladas à Saint-Paul-Trois-Châteaux (Drôme) », Thèse de doctorat soutenue en 1991 à l'Université d'Aix-Marseille, Aix-en-Provence, 1991.

—, Pratiques funéraires du Haut-Empire dans le Midi de la Gaule : la nécropole gallo-romaine du Valladas à Saint-Paul-Trois-Châteaux (Drôme), Lattes, 2002.

—, « Les dépôts de mobilier dans les tombes d'enfants et d'adolescents en Gaule Narbonnaise au Haut-Empire », in A. Hermary, C. Dubois (éd.), L'enfant et la mort dans l'Antiquité, 3. Le matériel associé aux tombes d'enfants, Actes de la table ronde internationale organisée à la Maison Méditerranéenne des Sciences de l'Homme (MMSH) d'Aix-en-Provence, 20-22 janvier 2011, Paris, 2012, p. 193-216.

V. Bel et al. (éd.), « Deux ensembles funéraires d'époque romaine, avenue Jean-Jaurès à Nîmes (Gard) », *Supplément à la Revue Archéologique de Narbonnaise*, 2016.

V. Bel et al., *Deux ensembles funéraires d'époque romaine, avenue Jean-Jaurès à Nîmes (Gard), 46ᵉ supplément à la Revue Archéologique de Narbonnaise*. Montpellier/Lattes, 2016.

V. Bel et al., *Pratiques funéraires du Haut-Empire dans le Midi de la Gaule. La nécropole du Valladas à Saint-Paul-Trois-Châteaux (Drôme)*, Lattes, 2002.

N. Belmont, « L'Enfant et le fromage », Homme, 28 /105, 1988, p. 13-28.

C. Bémont, « Le décor des vases sigillés », *Les Dossiers de l'Archéologie*, 6, 1974, p. 67-75.

A. Bencze, *Internal Landscapes, Museum of Fine Arts of Budapest, Highlighted Works of Art*, 2012 [en ligne] : http://classics.mfab.hu/antik_gyujtemeny/evszak_mutargya/evszak_en-.php?id=735 (consulté le 16.06.2016).

H. Bénichou-Safar, « Le statut de l'enfant punique et les objets funéraires », in A. Hermary et C. Dubois, (éd.), *L'enfant et la mort dans l'Antiquité III. Le matériel associé aux tombes d'enfants : Actes de la table ronde internationale organisée à la Maison méditerranéenne des sciences de l'homme (MMSH) d'Aix-en-Provence, 20-22 janvier 2011*, BiAMA, Paris, 2012, p. 263-272.

F. Benoit, « Amphores et céramique de l'épave de Marseille », *Gallia*, 12/1 (1954), p. 35-54. —, « Fouilles sous-marines, L'épave du grand Congloué à Marseille » *Gallia* (XIVᵉ suppl.), Paris, 1961.

É. Benveniste, *Origines de la formation des noms en indo-européen*, Paris, 1935.

I. Béraud et al., *Les nécropoles gallo-romaines de Fréjus, Catalogue de l'exposition*, Fréjus, 1985.

L. Berger, « Säuglings-und Kinderbestattungen in römischen Siedlungen der Schweiz : ein Vorbericht », in M. Struck (éd.), *Römerzeitliche Gräber als Quellen zu Religion, Bevölkerungsstruktur und Sozialgeschichte, Internat. Fachkonferenz (Mainz, 18-20 feb. 1991), Arch. Schriften Inst. Für Vor- und Frühgeschichte J. Gutenberg*, Mainz, 1993, p. 319-328.

C. D. Bergmann, « Mothers of a Nation : How Motherhood and Religion Intermingle in the Hebrew Bible », Open Theology, 6/1 (2020), p. 132-144.

I. Bermond et al., « Le sanctuaire gallo-romain de Mars à Balaruc-les-Bains (Hérault) », *Revue archéologique de Narbonnaise*, 31/1 (1998), p. 119-154.

M. Bernardini, « Vasi dello stile di Gnathia », *Vasi a vernice nera Museo Provinziale « S. Castromediano »*, Lecce/Bari, 1961.

J. Bertier, *Mnésithée et Dieuchès*, 20, Leiden, 1972.

—, « La médecine des enfants à l'époque impériale », *Aufstieg und Niedergang der Römischen Welt*, Berlin/New-York, 1996, p. 2147-2227.

I. Bertrand, *Objets de parure et soins du corps d'époque romaine dans l'Est picton, Deux-Sèvres (Vienne), Publications Chauvinoises Mémoires*, 23, Chauvigny, 2003.

—, « Le travail de l'os et du bois de cerf à *Lemonum* (Poitiers) : lieux de production et objets finis. Un état des données », in I. Bertrand (éd.), *Le travail de l'os, du bois de cerf et de la corne à l'époque romaine : un artisanat en marge ?, Actes de la table ronde instrumentum, Chauvigny (Vienne, F), 8-9 décembre 2005, Monographie Instrumentum*, Montagnac, 2008, p. 101-144.

F. Bertrandy, M. Pachoud-Chevrier et J. Serralongue, *Carte archéologique de la Gaule, La Haute-Savoie*, 74, Paris, 1999.

J. C. Bessac, M. Christol et J. L. Fiches, *Ugernum, Beaucaire, et le Beaucairois à l'époque romaine*, A.R.A.L.O., 15/16, Caveirac, 1987.

P. Bet, « Le centre de production céramique de Lezoux à l'époque gallo-romaine », SFECAG, *Actes du Congrès de Reims*, Marseille, p. 26-31.

P. Bet et al., *Les productions céramiques antiques de Lezoux et de la Gaule centrale à travers les collections du musée archéologique de Lezoux*, Gonfaron, 1987.

P. P. Betancourt, *The History of Minoan Pottery*, Princeton, 1985.

M. Bettini, et A. Borghini, « Il bambino e l'eletto. Logica di una peripezia culturale », *Materiali e Discussioni per l'analisi Dei Testi Classici* 3 (1979), p. 121-153.

C. Beurion et Y.-M. Adrian, « Des verreries du Bas-Empire découvertes dans la nécropole de la Comminière à Val-de-Reuil (Eure) », *AFAV* (2006), p. 7-9.

C. Beurion et J. Kaurin, « De la nécropole de Notre-Dame-du-Vaudreuil La Coulinière à la nécropole de Val-de-Reuil La Comminière (Eure) », *Antiquités nationales (Saint-Germain-en-Laye)*, 38 (2009), p. 77-88.

S. Biaggio Simonetta, *I vetri romani : provenienti dalle terre dell'attuale Cantone Ticino*, Locarno, 1991.

R. Bianchi Bandinelli, « La kourotrophos Maffei del Museo di Volterra », *Revue Archéologique, Nouvelle Série, 2, Études de sculpture antique offertes à Jean Charbonneaux*, 2 (1968), p. 225-240.

C. Billard, *Traité des maladies des enfants nouveau-nés et à la mamelle : fondé sur de nouvelles observations cliniques et d'anatomie pathologique, faites à L'Hôpital des Enfants-Trouvés de Paris dans le service de M. Baron*, Paris, 1835.

E. Binet, *Amiens, rue de la Vallée et Claudius Serrassaint, DFS de fouille de sauvetage du 15.07.1998-1931.07.1998*, Amiens, 1999.

—, *Îlot de la Boucherie, Rapport final d'opération*, Amiens, 2012.

P. Birchler Emery, « De la nourrice à la dame de compagnie : le cas de la trophos en Grèce antique », Paedagogica historica, 46/6 (2010), p. 751-761.

—, *L'iconographie de la vieillesse en Grèce archaïque*, thèse de doctorat soutenue à Genève en 2004.

F. Blaizot et al., « Rites et pratiques funéraires à Lugdunum – du Ier au IVe siècle », in Ch. Goudineau (éd.), *Rites funéraires à Lugdunum*, Lyon, 2009, p.

P. Blanc, Ph. Bridel et J. Morel, « Chronique archéologique », *Bulletin de l'association pro aventico*, 35 (1993), p. 13-28.

P. Blanchard, *Esvres-sur-Indre, (Indre-et-Loire), « Derrière le Parc », rue du chanoine Carlotti, redécouverte du cimetière antique de la Haute-Cour,* Rapport d'évaluation archéologique, INRAP, Tours, SRA Centre, consultable à la DRAC du Centre, [s. d.].

P. Blanchard, J.-P. Chimier et S. Riquier, « Nouvelles considérations sur les espaces funéraires protohistoriques et antiques du site d'Esvressur-Indre (Indre-et-Loire), Ensembles funéraires gallo-romains de la région Centre », 29e supplément à la *Revue Archéologique du Centre de la France*, 1, [s. d.].

A. Blanchet, *Carte archéologique de la Gaule romaine, Le Gard*, 8, Paris, 1941.

P. Blaszkiewicz et al., « Quelques données nouvelles sur la nécropole gallo-romaine du Grand-Jardin à Lisieux (Calvados) : La collection Delaporte du Musée de Lille », *Revue archéologique de l'Ouest*, 3/1 (1986), p. 119-134.

C. W. Blegen, *Zygouries, a Prehistoric Settlement in the Valley of Cleonae*, Cambridge, 1928.

C. Blinkenberg, *Lindos. Fouilles et Recherches sur l'acropole*, II, Berlin, 1931.

F. Blondé et L. Villard, « Sur quelques vases présents dans la Collection Hippocratique : confrontation des données littéraires et archéologiques », in Bulletin de Correspondance Hellénique, 116/1 (1992), p. 97-117.

K. Blondel, *La relation entre la femme et le médecin dans la Rome antique*, Faculté de médecine, Nancy, 2004.

M. Blonski, *Se Nettoyer à Rome (II{{e}} siècle av. J.-C.-II{{e}} siècle apr. J.-C.)*, Paris, 2014.

H. Blümner, Die römischen Privataltertümer, Munich, 1911.

O. Bobeau, « Fouilles dans un cimetière gallo-romain à Esvres (Indre-et-Loire) », *Bulletin Archéologique du Comité des Travaux Historiques et Scientifiques* (1909), p. 216-230.

L. Bodiou, « Le Serment d'Hippocrate et les femmes grecques », *Clio. Histoire, femmes et sociétés*, 21, 2005, p. 231-238.

—, « De l'utilité du ventre des femmes. Lectures médicales du corps féminin », in J. Wilgaux, F. Prost (éd.), *Penser et représenter le corps dans l'Antiquité*, Rennes, 2006, p. 153-166.

—, « La cuisine des bébés en Grèce classique : analogies culinaires des médecins hippocratiques », in C. Mee et J. Renard (éd.), *Cooking up the past. Food and culinary practices in the Neolithic and bronze age Aegean*, Oxford, 2007, p. 357-368.

—, « Les singulières conversions du lait maternel à l'époque classique. Approche médicale et biologique », *Pallas, Parcours sensible d'une historienne. Hommage à Claudine Leduc*, 2011, p. 141-151.

L. Bodiou et M. Briand, « Rapt, viol et mariage dans l'Antiquité gréco-romaine », Dialogue 208/2 (2015), p. 17-32.

L. Bodiou et P. Brule, « La maternité, désirée ou refusée. Quelle stratégie pour elle et lui, l'oikos, la cité ? », Mères et maternités en Grèce ancienne, Mètis, 11 (2013), p. 29-50.

L. Bodiou, P. Brulé et L. Pierini, « En Grèce antique, la douloureuse obligation de la maternité », Clio. Femmes, Genre, Histoire, 21 (2015), p. 17-42.

L. Bodiou, D. Frère et S. Jaeggi-Richoz, « Les produits laitiers et le corps médical. Usages du lait et de ses dérivés dans la pharmacopée antique », in D. Frère et C. Pouzadoux, *Les produits biologiques en Italie et Gaule préromaines, Colloque final MAGI, Rome EFR, 16-17-18 novembre 2015*, Naples, 2021, p. 85-98.

L. Bodiou, D. Frère et V. Mehl, *Parfums et odeurs dans l'antiquité*, Rennes, 2008.

P. I. Bogucki, « Ceramic Sieves of the Linear Pottery Culture and their Economic Implications », Oxford Journal of archaeology, 3/1, 1984, p. 15-30.

R. Boissel, R. Diehl et M. Petit, « Une nécropole gallo-romaine à Jublains (prospections de 1969) », Bulletin de la Commission historique et archéologique de Mayenne, 241, 1969.

V. L. Bologa, « Gutti (biberoane) romane din sticla », *Omagiu lui Constantin Daicoviciu cu prilejul împlinirii a 60 de ani*, Academia Republicii Populare Romîne, București, 1960, p. 55-61.

A. Bondini, *Il « IV Periodo atestino » : i corredi funerari tra il IV e II secolo a.C. in Veneto*, PhD thesis, Universita degli Studi di Bologna, Bologna, 2008.

P. Bonenfant et Y. Fremault, « Les cimetières gallo-romains de Remagne, Remagne-Rondu et Sainte-Marie-Laneuville », L'Antiquité Classique, 36/2 (1967), p. 755-756.

V. Bonet, « Les maladies des enfants et leur traitement » in C. Deroux (éd.), *Maladie et maladies dans les textes latins antiques et médiévaux, Actes de V{{e}} colloque international « Textes médicaux latins » (Bruxelles, 4-6 septembre 1995)*, 1998, p. 184-198.

L. Bonfante, « Dedicated Mothers », Visible Religion, 3, 1984a, p. 1-17.

—, « The Women of Etruria », in J. Peradotto et J. P. Sullivan (éd.), *Women of Ancient World*, Albany, 1984b, p. 229-239.

—, « Votive Terracottas Figures of Mothers and Children », in J. Swaddling (éd.), *Italian Iron Age Artefacts in the British Museum*, Londres, 1986, p. 195-203.

—, « Iconographia delle madri : Etruria e Italia Antica », in A. Rallo, *Le donne in Etruria*, Rome, 1989, p. 85-106.

—, « Nursing Mother in Classical Art », in O. Koloski-Ostrow, C. L. Lyons (éd.), *Naked Truths : Women, Sexuality and Gender in Classical Art and Archaeology*, Londres/New-York, 1997, p. 197-219.

L. Bonfante, A. O. Koloski-Ostrow et C. L. Lyons, *Naked Truths : Women, Sexuality, and Gender in Classical Art and Archaeology*, Londres/New-York, 1997.

M. Bonifay, *Études sur la céramique romaine tardive d'Afrique*, Oxford, 2004.

J.-B. Bonnard, « Corps masculin et corps féminin chez les médecins grecs », Clio. Femmes, Genre, Histoire, 37 (2013), p. 21-39.

M. Bonneau, « Rites, interdits religieux et pratiques médicales hippocratiques : le féminin en question », *Camenulae* (2013), p. 1-11.

Ch. Bonnet, « La vaisselle des enfants », in C. Goudineau (éd.), *Rites funéraires à Lugdunum*, Lyon, 2009, p. 172-178.

C. Bonnet et C. Jourdain-Annequin, *Héraclès d'une rive à l'autre de la Méditerranée. Bilan et perspectives*, Actes de la Table Ronde, Academia Belgica – École française de Rome, 15-16 septembre 1989 à l'occasion du Cinquantenaire de l'Academia Belgica, en Hommage à Franz Cumont, son premier Président, Bruxelles-Rome, 1992.

C. Bonnet-Cadilhac, *L'anatomo-physiologie de la génération chez Galien*, Thèse de doctorat, Université de Lille III, Lille, 1997.

R. Bontrond et al., « Apports de l'étude du mobilier en verre à l'étude des pratiques funéraires du site protohistorique et antique de Bezannes "Le Haut Torchant" (Marne) », *Actes du colloque de l'AFAV* (2013), p. 26-28.

P. Borgeaud, *Exercices de mythologie*, Genève, 2004.

D. Bosnakis, « Ἐπιτύμβια ἀνάγλυφη στήλη με παράσταση θηλάζουσας από την Κάλυμνο », Μελέτες (2012), p. 377-390.

—, « L'allaitement maternel : une image exceptionnelle dans l'iconographie funéraire ? » *Les dossiers d'archéologie* 356 (2013), p. 58-59.

G. Bossière et G. Moguedet, « Étude chimico-minéralogiaue de céramiques étrusco-corinthiennes d'Étrurie méridionale : contribution à l'origine du matériel et des techniques employées », Revue des Études Anciennes, 97/1-2 (1995), p. 5-26.

L. Bouby, P. Boissinot et P. Marinval, « Never Mind the Bottle. Archaeobotanical Evidence of Beer-Brewing in Mediterranean France and the Consumption of Alcoholic Beverages during the 5th Century BC », Human Ecology 39 (2011), p. 351-360.

A. Bouché-Leclercq, *Histoire de la divination dans l'Antiquité III : oracle des dieux*, Grenoble, 1963.

V. Boudon-Millot, *Galien de Pergame : un médecin grec à Rome*, Paris, 2012.

V. Boulinguez-Jouan, *Allaiter : pourquoi ? comment* (= idées reçues sur l'allaitement), Paris, 2017.

C. Bourbou, « Hide and Seek, The Bioarchaeology of Byzantine Children », in E. Sioumpara et K. Psaroudakis (éd.), *THEMELION* 24, Athens, 2013, p. 465-483.

K. R. Bradley, « Sexual regulations in wet-nursing contracts from Roman Egypt », Klio, 62, 2 (1980), p. 321-325.

—, « Wet-nursing at Rome : a study in social relations », in B. Rawson (éd.), *The Family in Ancient Rome : New Perspectives*, Londres, 1986, p. 201-229.

J. N. Bremmer, « Fosterage, Kinship, and the Circulation of Children in Ancient Greece », *DIALOGOS, Hellenic Studies Review*, 6 (1999), p. 1-20.

J. N. Bremmer et N. M. Horsfall, *Roman myth and mythography* (Bulletin Supplement, University of London. Institute of Classical Studies), London, 1987.

J. Brent, « Roman Cemeteries in Canterbury, with some Conjectures Concerning its Earliest Inhabitants », *Kent Archaeological Society* (2017), 27-43.

A. Bresson, *Mythe et contradiction : Analyse de la VIIe Olympique de Pindare*, Paris, 1979.

M. B. Brickley et R. Ives, *The bioarchaeology of metabolic bone disease*, Londres, 2010.

C. Brillante, « La paideia di Eracle », in C. BONNET et C. JOURDAIN-ANNEQUIN (éd.), *Héraclès d'une rive à l'autre de la Mediterranée, bilan et perspectives, Actes de la Table-Ronde, Academia Belgica – École française de Rome, 15-16 septembre 1989 à l'occasion du Cinquantenaire de l'Academia Belgica, en Hommage à Franz Cumont, son premier Président*, Bruxelles/Rome, 1992, p. 199-222.

D. Briquel, « Tarquins de Rome et idéologie indo-européenne. Tarquin l'Ancien et le dieu Vulcain », Revue de l'histoire des religions, 215, 3 (1998), p. 369-395.

A.-L. Brives, *Sépultures et société en Aquitaine romaine : étude de la fonction du mobilier métallique et du petit mobilier à partir des ensembles funéraires : (Ier siècle avant J.-C./début du IVème siècle après J.-C.)*, Thèse de doctorat, Université de Bordeaux 3, Bordeaux, 2008a.

—, « Une inhumation d'enfant privilégiée du Centre-Ouest de la Gaule : la sépulture de la nécropole des Dunes à Poitiers » *Antiquités nationales*, 39 (2008b), p. 161-171.

E. Brizio, « Il sepolcreto gallico di Montefortino presso Arcevia », *Monumenti antichi pubblicati per cura della Reale Accademia Nazionale dei Lincei*, 9, 1899-1901, p. 617-808.

C. Brown et al. (2004) « Environmental influences on the trace element content of teeth – implications for disease and nutritional status », *Archives of Oral Biology*, 49, 9 (2004), p. 705-717.

P. Brulé, *La Fille d'Athènes : la religion des filles à Athènes à l'époque classique : mythes, cultes et société*, Paris, Les Belles lettres, 1987.

—, « Héraklès à l'épreuve de la chèvre », in C. BONNET, C. JOURDAIN-ANNEQUIN et V. PIRENNE-DELFORGE (éd.), *Le Bestiaire d'Héraclès : IIIe Rencontre héracléenne, Kernos suppléments*, Liège, 2013, p. 257-283.

—, *Les sens du poil*, Paris, 2015a.

—, *La Grèce d'à côté : Réel et imaginaire en miroir en Grèce antique*, Rennes, 2015b.

R. Brulet et C. Poncelet, *La nécropole gallo-romaine de la Thure à Sobre-sur-Sambre*, Brussels, 1972.

J.-P. Brun, « La grande transhumance à l'époque romaine. À propos des recherches sur la Crau d'Arles », *Anthropozoologica*, 24 (1996), p. 31-44.

—, *Archéologie du vin et de l'huile. De la préhistoire à l'époque hellénistique*, Paris, 2004.

H. Brüning, *Geschichte der Methodik der künstlichen Säuglingsernährung*, Stuttgart, 1908.

P. Bruno et F. Guillen, *Phallus et fonction phallique*, Toulouse, 2012.

J. Bruzek, « A Method for Visual Determination of Sex, Using the Human Hip Bone », *American Journal of Physical Anthropology*, 117/2 (2002), p. 157-168.

A. Buccellato, P. Catalano et A. Musco, « Alcuni aspetti rituali evidenziati nel corso dello scavo della necropoli Collatina (Roma) », in J. SCHEID (éd.), *Pour une archéologie du rite MEFRA* (2008), p. 59-88.

N. Buchez, « La Protohistoire ancienne. Recherche et fouille de sites de l'âge du Bronze à La Tène ancienne sur les grands tracés linéaires en Picardie occidentale. Questions méthodologiques et résultats scientifiques », *Revue archéologique de Picardie*, 3-4 (2011), p. 121-199.

M. Bucovala, *Vase antice de sticlă la Tomis*, Constanta, 1963.

M. Bureau et al., *Syndromes épileptiques de l'enfant et de l'adolescent*, 2013⁵, John Libbey-Eurotext.

A. Burguiere, *L'École des Annales : une histoire intellectuelle*, Paris, 2006.

P. Burguière, D. Gourevitch et Y. Malinas, *Soranos d'Ephèse, Maladies des femmes*, Livre I-III, Paris, Les Belles Lettres, 1990.

G. R. Burleigh, K. J. Fitzpatrick-Matthews et M. J. Aldhouse-Green, « A Dea Nutrix Figurine from a Romano-British Cemetery at Baldock (Hertfordshire) », Britannia, 37 (2006), p. 273-294.

H. Bush et M. Zvelebil, *Health in Past Societies : Biocultural Interpretations of Human Skeletal Remains in Archaeological Contexts*, Oxford, 2012 (British Archaeological Reports International Series).

D. Busson, *Carte archéologique de la Gaule, Paris*, 75, Paris, 1998.

S. Byl, « L'enfant chez Galien », in J. A. Lopez Ferez (éd.), *Galeno : Obra, Pensamiento e Influencia*, Madrid, 1991, p. 107-117.

S. Byl, *La médecine à l'époque hellénistique et romaine. Galien. La survie d'Hippocrate et des autres médecins de l'Antiquité*, Paris, 2011.

H. Cabart, « Les vases en verre du Musée archéologique de Reims. Le musée archéologique de Reims après la guerre de 1914-1918 et les collections actuelles d'origine locale », Mémoires de la Société d'Agriculture, Commerce, Sciences et Arts du Département de la Marne, 113, 1999, p. 109-138.

—, « Place et rôle du mobilier en verre dans les nécropoles de l'Antiquité tardive et de la période mérovingienne en Lorraine », in V. Arveiller et H. Cabart (éd.), *Actes du colloque international, 26ᵉ rencontre de l'AFAV, Metz, 18 et 19 novembre 2011, Le verre en Lorraine et dans les régions voisines, (Monographie Instrumentum)*, Montagnac, 2012, p. 211-226.

B. Cabouret, « D'Apicius à la table des rois "barbares" », *Dialogues d'histoire ancienne, L'histoire de l'alimentation dans l'Antiquité. Bilan historiographique,* Supplément, 7 (2011), p. 159-172.

J. Cadalen-Lesieur, « Les biberons de la nécropole du Lazenay », in M. Jacquemont et R. Périchon (éd.), *Céramiques VII, Céramiques VIII, Actes des journées sur la céramique tenues à la Diana en 1997 et 1998*, Montbrison, 2001, p. 89-118.

C. Calame, *Les choeurs de jeunes filles dans la Grèce archaïque* II, Rome, 1977.

M.-C. Calvi, *I vetri Romani del Museo di Aquileia, Aquilée*, Aquilée, 1968.

C. Cambon et al., *Carte archéologique de la Gaule, Le Tarn*, 81, Paris, 1995.

M. Campagnolo, « Maron entre Apollon et Dionysos », in A. Cambitoglou, J. Chamay, M. C ampagnolo (éd.), *Le don de la vigne : vase antique du baron Edmond de Rothschild*, (2006), p. 35-50.

G. Capdeville, *Volcanus. Recherche comparatiste sur les origines du culte de Vulcain*, Rome, 1995.

G. Capriotti Vittozzi, « A proposito delle fiaschette del nuovo anno e di altre classi di aegyptiaca diffuse intorno al Mediterraneo », in D. Frère et L. Hugot (éd.), *Les huiles parfumées en Méditerranée occidentale et en Gaule VIIIᵉ av. J.-C.-VIIIᵉ ap. J.-C.*, Rennes, 2012, p. 101-110.

A. Carandini, R. Cappelli et Museo nazionale romano (Rome), *Roma Romolo, Remo e la fondazione della città (Roma, Museo nazionale romano, Terme di Diocleziano, 28 giugno-29 ottobre 2000)*, Milano, 2000.

H. F. V. Cardoso, « Age estimation of Adolescent and Young Adult Male and Female Skeletons II, Epiphyseal Union at the Upper Limb and Scapular Girdle in a Modern Portuguese Skeletal Sample », American Journal of Physical Anthropology, 137/1 (2008), p. 97-105.

J.-C. Carmelez, *Fouilles et études archéologie et pédagogie, Lycée de Bavay*, 9, Bavay, 1987.

B. Caron, *La verrerie antique, Musée des beaux-arts de Montréal*, Leiden, Netherlands, 2004a.

—, « Les verres », *La collection Diniacopoulos au Québec*, Concordia, 2004b, p. 62-64.

M. Carroll, *Infancy and Earliest Childhood in the Roman World : « A Fragment of Time »*, Oxford, 2018.

M. Carroll, « Mater Matuta, "Fertility Cults" and the Integration of Women in Religious Life in Italy in the fourth to first Centuries bc », *Papers of the British School at Rome*, 87 (2019), p. 1-45.

W. Cart, « Les fouilles », *Bulletin de l'Association Pro Aventico*, 1 (1887), p. 18-27.

—, « Les fouilles », *Bulletin de l'Association Pro Aventico*, 2 (1888), p. 57-61.

H. Cassimatis, « Éros En Italie Méridionale. Approche iconographique à travers les représentations italiotes », *Pallas* 76 (2008), p. 51-65.

D. Castella, *La nécropole du port d'Avenches*, Avenches, 1987

—, *La nécropole gallo-romaine d'Avenches « En Chaplix », fouilles 1987-1992*, Cahiers d'archéologie romande 77, Aventicum IX, Avenches, 1999.

D. Castella, C. Agustoni et C. Favre-Boschung, *Le cimetière gallo-romain de Lully (Fribourg, Suisse)*, Archéologie fribourgeoise, 23, Fribourg, 2012.

D. Castella, M.-F. Meylan Krause, *La Céramique gallo-romaine d'Avenches et de sa région. Esquisse d'une typologie*, (Bull. Ass. Pro Aventico, 36-1994), Avenches, 1995.

D. Castella, M.-F. Meylan Krause et M. Flück, *Aventicum. Une capitale romaine*, Avenches, 2015.

S. Cauville, *Dendara. Les fêtes d'Hator*, Leuwen/Paris/Sterling, 2002.

O. Cavalier, « Histoire de la collection de verreries du musée Calvet à Avignon », *Revue d'archéologie de Narbonnaise*, 25 (1992), p. 223-240.

—, « Le verre antique au Musée Calvet : recherches sur la constitution d'une collection » in N. Foy et M.-D. Nenna (éd.), *Échanges et commerce du verre dans le monde antique, Actes du colloque de l'AFAV, Aix-en-Provence et Marseille, 7-9 juin 2001 (Monographie Instrumentum 24)*, 2003, p. 451-461.

C. Celle, « La femme et l'oiseau dans la céramique grecque », *L'Antiquité à la page*, Pallas, 42, p. 113-128.

C.-E. Centlivres Challet, « Tire-lait ou biberons romains ? Fonctions, fonctionnalités et affectivité », *L'Antiquité Classique*, 85 (2016), p. 157-180.

—, « Feeding the Roman Nursling : Maternal Milk, its Substitutes, and their Limitations », *Latomus*, 17 (2017a), p. 895-909.

—, « Roman Breastfeeding : Control and Affect », *Arethusa*, 50/3 (2017b), p. 369-384.

C. Cerami, « Le plaisir des femmes selon Aristote. Averroès contre Galien sur Natura nihil facit frustra », *Philosophie antique. Problèmes, Renaissances, Usages*, 16 (2016), p. 63-102.

A. Cérès, « Rapport à la Société sur des thermes et un cimetière gallo-romains découverts à Rodez », *Mémoires de la Société des lettres, sciences et arts de l'Aveyron*, 11 (1874-1878), p. 66-80.

Ch. Goudineau, *Rites funéraires à Lugdunum*, Lyon, 2009.

C. Chaidron et G. F. Leslay, « Eléments céramiques précoces dans les contextes cultuels du sanctuaire de Ribemont-sur-Ancre (Somme) » *Sfecag, Actes du congrès d'Amiens*, Marseille, 2013, p. 221-234.

C. Chaidron et S. Dubois, *De la Tène finale à l'époque augustéenne : premiers apports du monde méditerranéen dans le nord-ouest de la Gaule, territoires ambien, atrébate, bellovaque, ménapien, morin, sud-nervien et viromanduen*, Sfecag, Actes du congrès d'Amiens, Marseille, 2013, 13-64.

Chalon romain : les coutumes funéraires, (Catalogue d'exposition, Musée Vivant-Denon, du 24 juin au 2 octobre 2005), Chalon-sur-Saône, 2005.

A. Chamoux, « L'allaitement artificiel », *Annales de démographie historique. Enfants et sociétés* (1973), p. 410-418.

J. Champeaux et M. Chassignet, *Aere perennis : en hommage à Hubert Zehnacker*, Paris, 2006.

P. Chantraine, *Dictionnaire étymologique de la langue grecque*, Paris, 1968.

P. Charlier et C. Prêtre, *Maladies humaines, thérapies divines : analyse épigraphique et paléopathologique de textes de guérison grecs*, Villeneuve-d'Ascq, 2009.

P. Charlier et al., « Une petite patiente de Galien ? Un calcul urinaire chez une fillette de Rome (2e-3e siècles apr. J.-C.). L'Histoire de la médecine et l'École Pratique des Hautes Études », *Histoire des sciences médicales*, 41/2 (2007), p. 201-203.

G. Charvilat, « Mobilier d'une sépulture gallo-romaine des Martres-de-Veyre », *Revue d'Auvergne Clermont-Ferrand* (1913), p. 1-3.

L. Chatelain, *Les monuments romains d'Orange*, Paris, 1908.

G. Chenet et G. Gaudron, *La Céramique Sigillée d'Argonne des IIe et IIIe Siècles. (Supplément à Gallia VI)*, Paris, 1955.

M. E. Chenon, « Notes archéologiques sur Châteaumeillant et ses environs », *Société des antiquaires du Centre*, quatrième série, 119 (1884), p. 125-186.

M. F. N. Chile et R. C. Sutter, « Nonmetric Subadult Skeletal Sexing Traits : I. A Blind Test of the Accuracy of Eight Previously Proposed Methods Using Prehistoric Known-Sex », *Journal of Forensic Sciences*, 48 (2003), p. 928-935.

J.-Ph. Chimier et al., *Esvres-sur-Indre (Indre-et-Loire), La nécropole de La Haute-Cour, ensemble 2. Fouille de la rue du chanoine Noël Carlotti, janvier-février 2008*, Rapport Final d'Opération, Tours, 2009.

J.-P. Chimier et S. Riquier, « L'organisation spatiale des espaces funéraires d'Esvres-sur-Indre (Indre-et-Loire) : état de la question sur les hypothèses de topographie funéraire et sur l'organisation territoriale des occupations protohistoriques et antiques », *Revue archéologique de Picardie*, 3/1 (2009), p. 85-95.

P. Chiron, « Les représentations de l'épilepsie dans l'antiquité grécolatine », in J.-P. AMANN (éd.), *Épilepsie, connaissance du cerveau et société*, Laval, 2006, p. 7-23.

R. Chossenot, *Carte archéologique de la Gaule, Marne*, 51, 1, Paris, 2004.

R. Chossenot, ESTÉBAN et NEISS, *Carte archéologique de la Gaule, Reims*, 51/2, Paris, 2010.

A. Ciarallo, « Le verre en médecine. Les exemples d'Oplontis et de Pompéi », in M. C. BERETTA et G. DI PASQUALE (éd.), *Le Verre dans l'Empire romain, (Exposition présentée à Florence, Musée des « Argents », Palais Pitti du 27 mars au 31 octobre 2004)*, Firenze/Milano, 2006a, p. 97-109.

A. Ciarallo, « Le verre et la conservation des aliments », in M. C. Beretta, Di Pasquale (éd.), *Le Verre dans l'Empire romain, (Exposition présentée à Florence, Musée des « Argents », Palais Pitti du 27 mars au 31 octobre 2004)*, Firenze/Milano, 2006b, p. 89-96.

E. A. Cigogna, *Saggio di bibliografia veneziana*, Venezia, 1847.

—, *Scavi stratigrafici nel Foro Romano e problemi ad essi relativi*, Rome, 1952.

R. Clerici, *Kleinfunde aus dem Westteil des römischen Vicus Vitudurum*, PhD Thesis, Historisches Seminar der Universität Zürich, Zürich, 1980.

E. Clivaz, « La poupée, un double de la jeune fille ? », Mémoire de master soutenu à l'Université de Fribourg en 2014.

D. Cliquet, M. Provost et J. Leclant, *Carte archéologique de la Gaule, L'Eure*, 27, Paris, 1993.

R. Cloastre, « Céramique sigillée découverte à proximité de Quimper », *Annales de Bretagne et des pays de l'Ouest*, 60, 2 (1953), p. 354-381.

F. Coarelli, « Il monumento di Verrio Flacco nel foro di Preneste », *Circolo culturale prenestino « R. Simeoni »*, 11 (1987), p. 1-30.

A. Cochet, *La Normandie souterraine ou notices sur des cimetières romains et des cimetières francs explorés en Normandie*, Rouen/Paris/Londres, 1854.

— « Notice sur des sépultures romaines du IVe et du Ve siècle trouvées à Tourville-la-Rivière », *La Seine-inférieure historique et archéologique, époques gauloise, romaine et franque*, III, Paris, 1864, p. 405-411.

—, *La Seine-Inférieure*, Paris, 1866.

— « L'archéologie dans la Seine-Inférieure, Rapport annuel sur les opérations archéologiques dans le département de la Seine-Inférieure pendant l'année 1871-1872 », Revue Archéologique, 26, 1873, p. 114-123.

— *Catalogue du musée d'antiquités de Rouen*, Rouen, 1875.

A. V. Cohausen, *Guttus. Mamilla. Vericulum*, Wiesbaden, 1879.

J. N. Coldstream, « Knossos 1951-1961 : Orientalizing and Archaic Pottery from the Town », Annual of the British School at Athens, 68 (1973), p. 33-63.

Collectif, *Des oppida aux métropoles*, Paris, 1998.

E. Collet, « Cimetière des longues raies », *Bulletin de la société archéologique de Soissons*, III (1898), p. 169-185.

S. Collin-Bouffier, « Des vases pour les enfants », in M. C. VILLANUEVA PUIG (éd.), *Céramique et peinture grecques. Modes d'emploi. Actes du colloque international, École du Louvre, 26-27-28 avril 1995*, Paris, 1999, p. 91-96.

—, (éd.), « Mobilier funéraire et statut social des individus pré-adultes dans les nécropoles grecques de Sicile », in A. HERMARY, C. DUBOIS et (éd.), *Le matériel associé aux tombes d'enfants, Table-ronde de l'ANR, La mort des enfants dans le monde antique, Aix-en-Provence 2011*, BiAMA, Arles, p. 131-148.

M.-H. Congourdeau, *L'embryon et son âme dans les sources grecques (VIe siècle av. J.-C.-Ve siècle apr. J.-C.)*, Monographies, 26, Paris, 2007.

M. Corbier, « Le statut ambigu de la viande à Rome », *Dialogues d'histoire ancienne*, 15/2 (1989), p. 107-158.

— « Adoptés et nourris », in M. Corbier (éd.), *Adoption et fosterage*, Paris, 1999, p. 5-41.

T. J. Cornell, *The Fragments of the Roman Historians*, Oxford, 2013.

J. Corrocher, *Vichy antique*, Clermont-Ferrand, 1981.

— « La céramique à glaçure plombifère de Vichy (Allier) », Revue archéologique du Centre de la France, 22, 1 (1983), p. 15-40.

— *Carte archéologique de la Gaule, L'allier*, 03, Paris, 1989.

M. Coudry, *Lois somptuaires et comportement économique des élites de la Rome républicaine*, MEFRA, 128/1 (2016).

C. Couelle, « Dire en toutes lettres ? [Allusions et sous-entendus chez le peintre de Meidias] », *Mètis. Anthropologie des mondes grecs anciens*, 13/1 (1998), p. 135-158.

A. Coulié et al., « Le tombeau A de Camiros : les vases archaïques et leurs contenus. L'apport de l'étude chronologique et des analyses chimiques des résidus », BCH, 141/2 (2017), p. 553-621.

G. Coulon, *L'enfant en Gaule romaine*, Paris, 1994.

— *Argentomagus : du site gaulois à la ville romaine*, Paris, 1996.

— *L'Enfant en Gaule romaine*, Paris, 2004.

L. Coutil, « Découvertes dans le cimetière gallo-romain de Poses (Eure) », *Bulletin Archéologique du Comité des Travaux Historiques et Scientifiques* (1931), p. 342.

— « Le cimetière gaulois et gallo-romain par incinération du Mesnil de Poses, près de Poses (Eure) », Bulletin de la Société préhistorique française, XXIX (1932), p. 143-159.

L. J. E. Cramp et al., « Reading the Residues : The Use of Chromatographic and Mass Spectromic Techniques for Reconstructing the Role of Kitchen and other Domestic Vessels in Roman Antiquity », *Ceramics, Cuisine and Culture* (2016), p. 125-140.

S. E. E. Crawford, D. M. Hadley et G. B. Shepherd, *The Oxford Handbook of the Archaeology of Childhood*, Oxford, 2018.

J.-M. Croisille, *Paysages dans la peinture romaine : aux origines d'un genre pictural* (Antiqua, 13), Barcelone, 2010.

C. de la Croix, « Le biberon à travers les âges », *Le Poitou médical*, Poitiers, 1897, p. 278-285.

C. de la Croix, Rothmann (commandant) et F. Eygun, *Le cimetière gallo-romain des Dunes à Poitiers. Journal des fouilles* (Mémoires de la Société des antiquaires de l'Ouest, III), Poitiers, 1934.

N. Crummy, « Objets de parure et de soins du corps d'époque romaine dans l'est picton : Deux-Sèvres, Vienne », Britannia, 37 (2003), p. 495-496.

—, « Bears and Coins : the Iconography of Protection in Late Roman Infant Burials », Britannia, 41 (2010), p. 37-93.

I. D. L. Cruz et al., « Sex Identification of Children Sacrificed to the Ancient Aztec Rain Gods in Tlatelolco », Current Anthropology, 49/3 (2008), p. 519-526.

E. Cuadrado, Cartagena (Murcia), NAH, I (1952), p. 145-156.

H. S. Cuming, « On Early Tetinæ », Journal of the British Archaeological Association, 26/2 (1870), p. 109-114.

F. Cumont, « Un sarcophage d'enfant trouvé à Beyrouth », Syria (1929), p. 217-237.

P. C. Dagnelie et al., « Effects of Macrobiotic Diets on Linear Growth in Infants and Children until 10 Years of Age », European Journal of Clinical Nutrition 48, 1 (1994), p. 103-111.

F. Daleau, « Biberon ancien trouvé à Marcamps », *Société archéologique de Bordeaux* (1909), p. 158-159.

A. Damet, *Nourrir à en mourir. Oreste et Alcméon ou l'allaitement perverti*, (présentation dans le cadre de la journée d'étude internationale organisée par V. Dasen et al.), Fribourg, 2014.

—, « L'infamille. Les violences familiales sur la céramique classique entre monstration et occultation », *Images Re-vues. Histoire, anthropologie et théorie de l'art*, 9. (en ligne) http://imagesrevues.revues.org/1606 [consulté le 26.10.2020] 2011a.

—, « Le sein et le couteau. L'ambiguïté de l'amour maternel dans l'Athènes classique », Clio. Femmes, Genre, Histoire, 34, (2011b), p. 17-40.

M. Dana, « Les médecins dans les provinces danubiennes », Revue des Études Anciennes, 118/1 (2016), p. 99-123.

R. Danese, « *Lac humanum fellare* : la trasmissione del latte e la linea della generazione », in R. Danese, R. Raffaeli et S. Lanciotti (éd.), *Pietas e allattamento filiale. La vicenda, l'exemplum, l'iconografia*, Atti del Colloquio (Urbino, 2-3 maggio 1996), Urbino, 1997, p. 39-72.

A. Dardenay, *Les mythes fondateurs de Rome : images et politique dans l'Occident romain*, Paris, 2010.

—, « Les héros fondateurs de Rome, entre texte et image à l'époque romaine », *Pallas. Revue d'études antiques*, 93 (2013), p. 165-184.

V. Dasen, « À propos de deux fragments de Dea nutrices à Avenches : déesses-mères et jumeaux dans le monde italique et gallo-romain », Bulletin de l'Association Pro Aventico, 33 (1997), p. 125-140.

—, « Les amulettes d'enfants dans le monde gréco-romain », Latomus, 62/2 (2003), p. 275-289.

—, *Jumeaux, jumelles dans l'antiquité Grecque et Romaine*, Kilchberg, 2005.

—, « La petite fille et le médecin. Autour d'une étiquette de momie d'Égypte romaine », in V. Dasen et B. Maire (éd.), *Femmes en médecine. En l'honneur de D. Gourevitch*, Paris, 2008, p. 39-59.

—, « Roman Birth Rites of Passage Revisited », *Journal of Roman Archaeology*, 22 (2009), p. 199-214.

—, « Archéologie funéraire et histoire de l'enfance dans l'Antiquité : nouveaux enjeux, nouvelles perspectives », in A.-M. Guimier-Sorbets et Y. Morizot (éd.), *Actes de la Table Ronde internationale organisée à Athènes, École française d'Athènes; 29-30 mai 2008, L'Enfant et la mort dans l'Antiquité I. Nouvelles recherches dans les nécropoles grecques. Le signalement des tombes d'enfants*, Paris, 2010a, p. 19-44.

—, « Des nourrices grecques à Rome ? », *Paedagogica Historica*, 46/6 (2010b), p. 699-713.

—, « Wax and Plaster Memories », in V. Dasen et T. Späth (éd.), *Children, Memory, and Family Identity in Roman Culture*, Oxford, 2010c, p. 109-145.

—, « La médecine grecque et romaine » in V. Dasen, *La médecine à l'époque romaine. L'archéothéma*, 16 (2011a).

—, « Le pouvoir des femmes : des Parques aux Matres », in H. Hennard Dutheil De La Rochère et V. Dasen (éd.), *Études de lettres, Des Fata aux fées : regards croisés de l'Antiquité à nos jours*, Fribourg, 2011b, p. 115-146.

—, « Becoming Human : from the Embryo to the Newborn Child », in T. Parkin et J. Evans Grubbs (éd.), *The Oxford Handbook of Childhood and Education in the Classical World*, Oxford, 2013, p. 17-39.

—, « Des langes pour Artémis ? », *Kernos. Revue internationale et pluridisciplinaire de religion grecque antique*, 27 (2014a), p. 51-73.

—, « Iconographie et archéologie des rites de passage de la petite enfance dans le monde romain : questions méthodologiques », in A. Mouton et J. Patrier (éd.), *Life, Death and Coming of Age in Antiquity : Individual Rites of Passage in the Ancient Near East*, Leiden, 2014b, p. 231-252.

—, *Le sourire d'Omphale : maternité et petite enfance dans l'Antiquité*, Rennes, 2015a.

—, « Des Patèques aux "nains ventrus" : circulation et transformation d'une image », in S. Huysecom-Haxhi et A. Muller (éd.), *Figurines grecques en contexte : Présence muette dans le sanctuaire, la tombe et la maison*, Villeneuve d'Ascq, 2015b.

—, « L'ars medica au féminin », *Eugesta, Revue sur le genre dans l'Antiquité*, 6 (2016), p. 1-40.

—, « Le hochet d'Archytas : un jouet pour grandir », *Annales de Bretagne et des Pays de l'Ouest. Anjou. Maine. Poitou-Charente. Touraine*, 124-3 (2017a), p. 89-107.

—, « Les liens familiaux : une construction sociale et religieuse », in J.-B. Bonnard, V. Dasen, J. Wilgaux (éd.), *Famille et société dans le monde grec et en Italie du Ve au IIe siècle av. J.-C.*, Rennes, 2017b.

—, « Modèles anatomiques tératologiques et cabinets de curiosités dans l'Antiquité », *Pallas. Revue d'études antiques*, 106 (2018), p. 175-196.

V. Dasen et al., « Protéger l'enfant : amulettes et crepundia », in D. Gourevitch, A. Moirin, N. Rouquet (éd.), *Maternité et petite enfance dans l'Antiquité romaine*, 2003, p. 172-177.

V. Dasen et N. Baills-Talbi, « Rites funéraires et pratiques magiques », *Siap servei d'investigacions arqueològiques i prehistòriques* (2016), p. 595-618.

V. Dasen et V. Pache-Huber (éd.), *Politics of Child Care in Historical Perspective. From the World of Wet Nurses to the Networks of Family Child Care Providers*, Paedagogica Historica, 46/6, 2010, p. 673-852.

V. Dasen et T. Späth, *Children, Memory, and Family Identity in Roman Culture*, Oxford, 2010.

W. A. Daszewski, « Divagations sur la mosaïque d'Achille à Paphos », *Centre d'archéologie méditerranéenne de l'académie polonaise des sciences études et travaux* XIX (2001), p. 45-57.

L. Dean-Jones, *Women's bodies in classical Greek science*, Oxford, 1994.

—, « The child patient of the Hippocratics : early Pediatrics ? », in T. Parkin et J. Evans Grubbs (éd.), *The Oxford Handbook of Childhood and Education in the Classical World*, Oxford, 2013, p. 108-124.

J. Debal, « Le "cimetière romain" de Soings-en Sologne (Loir-et-Cher) », *Revue archéologique du Centre de la France*, 9/1 (1970), p. 20-31.

L. Deblon, *De Gallo-Romeinse necropool van Messancy*, Mémoire (non publié) de licence en archéologie, Kuleuven, 2001.

A. Debru, « L'épilepsie dans le *De somno* d'Aristote », in G. Sabbah (éd.), *Médecins et médecine dans l'antiquité* (Mémoires du Centre Jean-Palerme), Saint-Etienne, 1982, p. 25-41.

—, « Consomption et corruption. L'origine et le sens de tabes », *Mémoires. Études de médecine romaine*, 8, (1988), p. 19-33.

A. De Caumont, *Cours d'Antiquités munumentales professé à Caen en 1830*, Paris, 1830.

O. De Cazanove, « "Exesto" : L'incapacité sacrificielle des femmes à Rome (À propos de Plutarque, *Quaest. Rom.* 85) », *The Phoenix*, 41/2 (1987), p. 159-173.

—, « Enfants en langes : pour quels vœux ? », in G. Greco, Ferrara B. (éd.), *Doni agli dei. Il sistema dei doni votivi nei santuari*, Naples, 2008, p. 271-284.

—, « Enfants au maillot en contexte cultuel en Italie et en Gaule », *Les Dossiers d'archéologie*, 356 (2013), p. 8-13.

J. Déchelette, *Les vases céramiques ornés de la Gaule romaine : Narbonnaise, Aquitaine et Lyonnaise*, 1, Paris, 1904.

B. Dedet, *Les enfants dans la société protohistorique. L'exemple du Sud de la France*, Rome, 2008.

—, « Mobilier funéraire et statut des enfants dans le monde indigène protohistorique du Sud de la France », in A. Hermary et C. Dubois (éd.), *L'enfant et la mort dans l'Antiquité III. Le matériel associé aux tombes d'enfants*, Actes de la table ronde internationale organisée à la Maison Méditerranéenne des Sciences de l'Homme, 20-22 janvier 2011, Arles, 2012, p. 149-167.

B. Dedet, A. Michelozzi et M. Py, *Ugernum : protohistoire de Beaucaire*, (Association pour la recherche archéologique en Languedoc oriental), Caveirac, 1984.

P. De Goy, « Vases romains découverts au Fin-Renard », *Notes archéologiques sur Châteaumeillant et ses environs, quatrième série* (1884), p. 187-194.

K. Deichgräber, *Die griechische Empirikerschule : Sammlung der Fragmente und Darstellung der Lehre*, Berlin, 1965.

—, « Zur Milchtherapie der Hippokratiker (Épidémie VII), Medizingeschichte in unserer Zeit », in H.-H. Eulner (éd.), *Festschrift Artelt*, Stuttgart, 1971, p. 36-53.

F. Delacampagne et M. Provost, *Carte archéologique de la Gaule, Le Calvados*, Paris, 1990.

S. De Laet, G. Raepsaet et A. van Doorselaer, « La nécropole gallo-romaine de Blicquy (Hainaut-Belgique) », *L'Antiquité Classique*, 42/2 (1973), p. 739-741.

S. De Larminat, *Mourir enfant en Afrique romaine : gestes, pratiques et rituels : Afrique Proconsulaire, Numidie et Mauritanie Césarienne, Ier-IIIe siècle de notre ère*, Thèse de doctorat, Aix-Marseille 1, 2011.

—, « Les figurines en terre cuite dans les nécropoles d'Afrique romaine », in S. Huysecom-Haxhi et A. Müller (éd.), *Figurines grecques en contexte : présence muette dans le sanctuaire, la tombe et la maison*, Villeneuve d'Ascq, 2015, p. 289-303.

L. De la Saussaye, *Mémoires sur les antiquités de la Sologne blésoise*, Paris, 1844.

R. De Lasteyrie, « Notice sur un cimetière romain découvert à paris, rue Nicole », *Revue Archéologique* (1878), p. 371-383.

H. Delehaye, *Les légendes grecques des saints militaires*, Paris, 1909.

A. Delor-Ahü et P. Mathelart, « La consommation alimentaire d'après la céramique en Champagne : comparaisons raisonnées entre la capitale des Rèmes et son territoire », in R. G. Villaescusa et X. Deru (éd.), *Actes du xe congrès de l'Association AGER ; Université de Lille, 4-6 avril 2012, Consommer dans les campagnes de la gaule romaine*, (Revue du Nord, Art et Archéologie), 2014, p. 193-218.

R. S. Del Rosario, « Askoi dall'Italia Meridionale, Italian iron age artefacts in the british museum », in J. Swaddling (éd.), *Papers of the Sixth British Museum Classical Colloquium*, Londres, 1986, p. 323-334.

C. Del Vais et al., « Su Cungiau'e Funtà (Nuraxinieddu-OR) : dalla frequentazione precoloniale levantina all'Alto Medioevo », *BYRSA, Scritti sull'antico oriente mediterraneo* (2017), p. 37-110.

N. Demand, *Birth, Death, and Motherhood in Classical Greece*, Baltimore/Londres, 1994.

F. De Mély, *Les lapidaires grecs*, Paris, 1902.

A. Demirjian et G. Y. Levesque, « Sexual Differences in Dental Development and Prediction of Emergence », Journal of Dental Research 59 (1980), p. 1110-1122.

A. Demirjian, « Dentition », in F. Falkner and J. M. Tanner (éd.) *Human Growth : A Comprehensive Treatise*, New York, 1990, p. 269-297.

P. Demont, « Remarques sur le sens de τρέφω », *Revue des Études Grecques* 91, 434-435, Juillet-décembre (1978), p. 358-384.

B. De Montfaucon, *Les dieux des Grecs et des Romains*, Paris, 1722.

Dépêche du Puy-de-Dôme, « Vazeiles, Une découverte archéologique », 17 juin 1893.

E. De Miro, « Agrigento : scavi nell'area a sud del tempio di Giove », *Monumenti Antichi. Serie monografica e miscellanea*, 46 (1963), p. 81-198.

M. Denti et M. Tuffreau-Libre, *La céramique dans les contextes rituels : fouiller et comprendre les gestes des Anciens*, Rennes, 2013.

W. Deonna, « Cimetières de bébés », Revue Archéologique de l'Est et du Centre-Est, VII, 1955, p. 231-247.

J. Derrida, « La pharmacie de Platon », *Tel Quel* (1972), p. 69-198.

X. Deru et Ph. Rollet, « La céramique gallo-romaine de la rue de Cernay à Reims (Marne) », *Sfecag, Actes du congrès de Libourne*, Marseille, 2000, p. 225-366.

De Rilly (Comte), « La Nécropole gallo-romaine de Nouâtre (Indre-et-Loire) », *Bulletin de la Société des Amis du Vieux Chinon*, 6/7 (1962-1963), p. 337-340.

A. M. J. Derks, « Seeking divine protection against untimely death. Infant votives from Roman Gaul and Germany », *Child health and death in Roman Italy and beyond, Roman Archaeology Conference, Portsmouth, 1st of Jan 2014*, Portsmouth, 2014, p. 47-68.

J. E. De Sève, *Nouveau dictionnaire d'histoire naturelle : appliquée aux arts, à l'agriculture, à l'économie rurale et domestique, à la médecine, etc.*, Paris, 1817.

A. Desbat, V. Forest et C. Batigne-Vallet, « La cuisine et l'art de la table en Gaule après la conquête romaine », in D. Paunier (éd.), *La romanisation et la question de l'héritage celtique, Actes de la Table Ronde de Lausanne, 17-18 juin 2005* (Bibracte. Celtes et Gaulois : l'archéologie face à l'histoire), Glux-en-Glenne, 2006, p. 167-192.

K. A. Dettwyler, « A Time to Wean : the Hominid Blueprint for the Natural Age of Weaning in Modern Human Populations », in P. STUART-MACADAM et K. A. DETTWYLER (éd.), *Breastfeeding : Biocultural Perspectives*, New York, 1995, p. 39-73.

K. Dévai, « Glass Vessels from Late Roman Times Found in Pannonia », Acta Archaeologica Academiae Scientiarum Hungaricae, 67/2 (2016), p. 255-286.

J. (DeRose) Evans, « The Sacred Figs in Rome », Latomus, 50/4 (1991), p. 798-808C.

De Vito et S. R. Saunders, « A Discriminant Function Analysis of Deciduous Teeth to Determine Sex », Journal of Forensic Science, 35/4 (1990), p. 845-858.

H. C. De Wit, *Histoire et développement de la biologie* III, Lausanne, 1994.

H. C. De Wit et A. Baudière, *Histoire du développement de la biologie*, 3, Lausanne, 1994.

S. N. De Witte et C. M. Stojanowski, « The Osteological Paradox 20 Years Later : Past Perspectives, Future Directions », Journal of Archaeological Research, 23/4 (2015), p. 397-450.

S. Deyts, *Images des Dieux de la Gaule*, Paris, 1992.

—, *Un peuple de pèlerins : offrandes de pierre et de bronze des Sources de la Seine, Revue archéologique de l'Est et du Centre-Est*, Supplément 13, Dijon, 1994.

— « The Sacred Source of the Seine », Scientific American, 225/1 1971, p. 65-73.

—, *Images des dieux de la Gaule*, Paris, 1992.

M. G. Diani, « Nouvelles données sur la diffusion du verre à décor gravé en Italie du Nord (territoire de Pavie) », in K. JANSSON (éd.), *Annales du 17ᵉ Congrès de l'Association Internationale pour l'histoire du verre*, Anvers, 2009, p. 110-114.

H. Diehls et W. Kranz, *Die fragmente der Vorsokratiker*, 1-3, Berlin, 1934-1938.

G. Dilly et N. Mahéo, *Verreries antiques du Musée de Picardie*, Amiens, 1997.

L. E. Ditch et J. C. Rose, « A Multivariate Dental Sexing Technique », American journal of physical anthropology, 37/1 (1972), p. 61-64.

D. Djaoui et C. Capelli, « Objets d'importation ou objets personnels ? La dotation de bord des marins au regard du grand commerce, l'exemple du dépotoir portuaire d'Arles-Rhône 3 », Sfecag, Actes du congrès de Narbonne, 2017, p. 115-132.

D. Djaoui, N. Garnier et E. Dodinet, « L'huile de ben identifiée dans quatre amphores africaines de type Ostia LIX provenant d'Arles : difficultés d'interprétation », Antiquités africaines, 51/1 (2015), p. 179-187.

M. Djéribi, « Le mauvais œil et le lait », L'homme, 28/105 (1988), p. 35-48.

M. Djurić et al. « Adolescent Health in Medieval Serbia : Signs of Infectious Diseases and Risk of Trauma », HOMO, 61, 2 (2010), p. 130-149.

E. Dodinet, « Les sources de parfum du bronze levantin : bois, résines, fruits et racines », in L. BODIOU, D. FRÈRE et V. MEHL, *Parfums et odeurs dans l'Antiquité*, Rennes, 2008, p. 21-31.

A. Dollfus, « Catalogue des fibules de bronze gallo-romaines de Haute-Normandie », *Mémoires présentés par divers savants étrangers à l'Académie des inscriptions et des belles-lettres de l'institut de france*, 16/1 (1975), p. 9-261.

O. Doppelfeld, *Römisches und fränkisches Glas in Köln*, (Schriftenreihe der archäologischen Gesellschaft Köln, 13), Köln, 1966.

P. Doureradjou et B. C. Koner, « Effect of Different Cooking Vessels on Heat Induced Lipid Peroxidation of Different Edible Oils », Journal of Food Biochemistry, 32/6 (2008), p. 740-751.

C. Drăghici, A. Antonaras et D. Ignatiadou, « Glassware from Tomis. Chronological and Typological Aspects », *Annales du 18ᵉ Congrès de l'Association Internationale pour l'Histoire du Verre (Thessaloniki 2009)*, Thessalonique, 2012, p. 211-216.

S. Dreizen et al., « Observations on the Association Between Nutritive Failure, Skeletal Maturation Rate and Radiopaque Transverse Lines in the Distal End of the Radius in Children », American Journal of Roentgenology, 76 (1956), p. 482-487.

C. Dubois, « Des objets pour les bébés ? Le dépôt de mobilier dans les sépultures d'enfants en bas âge du monde grec archaïque et classique », in A. Hermary et S. Dubois (éd.), Le matériel associé aux tombes d'enfants, table-ronde de l'ANR La mort des enfants dans le monde antique, Aix-en-Provence, 2011, BiAMA, Arles, 2012, p. 329-342.

—, « L'alimentation des enfants en bas âge : Les biberons grecs », Les Dossiers d'archéologie, 356 (2013), p. 64-67.

—, « Petites filles ou petits garçons ? Discours et interprétations du mobilier funéraire des tombes d'enfants en bas âge dans les nécropoles grecques classiques », Pallas, 97 (2014), p. 97-120.

—, Du foetus à l'enfant dans le monde grec archaïque et classique : représentations, pratiques rituelles et gestes funéraires, thèse de doctorat, Université de Fribourg (Suisse), Fribourg, 2016.

S. Ducaté, « Deux femmes à l'enfant. Étude d'une classe d'offrandes étrusco-latiales en terre cuite », MEFRA, 115/2 (2003), p. 837-865.

S. Ducaté-Paarmann, Images de la femme à l'enfant : offrandes et cultes des divinités courotrophes dans les sanctuaires d'Italie centrale et méridionale (Sicile, Grande Grèce, Campanie, Etrurie, Latium), fin du VIIe-fin du IIe siècle avant J.-C., Thèse de doctorat, Paris 4, Paris, 2003.

—, « Images de la grossesse en Grèce ancienne : réflexions sur les modes de pensées et de comportements à l'égard du corps enceint », Opuscula Atheniensia, 30 (2005), p. 35-54.

H. Du Cleuziou, De la poterie gauloise : étude sur la collection Charvet, Paris, 1872.

H. Duday, « L'archéothanatologie ou l'archéologie de la mort », in R. Gowland, C. Knüsel (éd.), Social Archaeology of Funerary Remains, Oxford, 2006, p. 30-56.

—, « Une inhumation d'enfant dans la nécropole de Porta Nocera à Pompéi (enclos 23, sépulture 24) », in J. Scheid (éd.), Pour une archéologie du rite, MEFRA, 2008, p. 211-221.

—, « L'archéothanatologie : Une manière nouvelle de penser l'archéologie de la Mort » in S. A. Beaune et H.-P. Francfort, L'archéologie à découvert : Hommes, objets, espaces et temporalités, Paris, 2012, p. 62-71.

H. Duday, A. M. Cipriani et J. Pearce, The Archaeology of the Dead : Lectures in Archaeothanatology, Studies in Funerary Archaeology 3, Oxford, 2009.

H. Duday, F. Laubenheimer et A.-M. Tillier, Sallèles d'Aude, nouveau-nés et nourrissons gallo-romains, Paris, 1995.

H. Duday et C. Masset, Anthropologie physique et Archéologie. Méthodes d'étude des sépultures. Actes du colloque de Toulouse (4-6 novembre 1982), Paris, 1987.

N. S. Dudd et R. P. Evershed, « Direct Demonstration of Milk as an Element of Archaeological Economies | Science », Science, 5393 (1998), p. 1478-1481.

L. Dufour, « Le biberon à travers les âges dans le pays de Caux », La Normandie médicale, 1897, p. 140-144.

C. Duliere, Lupa romana, Bruxelles/Rome, 1979.

F. Dumasy, I. Bouchain et I. Rodet-Belarbi, « L'évolution urbaine d'Argentomagus-Saint-Marcel (Indre). Rapport préliminaire de la fouille programmée 1989-1994 : rues et habitats », Revue archéologique du Centre de la France, 36/1 (1997), p. 39-77.

F. Dumasy et D. Tardy, Argentomagus. Oppidum gaulois, agglomération romaine et musée, Paris, 1994.

M.-P. Duminil, *Le Sang, les vaisseaux, le cœur dans la Collection hippocratique : anatomie et physiologie*, Paris, 1983.
A. Dumoulin, « Notes sur les Nécropoles gallo-romaines d'après les découvertes récentes », Provence Historique 13/51 (1963), p. 16-19.
—, « Découverte d'une nécropole gallo-romaine à Apt (Vaucluse) », Gallia, 22/1 (1964), p. 87-110.
A. Dumoulin et H. Rolland, « Recherches archéologiques dans la région d'Apt (Vaucluse) », Gallia, 16/1 (1958), p. 197-241.
C. Dunant et M.-R. Sauter, « Fouilles dans la Genève romaine », Musées de Genève, n.s., 15 (1961), p. 9-12.
—, « La villa romaine de Cara (Presinge, Genève) et sa mosaïque », Genève (1965), p. 19-47.
T. L. Dupras, H. P. Schwarcz & S. I. Fairgrieve, Infant Feeding and Weaning Practices in Roman Egypt, American Journal of Physical Anthropology 115 (2001), p. 204-212.
T. L. Dupras et M. W. Tocheri, « Reconstructing Infant Weaning Histories at Roman Period Kellis, Egypt Using Stable Isotope Analysis of Dentition », American Journal of Physical Anthropology 134 (2007), p. 63-74.
T. L. Dupras et al., « Birth in Ancient Egypt : Timing, Trauma, and Triumph ? Evidence from the Dakhleh Oasis », in S. Ikram, J. Kaiser & R. Walker (éd.), *Egyptian Bioarchaeology. Humans, Animals, and the Environment*, Leiden, 2015, p. 53-66.
Fr. Durand, « Rapport sur le mémoire du capitaine Vignes », *Bulletin ou procès-verbaux de l'Académie du Gard* (1898), p. 64-68.
R. Durand, *La mort chez les Bituriges Cubes. Approches archéologiques et données biologiques d'une cité de Gaule romaine*, thèse de doctorat, Université Panthéon-Sorbonne, Paris, 2005.
Y.-M. Duval, « Les Lupercales, Junon et le printemps », Annales de Bretagne et des pays de l'Ouest, 83/2 (1976), p. 253-272.
P.-M. Duval, *La vie quotidienne en Gaule pendant la paix romaine : Ier-IIe siècles après J.-C.*, Paris, 1979a.
—, « Chronique gallo-romaine », Revue des Études Anciennes, 71/3 (1979b), p. 402-439.
P. M. Duval et al., *Carte archéologique de la Gaule*, Paris, 1988.
P. Ecclesia, « Due tradizioni produttive per le forme da cucina e da tavola. La ceramica comune », in S. Garzoli (éd.), *Conubia gentium*, Turin, 1999, p. 303-320.
J.-C. Echallier, « Essai de classification descriptive de la céramique berbère du Touat-Gourara », Journal des Africanistes, 43/1 (1973), p. 7-31.
H. Eckardt, *Objects and Identities : Roman Britain and the North-Western Provinces*, Oxford, 2014.
I. M. Egenberg, A. K. Holtekjølen et E. Lundanes, « Characterisation of Naturally and Artificially Weathered Pine Tar Coatings by Visual Assessment and Gas Chromatography-Mass Spectrometry », Journal of Cultural Heritage, 4/3 (2003), p. 221-241.
S. El Bouzidi, « Le figuier : histoire, rituel et symbolisme en Afrique du Nord », in *Dialogues d'histoire ancienne*, 28/2 (2002), p. 103-120.
M. Éliade, *Traité d'histoire des religions*, Paris, 1949.
A. Ernout et A. Meillet, *Dictionnaire éthymologique de la langue latine*, Klincksieck, 2001.
R. Étienne, « La démographie de la famille d'Ausone », Études et chronique de démographie historique (1964), p. 15-25.
E. Ettlinger et C. Simonett, *Römische Keramik aus dem Schutthügel von Vindonissa*, Veröffentlichungen der Gesellschaft Pro Vindonissa, Bâle, 1952.

R.P Evershed, « Biomolecular Archaeology and Lipids », World archaeology, 25/1 (1993), p. 74-93.

R. P. Evershed et al., « Earliest Date for Milk Use in the Near East and Southeastern Europe Linked to Cattle Herding », Nature, 455/7212 (2008), p. 528-531.

M.-N. Evrard, « Un atelier de potier à Harfleur (Seine-Maritime) Ier-IIIe siècles », Sfecag, Actes du congrès de Rouen, Marseille, 1995, p. 137-146.

F. Eygun, « Le cimetière gallo-romain des Dunes à Poitiers », Extrait des Mémoires de la Société des Antiquaires de l'Ouest, 11/3 (1933).

F. Eygun, « Circonscription de Poitiers », Gallia, 21/2 (1963), p. 433-484.

D. Fabiano « Nascere in Grecia tra mito e rito » in U. Eco, La grande Storia – L'Antichità, 6, Grecia-Mito e Religione, Milano, 2011, p. 338-353.

A.-J. Fabre, « Mythologie et plantes médicinales de l'Antiquité », Histoire des Sciences Médicales, XXXVII, 1 (2003), p. 65-87.

C. G. Falys, H. Schutkowski et D. A. Weston, « The Distal Humerus – a Blind Test of Roger's Sexing Technique Using a Documented Skeletal Collection », Journal of Forensic Sciences, 50 (2005), p. 1289-1294.

D. Farout, « Manger en Égypte : multiples témoins », Dialogues d'histoire ancienne, Supplément, 7/1 (2012), p. 47-72.

M. Fartzoff, Pouvoir des hommes, signes des dieux dans le monde antique, Actes des rencontres de Besançon (1999-2000), Besançon, 2002.

G. Fercoq du Leslay et C. Chaidron, « Eléments céramiques précoces dans les contextes cultuels du sanctuaire de Ribemon-sur-Ancre (Somme) », Sfecag, Actes du congrès d'Amiens, Marseille, 2013, p. 221-234.

A. Ferdière, « Notes de Céramologie de la Région Centre – VII. Les ateliers de potiers gallo-romains de la Région Centre », Revue archéologique du Centre de la France, 14/1 (1975), p. 85-111.

A. Ferraces Rodríguez, Tradición griega y textos médicos latinos en el período presalernitano : actas del VIII Coloquio Internacional « Textos médicos latinos antiguos » (A Coruña, 2-4 Septiembre 2004), Coruña, 2007.

M. Feugère, « L'évolution du mobilier non céramique dans les sépultures antiques de Gaule méridionale (IIe siècle av. J.-C.-début du Ve siècle apr. J.-C.) », in M. Struck (éd.), Römerzeitliche Gräber als Quellen zu Religion, Bevölkerungsstruktur und Sozialgeschichte, (Archäologische Schriften des Institut fur Vor- und Frühgeschichte der J.-G. Universitaät Mainz), Mainz, 1993, p. 119-165.

A. J. Festugière, « La création des âmes dans la Koré Kosmou » in A. J. Festugière (dir.), Hermétisme et mystique païenne, Paris, 1967, p. 230-231.

J.-L. Fiches, Les maisons gallo-romaines d'Ambrussum (Villetelle-Herault) : la fouille du secteur IV, 1976-1980, Paris, 1986 (Documents d'archéologie française, 5).

J.-L. Fiches et A. Veyrac, Carte archéologique de la Gaule, Nîmes, 30/1, Paris, 1996.

G. Ficheux, « La magie amoureuse et l'anatomie du Tendre », in F. Prost et J. Wilgaux (éd.), Penser et représenter le corps dans l'Antiquité, Histoire, Rennes, 2015, p. 289-303.

V. Fildes, Breasts, Bottles, and Babies : A History of Infant Feeding, Edinburgh, 1986.

V. A. Fildes, Wet nursing a History from Antiquity to the Present, Oxford/New York, 1988.

E. Filhol, « Hérakleiè Nosos. L'épilepsie d'Héraclès », Revue de l'histoire des religions, 1/206 (1989), p. 3-20.

K.-D. Fischer, « Nochmals ubuppa und tit(t)ina », Philologus, 131/1-2 (1987), p. 156-157.

C. Fishman et K. A. Dettwyler, « Infant Feeding Practices and Growth », Annual Review of Anthropology, 21 (1992), p. 171-204.

C. Fitzgerald et al., « Health of Infants in an Imperial Roman Skeletal Sample : Perspective from Dental Microstructure », American Journal of Physical Anthropology 130/2 (2006), p. 179-189.

R. Flacelière, *Plutarque. Vies*, Paris, Les Belles Lettres, 1964.

R. Flemming, *Medicine and the Making of Roman Women : Gender, Nature, and Authority from Celsus to Galen*, Oxford, 2000.

—, « Women, Writing and Medicine in the Classical World », The Classical Quarterly, 57/1 (2007), p. 257-279.

P. Flotté et M. Fuchs, *Carte archéologique de la Gaule, La Moselle*, 57/1, Paris, 2004.

P. Flotté, M. Fuchs et M. Provost, *Carte archéologique de la Gaule, Le Loir-et-Cher* 41, Paris, 1998.

A. Foes, *Oeconomia Hippocratis*, Frankfurt, 1588.

M., Fogel, N. Tuross et D. Owsley, « Nitrogen Isotope Tracers of Human Lactation in Modern and Archaeological Populations », Carnegie Institute of Washington Yearbook 88 (1989), p. 111-117.

R. H. Follis et E. A. Park, « Some Observation on Bone Growth, with Particular Respect to Zones and Transverse Lines of Increased Density in the Metaphysis », American Journal Roentgen, 68 (1952), p. 709-724.

A.-B. Follmann-Schulz, *Die römischen Gläser aus Bonn (Beihefte der Bonner Jahrbücher)*, Cologne, 1988.

M. T. Fortuna, « I vetri soffiati della necropoli di Akko », Journal of Glass Studies, 7 (1965), p. 17-25.

S. Fourrier, « La céramique de l'Âge du Fer », Cahiers du Centre d'Études Chypriotes, 40/1 (2010), p. 41-54.

D. Foy, *Les verres antiques d'Arles, la collection du Musée départemental Arles antique*, Musée départemental Arles antique, Paris, 2010.

—, *Cœur de verre : production et diffusion du verre antique [à l'occasion de l'Exposition « Coeur de Verre », présentée au Musée Gallo-Romain de Lyon-Fourvière du 19 décembre 2003 au 25 avril 2004]*, Gollion, 2003.

D. Foy et M.-D. Nenna (éd.), *Tout feu, tout sable : Mille ans de verre antique dans le Midi de la France*, Marseille, 2001.

C. Franco, *Senza ritegno : il cane e la donna nell'immaginario della Grecia antica*, Bologna, 2003.

D. Franklin et al., « Sexual Dimorphism in the Subadult Mandible : Quantification Using Geometric Morphometrics », Journal of Forensic Sciences, 52/1 (2007), p. 6-10.

Y. Frémault, *Les cimetières gallo-romains de Remagne, Remagne-Rondu et Sainte-Marie-Laneuville*, II, Bruxelles, 1967.

F. Fremersdorf, *Römische Gläser aus Köln : Überblick über die Bestände der Römisch-Germanischen Abteilung des Wallraf-Richartz-Museums*, Cologne/Leipzig, 1939.

—, *Das Naturfarbene sogenannte blaugrüne Glas in Köln*, Cologne, 1958.

—, *Neuerwerbung des Römisch-Germanischen Museums während des Jahre 1923-1927*, I, Cologne, 1964.

F. Fremersdorf et E. Polónyi-Fremersdorf, « Die farblosen Gläser der Frühzeit in Köln, 2. und 3 », Archäologische Gesellschaft Köln, Cologne, 1984.

E. Frénée, « A 85 Sublaines "Le Grand Ormeau", parcelle Cofiroute PP 47 à 49, 53, 54, 56 à 62 (Indre-et-Loire) », *RFO, Inrap, SRA Orléans*, 2008.

D. Frère, *Huiles parfumées et médicinales en Étrurie orientalisante*, Dossier de candidature au diplôme d'Habilitation à Diriger les Recherches III, École Pratique des Hautes Études, septembre 2015, inédit.

—, « Parfums, huiles et crèmes parfumées en Etrurie orientalisante », Mediterranea, 3 (2007), p. 87-119.

D. Frère, L. Bodiou, V. Mehl, *Parfums de l'Antiquité*, Rennes, Presses universitaires, 2008.

D. Frère, E. Dodinet et N. Garnier, « L'étude interdisciplinaire des parfums anciens au prisme de l'archéologie, la chimie et la botanique : l'exemple de contenus de vases en verre sur noyau d'argile (Sardaigne, vi^e-ive siècle av. J.-C.) », *ArcheoSciences. Revue d'archéométrie*, 36 (2012), p. 47-60.

D. Frère et N. Garnier, « Archeologia e analisi chimica dei profumi archeologici : uno status quaestionis », *Pandemos. I profumi nelle società antiche* (2012), p. 55-79.

D. Frère, N. Garnier et E. Dodinet, « Archéologie des huiles parfumées et médicinales en Méditerranée nord-occidentale préromaine (viiie-vi^e s. av. J.-C.) », in C. Malet (éd.), *Le corps, soins, rituels et symboles*, 2016, p. 99-119.

D. Frère, N. Massar et A. Verbanck-Piérard (éd.), *Parfums de l'Antiquité. La rose et l'encens en Méditerranée*, Catalogue d'exposition, Musée de Mariemont, Morlanwelz, 2008.

F. Frideman, *Gifts of the Nile*, Singapour, 1998.

B. M. Fridh-Haneson, *Le manteau symbolique. Étude sur les couples votifs en terre cuite assis sous un même manteau*, Stockholm, 1973.

W. Froehner, *La verrerie antique : Description de la Collection Charvet*, Le Pecq, 1879.

F. Frontisi-Ducroux et J.-P. Vernant, *Dans l'œil du miroir*, Paris, 1997.

M. Fuchs, *Proposition du 12 août 2015 sur l'inscription CIL XIII 10 008,47 (information personnelle, non publiée)*, Lausanne, 2015.

B. T. Fuller et al., « Isotopic Evidence for Breastfeeding and Possible Adult Dietary Deficiencies from Late/Sub-Roman Britain », American Journal of Physical Anthropology, 129 (2006), p. 45-54.

A. Gaboriaud, *En quête des représentations antiques du corps féminin : les thérapies gynécologiques*, Thèse de doctorat, Rennes 2, Rennes, 2009.

E. Gachot, « Histoire et actualité de Milly la Forêt : Buno-Bonnevaux. La nécropole gallo-romaine de Chantambre, Site de l'association Les Amis de Milly-en-Gâtinais et Environs », *LAMGE*, (en ligne) http://milly91490.blogspot.ch/2012/11/buno-bonnevaux-la-necropole-gallo.html [consulté le 12.02.2016].

F. Gaide, « Principes de sympathie et d'antipathie dans les textes thérapeutiques latins », in N. Palmieri (éd.), *Rationnel et irrationnel dans la médecine ancienne et médiévale*, Saint-Étienne, 2003, p. 129-144.

P. Gaillard-Seux, *La médecine chez Pline l'Ancien : ses rapports avec la magie*, thèse de doctorat soutenue à Paris 4, Paris, 1994.

—, « Sympathie et antipathie dans l'Histoire naturelle », in N. Palmieri (éd.), *Rationnel et irrationnel dans la médecine ancienne et médiévale*, Saint-Étienne, 2003, p. 113-128.

—, « L'épilepsie de l'enfant dans l'Antiquité (i^{er}-ve siècles) : prévention et traitement », *Annales de Bretagne et des pays de l'Ouest*, 124-3/3 (2017), p. 175-202.

H. Gallet de Santerre, *Ensérune. Les silos de la terrasse Est (L'Antiquité classique 52)*, Paris, 1983.

P. Galliou, *Sépultures et coutumes funéraires*, Thèse de 3ᵉ cycle, Paris IV, Paris, 1981.

—, *Les tombes romaines d'Armorique : essai de sociologie et d'économie de la mort* (Documents d'archéologie française 17), Paris, 1989a.

—, *Carte archéologique de la Gaule, Le Finistère*, 29, Paris, 1989b.

É. Galy, *Catalogue du musée archéologique du département de la Dordogne*, Périgueux, 1862.

V. Garcin, *Bioarchéologie des sujets immatures de quatre nécropoles du haut Moyen Âge européen : méthodes d'étude du développement et des interactions biologie/culture*, (Sciences de l'Homme et Société), Thèse de doctorat, Université de Bordeaux I, Bordeaux, 2009.

N. Garnier, « Analyse de résidus organiques conservés dans des amphores : un état de la question », in M. J. ANCEL et J.-Chr. TRÉGLIAT (éd.), *Late Roman Coarse Wares, Cooking Wares and Amphorae in the Mediterranean, Archaeology and archaeometry (LRCW 2)*, Oxford, 2007, p. 39-57.

—, les analyses biochimiques du contenu, in R. BONTROND, D. BOUQUIN (éd.), *Reims Métropole, Bezannes (51), Le Haut Torchant*, Rapport de Fouilles, 2009, p. 333-336.

—, « Une histoire de l'analyse chimique des parfums archéologiques. 160 ans de développement scientifique », in D. FRÈRE et L. HUGOT (éd.), *Les huiles parfumées*, 2012, Rennes, p. 63-74.

—, « À la recherche du contenu des objets archéologiques en verre par les analyses chimiques », *Bulletin AFAV* (2015), p. 131-138.

A. Gaucci, « Necropoli etrusca di Valle Trebba (Spina). Studio di un lotto di tombe del "Dosso E" e indagini archeometriche sulla ceramica a vernice nera dei relativi corredi », Padova, 2014.

V. Gazzanica, « le mani degli dei : i farmaci di Galeno » in St. DE CAROLIS (éd.), *Ars Medica. I ferri del mestiere. La domus "del chirurgo" di Rimini*, 2009, p. 93-103.

J. Gélis, « De la mort à la vie. Les "Sanctuaires à Répit" », *Ethnologie Française*, 11/3 (1981), p. 211-224.

J. Gélis, M. Laget et M.-F. Morel, *Entrer dans la vie*, Paris, 1978.

Germania Romana. *Ein Bilder-Atlas, Herausgegeben von der Römisch-Germanischen Kommission des Deutschen Archäologischen Instituts V, Kunstgewerbe und Handwerk*, Koblenz, 1930.

J.-M. Gesner, *Scriptores rei rustica ueteres latini*, I, Leipzig, 1757.

R. Gestreau, « Arcis-sur-Aube – Le Prieuré, ADLFI. Archéologie de la France », *Informations, Champagne-Ardenne*, mis en ligne le 01 mars 2004 (consulté le 03 mai 2018).

P. Ghalioungui, *The House of Life : Per Ankh. Magic and Medical Science in Ancient Egypt*, Amsterdam, 1973.

S. Ghinopoulo, *Pädiatrie in Hellas und Rom*, Jena, 1930.

L. Gilaizeau, « La mort des tout-petits dans l'archipel japonais durant la période Yayoi : une esquisse », in E. PORTAT, M. DÉTANTE, CÉ. BUQUET-MARCON et M. GUILLON (éd.), *Rencontre autour de la mort des tout petits. Mortalité foetale et infantile, Actes de la IIᵉ Rencontre du Gaaf à Saint-Germain-en-Laye les 3 et 4 décembre 2009, Saint-Germain-en-Laye*, Condé-sur-Noireau, 2016, p. 31-38.

P. E. Gillet et N. Mahéo, « Sarcophages en plomb gallo-romains découverts à Amiens et dans ses environs (Somme) », *Revue archéologique de Picardie*, 3/1 (2000), p. 77-118.

F. Giorgianni, « La terminologie du lait », in D. SOLFAROLI CAMILLOCCI, Y. FOEHR-JANSSEN, V. DASEN et I. MAFFEI (éd.), *Allaiter : Histoires et cultures d'une pratique*, Turnhout, sous presse.

L. Girard, *Chantambre : cimetière gallo-romain à Buno-Bonnevaux*, DRAC, Rapport général, 2006.

—, « Le cimetière gallo-romain de Chantambre (Buno-Bonnevaux, Essonne) », *Journée d'étude organisée par le G.A.A.F.I.F. et le Service régional de l'archéologie de Haute-Normandie (Paris, le 5 avril 1996), Rencontre autour du linceul*, Saint-Ouen-l'Aumône, 1996, p. 37-39.

L. Girard et L. Buchet, « Les sujets immatures du cimetière gallo-romain de Chantambre (Essonne). Pratiques funéraires », *L'enfant, son corps, son histoire, Actes des 7ᵉ journées anthropologiques*, Nice, 1997, p. 211-225.

C. Giroir et D. Roger, *Roman art from the Louvre, in conjunction with an exhibition held at the Indianapolis Museum of Art (Sept. 23, 2007-Jan. 6, 2008)*, New-York, 2007.

A. Giuliano, « Un quarto rilievo della serie Grimani », Xenia, 9 (1985), p. 41-46.

E. Gjerstad, *Scavi stratigrafici nel Foro Romano e problemi ad essi relativi*, Roma, 1952.

—, « Pottery types, Cypro-Geometric to Cypro-Classical », Opuscula Atheniensa, III (1960), p. 105-122.

K. Goethert-Polaschek, *Katalog des römischen Gläser des Rheinischen Landesmuseum Trier (Trierer Grabungen und Forschungen, 9)*, Mainz am Rhein, 1977.

A. H. Goodman et J. C. Rose, « Dental Enamel Hypoplasias as Indicators of Nutritional Status », in M. A. Kelley et C. Larsen (éd.) *Advances in Dental Anthropology*, New York (1991), p. 279-293.

D. Gourevitch, *Le mal d'être femme à Rome. La femme et la médecine dans la Rome antique*, Paris, 1984.

—, « Les tire-laits antiques et l'utilisation médicale de lait humain », Histoire des sciences médicales, 24 (1990), p. 93-98.

—, « Biberons romains : formes et noms », in G. Sabbah (éd.), *Le latin médical. La constitution d'un langage scientifique (Actes du IIème colloque international, Saint-Étienne, 11-13 septembre 1989), Mémoires*, 10, Centre Jean Palerne, Saint-Étienne, 1991, p. 117-133.

—, « Femme nourrissant son enfant au biberon », Antike Kunst, 35/1 (1992), p. 78-81.

—, « Comment rendre à sa véritable nature le petit monstre humain ? », in Ph. J. Van Der Eijk, H. F. Horstmanshoff, P. H. Schrijvers (éd.), *Ancient Medicine in its Socio-Cultural Context I, Papers Read at the Congress Held at Leiden University 13-15 April 1992*, Amsterdam-Atlanta, 1994, p. 239-260.

—, « La gynécologie et l'obstétrique à l'époque impériale », in W. Haase (éd.), ANRW 37/3, Berlin, 1996, p. 2083-2146.

—, « L'alimentation artificielle du petit enfant dans l'Antiquité classique », *Les biberons du docteur Dufour*, Fécamp, 1997, p. 13-18.

—, « L'alimentation du petit enfant romain », Revue internationale de pédiatrie, 289 (1998), p. 43-46.

—, « Préparation intellectuelle et déontologique de la sage-femme », in S. Kottek, M. Horstmanshoff (éd.), *From Athens to Jerusalem*, Rotterdam, 2000a.

—, « Tétines naturelles et tétines artificielles du nourrisson antique », Réalités en gynécologie-obstétrique (2000b), p. 48-52.

—, « Le nourrisson et sa nourrice : étude de quelques cas pédiatriques chez Galien », Revue de philosophie ancienne, 2 (2001a), p. 63-76.

—, « I giovani pazienti di Galeno. Per una patocenosi dell'impero romano », Lezioni italiane, 20 (2001b), p. 21-22.

—, « La stérilité féminine dans le monde romain : vitium ou morbus, état ou maladie ? », Histoire des sciences médicales, 47 (2013a), p. 219-231.

—, « *Limos kai loimos*. A Study of the Galenic Plague », Paris, 2013b, p. 13-37.

D. Gourevitch, A. Moirin et N. Rouquet, (éd.), *Maternité et petite enfance dans l'Antiquité romaine, (Catalogue de l'exposition, Muséum d'histoire naturelle Bourges, 6 novembre 2003-2028 mars 2004)*, Bourges, 2003.

E. Goussard, « La miniature et l'offrande, réflexions autour des armes miniatures celtiques », Histoire de l'art : bulletin d'information de l'Institut national d'histoire de l'art publié en collaboration avec l'Association des professeurs d'archéologie et d'histoire de l'art des universités, Somogy, 77 (2015), p. 31-42.

C. Gouzel, *Le cimetière gallo-romain « Le Pâtural »*, Mémoire de maîtrise, Université de Clermont-Ferrand, Clermont-Ferrand, 1996.

R. Gowland, « Embodied Identities in Roman Britain : A Bioarchaeological Approach », Britannia, 48 (2017), p. 177-194.

R. Gowland et S. Halcrow, *The Mother-infant Nexus in Anthropology : Small Beginnings, Significant Outcomes*, Cham, 2019.

D. Graepler, *Tonfiguren im Grab : Fundkontexte Hellenistischer Terrakotten aus der Nekropole von Tarent*, Munich, 1997.

A. Grand-Clément, « La saveur de l'immortalité : les mille et une vertus de l'ambroisie et du nectar dans la tradition homérique », *Pallas. Revue d'études antiques*, 106 (2018), p. 69-83.

C. L. Grand-Sébille, « Les deuils d'enfants : de la conception à la naissance, les pratiques rituelles », *Études sur la mort*, 119/1 (2001), p. 39-45.

A. Grange, H. Parriat et R. Perraud, « La nécropole gallo-romaine et barbare de Briord (Ain) », *Revue périodique de la physiophyle*, 58 (1963), p. 3-76.

H. Granqvist, *Birth and Childhood Among the Arabs : Studies in a Muhammedan Village in Palestine*, Helsingfors, 1947.

G. Greco et B. Ferrara, *Doni agli dei : il sistema dei doni votivi nei santuari : atti del seminario di studi, Napoli, 21 aprile 2006*, 6, Naples, 2008.

M. J. Green, *Iconography of Romano-British Religion*, ANRW II, 18/1, Berlin, 1986, p. 113-162.

E. S. Grego, *La ceramica campaniense de Emporion y Rhode*, Barcelona, 1979.

M. D. Grmek, *Diseases in the Ancient Greek World*, Baltimore/Londres, 1989.

M. Grunewald, *Die Romischen Graberfelder Von Mayen (Monographien Des Romisch-germanischen Zentralmuseums)*, Mainz, 2011.

M. Guersent et N. P. Adelon, « Les maladies des enfans », *Dictionnaire de Médecine*, 21, Paris, 1821-1828.

V. Guichard, F. Perrin et J.-C. Decourt, *L'aristocratie celte à la fin de l'Age du Fer, IIe s. avant J.-C.-Ier s. après J.-C.*, Glux-en-Glenne, 2002.

P. Guillet, *L'Hygiène de Galien : à propos de la traduction en anglais moderne, son actualité gérontologique*, Mémoire pour le diplôme universitaire d'histoire de la médecine, Faculté de Médecine Paris Descartes, Paris, 2016.

G. Guillier, *Musée « Cénoman »*, Avant-projet muséographique, Inventaire des objets, (AFAN, Musées du Mans), Le Mans, 1992.

M. Guillon, C. Buquet-Marcon et E. Portat, (éd.), *Rencontre autour de la mort des tout-petits : mortalité fœtale et infantile, Actes de la IIe Rencontre du Gaaf à Saint-Germain-en-Laye les 3 et 4 décembre 2009*, Condé-sur-Noireau, 2016.

A.-M. Guimier-Sorbets, « L'iconographie des mosaïques hellénistiques de Chypre », *Cahiers du Centre d'Études Chypriotes*, 39/1 (2009), p. 141-152.

M. Guisan, *Les statuettes gallo-romaines en terre cuite d'Avenches*, Bulletin de l'Association pro Aventico, Avenches, 1976.

D. Guitton, *Les céramiques sigillées. Collections du Musée Dobrée*, Mémoire de maîtrise, Nantes-Loire-Atlantique, 1997.

C. Hack, *Zur Geschichte der Säuglingskrankheit im Altertum*, Jena, 1913.

A. Haffner, *Das keltisch-römische Gräberfeld von Wederath-Belginum*, Trierer Grabungen und Forschungen, 4, Mayence, 1971-1978.

A. Haffner, *Gräber-Speigel des Lebens. Zum Totenbrauchtum des Kelten und römer am Beispiel des Treverer-Gräberfeldes Wederath-Belginum*, Mayence, 1989.

P. Halstead, « Counting Sheep in Neolithic and Bronze Age Greece », in I. HODDER, G. ISAAC et N. HAMMOND (éd.) *Pattern of the Past : Studies in Honour of David Clarke*, Cambridge (1981), p. 307-339.

P. Halstead et al., « The Neolithic Site of Makriyalos, Northern Greece : Reconstruction of Social and Economic Structure of the Settlement Through Comparative Study of the Finds » in S. Voutsaki et S.-M. Valamoti (éd.), *Diet, Economy and Society in the Ancient Greek World : Towards a Better Integration of Archaeology and Science*, Proceedings of the International Conference held at the Netherlands Institute at Athens on 22-24 March 2010, Leuven-Paris, Walpole (2013), p. 77-88.

E. T. Hamy, « Boulogne romain », *Boulogne-sur-Mer et la région boulonnaise, Ouvrage offert par la ville de Boulogne-sur-Mer aux membres du XXVIIIe congrès de l'Association française pour l'avancement des sciences I*, Boulogne-sur-Mer, 1899, p. 28-48.

J. Hani, « La fête athénienne de l'aiora et le symbolisme de la balançoire », *Revue des Études Grecques*, 91/432-433 (1978), p. 107-122.

A. E. Hanson, « Conception, Gestation, and the Origin of Female Nature in the Corpus Hippocraticum », Helios, 19/1-2 (1992), p. 31-71.

A. E. Hanson, « The Logic of the Gynecological Prescriptions », in J. A. LÓPEZ FÉREZ (éd.), *Tratados hipocraticos (Estudio acerca de su contenido, forma e influencia)*, Actes du VIIe Colloque international hippocratique (Madrid, 24-29 sept. 1990), Universidad nacional de educación a distancia, Madrid, 1992, p. 235-250.

F. Hanut et al., « La nécropole de Messancy (Province De Luxembourg, Belgique) : évolution d'un grand cimetière trévire au cours du Haut-Empire », in Fr. HANUT (éd.), *Du bûcher à la tombe. Diversité et évolution des pratiques funéraires dans les nécropoles à crémation de la période gallo-romaine en Gaule septentrionale*, Études et documents, Archéologie, Namur, 2016, p. 279-304.

G. L. Harding, « A Nabatean Tomb at Amman », *Quarterly of the Department of Antiquities in Palestine* (1946), p. 58-62.

M. Harlow et R. Laurence, *Growing Up and Growing Old in Ancient Rome. A Life Course Approach*, Londres/New-York, 2002.

H. A. Harris, « Lines of arrested growth in the long bones in childhood », British Journal of Radiology, 18 (1931), p. 622-640.

—, *Bone Growth in Health and Disease*, London, 1933.

B. Hartley et H. Vertet, « Fouilles de Lezoux 1967 », *Revue archéologique du Centre*, VII/3 (1946), p. 213-223.

S. Hartmann, « Glass workshops in northern Gaul and the Rhineland in the first millenium AD, Neighbours and successors of Rome », in D. KELLER et al. (éd.), *Traditions of Glass*

Production and Use in Europe and the Middle East in the Later Ist Millenium AD, Oxford, 2014, p. 43-57.

J. W. Hayes, *Late Roman Pottery*, Londres, 1972.

—, *Roman and Pre-Roman Glass in the Ontario Museum*, Toronto, 1975.

M. Heijmans et M.-P. Rothé, *Carte archéologique de la Gaule romaine. Camargue*, 13/5, Paris, 2008.

G. Helmreich, *Galeni. De usu partium libri XVII*, Leipzig, 1907/1909.

J. Hengstl, « Die athanatos Klausel », in J. BINGEN et G. NACHTERGAEL (éd.), *Actes du XVe Congrès International de Papyrologie, Bruxelles, 29 août-3 septembre 1977, IV*, Bruxelles, 1977, p. 231-239.

R. Henning, *Denkmäler der elsässischen Altertumssammlung*, Strasbourg, 1912.

A. Hensen, *Das römische Brand- und Körpergräberfeld von Heidelberg*, Stuttgart, 2009.

H. Herdejürgen, « Zur Funktion der sogenannten Calenischen Gutti », *Ancient Greek and Related Pottery, Proceedings of the International Vase Symposium, Amsterdam, 12-15 April 1984*, Amsterdam, p. 282-288.

F. Héritier, « Le sperme et le sang. De quelques théories sur la genèse et leurs rapports », *Nouvelle revue de psychanalyse (repris dans F. Héritier, Masculin/Féminin I. La pensée de la différence, Paris, 1996, p. 133-152)*, 32 (1985), p. 111-122.

—, « La mauvaise odeur l'a saisi. De l'influence du sperme et du sang sur le lait nourricier », *Le genre humain (repris dans F. Héritier, Masculin/Féminin I. La pensée de la différence)*, Paris, 1996, p. 153-164), 1987, p. 7-17.

—, *Masculin/féminin. La pensée de la différence*, Paris, 1996.

F. Héritier, « Une anthropologie symbolique du corps », *Journal des africanistes* 73, 2 (2003), p. 9-26.

F. Héritier, et M. Xanthakou (éd.), *Corps et affects*, Paris, 2004.

A. Hermary, « Présentation du programme "L'enfant et la mort dans l'Antiquité" : des pratiques funéraires à l'identité sociale », in A.-M. GUIMIER-SORBETS et Y. MORIZOT, *L'enfant et la mort dans l'Antiquité I : nouvelles recherches dans les nécropoles grecques ; le signalement des tombes d'enfants*, Travaux de la Maison René-Ginouvès, 12, Paris, 2010, p. 11-17.

D. A. Herring, S. R. Saunders et M. A. Katzenberg, « Investigating the Weaning Process in Past Populations », *American Journal of Physical Anthropology*, 105 (1998), p. 425-439.

E. Herrscher, « Alimentation d'une population historique : Analyse des données isotopiques de la nécropole de Saint-Laurent de Grenoble (XIIIe-XV siècle, France) », *Bulletins et Mémoires de la Société d'Anthropologie de Paris* 15, 3-4, 2003, p. 149-269.

F. Hettner, *Illustrierter Führer durch das provinzialmuseum in Trier*, Trèves, 1903.

J. Hiernard et D. Simon-Hiernard, *Carte archéologique de la Gaule, Les Deux-Sèvres*, 79, Paris, 1997.

W. Hilgers, *Lateinische Gefässnamen*, Düsseldorf, 1969.

S. Hillson, *Dental Anthropology*, Cambridge, 1996.

S. Hillson et S. Bond, « Relationship of Enamel Hypoplasia to the Pattern of Tooth Crown Growth : a Discussion », *American Journal of Physical Anthropology*, 104 (1997) p. 89-103.

D. Holman et K. Yamaguchi, « Longitudinal Analysis of Deciduous Tooth Emergence. IV. Covariate Effects in Japanese Children », *American Journal of Physical Anthropology* 126 (2004), p. 352-358.

K. Hinde, « Richer Milk for Sons but more Milk for Daughters : Sex-Biased Investment During Lactation Varies with Maternal Life History in Rhesus Macaques », *American Journal of Human Biology*, 21/4 (2009) p. 512-519.

D. Hindlet, « La céramique commune », in L. Roussel (éd.), *Mâlain-Mediolanum, catalogue d'exposition, Musée archéologique de Dijon*, Dijon, 1979, p. 201-228.

D. Hintermann, *Der Südfriedhof von Vindonissa. Archäologische und naturwissenschaftliche Untersuchungen im römerzeitlichen Gräberfeld Windisch-Dägerli*, Brugg, 2000.

H. Hinz, *Römische Gräber in Xanten : Grabungen 1962-1965*, Cologne/Bonn, 1984.

M. Hirreche Baghdad, « Le "Quarantième jour" : approches anthropo-philosophiques », *Insaniyat. Revue algérienne d'anthropologie et de sciences sociales*, 68 (2015), p. 51-74.

H. Hoffmann, « Hahnenkampf in Athen : zur Ikonologie einer attischen Bildformel », *Revue archéologique*, 2 (1974), p. 195-220.

Hôtel Drouot, *Collection de verres irisés d'époque romaine; figurines en terre cuite des époques grecques, hellénistiques et romaines; bronzes de Grèce et d'Egypte; antiquités égyptiennes; sculptures en pierre et en marbre*, Paris, 1969.

R. Howcroft, G. Eriksson et K. Liden, « The Milky Way : The Implications of Using Animal Milk Products in Infant Feeding », *Anthropozoologica*, 47/2 (2012), p. 31-43.

T. F. J. Huda et J. E. Bowman, « Age Determination from Dental Microstructure in Juveniles », *American Journal of Physical Anthropology* 97 (1995), p. 135-150.

E. Hug, *Die Schädel der Frühmittelalterlichen Gräber aus dem solothurnischen Aaregebiet in ihrer Stellung zur Reihengräberbevölkerung Mitteleuropas*, Genève, 1940.

—, *Die anthropologische Sammlung im Naturhistorischen Museum Bern*, Bern, 1956.

E. Humer, « Linkshändigkeit in der Antike – eine Behinderung ? », in R. Breitweiser (éd.), *Behinderungen une Beeinrträchtigungen/Disability and Impairement in Antiquity*, Oxford, 2012, p. 123-130.

Ch. Hummel, *Das Kind und seine Krankheiten in der griechischen Medizin. Von Aretaios bis Johannes Aktuarios (1. bis 14. Jahrhundert)*, Frankfurt am Main, 1999.

L. Humphrey, « Enamel Traces of Early Lifetime Events », in H. Schutkowski (éd.), *Between Biology and Culture*, Cambridge, 1998, p. 186-205.

P. Huon, « Le bain du nouveau-né à Rome : un rite lustral ? ». *Archimède : archéologie et histoire ancienne*, 2022, N° 9, pp.117-133. 10.47245/archimede.0009.ds1.09. hal-03985194.

J. Huskinson, « Roman Children's Sarcophagi. Their Decoration and its Social Significance », Oxford, 1996.

V. Hurt et C. Massart, « Une nécropole du Haut-Empire », *Le patrimoine archéologique de Wallonie* (1997), p. 359-362.

—, *De gallo-Romaneinse necropol van Messancy*, Kuleven, 2001.

C. Husquin, « Silences et restrictions des sources dans l'histoire de l'ophtalmologie antique : le cas des cachets à collyres », *Écrire l'histoire de la médecine : temporalités, normes, concepts, Actes de la journée d'étude Novembre 2013, La Plaine-Saint-Denis, France*, Université de Lille III, Université de Fribourg (Suisse), [mis en ligne le 20 mai 2016], <hal-01315509>.

A. Huttmann et al., « Inhaltsanalysen römischer Säuglingstrinkgefässe », *Kölner Jahrbuch für Vor- und Frühgeschichten* 22 (1989), p. 365-372.

G. Huvelle, *Nord-Pas-de-Calais / Nord (59), Iwuy « Val de Calvigny »*, Rapport final d'opération (SRA 10/135), 2013.

S. Huysecom-Haxhi et A. Muller, « Déesses et/ou mortelles dans la plastique de terre cuite. Réponses actuelles à une question ancienne », *Pallas* 75 (2007), p. 231-247.

—, *Figurines grecques en contexte*, Presses universitaires du Septentrion, Villeneuve d'Ascq, 2015.

A. Ingvarsson-Sundström, *Children Lost and Found : a Bioarchaeological Study of Middle Helladic Children in Asine with a Comparison to Lerna*, Ph.D. thesis, Uppsala University, Uppsala, 2003.

INRAP, *Chronique de site, La nécropole antique d'Evreux*, mis en ligne le 2 juillet 2016, 2016.

C. Isings, *Roman Glass from Dated Finds*, Groeningen, 1957.

J. Istenič, *Poetovio, zahodna grobišča II = Poetovio, the Western Cemeteries II*, Ljubljana, 2000 (Katalogi in monografije 33).

S. Jacomet et C. Jacquat, « Ackerbau : Bedeutung der Anbaupflanzen und ihre mögliche Verwendung », in F. MÜLLER, G. KAENEL, G. LÜSCHER (éd.), *SPM IV. Eisenzeit*, 1999, p. 105-109.

A. Jacques, D et D. PITON, « Duisans, lieu-dit "La Cité" », *Nord-Ouest archéologie*, 14 (2006), p. 59-89.

S. Jaeggi, *Le cimetière dit « de bébés » d'Alésia*, Mémoire de Master, Université de Fribourg, 2012(a).

—, « Le mobilier du cimetière de bébés d'Alésia », in A. HERMARY, C. DUBOIS (éd.), *Actes du colloque international, L'enfant et la mort dans l'Antiquité, Le matériel associé aux tombes d'enfants, Université de Provence Aix-Marseille 1 (20 janvier 2011), BiAMA*, Arles, 2012(b), p. 225-241.

S. Jaeggi-Richoz, « Des vases en forme de sein à vocation thérapeutique dans les sanctuaires de gaule romaine ? », in G. PEDRUCCI et al. (eds), *Breastfeeding(s) and Religions : Normative Prescriptions and Individual Appropriations. Cross-Cultural and Interdisciplinary Perspectives from Antiquity to the Present, Internationaler Workshop (11.-12. Juli 2018, Max-Weber-Kolleg)*, Brossura, 2019, p. 1-25.

—, « Un biberon sur une fontaine d'époque augustéenne à Palestrina ? », Latomus, 78/1, 2019, 24-67.

—, « Des biberons sans lait pour les "petits Suisses" », *Archéologie Suisse*, 2020(a), p. 1-12.

—, « Lolo et zizi pour petits gaulois » in I. BECCI et F. PRESCENDI (éd.), *Imaginaires queers. Transgressions religieuses et culturelles à travers l'espace et le temps, A contrario Campus*, 2020(b), p. 115-140.

— « Le dépôt de vases biberons en Gaule romaine ou comment signifier un état de fragilité par les dépôts funéraires et l'agencement de la sépulture ? », Rencontre autour du corps malade : prise en charge et traitement funéraire des individus souffrants à travers les siècles, colloque du Gaaf, Bordeaux – 23, 24 et 25 mai 2018, GAAF (Groupement d'archéologie et d'anthropologie funéraire), 2021, p. 225-233.

—, « Shells and feeding bottles : continuation or break between Greece and Rome ? » (avec Nicolas Garnier), in C. DEL VAIS, D. FRÈRE (éd.), *Ideas Across Times. CulturalIinteractione in the Central-Western Mediterranea Sea from VII Century BCE to the Late Roman Age (26th Virtual Annual Meeting of the EAA), Layers, Archeologia Territorio Contesti*, University of Cagliari (Department of Letters, Languages and Cultural Heritage), 2022, p. 3-136.

—, « Lait de femme ou rien : l'alimentation lactée des nourrissons grecs et romains » in L. BODIOU et D. FRÈRE (éd.), *Le lait et le fromage dans la protohistoire, l'Antiquité et au Moyen-âge*, Colloque 14-15 octobre 2021, Poitiers, ABPO, à paraître.

S. Jaeggi, N. Garnier et A. Wittmann, « Biberon or not biberon ? Les analyses biochimiques de contenus et la question de la fonction de vases gallo-romains communément appelés biberons », *Sfecag, Actes du congrès de Nyon*, Marseille, 2015, p. 561-576.

M. H. Jameson « Sacrifice and Animal Husbandry in Classical Greece », in C. R. WHITTAKER (éd.), *Pastoral Economies in Classical Antiquity*, Cambridge, 1988, p. 87-119.

J.-R. Jannot, « L'urne et la louve, un allaitement de l'Au-delà en Étrurie ? », *Comptes rendus des séances de l'Académie des Inscriptions et Belles-Lettres, 145ᵉ année* (2001), p. 265-299.

P. Janssens, « Het Gallo-Romeins Grafveldje van Grobbendonk », Noordgouw, 6/2 (1966), p. 53-71.

V. Jeammet (Commissaire d'exposition), *Tanagra, Mythe et archéologie, catalogue de l'exposition, Musée du Louvre, Paris, 15 septembre 2003-5 janvier 2004*, Paris, 2003.

R.-A. Jean et A.-M. Loyrette, *La mère, l'enfant et le lait en Égypte ancienne*, Paris, 2010.

B. Jean-Baptiste, *Le complexe de Zeus : repésentations de la paternité en Grèce ancienne*, Paris, 2004.

L. Jean-Pierre, « La céramique à glaçure plombifère du musée municipal de Limoges », Revue archéologique du Centre de la France, 20, 2 (1981), p. 41-48.

L. Jéhasse, *La nécropole préromaine d'Aléria*, Paris, 1973.

S. Jenny, *Die römische Begräbnisstätte von Brigantium. Östlicher Teil*, Vienne, 1989.

M.-O. Jentel, *Les Gutti et les Askoi à reliefs étrusques et apuliens. Essai de classification et de typologie*, Leiden, 1976.

W. Johannowsky, « Relazione preliminare sugli scavi di Teano », Bolletiono D'Arte, 48/1-2 (1963), p. 131-165.

J. Joly, « Un cimetière de bébés à Alise-Sainte-Reine (Côte d'Or) », *Revue archéologique de l'Est*, 11 (1955), p. 119-120.

R. Joly, *Le Niveau de la science hippocratique. Contribution a psychologie de l'histoire des sciences*, Paris, 1966.

H. Jordan, *M. Catonis praeter librum de re rustica quae extant*, Leipzig, 1860.

J. Jouanna, *Hippocrate*, Paris, 1992.

—, « La notion de nature chez Galien », *Galien et la Philosophie Entretiens sur l'antiquité classique*, Genève, Vandœuvre, 2003, p. 229-262.

—, « Médecine rationnelle et magie : le statut des amulettes et des incantations chez Galien », Revue des études grecques, 124 (2011), p. 47-77.

F. Jouannet, « Notice sur les antiques sépultures populaires du département de la Gironde » (lue à l'Académie de Bordeaux le 20 mai 1831) », *Actes de l'Académie des Sciences, Belles-Lettres et Arts de Bordeaux*, Bordeaux, 1831, p. 123-176.

O. E. Kaper, « Local Perceptions of the Fertility of the Dakhleh Oasis in the Roman Period », in C. A. MARLOW, A. J. MILLS (éd.), *The Oasis Papers 1 : The Proceedings of the First Conference of the Dakhleh Oasis Project, (Dakhleh Oasis Project Monograph)*, Oxford, 2001, p. 70-79.

G. Karović, *Rimsko staklo Marguma, Viminacium 10*, Požarevac 1995-1996, p. 75-105.

M. A. Katzenberg, D. A. Herring et S. R. Saunders, « Weaning and Infant Mortality : Evaluating the Skeletal Evidence », Yearbook of Physical Anthropology, 39, 1996, p. 177-179.

M. Kazanski, *La nécropole gallo-romaine et mérovingienne de Breny (Aisne)*, Montagnac, 2002.

A. Keenleyside et K. Panayotova, « Cribra Orbitalia and Porotic Hyperostosis in a Greek Colonial Population (5th to 3rd centuries BC) from the Black Sea », International Journal of Osteoarchaeology, 16 (2006), p. 373-384.

A. Keenleyside et al., *Stable Isotopic Evidence for Diet in a Roman and late Roman Population from Leptiminus, Tunisia*, 36, 2009.

R. L. Kelly, *The Foraging Spectrum : Diversity in Hunter-Gatherer Lifeways*, Washington / Londres, 1995.

P. Kiernan, « The Ritual Mutilation of Coins on Romano-British Sites », British Numismatic Journal, 71 (2001), p. 18-33.

H. King, *Hippocrates' Woman. Reading the Female Body in Ancient Greece*, Londres/New York, 1998.

—, « Motherhood and Health in the Hippocratic Corpus : Does Maternity Protect Against Disease ? », in J.-B. BONNARD et F. GHERCHANOC (éd.), *Mères et maternités en Grèce ancienne*, *Métis*, 11 (2013), p. 51-70.

A. Kisa, *Das Glas im Altertum*, Leipzig, 1908.

D. Klebe et H. Schadewaldt, *Gefässe zur Kinderernährung im Wandel der Zeit*, Frankfurt am Mainz, 1955.

F. Kliesch et L. Liogier, « 19 et 21 rue du Docteur-Poulain. Nouveau bilan sur la Grande nécropole du sud d'Evreux », *Journées archéologiques de Haute-Normandie : Alizay*, Mont-Saint-Aignan, 2014, p. 129-140.

L. Kohlberg, « A Cognitive-Developmental Analysis of Children's Sex-Role Concepts and Attitudes », in C. MACCOBY (éd.), *The Development of Sex Differences*, Stanford, 1966, p. 80-173.

Y. Knibielher, « dossier allaitement et société », *Santé et allaitement maternel* [en ligne] https://www.santeallaitementmaternel.com/se_former/histoires_allaitement/allaitement_histoire.php#_ftnref6 (consulté le 29.10.2020).

Y. Knibiehler et C. Fouquet, *L'histoire des mères du moyen-âge à nos jours*, Montalba, 1980.

P. Knierriem, « Nibe infans ! Funktionsanalyse eines zoomorphen Glasgefässes aus Aquae/Baden-Baden, Die Ortenau », *Veröffentlichungen des Historischen Vereins für Mittelbaden*, 75 (1995), p. 137-178.

C. Knipper, F. Jacobi et C. Meyera, « Social Differentiation and Land Use at an Early Iron Age "Princely Seat": Bioarchaeological Investigations at the Glauberg (Germany) », *Journal of Archaeological Science*, 41 (2014), p. 818-835.

C. Koenen, « Die vorrömischen, römischen und fränkischen Gräber in Andernach », *Jahrbücher des Vereins von Altertumsfreunden im Rheinlande*, 86 (1888), p. 148-230.

Y. Koenig, *Magie et magiciens dans l'Égypte ancienne*, Paris, 1994.

J. Kohoutková, « An Apulian Askos in Prague », *Folia philologica*, 112/2 (1989), p. 81-82.

L. Konkel, « Mother's Milk and the Environment : Might Chemical Exposures Impair Lactation ? », *Environ Health Perspect*, 125/1 (2017), p. A17-A23.

Z. Kotitsa, « Sepolture di pre-adulti nelle necropoli greche dell'Italia meridionale : osservazioni sulle strategie di rappresentatzone tra periodo tardo arcaico ed età classica », in A. HERMARY et C. DUBOIS (éd.), *Le matériel associé aux tombes d'enfants, table-ronde de l'ANR La mort des enfants dans le monde antique, Aix-en-Provence 2011, BiAMA*, Arles, 2012, p. 131-148.

CHR. KRAMAR, « Études paléoanthropologique et paléopathologique des sujets à Avenches dans les nécropoles à la Montagne et de la porte de l'Ouest (Sur Fourches) », *Bulletin de l'association Pro Aventico*, 47 (2005), p. 7-61.

M.-F. Krause, C. Agustoni et D. Bugnon, *En marge de l'exposition « Des goûts et des couleurs. Céramiques gallo-romaines, modes d'emploi »*, *Cahiers d'archéologie fribourgeoise*, 1, 1999, p. 2-13.

E. Künzl, *Die Alamannenbeute aus dem Rhein bei Neupotz. Plünderungsgut aus dem römischen Gallien*, (Monographien des Römisch-Germanisches Zentralmuseum Mainz, 34), Bonn, 1993.

S. Künzl, *Die Trierer Spruchbecherkeramik. Dekorierte Schwarzfirniskeramik des 3. und 4. Jahrhunderts n. Chr.*, (Trierer Zeitschrift für Geschichte und Kunst des Trierer Landes und seiner Nachbargebiete, 21), Trier, 1997.

L'ART DU MÉTAL EN AQUITAINE, *des origines au VIII° siècle, Catalogue d'exposition du Musée d'Aquitaine*, Bordeaux, 1980.

P. La Baume, *Römisches Kunstgewerbe zwischen Christi Geburt und 400*, Braunschweig, 1964.

—, *Glas der antiken Welt I (Wissenschaftliche Kataloge des Römisches Germanisches Museum Köln)*, Cologne, 1966.

—, *Glas der antiken Welt II (Wissenschaftliche Kataloge des Römisches Germanisches Museum Köln)*, Köln, 1973.

R. Labat, *Traité akkadien de diagnostics et pronostics médicaux*, Leiden, 1951.

A. D. Lacaille, « Infant Feeding-Bottles in Prehistoric Times », Proceedings of the Royal Society of Medicine, 43/7, 1950, p. 565-568.

J. Lachastre, *La nécropole gallo-romaine d'Harfleur. Trésors archéologiques de la Haute-Normandie*, Harfleur, 1980.

M. Laget, *Naissances. L'accouchement avant l'âge de la clinique*, Paris, 1982, p. 231-232.

S. J. De Laet, A. VAN DOORSELAER, P. SPITAELS et H. THOEN, La nécropole gallo-romaine de Blicquy (Hainaut-Belgique), Dissertationes archaelogicae Gandenses, XIX, Brugge, 1971.

C. Laes, *Children in the Roman Empire*, Cambridge, 2011.

—, « Grandmothers in Roman Antiquity : a Note on Avia Nutrix (AE 2007, 298) », Melita Classica, 2 (2016), p. 99-113.

C. Lagrand, « Un nouvel habitat de la période de colonisation grecque : Saint-Pierre-les-Martigues (Bouches-du-Rhône), *Documents d'Archéologie méridionale*, 2 (1979), p. 81-106.

A. K. Lake, « Campana supellex : The pottery deposit at Minturnae », *Bollettino dell'Associazione internazionale di Studi Méditerranei*, 5 (1934-1935), p. 97-114.

J. W. Lallo, G. J. Armelagos et R. P. Mensforth, « The Role of Diet, Disease, and Physiology in the Origin of Porotic Hyperostosis », Human biology 49, 3 (1977), p. 471-483.

N. Lamboglia, « Per una classificazione preliminare dellla ceramica campana », *Atti del 1 congresso internazionale di Studi Liguri (Bordighera 1950)*, Bordighera, 1952, p. 139-206.

—, « Nuove osservazioni sulla "terra sigillata chiara" », Revue d'Études Ligures, 24/1 (1958), p. 257-330.

—, « Nuove osservazioni sulla "terra sigillata chiara" », Revue d'Études Ligures, 2/24 (1963), p. 145-212.

C. Landes, *Verres gallo-romains (Bulletin du Musée Carnavalet 36, IV)*, Paris, 1983.

F. Lanfranchi, « De la technologie de la fabrication de l'huile d'oléastre à sa consommation : l'exemple corso-sarde », in P. Marinval (éd.), *Modernité archéologique d'un arbre millénaire ; l'olivier*, Toulouse, 2005, p. 117-136.

S. Langdon, *Art and Identity in Dark Age Greece, 1100-700 B.C.E.*, Cambridge, 2008.

R. Lantier, *La verrerie, Musée des Antiquités Nationales*, Paris, 1929.

E. La Rocca, « Augustus' solar meridian and the Augustan urban program in the northern Campus Martius : attempt at a holistic view », in L. HASELBERGER (éd.), *The Horologium of Augustus : Debate and Context (Journal of Roman Archaeology, Supplementary Series 99)*, Portsmouth, Rhode Island 2014, p. 121-165.

L'art du métal en Aquitaine des origines au VIIe siècle : restauration et conservation : [exposition, mai-septembre 1980, Musée d'Aquitaine], Bordeaux, 1980

C. S. Larsen, *Bioarchaeology : Interpreting Behavior from the Human Skeleton*, Cambridge, 1999.

J. Laskaris, « Nursing Mothers in Greek and Roman Medicine », American Journal of Archaeology, 112 (2008), p. 459-464.

V. Lassale, *Découvertes de la route de Beaucaire en mars 1958*, Rapport d'activités du S.R.A, Languedoc-Roussillon, 1958.

F. Laubenheimer, « La mort des tout-petits dans l'Occident romain », in V. Dasen (éd.), *Naissance et petite enfance dans l'Antiquité*, Fribourg, 2004, p. 293-316.

F. Laubenheimer, P. Ouzoulias et P. Van Ossel, « La bière en Gaule. Sa fabrication, les mots pour le dire, les vestiges archéologiques : première approche », *Revue archéologique de Picardie*, 1-2 (2003), p. 47-63.

A.-F. Laurens, « Héraclès et Hébé dans la céramique grecque ou les noces entre terre et ciel », in C. Jourdain-Annequin, C. Bonnet (éd.), *IIe Rencontre héracléenne : Héraclès, les femmes et le féminin*, Bruxelles/Rome, 1996, p. 235-258.

J.-A., Lavier, *Médecine chinoise, médecine totale*, Paris, 1988.

I. Lazar, *Rimsko steklo Slovenije. = The Roman Glass of Slovenia*, Ljubljana, 2003.

L. Lazzaro, *Esclaves et affranchis : en Belgique et Germanies romaines, d'après les sources épigraphiques*, Paris, 1993.

J.-P. Le Bihan, *Archéologie de Quimper, matériaux pour servir l'Histoire*, Quimper, 2012.

Y. Le Bohëc, « L'Italie du Nord : une zone de romanisation tardive », *Voyages Clio* [en ligne] https://www.clio.fr/bibliotheque/litalie_du_nord_une_zone_de_romanisation_tardive.asp (consulté le 29.10.2020).

J. Le Goïc, *Plongée avec Pline l'Ancien. Identification et indexation de la faune aquatique du Livre IX de l'Histoire Naturelle de Pline*, Mémoire de Master, Université de Bretagne occidentale, Rennes, 2015.

J. Lecaplain, « Biberons antiques », Aesculape, 10 (1912), p. 222-224.

S. Lecerf, *Les sujets immatures de la nécropole Jacques Brel à Saintes*, Rapport de stage, Université de Bordeaux I, Bordeaux, 1997.

J. Leclant, « Le rôle du lait et de l'allaitement d'après les textes des pyramides », Journal of Near Eastern Studies, 10 (1951), p. 123-137.

G. Lefebvre, « Lait de vache et autres laits en Égypte », Revue d'Egyptologie, 12 (1960), p. 59-65.

C. Le Grand-Sébille, « Les deuils d'enfants : de la conception à la naissance, les pratiques rituelles », *Études sur la mort*, 119/1, 2001, p. 39-45.

B. Legras, « L'adoption en droit hellénistique, d'après les papyrus grecs d'Égypte », in A. Bresson, S. Perentidis, J. Wilgaux et M.-P. Masson-Vincourt (éd.), *Parenté et société dans le monde grec : De l'Antiquité à l'âge moderne*, Pessac, 1960, p. 175-188.

—, *Hommes et femmes d'Égypte*, Paris, 2010.

B. Le Guen-Pollet, *La vie religieuse dans le monde grec du ve au iie s. avant notre ère. Choix de documents épigraphiques traduits et commentés*, Toulouse, 1991.

D. Le Huray et H. Schutkowski, « Diet and Social Status During the La Tène Period in Bohemia : Carbon and Nitrogen Stable Isotope Analysis of Bone Collagen from Kutná Hora-Karlov and Radovesice », Journal of Anthropological Archaeology Volume, 24/2 (2005), p. 135-147.

E. F. Leon, « Cato's Cake », The Classical Journal, 38/4 (1943), p. 213-221.

S. Lepetz et W. Van Andringa, « Archéologie du rituel : méthode appliquée à l'étude de la nécropole de Porta Nocera à Pompéi », in J. Scheid (éd.), *Pour une archéologie du rite*, MEFRA, 2008, p. 105-126.

E. Le Roy-Ladurie, « L'allaitement mercenaire en France au xviiie siècle », La nourriture. Pour une anthropologie bioculturelle de l'alimentation, Communications 31 (1979), p. 15-21.

Les verres antiques d'Arles : La collection du Musée Département Antique (Musée de la Civilisation Gallo-Romaine), Arles, 2010.

J. Letronne, *Observations philologiques et archéologiques sur les noms des vases grecs* (Œuvres choisies, 3), Paris, 1833.

M. Lewis, *The Bioarchaeology of Children. Perspectives from Biological and Forensic Anthropology*, Cambridge, 2017.

—, *Paleopathology of Children. Identification of Pathological Conditions in the Human Skeletal Remains of Non-Adults*, London, 2018.

—, *The Athenian Woman, an Iconographic Handbook*, Londres, 2002.

M. E. Lewis et R. Gowland, *Infantile Cortical Hyperostosis : Cases, Causes, Constraints. Paper Presented at the 32nd Annual Meeting of the Paleopathology Association, 5-6 April 2005, Milwaukee (WI, USA)*, Milwaukkee, 2005.

M. Lewis et C. Roberts, « Growing Pains : the Interpretation of Stress Indicators », International Journal of Osteoarchaeology, 7/6 (1997), p. 581-586.

M.-K. Lhommé, A. Bendlin et J. Rüpke, « Lectures traditionnelles et relectures augustéennes de la religion romaine : Verrius Flaccus, un antiquaire au service d'Auguste », *Römische Religion im historischen Wandel. Diskursentmicklung von Plautus bis Ovid*, Stuttgart, 2009, p. 143-156.

K. Liden, C. Takahashi et D. Nelson, « The Effects of Lipids in Stable Carbon Isotope Analysis and the Effects of NaOH Treatment on the Composition of Extracted Bone Collagen », Journal of Archaeolical Sciences, 22 (1995), p. 321-326.

S. Liegard et A. Fourvel, *Le site de Maréchal à Romagnat, Puy-de-Dôme, contournement sud de Clermont-Ferrand, Document final de synthèse de sauvetage urgent*, Clermont-Ferrand, SRA d'Auvergne, 1996.

A. Liéger, *La nécropole gallo-romaine de Cutry (Meurthe-et-Moselle)*, 3, Nancy, 1997.

E. Lightfoot, X. Liu et M. K. Jones, « Why Move Starchy Cereals ? A review of the Isotopic Evidence for Prehistoric Millet Consumption Across Eurasia », World Archaeology, 45/4 (2013), p. 574-623.

S. Linger-Riquier et al., « Toubib or not toubib ? À propos des analyses organiques de quelques vases en contexte funéraire en Touraine et en Berry (Ier s. av. J.-C.–IVe siècle apr. J.-C.) », Sfecag, Actes du congrès d'Autun, Marseille, 2016, p. 315-328.

Fr. Lissarague, « Figures of Women », in P. SCHMITT PANTEL (éd.), *A History of Women in the West I : from Ancient Goddesses to Christian Saints*, Cambridge, 1992, p. 139-229.

E. Littré, *Dictionnaire de la langue française*, Paris, 1889.

G. E. Lloyd, « Right and left in Greek Philosophy », in G. E. Lloyd (éd.), *Methods and Problems in Greek Science. Selected papers*, Cambridge, 1991, p. 27-48.

S. Loeschke, *Keramische Funde in Haltern : Ein Beitrag zur Geschichte der augusteischen Kultur in Deutschland*, Münster, Aschendorff, 1909.

S. Loeschke, *Lampen aus Vindonissa. Ein Beitrag zur Geschichte von Vindonissa und des Antiken Beleuchtungswesens*, Zürich / Frankfurt am Main, 1919.

L. Long, « Les épaves du Grand Congloué (Étude du journal de fouille de Fernand Benoit) », Archaeonautica, 7 (1987), p. 9-36.

R. Longin, « New method of collagen extraction for radiocarbon dating », Nature, 230 (1971), p. 241-242.

M. López Pérez, « La alimentación del lactante : la nodriza y el examen probatorio de la leche en la obra de Oribasio », *UNED. Espacio, Tiempo y Forma II, Historia Antigua*, 17-18 (2004-2005), p. 225-236.

N. Loraux, *Les mères en deuil*, Paris, 1990.

—, « La cité grecque pense l'Un et le Deux », in *Mélanges Pierre Lévêque. Religion, anthropologie et société*, 8 (Annales littéraires de l'Université de Besançon, 499), Besançon, 1994, p. 275-291.

F. Loridant et X. Deru, Bavay : la nécropole gallo-romaine de la « Fache des Près Aulnoys ». Revue du Nord, hors série, 13 (2009).

F. Loridant et N. Rouquet, « Archéologie expérimentale : les tire-laits à l'épreuve », *SFECAG, Actes du congrès de Saint Romain en Gal*, Marseille, 2003, p. 665-666.

A. Louis, « Le mobilier en verre de deux tombes découvertes à Arcis-sur-Aube "Le prieuré" (Aube) », *Bulletin de l'Association Française pour l'Archéologie du Verre* (2009), p. 41-45.

A. Louis, « La place du mobilier en verre dans les sépultures gallo-romaines de champagne-Ardenne (France) », in D. IGNATIADOU et A. ANTONARAS (éd.), *Annales du 18e congrès de l'Association Internationale pour le Verre, Thessalonique 2009*, Thessalonique, 2012, p. 190-196.

F. Loup, *La nécropole gallo-romaine du site de l'amphithéâtre de Martigny/Forum Claudii Vallensium*, Mémoire de Master 2, Université de Lausanne, Lausanne, 2004.

J.-P. Loustaud, R. Couraud et L. Berland, « Vestiges gallo-romains rue des Soeurs-de-Rivière », Bulletin de la Société Archéologique et Historique du Limousin, C, (1973), p. 91-110.

E. Lovergne, *Le mobilier funéraire des nécropoles hellénistiques d'Etrurie méridionale : Musarna et le territoire de Tarquinia*, Thèse de doctorat, Paris 1, 2017.

D. Lubell et al., « The Mesolithic – Neolithic Transition in Portugal : Isotopic and Dental Evidence of Diet », Journal of Archaeological Sciences, 21, 1994, p. 201-216.

J. J. Lucejko et al., « Long-Lasting Ergot Lipids as New Biomarkers for Assessing the Presence of Cereals and Cereal Products in Archaeological Vessels », Scientific Reports 8, 2008, p. 3935.

K. Ludloff, « Über Wachstum und Architektur der unteren Femurepiphyse und oberen Tibiaepiphyse : Ein Beitrag zur Röntgendiagnostik », Bruns'Beiträge zur klinischen Chirurgie, 38, 1 (1903), p. 64-75.

G. Lugli, *Roma antica. Il centro monumentale*, Rome, 1946.

P. G. Lunn, « Nutrition, immunité et infection », Annales de démographie historique, 2, 1989, p. 111-124.

G. Lüscher et F. Müller, *Die Kelten in der Schweiz*, Stuttgart, 2004.

G. Lüscher, F. Müller et G. Kaenel, *Die Schweiz vom Paläolithikum bis zum frühen Mittelalter, SPM IV, Eisenzeit*, Basel, 1999.

M. Lutz, « Céramique de tradition La Tène de Tarquimpol-Decempagi », *Rei cretariae romanae fautorum acta*, 1977, p. 17-18.

J.-J. Maffre et al., « Vases à parfum de la fin de l'époque classique mis au jour à Apollonia de Cyrénaïque : les analyses de contenus », Revue Archéologique, 55/1 (2013), p. 57-80.

B. Maire, « Le triangle méthodique : Soranos, Caelius Aurelianus et Mustio », in N. PALMIERI (éd.), *Rationnel et irrationnel dans la médecine ancienne et médiévale*, Saint-Étienne, 2003, p. 215-230.

—, « Gynaecia Muscionis : réincarnation des Gunaikeia de Soranos ou naissance d'un traité ? », in V. DASEN (éd.), *Naissance et petite enfance dans l'Antiquité, Actes du colloque de Fribourg, 28 novembre-1er décembre 2001*, Fribourg/Göttingen, 2004, p. 317-323.

—, « "Conceptio", "retentio" et cotylédons ou quelques aspects de la vie intra-utérine », in V. Dasen (éd.), *L'embryon humain à travers l'histoire. Images, savoirs et rites*, Gollion, 2007, p. 207-222.

—, « Mamma et nutrix. Les deux facettes de la nourrice romaine idéale selon Mustio », in V. Dasen et M.-C. Gérard-Zai (éd.), *Art de manger, art de vivre : nourriture et société de l'Antiquité à nos jours*, Gollion/Paris, 2012, p. 60-71.

A. Mamouni, « Caprification : potentialités et contraintes pour la production de figues sèches », *Actes de la Journée Figuier Potentialités et perspectives de développement de la figue sèche au Maroc*, Meknès, 2002, p. 42-51.

Y. Manniez, « Jouer dans l'au-delà ? Le mobilier ludique des sépultures de Gaule méridionale et de Corse (ve siècle av. J.-C.-ve siècle apr. J.-C.) », *Archimède [Dossier Jouer dans l'Antiquité]*, 6 (2019), p. 186-198.

B. Maraoui Telmini, *Les vases biberons puniques du Bassin occidental de la Méditerranée*, Tunis, 2009.

Y. Marcadal et J.-M. Féménias, « Une sépulture remarquable du ier siècle av. J.-C. à Servanes (Mouriès, B.-du-Rh.) », *Documents d'archéologie méridionale. Protohistoire du Sud de la France*, 24 (2001), p. 185-199.

E. Mare, *Carrière de la Remise, Pîtres, Eure. Le quartier sud-ouest de la nécropole laténienne et gallo-romaine*, Rapport d'opération Inrap grand-Ouest, 2010.

E. Mare, Y.-M. Adrian et F. Pilon, « Le quartier sud de la nécropole de Pîtres (Eure). Aperçu des résultats de la fouille de 2008 », in L. Liogier (éd.), *Journées archéologiques de Haute-Normandie, Alizay 2014*, Mont-Saint-Aignan, 2015, p. 111-128.

M.-H. Marganne, P. Mudry et M. E. Vazquez Bujan, (éd.), « La nature textuelle de l'œuvre de Caelius Aurelianus », in M.-H. Marganne, P. Mudry et M. E. Vazquez Bujan (éd.), *Le traité des Maladies aiguës et des Maladies chroniques de Caelius Aurelianus. Nouvelles approches*, [L'Antiquité Classique], 2001, Nantes, p. 411-412.

M. H. Marganne et A. Ricciardetto (éd.), *En marge du Serment hippocratique. Contrats et serments dans le monde gréco-romain* (Revue des Études Anciennes, 119), Liège, 2017.

O. Mariaud, « Mobilier funéraire et classes d'âge dans les cités grecques d'Égée orientale à l'époque archaïque », in A. Hermary et S. Dubois, *Le matériel associé aux tombes d'enfants, table-ronde de l'ANR La mort des enfants dans le monde antique, Aix-en-Provence, 2011*, BiAMA, Arles, 2012, p. 131-148.

S. Marlier, « Chapitre 1. Historique des missions et des recherches sur l'épave Arles-Rhône 3 » *Archaeonautica 18, 2014 (Arles-Rhône 3. Un chaland gallo-romain du Ier siècle après Jésus-Christ)*, 2014, p. 23-33.

A. Marshall, « L'alimentation des enfants en Égypte ancienne », *Volumen : Revue d'études antiques*, 13-14, 2015a, p. 187-215.

—, *Maternité et petite enfance en Égypte ancienne*, Monaco, 2015b.

S. Martin-Kilcher, « Zu den Kleinfunde aus den Tempelanlage auf der Flühweghalde », in E. Riha (éd.), *Der gallorömische Tempel auf der Flühweghalde bei Augst, Augster Museumshefte*, 3, Augst, 1980, p. 48-55.

— « Mors Immatura in the Roman World – A Mirror of Society and Tradition », in J. Pearce, M. Millett et M. Struck (éd.), *Burial, Society and Context in the Roman world*, Oxford, 2001, p. 64-77.

H. Martlew et Y. Tzedakis, *Minoans and Mycenaeans Flavours of their Time (Greek Ministry of Culture, National Archaeological Museum, Athens)*, Athens, 1999.

F. Marty, « Aperçu sur les céramiques à pâte claire du golfe de Fos », in L. Rivet et S. Saulnier (éd.), *Vivre, produire et échanger : reflets méditerranéens. Mélanges offerts à Bernard Liou*, Montagnac, 2002, p. 201-220.

F.-H. Massa-Pairault, « Romulus et Remus : réexamen du miroir de l'Antiquarium Communal », *MEFRA* (2011), p. 505-525.

B. Massabò, *Magische Trasparenze. I vetri dell'antica Albingaunum*, Catalogo della mostra, Genova, (17 dicembre 1999-15 marzo 2000), Milan, 1999.

P. Mathelart, *Reims (Marne) 6, rue des Fuseliers, rue Chanzy, rue Rockfeller : Médiathèque Cathédrale*, rapport de fouilles sous la dir. de S. Sindonino, 2008.

N. Mathieu, *L'épitaphe et la mémoire Parenté et identité sociale dans les Gaules et Germanies romaines*, Rennes, 2011.

—, *L'épitaphe et la mémoire : Parenté et identité sociale dans les Gaules et Germanies romaines*, Rennes, 2019.

N. Mathieux, *Tanagra, Mythe et archéologie*, Catalogue de l'exposition, Musée du Louvre, Paris (15 septembre 2003-5 janvier 2004), Paris, 2003.

—, « Jouet, attribut ou symbole ? Le motif du raisin dans les figures des tombes de Myrina », in S. Huysecom-Haxhi et A. Müller (éd.), *Figures grecques en contexte : présence muette dans le sanctuaire, la tombe*, Villeneuve d'Ascq, 2003, p. 245-265.

L. Maurin et V. Souilhac, « Les énigmes de Boios », *Capitales éphémères. Actes du colloque de Tours, 6-8 mars 2003 (Supplément à la Revue archéologique du centre de la France)*, Tours, 2004, p. 191-205.

M. Mazoyer, *Larousse agricole*, Paris, 2002.

Mémoire de corps. Ados à corps perdu, Catalogue de l'exposition temporaire, Bordeaux, Musée d'Aquitaine (15 septembre au 31 décembre 2006), Bordeaux, 2006.

C. Menin, *La population gallo-romaine de la nécropole de Maule (Yvelines). Étude anthropologique*, Thèse de Doctorat de 3e cycle, Université Pierre et Marie Curie, Paris VI, Paris, 1977.

C. Mennessier-Jouannet, J. Collis et J. Dunkley, « Les nécropoles rurales d'époque romaine en Auvergne », *Monde des morts, monde des vivants en Gaule rurale*, Actes du Colloque ARCHEA/AGER, Orléans, 7-9 février 1992, (Supplément à la Revue archéologique du centre de la France 6), Tours, 1993, p. 285-298.

C. Mensignac, « Note sur un biberon gallo-romain », *Bulletin et mémoires de la Société archéologique de Bordeaux*, 5 (1878), p. 109-112.

L. Mercando, « Marche. Rinvenimenti di tombe di età romana », Notizie degli scavi di antichità, Accademia Nazionale dei Lincei 28, Atti della Accademia Nazionale dei Lincei 8, 28 (1974), p. 88-141.

P. Merlat, « Notice sur les fouilles exécutées dans la nécropole gallo-romaine de Créac'h Maria en Ergué-Armel (Finistère) », in *Annales de Bretagne*, 60/2 (1953), p. 382-408.

L. Merzagora, *I vasi a vernice nera delle collezione H. A. di Milano*, Milan, 1971.

N. Méthy, « Rome "Ville éternelle" ? À propos de deux vers de Tibulle (II, 5, 23-24) », *Latomus*, 59/1 (2000), p. 69-81.

A. Meurant, *Les Paliques, dieux jumeaux siciliens*, Louvain, 1998.

M.-F. Meylan Krause, D. Castella et S. Deschler-Erb, « Bemerkenswerte Deponierungen aus den Heiligtümern von Aventicum/Avenches », in M.-F. Meylan Krause, D. Castella (éd.), *Topographie sacrée et rituels : le cas d'Aventicum, capitale des Helvètes*, Bâle, 2008, p. 279-298.

E. Michaud, *Un art de l'éternité. L'image et le temps du nationalisme-socialisme*, Paris, 1996.

Michel Provost, G. Fournier et C. Mennessier-Jouannet, *Carte archéologique de la Gaule, Clermont-Ferrand*, 63/1, Paris, 1994.

M. Millett, L. Revell et A. J. Moore, *The Oxford Handbook of Roman Britain*, Oxford, 2016.

P. Mingazzini, C. V. A. *Italia 29, Capua, Museo Campano, 3*, Rome, 1958.

—, *Catalogo dei vasi della collezione Castellani*, Rome, 1971.

E. D. Miro, « Scavi nell'area a sud del Tempio di Giove (Agrigento) », M.A.A.L, 46 (1963), p. 81-198.

P.-H. Mitard, « Une riche sépulture gallo-romaine découverte près de Niort (Deux-Sèvres) », Gallia, 35/1 (1977), p. 201-237.

F. Mocci, G. Granier et V. Dumas, *Richeaume XIII. Un espace funéraire, de l'Antiquité au Haut Moyen-Âge, sur le piémont méridional de la Sainte-Victoire : approche pluridisciplinaire. Campagne de fouille 2007-2009*, Aix-Marseille, 2007.

N. Moghaddam et al., « Social Stratigraphy in Late Iron Age Switzerland : Stable Carbon, Nitrogen and Sulphur Isotope Analysis of Human Remains from Münsingen », Archaeological and Anthropological Sciences, 8 (2016), p. 149-160.

N. Moine, « Une femme allaitant sur un bloc inédit de Reims », in A. Vigourt, X. Loriot, B. Klein (éd.), *Pouvoir et religion dans le monde romain. En hommage à Jean-Pierre Martin*, Paris, 2006, p. 449-459.

A. Moirin, « Une redécouverte : les verreries gallo-romaines de la collection Roger à Bourges », Bulletin de l'Association française pour l'archéologie du verre (1999), p. 15-17.

—, *La vaisselle en verre dans la cité des Bituriges cubes entre le Ier et le VIIe siècle de notre ère. Production, diffusion, utilisations*, Thèse de doctorat, Université Paris I – Panthéon-Sorbonne, Paris, 2005.

M. Moliner, *La nécropole de Sainte-Barbe à Marseille (IVe siècle av. J.-C.-IIe siècle apr. J.-C.)*, Aix-en-Provence, 2003.

—, « Le mobilier déposé dans les tombes d'enfants des colonies grecques d'Ampurias, Agde et Marseille », in A. Hermary et C. Dubois (éd.), *L'enfant et la mort dans l'Antiquité III. Le matériel associé aux tombes d'enfants*, BiAMA, Arles, 2012, p. 171-191.

S. Mollard-Besques, *Musée National du Louvre. Catalogue raisonné des figurines et reliefs de terre cuite grecs, étrusques et romains. I, Époques préhellénique, géométrique, archaïque, et classique*, Paris, 1954.

Ch. Mondanel, *Nécropoles et sépultures gallo-romaines en Auvergne*, Thèse de IIIe cycle, Clermont-Ferrand, 1982.

Ch. et D. Mondanel, « Sépultures et nécropoles gallo-romaines en Auvergne, Avignon », Revue Archéologique, Sites 34, Hors-série (1998).

O. Montelius, *La civilisation primitive en Italie et depuis l'introduction des métaux I-II*, Stockholm, 1895-1910.

C. F. A. Moorrees, E. A Fanning et E. E. Hunt, « Formation and Resorption of Three Deciduous Teeth in Children ». American Journal of Physical Anthropology 21 (1963), p. 205-213.

F. Moreau, *Caranda, Album des principaux objets recueillis dans les sépultures de Caranda (Aisne) pendant les années 1877-1892*, Saint-Quentin, 1877.

M. Moreau, « Fouilles du cimetière de Breny », Bulletins de la Société d'anthropologie de Paris, 3/1 (1880), p. 630-633.

J.-P. Morel, *Céramique à vernis noir du forum romain du Palatin*, Rome, 1965.

J.-P. Morel, *Céramique campanienne : les formes*, Rome, 1981.

J. Morel, *Avenches VD-Derrière la Tour et insula 7 : fouilles 1989/1990*, Avenches, 1991.

M.-F. Morel, « Théories et pratiques de l'allaitement en France au xviiie siècle », Annales de démographie historique, 1, 1976, p. 393-429.

—, « Les soins prodigués aux enfants : influence des innovations médicales et des institutions médicalisées (1750-1914) : médecine et déclin de la mortalité infantile », Annales de démographie historique, numéro thématique : Le déclin de la mortalité (1989), p. 157-181.

MORIN-JEAN, La verrerie en Gaule sous l'Empire romain, Paris, 1913.

A. Morlet, Vichy gallo-romaine, Mâcon, 1957.

J.-M. Mormone, « Découverte d'un petit temple gallo-romain (fanum) à Lamothe-Biganos (Gironde), fouilles 1979-1981 », Bulletin et mémoires de la société archéologique de Bordeaux, 72 (1982), p. 17-26.

A. Mouton (éd.), Life, Death, and Coming of Age in Antiquity : Individual Rites of Passage in the Ancient Near East and Adjacent Regions : Rites de passage individuels au Proche-Orient Ancien et ses environs (PIHANS, 124), Leiden, 2014.

T. Mulder, « Adult Breastfeeding in Ancient Rome », Illinois Classical Studies, 42, 1, 2017, p. 227-243.

P. Mudry, « "Mirabilia" et "magica" : essai de définition dans l'Histoire naturelle de Pline l'Ancien », Conceptions et représentations de l'extraordinaire dans le monde antique, Bern / Frankfurt am Mainz, 2004, p. 239-352.

F. Müller, G. Lüscher, Die Kelten in der Schweiz, Stuttgart, 2004.

F. Müller, G. Kaenel, G. Lüscher G, Die Schweiz vom Paläolithikum bis zum frühen Mittelalter. SPM IV. Eisenzeit. Verlag Schweizerische Gesellschaft für Ur- und Frühgeschichte, Basel, 1999.

P. Murail, É. Crubézy, Biologie et pratiques funéraires des populations d'époque historique : une démarche méthodologique appliquée à la nécropole gallo-romaine de Chantambre (Essonne, France), Université Bordeaux I, Bordeaux, 1996.

A. Muriel, Détermination de l'âge au décès d'individus immatures de la nécropole de la rue Jacques Brel à Saintes, Rapport de stage, Université de bordeaux I, Bordeaux, 1997.

E. Murphy et M. L. Roy, Children, Death and Burial : Archaeological Discourses, Oxford, 2017.

NAPOLÉON III ET L'ARCHÉOLOGIE, Fouilles en forêt de Compiègne sous le Second Empire, Exposition au Musée Antoine Vivenel en l'ancienne église Saint-Pierre des Minimes, Compiègne, 2000.

F. Naudet, Carte archéologique de la Gaule, L'Essone, 91, Paris, 2004.

J. Naveau, Le verre antique à Jublains (La Mayenne, Archéologie, Histoire 13), Paris, 1990.

O. Nehlich, « Application of Sulphur Isotope Ratios to Examine Weaning Patterns and Freshwater Fish Consumption in Roman Oxfordshire », Geochimica et Cosmochimica Acta, 75/5 (2011), p. 4963-4977.

M.-D. Nenna, « Verres gravés d'Égypte du 1er au ve s. apr. J.-C. », in M.-D. NENNA, D. FOY (éd.), Échanges et commerce du verre dans le monde antique, Actes du colloque de l'Association française pour l'archéologie du verre, Aix-en-Provence et Marseille, 7-9 juin 2001, Montagnac, 2003, p. 359-375.

—, « Les ateliers de verriers dans le monde grec aux époques classique et hellénistique », Topoi, 8/2 (1998), p. 693-701.

—, « Verres de l'antiquité gréco-romaine : trois ans de publication (2005-2007) », Revue archeologique, 2 (2009), p. 283-336.

M.-D. Nenna, et V. Arveiller-Dulong, (éd.), Les verres antiques du musée du Louvre II, Paris, 2006.

M.-D. Nenna et D. Foy, « Productions et importations de verre antique dans la vallée du Rhône et le Midi méditerranéen de la France (ier-iiie siècles) », Échanges et commerce du verre dans le monde antique, Actes du colloque de l'Association française pour l'archéologie du verre, Aix-en-Provence et Marseille, *7-9 juin* 2001, Montagnac, 2003, p. 227-296.

J.-P. Néraudau, *Être enfant à Rome*, Paris, 1984.

H. Nettleship, « Verrius Flaccus », The American Journal of Philology, 1/3 (1880), p. 253-270.

F. Neuburg, *Glass in Antiquity*, Bristol, 1949.

—, *Antikes Glas*, Darmstadt, 1962.

C. Neukom et M. Schaub, « Die geheimsnivolle Statue von der Flühweghalde : auf Spurensuche : vom Befund zur farbigen Rekonstruktion », Jahresberichte aus Augst und Kaiseraugst, 34 (2013), p. 99-116.

G. Newton, « Infant Mortality Variations, Feeding Practices and Social Status in London between 1550 and 1750 », Social History of Medicine, 24/2 (2010), p. 260-280.

C. Nickel, *Gaben an die Götter. Der gallo-romische Tempelbezirk von Karden (Kreis Cochem-Zell, Deutschland)*, Montagnac, 1999.

—, « Martberg und Karden an der Mosel Keltischer und römischer Kult », in *Kelten am Rhein. (1) Akten des dreizehnten Internationalen Keltologiekongresses. Proceedings of the Thirteenth International Congress of Celtic Studies. 23. bis 27. Juli 2007 in Bonn. 1. Archäologie. Ethnizität und Romanisierung*, Mainz am Rhein, 2009, p. 109-122.

W. Nicol, *A Catalogue of the Greek and Etruscan Vases in the British Museum*, Londres, 1851.

G. Nicolini, « Circonscription de Poitou-Charentes », Gallia, 39/2 (1981), p. 363-385.

H. J. Nieschlag et I. A. Wolff, « Industrial Uses of High Erucic Oils », Journal of the American Oil Chemists Society, 48/11 (1971), p. 723-727.

C. A. Niessen, S. Loeschke et H. Willers, *Beschreibung römischer Altertümer gesammelt von Carl Anton Niessen*, Cologne, 1911.

J. Noël, « La nécropole gallo-romaine de Hunenknepchen à Sampont », Archeologica Belgica, 106 (1968).

D. Noll, « Ein griechischer Milchsaugapparat », Ciba Zeitschrift, 3/35 (1936), p. 1213.

V. Nutton, *Ancient medicine*, London, 2014.

—, *La médecine antique*, Paris, 2016.

M. Obladen, « Guttus, Tiralatte and Téterelle : a History of Breast pumps », Journal of Perinatal Medicine, 40/6 (2012), p. 669-675.

F. Oelmann, *Die Keramik des Kastells Niederbieber (Materialien zur römisch-germanischen Keramik 1)*, Frankfurt am Mainz, 1914.

O. T. Oftedal, « Milk Composition, Milk Yield and Energy Output at Peak Lactation : a Comparative Review », Symposium of the Zoological Society of London, 51 (2008), p. 33-85.

J. I. Olivares et I. A. Aguilera, « Validation of the Sex Estimation Method Elaborated by Schutkowski in the Granada Osteological Collection of Identified Infant and Young Children : Analysis of the Controversy between the Different Ways of Analyzing and Interpreting the Results », International Journal of Legal Medicine 16 (2016), p. 1-10.

A. Oliver, *Early Roman Faceted Glass*, 1984, p. 35-58.

M. T. Olszewski, « L'allégorie, les mystères dionysiaques et la mosaïque de la Maison d'Aiôn de Nea Paphos à Chypre », Bulletin de l'AIEMA, 13 (1991), p. 444-463.

D. J. Ortner, « Theoretical and Methodological Issues in Paleopathology », Human Paleopathology : Current Syntheses and Future Options (1991), p. 5-11.

S. Ott, « Aristotle Among the Basques. The "Cheese Analogy" of Conception », Man, New Series, 14/4 (1979), p. 699-711.

M.-A. Ouaknin, *Zeugma. Mémoire biblique et déluges contemporains : Mémoire biblique et déluges contemporains*, Paris, 2013.

R. Pagenstecher, *Die Calenische Reliefkeramik*, Berlin, 1909.

N. Palmieri, *Rationnel et irrationnel dans la médecine ancienne et médiévale : Aspects historiques, scientifiques et culturels*, Saint-Étienne, 2003.

E. Panagiotopoulou, *Isotopic Study of Bones from the Geometric Period (in Greek)*, M. S. thesis, University of Ioannina, Ioannina, 2010

T. Panofka, *Recherches sur les véritables noms des vases grecs*, Paris, 1829.

F. Paolucci, « La fortune du verre à l'époque flavienne à la lumière de contextes pompéiens », in M. Beretta et G. Di Pasquale (éd.), *Le Verre dans l'Empire romain, [Exposition présentée à Florence, Musée des « Argents », Palais Pitti du 27 mars au 31 octobre 2004]*, Firenze/Milano, 1987, p. 83-86.

Y. Papadoyannakis, « Instruction by Question and Answer : the Case of Late Antique and Byzantine Erotapokriseis », in S. F. Johnson (éd.), *Greek Literature in Late Antiquity : Dynamism, Didacticism, Classicism*, Aldershot, 2006, p. 91-106.

I.-D. Papaikonomou, « La jeune fille morte en couches. Un cas de maternité précoce, souhaitée ou avortée, d'après les témoignages des sépultures », in F. Guerchanoc, J.-B. Bonnard (éd.), *Mères et maternité en Grèce ancienne*, *Métis*, N.S. 11 (2013), p. 109-144.

I. Papaikonomou, *Agouros thanatos. Les offrandes funéraires accompagnant les enfants en Grèce ancienne*, thèse de doctorat, Université de Nanterre, Paris, 2012.

A. Papathanasiou, « Stable Isotope Analysis in Neolithic Greece and Possible Implications on Human Health », *International Journal of Osteoarchaeology* 13 (2003), p. 314-324.

A. Papathanasiou, et al., « Inferences from the Human Skeletal Material of the Early Iron Age Cemetery at Agios Dimitrios, Fthiotis, Central Greece », *JAS*, 40 (2013), p. 2924-2933.

M. Parca, « The Wet Nurses of Ptolemaic and Roman Egypt », *Illinois Classical Studies*, 42/1 (2017), p. 203-226.

F. Parenteau, « Fouilles de Pouzauges (Vendée). Attributions gauloises », *Bulletin de la Société archéologique de Nantes* (1859), p. 1859-1861.

C. Parésys, *Arcis-sur-Aube « 40 Route de Troyes »*, Rapport final d'opération, Inrap/SRA de Champagne-Ardenne, inédit.

C. Paresys, I. Le Goff et A. Delor-Ahü, « Fort, Espaces funéraires et mobiliers en Champagne-Ardenne durant l'Antiquité tardive », in N. Achard-Corompt et M. Kasprzyk (éd.), *L'Antiquité tardive dans l'Est de la Gaule II*, Actes du colloque de Châlons-en-Champagne, 16-17 septembre 2010, *Revue archéologie de l'Est*, Supplément 41, 2016, p. 11-34.

R. Parker, *Miasma : Pollution and Purification in Early Greek Religion*, Oxford, 1983.

H. N. Parker, « Greek Embryological Calendars and a Fragment from the Lost Work of Damastes, on the Care of Pregnant Women and of Infants », *Classical Quarterly*, 49, 2 (1999a), p. 515-534.

—, « Galen and the Girls : Women Medical Writers Revisited », *Classical Quarterly*, 62/1 (1999b), p. 359-386.

T. Parkin, « The Demography of Infancy and Early Childhood in the Ancient World », in E. Grubbs et T. Parkin (éd.), *The Oxford Handbook of Childhood and Education in the Classical World*, Oxford, 2013, p. 40-61.

P. Paschini, « Le collezioni archeologiche dei Prelati Grimani del Cinquecetto », *Atti della Pontifica accademia romana di archeologia. Rendiconti*, III, 5, Rome, 1926-1927, p. 170-182.

M. Pasqualini, *Les céramiques utilitaires locales et importées en Basse-Provence (Ier-IIe s. de notre ère). La vaisselle de table et de cuisine*, Thèse de doctorat, Université d'Aix-en-Provence, Aix-en-Provence, 1993.

A. Pasquier, « Les "sujets de genre" », in *Tanagra. Mythe et archéologie. Catalogue de l'exposition au Musée du Louvre, Paris, 15 septembre 2003-2009 mai 2004*, Paris, 2003, p. 97-103.

M. M. Pasquinucci, « La ceramica a vernice nera del museo Guarnacci di Volterra », *MEFRA*, (1972), p. 269-498.

L. Pastor, *Les ateliers de potiers de la Meuse au Rhin à La Tène Finale et durant l'époque gallo-romaine*, Thèse de doctorat, Université de Strasbourg, Strasbourg, 2010.

J.-F. Pasty, *Puy-de-Dôme, Pérignat-sur-Allier, « Les Varennes ». Étude de l'occupation azilienne, bronze final et antique*, Rapport final d'opération, Inrap Rhône-Alpes / Auvergne, 2010.

D. Paunier, *La céramique gallo-romaine de Genève. De la Tène finale au Royaume burgonde (Ier siècle avant J.-C.-Ve siècle après J.-C.)*, Genève/Paris, 1981.

D. Paunier, *Celtes et Gaulois : l'archéologie face à l'histoire. La romanisation et la question de l'héritage celtique : actes de la table ronde de Lausanne, 17-18 juin 2005*, Bibracte, 2006.

H. Payne, *Necrocorinthia, A study of Corinthian Art in the Archaic Period*, Oxford, 1931.

G. Pedrucci, *L'isola delle madri : una rilettura della documentazione archeologica di donne con bambini in Sicilia*, Rome, 2013a.

—, *L'allattamento nella Grecia di epoca arcaica e classica*, Rome, 2013b.

—, « Sangue mestruale e latte materno : riflessioni e nuove proposte. Intorno all'allattamento nella Grecia antica », Gesnerus, 70/2 (2013c), p. 260-291.

—, *Maternità e allattamenti nel mondo greco e romano. Un percorso fra scienza delle religioni e studi sulla maternità*, Brossura, 2018.

K. Roth-Rubi et H. R. Sennhauser (éd.), *Verenamünster Zurzach : Ausgrabungen und Bauuntersuchung*, Zürich, 1987.

A. Roumégous, *Carte archéologique de la Gaule, Orange et sa région*, 3, Paris, 2009.

N. Rouquet, « Les biberons, les tire-laits ou les tribulations d'une tubulure peu commune... », in D. Gourevitch, A. Moirin, N. Rouquet (éd.), *Maternité et petite enfance dans l'Antiquité romaine*, Bourges, 2003, p. 171-178.

N. Rouquet-Richard, « Les biberons du Musée du Berry », *Céramiques VII. Céramiques VIII, Actes des journées sur la céramique tenues à la Diana en 1997 et 1998*, Montbrison, 2001, p. 77-88.

N. Rouquet et F. Loridant, « Note sur les biberons en Gaule romaine », *Sfecag, Actes du congrès de Libourne*, Marseille, 2000, p. 425-440.

J.-J. Rousseau, *Emile ou de l'Education*, Paris, 1978.

L. Roussel, *Mediolanum une bourgade gallo-romaine, 20 ans de recherches archéologiques*, [Catalogue d'exposition Dijon : Musée archéologique], Dijon, 1988.

M. Rouvier-Jeanlin, *Les Figurines gallo-romaines en terre cuite [Musée Archéologique de Dijon]*, Dijon, 1985.

O. Ruffier, « Soings-en-Sologne, Le cimetière romain. Inventaire de la Collection Henry Ageorges au Musée de Blois », Bulletin du Groupe de Recherches Archéologiques et Historiques de Sologne, 17 (1995), p. 95-113.

J. Ruhräh, *Pediatrics of the Past*, New York, 1925.

B. Rütti, *Die römischen Gläser aus Augst und Kaiseraugst*, Augst, 1991.

W. Peek, *Griechische Vers-Inschriften : Grab-Epigramme*, Berlin, 1955.

A. Peiper, *Chronik der Kinderheilkunde*, Leipzig, 1966.

A. Pélissier, *Catalogue analytique des structures funéraires du haut-Empire au Pâtural (Clermont-Ferrand, Puy-de-Dôme)*, Mémoire de Master 2, Université de Clermont-Ferrand, Clermont-Ferrand, 2007-2008a et b.

J.-P. Pélissier et al., « Digestion des protéines du lait dans la caillette du veau préruminant. Evacuation gastrique après un repas d'épreuve », Reproduction Nutrition Développement, 23, 2A (1983), p. 161-173.

E. Pellegrino, « La céramique commune d'époque romaine dans le département des Alpes-Maritimes (IIe siècle av. J.-C. au IIIe apr. J.-C.) », *Les céramiques communes d'Italie et de Narbonnaise structures de production, typologies et contextes inédits (IIe siècle av. J.-C.-IIIe siècle apr. J.-C.), Actes du colloque de Naples organisée les 2 et 3 novembre 2006 par l'ACR « Archéologie du territoire national » et le Centre Jean Bérard, Naples 2009*, Naples, 2008, p. 165-190.

E. Pellegrino, « Les céramiques du Montet (Gourdon, Alpes-Maritimes). Un ensemble caractéristique de l'extrémité orientale de la Narbonnaise antique, IIe siècle av. J.-C.-Ve siècle apr. J.-C. », *Sfecag, Actes du Congrès de Bayeux*, Marseille, 2012, p. 357-376.

R. Perraud, « Catalogue des collections archéologiques du Musée de Briord », La Physiophile, 75 (1971), p. 1-81.

M. Petit, *Les nécropoles gallo-romaines de Lutèce*, Thèse de troisième sicle, Université Paris IV, Paris, 1981.

P. Petrequin, J.-F. Piningre et D. Vuaillat, « Deux fours de potier hallstattiens à Florange (Moselle) », Gallia, 31, 2 (1973), p. 267-291.

B. Peyneau, *Découvertes archéologiques dans le pays de Buch*, Bordeaux/Féret, 1926.

B. Pfäffli et B. Rütti, *CHILDREN ? CHILDREN ! À la recherche de leurs traces à Augusta Raurica*, Augst, 2013.

S. Pfeiffer, « Hersscherlegitimät und Herrscherkult in den ägyptischen Tempeln griechisch-römischer Zeit », in D. Von Recklinghausen et A. Stadler (éd.), *KultOrte, Mythen, Wissenschaft und Alltag in den Tempeln Ägyptens (Begleitband zur Ausstellung, Würzburg, martin von Wagner Museum. 20 Okt 2011-2011 Febr 2012)*, Berlin, 2012, p. 117-141.

G. C. Picard, « Circonscription du Centre. MG Ch. Picard, Directeur », Gallia, 26/2 (1968), p. 321-345.

—, « La louve romaine, du mythe au symbole », Revue Archéologique, 2 (1987), p. 251-263.

B. Pichon, *Carte Archéologique de la Gaule. L'Aisne*, Paris, 2003.

B. Pichon et F. Baret, *Élites et agglomérations lémovices dans l'Antiquité : un état des lieux, Siècles, Cahiers du Centre d'histoire « Espaces et Cultures »*, 38, 2013.

A. Pietrobelli, « Déclamer pour soigner son corps. L'anaphonèse chez Antylle et Oribase », Soigner par les lettres : la bibliographie des Anciens, Métis, 15 (2017), p. 95-122.

J. Pilet-Lemiere et D. Levalet, *Carte archéologique de la Gaule, La Manche*, 50, Paris, 1989.

O. Pilz, « The Uses of Small Things and the Semiotics of Greek Miniature Objects », *Pallas. Revue d'études antiques*, 86 (2011), p. 15-30.

Ch. Pinsard, *Recueil de notes relatives à l'histoire des rues d'Amiens, Manuscrit (Ms. 2)*, Bibliothèque municipale d'Amiens, Fond ancien, [s. d.]

V. Pirenne-Delforge, *L'Aphrodite grecque : Contribution à l'étude de ses cultes et de sa personnalité dans le panthéon archaïque et classique (Kernos supplément)*, Liège, 1994.

—, « Nourricières d'immortalité : Déméter, Héra et autres déesses en pays grec », Paedagogica Historica, 46/6 (2010), p. 685-697.

V. Pirenne-Delforge, « Les codes de l'adresse rituelle en Grèce : le cas des libations sans vin », in F. Prescendi (éd.), *Nourrir les dieux ? : Sacrifice et représentation du divin* (Kernos suppléments), Liège, 2018, p. 117-147.

R. Pirling, *Das römisch-fränkische Gräberfeld von Krefeld-Gellep : 1964-1965*, Stuttgart, 1966.

R. Pirling, B. Grodde et Chr. Reichmann, *Das römisch-fränkische Gräberfeld von Krefeld-Gellep 1975-1982*, Stuttgart, 1997.

R. Pirling et M. Siepen, *Das Romische-frankische Graberfeld Von Krefeld-gellep 1983*, Wiesbaden, 2000.

—, *Die Funde aus den römischen Gräbern von Krefeld-Gellep : Katalog der Gräber 6348-6361*, Stuttgart, 2006.

E. Planson et A. Lagrange, « Un nouveau document sur les syncrétismes dans les religions gallo-romaines : le groupe de divinités des Bolards », Revue Archéologique, 2 (1975), p. 267-284.

M. Poirault, « Dons », BSAO, séance du 10 mars (1891), p. 426.

M. Polfer, *Das gallo-römische Brangräberfeld und der dazugehörige Verbrenungsplatz von Septfontaines Dëckt (Luxemburg)*, (= Dossier d'Archéologie du Musée National d'Histoire et d'Art, V), Luxembourg, 1996.

J. Pollini, *From republic to Empire : rhetoric, religion, and power in the visual culture of ancient Rome*, Norman, 2012.

J. Pollini et N. Cipolla, « Observations on Augustus' Obelisk, Meridian, and Ara Pacis, and their Symbolic Significance in the Bildprogramm of Augustus », in L. Haselberger (éd.), *The Horologium of Augustus : debate and context* (JRA, Supplementary series), 2014, p. 53-61.

M. Pomadere, « Des enfants nourris au biberon à l'Âge du Bronze », in C. Mee, J. Renard (éd.) *Cooking Up the Past : Food and Culinary Practices in the Neolithic and Bronze Age Aegean*, Oxford, 2007, p. 270-289.

G. Pommier, *La névrose infantile de la psychanalyse*, Toulouse, 2009.

E. Poncet, *Le pays roannais gallo-romain. Approche historique et archéologique*, [Exposition, Musée Joseph-Déchelette], Roanne, 1986.

H. Ponroy, « Sépultures antiques du Boulevard de l'Arsenal à Bourges, découvertes en 1883 », Mémoires de la Société des Antiquaires du Centre XI (1884), p. 195-207.

E. Pons i Brun, « Estructures, objectes i Fets Culturals en El Jaciment Protohistòric de Mas Castellar (Pontos, Girona) », Quaderns de Prehistòria i Arqueologìa de Castellò, 18 (1997), p. 71-89.

F. Poplin, « Prologue anthropozoologique – Animal vrai, sacrifice et domestication laitière », *Archaeozoology of the Near East VIII*, Actes des huitièmes Rencontres internationales d'Archéozoologie de l'Asie du Sud-Ouest et des régions adjacentes, Lyon, 2008, p. 21-31.

E. Portat, M. Detante et M. Guillon, (éd.), *Rencontre autour de la mort des tout-petits*, Actes de la 2e Rencontre du Groupe d'Anthropologie et d'Archéologie Funéraire (Gaaf), 3-4 décembre 2009, Saint-Germain-en-Laye, Condé-sur-Noireau, 2016.

E. Portat, J. Simon et V. Acheré, « Lorsque naître se conjugue avec mourir. Mourir avant la naissance à Autricum au haut-empire (Chartres, Eure-et-Loir). La pratique de l'enchytrisme sur le site de Reverdy », in E. Portat (éd.), *Rencontre autour de la mort des tout-petits*, Actes de la 2e Rencontre du Groupe d'Anthropologie et d'Archéologie Funéraire (Gaaf), 3-4 décembre 2009, Saint-Germain-en-Laye, Condé-sur-Noireau, 2016, p. 113-146.

M. Poulmarc'h, *Pratiques funéraires et identité biologique des populations du Sud Caucase, du Néolithique à la fin de la culture Kura-Araxe (6e-3e millénaire av. J.-C.) : une approche archéo-anthropologique*, Lyon, 2014.

R. K. Power et Y. Tristant, « From Refuse to Rebirth : Repositioning the Pot Burial in the Egyptian Archaeological Record », *Antiquity* 90, 354, 2016, p. 1474-1488.

A. R. Powell, L. A. Redfern et R. C. Millard, « Infant Feeding Practices in Roman London : the Isotopic Evidence », in P. M. CARROLL, E.-J. GRAHAM (éd.), *Infant Health and Death in Roman Italy and Beyond, Journal of Roman Archaeology*, (Supplementary Series, 96), 2014, p. 89-110.

F. Prescendi, « Romulus et Rémus, la louve et la prostituée », Anthropozoologica, 52 /1 (2017), p. 45-51.

J. Primat-Vilpoux, *Aquae Segetae, Sceaux-du-Gâtinais : une ville thermale de la cité des Senons*, Thèse de doctorat, Université de Paris I, Paris, 1996.

P. Prioreschi, T. Apelboom et J. Cule, « Contraception and Abortion in the Greco-Roman World », Vesalius, 1/2 (1995), p. 77-87.

E. Prioux, « Le motif de la chasse dans les épigrammes de l'Anthologie grecque », in J. TRINQUIER, CH. VENDRIES (éd.), *Chasses antiques : pratiques et représentations dans le monde gréco-romain (IIIe siècle av.-IVe siècle apr. J.-C.)*, Actes du colloque international de Rennes, Université Rennes II, 20-21 septembre 2007, Rennes, p. 177-194.

A. Prost de Royer (Lieutenant Général De Police De Lyon), *Mémoire sur la conservation des enfans, Lu dans l'Assemblée publique de l'Académie des Sciences*, Lyon, 1778.

M. Provost, J.-Fr. Chevrot et J. Troadec (éd.), *Carte Archéologique de la Gaule. Le Cher* 18, Paris, 1992.

M. Provost et J.-C. Meffre (éd.), *Carte archéologique de la Gaule, Vaison-la-Romaine et ses campagnes*, 84/1, Paris, 2003.

M. Provost et J.-P. Pautreau (éd.), *Carte archéologique de la Gaule*, 85, Paris, 1996.

M. Provost et I. Rogeret (éd.), *Carte archéologique de la Gaule : pré-inventaire archéologique*, 76, Paris, 1997.

M. Provost, P. Vallat et A. Vinatié (éd.), *Carte archéologique de la Gaule, Le Cantal*, 15, Paris, 1997.

T. L. Prowse, « Diet and Dental Health Through the Life Course in Roman Italy », *Social bioarchaeology* (2011), p. 410-437.

T. L. Prowse et al., « Isotopic Evidence for Age-Related Variation in Diet from Isola Sacra, Italy », American Journal of Physical Anthropology, 128/1 (2005), p. 2-13.

G. Pugliese-Carratelli, *Les Lamelles d'or orphiques Instructions pour le voyage d'outre-tombe des initiés grecs*, Paris, 2003.

N. Purcell, « Eating Fish : the Paradoxes of Seafood », *Food in Antiquity*, 133 (1995), p. 138-139.

M. Py, *Recherches sur Nimes préromaine, habitats et sépultures* (Gallia, supplément 41), Paris, 1981.

—, *Culture, économie et société protohistoriques dans la région nîmoise*, Rome/Paris, 1990.

—, *Les Gaulois du Midi de la fin de l'Age du Bronze à la conquête romaine*, Paris, 1993.

— (dir.), *Dicocer, Dictionnaire des céramiques antiques (VIIe s. av. n. è.-VIIe s. de n. è.) en Méditerranée nord-occidentale (Provence, Languedoc, Ampurdan)*, Lattara 6, Lattes, 2007.

A. Quevedo-Sánchez, « Hayes 121 e 123, due forme poco frequenti di TSA A documentate a Carthago Nova », in M. MILANESE, P. RUGGERI, C. VISMARA (éd.), *L'Africa romana, Atti del XVIII convegno di studio, Olbia, 11-14 dicembre 2008*, Roma, 2010, p. 2071-2082.

P. Quoniam, *L'Art de Rome et des Provinces dans les collections parisiennes*, Paris, 1970.

S. Radbill, « Infant Feeding through the Ages », in Clin Pediatr (Phila), 20/10 (1981), p. 613-621.

S. F. Ramallo Asensio et F. Brotons Yagüe, « El santuario ibérico de la Encarnación (Caravaca de la Cruz, Murcia) », *Quaderns de prehistòria i arqueologia de Castelló*, 18 (1997), p. 257-268.

J. Raulin, *Traité de la conservation des enfants ou moyen de les fortifier, de les préserver et de les guérir dans leurs différentes maladies*, Paris, 1768.

O. Rayet et M. Collignon, *Histoire de la céramique grecque*, Paris, 1888.

Real Academia Española, *Real Academia Española : Diccionario de la lengua Española*, II, Madrid, 2001.

R. C. Redfern, A. R. Millard et C. Hamlin, « A Regional Investigation of Subadult Dietary Patterns and Health in Late Iron Age and Roman Dorset, England », Journal of Archaeological Science, 39/5 (2012), p. 1249-1259.

R. C. Redfern, S. N. DeWitte, « Status and Health in Roman Dorset : the Effect of Status on Risk of Mortality in Post-Conquest Populations », American Journal of Physical Anthropology 146 (2011), p. 197-208.

R. Redfern et al., « 'From the Mouths of Subadult Dietary Stable Isotope Perspective on Roman London (Londinium) », Journal of Archaeological Science : Reports, 19 (2018), p. 1030-1040.

R. Redfern et C. Roberts, « Health in Romano-British Urban Communities : Reflections from the Cemeteries », in D. Smith, M. Brickley, W. Smith (éd.), *Fertile ground : papers in honour of Susan Limbrey*, Symposia of the Association for Environmental Archaeology 22, Oxford, 2005, p. 115-129.

M. Regert, « Produits de la ruche, produits laitiers et matières végétales : quels vestiges pour appréhender les substances naturelles exploitées par l'homme pendant la préhistoire ? », in J. Poulain (éd.), *L'homme, le mangeur et l'animal. Qui nourrit l'autre ?*, Paris, 2007, p. 30-44.

—, « Analytical Strategies for Discriminating Archeological Fatty Substances from Origin », Mass spectrometry reviews, 30/2 (2011a), p. 177-220.

—, « Du défi analytique aux interprétations archéologiques : caractérisation des substances organiques piégées dans les poteries préhistoriques », L'actualité chimique, 354 (2011b), p. 119-126.

—, « Les résidus organiques traceurs de la fonction des récipients céramiques », in V. Roux, *Des céramiques et des hommes. Décoder les assemblages archéologiques*, Paris, 2016, p. 281-296.

M. Regert et M.-F. Guerra, *Physico-chimie des matériaux archéologiques et culturels*, Paris, 2015.

S. Reinach, *Répertoire des vases peints grecs et étrusques*, I, Paris, 1899.

—, *Catalogue illustré du Musée des Antiquités nationales au château de Saint-Germain-en-Laye*, Paris, 1921

—, *Répertoire de la statuaire grecque et romaine*, Paris, 1929.

B. Rémy, F. Ballet et E. Ferber, *Carte archéologique de la Gaule, La Savoie*, 73, Paris, 1997.

B. Rémy et N. Mathieu, *Les femmes en Gaule romaine : 1er siècle avant J.-C.-ve siècle après J.-C.*, Paris, 2009.

M. Renard, « Hercule allaité par Junon », in M. Renard, R. Schilling (éd.), *Hommage à Jean Bayet*, Bruxelles, 1964, p. 611-618.

A. Ricciardetto, « Les bébés du dépotoir », L'Histoire, 4 (2016), p. 74-77.

A. Ricciardetto et D. Gourevitch, « Entre Rome et l'Égypte romaine. Pour une étude de la nourrice entre littérature médicale et contrats de travail », in M.-H. Marganne, A. Ricciardetto (éd.), *En marge du Serment hippocratique. Contrats et serments dans le monde gréco-romain*, Liège, 2017, p. 67-117.

A. Rich, *Dictionnaire des antiquités Romaines et Grecques acc. de 2000 grav. d'après l'antique (trad. de l'anglais sous la direction de M. Chéruel)*, Paris, 1883.

M. P. Richards et R. E. M. Hedges, « How Chemical Analysis of Human Bones Can Tell us the Diets of People Who Lived in the Past (and Contributions) », in Y. Tzedakis, H. Martlew (éd.), *Minoans and Mycenaeans : Flavours of Their Time*, 1999, p. 214.

G. M. A. Richter, *A Handbook of Greek Art*, Londres, 1963.

J. M. Riddle, *Eve's Herbs : A History of Contraception and Abortion in the West*, Cambridge/Londres, 1997.

E. Riha, *Der galloromische Tempel auf der Flühweghalde bei Augst (Augster Museumshefte*, 3), Augst, 1980.

S. Riquier, « La nécropole gauloise de "Vaugrignon" à Esvres-sur-Indre (Indre-et-Loire) », Revue Archéologique du Centre de la France, 43 (2004), p. 21-113.

C. Rissech, M. Garcia et A. Malgosa, « Sex and Age Diagnosis by Ischium Morphometric Analysis », Forensic Science International, 135/3 (2003), p. 188-196.

C. Rissech et al., « Isotopic Reconstruction of Human Diet at the Roman Site (1st-4th c. AD) of Carrer Ample 1, Barcelona, Spain », Journal of Archaeological Science : Reports, 9 (2016), p. 366-374.

R. K. Ritner, *The Mechanics of Ancient Egyptian Magical Practice (Studies in Ancient Oriental Civilization*, 54), Chicago, 1995^2.

E. Ritterling, *Das frührömische Lager bei Hofheim im Taunus*, Wiesbaden, 1913.

P. Rivals, « La triple symbiose caprifiguier-blastophage-figuier et le problème des origines du Ficus carica L », Journal d'agriculture traditionnelle et de botanique appliquée, 25/4 (1978), p. 287-290.

A. Robert, « À propos de la nécropole du Boulevard de 1848 à Narbonne », Revue archéologique de Narbonnaise, 10/1 (1977), p. 263-272.

D. M. Robinson, *Excavations at Olynthus. Part. XIII. Vases found in 1934 and 1938*, (The Johns Hopkins University Studies in Archaeology, No. 38), Baltimore, 1950.

A. Rodríguez Mayorgas, « Romulus, Aeneas and the Cultural Memory of the Roman Republic », Athenaeum, 98/1 (2010), p. 89-109.

M. Roessler, *Explorations des sépultures gallo-romaines du Mesnil-sous-Lillebonne*, Paris, 1868.

E. Roffia, *I vetri antichi delle Civiche raccolte archeologiche di Milano*, Mantoue, 1993.

I. Rogeret, *Carte archéologique de la Gaule, La Seine-Maritime*, 76, Paris, 1998.

T. L. Rogers, « A Visual Method of Determining the Sex of Skeletal Remains Using the Distal Humerus », Journal of Forensic Science, 44/1 (1999), p. 57-60.

—, « Sex Determination of Adolescent Using the Distal Humerus », American Journal of Physical Anthropology : The Official Publication of the American Association of Physical Anthropologists, 140/1 (2009), p. 143-148.

A. Rohnbogner et M. E. Lewis, « Poundbury Camp in Context : a New Perspective on the Lives of Children from Urban and Rural Roman England », American Journal of Physical Anthropology, 162/2 (1999), p. 208-228.

V. Rose, *Sorani Gynaeciorum uetus translatio latina*, Leipzig, 1882.

J. Roussel-Ode, *Le verre dans les chefs-lieux de cités de la moyenne vallée du Rhône du Ier s. av. n. è. à la fin du IIIe s. de n. è.*, Thèse de doctorat, Université de Provence Aix-Marseille I, Marseille, 2008.

H. Rühfel, « Ammen und Kinderfrauen im klassischen Athen », Antike Welt 19, 4 (1988), p. 43-57.

M. Ružić, *Rimsko staklo u Srbiji*, Beograd, 1994.

D. W. Sabean, J. Mathieu et S. Teuscher, « Histoire de la parenté ou anthropologie historique de la parenté ? Autour de Kinship in Europe », Annales de démographie historique 119, 1 (2010), p. 223-256.

S. H. Sadler, *Infant Feeding by Artificial Means : A Scientiic and Practical Treatise on the Dietetics of Infancy*, Londres, 1909.

S. H. Salazar, *Etruscan Women's Lives: Re-Envisioning the Role of Women in Myths, Mirrors, and Other Funerary Artifacts*, San Francisco, 2007.

L. Sambon, « Letter to Mrs Sadler », in S. H. SADLER (éd.), *Infant Feeding by Artificial Means*, Londres, 1900.

J.-Cl. Sangoï, « La mortalité infantile en Europe occidentale au XVIIIe siècle », in R. FOSSIER (éd.), *La petite enfance dans l'Europe médièvale et moderne, Actes des XVIe journées internationales d'Histoire de l'Abbaye de Flaran 1994*, Toulouse, 1997, p. 191-210.

E. Sanmartí-Grego, *La cerámica campaniense de Emporion y Rhode*, Barcelone, 1978.

P. Santoro, *I Galli e l'Italia, Catalogo della Mostra*, Roma, 1978.

M.-H. Santrot et J. Santrot, *Céramiques communes gallo-romaines d'Aquitaine*, Paris, 1979.

S. R. Saunders et D. Yang, « Sex Determination : XX or XY from the Human skeleton », in S. I. Fairgrieve (éd.), *Forensic Osteological Analysis. A Book of Case Studies*, Springfield, 1999, p. 36-59.

S. R. Saunders et al., « Sexual Dimorphism of the Dental Tissues in Human Permanent Mandibular Canines and Third Premolars », American Journal of Physical Anthropology, 133/1 (2007), p. 735-740.

S. R. Saunders et R. D. Hoppa, « Growth Deficit in Survivors and Non-Survivors : Biological Mortality Bias in Subadult Skeletal Samples », AmericanJjournal of Physical Anthropology, 36/S17 (1993), p. 127-151.

J. Sauron, *L'histoire végétalisée : ornement et politique à Rome*, Paris, 2000.

M. Sautereau, « L'Œuvre de la Goutte de Lait de Fécamp », *Les Biberons du docteur Dufour*, [Musées municipaux de Fécamp], Fécamp, 1997, p. 83-108.

H.-É. Sauvage, *Les Vases céramiques gallo-romains du musée de Boulogne-sur-Mer*, Boulogne-sur-Mer, 1908.

L. A. Scatozza Höricht, A. M. Ciarallo et R. Brill, *L'instrumentum vitreum di Pompei*, Rome, 2012.

B. Schaal et al., « Les stimulations olfactives dans les relations entre l'enfant et la mère », Reproduction Nutrition Développement, 20 (3B), 1980, p. 843-858.

M. Schaefer, S. Black et L. Scheuer, *Juvenile Osteology, A Laboratory and Field Manual*, London, 2009.

J. Scheid, « Contraria facere : Renversements et déplacements dans les rites funéraires », Aion, 6, 1984, p. 117-139.

J. Scheid, « Épigraphie et sanctuaires guérisseurs en Gaule », Mélanges de l'École française de Rome, Antiquité 104, 1, 1992, p. 25-40.

L. A. Schepartz et al., « No Seat at the Table ? Mycenaean Women's Diet and Health in Pylos, Greece », Anthropology à la Carte : The Evolution and Diversity of Human Diet (2011), p. 359-374.

L. Scheuer et S. Black, *Developmental Juvenile Osteology*, London, 2000.

R. Schindler et H. Thörnig, *Landesmuseum Trier : Führer durch die vorgeschichtliche und römische Abteilung*, Trier, 1970.

H. Schliemann, R. Virchow et P. Ascherson, *Ilios, Stadt und Land der Trojaner : Forschungen und Entdeckungen in der Troas und besonders auf der Baustelle von Troja*, Leipzig, 1881.

S. Schmidt, *Imperium Romanum. Roms Provinzen an Neckar, Rhein und Donau, Archäologischen Landesmuseum Baden-Württemberg*, Stuttgart, 2005.

F. Shapland et M. Lewis, « Brief Communication : A Proposed Osteological Method for the Estimation of Pubertal Stage in Human Skeletal Remains », American Journal of Physical Anthropology 151, 2 (2013), p. 302-310.

S. G. Sheridan, « Childhood Health as an Indicator of Biological Stress », in D. R. Abbott (éd.), *Centuries of Decline During the Hohokam Classic Period at Pueblo Grande*, Tucson, 2003, p. 82-106.

I.-G. Schneider, *Scriptores rei rusticae*, I, Leipzig, 1794.

S. Scholl, « Nourrir au lait de vache. L'alimentation des bébés entre nature et technique (1870-1910) », Anthropozoologica, 52/1 (2017), p. 113-119.

T. Schreiber, *Die wiener Brunnenreliefs aus Palazzo Grimani : eine Studie über das hellenistische Reliefbild mit Untersuchungen über die bildende Kunst in Alexandrien*, Leipzig, 1888.

P. H. Schrijvers, *Eine medizinische Erklärung der männlichen Homosexualität aus der Antike (Caelius Aurelianus De morbis chronicis IV 9)*, Amsterdam, 1985.

R. Schüler, V. Arveiller et R. Legoux, *Les verres antiques, Musée départemental de l'Oise*, Beauvais, 1996.

R. Schuler, « Nécropoles et sépultures d'époque romaine à Beauvais : état des connaissances », *Revue archéologique de Picardie*, 3/1 (1995), p. 49-140.

R. Schultz, *Bulletin de la Société pour la conservation des monuments historiques d'Alsace (1879-1880)*, V, 11, (1881).

H. Schulze, *Ammen und Pädagogen : Sklavinnen und Sklaven als Erzieher in der antiken Kunst und Gesellschaft*, Mayence, 1998.

M. Schulze-Dörrlamm, *Die Spätrömischen und frühmittelalterlichen Gräberfelder von Gondorf, Gemeinde Kobern-Gondorf, Kreis Mayen-Koblenz*, Stuttgart, 1990.

P. Schwartz, « Women's Studies, Gender Studies. Le contexte américain », Vingtième siècle. Revue d'histoire, 75, 3 (2002), p. 15-20.

E. Schwarzenberg, « Cristal », in M. Beretta, G. Di Pasquale, E. M. Stern, A. Ciarallo (éd.), *Le Verre dans l'Empire romain [Exposition présentée à Florence, Musée des « Argents », Palais Pitti du 27 mars au 31 octobre 2004]*, Florence/Milan, 2006, p. 39-62.

P. Schwarzmaier, « Terrakotten in der Nekrolope von Lipari », in S. Huysecom-Haxhi, A. Muller (éd.), *Figurines grecques en contexte : Présence muette dans le sanctuaire, la tombe et la maison* (Archaiologia), Villeneuve d'Ascq, 2015, p. 35-51.

M.-P. Seilly, *« Die Keramik de l'Eglise »*, Fontoy, Metz, DRAC-SRA de Lorraine, Rapport de fouille, 1995.

D. W. Sellen, « Evolution of Infant and Young Child Feeding : Implications for Contemporary Public Health », Annual Review of Nutrition, 27 (2007), p. 123-148.

H. Sellès, « Céramiques gallo-romaines à Chartres et en Pays carnute. Catalogue typologique-Études sur Chartres », *Supplément à la Revue archéologique du centre de la France*, 16 (2001), p. 1-254.

Ch. Sellier et P. Dorbec, *Guide explicatif du Musée Carnavalet*, Paris, 1903.

G. Sennequier, *La verrerie romaine en Haute-Normandie*, 45 (Monographie Instrumentum), Montagnac, 2013.

G. Sennequier et M. Tuffreau-Libre, « Le cimetière gallo-romain à inhumations (Bas-Empire) du château d'Étaples (Pas-de-Calais) », Latomus. Revue d'Études Latines, XXXVI (1977), p. 933-941.

L. Severs, « La petite nécropole gallo-romaine à Basse-Wavre Severs sur la Petite nécropole gallo-romaine à Basse-Wavre », Wavriensia XXX, 1981, p. 56-68.

J.-B. Sibenaler, « Le cimetière romain d'Arlon (Lieu dit Hochgericht) », in *A.I.A.L.*, 41, 1, p. 277-281.

T. Silvino, *Saint-Vulbas. Une nécropole d'une agglomération secondaire aux portes de Lugdunum*, Rapport Inrap, 1906.

M. Simon, *Sieben Bücher Anatomie des Galen : Anatomikōn encheirēseōn biblion Th – IE [Theta-Iota Epsilon]*, II, Leipzig, 1906.

A. Sillen et P. Smith 1984, « Weaning Patterns are Reflected in Strontium – Calcium Ratios of Juvenile Skeletons », *Journal of Archeological Science* 11, 3 (1984), p. 237-245.

Ph. Simon et J. Sirat, « La nécropole gallo-romaine et mérovingienne de Maule (Yvelines : Hameau du Mousset) », *Pousse-Motte. Guiry-en-Vexin : Centre de recherche archéologique du Vexin français*, DRAC Picardie, 1967, p. 288-348.

T. Silvino, *Saint-Vulbas. Une nécropole d'une agglomération secondaire aux portes de Lugdunum*, Rapport Inrap, 2015.

D. Simon-Hiernard, *Poitiers : la nécropole du quartier de Blossac-Saint-Hilaire, Ier-IVe siècle après J.-C., Catalogue du mobilier funéraire conservé au Musée de Poitiers, Mémoire, 5*, Poitiers / Chauvigny, 1990.

D. Simon-Hiernard et al., *Verres d'époque romaine : collection des musées de Poitiers*, Poitiers, 2000.

H. Sion (éd.), *Carte archéologique de la Gaule, La Gironde, 1/33*, Paris, 1994.

F. Slitine, *Histoire du verre*, Paris, 2005.

A. M. Small, « A Spouted Vase from Central Apulia », in J. Swaddling (éd.), *Italian Iron Age Artefacts in the British Museum : Papers of the Sixth British Museum Classical Colloquium*, Londres, 1990, p. 321-322.

J. Smith, « Notice of Ancient Feeding-Bottles' for Infants (One Containing Remains of Milk, Recently Presented to the Museum of the Society ; with Notes of the Discovery of Similar Vessels in Gallo-Roman Graves, and Instances of their Occurrence in England », *Proceedings of the Society of Antiquaries of Scotland*, 2000, p. 106-116.

W. Smith, *A Dictionary of Greek and Roman Biography and Mythology*, Londres, 1872.

P. Smith et G. Kahila, « Identification of Infanticide in Archaeological Sites : A Case Study from the Late Roman-Early Byzantine periods at Ashkelon, Israel », *Journal of Archaeological Science*, 19/6 (1992), p. 667-675.

G. A. S. Snijder, « Guttus und Verwandtes », *Mnemosyne*, 1/1 (1933), p. 34-60.

L. W. Sontag et G. Comstock, « Striae in the Bones of a Set of Monozygot Triplets », *American Journal of Diseases of Children*, 56/2 (1938), p. 301-308.

T. Soeiro, « Notícia sobre uma nova estela romana igurada de Capela, Penaiel (Portugal) », in F. Acuña Castroviejo (éd.), *Reunión de Escultura en Hispania, Homenaje al Prof. Dr. Alberto Balil, VII (Santiago de Compostela y Lugo, 4-6 de Julio de 2011)*, Santiago de Compostela, 2013, p. 311-323

D. Solfaroli Camillocci et al. (éd.), *Allaiter : Histoires et cultures d'une pratique*, Turnhout, 2022.

D. Soren et N. Soren, *A Roman Villa and a Late Roman Infant Cemetery : Excavation at Poggio Gramignano, Lugnano in Teverina, 23*, Rome, 1999.

B. A. Sparkes et L. Talcott, *The Athenian Agora, XII, Black and Plain Pottery of the 6th, 5th and 4th Centuries BC*, Princeton, 1970.

A. Sparreboom, « Wet-Nursing in the Roman empire », in M. Carroll, E.-J. Graham (éd.), *Infant Health and Death in Roman Italy and Beyond (Journal of Roman Archaeology Supplement) Series 96*, 2014, p. 145-158.

J. Spier, « Medieval Byzantine Magical Amulets and Their tradition », *Journal of the Warburg and Courtauld Institutes*, 56, 1993, p. 25-62.

C. Spieser, « La nature ambivalente du sang, du lait, des figues et du miel dans les croyances funéraires égyptiennes », in G. Tallet et C. Zivie-Coche (éd.), *Le myrte & la rose : mélanges offerts à Françoise Dunand par ses élèves, collègues et amis. Cahiers Égypte Nilotique et Méditerranéenne*, 9/2, 2014, p. 281-287.

C. Spieser, « Vases et peaux d'animaux à fonction matricielle dans l'Egypte ancienne », LXIII, 2006, p. 219-234.

B. Štefanac, « Glass Pouring Vessels from the Roman-Era Relja Necropolis in Zadar », *Vjesnik za arheologiju i povijest dalmatinsku*, 102/1, 2009, p. 109-127.

H. Stephan, « Grabungen im Bereich der südlichen Umgrenzungsmauer des Hafentempelbezirks », *5. Arbeitsbericht zu den Grabungen und Rekonstruktionen*, 1981, p. 43-46.

E. M. Stern, *Römisches, byzantinisches und frühmittelalterliches Glas : Sammlung Ernesto Wolf*, Ostfildern-Ruit, Germany, 2001.

E. M. Stern, « Les verriers dans la Rome antique », in M. Beretta, G. Di Pasquale, A. Ciarallo (éd.), *Le Verre dans l'Empire romain, [Exposition présentée à Florence, Musée des « Argents », Palais Pitti du 27 mars au 31 octobre 2004]*, Florence/Milan, 2006, p. 39-62.

M. Sternini, *La verrerie romaine du Musée Archéologique de Nîmes*, Nîmes, 1990.

W. A. Stini, « Nutritional Stress and Growth : Sex Difference in Adaptive Response », American journal of Physical Anthropology, 31/3 (1969), p. 417-426.

M. Stol, « An Assyriologist reads Hippocrates », in H. F. J. Horstmanshoff, M. Stol (éd.), *Magic and Rationality in Ancient Near Eastern and Graeco-roman Medicine*, Leiden/Bristol, 2004, p. 63-78.

A. Straub (Chanoine), « Le cimetière gallo-romaine de Strasbourg », Strasbourg, 1881.

V. M. Stroka, « Die Brunnenreliefs Grimani », *Antike Plastik*, 1965, p. 87-102.

J. Stroszeck, « Grave Gifts in Child Burials in the Athenian Kerameikos : the Evidence of Sea Shells », in A. Hermary et C. Dubois (éd.), *L'enfant et la mort dans l'Antiquité. 3, Le matériel associé aux tombes d'enfants, Actes de la table ronde internationale organisée à la Maison Méditerranéenne des Sciences de l'Homme (MMSH) d'Aix-en-Provence, 20-22 janvier 2011*, BiAMA, 12, Arles, 2012, p. 57-75.

P. Stuart, *Gewoon aardewerk uit de Romeinse legerplaats en de bijbehorende grafvelden te Nijmegen*, Leiden, 1963.

P. L. Stuart-Macadam, « Porotic Hyperostosis : A New Perspective », American Journal of Physical Anthropology 87 (1992), p. 39-47.

M. Studer-Karlen, *Verstorbenendarstellungen auf frühchristlichen Sarkophagen*, Turnhout, 2012.

K. Stull, E. L'Abbé et S. Ousley, « Subadult Sex Estimation from Diaphyseal Dimensions », Subadult Skeletal Sexing Traits : A Blind Test of the Accuracy of Eight Previously Proposed Methods Prehistoric Known-Sex Mummies for Northern Chile », Journal of Forensic Science, 48/5 (2003), p. 927-935.

R. F. Sutton, « Family Portraits : Recognizing the "Oikos" on Attic Red-Figure Pottery », Hesperia Supplements, 33 (2004), p. 327-350.

J. Swaddling, *Italian Iron Age Artefacts in the British Museum : Papers of the Sixth British Museum Classical Colloquium*, 1986.

E. A. Sweeney, et al., « Factors Associated with Linear Hypoplasia of Human Deciduous Incisors », Journal of Dental Researches 48 (1969), p. 1275-1279.

H. Syer Cuming, *On Early Tetinae*, London, 1870.

R. P. Symonds, *Rhenish Wares. Fine Dark Coloured Pottery from Gaul and Germany*, Oxford, 1992.

L. Taborelli, « Per le poduzioni ei commerci del lykion nella Sicilia sud-orientale », in *Archeologia Classica*, 65/4 (2014), p. 393-400.

S. Talvas, *Recherches sur les figurines en terre cuite gallo-romaine en contexte archéologique*, Thèse de doctorat, Université Toulouse le Mirail, Toulouse, 2007.

H. Tauber, « 13C Evidence for Dietary Habits of Prehistoric Man in Denmark », *Nature*, 292 (1981), p. 332-333.

A. Tchapla et al., « Characterisation of Embalming Material of a Mummy of the Ptolemaic Era. Comparison with Balms From Mummies of Different Eras », *Journal of Separation Science*, 27/3 (2004), p. 217-234.

O. Temkin, *Soranus' Gynecology*, Baltimore, 1991.

P. M. W. Tennant, « The Lupercalia and the Romulus and Remus legend », Acta Classica, Proceedings of the Classical Association of South Africa, 31/1 (1988), p. 81-93.

A. Terninck, *L'Artois souterrain : études archéologiques sur cette contrée depuis les temps les plus reculés jusqu'au règne de Charlemagne*, Artois, 1880.

C. Terranova, « Giulia Pedrucci : L'isola delle madri. Una rilettura della documentazione archeologica didonne con bambini in Sicilia », *Gnomon*, 88/5 (2016), p. 431-434.

E. Thibaut, *Les rites féminins dans les sanctuaires du Latium et de l'Étrurie méridionale (IVe siècle av.-Ier siècle apr. J.-C.)*, thèse de doctorat, Université Picardie Jules Verne, Amiens, 2015.

G. Tigano, *Le Necropoli di Mylai (VIIIe-I^e sec. av. J.-C.)*, Catalogo del'Antiquarium Archeologico « Domenico Ryolo », Milazzo, 2000.

M. Tilliot, *Gutti, verseuses, fioles à parfum et Askoi de la necropole punique de Kerkouane*, Revue des études phéniciennes-puniques et des antiquités libyques, 6 (1991), p. 141-169.

B. Tilly, *Varro the Farmer : A Selection from the Res Rusticae*, London, 1973.

N. Tisserand et al., « Un sanctuaire antique en questions : le mobilier au secours de l'interprétation du site de Crevans (Haute-Saône) », *Revue archéologique de l'Est*, 61 (2012), p. 159-174.

M. Torelli, « La Kourotrophos Maffei del Museo di Volterra », *Revue Archéologique* (1968), p. 237-240.

L. M. Totelin, *Hippocratic Recipes : Oral and Written Transmission of Pharmacological Knowledge in Fifth- and Fourth-Century Greece*, 34, Leiden/Boston, 2009.

—, « When Foods Become Remedies in Ancient Greece : The Curious Case of Garlic and Other Substances », Journal of Ethnopharmacology, 167 (2015), p. 30-37.

—, *Étouffement et empoisonnement au lait dans le monde Gréco-Romain*, Présentation dans le cadre de la journée d'étude internationale organisée par V. Dasen, S. Jaeggi et I. Papaikonomou, Université de Fribourg, 10 juin 2014.

E. Toulouze, *Mes fouilles archéologiques aux quartiers Saint-Marcel du Jardin des plantes de Croulebarbe sur l'emplacement de l'École de médecine et rue Racine*, Paris, 1898.

A. D. Trendall et A. Cambitoglou, *The Red-Figured Vases of Apulia*, Oxford, 1978.

J. Tresserras, « La arqueología de las drogas en la Península Ibérica. Una síntesis de las recientes investigaciones arqueobotánicas », *Complutum*, 11 (2000), p. 261-274.

J. Tresserras et E. Pons, « Estudis dels residus organics per a la identificaci de possibles ritus i ofrenes », in E. Pons (éd.) *Mas Castellar de Pontós (Alt Empordà). Un complex arqueològic d'època ibèrica (Excavacions 1990-1998)*, Girona, 2002, p. 548-556.

J. Trinquier, « La hantise de l'invasion pestilentielle : le rôle de la faune des marais dans l'étiologie des maladies épidémiques d'après les sources latines », in I. Boehm et P. Luccioni, (éd.), *Le médecin initié par l'animal. Animaux et médecine dans l'Antiquité grecque et latine*, Actes du *colloque international tenu à la Maison de l'Orient et de la Méditerranée-Jean Pouilloux, les 26 et 27 octobre 2006*, Lyon, 2008, p. 149-195.

—, « Le lait des prédateurs : sur quelques cas d'allaitement interspécifique dans la littérature grecque et latine », *Anthropozoologica*, 52/1, (2017), p. 17-35.

J. Troadec, « Le complexe funéraire de "Lazenay", Bourges (Cher) », *Supplément à la Revue archéologique du centre de la France*, 6/1 (1993), p. 313-318.

J. Troadec et J.-F. Chevrot, *Carte archéologique de la Gaule, Le Cher*, 18, Paris, 1992.

F. Tubbs, « Roman Infant-Feeding-Bottles with Particular Reference to Romano-British and British Medieval Vessels », *British Medical Bulletin*, 5/2-3 (1947), p. 255-256.

M. Truffreau-Libre, « La céramique commune gallo-romaine du Musée de Chartres », *Bulletin de la Société archéologique d'Eure-et-Loir : documents-fouilles*, 86 (1981), p. 56.

—, « La céramique commune gallo-romaine de la forêt de Compiègne (Oise) au Musée des Antiquités nationales », Cahiers Archéologiques de Picardie Amiens, 4 (1977), p. 125-150.

—, *Richesses enfouies : céramiques gallo-romaines du Musée du Château de Blois (à l'occasion de l'étude réalisée par Marie Tuffreau-Libre pour l'exposition présentée au Château de Blois du 8 novembre 1997 au 30 juin 1998)*, Paris, 2001.

—, « La céramique commune en Gaule romaine », in J.-P. Morel et P. Levêque (éd.), *Céramiques hellénistiques et romaines*, II, Paris, 2007, p. 203-230.

M. Tuffreau-Libre, M. Denti, *La céramique dans les contextes rituels, Fouiller et comprendre les gestes des anciens*, Rennes, 2013.

M. Tuffreau-libre et G. Lintz, « La céramique dans les fosses cultuelles des temples à Argentomagus (Saint-Marcel, Indre) », *Supplément à la Revue archéologique du centre de la France La céramique dans les fosses cultuelles des temples à Argentomagus (Saint-Marcel, Indre)*, 31, 2007, p. 9-32.

R. J. Turner et al., « Infantile Megaloblastosis Secondary to Acquired Vitamin B12 Deficiency », Pediatric Hematological Oncology 16 (1999), p. 79-81.

Y. Tzédakis et H. Martlew, *Minoans and Mycenaeans, Flavours of their Time. Athens, National Archaeological Museum (12 july-27 november 1999)*, Athènes, 1999.

T. Vacquer, *Dossiers de fouilles*, 1873-1878.

L. Vagnetti, *Il deposito votivo di Campetti a Veio: (Materiale degli scavi 1937-1938)*, Florence, Sansoni, 1971.

A. van Gennep, *Les rites de passage : étude systématique des rites de la porte et du seuil ; de l'hospitalité ; de l'adoption, etc.*, Paris, 1909.

N. Vanpeene, *Les verres de la nécropole d'Epiais-Rhus (Val d'Oise aux II-III-IVe siècle apr. J.-C., sépultures à inhumation)*, Mémoire de l'École pratique des Hautes Études, 4, Paris, 1986.

—, *Verrerie de la nécropole d'Epiais-Rhus : Val-d'Oise*, Guiry-en-Vexin, 1993.

St. Vassalo, « Le sepolture dei bambini nelle necropoli di Himera (2014) », in C. Terranova (éd.), *La presenza dei bambini nelle religioni del mediterraneo antico. La vita e la morte, i rituali e i culti tra archeologia, antropologia e storia delle religioni*, Rome, 2014, p. 257-290.

—, « Sulla presenza del guttus nelle sepolture infantili delle necropoli imeresi : dati preliminari », in E. Lattanzi et R. Spadea (éd.), *Se cerchi la tua strada verso Itaca…, Omaggio a Lina Di Stefano*, Rome, 2016, p. 49-58.

M. Vauthey et P. Vauthey, « Chronique céramique », *Revue archéologique du Centre*, 3, 3, (1964), p. 289-293.

—, « Le Cerf de Terre-Franche (Statuette en terre blanche de l'Allier) », Marseille, 2011, p. 297-302.

O. Vauvillé, « Cimetière des Longues-Raies », *Bulletin de la société archéologique de Soissons*, 3 (1898), p. 59-61.

M. E. Vazquez Bujan et Ph. Mudry, « La nature textuelle de l'œuvre de Caelius Aurelianus », in Ph. Mudry (éd.), *Le Traité des maladies aiguës et des maladies chroniques de Caelius Aurelianus*, Nantes, 1999, p. 121-140.

H. Verbeeck, « Het oostelijke Gallo-Romeinse grafveld te Grobbendonk (Prov. Antwerpen) », *Relicta 6* (2010), p. 9-40.

I. Verga, « La louve d'Avenches : un bas-relief unique et encore mysterieux) », Bulletin de l'Association Pro Aventico 55, 2013, p. 7-83.

M. Verità, « Nature et technique des verres pompéiens à travers les analyses chimiques des pièces archéologiques », in M. Beretta, G. Di Pasquale (éd.), *Le verre dans l'Empire romain*, Florence/Milan, 2006, p. 163-167.

J.-P. Vernant et F. Frontisi-Ducroux, *Dans l'œil du miroir*, Paris, 1997.

Ch. Vernou, *Recherches archéologiques en 1982, Bulletin de liaison (Société d'archéologie et d'histoire de la Charente-Maritime 9)*, 1982.

—, *Carte archéologique de la Gaule, La Charente*, 16, Paris, 1993.

H. Vertet, « Recherches sur les glaçures plombifères fabriquées dans le centre de la Gaule », in *Sfecag, Actes du Congrès de Toulouse*, 1985, p. 25-32.

H. Vertet et P. Bet, « Le centre de production céramique de Lezoux à l'époque gallo-romaine », *Sfecag, Actes du colloque de Reims*, 1985, p. 26-31.

H. Vertet et B. Hartley, « Fouilles de Lezoux », *Revue archéologique du Centre*, VII/3, (1968), p. 213-223.

P. Veyne, « Qu'était-ce qu'un empereur romain ? Dieu parce qu'empereur », *Diogène*, 199, 3, 2002, p. 3-25.

J. Viciano, R. d'Anastasio et L. Capasso, « Odontometric Sex Estimation on Three Populations of the Iron Age from Abruzzo Region (central–southern Italy) », Archives of oral biology, 60/1 (2015), p. 100-115.

J. Viciano, S. López-Lázaro et I. Alemán, « Sex Estimation Based on Deciduous and Permanent Dentition in a Contemporary Spanish Population », American Journal of Physical Anthropology, 152/1 (2013), p. 31-43.

L. Vidal, *Contribution à l'inventaire archéologique de Nîmes (Gard) : les sépultures isolées et les nécropoles antiques*, Mémoire de Maîtrise, Université de Montpellier III Paul-Valéry, Montpellier, 1990.

S. Vilatte, « La nourrice grecque : une question d'histoire sociale et religieuse », L'Antiquité classique, 60 (1991), p. 5-28.

L. Villard et F. Blondé, « Les vases dans la Collection Hippocratique : vocabulaire et usage », *Bulletin de correspondance hellénique*, 116/1 (1992), p. 73-96.

J. Vilpoux, « Sceaux-du-Gâtinais », *Supplément à la Revue archéologique du centre de la France*, 17/1 (1999), p. 211-216.

D. Vitali, « L'aristocratie celte à la fin de l'âge du Fer (IIe s. avant J.-C-Ier s. après J.-C) », in V. Guichard (éd.), *L'aristocratie celte à la fin de l'âge du fer (IIe s. avant J.-C.-Ier s. après J.-C.), Table ronde Glux-en-Glenne 10-11 Juin 1999*, Mont Beuvray, 2002, p. 15-28.

J. Von Bókay, *Die Geschichte der Kinderheilkunde*, Berlin, 1922.

V. Von Gonzenbach, « Der Tondo aus Grab 132 », in K. Roth-Rubi et H. R. Sennhauser (éd.), *Verenamünster Zurzach : Ausgrabungen und Bauuntersuchung*, Zürich, 1987, p. 125-127.

A. Von Saldern, *Antikes Glas*, 7, Munich, 2004.

H. Von Staden, *Herophilus : The Art of Medicine in Early Alexandria : Edition, Translation and Essays*, Cambridge, 1989.

—, « Spiderwoman and the Chaste Tree : The Semantics of Matter », Configurations, 1 (1993), p. 23-56.

—, « Matière et signification : rituel, sexe et pharmacologie dans le corpus hippocratique », L'Antiquité classique, 60 (1991), p. 42-61.

D. Vuaillat, J.-M. Desbordes et G. Lintz, « Informations archéologiques. Limousin. Creuse. Ahun », Gallia Informations, 33/2 (1991), p. 97.

A. J. B. Wace, *Chamber Tombs at Mycenae*, (Archaeologia), Oxford, 1932.

G. Walberg et G. Argoud, *Excavations on the Acropolis of Midea, I. The Excavations on the Lower Terraces*, (Acta Instituti Atheniensis Regni Sueciae, 49), Stockholm, 1998.

S. Walentowitz, « Enfant de soi, enfant de l'autre » : *la construction symbolique et sociale des identités à travers une étude anthropologique de la naissance chez les Touaregs (Kel Eghlal et Ayttawari Seslem de l'Azawagh, Niger)*, Thèse de doctorat, EHESS Paris, Paris, 2003.

P. Walker, R. Bathurst et R. Richman, « The Causes of Porotic Hyperostosis and Cribra Orbitalia : A Reappraisal of the Iron-Deficiency-Anemia Hypothesis », American Journal of Physical Anthropology, 139/2 (1998), p. 109-125.

H. B. Walters, *History of Ancient Pottery*, Londres, 1905.

—, *Catalogue of the Greek and Roman lamps in the British Museum*, (Revised by E. J. Forsdyke, F. N. Pryce and A. H. Smith), Londres, 1914.

P. Wathelet, « Le mythe d'Énée dans l'épopée homérique. Sa survie et son exploitation poétique », in F. Jouan et A. Motte (éd.), *Mythe et politique. Actes du Colloque de Liège, 14-16 septembre 1989*, Paris, Les Belles Lettres (1990), p. 287-296.

R. Watts, « Childhood Development and Adult Longevity in an Archaeological Population from Barton-upon-Humber, Lincolnshire, England », International Journal of Paleopathology 3 (2013), p. 95-104.

P. Weigt, *Bericht des Museums elsässischer Altertümmer Gesellschaft zur Erhaltung der geschichtlichen*, Strassburg, 1907.

P. Weise, *Quaestionum catonianarum capita V*, Göttingen, 1886.

R. Weiss, Y. Fogelman, M. Bennett, « Severe Vitamin B12 Deficiency in an Infant Associated with a Maternal Deficiency and a Strict Vegetarian Diet », Journal of Pediatric Hematology Oncology 26 (2004), p. 270-271.

E. Welker, *Die römischen Gläser von Nida-Heddernheim*, (Schriften des Frankfurter Museums für Vorund Frühgeschichte, 3), Frankfurt am Main, 1974.

D. Whitehouse, *Roman Glass in the Corning Museum of Glass*, 3, New York, 2003.

J. A. Whitlark, *Resisting Empire : Rethinking the Purpose of the Letter to « the Hebrews »*, Londres/New-York, 2014.

J. Wiedmer-Stern, *Die römischen Überreste auf der Engehalbinsel bei Bern (Anzeiger für Schweizerische Altertumskunde, 11)*, Bern, 1909.

J. Wilgaux, « Corps et parenté en Grèce ancienne » in F. Prost et J. Wilgaux, *Penser et représenter le corps dans l'Antiquité*, Rennes, 2006, p. 399-410.

L. J. Williams, *Investigating Seasonality of Death at Kellis 2 Cemetery Using Solar Alignment and Isotopic Analysis of Mummified Tissues*. PhD Dissertation, London, University of Western Ontario, 2008.

J. Wilkins, « Galien et le lait », Food & History, 13/1-3 (2015), p. 273-281.

J. Wilmanns, *Die Sanitätsdienst im römisches Reich. Medizin der Antike 2*, Hildesheim, Zürich, New York, 1995.

L. Wilson et al., « Shape, Size and Maturity Trajectories of the Human Ilium », American Journal of Physical Anthropology, 156 (2015), p. 19-34.

T. P. Wiseman, *Remus, A Roman Myth*, Cambridge, 1995.

H. de Wit, *Histoire du développement de la biologie*, Lausanne, 1992.

G.-J. Witkowski, *Tetoniana : curiosités médicales, littéraires et artistiques sur les seins et l'allaitement*, Paris, 1898.

A. Wittmann et Ch. Bonnet, « La vaisselle des inhumations de bébés », in Ch. Goudineau (éd.), *Rites funéraires à Lugdunum*, Lyon, 2009, p. 181-182.

G. P. Woimant, *Carte archéologique de la Gaule, L'Oise*, 60, Paris, 1995.

É. Wolff, « Espaces du sauvage et nomades », Collection de l'Institut des Sciences et Techniques de l'Antiquité, 925/1 (2004), p. 21-28.

J. W. Wood, G. R. Milner et H. C. Harpending, « The Osteological Paradox : Problems of Inferring Prehistoric Health from Skeletal Samples », Current Anthropology, 33 (1992), p. 343-370.

E. Żądzińska, M. Karasińska et K. Jedrychowska-Dańska, « Sex Diagnosis of Subadult Specimens from Medieval Polish Archaeological Sites : Metric Analysis of Deciduous Dentition », HOMO, 59 (2008), p. 175-187.

P. Zancani Montuoro et H. W. Stoop, « L'edificio quadrato nel'Heraion alla foce del Sele », ASMG, VI-VII (1965-1966), p. 23-195.

P. Zanker et B. C. Eywald, *Mit Mythen leben : die Bilderwelt der römischen Sarkophage*, München, 2004.

J. Zerres, *Die Ausgrabungen von 1979/80 beim Hafentempel (Insula 37 der Colonia Ulpia Traiana)*, Cologne, 2001.

H. Zhang et al., « Rapid Identification of Triacylglycerol-Estolides in Plant and Fungal Oils », Industrial Crops and Products, 37/1 (2012), p. 186-194.

L. Zhmud, *Pythagoras and the Early Pythagoreans*, Oxford, 2012.

F. Zimmerman, *Le discours des remèdes au pays des épices*, Paris, 1989.

M. Zlotowicz, *Les Peurs Enfantines*, Paris, 1974.

Lj. Zotović et Č. Jordović, *Nekropola « Više grobalja »*, Viminacium 1, Beograd, 1990.

A. Zucker, « Album mythique des coquillages voyageurs. De l'écume au labyrinthe », Techniques & Culture. Revue semestrielle d'anthropologie des techniques, 59, 2012, p. 110-125.

Abréviations

AFAV	*Bulletin de l'Association française pour l'archéologie du verre*
AIEMA	*Association internationale pour l'étude de la mosaïque antique*
BiAMA	*Bibliothèque d'archéologie méditerranéenne et africaine*
BCH	*Bulletin de Correspondance Hellénique*
BJ	*Bonner Jahrbücher des Rheinischen Landesmuseums in Bonn und des Rheinischen Amtes für Bodendenkmalpflege im Landschaftsverband Rheinland und des Vereins von Altertumsfreunden im Rheinlande*
BSAO	*Bulletin de la Société des antiquaires de l'Ouest. Poitiers Société des antiquaires de l'Ouest.*
ANRW	*Aufstieg und Niedergang der römischen Welt*
ARALO	*Association pour la recherche archéologique en Languedoc oriental*
CAG	*Carte archéologique de la Gaule romaine, Paris, Maison des Sciences de l'homme*
CIL	*Corpus inscriptorum Latinarum consilio et auctoritate Academiae litterarum Borussicae editum*, Mommsen T. et al., Berlin, à partir de 1863.
CPAC	*Quaderns de prehistòria i arqueologia de Castelló*. Castelló Diputació de Castelló, Servei d'Investigacions Arqueològiques i Prehistòriques.
CVA	*Corpus Vasorum Antiquorum,*
DÉLG	P. Chantraine, *Dictionnaire étymologique de la langue grecque*, t. I-III, Paris, Klincksieck, 1968-1977 ; t. IV, 2, Φ-Ω, éd. M. Lejeune et al., 1980 [2e éd. 2009].
DÉLL	A. Ernout, A. Meillet, *Dictionnaire étymologique de la langue latine. Histoire des mots*, 4e éd., retirage augmenté d'additions et de corrections nouvelles par Jacques André, Paris, Klincksieck 2001 [1ère éd. 1931].
DK	H. Diels, W. Kranz, *Die Fragmente der Vorsokratiker*, Berlin, 1956.
ENiM	*Égypte nilotique et méditerranéenne* (http://recherche.univ-montp3.fr/egyptologie/enim/).
ILS	H. Dessau, *Inscriptiones Latinae Selectae*, Berlin, 1892-1916.
Dar.	Daremberg et Saglio, *Dictionnaire des Antiquités grecques et romaines*, 10 vol. 1877-1919.
Jber. Ges. Trier	*Jahresbericht der Gesellschaft für nützliche Forschungen zu Trier.*
ILA	*Inscriptions Latines d'Aquitaine* (6 Pétrucores, J.-P. Bost, G. Fabre, Bordeaux, 2001).
K	Galien, *Claudii Galeni opera omnia*, K. G. Kühn (éd.), C. Cnobloch, Leipzig, 1821-1833.
L	Hippocrate, *Œuvres complètes*, trad. É. Littré, J.-B. Baillère, Paris, 1839-1861.
JAS	*Journal of Archaeological Science*
LCS	S. D. Trendall, *The Red-Figured Vases of Lucania, Campania and Sicily*, Oxford, 1967.
LIMC	*Lexicon Iconographicum Mythologiae Classicae*, Zürich, 1981-1999.

LSAM F. Sokolowski, *Lois sacrées de l'Asie Mineure*, Paris 1955.
LSCG F. Sokolowski, *Lois sacrées des cités grecques*, Paris, 1969.
LSCG suppl. F. Sokolowski, *Lois sacrées des cités grecques*, Paris, 1969, supplément.
LSJ H. G. Liddell, R. Scott, H. S. Jones, *Greek-English Lexicon*, 9th ed., Oxford, 1940.
MEFRA *Mélanges de l'école française de Rome*.
NAH *Noticiario Arqueológico Hispánico, Arqueología*.
RAP *Revue archéologique de Picardie*.
RIC *The Roman Imperial Coinage*.
– I : C. H. V. Sutherland, *Augustus to Vitellius, from 31 BC to 69 AD*, revised edition, Londres, 1984.
– II : H. Mattingly, E. Sydenhame, *Vespasian to Hadrian*, Londres, 1926.
– III : H. Mattingly, E. Sydenhame, *Antonnius Pius to Commodus*, Londres, 1930.
RVAp A. D. Trendall, A. Cambitoglou, *The red figured vases of Apulia* I, 1978, II, 1982, Oxford.
Papyri graecae magicae *Die griechischen Zauberpapyri*, hrsg. und übersetzt von K. Preisendanz, mit Ergänzungen von K. Preisendanz, durchgesehen und hrsg. von Albert Henrichs, 2. verbesserte Aufl. mit Ergänzungen, Stutgardiae, Teubneri, 1973-1974, 2 vol. [1ère éd. 1928-1931].
Souda A. Adler (éd.), *Suidae Lexicon*, Stuttgart, 1984-1989, 4 vol. [1ère éd. 1928-1938].

Index

Index rerum français / latin

abcès (*apostèma*)   101, 616, 634
abeille   13, 116, 134, 171, 252, 259, 262, 363, 572, 577
abortif   101, 104, 196
abortion   107, 697, 699
abstinence   46, 162, 287
accouchée   46, 55, 81, 99, 102, 104, 181, 183, 497, 634, 653
accouchement   9, 44, 56-57, 68, 77, 86, 94, 98-99, 103, 139, 147-149, 166, 184, 196, 203, 207, 209, 249, 268, 505, 507-508, 616, 629, 643, 684
acétabulaire   500
acide   102, 360, 524, 570-573, 576-580, 582-583, 586-589, 591, 595, 597, 604, 606-607
adolescent   10, 11, 126, 131, 180, 226-228, 247, 278, 356, 485-486, 491, 493, 503, 512-514, 527, 536, 561, 611, 655, 660-661, 669, 699
adulescens   126, 493
adulte   16, 20, 23, 32, 34, 36-37, 43 ? 46, 80, 88, 96, 125-129, 139, 147, 150, 151, 156, 180-181, 196, 198-199, 207, 209, 226, 239, 268, 281-282, 323-324, 329, 338, 354, 356, 361, 363, 368, 372, 374_375, 383, 399, 445, 455, 469, 485-486, 489, 490-493, 499-505, 509-510, 513-514, 516-518, 520-527, 547, 549, 552, 554, 559, 561, 564, 566, 574, 587-588, 593, 599, 607, 610-612, 614-617, 664
âge d'or   124, 231, 277, 301, 327, 332, 617
aigre   106, 123, 159-160, 576
ail   153, 646, 648
allaitement   11-12, 17, 28, 30-32, 34, 36-39, 45, 65, 73, 80, 91-92, 102, 113, 122, 133, 147, 150-151, 161-167, 171, 179-191, 193, 195, 197-199, 201, 203, 205, 207-279, 281-333 ? 341 ? 350-352, 356, 358, 362, 481-482, 513, 515, 516-518, 521-522, 524, 528-530, 532, 616-617, 655, 659, 662, 665, 682-683, 685, 691, 705, 708

ambre   486
amnios   72
ampoule   559
amulette   111, 127, 135-136, 141-142, 495, 542, 548-550, 552, 554, 587, 665-666, 681
amygdales   97-98, 132-133, 642
analyses   23-24, 28-29, 37-39, 112, 156, 165, 172, 192, 318, 332-334, 348, 358, 360, 363, 372, 374-375, 432, 453, 467, 475, 481, 484, 489, 510, 514-516, 518-520, 522-524, 526, 527, 529-530, 549, 563-564, 566, 568, 570-573, 576, 578, 580-582, 585-587, 589, 591-600, 602-606, 611, 613-615, 653, 664, 675, 681, 686, 687, 706
anencéphalie   524
animalité   64 ? 96, 142, 248
antimoine   111
apode   23, 447, 449-450, 453, 458, 460-462, 545
apoplexie (ébranlement accidentel du cerveau)   132, 151, 616
arête   414, 420
argent   14, 115, 278, 315, 321, 543, 550
artère   638, 642
articulation   137, 174, 176-177, 496, 577, 622
aryballe   22-23, 541, 579, 581, 584-585, 606-608
as   277, 547
askos   17, 19, 21, 334, 339, 341, 343, 436, 391, 454-455, 475, 683
assiette   401, 469, 480, 505, 540-544, 547, 549, 552-556, 559-562, 574, 598-599
asthme   126, 131-132, 605, 640, 646
astragale   137
astringent   86, 88, 97, 105, 111, 116, 123, 171, 172
autel   13, 15-16, 256, 258, 276, 290, 300, 303, 305-306, 308, 310, 312-313, 468, 555, 598-599, 607, 617
automne   88, 171
azote   515-516, 521, 523, 525, 565, 614

bague   221

baignoire   286

bain   11-12, 14, 24, 103, 109, 128, 130, 143, 151-152, 161, 172-176, 180, 193, 196, 198-199, 236-239, 241, 243, 245-246, 249-254, 284-285, 345, 419, 449, 468, 478, 480, 486, 489, 511, 555, 563, 564, 590, 598-699, 616, 630, 641, 656, 670, 680

balancer   70, 177

balsamaire   177, 393-394, 469, 480, 487, 490, 505_506, 537, 541-544, 547-549, 552-556, 559, 580, 587, 598, 611

barbares   104-105, 134, 352, 661

barbotine   343, 370-372, 375, 408, 427, 436, 441, 452, 541, 612

bassine   98, 175, 234, 236-237, 245-246, 249-251, 253, 326

bébé   30, 46, 53, 71, 96, 127, 133, 163, 175, 183-184, 189, 199, 201, 215, 285, 346, 349, 494, 562, 568, 668, 670, 681-682, 698, 701, 708

bec   16-21, 23, 38-39, 213, 282, 284, 290, 294, 328-330, 332, 334-338, 340-341, 345, 347-350, 352, 355-359, 361-363, 365, 367, 369-371, 373-375, 377-379, 381, 383, 385-386, 388, 391-393, 395, 397-398, 404, 407-409, 411-412, 415-422, 424, 428, 430, 434, 436, 437, 445-447, 449-451, 453, 457, 460-462, 464-467, 471, 474-476, 478-482, 505, 533, 544-546, 551, 558-559, 565, 588, 590-591, 600, 602, 605-606, 612-613

bélier   101, 230, 240, 300, 536, 549, 633, 639

bercer   130, 177

bétail   63, 106, 141, 190, 316, 324, 326, 507

bétoine   104, 638

bette   92, 638

beurre   37, 83-84, 90, 92-93, 104-106, 115-116, 118, 123, 134, 359-360, 638, 653

biberon   9, 14, 16-17, 23, 27, 29, 32-33, 38-39, 282-284, 287-288, 290, 293-295, 299-300, 328-329, 332-333, 335-342, 344-348, 350-355, 357, 360-362, 365, 665, 670, 371, 374, 378-386, 389, 392, 394-397, 407-408, 419-424, 426-430, 442-448, 450, 475, 477-478, 482, 516, 531, 534-537, 540, 552-556, 559, 567-570, 572, 579, 586, 589, 591-593, 597-600, 602, 617, 665, 670, 676, 681, 691, 696

biche   16, 77, 256-257, 307, 317-318, 321

bijoux   220, 487-488

bile   44, 53, 110

bilobé   409, 418, 436, 482, 505

biochimique   395, 585

biologique   29, 44-45, 52, 126, 150, 167, 490-492, 494, 499, 503, 592, 610, 658, 696

blanchi   65, 68, 73, 184

blé   113, 119, 154, 349, 520, 615

bois   28, 388, 467, 476, 506, 534-535, 540, 542, 554, 573, 579, 580, 582-584, 588-589, 592, 597, 601-602, 604-605, 649, 656, 669,

boisson   37, 85, 88, 89-90, 96-97, 99-101, 103-104, 109-111, 113, 116, 142, 145-146, 154, 170-171, 346, 355, 363, 430-431, 506, 524, 529-530, 554, 582, 635-638, 641-644, 653

boîtes   234, 506

bombylios   122, 284, 349-350, 363, 374, 612

bonnet   553, 574, 630-631

bouc   95, 154, 320

bouche   55, 60, 64, 72, 78, 91, 100, 103, 105, 107, 121, 134, 138, 148-152, 169, 263, 345, 349, 361-363, 365, 482, 504, 591, 615

boucle   452, 458, 460-461, 580

bouilli   88, 97, 114, 115-116, 121, 135, 617, 638-640, 645

bouillie   113-114, 158, 161, 199, 615, 639

bouillon   115, 169, 475, 608, 613

bouse   98

brandgrubengrab   476

bras   10, 16, 31, 66, 152-153, 176-177, 181, 206-207, 215-216, 234, 236, 239, 240, 243-244, 247-248, 253, 254, 264, 269-270, 278, 281, 311, 317, 325, 479, 536, 560

bris   272, 481, 557-558

brûlure   644

buccale   134, 511, 608

bûcher   137, 272, 481, 487, 560, 593, 611, 678

bulla   16, 22, 324 -325, 487-488

bupreste   98, 635, 643

cachexie   98, 131, 648

cailler   27, 30, 43, 51, 113-114, 124, 640

caillette   64, 296, 695

caillot   114

calcul   128, 145, 361, 495, 556, 663

canaux   34, 43, 45-46, 59-60, 65, 74, 80, 100, 118-119, 124, 129, 142, 167, 198-199, 278, 293, 295, 497, 606, 610
caniculae   136
cantharides   97-98, 638, 642-643
caprins   95
capsarius   234
caractère   94, 126, 142, 188, 190, 207, 223-224, 239, 287, 334, 357, 371, 417, 471, 479, 487, 511, 590, 625
carbone   515-516, 523, 525, 576, 589, 614-615
cardame   92
carène   20, 409, 412-418, 421, 436-437, 439-440, 445, 447, 449, 451, 462, 544-547, 557, 574, 594, 599
cassure   433, 545, 557-558
cédros   92
cendres   111, 160, 533, 538, 541, 559, 592-593, 605-606, 640
céramique   9-10, 16-22, 38, 115, 213, 335-336, 340-341, 348-349, 356-358, 360, 363, 365, 370-371, 387, 391-395, 397-399, 401-402, 404, 408-409, 412, 417, 419, 422, 425, 432, 434, 436-438, 443, 445, 447-449, 452-453, 461-462, 465-467, 469, 471, 473-475, 478-479, 481, 484, 505, 526, 533, 536-547, 549, 551-552, 554, 556-558, 62-563, 565, 570-571, 573-574, 576, 579-581, 583, 585, 587-588, 590-591, 599, 604-608, 652-653, 656, 659, 661-665, 668, 671-673, 680, 682, 685, 687, 690, 694-695, 698, 705-706
céréales   107, 113, 119, 154, 161, 168-169, 171, 173, 189, 287, 300, 481, 493, 522_525, 528-529, 583, 595-596
cervelle   95, 114, 134-135, 141-142, 154, 638, 644
chair   27, 43, 51, 54-56, 63, 66, 77, 101, 123, 130, 156, 168, 633
charbon   111
chaud   43, 50-52, 59, 61, 73-74, 83, 85, 88, 98, 109, 114, 121, 129, 130, 140, 145, 152, 163, 170, 173, 186,, 459, 475, 585, 608, 610, 643
chêne (*quercus* sp.)   294, 307, 583-584, 592, 604, 606, 608
cheveux   101, 127, 207, 231, 239, 243-244, 251, 256, 259, 263, 281, 310, 320, 487, 505, 595-
chien   22, 109, 136, 324, 550-551, 579, 591

chignon   231, 239, 243, 247, 263, 281
chirurgie   34, 132, 146, 198, 627-629, 687
chiton   195, 206, 281
choés   213
cholestérol   576
chorion   77, 89
chou   92, 633, 639
chronique   89, 127, 131, 138-139, 147, 349, 429, 508, 510, 512, 514, 624, 627-628, 631
cinis   98, 135-137
cire   114, 130, 282, 497, 512, 514, 571-572, 577-578, 582, 584-586, 589-590, 595, 597-600, 603-604, 607, 615
civilisé   30, 84, 137, 209, 287, 324, 328
classique   28, 34, 84, 138, 147, 165, 199, 201, 203, 207, 211, 259, 275, 278, 290, 343, 346, 355, 382-383, 454, 497, 512, 520, 652-654, 658, 660, 662, 665, 667, 670, 674, 676, 682, 687-688, 690-691, 695, 706-707
clématite   108
clochette   544, 550, 587, 611
clystère   37, 86, 109-110, 114, 116
coagulation   43, 51, 55, 59, 64, 94, 128, 130, 609
coction   37, 45, 58-59, 61, 65-68, 73-74, 80, 88, 90, 92, 124, 150, 154, 609, 645
cœur   28, 52-53, 61-62, 65-66, 68, 79-80, 128, 135, 671, 673
coffrage   533-535, 538, 573, 588-589
coiffe   9, 207, 209-210, 240-241, 243, 246, 250, 259, 279, 546
coing   577
coliques   97, 109, 115, 231, 300, 332, 647
collactaneus   189, 191
collagène   515-518, 520
collyres   105, 112, 432, 680
colombe   223
colophane   582
colostrat   150, 162
colostrum   148, 150, 171, 525, 529, 615
complexion   37, 125, 128, 134, 179, 198, 610
conception   27, 36-37, 43, 50-51, 60-62, 67-68, 70, 74, 78, 80, 90, 92, 98, 104, 127, 128, 138, 164, 198, 290, 323, 327, 495, 616, 642, 677-678, 685, 691-692
concrétion   145, 185, 565, 581

conges (3,24 l.)   87, 577
consomption   94, 98, 121, 368, 639, 641, 667
contraceptif   162, 164-165, 616
convulsion   126, 131-133, 137-138, 141, 152, 173, 176, 640
coq   209, 533, 535, 549
coquillage   22, 469, 480, 484, 486, 541-543, 549, 551, 555-556, 558, 568, 570, 598-599, 607, 611, 708,
cordon ombilical   54, 62-64, 72, 78, 80, 245, 495, 497, 509
corne   11, 17, 64, 72, 74-75, 90, 99, 127, 136, 159, 222, 240, 265, 276, 301, 310, 312, 327, 343, 352, 358, 370, 471, 640, 656, 664
coronopus procumbens   113
cortège   226, 239, 247, 301, 310, 608
cotyledon   45, 62-64, 71-72, 77-78, 636, 688
cotyles (0,274 l.)   87-88, 115
couleur   21, 24, 37, 46, 85-87, 90, 103, 108-109, 112, 156, 158, 161, 173, 402, 420-422, 427, 432, 438, 451-452, 459, 461, 505-506, 607, 612, 683
coupe   14, 88, 103, 145, 245, 284, 293, 346, 447, 469, 475, 480-481, 486, 505-506, 533, 543, 545, 547, 552-556, 559, 574, 576
courbe   294-295, 397, 412-417, 444, 507-508, 516, 561, 574
courotrophe   215, 310
crâne   48, 177, 259, 263, 505, 512, 534, 592
crémation   13, 20, 22-23, 28, 268, 271, 363, 404, 445, 469, 476, 480-481, 485, 487, 490, 502-503, 505, 508, 540-541, 546, 549, 556, 560-562, 564, 585, 590-591, 610-612, 653, 678
cresse   112
cribra orbitalia   39, 510, 512-514, 521, 682, 707
cristal   459, 487, 701
croissance   43, 48, 53, 76, 129-130, 132, 156, 167, 172-173, 180, 182, 192, 199, 228, 243, 271, 295, 307, 491-494, 498-500, 509, 514-515, 626
croître   30, 77, 81, 496
cruche   16, 19, 22, 238, 311, 331, 335, 338, 345, 359, 362, 370, 381, 398-399, 401, 404, 409, 417-418, 420, 422, 427, 428, 434, 436, 441, 443, 446, 448, 452, 458, 461-462, 475, 479-481, 505-506, 534, 536, 538-539, 541, 543-547, 552, 554-560, 573-576, 587, 592-594, 603, 612-613

cuillère   429, 565
curriculum vitae 12, 180, 239, 247-251, 253, 268
cyathes (0,045 l.)   87-88, 639
cytise   92, 102

dauphin   136, 259, 541
décès   180-181, 187, 256, 490, 507-508, 527, 530, 585-586, 590, 592, 611, 629, 691
déchirures   109, 111, 636, 640
déciduales   490, 492, 498, 511, 520, 523-525
décoction   88, 92, 154, 645
décor   18-20, 95, 304, 377, 378, 380, 383, 385-387, 391-392, 417, 419-423, 436, 441, 452, 458-459, 465, 481, 485, 551, 594, 607, 612, 656, 669
défonctionnalisation   558
défunt   12, 28, 35-38, 191, 203, 207, 215, 228, 230-231, 239, 250, 252-255, 268, 333, 434, 454, 476-481, 486-487, 504, 533-536, 538, 541-542, 544-547, 548-549, 552-553, 558-561, 568, 573-574, 592-593, 606, 611
démangeaisons   115, 132, 134, 645
demi-conges (1,62 l.)   87
denier   321, 543
dense   56, 67, 99, 100, 107, 149, 156, 359, 369, 615
densité   37, 143, 514
dent   22, 95, 135-136, 492, 494, 550-551, 578
dépotoir   19, 187, 394, 466-467, 473-475, 596, 601-602, 669, 698
diarrhée   86, 97, 110, 131-132
diète   118, 161, 171, 637, 645
dimorphisme   225, 498, 500-501
division   47, 83, 146, 188, 402
domestique   38, 91, 265, 290, 333, 395, 404, 466-467, 484-485, 488, 564, 566, 582, 590, 594, 596-597, 599-600, 603, 606-608, 613, 668
domus   20, 189, 190-191, 287, 432, 466, 675
douce   53, 57, 115, 135, 159, 171, 295, 408, 414, 417-418, 439, 574
Dreckapotheke   607, 609
droit   10, 15-16, 49, 59, 74, 80, 131, 152, 189, 199, 206-207, 215, 231-232, 239-240, 246, 253, 259, 269, 281-282, 306, 311-312, 318, 321, 323, 325, 335, 505, 535, 558, 560, 609, 635, 685
dysenterie   87-88, 98, 109, 114, 129, 131, 638, 640, 642-643, 645

eau   15, 88, 144, 158, 170, 175, 293, 299, 509, 527, 531
échauffe   87, 145, 152, 170
écoulement   348
écume   47, 138
elatérion   89
élever   30, 43, 180, 191, 361, 503, 532
élite   211, 230
embonpoint   161, 199
embryon   51, 54, 70
emmaillotement   514
enceinte   44, 52-54, 67, 70, 323, 359
encens (*βoswellia* sp.)   634
enchytrisme   18, 284, 384
enclos   268, 469, 588, 592, 670
enfant   9-14, 22, 27, 31-32, 34-35, 38-39, 43-44, 57, 67, 70, 90-91, 94, 98, 125-126, 129-130, 141, 149-150, 156, 162, 164, 166-169, 171-173, 180-185, 187-190, 196, 199, 203-205, 208, 215-216, 220, 226, 228, 231-232, 234, 239-241, 243, 245-246, 248, 250, 252, 256-257, 263, 266-268, 271-272, 275, 278, 281-282, 284, 317, 321, 324, 327, 328-329, 332, 337, 347-348, 351-352, 355-356, 362-363, 371, 375, 433, 455, 469, 471, 480, 482, 488-489, 491-492, 494-495, 504, 513, 515-516, 521, 528, 530, 535, 538, 541, 545-546, 550-553, 555, 560-562, 568, 574, 579, 599, 606-607, 609, 611-613, 616, 638, 644, 653, 767, 692, 707
enfantin   34, 36, 90, 198, 239, 272, 277, 361, 574, 587, 598, 708
épais   105, 109, 148, 153, 156, 158, 161, 338, 354, 380, 439, 459-461, 506, 616
épaissir   105
épaule   181, 240-241, 243, 249, 294, 338, 417, 431, 434
épilepsie   140, 142, 639-641, 643-644, 652, 663
épiphyse   494, 499, 661, 687
épistaxis (saignement de nez)   126, 131
éponge   115, 135, 234, 236, 388, 482
érotisme   556
esclave   37, 126, 163, 175, 179, 183, 187-188, 190-191, 195, 199, 256, 326, 375, 685
estomac   64-65, 70, 72, 86, 96, 98, 101, 106-111, 113, 116-117, 119-121, 150, 154, 160, 168, 296, 583, 634, 637, 640, 642-644

étouffement   114, 154, 704
être vivant   69, 296
eunuque   130, 178
eutrophia   181
examen   12, 84, 109, 155-159, 180, 185, 246, 248, 251, 501, 630, 687, 689
exanthèmes (éruptions de la peau)   131-132, 143, 616
excoriations (perte de substance de la peau par grattage)   132
excrément   55, 72, 144, 152, 602, 603, 604, 607, 609
excroissances   72, 77, 131
exercices   70-71, 153, 160-162, 303, 498, 629, 659
exposition   13, 36, 190, 207, 239, 257, 281, 364, 459, 478-479, 656, 662-663, 673-674, 677, 680, 682-684, 689, 691, 693-694, 696, 703, 705

faible   47-49, 54-55, 60, 75-76, 88, 120, 128, 139, 149, 160, 165, 168, 182, 360, 395, 461, 497, 511, 520, 525, 529, 561-562, 578, 582, 584-585, 591, 593-595, 599, 603, 613
famine   513-514, 616
faon   296
farine   88, 92, 113, 135, 169, 601, 610, 615
fatigue   140, 150, 166, 174, 190, 616
fécondation   61, 74-75, 305, 332
femelle   48-50, 58-61, 66-67, 73-74, 76, 90, 95, 99, 111, 130, 136, 176, 192, 290, 305, 379, 549, 609, 613, 624
femme   9-14, 17, 29, 36-37, 39, 44, 46-60, 65_80, 83-86, 88-97, 99-104, 108, 110-112, 119-122, 124-125, 127-130, 133-135, 139, 143-144, 146-156, 158-172, 174-181, 183-186, 189-201, 203-209, 211, 213, 215-216, 218-219, 220, 222, 226-228, 232, 234, 236, 239-252, 255, 259, 263-264, 266, 267, 269, 275, 278-279, 281-282, 284-286, 303, 305, 315-316, 323-324, 326-327, 334, 346-348, 352-360, 368, 375, 429-430, 433, 489-497, 501, 505, 507, 513, 518, 521, 523-524, 525-526, 529-530, 536, 546-547, 549, 450, 562, 583, 609, 610, 614-616, 622-623, 627-629, 631-639, 641-647, 650-651, 654-659, 661, 665-667, 670, 676, 681, 685, 690, 698

fer 29, 109, 149, 394, 453, 489, 504, 512-513, 520, 522, 543, 579, 611, 673, 677, 706
fertilité 92, 100, 107, 112, 150, 217, 268, 307, 324, 328-329, 471, 524, 617
feuille 156, 223, 419, 565
fève 113, 155
fibules 393, 486-487, 539, 55, 669
fièvre 88, 98, 101-102, 110, 126, 131-134, 137, 149, 163, 199, 509, 511, 634, 637, 640, 642
figue 93, 113-114, 577, 688, 703
figuier 59, 92, 114-115, 321, 671, 688, 699
fil 231, 237, 315, 318, 459
filiation 36, 45, 268, 303, 305, 321
filles 49, 94, 96, 142, 145, 203, 23à, 272, 277, 307, 323, 492, 498-501, 650, 660-661, 670
flamme 70, 116, 320, 326-327, 370, 429, 611, 634
flatulences 115, 119, 154, 156, 160, 583
fluides 29, 43-45, 58-69, 67, 71, 80, 84, 164, 199, 236, 499, 609
fœtus 34, 43, 50, 54-55, 63, 65, 70-71, 74-75, 77, 79-80, 89, 100, 104, 128, 154, 162, 295-296, 366, 485-489, 491-492, 495-497, 500-503, 508, 514, 527, 552, 611, 644, 650, 670
foie 52, 61, 79, 86-87, 110, 118, 578, 637
fontaine 15, 38, 287, 290, 292, 295, 299, 300-301, 313-314, 323, 328-329, 332, 440, 617, 680, 696
formation 27, 37, 43, 45-48, 51-55, 59-60, 64-65, 67, 69, 70, 72, 75, 77-78, 80, 83-85, 92-93, 107, 114, 128, 130-131, 139, 145, 147, 152, 160, 162, 166, 169, 177, 184, 187, 193-195, 197-198, 205, 253, 278, 295, 327, 332, 340-341, 358, 380, 394, 412, 424, 436, 467, 474, 493-496, 501, 508, 511-512, 514, 517, 519, 522, 524, 544, 557-558, 564-565, 574, 582, 590, 597, 598, 607-609, 615-617, 621-631, 650, 656, 666, 674, 675, 677, 690, 707
fosse 394, 396, 467, 471, 476, 500, 527, 533, 538, 540, 545, 558, 574, 578-579, 581, 588-590, 596-597, 612, 653, 705,
foyer 14, 140, 283, 323-324, 488-489, 494
froid 43-44, 52, 74, 80, 83, 117, 121, 134, 152, 170, 284, 585
fromage 27, 37, 44-46, 51, 64, 80, 84-85, 93, 105-106, 116, 122-123, 150, 163, 281, 357, 360, 576, 609, 637-638, 646, 653, 656, 681

fumigations 52, 98, 127
furoncles (*dothiènas*) 143
fuseaux 506
gages 188-189, 199, 228
garçons 49, 94, 145, 492, 498-499, 501, 609, 670
gâteau 52, 89, 494
gauche 12-13, 49-50, 59, 74, 80, 152, 174, 206-207, 215, 220, 222, 231-232, 234, 239, 244, 247-249, 253, 254, 256, 263, 266, 269-270, 273, 281-282, 284, 293, 305, 310, 311-312, 320, 398, 418-419, 505, 533-536, 547, 560, 592, 609
gemmes 52, 60, 69, 91
gemmes g. magiques 52, 60, 69, 91
gencive 135
génération 47-55, 56-57, 60, 63, 79, 85, 94, 98, 102, 130, 327, 329, 599, 609, 621, 623-624, 628, 631, 649-650, 651
genoux 14, 31, 175, 177, 203, 207, 215, 222, 234, 237, 239, 246, 249, 263, 275-277, 281, 310, 311, 348, 355, 617
gestation 57, 65, 76, 80, 493, 495, 498, 502, 678
geste 130, 206, 244, 264, 484
glandes 56-57, 137, 147, 324, 511
globulaire 24, 335, 339, 357, 378, 387, 391, 404, 409, 413-414, 417-421, 436-437, 441, 448, 450, 460, 482, 544-545, 548, 593
gonè 74
gorge 19, 97-98, 114, 131, 336, 407-408, 414-417, 422, 424, 437, 444, 466, 484, 548, 550, 640, 642, 645
goutte 94, 97, 156, 159, 284, 345, 348, 363, 369, 577, 583, 612, 635, 637, 643, 700
graisse 45, 64, 89, 90, 101-102, 134, 530, 570, 578, 582-583, 585, 594, 597, 599, 603-604, 608, 613-614, 635, 646
grand mal 139
grasse 46-47, 56-57, 115, 159
grêlot 479-480
grives 154
grossesse 44, 51, 65, 68-71, 76, 80, 90-91, 162-166, 181, 496, 521, 616, 629, 670

gunê (γυνή)   127
guttus (*gutti*)   17-18, 21, 334, 339-340, 343, 345-348, 358-359, 361, 369, 390, 391, 399, 449, 570-571, 664, 692, 702, 705
gynécologique   92, 98, 244, 365, 628

haricots   155
hébé   227, 685
hellébore   84, 88-89, 96, 108
hellénistique   182, 201, 203, 207, 226, 263, 291, 300, 314, 334, 340, 396, 398-399, 520, 607, 622, 660, 661, 677, 680, 685, 687, 691, 705
hémine   95, 98, 639
henné   689-590
hérédité   83
hermésias   104, 644
hernie   132, 151
himation   195, 203, 206
hiver   88, 105, 171, 509
hochet   369, 480, 545, 587, 666
homme   22, 27, 29, 32, 34, 43, 44, 47, 48, 49, 52, 55, 60, 63, 64, 66, 69, 73, 75-77, 79, 84-85, 93-96, 101, 105, 108, 118-119, 122, 125, 128, 131, 137, 140, 146, 149, 162, 163, 164, 173, 179, 184, 191, 193, 194-195, 199, 223, 227, 232, 234, 239, 240, 247, 254, 272, 282, 295, 298, 316, 320, 323, 327, 328, 332, 349, 351, 375, 491, 495, 507, 513, 524, 533-534, 560, 578, 599, 609, 610, 615, 621, 622-624, 626, 638, 644, 647, 653, 655-667, 669, 672, 675, 695-696, 698, 703, 709
huile   60, 85, 105, 107, 113, 115, 128, 135, 143, 174-175, 177, 179, 189, 203, 343, 345-346, 356, 360, 369, 370, 373, 374, 375, 388, 526, 563, 570, 571, 578, 579, 582, 583, 584, 585, 589, 591, 594, 595, 596, 599, 600, 601, 602-608, 635, 636, 646, 660, 661, 669, 674, 675, 684
humérus   499, 524, 534, 672, 699
humeur   34, 44, 53, 83, 86, 93, 99, 113, 115, 119-120, 129, 148, 163, 166, 176, 529, 583, 610, 621-622, 655
humide   30, 43, 47, 47, 74, 83, 91, 117, 129, 130, 134, 139, 140, 141, 179, 170-171, 173, 198, 323, 507, 596, 610
hydropisie   131, 132, 141

hygiène   79, 118, 119, 121, 129, 133, 152, 156, 169, 170, 173, 179, 195, 198, 207, 498, 507, 511, 522, 530, 531, 628, 629, 650, 677
hyperostose porotique   510, 512, 514
hypocondre   118, 595
hypoplasie   39, 510, 511, 512,
hystéra   69

iatromea   92
ictère (type de jaunisse)   131
immature   23, 80, 393, 399, 480 5, 490, 492, 494, 499, 500, 502-504, 509, 510, 514, 517, 520, 523, 544, 560, 561, 588, 675, 676, 685, 691
impériale   37, 83, 132, 133, 134, 147, 165, 173, 200, 259, 275, 276, 287, 291-292, 303, 310, 316, 328, 331, 460, 561, 614, 629, 650 ,676,
impur   44, 58, 145, 509, 609
induration   90 , 106, 115, 602
infans   126, 522, 683
inhumation   16, 18, 23, 28, 36, 337-338, 384, 455, 469, 476, 485, 487, 501-505, 522, 533, 542, 545-546, 548, 559-561, 574, 585, 587-588, 590-591, 593, 611, 654, 660, 670, 701, 708
intaille   557
isotope   516, 523-525, 671, 673, 686, 690, 693, 698
isotopique   29, 39, 165, 172, 188, 333-334, 358, 481, 515-516, 518-520, 522-526, 528-530, 611, 614, 679
iuuenis   126

jambes   146, 176, 234, 240, 246-247, 282, 535
jeux   27, 34, 37, 153, 239, 433, 543, 666
jumeaux   12, 14, 16, 18, 50 ?, 102, 191, 215, 241, 253-256, 276-277, 287, 305-307, 310-322, 324, 326-327, 332, 377, 379, 482, 634, 665, 689
juridique   34, 187, 199

korê (κόρη)   127, 286, 596, 672

labilité   108, 121, 124, 199, 332, 529-530, 617
lac   66, 92, 104, 107, 141, 155, 163, 633, 635-648, 665
lactation   36, 92, 94, 113, 165-166, 564, 673, 679, 683, 692

lacteus 92-93

lactum 92

laie 14-15, 100, 290-291, 296, 617

laine 89, 91, 101, 177, 324, 429, 479, 505-506, 520, 606, 635-636

lait
  frère de l. 191
  l. de brebis 94, 98, 104, 107, 109, 115, 332, 639
  l. de chamelle 93, 101
  l. de chèvre 85, 87-88, 93-98, 104-105, 109-110, 112, 115, 118, 135, 137, 171, 525, 637, 639
  l. de chienne 94, 100
  l. de femme 89-91, 93-95, 100-102, 104, 110-112, 120, 122, 124, 155, 368, 429-430, 525, 529, 614, 633-637, 681
  l. de jument 87, 94, 99, 124, 640
  l. de truie 94, 99-100
  l. de vache 85-88, 93, 97-98, 104-105, 115, 360, 528-529, 531, 641, 685, 701

lamentation 27, 239

lampe 16, 204, 370, 374-375, 396, 480-481, 541, 543-544, 547, 549, 552

langage 157, 240, 331, 428, 494, 630, 676

lange 239, 248, 587

lard 118, 134, 531, 570, 676, 578

larme 90

laurier 156, 175

lécythe 9-11, 207, 209, 220, 222-223, 225-226, 607

lentilles 113, 155

lèpre 115, 124, 637

libation 230, 334, 471, 542, 591, 597-598, 612, 614, 696

libre 16, 37, 172, 183, 187-189, 199, 256, 264, 316, 365, 404, 434, 437, 451, 478, 543-545, 652, 668, 701, 705

lièvre 95, 99, 110, 114, 134-135, 601-602, 635, 640, 642-643, 645

lignes (de harris) 39, 510, 514

lilliaceae 92

limon 144

linceul 250, 676

lion 18, 254, 320, 387-388, 390, 571

lionceaux 290, 294

lit 12, 152-153, 175, 236, 253-255, 346

lithiase 132, 145-146

lobe 409, 417, 422

lochies 55, 68, 89, 185, 495-496

loup 135, 136, 320, 323

louve 12, 16, 31, 85, 228, 253-256, 277, 287, 300, 306-307, 312-313, 315-322, 324, 326, 332, 617, 682, 695, 697, 706

lune 108, 138, 141, 142, 555

maia 92, 193, 245,

maladie sacrée 129, 138, 140-141, 621-622, 650

mâle 48-50, 55, 58-60, 66, 73_75, 80, 90, 99, 102, 112, 120, 124, 130, 133, 176, 192, 305, 501, 609, 661

mamelle 103, 106, 120, 124, 137, 148, 294, 351, 471, 616, 638, 657

mariage 31, 96, 181, 193, 203, 227, 230, 237, 243, 278, 307, 479, 506, 651, 658

marmite 281, 351, 480, 534, 536-537, 541, 552-556, 559, 573-574

mastic 109

mastication 167, 169, 615

matrice 37, 45-51, 54-56, 60-61, 64-66, 68-77, 79-81, 90-92, 98, 144, 153-154, 160, 163, 192, 495, 583, 595, 605, 609-610, 635, 642-643

méconium 150

medicae 271, 496

médicament 83, 88-89, 106, 117, 125, 163, 194, 428, 482

membrane 52-55, 74, 78, 86

menses 44

menstrues 57-58, 60, 67-68, 71, 75, 79-80, 609

menthe 107, 153-154, 647

mercure 108, 247, 255, 265

mère 13, 15, 29-30, 36-37, 46-49, 51-55, 57, 60, 62, 65-66, 68-69, 75, 78, 91-92, 97-98, 100, 101-102, 106, 122, 125, 127, 143-144, 147-150, 153, 162-166, 179-185, 187-188, 190-193, 198, 200, 203, 207, 211, 222, 232, 234, 238, 239-241, 244-251, 256, 259, 262, 264-265, 268, 272, 275-277, 294-295, 298, 300, 307, 317, 323, 328, 332, 334, 348-349, 357, 479, 482, 495-496, 508, 513, 515-516, 518, 521-523, 526, 529-531, 609-610, 613-615, 617, 623, 635, 655, 682, 700

métal   158, 341, 467, 541-542, 563, 580, 684
miel   20, 85, 87, 89, 90, 91, 101-102, 104-106, 110, 114-115, 117-1189, 123-124, 128, 134-136, 157, 171, 173, 349, 359, 428-433, 525, 529, 577, 583, 593, 597, 615, 633, 635, 638-640, 644-645, 647-648, 703
millet   169, 173, 349, 525, 528, 596, 615, 686
miniature   20, 22 ? 421, 424-425, 477, 479-480, 538-539, 543, 545-547, 552, 560, 574, 594, 596, 603, 677, 695
miroir   10, 11, 226-229, 278, 318-320, 587, 660 ; 674, 689, 706,
mobilité   177, 627
monnaie   14, 16, 28, 31, 215, 277, 278, 301, 315, 317-318, 321, 332, 361, 393-384, 433, 475, 486-487, 533, 535, 538, 541-545, 550-551, 558
morale   191, 198, 234, 248, 278, 350, 489, 494, 622, 651
moraxella catarrhalis   112
mort   13, 30, 35, 38, 44, 66, 77, 88, 96, 98, 114, 128-129, 135, 156, 175, 179, 183, 187, 188-191, 194, 200, 203, 207, 209, 211, 215, 223, 226, 228, 230, 237-239, 241, 248, 250, 254-257, 263-264, 275, 278, 287, 301, 316-317, 326, 333-334, 349, 351, 255, 361, 404, 454, 576, 478, 481, 485-489, 496, 500-501, 504, 506-507, 510, 513, 520, 523, 525, 527, 529-532, 541, 543, 552-556, 559-560, 597, 601, 607, 611, 615, 623-624, 629, 631, 651, 654-656, 664, 666-667, 670-671, 675, 677, 679-683, 685, 688-693, 695-696, 698, 700, 703, 705
mortalité   30, 128, 188-189, 194, 228, 238, 264, 275, 496, 507, 508, 520, 523, 530-532, 611, 615-616, 675-678, 691, 695, 700
mou   101 ? 106, 128, 646
mouvement   32, 45, 47, 59, 70, 120, 140, 153, 154, 282, 452, 496
muguet   115, 129, 134
muscari à toupet (*leopoldia comosa*)   92
myrte   143, 175, 577, 703

naissance   11 ? 14, 36, 43-46, 55, 57, 73, 77, 90, 111, 117, 127, 128, 138, 140, 144, 148, 150, 171, 179, 185, 225, 229, 237-238, 244, 268, 276-278, 284, 294, 305, 316, 320, 324, 329, 424, 427, 460, 485, 489, 491, 485-496, 498, 507-509, 511, 514, 516, 524-525, 610, 615, 625, 627, 629, 631, 649, 675, 685, 587, 696
nature   36-37, 44, 56-61, 63-66, 70, 72, 74, 76, 78-85, 90, 92, 108, 117, 120, 129-131, 137-139, 145, 147-148, 151, 163-165, 169-170, 173, 176, 184, 186, 191-193, 198, 200, 209, 252, 272, 294-295, 324-327, 479-480, 496, 509-510, 571, 582, 599, 617, 621-623, 650, 672-673, 676, 678, 682, 686, 688, 701, 703-704, 706
neisseria gonorrhoeae   112
nervure   460
neuf   57, 75, 88, 95, 101, 107-108, 112, 115, 124, 137, 146, 186, 295, 417, 469, 522, 554, 556, 574
nez   78, 130-131, 177, 348, 605
noisette   591, 604
nourrice   28-31, 37, 46, 83, 96-97, 99, 100, 103, 114, 125-126, 128, 130, 132, 135, 143, 145-146, 149-157, 160-162, 164-166, 169-193, 195-196, 198-200, 207, 209, 211, 228 230-232, 236-237, 240, 244-245, 248-253, 259, 263, 268, 271, 275, 279, 294, 317, 326-327, 332, 334, 347-350, 352, 354, 358, 388,390, 518, 523, 528-532, 614-616, 629, 652, 654, 657, 666, 676, 698, 706
nourrir   30, 37, 43, 46, 60, 62, 67-68, 71-73, 87, 91-92, 147-158, 152, 166, 168, 177, 180-184, 187, 190, 198, 295-296, 328, 248-349, 355-357, 362-363, 496, 530, 613, 696, 701
nourrisson   13-14, 37, 39, 46, 96, 100, 103, 125, 128, 132, 134-135, 140, 149-153, 155-156, 161-168, 170-173, 176, 182, 183, 186, 101, 109-199, 207, 213, 220, 234, 257, 266, 282, 284-285, 349-350, 351, 372, 485, 489, 497, 513, 515-516, 518, 529-530, 576, 611, 615, 626, 652, 670, 676, 681
nourriture   31, 36-37, 43, 45-46, 52-57, 59, 61-68, 70-73, 75-79, 83, 85, 96, 108, 116-118, 121-122, 125, 128-130, 132-134, 137, 140, 147-148, 150-157, 161-162, 166-172, 176, 179, 181-182, 184, 189, 191-192, 198-199, 278, 286-287, 293, 295, 357, 361, 433, 481, 487, 496-498, 516, 518, 520, 524, 528, 530, 598, 609, 614-616, 523, 629, 643, 653, 654, 685, 688
nouveau-né   27, 46, 66, 73, 97, 112, 122, 126, 128, 137, 148-150, 161, 171, 174, 180, 184-185, 234, 244-246, 248, 362, 365, 495-486, 500,

505, 507, 513-514, 522, 529-530, 533, 546, 568, 574, 615-616, 657, 670, 680
nuque   126, 263, 533, 560
nutrix   13, 30, 181, 183, 193-194, 198, 230-231, 257, 263, 265, 268, 269-272, 279, 294, 560, 661, 684, 688

obstetrix   180, 193-194, 197, 199
odeur   37, 44-46, 105-106, 116, 127, 154, 156,
œil 159, 162-163, 174, 222, 357, 429, 595, 600, 607, 635, 653, 658, 669, 679
œsophage   65
œuf   54, 64, 74, 101, 105, 110, 137, 154, 161, 169, 290-291, 433, 583, 633, 635
oignon   106, 107, 636, 640
oiseau   11, 17, 21 ?, 54, 64, 134, 154, 203, 243, 244, 320-321, 341, 344, 348, 354, 362, 391, 401, 417, 419, 452-454, 458, 536, 538, 551, 662
olécranien   500
olive   135, 175, 189, 269, 477, 482, 526, 570, 571, 578, 582, 589, 604-605, 592
olivier   109, 582, 684
ombilic   53-54, 62-64, 72, 78, 80, 88, 126, 132, 245, 294, 495, 497, 508
onction   85, 90, 174, 388, 635
onyx   108, 157
ophtalmie   88, 98, 105, 111-112, 116, 642
or   220, 222, 433, 487-488, 612,
orbites   512-513
oreille   48
organe   59, 61-61, 69, 79-81, 140, 142, 640
orge   88, 113, 154, 349
origan   637
os   27-28, 51, 55, 88, 130, 135-137, 148, 351-352, 468, 479, 494, 503, 509-510, 514, 517-518, 527, 541-542, 550-551, 606, 615, 622, 646
ovoïde   335, 409, 412-414, 418, 436-437, 440-441, 473, 545-546, 551
oxygala   37, 93, 106
oxymel   114-115, 161

pain   52, 88, 118-119, 154, 168-169, 189, 525, 529, 531, 615, 643, 646-647, 686, 699
   p. trempé   169, 525, 529
   bouchées de p. 169

pangenèse   48, 80
panthère   13, 222-2223, 254, 256
paon   243
papyri   83, 268, 626, 710
parents   45, 49, 63, 75, 80, 150, 163-164, 180, 183, 188, 190, 193, 199, 207, 239, 268, 281, 454, 508
parques   12, 37, 176, 236, 246-247, 249, 251, 666
parties génitales 47, 76, 90-91, 196, 468
parturition   64-65, 69
peau   27, 51, 62, 88-89, 102, 115, 129-132, 136, 141, 143, 161, 174, 185, 187, 254, 397, 320, 323, 329, 338, 356, 358, 361, 372, 429, 482, 520, 578, 583, 589, 593, 599, 604, 608, 613, 616, 636, 641, 645, 662, 703
pédagogue   237, 244, 252, 328, 652
peigne   300, 505-506
père   29, 49, 75, 79, 122, 163, 183, 185, 193, 200, 209, 211, 225, 239-240, 316-317, 320, 349, 630
périnatal   493, 515, 549, 552, 558, 560, 592, 692
périnée   90-91
pervenches   112
pessaires   52, 89, 91, 101, 112
petit mal   139
petit-lait   37, 68, 83-85, 88, 89, 107, 115, 116-118, 124, 160, 622
pharmaka   237
phlegme   44, 53, 85, 129, 140, 155, 161, 169, 198-199, 210
phtisie   85, 88, 98, 121, 122, 131, 368, 601, 641, 645
physis   44, 60
phytanol   583
pied   23, 127, 178, 195, 215, 232, 234, 253, 310, 323, 335-336, 385, 387-388, 396, 407-408, 446-447, 449-450, 452, 457-458, 462, 471, 484, 546, 576, 594
pigeonneaux   154
pin   104, 312, 577, 604, 644
pion   468, 487, 543
piriforme   24, 335, 398, 409, 413-414, 418, 437, 439, 441, 443-444, 449, 464, 544, 546, 558
pithos   284, 361
pituite   161
plaidoyer   184, 200, 248
plante   57, 61-63, 77, 93-94, 103, 106, 108, 113, 128, 141, 154, 166, 496, 595, 608, 626, 636, 647
pleure   177, 332, 497

pleurésie   132
pleurs   151-152, 163, 173, 177
plomb   20, 111, 323, 361, 432, 436, 476, 514, 606, 675
pneuma   43
pneumonie   87, 131
poils   48, 100, 269, 491, 500
poire   414, 505, 574, 612
poison   97-99, 110, 640
poisson   136, 515, 528, 550, 578
poix   173, 570-571, 577-578, 580, 582, 586, 592-594, 597-607, 614, 653,
pollution   522, 578, 603, 693
polygala   103, 113
polygale   113
polygonaceae   583
pommes   577
post partum   149, 165, 497
pot   107, 481, 534-537, 541, 543-544, 546-548, 552-557, 559, 573-574, 581, 590, 697
poulets   154, 523
poulpe   68
poupée   286, 479, 549, 556, 663
prémâchage   169
prépuce   177
printemps   97, 108, 117, 146, 159, 171, 509, 519, 671
professionnalisme   207, 252-253
psychotrope   601
pubère   46, 60, 73, 80, 101, 124, 199, 429, 635
puberté   44, 49, 58, 60, 66, 71-72, 80, 104, 126-127, 129, 139, 142, 207, 227, 498-499, 508, 610
puella   126
puer   126, 323, 491
puerilis passio   138
pur   58, 67, 71, 79, 95, 99, 120, 175, 294, 424
purée   169
purgatif   89, 124
purification   76, 324, 693
pus   67, 89, 144
pustules   115, 132, 143

qualité   55, 65, 91, 93, 101, 108, 116, 143, 155-157, 159, 172, 189, 197, 281, 298, 314, 352, 401, 419, 438, 459-460, 497, 509, 515, 544, 599
quarantième (τεσσερακοστόν)   127-128, 167, 487, 680

quenouille   237, 506

racine   62, 94, 112, 141, 494, 517, 525, 643, 704
raie   136
rapports sexuels   70, 139, 154, 161, 163, 166, 200, 316
rate   51, 110, 131, 437, 589, 637, 670
recette   20, 87, 90, 91, 94, 98, 100, 101, 106, 112-113, 428-431, 484, 577, 601, 614, 633-648
réduction   37, 53, 107, 114-115, 124, 577, 638
régime   45, 48, 50, 84-85, 87, 89, 95, 97, 127, 129, 132, 140, 150, 153-155, 161, 169, 171-173, 493, 513, 518, 522, 523, 526, 614-615, 622-623, 625, 630, 650, 653
règles   44, 46, 50-51, 53-54, 57-58, 60-61, 64, 68-71, 75, 80, 89, 94, 107, 113, 127, 139, 153, 156, 163-166, 200, 507, 513, 635
régurgiter   177
reins   47, 85, 88, 100, 115, 118, 122, 177, 645
remède   95, 98, 104-105, 108, 114, 122, 137-138, 154, 296, 562, 625-626, 633-648
renflement   65, 408
requin   550, 578, 604
résidu   58-59, 61-62, 65, 68, 74, 76-77, 79, 582, 588
résille   244, 459
résine   91, 173, 570-571, 578, 580, 582, 584-586, 589, 595, 599, 600, 604-605, 630, 653
respiration   53-55, 78, 132, 140, 295
ricin   582, 595-596, 600-601, 604-605, 608
rite   228, 244, 287, 324, 481, 485, 501, 503, 528, 558, 561, 610, 660, 670, 680, 685
rivière   155, 452, 459, 523, 645, 664, 687
rondelle   17, 352-354, 606
rosacea   577
rose   112, 196, 420, 468, 501, 511, 651, 669, 674, 676, 699, 703
ruban   458, 461-462
rumen   583
ruminant   296, 570-571, 580, 583-586, 592-595, 597, 599-604
rupture de courbe   397, 412, 414-415, 417, 444
rural (ruraux)   24, 486, 489, 511, 574, 576, 653, 699

INDEX RERUM FRANÇAIS / LATIN

sacra passio   138
safran   101, 104-105, 110, 114, 633, 644
sage-femme   175, 177,
sanctuaire   10-11, 31, 39, 91, 201, 211, 219-220, 228, 238, 263, 268-269, 275, 278, 286, 310, 323, 387, 395, 398, 460-461, 467-469, 471, 488, 497, 504, 548, 555, 558, 564, 566, 596-598, 656, 662, 666-667, 670, 672, 675, 681, 689, 700-701, 704
sang   29, 43-47, 50-55, 57-65, 67, 69-81, 86-88, 98-101, 103-104, 111, 114, 119, 127, 129, 140, 144, 149, 156, 158, 162-164, 184, 191-193, 200, 211, 295, 324, 327, 429, 497, 508, 529, 582, 609-610, 617, 633-634, 636, 638, 640, 642-643, 645, 671, 679, 694, 700, 703
sarcophage   11-13, 180, 199, 201, 226, 231, 239-257, 259, 263, 268-269, 278, 286, 433, 476, 533-534, 544, 549, 560, 675
sauvage   31, 45, 70, 84, 92, 107, 137, 153, 209, 211, 252, 254, 307, 324, 327, 332, 485, 487, 577, 582, 595, 536-637, 648, 700, 708
scammonée   87, 97, 108, 172
scarabée   136
sciatique   500, 527
scorbut   510, 512-514
scorpion   136, 639
sébum   578, 613
sec   43, 86, 103, 106-107, 134, 140, 186, 234, 565, 704
sein   13, 29-30, 39, 44, 55, 58-59, 64, 73, 77, 88, 92, 100-101, 103, 121-122, 124, 132, 134, 143, 146, 149-151, 162, 163, 165, 167-168, 171-172, 189-182, 185, 189-191, 193-195, 198, 201, 203, 205-207, 209, 211, 213, 215, 217, 219-221 ; 223, 225, 227, 229, 231-232, 234, 235, 237, 239-240, 243, 245, 247, 249, 251, 253, 255, 257, 259, 261, 263-266, 269-273, 275, 277, 279, 281, 284, 295, 311-312, 318, 326, 334, 341-349, 351, 357, 361, 365, 368, 372, 374, 388, 390, 393, 396, 404, 414, 416, 419, 427-428, 433, 474, 479, 481-482, 484, 488, 495, 501-502, 508, 513, 518-519, 521, 527-528, 532, 541, 559, 562-563, 571, 596, 606, 608, 610-612, 614, 616-617, 627, 643, 665, 681
sel   85, 97, 101, 106, 107, 113, 115, 119, 123, 142, 530, 571, 633, 639-639, 641, 645

selles   86, 88, 89, 98, 108, 132, 152, 173, 437, 701
semence   37, 45, 47-55, 58, 60-61, 68-59, 69-80, 98, 130, 164, 185, 327, 496, 609, 650
senex   126, 491
senior   126, 491
sept mois   57, 65, 127-128, 133, 486, 495
septicémie   514
sérosité   71, 131
serpent   16, 136, 310, 340, 636
sérum   98, 105, 107, 642
sevrage   29, 34, 45, 125, 128, 133, 146, 166, 168-171, 173, 188, 190, 287, 358, 371, 481, 491, 493, 498, 509, 512, 515-516, 518-520, 522-530, 542, 552, 560, 610-611, 615
sexe   28, 32, 35, 38, 47, 49-50, 52, 55, 60, 80, 89, 102, 130, 149, 164-165, 177, 185-188, 199, 227-228, 231, 244, 269, 270, 281, 332, 334, 404, 486, 489-490, 495-496, 500-501, 504-505, 520, 522-523, 525, 527, 546-549, 560-561, 593, 609, 611-613, 629, 707
siège   70, 109, 129, 140, 198, 203, 206, 213, 215, 234, 239-241, 243, 247-249, 268, 644
sillon   19, 328, 336, 407, 408, 415-416, 422, 424
siriasis (fièvre de chaleur)   132
siser   97, 639
six mois   57, 99, 141, 165, 167-168, 188, 373, 485-487, 489-491, 497, 501, 520, 525, 528, 549, 553, 560, 573, 576, 587, 610-611, 615-616
social   30, 32, 45, 52, 164, 179, 228, 268-269, 279, 324, 329, 485, 489-490, 492, 503, 659, 664, 670, 678, 680, 683, 685, 690, 692, 697
soins   27, 34, 37-39, 70, 100, 112, 125, 128, 132, 134-136, 139-140, 147, 160, 179, 180-181, 183, 185, 187, 189, 191, 193, 195, 197-199, 275, 278, 300, 489, 589, 593, 604, 608, 629-630, 656, 665, 674, 691
sol   62, 226, 232, 234, 245, 294, 304, 311, 358, 519, 564-565, 579, 597
solide   50, 128, 130, 133, 166-169, 197, 481, 493, 521, 527, 529, 542, 565, 582-583, 598, 615
souffle   43, 51-52, 55, 71, 111, 151, 653
spasmes   109, 605
sperme   29, 43-48, 58-61, 67, 69, 70, 73-81, 120, 127, 158, 163, 327, 609-610, 679
squalène   570-572, 578, 589, 591, 594-595, 597-600, 604, 613

squelette 22, 136, 492, 494, 497-498, 506, 509-510, 518, 534, 574
stèle 9, 11, 14, 20-21, 35, 38, 195, 202-203, 210, 231, 233-234, 256, 269-272, 274, 444, 454, 456-457
stérile 44, 48, 60, 166, 182
streptococcus 112
stress 492, 494, 498, 500-501, 509-515, 524, 526, 528-529, 655, 686, 701, 703
styrax 571
subérine 584-586, 592-593, 604, 606
succion 54, 63, 73, 135, 152, 234, 365, 482
surbaissée 409, 413, 417, 434, 437, 439, 544-545
syngraphè trophitis 187
syphilis 508, 511, 514

tegulae 535, 541
tempérance 153, 172
temple-boy 550
tener puer 126
ténesme 129, 641-643
tentacules 72
terre 9, 10, 13-14, 18, 22, 28, 35, 47, 56-57, 61, 100, 111, 116, 148-149, 166, 181-182, 203-206, 208, 218-220, 227, 244, 246, 257, 260-262, 264-266, 269, 275-276, 282, 283, 285-286, 294, 307, 310, 324, 335, 349, 351, 356, 359-360, 382, 385, 387, 392, 425, 434, 436-437, 467-468, 475-476, 489, 535, 539-540, 542, 546-547, 549-560, 563-564, 589, 608-609, 623, 630, 667, 670, 674, 678, 680, 685, 690, 694, 704-705
terre-cuite 116, 542
testicule 47, 49, 59, 73-75, 94, 99, 100, 104, 124, 142, 178, 590, 609, 639, 641, 643
tête 9, 15 16, 22, 34-35, 37, 46, 48, 51-52, 54-55, 62-64, 66-68, 71-72, 77, 94, 103, 110, 120-121, 123, 128-130, 135, 140-142, 146, 148-152, 160, 170, 174-178, 180-181, 186-187, 197-198, 203-206, 215, 222, 232, 234, 239-240, 244, 248, 253-254, 256, 259, 263-264, 269, 272, 276, 281, 294-295, 300-301, 310, 320-324, 326, 328, 352, 365, 504, 524, 533-534, 536, 538, 549, 559, 562, 592, 610, 622, 637, 692
téter 54-55, 62-64, 67, 71-72, 77, 110, 120-121, 128, 148-151, 186, 207, 295, 352, 692

téton 45, 72, 78, 152, 263, 332, 375, 708
thérapeutique 27-28, 37-38, 45, 52, 70, 83-86, 88, 92-93, 95-96, 101, 107, 112, 116-117, 119, 120, 123-124, 132, 134, 194, 198, 268, 275, 279, 298, 333, 343, 350, 355, 362-363, 374-375, 380, 531, 484, 506, 589-590, 593, 595-596, 601-603, 605, 607, 609, 612-614, 616-617, 622, 625, 627-629, 631, 634-648, 650, 674, 681
tibia 499, 558, 687
tige 62, 100, 113, 118, 172, 368, 408, 533, 578, 585, 637, 685, 687, 698
timbre 481, 541
tithênê 180
tithêneomai 180
tittina 346
toge prétexte 239, 256
toilette 487, 490
torpeur 70, 176
tortue 90-91, 101, 633, 645
toux 88, 94, 126, 131-132, 173, 583, 602, 605, 637, 646-648
transmission 29, 31 ? 36, 38, 150, 164, 193-194, 196, 200, 279, 327, 509, 616, 704
triangle 269, 538, 687
tronconique 385, 397, 415, 417, 431, 434, 444, 450, 540
trophos 180, 191, 657, 704
tuberculose 110, 504, 508, 511, 529, 641
tumeurs 103, 126, 131, 197, 589

ubuppa 346-347, 673
ulcère 90, 101, 106, 109, 115, 129, 131, 177, 616, 633, 636
urbain 196, 486, 489, 511, 670
urine 85, 88, 101, 635, 637
urne 12, 243, 245, 469, 476, 506, 541-542, 553-556, 559
vaccine 507
vapeur 140, 170, 198
végétal 57, 79, 92, 101, 128, 182, 360, 496, 506, 572, 578-579, 582-586, 588-589, 591-596, 598-607, 614, 633-648, 698, 700
veines 46-50, 52, 56-64, 69, 76, 78-79, 103, 122, 130, 145, 176
venimeux 109, 136, 593,

venin   95, 601, 642-643
ventouse   34, 68-69, 81, 91, 140
ventre   37, 45-47, 51-53, 55-57, 60-61, 65, 67-68, 76-78, 87, 94, 97-99, 109, 113, 126, 132-133, 144-145, 152, 154, 162, 163, 173, 175, 182, 184, 256, 248, 296, 496, 505, 508, 560, 595, 605, 609, 616, 635, 638-639, 643, 645, 647, 658
verre   16-17, 21-24, 28, 38, 149, 159, 336-338, 341, 344, 346-349, 351, 354, 357-358, 360, 362-363, 365, 368-371, 373, 387, 394, 401-402, 404, 408, 416, 445-448, 450-455, 458-469, 471, 478, 480, 481, 484, 505, 524, 533-538, 540-550, 554, 556-558, 565, 573-574, 579-590, 598, 600-608, 614, 653-654, 659, 661-663, 669, 673-675, 687, 690-691, 693, 699, 701-703, 706, 709
verrue   131
vessie   51, 68-69, 115-116, 131, 144-146, 610, 645
viable   57, 80, 495
viande   141, 154, 158, 161, 168, 513, 515, 519-525, 597, 615, 664,
vieux   90, 111, 115-116, 118, 123, 134, 451, 467, 509, 668
villa   10-13, 15, 21, 220, 226, 228, 246, 248, 251, 258, 265, 302, 447, 467, 471, 573, 599, 600, 606, 652, 671, 702
vin   20, 38, 85-90, 97, 99, 102-104, 107, 111, 113, 116, 123-124, 145, 161-162, 168-170, 173, 189, 196, 223, 284, 345-347, 380, 395, 399, 427-431, 527-531, 570, 577-578, 582, 583, 587-588, 590-592, 594, 601-608, 610, 612-614, 638-639, 644-647, 660, 696
vinaigre   99, 104, 106, 109, 113-114, 577, 587, 589, 601-602, 636-637, 645
virginité   69
vitamine   508, 510, 512-513, 522, 524, 529
volumen   237, 239, 256, 688

Index rerum grec

ἀφρόγαλα (lait mousseux)   117

γάλα   68, 71, 86-87, 89-91, 101, 103, 108, 113-115, 118-121, 145, 147, 149, 151, 154-155, 158, 162, 164-165, 167, 169-170, 173, 177, 186, 349, 562
γάλα γυναικὸς κουροτρόφου   90-91
γαλακτοποσία   86
γονή   47, 53, 55, 58, 74-75

ἔλαφος (biche)   317
ἔμβρυον   53-54, 57, 63, 65, 72, 79, 127-128
ἐπιμήνια   44, 71, 76
ἑπταμηνιαίους   57

ζῷον   53, 61-62, 64, 69, 76, 127-128, 144

καθάρσεις   68, 103, 164-165
καταμήνια   44, 46, 51, 53-54, 58, 60-61, 67, 75
κοτυληδών   63

μέτρον   69
μήτηρ   69, 166, 349
μήτρα   69-70, 75-76

νεανίσκος (jeune homme)   125-126

παιδάριον (le petit enfant)   125-126
παρθένος (la jeune fille)   127
παιδίον   53-57, 67, 125-126, 141, 145-156, 153, 169, 174, 181, 349
παῖς   60, 88, 125-126, 141
πληθώρη   44

σπέρμα   49, 58-59, 62, 68, 71-77, 91
σπερματικός   68
στόμα (et autres formes)   60, 65, 75, 77, 78, 111, 117, 120-121, 146, 151, 154, 169, 349

τρέφω   30, 43, 45, 668

τροφός   30, 97, 160, 162, 172, 193
ὑστέρα   58-59, 61-63, 68-69, 73, 76, 149, 153
ψυχή   43, 48, 58, 67, 192, 627

Index nominum

Abdère 88, 515
Abousir-el-Melek (ancienne Bousiris) 186
Acca Larentia 241, 316
Achille 11, 236-238, 255, 317, 667
Admète 239
Aelius Munatius 234
Afrique du Nord 17, 29, 272, 313, 334, 341, 343, 349, 401, 488, 526, 627, 628, 671
Agamemnon 211
Agen 461, 464
Agios Dimitrios 521, 693
Agrigente 12, 213, 243, 246, 251
Agrippa 15, 302, 304
Agronomes 149
Ahun 449, 707, 548, 654
Aix-en-Provence 355, 441, 464, 653, 655, 583, 656, 662, 664, 670, 688, 691, 692, 694, 703
Alceste 239
Alcméon 78, 209, 665
Alexandrie 186, 187, 188, 191, 192, 195, 199, 315, 350, 622, 627, 630, 652, 701
Allemagne 13, 28, 256, 358, 402-403, 420, 428, 434, 436, 443-444, 452, 459, 461, 466, 551, 557
Allier 664
Amalthée 95, 171, 294, 293, 301,
Ambrosie 237-238
Ambrussum 24, 467, 599-600, 672
Amiens 22, 440, 394, 434, 444, 459, 472, 505, 533-534, 550, 560, 657, 662, 669, 672, 676, 695, 704, 705
Amphiloque 103
Amphore 23, 317, 361, 383, 385, 455, 473, 481, 522, 552-559, 585-586, 592, 594, 602, 656, 669, 675
Amulius 316, 320
Anchise 301, 303, 312, 316, 317
Andromaque 180, 211

Annecy-le-Vieux 467
Antonia Augusta 191
Antonin 259, 277, 313, 629
Anzi (Basilicate) 10, 224, 226, 278
Aphrodite 10, 11, 47, 66, 95, 221-226, 229, 263, 278, 229, 259, 448, 664, 695
Apollon 211, 265, 307, 310, 311-313, 317, 468, 661
Apollonia 511, 520-521, 523, 528, 571
Apollonios nommé Biblas 148, 651
Apt 203, 412, 443, 548, 550, 671,
Apulée 138, 142, 272, 471, 608, 649
Aquilée 447, 461-462, 465, 629, 661
Ara Casali 15, 305-306, 308
Ara Pacis 15, 38, 276, 287, 290, 297, 303-307, 310- 314, 321-322, 328-329, 331, 332, 617, 696
Arcis-sur-Aube 374, 468-469, 484, 675, 687, 693
Arétée de Cappadoce (1er siècle) 131, 147
Argentomagus (Argenton-sur-Creuse) 13, 35, 268, 271, 354, 549, 652, 654, 670, 705,
Ariane 255
Aristote 28, 43-45, 52-53, 58, 59, 60-67, 68, 69, 71-72, 75-76, 78-79, 80, 93, 95, 103, 127-128, 130, 137, 140, 158, 164, 165, 173, 181, 200, 273, 495-497, 609, 621, 623, 624, 625, 631, 649, 667
Arles 24, 183, 200, 248, 268, 412, 433, 441, 451, 462, 465, 473, 475, 484, 601-604, 607, 613, 660, 664, 667, 669, 670, 673, 684, 686, 687, 681, 690, 703
Arlon 440, 701
Arras 440, 444
Arruntia Cleopatra 191
Arruntius Dicaeus 191
Arsinoé 186, 211
Ascagne 312, 315-316
Ashkelon 500, 702
Astyanax 211

Athénodore le Cananite (75-77 av. J.-C.)   87
Augst   22, 434, 445, 465, 470, 472, 478-479, 688, 692, 694-695
Auguste   277, 301, 303, 305, 306, 310-311, 323, 328-329, 331-332, 617,
Aulu Gelle (IIe s. apr. J.-C.)   28, 183, 184, 248, 345, 649
Autun   437
Auvours   585, 588, 604, 606
Avenches   277, 408, 412, 444, 448, 453, 466, 504, 527, 538, 545, 550, 553, 586, 593, 604, 662, 665

Bacchus   226
Balaruc-les-Bains   24, 468, 478, 480, 555, 564, 598-599, 656
Baldock   13, 560, 661
Bavay   412, 420, 444, 454, 661, 687,
Beaucaire   433-434, 473, 656, 667, 685
Belgique   28, 234, 402-403, 436, 440, 444, 465, 480, 557, 653, 655, 667, 678, 684, 685
Béotie   207, 281, 284
Bergers   148, 254, 257, 317, 320, 323, 326,
Berne   418, 434, 444-445, 478, 480, 481, 486, 519, 522, 544, 546, 549, 654
Bès   272, 379
Bézannes   23, 451, 459, 461, 588-589, 608, 659, 675
Biganos   467, 481, 691,
Bituriges   393, 437, 446, 671, 690
Bolards   11, 238-239, 437, 696
Bourges   17, 32, 364-365, 374, 417, 418, 421, 434, 437, 448-449, 462, 478, 482, 543, 545, 548, 549, 550, 667, 677, 690, 694, 696, 705
Bourgheim   436, 466
Breny   16, 338, 451, 459-461, 533, 682, 690
Bretagne   29, 268, 272, 343, 511-512, 514, 519, 521-522, 528-529, 558, 560, 563, 627, 663, 666, 571, 674, 685, 689
Briord   550, 677, 695
British Museum   10, 16-18, 20, 224-225, 339, 340, 343-344, 356, 369, 371, 377-378, 381, 432, 456, 564, 658, 668, 692, 703, 707
Brumath   436, 466
Budapest   11, 14, 243, 290, 292, 655-656
Burkina-Faso   43

Caeculus   16, 167, 323-328, 331-332, 617
Caius Fabius Pictor   315
Calligène   88
Callista chione   469, 558, 598
Calymnos (Dodécanèse)   203
Campetti   10, 220, 705
Cansauna   234
Capoue   10, 16, 213, 215, 217, 278, 321, 329, 330, 338,
Carthage   16, 19, 312, 313, 355, 392
Carthago   22, 475, 477, 697
Caton l'Ancien (fin IIIe-début IIe s. av. J.-C.)   190, 195, 199
Caton le Jeune   165, 192-193
Caudebec-les-Elbeuf   505, 550
Célius Aurélien (Ve s. apr. J.-C.)   28, 131, 138-139, 147, 149, 162, 193, 196-197, 349, 374, 608, 612, 627-628, 631,
Celse   126-127, 131, 133-134, 139, 143, 146-147, 649
Cerveteri   220
César   301, 303, 322, 402, 403, 597, 617, 667
Chalon-sur-Saône   556-557, 662
Champ de Mars   16, 276, 287, 304-304, 313-314, 332,
Champ-Madame   22, 24, 437, 480, 534, 536-537, 544, 553, 557, 571, 573-574,
Chanaz   434-435, 466
Chantambre   99, 549, 674-676, 691
Chartres   436, 437, 466, 468, 696, 701, 705
Chateaumeillant   17, 547, 549, 663, 667, 692
Chiusi   215
Chrysopaes   191
Chypre   17-18, 236, 334, 344, 448, 453, 577, 677
Cicéron   316, 323, 649
Cirencester   512, 514
Civaux   503, 550
Clermont-Ferrand   421, 443, 663-664, 677, 686, 690, 695
Clytemnestre   211
Colchester   512, 514
Cologne   11, 20, 91, 230-231, 241, 271, 348, 360, 420, 422, 427, 430-431, 434, 447, 449, 452, 461, 565, 673, 680, 684, 692, 708
Commode   277, 629

Compiègne   440, 691, 705
Constance Chlore   550
Cos   83, 87-89, 123-124, 622-623
Crète   95, 294, 317, 453, 499
Crevans   469, 704
Crissier   467
Curètes   293
Cutry   417, 538, 542, 548, 687
Cybèle   138, 478
Cythnos   106

Dakhleh   524, 671, 682
Damaste de Sigée   315
Delphes   211, 230, 311
Déméter   31, 215, 263, 286, 326-327, 520, 596, 695
Démocrite (ve siècle av. J.-C.)   62, 78, 86, 104
Denys d'Halicarnasse   316, 318, 320, 326, 332
Dieppe   350, 443, 543
Dijon   11, 13, 238, 259-264, 267, 467, 478, 669, 680,
Dioclès de Caryste (ive siècle av. J.-C.)   62, 63, 78
Diogène d'Apollonie   55, 78
Dionysos   11, 13, 222, 223-226, 238, 254, 256, 661
Dioscoride (d'Anazarbe, 1er s apr. J.-C.)   28, 83-84, 91, 94, 107-108, 110-112, 114-116, 124, 134, 157, 431, 583, 613, 614, 625-627, 650,
Dioscures   239
Dis Pater   597
Dorset   521-522, 698
Douai   22, 540, 590, 600, 606, 608, 614,
Drag   469, 480, 544, 598
Drusus   191
Duisans   538, 545, 681

École de Cnide   83-84, 121, 124, 622-623
École de Cos   83, 87-89, 123, 124, 622-623
Égypte   16, 18, 28-29, 83, 91, 179, 183, 186-187, 189, 191, 201, 233, 266, 268, 329, 331, 377-378, 380, 388, 398, 519, 521, 524, 528, 595, 605, 612, 615, 624, 627, 631, 655, 666, 672, 680, 682-683, 685, 688, 691, 698, 703, 709
Hélène   11, 223, 228-229
Empédocle   58, 67, 651

Endymion   239, 254,
Énée   15, 100, 112, 301, 303, 305-307, 310, 312, 314-317, 322, 326, 331-332, 356, 617
Épiais-Rhus   451, 505, 545, 547, 566, 705
Erclé   226, 228
Ériphyle   209
Éros   220, 221, 223-226, 230, 243-244, 255, 259, 269, 272, 278, 290, 481, 544
Espagne   29, 311, 329, 475, 526, 595-596, 627
Esvres   22, 434, 437, 450, 461, 536, 543, 548-550, 557, 578, 581-582, 588, 604, 607, 654, 657-658, 663, 699
Eutychès   256

Fabia (*gens*)   315
Faustine l'Ancienne   277
Faustulus   241, 305, 316, 321,
Favorinus   183-185, 200, 248, 268,
Fayoum   186-187
FELIX, *felix*   139, 259, 631
Fin-Renard   437, 667
Florence   12, 21, 148, 222, 246, 255, 380, 454, 457, 538, 663, 693, 701, 703, 705-706
Fondo Patturelli   220
Fontoy   451, 459, 505, 701
Fortune   122, 248, 693
France   19, 24, 28-29, 329, 341, 350, 356, 360, 375, 387, 394, 401-402, 412, 443-444, 461, 464, 467, 478-479, 485, 490, 507, 527, 544, 548, 563, 565, 652, 657, 659, 664, 667, 669-670, 672-673, 675, 679, 682, 685, 687-691, 699, 701, 705-706
Fréjus   16, 337, 441, 462, 465, 503, 543, 656
Fribourg   15-16, 20, 30, 36, 113, 300-301, 334, 336, 338, 349, 360, 417, 419, 443-444, 466, 522, 662-663, 665-666, 670, 680-681, 683, 685, 687, 704

Galien de Pergame (iie s apr. J.-C.)   28, 44-45, 51, 73-81, 83-84, 108, 116-130, 133, 141, 145, 152, 160, 162, 166-167, 169-171, 173, 182, 185, 194-196, 284, 363, 368, 496, 498, 583, 605, 613, 616, 622, 626-631, 650, 659, 663, 676-677, 682, 708, 709
Gaule   605, 611-612, 651, 653, 655-658, 660-664, 667-669, 671-673, 675, 678-679, 681, 685, 688, 689-695, 697, 698-702, 705-706, 708-709

Genève   14, 17, 36, 225, 281-282, 340, 365, 368, 374, 418, 439, 444, 657, 659, 671, 680, 682, 694,
Germanicus   276
Gerzat   24, 438, 476, 478, 480, 533, 542, 559, 571-572, 574-575, 577-578, 582, 607
Gièvres   437, 439
Grande-Grèce   31, 399
Grèce   29, 31, 36, 44, 84, 112, 125, 127-129, 138, 165, 180, 187, 201, 203, 207, 209, 211, 213, 215, 220, 230, 252, 257, 259, 269, 277, 281-282, 286-287, 310, 316-317, 326, 334-335, 338, 341, 343, 346, 358-359, 375, 381, 398-399, 401, 452-454, 462, 465, 484, 519-521, 528, 548, 570, 595, 609-610, 611-612, 617, 653, 655, 657-658, 660-661, 670, 680, 682, 683, 693, 696, 707

Hadrien   259, 277, 300-301, 303, 306, 543-544, 627, 629
Hagnotikê   194
Harfleur   434-435, 465, 672, 684
Hayes   19, 341, 391, 401, 453, 474-475, 679, 697
Hébé   227, 685
Hector   180, 211
Héra   10, 11, 31, 180, 225-228, 278, 695
Héraclès   10-11, 16, 180, 225-228, 278, 317, 320-321, 340, 659-660, 672, 685
Herculanum   320, 374, 453
Hermès   230, 237, 272
Hérodote   96, 118, 228, 595, 600, 650 (480-425 av. J.-C.)
Hésiode (VIIe s. av. J.-C.)   28, 47, 48, 237
Hippocrate (Ve s. av. J.-C.-Ier s. apr. J.-C.)   23, 28, 43, 45-57, 60, 76-79, 83-92, 101, 108, 110, 116, 120, 124-131, 133, 134, 138, 141, 143-145, 147, 155, 166, 173, 184, 432, 491, 495-497, 509, 616-623, 625, 627-628, 630-631, 650, 658, 661, 682-683, 703, 709
Hippon   55, 78
Horologium   15, 303-305, 684, 696,
Horus   277-278, 293
Hylas   239

Ida   95
Intercisa   11, 233-234

Isis Lactans   10, 13-14, 201, 215, 218, 259, 266, 269, 278
Italie   21, 29, 108, 215, 220, 225-226, 269, 282, 290, 299, 315, 334-335, 339, 341, 343, 346, 353, 360-361, 365, 369, 382, 390-391, 401, 433, 447, 453, 455, 461-463, 465, 501, 512, 527, 627, 629, 653, 662, 666-669, 685, 690, 695
Iulia Domna   277
Iwuy   23, 543, 590-591, 680

Jahvé   142
Jalaniac   549
Job   27, 44, 51, 349, 650
Jublains   451, 540, 658, 691
Julia   191, 277
Junon   243, 272, 294, 323, 671, 698

Karden   468-469, 472, 692
Kempten   455
Kondaia (Thessalie)   9, 202-203
Koré   127, 286, 596, 672
Kostolac   454

Lactance (IIIe siècle début IVe siècle)   128, 138
Landeyrat   468-469
Latium   15, 31, 226, 305-306, 387, 398, 399, 670, 704
Lazenay   437, 449, 543, 661, 705
Léda   191
Léto   310, 314, 317, 328
Lezoux   404, 408, 412, 413, 417, 419, 435-437, 443, 466, 478, 544, 549, 566, 570, 574, 656-658, 706
Libramont-Chevigny   480, 557
Lillebonne   17, 351-353, 434, 440, 444, 535, 699
Limoges   16-17, 331, 341, 436, 466, 682
Lindos   9, 203, 205-207, 263, 657
Lipari   10, 14, 220-221, 284-286, 701
Lisieux   351, 419, 434, 451, 657
Londres   358, 498-499, 500, 512, 514, 523, 615, 652-654, 658, 660, 663, 669, 677, 679, 682, 686, 692, 678, 699, 700, 702, 707, 710
Los Angeles   12, 249, 251
Louvre   9, 11-13, 17-18, 21, 206, 209, 239-240, 248-250, 263, 266, 269, 281-282, 341, 344,

377-378, 379, 381, 453-454, 653, 664, 676, 682, 690-691, 694
Lucius   142, 191, 272, 331, 629
Lucius Rubellius Blandus   191
Lully   20, 22, 443, 478-479, 531, 533, 662
Luxembourg   28, 402, 404, 678, 697
Lyon   13, 149, 192, 264, 462, 464, 530, 616, 649, 657, 652, 654, 659, 662, 673, 696-697, 702, 705, 708

Maffei   10, 215-216, 657, 704
Mâlain   467, 599, 601-602, 607-608, 680
Marc-Aurèle   277, 629, 631
Marcellus Empiricus (IVe siècle)   91, 111, 583
Marcus Lucretius Fronto   122
Marenne   22, 487-488
Mars   15-16, 276, 287, 303-306, 309-310, 313-314, 316, 320, 322, 327, 332, 385, 464, 485, 522, 524, 598-599, 656, 663, 678, 685, 689, 693, 696, 701, 703
Marseille   18, 20-23, 355-356, 387-388, 390, 397, 442, 486, 522, 548, 550-551, 566-571, 598, 653, 655-656, 662, 667-668, 672-673, 681, 586-687, 690-692, 694-695, 705
Marsens (Suisse)   466
Martberg   467-468, 471, 692
Martigny   22, 418, 439, 478-480, 533, 535, 538, 687
Mas Castellar   596, 696, 704
Mater matuta   215, 662
Maule   535, 550, 653, 698, 702
Mayen   478-479, 551, 677, 691, 701
Méditerranée, méditerranéen   263, 290, 328, 343, 387, 398, 401, 448, 454, 512, 526, 563, 582, 605, 653, 655, 659, 661, 674, 667, 689, 691, 703, 705, 709,
Megara   213, 215,
Mélampous   96
Métaponte   363, 390, 511-512
Meung-sur-Loire   595
Milhaud   486, 489
Mnésithée de Cyzique (époque hellénistique)   34, 109, 128, 133, 157, 158-161, 164, 168-169, 173-174, 182, 185-186, 651, 656
Moires   236, 238, 248

Montans   435-436, 466
Mustio   158, 162, 167, 193, 195-198, 346-348, 374, 628, 651, 687-688
Mycènes   381, 520

Naples   10, 15, 222-223, 300, 309, 348, 465, 563, 653, 655, 658, 667, 677, 695
Narbonne   451, 489, 541, 547, 669, 699
Nectar   237-238
Némésis   247
Néron   191
Neumagen   452, 459
Neung-sur-Beuvron   437
Nico   256
Niger   43, 175, 625, 707
Niobides   239
Numitor   316
Nutrix   13, 30, 181, 193-194, 198, 230, 257, 259, 263, 265, 268-269, 271-272, 275, 279, 294, 560, 661, 684, 688
Nymphes   223, 237-239, 300
Nysa   222, 237, 252

Oberwinterthur   433, 487-488
Of Arpaci   469, 598
Ogulnii   228, 315, 321, 331
Olbia   387, 453, 655, 697
Olympiens   225, 278
Olynthe   9, 203-204, 263, 363, 297, 388, 398
Optata   595, 605
Orbe   467, 600
Oribase   34, 63, 121, 128-130, 132-134, 138, 143, 147, 150-155, 157-159, 160-162, 166-176, 182, 185-186, 583, 616, 651, 695
Orrouy   557
Ostie   11, 240-242, 255
Ovide   301, 316, 331, 617, 651
Oxyrhynchos   186-187

Palestrina (Préneste)   14, 16, 290-291, 324-325, 652, 681
Pan (dieu)   300, 318, 320
Paris   9, 11-12, 17-18, 35, 137, 206, 228-230, 240, 250, 266, 275, 340, 349, 352, 354, 355, 357, 366, 443, 448, 451, 459, 468, 479, 562, 662-663,

649-657, 659-661, 665-674, 676-680, 682-683, 684-687, 689-691, 693-695, 697-702, 704-710

Payerne   418, 542,

Pérignat-sur-Allier   24, 439, 533, 571-572, 576

Périgueux   20, 421, 424-425, 432-433, 478-479, 675

Perséphone   223, 240

Philon d'Alexandrie (25 av. J.-C.-45 apr. J.-C.)   191-192

Philoumenos (IIe siècle)   134

Pline l'Ancien (Ier s. apr. J.-C.)   36, 45, 94, 112, 122, 140, 296, 321, 468, 489, 503, 548, 561, 566, 578, 583, 595, 602, 609, 613-615, 624-625, 633, 633-648, 651, 674, 685, 691

Plutarque (seconde moitié du Ier s.-début IIe s. apr. J.-C.)   28, 57, 78, 165-166, 182, 190-191, 193, 225, 295, 315-316, 326, 332, 489, 530, 612, 623, 651, 667, 673

Poitiers   268, 418, 434, 436, 466, 533, 538, 551, 555, 654, 656, 660, 665, 672, 681, 702, 709,

Pompéi   15, 17, 122, 300, 305, 309, 341, 348, 354, 431, 453, 663, 670, 685, 700

Poundbury   358, 514, 699

Pozzuoli   465

Préneste   15, 287, 290, 292, 297-298, 303, 313-314, 318, 323, 328-332, 617, 663

Providentia   481

Psyché   11, 244

Ptolémaïs Euergétis   186-187

Publicia Glypté   256-257

Publius Nigidius Figulus   163

Puyloubier   20, 23, 412, 441-443, 475, 533, 591-592

Pylos   520, 701

Pythagore   58, 495,

Quimper   417, 437, 663, 685

Reims   459, 556-558, 589-590, 600, 656, 661, 663, 668, 675, 689, 690, 706

Rémus   16, 254, 305, 314, 316, 322, 323, 332, 617, 689, 697, 704, 708

Rennes   461, 658, 660-661, 666, 668-669, 674-675, 689-697, 705, 707

Rhéa Silvia   15, 305, 309, 316, 320, 332

Ribemont-sur-Ancre   24, 395, 565, 584, 596, 597, 662

Rimini   20, 431-432, 675

Roanne   434 ? 467, 696

Rome   11, 12, 13, 15-16, 28, 84, 100, 105-106, 117, 122, 128, 183, 189, 191, 196, 199, 203, 230, 240, 242-245, 248-254, 258, 269, 275-277, 287, 290, 300-303, 307, 310, 312, 314-317, 321-322, 325-326, 328, 331-332, 339, 375, 387, 398-399, 493, 519, 523, 528-529, 587, 609-610, 615, 617, 627, 629-631, 652, 654, 657-667, 669-670, 678, 680, 681, 685, 687, 690-694, 696-698, 700, 703, 705, 710

Romulus   16, 254, 301, 305-306, 314-316, 322-324, 326, 328, 331-332, 617, 651, 689, 697, 699, 704

Rouen   17, 353, 440, 443, 451, 530, 616, 663-664, 672

Rousseau (Jean-Jacques)   183, 694

Sabine   259

Saint-Boil (Saône-et-Loir)   238

Saint-Germain d'Auxerre   263

Saint-Germain-en-Laye   13, 16, 21, 35, 262, 267, 338, 420, 423, 436, 450, 452, 459, 478, 657, 675, 677, 696, 698

Saint-Marcel   35, 464, 652, 670, 704-705

Saint-Mard   234

Saint-Paul-Trois-Châteaux   481, 548, 553, 655-656

Saint-Pierre-les-Martigues   433, 467, 684

Saint-Vulbas   24, 550, 592-593, 605-606, 702

Saintes   433, 435, 461, 466, 534, 557, 559, 654, 685, 691

Sallèles d'Aude   35, 490

Scyros   92

Séléné   138, 254

Septfontaines-Deckt   440

Severina Nutrix   230

Severus   129

Sicile   10, 28, 31, 106, 213-215, 226, 251, 277, 317, 332, 338, 348, 361, 368, 375, 383, 385, 387, 390-392, 627, 649, 664, 670

Silène   300

Sissy   535

Soings-en-Sologne   447, 461, 548, 541, 543, 654, 694
Soissons   434, 440, 452, 461, 664, 706
Soknopaiou Nèsos   187
Soranos d'Éphèse (fin Ier s. apr. J.-C.)   28, 44-45, 68, 80, 128, 174, 182, 185, 189, 284, 346, 374, 509, 612
Sparte   228, 230
Stagirite   58, 61-64, 66, 79-80, 165, 624
Strabon   275, 303, 332, 651
Strasbourg   452, 460-461, 557, 653, 679, 694, 703
Suisse   16, 20-21, 28, 36, 243, 265, 334, 336, 360, 402, 408, 412, 417, 436, 439, 443-445, 448, 453, 461, 466, 467, 480, 488, 504, 507, 520, 522, 528, 545, 557, 564, 586, 593-594, 599-600, 662, 670, 681

Tanagra   9, 13, 206-208, 263, 266, 281, 622, 682, 689, 694
Tarente   17, 203, 215, 220, 222-223, 293, 342
Tarquimpol-Decempagi   436-467, 465, 687
Tavant   538, 548
Tebtynis   186-187
Téléphe   16, 257, 307, 315, 317-318, 320, 321, 326
Tellus   15, 276, 290, 297, 310-311, 313-314, 617
Théogonie   47-48, 237
Thessalie   9, 67, 94, 97, 202-203, 590
Thessalonique   401, 453, 455, 461, 465, 653, 669, 687
Tibère   14, 191, 276, 621
Tite-Live   211, 316, 326, 332-333
Torlonia   12, 250, 253
Tours   23, 417, 437, 439, 440, 449, 452, 564, 578-579, 604, 652, 657, 663,
Tourville-la-Rivière   452, 459, 664
Trèves   20, 358, 401, 421, 426-427, 434-435, 441, 444-445, 459, 461-466, 471, 484, 679
Troie   211, 301, 316, 358, 617, 689
Tropheus   237

Turan   228
Turons   327
Tuscus   191
Tvulo   574
Tyr   465

Uni   226

Vaison   341, 441, 443, 548, 697
Valladas   481-482, 655-666
Varron   106, 148, 245, 321, 345, 652
Véies   10, 220
Vénus   259, 261, 272
Verrius Flaccus   15, 292-293, 298, 328-329, 331-332, 617, 686, 692
Vertault   11, 234, 236,
Vestale   275, 305-306, 316, 320, 323, 324, 326, 331,
Vichy   19, 417, 419-421, 435, 443, 447-448, 455-457, 465-466, 551, 612, 664
Victoria and Albert Museum   461, 465
Vidy   435-436, 439, 447, 461, 467, 478-479, 541-542
Vienne   14, 287-290, 359, 466, 626, 656, 665, 682
Vieux-Rouen-sur-Bresle   451
Virgile (fin Ier s. av.-début IIe s. apr. J.-C.)   28, 95, 300-301, 306, 316, 323-324, 326-327, 331, 617, 651

Wederath   469, 678

Xanten   443, 541, 543, 548, 680
Xénophon   195, 652

York   356, 498-499, 514, 530, 616, 707

Zadar   18, 362, 368, 452, 455, 461, 703
Zeus   91, 95, 171, 238, 682
Zurzach (Bad-)   20, 445, 547, 539

Index locorum

ANTYLLE, *Livres incertains* 34,129.4 — 143
APULÉE,
  Apologie 7, LI, 1 — 138
  Métamorphoses
    XI, 10, 6 — 471
    XI, V, 1-3 — 272
ARÉTÉE DE CAPPADOCE,
  De curatione diuturnorum morborum,
    2.13.7 — 605
  Signes et causes des maladies aiguës et chroniques
    I, 4, 1 — 139
    III, 4, 1 — 139
ARISTOTE,
  Génération des animaux
    727 a 5-8 — 58
    727 b 18-19 — 60
    728 b 27-32 — 60
    737 a 18-22 — 59
    737 a 25-30 — 58
    737 a 28-30 — 67
    739 b 9-13 — 60
    739 b 15-20 — 69
    739 b 16-20 — 58
    739 b 25-26 — 58
    739 b 35-37 — 62
    740 a 17-18 — 61
    740 a 19-23 — 61
    740 a 24 — 60
    740 a 25-29 — 61
    740 a 29-37 — 62
    740 b 2-8 — 62
    740 b 8-11 — 62
    745 b 30-32 — 63
    745 b 33 — 63
    746 a 2-8 — 63
    746 a 19-20 — 63
    746 a 22 — 63
    746 a 8-10 — 64
    766 b 22-25 — 59
    766 b 23-24 — 60
    776 a 23-25 — 65, 80
    776 a 26-28 — 68
    776 b 10-13 — 61
    776 b 28-31 — 65
    777 a 7-10 — 67
    788 a 1 — 95
  Histoire des animaux
    486 b — 130
    508 a — 64
    512 b -12-513 a 7 — 621
    521 b 21 — 64
    521 b 29-32 — 64
    522 a 1-4 — 67
    522 a 9-11 — 67
    522 a 19-21 — 66
    578 a — 93
    581 a 21 — 95
    583 a 31-34 — 68
    583a 27-583b15 — 496
    584 a 2-8 — 68
    584 a 6-9 — 68
    585 a 29-32 — 65
    585 a 29-32 — 65
    587 b — 165
    587 b 19-20 — 68
    587 b 20-28 — 103
    587 b 27-32 — 164
    587 b 5-18 — 497
    588 a 8-10 — 128
  Jeunesse et vieillesse 469 a 1 — 61
  Métaphysique 986 a 23-b 5 — 59
  Parties des animaux
    649 b 27 — 61

650 a 35-36	61	12, 8	107, 614
665b	53	12, 41	577
670 b 17-22	59		
674 b 22-30	65	DENYS D'HALICARNASSE, *Antiquités romaines*	
687 b-688b	624	I, 32, 3	318
688 a 18-24	66	I, 70-73	315
689 b 13-15	137	I, 71, 2	315

ARTÉMIDORE, *Clef des songes* 1, 16   562
ASCLÉPIADE, ap. Gal., *De Compositione medicamentorum secundum locos*, 2 (= 12, 586 K) 605
AUGUSTIN, *Cité de Dieu* 5, 2   50
AULU GELLE, *Nuits attiques*

XII, 1, 5-7	184		
XII, 1, 8	184		
XII, 1, 9	184		
XII 1, 10	183		
XII, 1, 11	184		
XII, 1, 19	248		
XII, 1, 20	185		
XVII, 8, 5	345		

DIOCLÈS, *fr.* 45a et 45b   495
DIOGÈNE D'APOLLONIE, *fr.* 18a   78
DIOGÈNE LAËRCE, *Vies, doctrines et sentences des philosophes illustres* IX 42   86
DIOSCORIDE *Matière médicale*

I, 26, 2	110
I, 35, 2	111
I, 68, 2	109
I, 91	110
I, 98	109
II, 101, 2	110
II, 104	114
II, 105, 1	113
I, 106, 1	110
I, 123, 1	110
I, 133	431
II, 135, 1	110
II, 149, 3	110

CALLIMAQUE
  Hymne à Zeus, 28-41   238
  Origines 75, 12   138
CASSIUS FELIX, *De la médecine* 71   139
CATON, *Les origines* 59 (Peter)   323
CÉLIUS AURÉLIEN
  Gynaecia

88	162
I, 5	197
I, 101	196

  Maladies chroniques I, 4, 60   138
CELSE, *De la médecine*

I, 4, 70	139
II, 1	126
II, 1, 18	133
II, 8, 11	139
III, 23, 1	127
V, 28,15	143
VII, 27	146

CENSORIN, *Du jour natal* 11   127
CICÉRON, *De la République* II, 2   316
COLUMELLE, *De l'agriculture*
  7, 4   179

II, 176, 2	113
II, 70, 1	113
II, 70, 2	115
II, 70, 3	115
II, 70, 5	110
II, 70, 6	110
II, 71	116
II, 72, 1	134
II, 72, 2	134
II, 72, 3	116
II, 75	110, 635
II, 78, 3	110
II, 83, 3	114
II, 85, 2	113
II, 107, 3	113
III, 70, 1	113
III, 80, 5	114
III, 88	583
III, 119	113
III, 126, 2	110

III, 136, 2	110
IV, 7	110
IV, 27	113
IV, 64, 4	110
IV, 78, 2	113
IV, 138	113
IV, 150	110
IV, 181, 4	113
IV, 188	114
V, 6, 4	114
V, 11, 1	114
V, 13, 3	113
V, 15	109
V, 32, 2	113
V, 84, 3	111
V, 114	113
V, 126, 1	110
V, 132	112
V, 154	110

ÉSOPE, *Fables* 125 — 91
ÉURIPIDE
Andromaque 222-225 — 180
Électre 1063-1075 — 211
Phéniciennes
986-988 — 180
1603 — 180
Troyennes, 757 — 180
FESTUS, *De verborum significationes s.u.*
« Caeculus » — 323

GALIEN dans ORIBASE, *Extrait du livre* 22
(Dar III 134) — 169
GALIEN dans ORIBASE, *Livres incertains*
18 (Dar III 141) — 173
GALIEN,
Anatomie de l'utérus
10 (K II 903 CMG 5,2,1) — 77
10 (K II 903-904 N.50) — 75
10 (K II 905 N.54) — 77
10 (K II 906-907 N.54-56) — 77
De l'utilité des parties du corps humain
XIV 8 (K IV 175) — 79
XIV 8 (K IV 176) — 79
XIV 19 (K IV 177) — 76

De la faculté des médicaments simples
II, 5-6 (K XI 859) — 141
IX, 3, 11 (K XII) — 130
De la formation du foetus II (K IV 655-659) — 77
De la semence
I, 4 (K IV 526-527 L. 78) — 74
I, 5 (K IV 534 L.84) — 76
I, 7 (K IV 537-538 L. 88) — 78
I,7-8 (K V 537-540 L.88-90) — 77
I, 7 (K IV 538, 5-8 CMG 5,3,1) — 77
I, 11 (K IV 555-556 L.106) — 73
II, 1 (K V 609 L. 160) — 74
II, 2 (K IV 615 L.166) — 75
II, 4 (K IV 622-623 L.174) — 74
II, 5 (K IV 641, 6-12) — 208
De sanitate tuenda 1, 10 (K 6, 47-48) — 167
Des lieux affectés
5 (K VIII 434) — 196
5 (K VIII, 420) — 196
5 (K VIII, 428) — 196
6, 1 (K 8, 10, 11-11, 3) — 146
6, 4 (K VIII 408, 13-14) — 145
Des procédés anatomiques XII, 1 (K II, Gar. 953) — 74
Formation des fœtus 3, 23 — 128
Hygiène
I, 10 (CMG V 4 2, 23, 4sq.) 44 — 133
I, 10 (K VI 47-48) — 169
I, 12 (CMG v 4 2, 28,12sq.) — 129
I, 7 (CMG V 4 2, 16, 29sq.) — 129
I, 8 (K VI, 44-45) — 152
IV (K VI) — 79
VII (K VI, 343, 15) — 118
VII (K VI 344, 15) — 118
VII (K VI, 345-346, 1-2) — 118
Sur la méthode thérapeutique
I 1 (K X 5-6)
V (K X 366) — 119
V (K X 371) — 119
V (K X 375) — 119
VII (K X, 468, 4) — 117
X (K X 475, 6-7) — 120
X (K X 727, 6-728, 3) — 120
Sur le marasme

9 (K VII, 701)	368
VII (K VII 701, 9)	121
Sur les facultés des aliments	
I, 305 (K VI 467)	117
I, 306 (K VI 472)	117
I, 468 (K VI 469 2)	117
III (K VI 685, 15-686, 2)	119
III, 14 (K VI 688, 11-689, 7)	123
III, 15 (K VI 683, 9-10)	118
III, 17 (K VI 696-699)	123
III, 39 (K VI 743, 2)	117

HÉRODOTE,
Histoires

3, 23	118
6, 61	228
9, 34	96

HÉSIODE, *Théogonie* 188-195   48
HESYCHIUS, *Lexicon*, tau 1231   95
HIPPOCRATE,
Des affections internes

1 (L VII 172-173)	86
10 (L VII 188-193)	85
28 (L VII 241-243)	87

Des fractures 8 (L II 444-448)
Aliment

31 (L IX 110-111)	52
37 (L IX 110-111)	53
42 (L IX 112-113)	128

Ancienne médecine 35   85
Aphorismes

III, 24-27 (L IV 497-498)	126
III 27-28 (L IV 500-501)	127
V, 45 (L IV 548-549)	78
V, 48 (L IV 550-551)	50

Chairs 6 (L VIII, 592-594)   55
De la dentition

4 (L VIII 546-547)	134
8 (L VIII 546-547)	134
16 (L VIII 546-547)	133

De la nature de la femme,

17 (L VII, 336)	78

Des airs, des eaux et des lieux

3 (L II 18-19)	509
9 (L II 36-42)	144

14 (L II 58-61)	48
22 (L II 78-79)	48
Des plaies de la tête 16 (L III 246-247)	52
Du foetus de huit mois 2, 1 (L VII 438-439)	497

Du régime

1, 28 (L VI 502-503)	48
1, 30, 2 (L VI 506-507)	50
2, 54. 1 (L VI 557-562)	154

HIPPOCRATE, *Du régime salutaire* 6 (L VI 80-83)   173
Épidémies

I, 1, 1 (L II 602-605)	131
II, 2, 16 (L V, 90-91)	92
II, 3, 17 (L V 118-119)	54
II, 4, 1 (L V 120-122)	52
II, 6 (L V 136-137)	50, 55
IV, 19 (L V 156-157)	129
VI, 2, 25 (L V 290-291)	50
VI, 4, 21 (L V 312-313)	49
VII, 3 (L V 368-373)	88
VII, 4 (L V 372-373)	622
VII, 45 (L V 412-415)	88
VII, 50 (L V 418-419)	88
VII, 68 (L V 430-433)	89
VII, 115 (L V 462-463)	88

Femmes stériles (*Maladies des femmes III*)

213 (L VIII 409-414)	51
214 (L VIII 414-415)	90
216 (LVIII 416-417)	52
243 (L VIII 456-459)	90

Génération

1 (L VII 471-472)	47
1, 12 (L VII 489-490)	52
5 (L VII, 476, 17-19)	60
6 (L VII 479-480)	49
7 (L VII 479-481)	49
8 (L VII 481-482)	49

Glandes VIII, 16, 4 (L VIII 573-574)   56
Maladie sacrée

1, 1 (L VI, 354)	138
11 (L VI, 382)	141

Maladies de femmes

I, 1, (L VIII, 11-12)	46
I, 1 (L VIII 12, 21)	52

I, 21 (L VII 61-62)	46	11 (L VI 58-61)	621
I, 42 (L VIII, 100)	86	*Pronostic*	
I, 43, 4-5 (L VIII, 100)	86	19 (L II 168)	131
1, 58 (L VIII 116)	78	24 (L II 182-184)	147
I, 73 (L VIII 153-154)	54	*Régime dans les maladies aiguës* (appendice),	
I, 75 (L VIII 166-167)	90		
I, 78 (L VIII, 188)	85	18 (L II, 484-485)	85
I, 84 (L VIII 206-207)	90	*Régime*	
I, 84 (L VIII 208-209)	89	I, 28 (L VI 510-511)	127
I, 105 (L VIII 228-229)	89	I, 30, 2 (L VI 506-507)	50
II, 118, (L VIII 256-257)	85		
II, 158 (L VIII 336-337)	90	I, 32 (L VI 510-511)	127
II, 162 (L VIII 340-341)	90	I, 33 (L VI, 510-511)	129

Maladies II
    2, 66 (100-103)   623
    2, 68 (104-105)   623
    2, 70 (106-109)   623
    2, 73 (111-113)   623

Maladies III, 16 (L VII 148-149) 284

Maladies IV
    54 (L VII 564-565 et 595-598)   53, 145
    55 (L VII 600-601)   145

Nature de l'enfant
1, 15 (L VII 493-494)	54
12 (L VII 486-487)	52
12, 1 (LVII 486-487)	52
12, 6 (L VII 488-489)	130
14 (L 7 492-493)	53
15 (LVII 494, 22-23)	52
15, 4 (L VII 495-496)	51
18, 1 (L VII 500-501)	496
18 (L VII 503-504)	55
18 (L 7 503-504)	55
19 (L 7 507-508)	55
20 (L VII 509-510)	48
21 (L VII 513-514)	56
21 (L VII 514-515)	147
21 (L VII 515-516)	56
22 (L VII 517-518)	57
22 (L VII 517-518)	57
30 (L VII 535-536)	57
31 (L VII, 540-541)	50

Nature de l'homme
    9, 3 (L VI 52)   131

HIPPON *fr.* 38 A 17 DK   55

HYGIN, *Fables*
    139   294
    274   194

JUSTINIEN, *Digeste* I (*De alcatoribus*)   433

JUVÉNAL, *Satires*
    II, 137-142   196
    III, 263   345

La BIBLE, Job 10.10   27, 44, 51

LACTANCE, *La création de Dieu* X   129, 138

MARCELLUS, *De medicamentis*
    8, 136   91, 111
    16, 33   583

MNÉSITHÉE DE CIZIQUE dans ORIBASE, *Livres incertains*
    1 (Dar III 131, 10-11)   159
    13 (Dar III 130)   164, 182, 185
    15 (Dar III 131)   157
    19 (Dar III, 153)   128

MUSTIO, *Gynaecia*
    I (prologue)   197
    I, 131   347
    XXXIII   162
    XXXVII   162
    CXIIII   167

ORIBASE,
    Euporista V, 9   133
    Livres incertains
        11, 2 (Dar III, 115)   121

13, 2-4 (Dar III 120, Reader 31)	185	18, 130	93
13, 13 (Dar III 123, Reader 31)	153	20, 1	109
14 (Dar III, 129)	162	20, 9	93
24 (Dar III 189)	616	20, 10	93
42 (CMG VI 4, 149, 4sq.)	129	20, 35	93

OVIDE,
		20, 40	93
Fastes 5, 560	301	20, 44	93
Métamorphoses 9, 39, 7	142	20, 45	93
		20, 51	102
PAUSANIAS, Périégèse X, 25, 9		20, 55	593
PHILON D'ALEXANDRIE, De Vita contempliva 7	192	20, 61	93
		20, 67	93
PHILON, Des vertus 138	192	20, 86	93
PHILOUMENOS par AÉTIUS, Corpus medicorum graecorum VII, 48 134		20, 128	93
		20, 129	593

PLATON,
		20, 133	593
Protagoras 311b-c	621	20, 135	93
République 455e6-7	195	20, 193	93
PLAUTE, Pœnulus III, 2	433	20, 201	93

PLINE, Histoire naturelle
		20, 217	93
1	624	20, 239	92
7, 15	503	22, 52	93
7, 68-69	133	22, 82	92
7, 121	103	22, 112	93
7, 162	103	23, 117	92
8, 15	168	23, 126	92
8, 215	66	22, 129	93
9, 21	136	22, 131	93
11, 232	66	23, 41	595
11, 233	99	23, 47	606
11, 235	136	23, 66	104
11, 236	93	24, 7	93
11, 237	99	24, 14	577
11, 239	105	24, 18	601
11, 284	104	24, 19	601
13, 131	103	24, 28	601
13, 134	107	24, 43	93
14, 28	582	24, 46	96
14, 102-103	577	24, 92	94
15, 7	578	24, 143	94
15, 25-26	595	24, 166	104
15, 28	582	25, 25	130
15, 80	93	25, 47	93
16, 31	592	25, 94	93
18, 100	94	25, 94	93

… INDEX LOCORUM 743

25, 154	104	28, 197	93
26, 95	93	28, 202	93
26, 96	94	28, 203	93
26, 136	93	28, 204	93
26, 163	103	28, 205	93
27, 65	93	28, 207	106
27, 82	103	28, 209	93
27, 121	103	28, 211	93
28, 8	93	28, 215	93
28, 21	429	28, 224	100
28, 35	106	28, 225	93
28, 53	602	28, 226	99
28, 58	93	28, 241	93
28, 64	602	28, 243	93
28, 70	602	28, 250	99
28, 72	93	28, 252	106
28, 73	102	28, 253	93
28, 74	102	28, 257	105
28, 75	93, 102, 429	28, 259	93
28, 114	93	29, 11	429
28, 116	94	29, 13	98
28, 124	93	29, 39	94
28, 125	93	29, 42	93
28, 126	93	29, 62	93
28, 129	93	29, 105	94
28, 130	93	29, 106	93
28, 133	104	30, 10	583
28, 135	106	30, 22	583
28, 152	93	30, 23	583
28, 156	602	30, 27	100
28, 158	93	30, 29	93
28, 159	94	30, 44	583
28, 160	93	30, 56	589
28, 166	93	30, 72	93
28, 167	93	30, 87	93
28, 171	93	30, 102	93
28, 173	93	30, 123	100, 101
28, 176	93	30, 133	93, 100
28, 179	135	30, 139	135
28, 180	93	31, 10	592
28, 181	135	31, 83	592
28, 182	93	31, 94	526
28, 183	93	31, 120	93
28, 189	93	32, 4	93
28, 196	93	32, 24	93

32, 53	93
32, 79	136
32, 103	93
32, 112	93
32, 137	136
33, 101	112
35, 195-196	590
36, 145	93
37, 162	103

PLUTARQUE,
  Consolation à sa femme (*Œuvres morales*)

V, 609E	182
VIII, 45, 611F-612B	489

  De l'amour de la progéniture (*Œuvres morales*)

1, 5	191
3, 495F-496A	295

  De l'éducation des enfants V, 3-4 — 165
  Isis et Osiris XXXVII, 6 — 225
  Les vies parallèles
    Vie de Caton l'Ancien

21.1	190
21.7	190

    Vie d'Alexandre 7 — 623
    Vie de Caton le Jeune 25 — 193
    Vie de Romulus

1, 2	315
1, 3	315

  Préceptes de santé 132 a — 530

POLLUX, *Onomasticon* I, 251 — 51
PROMATHION, *Histoire d'Italie*, 2, 4, 8 — 315
Ps.-GALIEN, *Définitions médicales*, 445 — 496
Ps.-PLUTARQUE, *Opinion des philosophes*
  V, 18 — 57
PYTHAGORE, *ap.* Censorinus, *Du jour natal* 9, 3 — 495

QUINTUS SÉRÉNUS, *Livre de médecine* 1010 — 138

RUFUS dans ORIBASE, *Livres incertains*

19 (Dar III, 154-155)	174
20 (Dar III, 155-156)	130
20 (Dar III, 157)	150
20 (Dar III, 158)	168
20 (Dar III 160)	174
20, 27 (Dar. V 160, 13-14)	138
38,17 (CMG VI 4, 137, 21-22)	129

SCRIBONIUS LARGUS, *Compositions médicales* 18 — 139
SERVIUS, *Commentaire à l'Énéide de Virgile*
  7, 678 — 323
SEVERUS, *Du traitement des petits enfants* (AÉTIUS VII 44, CMG VIII 2, 296, 19) — 129
SOPHOCLE, *Aleaden* TrGV I. F. 89 — 317
SORANOS D'ÉPHÈSE, *Maladies des femmes*

I, 1, 56	52
I, 4, 18	69
I, 6, 1	69
I, 7, 1	69
I, 8, 2	69
I, 9, 1	69
I, 11	69
I, 12, 2	68
I, 12, 33	70
I, 13	69
I, 14	51
I, 14, 1	72
I, 14, 2	72
I, 14, 41	70
I, 15, 2	71-73
I, 19, 1	71
I, 19, 2	71
I, 21, 49	46, 133
I, 23	71
I, 23, 3	71
I, 23, 92-94	71
I, 36, 2	70
I, 46	70
I, 46, 10	70
I, 53, 1	72
I, 56	70
I, 57, 3	71, 72
I, 58, 2	72
I, 87, 31	133
II, 2, 20	185
II, 4-24	128
II, 7	182

II, 8, 1	73, 196
II, 8, 2, 4-5	73
II, 10	245, 526
II, 16	175
II, 17	134, 347, 359, 525, 615
II, 18	143, 149, 166, 171, 497
II, 19, 3	101, 162, 186
II, 22	156, 158-160
II, 23	155
II, 24	153
II, 25, 2	153, 154
II, 26	162
II, 27	162
II, 28	161
II, 29	160-161
II, 30	74, 189
II, 31	175
II, 33, 2	177
II, 36	152
II, 38	152, 616
II, 39	152
II, 40, 1	177
II, 40, 2	177
II, 46, 3-6	167, 169, 171
II, 47	168
II, 48	172
II, 49	133-135
II, 50	134
II, 52-53	143
II, 56	97, 172
II, 63	167
III, 1, 44-52	629
III, 29, 5	70
IV, 7	629

STACES, *Silves* V, 231 — 272

STRABON, *Géographie* 5, 3, 8 (C 236) 303

SUÉTONE,
  De la grammaire 1, 1 — 316
  Vie de Néron 35, 10 — 191
  Synaxarium EC, 469 — 349

TACITE, *La Germanie* 20, 1 — 275

ULPIEN, *Digeste* 50, 14 — 199

VARRON,
  De l'agriculture
    II, 11, 3 — 148
    V, 124 — 345
  Économie rurale II, 2, 16
  Vindobonensis theologicus graecus 60 (XIIe siècle) 349

VIRGILE, *Énéide* 7, 678-681 — 323

XÉNOPHON, *Économique* 7, 37 — 195